国宝高松塚古墳壁画恒久保存対策事業報告書 2

特別史跡

高松塚古墳生物調査報告

文　　　　化　　　　庁

独立行政法人 国立文化財機構

東京文化財研究所

2019

序

高松塚古墳は、奈良県明日香村に所在する、7世紀末から8世紀初めに築造された古墳です。昭和47年、明日香村を調査主体とする発掘調査により石室に壁画が描かれていることがあきらかとなりました。その後、昭和48年に古墳が特別史跡に、昭和49年に壁画が国宝に、出土品が重要文化財に指定されました。漆喰の上に多数の色彩を用いて四神等をあらわした壁画古墳は、現在、高松塚古墳とキトラ古墳の2例のみです。その重要性から、古墳の管理は文化庁に委ねられています。

高松塚古墳壁画は現地保存の方針を受けて、点検・保存・修理のための施設を設置して保存対策を講じてきました。しかし、石室内は、一時的な安定期はあったものの度重なるカビ等の被害が発生し、壁画の保存環境の悪化が深刻となりました。美術史学、考古学、保存科学、微生物学等の専門家からなる「国宝高松塚古墳壁画恒久保存対策検討会」による検討の結果、しっくいの劣化が進行していることやカビ等による生物被害が抑えられないこと等が指摘され、現地保存の継続はこれ以上困難との判断のもと、「石室ごと壁画を取り出し、適切な施設において保存処理・修理を施し、将来的には壁画の保存に最適な環境を確保した上で現地に戻す」恒久保存方針が決定されました。そして、この方針に沿って、石室解体作業を進めることになりました。

国宝高松塚古墳壁画の生物調査は、発見以降継続して実施しており、現地保存方針、保存施設での壁画修理方針、石室解体方針等、各々の決定の場面や、仮設修理施設での修理に必要な技術や材料等の開発において大きな役割をはたしてきました。

本書は、国宝高松塚古墳壁画恒久保存対策事業の一環として実施した生物調査の報告書です。本報告書では、発見時から石室解体方針決定までの現地における生物対策についてまとめました。調査の過程で明らかとなった、しっくい劣化の要因の一つとなった微生物の特定、当時殺菌処置に使用された薬剤の効果、殺菌剤が微生物の栄養源として利用されたことが掲載されております。高松塚古墳から分離した微生物群を国立研究開発法人理化学研究所に移管する等、今回の生物調査の成果は、今後の高松塚古墳の保存と活用を図るだけでなく、広く文化財保護や学術研究にも大いに活用されることを期待いたします。

最後になりましたが、調査に御協力いただいた独立行政法人国立文化財機構　東京文化財研究所、奈良文化財研究所、株式会社テクノスルガ・ラボ、NPO法人カビ相談センター、奈良県、明日香村をはじめ、研究者の皆様、関係諸機関に厚く感謝申し上げます。

令和元年8月30日

文化庁長官
宮田亮平

特別史跡

高松塚古墳生物調査報告

目　次

挿図

Fig.

第1章

第3章1節

第3章2節

Fig.

第3章3節

第3章4節

第3章5節

Fig.

第3章6節

第3章7節

Fig.

第3章8節

第3章9節

Fig.

Fig.

第3章10節

Fig.

第3章11節

第4章1節

第4章2節

第4章4節

第4章5節

Fig.

Fig.

Fig.

第４章６節

第４章７節

第４章８節

第４章９節

表

例　　言

1．本書は国宝高松塚古墳壁画恒久保存対策の一環として実施した生物調査の報告書である。

2．生物調査は文化庁の委託を受けた（独）国立文化財機構東京文化財研究所が統括して実施した。

3．関連調査は、杉山純多氏（東京大学名誉教授・（株）テクノスルガ・ラボ（現所属：国立科学博物館植物研究部））、高鳥浩介氏（NPO 法人カビ相談センター理事長）、阿部恵子氏（環境生物研究所）の諸氏から助言を得て実施した。微生物の詳細分析全般を（株）テクノスルガ・ラボ、NPO 法人カビ相談センターに委託した。また、かび抵抗性試験を（一財）日本食品分析センターに委託した。

4．高松塚古墳およびキトラ古墳から分離した微生物は、「広く一般に公開し、学術利用を目的として、研究教育活動等に利用する」ことを目的とし、文化庁から国立研究開発法人理化学研究所バイオリソース研究センター微生物材料開発室（BRC-JCM）へ移管した。移管に際して、BRC-JCM の大熊盛也氏、岡田元氏、高島昌子氏、坂本光央氏、工藤卓二氏、飯野隆夫氏、押田祐美氏、鈴幸二氏、遠藤力也氏をはじめとする BRC-JCM スタッフの多大なる協力を得た。

5．本書付録 A（招待総説）は杉山純多氏が筆頭著者として執筆した。転載、再録は、公益財団法人応用微生物学・分子細胞生物学研究奨励会（版権所有者）ならびに田中寛編集委員長の許可および協力を得た。

6．本書の執筆分担は以下の通りである。

第1章　木川りか・杉山純多・高鳥浩介・佐野千絵・石崎武志・三浦定俊

第2章　木川りか・杉山純多・高鳥浩介・佐野千絵・石崎武志

第3章　杉山純多・木川りか・佐野千絵

1　杉山純多・喜友名朝彦・木川りか・佐野千絵

2　喜友名朝彦・木川りか・佐野千絵・杉山純多

3　喜友名朝彦・安光得・木川りか・佐野千絵・杉山純多

4　半田（永塚）由佳・二宮真也・喜友名朝彦・木川りか・佐野千絵・杉山純多

5　立里臨・半田豊・小出知己・木川りか・佐野千絵・杉山純多

6　半田豊・立里臨・小出知己・西島美由紀・木川りか・佐野千絵・杉山純多

7　富田順子・西島美由紀・安光得・喜友名朝彦・木川りか・佐野千絵・杉山純多

8　西島美由紀・立里臨・半田豊・富田順子・木川りか・佐野千絵・杉山純多

9　喜友名朝彦・西島美由紀・木川りか・佐野千絵・杉山純多

10　杉山純多・矢口行雄・喜友名朝彦・木川りか・佐野千絵

11　能城修一・安部久・喜友名朝彦・木川りか・佐野千絵・杉山純多

第4章　木川りか・佐野千絵・杉山純多・高鳥浩介・石崎武志

1　木川りか・佐野千絵・高鳥浩介・喜友名朝彦・杉山純多・安部倫子・中右恵理子・坪倉早智子・早川典子・川野邊渉・石崎武志

2　高鳥浩介・久米田裕子・木川りか・佐野千絵

3　木川りか・佐野千絵・喜友名朝彦・立里臨・杉山純多
4　佐野千絵・西島美由紀・喜友名朝彦・木川りか・杉山純多
5　西島美由紀・喜友名朝彦・木川りか・佐野千絵・杉山純多
6　阿部恵子・杉山純多・木川りか・佐野千絵
7　高鳥浩介・高鳥美奈子・久米田裕子・木川りか・佐野千絵
8　喜友名朝彦・木川りか・佐野千絵・杉山純多
9　高鳥浩介・高鳥美奈子・久米田裕子・木川りか・佐野千絵
10　佐野千絵
11　木川りか・佐野千絵・喜友名朝彦・立里臨・杉山純多・早川典子・川野邊渉
第5章　杉山純多・木川りか・佐野千絵
1　杉山純多・喜友名朝彦・西島美由紀・木川りか・佐野千絵
2　木川りか・佐野千絵・杉山純多・喜友名朝彦・半田豊・西島美由紀・高鳥浩介・
早川典子・川野邊渉・石崎武志

7．高松塚古墳およびキトラ古墳から分離した微生物の寄託準備と本書の校正に際して、小峰幸夫、小野寺裕子、矢花聡子、荒川理佐、岡部迪子、相馬静乃、池田華衣の協力を得た。

8．本書の編集は、東京文化財研究所元所長　亀井伸雄、東京文化財研究所長　齊藤孝正、同副所長　山梨絵美子、同保存科学研究センター長　佐野千絵の指導のもと、木川りか、片山葉子、佐藤嘉則が行った。また、杉山純多氏の多大なる協力を得た。

第１章　壁画の生物劣化の経過と要因について

（１）　はじめに －高松塚古墳壁画の現地保存

高松塚古墳壁画は発見された昭和 47（1972）年当時、相対湿度がほぼ 100 %に近い高湿度に保たれていたため、美しい濡れ色の漆喰壁画であったと記述されている[1,2]。しかし、高い湿度と過去に起きた盗掘の影響など複合的な要因によって、当時から部分剥落や漆喰下地の浮き上がり、漆喰内部が酒粕状に粗しょう化している状況、植物根の侵入、など随所で危険な状態を呈していた[1]。このとき、壁画の取り出しを行うか、現地保存するかについて、真剣に議論が行われたことが当時の記録から読み取れる[3]。

高松塚古墳壁画の保存については、まず古墳が発掘された昭和 47（1972）年に、フランスのラスコー洞窟の保存で経験を有する Y. M. フロアドヴォ教授と J. ポション教授が調査のため招聘された。この調査後、フランスの専門家の所見は、壁画は傷みが大きいので、一度剥がして強化し、移しかえをするのがよいと思われる。この作業を学ぶため欧州に日本から専門家を派遣すること、同時に欧州から熟練者を日本に招致すること、と壁画を剥がして保存する方向性を示唆するものであった。

しかし、一方では、高湿度のもとに安定してきた壁画が、湿度の低下を来したときに、壁画の美しさを失い、収縮を原因とする新たな亀裂、剥落などが起きる可能性が懸念されていた[1]。その後の検討の場では、壁画はフレスコとは考えがたく、フレスコを前提とした剥離修理はそのまま認めることはできない、という意見も出された[3]。

その後、イタリアの国立中央修復研究所のモーラ氏夫妻が招聘され、壁画の調査にあたった。その見解を聴いた後、討論を経て、最終的に壁画は歴史上・芸術上・保存上の観点から、現地保存とする、という方針が結論づけられた[1,3]。

このような当時の状況を総合的に考えると、歴史的記念物の保存理念として基本となっていた“現地保存の原則”を敢えて冒してまで、非常に難易度が高く、リスクも高い「脆弱な漆喰壁画の剥ぎ取り」に踏み切るという判断は現実的ではなかったと思われる。「濡れ色の美しい壁画を本来の状態で現地保存」するという決定は、自然な判断であり、これ以外の選択は当時としてはなかったと思われる。

（２）　現地保存の条件と微生物

微生物の生育を決定づける条件としては、温度、水分（湿度）、酸素濃度、栄養分、pH などのさまざまな条件がある（Fig. 1）が、微生物が生育するために非常に重要な条件として、まず水分が挙げられる。

一般的には、カビやバクテリア（細菌）などの微生物を制御するには、水分のコントロールがもっとも確実な方法である。しかし、高松塚古墳の壁画においては、壁画は歴史上・芸術上・保存上の観点から、現地保存とする、湿度の低下を来たしたときには、壁画の美しさを失い、収縮を原因とする新たな亀裂、剥落などが懸念される[1]ということが指摘されていたため、高湿度環境が現地保存の必須条件であり、水分は豊富な状態にあった。

微生物の種類によって発育に必要な水分量を示す指標に水分活性がある（Fig. 2）（文献[4, 5]を参考に作成）。

水分活性が0.6の時、平衡する環境の相対湿度に換算すると60％RHとなる。基材の水分活性がこの値未満になると微生物は増殖できない水分量になる。しかし、高松塚古墳現地では、相対湿度が100％に近い環境であったため、多くのカビ、バクテリア（細菌）、酵母など、様々な微生物が非常に生育しやすい条件であった。

栄養分を含むいろいろな基質を室温に置いて、カビのコロニーが目視で何日間後に確認できるかという実験結果[6]がある（Fig. 3）。例えば100％RHであれば、増殖が早い基質では２日間ほどでカビのコロニーが出現する。90％RHであれば、１週間ほどで、80％RHであれば、２週間ほどでカビのコロニーが出現するという結果が示されている。

このような高湿度条件の場合に、どのように微生物を制御すればよいであろうか。微生物の生育を抑え、かつ劣化を遅くするためには、低温にする方法がある（Tab. 1）。温度を０℃以下まで下げると、大部分の微生物の発育はほぼ抑制されるであろうが、ほぼ100％RHの高湿度環境では、低温にすると凍結劣化の問題が出てきて、非常に脆弱な漆喰壁画に物理的な劣化が及ぶことになる。冷蔵庫程度の３℃～10℃くらいの低温でも、冷蔵庫の中でゆっくりではあるが物は腐り、カビが生えることからも低温では、微生物の生育を完全に抑制することはできない。

実際に、高松塚古墳から分離された菌株の発育温度試験の結果をみても、５℃や10℃という低温でもカビや酵母などの発育をすべて抑制できるわけではなかった[7]。また、高湿度環境で局所的に温度差が生じることがあれば、結露が起きて、かえって微生物の生育を促す危険性があり、相当に厳密な温度コントロールを要する。また、災害時などに停電が起きた場合、急激な温度変化によって環境の急変が起きる可能性もあり、恒久的な対策としては、技術的な問題はかなり大きいと考えられる。

酸素濃度を下げ、カビの生育を抑制する方法については、二酸化炭素を充満させる方法の場合、100％に近い高湿度環境では、二酸化炭素が水に溶解して炭酸を生じ、絵が描かれている漆喰の成分を溶解させる可能性があるため、二酸化炭素の使用は困難であるとされる[8, 9]。窒素ガスを使用するとしても、ガス置換を行うには石室が高い気密性である必要があるが、石室の気密性は低く、漆喰壁画に影響が及ばないような微風速で石室内を常時窒素ガスで置換し、目的の低酸素濃度（酸素濃度およそ0.1％未満）に維持することは不可能である[10]。また、仮にほとんどのカビの生育を抑制するような酸素濃度（酸素濃度およそ0.1％未満）に石室内を保てたとしても、バクテリアのなかには通性嫌気性や嫌気性といった、生育に酸素を必要としないグループがあり、このようなバクテリアの発育を抑制することはできない。

残された方法は、「清浄度管理」、すなわち、微生物の栄養源となるような有機物や、汚染源となる新たな微生物の外部からの持ち込みを極力なくすこと、そして、石室内に存在する微生物群集の安定を変化させないような「環境管理」、それでも制御できないときの補助手段としての殺菌薬剤の使用がある（Tab. 1）。「清浄度管理」および「環境管理」については、次項で述べるとおり、高松塚古墳壁画の現地保存のもっとも基本的な方針であった。しかし、「清浄度管理」については、石室は土壌中に埋まっているものであり、植物の根や、昆虫やワラジムシ、ムカデやダニなどが墳丘から常に侵入している状況では、微生物の栄養源となる有機物を完全になくすことは不可能である。したがって、少なくとも外部から石室内へ入る人間が新たな微生物や栄養源となるような有機物を持ち込んだりすることをできる限りなくす、というほかに方法はない（Tab. 1）。

「環境管理」について言えば、高松塚古墳壁画の現地保存の原則は発掘前の状況にもどすことであったので、高松塚古墳壁画の保存施設は、基本的に土中の温度のゆるやかな季節変動をそのまま維持する形で設計された[11]。当時の温湿度制御に関して、石室の温湿度を積極的にコントロールしていたと誤解されることがあるが、実際は、石室内の温度や湿度を積極的にコントロールするのではなく、あくまでも人が修理作業や、点検などのために石室内に入る際に、前室の温湿度を土中のそれと同じに制御することにより、石室開封の影響を最小にするために設計されたものであった。

急激な温度や湿度の変化は、脆弱な漆喰壁画にストレスを与えるだけではなく、石室内の壁面に潜在的に存在し、普段は積極的に活動していない微生物を刺激して、場合によっては活動を促す可能性がある。このほかに、作業や点検のため、止むを得ず人が石室へ入るときには、有機物や微生物の持ち込みを極力減らすために無塵衣やマスクを着用した状態で入室する手続きがとられてきた（Fig. 4）。

このような管理をしても、微生物の活動を制御しきれなくなった非常事態には、やむを得ず、殺菌薬剤を使用することになる。しかし、薬剤については、漆喰壁画に変色や化学変化などの影響を極力与えないものを選ぶ必要があり、かつ入室する必要がある作業者の安全性や周辺環境への汚染や残留などを考慮する必要があり、使用できるものは非常に限定される。また、殺菌を行っても、殺菌効果は一時的なものであるため、カビの死菌体が残っている限りは、他のカビの栄養源となってしまう。一方、残効性がある薬剤を考えても、相対湿度が 100 %に近い高湿度環境で安定な薬剤は少なく、薬剤の分解産物がかえって微生物の栄養源になる可能性や、薬剤が変化して変色する可能性や、材料を変色させる可能性などが想定され、定期的な塗布など長時間使い続けることによる影響も過小評価できない。さらに、漆喰壁など多孔質材質では、すべての小さい孔や隙間のなかに薬剤が完全に浸透していくわけではないので、薬剤が効きにくいという難点もある。一般に、表面が粗面であるほど、薬剤は効きにくいとされる。ラスコー洞窟で平成 13（2001）年にカビが大発生した事例では、殺菌剤をスプレーしても壁面の微細な孔の中まで薬剤が浸透せずに思うような効果が得られなかったため、殺菌剤を含ませた不織布を壁面に湿布し、1 週間ごとにはりかえる対策をとった例がある[9] とのことであるが、高松塚古墳壁画の場合のように、脆弱な壁画面の場合、同様の方法が採用できるわけではなかった。

このような状況で薬剤を中心として根本的な制御を望むのは、非常に困難である。薬剤は、使用による壁画への影響というリスクとひきかえに止むを得ず使用するものであり、ひとつの補助的な手段としかなり得ない。

外部からの汚染源や栄養源、物や人の出入りをできるだけ減らし、それでも微生物被害が発生して止むを得ない場合に適宜薬剤を使う、そういった方法の組合わせで対応せざるを得なかったのが高松塚古墳壁画の微生物制御対策の実情であった。

（3） バランスを保つという考え方[12]

高松塚古墳の現地保存の基本となったアイデアは、壁画を発掘以前の安定した状態に保つということであった。これは、すなわち、発掘前には壁画は高湿度環境であっても、微生物に侵されることなく、安定した状態で保たれていた。この環境に戻せば、古墳壁画はもとのように安定した状態で保つことができるのではないか、という考え方である。

では、発掘前の石室でなぜ微生物の活動が一時的にとまっていたのであろうか。この理由として、酸素濃度が低くなっていたからではないか、という説、屍毒のために微生物の生育が抑制されている、という説、アミンが屍毒として働いていたのではないか、という説[13]などがあるが、大きな理由のひとつとして、発掘前の環境は、外界からほとんど遮断されているため、永年の間に微生物の活動が“平衡状態”に達している、ということがあったのではないかと考えられる。ここでいう、微生物の活動の“平衡状態”とは外界からほとんど遮断された空間では、新しい微生物の侵入や栄養分の供給がなければ、そこに常に存在する微生物がある程度発育したあと微生物の動的な変遷が止まり、微生物の活動が一時的に止まっているように見える状態、と言ってよいと考える。

例えば、培地を入れた試験管に特定のカビを植えて栓をして、外界から遮断した場合、培地の上に、カビがある程度増殖したあとで増殖が止まる（Fig. 5）。ここで見かけ上は、動的な変化がないので、“平衡状態”に達したと仮に呼ぶとする。このあとは、細胞の老化にしたがって、だんだんと死んでいくが、寒天培地が乾いてしまうまでこの系のみかけはずっと変らない。しかし、途中で栓をあけると、ほかのカビの胞子が飛び込み、あるいはカビをえさにするダニなどが侵入して、試験管のなかの様子はどんどん変化していく。これは、外部の影響により平衡が破れた例と考えられる。また、たとえばバクテリアを液体培地で培養した場合、最初はごくわずかであったバクテリアは、栄養が豊富な環境で、指数関数的に増殖し、栄養分を食い尽くしてきたところで、増殖が止まり、やがて死滅が始まる。この場合も、しっかりと栓をしているため、外界からほかの微生物が入ってこないが、仮に栓をあけると、このバクテリアの死骸をえさに、ほかの微生物が次々と増殖・繁殖し、動的な微生物の世代交代や変遷が続く。

古墳石室の場合は、まず、古墳が造営され、被葬者が埋葬された直後は、さまざまな微生物が急激に増殖・繁殖したであろうことが想像される。それに、土壌中のダニや昆虫という土壌動物も加わって、有機物を栄養源にして増殖したと推測される。

土壌中の環境は、厳密にいえば、完全に密閉されている閉鎖系ではない。石室内も周囲の土壌から石室の隙間を介して植物の根や小動物が入り込んでくるので、土壌中の微生物が入ってくる機会もある。しかし、大きな意味でいえば、通常閉鎖されている状況においては、その土壌中に存在する微生物相、小動物の種類はそれほど大きく変動するものではないと考えると、その系のなかで活動できる微生物と小動物が活動しつくしたときに、みかけ上は、動的な変化が止まってほぼ“平衡状態”に達すると考えることができる。すなわち、石室については完全な密閉系ではなく、周囲の土壌から植物の根や土壌動物が入り込んでくるということを含め、一つのシステムでバランスがとれていたのだと考えられる。

発掘前の状態は、いうなれば、このきわめて特殊な環境で活動できる微生物と土壌動物が活動しつくしたあと、一時的に“平衡状態”に達していた状態、ということができるのではないか、と考えられる。

発掘前の状態に保つということは、すなわち、微生物についても、みかけ上動的に活動しない“平衡状態”を保つようにする、ということである。

そのような平衡状態が保たれるためには、

・外界から新たに多量の微生物が侵入せず、

・外界から新たな栄養分となる有機物が供給されず、

・外界から急激に水分が供給されず、

・温度、湿度、酸素濃度などの条件が急激に変化しないこと

などが条件となる。

そのような変化がなければ、バランスは崩れない、ということである。しかし、裏を返せば、外界からの多量の微生物の侵入、栄養分の新たな供給、水分の流入、温度変化、湿度変化、酸素濃度の変化などの変化要因があれば、バランスは容易に崩れる、ということである。すなわち、このようなバランスを崩す要因を徹底的に制御しない限り、発掘前の状態に保つという概念による保存は不可能となる。

発掘前の状態に保つための最も簡易な考え方に、埋め戻しがある。実際に、中国ではこのような古墳壁画の保存に際し、埋め戻しを行った事例がある。しかし、高松塚古墳壁画の場合は、埋め戻さずに、必要な時には壁画を見られる状態にしたまま、発掘前の状態に保つことを目指したのであり、このこと自体が漆喰壁画では当時類例を見ない大きな挑戦であったと言える。

このような事情を鑑みると、高松塚古墳壁画の一般公開は、脆弱な漆喰壁画を保つための厳密な「清浄度管理」と「環境管理」の必要性から、非常に困難であったと考えられる。茨城県ひたちなか市にある虎塚古墳の例では、ガラス張りにして一般公開を実現しているが、高松塚古墳の場合は、人ひとりが石室内に入れる大きさの盗掘口があるだけで、石室内は幅約 1 m、高さ約 1 m、奥行き約 2.6 m の狭い空間である。このため、前室のわずかな環境変化でも石室内の環境に変化をきたすと考えられ、盗掘口をガラス張りにして公開するということは、非常に難しかったと推測される。

（4） バランスを崩す要因

高松塚古墳の場合、歴史的にたどると、微生物群集が平衡状態を崩すような機会を何度か経験してきたと考えられる。その機会とは

（1）過去にあった盗掘

（2）昭和 47（1972）年の発掘による石室の開封

（3）昭和 51（1976）年以降の漆喰壁画の修理作業

（4）平成 13（2001）年の取合部の崩落止め工事およびそれ以降の対応

などである。

以下に順にその各々の状況を述べる。ここでは、発掘が行われた昭和 47（1972）年以降の期間を、便宜的に I 期から IV 期としている。

＜過去の盗掘＞

石室が開封されると、急激な温度、湿度などの変化、外部からの微生物の持ち込みがあり、それが引き金となって新たな微生物の増殖や、物理的損傷が進んだと思われる。鎌倉時代に少なくとも一度、盗掘があったといわれているが、過去の盗掘による壁画への影響については、現在、検討することはできない。

＜I 期－　発掘直後　昭和 47（1972）−昭和 50（1975）年＞

以下は、国宝高松塚壁画恒久保存対策検討会（第 3 回）参考資料 1 [14] からの要約、抜粋である。

「カビは壁画発見直後から発生が見られたため、昭和47（1972）年4月に微生物調査を実施し、調査時に微生物数が増加すること、黒色や緑色を呈する菌が多いこと等が確認された。対策としてパラホルムアルデヒドをシャーレに入れて石槨内に布置し、効果があった。」（資料[14]からの要約、抜粋）。

この時期、発掘して石室を開封したことにより、人の入室時に微生物数が増加すること、発見直後からカビの発生がみられたことが窺える。石室の開封は、それまで土壌中に埋まっていた古墳壁画にとって、大きな環境の変化であった。「パラホルムアルデヒドをシャーレに入れて石槨内に布置し、効果があった。」ということは、この時点ではパラホルムアルデヒドが昇華していたということを意味する。また、別の資料[15]には、「当時石室内調査を担当した学生さんの頭に白いパウダー状の漆喰が積もった。」という記述もある。これらの記述から、恐らくこのときの石室開封時には、外気が流入することにより、石室の湿度が低い状態にあったのではないかと考えられる。その結果、「カビは壁画発見直後から発生が見られた。」とあるものの、その後は湿度が低いためにカビは比較的生えにくい状況で推移したのではないかということが推測される。

＜II期－　第一次修理、第二次修理の時期　昭和51（1976）－昭和56(1981）年＞

発見当初、壁画の漆喰層の状態は「亀裂・剥離・陥没・粉状化を生じ、表層部分は剥落等の損傷状態を呈していた。天井の粉状化は殊に甚だしく、天井石の継ぎ目に沿って米粒大の漆喰小片の落下が多くみられ、星宿の部分まで落下してしまう恐れがあった。」（資料[14]からの要約、抜粋）という記述にみるとおり、著しく傷んでいた。このため、剥落を防ぐための修理は、現地保存を行う上で必要不可欠であった。溶剤として当時はまだ規制されていなかった有毒なトリクロルエチレンが使用され、高湿度で狭隘な石室内で、作業者にとってはきわめて困難、かつ危険性の高い作業が行われた時期である。この時期に使用された主な樹脂は、パラロイドB72（アクリル系樹脂）（第一次修理以降）、アクリル系エマルジョン（第一次修理、昭和51（1976）年に天井の一部のみ）であった[14]。

しかし、作業時は、作業者が長時間、石室内に入室する必要があり、また、剥落止めのために、樹脂も漆喰面に使用された。必要不可欠な作業であったが、作業に伴う温度変化、漆喰壁面の有機物の供給、外部微生物等の持ち込みは、石室にとって大きな負荷となり、この時期、石室内壁面にカビが発生した。以下に当時の様子の記述を引用する。

「昭和53（1978）年頃から石槨内に布置したパラホルムアルデヒドが結露水によって溶け、気化しない状況となった。これに呼応するかのようにカビの発生量が増加傾向を示し、昭和55（1980）年暮れから同56（1981）年にかけて大量に白色及び灰白色のカビが石槨内に発生し、絵画にも及ぶ状況となった。特に、昭和55（1980）年には、樹脂溶液を注入した箇所、剥落止めに用いたうす紙にもカビが発生した。」（資料[14]からの要約、抜粋）。

剥落止めの作業の困難さに加えて、カビの生育を止める必要があり、想像を絶する努力が行われた時期であった。このときの処置方法については、以下の記録がある。

「これらカビに対する処置としては、ホルマリン1：エタノール9の溶液で滅菌したが、この処置部分に、白色粒上のカビが発生した（昭和56（1981）年2月）ので、トリクロルエチレン（トリクレン）で除去した。なお、TBZによる防黴を実施したが、効果がなかった。昭和56（1981）年6月には高湿度の環境下でパラホルムアルデヒドで燻蒸する方法を開発した。」（資料[14]からの要約、抜粋）。

この時期のカビの殺菌、除去は非常に困難な作業であったと推察される。後の項でも述べるが、いくら殺菌しても、カビの死菌体が残っていれば、それを新たな栄養源として、土壌中のほかの微生物や土壌動物が繁殖する。したがって、殺菌とともに、カビを物理的に除去する作業も行われたと推察される。

この時期を経て、このあとカビの被害は漸減していくが、壁画の一部にはこの一連の出来事によって、描線が薄れるなどの影響が及んだ[14]。

昭和50年代の第一次修理、第二次修理の時期の出来事の詳細は、以下のようになる。垂直の壁画面や、下を向いている天井の壁画面の脆弱な箇所は、部分的に剥離して落下するおそれがあったため、現地保存をするために剥落止めの作業が必須であった。作業は、主にパラロイドB72の樹脂とトリクレンを使用して行われた。重要なことは、「昭和53（1978）年ごろからパラホルムアルデヒドが気化しなくなった。」[14]ということである。「これに呼応するかのように、カビの発生量が増加傾向を示し、昭和55（1980）年暮れから同56（1981）年にかけて大量に白色及び灰白色のカビが発生し、絵画にも及んだ。特に昭和55（1980）年には樹脂溶液を注入した箇所、剥落止めに用いた薄紙にもカビが発生した。」[14]ということであった。昭和55（1980）年の天井面の一部の修理記録写真には、全体ではないが、場所によってパラロイドB72を注入してうす紙を張った部分に黒くカビが発生しているような部分があった、と当時の作業記録に記されている（Fig. 6）。

当時の修理図面記録（Fig. 7）からは、西壁の白虎の周辺で昭和55（1980）年11月に10 %のパラロイドB72を注入した部分と、その1か月後にカビが発生した領域が一致していたという現象が見てとれる。別の場所で、同様にパラロイドB72を注入した部分に対応して、1か月後にカビが発生したという記録が残されている（Fig. 8）。

パラロイドB72については、イタリアなどですでに壁画の修理に用いられていた経験から、モーラ氏が来日して後に接着剤として壁画に使用することが決定された。日本画の接着剤としては、膠、フノリなどの天然材料はあったが、天然材料は一般的にカビが生えやすいので、パラロイドB72が選択されたのは、当時の自然な選択であったと思われる。しかし、高松塚古墳のような極端な高湿度環境での使用経験があまりなかったため、カビの発生という現象が予測できなかったと考えられる。

昭和48（1973）年以降、昭和50年代の壁画修理に関連する事柄を、資料[16]より引用・抜粋したものをTab. 2にまとめた。これを見ると、壁画の修復作業開始に先立ち、修復作業を行うための保存施設を建設する工事の際、昭和50（1975）年に「それまで認められなかったカビを採取」という記述がある。さらに、その後、昭和51（1976）年に保存施設ができて、その後すぐに保存修理が開始された。このときに「取合部にカビが発生」という記述がある。ただ、この時期ではまだ石室内のパラホルムアルデヒドは気化していたとされる。

次に、昭和53（1978）年に、本格的な側壁の剥落止めが始まると、石室内の「カビの発生」という記述が出始め、特に東壁の男子群像や、青龍付近、あるいは西壁の男子、漆喰木口での発生の記述が出てくる。続いて、昭和54（1979）年には*Doratomyces* sp.のカビが非常に多く出てきた、という記述、「極小の虫類多く確認」との記述がある。また、昭和55（1980）年に広い範囲でこの*Doratomyces* sp.やそのほかのカビが同定された。このときには青龍や白虎の前方など、かなり広範囲にカビが出現したと記録されている。

昭和56（1981）年になると、石槨内の広域にカビが発生し、取合部でもカビを確認、と記述されている。範囲は東壁の群像部、青龍の全面、それから白虎の広い範囲、男子群像ほぼ全面などであった。同年２月には石槨内ほぼ全域に白い粒状のカビが出ていたことから、当時ホルマリンやTBZ、トリクレンを使ってカビの処置が行われ、さらに同年６月からパラホルムアルデヒドの燻蒸が開始された。

上記をもとに、カビの発生部位の推移の概要を推定して図示した（Fig. 9）。全ての写真や図面が残されていないため、現存する記述をもとに推定した。まず保存施設ができた昭和51（1976）年に取合部にカビが発生した（Fig. 9－1）。それ以前は石室開封によって、石室内が乾燥傾向にあったことから、石室へ入る前に取合部のところで加湿器を稼動していたとのことである。加湿は、できるだけ絵画の剥落などの危険性を小さくするために行われていたが、取合部でカビが発生していることと、加湿による水分の影響は関連があった可能性もある。その後、石室内では取合部に近いところでカビが出ており、その後にさらに奥のほうにカビが拡大しているようにみえる。昭和54（1979）年から昭和56（1981）年にかけてかなり広範囲にカビが拡大してきたことが伺える（Fig. 9－2、Fig. 9－3）。このときの処置は、ホルマリン、エタノールの溶液で殺菌し、トリクレンで除去、パラホルムアルデヒド燻蒸の開始が記録されている。

西壁白虎の周辺で、昭和47（1972）年当時の写真と昭和51（1976）年、昭和55（1980）年、昭和56（1981）年の写真[14]を並べて示した（Fig. 10）。一連のカビの発生によって、白虎の図像部分は、顕著な劣化を受けた。

保存施設が完成した昭和51（1976）年以降は、壁画面の剥落を防ぐために湿度が高く維持され、取合部、石室内の湿度が再び上昇した時期であったと考えられる。壁面の乾燥を防ぐために前室を加湿して入室し、昭和53（1978）年頃から石室内のパラホルムアルデヒドが水浸しになり気化しなくなった。さらに、剥落止め作業を実施するために、頻繁に人が出入りし、剥落止めの樹脂等の注入など、さまざまな変化が重なった時期でもあった。

＜III期－　沈静化の時期　昭和57（1982）－平成12(2000）年＞

「昭和57（1982）年以降カビの発生は漸減し、昭和60（1985）年から平成13（2001）年まではほとんど抑制された状態となった。」（資料[14]からの要約、抜粋）。

剥落が危ぶまれた箇所の修理は、すでに完了し、この時期はほとんど石室内への立ち入りがなくなった時期である。この時期には、いったん崩れていたバランスが再び回復し、微生物の活動という点では、動的な変化がほとんどなくなり、新たな平衡状態が保たれていた時期であったと考えられる。

しかし、この時期は、墳丘の外気温も徐々に上昇傾向にあり、石室内の平均温度も高くなっていたことが後に明らかにされた[17]。

微生物調査の結果を見ると、*Aspergillus* 属や *Trichoderma* 属、放線菌などの微生物が主であったことが記録されており[18]、そのあと平成12（2000）年まで、*Penicillium* 属は加わるものの、同属のカビが検出されており、この時期の石室内に常在していたのではないかと考えられた。パラホルムアルデヒド燻蒸が始められてから、毎年の点検のたびに燻蒸が実施されていたこともあり、薬剤に耐性のある菌が常在菌として残っていったのではないかと考えられた。定点の拭き取り調査を行うと菌は壁画面から検出されるが、壁画面に目視でカビ発生が認められる程の被害が及んでいない状態が続き、バランスが回復していた時期と考えられる。

＜Ⅳ期－　再び平衡状態が破れる　平成13（2001）年－　＞

「平成13（2001）年春に取合部天井の崩落止め工事を実施したが、この時からカビが取合部及び石槨内に発生し、絵画にも被害が及んだ。」（資料[14]からの要約、抜粋）。

石室の入り口として使用されている閉塞石の盗掘口は取合部に存在する。発掘からおよそ30年近くの年月が経過したため、施設の老朽化が進行した。取合部天井から土が崩落し始め、降雨時に取合部から水がしたたっているという状況も確認されていたため、取合部天井の崩落止め工事が実施された。

しかし、このとき強化された部分に、カビが大発生する事態となった（Fig. 11）。平成13（2001）年2月から3月2日までの工事後に、平成13（2001）年3月下旬に行った定期点検で取合部にカビが大発生しているのが発見された。そのため、取合部でホルムアルデヒドによる燻蒸殺菌が行われ、同時に微生物調査も行われた（Fig. 12）。

平成13（2001）年2月から3月の工事では、石材部分にワッカーOH、版築部の強化にはサイトSX、空洞部修理や側壁の擬土仕上げには、エポキシ樹脂のアラルダイトAER-2400などが使用されたと記録されており、いずれも防カビ剤は配合されていなかった。取合部は、閉塞石をはさんで、もっとも石室に近接する空間である。ここで、夥しいカビが発生したという事態を受け、このような状況で石室を開封すると、多くのカビが持ち込まれることが懸念されたので、石室内の点検調査はいったん中止され、取合部のカビが沈静化した平成13（2001）年9月まで石室の調査は延期された。

平成13（2001）年3月以降、数回にわたって取合部の除菌作業が実施された。平成13（2001）年9月に取合部の殺菌・防カビ処置が行われ、浮遊菌数が高くないことを確認したうえで、前回の点検から1年と半年をおいて石室内の点検が行われた。その際に、石室のなかで青龍の図像近辺などにカビが発生していることが確認された（Fig. 13）。

このときの点検記録によれば、まず取合部に通じている盗掘口のプラスチックバーをあけたところ、例年よりも多くのカビが盗掘口に発生しており、盗掘口の下側の石室内南壁の部分にもカビが発生していた（Fig. 14）。

東壁では、青龍の図像部や、石材接合部の目地部分にカビが発生していた（Fig. 15）。青龍後方などは、昭和53（1978）年にもカビが発生したという記述のある部分であった。

漆喰目地部分のカビの発生については、ムカデ、昆虫、ダニなど、石室内外へ移動する土壌動物の関与の可能性も推測される。

このとき、漆喰壁のカビは消毒用エタノールにより殺菌、除去され、ただちにパラホルムアルデヒド燻蒸が実施されたが、平成13（2001）年の石室内の温度が上昇する時期である12月に再びカビが発生する事態となった（Fig. 16）。12月は外気温は低くなるが、石室内温度は、外気より遅れて変動するため、年間で石室内温度が最も上昇する時期となる。同年9月にカビが発生した箇所を中心に、これまで石室の定期点検で検出されていた*Penicillium*属や*Aspergillus*属などの常在菌に加えて、*Acremonium*属や*Cylindrocarpon*属といった暗色系のカビが検出された（Fig. 17－Fig. 20）。

平成13（2001）年12月の微生物調査では、取合部から *Penicillium* 属、*Aspergillus* 属、*Trichoderma* 属と、暗色系の *Cylindrocarpon* 属などのカビとケカビ様のカビが検出され、石室の壁面では *Fusarium* 属、*Trichoderma* 属、*Penicillium* 属、*Aspergillus* 属、*Cylindrocarpon* 属、*Acremonium*（sect. *Gliomastix*）属のカビがみられた。このときの点検作業記録には「茶色カビは表面の菌糸を除去しても、色素を沈着させてしまう。黒色カビは根を壁面にくい込ませているため、ごく表面しか除去することができない。」という記述があり、完全にこれらを取り去ることは困難であった。

さらに、平成14（2002）年10月下旬、石室内温度が20℃近くに上昇した時期に、青龍の近くや女子群像の下部に、黒色の汚れが発見された（Fig. 21）。この汚れから微生物を培養したが、すでに死滅していたためか、黒色のカビは培養できなかった。しかし、汚れを直接顕微鏡で観察すると、褐色のカビの厚壁胞子様の構造がみられた。この試料からは *Fusarium* 属などが分離され、おそらく前年に発生したカビの死菌体を栄養源にして別のカビによる汚染が進んだものと推測された。

このとき出現した黒色の汚れの位置を前年のカビ発生部位と比較すると、前年の12月に発生していたところとほぼ一致することがわかった（Fig. 22、Fig. 23）。平成14（2002）年に黒色の汚れが見られたことを受け、対応が検討された結果、これ以降、同様の汚れが生成するのを未然に防ぐために、カビが発生したらすぐに対応できるように点検回数をふやす方向となり、ほぼ月に1度の点検が行われることになった。また、平成14（2002）年9月から平成15（2003）年4月まで石室内壁画の高精細デジタル写真撮影などの作業が行われた。

平成15（2003）年に入っても、依然として散発的に取合部にカビが発生していたため、平成15（2003）年8月、再度防黴処置が行われた。しかし、かえってカビの再発を見たため、平成15（2003）年11月についに擬土部分を除去してポリシロキサン樹脂を塗布する工事が行われた結果、この措置により取合部のカビの発生は非常に少なくなった。

平成16（2004）年には、取合部のカビはかなり抑制されたものの、石室内では継続的に少量のカビが出ており、以前発生したところを中心に繰り返し発生している傾向がみられた。この期間は、点検で殺菌処置が繰り返されていたが、平成16（2004）年7月頃からカビに加えてゲル状物質やダニが多く見られるようになり（Fig. 24）、同年9月の記録的な猛暑により、石室内温度が20℃を超えた時期に、西壁の男子群像にカビが大発生した（Fig. 24）。この時期のカビは、白い菌糸が絵画の顔料の上を被うように発生したため、この部分を触ると、顔料の剥落が危惧された。殺菌剤のアルコール等を噴霧することはできても、画面に食い込んでいるカビの菌糸を除去できる状態ではなかった（Fig. 24、50倍拡大像）。その結果、発生したカビの菌糸がそのまま図像上に残り、菌糸が他の微生物の栄養源となって利用されていくという深刻な状況になった。

また、発生したカビにダニが多く発生した。平成16（2004）年の微生物調査で、壁面の黒い汚れを観察したところ、ダニの生体や死骸が含まれており、さらに観察するとダニの死骸からカビが発育している様子が窺え（Fig. 24）、ダニなどの土壌動物を介してさらに広範囲にカビが拡大する状況となった。

ダニはカビを食べて移動し、移動した場所にカビが新たに拡散していくと考えられる。実験室においてもダニがカビを食べて培地上を移動し、そこにカビの新たなコロニーが拡散することがしばしば見受けられる（Fig. 25）。ダニがカビを食べ尽くすと、カビの生えていた面は、糞や死骸だらけになり、そこからまたカビが生えてきて、ダニ、カビの繁殖の連鎖がおこる。このような、カビとダニの周期的な繁殖の連鎖が石室内でも起こっていたのではないかと容易に推測される。

平成16（2004）年10月に西壁の漆喰表面上に生じた粒状の物質を調べたところ、カビの菌糸が漆喰に侵入し、漆喰を物理的に破壊している様子が明らかとなった（Fig. 26）。カビの菌糸は、漆喰内部に入り込み、物理的に破壊するだけではなく、菌糸からは有機酸を含む、各種代謝産物が放出されることもあるため、漆喰壁画の化学的な劣化も引き起こすと考えられている。

微生物は、壁画にしみや汚れといった美的価値を減少させる被害を及ぼすが、物理的、化学的な作用により、彩色層の剥離や欠失といった深刻な被害ももたらす価値を減少させる[19]。高松塚古墳壁画ではカビの被害が著しく進行したため、このままの状態で保存していくことは、極めて困難な状況であると判断され、平成17（2005）年6月27日、国宝高松塚壁画恒久保存対策検討会（第4回）において、高松塚古墳石室解体による壁画の保護・修理を行うことが決定された。

（5） 石室温度とカビの発生確率 ―当面の対策としての石室冷却

平成12（2000）年以降の石室内温度と、カビの顕著な発生の時期をみると、平成13（2001）年2月に取合部でカビが大発生して以来、石室内温度が高くなる時期にあわせて石室内でカビの大発生や、汚損が起きていることがわかる（Fig. 27、矢印部分）。

高松塚古墳から分離されたカビの発育温度試験結果によると、いずれのカビも、20℃近辺では非常によく発育し、低温になるにしたがって発育速度は遅くなることが明らかになった[7]。石室内の温度上昇は、カビの大発生の要因となると考えられたため、当面の対策として、高松塚古墳石室の温度上昇を抑えることを目的として、墳丘を冷却することが検討会で提案された[20]。しかし、温度が5℃、10℃になっても、すべてのカビの発育を完全に抑制できるわけではなく（Fig. 28）[7]、低温は、あくまでも短期的な対策として平成17（2005）年9月より実施された。墳丘の冷却により、石室内の温度は徐々に下がり、とくに大きなカビの発生もみられずに推移した（Fig. 29）。

しかし、平成18（2006）年2月に西壁女子群像の右肩部、右目脇に黒いしみが発見された。この時の微生物調査では、分離されたカビはこれまでに検出された種類と大きな差異はみられなかった（Fig. 30）[21]が、平成18（2006）年5月の微生物調査では、「黒色のカビ」はすべて暗色系の *Acremonium*（sect. *Gliomastix*）属であるということがわかった（Fig. 31）[21]。冷却後、これまでのような中温性のカビの大発生はみられなくなったが、これまでに検出された主要種にかわってこのようなカビが主な種としてみられるようになった。

（6） 歴史的経緯のまとめ

高松塚古墳壁画は、現地保存の原則、および発見当初、壁画の取り外しが非常に難しかったこともあり、慎重な検討の結果、現地保存が決定された。現地保存は、脆い漆喰壁画の剥落を防ぐために、ほぼ100％に近い高湿度の環境での保存であり、微生物群集の平衡状態を保つことは、非常に困難であった。現地保存のために必要な修理作業や施設工事などがきっかけとなりいったんバランスが崩れると、カビ等の微生物が繁殖し、その都度劣化することとなり、平成13（2001）年から平成17（2005）年に起きた一連の生物被害を受けて、現地で壁画を保存することは困難であると判断された。そして高松塚壁画恒久保存対策検討会の決定を受けて、平成 19（2007）年に壁画の保護と修復のため、石室解体が実施され、修理施設において、壁画の修理作業が行われることとなった。

（木川りか・杉山純多・高鳥浩介・佐野千絵・石崎武志・三浦定俊）

参考文献

1）濱田隆：高松塚古墳壁画の修復について、月刊文化財、230 号、12－18、1982。

2）平山郁夫：高松塚古墳壁画模写の思い出、月刊文化財、230 号、19－23、1982。

3）渡邊明義：高松塚古墳壁画修理の歩み、文化庁（編）国宝高松塚古墳壁画－保存と修理－、文化庁、pp. 114－122、1987。

4）村尾澤夫、藤井ミチ子、荒井基夫：くらしと微生物、改訂版、培風館、1993。

5）井上嘉幸：文化財を劣化させる微生物、文化財の虫菌害防除概説、（財）文化財虫害研究所、pp. 85－109、1991。

6）Michalski, S.: Relative humidity: A discussion of correct? Incorrect values, ICOM Committee for Conservation 10th Triennial Meeting, pp. 624－629, 1993.

7）第 4 回国宝高松塚古墳壁画恒久保存対策検討会、資料 2－1、資料 2－2、平成 17 年 6 月 27 日、文化庁

8）Caneva, G., Nugari, M. P. and Salvadori, O.（Eds.）: Plant Biology for Cultural Heritage, translated by Glanville, H. into English, The Getty Conservation Institute, Los Angeles, CA, 2008.

9）Pallot-Frossard, I., Orial, G., Bousta, F. and Mertz, J-D.: Lascaux cave（France）: A Difficult Problem of Conservation, Proceedings of the 31st International Symposium on the Conservation and Restoration of Cultural Property, 2008, National Institute for Cultural Properties, Tokyo, pp. 7－14, 2009.

10）第 3 回国宝高松塚古墳壁画恒久保存対策検討会、参考資料 12、平成 17 年 5 月 11 日、文化庁

11）三宅晋、大野昌信：高松塚古墳保存施設の設計、文化庁（編）国宝高松塚古墳壁画－保存と修理－、文化庁、pp. 68－81、1987。

12）木川りか、佐野千絵、石崎武志、三浦定俊：高松塚古墳の微生物対策の経緯と現状、保存科学、45、33－58、2006。

13）Arai, H.: Microbiological studies on the conservation of mural paintings in tumuli, Proceedings of International Symposium on the Conservation and Restoration of Cultural Properties, 1983, Tokyo National Research Institute of Cultural Properties, pp. 117－124, 1984.

14）国宝高松塚壁画恒久保存対策検討会　第 3 回、参考資料 1、平成 17 年 5 月 11 日、文化庁

15）毛利和雄：高松塚古墳は守れるか、日本放送出版協会、2007。

16）文化庁：「国宝高松塚古墳壁画保存管理の経緯（昭和 47 年～平成 18 年）」、文化庁ホームページ（http://www.bunka.go.jp/takamatsu_kitora/hekiga_hozonkanri.html）（確認：平成 31.1.22）

17）三浦定俊、石崎武志、赤松俊祐：高松塚古墳における 30 年間の気温変動、保存科学、44、141－148、2005。

18）新井英夫：高松塚古墳壁画の微生物学的環境とその対策、文化庁（編）国宝 高松塚古墳壁画－保存と修理－、文化庁、pp. 186－196、1987。

19) Ciferri, O.:（Minireview）Microbial degradation of paintings, Applied and Environmental Microbiology, 65, 879－885, 1999.

20) 国宝高松塚古墳壁画恒久保存対策検討会　第3回、資料5、平成17年5月11日、文化庁

21) 国宝高松塚古墳壁画恒久保存対策検討会　第6回、資料5－2、平成18年6月29日、文化庁

Tab. 1　様々な方法と期待される効果・現地での可否

方法	バクテリアへの効果	カビへの効果	現地での可否
低温	△	△	施設の大きな改変が必要
乾燥（60%RH以下）	◎	◎	不可
酸素を除去	×	○	不可
汚染源や栄養を減らす	△	△	できるだけ
薬剤	△	△	壁画に極力影響を与えないもの 作業者への安全性

Tab. 2　昭和 48（1973）年以降の壁画の保存・修理に関わる事柄※

昭和 48 年	モーラ氏来日。 接着剤としてパラロイドＢ７２を使用することとする。
昭和 49 年	保存施設工事着工。
昭和50年	微生物調査。石槨内でそれまで認められなかった糸状菌（*Doratomyces* sp., *Fusarium* sp., *Cladosporium* sp., *Mucor* sp.）を採取。
昭和 51 年	保存施設完成。 保存修理。天井部分、取合部にカビが発生（12月）
昭和 52 年	布置したパラホルムアルデヒドは完全に気化（1 月） 保存修理（主に天井）。
昭和 53 年	第 2 次修理開始。　天井と側壁の剥落止め（9 月-12 月） カビ発生、処置（ホルマリン１：エタノール 9）（11 月- 12 月） 東壁：　男子群像、青龍首剥落部、青龍後方の部分、 女子群像部分など 西壁：　月像下部から右上部、男子緑衣ほか広範囲。 天井近く漆喰木口部。
昭和 54 年	保存修理。 東西壁で　*Doratomyces* sp. ほかを同定。 石槨内で極小の虫類多く確認。
昭和 55 年	保存修理。 広い範囲で *Doratomyces* sp. ほかを同定。 東壁：　（青龍の左側） 西壁：　白虎の前方、天井近くまで、白虎の上下。
昭和 56 年	保存修理。 カビが石槨内の広域に発生。取合部でも白綿状カビを確認。カビ処置（1 月） 東壁：群像部、青龍の左目周辺、青龍の全面に白い粒状 西壁：白虎左胸から前肢付け根。左肢より下方の広い範囲。 男子群像ほぼ全面。 石槨内ほぼ全面に白い粒状菌。カビ処置 ホルマリン、ＴＢＺともに効果がなく、トリクレンにてカビ処置（2 月） パラホルムアルデヒドの燻蒸殺菌を開始（6 月）。

※「国宝高松塚古墳壁画保存管理の経緯（昭和 47 年～平成 18 年）」、文化庁、文献 [16] より引用、抜粋

- 温度
- 湿度（水分）　←発見時の湿度（高湿度）で現地保存
- 酸素濃度
- 栄養分
- pH　.......

Fig. 1　微生物の生育に影響を及ぼす条件

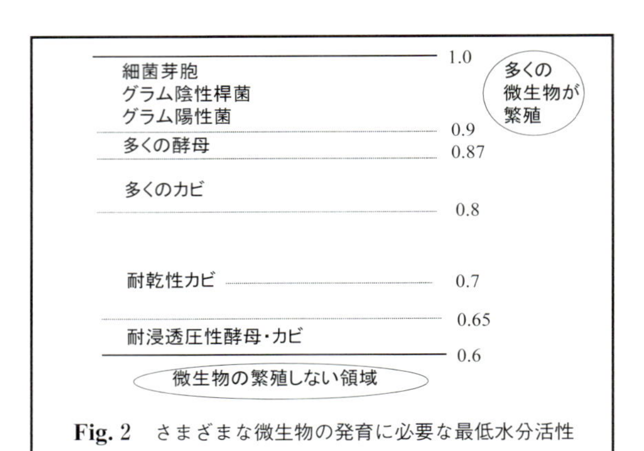

Fig. 2　さまざまな微生物の発育に必要な最低水分活性

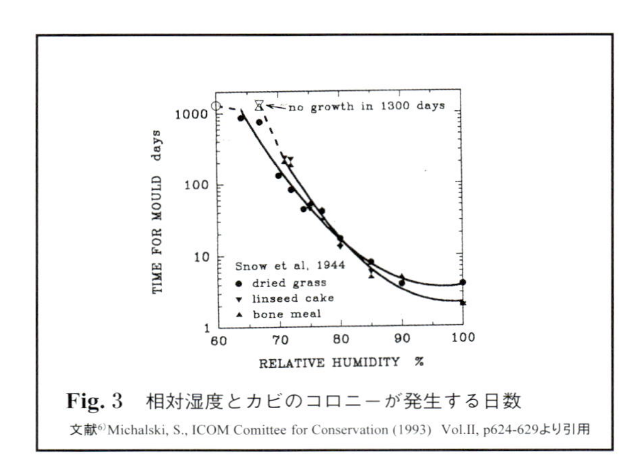

Fig. 3　相対湿度とカビのコロニーが発生する日数
文献[6] Michalski, S., ICOM Comittee for Conservation (1993)　Vol.II, p624-629より引用

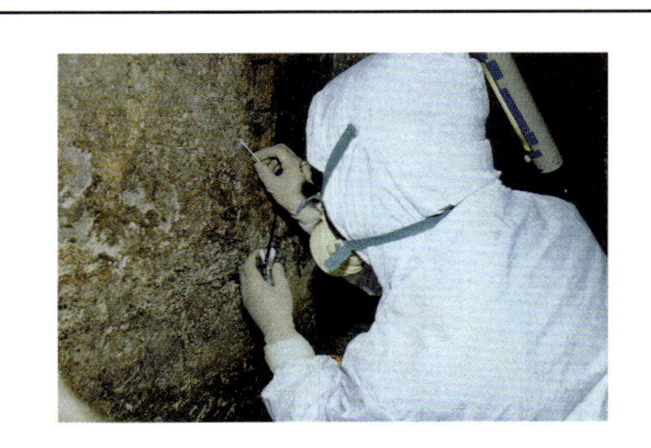

Fig. 4　石室内作業時の装備の例（平成 13（2001）年 12 月）

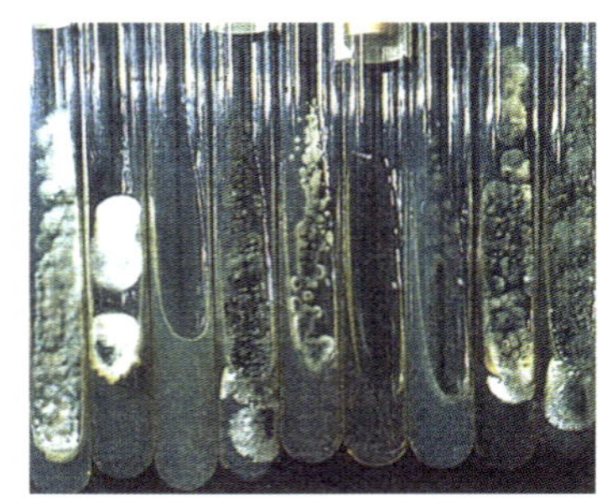

Fig. 5　密閉された環境で発育したカビ
写真：高鳥浩介　編（1991）「一目でわかる図説かび検査・操作マニュアルより引用

Fig. 6　石室天井面の状況の例「S55. 修理記録写真」より

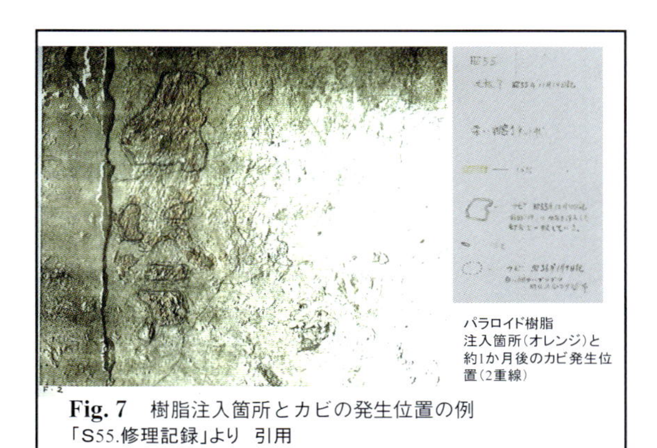

Fig. 7　樹脂注入箇所とカビの発生位置の例
「S55.修理記録」より　引用

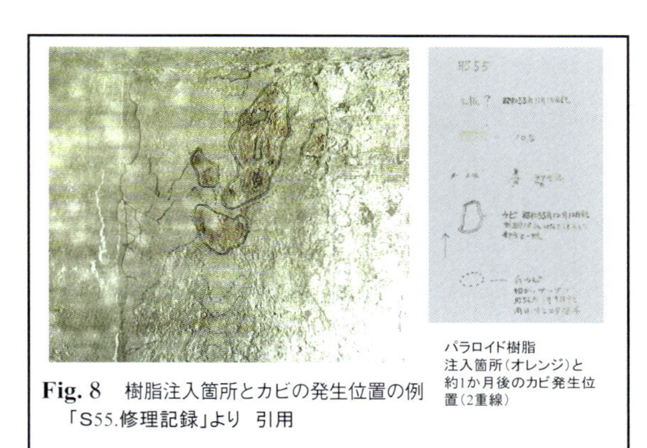

Fig. 8　樹脂注入箇所とカビの発生位置の例
「S55.修理記録」より　引用

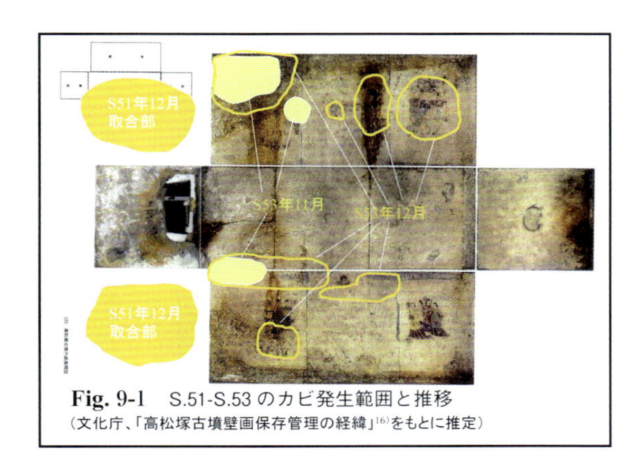

Fig. 9-1　S.51-S.53 のカビ発生範囲と推移
（文化庁、「高松塚古墳壁画保存管理の経緯」[16]をもとに推定）

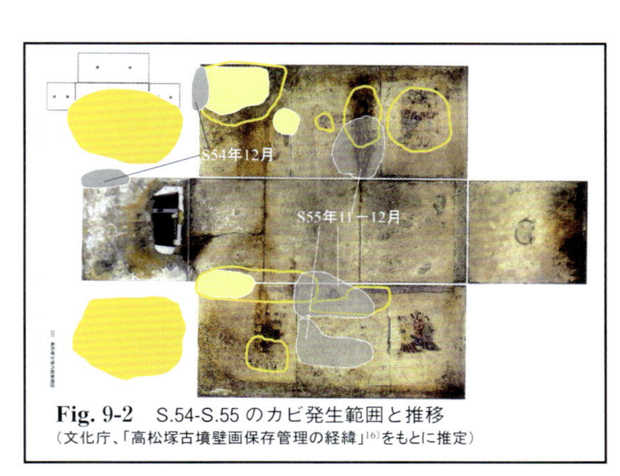

Fig. 9-2　S.54-S.55 のカビ発生範囲と推移
（文化庁、「高松塚古墳壁画保存管理の経緯」[16]をもとに推定）

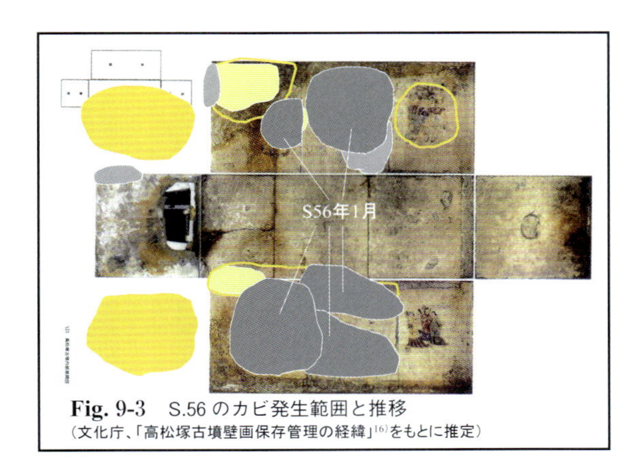

Fig. 9-3　S.56 のカビ発生範囲と推移
（文化庁、「高松塚古墳壁画保存管理の経緯」[16]をもとに推定）

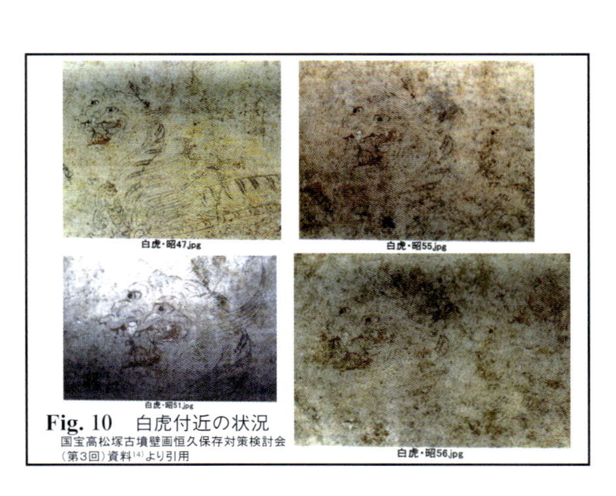

Fig. 10　白虎付近の状況
国宝高松塚古墳壁画恒久保存対策検討会
（第3回）資料[14]より引用

Fig. 11　取合部の工事後に発生したカビの例(平成13(2001)年3月)

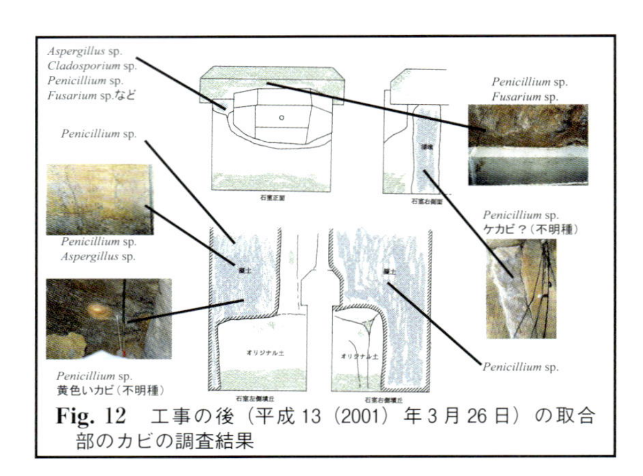

Fig. 12　工事の後（平成13（2001）年3月26日）の取合部のカビの調査結果

Fig. 13　平成13（2001）年9月26日～29日石室内点検において発見されたカビの発生

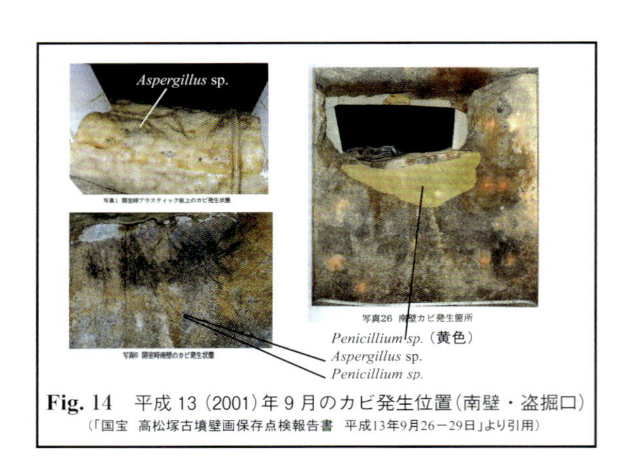

Fig. 14　平成13(2001)年9月のカビ発生位置(南壁・盗掘口)
(「国宝　高松塚古墳壁画保存点検報告書　平成13年9月26－29日」より引用)

Fig. 15　平成13(2001)年9月の石室内のカビ発生位置(東壁)
(「国宝　高松塚古墳壁画保存点検報告書　平成13年9月26－29日」より引用)

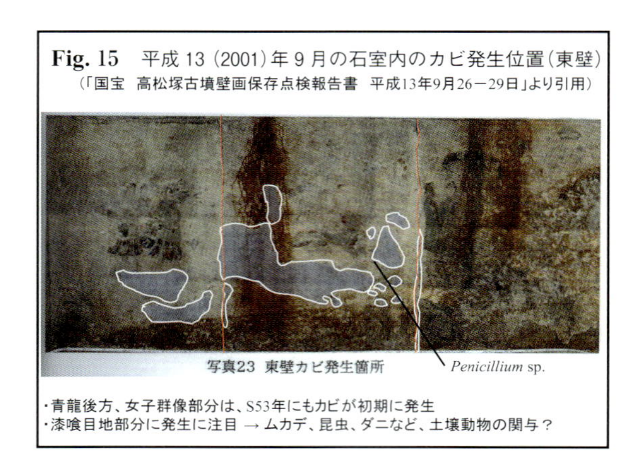

・青龍後方、女子群像部分は、S53年にもカビが初期に発生
・漆喰目地部分に発生に注目 → ムカデ、昆虫、ダニなど、土壌動物の関与？

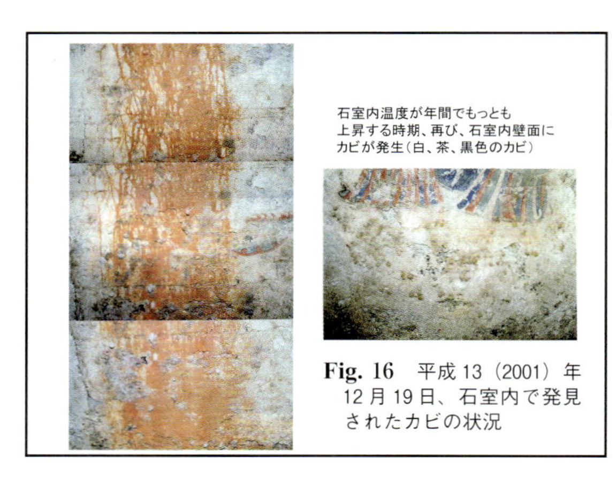

Fig. 16　平成13（2001）年12月19日、石室内で発見されたカビの状況

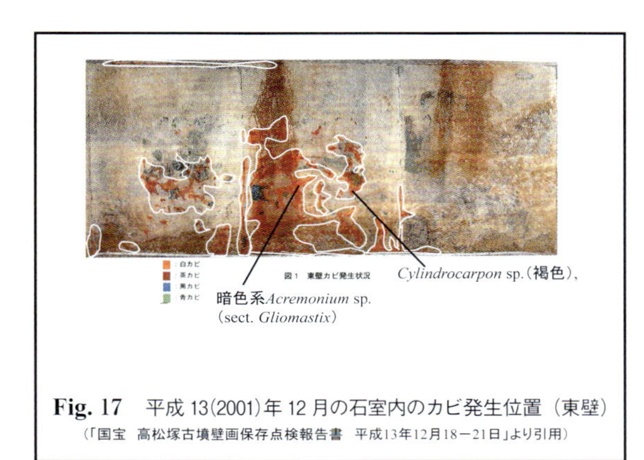

Fig. 17　平成 13(2001)年 12 月の石室内のカビ発生位置（東壁）
（「国宝　高松塚古墳壁画保存点検報告書　平成13年12月18−21日」より引用）

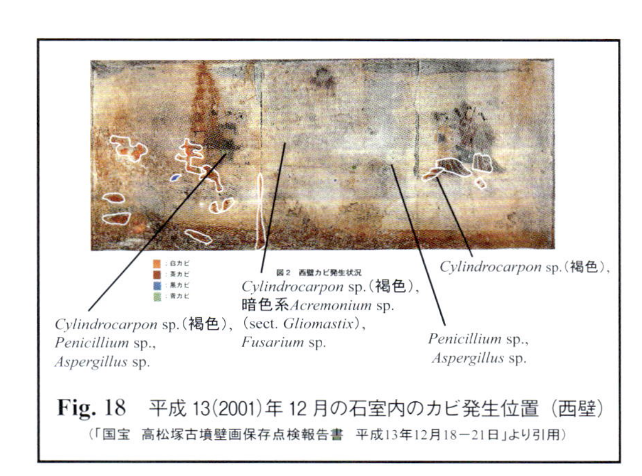

Fig. 18　平成 13(2001)年 12 月の石室内のカビ発生位置（西壁）
（「国宝　高松塚古墳壁画保存点検報告書　平成13年12月18−21日」より引用）

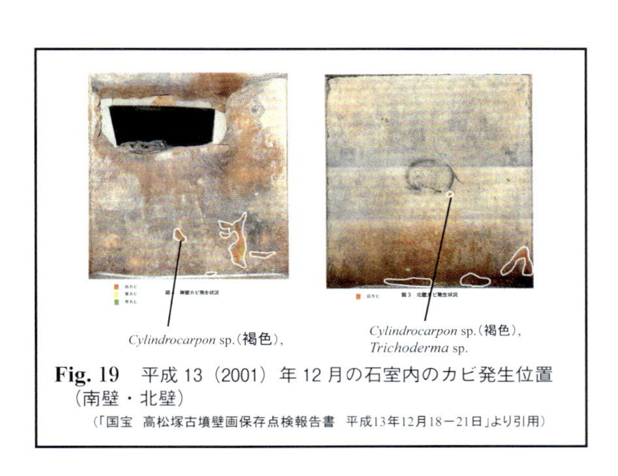

Fig. 19　平成 13（2001）年 12 月の石室内のカビ発生位置（南壁・北壁）
（「国宝　高松塚古墳壁画保存点検報告書　平成13年12月18−21日」より引用）

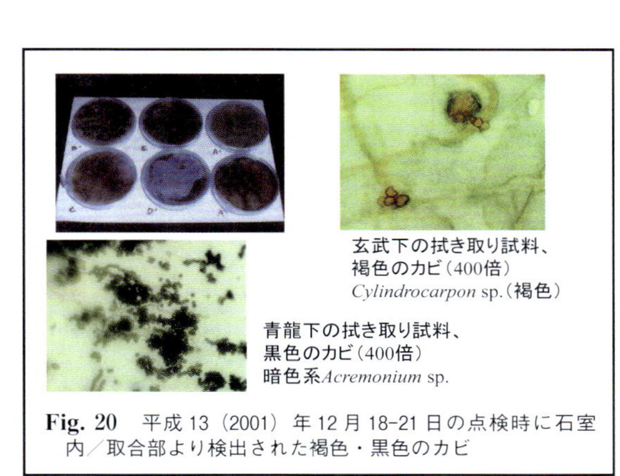

Fig. 20　平成 13（2001）年 12 月 18-21 日の点検時に石室内／取合部より検出された褐色・黒色のカビ

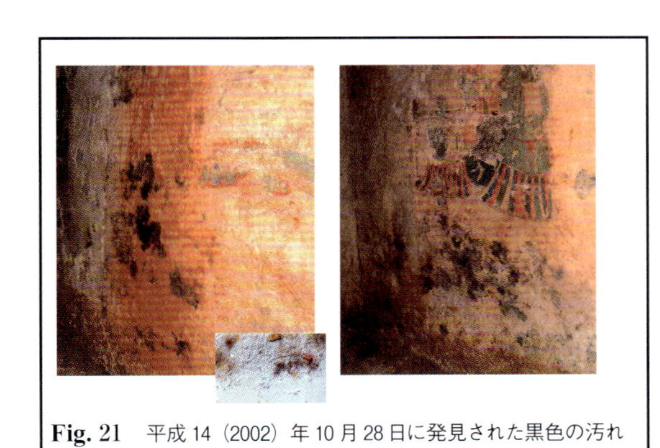

Fig. 21　平成 14（2002）年 10 月 28 日に発見された黒色の汚れ

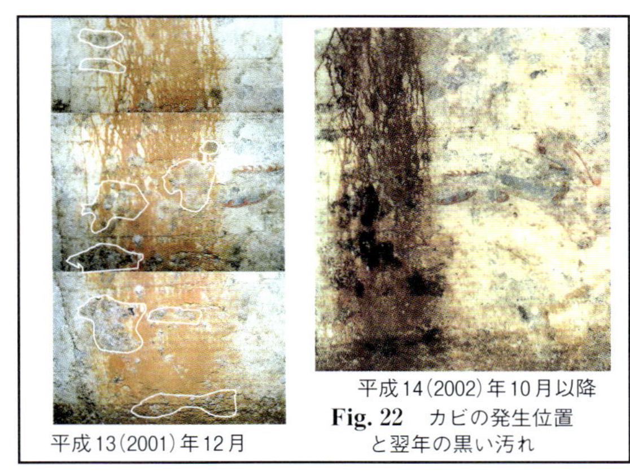

Fig. 22　カビの発生位置と翌年の黒い汚れ

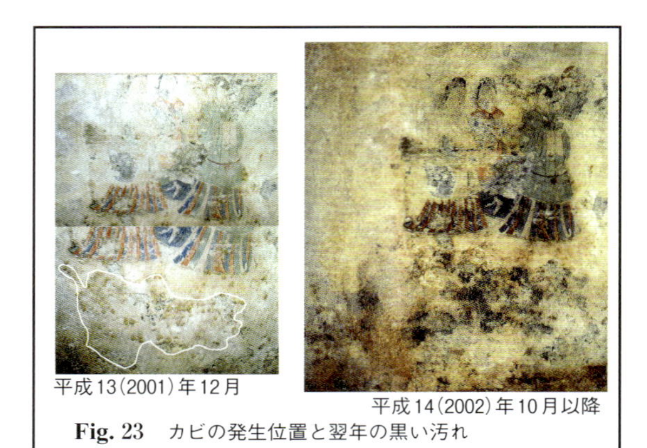

Fig. 23　カビの発生位置と翌年の黒い汚れ

西壁男子群像に発生したカビ（2004年9月）

西壁白虎前肢付近　粘性のゲル状のもの（平成16(2004)年7月）

絵の上、50倍拡大像

ダニとダニの死骸

Fig. 24　平成16（2004）年の被害

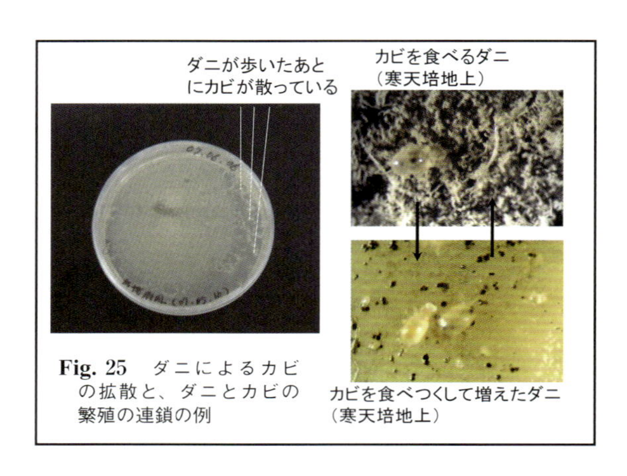

Fig. 25　ダニによるカビの拡散と、ダニとカビの繁殖の連鎖の例

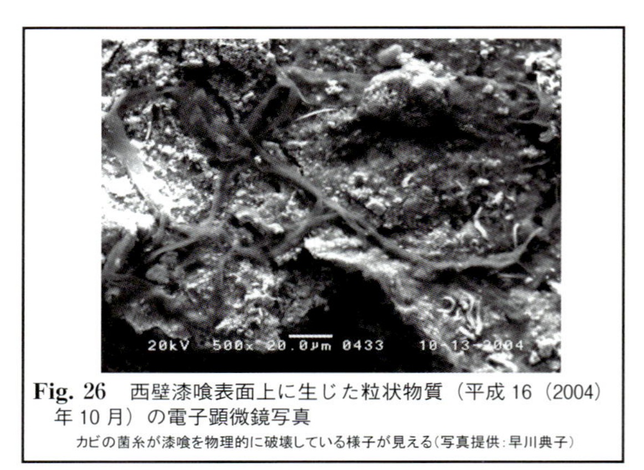

Fig. 26　西壁漆喰表面上に生じた粒状物質（平成16（2004）年10月）の電子顕微鏡写真

カビの菌糸が漆喰を物理的に破壊している様子が見える（写真提供：早川典子）

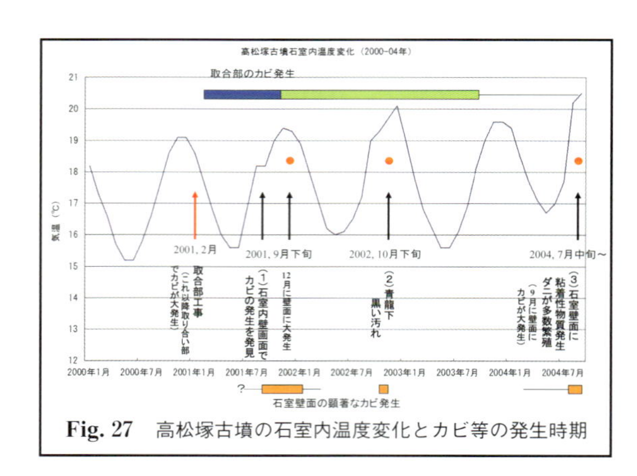

Fig. 27　高松塚古墳の石室内温度変化とカビ等の発生時期

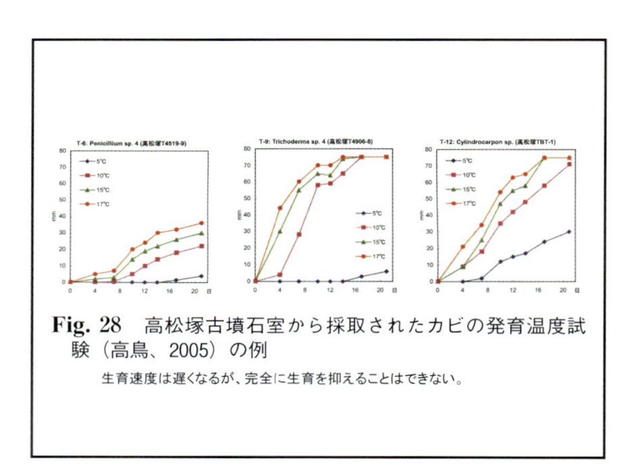

Fig. 28　高松塚古墳石室から採取されたカビの発育温度試験（高鳥、2005）の例

生育速度は遅くなるが、完全に生育を抑えることはできない。

ゲル状物質

平成17(2005)年9月　白虎の下の黒い汚れ

Penicillium sp. , *Fusarium* sp. Yeast を含むゲルが主
Penicillium sp.は、エタノールに耐性が強いことがわかり、ゲルの発生の防止の点からもイソプロピルアルコールに切り替える

Fig. 29　平成 17（2005）年 9 月（冷却開始直後）の状況

平成18(2006)年2月20日、西壁女子群像付近

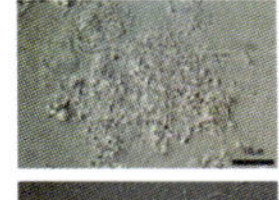

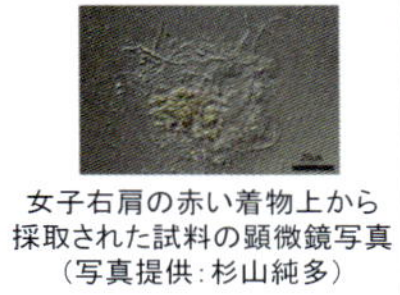

女子右肩の赤い着物上から
採取された試料の顕微鏡写真
（写真提供：杉山純多）

主に *Penicillium* sp.や
Fusarium sp. とゲル

Fig. 30　平成 18（2006）年 2 月の西壁女子群像の黒いしみの状況

平成18(2006)年5月17日　西壁女子群像付近

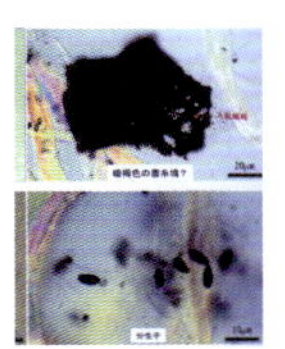

左女子頭部後方の黒色部分から
採取された試料の顕微鏡写真
（写真提供：杉山純多）

暗色系*Acremonium* sp.

Fig. 31　平成 18（2006）年 5 月の西壁女子群像の黒いしみの状況

第２章　壁画の劣化原因調査結果概要と今後の課題

（１）　高松塚古墳壁画劣化原因調査検討会の検討項目

平成 20 ～ 21 年度に文化庁による高松塚古墳壁画劣化原因調査検討会が組織され、生物劣化については以下のような検討項目について調査が実施された。

（１）過去の記録の精査による壁画の生物劣化の経過と要因についての総合的調査

これまでの経過については、高松塚古墳壁画劣化原因調査検討会（第３回）（平成 20 年９月 30 日）資料５にて報告し、本報告書の第１章にまとめた。

（２）壁画の微生物汚染の原因となった微生物の詳細な調査

詳細な同定結果と主要な微生物種の分布状況の変遷および、墳丘土壌試料の解析結果について、高松塚古墳壁画劣化原因調査検討会（第 12 回）（平成 21 年 11 月 30 日）、参考資料１－１～１－５にて中間報告を行い、本報告書の第３章にまとめた。

（３）微生物の生理的性質などを含む生物学的特徴（バイオプロフィール）の調査

壁画の汚染に関わった主要な微生物について、その生理的性質を調査することにより、壁画の汚染や劣化との関連を考察する。

・過去に石室内や取合部で使用された樹脂などとカビ等微生物の生育の関係

高松塚古墳壁画劣化原因調査検討会（第７回）（平成 21 年３月 12 日）資料３、『保存科学第 49 号』（平成 22 年３月）にて報告し、本報告書の第４章にまとめた。

・殺菌処置に使用された薬剤の効果

『保存科学第 45 号』（平成 18 年３月）、『保存科学第 46 号』（平成 19 年３月）、および国宝高松塚古墳壁画恒久保存対策検討会（第７回）（平成 18 年７月 24 日）資料４にて報告し、本報告書の第４章にまとめた。

・殺菌剤が微生物の栄養源として使用された可能性（資化性）の検討

高松塚古墳壁画劣化原因調査検討会（第７回）（平成 21 年３月 12 日）資料３、『保存科学第 49 号』（平成 22 年３月）にて報告し、本報告書の第４章にまとめた。

・劣化の要因となる有機酸の産生について

高松塚古墳壁画劣化原因調査検討会（第7回）（平成21年3月12日）資料3、高松塚古墳壁画劣化原因調査検討会（第10回）（平成21年9月1日）資料5－2、『保存科学第49号』（平成22年3月）にて報告し、本報告書の第4章にまとめた。

・温度条件による生理的変化の検討

高松塚古墳壁画劣化原因調査検討会（第10回）（平成21年9月1日）資料5－3、にて報告し、本報告書の第4章にまとめた。

・暗色系代謝物産生の検討

高松塚古墳壁画劣化原因調査検討会（第10回）（平成21年9月1日）資料5－3、高松塚古墳壁画劣化原因調査検討会（第12回）（平成21年11月30日）、参考資料1－8、『保存科学第49号』（平成22年3月）にて報告し、本報告書の第4章にまとめた。

・殺菌剤等への順化の検討

高松塚古墳壁画劣化原因調査検討会（第12回）（平成21年11月30日）、参考資料1－7、『保存科学第49号』（平成22年3月）にて報告し、本報告書の第4章にまとめた。

（２） 生物関係調査結果から推測される劣化原因の検討結果概要

（２）－１ 現地保存に必要不可欠な昭和50年代の剥落止めの作業

昭和50（1975）年から壁画に実施された剥落止めの作業は、現地保存を行う上で、必須の処置であったが、その一連の作業に伴って、昭和53（1978）年ごろから石室内でカビが発生し、昭和55（1980）年と昭和56（1981）年には石室内にカビが大発生した。

このことに関連して、壁画に実施された剥落止めの作業で使用された樹脂（試験時に入手できるものとしてパラロイドB72）を用いて資化性試験したところ、高湿度条件下では、高松塚古墳の主要なカビの分離株のいくつかが生育することがわかった[1-4]。

ただし、日本画などの剥落止めに一般的に使用される天然材料の膠、ふのりなどと比較すれば、パラロイドB72（アクリロイドB72）のカビの生育度合いは低かった[1-4]。

パラロイドB72は、当時、ヨーロッパなどで壁画などの修理に一般的に使用されていた材料であり、このような樹脂にカビが生育することはあまり認識されていなかったと考えられる。高松塚古墳のような高湿度環境で使用された経験はなかった可能性もある。このあと、修理などに使用される樹脂についてカビの発育のしやすさが試験され、パラロイドB72のカビの生育しやすさが試験された樹脂のなかで中程度であると分類された文献[5]が出ており、このほか最近の実験結果[1-4]などから、高湿度環境においては、パラロイドB72を利用したカビの生育がおこり得ることが明らかとなった。

今後、同じような高湿度の古墳壁画で剥落止めが必要な場合は、修理材料の選定は非常に難しい課題であり、将来へ向けて十分な検討を要する。比較的カビが生えにくかった高分子量のハイドロキシプロピルセルロース（HPC）やメチルセルロース（MC）などの修理材料でも、細菌や酵母の中には栄養源として利用するものがあることが示されている（第4章参照）[6]。

（２）－２ その後の落ち着いた時期（昭和50年代後半から平成13（2001）年初めまで）

昭和50年代に石室内の壁画にカビが大発生したのち、数年を経た昭和59（1984）年頃から平成13（2001）年までの時期は、大きなカビの被害がほとんどみられなかった時期であった。この時期は“かりそめの安定期”と高松塚古墳壁画劣化原因調査検討会報告書で記述されているが、なぜカビの被害が落ち着いていたかについては、以下の事柄を列挙したが推測の域を出ない。この理由を明確にすることは、非常に重要である。

・昭和50年代に石室で大発生したとされる *Doratomyces* 属のカビは、昭和56（1981）年から実施されたパラホルムアルデヒド燻蒸によって、沈静化したと記録されている[7]。その後は、パラホルムアルデヒドに比較的耐性が強いカビが常在菌として生き残ったと考えられる。

・昭和56（1981）年の後半を境に、壁画の剥落止め作業は一段落し、その後、ほとんど人が石室内に入らなくなった。1年に1回程度、石室内の定期点検をするくらいの頻度となり、人の出入りは極端に減った。

カビが漸減していった時期には、上記の対処法の変化と人の出入りがなくなったこと、という2つの変化が同時に起きており、どちらがどの程度寄与したかは、現時点では明確でない。

人の出入りと関連して、高松塚古墳壁画と同様に平成13（2001）年からカビの発生が問題になったフランスのラスコー洞窟でも、繰り返し発生するカビに対して、人の出入りを止めて洞窟を閉鎖するという方法を試行しており、その効果を検討しつつ、対策が模索されている[8,9]。

（2）-3　平成13（2001）年取合部の工事

取合部の天井から土が崩落している事実は、昭和59（1984）年ごろから認識されはじめ、平成1（1989）年頃からは、落土のほか、雨水が取合部に侵入していることが疑われるような状況が観察されるようになった。放置しておくと、墳土の大規模な崩落や、雨水の侵入による微生物繁殖などが懸念されたため、平成13（2001）年2月から3月にかけて取合部の崩落止め工事が実施された。この工事では、「高松塚古墳取合部天井の崩落止め工事及び石室西側の損傷事故に関する調査報告書、平成18年6月19日」[10]にあるように、カビ対策が不十分なまま実施され、工事のあとに樹脂などで強化をした取合部版築、石材、擬土面で平成13（2001）年3月、カビが大発生した。

このことに関連して、平成13（2001）年の取合部の崩落止め工事に使用された樹脂のうち、入手可能なもの（アラルダイトなど）について、カビの生育試験を行ったところ、高松塚古墳から分離された主要なカビのいくつかが一部の樹脂で生育することがわかった（第4章1節参照）[1,4]。

高松塚古墳のような高湿度環境で、同様の施設改修を伴う工事が必要となった場合には、きわめて周到なカビ対策が必須である。平成13（2001）年、ラスコー洞窟で入り口の空調システムの改修を契機に洞窟内にカビが大発生した事例[9]とあいまって、今後施設改修などの維持管理の際に、いかにしてカビ対策を行うかを事前に十分に検討することが必要である。

（2）-4　平成13（2001）年取合部の工事のあとの石室内のカビの発生

平成13（2001）年3月、取合部の工事のあとのカビの大発生を受け、この状態で石室を開封するのは危険であるという判断から、石室の点検は平成13（2001）年9月まで延期された。取合部のカビのクリーニングを繰り返し、浮遊菌数が清浄環境レベルに下がったことを確認して、平成13（2001）年9月におよそ1年半ぶりに石室を開封して点検が行われたところ、盗掘口下の南壁、東の青龍付近などの壁面に十数年来初めてカビが発生していた[11]。

このことに関連する事項としては、以下のことがある。

・平成13（2001）年9月に石室を開封した際、取合部から石室へ入る盗掘口プラスチックカバーの上に、例年の点検時よりもかなり多くのカビが発生していた[12]。
・石室内、盗掘口の開口部下の南壁部分に黄色い小さい粒状のカビが発生していた[12]。
・石室内、東壁、西壁に白い綿状のカビが発生していた[12]。
・平成13（2001）年の調査結果は、カビの属レベルの調査だったが、平成13（2001）年3月以降、取合部で分離されたカビと、平成13（2001）年9月と12月に石室内で発生したカビとでは、属レベルでほぼ同様のものがみられていた[11]（第1章）。

・平成16（2004）年以降のカビの種レベルの調査においても、石室内と、取合部のカビの種の構成には大きな違いはなかった（ただし、取合部からの試料数が多くない状況での比較に基づく）[13]（第3章）。
・石室解体に伴う発掘調査の結果、石室は外界から隔絶されてはおらず、墳丘から石室へのびる地震痕跡の亀裂を経て、植物の根や、ムカデ、ダニなどの土壌動物などが石室の石組の隙間から石室内に移動できる状況であったことが明らかとなった[14]。

これらの状況証拠より、平成13（2001）年9月に石室内に発生したカビは、平成13（2001）年3月以降、取合部にカビが大発生した事態と無関係とはいえないと推測される。

(2)-5　平成13（2001）年の取合部の工事以降の対応

平成13（2001）年3月取合部のカビの大発生を受けて、パラホルムアルデヒド燻蒸や、エタノールを主成分とする殺菌製剤によりカビの拭き取りなどが行われたが、すぐには沈静化しなかった[11, 15]。このとき、平成13（2001)年の崩落止め工事で樹脂などで強化処置された箇所を取り払って、新たな方法で処置をするという意見もあったが、すぐには実現せず、最終的に平成13（2001）年の工事と異なる仕様となるポリシロキサン樹脂を用いた全面的処置が行われたのは、平成15（2003）年となった[11]。

平成13（2001）年9月に石室内壁面にカビが発生していたことを受け、石室内でパラホルムアルデヒド燻蒸が行われるとともに、エタノールを浸した筆で菌糸を取り除く作業も実施された。

しかし、平成13（2001）年12月、石室内温度が年間でもっとも上昇する時期に、再び以前と同じ部位を中心としてカビが発生していた。このときも、パラホルムアルデヒド燻蒸が行われるとともに、エタノールを浸した筆で菌糸を取り除く作業が実施された。

このあと、石室内点検は主に文化庁が実施することになった[10]。また、この時期に、壁画の状況を正確に記録しておくため、平成14（2002）年9月から平成15（2003）年3月にかけて、高精細デジタル写真撮影、ポリライトによる調査、蛍光X線による顔料の調査など、石室内での一連の調査・記録作業が行われた。この時期に正確な画像記録をとっておく必要や、さらなる処置のために顔料などの材質調査が必要であったが、人の出入りがその後のカビの発生へ影響を与えた可能性もある。

(2)-6　平成14（2002）年石室壁面で発生した黒い汚れと対応

平成14（2002）年10月の点検時に、青龍、東壁女子群像の近くで粘性のある黒い汚れ（黒い染み）が現れているのが発見された[15, 16]。この黒い汚れは、前年にカビが発生した位置とほぼ一致することがわかった[11]。

このような激しい汚損を避けるには、頻繁に点検を行い、わずかでも変化があった時点で早急に対応する方向性と、逆にあまり人が出入りしないようにする方向性の間で対応を選択する必要があったが、結局、除去できるかどうかわからない黒い汚れなどによる劣化の進行を放置するわけにはいかないということから、点検が以前よりも多く実施されることになった。

また、この黒い汚れをこの時点で除去すべきかどうかについても議論が行われたが、この段階では修復によって除去可能かどうか予測がつかなかった。仮に除去するとなれば、石室内の狭い作業環境のなかで、垂直面の絵画面に対し繊細な作業を行うには大きな困難が予想され、さらに長時間の作業の実施によって、石室内に変化が現れることも懸念された。また、この時点で黒い汚れを除去できたとしても、同じ環境であれば、後に同様のものが再発する可能性も考えられた。そこで、この時点で黒い汚れをとるということは断念された。

最終的に、このような汚損を未然に防ぐために、ある程度の間隔で点検を実施して状況を見守るしかないということになったが、この状況を継続して快方に向かうかどうかについて疑問の声もあがり、抜本的な対策の必要性が強く認識された。

また、止むを得ず点検回数を増やすことになったが、点検が頻繁になることによって、人の出入りや薬剤の使用量が増えた結果、後述するような別の影響が出たことも事実である。

(２)-７　点検と人の出入り

「高松塚古墳壁画劣化原因報告書、表6. 高松塚古墳壁画の劣化原因に関わる事項の整理について」[17)]より、石室内にほとんど人が入る必要がなかった時期には、カビの発生が少ないことがわかっている。

人の出入りに伴う、石室内温度の上昇は、石室内のカビの発生のしやすさに影響を及ぼしていると考えられ、また人が入ることによっての呼気などに含まれる有機物の持ち込みなども微生物の生育のしやすさに影響する可能性がある[18)]。

また、点検頻度が増えると、石室内でより多く蛍光灯の光源も使用されることになる。点検などに伴う光の照射と、暗色系のカビの色素形成に関係があるのかどうかについて、暗色系の *Acremonium* 属を含むいくつかの主要な菌株について検討したところ、*Acremonium*（sect. *Gliomastix*）*masseei* など光照射があったときのほうが若干、色素産生や胞子形成量が多い傾向がみられたものもあった[19)]。ただ、一方では、*Acremonium*（sect. *Gliomastix*）*murorum* など蛍光灯の照射と色素生産に相関がみられない菌株も存在した（第4章参照）。

(２)-８　殺菌処置と薬剤

薬剤についていえば、高松塚古墳の石室でカビなどが発生した場合、とくに絵画のある面で使用できる薬剤は、大きな制約を受ける。まず、絵画の色材や下地の漆喰などへ与える影響を最小限にとどめること、作業者や環境への影響を考え毒性が強すぎないこと、毒性が長期間残留する方法でないこと、などである[20)]。

パラホルムアルデヒドは、平成21（2009）年に特定化学物質第２類に指定され、人体への安全面から使用は極力控えるべきとされているが、昭和50年代にはパラホルムアルデヒド燻蒸が高松塚古墳石室で実施され、当時大発生した *Doratomyces* sp. のカビの対策として一定の効果をあげたと考えられる。しかし、一方では分厚いカビの菌集落（コロニー）が生じているような箇所では、パラホルムアルデヒド燻蒸を行ってもコロニー内部までは効果が十分でないことが知られており、分厚いコロニーが発生しているような場合は、殺菌しつつ物理的に取り除くことを併用することが必要と考えられた。

ラスコー洞窟では、平成13（2001）年にカビが洞窟内に発生した後には、４級アンモニウム塩系の殺菌剤を不織布に浸して、絵画のない壁面に１週間ごとにはりかえたり、消石灰を通路にまく、という処置が報告されている[9]が、高松塚古墳壁画の状態や、石室内の状況を鑑みると、このような方法が即適用可能という状況にはなかった。

また、ラスコー洞窟で絵画に使用されている顔料と、高松塚古墳壁画に使用されていると推測されている顔料などの色材の化学的堅牢性（反応性の大小）が異なるため、同様の方法が使用できるという判断はされなかった。さらに、この先、壁画を修理する方向性となるならば、残留する薬剤の使用が修理作業に及ぼす影響についても考える必要があった。したがって、この時点で、異なる薬剤を試すことについても、何十年、何百年先の影響を考えると、慎重に考えざるを得なかった。

一方、日本の装飾古墳では、過去にホルマリンやエタノールなどの使用例があり、日本画などの絵画のカビの処置にもアルコール系の殺菌剤が使用される例は多いことから、絵画への影響が少ないという点、毒性が比較的低いという点から、カビの殺菌という用途にはアルコール系の殺菌剤が候補となった。

しかし、アルコール系殺菌剤はすぐれた殺菌効力をもち、残留しにくい一方で、うすまった際には、微生物の栄養源として利用される懸念も指摘された[18]。

実際に試験をすると、エタノールが１％程度の低濃度になると、高松塚古墳から分離されたカビ、バクテリア、酵母などの栄養源になることが示された[21, 22]（第４章参照）。

点検回数が増えて、消毒、薬剤処置の回数が増えるとともに、生物膜（バイオフィルム）が出現してきたことは関連があると推測される。土壌中では、多種類の微生物のなかから、その時々の環境条件に適応した微生物が繁殖してくる危険性がある。大きな劣化を引き起こす微生物を殺菌・除去しなければならないが、それぞれの環境条件に適応した微生物が優勢となって、次々と移り変わるために、微生物全体をどのような環境条件で制御すべきであったかという深刻な問題は残されている。

しかし、アルコール系殺菌剤に限らず、パラホルムアルデヒドやイソチアゾリンなどについても、有機物でできた殺菌剤、抗菌剤である以上、それらが分解されたときには、微生物の栄養源になる可能性は同様に指摘されている[18]。

有機系薬剤の使用は、常にそのような危険性と隣り合わせであり、カビの大発生を早急に止めなければならない状況において、使用するタイミング、種類、量について非常に慎重な判断が必要なものであるといえる。本来、いつかは分解し、あるいは薄まる可能性がある殺菌剤を、高湿度環境で多種類の微生物が存在する土壌中で恒常的に使用するべきかどうか、ということは今後の大きな課題であり、ラスコー洞窟のカビの対策においても、議論がわかれている[8, 9]。

昭和50年代に石室で使用された修理材料と殺菌剤との関係について考察すると、高湿度環境においては壁画の剥落止めに使用されたパラロイドB72を利用して高松塚古墳から分離されたカビが生育することが示されたが、パラロイドB72を固化させたのちエタノールを噴霧し、再び乾燥させたものは、もとのパラロイドB72よりもさらにカビが発生しやすくなることが明らかとなった[1, 4]（第４章参照）。この理由はまだ明らかではないが、パラロイドB72はエタノールに溶解し、パラロイドB72が溶解することにより、物性が変化することが関係している可能性と、パラロイドB72がエタノールを保持することによって栄養源が増えるためカビが生えやすくなる可能性などが推察される。

また、殺菌剤の継続的使用による、微生物の慣れ（順化）の可能性について、TBZ、エタノール、イソプロパノール、ホルマリンなどの薬剤について検討が行われた結果、TBZのような抗カビ剤に比較すると、アルコール系の殺菌剤はあまり顕著な順化は観察されなかった[23, 24]（第４章参照）。

分解した際に栄養源とならない殺菌剤、たとえば過酸化水素水（分解すると水と酸素が生成）、次亜塩素酸ナトリウム（分解すると酸素と塩化ナトリウムが生成）などがあるが、過酸化水素水の場合は、微生物量が多いところで使用すると、著しく発泡するため脆弱な漆喰に影響を及ぼす危険性が高く、適用できない。次亜塩素酸ナトリウムについては、顔料などに影響を及ぼすため、壁画に適用することはできない。

キトラ古墳の石室内では、可視できる絵画部分の取り外しが終了した後に間欠的に紫外線を照射し、あるいは場合によって次亜塩素酸ナトリウムを使用する殺菌方法に切り替えられている[25]。これら２つの方法は、いずれも有機物を石室内に残さない制御方法であり、この方法を採用してからは、目視で確認できるカビの発生はほとんどなく、うまく機能していたと考えられる。

しかしながら、この方法は絵画がないという前提があって採用され得る方法であり、この方法がすぐに絵画を有する古墳で使用され得るわけではない。

（２）－９　微生物の漆喰、絵画への影響

多孔質材質に描かれている屋外の壁画は、周囲との物質のやりとりが容易な多孔質材質の性質と高い湿度下にあることが多い状況のために、きわめて微生物被害を受けやすい文化財であると認識されている[26]。

カビなどの微生物は、目にみえる色素などの染みや汚れをつけるということのほかに、代謝産物を生成することによる化学的な劣化や、菌糸などがくいこむことによる物理的な劣化を引き起こす。劣化原因調査のなかで、高松塚古墳から分離されたカビ、酵母、バクテリア（細菌）のなかに、酢酸などの有機酸を産生するものが見出された[27－29]（第４章）。

このような有機酸は、絵画下地の漆喰をとかしたり、場合によっては顔料にも影響を及ぼしたりする可能性もあり得る。

カビでは、*Fusarium* 属分離株で酢酸の生成量が多く、酵母では、平成16（2004）年７月に白虎の前肢の爪付近から採取されたゲル状物質に含まれていた *Pichia* 属分離株で酢酸の生成量が多かった[29]。この種類の酵母は、殺菌剤として使用したエタノールが70倍～100倍程度にうすまり、１％程度の低濃度で存在したときには栄養源として利用し、酢酸を生成することがわかった[28, 29]（第４章参照）。

バイオフィルムの状況などから、古墳壁画保存活用検討会保存技術ワーキング委員の古田太郎博士に方法を相談のうえ、平成17（2005）年９月16日以降は、キトラ古墳と同様に高松塚古墳においてもより炭素源として使われにくいと考えられた消毒用イソプロパノールを主体とする殺菌法に切り替えられた[30]。

また、解体・発掘作業の過程で、壁石接合部から分離されたカビのなかには、昭和50年代に石室で大発生した *Doratomyces* sp. と同じ属のカビが含まれていた。このカビの場合も、それ以外の分離されたカビと同様に、有機酸を産生して漆喰成分に影響を及ぼす可能性が示唆された[13]（第３章参照）。また、壁石接合部の小口面で黒色に着色した試料を直接観察した結果から *Sagenomella* 属様の胞子（分生子）が多数確認されている。このカビも、炭酸カルシウムを含むGYC寒天平板培地で炭酸カルシウムを溶解することから、有機酸を多く生じるものと考えられ、カビの放出する有機酸と漆喰の侵食との関連も疑われ

る[13]（第３章参照）。

(２)-10　ダニや虫などの土壌動物、植物の根など

土壌中からカビなどを食べに集まってくるダニなどの土壌動物は、壁面を歩き回ることによって、カビなどの微生物を拡散し、さらに排泄物や死体が栄養源となって、さらなる微生物の生育を促す。また、ダニなどを狙って、もう少し大きな虫も壁面に現れ、それが歩くことによる壁画面への物理的な影響も考えられる。石室内では、ダニ、ムカデのほか、ワラジムシなども頻繁に観察されており、解体・発掘作業中でも同様にこれらの土壌動物が頻繁に観察されている[14]。ワラジムシなどの侵入は、墳丘から石室の石材の隙間へと入り込む植物の根などを通じて、入ってきたと推測され、これらの土壌動物もカビの拡散や、石室と周辺環境との間で物質や微生物の流出・流入に深く関わっていたと考えられる。

植物の根毛部分では、石材のカルシウムイオンなどの陽イオンを溶出させることが知られており[26, 31]、石材の隙間へ侵入していた根についても、石材や漆喰などの劣化に関与していたことが推測される。

(２)-11　石室内の微生物の由来

平成16（2004）年以降、石室内や取合部、解体・発掘に伴う石材間、石材付近の土、墳丘などから採取した試料で詳細な微生物種調査を行った。種レベルの微生物の同定結果に基づき、文献情報からそれらの微生物の分離源を調べた結果、ほとんどの微生物が「土壌由来」、「植物由来」、「空気由来」、「昆虫由来」とみられるものであった[13]（第３章参照）。

石室、取合部などから分離された微生物は、石室周囲の土壌（発掘中の畦）、墳丘などから分離された微生物種と共通するものも多く、おそらく周囲の土壌から、雨水やダニ、昆虫類などの土壌動物、植物の根、人の出入りなどを介して、侵入したものと推測される[13]（第３章参照）。ただし、石室には石室内の特徴的な環境により適応しやすかったと考えられる種が主要に繁殖したと推察される。

さらに、*Fusarium solani* に近縁な分類群（*Fusarium solani* species complex、以下、FSSCと略記）の詳細な遺伝子解析結果より、石室内での遺伝的多様性がきわめて大きいことが示された[32]。これは、単一の機会に侵入したカビが石室全体に広がったということではなく、微生物の侵入の機会が非常に多いなかで、そのつど異なる遺伝的背景をもつFSSCが侵入して定着してきたことを示唆している。

なお、漆喰などへの影響が大きい酢酸菌については、高松塚古墳由来の試料からは培養法による分離では検出されていないが、培養しないで微生物の存在を検出する方法（非培養法）である変性剤濃度勾配ゲル電気泳動（DGGE）解析を行ったところ、壁石間や取合部土壌などのいくつかの試料で酢酸菌が優占種のひとつとして検出された。そのため、分離手法を集積培養法に変えて分離を試みたところ、DGGE解析で酢酸菌が確認された試料のほとんどから、酢酸菌が分離培養された。このことから、高松塚古墳の壁石間や取合部土壌などに酢酸菌が存在していたと考えられる。一方、石室内部の試料からは、培養法およびDGGE解析ともに酢酸菌は検出されていないが[33]（第３章５節参照）、酢酸菌に特異的な遺伝子塩基配列を検出するPCR法による解析では酢酸菌の存在が確認された（第３章８節参照）。

また、石造文化財などの劣化に関わることが報告されている硫黄酸化細菌については、培養法およびDGGE解析でも、高松塚古墳由来の試料からは検出されなかったことから、硫黄酸化細菌が存在した可

能性は低いと考えられる[33]（第３章参照）。

（３）　今後に向けて

（３）−１　相反する２つの方向性（関与と非関与）

高湿度環境で微生物群集のバランスが崩れた場合には、大きな方向性として２つの相反する対策がある。

「何かを行う・関与する」方向性では、微生物の除去や薬剤による処置を行う、などの対応となるが、この方向性でもっとも確実に微生物被害を止めるための最終的な選択は、恒常的に微生物が生育しない湿度環境（60 % RH 以下）を維持するために壁画を解体、取り外しして保存することである。

「できるだけ関与しない」方向性では、長期間石室を開けずに閉めておく、あるいは埋め戻しという対応になる。ラスコー洞窟の事例では最初は「関与する対応」が試みられたが、現在は「関与しない対応」が試行されているところであり[9]、中国の古墳壁画などでは埋め戻しの例がある（西安の漢代の墓など）。ただ、「関与しない対応」を選択した場合、何が起きたときにすぐに対応することは不可能であり、関与しない間に劣化が進む可能性があることを理解した上で実施する必要がある。

高松塚古墳の場合は、昭和 50 年代に起きた石室でのカビの大発生の際には、最初は「関与する対応」、そして、昭和 57（1982）年以降は人の出入りがほとんどなくなり「関与しない対応」ということになる。

平成 13（2001）年以降のカビの大発生の際にはしばらく閉じておいてはどうか、という意見があった。しかし、平成 14（2002）年 10 月下旬に黒色の汚れが現れるに至り、このような著しい汚損に対処するために、やむを得ず「関与する対応」を選択することとなった。しかし、カビの発生は収束せずに最終的には現地保存から「解体」という対応によって、当分の間壁画を修理し、保存することとなった。

平成 13（2001）年のカビの発生以降に、何も関与せず、閉めておくという対応の妥当性については、今後同様な古墳壁画が発見された場合を想定して、あらかじめ検討しておく必要がある。

「関与する対応」によって、人の出入りが増え、薬剤量も増えたことは、結果的にみれば望ましくなかった点が多々ある。しかし、一方では、「関与する対応」によって、平成 14（2002）年に出現したような顕著な黒いシミの再発は阻止することができた。

何らかの原因で突発的にカビの大発生が起きたとき、「関与しない対応」、例えば「閉めておく」という対応が可能であるかについては、別の視点からの検証が必要である。なぜなら、劣化は蓄積していくためである。

例えば、大地震で倒壊を免れた家屋が、「今回は大丈夫だったから次回の大地震でも大丈夫。」といえるかというと、安易にそういうことはいえない。なぜなら、１回目の地震で目にみえない亀裂が柱などに入っているとすれば、２回目の地震による倒壊のリスクは以前よりも高くなる。３回目以降にはさらに堅牢性は低下していくと考えられる。

高松塚古墳壁画の保存については、高松塚古墳壁画恒久保存対策検討会委員の杉山純多博士、および高鳥浩介博士、同ワーキンググループ委員の阿部恵子博士による現地調査後の所見に、「壁画の特性から現行で取りうる方法が限られている。現行の方法では、カビの発生防止は期待できない。思い切った（石室を取り出し、修理、管理する）対策が必要である。」という意見があり[34]、平成16（2004）年～平成17（2005）年時点では微生物学の専門家からみて、壁画の現地保存はきわめて難しい状況であった。

非常に不安定な石室内の環境で、どの時点まで、また何回まで微生物の大発生が起きても、壁画が持ちこたえられるのか判断することは非常に難しい問題である。壁画を生物劣化の及ばない環境で保存することがもし究極の選択であるならば、どの時点でそれを行うべきかについて発見当初から十分な検討を行っておくことが、今後同様な壁画が発見されたときには、非常に重要であると考えられる。

（3）-2　石室解体までの対策

平成17（2005）年に石室解体による壁画の保護が決定されたのち、平成19（2007）年の解体まで、解体作業の綿密な準備、墳丘の発掘調査、壁画の修理施設の建設などが行われた。この間、壁画を良好な状態に保つためにどのような対策を講じるかについては、主に、

・石室内の湿度を低くする

・石室内の酸素濃度を低くする

・石室内の温度を低くする

という方法について、検討が行われた。

湿度については、石室の相対湿度を90 % RHや80 % RHに下げることが可能であるならば、100 % RHに近い環境でこれまで生育していたカビは生育が抑制される傾向にあることが実験的にわかった[35]。しかし、耐乾性のカビについてはこれらの湿度でも生育することが示された[35]。

また、例えば80 % RHや、これ以下の湿度にした場合、とくに天井面や垂直面の壁画面で亀裂などが生じ、壁画が剥落する危険性があること、また石室内部の湿度を低くすると、周囲の土壌から水分が壁面上に移動してくることによって、壁画表面に塩類や汚れなどが析出してくる可能性が高いと考えられたことなどから、湿度を低めにするという選択は不可と結論づけられた。

次に石室内の酸素濃度を低くする（たとえば窒素ガスなどを充満させるなど）方法についてであるが、石室内の気密性は高くなく[36]、窒素ガスなどを充満させようとしても周囲の土壌に漏洩し、カビの生育をおさえる0.1 %未満の酸素濃度にすることは不可能であると考えられた。また、仮に0.1 %未満の酸素濃度が実現できたとしても、カビには有効であっても、増殖に酸素を必要としない嫌気性細菌には効果はない。

次に温度を低くすることであるが、カビの分離株を使った実験結果では、温度が低いほうが多くのカビは生育速度が遅くなることが示されたため、カビの生育を遅くするという点では、短期的にはある程度有効であると考えられた[37, 38]。

石室内の温度を下げるひとつの方法として、墳丘に覆屋をかけ、直射日光を防ぐ方法があるが、これでは十分な温度低下は期待できないため、冷却管を石室の上下に埋め込み、石室内温度が10 ℃程度になるように制御する方法が提案された。

しかし、10 ℃程度の低温にしたとしても、すべての微生物の生育が完全に抑制されるわけではないので、あくまでも一時的な対策である[37, 38]。また、低温に適した微生物が発生する可能性や、カビのコロニーが暗色化する可能性も事前に指摘されていた（平成17（2005）年のワーキンググループ、国宝高松塚古墳

壁画恒久保存対策検討会第4回における議論による）。

最終的には、石室を10℃程度の低温に保ち、微生物の生育速度を遅くするとともに、人の出入りをできるだけ少なくして解体を待つこととなった。この結果として、それまで石室内で主要に生育していた*Fusarium*属や*Trichoderma*属などのカビが大発生することはなくなったものの、主要な構成種の変遷がおこり、平成18（2006）年以降は暗色系*Acremonium*属が石室内で分布し、西壁女子群像（飛鳥美人）の図像周囲にも出現する事態となった[39)]（第3章参照）。また、平成21（2009）年の検討のなかで、高松塚古墳の石室から分離した菌株を使用して低温状態での生理的性質を調べた結果、10℃程度で、コロニーが暗色に変化するものがあることがわかった[40, 41)]（第4章参照）。

以上のことは、低温による微生物制御の困難さを示す事例である。微生物を制御できる－10℃以下にすると、水分を多く含む壁画では凍結劣化のおそれがあるため、高松塚古墳壁画では適用できない。

（3）－3　突発的な事態に対応するためのリスク予測と意思決定

高松塚古墳は「特別史跡」に指定され、高松塚古墳壁画は「国宝」に指定されている。壁画が「国宝」であり古墳全体が「特別史跡」に二重に指定されている場合、壁画が危機的な状態になったときに、一体である古墳をどのようにして保存するのかについて、突発的な事態が起きる前に、よく議論しておく必要があると考えられる。

このような場合に、解体という選択がされた場合、大きな現状変更を伴い、多くの学識者による検討会などを経て、十分な議論を行ったのちに意思決定がなされることとなり、この過程には複数年を要することになる。

以上の過程は、高松塚古墳の重要性から考えれば当然のことではあるものの、生物被害のような緊急な事態が起きた場合の意思決定と、すみやかな対応という点では、すぐに抜本的な対策が必要であったとしても、時間的にはきわめて対処が難しい問題であることを示している。

高松塚古墳のように、高湿度環境下に脆弱な壁画があるような場合は、生物被害については極めてリスクの高い領域に属することになり、緊急事態に備え、対応の選択肢を予め用意しておき、検討会などで意思決定を先に行っておくことは、有効であると考えられる。緊急事態となった際には、すみやかに情報を公開をして、迅速に対策がとれる体制になっていることが必要であると考える。

ほぼ100％RHという高湿度環境で特定の微生物のみが卓越しない見かけ上の平衡状態に保たれるためには、極めて安定した環境が維持される必要がある。高松塚古墳壁画の現地保存は、このような前提にたって、発掘以前の環境を実現する、という基本方針で行われたといえる。そのために、これまで、石室の公開は行われず、石室内の環境変化を少なくして、微生物や栄養源の持ち込みを抑えようという方針で管理がなされてきた。しかし、そのような高湿度環境での微生物群集のバランスは、環境変化や微生物の持ち込みなどの突発的な出来事によって、急激に崩れる可能性を有している。これは平成13（2001）年に洞窟入り口部分の空調設備の交換工事以後にカビが大発生したラスコー洞窟の例に照らしても、同様なことがいえるであろう。

人工的に保存施設や取合部を設けた高松塚古墳の場合も、人工的に空調設備を導入したラスコー洞窟の場合も、年月がたてば、施設の老朽化は免れ得ないが、このときの工事や設備更新に伴う変化が要因となって、微生物の繁殖を一気に促した可能性がある。

このような設備更新や管理体制のことまで見越して、持続可能な保存方針であるかどうか、当初の段階から、よく計画をしておくべきであると考えられる。

バランスが崩れ、微生物被害が起きるたびに壁画の損傷は進み、劣化が蓄積される。さらに、劣化は同じスピードで進むものではなく、ある閾値を超えたところで、材質は急に堅牢さを失い、急激なスピードで劣化が進むことになる。

高松塚古墳壁画の生物劣化原因の検討を通じて、高湿度環境で壁画を保存することに内在する問題に加え、保存修理のために手を加えた結果に起因する様々な生物被害の事例も明らかにされた。

以上のような結果を大きな教訓とし、高湿度環境にある壁画の保存のあり方を、多くの分野の専門家の協力を仰ぎながら、徹底的に検討していかねばならない。（木川・杉山・高鳥・佐野・石崎）

参考文献

1）高松塚古墳壁画劣化原因調査検討会 第7回、参考資料2、平成21年3月12日、文化庁

2）木川りか、早川典子、山本記子、川野邊渉、佐野千絵、青木繁夫：遺跡等で使用する樹脂のカビへの抵抗性について、保存科学、44、149－156、2005。

3）早川典子、中右恵理子、木川りか、沖本明子、川野邊渉：絵画表面に用いる修復材料の基礎的研究－壁画修復を中心に－、文化財保存修復学会誌、53、1－19、2008。

4）木川りか、佐野千絵、高鳥浩介、喜友名朝彦、杉山純多、安部倫子、中右恵理子、坪倉早智子、早川典子、川野邊渉、石崎武志：高松塚古墳石室内・取合部および養生等で使用された樹脂等材料のかび抵抗性試験、保存科学、49、61－72、2010。

5）Koestler, R. J. and Santoro, E, D.: Assessment of the Susceptibility to Biodeterioration of Selected Polymers and Resins, GCI Scientific Program Report, The Getty Conservation Institute, Los Angeles, CA, 1988.

6）木川りか、佐野千絵、喜友名朝彦、立里臨、杉山純多、早川典子、川野邊渉：キトラ古墳から分離された細菌や酵母の修復用高分子材料に対する資化性試験、保存科学、51、157－166、2012。

7）新井英夫：高松塚古墳壁画の微生物環境とその対策、文化庁（編）国宝高松塚古墳壁画－保存と修理－、文化庁、pp. 186－196、1987。

8）Orial, G., Bousta, F. and Francois, A.: Lascaux cave: Monitoring of microbiological activities, Proceedings of the 31st International Symposium on the Conservation and Restoration of Cultural Property, 2008, National Institute for Cultural Properties, Tokyo, pp. 31－41, 2009.

9）Pallot-Frossard, I, Orial, G., Bousta, F. and Mertz, J-D.: Lascaux cave（France）: A difficult problem of conservation, Proceedings of the 31st International Symposium on the Conservation and Restoration of Cultural Property, 2008, National Research Institute for Cultural Properties, Tokyo, pp. 7－14, 2009.

10）高松塚古墳取合部天井の崩落止め工事及び石室西側の損傷事故に関する調査報告書、平成18年6月19日、文化庁

11）高松塚古墳壁画劣化原因調査検討会 第3回、資料5、平成20年9月30日、文化庁

12）国宝高松塚古墳壁画保存点検報告書、平成13年9月26－29日、東京文化財研究所

13）高松塚古墳壁画劣化原因調査検討会 第12回、参考資料1－1、平成21年11月30日、文化庁

14）高松塚古墳壁画劣化原因調査検討会 第4回、資料6、平成20年10月20日、文化庁

15）国宝高松塚古墳壁画恒久保存対策検討会 第3回、参考資料3、平成17年5月11日、文化庁

16）国宝高松塚古墳壁画恒久保存対策検討会 第3回、参考資料4、平成17年5月11日、文化庁

17）高松塚古墳壁画劣化原因調査検討会、高松塚古墳壁画劣化原因調査報告書、表6（高松塚古墳壁画の劣化原因に関わる事項の整理）、平成22年3月24日、文化庁

18）国宝高松塚古墳壁画恒久保存対策検討会 第5回、資料3－2、平成18年2月9日、文化庁

19）高松塚古墳壁画劣化原因調査検討会 第12回、参考資料1－6、平成21年11月30日、文化庁

20）木川りか、佐野千絵、石崎武志、三浦定俊：高松塚古墳の微生物対策の経緯と現状、保存科学、45、33－58、2006。

21）高松塚古墳壁画劣化原因調査検討会 第7回、参考資料4、平成21年3月12日、文化庁

22）木川りか、佐野千絵、喜友名朝彦、立里臨、杉山純多：高松塚古墳・キトラ古墳石室内の微生物分離株のアルコール系殺菌剤資化性試験、保存科学、49、231－238、2010。

23）高松塚古墳壁画劣化原因調査検討会 第12回、参考資料1－7、平成21年11月30日、文化庁

24）高鳥浩介、久米田裕子、木川りか、佐野千絵：高松塚古墳石室および周辺部由来カビの薬剤に対する馴化、保存科学、49、239－242、2010。

25）木川りか、佐野千絵、喜友名朝彦、立里臨、杉山純多、高鳥浩介、久米田裕子、森井順之、早川典子、川野邊渉：キトラ古墳の微生物調査結果と微生物対策について（2009）、保存科学、49、253－264、2010。

26）Caneva, G., Nugari, M. P. and Salvadori, O. (Eds.): Plant Biology for Cultural Heritage, Biodeterioration and Conservation, translated by Glanville, H. into English, The Getty Conservation Institute, Los Angeles, CA, 2008.

27）高松塚古墳壁画劣化原因調査検討会 第7回、参考資料5、平成21年3月12日、文化庁

28）高松塚古墳壁画劣化原因調査検討会 第10回、資料5－2、平成21年9月1日、文化庁

29）佐野千絵、西島美由紀、喜友名朝彦、木川りか、杉山純多：高松塚古墳石室内より分離された主要な微生物のギ酸・酢酸生成能、保存科学、49、209－220、2010。

30）木川りか、佐野千絵、石崎武志、三浦定俊：高松塚古墳における菌類等微生物調査報告（平成18年）、保存科学、46、209－219、2007。

31）Keller, N. D. and Frederickson, A. F.: The role of plants and colloid acids in the mechanism of weathering, American Journal of Science, 250, 594－608, 1952.

32）高松塚古墳壁画劣化原因調査検討会 第4回、資料2、平成20年10月20日、文化庁

33）高松塚古墳壁画劣化原因調査検討会 第12回、参考資料1－5、平成21年11月30日、文化庁

34）国宝高松塚古墳壁画恒久保存対策検討会 第3回、参考資料5、平成17年5月11日、文化庁

35）国宝高松塚古墳壁画恒久保存対策検討会 第5回、資料8－2、平成18年2月9日、文化庁

36）国宝高松塚古墳壁画恒久保存対策検討会 第3回、参考資料12、平成17年5月11日、文化庁

37）国宝高松塚古墳壁画恒久保存対策検討会 第4回、資料2－1、平成17年6月27日、文化庁

38）国宝高松塚古墳壁画恒久保存対策検討会 第4回、資料2－2、平成17年6月27日、文化庁

39）国宝高松塚古墳壁画恒久保存対策検討会 第6回、資料5－2、平成18年6月29日、文化庁

40）高松塚古墳壁画劣化原因調査検討会 第10回、資料5－3、平成21年9月1日、文化庁

41）高島浩介、高島美奈子、久米田裕子、木川りか、佐野千絵：高松塚古墳石室および周辺部由来カビの温度帯による生理的清浄－発育性および色調変化－、保存科学、49、243－252、2010。

第３章　壁画の微生物汚染の原因となった微生物等の詳細な調査結果

―石室内および隣接環境の微生物等調査

高松塚古墳石室においては、昭和 47（1972）年の発掘以来、文化庁と東京国立文化財研究所（現 東京文化財研究所）の担当者によって定期的に微生物の点検や調査が実施されてきており、目視調査、滅菌綿棒によるサンプリングや、常法による分離・培養・同定（属レベル）などが行われてきた（第１章参照）。しかし、平成 13（2001）年春に実施された高松塚古墳の取合部崩落止め工事以降、カビが取合部および石室内部に発生・拡大し、さらには石室壁面上にバイオフィルム（菌類と細菌の混生体）が出現するなど、微生物の種類や特徴、主に中型土壌動物（ダニ、トビムシなど）や内部環境との関係も含め、その実体およびそれらの由来や侵入経路を究明することが急務となった。表現型・遺伝子型両形質データから個々の微生物の十分な特徴づけ（バイオプロファイリング、生物学的特徴づけ）、詳細な系統分類学的同定や微生物相（ミクロビオータ、microbiota）の解明を目的とし、平成 16（2004）年５月以降、平成 19（2007）年実施の石室解体作業を経て、平成 21（2009）年の墳丘部発掘調査終了まで適時石室内外の微生物調査（主として目視レベル）と試料採取を行った[1-3]。その際、従来とは異なる試料採取法や微生物分離法、遺伝子塩基配列に基づく分子系統解析等も取り入れて、個々の微生物分離株の特徴づけと種レベルの同定を行ってきた[3-5]。本報告書では、これまでの各種分析（解析）の結果から得られたデータや知見の概要を簡潔に記述し、高松塚古墳壁画ならびに漆喰壁の生物劣化への関連を中心に据えて考察する[4]。得られた知見や考察結果の一部はすでに高松塚古墳壁画原因調査報告書[5]に反映されている。また、平成 16（2004）年５月から平成 30（2018）年３月までに高松塚・キトラ両古墳壁画劣化原因調査・研究において、微生物分離株の一連の詳細同定ならびに生物劣化とのかかわりについてのデータ・知見は論文等（付録Ｂ参照）、平成 29（2017）年発表の英文総説[6]（付録Ａ参照）に集約されているので合わせて参照されたい。　（杉山・木川・佐野）

参考文献

１）高松塚古墳壁画恒久保存検討会 第 11 回、資料 5、平成 20 年２月 25 日、文化庁

２）高松塚古墳壁画劣化原因調査検討会 第４回、資料 2、平成 20 年 10 月 20 日、文化庁

３）Sugiyama, J., Kiyuna, T., An, K.-D., Nagatsuka, Y., Handa, Y., Tazato, N., Hata-Tomita, J., Nishijima, M., Koide, T., Yaguchi, Y., Kigawa, R., Sano, C. and Miura, S.: Microbiological survey of the stone chambers of Takamatsu-zuka and Kitora tumuli, Nara Prefecture, Japan: a milestone in elucidating the cause of biodeterioration of mural paintings, Proceedings of the 31st International Symposium on the Conservation and Restoration of Cultural Property, 2008, National Research Institute for Cultural Properties, Tokyo, pp. 51－73, 2009.

４）高松塚古墳壁画劣化原因調査検討会 第12回、参考資料１－１～１－6、平成21年11月30日、文化庁

５）高松塚古墳壁画劣化原因調査検討会、高松塚古墳壁画劣化原因調査報告書、平成22年３月24日、文化庁

６）Sugiyama, J., Kiyuna, T., Nishijima, M., An, K.-D., Nagatsuka, Y., Tazato, N., Handa, Y., Hata-Tomita, J., Sato, Y., Kigawa, R. and Sano, C.: Polyphasic insights into the microbiomes of the Takamatsuzuka Tumulus and Kitora Tumulus, The Journal of General and Applied Microbiology, 63, 63－113, 2017.

1　高松塚古墳石室内外から収集した微生物分析用試料の概要と微生物分離・培養・同定手法

（1）　高松塚古墳石室内外から採取した試料数および試料の種類

これまで高松塚古墳石室内外から平成16（2004）年5月から平成21（2009）年2月にかけて微生物学的調査・研究用に総計716点の試料を採取した。その内訳として、墳丘部の冷却前の平成16（2004）年5月～9月に石室内を中心に37点、墳丘部の冷却直後の平成17（2005）年9月に石室内から8点、冷却後石室内の温度が約10℃前後に安定した時期である平成18（2006）年2月～12月に111点、石室解体作業が実施された平成19（2007）年1月～9月に507点、墳丘部の発掘調査が実施された平成20（2008）年2月～平成21（2009）年2月に53点の試料をそれぞれ採取している。これらの試料の採取した期間および以下に述べる採取場所別にみた試料数の概要をTab. 1にまとめる。

また、採取した試料はその主要構成物（種類、または基質）に基づき、大きく10のカテゴリーに分けられた（Fig. 1）。特に、土壌、漆喰破片と土壌等の混合物、漆喰片や壁画面に発生したカビなどの微生物のコロニーを綿棒で採取した試料やゲル状物質（バイオフィルム）が多く、その他、植物基質（根など）、虫・土壌動物（主に中型土壌動物）、培養平板、レーヨン紙などのカテゴリーに分けられた。

（2）　高松塚古墳石室内外から採取した試料の位置関係に基づくカテゴリーについて

高松塚古墳から平成16（2004）年5月から平成21（2009）年2月にかけて採取した微生物分析用試料は、採取した場所別に大きく5つのカテゴリーに分けられた[1]。すなわち、「石室内」、「壁石間」、「取合部」[2,3]、「石室外」、「墳丘部」である。各カテゴリーについて、以下のとおりまとめる。また、各カテゴリーの位置関係をFig. 2に示す[3,4]。

（1）「石室内」：“閉鎖”環境下の石室内空間から採取された試料（平成16（2004）年5月～平成18（2006）年12月）

この試料は試料の採取時期によって大きく4つに分けられる。

(1－1) 冷却前（平成16（2004）年5月～9月）

(1－2) 冷却直後（平成17（2005）年9月）：墳丘部の冷却を開始した直後

(1－3) 冷却後安定期（平成18（2006）年2月～12月）：石室内の温度が約10℃の一定温度に保たれた時期

(1－4) 石室解体時の壁画面※（平成19（2007）年4月～8月）

※　「石室解体時の壁画面」とは平成19（2007）年4月以降開始された石室解体作業時に、石室解体現場や取り外しされ修理施設に搬送された壁石の“壁画面（壁画が描かれている面を指し、小口面等は含めない）”および床面などの元来の「石室内」空間から“開放”環境下において採取された試料を含める。

（２）「壁石間」：石室内外の中間。主に石室解体に伴い採取された試料（平成 19（2007）年１月～８月）

このカテゴリーには主に以下の箇所から採取された試料が含まれる

・石室を構成する壁石の間、小口面や目地漆喰

・壁石等の亀裂部位からの試料

・床石間の小口面

・盗掘口カバー裏面の石室側半分（取合部側半分は“取合部”試料とする）

（３）「取合部」：“取合部”[2,3] と称される空間から採取された試料（平成 16（2004）年５月～平成 19（2007）年８月）

・墳丘部の発掘、石室解体前後の取合部空間から採取された試料

・盗掘口カバー裏面の取合部側半分

（４）「石室外」：主に石室に隣接した環境（壁石間や取合部のすぐ外側）から採取された試料が含まれる（平成 16（2004）年５月～平成 19（2007）年８月）

・壁石の外面（壁画面の反対で畦等の周辺土壌に接している面）

・畦、床裏面（床石吊り上げ後の床面（土面））からの採取試料

・切石およびその周辺部からの採取試料（平成 19（2007）年８月、平成 20（2008）年２月）

・前室、準備室（平成 16（2004）年５月～平成 18（2006）年 12 月）

（５）墳丘部：石室外試料より外側に位置する古墳の墳丘土およびその周辺環境から採取された試料を含む（平成 18（2006）年、平成 20（2008）年～平成 21（2009）年）。この試料は採取時期により大きく２つに区分される。

（5－1）墳丘部１（平成 18（2006）年）：発掘作業が開始される前の平成 18（2006）年２月に墳丘部周辺環境から採取された試料（墳丘北側の竹薮（遊歩道北側）および石室西脇／東脇と記載された試料）など

（5－2）墳丘部２（平成 20（2008）年～平成 21（2009）年）：主に平成 20（2008）年の保存施設解体作業に伴い採取された試料

・墓道部（保存施設解体・取外した跡付近）

・墳丘部（墳丘部の北、東、南西、南東部からの土壌試料）

参考文献

１）高松塚古墳壁画劣化原因調査検討会 第 12 回、参考資料１－１、平成 21 年 11 月 30 日、文化庁

２）高松塚古墳壁画劣化原因調査検討会 第９回、資料３－１、平成 21 年７月９日、文化庁

３）高松塚古墳壁画劣化原因調査検討会、高松塚古墳壁画劣化原因調査報告書、平成 22 年３月 24 日、文化庁

４）Sugiyama, J., Kiyuna, T., Nishijima, M., An, K.-D., Nagatsuka, Y., Tazato, N., Handa, Y., Hata-Tomita, J., Sato, Y., Kigawa, R. and Sano, C.: Polyphasic insights into the microbiomes of the Takamatsuzuka Tumulus and Kitora Tumulus, The Journal of General and Applied Microbiology, 63, 63－113, 2017.

(3) 微生物分離・培養、同定手法

(3)-1 分離・培養、同定手法

文化財と微生物劣化とのかかわりを理解するには文化財の基質特性(たとえば高松塚古墳の場合、漆喰や壁石)、環境要因(栄養源、光、酸素、温度、水分、pH など)、微生物の多様性(種類、生理的特性、生活環、ライフスタイル、生態、遺伝など)が基本となる。従来、文化財の微生物を含めた生物劣化に関する調査・研究方法には様々な手法が用いられている[1, 2]が、平成16(2004)年5月以降に開始した高松塚古墳石室壁画汚染の微生物調査・研究において、以下のような多相的な(polyphasic)微生物学的同定手法が採用された[3]。それらの手法の概略を Fig. 3 に示す。

高松塚古墳石室内外から適時、微生物分析用試料を採取してきた。採取方法は様々な方法を採用したが、壁画漆喰面の試料からは壁画漆喰面を傷つけないように修理技術者が滅菌綿棒で慎重に表面をぬぐい[1, 2, 4]、プラスチックシャーレ(滅菌済み)内の滅菌水で湿らせた滅菌ろ紙上に一部を擦り付けた後、乾燥しないように適量の滅菌生理食塩水(あるいは滅菌水)に浸した状態で実験室に持ち帰った。また、壁石間や石室外などからの目地漆喰片や植物の根、土壌などの試料については、ピンセットやスパーテルなどで採取して滅菌済みの小型ポリ容器やビニール袋に入れて実験室に持ち帰った。採取した試料は実験室に持ち帰った後、速やかに実体顕微鏡(SM)・光学顕微鏡(LM)観察を行い、後に一部の試料については走査型電子顕微鏡(SEM)による微細構造の観察を行った。培養可能な微生物のうち、菌類については塗抹法と湿室培養法を併用して分離・培養を行い[4-6]、細菌(バクテリア)については塗抹法を用いた[6]。微生物分離株については培養性状および形態的特徴に基づきグルーピングを行った。得られた分離株のうち、代表株について核小サブユニット・リボソーム RNA(nSSU rRNA; 細菌、菌類)、核大サブユニット・リボソーム RNA の D1/D2 領域(nLSU rRNA D1/D2 : 菌類)、ITS(= ITS1-5.8S-ITS2)領域(一部の菌類)、伸長因子 1-α(elongation facter-1 alpha、EF-1α; 一部の菌類)、β-tubulin(一部の菌類)の遺伝子塩基配列を決定し、近隣結合(neighbor-joining; NJ と略記)法、ベイズ(Bayes)法(菌類のみ)等で系統解析を行った。種レベルの同定には可能な限り得られた表現(表現型)・遺伝(遺伝子型)両形質データを統合的に解析する方法を用いた。それぞれの微生物の同定方法の詳細については本報告書の各章・節ならびにすでに発表の原著論文等(付録B)を参照されたい。

培養法によらない、すなわち非培養法(分子生物学的手法)による微生物(主として細菌)の検出については、採取試料から混合 DNA を抽出し、変性剤濃度勾配ゲル電気泳動(Denaturing Gradient Gel Electrophoresis、DGGE と略記)を行った[7, 8]。近年、文化財の微生物劣化調査において、DGGE 法(第3章8節参照)は細菌の群集構造解析に広く用いられている[9-11]。他方、DGGE 法による菌類群集構造の調査・研究は別途、実施した[10-13]。

(杉山・喜友名朝彦・木川・佐野)

参考文献

1) Salvadori, O. and Urzi, C.: Techniques and methods of investigation, In: Plant Biology for Cultural Heritage, Biodeterioration and Conservation, ed. by Caneva, G., Nugari M. P. and Salvadori, O., and translated by Glan-

ville, H. into English, The Getty Conservation Institute, Los Angeles, CA, pp. 347－360, 2008.

2） Pinzari, F., Montanari, M., Michaelsen, A. and Piñar, G.: Analytical protocols for the assessment of biological damage in historical documents, Coalition, 19, 6－13, 2010.

3） Sugiyama, J., Kiyuna, T., An, K.-D., Nagatsuka, Y., Handa, Y., Tazato, N., Hata-Tomita, J., Nishijima, M., Koide, T., Yaguchi, Y., Kigawa, R., Sano, C. and Miura, S.: Microbiological survey of the stone chambers of Takamatsuzuka and Kitora tumuli, Nara Prefecture, Japan: a milestone in elucidating the cause of biodeterioration of mural paintings, Proceedings of the 31st International Symposium on the Conservation and Restoration of Cultural Property, 2008, National Research Institute for Cultural Properties, Tokyo, pp. 51－73, 2009.

4） Allsopp, D., Seal, K. J. and Gaylarde, C. C.: Introduction to Biodeterioration, 2nd Edn, Cambridge University Press, Cambridge, 2004.

5） Gams, W., van der Aa, H. A., van der Plaats-Niterink, A. J., Samson, R. A. and Stalpers, J. A.: CBS Course of Mycology, 3rd Edn, Centraalbureau voor Schimmelcultures, Baarn, 1987.

6） 土壌微生物研究会（編）：新編 土壌微生物学実験法、養賢堂、1992。

7） Muyzer, G., de Waal, E. C. and Uitterlinden, A. G.: Profiling of complex microbial populations by denaturing gradient gel electrophoresis analysis of polymerase chain reaction-amplified genes coding for 16S rRNA, Applied and Environmental Microbiology, 59, 695－700, 1993.

8） Muyzer, G., Hottenträger, S., Teske, A. and Wawer, C.: 3.4.4. Denaturing gradient gel electrophoresis of PCR-amplified 16S rDNA — A new molecular approach to analyse the genetic diversity of mixed microbial communities, In: Molecular Microbial Ecology Manual, ed. by Akkermans, A. D. L., van Elsas, J. D. V. and de Bruijn, F. J., Kluwer Academic Publishers, Dordrecht, pp. 1－23, 1996.

9） Saiz-Jimenez, C.（Ed.）: Molecular Biology and Cultural Heritage（Proceedings of the International Congress on Molecular Biology and Cultural Heritage, 4－7 March 2003, Sevilla, Spain）, A. A. Balkema Publishers, Lisse, The Netherlands, 2003.

10） Sugiyama, J., Kiyuna, T., Nishijima, M., An, K.-D., Nagatsuka, Y., Tazato, N., Handa, Y., Hata-Tomita, J., Sato, Y., Kigawa, R. and Sano, C.: Polyphasic insights into the microbiomes of the Takamatsuzuka Tumulus and Kitora Tumulus, The Journal of General and Applied Microbiology, 63, 63－113, 2017.

11） 西島美由紀、安光得、富田順子、喜友名朝彦、佐藤嘉則、木川りか、佐野千絵、宇田川滋正、建石徹、杉山純多：分子生物学的手法による高松塚古墳・キトラ両古墳の微生物群集構造解析、保存科学、57、23－47、2018。

12） 安光得、富田順子、喜友名朝彦、木川りか、佐野千絵、杉山純多：高松塚古墳石室およびその周辺環境から採取された試料の菌類群集解析、第25回日本微生物生態学会 講演要旨集（2009年11月21～23日、広島大学、ポスター発表）、p. 82、2009。

13） An, K.-D., Tomita, J., Kigawa, R., Sano, C., Ohkuma, M. and Sugiyama, J.: Applications of DGGE and clone library to the fungal community analyses in Takamatsuzuka Tumulus in Nara, Japan. In: Delegate CD-Rom of the 9th International Mycological Congress（“The Biology of Fungi”）, Edinburgh, UK, 1－6 August 2010, Poster no. p3.28, 2010.

Tab. 1　高松塚古墳から採取した試料の採取期間別の試料数

試料採取 期間	事項	試料採取箇所の位置カテゴリー					計
		石室内	取合部	壁石間	石室外	墳丘部	
平成16(2004)年5月-9月	冷却前	22	13	–	2	–	37
平成17(2005)年9月	冷却直後	8	–	–	–	–	8
平成18(2006)年2月-12月	冷却後安定期	59	17	–	27	8	111
平成19(2007)年1月-9月	石室解体	62※	38	276	131	–	507
平成20(2008)年2月-12月 平成21(2009)年2月	墳丘部発掘	–	–	–	15	38	53
計		151	68	276	175	46	716

–：採取試料がないことを示す

※平成19(2007)年4月以降の石室解体作業時に壁石の“壁画面”から綿棒等で採取された試料を示す。

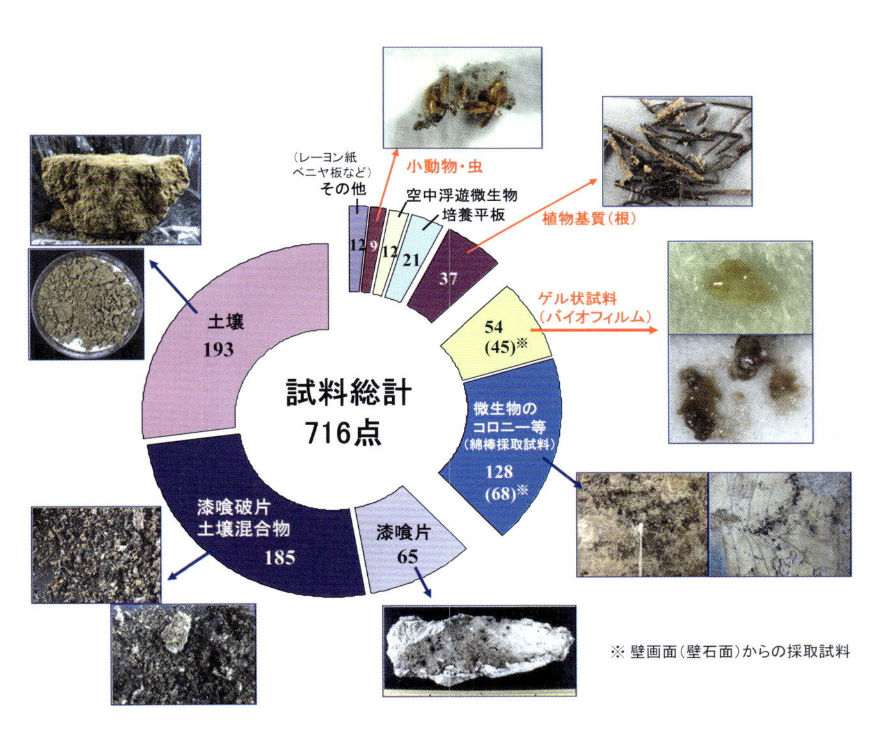

Fig. 1　高松塚古墳石室内外から採取した微生物調査向け試料の概要
(平成16 (2004) 年5月～平成21 (2009) 年2月)

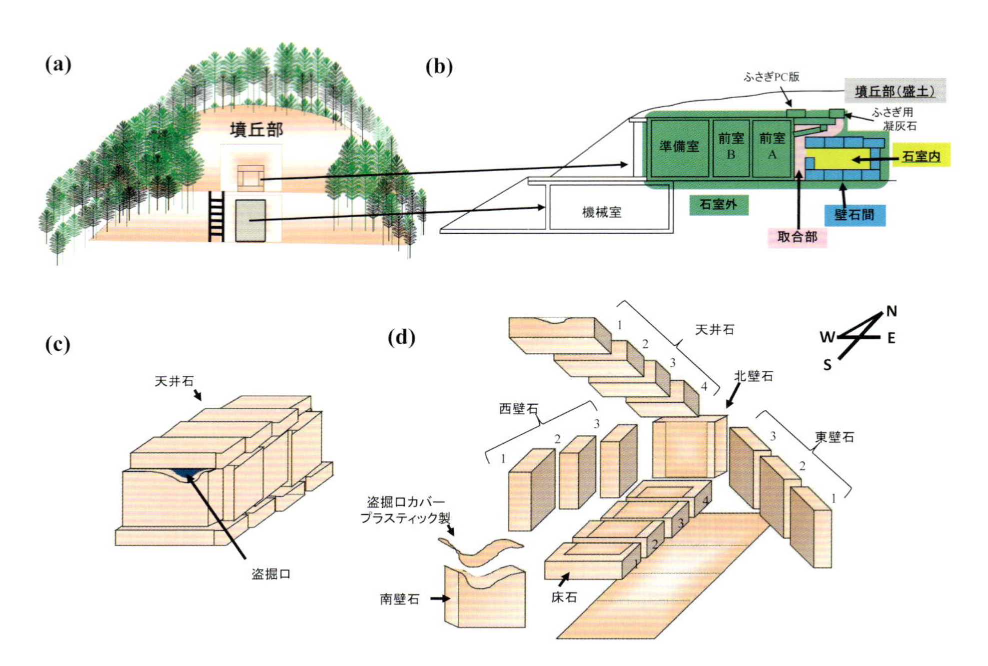

Fig. 2　高松塚古墳の微生物調査向け試料の採取場所の位置関係（参考文献[3, 4]を改変)。詳細は本文参照
(a) 南側から見た古墳（模式図)。(b) 保存施設と石室の断面（南－北）模式図。試料の採取場所とカテゴリー（本文参照）を色分けして示した。(c) 石室の外形（模式図)。(d) 石室の展開図（模式図)。石室石材の名称を四方と番号を付して示した。

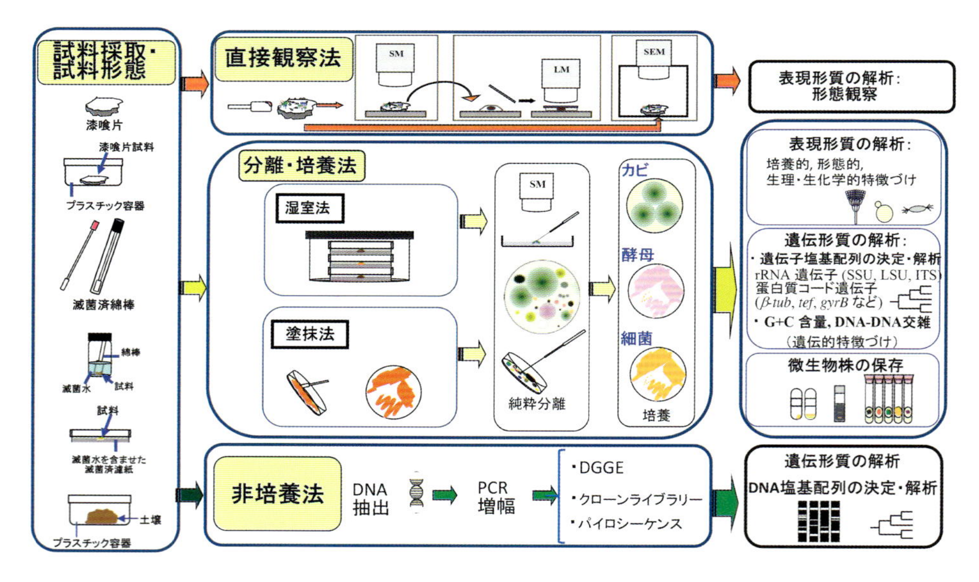

Fig. 3　高松塚古墳の採取試料から分離した微生物の同定手法の概略（参考文献[3, 10]を改変)
図中の略語については、本文ならびにそれぞれの関係する章・節を参照。

2　高松塚古墳採取試料の実体・光学顕微鏡観察

（1）　はじめに

文化財をはじめとする生物劣化の原因を調べる上で、微生物が付着していたり劣化していたりする箇所を注意深く顕微鏡下で直接、観察を行うことは非常に有効な手段である[1, 2]。平成16（2004）年5月以降の微生物調査の過程で適時、高松塚古墳の石室内の壁画面の表面から拭いとった試料、平成19（2007）年4月以降の石室解体作業に伴い採取された石室を構成する壁石面、壁石間の小口面や目地漆喰、石室周辺の畦面から主に漆喰片や漆喰土壌片（漆喰砕片や土壌等の混合物）、土壌、植物基質など様々な試料が採取された（第3章1節、Fig. 2）。これらの試料について肉眼レベルならびに実体顕微鏡による観察を行い、記録を取ると同時に、試料の一部から光学顕微鏡観察用にプレパラートを作製して、高倍率下での光学顕微鏡観察を行った。また、採取した試料を観察すると、微生物のみならず、トビムシやダニなどの中型土壌動物が多くの試料で生きた状態で観察された。その中で、特徴的な試料に関する顕微鏡観察結果を以下にまとめた。

（2）　観察結果

（2）-1　平成17（2005）年9月に壁画面上に発生したバイオフィルム（試料No. T5916-1：石室内西壁白虎前肢下ゲル状試料050916）[3]

平成17（2005）年9月に墳丘部の冷却が開始された直後の平成17（2005）年9月16日に石室内の微生物調査を実施した[3]。その際、石室内の壁画面に多数のゲル状物質が認められた。これらのゲル状物質について、顕微鏡観察を行った結果、多数の微生物（菌類・細菌）の細胞やダニ等の中型土壌動物の遺骸等が混生状態になっているのが確認された（Fig. 1）。このことから、このゲル状物質は複数の微生物の混生体（共同体）、いわゆるバイオフィルムであると考えられた。

（2）-2　平成18（2006）年5月に西壁女子群像の上に発生した黒い染み（試料No. T6517-11：石室内西壁女子群像額の黒色部060517）[4, 5]

墳丘部の冷却が開始され、石室内の温度が約10℃前後に安定し始めた平成18（2006）年に石室内の壁面に黒いコロニーが出現し始めた[4]。平成18（2006）年の2月の出現当時、その黒い染みの正体は不明であったが、平成18（2006）年5月には石室内の広い範囲で黒い染みが拡大し、壁画上、特に西壁女子群像の上に発生し、「飛鳥美人の黒い染み」として問題となった[4]。そこで、この“黒い染み”の箇所から滅菌綿棒で丁寧に拭い取り、プレパラートを作製し光学顕微鏡観察を行った結果、暗色系アクレモニウム属（*Acremonium* sect. *Gliomastix*）の形態的特徴が観察された[4, 5]（Fig. 2）。この“黒い染み”の主因である暗色系アクレモニウム属について、詳細同定を行った結果、*Acremonium*（sect. *Gliomastix*）*masseei* と同定した[5]。なお、本種は同定結果が論文[5]として発表された後、Summerbell et al.[6]により *Gliomastix masseei* のホモタイプ異名（homotypic synonym ＝命名法上の異名）との見解が発表された。

(2)-3　平成19（2007）年5月10日に西側石3南小口の上半部から採取した目地漆喰片試料（試料No. T7510-1：147次5ALI西側石南小口上半漆喰（西3－2石間）070510）の観察[7, 8]

平成19（2007）年の石室解体作業中に西壁石3と西壁石2の間から採取した目地漆喰片を観察した結果、漆喰片のサイズは約17.5×6.5×1.8 cmで、表面が黒～黒褐色や灰褐色に着色し、暗色系のカビを中心とした菌類ならびに細菌などの細胞やダニ等の中型土壌動物の死骸等が混生している状態が観察された[7, 8]（Fig. 3）。また、当試料の走査型電子顕微鏡による詳細な観察結果については第3章10節を参照されたい。この漆喰片が採取された壁石間の環境からは壁画面では認められず、採取試料の顕微鏡観察で認められたような暗色系アナモルフ菌類（*Cephalotrichum*、*Cladophialophora*や*Phialophora*属など）が多数分離されている（第3章3節参照）。この壁石間環境は高松塚古墳石室内環境に発生した多数の微生物が蓄積してきた環境であると考えられた。

(2)-4　盗掘口プラスチックカバー裏面の直接観察[8]

石室入口の閉塞石表面に昭和51（1976）年6月4日に設置された盗掘口プラスチックカバーが平成19（2007）年5月21日に取り外された。盗掘口プラスチックカバーの裏面を観察した結果、取り付け時に全面に塗られたスズ箔が一部剥がれ落ちていたが、石室側のスズ箔の表面は黒色～黒褐色に変色していた。変色の度合いは石室側でもっともひどく、取合部側では元のスズ箔が残っているほど、変色の度合いは低かった。取合部側と石室側の数箇所（主に黒色～黒褐色に着色した箇所）からプレパラートを作成して光学顕微鏡観察した結果、特に、石室側の試料で暗色系のカビを中心とした菌類ならびに細菌などの細胞やダニ等の中型土壌動物の遺骸等が非常に多く混生している状態が観察された[8]（Fig. 4）。このことから、プラスチックカバーの石室側裏面にはこれまで高松塚古墳石室内環境に発生した多数の微生物が蓄積してきた環境であると考えられた。

(2)-5　天井石3壁面に由来する乾燥物（バイオフィルム）の観察[8]

修理施設に搬入された天井石3の表面に乾燥したバイオフィルムと考えられる茶褐色の乾燥物があり、それを取り除いて得た乾燥物試料を実体顕微鏡下で観察した結果、表面に茶褐色～黒褐色の塊が多数付着している様子が観察された。実体顕微鏡および光学顕微鏡観察の結果、菌類や細菌の細胞、ダニ等の中型土壌動物の食痕、排泄物などの混生体であると考えられた[8]（Fig. 5）。

(2)-6　採取した試料中に観察された土壌動物（微小動物）

石室解体および発掘調査時に、石室周囲からは数多くのムシ（微小動物）が観察されている[9]。これまで採取された石室内の壁画面や床上、石室解体時の壁石間の小口面など様々な試料で多くのトビムシやダニなどの中型土壌動物が生きた状態、または死骸やその体の一部が観察された。土壌や壁石間などの試料からはトビムシやワラジムシ、ムカデなどの大型・中型土壌動物が生きた状態で多く観察されている（Fig. 6a、c、d）[10]。また、平成18（2006）年12月の石室内微生物調査時には床上から、体表にアオカビ（*Penicillium*属）が生育したアリの死骸が採取されている[10]（Fig. 6e）。一方で、これまでの一連の採取した試料の観察時に最も多く認められたのがダニの存在である（Fig. 6b）。例えば、壁画面のゲル状試料（バイオフィルム）の大部分において、ダニそのもの、あるいはその体の一部が観察されており[3,8]（Fig. 1、5）、表面が暗色～黒褐色に着色した試料（漆喰破片など）の表面などでも多くのダニが観察されている[8]（Fig. 3）。

これまで、トビムシやダニなど各種土壌動物が壁画の生物劣化に関係していることが多くの研究例において指摘されている[11, 12, 13]。カビなどの微生物がダニなどの各種土壌動物のエサとなる一方で、高松塚古墳においても同様にダニなどの生息が石室内でのカビなどの微生物の拡散に影響を与えるとともに、ダニの排泄物や死骸がカビなどの微生物の栄養源となっていた可能性が考えられる[14]。

（喜友名・木川・佐野・杉山）

参考文献

1）Salvadori, O. and Urzi, C.: Techniques and methods of investigation, In: Plant Biology for Cultural Heritage, Biodeterioration and Conservation, English translation The Getty Conservation Institute, Los Angeles, CA, pp. 347－360, 2008.

2）Pinzari, F., Montanari, M., Michaelsen, A. and Piñar, G.: Analytical protocols for the assessment of biological damage in historical documents, Coalition, 19, 6－13, 2010.

3）国宝高松塚古墳壁画恒久保存対策検討会 第5回、資料3－2、平成18年2月9日、文化庁

4）国宝高松塚古墳壁画恒久保存対策検討会 第6回、資料5－2、平成18年6月29日、文化庁

5）Kiyuna, T., An, K.-D., Kigawa, R., Sano, C., Miura, S. and Sugiyama, J.: Molecular assessment of fungi in "black spots" that deface murals in the Takamatsuzuka and Kitora Tumuli in Japan: *Acremonium* sect. *Gliomastix* including *Acremonium tumulicola* sp. nov. and *Acremonium felinum* comb. nov., Mycoscience, 52, 1－17, 2011.

6）Summerbell, R. C., Gueidan, C., Schroers, H.-J., de Hoog, G. S., Starink, M., Arocha Rosete, Y., Guarro, J. and Scott, J. A.: *Acremonium* phylogenetic overview and revision of *Gliomastix*, *Sarocladium*, and *Trichothecium*, Studies in Mycology, 68, 139－162, 2011.

7）国宝高松塚古墳壁画恒久保存対策検討会 第9回、資料3－6、平成19年9月28日、文化庁

8）国宝高松塚古墳壁画恒久保存対策検討会 第11回、資料5、平成20年2月25日、文化庁

9）国宝高松塚古墳壁画恒久保存対策検討会 第10回、資料6、平成19年11月30日、文化庁

10）国宝高松塚古墳壁画恒久保存対策検討会 第8回、資料6、平成19年3月22日、文化庁

11）Gorbushina, A. A. and Petersen, K.: Distribution of microorganisms on ancient wall paintings as related to associated faunal elements, International Biodeterioration and Biodegradation, 46, 277－284, 2000.

12）Bastian, F., Alabouvette, C. and Saiz-Jimenez, C.: The impact of arthropods on fungal community structure in Lascaux Cave, Journal of Applied Microbiology, 106, 1456－1462, 2009.

13）Bastian, F., Jurado, V., Nováková, A., Alabouvette, C. and Saiz-Jimenez, C.: The microbiology of Lascaux Cave, Microbiology, 156, 644－652, 2010.

14）国宝高松塚古墳壁画恒久保存対策検討会 第3回、参考資料5、平成17年5月11日、文化庁

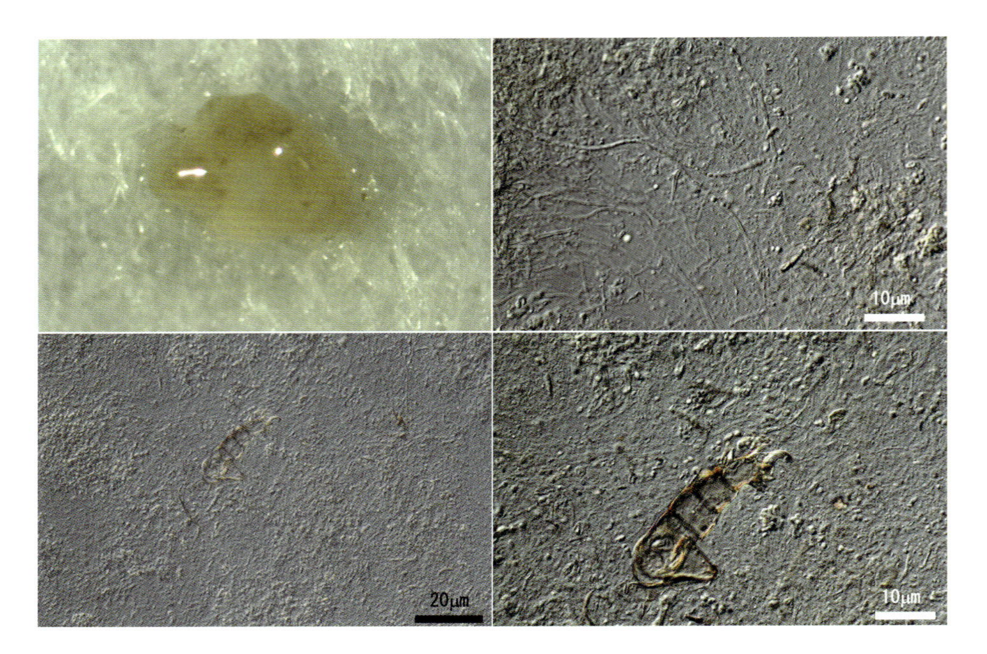

Fig. 1　平成 17（2005）年 9 月に壁画面上に発生したゲル状物質（バイオフィルム）の顕微鏡観察像（試料 No. T5916-1：石室内西壁白虎前肢下ゲル状試料 050916）

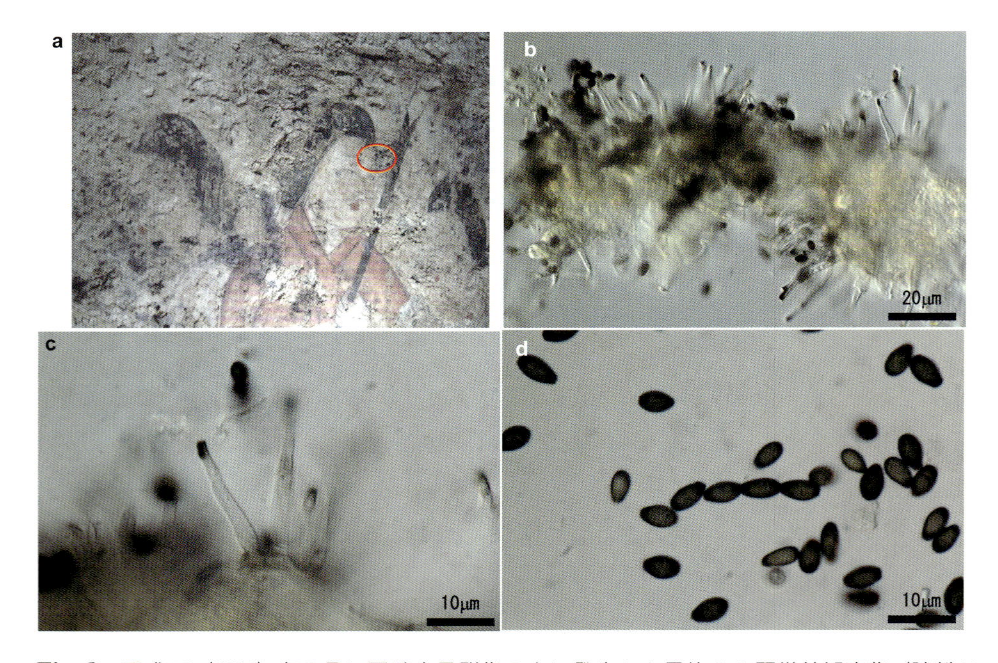

Fig. 2　平成 18（2006）年 5 月に西壁女子群像の上に発生した黒染みの顕微鏡観察像（試料 No. T6517-11：石室内西壁女子群像額の黒色部分 060517）：a 西壁女子群像（写真提供；文化庁）、b-d 写真 a の赤円で囲った箇所から採取した黒染みの光学顕微鏡観察像

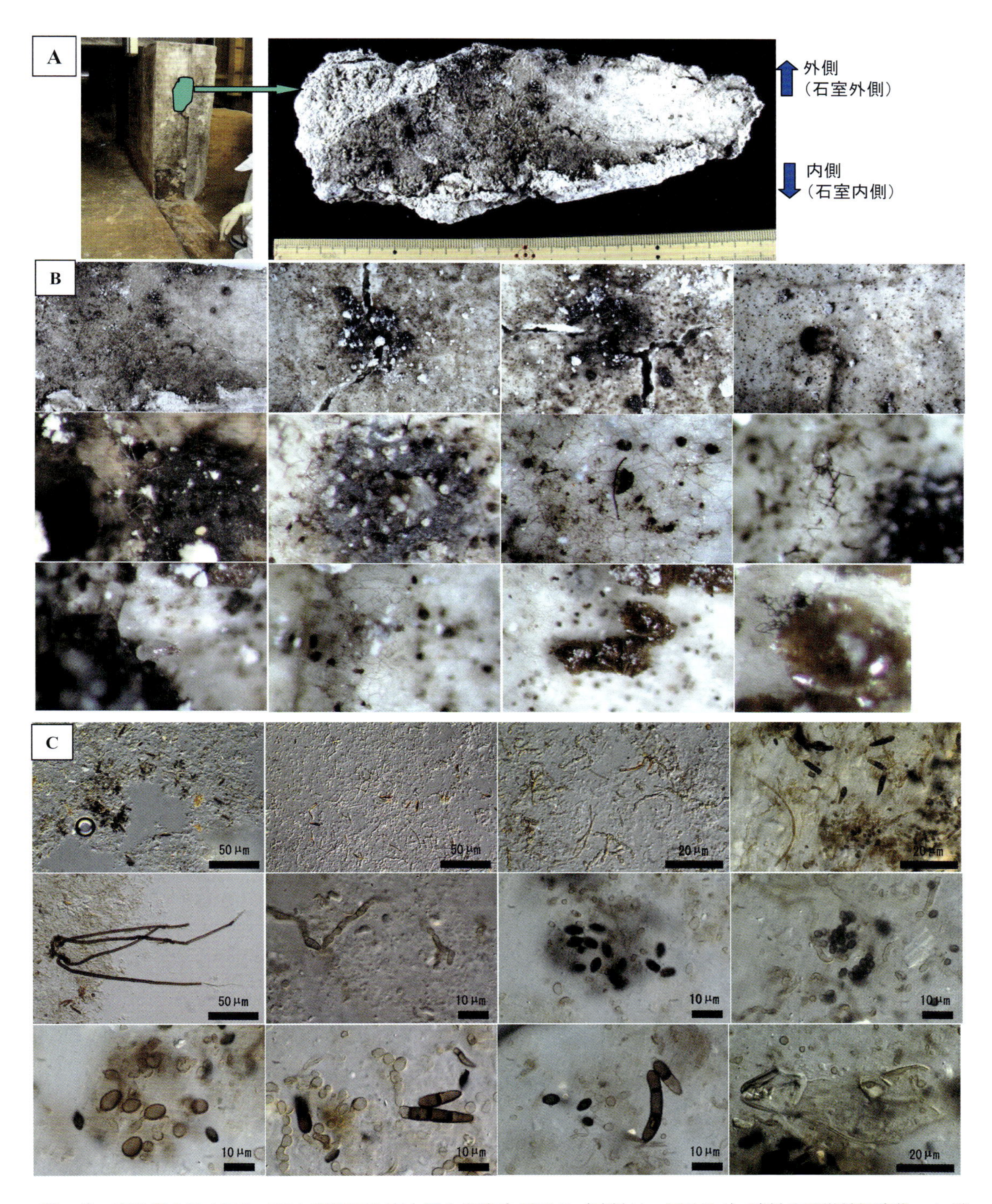

Fig. 3　高松塚古墳 147 次 5ALI 西側石 3 南小口上半漆喰 070510（試料 No. T7510-1）試料の顕微鏡観察像：A 試料採取場所および漆喰片試料全体像、B 試料表面の実体顕微鏡観察像、C 試料表面の光学顕微鏡観察像

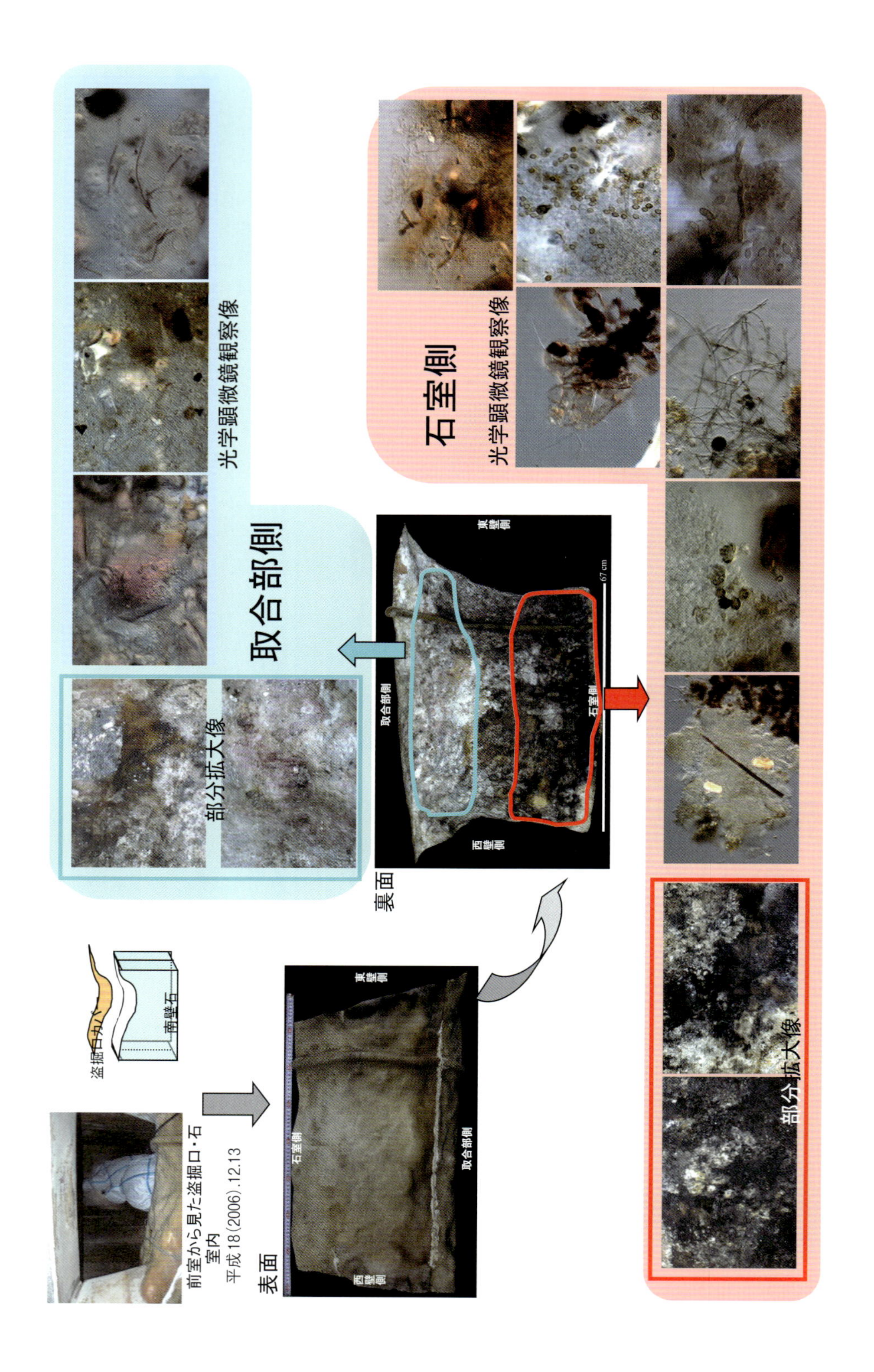

Fig. 4　高松塚古墳石室入口の盗掘口プラスチックカバー裏面の取合部側と石室側の部分拡大像と光学顕微鏡観察像
（試料 No. T7521-8）

Fig. 5　高松塚古墳天井石３壁面南西隅の茶褐色の乾燥物（バイオフィルム）の顕微鏡観察像（試料 No. T7622-9）：A 仮設修理施設に搬入された天井石３および試料採取箇所（赤円）の拡大像および乾燥物の実体顕微鏡観察像、B 乾燥物の光学顕微鏡観察像

Fig. 6　高松塚古墳石室内および壁石間から採取された試料中に観察された中型・大型土壌動物：a トビムシ類（高松塚古墳石室内西壁中央付近の床上 061213（試料 No. T61213-14））、b ダニ（高松塚古墳天井石 2 西側黒色物質（ピット状の穴につまっていたもの）070426（試料 No. T7426-5））、c ムカデ（高松塚古墳東壁石 1 吊上げ後の床面 北西部（石室側）070622（試料 No. T7622-2））、d ワラジムシ（高松塚古墳東壁石 1 吊上げ後の床面 北西部（石室側）070622（試料 No. T7622-1））、e アリ（体表にアオカビが生育しているのが認められる）（高松塚古墳石室内北側の床上（試料 No. T61213-16））

3　高松塚古墳の菌類相調査

（1）　はじめに

壁画をはじめとする文化財の生物劣化に関与する菌類（主にカビ）に関する調査・研究は世界的に報告例は多く[1-7]、一方で、日本国内における研究報告としては高松塚古墳[8, 9]、虎塚古墳[10, 11]、王塚古墳やチブサン古墳[12]が知られている。しかし、これまでの研究例は分離株の形態的特徴に基づく種同定によるものであり、遺伝子解析などの分子生物学的手法は用いられていない。

従来からの分離株の形態観察および遺伝子解析を組み合わせた総合的な分析を行うことで、高松塚古墳石室内およびその隣接環境における菌類相（mycobiota）の解明について報告する[13-15, 65]。

（2）　菌類の分離・培養に供試した試料数

平成16（2004）年5月から平成21（2009）年2月にかけて高松塚古墳の石室内外、墳丘部から採取した試料（第3章1節、Tab. 1）の中から約280点の試料について、菌類を対象とした分離・培養を行い、菌類相の解明を試みた。菌類の分離・培養法の対象とした試料の採取時期の内訳をTab. 1に示した。

（3）　菌類の分離・培養および同定方法

菌類の分離・培養には主に塗抹法と湿室培養法を併用して行った[13-18]。分離株の同定は培養性状および形態的特徴に基づいて、種々の文献[19]に基づいて、属または種レベルまでの同定を行った。なお、試料から同一種が複数株分離された時は、代表1株を残し、1試料から1株分離したという定性評価で分離株の整理を行った。また、得られた分離株の中から分離源等を考慮に入れて選抜した菌株について主に、核大サブユニット・リボソームRNA遺伝子のD1/D2領域（＝28S：菌類）の塩基配列を決定し、近隣結合（neighbor-joining：NJと略記）法で系統解析を行い、分子系統学的同定を行った[13, 14]。なお、一部の菌群については同遺伝子のITS領域（＝ITS1-5.8S-ITS2領域）、タンパク質をコーディングする遺伝子（伸長因子1-α: elongation facter-1 alpha（EF-1α）やβ-tubulinなど）の塩基配列を決定し、近隣結合法やベイズ（Bayes）法により分子系統解析を行った[13, 14, 20, 21]。

（4）　結果

（4）-1　高松塚古墳石室内の菌類相の変化（平成16（2004）年5月～平成18（2006）年12月）

平成16（2004）年5月から平成18（2006）年12月までの高松塚古墳石室内で採取した試料90点から菌類の分離を行った結果、総計426株を分離した。試料の採取時期別にみた菌類相の変化、各菌類群の出現状況をFig. 1にまとめた[22-27, 65]。

平成16（2004）年5月～9月の試料において、*Fusarium*、*Trichoderma*、*Penicillium*の3属が石室内における優占菌類群であった（Fig. 1）[13-15]。分子系統解析の結果、種レベルについてみると、大半の*Fusarium*属分離株は*F. solani*複合種クレード（*F. solani* species complex clade）に含まれた[13]。*Penicillium*属には複数の種が分離されたが、分離株は主に *P. paneum*（*Penicillium* sp. 1）で構成されていた（Fig. 1）[20]。平成17（2005）年９月の石室解体に伴う墳丘部の冷却開始以降、これまでの主要菌類群であった *Fusarium*、*Trichoderma* の両属は徐々に衰退し、特に *Trichoderma* 属は全く分離されていない。これらに代わって、石室内の温度が約10℃に安定化した平成18（2006）年５月以降、飛鳥美人として知られる女子群像の"黒い染み"の原因カビ、すなわち暗色系アクレモニウム属（*Acremonium* sect. *Gliomastix*）が *Penicillium* 属と共に石室内の優占菌類群として観察された（Fig. 1）[14, 15, 21]。暗色系 *Acremonium* 属（主に *Acremonium*（sect. *Gliomastix*）*masseei*）は冷却前の石室内床面で平成16（2004）年５月に採取した試料からも１株分離されている[13]ことから、当菌類群は冷却前から石室内に生息していたが、他のカビの生育や何らかの要因により生育が抑えられていた可能性が考えられる[21]。墳丘部の冷却開始後、石室内の温度低下および他のカビの生育抑制（例えば *Trichoderma* 属など）などの様々な要因により暗色系 *Acremonium* 属（主に *Acremonium*（sect. *Gliomastix*）*masseei*）の繁殖が活性化されたと考えられる[21]。また、平成13（2001）年12月に石室内北壁と南壁面に発生した茶褐色の染み（色素）を産生するカビ、*Cylindrocarpon* 属[13, 28－30]（TBT-1・TBT-2の2株）は平成16（2004）年から平成18（2006）年の石室内の調査では検出されていないことから、平成13（2001）年の発生以降、衰退してしまった可能性が考えられた。他に石室内に特徴的な菌類群として、*Clonostachys* 属や *Candida takamatsuzukensis*[31, 66]、*C. tumulicola*[31, 66]、*Meyerozyma guilliermondii*（≡ *Pichia guilliermondii*）および *P. membranifaciens* の酵母類（第３章４節参照）[32]が認められた（Fig. 1）。

平成16（2004）年以前の高松塚古墳石室内の菌類調査記録において、昭和50年代には *Doratomyces* sp. が大発生した他、*Fusarium* sp.、*Cladosporium* sp.、*Mucor* sp.、*Trichoderma* sp. および *Penicillium* sp. が記録されている[8, 9, 28－30]。このうち、*Doratomyces* および *Mucor* の両属については平成16（2004）年５月以降の詳細な調査においては検出されていない。また、平成13（2001）年の取合部天井の崩落止め工事後には *Penicillium* sp.、*Aspergillus* sp.、*Fusarium* sp.、*Cladosporium* sp.、*Cylindrocarpon* sp.、*Acremonium*（sect. *Gliomastix*）sp. や *Trichoderma* sp. が記録されている[28－30]。

一方、壁画劣化に関わる菌類相に関する海外の研究例[3－6, 67, 68]と比べると、属レベルではほぼ共通した菌類群が高松塚古墳石室内から検出されているが、平成18（2006）年５月以降に石室内で大量発生した暗色系 *Acremonium* 属の *Acremonium*（sect. *Gliomastix*）*masseei* については海外でも報告例はみあたらず、壁画劣化に関連した初めての報告と考えられる[21]。

(４)－２　石室内外の菌類相の比較（平成16（2004）年５月～平成21（2009）年２月）

前項（４)－１でまとめた"石室内（平成16（2004）年５月～平成18（2006）年12月）90試料"の菌類相のデータと石室解体作業に伴って採取された"壁石間（平成16（2004）年５月～平成19（2007）年５月）50試料"、"取合部（平成16（2004）年５月～平成18（2006）年11月）19試料"、"石室外（平成18（2006）年７月～平成19（2007）年５月）66試料"および"墳丘部（平成18（2006）年２月、平成20（2008）年−平成21（2009）年２月）21試料"からの採取試料から分離された菌類相の比較を Tab. 2 にまとめた。また、Domsch et al.[19] などの各種文献資料から推測される各菌類群の主な生息環境（土壌、植物、空気、その他）についても併せて示した[15]。

一連の調査において、各場所（石室内、取合部、壁石間、石室外、墳丘部）の総計246試料から約1400株が分離された。分離株の大部分は門レベルの高次分類学的位置は子嚢菌門に含まれるアナモルフ菌類であり、一部、担子菌門およびケカビ亜門のグループに分類された[69]（Tab. 2）。その中には多数の未同定のSterile mycelia（無胞子菌糸体、すなわち培地上で胞子形成が認められない菌類群）が認められている[15, 65]。

石室内の優占菌類群であった *Penicillium* 属、特に *P. paneum* は平成20（2008）年から平成21（2009）年に採取された墳丘部の試料を除く石室内外いずれの試料においても共通する優占菌類として認められた[15, 20]（Tab. 2）。一方で石室解体時の壁石間および取合部を含む石室外の試料では *P. paneum* 以外の *Penicillium* 属の菌種、特に *Talaromyces minioluteus*（≡ *Penicillium minioluteum*）が多数分離される傾向が認められた（Tab. 2）。*Fusarium* 属については石室内と壁石間の試料では多く分離されているが、石室外（石室周辺の土壌、畦など）や墳丘部試料からはほとんど分離されていない（Tab. 2）。また、同じく石室内の優占菌群であった *Trichoderma* 属は取合部、壁石間、石室外および墳丘部、いずれの試料からも優占菌類群として分離された（Tab. 2）。*Trichoderma* 属は土壌環境に普通に生息することが知られていることから[19]、古墳周辺環境に普通に生息するカビであると考えられた。

平成18（2006）年5月に“飛鳥美人”と呼ばれる石室内西壁女子群像付近の“黒い染み”の主因微生物であった暗色系 *Acremonium* 属の *Acremonium*（sect. *Gliomastix*）*masseei* は取合部、石室外および墳丘部試料からは分離されず、主に石室内環境から分離されているのが特徴であった[21]（Tab. 2）。

石室内から1株のみ分離されながらも取合部で特徴的に出現した菌類群として、*Oidiodendron* 属は墳丘部の冷却以降、平成18（2006）年5月に取合部（西側）に発生した“黒いカビ様の汚れ”の主要菌類であった[25]。この *Oidiodendron* 属は土壌菌類として知られる一方で、植物の根と関係のある菌類種が多く知られており[19]、高松塚古墳の壁石間、石室外および墳丘部の試料から多く検出されている（Tab. 2）ことは、土壌や樹木等の植物の根を媒介手段として、取合部に侵入・定着した可能性が考えられる。また、*Oidiodendron* 属は取合部などの石室周辺環境には普遍的に生息するものの、石室内には侵入・定着ができなかった菌類群の一例として挙げられる。

石室解体時に採取した壁石間や盗掘口プラスチックカバー裏面の試料等からは石室内では認められなかった黒色菌類（*Cladophialophora*、*Phialophora* 両属等）、*Sagenomella* 属や *Oidiodendron* 属などの菌類が多数分離された[15, 33, 66]（Tab. 2）。壁石間は石室を構成している壁石と壁石の接着面を示し、石室内とその周辺環境（石室外、取合部や墳丘部）との中間的位置となる。古墳築造当時、壁石間の隙間は漆喰が詰まっていたと考えられているが、長年の地震等の影響でところどころに亀裂が入り、隙間ができている様子が報告されている[70]。石室解体時の調査において、壁石の取外しで壁石の側面（壁石と壁石の接着面）が露出した際に、黒褐色に着色している様子が多く観察されている[70]（例えば、第3章2節、Fig. 3A 参照）。実際に、壁石の小口面からの試料や盗掘口プラスチックカバー裏面から直接プレパラートを作製して光学顕微鏡下で観察した結果においても、それらの暗色系菌類のものと考えられる菌糸体や分生子が多数観察されている（第3章2節、Fig. 3、Fig. 4 参照）。このことから、壁石間は石室内と周辺環境の両方の環境の影響を受けていた場所であり、長年の微生物の細胞等が“蓄積してきた場所”であり、石室内や周辺環境からの様々な微生物の“避難場所”になっていたと考えられる。その一例として、壁石の小口面から分離された *Doratomyces* 属が挙げられる。*Doratomyces* 属は過去に石室内の壁画面で大量発生したとして報告されている[9]が、それ以降発生した記録はなく、平成16（2004）年から開始された調査においても分離株は得られていない[13-15]。しかし、石室解体時の西壁石１と天井石１との接合面から採取された１試料から *Doratomyces* 属（*Cephalotrichum* 属）１株が分離された（（５）-６参照）。当時に発生記録のある *Doratomyces* 属の分離株および詳細な観察データが残されていないため、詳細な比較はできないが、おそらく同一種であり、当時大量発生したものの生き残りである可能性が高いと考えられた。

（４）-３　高松塚古墳とキトラ古墳の石室内の菌類相の比較

平成 16（2004）年５月～平成 18（2006）年 12 月に採取された高松塚古墳石室内試料と平成 16（2004）年６月～平成 21（2009）年３月に採取されたキトラ古墳石室内試料から分離された菌類相の比較を行った[65]（Fig. 2）。なお、キトラ古墳は壁画の取り外しが終了した後、平成 21（2009）年４月から石室内の UV 照射が開始されていることから今回の比較対象からは外している。キトラ古墳石室内の UV 照射前後の菌類相の変遷については Sugiyama et al.[65] および木川ら[71] の報告を参照されたい。

両古墳石室内の菌類相の比較を行った結果、*Penicillium* 属、*Fusarium* 属や *Trichoderma* 属など共通する菌群がいる一方で、各々の古墳に特異的な菌類の存在が明らかになった（Fig. 2）。例えば、暗色系アウレモニウム属の *Acremonium*（sect. *Gliomastix*）*masseei* は高松塚古墳で特異的に分離されている。また、明色系アクレモニウム属の *Acremonium* cf. *strictum*（*A. killense*, *A. strictum*）[65] や“黒粒”と呼ばれた小型菌核（bulbil）を形成する担子菌系アナモルフ菌類の *Burgoa anomala*[72] はキトラ古墳石室内からのみ特異的に分離されている。近年、*Acremonium* 属から *Sarocladium* 属に再分類された *A. killense* および *A. strictum* は、ヒトへの病原菌類として知られており[73, 74]、キトラ古墳石室内では壁画面のバイオフィルムから多く分離されている[65, 71] ことから、湿った環境を好むことが示唆された。*B. anomala* は植物基質などからの報告があるものの、世界的に報告例は非常に少ない[72]。キトラ古墳石室内では亀裂がある天井壁面などの壁画面から特異的に分離されている[72] 点は非常に興味深い事例である。両古墳石室内の菌類相は海外の古墳等と比較しても共通する菌類群がいるものの、上述のような菌類群が分離されている点は非常に特徴的だと考えられた。

（５）　分離した主要な菌類の分類学的帰属（アイデンティティ）

これまでの調査で認められた高松塚古墳壁画の生物劣化に関わる石室内外から分離された主要な菌類（カビ）の特徴・同定結果について以下に要約する。

（５）-１　*Fusarium* 属分離株

これまで高松塚古墳の石室内外（平成 16（2004）年５月～９月）から分離された *Fusarium* 属の代表分離株の EF-1 α 遺伝子を用いた分子系統解析の結果、分離株は大きく *Fusarium solani* species complex（FSSC）クレード（単系統群、clade）に収容された[13, 14, 33, 65]（Fig. 3）。FSSC クレード内には平成 13（2001）年 12 月に石室内北壁壁面に発生した白色を呈するカビ（TBT-3 株）と平成 14（2002）年 10 月に石室内東壁青龍付近の黒い汚れの箇所から分離した白色を呈するカビ（TBT-4 株）の２株も含まれていることから、同クレード内の種は少なくとも平成 13（2001）年のカビの大発生以降に石室内に定着している常在菌類である可能性が考えられた。FSSC クレードに位置した分離株の多くは高松塚古墳の石室内壁面から分離されており、壁画劣化の主要な菌類の一つと考えられた。また、同クレード内の分離株はラスコー洞窟から分離（平成 14（2002）年、平成 16（2004）年～平成 17（2005）年）、同定された FSSC LSP1-LSP3[34] と分子系統学的に近縁性が示唆されたことから、両壁画の生物劣化を考察する上で興味深い一群である（Fig. 3）。また、EF-1 α 遺伝子を用いた分子系統解析の結果において、ハプロタイプ（haplotype）が検出されるなど、石室内分離株の遺伝的多様性が高いことが示唆された[13]。このことはラスコー洞窟における例[34]と同様に単一の機会に侵入した種類が石室内全域に広がったということではなく、一般に石室内への菌類の侵入の機会が非常に多いなかで、そのつど異なった遺伝的背景をもつ FSSC が侵入して定着してきたことを示唆していると考えられた。

F. solani は土壌環境から普通に分離される土壌菌類の仲間であることから[19]、石室周囲の土壌から石室内部へ侵入してきた可能性が考えられる。しかし、墳丘部等の試料からは墳丘部の南西箇所の 1 試料から 1 株しか分離されていない（Tab. 2）ことから、FSSC クレードの種が墳丘部の環境に普遍的に生育分布していたのかどうかについては不明であり、更なる検討が必要であると考えられる。

また、平成 16（2004）年 7 月に西壁石の白虎の前肢付近に発生したゲル状物質から分離された FSSC クレードの 1 株 T4716－1 について有機酸分析を行ったところ、酢酸を生成することが明らかになっており[35－37]、炭酸カルシウムを主成分とする壁画面の漆喰の劣化に関与していた可能性が考えられる（第 4 章 4 節、5 節参照）。

(5)－2　*Trichoderma* 属分離株

これまで高松塚・キトラ両古墳の石室内外から分離された *Trichoderma* 属 18 株の EF-1 α 遺伝子を用いた分子系統解析の結果、大きく Harzianum-Virens クレード、Viride クレードおよびセルラーゼ生産種（たとえば *T. reesei*）を含む *Trichoderma* 属 *Longibrachiatum* 節に分かれた[13, 14]（Fig. 4）。平成 15（2003）年 9 月に取合部の擬土部分に発生したカビ（TBT-5 株）と平成 16（2004）年 4 月に盗掘口上奥に発生したカビ（TBT-7 株）の 2 分離株は Harzianum-Virens クレードに含まれた（Fig. 4）。そのうち、高松塚古墳由来のすべての分離株が土壌からの分離例が多く知られる Harzianum-Virens クレードに位置した[13, 14]。*Trichoderma* 属の仲間は土壌環境から普通に分離される土壌菌類の仲間であることから[19]、石室周囲の土壌から何らかの手段によって石室内部へ侵入してきた可能性が考えられる。

(5)－3　*Penicillium* 属分離株

(5)－3－1　*Penicillium* 属分離株

これまで、高松塚・キトラ両古墳石室内外からは共通して、子嚢菌類の *Penicillium* 属が優占的に多く分離されてきた[13, 65]。*Penicillium* 属には現在、約 354 種が認められており[76]、生態学的にも文化財等の生物劣化に関わる研究を含め、世界中の様々な環境から報告・研究例があり、産業的にも有用な種類が多く含まれている[3, 19, 77－79]。

従来、菌類分類学において、いわゆる高等菌類と呼ばれる子嚢菌類と担子菌類はテレオモルフ（有性時代）とアナモルフ（無性時代）の両方を備えた多型的生活環を持ち、両モルフに対して別々の学名を付けて実用的に区別されてきた（二重命名法 dual nomenclature）[80]。また、テレオモルフが不明な高等菌類も非常に多く、*Penicillium* 属カビの多くも生活環において有性生殖を営むことなく（あるいは知られていない）無性生殖のみを営むアナモルフ（anamorph）菌類だが、一部には *Eupenicillium* 属と *Talaromyces* 属のテレオモルフ（有性時代）があることが知られている[77]。国際藻類・菌類・植物命名規約の改正（メルボルン規約）に伴い、第59条が定める二重命名法を廃棄して１菌類１学名とする統一命名法“1 Fungus ＝ 1 Name”を適用することになった[80]。すなわち、*Eupenicillium* 属の種は全てアナモルフの *Penicillium* 属に統合され、*Talaromyces* 属とテレオモルフが不明な *Penicillium* 属 *Biverticillium* 亜属の種は全て、*Talaromyces* 属に再分類された[81, 82]。高松塚・キトラ両古墳で分離された *Penicillium* 属分離株は培養上、全てアナモルフのみ確認されており、有性時代は確認されていないが、*Talaromyces* 属に再分類された種が一部含まれている。たとえば、後述の *Penicillium minioluteum* はアナモルフのみ知られているが、現在、当該種の属名としては *Talaromyces* 属が適用され、*P. minioluteum* は異名とされている[82]。

高松塚・キトラ両古墳から分離された *Penicillium* 属 /*Talaromyces* 属の 85 株の 28S および 66 株の ITS の各塩基配列を用いた分子系統解析の結果、28S 領域では *Penicillium* 属内で 10 の節、ITS 領域で８つの節に属するなど、分子系統学的に属内で多様性が高いことが明らかになった[75]（Fig. 5）。

（５）－３－２　*Penicillium* sp. 1 分離株

高松塚古墳の石室内外の試料から分離された *Penicillium* 属の中で、最も多く分離された *Penicillium* sp. 1 について代表分離株の 28S および ITS 各塩基配列を決定し、系統解析を行ったところ、同属 *Roqueforti* 節に帰属することがわかった。さらに β-tubulin 遺伝子による分子系統解析を行った結果、*Roqueforti* 節（本節にはブルーチーズ製造にかかわる *P. roqueforti* が含まれる）に帰属する *P. paneum* とクレード（単系統群）を形成した[20]（Fig. 6A）。*Penicillium* sp. 1 の培養・形態学的形質の観察結果および分子系統学的データの統合的解析から *Penicillium* sp. 1 を *P. paneum* と同定した[20]。また、墳丘部の冷却前後に分離された２株（T4519-5-5、T6517-1-2）および *P. paneum* の基準株である CBS 101032^T の３株について、高湿度条件下（ほぼ RH 100 %）で１週間培養してコロニー径を測定した結果、高松塚古墳石室内からの分離株２株はいずれも CBS 101032^T 株よりも生育は遅く、最適生育温度が 25 ℃という結果が得られたことから、２株いずれも中温菌であり、低温環境で特異的に生育するような特徴は認められなかった[20]（Fig. 6B）。

P. paneum はカビに汚染されたライ麦パン等、食品、サイレージ等からの分離報告例が知られ[38, 39]、土壌環境からの報告例はほとんど皆無である。ただし、上記のような植物起源の基質と深い関係があり、植物の根などの影響も考えられるが、文化財の生物劣化と関係づけられる古墳環境サンプルからの分離報告は今回が初めてとなる[14, 20]。

（５）－３－３　*Penicillium* sp. 2 分離株

Penicillium 属の中でも *Penicillium* sp. 1（*Penicillium paneum*）に次いで高松塚・キトラ両古墳から多く分離された *Penicillium* sp. 2 分離株について培養性状、形態的特徴および分子系統の表現・遺伝両形質データを統合的に解析した結果、*Talaromyces minioluteus*（≡ *Penicillium minioluteum*）と同定した[75]（Fig. 7）。*T. minioluteus* は高松塚古墳石室解体時の壁石間および取合部を含む石室外の試料から多く分離される傾向が認められた（Tab. 2）。海外の研究報告において、*Talaromyces minioluteus* は世界中に分布し、主に土壌菌類と

して知られ、湿気のある環境下で急速な生物劣化を引き起こすことが報告されている[77, 83]。これまで世界中から、土壌、洞窟内土壌、植物体、木材片、貯蔵食品、綿生地、肥料、人体、航空機燃料タンクなど様々な基質から分離報告例がある[77, 83]。しかし、本研究のように文化財の生物劣化に関係したバイオフィルムや石材等の基質からの分離報告は初めてとなる。

Penicillium 属の種はクエン酸や酢酸、グルコン酸などの様々な有機酸を産生することが文献等で知られている[77, 84]。高松塚・キトラ両古墳石室内の優占種であった *Penicillium paneum* の高松塚古墳分離株 T5916-6-1 はギ酸、酢酸、乳酸、リンゴ酸、コハク酸の有機酸を産生することが明らかになっている（第4章4節参照）。また、*Penicillium* sp. 2（*Talaromyces minioluteus* と同定）高松塚古墳分離株 T7530-16-2 について、有機酸生成能試験を行った結果、リンゴ酸 0.005 mg/mL、ギ酸 0.008 mg/mL が検出され、わずかであるが当分離株がリンゴ酸とギ酸を生成することが明らかになっている（第4章4節参照）。また、*T. minioluteus* は *P. paneum* と異なり、高松塚古墳の石室内および壁画面よりも石室解体時の壁石間、盗掘口プラスチックカバーおよび取合部を含む石室外の試料から多く分離されている（Tab. 2）。GYC 平板の培養観察において、*T. minioluteus* T6517-5-2 は顕著な炭酸カルシウム溶解能が認められ（Fig. 7）、この溶解能は同じく高松塚・キトラ両古墳からの *Kendrickiella phycomyces* や *Sagenomella striatispora* と同等であった（第4章5節参照）。このことから、有機酸生成能（リンゴ酸とギ酸）と GYC 平板の炭酸カルシウム溶解能は *T. minioluteus* が石室を構成している凝灰岩切石の劣化に少なからず関与していた可能性が示唆された。

また、*T. minioluteus* の培養性状の観察において、顕著な赤色系の可溶性色素産生が認められた（Fig. 7a）。*Talaromyces* 属の中でも *T. purpurogenus*、*T. atroroseus*、*T. albobiverticillius* および *T. minioluteus* は食品工場で着色料に利用されるような Azaphilone 系赤色色素を産生することが知られている[83, 86]。従って、高松塚・キトラ両古墳サンプル由来の *T. minioluteus* 分離株は石材等の変色劣化に関わっていた可能性が示唆された。さらに、高松塚・キトラ両古墳からの *Penicillium* 属 /*Talaromyces* 属分離株の分生子の塊は青緑色に着色していたことから、壁画等の染みの一因となっていた可能性が考えられる。

(5)-4　暗色系アクレモニウム属（*Acremonium* section *Gliomastix*）分離株

本項で述べる暗色系アクレモニウム属（*Acremonium* sect. *Gliomastix*）は、論文[21]発表された後、Summerbell et al.[74] により *Gliomastix* 属に再分類され、*A. masseei* は *G. masseei*、*A. murorum* は *G. murorum*、*A. polychromum* は *G. polychroma*、*A. tumulicola* は *G. tumulicola* のホモタイプ異名（homotypic synonym = 命名法上の異名）との見解が発表された。

墳丘部の冷却に伴い、石室内の温度が約 10 ℃前後に安定した平成 18（2006）年 5 月以降[40]、石室内で大発生した石室内西壁の“飛鳥美人”と呼ばれる女子群像の“黒い染み”に代表される「黒色のカビ」は全て同じ暗色系アクレモニウム属（*Acremoium* sect. *Gliomastix*）であった[14, 21, 25, 26, 41]。形態および 28S と ITS の各塩基配列を連結した分子系統解析から、平成 18（2006）年 7 月 13 日に石室内西壁男子群像上から分離された 1 株（T6713-14-2）を除く 32 株全てが形態および遺伝学的に同一の *Acremonium*（sect. *Gliomatsix*）*masseei* と同定された[21]（Fig. 8）。*A. masseei* と同定した 32 株の中には墳丘部冷却前に石室内床面上から分離した 1 株（T4519-5-1）が含まれる[13, 21]。このことから、*A. masseei* は墳丘部冷却前の少なくとも平成 16（2004）年から石室内に生息していたが、他のカビの生育や何らかの要因により生育が抑えられていた可能性が考えられる[21]。墳丘部の冷却開始後、石室内の温度低下および他のカビの生育抑制（例えば *Trichoderma* 属など）などの様々な要因により暗色系 *Acremonium* 属（主に *A.masseei*）の繁殖が活性化されたと考えられる[21]。

一方、平成 18（2006）年７月 13 日に石室内西壁男子群像上から分離された１株（T6713-14-2）は *A. masseei* に近縁な *A. murorum* と同定された[21]。暗色系 *Acremonium* 属については平成 13（2001）年 12 月に石室内壁面で発生した記録が残されている[28, 29]。しかし、分離株が残されていないため、正確な比較解析はできないが、当時撮影された光学顕微鏡写真[28, 29]と平成 18（2006）年７月 13 日に石室内西壁男子群像上から分離された１株（T6713-14-2）とを比べると、分生子の形状が類似していた。このことから、*A. murorum* は平成 13（2001）年当時から石室内に生残していたが、他のカビの生育や何らかの要因により生育が抑えられていた可能性が考えられる[21]。

また、墳丘部の冷却前後に分離された２株（T4519-5-1、T6517-1-1）および *A. masseei* CBS 557.75 の３株について、高湿度条件下（ほぼ 100 % RH）で１週間培養してコロニー径を測定した結果、高松塚古墳石室内からの分離株２株はいずれも CBS 557.75 株よりも生育は遅く、最適生育温度が 25 ℃という結果が得られた[21]。しかし、墳丘部冷却後、石室内の温度が約 10 ℃前後になった平成 18（2006）年５月に西壁女子群像の黒シミ箇所から分離された T6517-1-1 株が 10 ℃の低温下で他の２株よりも良好な生育を示したことから、T6517-1-1 株が墳丘部冷却に伴う石室内の温度低下に適応した生理的特徴を有することが明らかになった[21]（Fig. 8B）。

A. masseei は土壌、ウサギの糞や植物基質からの分離報告例が知られており[42－44]、これまで壁画などの文化財の生物劣化に関わる研究報告例はみあたらず、壁画劣化に関連した初めての報告と考えられる[21]。一方、*A. murorum* は土壌など様々な環境から分離報告例が知られる一方で[19, 42]、*Gliomastix murorum* の学名でラスコー洞窟壁画[34, 45, 46]、インドのアジャンタ洞窟壁画[2]から壁画の汚染菌として報告例がある。

(５)－５　“トゲ状カビ”(*Kendrickiella phycomyces*) 分離株

高松塚古墳の取合部、その上に位置する塞ぎ石や盗掘口プラスチックカバー裏面などから堅固な針状の構造をもつ“トゲ状カビ”*Kendrickiella phycomyces*（≡ *Phialocephala phycomyces*）が分離、同定された[15, 27]（Fig. 9、Tab. 2）。同様にキトラ古墳の小前室の石材や石室内壁面等で発生した“トゲ状カビ”[14, 47－51]の分離株および参考菌株（*P. phycomyces* MUCL 4271 & 38565）と高松塚古墳分離株について培養性状、形態的特徴および 18S、28S および ITS 塩基配列を用いた分子系統解析を行った結果、各々は培養性状に顕著な違いが認められ、さらに分子系統学的に違いが認められたが、形態的に差が認められなかったことから、同一種と考えられ、*K. phycomyces* と同定した[49]。*K. phycomyces* はオーク樽、土壌、植物基質や担子菌類の培養平板の汚染菌からの分離報告例が知られている[52, 53]。高松塚古墳の分離株を炭酸カルシウムを含む GYC 寒天平板培地で培養するとキトラ古墳分離株[35]と同様に炭酸カルシウムの顕著な溶解および培地中に白色結晶物の再結晶化現象が観察されている（Fig. 9d）。しかし、高松塚古墳とキトラ古墳の両分離株の GYC 寒天培地の溶解性状には差が認められた（Fig. 9c, g）。一方、キトラ古墳石室内分離株（K5906-1-1）について酢酸生成能試験を実施したところ、培養液中の顕著な pH 低下を示したが、酢酸生成量は検出限界以下であった[36, 37]一方で、クエン酸の顕著な生成が認められた（第4章4節参照）。このことから、キトラ古墳石室内分離株同様に高松塚古墳からの *K. phycomyces* 分離株はクエン酸を生成することで、古墳の石室を構成する石材の劣化に大きく影響を与えていた可能性が高いと考えられた。

キトラ古墳では小前室の石材表面～石室内壁面で生息、分離が確認されている[47−51, 54−56]が、高松塚古墳においては石室内からは平成18（2006）年12月13日に石室内北壁天井寄り箇所から採取した1試料からのみ確認されており、他は東西の壁石間の小口面、盗掘口プラスチックカバー、取合部および取合部上部の塞ぎ石[15, 27]、そして、平成18（2006）年12月13日の保存施設東西脇凝灰岩切石積み擁壁の東側奥下隅穴の中から採取した根試料での生育を確認している[49]（Fig. 10）。特に、この根試料上で *K. phycomyces* が生育している様子を確認できた（Fig. 10）ことから、*K. phycomyces* が植物の根などを媒介して、隣接した取合部上部の隙間などから、取合部環境に侵入した後、石室内や壁石間などへ拡散した可能性が考えられた。

高松塚古墳の石室石材の目地漆喰と壁画面の下地漆喰の表面観察などの材料調査の結果、下地漆喰（目地）表層には漆喰成分の再結晶化によるカルサイトの薄層形成が確認されている[57, 58]。このカルサイト層の生成の要因として、鍾乳洞の鍾乳石のように湿潤で水分の供給がある環境で起こったものであり[57, 58]、100％に近い相対湿度環境下において、表面の水分によって漆喰成分である炭酸カルシウムが一旦溶解したのち、再固化した可能性があると考えられている[59]。一方で、石材表面に菌類による作用でシュウ酸カルシウムの膜が形成される現象が知られている[60]。近年、多くの研究者により、微生物による鉱物化現象、酸生成と生物劣化などの関係についても論じられており[61, 62]、高松塚古墳壁画表面でもそのような現象が起きていた可能性も考えられる。炭酸カルシウムを含むGYC寒天平板培地に類した培地が壁画汚染の微生物調査時に検出微生物の炭酸カルシウム溶解能のスクリーニングに用いられている研究例が知られている[63]など、*K. phycomyces* などの例で見られるように、炭酸カルシウムを含むGYC寒天平板培地での培養確認は、漆喰成分の炭酸カルシウムの溶解と関与する微生物を検出する際の指標として有効である可能性があると考えられる。

(5)-6　*Cephalotrichum* 属（*Doratomyces* 属）分離株

Doratomyces 属は古くから多くの研究者によって使用されていた属名だが、*Cephalotrichum* 属とヘテロ異名（ヘテロシノニム）の関係にあることが知られており[88]、現在では *Cephalotrichum* 属の学名が採用されている[88, 89]。本報告書では　*Doratomyces* 属に対して、*Cephalotrichum* 属の学名を使用することとする。

暗色系のアナモルフ菌類 *Doratomyces* 属は過去に石室内の壁画面で大量発生したとして報告されている[9]が、昭和57（1982）年以降終息し、その後発生した記録はなく、平成16（2004）年以降の調査においても石室内より分離されることはなかった。しかし、石室解体時の西壁石1と天井石1との接合面から採取された漆喰片・土壌・植物根の混合1試料から1株（T7530-12-1）が分離された[15, 65, 86]（Fig. 11、Tab. 2）。過去に発生記録のある *Doratomyces* 属の分離株および詳細な観察データが残されていないため、詳細な比較はできないが、おそらく同一種であり、当時大量発生したものの生き残りである可能性が高いと考えられた。分離株について培養性状、形態的特徴、28SおよびITS塩基配列を用いた分子系統解析を行った結果、*Cephalotrichum verrucisporum*（≡ *Doratomyces verrucisporus*）[64, 90]と同定した（Fig. 10）[86]。*Cephalot-*

richum（異名 *Doratomyces*）属は分解過程の植物基質、糞から普通にみられ、土壌、アルタミラ洞窟（スペイン）の洞窟内の壁面やネズミの糞などからの報告例が知られている[19, 68, 89]が、文化財等の生物劣化に関連した報告は昭和 55（1980）年頃からの高松塚古墳からの報告[9]のみであり、それ以外で報告例は見当たらない。さらに、*C. verrucisporum* は中国の山地土壌から新種記載[64]されて以降報告例は少なく、他に、砂丘[89]や工業地帯の PCB 汚染土壌[91]から分離報告されている。このことから高松塚古墳からの分離株は石室周辺の土壌環境から植物根を媒介して、石室内へ侵入した可能性が考えられた。また、分離株について炭酸カルシウムを含む GYC 寒天平板培地で培養した結果、炭酸カルシウムのわずかな溶解が観察されているが、再現性が認められていないため、性状試験について再検討する必要があると考えられる（第４章５節参照）。

（５）－７　*Sagenomella* 属分離株

高松塚古墳石室解体時に採取された盗掘口プラスチックカバー裏面、取合部に露出した天井石表面や保存施設周辺の土壌試料から *Sagenomella* 属菌類が分離された[15, 65, 86]（Fig. 12、Tab. 2）。高松塚古墳石室解体時採取試料からの４分離株（T7214-14k-1、T7521-8D-1、T8804-4-7 および T81203-3-8）およびキトラ古墳小前室石室入口天井石側面からの１分離株（TBK-20）について培養性状、形態的特徴および ITS 塩基配列を用いて分子系統解析を行った結果、高松塚古墳４分離株は *S. striatispora* と同定した（Fig. 12）[86]。キトラ古墳分離株 TBK-20 は当初、*Penicillium* sp. と同定していた[13]が、*S. griseoviridis* と再同定された（Fig. 12）。*S. striatispora* および *S. griseoviridis* は土壌から分離報告例がある[42, 92, 93]ことから、各分離株は高松塚・キトラ両古墳の墳丘部土壌由来である可能性が考えられた。

S. striatispora は特徴的な表面構造を有する分生子を形成する（Fig. 12）ことから、他の菌類と異なり、識別がしやすい。石室解体時に採取された壁石の小口面の黒色に着色した試料から直接プレパラートを作製して光学顕微鏡下で観察したところ、*S. striatispora* の分生子と考えられるものが多数観察されている（例えば、第３章２節、Fig. 4 参照）。このことから、*S. striatispora* の分離株は４株のみと少ないが、石室環境（主に壁石間の小口面など）に広く生息していた可能性が高いと考えられた。

S. striatispora 分離株（T7521-8D-1、T8804-4-7）を炭酸カルシウムを含む GYC 寒天平板培地で培養すると炭酸カルシウムの顕著な溶解が観察されている（Fig. 12b, f、第４章５節、Fig. 43 ～ Fig. 44 参照）。また、*S. striatispora* 分離株 T7521-8D-1 はギ酸、酢酸、乳酸、リンゴ酸、コハク酸の複数の有機酸で比較的多い生成が認められているものの、その全体の有機酸生成量は *Fusarium* 属などよりも低い値を示したが、培養液中の pH 変化量は高い値を示していることから、調査した有機酸以外の酸を生成していたことが考えられている（第４章４節参照）。このことから、*S. striatispora* は何らかの有機酸を産生することで、古墳の石室を構成する石材の劣化に大きく影響を与えていた可能性が高いと考えられた。

（５）－８　*Cladophialophora* 属および関連 Chaetothyriales 目菌類群分離株

高松塚古墳の石室解体時に壁石間や石材表面から多数の黒色菌類が分離された[65]。この黒色菌類は主に Chaetothyriales 目の *Cladophialophora*、*Exophiala*、*Phialophora* 各属で構成されており、類似した菌類が平成 21（2009）年の UV 照射開始後のキトラ古墳石室内壁石面からも多数分離されている[65, 71]。これら黒色菌類は様々な岩石基質からも多く報告されている[95]。そこで、高松塚・キトラ両古墳からの *Cladophialophora* 属の分離株24株について培養性状、形態的特徴、28SおよびITS塩基配列を用いた分子系統解析（Fig. 13）を行った結果、*Cladophialophora* sp. 1（15株）、*Cladophialophora* sp. 3（6株）、*Cladophialophora* sp. 2（1株）、*Cladophialophora* sp. 4（1株）および *C. chaetospira* に近縁な1株に分類され、その中、*Cladophialophora* sp. 1 および *Cladophialophora* sp. 3 については *Cladophialophora* 属の2新種（*C. tumulicola*, *C. tumbae*）として提唱・記載した[94]。*C. tumulicola* は高松塚古墳の壁石間や壁石表面の黒色粘性物質、漆喰片や根、墳丘部土壌、平成21（2009）年のUV照射開始後のキトラ古墳石室内壁石表面や壁石亀裂内の粘性物質から分離され、一方で、*C. tumbae* は高松塚古墳壁石間の漆喰片、盗掘口プラスチックカバー裏面、取合部内のアリの巣下の土壌から分離されている[94]。*Cladophialophora* 属はヒト・動物・植物への病原菌 / 寄生菌、土壌や植物等の腐生菌として様々な環境に生息し、世界中に分布していることが知られている[88, 95]が、文化財の生物劣化に関わる基質からは初めての報告となった。

Chaetothyriales 目菌類群の中にアリとの共生関係が示唆される系統群（carton clade）が多く存在することが報告されている[96]。28S領域を用いた分子系統解析の結果において、*C. tumbae* はその一部の系統群（carton clade 2）とクラスターを形成しており[94]、実際に高松塚古墳の取合部内のアリの巣下土壌から1株分離されていることから、生態的にアリとの関係が示唆される。一方で、*C. tumulicola* と近縁となった *C. mycetomatis* はヒトの皮下感染の種として、また後者と *C. exuberans* は高脂質のババスココナッツ実殻[95, 97]からも報告されていることから、*C. tumulicola* の分離源を考慮したところ、*C. tumulicola* が植物基質由来で比較的栄養源が豊富と考えられる粘性物質（バイオフィルム）を栄養源としていた可能性が示唆された。興味深いことに、*C. tumulicola* や *C. tumbae* などの *Cladophialophora* 属および関連 Chaetothyriales 目菌群は高松塚・キトラ両古墳石室内の壁画面試料（バイオフィルムや黒色染み等、キトラ古墳では平成21（2009）年のUV照射前の壁画面）では試料の直接顕微鏡観察（第3章2節参照）、培養法および非培養法（第3章7節参照）で検出されていない[65, 71]（Tab. 2）。このことは、本菌類群の温湿度に対する生理学的特性あるいは他の微生物との相互作用によるものと考えられる。

（5）−9　その他の特徴的な菌類（カビ）分離株

（5）−9−1　*Oidiodendron* 属分離株

石室内から1株のみ分離されながらも取合部で特徴的に出現した菌類群として、*Oidiodendron* 属がある。このカビは墳丘部の冷却以降、平成18（2006）年5月に取合部（西側）に発生した“黒いカビ様の汚れ”の主要菌類であった[25]。この *Oidiodendron* 属は土壌菌類として知られる一方で、植物の根と関係のある種が多く知られており[19]、高松塚古墳の壁石間、石室外および墳丘部の試料から多く検出されていることは、土壌や樹木等の植物の根を媒介手段として、取合部に侵入・定着した可能性が考えられる。*Oidiodendron* 属は取合部などの石室周辺環境には普遍的に生息するものの、石室内ではほとんど検出されていないことから、石室内には侵入・定着ができなかった菌類群の一例と考えられる。

（5）−9−2　*Clonostachys* 属分離株

高松塚古墳石室内の壁画面を含む様々な試料から *Clonostachys* 属（*C. rosea* に近縁）が多く分離されてい

る（Fig. 1、Tab. 2）。この属は土壌環境に広く生息しており、さらに菌寄生性（mycoparasitism）の特徴を持つことが知られている[19]。

（６） 石室内の菌類の由来および侵入経路について

平成 16（2004）年５月～平成 21（2009）年２月までに得られた試料の中、菌類を対象に分離作業を行った試料の採取場所別に分離データを整理し、石室を中心した試料の採取場所の位置関係別（東西南北、石室上部および下部）にみた菌類相の比較を試みた。位置関係は取合部上（塞ぎ石等）、取合部、石室上、天井石間、盗掘口（プラスチックカバー含む）、側壁と天井石間、側壁間（東西）、側壁と床間、床間、床石下に大きく分けて比較した結果、石室内の壁画劣化に関与する菌類の侵入経路には取合部、取合部上部、石室の入口の他に、石室周辺の土壌環境（主に東西および石室上部）等、複数の経路が存在する可能性が示唆された。また、石室内から生態的に様々な環境から報告例がある菌類が多く分離されている（Tab. 2）。基本的に土壌や植物体由来の菌類が多いと考えられ、その侵入手段としても周辺環境からの流入水、墳丘部の植物の根等、トビムシやダニ等の各種土壌動物や調査に出入りしていたヒトによる媒介等、様々な可能性が考えられた。菌類等の微生物の石室内への侵入経路については Sugiyama et al. の英文総説[65]（付録 A）においても考察されている。

（喜友名・安光得・木川・佐野・杉山）

参考文献

１）Berner, M., Wanner, G. and Lubitz, W.: A comparative study of the fungal flora present in medieval wall paintings in the chapel of the castle Herberstein and in the parish church of St Georgen in Styria, Austria, International Biodeterioration and Biodegradation, 40, 53－61, 1997.

２）Dhawan, S., Garg, K. L. and Pathak, N.: Microbial analysis of Ajanta wall paintings & their possible control in situ, Biodeterioration of Cultural Property 2（Proceedings of the 2nd International Conference October 5－8, 1992, Yokohama, Japan）, International Communications Specialists, Tokyo, pp. 245－262, 1993.

３）Garg, K. L., Jain, K. K. and Mishra, A. K.: Role of fungi in the deterioration of wall paintings, Science of The Total Environment, 167, 255－271, 1995.

４）Karbowska-Berent, J.: Microbiodeterioration of mural paintings: A review, In: Art, Biology, and Conservation: Biodeterioration of Works of Art, ed. by Koestler, R. J., Koestler, V. H., Charola, A. E., and Nierto-Fernandez, F. E., The Metropolitan Museum of Art, New York, pp. 267－301, 2003.

５）Nugari, M. P., Realini, M. and Roccardi, A.: Contamination of mural paintings by indoor airborne fungal spores, Aerobiologia, 9, 131－139, 1993.

６）Saarela, M., Alakom, H.-L., Suihko, M.-L., Maunuksela, L., Raaska, L. and Mattila-Sandholm, T.: Heterotrophic microorganisms in air and biofilm samples from Roman catacombs, with special emphasis on actinobacteria and fungi, International Biodeterioration and Biodegradation, 54, 27－37, 2004.

７）新井英夫：ネフェルタリ王妃墓の微生物について、保存科学、27、13－20、1988。

８）Arai, H.: Microbiological studies on the conservation of mural paintings in tumuli, Conservation and Restoration of Mural Paintings（1）（Proceedings of International Symposium on the Conservation and Restoration of Cultural Properties, Tokyo, Japan）, Tokyo National Institute of Cultural Properties, Tokyo, pp. 117－124, 1984.

9）新井英夫：高松塚古墳壁画の微生物学的環境とその対策、文化庁（編）国宝 高松塚古墳壁画－保存と修理－、文化庁、pp. 186－196、1987。

10）Arai, H.: The environmental analysis of archaeological sites, Trends in Analytical Chemistry, 9, 213－216, 1990.

11）江本義理、門倉武夫、見城敏子、新井英夫：史跡虎塚古墳彩色壁画保存に関する調査研究（受託研究報告 第51号）、保存科学、22、121－146、1983。

12）江本義数、江本義理：装飾古墳内の微生物調査 福岡県王塚古墳・熊本県チブサン古墳、保存科学、12、95－102、1974。

13）Kiyuna, T., An, K.-D., Kigawa, R., Sano, C., Miura, S. and Sugiyama J: Mycobiota of the Takamatsuzuka and Kitora Tumuli in Japan, focusing on the molecular phylogenetic diversity of *Fusarium* and *Trichoderma*, Mycoscience, 49, 298－311, 2008.

14）Sugiyama, J., Kiyuna, T., An, K.-D., Nagatsuka, Y., Handa, Y., Tazato, N., Hata-Tomita, J., Nishijima, M., Koide, T., Yaguchi, Y., Kigawa, R., Sano, C. and Miura, S.: Microbiological survey of the stone chambers of Takamatsuzuka and Kitora tumuli, Nara Prefecture, Japan: a milestone in elucidating the cause of biodeterioration of mural paintings, Proceedings of the 31st International Symposium on the Conservation and Restoration of Cultural Property, 2008, National Research Institute for Cultural Properties, Tokyo, pp. 51－73, 2009.

15）高松塚古墳壁画劣化原因調査検討会 第12回、参考資料1－1、平成21年11月30日、文化庁

16）Allsopp, D., Seal, K. and Gaylarde, C.: Introduction to Biodeterioration, 2nd Edn, Cambridge University Press, Cambridge, 2004.

17）Krug, J. C.: Moist chambers for the development fungi, In: Biodiversity of Fungi, Inventory and Monitoring Methods, ed. by Muller, G. M., Bills, G. F. and Foster, M. S., Elsevier Academic Press, Amsterdam, pp. 589－593, 2004.

18）Gams, W., van der Aa, H. A., van der Plaats-Niterink, A. J., Samson, R. A. and Stalpers, J. A.: CBS Course of Mycology, 3rd Edn, Centraalbureau voor Schimmelcultures, Baarn, 1987.

19）Domsch, K. H., Gams, W. and Anderson, T.-H.: Compendium of Soil Fungi, 2nd Edn, IHW-Verlag, Eching, 2007.

20）An, K.-D., Kiyuna, T., Kigawa, R., Sano, C., Miura, S. and Sugiyama, J.: The identity of *Penicillium* sp. 1, a major contaminant of the stone chambers in the Takamatsuzuka and Kitora Tumuli in Japan, is *Penicillium paneum*, Antonie van Leeuwenhoek, 96, 579－592, 2009.

21）Kiyuna, T., An, K.-D., Kigawa, R., Sano, C., Miura, S. and Sugiyama, J.: Molecular assessment of fungi in "black spots" that deface murals in the Takamatsuzuka and Kitora Tumuli in Japan: *Acremonium* sect. *Gliomastix* including *Acremonium tumulicola* sp. nov. and *Acremonium felinum* comb. nov., Mycoscience, 52, 1－17, 2011.

22）国宝高松塚古墳壁画恒久保存対策検討会 第1回、資料5、平成16年6月4日、文化庁

23）国宝高松塚古墳壁画恒久保存対策検討会 第3回、参考資料3、平成17年5月11日、文化庁

24）国宝高松塚古墳壁画恒久保存対策検討会 第5回、資料3－2、平成18年2月9日、文化庁

25）国宝高松塚古墳壁画恒久保存対策検討会 第6回、資料5－2、平成18年6月29日、文化庁

26）国宝高松塚古墳壁画恒久保存対策検討会 第7回、資料4、平成18年7月24日、文化庁

27）国宝高松塚古墳壁画恒久保存対策検討会 第８回、資料６、平成 19 年３月 22 日、文化庁

28）国宝高松塚古墳壁画恒久保存対策検討会 第 10 回、資料５、平成 19 年 11 月 30 日、文化庁

29）木川りか、佐野千絵、石崎武志、三浦定俊：高松塚古墳の微生物対策の経緯と現状、保存科学、45、33－58、2006。

30）Kigawa, R., Sano, C., Ishizaki, T., Miura, S. and Sugiyama, J.: Biological issues in the conservation of mural paintings of Takamatsuzuka and Kitora tumuli in Japan, Proceedings of the 31st International Symposium on the Conservation and Restoration of Cultural Property, 2008, National Research Institute for Cultural Properties, Tokyo, pp. 43－50, 2009.

31）Nagatsuka, Y., Kiyuna, T., Kigawa, R., Sano, C., Miura, S. and Sugiyama, J.: *Candida tumulicola* sp. nov. and *Candida takamatsuzukensis* sp. nov., novel yeast species assignable to the *Candida membranifaciens* clade, isolated from the stone chamber of the Takamatsuzuka tumulus, International Journal of Systematic and Evolutionary Microbiology, 59, 186－194, 2009.

32）高松塚古墳壁画劣化原因調査検討会 第 12 回、参考資料１－３、平成 21 年 11 月 30 日、文化庁

33）国宝高松塚古墳壁画恒久保存対策検討会 第 11 回、資料５、平成 20 年２月 25 日、文化庁

34）Dupont, J., Jacquet, C., Dennetière, B., Lacoste, S., Bousta, F., Orial, G., Cruaud, C., Couloux, A. and Roquebert, M.-F.: Invasion of the French Paleolithic painted cave of Lascaux by members of the *Fusarium solani* species complex, Mycologia, 99, 526－533, 2007.

35）高松塚古墳壁画劣化原因調査検討会 第７回、参考資料５、平成 21 年３月 12 日、文化庁

36）高松塚古墳壁画劣化原因調査検討会 第 10 回、資料５－２、平成 21 年９月１日、文化庁

37）佐野千絵、西島美由紀、喜友名朝彦、木川りか、杉山純多：高松塚古墳石室内より分離された主要な微生物のギ酸・酢酸生成能、保存科学、49、209－220、2010。

38）Boysen, M., Skouboe, P., Frisvad, J. and Rossen, L.: Reclassification of the *Penicillium roqueforti* group into three species on the basis of molecular genetic and biochemical profiles, Microbiology, 142, 541－549, 1996.

39）O'Brien, M., Egan, D., O'Kiely, P., Forristal, P. D., Doohan, F. M. and Fuller, H. T.: Morphological and molecular characterization of *Penicillium roqueforti* and *P. paneum* isolated from baled grass silage, Mycological Research, 112, 921－932, 2008.

40）高松塚古墳壁画劣化原因調査検討会 第４回、資料４、平成 20 年 10 月 20 日、文化庁

41）木川りか、佐野千絵、石崎武志、三浦定俊：高松塚古墳における菌類等微生物調査報告（平成 18 年）、保存科学、46、209－219、2007。

42）Gams, W.: *Cephalosporium*-artige Schimmelpilze（Hyphomycetes）, Gustav Fischer Verlag, Stuttgart, 1971.

43）Matsushima, T.: Icons Microfungorum a Matsushima Lectorum, Published by the author, Kobe, 1975.

44）CBS strain Database: http://www.westerdijkinstitute.nl/Collections/（閲覧：2018 年６月 28 日）.

45）Orial, G. and Mertz, J.-D.: Lascaux: une grotte vivante, Étude et suivi des phénomènes microbiologiques, Monumental 2, 76－87, 2006.

46）Orial, G., Bousta, F. and François, A.: Lascaux cave: Monitoring of microbiological activities, Proceedings of the 31st International Symposium on the Conservation and Restoration of Cultural Property, 2008, National Research Institute for Cultural Properties, Tokyo, pp. 31－40, 2009.

47）木川りか、佐野千絵、間渕創、三浦定俊：キトラ古墳の前室および石室における菌類調査報告、保存科学、44、165－171、2005。

48）木川りか、間渕創、佐野千絵、三浦定俊：キトラ古墳における菌類等生物調査報告（2）、保存科学、45、93－105、2006。

49）Kiyuna, T., An, K.-D., Kigawa, R., Sano, C., Miura, S. and Sugiyama, J.: Bristle-like fungal colonizers on the stone walls of the Kitora and Takamatsuzuka Tumuli are identified as *Kendrickiella phycomyces*, Mycoscience, 53, 446－459, 2012.

50）特別史跡キトラ古墳の保存・活用等に関する調査研究委員会 第7回、資料5、平成16年9月14日、文化庁

51）特別史跡キトラ古墳の保存・活用等に関する調査研究委員会 第8回、資料5－4、平成17年11月14日、文化庁

52）Kendrick, W. B.: The *Leptographium* complex. *Hantzschia* Aureswald, Canadian Journal of Botany, 42, 1291－1295, 1964.

53）Jacobs, K., Wingfield, M. J., Jacobs, A. and Wingfield, B. D.: A taxonomic re-evaluation of *Phialocephala phycomyces*, Canadian Journal of Botany, 79, 110－117, 2001.

54）特別史跡キトラ古墳の保存・活用等に関する調査研究委員会 第11回、資料4、平成19年3月23日、文化庁

55）特別史跡キトラ古墳の保存・活用等に関する調査研究委員会 第12回、資料6、平成19年9月27日、文化庁

56）特別史跡キトラ古墳の保存・活用等に関する調査研究委員会 第13回、資料3、平成20年3月13日、文化庁

57）高松塚古墳壁画劣化原因調査検討会 第12回、資料6、平成21年11月30日、文化庁

58）高松塚古墳壁画劣化原因調査検討会 第12回、参考資料2－3、平成21年11月30日、文化庁

59）吉田直人、高妻洋成、降幡順子、辻本与志一、間渕創、早川泰弘、佐野千絵、三浦定俊、肥塚隆保：デジタル画像撮影による高松塚古墳壁画表面状態の調査、保存科学、49、197－207、2010。

60）Pinna, D.: Fungal physiology and the formation of calcium oxalate films on stone monuments, Aerobiologia, 9, 157－167, 1993.

61）Gadd, G. M.: Metals, minerals and microbes: geomicrobiology and bioremediation, Microbiology, 156, 609－643, 2010.

62）Tiano, P.: Biocalcification: The context for bioremediation, In: Heritage Microbiology and Science – Microbes, Monuments and Maritime Materials, ed. by May, E., Jones, M. and Mitchell, J., RSC Publishing, Cambridge, pp. 62－75, 2008.

63）Pangallo, D., Chovanová, K., Šimonovičová, A. and Ferianc, P.: Investigation of microbial community isolated from indoor artworks and air environment: identification, biodegradative abilities, and DNA typing, Canadian Journal of Microbiology, 55, 277－287, 2009.

64）Jiang, Y.-L. and Zhang, T.-Y.: Two new species of *Doratomyces* from soil, Mycotaxon, 104, 131－134, 2008.

65）Sugiyama, J., Kiyuna, T., Nishijima,M., An, K.-D., Nagatsuka, Y., Tazato, N., Handa, Y., Hata-Tomita, J., Sato, Y., Kigawa, R. and Sano, C.: Polyphasic insights into the microbiomes of the Takamatsuzuka Tumulus and Kitora Tumulus, The Journal of General and Applied Microbiology, 63, 63－113, 2017.

66）Nagatsuka, Y., Ninomiya, S., Kiyuna, T., Kigawa, R., Sano, C. and Sugiyama, J.: *Yamadazyma kitorensis* f.a., sp. nov. and *Zygoascus biomembranicola* f.a., sp. nov., novel yeasts from the stone chamber interior of the Kitora Tumulus, and five novel combinations in *Yamadazyma* and *Zygoascus* for species of *Candida*, International Journal of Systematic and Evolutionary Microbiology, 66, 1692 – 1704, 2016.

67）Bastian, F., Jurado, V., Nováková, A., Alabouvette, C. and Saiz-Jimenez, C.: The microbiology of Lascaux Cave, Microbiology, 156, 644 – 652, 2010.

68）Nováková, A., Jurado, V., Saiz-Jiménez, C.: Are fungi a real threat for the conservation of Altamira Cave? In: The Conservation of Subterranean Cultural Heritage, ed. by Saiz-Jiménez C., CRC Press, Leiden, pp. 223 – 228, 2014.

69）Hibbett, D. S., Binder, M., Bischoff, J. F., Blackwell, M., Cannon, P. F., Eriksson, O. E., Huhndorf, S., James, T., Kirk, P. M., Lücking, R., Lumbsch, H. T., Lutzoni, F., Matheny, P. B., Mclaughlin, D. J., Powell, M. J., Redhead, S., Schoch, C. L., Spatafora, J. W., Stalpers, J. A., Vilgalys, R., Aime, M. C., Aptroot, A., Bauer, R., Begerow, D., Benny, G. L., Castlebury, L. A., Crous, P. W., Dai, Y.-C., Gams, W., Geiser, D. M., Griffith, G. W., Gueidan, C., Hawksworth, D. L., Hestmark, G., Hosaka, K., Humber, R. A., Hyde, K., Ironside, J. E., Kõljalg, U., Kurtzman, C. P., Larsson, K.-H., Lichtwardt, R., Longcore, J., Miądlikowska, J., Miller, A., Moncalvo, J.-M., Mozley-Standridge, S., Oberwinkler, F., Parmasto, E., Reeb, V., Rogers, J. D., Roux, C., Ryvarden, L., Sampaio, J. P., Schüßler, A., Sugiyama, J., Thorn, R. G,. Tibell, L., Untereiner, W. A., Walker, C., Wang, Z., Weir, A., Weiss, M., White, M. M., Winka, K., Yao, Y.-J. and Zhang, N.: A higher-level phylogenetic classification of the Fungi, Mycological Research, 111, 509 – 547, 2007.

70）独立行政法人国立文化財機構奈良文化財研究所、文化庁（編）：国宝高松塚古墳壁画恒久保存対策事業報告書１　特別史跡高松塚古墳発掘調査報告－高松塚古墳石室解体事業にともなう発掘調査－（本文＋付図）、文化庁、独立行政法人国立文化財機構奈良文化財研究所、奈良県橿原考古学研究所、明日香村教育委員会、2017。

71）木川りか、喜友名朝彦、立里臨、佐藤嘉則、佐野千絵、杉山純多：キトラ古墳の微生物調査報告（2012 年～2013 年）および 2004 年から 2013 年までの微生物調査結果概要、保存科学 54、83 – 109、2015。

72）Kiyuna, T., An, K.-D., Kigawa, R., Sano, C., Miura, S. and Sugiyama, J.: “Black particles”, the major colonizers on the ceiling stone of the stone chamber interior of the Kitora Tumulus, Japan, are the bulbilliferous basidiomycete fungus *Burgoa anomala*, Mycoscience, 56, 293 – 300, 2015.

73）Giraldo, A., Gené, J., Sutton, D. A., Madrid, H., de Hoog, G. S., Cano, J., Decock, C., Crous, P. W. and Guarro, J.: Phylogeny of *Sarocladium*（Hypocreales）, Persoonia, 34, 10 – 24, 2015.

74）Summerbell, R. C., Gueidan, C., Schroers, H-J., de Hoog, G. S., Starink, M., Arocha Rosete, Y., Guarro, J. and Scott, J. A.: *Acremonium* phylogenetic overview and revision of *Gliomastix*, *Sarocladium*, and *Trichothecium*. Studies in Mycology, 68, 139 – 162, 2011.

75）喜友名朝彦、安光得、佐藤嘉則、木川りか、佐野千絵、杉山純多：高松塚・キトラ両古墳の *Penicillium* 属分離株の分子系統学的帰属および *Penicillium* sp. 2 の分類学的記載と生物劣化問題へのかかわり、保存科学、57、49 – 66、2018。

76）Visagie, C. M., Houbraken, J., Frisvad, J. C., Hong, S.-B., Klaassen, C. H. W., Perrone, G., Seifert, K. A., Varga, J., Yaguchi, T. and Samson, R. A.: Identification and nomenclature of the genus *Penicillium*, Studies in Mycology, 78, 343 – 371, 2014.

77）Pitt, J. I.: The Genus *Penicillium* and Its Teleomorphic States *Eupenicillium* and *Talaromyces*, Academic Press, London, 1979.

78）佐野千絵：文化財への微生物被害と調査手法－保存科学 1 号～ 45 号、保存科学、46、255－268、2007。

79）Samson, R. A., Houbraken, J., Thrane, U., Frisvad, J. C. and Andersen, B.: Food and Indoor Fungi, CBS KNAW Fungal Biodiversity Centre, Utrecht, 2010.

80）岡田 元：第 18 回国際植物学会議（IBC2011、Melbourne）で採択されたアナモルフ菌類および多型的生活環をもつ菌類の統一命名法、日本菌学会会報、52、82－97、2011。

81）Houbraken, J. and Samson, R. A.: Phylogeny of *Penicillium* and the segregation of *Trichocomaceae* into three families, Studies in Mycology, 70, 1－51, 2011.

82）Samson, R. A., Yilmaz, N., Houbraken, J., Spiereburg, H., Seifert, K. A., Peterson, S. W., Varga, J. and Frisvad, J. C.: Phylogeny and nomenclature of the genus *Talaromyces* and taxa accommodated in *Penicillium* subgenus *Biverticillium*, Studies in Mycology, 70, 159－183, 2011.

83）Yilmaz, N., Visagie, C. M., Houbraken, J., Frisvad, J. C. and Samson, R. A.: Polyphasic taxonomy of the genus *Talaromyces*, Studies in Mycology, 78, 175－341, 2014.

84）Sterflinger, K.: Fungi as geologic agents, Geomicrobiology Journal, 17, 97－124, 2000.

85）Frisvad, J. C., Yilmaz, N., Thrane, U., Rasmussen, K. B., Houbraken, J. and Samson, R. A.: *Talaromyces atroroseus*, a new species efficiently producing industrially relevant red pigments, PLoS ONE 8, e84102, 2013.

86）Kiyuna, T., An, K.-D., Kigawa, R., Sano, C., Miura, S. and Sugiyama, J.: Noteworthy anamorphic fungi, *Cephalotrichum verrucisporum*, *Sagenomella striatispora*, and *Sagenomella griseoviridis*, isolated from biodeteriorated samples in the Takamatsuzuka and Kitora Tumui, Mycoscience, 58, 320－327, 2017.

87）Hughes, S. J.: Revisiones hyphomycetum aliquot cum appendice de nominibus rejiciendis, Canadian Journal of Botany, 36, 727－836, 1958.

88）Seifert, K., Morgan-Jones, G., Gams, W. and Kendrick, B.: The Genera of Hyphomycetes, CBS-KNAW Fungal Biodiversity Centre, Utrecht, 2011.

89）Sandoval-Denis, M., Guarro, J., Cano-Lira, J. F., Sutton, D. A., Wiederhold, N. P., de Hoog, G. S., Abbott, S. P., Decock, C., Sigler, L. and Gené, J.: Phylogeny and taxonomic revision of Microascaceae with emphasis on synnematous fungi, Studies in Mycology 83: 193－233, 2016.

90）Jiang, Y.-L., Xu, J.-J., Wu, Y.-M., Zhang, Y.-L., Liu, H.-M., Pan, H.-Q. and Zhang, T.-Y.: Studies on *Cephalotrichum* from soils in China – twelve new species and two new combinations, Mycotaxon, 117, 207－225, 2011.

91）Mouhamadou, B., Faure, M., Sage, L., Marçais, J., Souard, F. and Geremia, A.: Potential of autochthonous fungal strains isolated from contaminated soils for degradation of polychlorinated biphenyls, Fungal Biology, 117, 268－274, 2013.

92）Onions, A. H. S. and Barron, G. L.: Monophialidic species of *Paecilomyces*, Mycological Papers, 107, 1－25, 1967.

93）Gams, W.: Connected and disconnected chains of phialoconidia and *Sagenomella* gen. nov. segregated from *Acremonium*, Persoonia, 10, 97－112, 1978.

94）Kiyuna,T., An, K.-D., Kigawa, R., Sano, C. and Sugiyama, J.: Two new *Cladophialophora* species, *C. tumbae* sp. nov. and *C. tumulicola* sp. nov., and chaetothyrialean fungi from biodeteriorated samples in the Takamatsuzuka and Kitora Tumuli, Mycoscience, 59, 75－84, 2018.［For “Corriagendum”, see Mycosciene, 59, 441, 2018.］

95）Badali, H., Gueidan, C., Najafzadeh, M. J, Bonifaz A, Gerrits van den Ende, A. H. G. and de Hoog, G. S.: Biodiversity of the genus *Cladophialophora*, Studies in Mycology, 61, 175 – 191, 2008.

96）Voglmayr, H., Mayer, V., Maschwitz, U., Moog, J., Djieto-Lordon, C. and Blatrix, R.: The diversity of ant-associated black yeasts: insights into a newly discovered world of symbiotic interactions, Fungal Biology, 115, 1077 – 1091, 2011.

97）Nascimento, M. M. F., Vicente, V. A., Bittencourt, J. V. M., Gelinski, J. M. L., Prenafeta-Boldúm F. X., Romero-Güiza, M., Fornari, G., Gomes, R. R., Santos, G. D., Gerrits van den Ende, A. H. G. G., de Azevedo, C. D. M. P. S. and de Hoog, G. S.: Diversity of opportunistic black fungi on babassu coconut shells, a rich source of esters and hydrocarbons, Fungal Biology, 121, 488 – 500, 2017.

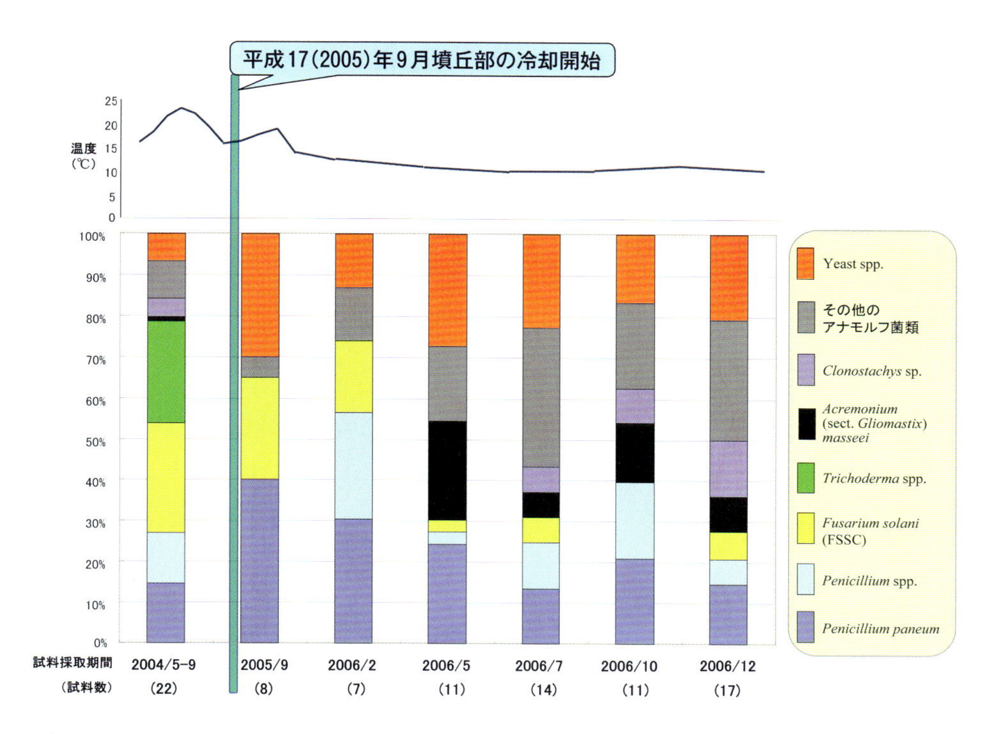

Fig. 1　高松塚古墳石室内における菌類相（mycobiota）の変化（平成 16（2004）年 5 月～平成 18（2006）年 12 月）。Sugiyama et al. [14, 65] を改変。

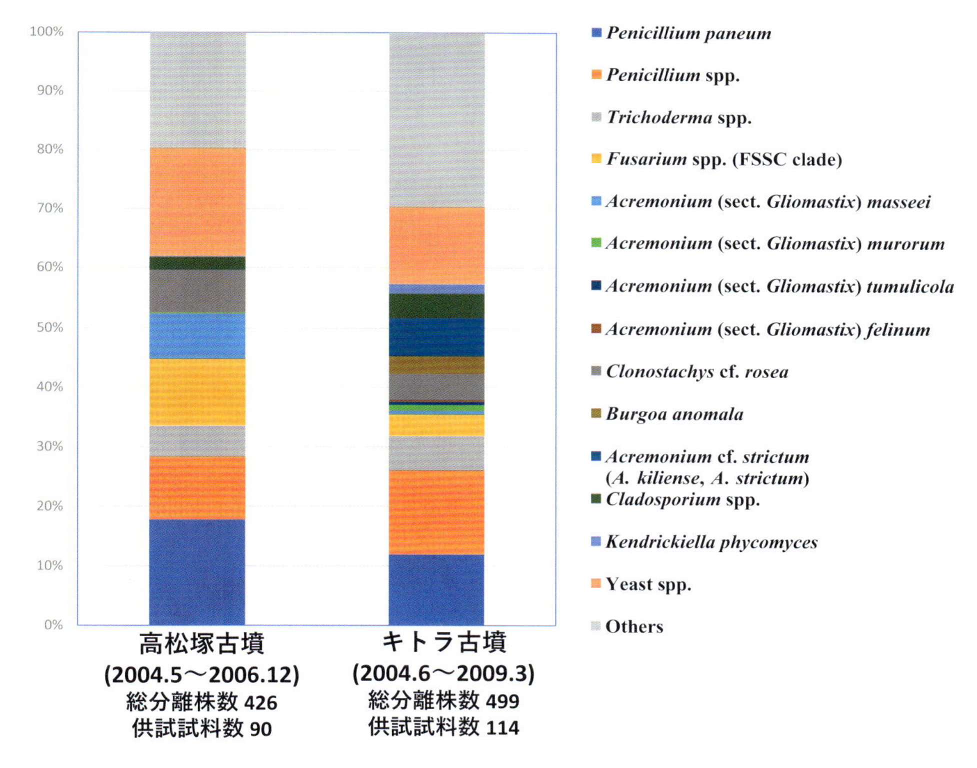

Fig. 2　高松塚古墳（平成 16（2004）年 5 月～平成 18（2006）年 12 月）およびキトラ古墳（平成 16（2004）年 6 月～平成 21（2009）年 3 月）石室内の菌類相比較。Sugiyama et al.[65] の Fig. 5 および Fig. 8 に基づいて再編。

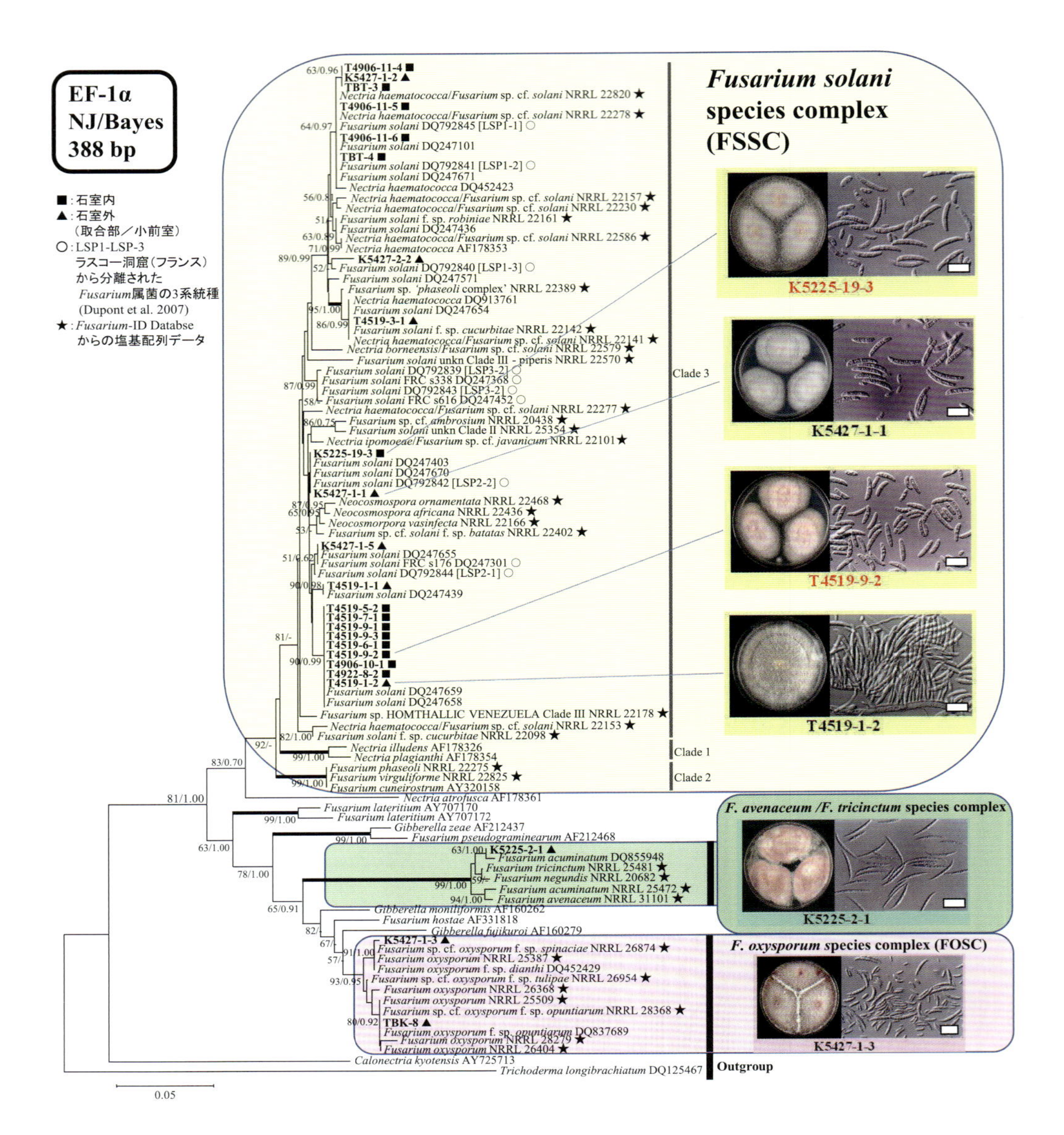

Fig. 3　高松塚・キトラ両古墳の石室内外から分離された *Fusarium* 属 24 株の EF-1 α 遺伝子を用いたベイズ法による分子系統樹および代表分離株の培養平板と形態的特徴。スケールバーは、20 μm。株番号の T/TBT は高松塚古墳分離株、K/TBK はキトラ古墳分離株を意味する。目盛り（図左下）＝ 0.05 塩基置換／サイト（100 塩基につき 5 塩基の違い）。分子系統樹の枝上の数字はブートストラップ検定（1,000 回）の再現値（ブートストラップ値 %）／ベイズ法による事後確率を示す（前者のブートストラップ値 50 %以上の枝のみに表示）。太線はブートストラップ値 95 %以上／事後確率 1.00 以上の枝を示す。Kiyuna et al.[13] および Sugiyama et al.[14] を改変。

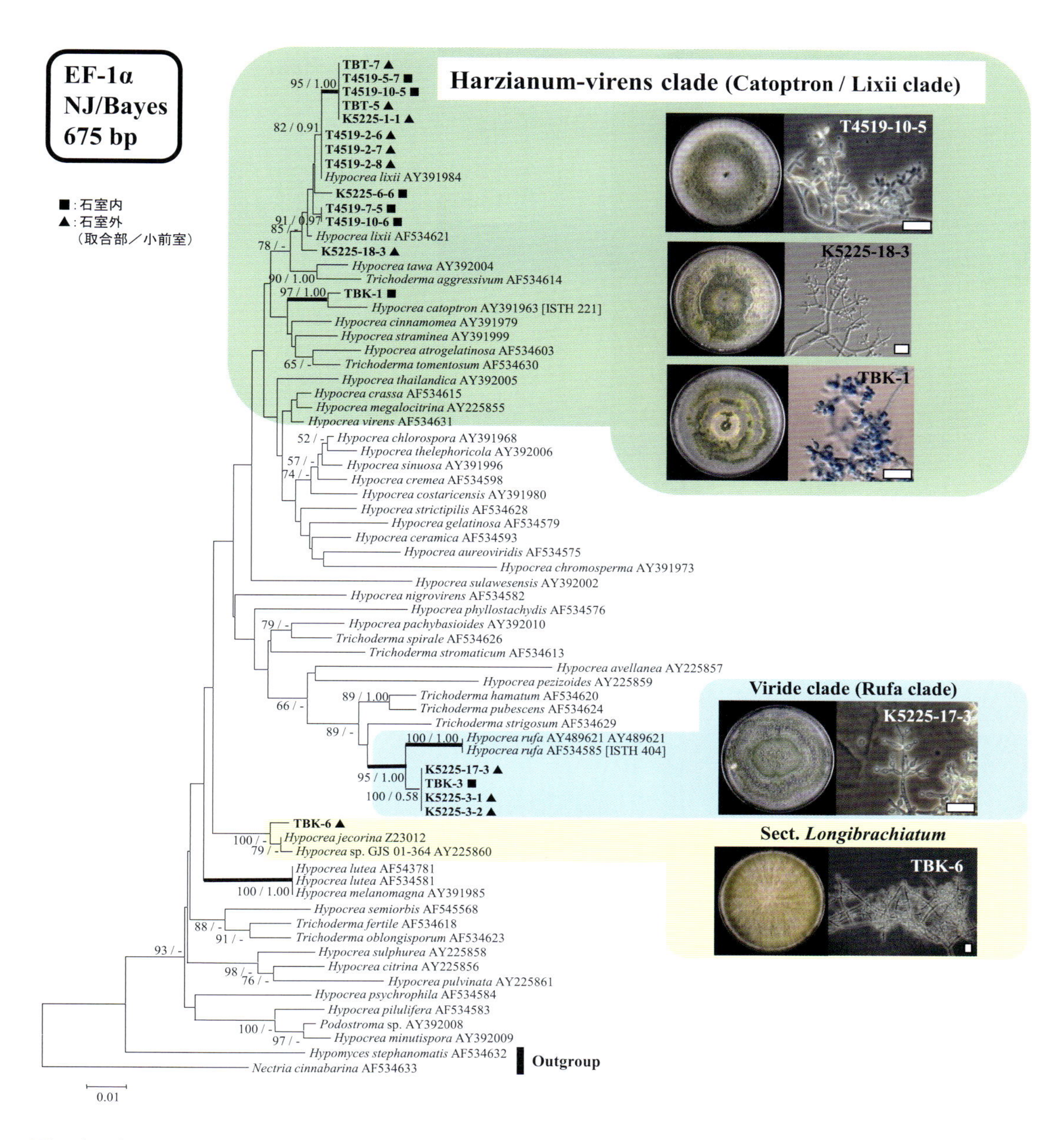

Fig. 4　高松塚・キトラ両古墳の石室内外から分離された *Trichoderma* 属 18 株の EF-1 α遺伝子を用いたベイズ法による分子系統樹および代表分離株の培養平板と形態的特徴。スケールバーは、10 μm。目盛り（図左下）＝ 0.01 塩基置換 / サイト。その他の説明は Fig. 3 の説明を参照。Kiyuna et al.[13] および Sugiyama et al.[14] を改変。

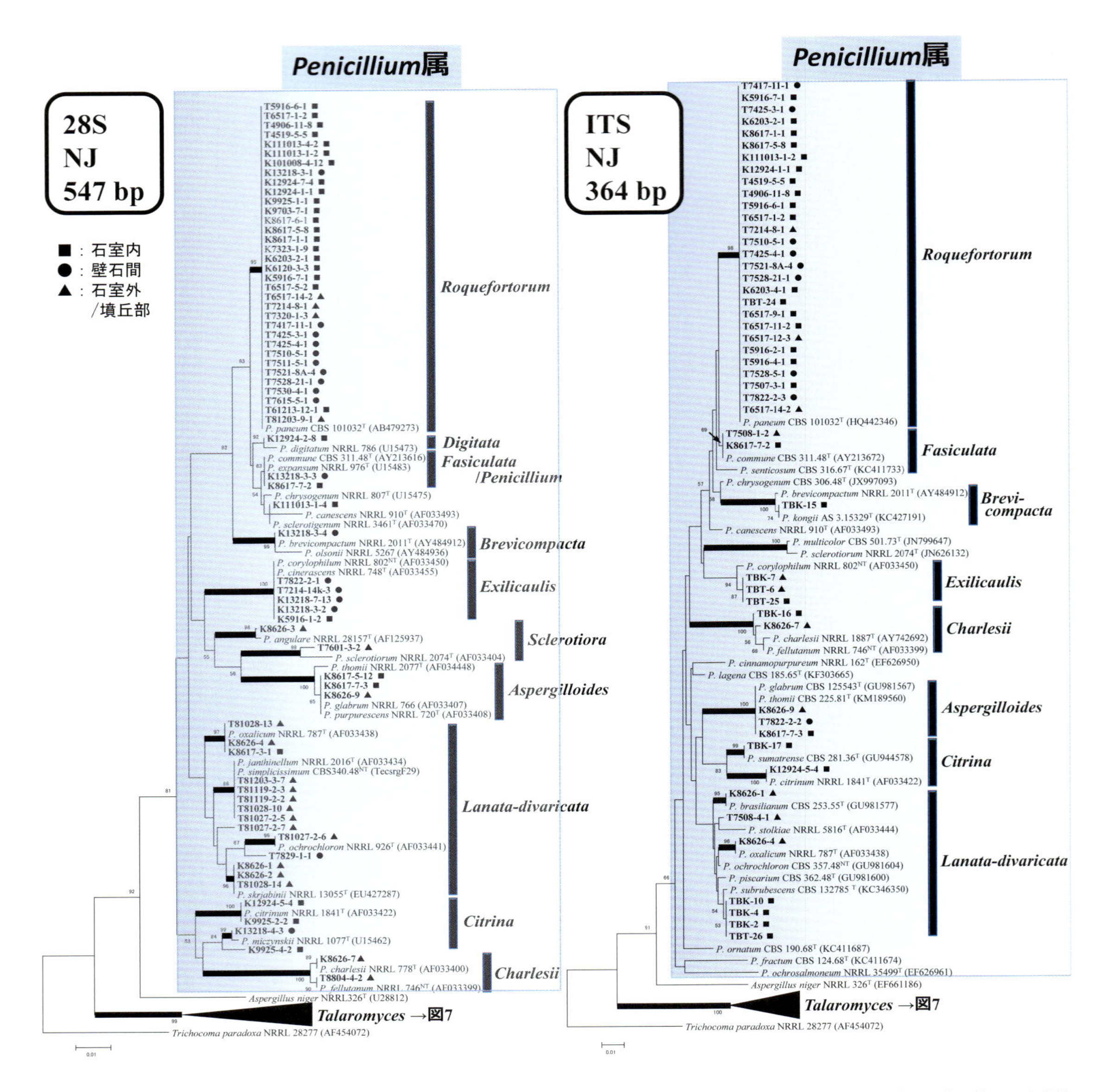

Fig. 5　高松塚・キトラ両古墳からの *Penicillium* 属 /*Talaromyces* 属分離株の 28S および ITS 塩基配列に基づく近隣結合法による分子系統樹。株番号の右肩付 T/NT は当該種のタイプ／ネオタイプ由来株を意味する。目盛り（図左下）＝ 0.01 塩基置換 / サイト。分子系統樹の枝上の数字は 1,000 回のサンプリングの近隣結合法によるブートストラップ値（%）を示す（ブートストラップ値 50 %以下の表示は省略)。分子系統樹の枝上の数字はブートストラップ検定（1,000 回）の再現値を示す（ブートストラップ値を％で，50 %以上の枝のみに表示)。太線はブートストラップ値 95 %以上の枝を示す。右側のバーは Houbraken & Samson [81] に基づく *Penicillium* 属の下位分類階級「節 section（sect.)」を示す。その他の説明は Fig. 3 の説明を参照。喜友名ら [75] を改変。

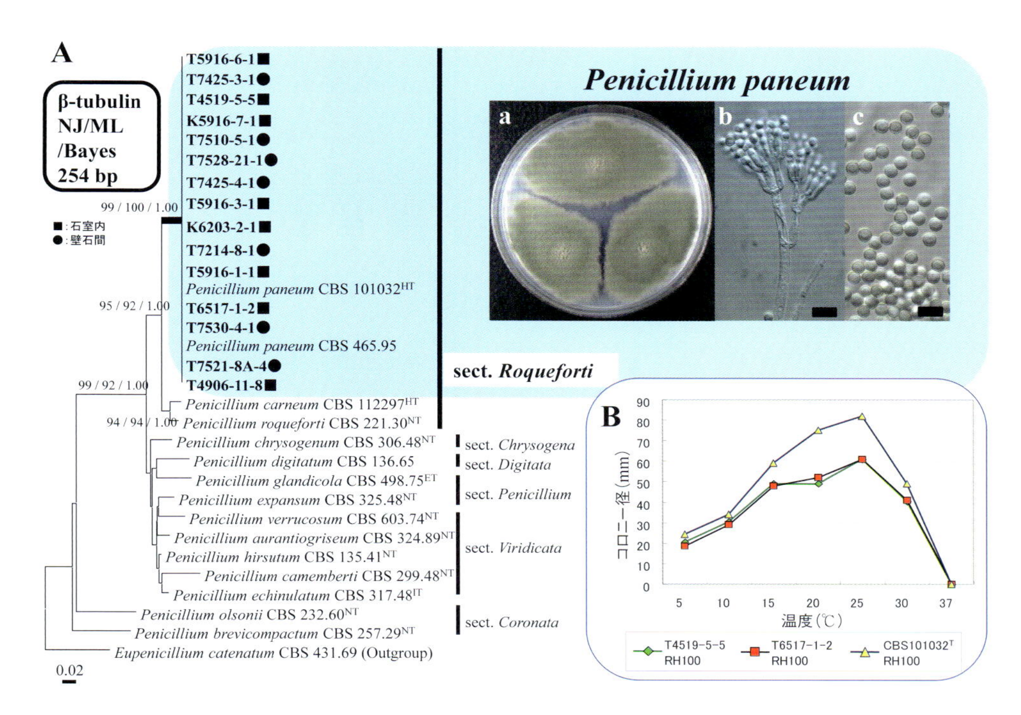

Fig. 6　A: 高松塚・キトラ両古墳の石室内外から分離された *Penicillium paneum* 13 株の β-tubulin 遺伝子を用いたベイズ法による分子系統樹および代表分離株（T5916-6-1）の培養平板および形態的特徴。目盛り（図左下）＝ 0.02 塩基置換 / サイト。写真 a PDA（25 ℃、1 週間培養）、b-c 分生子柄および分生子。スケールバーは、10 μm。B: 高松塚古墳石室内分離株（T4519-5-5、T6517-1-2）および参照菌株 *P. paneum* CBS 101032[T] の高湿度環境下での生育温度範囲。その他の説明は Fig. 3 および Fig. 5 の説明を参照。An et al.[20] および Sugiyama et al.[14] を改変。

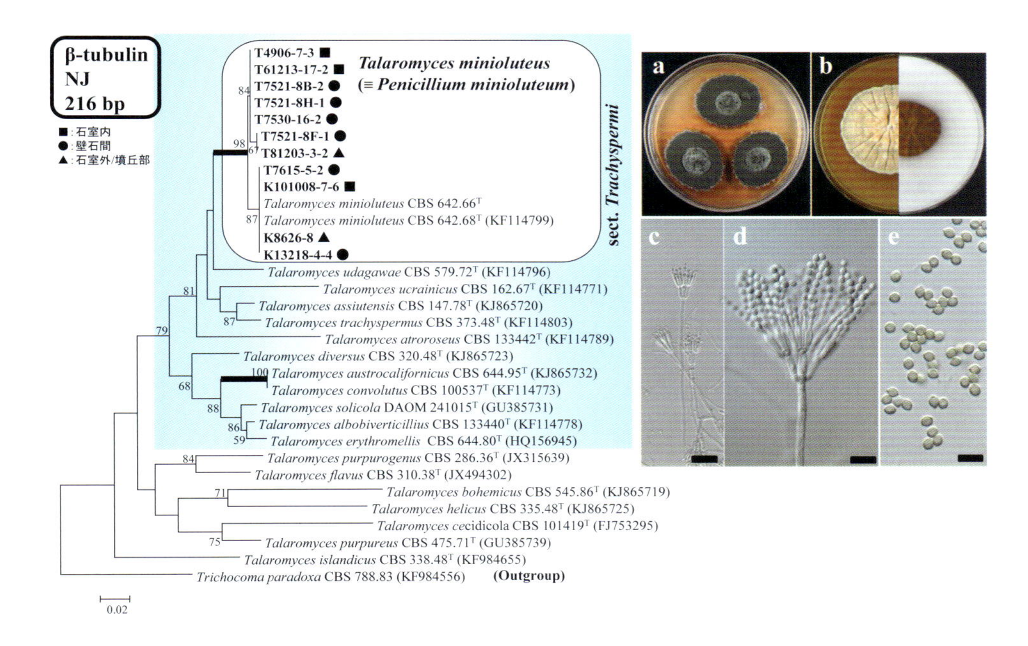

Fig. 7　高松塚・キトラ両古墳からの *Penicillium* sp. 2（*Talaromyces minioluteus*）分離株の β-tubulin 遺伝子を用いた近隣結合法による分子系統樹および代表分離株（培養平板は T6517-5-2、顕微鏡写真は T4906-7-3）の培養平板および形態的特徴。目盛り（図左下）＝ 0.02 塩基置換 / サイト。写真 a CYA（25 ℃、3 週間培養）、b GYC 表面／裏面（25 ℃、4 週間培養）、c-e 分生子柄および分生子。スケールバーは、c-d: 10 μm、e 5 μm。その他の説明は Fig. 3 および Fig. 5 の説明を参照。喜友名ら [75] を改変。

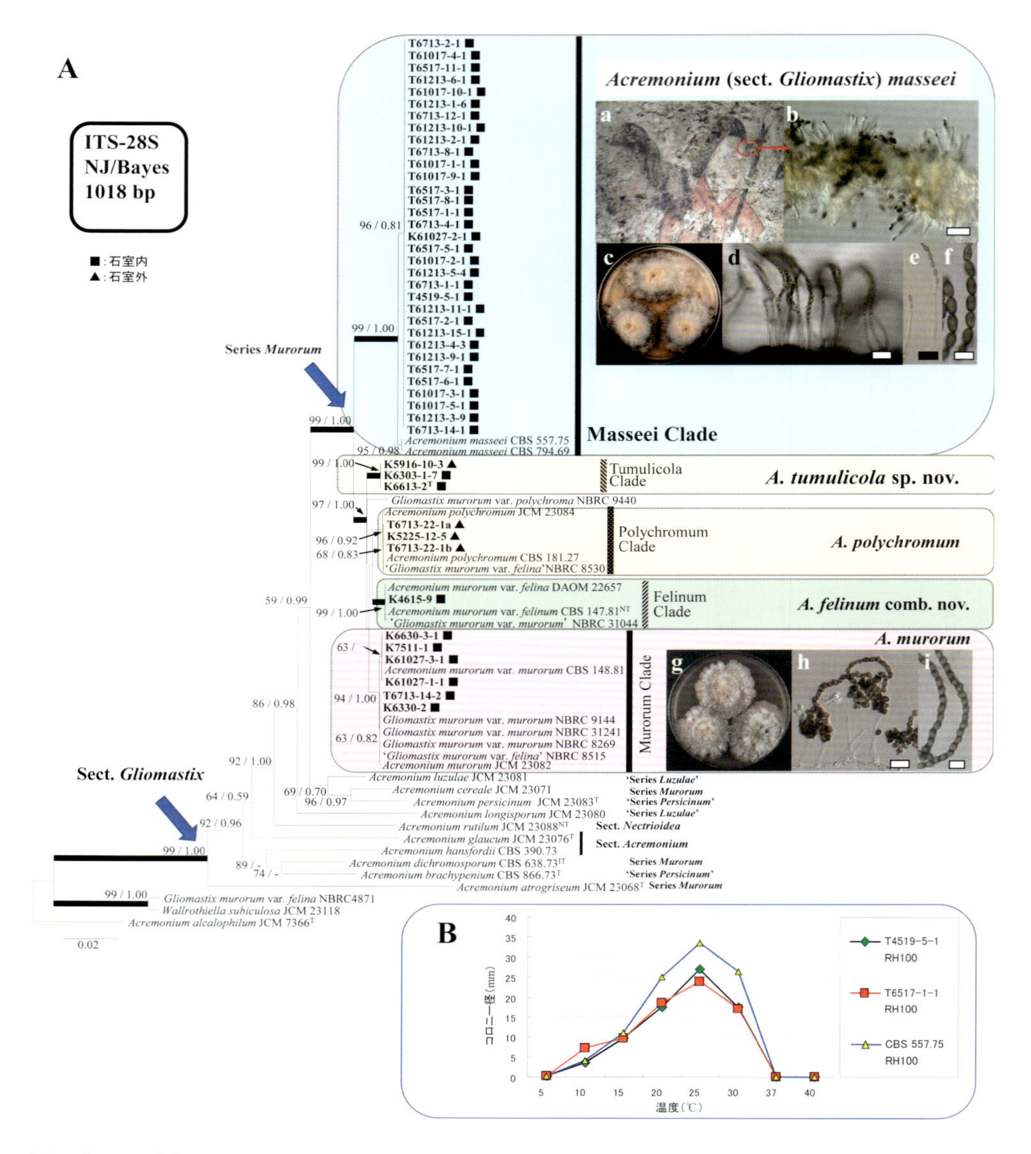

Fig. 8　A: 高松塚・キトラ両古墳の石室内から分離された暗色系アクレモニウム属（*Acremonium* sect. *Gliomastix*）の ITS と 28S 塩基配列を連結して作成したベイズ法による分子系統樹および代表分離株（c-f T6517-1-1、g-i K7511-1）の培養平板および形態的特徴。目盛り（図左下）＝ 0.02 塩基置換 / サイト。写真 a 平成 18（2006）年 5 月に黒染みが発生した西壁女子群像、b 黒染みの顕微鏡観察像（試料 No. T6517-11：高松塚古墳石室内西壁女子群像額の黒色部分 060517）、c/g PDA（20 ℃、1 ヶ月間培養）、d-f/h-i 分生子柄および分生子。スケールバーは、d 10 μm、e/f/h/i 5 μm。B: 高松塚古墳石室内分離株（T4519-5-1、T6517-1-1）および参照菌株 *A. masseei* CBS 557.75 の高湿度環境下での生育温度範囲。その他の説明は Fig. 3 および Fig. 5 の説明を参照。Kiyuna et al.[21] を改変。

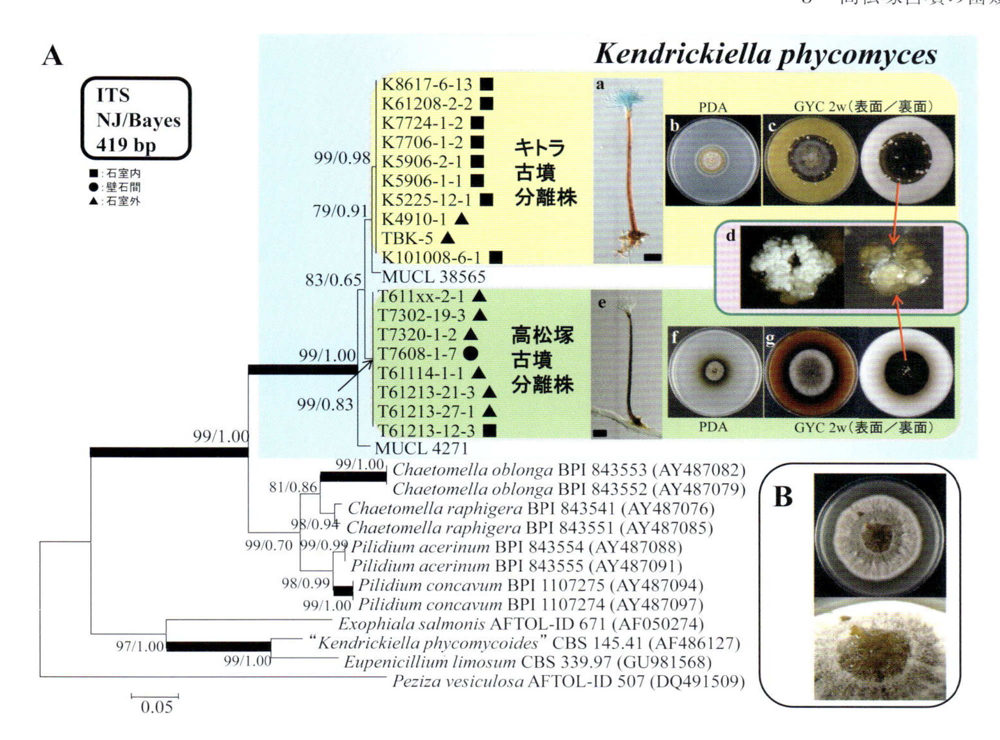

Fig. 9　A: 高松塚・キトラ両古墳の石室内外から分離された *Kendrickiella phycomyces* の ITS 塩基配列を用いたベイズ法による分子系統樹および両古墳の代表分離株の培養平板および形態的特徴。目盛り（図左下）＝ 0.05 塩基置換 / サイト。写真 a 基質上の分生子柄（K4910-1）、b-c K5906-1-1 の培養平板像、e 培地上の分生子柄（T61114-1-1）、f-g T61114-1-1 の培養平板像、d GYC 寒天平板中に形成された炭酸カルシウムの再結晶塊。スケールバーは、10 μm。B: 高松塚古墳分離株 T61114-1-1 の PDA 培養平板上におけるコロニー性状およびコロニー表面に形成された粘性物質（PDA、4 週間培養、暗条件）。その他の説明は Fig. 3 および Fig. 5 の説明を参照。Kiyuna et al.[49] を改変。

Fig. 10　高松塚古墳石室解体時に採取した植物の根上に生育している *Kendrickiella phycomyces*（試料 No.T61213-27、採取場所：高松塚古墳保存施設東西脇凝灰岩切石積み擁壁の東側奥下隅穴中から採取した根、平成 18（2006）年 12 月 13 日採取）。a 試料採取場所、b 根試料、c 根試料一部の拡大像（実体顕微鏡観察像）、d *K. phycomyces* の光学顕微鏡観察像。スケールバーは、a 30 cm、b 1 cm、c 100 μm、d 10 μm。Kiyuna et al.[49] を改変。

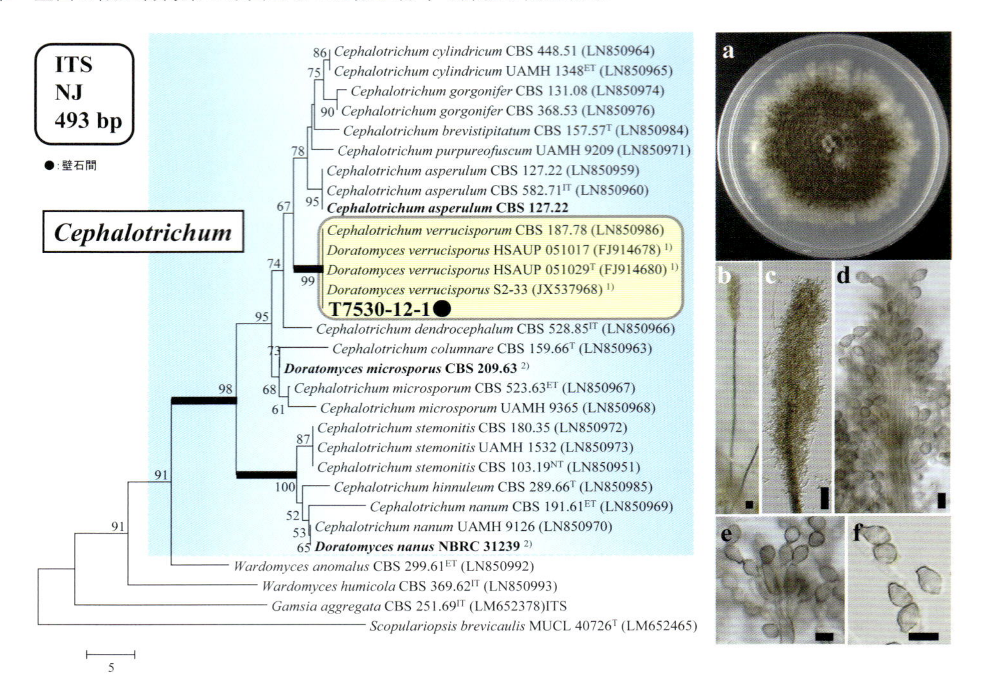

Fig. 11　高松塚古墳石室解体作業時の西壁石１と天井石１との接合面から分離された *Cephalotrichum verrucisporum*（≡ *Doratomyces verrucisporus*）の ITS 塩基配列を用いた近隣結合法による分子系統樹および分離株（T7530-12-1）の培養平板および形態的特徴。目盛り（図左下）＝５塩基置換／サイト。写真 a PDA（25 ℃、６週間培養）、b-d 分生子柄束、e 分生子柄、f 分生子。スケールバーは、b-c 10 μm、d-f 5 μm。その他の説明は Fig. 3 および Fig. 5 の説明を参照。Kiyuna et al.[86] を改変。

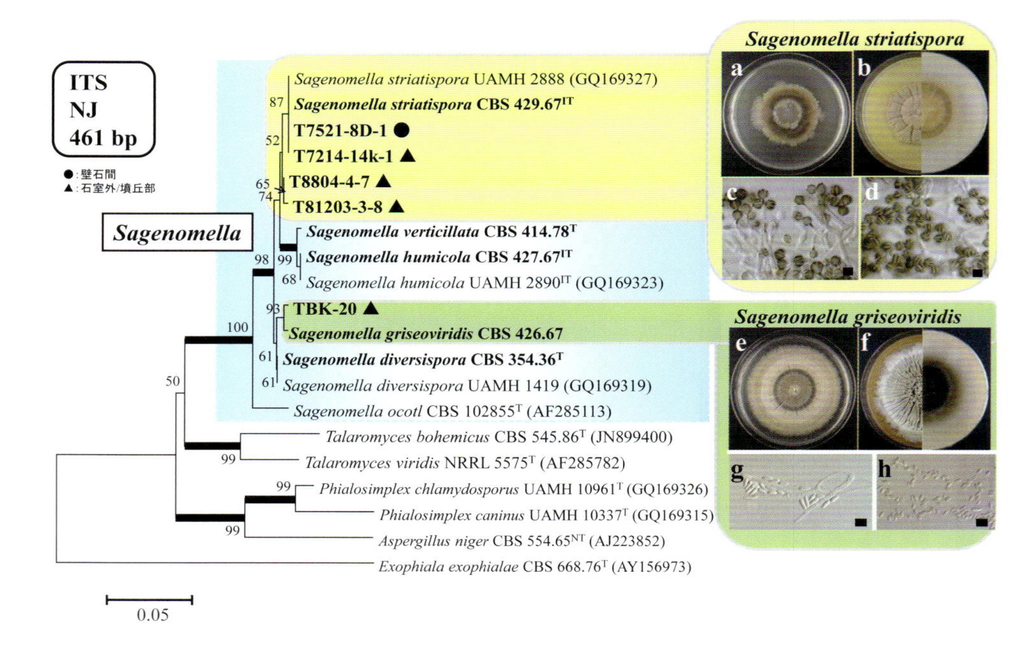

Fig. 12　高松塚・キトラ両古墳の石室周辺環境から分離された *Sagenomella* 属分離株の ITS 塩基配列を用いた近隣結合法による分子系統樹および代表分離株（a-d T7521-8D-1、e-h TBK-20）の培養平板および形態的特徴。目盛り（図左下）＝ 0.05 塩基置換／サイト。写真 a/e PDA（25 ℃、12 週間培養）、b/f GYC 表面／裏面（25 ℃、12 週間培養）、c/d/g/h 分生子柄および分生子。スケールバーは、5 μm。その他の説明は Fig. 3 および Fig. 5 の説明を参照。Kiyuna et al.[86] を改変。

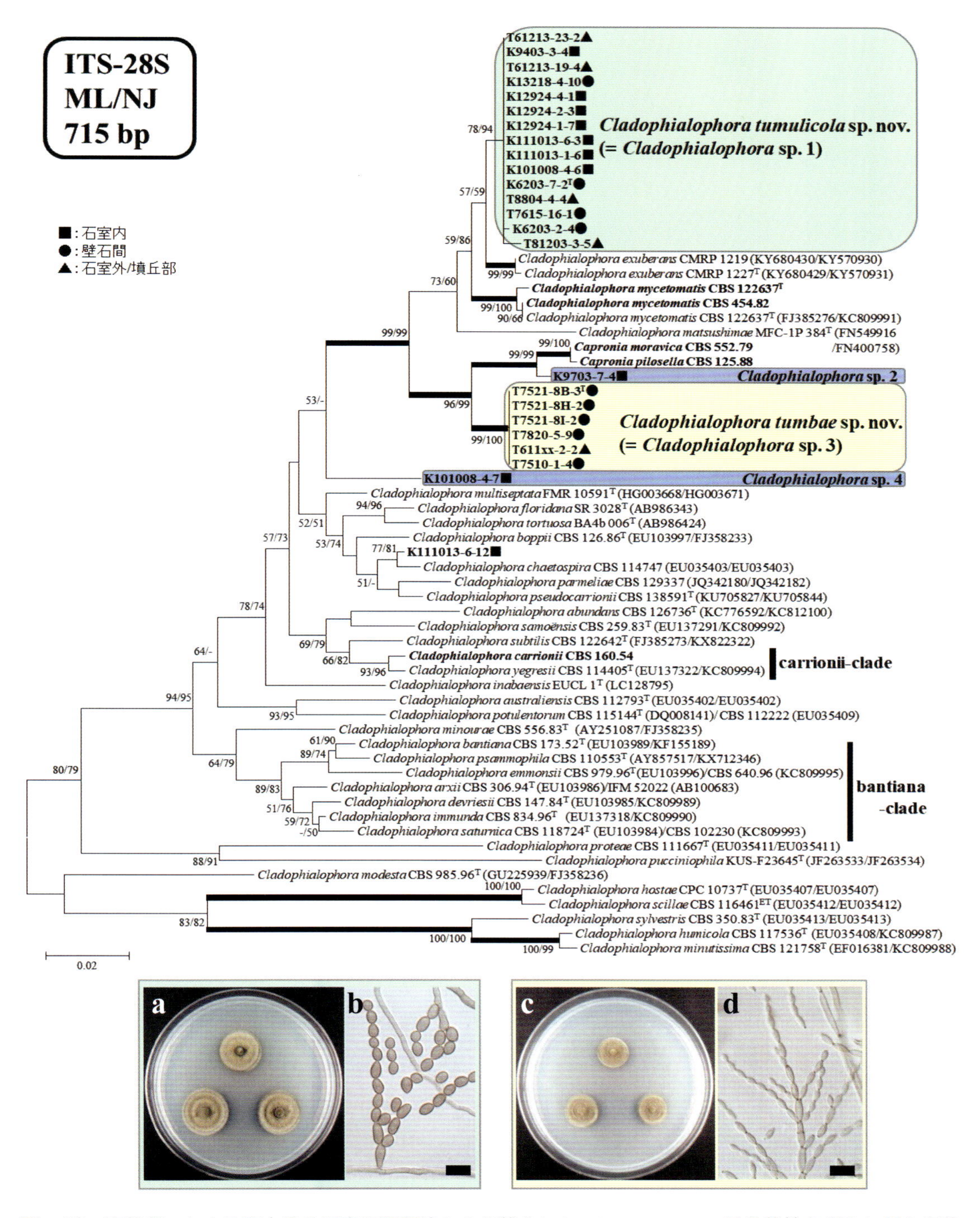

Fig. 13　高松塚・キトラ両古墳の石室周辺環境から分離された *Cladophialophora* 属分離株の ITS と 28S 塩基配列を連結して作成した ML 法と近隣結合法による分子系統樹および代表分離株（a-b *C. tumulicola* K6203-7-2、c-d *C. tumbae* T7521-8B-3）の培養平板および形態的特徴。目盛り（図左下）＝ 0.02 塩基置換 / サイト。写真 a/c PDA（25 ℃、2 週間培養）、b-d/f-h 分生子柄および分生子。スケールバーは、5 μm。その他の説明は Fig. 2 の説明を参照。Kiyuna et al.[94] を改変。

Tab. 1　高松塚古墳石室内外からの菌類の分離培養に供試した試料内訳[a]

<table>
<tr><th>試料採取</th><th rowspan="2">事項</th><th colspan="5">試料採取箇所の位置カテゴリー</th><th rowspan="2">計</th></tr>
<tr><th>期間</th><th>石室内</th><th>取合部</th><th>壁石間</th><th>石室外</th><th>墳丘部</th></tr>
<tr><td>平成16(2004)年５月–９月</td><td>冷却前</td><td>22</td><td>13</td><td>–</td><td>2</td><td>–</td><td>37</td></tr>
<tr><td>平成17(2005)年９月</td><td>冷却直後</td><td>8</td><td>–</td><td>–</td><td>–</td><td>–</td><td>8</td></tr>
<tr><td>平成18(2006)年２月–12月</td><td>冷却後安定期</td><td>60</td><td>6</td><td>–</td><td>18</td><td>8</td><td>92</td></tr>
<tr><td>平成19(2007)年１月–９月</td><td>石室解体</td><td>–</td><td>–</td><td>50</td><td>46</td><td>–</td><td>96</td></tr>
<tr><td>平成20(2008)年２月–12月</td><td rowspan="2">墳丘部発掘</td><td rowspan="2">–</td><td rowspan="2">–</td><td rowspan="2">–</td><td rowspan="2">–</td><td rowspan="2">13</td><td rowspan="2">13</td></tr>
<tr><td>平成21(2009)年２月</td></tr>
<tr><td colspan="2">計</td><td>90</td><td>19</td><td>50</td><td>66</td><td>21</td><td>246</td></tr>
</table>

[a] 表中の「－」は採取試料がないことを示す

Tab. 2　高松塚古墳石室内外の菌類相の比較および各種文献資料から推測される各分類群の主な生息環境 [a)]

試料採取箇所	石室内	取合部	壁石間	石室外	墳丘部	文献資料における主な生息環境[c)]				
試料採取期間 分類群[b)]	2004.5–2006.12	2004.5–2006.7	2007.4–8	2006.11–2007.8	2008–2009.2	土壌	植物	空気	昆虫類	その他
子囊菌門 **Ascomycota**										
Acremonium* (*sect. Gliomastix*) *masseei	+		+				●			●
Acremonium* (*sect. Gliomastix*) *murorum	+		+			●	●			
***Acremonium* spp.**	+	+	+	+	+	●	●	●	●	●
***Alternaria* sp.**				+		●	●			
***Aphanocladium* sp.**			+			●				
***Arthrinium* sp.**					+	●		●		●
***Arthrobotrys* sp.**	+		+			●			●	●
***Aspergillus* spp.**	+	+			+	●	●	●		●
Bionectriaceous group		+				●	●			●
Cephalotrichum verrucisporum			+			●	●			●
***Cladophialophora* spp.**			+	+	+	●	●	●		●
***Cladosporium* spp.**	+			+		●	●	●		
Clonostachys* cf. *rosea	+	+	+	+		●	●			●
***Cylindrocarpon* sp.**			+	+	+	●	●			●
***Exophiala* sp.**					+	●	●			●
***Fusarium* spp. (FSSC clade)**	+	+	+	+	+	●	●	●		●
Geomyces* cf. *pannorum					+	●		●		●
Gilmaniella humicola					+	●				
Kendrickiella phycomyces	+		+	+		●	●			●
***Lecanicillium* spp.**	+		+	+						
***Nodulisporium* sp.**				+		●	●			
***Oidiodendron* spp.**	+	+	+	+	+	●	●	●		
***Paecilomyces variotii* complex**			+	+	+	●	●	●	●	●
***Papulaspora* sp.**					+	●	●			●
Penicillium paneum	+	+	+	+	+		●	●		●
***Penicillium* spp.**	+	+	+	+	+	●	●	●	●	●
***Phialocephala* spp.**	+		+			●	●			●
***Phialophora* sp.**			+			●	●	●		
Purpureocillium lilacinum	+	+				●		●		●
***Rhinocladiella* sp.**	+		+			●	●			
Sagenomella striatispora			+	+	+	●	●			●
Talaromyces minioluteus	+	+	+	+	+	●				●
***Talaromyces* spp.**					+	●	●			●
Trichocladium opacum			+		+	●	●			●
***Trichoderma* spp.**	+	+	+	+	+	●	●	●		●
***Trichosporiella* sp.**				+		●				●
***Verticillium* sp.**			+			●	●		●	●
Yeast spp. (*Candida*, *Pichia*を含む)	+	+	+	+	+	●	●	●		●
担子菌門 **Basidiomycota**										
***Cryptococcus* spp.**					+	●	●			●
***Sporotrichum* sp.**	+						●			●
***Tritirachium* sp.**				+						
ケカビ亜門 **Mucoromycotina**										
***Circinella* sp.**					+	●				
Gongronella butleri					+	●				
***Mortierella* sp.**			+	+		●			●	●
***Zygorhynchus* sp.**			+			●	●			
分類学的位置不明 **Others**										
Unidentified spp. (Sterile myceliumを含む)	+	+	+	+	+					
分離株数	426	72	337	451	124					
供試した試料数	90	19	50	66	21					

a) 表中の＋は当該菌類が分離されたことを、●は該当基質からの報告例があることを示す。
b) 高次分類群は Hibbett et al. [69)] に準拠した。
c) 生息環境の文献調査には Domsch et al. [19)] などを使用した。

4　高松塚古墳石室内外環境の酵母の特徴と同定

（１）　はじめに

古墳石室内外の試料236点より酵母の分離・培養を試み、41点より分離した酵母69株の26S rRNA遺伝子のD1/D2領域のDNA塩基配列（26S rDNA-D1/D2部分塩基配列）を比較解析し、系統分類学的位置を決定した（Fig. 1）。また、選定した酵母分離株について、種レベルの同定および生物学的特徴を明らかにすることを目的として常法により諸試験を行った。なお、本稿中、酵母分離株の学名については原則、現行の学名で表記し、調査当時（供試時点）の学名との異同についてはTab. 1を参照されたい。

（２）　材料と方法

（２）-１　同定に供試した酵母分離株

分離試料の採取場所、採取期間、コロニー性状などを考慮し、酵母分離株を選定し、DNA塩基配列に基づく分子系統解析に供した。また、新規分類群に帰属すると考えられた酵母分離株や分離頻度の高かった種の代表株について、形態学的および生理生化学的な特徴づけを行った。

（２）-２　DNA塩基配列に基づく分子系統解析

26S rDNA-D1/D2部分塩基配列を決定し、近隣結合法（Neighbor-Joining法）を用いて、分子系統学的位置を決定した。方法の詳細はNagatsuka et al.[1]の論文による。

（２）-３　選定した酵母分離株の特徴づけ

常法[15]により、形態学的および生理生化学的な特徴づけを行った。酵母の分類体系は、Kurtzman et al.[16]による。

（３）　結果

酵母分離株（69株）の試料採取場所、採取時期、バイオフィルムとのかかわりの点から、以下に結果をまとめる。

また、バイオフィルムと関連が強いと考えられた種について特徴づけを行った結果をまとめる。

（３）-１　酵母の分布と変化

酵母分離株（69株）の26S rDNA-D1/D2部分塩基配列を比較解析し、系統分類学的位置を決定した[2-4, 17]（Fig. 1）。系統解析の結果、帰属菌種および近縁種の多くは、過去に、土壌や昆虫などの自然環境から、高頻度で分離されているもので、大半が子嚢菌系酵母であった。

もっとも高頻度で分離された種は、*Meyerozyma guilliermondii*であり、土壌、昆虫、植物、下水などの自然環境からの分離報告例が多い[16, 18]。なお、キトラ古墳においても、もっとも高頻度で分離された酵

母種は *M. guilliermondii* であり、キトラ古墳ではバイオフィルムからも本酵母種が分離された。

Tab. 2 に、26S rDNA-D1/D2 部分塩基配列を決定した酵母 69 株について、石室内環境からの分離頻度が高かった種から順に、それぞれの種が高松塚古墳のどの場所から採取された試料に由来するかをまとめた。

石室内および壁石間からは、*Yamadazyma tumulicola*[1, 8] が高頻度で分離され、次いで *Yamadazyma takamatsuzukensis*[1, 8] が高頻度で分離されていた。*Y. tumulicola* および *Y. takamatsuzukensis* は、バイオフィルムから高頻度で分離されていた[4]。なお、*Y. tumulicola* および *Y. takamatsuzukensis* は、石室内環境が高松塚古墳と類似しているキトラ古墳の試料からは分離されていない。一方で、キトラ古墳の石室内（バイオフィルムを含む）からは、*Y. tumulicola* および *Y. takamatsuzukensis* と類縁の別種 *Yamadazyma kitorensis*[8] が、キトラ古墳で特徴的かつ高頻度で分離された[2, 3, 16]。同様に、*Zygoascus polysorbophilus* は、高松塚古墳石室内で採取したバイオフィルムより 1 株分離されたが、キトラ古墳では *Z. polysorbophilus* は分離されず、近縁な別種 *Z. biomembranicola* がバイオフィルムより 1 株分離された[8]。

高松塚古墳の石室内、壁石間および取合部から分離された *Y. tumulicola*[1, 8]、*Y. takamatsuzukensis*[1, 8] をはじめとする種は、墳丘部からは分離されなかった[4]。ただし、このことは墳丘部由来の土壌試料がかなり乾燥していたこととも関連する可能性がある。

壁石間および取合部より、葉緑体を持たない単細胞性酵母様微細藻類である *Prototheca tumulicola*[12] が 1 株ずつ分離された。本属の *P. wickerhami* と *P. zopfii* は、人獣共通感染症であるプロトテカ症を引き起こすことが知られているが *Prototheca* 属の分布は広範である[16]。しかしながら、文化財から本属が分離されたとの報告はない[16]。高松塚古墳より分離した *P. tumulicola* の 2 株は、30 および 37 ℃で生育を示さないことから感染症を引き起こす可能性は低いと考えられる。他の詳細な生物学的特徴は Nagatsuka et al.[12] の論文に記載されている。

墳丘部からは 11 株の酵母が分離され、9 株が担子菌系酵母であり、うち 3 株は新規分類群の可能性があるため、詳細な生物学的特徴づけを含めた同定試験が必要である。なお、土壌や昆虫などからの分離報告が多い担子菌系酵母[16, 18] は、墳丘部以外の石室内環境から分離されなかった。

Fig. 2 に、26S rDNA-D1/D2 部分塩基配列を決定した酵母分離株 69 株について、分離試料採取時期との関係を棒グラフで示した。

バイオフィルムを含む石室内環境から多数分離された *Y. tumulicola* は、冷却以前には分離されておらず、冷却開始後に高頻度で分離されるようになった。

Y. takamatsuzukensis および *M. guilliermondii* は、冷却以前にも分離されており、冷却開始後は高頻度ではないものの依然として分離されている。

(3)-2　バイオフィルム構成にかかわる酵母の生物学的特徴

バイオフィルムから高頻度で分離された *Y. tumulicola*、*Y. takamatsuzukensis*、*Pichia membranifaciens*、さらに *Z. polysorbophilus* の選抜した株について、殺菌剤として使用されたエタノールおよびイソプロパノールの資化性試験を行った。また、*Y. tumulicola*、*Y. takamatsuzukensis*、および *Z. polysorbophilus* の選抜した株について、光学顕微鏡観察を行った。

バイオフィルムより分離された *Y. tumulicola*、*Y. takamatsuzukensis*、*P. membranifaciens* および *Z. polysorbophilus* は、0.5 および 1 %エタノールを唯一の炭素源とした場合に生育を示したが、0.5 および 1.0 %イソプロパノールを唯一の炭素源とした場合には生育を示さなかった[1, 3, 5]。*Y. tumulicola*、*Y. takamatsuzukensis* および *Z. polysorbophilus* は、真正菌糸を盛んに形成することが確認された[1, 8] (Fig. 3)。*Y. tumulicola*、*Y. takamatsuzukensis* および *Z. polysorbophilus* の他の詳細な生物学的特徴は、Nagatsuka et al.[1, 8] の論文に記載されている。

（4） 考察

得られた結果に基づいて、高頻度で分離された酵母の由来と侵入時期、バイオフィルムとのかかわりについて考察を行った。

(4)-1　高頻度で分離された酵母の由来

高松塚古墳石室内の主要酵母が帰属する種および近縁種は、文献情報によれば[16, 18]、いずれも土壌、大気、水環境などの環境から高頻度で分離されている種であった。これらの酵母は、石室内に棲息していた可能性もあるが、わずかな隙間から雨水や土壌動物とともに石室内に侵入し、その後、石室内に定着した可能性も考えられる。

(4)-2　*Y. tumulicola*、*Y. takamatsuzukensis* などの高頻度で分離された酵母の検出時期

高松塚・キトラ両古墳の石室内環境から、それぞれ高頻度で分離されている *Y. tumulicola*、*Y. takamatsuzukensis* とキトラ古墳バイオフィルム由来の酵母は、類縁関係にありながらも、他の環境からの分離例がなく分類学的に新規性が高く、さらに、高松塚古墳とキトラ古墳で互いに異なっている[2, 3, 17]。また、*Y. tumulicola* および *Y. takamatsuzukensis* は、主に平成 17（2005）年～平成 18（2006）年に分離されており、この時期にバイオフィルムなどを形成した可能性があると考えられる（Fig. 2）。

(4)-3　バイオフィルムと酵母の関係

バイオフィルムから分離された *Y. tumulicola*、*Y. takamatsuzukensis* および *Z. polysorbophilus* は、真正菌糸を形成することが確認された[18] (Fig. 3)。これらの酵母の菌糸がバイオフィルムの基本構造となっている可能性も考えられる。

バイオフィルムより分離された *Y. tumulicola*、*Y. takamatsuzukensis*、*P. membranifaciens* および *Z. polysorbophilus* は、0.5 および 1 %エタノールを唯一の炭素源とした場合に生育を示したが、0.5 および 1.0 %イソプロパノールを唯一の炭素源とした場合には生育を示さなかった[1, 3, 5, 8]。また、これらの酵母の一部では、漆喰の劣化原因物質のひとつである可能性のある有機酸をエタノール存在下で生産し、イソプロパノールからは生産しないことが認められている[7] (4章4節を参照)。これらのことから、バイオフィルムの構成種であるこれらの酵母の殺菌には、エタノールよりもイソプロパノールを使用することが好ましいと考えられる。

（半田（永塚）由佳・二宮真也・喜友名・木川・佐野・杉山）

参考文献

1）Nagatsuka, Y., Kiyuna, T., Kigawa, R., Sano C., Miura, S. and Sugiyama, J.: *Candida tumulicola* sp. nov. and *Candida takamatsuzukensis* sp. nov., novel yeast species assignable to the *Candida membranifaciens* clade, isolated from the stone chamber of the Takamatsu-zuka tumulus, International Journal of Systematic and Evolutionary Microbiology, 59, 186－194, 2009.

2）Sugiyama, J., Kiyuna, T., An, K.-D., Nagatsuka, Y., Handa, Y., Tazato, N., Hata-Tomita, J., Nishijima, M., Koide, T., Yaguchi, Y., Kigawa, R., Sano, C. and Miura, S.: Microbiological survey of the stone chambers of Takamatsu-zuka and Kitora tumuli, Nara Prefecture, Japan: a milestone in elucidating the cause of biodeterioration of mural paintings, Proceedings of the 31st International Synposium on the Conservation and Restoration of Cultural Property, 2008, National Institute for Cultural Properties, Tokyo, pp. 51－73, 2009.

3）高松塚古墳壁画劣化原因調査検討会第7回、参考資料4、平成21年3月12日、文化庁

4）高松塚古墳壁画劣化原因調査検討会第12回、参考資料1－3、平成21年11月30日、文化庁

5）木川りか、佐野千絵、喜友名朝彦、立里臨、杉山純多：高松塚古墳・キトラ古墳石室内の微生物分離株のアルコール系殺菌剤資化性試験、保存科学、49、231－238、2010。

6）木川りか、佐野千絵、喜友名朝彦、立里臨、杉山純多、早川典子、川野辺渉：キトラ古墳から分離された細菌や酵母の修復用高分子材料に対する資化性試験、保存科学、51、157－166、2012。

7）佐野 千絵、西島 美由紀、喜友名 朝彦、木川 りか、杉山 純多：高松塚古墳石室内より分離された主要な微生物のギ酸・酢酸生成能、保存科学、49、209－219、2010。

8）Nagatsuka, Y., Ninomiya, S., Kiyuna, T., Kigawa, R., Sano, C. and Sugiyama, J.: *Yamadazyma kitorensis* f.a., sp. nov. and *Zygoascus biomembranicola* f.a., sp. nov., novel yeasts from the stone chamber interior of the Kitora Tumulus, and five novel combinations in *Yamadazym*a and *Zygoascus* for species of *Candida*, International Journal of Systematic and Evolutionary Microbiology, 66, 1692－1704, 2016.

9）Sugiyama, J., Kiyuna, T., Nishijima,M., An, K.-D., Nagatsuka, Y., Tazato, N., Handa, Y., Hata-Tomita, J., Sato, Y., Kigawa, R. and Sano, C.: Polyphasic insights into the microbiomes of the Takamatsuzuka Tumulus and Kitora Tumulus, The Journal of General and Applied Microbiology, 63, 63－113, 2017.

10）Kurtzman, C. P. and Suzuki, M.: Phylogenetic analysis of ascomycete yeasts that form coenzyme Q-9 and the proposal of the new genera *Babjeviella, Meyerozyma, Millerozyma*, *Priceomyces,* and *Scheffersomyces,* Mycoscience, 51, 2－14, 2010.

11）Kurtzman, C. P.: Phylogeny of the ascomycetous yeasts and the renaming of *Pichia anomala* to *Wickerhamomyces anomalus,* Antonie van Leeuwenhoek, 99, 13－23, 2011.

12）Nagatsuka, Y., Kiyuna, T., Kigawa, R., Sano, C. and Sugiyama, J.: *Prototheca tumulicola* sp. nov., a novel achlorophyllous, yeast-like microalga isolated from the stone chamber interior of the Takamatsuzuka Tumulus, Mycoscience, 58, 53－59, 2017.

13）Liu, X.-Z., Wang, Q.-M., Göker, M., Groenewald, M., Kachalkin, A. V., Lumbsch, H. T., Millanes, A. M., Wedin, M., Yurkov, A. M., Boekhout, T. and Bai, F.-Y.: Towards an integrated phylogenetic classification of the Tremellomycetes, Studies in Mycology, 81, 85－147, 2015.

14）Urbina, H., Frank, R. and Blackwell, M.: *Scheffersomyces cryptocercus*: a new xylose-fermenting yeast associated with the gut of wood roaches and new combinations in the *Sugiyamaella* yeast clade, Mycologia, 105, 650－660, 2013.

15）Yarrow, D.: Methods for the isolation, maintenance and identification of yeasts. In: The Yeasts, a Taxonomic Study, 4th Edn, ed. by Kurtzman, C. P. and Fell, J. W., Elsevier, Amsterdam, pp. 77－100, 1998.

16）Kurtzman, C. P., Fell, J. W. and Boekhout, T.（Eds.）: The Yeasts, a Taxonomic Study, 5th Edn, Elsevier, Amsterdam, 2011.

17）高松塚古墳壁画劣化原因調査検討会第４回、資料２、平成20年10月20日、文化庁

18）Barnett, J. A., Payne, R. W. and Yarrow, D.: Yeasts: Characteristics and Identification, 3rd Edn, Cambridge University Press, Cambridge, 2000.

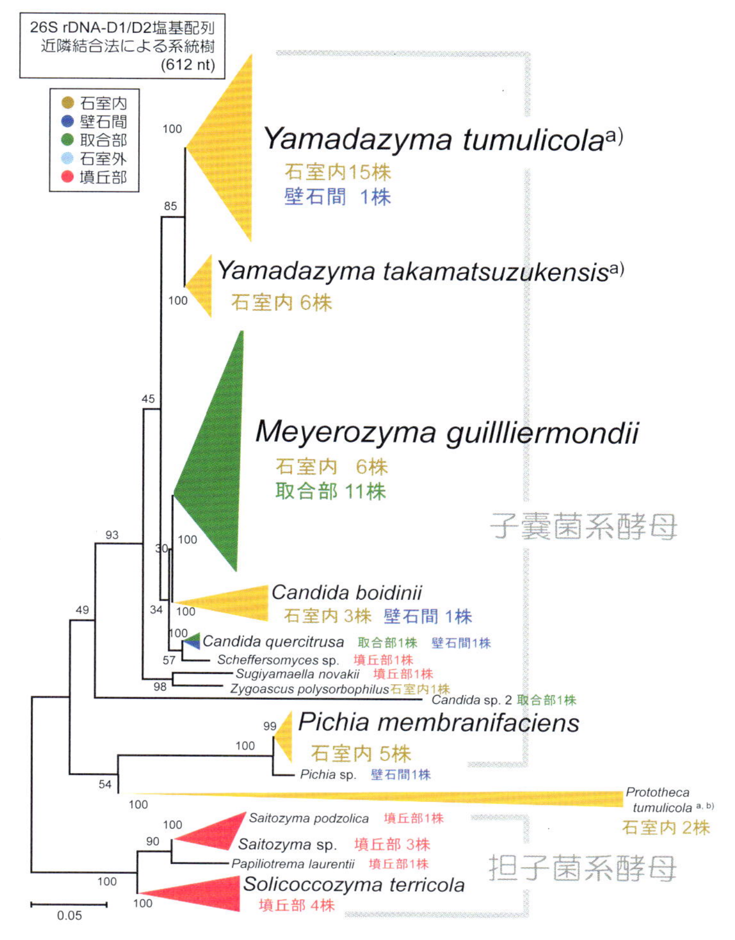

Fig. 1　酵母分離株の分子系統学的位置と分離試料採取場所[3]。
分子系統樹は担子菌系酵母をアウトグループとし、枝上の数字は1,000回のサンプリングの近隣結合法によるブートストラップ値（%）（系統樹の統計的信頼度を示す指標、95 %以上でその枝は統計的に有意とみなす）を示す。スケールは、5 %塩基置換（*K*nuc）に相当する。
a）新種として提唱された3種[1, 12]、b）単細胞性酵母様微細藻類の一種。

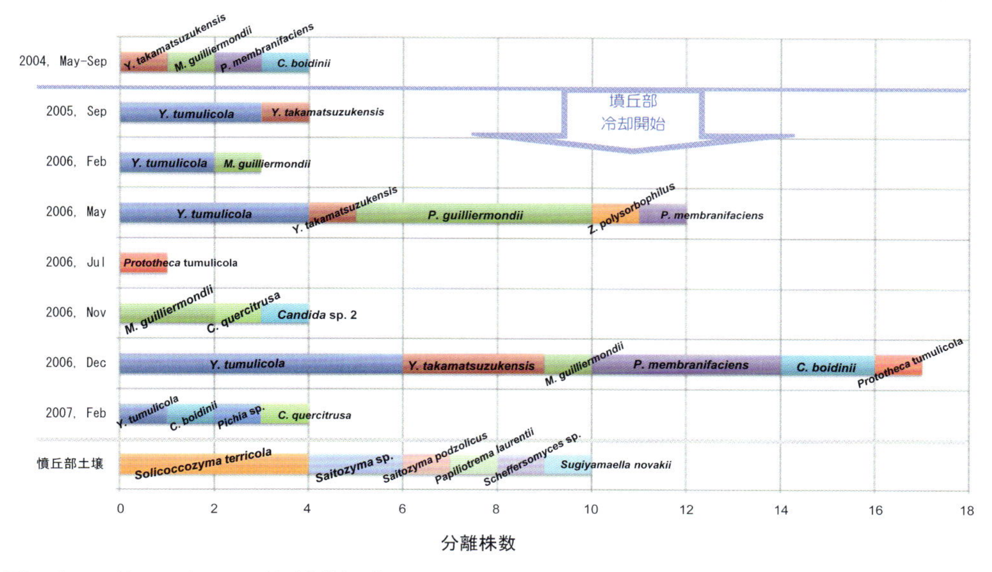

Fig. 2　分離した酵母と分離試料採取期間の関係

(A)　　(B)

(C)

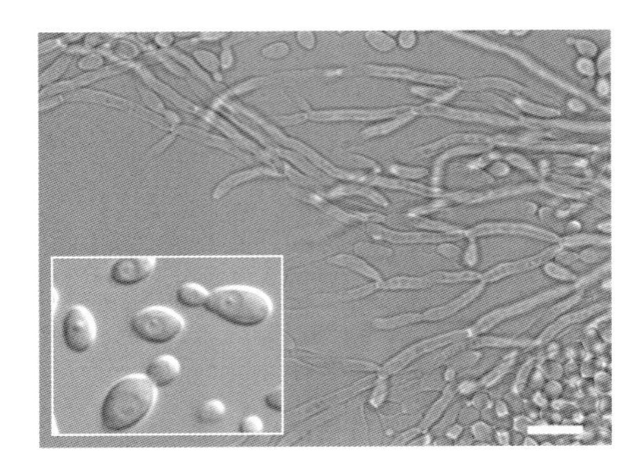

Fig. 3　バイオフィルム構成種の菌糸と栄養細胞（Nagatsuka et al. [1, 8] を改変）
スケールは 10 μm を示す。（A）*Y. tumulicola* T6517-9-5^T,
（B）*Y. takamatsuzukensis*　T4922-1-1^T,（C）*Z. polysorbophilus* T6517-9-4.

Tab. 1　代表的な酵母分離株の学名表記の異同

調査当時の学名※1		現行の学名※2	
学名	文献	学名	文献
Candida tumulicola	1, 2, 3, 4, 5, 6, 7	*Yamadazyma tumulicola*	8, 9
Candida takamatsuzukensis	1, 2, 3, 4, 5, 6, 7	*Yamadazyma takamatsuzukensis*	8, 9
Pichia guilliermondii	2, 4, 7	*Meyerozyma guilliermondii*	10
Candida sp. 1 *Candida bituminiphila* に近縁	2, 4	*Zygoascus polysorbophilus*※3	8
Candida sp. 2 *Pichia deserticola* に近縁	4	*Pichia* sp. 1 *Pichia deserticola* に近縁	11
Prototheca sp. *Prototheca stagnora* に近縁	2, 4	*Prototheca tumulicola*	9, 12
Pichia caribbica	4	*Meyerozyma caribbica*	10
Candida sp. 3 *Candida incommunis* に近縁	2, 4	*Candida* sp. 2 *Candida incommunis* に近縁	—
Cryptococcus terricola	4, 9	*Solicoccozyma terricola*	13
Cryptococcus sp.1 *Cryptococcus podzolicus*に近縁	4, 9	*Saitozyma* sp.1 *Saitozyma podzolica* に近縁	13
Cryptococcus podzolicus	4, 9	*Saitozyma podzolica*	13
Cryptococcus laurentii	4, 9	*Papiliotrema laurentii*	13
Candida novakii	4, 9	*Sugiyamaella novakii*	14
Candida sp.4 *Pichia spartinae* に近縁	4, 9	*Scheffersomyces* sp. 3 *Scheffersomyces spartinae* に近縁	13

※ 1、文化庁検討会資料および保存科学等に記載された調査当時（供試時点）の学名。
※ 2、詳細同定に関する論文および分類学的再編に関する各種記載論文に基づいた平成 30（2018）年 3 月時点の学名。
※ 3、学名（種形容語）の訂正（Index Fungorum, http://www.indexfungorum.org/ 参照）。

Tab. 2　酵母分離株と試料採取場所の関係 [2)]

分離/分類群	分離した酵母の株数						分離された試料数（点）
	石室内	壁石間	取合部	石室外	墳丘部	全体	
分離を試みた試料数(点)	90	50	19	66	11	236	
酵母が分離された試料数（点）	24	2	15	0	3	41	
総分離株数	36	5	17	0	11	69	
*Yamadazyma tumulicola**	15（内6株ゲル由来）	1（ゲル由来）	—	—	—	16	15
*Yamadazyma takamatsuzukensis**	6（内3株ゲル由来）	—	—	—	—	6	6
Meyerozyma guilliermondii	6	—	11	—	—	17	18
Pichia membranifaciens	5（内1株ゲル由来）	—	—	—	—	5	3
Candida boidinii	3（内1株ゲル由来）	1（ゲル由来）	—	—	—	4	4
Zygoascus polysorbophilus	1（ゲル由来）	—	—	—	—	1	1
Pichia sp. 1 *Pichia deserticola* に近縁	—	1（ゲル由来）	—	—	—	1	1
*Prototheca tumulicola**	—	1	1	—	—	2	2
Candida quercitrusa	—	1	1	—	—	2	2
Meyerozyma caribbica	—	—	3	—	—	3	3
Candida sp. 2 *Candida incommunis* に近縁	—	—	1	—	—	1	1

* 新種として提唱された３種 [1, 12)]

5　高松塚古墳石室内外環境からの細菌の分離

（1）　はじめに

壁画の汚染に関する微生物の調査を目的とし、平成 17（2005）年 9 月から石室内およびその周辺環境の細菌相の調査を開始した[1~6]。平成 17（2005）年 9 月から平成 21（2009）年 2 月の間、石室内とその周辺環境（壁石間、石室外、取合部、墳丘部）から採取された 173 点の試料について、細菌の分離・培養を実施し、514 株が分離された。分離株は細胞形態、グラム染色性、コロニー性状などから類別し、代表的な株について次節で述べるように詳細な同定を実施した。

一方、平成 17（2005）年および平成 20（2008）年にキトラ古墳の壁画表面から採取された試料からは、酢酸菌が分離されていたこと、また、非培養法の DGGE 解析において、高松塚古墳石室解体中の試料から酢酸菌に由来する配列が検出されたことから、高松塚古墳においても酢酸菌が存在する可能性が考えられた。そこで、これらの試料に対し、特別に工夫をした集積培養法[7]で酢酸菌の再分離を実施した結果、壁石間や石室外土壌の試料の一部から酢酸菌が分離された。

（2）　培養法による一般細菌の分離

（2）-1　方法

一般細菌の分離に用いた試料の一覧を Tab. 1 に示した。

一般細菌の分離は塗抹培養法[8, 9]によった。無菌の綿棒で試料を採取した後、Nutrient agar（Oxoid, Hampshire, England）に塗抹し、好気条件下で、30 ℃、5 日間培養した。

（2）-2　結果と考察

塗抹培養で Nutrient agar 平板に生育してきたコロニーを各々分離し、同一の試料中の異なる菌種を選択するため、コロニー形態、色調、粘稠性などの観察およびグラム染色、芽胞や滑走運動の有無などを調査し、分離株の選抜ならびにグルーピングを行った。その結果、各試料から総数 514 株の一般細菌が分離された（Tab. 2）。各分離株の簡易観察結果（代表例）を Tab. 3 に示す。分離プレート、コロニー像および代表的なグラム染色像を Fig. 1 ～ Fig. 3 に示す。各試料の分離を行った結果、試料の採取場所によって、分離株の種類に違いがあることがわかった。壁画表面、石室内などの試料からは、コロニーに粘稠性がある、または滑走運動のあるバイオフィルムを構成する菌株が多数分離された。一方、土壌など石室外の試料からは、芽胞菌や放線菌などが多数分離された。

（3）　培養法による酢酸菌の分離

（3）-1　集積培養法による酢酸菌分離の試み

漆喰の劣化原因として、微生物の生成する酸などの代謝物もひとつの要因として考えられる。培養法による調査とは別途実施された非培養法によって微生物群集を解析する方法である DGGE 解析において、高松塚古墳石室解体中の試料から酢酸菌に由来する遺伝子塩基配列が検出された。酢酸菌はその名のとおり酢酸生成を行う細菌群である。前述した一般細菌の分離を目的に行った塗抹平板法では酢酸菌分離株は得られなかったが、このような細菌の存在を再検討するため、より酢酸菌に適した分離方法[10]に変更し、集積培養法による当該細菌の分離を試みた。

(3)-2　方法

酢酸菌の分離に用いた試料の一覧をTab. 4に示した。

酢酸菌選択培地（ポテトエキス100 mL、グルコース10 g、エタノール5 mL、ペプトン3 g、酵母エキス5 g、精製水900 mL pH 4.2－4.5）を用いて30℃、1週間斜面静置して集積培養し、培養液表面に形成された皮膜から、GYC寒天培地（酵母エキス10 g、グルコース50 g 、$CaCO_3$ 30 g、寒天25 g、精製水1000 mL）にて酢酸菌を分離した。

(3)-3　分離結果と考察

各試料を試験管で斜面培養3日目に、培養液の液体表面に皮膜の形成が確認された（Fig. 4）。1週間後、皮膜をGYC寒天培地に塗抹培養したところ、炭酸カルシウムの溶解が認められた（Fig. 5）。酢酸菌はグルコースを酸化するため、培地のpHを低下させる。その結果、培地に添加した炭酸カルシウムを溶解するため、培地の濁りを消失させ、酢酸菌のコロニーの周辺に培地の透明な領域（ハロー）が形成される。そこで、周辺にハローが形成したコロニーを選択し、グラム陰性桿菌であることを確認した後、酢酸菌として純化した（Fig. 6）。石材間、石室外土壌、墳丘部土壌の試料から、計10株の酢酸菌が分離された（Tab. 5）。また、16S rRNA遺伝子塩基配列を用いた分子系統解析の結果、分離された10株すべては*Gluconacetobacter*属細菌であることが判明した[11]（第3章8節参照）。

酢酸菌は高い好気性を好むため、ほとんどの酢酸菌は液体培地の表面に菌膜（皮膜、pellicle）を形成して生育する。この菌膜はバイオフィルムとして機能していることが知られている[12]。

一方、石室内の試料からは培養法によっても、またDGGE解析（第3章7節参照）によっても酢酸菌は検出されなかった。しかし、酢酸菌に特異的なプライマーによるPCRでは酢酸菌の存在が示唆された（第3章8節参照）。

（立里臨・半田豊・小出知己・木川・佐野・杉山）

参考文献

1）国宝高松塚古墳壁画恒久保存対策検討会 第5回、資料3－2、平成18年2月9日、文化庁
2）国宝高松塚古墳壁画恒久保存対策検討会 第6回、資料5－2、平成18年6月29日、文化庁
3）国宝高松塚古墳壁画恒久保存対策検討会 第7回、資料4、平成18年7月24日、文化庁
4）国宝高松塚古墳壁画恒久保存対策検討会 第8回、資料6、平成19年3月22日、文化庁
5）国宝高松塚古墳壁画恒久保存対策検討会 第11回、資料5、平成20年2月25日、文化庁
6）高松塚古墳壁画劣化原因調査検討会 第12回、参考資料1－2、平成21年11月30日、文化庁
7）高松塚古墳壁画劣化原因調査検討会 第12回、参考資料1－5、平成21年11月30日、文化庁

８）高田正樹：土壌、山里一英、宇田川俊一、児玉　徹、森地敏樹（編）：微生物の分離法、R&D プランニング、pp. 31－43、1986。

９）横田　明：好気性細菌、杉山純多、渡辺　信、大和田紘一、黒岩常祥、高橋秀夫、徳田　元（編）：新版微生物学実験法、講談社サイエンティフィック、pp. 26－28、1999。

10）山田雄三：酢酸菌、山里一英、宇田川俊一、児玉　徹、森地敏樹（編）：微生物の分離法、R&D プランニング、pp. 454－457、1986。

11）Nishijima, M., Tazato, N., Handa, Y., Tomita, J., Kigawa, R., Sano, C. and Sugiyama, J.: *Gluconacetobacter tumulisoli* sp. nov., *Gluconacetobacter takamatsuzukensis* sp. nov. and *Gluconacetobacter aggeris* sp. nov., isolated from Takamatsuzuka Tumulus samples before and during the dismantling work in 2007, International Journal of Systematic and Evolutionary Microbiology, 63, 3981－3988, 2013.

12）松下一信：酢酸菌が生成する菌膜ヘテロ多糖、古畑勝則ほか（著）、バイオフィルムの基礎と制御－特性・解析事例から形成防止・有効利用まで、エヌ・ティー・エス、pp. 54－64、2008。

Tab. 1　供試試料の点数

採取場所 ＼ 採取年	石室内	壁石間	取合部	石室外	墳丘部	総計
平成 17（2005）年	8					8
平成 18（2006）年	59		16	1	2	78
平成 19（2007）年	14	32	10	20		76
平成 20（2008）年					10	10
平成 21（2009）年					1	1
総計	81	32	26	21	13	173

Tab. 2　各試料から分離された細菌株数

採取箇所 ＼ 採取年	石室内		壁石間		取合部		石室外		墳丘部	
	試料数	分離株数	試料数	分離株数	試料数	分離株数	試料数	分離株数	試料数	分離株数
平成17(2005)年	8	16								
平成18(2006)年	59	175			16	34	1	3	2	12
平成19(2007)年	14	34	32	145	10	18	20	47		
平成20(2008)年									10	29
平成21(2009)年									1	1
総計	81	225	32	145	26	52	21	50	13	42
総分離株数：514 株										

Tab. 3　各試料から分離された分離株の代表例[1-5]

採取箇所	採取年	コロニーの色	コロニー粘稠性	グラム染色性	細胞形態	芽胞形成	滑走運動
石室内	平成17（2005）年	淡黄色	−	−	短桿菌	−	−
		クリーム色	−	＋	桿菌	−	−
		明るい黄色	＋	−	短桿菌	−	＋
		クロム黄色	＋	−	短桿菌	−	−
		クリーム色	−	＋	桿菌	＋	−
		緑黄色	＋	＋	桿菌	−	−
		クリーム色	−	−	短桿菌	−	−
		クリーム色	−	＋	桿菌	＋	−
							など16株
石室内	平成18（2006）年	クリーム色	−	＋	桿菌	＋	−
		黄色	−	−	桿菌	−	−
		淡黄色	−	−	桿菌	−	−
		淡黄色	−	＋	桿菌	−	−
		灰色	−	＋	放線菌	−	−
		淡黄色	＋	−	桿菌	−	＋
		半透明	−	＋	桿菌	−	−
		淡黄色	−	＋	桿菌	＋	−
		クリーム色	−	−	桿菌	−	−
		黄色	＋	−	桿菌	−	−
		淡黄色	−	＋	不規則桿菌	−	−
		黄色	＋	−	桿菌	−	＋
		白色	−	＋	放線菌	−	−
		オレンジ色	−	＋	桿菌	−	−
		淡黄色（透明）	＋	−	桿菌	−	−
		淡いオレンジ色	−	＋	桿菌	−	−
		黄色	−	＋	放線菌	−	−
		淡黄色	−	−	球菌	−	−
		黄色	−	不定	桿菌	−	−
		淡黄色	−	−	短桿菌	−	−
							など175株

Tab. 3　つづき

採取箇所	採取年	コロニーの色	コロニー粘稠性	グラム染色性	細胞形態	芽胞形成	滑走運動
石室内	平成19(2007)年	クリーム	−	＋	桿菌	＋	−
		淡黄色	−	−	桿菌	−	−
		淡黄色	−	−	球状	−	−
		淡黄色	−	−	短桿菌	−	−
		淡黄色	−	−	球状	−	−
		淡黄色	＋	−	桿菌	−	−
		淡黄色	＋	−	桿菌	−	＋
							など34株
壁石間	平成19(2007)年	淡黄色	−	−	短桿菌	−	−
		黄色	−	−	桿菌	−	−
		クリーム色	−	＋	桿菌	＋	−
		クリーム色	−	不定	桿菌	＋	−
		半透明	−	−	桿菌	−	−
		黄色	−	不定	桿菌	−	−
		淡黄色	−	＋	桿菌	＋	−
		黄色	−	＋	桿菌	−	−
		灰色	−	＋	放線菌	−	−
		淡黄色	−	＋	桿菌	−	−
		淡黄色	−	−	球状	−	−
		淡黄色	＋	−	桿菌	−	−
		透明	−	＋	桿菌	−	−
		灰白色	−	＋	放線菌	−	−
		黄色	−	＋	放線菌	−	−
		半透明	−	不定	桿菌	＋	−
		黄色	−	不定	桿菌	＋	−
		黄色	−	不定	桿菌	＋	−
							など145株

Tab. 3　つづき

採取箇所	採取年	コロニーの色	コロニー粘稠性	グラム染色性	細胞形態	芽胞形成	滑走運動
取合部	平成18(2006)年	クリーム色	−	＋	桿菌	＋	−
		黄色	−	−	桿菌	−	−
		クリーム	−	−	短桿菌	−	−
		白色	−	不定	放線菌		
		淡黄色	−	−	桿菌	−	−
		クリーム色	−	＋	桿菌	＋	−
		クリーム色	−	＋	桿菌	＋	−
		淡黄色	−	不定	桿菌	−	＋
		淡いオレンジ色	−	＋	桿菌	−	−
		淡黄色	＋	−	球菌	−	−
		黄色	−	−	桿菌	−	＋
							など34株
取合部	平成19(2007)年	淡黄色	−	−	桿菌	−	−
		半透明	＋	−	桿菌	−	−
		クリーム色	−	＋	桿菌	＋	−
		淡いオレンジ色	−	＋	桿菌	−	−
		黄色	−	−	桿菌	−	＋
		淡黄色	−	−	球菌	−	−
		淡黄色	＋	−	短桿菌	−	−
		淡黄色	−	＋	放線菌	−	−
		灰色	−	＋	放線菌	−	−
		クリーム色	−	＋	桿菌	＋	−
		クリーム色	−	不定	桿菌	＋	−
							など18株
石室外	平成18(2006)年	クリーム色	−	＋	桿菌	＋	−
		黄色	−	＋	桿菌	−	＋
		白色	−	＋	桿菌	−	−
							3株

Tab. 3　つづき

採取箇所	採取年	コロニーの色	コロニー粘稠性	グラム染色性	細胞形態	芽胞形成	滑走運動
石室外	平成19(2007)年	クリーム色	−	不定	桿菌	＋	＋
		黄色	−	−	桿菌	−	−
		白色	−	＋	放線菌	−	−
		黄色	−	−	球状	−	−
		半透明	−	−	桿菌	−	−
		淡黄色	−	−	短桿菌	−	−
		黄色	−	−	短桿菌	−	−
		クリーム	−	−	桿菌	＋	−
		淡黄色	−	＋	桿菌	＋	−
		淡黄色	−	＋	桿菌	−	−
		白色	−	＋	桿菌	−	−
		黄色	−	＋	放線菌	−	−
		灰白	−	＋	放線菌	−	−
		黄色	−	不定	球状	−	−
		淡黄色	−	＋	放線菌	−	−
							など47株
墳丘部	平成18(2006)年	クリーム色	−	＋	桿菌	＋	−
		黄色	＋	−	桿菌	−	＋
		淡黄色	−	−	短桿菌	−	−
		黄色	−	不定	桿菌	−	＋
		淡黄色	＋	−	桿菌	−	−
		黄色	−	不定	桿菌	＋	−
		淡黄色	−	−	球状	−	−
		クリーム色	−	−	短桿菌	−	−
		黄色	−	不定	桿菌	−	−
							など12株

Tab. 3　つづき

採取箇所	採取年	コロニーの色	コロニー粘稠性	グラム染色性	細胞形態	芽胞形成	滑走運動
墳丘部	平成20（2008）年	クリーム色	−	+	桿菌	+	−
		クリーム色	+	+	桿菌	+	−
		黄色	−	+	桿菌	+	−
		クリーム色	−	+	放線菌	−	−
		淡黄色	−	−	桿菌	−	−
		淡黄色	−	−	桿菌	+	−
		淡黄色	−	+	桿菌	+	−
		クリーム色	−	−	桿菌	+	+
		淡黄色	−	+	放線菌	−	−
		白色	−	+	桿菌	−	−
		白色	−	+	放線菌	−	−
		黄色	+	+	桿菌	−	−
		クリーム色	−	−	桿菌	+	−
		淡黄色	−	−	桿菌	+	−
							など29株
墳丘部	平成21（2009）年	クリーム色	−	−	桿菌	+	+
							1株

Tab. 4　酢酸菌分離に用いた試料

試料番号	試料採取箇所のメモ
T7417-20	高松塚古墳 北壁石 西壁（3 石）との石材間 隙間の黒色物質 070417 ♯14
T7528-15	高松塚古墳 側壁と天井石間 西 1-天 1 西壁石 1 南小口 天井石 1 との接合面 漆喰
T7530-19	高松塚古墳 側壁と天井石間 南-天 1 閉塞石上面 土
T7601-2	高松塚古墳 側壁と畦間　西 2-西 2 畦 西 2 背面　石の境目の黒い部分の土
T7622-7	高松塚古墳 側壁と床石間 東 1-床 2/1 床石立ち上がり部分 粘性あり 東壁石 1 吊り上げ後の床面
T611xx-1	ひさし上 粘土下 アリ穴 クモの巣周辺　土壌
T61213-20	石室外　西側　左側面　（墳丘部発掘作業現場）
T61213-21*	石室外　西側　左側面　（墳丘部発掘作業現場）
T61213-24*	石室外　東側 右奥 側面　手前 マット裏面の根　（墳丘部発掘作業現場）
T6203-4	高松塚⑥ 竹薮 5 cm （2006.02.03）

＊： DGGE で酢酸菌配列バンドとほぼ同位置にバンドのあった試料.

Tab. 5　集積培養法による酢酸菌分離結果

試料番号	試料採取箇所のメモ	酢酸菌分離株数
T7417-20	高松塚古墳北壁石西壁（3 石）との石材間隙間の黒色物質	1
T7622-7	高松塚古墳側壁と天井石間南-天 1 閉塞石上面 土	1
T611xx-1	高松塚古墳ひさし上 粘土下 アリ穴 クモの巣周辺　土壌	4
T61213-20	高松塚古墳石室外　西側　左側面　（墳丘部発掘作業現場）	1
T61213-21	高松塚古墳石室外　西側　左側面　（墳丘部発掘作業現場）	1
T623-4	高松塚古墳⑥ 竹薮 5 cm	1
T7530-19	高松塚古墳 側壁と天井石間 南-天 1 閉塞石上面 土	1
合計		10

＊：分離された 10 株の酢酸菌は、その後の試験により、いずれの株も *Gluconacetobacter* 属に帰属し、3 新種と同定された。

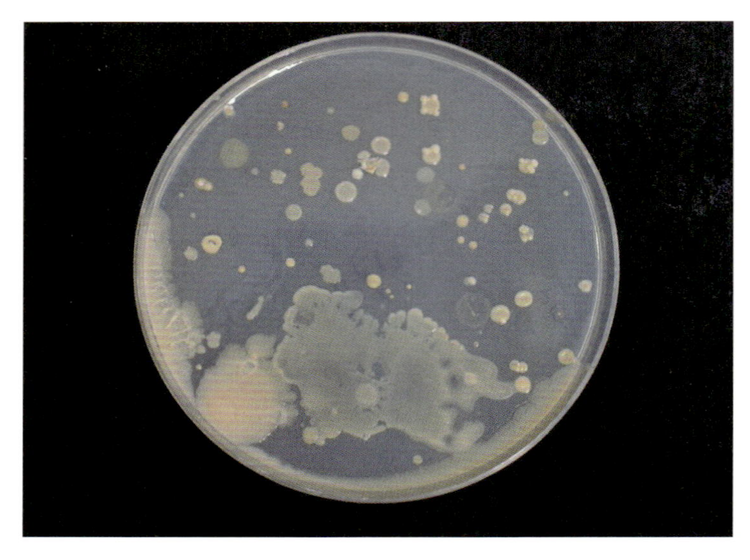

Fig. 1　塗抹平板に出現した細菌コロニーの一例（試料 No. T6517-7）

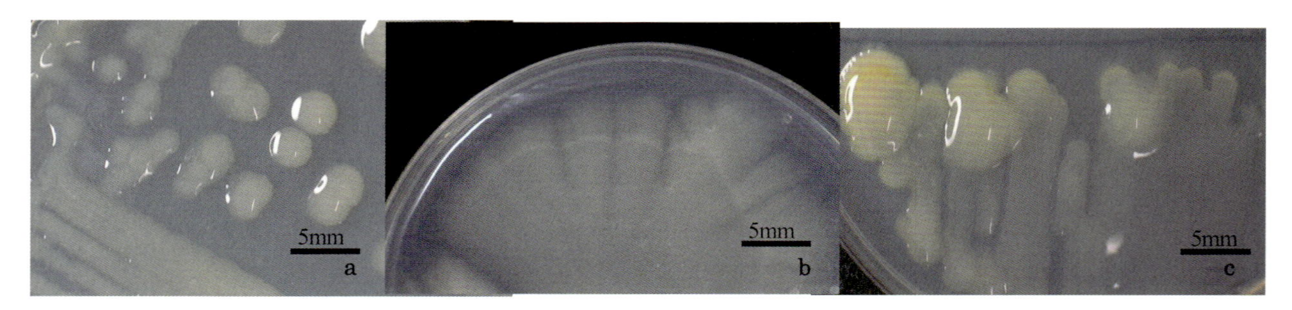

Fig. 2　分離株コロニーの例．　a. 試料 No. T6517-7　b. 試料 No. T61107-1　c. 試料 No. T7530-16

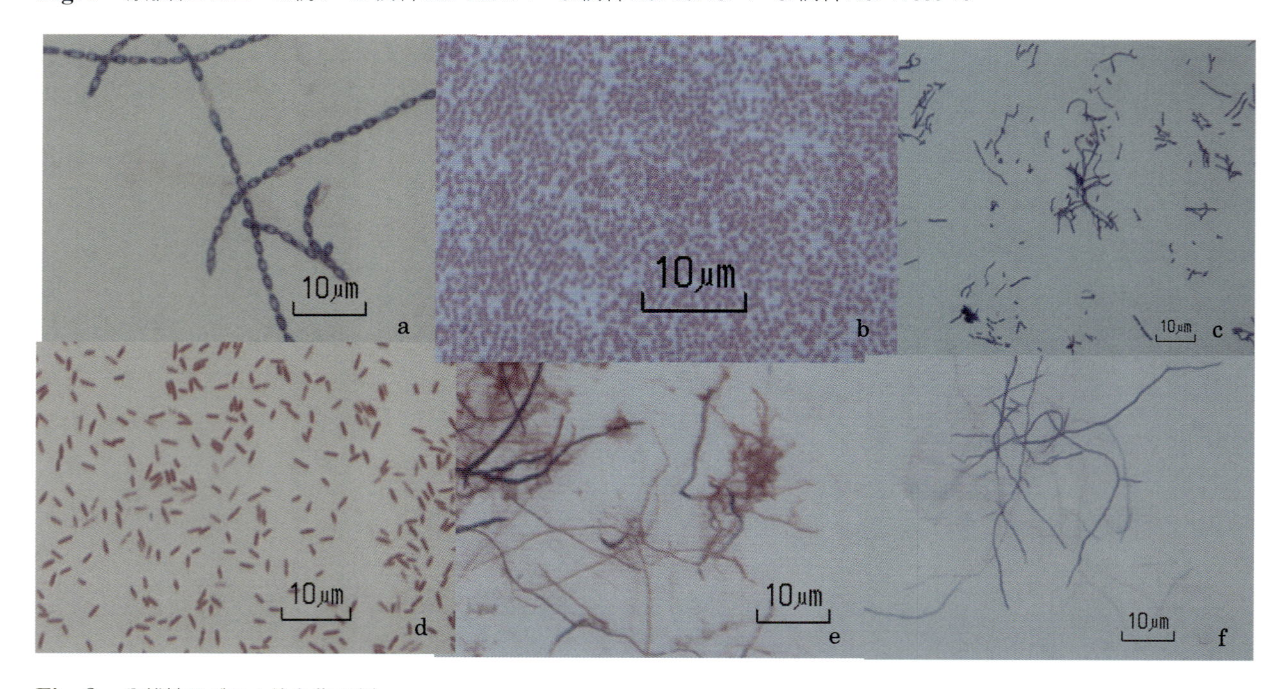

Fig. 3　分離株のグラム染色像の例
a. グラム陽性有芽胞桿菌（試料 No. T6517-7）　b. グラム陰性短桿菌（試料 No. T6517-3）　c. グラム陽性桿菌（試料 No. T6713-4）　d. グラム陰性桿菌（試料 No. T6517-2）　e. 放線菌（試料 No. T61017-5）f. 放線菌（試料 No. T61017-11）

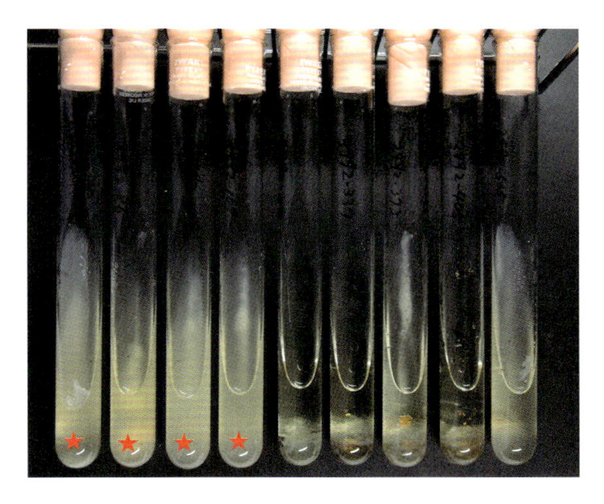

Fig. 4　液体斜面培養による酢酸菌の分離
（★印は酢酸菌が検出された試験管）

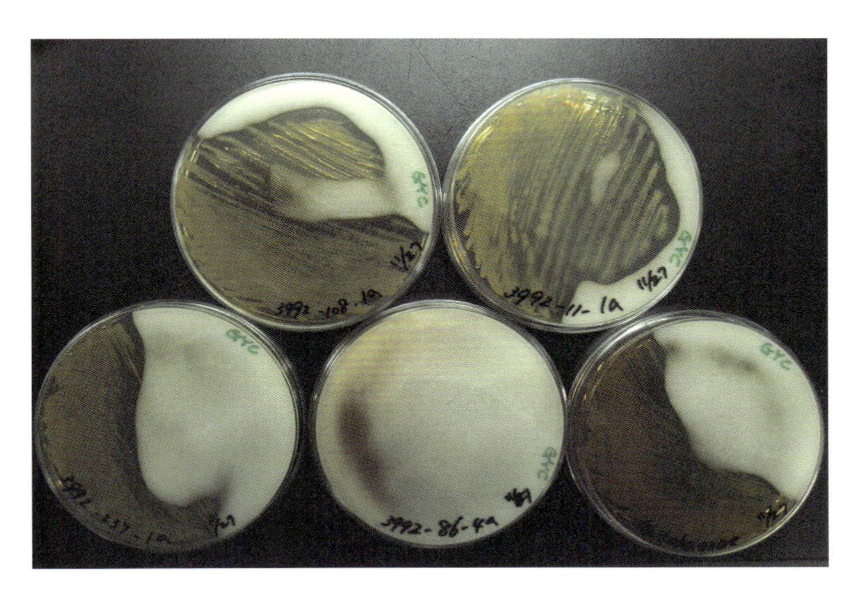

Fig. 5　代表的な分離株の GYC 寒天培養平板、裏面　炭酸カルシウムの溶解が認められる。
右下は既知基準株 *Gluconacetobacter johannae* DSM 13595^T

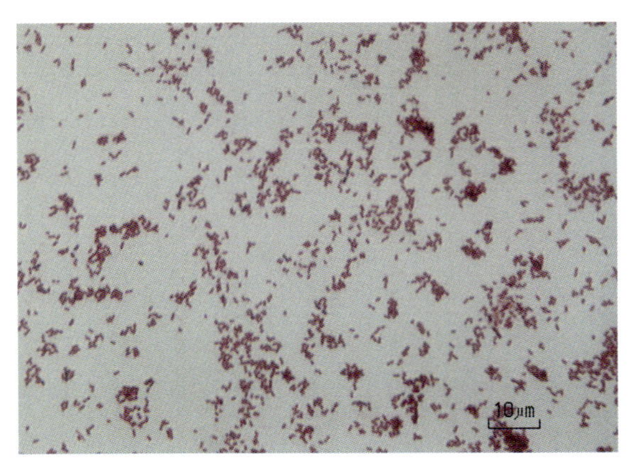

Fig. 6　GYC 寒天培地に生育してきたコロニーの細菌細胞のグラム染色像　グラム陰性細菌で構成される（試料 No. T7417-20）

6　高松塚古墳石室内外環境の細菌相調査と主要細菌分離株の同定

(1)　はじめに

前節のように高松塚古墳石室内、外および墳丘部より採取した試料から分離された細菌について、詳細な同定を実施し、石室内外における属・種の分布について調査した。調査結果はこれまでに文化庁検討会（例えば、資料[1-3]）や国際研究集会議事録[4]等で報告されている。また、高松塚・キトラ両古墳の採取試料から分離した主要な細菌株にかかわる詳細同定の結果は論文として国際学術誌に、報告として『保存科学』（東京文化財研究所発行）に発表されている（付録Bのリスト参照）。高松塚古墳石室内外の主要細菌の分布については後述の第3章9節でプロット図とともに詳述されている。また、本節で述べる内容は平成29（2017）年に発表した高松塚・キトラ両古墳の微生物相（microbiota）/ミクロバイオーム（microbiomes）に関する英文総説[5]（付録A）にも関係文献情報とともに記述されているので、それらも合わせて参照されたい。

(2)　材料および方法

(2)-1　供試試料

高松塚古墳より採取した種々の試料のうち、細菌の分離に供した試料を、試料採取期間および試料採取箇所カテゴリー（石室内、壁石間、取合部、石室外、墳丘部）別に分類し、Tab. 1に示す。

(2)-2　細菌分離株の同定方法

高松塚古墳石室内外の様々な採取試料より、塗沫平板法により細菌の分離を行い、それぞれの試料採取時期で得られた分離株毎に、目視観察によるグルーピングを行った（前節参照）。目視レベルのコロニーおよび細胞形態観察によるグルーピングの結果、同一グループに含まれた分離株については、互いに同一の帰属分類群（種群）とした。試料採取時期毎の目視観察によるグルーピングの結果を基に、代表的な分離株を選定し、16S rRNA遺伝子（原核微生物の小サブユニットrRNA遺伝子）塩基配列を決定した[6]。得られた塩基配列を基にBLAST（Basic Local Alignment Search Tool）パラメーター[7]による相同性検索を行い、近隣結合法[8]により系統推定を行った。系統樹の各系統枝の信頼性のための統計検定は、ブートストラップ法[9]により解析し、その値（ブートストラップ値）は各系統枝の分岐点に示した。なお、16S rRNA遺伝子塩基配列が同一である分離株同士は、同一の帰属分類群（種群）として扱った。以上のように、代表分離株の16S rRNA遺伝子塩基配列の結果から、目視レベルでグルーピングした同一グループの分離株の帰属分類群を決定し、分類群ごとの分離株数を計数した（Tab. 2）。

なお、本節（Tab. 2を含む）で記述されている分離株の学名等は、文化庁検討会等の資料に掲載された当時のもの[1,2,3]等を主に用いている。分類学の進展あるいは、詳細同定による学名の変更等があった分離株については、適宜本文中に記述した。また、資料掲載時と平成30（2018）年3月時点の学名の異同については、第5章1節に掲載した。

（3）　結果および考察

（3）-1　高松塚古墳石室内の細菌相の変化（平成17（2005）年9月～平成19（2007）年4月）[4, 10)]

高松塚古墳石室内から採取した、平成17（2005）年9月（墳丘部（石室）冷却開始直後）から平成19（2007）年4月（石室解体開始時）までの計64点の採取試料より計182株を得た（Tab. 2）。

冷却開始直後（平成17（2005）年9月）の細菌相は、ファーミキューテス門（phylum "*Firmicutes*"）の *Bacillus* 属（*Bacillus* sp. 1（*B. thuringiensis* に近縁））の分離頻度が高かった。また、冷却安定期（平成18（2006）年2月から10月）においては、冷却開始直後で高い割合を示した *Bacillus* 属に加え、アルファプロテオバクテリア綱（class *Alphaproteobacteria*）の *Ochrobactrum* 属、ベータプロテオバクテリア綱（class *Betaproteobacteria*）の *Bordetella* 属およびガンマプロテオバクテリア綱（class *Gammaproteobacteria*）の *Stenotrophomonas* 属の分離頻度が突出して高くなった。これは、冷却後の安定に伴う石室内環境の変化により、細菌相が変化したものと考えられる（Fig. 1）。一方、解体開始時（平成19（2007）年4月）にも、石室内環境の変化に伴うと考えられる細菌相の変化が認められ、それまで高い割合で分離されていた *Bordetella* 属および *Stenotrophomonas* 属の割合が減少した（Fig. 2、石室壁面）。これらは、解体開始に伴う温湿度の影響と思われる。なお、何れの試料採取時期においても、ファーミキューテス門の *Bacillus* sp. 1（*B. thuringiensis* に近縁）の分離頻度が最も高く、高松塚古墳石室壁画・漆喰面上細菌相における、最優占種であると考えられる。

（3）-2　高松塚古墳石室内外の細菌相の比較（平成17（2005）年9月～平成21（2009）年2月）

高松塚古墳を取り巻く、石室内外の各試料採取箇所カテゴリー（石室内、壁石間、取合部、石室外、墳丘部）の内、石室内で主要な分類群であった *Bacillus* sp. 1（*B. thuringiensis* に近縁）、*Ochrobactrum* 属および *Stenotrophomonas* 属は、何れも壁石間、取合部、石室外の試料からも分離された（Fig. 2、Tab. 2）。これらの分類群は、石室を取り巻く周辺環境に普遍的に存在するものと考えられ、石室外環境から石室内に侵入し、その環境、特に冷却に伴う温湿度環境に適応したものと考えられる。また、石室内で主要であった *Bordetella* 属は、そのほとんどが石室冷却安定期の平成18（2006）年に分離されており、そのほかの試料からは平成18（2006）年採取の墳丘部土壌および平成19（2007）年石室解体後の壁石間試料からの各1株であった（Tab. 2）。*Bacillus* 属では、*Bacillus* sp. 1が石室内で最優占種であったが、壁石間、石室外の試料からは同じ *Bacillus* 属の中でも *B. simplex* に近縁な分類群 *Bacillus* sp. 6（*B.* aff. *simplex*）の分離の割合が高かった（Tab. 2）。*Bacillus* sp. 6は、石室周辺環境に多く存在するものの、石室内の環境には適応できなかった可能性が考えられる。

墳丘部1からは、*Bacillus* 属に加え、ガンマプロテオバクテリア綱、アクチノバクテリア綱（class *Actinobacteria*）など、多様な分類群が分離された。しかし、石室内の試料からも分離されている分類群は、*Bacillus* sp. 1および *Bordetella* 属のみであった（Tab. 2）。墳丘部2（平成20（2008）年8月～平成21（2009）年2月）は、*Bacillus* 属が主要な分離株であり、加えて同じファーミキューテス門の *Lysinibacillus*、*Brevibacillus*、*Paenibacillus* 各属なども分離された。また、アクチノバクテリア綱の *Nocardia*、*Streptomyces* 両属が分離されたが、これらは、石室内、壁石間、取合部の試料カテゴリーからは分離されていない。これら分離株の中で、高頻度で分離された分類群は、*Bacillus* 属であり、特に、*Bacillus* sp. 1 と *Bacillus* sp. 6（*B.* aff. *simplex*）であった。石室内の主要分類群のうち、*Bacillus* sp. 1 のみが、墳丘部からも高頻度で分離されているが、その一方で、石室内の主要分類群であった *Ochrobactrum*、*Stenotrophomonas* 両属は墳丘部からは分離されていない。

（３）-３　主要分離細菌の石室内外における分布[3)]（第３章９節参照）

高松塚古墳の各試料より分離された細菌株のうち、主要な分離株である *Bacillus* 属、*Ochrobactrum* 属、*Stenotrophomonas* 属、*Bordetella* 属の分布を３章９節に示した。何れの分類群も石室の西壁および北壁を中心に分離されている。また、これらの主要分離株は、北壁および西壁の壁石間の試料からもいくつか分離されている。

（３）-４　高松塚・キトラ両古墳壁面上バイオフィルム試料からの細菌分離株の比較[4, 10)]

高松塚・キトラ両古墳のバイオフィルム試料から分離された細菌株（平成 17（2005）年５月～平成 20（2008）年６月の採取試料から分離）の 16S rRNA 遺伝子塩基配列に基づく分子系統学的位置の違いを比較した結果を Fig. 3 に示す。高松塚・キトラ両古墳それぞれ異なる分類群を赤および青で、共通の分類群を緑で示す。高松塚・キトラ両古墳壁面上に発生したバイオフィルムの構成細菌相を比較すると、共に多様性に富んでいることが分かるが、それぞれにおいて構成する主要分類群には違いが認められた。

特筆すべきは *Bacillus* 属であり、高松塚古墳のバイオフィルム試料からは *Bacillus* sp. 1（*B. thuringiensis* に近縁）が主要であったが、キトラ古墳のバイオフィルム試料からは、*Bacillus* sp. 6（*B.* aff. *simplex*）であった。*B. simplex* に近縁な分類群は、高松塚古墳の石室内以外の試料からは多数分離されているものの、石室内からは全く分離されなかった（Tab. 2）。*B. simplex* に近縁な分類群が、高松塚古墳の石室内から全く分離されなかったことは、キトラ古墳石室内との対比で考えると、高松塚古墳における平成 17（2005）年９月以降の冷却の影響が大きかった可能性が考えられる。このことから、墳丘部（石室）の冷却は、細菌相の構成を変化させたと考えられる。

その他の特徴的な分類群として、ガンマプロテオバクテリア綱の *Stenotrophomonas* 属では、高松塚古墳からは *S. maltophilia* に、キトラ古墳からは *S. rhizophila* に近縁な分類群が分離されており、同一の属内においても構成する分類群に種レベルで違いが認められた。なお、*S. rhizophila* に近縁な分類群は、石室内を含め、高松塚古墳の採取試料からは、一切分離されていない。このことから、高松塚・キトラ両古墳を取り巻く周辺環境にも細菌相の違いがある可能性も考えられた。ベータプロテオバクテリア綱においても *Bordetella* 属は高松塚古墳における主要な分離細菌であるが、この属はキトラ古墳石室内のバイオフィルム試料からは全く分離されていない。アルファプロテオバクテリア綱分離株としては、*Ochrobactrum* 属が高松塚古墳石室内バイオフィルムの優占種であったが、キトラ古墳試料からは分離されていない。一方、キトラ古墳石室内から分離された酢酸菌の一種である *Gluconacetobacter* 属は、高松塚古墳石室周辺の試料からも分離されたが（第３章５節、第３章８節を参照）、高松塚古墳石室内からは分離されなかった。高松塚・キトラ両古墳石室内バイオフィルムから共通種として分離されたアルファプロテオバクテリア綱細菌は根粒菌として知られる *Rhizobium* 属細菌であった。このほかのアルファプロテオバクテリア綱細菌としては、*Sphingomonadaceae* 科に帰属する分離株がキトラ古墳石室内バイオフィルムからは多く分離されているが、高松塚古墳バイオフィルムからは分離されず、アルファプロテオバクテリア綱についてはキトラ古墳バイオフィルムのほうが多様性が高いと考えられた（Fig. 3）。また、*Bacillus*、*Rhizobium*、*Streptomyces*（アクチノバクテリア綱）各属などの一般的に土壌からの分離報告の多い分類群は高松塚・キトラ両古墳に共通していた[11−13]。おそらく、古墳の石室を取り巻く周辺土壌環境から、何らかの要因により微生物が石室内部に侵入し、石室内壁面上にてバイオフィルムの構成種となったと考えられる。その構成種に関しては、石室内の温度・湿度や石室壁面上の微小環境に依存すると考えられ、バイオフィルムを形成するカビや酵母を含む構成微生物相の違いも微生物間相互に影響しあった結果によると考えられる。

（4）　石室内主要分離細菌の特徴

高松塚石室内より分離された細菌のうち、優占的に分離された細菌株の分子系統学的位置および特徴について、以下に示す。なお、各分子系統樹は近隣結合法（NJ 法）により構築したものであり、図中の枝の分岐に位置する数字はブートストラップ値（%、1000 回のリサンプリングによる）、スケールバーは総比較塩基に対する相違塩基数（%）、菌株の肩付き T は基準株を示す。

（4）-1　*Bacillus* 属

Bacillus 属は、耐熱性、耐乾燥性を有する芽胞を形成する細菌で、一般的な環境（土壌、空気中、海水、河川など）からの分離例の多い細菌群である[11, 14]。同属細菌は高松塚・キトラ両古墳の採取試料から最も優占的な細菌として分離された[1, 2, 4]（Fig. 1、2、Tab. 2）。高松塚古墳石室内外の同属細菌（*Bacillus* sp. 1 と *Bacillus* sp. 6）の分布の詳細は文化庁検討会資料[3]ならびに第 3 章 9 節に示されている。

高松塚古墳試料、キトラ古墳試料とも *Bacillus* sp. 1（*B. thuringiensis* に近縁）および *Bacillus simplex* に近縁な細菌が優占種として分離された[1, 2, 4]。

Bacillus 属分離株のうち、石室内の最優占種であった *Bacillus* sp. 1 は 16S rRNA 遺伝子塩基配列を用いた系統解析の結果からは *B. thuringiensis* に最も近縁であり、*B. cereus* などにも近縁であった（Fig. 4）。また、*B. thuringiensis* や *B. cereus* の分離源は土壌などを中心とした環境中からである。*B. thuringiensis* 基準株はスジコナマダラメイガ（*Ephestia kuehniella*）から分離され、主に鱗翅目害虫に対する殺虫剤（BT 剤）成分を生成する[15]。*B. cereus* は食中毒原因菌の一種セレウス菌として知られ、同じグループには炭疽菌も含まれる。このことから、簡易同定により文化庁検討会資料[1, 2]、国際研究集会英文議事録[4]で報告されたこのグループ（以降 *B. cereus* グループ）の分離株（*Bacillus* sp. 1 および分子系統的に近縁と考えられる *Bacillus* sp. 9（*B. cereus* に近縁）と *Bacillus* sp. 10（*B.* aff. *weihenstephanensis* または *B.* aff. *mycoides*）（Tab. 2））について、キトラ古墳分離株と合わせてより詳細な同定を行った。具体的には、16S rRNA 遺伝子塩基解列に加え、ハウスキーピング遺伝子の一つ、DNA gyrase subunit B（*gyrB*）遺伝子の塩基配列を決定し、系統解析を行い、*B. cereus* グループ内での分子系統上の位置を決定した[16]。

その結果、*Bacillus* sp. 1 を含む *B. cereus* グループ分離株は、*B. thuringiensis*、*B. toyonensis*、*B. pseudomycoides* および *B. cereus* に帰属すると推定された株と、未知種の *Bacillus* 属分離株に分けられた。未知種

の *Bacillus* 属細菌は *B. thuringiensis* および *B. toyonensis* に近縁な新規分類群の可能性が考えられた。また、上述のとおり、分離株はセレウス菌など病原細菌の含まれるグループに近縁性を示していたが、詳細同定の結果からは、病原性の知られる種に帰属すると考えられたのは、*B. cereus* に帰属すると推定された１株（*Bacillus* sp. 9 T81028-3b = JCM 28846）のみであり、分離源の試料も高松塚古墳の石室内ではなく、古墳北側の墳丘部土壌であった[16]。

Bacillus 属細菌分離株のうち、次いで多かった *Bacillus* sp. 6（*B. simplex* に近縁）および同じグループに含まれるキトラ古墳分離株についても同様に *gyrB* 遺伝子塩基配列による詳細同定を試みた。その結果、*Bacillus* sp. 6 とした分離株は *B. simplex* と *B. butanolivorans* に帰属すると考えられた[16]。

Bacillus 属では、既知種のうち、３種（*B. muralis*[17]、*B. decoloratioionis*[18]、*B. murimartini*[19]）が壁画の表面上から分離されている報告例がある（Fig. 4）。石室内の最優占種である *Bacillus* sp. 1 は、これら３種とは分子系統学的に大きく異なる。一方、高松塚古墳石室外における主要な分離株である *Bacillus* sp. 6（*B. simplex* に近縁）は、壁画から分離された既知の *Bacillus* 属細菌のうち、*B. muralis* に近縁であった。*B. muralis* は Servilia tomb（スペイン、Carmona）および Lutheran church（ドイツ、Greene-Kreiensen）にある壁画の汚染細菌として分離された[17]。*Bacillus* sp. 6 は高松塚古墳の石室周辺試料からは多く分離されたが、石室内からは分離されなかった[3]。一方、キトラ古墳においてはその石室内壁面上から多数分離されている（Fig. 3）。高松塚古墳石室は、細菌相調査を開始した時期（平成 17（2005）年９月）から微生物抑制を目的として墳丘部ごと冷却された。このことがキトラ古墳石室との相違点の一つと考えられ、*Bacillus* sp. 6 が石室内まで侵入できなかった、あるいは石室内で増殖しなかったのではないかと思われる。高松塚分離株の *Bacillus* sp. 1 は、生理的特性（炭素源の資化性）の一つとして、エタノールおよびイソプロパノール（それぞれ 1.0 %）を資化することが明らかとなっており[52]、石室内壁面上にて殺菌剤として使用したエタノールが環境中で希釈されることにより、本細菌が生育するための炭素源として利用された可能性も考えられる。

（４）-２　*Ochrobactrum* 属

Ochrobactrum 属は、グラム陰性の桿菌で、一般的な環境、特に土壌などからの分離例の多い分類群であるが、一部で、臨床試料からの報告がある[20]。

高松塚古墳石室内より優占種として分離された *Ochrobactrum* 属細菌[1,2,4]のうち、*Ochrobactrum* sp. 2 は、既知種では分子系統学的に *O. pituitosum*[21] に最も近縁であった（Fig. 5）。*O. pituitosum* は工業環境から分離された細菌種であり、また *Ochrobactrum* sp. 2 に近縁な他の既知種の分離源は土壌などである。*Ochrobactrum* sp. 2 は石室周辺の土壌などからも分離されており、石室外環境から石室内へと侵入し、その環境に適応した可能性が考えられる。高松塚古墳石室内試料からの優占種として分離された *Ochrobactrum* 属細菌は、キトラ古墳石室内試料からは分離されていない。分離株は墳丘部冷却直後の試料（平成 17（2005）年９月採取）から分離された *Ochrobactrum* sp. 1 とそれ以降、平成 18（2006）年２月（冷却安定期）〜平成 19（2007）年４月（石室解体作業開始時）に採取された試料から分離された *Ochrobactrum* sp. 2 の２つに分けられた[2,3,16]。*Bacillus* 属細菌分離株と同様に、16S rRNA 遺伝子塩基配列解析に加え、ハウスキーピング遺伝子である *gyrB* 遺伝子および 60-kDa heat shock protein GroEL（*groEL*）遺伝子塩基配列を用いた詳細同定を行った。その結果、*Ochrobactrum* sp. 2は*O. pituitosum*に帰属すると推定されたが、*Ochrobactrum* sp. 1は16S rRNA遺伝子塩基配列解析の結果から*O. pectoris*に近縁であることが示唆されるものの、*Ochrobactrum*属の新種を構成する可能性も示された[16)]。

*Ochrobactrum*属は中温性の細菌であり、最適生育温度は20～37℃であるが[22)]、高松塚古墳試料由来分離株に近縁な*O. grignonense*などは4℃でも生育することが知られている[23)]。石室内の温度が約10℃に安定化した時期に石室内から多くの*Ochrobactrum*属が分離されたことから（Tab. 2）、高松塚古墳の石室内の分離株は低温環境に適した性質を持つ菌株であると考えられる。高松塚古墳分離株の*Ochrobactrum* sp. 2は前述の*Bacillus* sp. 1同様、生理的特性（炭素源の資化性）の一つとして、エタノールおよびイソプロパノール（それぞれ1.0％）を資化することが明らかとなっており[52)]、石室内壁面上にて殺菌剤として使用したエタノールが環境中で希釈されることにより、本細菌が生育するための炭素源として利用された可能性も考えられる。

（4）-3　*Stenotrophomonas*属

*Stenotrophomonas*属は、グラム陰性の桿菌で、一般的な環境、特に土壌などからの分離例の多い分類群であるが、臨床試料からの報告もある[24, 25)]。高松塚古墳石室解体に伴う石室冷却安定期以降、優占種として分離された*Stenotrophomonas* sp. 1（Fig. 3、6；当初はNew taxon[1, 4)]ないしはsp. 1[2)]、最終的にはGroup A[26)]と表示）は分子系統上*S. maltophilia*に近縁な位置にあったが、後に詳細同定の結果、*S. tumulicola*（基準株：T5916-2-1b^{T} = JCM 30961^{T} = NCIMB 15009^{T}）として新種提唱された[26, 27)]。他方、*Stenotrophomonas* sp. 2（Fig. 3、6；当初はaff. *S. maltophilia*[1)]、後にsp. 2[2)]、最終的にはGroup B[26)]と表示）は同様に詳細に調べたところ、*S. maltophilia*と同定された[26)]。既知種*S. maltophilia*は土壌、河川、空気中などの一般環境、ヒト臨床材料などから分離されている[24)]。*Stenotrophomonas* sp. 1、すなわち*S. tumulicola*は、石室外の環境から分離されているが、墳丘部土壌からは分離されていない[3)]（Tab. 2）。一般に*Stenotrophomonas*属細菌は中温性であるが、特に高松塚古墳から分離された菌株は30℃前後で良好な生育を示す一方で、4℃では生育せず、10℃前後の環境中では生育が可能である[26)]。このことは、石室冷却後、石室内の温度が約10℃に安定した平成18（2006）年に石室内試料から優占種として分離されたことを支持していると考えられる。洞窟壁画で知られるラスコー洞窟あるいはアルタミラ洞窟などからも*S. maltophilia*に近縁な細菌の分離例あるいはクローンとしての検出例が報告されている[28, 29)]。加えて、トビムシの糞や体内からは*S. maltophilia*に近縁な細菌が分離されたという報告もある[30)]。高松塚古墳石室内からはトビムシ、ワラジムシなどの中型土壌動物も見出されており[31)]、高松塚古墳石室内でも細菌の分布にこのような中型土壌動物が関与したことが推察される。高松塚古墳分離株*S. tumulicola*は炭素源の資化性試験の結果、エタノールおよびイソプロパノール（それぞれ1.0％）を資化することが明らかとなっており[52)]、石室内壁面上にて殺菌剤として使用したエタノールが環境中で希釈されることにより、本細菌が生育するための炭素源として利用された可能性が考えられる。なお、*S. tumulicola*は、キトラ古墳からもマイナーな同属細菌として分離されている。

（４）−４　*Bordetella* 属

Bordetella 属は、グラム陰性の桿菌で、既知種のほとんどが臨床試料等から分離されており、ヒトあるいは動物の病原菌として知られる[32, 33]。しかし、高松塚古墳からの *Bordetella* 属分離株は、環境中の河川底泥から分離された *B. petrii*[34] に分子系統学的に最も近縁であった（Fig. 7）。分離株は当初２グループに分けられたが（*Bordetella* sp. 1 および *Bordetella* sp. 2）[10]、詳細な同定の結果、*Bordetella* sp. 1 には２種含まれることが明らかとなり、*Bordetella muralis*（基準株は T6220-3-2b^T = JCM 30931^T = NCIMB 15006^T）および *B. tumbae*（基準株は T6713-1-3b^T = JCM 30934^T = NCIMB 15008^T）として、*Bordetella* sp. 2 は *B. tumulicola*（基準株は T6517-1-4b^T = JCM 30935^T = NCIMB 15007^T）として新種提唱された[35]。*Bordetella* 属は中温性の細菌であるが、既知種の中には、25 ℃以下では生育しない種が含まれる[36]。一方、高松塚古墳から分離された *Bordetella* 属細菌は、そのほとんどが石室の冷却が行われ、石室内が 10 ℃前後に保持されていた期間に分離されている。ラスコー洞窟では、洞窟内の医学細菌について非培養法を用いた調査が行われ、その中で "*B. ansorpii*"[37] に近縁な細菌に由来するクローンが検出されている[38]。なお、*Bordetella* 属既知種のエタノール等の耐性および資化性に関しては、明らかとなっていない[36]。

（４）−５　放線菌

高松塚・キトラ両古墳からは *Bacillus* 属などの優占種のほかに、放線菌が多く分離された[2]。特に *Streptomyces*、*Microbacterium*、および *Promicromonospora* の３属が放線菌優占種として分離され、種レベルにおいても高松塚・キトラ両古墳で共通する種が多く含まれていた（Fig. 8）。これらの属は一般に土壌、水、植物根圏、空気中などの環境から分離されている[39]

Streptomyces、*Nocardia*、*Pseudonocardia* 各属などの放線菌は洞窟壁画の生物劣化原因微生物の一つとしても分離されている[40−42]。特に炭酸カルシウム（$CaCO_3$）の沈殿やカルサイト結晶などはこれら放線菌の作用・生成物と考えられている[43−45]。高松塚・キトラ両古墳とも石室内の壁面は炭酸カルシウムを含む薄い漆喰が塗られている[46, 47] が、これら漆喰面の劣化原因の一つとして放線菌を含む微生物が考えられる。

放線菌分離株としては、高松塚・キトラ両古墳からは *Streptomyces* 属が最優占種として分離された。特に *Streptomyces* sp. 1 は同一の 16S rRNA 遺伝子塩基配列であったことから、高松塚・キトラ両古墳の存在する明日香村周辺土壌に一般的に存在する放線菌であると考えられた（Fig. 8a）。同様の知見は *Microbacterium* 属および *Promicromonospora* 属でも得られた。特に高松塚古墳試料では、同様の種が石室内試料のほか、解体中の試料からも分離されており、石室周辺土壌等からこれら微生物が石室内に侵入した可能性が考えられた。

Microbacterium 属細菌は 16S rRNA 遺伝子塩基配列解析の結果から、大きく 10 グループに分けられ、その中で、高松塚古墳石室解体中の試料から分離された１株 T7528-3-6b^T（≡ JCM 28836^T）については、詳細同定の結果、新種 *Microbacterium tumbae* として記載され、高松塚・キトラ両古墳の石室内試料から分離された株は *Microbacterium shaanxiense* と同定された[48]。

Promicromonospora 属も高松塚・キトラ両古墳試料から分離されている（Fig. 8b）。さらに、キトラ古墳石室内からは非培養法による結果からも、同属の塩基配列が検出されている[49, 50]。高松塚古墳石室内試

料から分離されたT6220-5-2b[T]（≡ JCM 28789[T] ≡ NCIMB 15040[T]）は、当初同属の一分離株と考えられたが、詳細同定の結果、*Promicromonosporaceae* 科の新属新種 *Krasilnikoviella mularis* として報告された[51)]。分離された数種の放線菌については、除菌剤として用いられたエタノール等の資化性（生物学的特徴づけの一つ）に関する試験が行われた[52)]。
（半田・立里・小出・西島美由紀・木川・佐野・杉山）

参考文献

1）高松塚古墳壁画劣化原因調査検討会 第7回、資料3、平成21年3月12日、文化庁

2）高松塚古墳壁画劣化原因調査検討会 第12回、参考資料1－2、平成21年11月30日、文化庁

3）高松塚古墳壁画劣化原因調査検討会 第12回、参考資料1－4、平成21年11月30日、文化庁

4）Sugiyama, J. Kiyuna, T., An, K.-D., Nagatsuka, Y., Handa, Y., Tazato, N., Hata-Tomita, J., Nishijima, M., Koide, T., Yaguchi, Y., Kigawa, R., Sano, C. and Miura, S.: Microbiological survey of the stone chambers of Takamatsuzuka and Kitora tumuli, Nara Prefecture, Japan: a milestone in elucidating the cause of biodeterioration of mural paintings, Proceedings of the 31st International Symposium on the Conservation and Restoration of Cultural Property, 2008, National Research Institute for Cultural Properties, Tokyo, 51－73, 2009.

5）Sugiyama, J., Kiyuna, T., Nishijima, M., An, K.-D., Nagatsuka, Y., Tazato, N., Handa, Y., Hata-Tomita, J., Sato, Y., Kigawa, R. and Sano, C.: Polyphasic insights into the microbiomes of the Takamatsuzuka Tumulus and Kitora Tumulus, The Journal of General and Applied Microbiology, 63, 63－113, 2017.

6）中川恭好、川崎浩子：遺伝子解析法 16S rRNA 遺伝子の塩基配列決定法、日本放線菌学会（編）放線菌の分類と同定、日本学会事務センター、pp. 88－117、2001。

7）Altschul, S. F., Madden, T. F., Schäffer, A. A., Zhang, J., Zhang, Z., Miller, W. and Lipman, D. J.: Gapped BLAST and PSI-BLAST: a new generation of protein database search programs., Nucleic Acids Research, 1997, 25, 3389－3402, 1997.

8）Saitou, N. and Nei, M.: The neighbor-joining method: a new method for reconstructing phylogenetic trees. Molecular Biology Evolution, 4, 406－425, 1987.

9）Felsenstein, J.: Confidence limits on phylogenies: an approach using the bootstrap, Evolution, 39, 783－791, 1985.

10）国宝高松塚古墳壁画恒久保存対策検討会　第11回、資料5、平成20年5月25日、文化庁

11）Harwood, C. R.: Isolation and identification of aerobic endospore-forming bacteria, In: *Bacillus* / Biotechnology Handbooks, Vol. 2, pp. 27－56, 1989.

12）Jordan, D. C.: Genus I. *Rhizobium* Frank 1889, 338[AL], In: Bergey's Manual of Systematic Bacteriology, Vol. 1, ed. by Krieg, N. R. and Holt, J. G., Williams & Wilkins, Baltimore, pp. 235－242, 1984.

13）Williams, S. T., Goodfellow, M., Alderson, G.: Genus *Streptomyces* Waksman and Henrici 1943, 339[AL], In Bergey's Manual of Systematic Bacteriology, Vol. 4, ed. by Williams, S. T., Sharpe, M. E. and Holt, J. G.. Williams & Wilkins, Baltimore, pp. 2452－2492, 1989.

14）Slepecky P. A., Hemphill, H.-E.: The Genus *Bacillus*—Nonmedical, In: The Prokaryotes, A Handbook on the Biology of Bacteria, 3rd Edn, Vol. 4, ed. by Dworkin, M., Falkow, S., Rosenberg, E., Schleifer, K. H. and Stackebrandt, E., Springer, New York, pp. 530－562, 2006.

15）Logan, A. N. and De Vos, P.: Genus *Bacillus* Cohn 1872, 174[AL], In: Bergey's Manual of Systematic Bacteriology, 2nd Edn, Vol. 3, The *Firmicutes* Edited by De Vos, P., Garrity, G. M., Jones, D., Kreig, N. R., Ludwig, W., Rainey, F. A., Schleifer, K.-H. and Whitman, W. B., Springer-Verlag, New York, pp. 2452－2492, 2009.

16）半田豊、立里臨、佐藤嘉則、木川りか、佐野千絵、杉山純多：高松塚・キトラ両古墳からの主要細菌分離株：*Bacillus*・*Ochrobactrum* 両属分離株の分子系統学的位置、保存科学、56、33－48、2017。

17）Heyrman, J., Logan, N. A., Rodríguez-Díaz, M., Scheldeman, P., Lebbe, L., Swings, J., Heyndrickx, M. and De Vos, P.: Study of mural painting isolates, leading to the transfer of '*Bacillus maroccanus*' and '*Bacillus carotarum*' to *Bacillus simplex*, emended description of *Bacillus simplex*, re-examination of the strains previously attributed to '*Bacillus macroides*' and description of *Bacillus muralis* sp. nov., International Journal of Systematic and Evolutionary Microbiology, 55, 119－131, 2005.

18）Heyrman, J., Balcaen, A., Rodriguez-Diaz, M., Logan, N. A., Swings, J. and De Vos, P.: *Bacillus decolorationis* sp. nov., isolated from biodeteriorated parts of the mural paintings at the Servilia tomb（Roman necropolis of Carmona, Spain）and the Saint-Catherine chapel（Castle Herberstein, Austria）, International Journal of Systematic and Evolutionary Microbiology, 53, 459－463, 2003.

19）Borchert, M. S., Nielsen, P., Graeber, I., Kaesler, I., Szewzyk, U., Pape, T., Antranikian, G. and Schäfer, T.: *Bacillus plakortidis* sp. nov. and *Bacillus murimartini* sp. nov., novel alkalitolerant members of rRNA group 6, International Journal of Systematic and Evolutionary Microbiology, 57, 2888－2893, 2007.

20）Garrity, G. M., Bell, J. A. and Lilburn, T.: Family III. *Brucellaceae* Breed, Murray and Smith 1957, 394[AL] In Bergey's Manual of Systematic Bacteriology, 2nd Edn, Vol. 2, The *Proteobacteria*, Part C, ed. by Brenner, D. J., Krieg, N. R., Staley, J. T. and Garrity, G. M., Springer, New York, p. 370, 2005.

21）Huber, B., Scholz, H. C., Kämpfer, P., Falsen, E., Langer, S. and Busse, H. J.: *Ochrobactrum pituitosum* sp. nov., isolated from an industrial environment, International Journal of Systematic and Evolutionary Microbiology, 60, 321－326, 2010.

22）Kämpfer, P., Wohlgemuth, S. and Scholz, H.: The Family *Brucellaceae.* In: The Prokaryotes－ *Alphaproteobacteria* and *Betaproteobacteria*. 4th Edn, ed. by Rosenberg, E., Delong, E. F, Lory, S., Stackebrandt, E. and Thompson, F., Springer, Berlin Heidelberg, pp. 155－178, 2014.

23）Lebuhn, M., Achouak, W., Schloter, M., Berge, O., Meier, H., Barakat, M., Hartmann, A. and Heulin, T.: Taxonomic characterization of *Ochrobactrum* sp. isolates from soil samples and wheat roots, and description of *Ochrobactrum tritici* sp. nov. and *Ochrobactrum grignonense* sp. nov., International Journal of Systematic and Evolutionary Microbiology, 50, 2207－2223, 2000.

24）Palleroni, N. J.: Genus IX *Stenotrophomonas* Palleroni and Bradbury 1993, 608[VP], In: Bergey's Manual of Systematic Bacteriology, 2nd Edn, Vol. 2, The *Proteobacteria*, Part B, The *Gammaproteobacteria*, ed. by Brenner, D. J., Kreig, N. P., Staley, S. T. and Garrity, G. M., Springer, New York, pp. 107－115, 2005.

25）Palleroni, N. J. and Bradbury, J. F.: *Stenotrophomonas*, a new bacterial genus for *Xanthomonas maltophilia*（Hugh 1980）Swings et al. 1983. International Journal of Systematic Bacterilogy, 43, 606－609, 1993.

26）Handa, Y., Tazato, N., Nagatsuka, Y., Koide, T., Kigawa, R., Sano, C. and Sugiyama, J.: *Stenotrophomonas tumuli-*

cola sp. nov., a major contaminant of the stone chamber interior in the Takamatsuzuka Tumulus, International Journal of Systematic and Evolutionary Microbiology, 66, 1119－1124, 2016.

27) Handa, Y., Tazato, N., Nagatsuka, Y., Koide, T., Kigawa, R., Sano, C. and Sugiyama, J.: Corrigendum: *Stenotrophomonas tumulicola* sp. nov., a major contaminant of the stone chamber interior in the Takamatsuzuka Tumulus. Int J Syst Evol Microbiol 66: 1119－1124, 2016, International Journal of Systematic and Evolutionary Microbiology, 67, 763, 2017.

28) Garcia-Anton, E., Cuezva, S., Jurado, V., Porca, E., Miller A. Z., Fernandez-Cortes, A., Saiz-Jimenez, C. and Sanchez-Moral, S.: Combining stable isotope（δ 13C）of trace gases and aerobiological data to monitor the entry and dispersion of microorganisms in caves, Environmental Science and Pollution Research, 21, 473－484, 2014.

29) Martin-Sanchez, P. M. and Saiz-Jimenez, C.: Contribution of culture-independent methods to cave aerobiology: the case of Lascaux Cave. In: The Conservation of Subterranean Cultural Heritage, ed. by Saiz-Jimenez, C., Tyalor & Francis group, London, pp. 215－222, 2014.

30) Hoffmann, A., Thimm, T., Dröge, M., Moore, E. R. B., Munch, J. C. and Tebbe, C. C.: Intergeneric transfer of conjugative and mobilizable plasmids harbored by *Escherichia coli* in the gut of the soil microarthropod *Folsomia candida*（Collembola）, Applied and Environmental Microbiology, 64, 2652－2659, 1998.

31) 高松塚古墳劣化原因調査検討会　第4回、資料6、平成20年10月20日、文化庁

32) Sanden, G. N. and Weyant, R. S.: Genus *Bordetella* Moreno-Lópes 1952, 178[AL], In: Bergey's Manual of Systematic Bacteriology, 2nd Edn, Vol. 2, The *Proteobacteria*, Part C, ed. by Brenner, D. J., Krieg, N. R., Staley, J. T. and Garrity, G. M., Springer, New York, pp. 662－671, 2005.

33) Weiss, A.: The Genus *Bordetella*. In: The Prokaryotes, A Handbook on the Biology of Bacteria, 3rd Edn, Vol. 5, ed. by Dworkin, M., Falkow, S., Rosenberg, E., Schleifer, K. H. and Stackebrandt, E., Springer, New York, pp. 648－674, 2006.

34) Von Wintzingerode, F., Schattke, A., Siddiqui, R. A., Rösick, U., Göbel, U. B. and Gross, R.: *Bordetella petrii* sp. nov., isolated from an anaerobic bioreactor, and emended description of the genus *Bordetella*, International Journal of Systematic and Evolutionary Microbiology, 51, 1257－1265, 2001.

35) Tazato, N., Handa, Y., Nishijima, M., Kigawa, R., Sano, C. and Sugiyama, J.: Novel environmental species isolated from the plaster wall surface of mural paintings in the Takamatsuzuka tumulus: *Bordetella muralis* sp. nov., *Bordetella tumulicola* sp. nov. and *Bordetella tumbae* sp. nov., International Journal of Systematic and Evolutionary Microbiology, 65, 4830－4838, 2015.

36) Austin, B.: The Family *Alcaligenaceae*. In: The Prokaryotes—*Alphaproteobacteria* and *Betaproteobacteria*, 4th ed., ed. by Rosenberg, E. et al., Springer, Berlin Heidelberg, pp. 155－178, 2014.

37) Ko, K. S., Peck, K. R., Oh, W. S., Lee, N. Y., Lee, J. H. and Song, J. H.: New species of *Bordetella*, *Bordetella ansorpii* sp. nov., isolated from the purulent exudate of an epidermal cyst, Journal of Clinical Microbiology, 43, 2516－2519, 2005.

38) Bastian, F., Alabouvette, C. and Saiz-Jimenez, C.: Bacteria and free-living amoeba in the Lascaux Cave, Research in Microbiology, 160, 38－40, 2009.

39) Whitman, W., Goodfellow, M., Kämpfer, P., Busse, H.-J., Trujillo, M., Ludwig, W., Suzuki, K. and Parte, A

(Eds.): Bergey's Manual of Systematic Bacteriology, 2nd Edn, Vol. 5, The *Actinobacteria*, Part A and B, Springer, New York, 2012.

40) Adetutu, E. M. and Ball., A. S.: Microbial diversity and activity in caves, Microbiology Australia, 35, 192－194, 2014.

41) Cuezva, S., Fernandez-Cortes, A., Porca, E., Pasic, L., Jurado, V., Hernandez-Marine, M., Serrano-Ortiz, P., Hermosin, B. Canaveras, J. C., Sanchez-Moral, S. and Saiz-Jimenez, C.: The biogeochemical role of *Actinobacteria* in Altamira Cave, Spain, FEMS Microbiology Ecology, 81, 281－290, 2012.

42) Urzì, C., Leo, F. D., Bruno, L. and Albertano, P.: Microbial diversity in paleolithic caves: A study case on the phototrophic biofilms of the Cave of Bats (Zuheros, Spain), Microbial Ecology, 60, 116－129, 2010.

43) Cañaveras, J. C., Cuezva, S., Sanchez-Moral, S. Lario, J., Laiz, L., Gonzalez, J. M. and Saiz-Jimenez, C.: On the origin of fiber calcite crystals in moonmilk deposits, Naturwissenschaften, 93, 27－32, 2006.

44) Cuezva, S., Sanchez-Moral, S., Saiz-Jimenez, C. and Cañaveras, J. C.: Microbial communities and associated mineral fabrics in Altamira Cave, Spain, International Journal of Speleology, 38, 83－92, 2009.

45) Cuezva, S., Fernandez-Cortes, A., Porca, E., Pasic, L., Jurado, V., Hernandez-Marine, M., Serrano-Ortiz, P., Hermosin, B. Canaveras, J. C., Sanchez-Moral, S. and Saiz-Jimenez, C.: The biogeochemical role of *Actinobacteria* in Altamira Cave, Spain, FEMS Microbiology Ecology, 81, 281－290, 2012.

46) Ishizaki, T. and Kigawa. R.: Conservation of mural paintings of Takamatsuzuka and Kitora Tumuli in Japan, In: Lascaux and Preservation Issues in Subterranean Environments, Proceedings of the International Symposium Paris, February 26 and 27, 2009, ed. by Coye, N., Éditions de la Maison des science de l'homme, Paris, pp.261－274, 2011.

47) Kitada, M., Kohzuma, Y. and Tateishi, T.: Microstructure of surface contaminant layer of joint stucco between stone walls of Takamtsuzuka Tumulus, Journal of the Japan Institute of Metals, 79, 404－412, 2015.

48) Nishijima, M., Tazato, N., Handa, Y., Umekawa, N., Kigawa, R., Sano, C. and Sugiyama, J.: *Microbacterium tumbae* sp. nov., an actinobacterium isolated from the stone chamber of ancient tumulus, International Journal of Systematic and Evolutionary Microbiology, 67, 1777－1783, 2017.

49) 佐藤嘉則、木川りか、喜友名朝彦、立里臨、西島美由紀、杉山純多：非培養法によるキトラ古墳の細菌調査、保存科学、52、1－10、2013。

50) 佐藤嘉則、木川りか、喜友名朝彦、立里臨、西島美由紀、杉山純多：パイロシークエンス法によるキトラ古墳石室内の微生物群集構造解析、保存科学、54、111－120、2015。

51) Nishijima, M., Tazato, N., Handa, Y., Umekawa, N., Kigawa, R., Sano, C. and Sugiyama, J.: *Krasilnikoviella muralis* gen. nov., sp. nov. , a new member of the family *Promicromonosporaceae*, isolated from the Takamatsuzuka Tumulus stone chamber interior and reclassification of *Promicromonospora flava* as *Krasilnikoviella flava* comb. nov., International Journal of Systematic and Evolutionary Microbiology, 67, 294－300, 2017.

52) 木川りか、佐野千絵、喜友名朝彦、立里臨、杉山純多：高松塚古墳・キトラ古墳石室内の微生物分離株のアルコール系殺菌剤資化性試験、保存科学、49、231－238、2010。

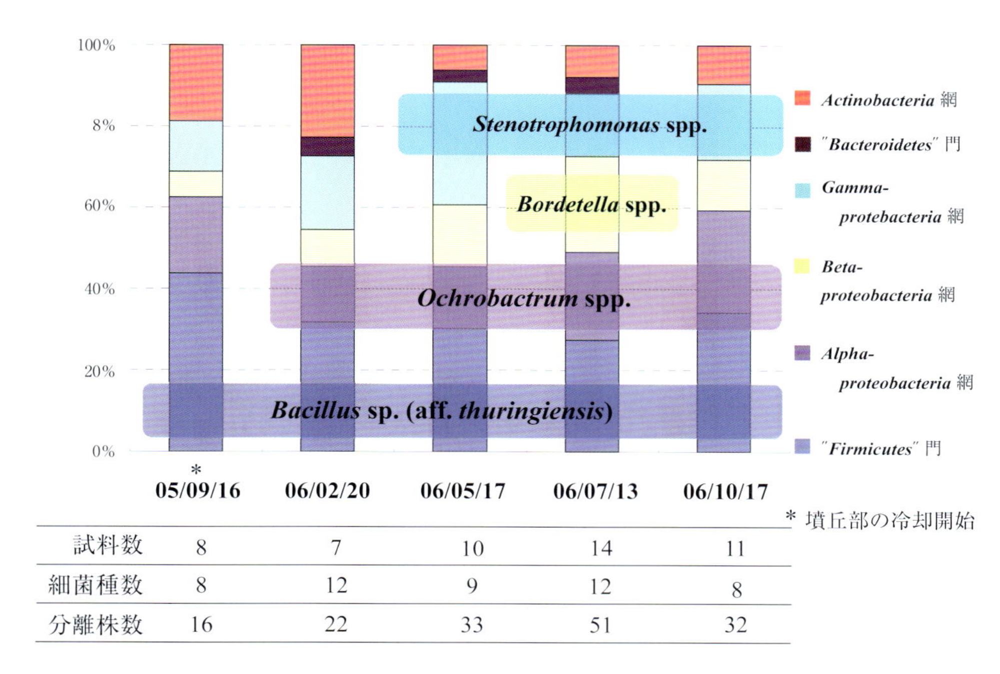

	05/09/16	06/02/20	06/05/17	06/07/13	06/10/17
試料数	8	7	10	14	11
細菌種数	8	12	9	12	8
分離株数	16	22	33	51	32

Fig. 1　高松塚古墳石室内の細菌相の変化（石室解体作業開始前）

細菌分類群の学名が非合法名（illegitimate name）の場合は、引用符（" "）を用いた。

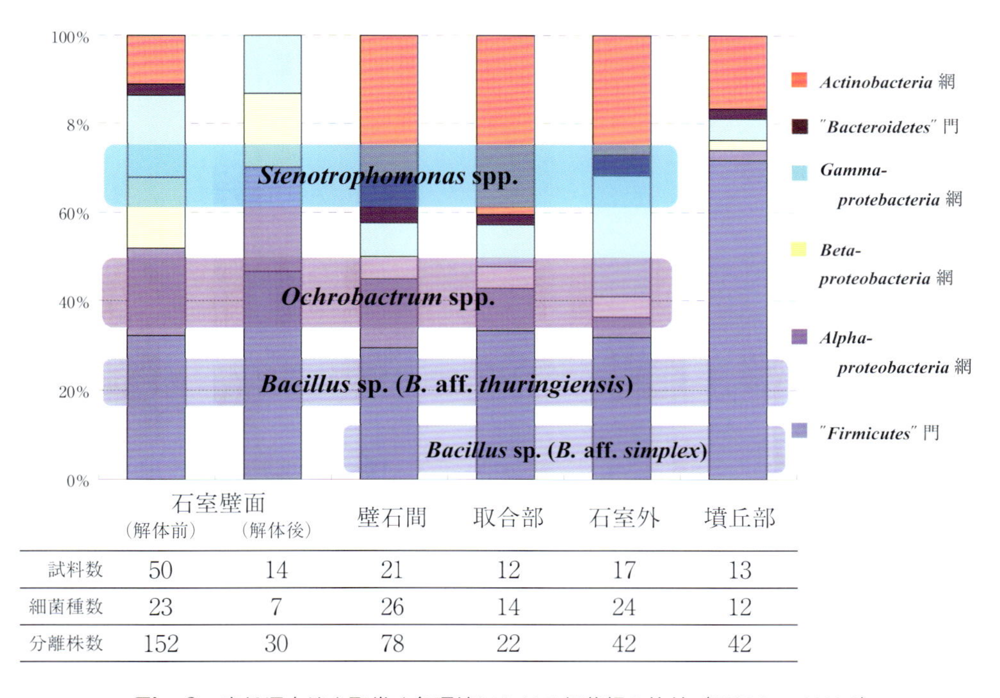

	石室壁面（解体前）	石室壁面（解体後）	壁石間	取合部	石室外	墳丘部
試料数	50	14	21	12	17	13
細菌種数	23	7	26	14	24	12
分離株数	152	30	78	22	42	42

Fig. 2　高松塚古墳を取巻く各環境における細菌相の比較（2005.9 ～ 2009.2）

細菌分類群の学名が非合法名の場合は、引用符（" "）を用いた。

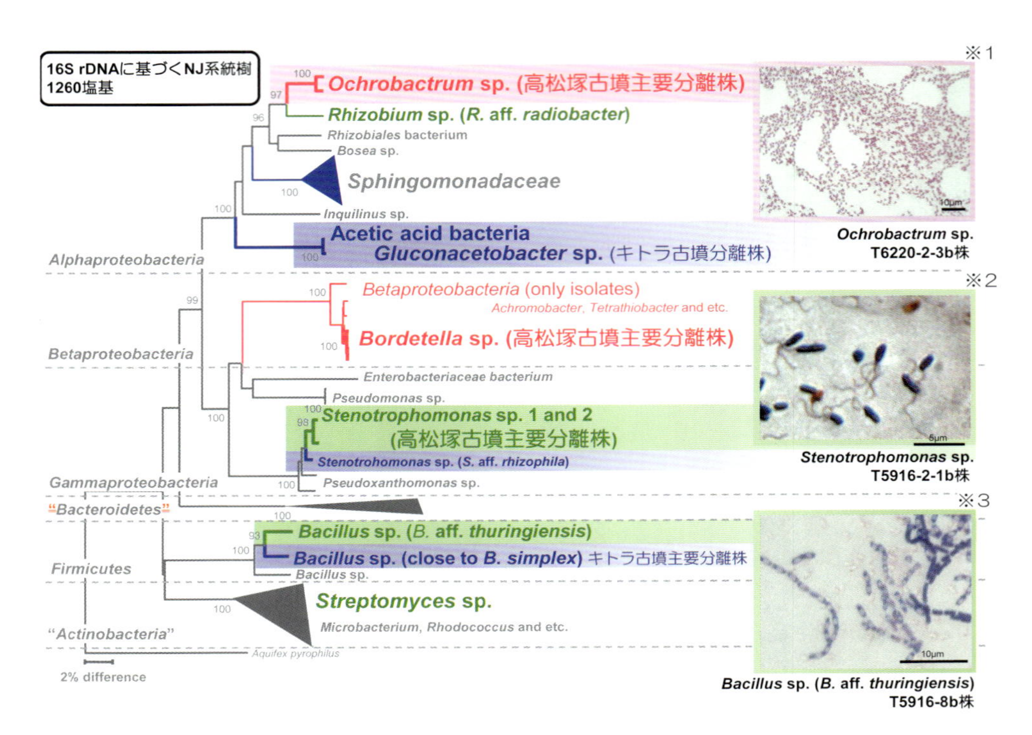

Fig. 3　高松塚・キトラ両古墳石室内壁面上のバイオフィルム試料からの細菌分離株の比較

赤字は高松塚古墳主要分離株、青字はキトラ古墳主要分離株、緑字は両古墳に共通する分離株。分離株の学名については本文および第５章１節 Tab. 3 を参照。

※ 1: *Ochrobactrum* sp. T6220-2-3b 株のグラム染色像（グラム染色陰性）。

※ 2: *Stenotrophomonas* sp 1. T5916-2-1b 株の鞭毛染色像（極鞭毛、Handa et al.[26] から引用）。

※ 3: *Bacillus* sp.（*B*. aff. *thuringiensis*）T5916-8b 株のグラム染色像（グラム染色陽性，芽胞形成あり）。

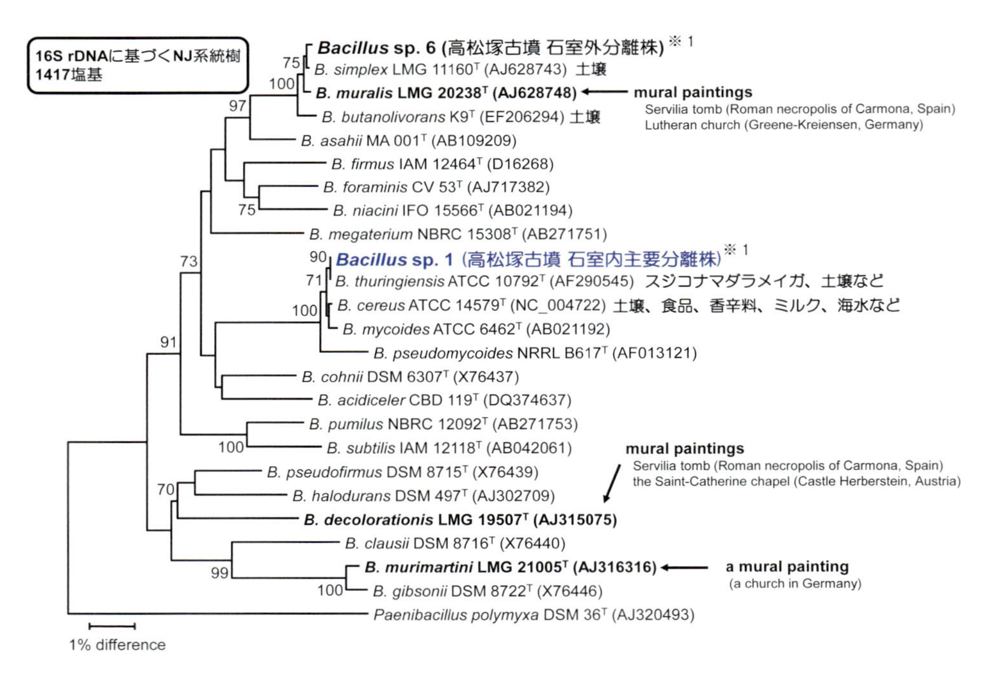

Fig. 4　高松塚古墳から分離された主要な *Bacillus* 属細菌株の 16S rRNA 遺伝子塩基配列に基づく分子系統樹

※１：分離株の学名については本文および第５章１節 Tab. 3 を参照

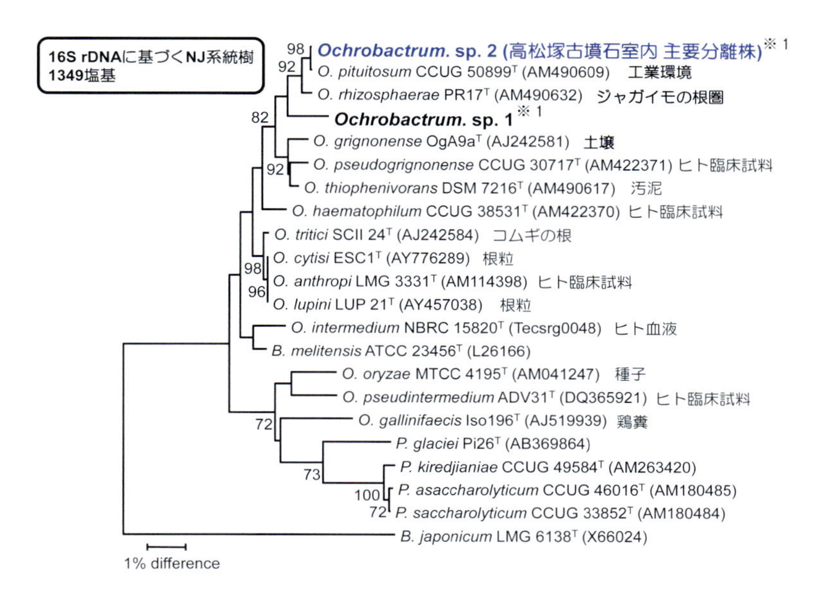

Fig. 5　高松塚古墳石室内から分離された *Ochrobactrum* 属細菌株の 16S rRNA 遺伝子塩基配列に基づく分子系統樹

※1：分離株の学名については本文および第5章1節 Tab. 3 を参照

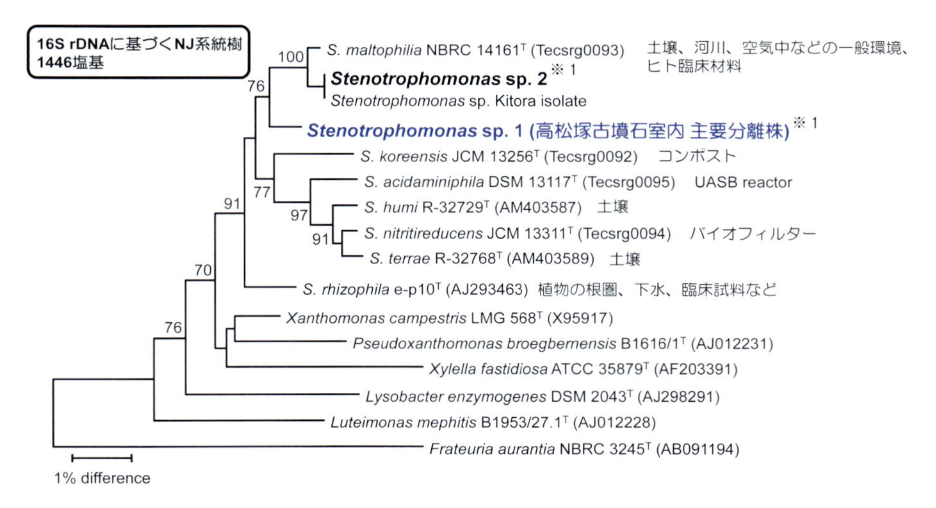

Fig. 6　高松塚古墳石室内から分離された *Stenotrophomonas* 属細菌株の 16S rRNA 遺伝子塩基配列に基づく分子系統樹

※1：分離株の学名については本文および第5章1節 Tab. 3 を参照

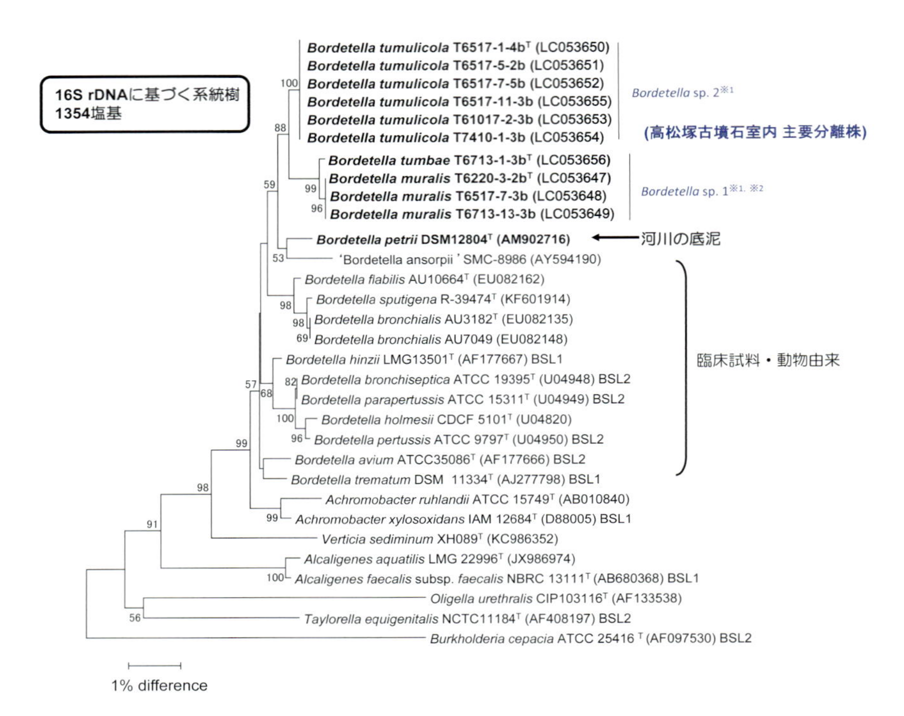

Fig. 7　高松塚古墳石室内から分離された *Bordetella* 属細菌株の 16S rRNA 遺伝子塩基配列に基づく分子系統樹

'B. ansorpii' は命名規約上で正式発表された学名ではない。*Burkholderia cepacia* はアウトグループ。BSL はバイオセーフティーレベル（Biosafety Level）の略（バイオセーフティーレベルは日本細菌学会に従った（http://jsbac.org/archive/img/bsl_level.pdf, 平成 30（2018）年 6 月 27 日照会））。BSL1（日和見病原体）以上を記載。
※ 1, 分離株の学名については本文および第 5 章 1 節 Tab. 3 を参照 , ※ 2, 高松塚古墳から分離された *Bordetella* sp. 1 は詳細同定の結果、2 新種として提唱された [35]。

Tab. 1　高松塚古墳から採取した試料で細菌の分離に供した採取期間別の試料数

試料採取 期間	事項	試料採取箇所					計
		石室内	壁石間	取合部	石室外	墳丘部	
平成16(2004)年5月-9月	冷却前	−	−	−	−	−	−
平成17(2005)年9月	冷却直後	8	−	−	−	−	8
平成18(2006)年2月-12月	冷却後安定期	42	−	4	1	2	49
平成19(2007)年1月-9月	石室解体	14	21	8	16	−	59
平成20(2008)年2月-12月 平成21(2009)年2月	墳丘部発掘	−	−	−	−	11	11
計		64	21	12	17	13	127

−：採取試料がないことをを意味する。

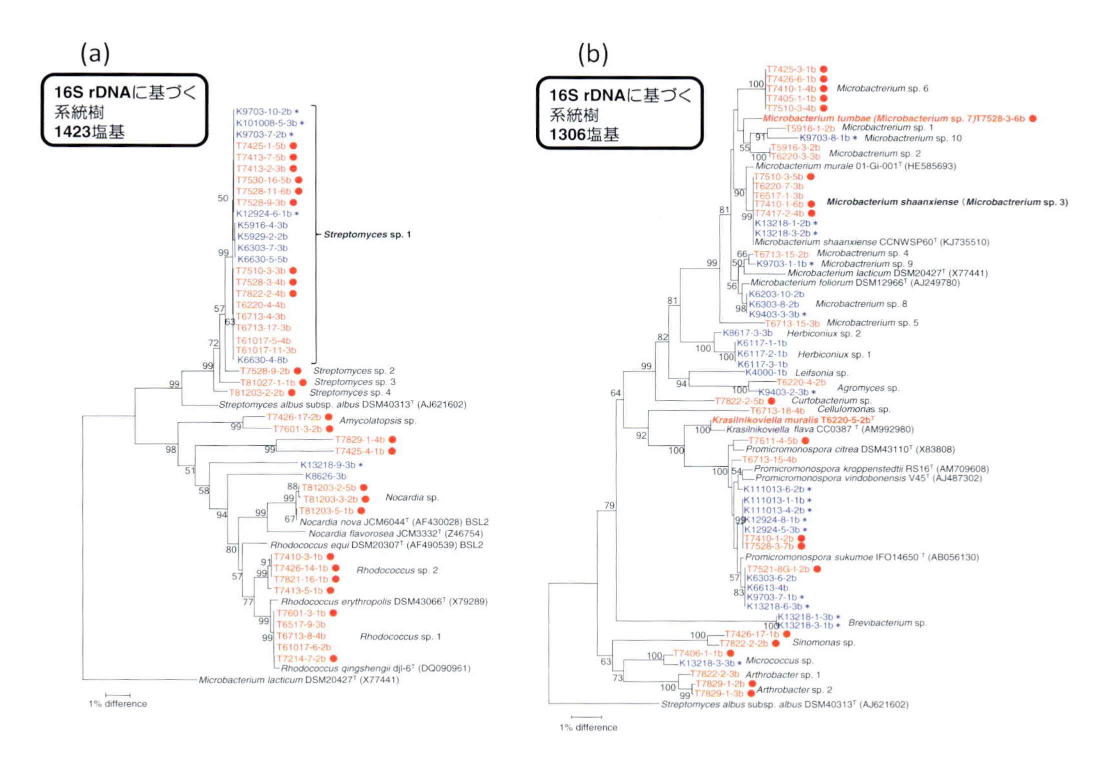

Fig. 8　高松塚古墳、キトラ古墳試料からの放線菌分離株の 16S rRNA 遺伝子塩基配列に基づく分子系統樹（Sugiyama et al.[5] を改変して引用）

（a）*Micrococciniae* 亜目の分離株を除く放線菌分離株の分子系統樹。（b）*Micrococciniae* 亜目に帰属する放線菌分離株の分子系統樹。BSL はバイオセーフティーレベルを示す（レベル 2 以上を記載）。バイオセーフティーレベルは日本細菌学会に従った（http://jsbac.org/archive/img/bsl_level.pdf, 平成 30（2018）年 6 月 27 日閲覧）。赤文字は高松塚古墳試料分離株、青文字はキトラ古墳試料分離株、丸印は石室解体中の試料からの分離株、アスタリスクは UV 照射後の試料からの分離株。

Tab. 2　試料採取箇所別における細菌分離株の分布

採取箇所	石室内				壁石間	取合部	石室外	墳丘部	
	合計	冷却開始直後	冷却後安定期	石室解体時				墳丘部1	墳丘部2
試料採取期間	**2005.9–2007.4**	2005.9	2006.2–2006.10	2007.4	2007.4–2007.8	2006.5–2007.5	2006.7–2007.8	2006.7	2008.8–2009.2
試料数	**64**	8	42	14	21	12	17	2	11
"Firmicutes" **門**									
Bacillaceae **科**									
Bacillus sp. 1 (*B.* aff.* *thuringiensis*) 注4	**63**	7	42	14	11	6	4	2	7
Bacillus sp. 2 (*B.* aff. *idriensis*)							1		
Bacillus sp. 3 (*B.* aff. *lehensis*)								1	
Bacillus sp. 4 (*B.* aff. *gibsonii*)								1	
Bacillus sp. 5 (*B.* aff. *marisflavi*)								1	
Bacillus sp. 6 (close to *B. simplex*) 注4					12	1	7		4
Bacillus sp. 7 (*B.* aff. *altitudinis*)							1		
Bacillus sp. 8 (close to *B. amyloliquefaciens*)									4
Bacillus sp. 9 (close to *B. cereus*) 注4									1
Promicromonospora sp. 3					1				
Propionibacterineae **亜科**									
Pimelobacter sp. (*P.* aff. *simplex*)					1				
Corynebacterineae **亜科**									
Nocardia sp. (*N.* aff. *nova*)									3
Rhodococcus sp. 1	**5**		5			2	1		
Rhodococcus sp. 2 (close to *R. wratislaviensis*)					1		3		
Pseudonocardiaceae **科**									
Amycolatopsis sp. (close to *A. saalfeldensis*)							3		
Streptomyces **属**									
Streptomyces sp. 1	**4**		4		10		3		
Streptomyces sp. 2					1				
Streptomyces sp. 3									1
Streptomyces sp. 4									1
"Bacteroidetes" **門**									
Sphingobacteriaceae **科**									
Olivibacter sp. (*O.* aff. *soli*) 注3	**3**		3		5	1	1		
Sphingobacteriaceae bacterium					2				
Flavobacteriaceae **科**									
Chryseobacterium sp. 1 (close to *C. rhizosphaerae*)	**1**		1		1				
Chryseobacterium sp. 2								1	
総分離株数	**182**	16	136	30	78	22	42	12	30

*:aff. は affinity の略。

注 1: 検討会等の報告資料では、*Ochrobactrum* sp. 2 (close to *O. grignonense*) と推定。

注 2: 検討会等の報告資料では、*Tetrathiobacter* sp. (*T.* aff. *kashmirensis*) と推定。

注 3: 検討会等の報告資料では、*Sphingobacterium* sp. (close to *S. thalpophilum*) と推定。

注 4: 学名の変更のあった分離株、本文および第 5 章 1 節表 3 を参照

細菌分類群の学名が非合法名(illegitimate name)の場合(現行命名規約が認めていない分類学的カテゴリー)には、引用符(" ")を付した。

7　非培養法による高松塚古墳試料の微生物群集構造解析調査

（1）　はじめに

高松塚古墳由来の試料中の非培養法による微生物群集構造調査[1-3]の一環として、高松塚古墳の主に石室解体作業に伴って採取された試料から抽出したDNAを用いて以下の試験を行った。非培養法では、分離・培養法（以下、培養法と略す）の適用が難しい難培養微生物の検出が可能であり、培養法のように培地・培養条件によるバイアス（偏り）が少ないことが特徴である。非培養法の中でも、DGGE解析は、優占微生物の検出に適しており、微生物群集構造をバンドパターンとして可視化するという特徴を有するため、環境中の難培養微生物群集構造の解析を迅速に行う方法として、有効な手段とされている[4]。非培養法を国内の文化財環境調査・研究に適用した事例は少ないが、文化財（主に壁画）の生物劣化についての非培養法による諸外国での調査・研究では、平成12（2000）年～平成22（2010）年にスペイン、フランスの洞窟壁画などで報告されている[5-12]。特に、DGGE解析を用いた調査・研究については、これまでにスペインの洞窟壁画を中心に報告されており、これらの調査・研究では、同法および培養法による微生物群集構造は、必ずしも一致しないことが明らかにされている[5-10]。以上のことからも、培養法および非培養法の両手法による調査を行うことで、より正確に微生物群集構造を把握することができると考えられる。本節では、非培養法を用いて高松塚古墳試料の細菌および菌類の群集構造解析を行った。なお、非培養法による微生物群集構造解析については、Sugiyama et al.（2017）の総説[16]（付録A）および西島らの報告[17]にも掲載されている。

さらに、硫酸を生成し石材などに影響を与えることが知られている硫黄酸化細菌[13]は培養法では検出されにくいこともあるため、培養法に加えて石室内外の試料抽出DNAを用い、硫黄酸化細菌に特異的なプライマーを用いたPCR法によって検出を試みた[2]。

本稿中では、細菌分類群の学名が非合法名（illegitimate name）の場合（現行命名規約が認めていない分類学的カテゴリー）は、引用符（“ ”）を用い、図中には便宜上省いて記載した。

（2）　PCR-DGGE解析による高松塚古墳試料中の細菌群集構造解析

（2）-1　PCR-DGGE解析による細菌群集解析に用いた試料の採取地点

平成18（2006）年～平成21（2009）年で採取された高松塚古墳解体試料（総試料数109点）をPCR-DGGE解析に用いた。内訳は高松塚古墳壁画面など石室内試料4点（平成18（2006）年採取分（石室解体前））、壁石間（側壁間、側壁と床石間、床石間、床石と天井石間など）、石室外（畦、側壁と畦間、床面など）、取合部などを含む発掘過程の（平成19（2007）年採取分）計91点・墳丘部試料（平成18（2006）年および平成21（2009）年採取分）計14点となる。高松塚古墳解体試料を石室内（Stone chamber interior）、石室外（Stone chamber exterior）、壁石間（Joint/Space of stone walls）、取合部（Adjacent space）、墳丘部（Mound）の5つのカテゴリーに分け、このうち石室内、石室外、壁石間、取合部の4つの各カテゴリーからPCR-DGGE解析試料を選択した。Fig. 1 に、高松塚古墳試料採取地点および高松塚古墳石室展開模式図を示し、番号の付いた箇所は、Fig. 4 で示した PCR-DGGE 解析に用いた試料の採取地点を示す。Fig. 2 は、用いた墳丘部試料の採取地点を示し、丸で囲ったアルファベットおよび数字は試料番号を意味し、Fig. 5 で示した PCR-DGGE ゲルイメージの各レーンと対応させた。

（２）－２　PCR-DGGE 解析および DGGE バンドの塩基配列解析

（２）－２－１　PCR-DGGE 解析の原理

GC クランプ付きプライマーセットを用いた PCR により増幅された２本鎖 DNA は、－極から＋極へ向かって DNA 変性剤（尿素およびホルムアミド）濃度が高くなるように形成されたポリアクリルアミドゲルで電気泳動すると、DNA 変性剤の濃度上昇とともに２本鎖 DNA 間の水素結合が切断され、２本鎖 DNA から１本鎖 DNA に変性する。しかし、GC クランプ部分は結合力が強いために２本鎖を維持し、その DNA は３方に伸びた形になる（Fig. 3）。そのような形に変性した DNA は、ゲルの網目を移動する速度が著しく小さくなるため、その地点に集まり、バンドを形成する。塩基配列の異なる複数の２本鎖 DNA は、A-T、G-C 間の水素結合の数および配列の違いにより、異なる DNA 変性剤濃度で解離するため、異なる位置にバンドを形成する。このように、DGGE 法は混合 DNA（抽出 DNA）中の各種 DNA をバンドとして分離することができる。よって、試料中の微生物群集構造の違いをバンドパターンの違いとして視覚化することが可能となり、さらに、バンドから得た DNA の塩基配列を解析することにより試料中に含まれる（微）生物種の推定が可能となる。

（２）－２－２　PCR-DGGE 解析の方法

・各試料からの DNA 抽出：ISOIL for Beads Beating（ニッポンジーン、東京）により DNA 抽出を行った。
・PCR 増幅：プライマーは細菌の 16S rRNA 遺伝子を対象とした GC-341f [14] – 534r [14]（増幅断片長 200bp）を用いた。PCR 条件は、Muyzer et al.[14] の Touch Down 法に従った。
・DGGE 解析：DGGE 装置は、Dcode DGGE コンプリートシステム（BIO RAD, CA, USA）を用いた。変性剤濃度勾配は 25 % → 65 %、ポリアクリルアミドゲル濃度は８%とした。作製した DGGE ゲルに PCR 増幅産物をアプライし、60℃、電圧 100 V、12 時間泳動で行った。
・DGGE 画像撮影およびバンドの切り出し：DGGE 泳動終了後、DGGE ゲルをサイバーグリーンで染色し、UV 撮影装置で画像を撮影した。次に、DGGE 解析により得られた各バンドの切り出しを行った。

（２）－２－３　PCR-DGGE バンドの DNA 塩基配列解析の方法

・切り出した各バンドには、目的以外の複数の DNA 塩基配列が含まれるため、上記 DGGE 解析を繰り返し行い、目的の DNA 塩基配列のみが DGGE のゲル上で単一になるまで純化作業を行った。
・単一の DNA 塩基配列を含む各 DGGE バンドについて、DNA 塩基配列解析を行った。DNA 塩基配列解析は、シークエンサー ABI 3130xl Genetic Analyzer System（Applied Biosystems, CA, USA）を用い、DNA 塩基配列決定は ChromasPro 1.4（Technelysium Pty Ltd., Tewantin, AUS）を用いた。相同性検索は、国際塩基配列データベース（GenBank/DDBJ/EMBL）を用いた。

（2）-3　結果および考察

（2）-3-1　PCR-DGGE 解析結果

Fig. 4 に石室内、壁石間、石室外、取合部試料における PCR-DGGE 解析結果を示す。Fig. 4 における 4 種類の矢印は、それぞれ *Ochrobactrum* 属、*Stenotrophomonas* 属、*Bordetella* 属、*Bacillus* 属が検出されたバンドを示す。石室内試料の PCR-DGGE バンドパターンは、壁石間、石室外、取合部試料よりも、バンド数が比較的少ないことから、石室内試料の細菌群集構造は特定の分類群で構成されていると推察された。バンドの DNA 塩基配列解析より石室内試料からは *Ochrobactrum* 属、*Stenotrophomonas* 属、*Bordetella* 属が検出された。これらの細菌は、高松塚古墳石室解体試料の培養法による調査でも検出されており、さらに、16S rRNA 遺伝子 V3 領域における塩基配列は培養法で同定された細菌の塩基配列とも一致したことから、石室内において優占的であると考えられた。また、培養法では主要な細菌である *Bacillus* 属については、PCR-DGGE 解析では石室内においては検出されず、壁石間においてのみ検出された。

Fig. 5 に高松塚古墳墳丘部試料における PCR-DGGE 解析結果を示す。Fig. 5 における 4 種類の矢印は、それぞれ *Bacillus* 属、*Gluconacetobacter* 属、“*Acidobacteria*” 門、“*Actinobacteria*” 門が検出されたバンドを示す。石室解体前（平成 18（2006）年）および石室解体後（平成 20（2008）年）の墳丘部試料では、PCR-DGGE バンドパターンに相違が認められた（Fig. 5）。さらに、石室解体前（平成 18（2006）年）の墳丘部試料では、*Bacillus* 属が優占する試料（B）、“*Acidobacteria*” 門および “*Actinobacteria*” 門が優占する試料（C）、“*Acidobacteria*” 門および *Gluconacetobacter* 属が優占する試料（A）というように採取位置 A ～ C の間において、優占細菌群が異なっていたが、石室解体後（平成 20（2008）年）の墳丘部試料では、採取位置①～⑪と広範囲で採取されたにも関わらず大部分の試料において “*Acidobacteria*” 門、“*Actinobacteria*” 門が共通する優占細菌群として検出された。

（2）-3-2　PCR-DGGE 解析より求めた石室内外の試料における細菌群集構造の構成および分離・培養法による結果との比較

石室内、壁石間、石室外、取合部、墳丘部試料における PCR-DGGE 解析において、得られたバンドの DNA 塩基配列解析により推定された細菌種をもとに、*Alphaproteobacteria* 綱、*Betaproteobacteria* 綱、*Gammaproteobacteria* 綱、*Deltaproteobacteria* 綱、“*Bacteroidetes*” 門、“*Firmicutes*” 門、*Actinobacteria* 綱、“*Acidobacteria*” 門、“*Chloroflexi*” 門、“*Cyanobacteria*” 門、Unclassified *Bacteria* などのグループにわけ、各グループに含まれる種数を総計し、Fig. 6 のグラフを作成した。また、培養法で得られた分離株のうち、16S rRNA 遺伝子塩基配列解析により帰属分類群を推定した分離株のみを対象にして、それぞれの分類群ごとに集計したものを Fig. 7 に示した。

（2）-3-3　PCR-DGGE 解析による細菌群集構造の構成

Fig. 6 は PCR-DGGE 解析より求めた石室内外の試料における細菌群集構造の構成を示す。石室内で

は、*Ochrobactrum* 属などの根粒菌を含む *Alphaproteobacteria* 綱、*Variovorax* 属などの *Betaproteobacteria* 綱、*Stenotrophomonas* 属などの *Gammaproteobacteria* 綱、*Bacillus* 属などの“*Firmicutes*”門に帰属する細菌が主要な細菌群として検出された。*Stenotrophomonas* 属以外のこれらの細菌群は、石室外、壁石間、取合部においても検出されたが、*Stenotrophomonas* 属細菌は、石室内および壁石間においてのみ検出されたことから、主に石室内やそれに近い周辺部の優先種であることが推察された。また、“*Acidobacteria*”門細菌は、石室内では検出されなかったが、石室外、壁石間、取合部において検出され、特に墳丘部では全体の細菌相の構成において最も大きな割合を占めたことから、“*Acidobacteria*”門細菌は、元々墳丘部に由来し、石室外から壁石間に分布していたと推察された。さらに、解体後の墳丘部、石室外、壁石間の試料からは未分類の細菌に由来する 16S rRNA 遺伝子が検出された。特に、TM6（Candidate phylum TM6）に含まれると考えられる塩基配列が検出されている。これは、未だに培養株が得られていないため性質などは不明だが、広く環境中において非培養法により 16S rRNA 遺伝子が得られていることから、環境中における主要な細菌の１つとして知られ[18]、１つの分類群の位置が仮に与えられているものである。

(２)−３−４　培養法による細菌群集構造の構成および両手法の結果の比較

Fig. 7 は培養法より求めた石室内外の試料における細菌群集構造の構成を示す。石室内では、*Ochrobactrum* 属、*Stenotrophomonas* 属、*Bacillus* 属が主要な構成細菌として検出された。これらの細菌は、石室外、壁石間でも検出されたが、石室内での割合が高く、石室内部に向かうにつれて増加した。*Ochrobactrum* 属、*Stenotrophomonas* 属については、PCR-DGGE 解析においても石室内で優占的であったことから、石室内細菌群集構造の最も主要な構成細菌であると考えられる。PCR-DGGE 解析および分離培養法の両手法により検出された細菌には、*Alphaproteobacteria* 綱、*Betaproteobacteria* 綱、*Gammaproteobacteria* 綱、“*Bacteroidetes*”門、“*Firmicutes*”門、*Actinobacteria* 綱であり、両手法により共通した細菌群（*Ochrobactrum* 属、*Stenotrophomonas* 属、*Bacillus* 属など）も検出されたことから、培養可能な細菌群についての結果は概ね一致していると考えられた。

一方、PCR-DGGE 解析で検出されたが分離培養法で検出されない細菌には、“*Acidobacteria*”門、“*Chloroflexi*”門、“*Cyanobacteria*”門など培養が難しく、既知の分離株が少ない細菌群が数多く検出された。特に、石室外や墳丘部などの土壌試料には、培養が困難な細菌群が多く含まれていたことから、培養法に加えて非培養法である PCR-DGGE 解析を併用することにより、より詳細な細菌群集構造が明らかにされた。

(２)−３−５　高松塚古墳墳丘部から検出された特定の“*Acidobacteria*”門

(２)−３−５−１　“*Acidobacteria*”門についてスペインの洞窟壁画から検出された細菌種との比較

“*Acidobacteria*”門は、非培養法による調査結果によれば、土壌、水、活性汚泥など普遍的に存在する菌群である。“*Acidobacteria*”門細菌は、培養法が十分に確立しておらず、それらの DNA 塩基配列のみが知られている細菌種が多い。高松塚古墳では、“*Acidobacteria*”門は石室内では検出されていないが、墳丘部で主要な細菌群であり、スペインの旧石器時代の壁画で微生物による汚染が認められた箇所でも優占して検出されている[15]。Fig. 8 は、高松塚古墳およびスペインの３つの洞窟（La Garma cave、Tito Bustillo cave、Altamira cave）において検出された“*Acidobacteria*”門細菌の割合を示している。スペインの３つの洞窟壁画では、“*Acidobacteria*”門細菌は、“*Proteobacteria*”門に次ぐ２番目の優占種であるため主要な細菌群として着目されている[15]。洞窟環境は、貧栄養、低温、高塩性で、極限的な環境にあるため、一般的な生物が生育し難い状態と報告されている[15]。実際に Tito Bustillo cave、Altamira cave の汚染された赤い色素（鉄酸化物）上で“*Acidobacteria*”門の *Acidobacterium* 属に含まれる細菌が検出されていることから鉄の酸化に関与すると推察されている[15]。さらに“*Acidobacteria*”門の *Geothrix* 属に含まれる細菌は、鉄の還元に関与すると考えられている[15]。このように、“*Acidobacteria*”門の細菌には、洞窟や古墳壁画上のような環境においても生育でき、鉄の代謝の役割を担っている様な細菌も存在することが示唆されている[15]。

Fig. 9 に高松塚・キトラ両古墳由来試料とスペインの３つの壁画洞窟から検出された“*Acidobacteria*”門の分子系統的位置を示す。Fig. 9 に示すように高松塚・キトラ両古墳およびスペインの３つの洞窟壁画より検出された“*Acidobacteria*”門細菌に由来する DNA 塩基配列の中には、一致するものが存在することが確認された（赤枠内）。このことから、高松塚古墳で検出された“*Acidobacteria*”門細菌は、スペインの３つの壁画洞窟と共通する細菌群も存在することが明らかとなった。また、Fig. 9（黒矢印）に示すように *Geothrix* 属のクラスターに含まれる高松塚古墳由来の細菌も検出された。しかし、高松塚古墳石室内からは、“*Acidobacteria*”門細菌は検出されていないことから、古墳壁画への影響は不明である。

(２)-３-５-２　“*Acidobacteria*”門細菌の高松塚古墳石室内外における比較

“*Acidobacteria*”門の分子系統樹において、特に高松塚古墳墳丘部と高松塚古墳の解体時の試料（石室外、壁石間、取合部）から検出された DNA 塩基配列が数多く一致していた（Fig. 9 青枠）。Fig. 8 にも示すように、“*Acidobacteria*”門は、高松塚古墳墳丘部の主要な細菌であり、石室外、壁石間と順に構成比率が高いことから、“*Acidobacteria*”門細菌は本来高松塚古墳の墳丘部に存在し、雨水などの媒体を通じて石室外から、壁石間へと分布したと考えられた。しかし、石室内で“*Acidobacteria*”門細菌が検出されていないことについては、墳丘部の“*Acidobacteria*”門細菌が石室内に何らかの理由で順応できなかったために検出されなかった可能性も考えられる。

(３)　高松塚古墳解体試料における硫黄酸化細菌の検出

(３)-１　硫黄酸化細菌について

高松塚古墳壁画が劣化する要因の１つとして微生物が生成した酸が想定される。なかでも、硫黄酸化細菌は、硫酸を生成し石材などにダメージを与えることが一般に知られている[13]。そこで、高松塚古墳石室内外の試料に硫黄酸化細菌が存在するかどうかを検討した。硫黄酸化細菌を対象とした培養法を用い、また、硫黄酸化細菌は培養法では検出されにくいことも予想されるため、培養法に加えて石室内外の試料抽出 DNA を用い、硫黄酸化細菌に特異的なプライマーを用いた PCR によって検出を試みた。両手法による検出対象とした硫黄酸化細菌は、硫黄酸化および鉄の酸化能があることも知られている *Acidithiobacillus* 属細菌とした。

（３）－２　硫黄酸化細菌の検出試験に用いた試料の採取地点

高松塚古墳解体試料（石室内、壁石間、石室外、取合部）について、培養法（Tab. 1の青丸：9試料）および特異的プライマーを用いたPCR（Tab. 1の赤丸：20試料）による硫黄酸化細菌の検出試験を行った。

（３）－３　特異的プライマーを用いたPCRによる硫黄酸化細菌の検出

（３）－３－１　方法

各試料中に含まれる混合DNAを鋳型として硫黄酸化細菌（*Acidithiobacillus*属細菌）の16S rRNA遺伝子塩基配列を対象としたPCRを実施した。プライマーは、以下に示す配列（AthioF：TGCGTAGGCGGTAC-GTTAG / AthioR：CGACACTCAGTACGCTAGGTA）を設計して使用し、PCRプロトコールはPCR-DGGE解析と同様にタッチダウン法を用いた。また、*Acidithiobacillus thiooxidans* JCM 3867^{T}株を陽性対照とした。結果の評価については、PCR増幅産物のアガロースゲル電気泳動を行い、目的サイズのDNA増幅断片長（280bp）が得られているかどうかを確認した。増幅産物が得られた場合については、増幅産物の塩基配列解析を実施し、決定されたDNA塩基配列を用いてBLAST検索を行い配列がどのような菌種と近縁であるかを確認した。

（３）－３－２　結果と考察

Fig. 10に硫黄酸化細菌の検出試験結果（アガロース電気泳動像）を示す。陽性対照では、目的サイズの増幅断片長（280bp）が認められ（Fig. 10緑色矢印）、供試した試料についても、高松塚古墳石室解体試料３点（側壁間、小口面、床石間）から*Acidithiobacillus thiooxidans*および*Acidithiobacillus ferrooxidans*の16S rRNA遺伝子（280bp）に近縁な菌種に由来すると考えられるバンドが検出された（Fig. 10赤色矢印）。このことから、これらの高松塚古墳石室解体試料３点には、硫黄酸化細菌である*Acidithiobacillus*属細菌が存在する可能性が示唆された。

しかしながら、前述のDGGE解析の結果ではこれら３点の試料からは*Acidithiobacillus*属細菌が検出されず、さらに後述する培養法の結果においても*Acidithiobacillus*属細菌が認められなかったことから、*Acidithiobacillus*属細菌は存在したとしても、存在量としては少なく、これらの試料における優占種ではないと考えられた。

（３）－４　培養法による硫黄酸化細菌の検出

（３）－４－１　方法

特異的なプライマーを用いたPCRによる硫黄酸化細菌の検出試験で陽性となった試料および陰性となった試料のうち合計９試料を用いて培養法による硫黄酸化細菌の検出試験を行った。培養法による硫黄酸化細菌の検出試験を行うに当たり、*Acidithiobacillus thiooxidans* JCM 3867^{T}を高松塚古墳試料に添加したものを陽性対照とした。また、培養法については、菌株保存機関（理化学研究所バイオリソース研究センター）で用いられている*Acidithiobacillus*属細菌用の培地、培養法に準拠した。培養物中に*Acidithiobacillus*属細菌が含まれるかどうかの判定は、単体硫黄の沈殿が認められるものを陽性とした。また、硫黄酸化細菌が生育した場合に、培養液が酸性になることから、培養後の培養液中のpHを測定し、pHの低下による硫黄酸化細菌の生育評価も併せて行った。

(3)-4-2　結果と考察

Fig. 11に、硫黄酸化細菌検出試験結果を示す。一番右の試験管は、硫黄酸化細菌の陽性対照を示す。陽性対照では、硫黄酸化物の沈殿が認められた（Fig. 11矢印）。用いた試料のうち、盗掘口、取合部側の試料（T7521-8b、Fig. 11左端の試験管）において単体硫黄の沈殿が認められたが、このほかの試料では単体硫黄の沈殿が認められなかった。さらに、培養後のpHを測定した結果、*Acidithiobacillus*属細菌が含まれる陽性対照のみpHの低下が認められたが、このほかのいずれの試料についても、pHの低下が認められなかった。以上のことから、試験した高松塚古墳9試料については、*Acidithiobacillus*属の硫黄酸化細菌が存在する可能性は低いと判断された。

(4)　非培養法による高松塚古墳試料の菌類群集構造解析

菌類群集構造については、細菌群集構造解析で用いたものから50試料を選抜し、同様の方法でDGGE解析を行った。また50試料からさらに22試料を選抜してクローンライブラリ法による解析も実施した。PCR-DGGE解析、クローニング解析の結果を、同じ50試料からの菌類分離結果も含めてFig. 12に示した。PCR-DGGE解析の結果から検出された生物群は培養法の結果と同じく子嚢菌門が優占し、担子菌門、接合菌門に由来するバンドも認められた。さらに、節足動物門のトビムシ（トビムシ目）、や線虫（線形動物門）など菌類以外の生物に由来するバンドも確認された（Fig. 12）。クローンライブラリ法では*Exophiala*、*Phialocephara*、*Pichia*の3属が優占的に検出され、PCR-DGGEの結果を支持していた。その一方で、PCR-DGGEで検出された*Fusarium*属を含むHypocreales目はクローンライブラリ法では検出されず、非培養法でも手法によって違いが認められた。さらに、非培養法によって検出された菌類は、石室内あるいは解体試料から分離された株と一致するものが多く認められた。このことは、石室内で検出された菌類は石室の周辺環境から侵入してきた可能性を示唆するといえる。なお、菌類群集構造解析についてはSugiyama et al.（2017）の英文総説[16]（付録A）および西島らの報告（2018）[17]も参照されたい。

キトラ古墳ではクローンライブラリ法と次世代シーケンサーによる解析が佐藤ら[19, 20]によって実施されている。キトラ古墳試料からも、分離株としては得られなかった菌株が存在していることが非培養法によって確認され、菌類群集構造解析においても、培養法と非培養法の併用は、より網羅的な劣化原因微生物究明に資することができると考えられた。　（富田順子・西島・安・喜友名・木川・佐野・杉山）

参考文献

1）国宝高松塚古墳壁画恒久保存対策検討会 第11回、資料5、平成20年2月25日、文化庁

2）高松塚古墳壁画劣化原因調査検討会 第12回、参考資料1－5、平成21年11月30日、文化庁

3）Sugiyama, J., Kiyuna, T., An, K.-D., Nagatsuka, Y., Handa, Y., Tazato, N., Hata-Tomita, J., Nishijima, M., Koide, T., Yaguchi, Y., Kigawa, R., Sano, C. and Miura, S.: Microbiological survey of the stone chambers of Takamatsuzuka and Kitra tumuli, Nara Prefecture, Japan: a milestone in elucidating the cause of biodeterioration of mural paintings, Proceedings of the 31st International Symposium on the Conservation and Restoration of Cultural Property, 2008, National Research Institute for Cultural Properties, Tokyo, pp. 51－73, 2009.

4）石井浩介、中川達功、福井学：微生物生態学への変性剤濃度勾配ゲル電気泳動法の応用、日本微生物生態学会誌、15、59－73、2000。

5）Gurtner, C., Heyrman, J., Piñar, G., Lubitz, W., Swings, J. and Rölleke, S.: Comparative analyses of the bacterial diversity on two different biodeteriorated wall paintings by DGGE and 16S rDNA sequence analysis, International Biodeterioration and Biodegradation, 46, 229－239, 2000.

6）Schabereiter-Gurtner, C., Saiz-Jimenez, C., Piñar, G., Lubitz, W. and Rölleke, S.: Phylogenetic 16S rRNA analysis reveals the presence of complex and partly unknown bacterial communities in Tito Bustillo cave, Spain, and on its Palaeolithic paintings, Environmental Microbiology, 4, 392－400, 2002.

7）Schabereiter-Gurtner, C., Saiz-Jimenez, C., Piñar, G., Lubitz, W. and Rölleke, S.: Altamira cave Paleolithic paintings harbor partly unknown bacterial communities, FEMS Microbiology Letters, 211, 7－11, 2002.

8）Schabereiter-Gurtner, C., Saiz-Jimenez, C., Piñar, G., Lubitz, W. and Rölleke, S.: Phylogenetic diversity of bacteria associated with Paleolithic paintings and surrounding rock walls in two Spanish caves（Llonín and La Garma）, FEMS Microbiology Ecology, 47, 235－247, 2004.

9）González, J. and Saiz-Jiménez, C.: Application of molecular nucleic acid-based techniques for the study of microbial communities in monuments and artworks, International Microbiology, 8, 189－194, 2005.

10）Portillo, M. C., Gonzalez, J. M. and Saiz-Jimenez, C.: Metabolically active microbial communities of yellow and grey colonizations on the walls of Altamira Cave, Spain, Journal of Applied Microbiology, 104, 681－691, 2008.

11）Bastian, F., Alabouvette, C., Jurado, V. and Saiz-Jimenez, C.: Impact of biocide treatments on the bacterial communities of the Lascaux Cave, Naturwissenschaften, 96, 863－868, 2009.

12）Bastian, F., Jurado, V., Nováková, A., Alabouvette, C. and Saiz-Jimenez, C.: The microbiology of Lascaux, Microbiology, 156, 644－652, 2010.

13）新井英夫：保存科学調査の概要と保存修復への課題、日本国政府アンコール遺跡救済チーム（編）バイヨン寺院全域の保存修復のためのマスタープラン、日本国際協力センター、東京、pp. 60－68、2005。

14）Muyzer, G., de Waal, E. C. and Uitterlinden, A. G.: Profiling of complex microbial populations by denaturing gradient gel electrophoresis analysis of polymerase chain reaction-amplified genes coding for 16S rRNA, Applied and Environmental Microbiology, 59, 695－700, 1993.

15）Schabereiter-Gurtner, C., Piñar, G., Lubitz, W. and Rölleke, S.: *Acidobacteria* in Paleolithic painting caves, In Molecular Biology and Cultural Heritage, ed. by Saiz-Jimenez, C., Swets & Zeitlinger, Lisse, The Netherlands, pp. 15－21, 2003.

16）Sugiyama, J., Kiyuna, T., Nishijima, M., An, K.-D., Nagatsuka, Y., Tazato, N., Handa, Y., Hata-Tomita, J., Sato, Y., Kigawa, R. and Sano, C.: Polyphasic insights into the microbiomes of the Takamatsuzuka Tumulus and Kitora Tumulus, The Journal of General and Applied Microbiology, 63, 63－113, 2017.

17）西島美由紀、安光得、富田順子、喜友名朝彦、佐藤嘉則、木川りか、佐野千絵、宇田川滋正、建石徹、杉山純多：分子生物学的手法による高松塚古墳・キトラ古墳の微生物群集構造解析、保存科学、57、23－47、2018。

18）Rheims, H., Rainey, F. A. and Stackebrandt, E.: A molecular approach to search for diversity among bacteria in the environment, Journal of Industrial Microbiology, 17, 159 – 169, 1996.

19）佐藤嘉則、木川りか、喜友名朝彦、立里臨、西島美由紀、杉山純多：非培養法によるキトラ古墳の細菌調査、保存科学、52、1 – 10、2013。

20）佐藤嘉則、木川りか、喜友名朝彦、立里臨、西島美由紀、杉山純多：パイロシークエンス法によるキトラ古墳石室内の微生物群集構造解析、保存科学、54、111 – 120、2015。

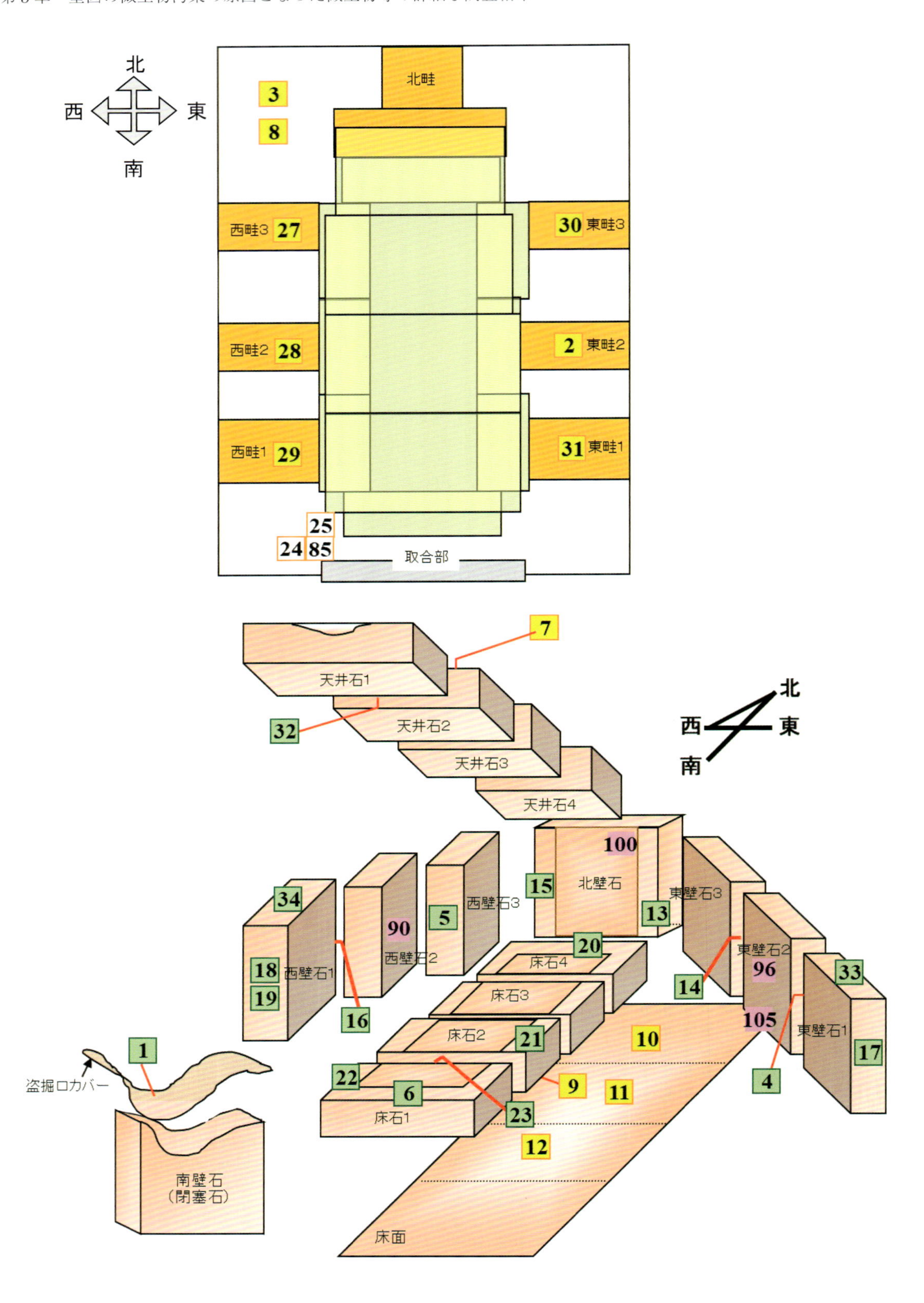

Fig. 1　高松塚古墳試料採取地点および高松塚古墳石室展開模式図

数字は試料番号を意味する。色は試料カテゴリーに対応；ピンク、石室内；緑。壁石間；白、取合部；黄色、石室外 Sugiyama et al.[16] および西島ら[17] を改変。

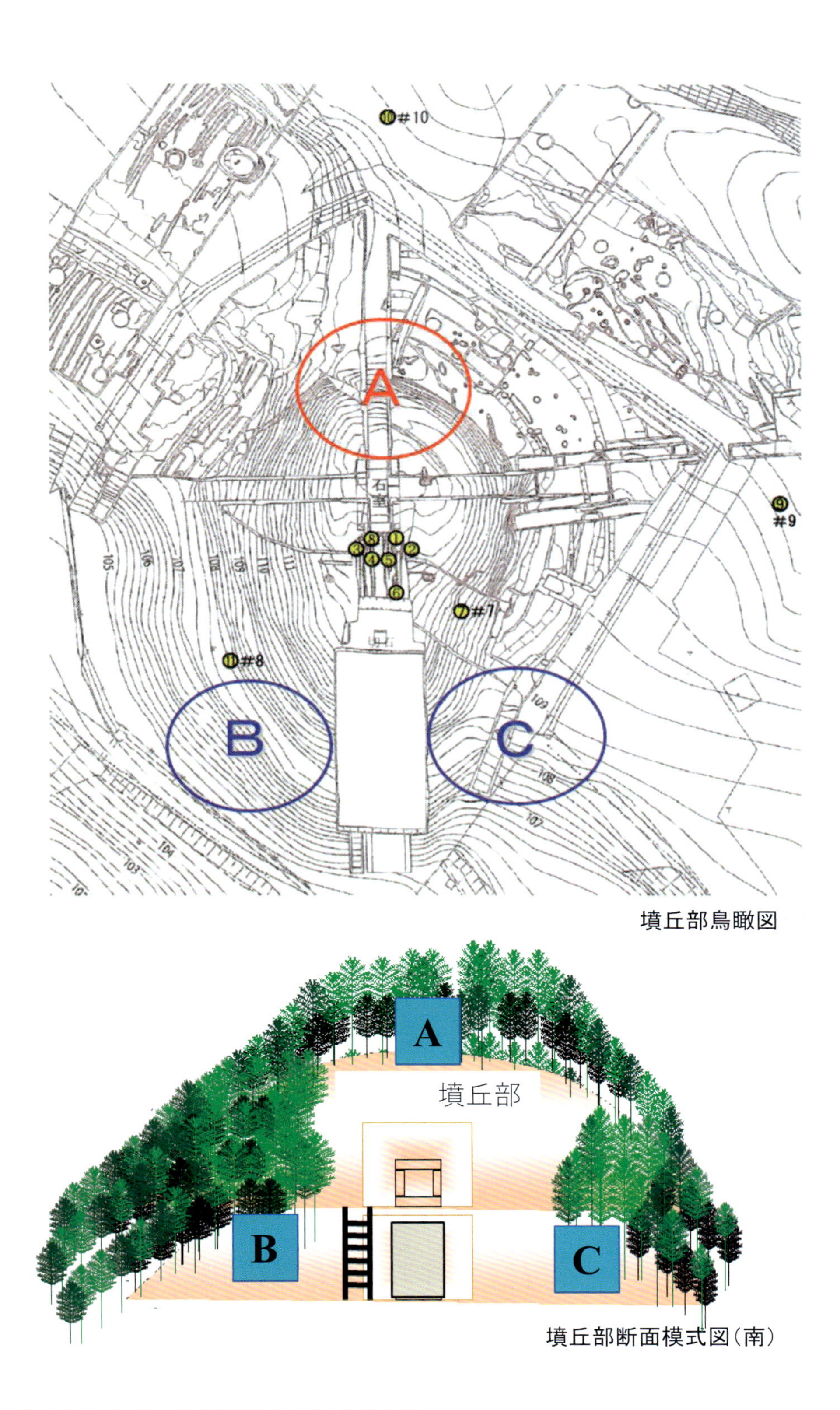

Fig. 2　高松塚古墳試料採取地点（古墳墳丘部）

石室解体前：A ～ C は平成 18（2006）年採取試料、石室解体後：①～⑩（黄色）平成 20（2008）年採取試料、⑪（黄色）平成 21（2009）年採取試料、墳丘部鳥瞰図は奈良文化財研究所編、高松塚古墳の調査 - 国宝高松塚古墳壁画恒久保存対策検討のための平成 16 年度発掘調査報告 p. 20（http://sitereports.nabunken.go.jp/18336）を引用して改変、墳丘部断面模式図は Sugiyama et al.[16] を改変。

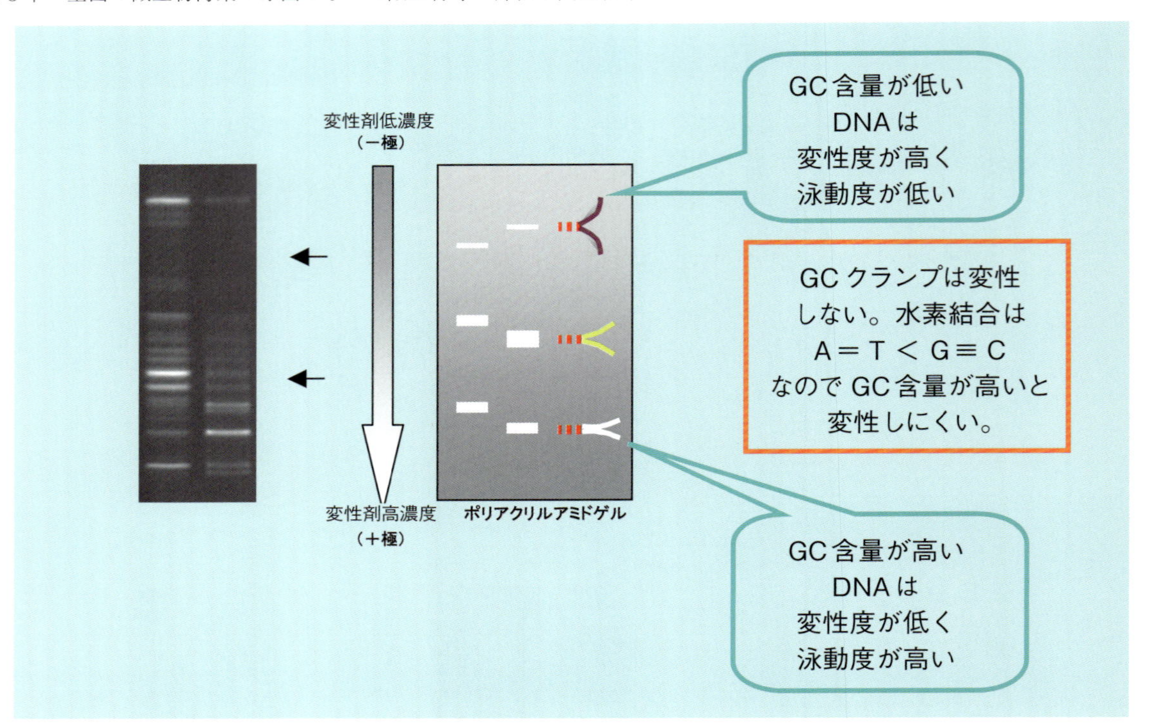

Fig. 3　PCR-DGGE解析の原理

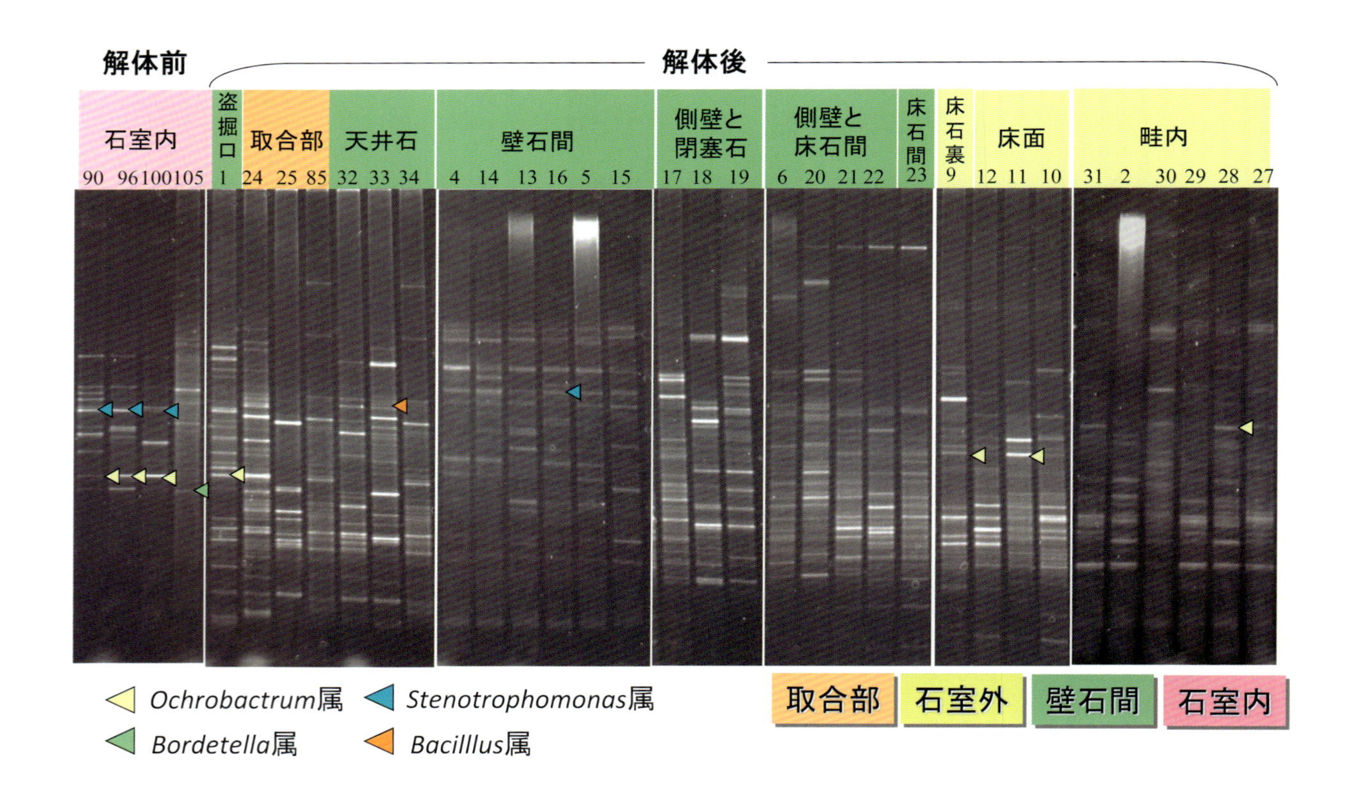

Fig. 4　石室内、壁石間、石室外、取合部試料におけるPCR-DGGEバンドパターン
各レーンの数字は試料番号（Fig. 1参照）。西島ら[17]を改変して引用。

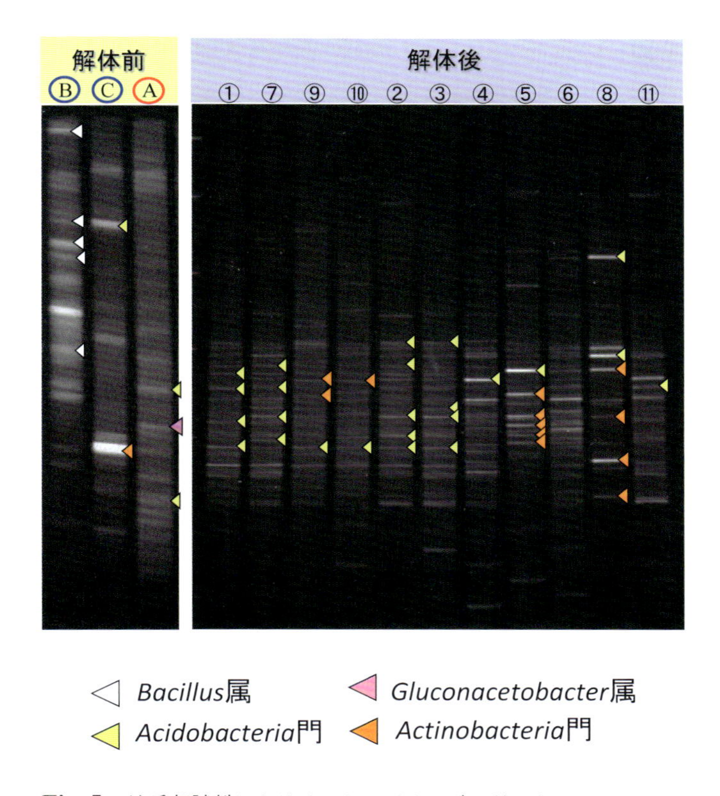

Fig. 5　墳丘部試料における PCR-DGGE バンドパターン

各レーン（試料）のアルファベット、数字は Fig. 2 に対応。西島ら(2018)[17]を改変して引用。

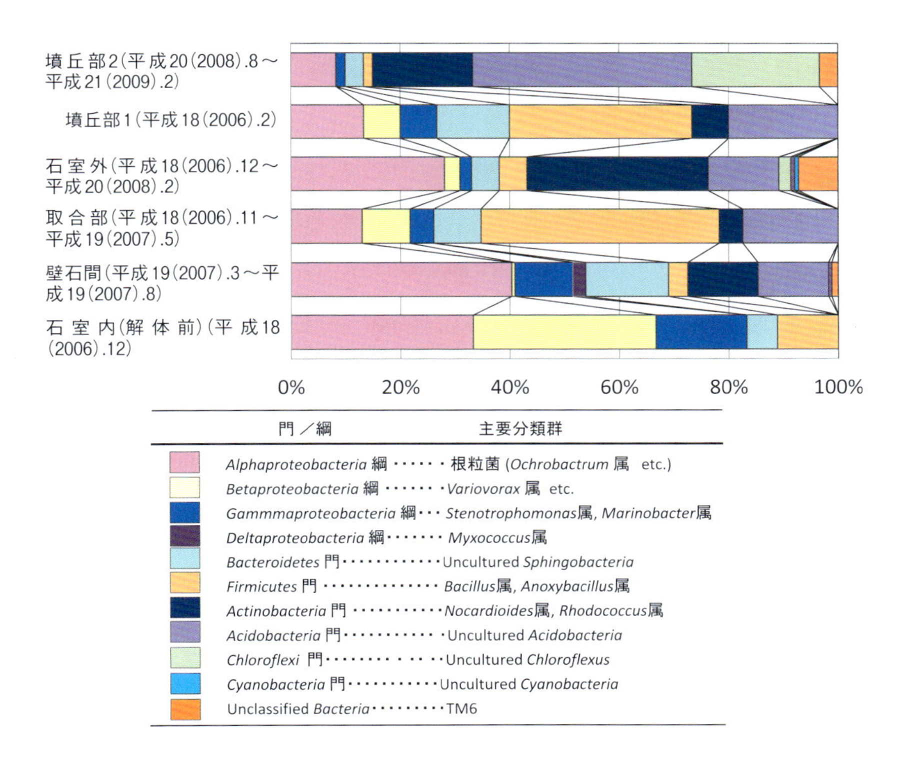

Fig. 6　PCR-DGGE 解析より求めた石室内外の試料における細菌群集構造の構成

Sugiyama et al.[16]を改変して引用。

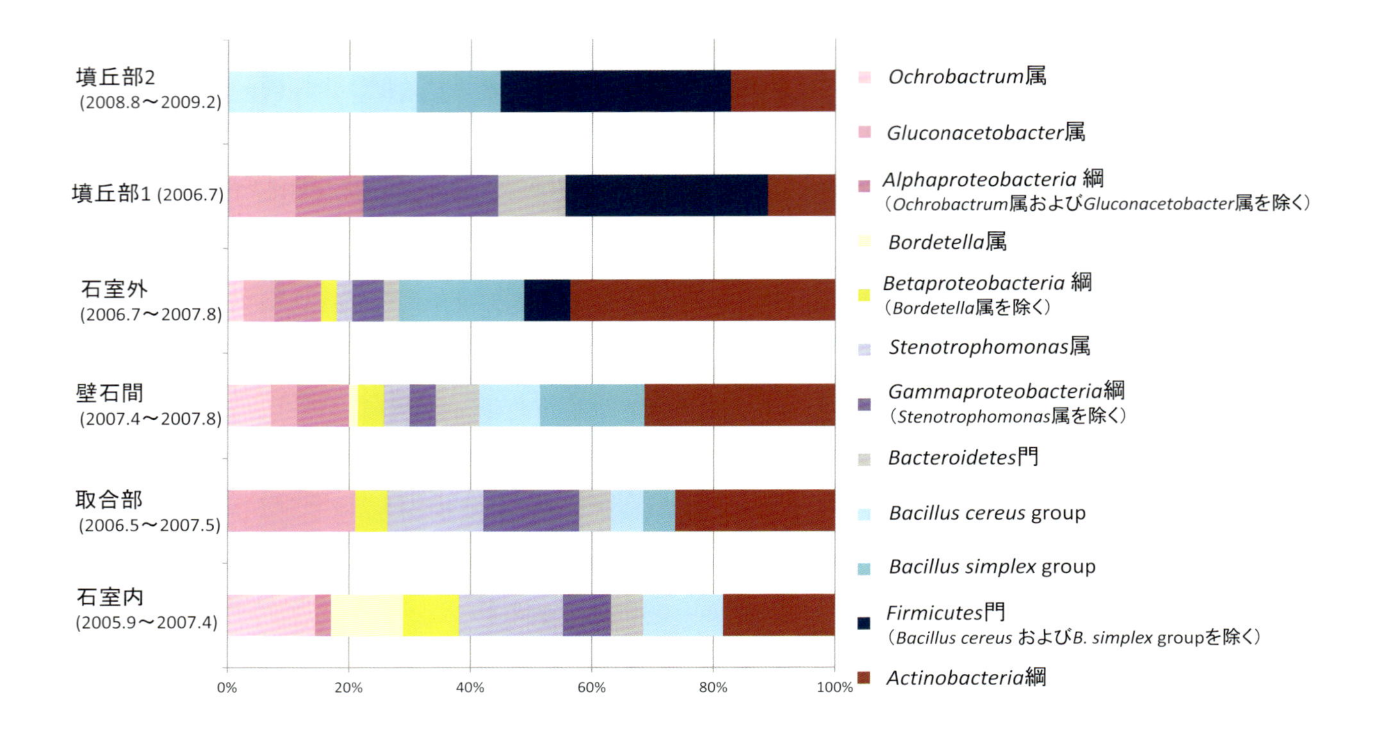

Fig. 7　培養法より求めた石室内外の試料における細菌群集構造の構成

16S rRNA 遺伝子塩基配列解析を実施した分離株を対象とした。Sugiyama et al.[16] を改変して引用。

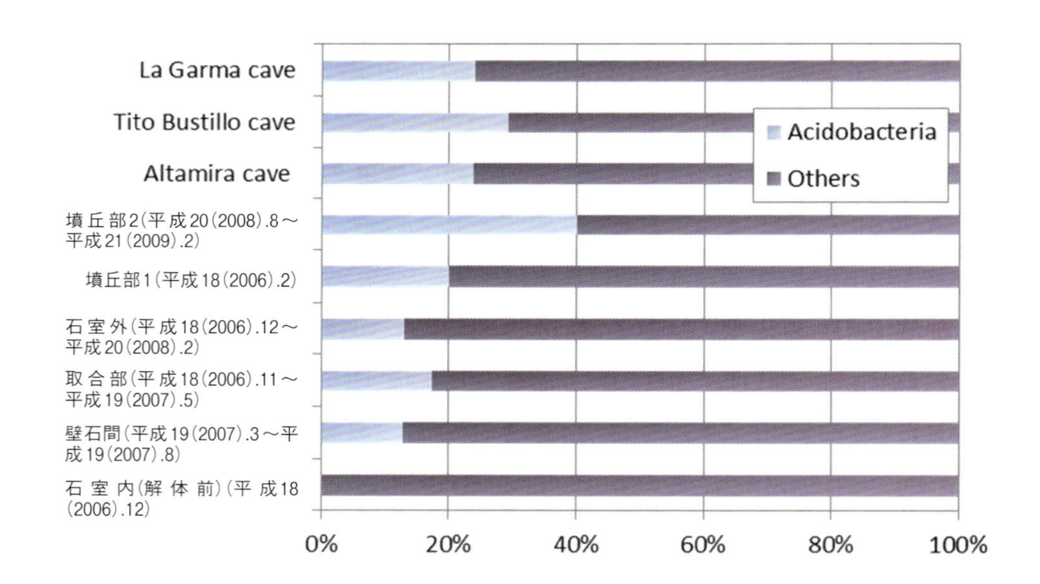

Fig. 8　高松塚古墳およびスペインの洞窟壁画[15]より検出された細菌群における "*Acidobacteria*" 門の占める割合

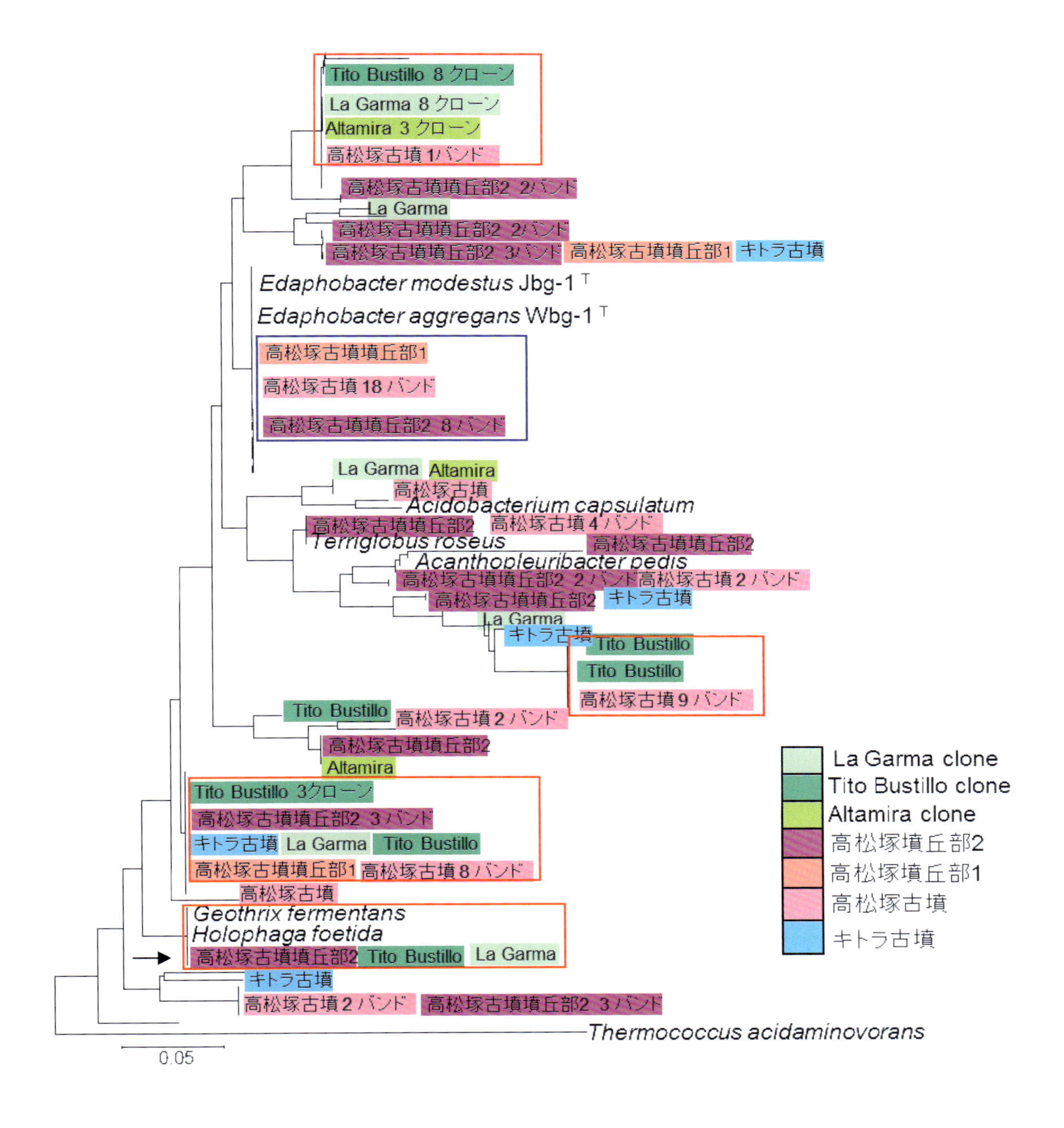

Fig. 9　高松塚・キトラ両古墳由来試料とスペインの3つの洞窟壁画[15]から検出された"*Acidobacteria*"門細菌の分子系統的位置　左下のスケールは塩基置換頻度を示す。

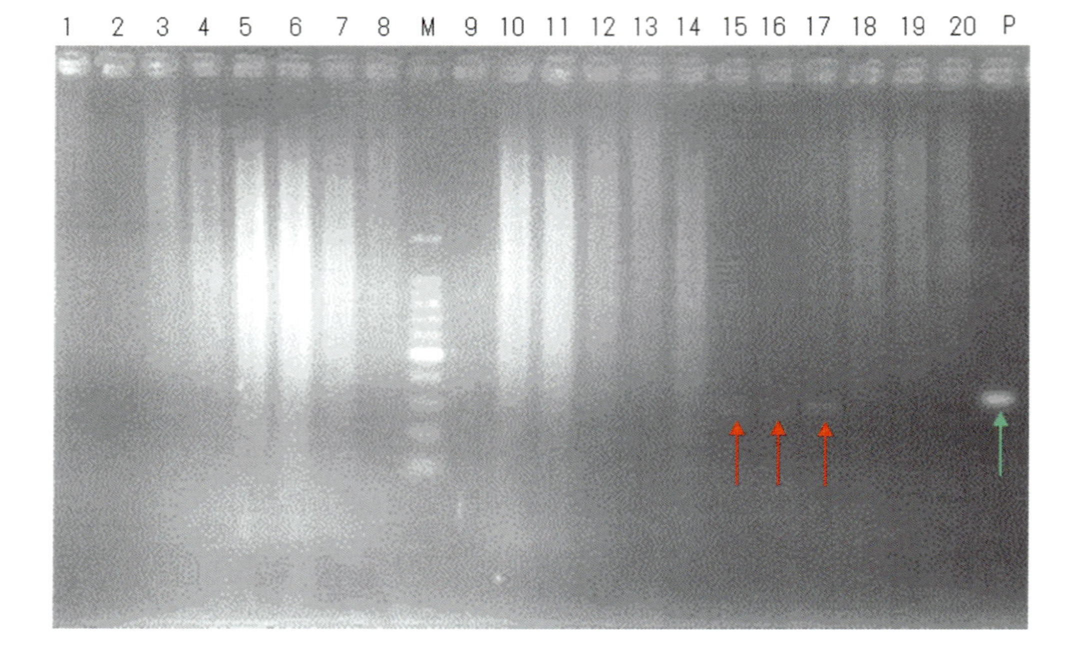

Fig. 10　特異プライマー PCR による硫黄酸化細菌の検出

レーン数字は試料番号（Tab. 1 赤丸数字に対応）、M はサイズマーカー、P は陽性対照。用いた特異プライマーセットでは約 280bp の PCR 増幅産物が期待される。赤矢印は、PCR 増幅産物が確認された試料、緑矢印は陽性対照。

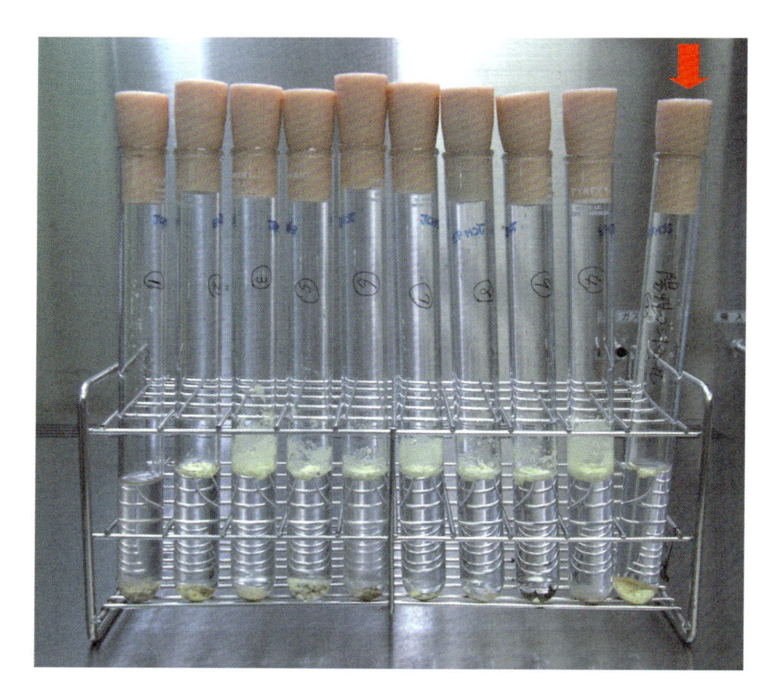

Fig. 11　培養法による硫黄酸化細菌検出

試料は Tab. 1 青丸数字で示したものを用いた。
写真左から１～３、５～９、４ 赤矢印で示した試験管は陽性対照。

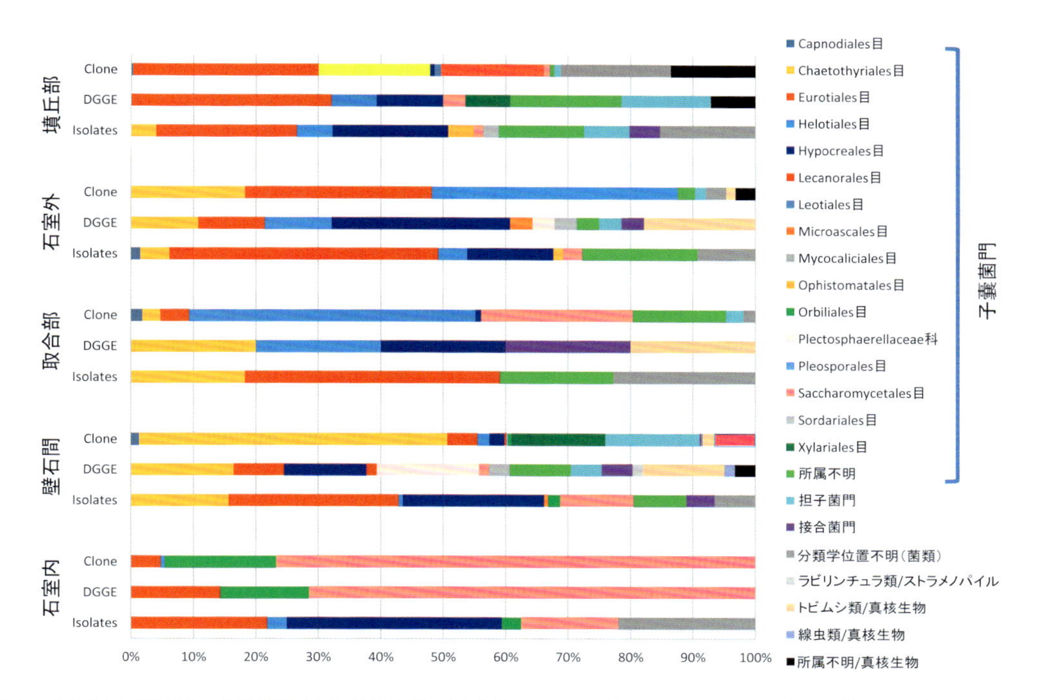

Fig. 12　高松塚古墳試料の菌類群集構造解析結果（培養法、DGGE 法、クローンライブラリ法による）Sugiyama et al.[16] を改変。

Tab. 1　硫黄酸化細菌の検出試験に用いた試料

特異PCR[a]	培養法[b]	試料採取箇所の位置関係		サンプルNo.	試料採取箇所
①		石室内	西壁女子	T61213-2	高松塚古墳 石室内 西壁中央女子 襟部分 黒色ゲル状物質
②		石室内	東壁女子	T61213-8	高松塚古墳 石室内 東壁右女子足元 ゲル状物質
③		石室内	北壁	T61213-12	高松塚古墳 石室内 北壁天井寄り右上 ゲル状物質
④		石室内	床上(東壁下)	T61213-17	高松塚古墳 石室内 東壁中央部付近の床上の土壌
⑤		墳丘部西側	外	T6202-1	高松塚古墳 墳丘部① 石室西脇 土壌
⑥		墳丘部東側	外	T6202-2	高松塚古墳 墳丘部② 石室東脇 土壌
⑦		墳丘部上？竹薮	外	T6203-4	高松塚古墳 墳丘部⑥ 竹薮表層5cm 土壌
⑧	①	盗掘口	取合部側	T7521-8b	高松塚古墳 盗掘口プラスチックカバー裏面 下部 取合部側 （G~I)
⑨	②	取合部	取合部 西	T7302-8	高松塚古墳 取合部　西側くぼみの下の平坦地 土層をはがした裏面の粘性物質(黄～緑色マット状)
⑩	③	発掘過程の試料(石室上)	北西区	T7302-11	高松塚古墳 北西区　やや黒色の表面土壌
⑪	④	畦内試料	東2畦	T7601-3	高松塚古墳 東壁石2 背後畦内土壌
⑫		畦内試料	西2畦	T7601-4	高松塚古墳 西壁石2 背後畦内土壌
⑬		壁石間(側壁間)	東1-東2	T7607-1	高松塚古墳 東壁石1・2接合面目地漆喰
⑭	⑤	壁石間(側壁間)	西2-西3	T7510-7	高松塚古墳 西2石　北側小口面　下方東寄り　黒褐色粘性物質
⑮		壁石間(側壁間)	西3-北	T7413-2	高松塚古墳 漆喰除去後の北壁と西3石との接合部なかほど、黒色部
⑯	⑥	側壁と床石との間(小口面)	北-床4	T7417-21	高松塚古墳 北壁石 床面との間 漆喰、木の根
⑰	⑦	床石(床石間)	床石2 底面	T7821-16	高松塚古墳 床石2 底面(裏側真ん中付近)の土
⑱		側壁と閉塞石(南壁石)間	東1-南(東1南小口)	T7615-5	高松塚古墳 東壁石1 南小口 中央部下部 茶色と黒の粘性物質
⑲	⑧	天井石間	天1小口	T7528-25	高松塚古墳 天井石1 北小口あいかき茶色漆喰片
⑳		天井石と側壁の間	西1-天1	T7530-12	高松塚古墳 西壁石1 上端 天井石1との接合面 漆喰
	⑨	墳丘部	―	K8626	キトラ古墳 墳丘部表層の土壌

a)特異プライマー PCR に用いた試料　数字は Fig. 10 の各レーンに対応
b)培養法に用いた試料　数字は Fig. 11 に対応

8　PCR-DGGE 解析・定量 PCR 法および集積培養法による酢酸菌の検出と同定

（１）　はじめに

高松塚古墳と同様の壁画が発見されたキトラ古墳において、石室内漆喰にあいた穴などから原核微生物の酢酸菌が分離された[1-3]。酢酸菌が生成する酢酸は漆喰主成分である炭酸カルシウムに対しダメージを与えることは容易に予想される。一方、高松塚古墳の石室内あるいは解体中の試料からは、一般細菌の分離において、酢酸菌は分離されなかったことから、その存在は不明であった。非培養法試験の PCR-DGGE（以下 DGGE）法を用いた細菌群集構造解析において、墳丘部土壌試料、あるいは石室解体中の壁石間試料などから酢酸菌に由来すると判断されるバンドが検出された[4]。このことから高松塚古墳においても酢酸菌の存在が疑われたことより、DGGE においてバンドが検出された試料あるいは、その試料と同位置にバンドが認められた試料を選抜し、一般細菌の分離法を変更して集積培養法による分離を実施した（第３章５節）。その結果、用いた 10 試料のうち７試料から、10 株の酢酸菌が分離された。第３章５節で記したとおり、これら 10 株の分離株は、全て炭酸カルシウム溶解性を示した。本節では、これら分離株の系統分類学的位置を決定すべく、その生理・生化学性状試験、化学分類学的性状試験、分子生物学的解析などを行った結果について述べる。また、第３章７節の PCR-DGGE 解析ではユニバーサルプライマーを用いて細菌相の検出を行ったが、酢酸菌に特異的な配列を持つプライマーを用いることで、酢酸菌のみを選択的に、しかもより高い検出感度で検出することが可能となる。従って、特異プライマーを用いた PCR による検出、特に酢酸菌存在量を 16S rRNA 遺伝子コピー数として検出可能な定量 PCR 法（リアルタイム PCR 法）を実施した。なお、酢酸菌分離株の同定結果[39]、PCR-DGGE 法の結果[40]、およびこれらの総説[41]（付録 A 参照）についてはそれぞれの論文にも掲載されている。

（２）　方法

（２）-１　分離株

分離源と分離株のリストを Tab. 1 に示す。Fig. 1 に DGGE 解析によって *Gluconacetobacter* 属のバンドが検出された試料の採取位置および、集積培養法による分離株（以下、単に分離株と表記する）が得られた試料の採取位置を示した。

（２）-２　分離株の分類学的位置の推定

16S rRNA 遺伝子塩基配列解析については第３章６節を参照されたい。また、生理・生化学性状試験は 16S rRNA 遺伝子塩基配列解析の結果から推定された分離株の既知近縁種で用いられた手法を参考にした[5-8]。キノン組成分析はマンニトール液体培地（組成：マンニトール 25 g、酵母エキス５g、ペプトン３g、蒸留水 1L）で培養した菌体を用い、凍結乾燥してキノン抽出を行った。キノン分子種の推定は標品との保持時間、および UV スペクトルパターンによって行った[9, 10]。G+C 含量は培養菌体から抽出した DNA を用い、酵素処理によってヌクレオチドにしたものを HPLC で測定した[11-13]。脂肪酸組成は GYC 寒天平板（DSM medium 105 を GYC 培地として用いた：グルコース 100 g、酵母エキス 10 g、炭酸カルシウム 20 g、寒天 15 g、蒸留水 1L、pH 6.8）上で培養した菌体を用い、脂肪酸抽出法、測定法の基本的操作は Sherlock Microbial Identification System（Version 5.0）（MIDI、DE、USA）の菌体脂肪酸組成分析操作マニュアル（Version 6）に従ってガスクロマトグラフィーによる分析を行った。さらに、分離株と既知近縁基準株について Ezaki et al. のマイクロプレート法[14]によって DNA-DNA ハイブリダイゼーションを行い種の異同を決定した。

(2)-3　定量 PCR 法による酢酸菌存在量の推定

(2)-3-1　定量 PCR 法（リアルタイム PCR 法）の原理

リアルタイム PCR を用いた定量 PCR 法は、PCR 増幅産物の増加をリアルタイムでモニタリングし、解析する技術である。従来からの PCR 法では増幅産物はプラトーに達してから蛍光染色して確認していたため、反応開始時の鋳型 DNA に含まれる量を反映できなかった。リアルタイム PCR では、反応をリアルタイムでモニタリングすることで、指数関数的増幅にある時の PCR のサイクル数を把握できる。

リアルタイム PCR による定量は、一定の PCR の増幅量に達した際のサイクル数を、濃度既知のサンプル（スタンダード）と濃度未知のサンプルのそれぞれから求め、スタンダードから作成した検量線をもとに、濃度未知のサンプルを定量するという原理を用いている。また、リアルタイム PCR 法は対象を限定した菌叢解析においては、感度、精度、信頼性ともに他の解析法より優れた手法であるといわれている[15]。

16S rRNA 遺伝子は、細菌種により保有している量（コピー数）が異なるため、16S rRNA 遺伝子のコピー数の割合が実際の細菌数の割合と等しいわけではない[15, 16]。なお、現在までに全ゲノムの解析が終了している細菌では 16S rRNA 遺伝子のコピー数として 1 ～ 15 コピー存在することが知られており[17-18]、特に酢酸菌では、*Gluconacetobacter diazotorphicus* で 4 コピー存在することが知られている[17]。

(2)-3-2　定量 PCR 法

定量 PCR（リアルタイム PCR）は、高松塚古墳石室内から採取された 3 試料および、酢酸菌が分離された石室解体前墳丘部土壌の 1 試料および石室解体中の 5 試料の、合計 9 試料に由来する抽出 DNA を用いて行った。対照としてキトラ古墳石室内からの 5 試料に由来する抽出 DNA も使用した。試験を行った試料を Tab. 2 に示した。PCR-DGGE 解析（第 3 章 7 節）のために抽出した各試料からの抽出 DNA を鋳型として使用し、酢酸菌特異プライマーとしては Aceto 1331F および Aceto 1445R を使った。このプライマーは *Acetobacter, Acidomonas, Gluconacetobacter, Gluconobacter, Kozakia, Tanticharoenia* 各属の酢酸菌 16S rRNA 遺伝子塩基配列を対象として設計されている。検量線作成のスタンダード DNA としては、*Gluconacetobacter diazotrophicus* DSM 5601^T を用いた。定量 PCR は SYBR® *Premix Ex Taq*™ II（TaKaRa Bio）を増幅用試薬として用い、Rotor-Gene™ Q（QIAGEN）によって行った。

（３）　結果および考察

（３）-１　16S rRNA 遺伝子塩基配列解析結果

分離株の 16S rRNA 遺伝子塩基配列を決定し、これを用いた分子系統解析を行った。その結果、分離された 10 株は全て *Gluconacetobacter* 属に帰属する細菌であることが明らかとなった。また、決定された配列を用いて作成した分子系統樹では、分離株は大きく４つのグループに分かれることが判明した（Fig. 2）。特に取合部の T611xx-1 試料からは、この４グループに属する株が全て分離された。

分子系統樹の作成にはキトラ古墳からの酢酸菌分離株に由来する配列を含めたが、高松塚古墳からの分離株のうち、T7417-20-1a 株など４株がキトラ古墳試料から分離された *Gluconacetobacter asukensis* K8617-1-1b^T 株（当初 *Gluconacetobacter* sp. 2 と表記され、のちに Tazato et al. により新種として提唱された。）[19] と同一の系統枝を形成した（Fig. 2）。このことから、高松塚古墳壁石間や取合部、墳丘部土壌などにはキトラ古墳石室内酢酸菌分離株と近縁な複数種の *Gluconactobacter* 属細菌が存在するものと推定された。

（３）-２　形態、生理・生化学的性状試験結果

16S rRNA 遺伝子塩基配列解析の結果、分離株は大きく４つに類別されたことから、これらのグループから代表株を選抜し、生理・生化学的性状試験などの同定試験を実施した。分離株についておもな生理・生化学的性状およびキノン組成、G+C 含量を調査した結果を Tab. 3 に示した。また分離株のうち、T61213-20-1a 株および T6203-4-1a 株について電子顕微鏡観察による形態を Fig. 3 に示した。

分離株は、おもに周鞭毛による運動性を示すグラム陰性桿菌であり、GYC 寒天平板上で水溶性の褐色色素を生成する株としない株に分かれた。グルコースおよびエタノールから酸を産生し、炭素源としてエタノールを良く資化する。

窒素源を含まない培地で生育を示すことから、窒素固定能を有する可能性が示唆される。特に、T611xx-1-4a 株あるいは T61213-20-1a 株は窒素源を含まない培地でも非常に良好な生育を示した。

主要キノン組成はユビキノン-10（Q-10）であり、マイナー成分として Q-9 を含んでいた。分離株の G+C 含量は 65.2 ～ 66.6 mol %であった。これらの結果は *Gluconacetrobacter* 属の特徴を支持していた。脂肪酸組成について Tab. 4 に示した。分離株の主要脂肪酸は $C_{18:1}$ ω7c であり、*Gluconacetobacter* 属の脂肪酸組成と良く一致していた。

分離株間では、いくつかの性状に相違が認められた。４グループのうち、キトラ古墳分離株である *G. asukensis* と同一の分子系統的位置を示した株はこの種に帰属する可能性が高いと考えられた。残りの３グループの株は、生理・生化学性状についても既知の *Gluconacetobacter* 属分類群と完全に一致した株はなかったことから、16S rRNA 遺伝子塩基配列解析の結果を支持し、*Gluconacetobacter* 属の新規分類群を構成する可能性があることを示唆した結果になったと考えられた。加えて、これら分離株の既知近縁種に対して、DNA-DNA ハイブリダイゼーション試験を行い種の異同を調べた。現在、細菌の種は DNA-DNA ハイブリダイゼーションの結果 70 %以上の相同性を示すものを同種とすると定義されている [20]。４グループに分かれた分離株のうち、*G. asukensis* と同一の分子系統的位置を示した株は、*G. asukensis* に対して 70 %以上の相同性を示し、同種であると判断された。また、残りの３グループはそれぞれの既知近

縁種に対して 70 %以下の値を示し、*Gluconacetobacter* 属の新種を構成すると判断された。以上の結果から、これら 3 グループは、それぞれ、*G. tumulisoi*, *G. takamatsuzukensis*, *G. aggeris* として新種提唱された[39)]。

(3)-3　DGGE 解析による解析結果と分離株の比較

16S rRNA 遺伝子塩基配列解析により、分離株と DGGE のバンドからの塩基配列の分子系統的位置を調べた結果を Fig. 4 に示した。また、DGGE 解析によって *Gluconacetobacter* 属細菌が検出された試料の DGGE ゲルイメージをあわせて示した。DGGE 解析に用いた石室解体中の試料および墳丘部土壌試料のうち、8 試料から *Gluconacetobacter* 属細菌に由来するバンドが確認された（Fig. 4 右）。分離株、*Gluconacetobacter* 属の既知近縁株（*G. liquefaciens* をはじめとする 4 種）およびキトラ古墳分離 2 株は DGGE 解析で対象としている 16S rRNA 遺伝子 V3 領域（およそ 170 塩基配列）が完全に一致し、同一の分子系統的位置を示していた。このことから、高松塚・キトラ両古墳には極めて近縁な *Gluconacetobacter* 属細菌が存在していると推察された。

(3)-4　分離株の生態学的考察

(3)-4-1　分離株の系統分類学的位置

分離株が帰属する *Gluconacetobacter* 属は酢酸菌として知られる属のひとつであり、グルコースからグルコン酸を、エタノールから酢酸を良好に生成する細菌として知られている[21)]。この属は Yamada et al. により平成 9（1997）年に提唱されたが[5, 42)]、早い段階で *G. liquefaciens* group と *G. xylinus* group の 2 つのサブクラスター（サブグループ）に分けられることが指摘された[28, 43)]。*G. xylinus* group には食用酢醸造に用いられる *G. europaeus*[22)] などをはじめ *G. xylinus*[23)] など主に食品（発酵食品）などから分離され、食品・工業レベルで用いられる種が多く含まれ、*G. liquefaciens* group にはこの属の基準種である *G. liquefaciens*[8)]（日本の干し柿から分離された株）のほか、花、果実などの植物試料や土壌試料などの環境中から分離された種、および窒素固定を行う酢酸菌として知られる *G. diazotrophicus*[24)] が含まれる。その後、平成 23（2011）年に *G. xylinus* に代表されるグループについては Yamada et al. により新属 *Komagatabacter* が提唱され[27)]、さらに平成 25（2013）年に同じく Yamada et al. により *Komagataeibacter* と改名されている[44, 45)]。高松塚古墳からの分離株およびキトラ古墳からの分離株は *G. liquefaciens* グループに含まれていた（Fig. 2）。分離株の近縁種の一種 *G. sacchari* もサトウキビの根圏、根圏土壌あるいはサトウキビに寄生するカイガラムシなどから分離されており[28)]、分離株のような酢酸菌は古墳周辺の土壌中あるいはムシなどに存在する細菌群であると推察される。分離株の一つ、T6203-4-1a 株は平成 18（2006）年石室解体前の墳丘部土壌から得られていることを考慮すると、このような酢酸菌は古墳周辺の土壌などから雨水あるいは植物根、土壌動物に付着するなどして石室壁石間や、取合部周辺などへ侵入したのではないかと推察される。

(3)-4-2　窒素固定能

分離株についてはアセチレン還元法などによる窒素固定能の有無についての解析は行われていないが、

分離株は窒素源を含まない培地でも生育を示し、特にT611xx-1-4a株あるいはT61213-20-1a株は窒素固定能があるとされる*G. azotocaptans*や*G. johannae*[29]と同様に非常に良好な生育を示した（Fig. 5）。このことは分離株が窒素源が不足している環境中においても、空気中の窒素を利用できることを示唆しており、マメ科植物に寄生する根圏微生物のように土壌環境中の他の微生物または植物などに対する窒素源の提供に寄与する可能性が考えられる。実際に分離株の既知近縁種の一種*G. diazotrophicus*は酢酸菌の仲間としてはじめて窒素固定能を持つ株であることが知られた種であり、さらにT611xx-1-4a株に近縁な２種、*G. johannae*、*G. azotocaptans*も窒素固定能を持つ種として分離されている。これらの種については、作物の根圏や周辺土壌から分離されており、その窒素固定能を作物の収量増加に利用できないかどうかについても検討されている微生物群である[30]。このことから、分離株には古墳周辺環境における、窒素源の提供者としての役割があった可能性が考えられる。

（３）-４-３　バイオフィルム形成

酢酸菌は好気性細菌であり、液体培養中において、培養液面に菌膜（pellicle）といわれる皮膜（バイオフィルム）を形成することが知られている。特にセルロースを形成する*G. xylinus*（≡ *Komagataeibacter xylinus*）のような細菌ではこれをナタデココとして食用とされている。分離株も液体培養において培養液表面に皮膜を形成した（第３章５節 Fig. 11）。現時点において、分離株からはセルロース繊維のような構造物は確認されていないが、菌体が生成した多糖類に由来すると推定される膜状構造物は光学顕微鏡により観察された（Fig. 6）。このことから、分離株のような細菌群の存在は、バイオフィルム形成においてもその構成種の一員として役割を果たしていたと考えられる。高松塚古墳では石室内の試料からは酢酸菌は分離されていないが、特に石室漆喰面から酢酸菌が分離されたキトラ古墳では、分離株のような性質を示す菌がバイオフィルム形成に関与した可能性が考えられる。

（３）-４-５　有機酸生成と炭酸カルシウムの溶解

高松塚古墳の酢酸菌分離株と非常に近縁なキトラ古墳からの酢酸菌分離株ではグルコースやエタノールから非常に多量の有機酸生成を示すことが確認されている[31－33]。さらに、消毒に用いられたエタノールは１％濃度に希釈された条件では酢酸菌には有効な炭素源として資化されることも確認されている[34]。高松塚古墳では石室内の試料からは酢酸菌は分離されていないことから、漆喰に対する酢酸菌由来の有機酸が直接劣化に関わった可能性は低いと思われるが、周辺土壌等においては生成有機酸がほかの微生物の炭素源として利用された可能性については考えられる。キトラ古墳では酢酸菌は殺菌（除菌）を目的として使用されたエタノールを炭素源として利用し、酢酸を生成して生育環境のpHを下げ、優占種の一員となったのではないかとも考えられる。

また、分離株をGYC平板培地のような炭酸カルシウムを含む培地で培養すると生成する酸によってカルシウムが溶解され培地は透明になる（第３章５節 Fig. 12）。キトラ古墳酢酸菌分離株では培養１週間でコロニー形成下部の炭酸カルシウムがほぼ完全に溶解した[35]。さらに、今回分離された高松塚古墳酢酸菌分離株のなかには生成した酸により一度溶解した炭酸カルシウムが再度結晶化するものがあった。特に、T61213-20-1a株およびT6203-4-1a株で顕著にこのような現象が見られた（Fig. 7）。

(３)-５　定量 PCR 法による微生物の定量

(３)-５-１　定量 PCR 法による酢酸菌の存在量

定量 PCR 法は、従来用いられる培養法による菌数測定法などと異なり、菌の生育性などに左右されず、菌の存在量を知る手段として広く用いられている手法である[36-38]。試料中の全菌数を把握する方法としては、DAPI で染色した試料を直接顕微鏡観察して計数する、あるいは FISH 法などによりある特定の菌に対応する蛍光プローブを用いて計数するなどの手法があげられるが、培養困難な試料、あるいは蛍光染色などが難しい試料などにも、高い特異性で対象とする遺伝子塩基配列のコピー数として菌の存在量を知ることができる。高松塚・キトラ両古墳に由来する 14 試料について酢酸菌の 16S rRNA 遺伝子に特異的な配列をプライマーとして用いた定量 PCR 試験を行った。各試料は重量や採取方法（綿棒による清拭、土壌塊など）に相違があるため、抽出 DNA 1 ng あたりのコピー数を求めて比較した。また、今回対象とした酢酸菌のうち、全ゲノム配列が明らかにされている *Gluconacetobacter diazotorphicus* で 4 コピー存在することが知られている[17]が、現時点ではまだ多くの種で全ゲノムは不明であり、種によってそれぞれ保有する小サブユニットコピー数は異なることが予想されるが、これについてもここでは考慮しない。従って、半定量的に各試料抽出 DNA 1 ng あたりの酢酸菌存在量としての比較を試みた。

定量 PCR 試験の結果、T61213-12（石室内北壁天井寄り右上のゲル）を除くすべての試料で PCR 増幅産物が得られた。各試料抽出 DNA 1 ng あたりに含まれる酢酸菌 16S rRNA 遺伝子のコピー数を Tab. 5 に示す。高松塚古墳由来の試料のうち、解体前墳丘部土壌および石室解体中の 6 試料は Fig. 4 で示した DGGE 解析において酢酸菌由来の配列が確認された試料である。一方、残りの 3 試料は高松塚古墳石室解体前の石室内壁面などに由来する試料であり、細菌の分離・培養法あるいは DGGE 法のいずれにおいてもこれまで酢酸菌は確認されなかった。ところが、検出感度を高めるために酢酸菌に特異的な配列をプライマーとして用いた定量 PCR では、石室内からの 3 試料のうち、T61213-2、T61213-17 の 2 試料で抽出 DNA 1 ng あたり 10 の 2 乗あるいは 4 乗という遺伝子コピー数が確認され、試料による量の相違はあるものの、高松塚古墳石室内部にもすでに酢酸菌が存在していた可能性が示唆された。また、酢酸菌 16S rRNA 遺伝子特異プライマーを用いた定量 PCR で得られた各増幅産物のうち、いくつかを選んで塩基配列を解析したところ、T61213-2 と T61213-17 は、増幅産物から得られた塩基配列が用いた酢酸菌特異プライマーが対象とした *Gluconacetobacter* 属などの配列とほぼ一致していた（Fig. 8）。また、壁石間試料である、T7528-15 で得られた定量 PCR 増幅産物の塩基配列も *Gluconacetobacter* 属などの配列と 100 % の一致が認められた。以上のことから、用いた酢酸菌 16S rRNA 遺伝子特異プライマーの特異性は追認されたと考えられ、定量 PCR で増幅されたのは酢酸菌に由来する配列であるといえる。T61213-12 については、定量 PCR 試験の結果からも、酢酸菌が存在しなかった可能性が高いといえる。採取部位の違いで検出に相違が認められたことから、高松塚古墳石室内において、酢酸菌が石室内壁面全域に広く分布していた可能性は低いと考えられた。加えて、特異プライマーを用いた定量 PCR 法は検出感度が高い手法であることを考慮すると、T61213-17 の試料のように 10 の 2 乗程度のコピー数では、この試料細菌群集の中での主要な役割を酢酸菌が担っていたと考えるのは難しいと思われる。キトラ古墳では石室内のカビなどを殺菌する目的でエタノールが用いられ、酢酸菌が増殖した可能性が考えられる。このことを踏まえると、高松塚古墳石室内部においても、エタノールによる消毒が続けられた場合には同様のことが起きた可能性も否定はできない。

一方、壁石間の試料などでは、PCR-DGGE解析によって優占バンドとして酢酸菌に由来する配列が確認されたこと、特異プライマーを用いた定量PCR法によっても増幅が見られたこと、加えて集積培養により酢酸菌が分離されたことを考慮すると、石室周辺環境にこれら酢酸菌は明らかに存在していたといえる。これまで高松塚・キトラ両古墳の汚染微生物について、分子生物学的な手法を用いた量的な調査は実施されていない。本報告により、実際に細菌量を遺伝子塩基配列のコピー数としてであるが、どの程度存在するのかが示された。

（西島・立里・半田・富田・木川・佐野・杉山）

参考文献

１）特別史跡キトラ古墳の保存・活用等に関する調査研究委員会 第８回、参考資料５－４、平成17年11月14日、文化庁

２）特別史跡キトラ古墳の保存・活用等に関する調査研究委員会ワーキンググループ 第14回、資料９－１、平成18年10月31日、文化庁

３）木川りか・佐野千絵・間渕 創・喜友名朝彦・立里 臨・西島美由紀・杉山純多：キトラ古墳の微生物等の状況報告（2008）、保存科学、48、167－174、2009。

４）高松塚古墳壁画劣化原因調査検討会 第12回、参考資料１－５、平成21年11月30日、文化庁

５）Yamada, Y., Hoshino, K. and Ishikawa, T.: The phylogeny of acetic acid bacteria based on the partial sequences of 16S ribosomal RNA: the elevation of the subgenus *Gluconoacetobacter* to generic level, Bioscience Biotechnology, and Biochemistry, 61, 1244－1251, 1997.

６）Yamada, Y. and Kondo, K.: *Gluconoacetobacter*, a new subgenus comprising the acetate-oxidizing acetic acid bacteria with ubiquinone-10 in the genus *Acetobacter*, The Journal of General and Applied Microbiology, 30, 297－303. 1984.

７）Swings, J.: The genera *Acetobacter* and *Gluconobacter*, In: The Prokaryotes: a Handbook on the Biology of Bacteria: Ecophysiology, Isolation, Identification, Applications, Vol. 3,. ed. by Balows, A., Trüper, H. G., Dworkin, M., Harder, W. and Schleifer, K.-H., Springer, New York, pp. 2268－2286, 1992.

８）Gosselé, F., Swings, J., Kersters, K., Pauwels, P. and De Ley, J.: Numerical analysis of phenotypic features and protein gel electrophoregrams of a wide variety of *Acetobacter* strains. Proposal for the improvement of the taxonomy of the genus *Acetobacter* Beijerinck 1898, 215, Systematic and Applied Microbiology, 4, 338－369. 1983.

９）Nishijima, M., Araki-Sakai, M. and Sano, H.: Identification of isoprenoid quinones by frit-FAB liquid chromatography-mass spectrometry for the chemotaxonomy of microorganisms, Journal of Microbiological Methods, 28, 113－122. 1997.

10）山田雄三、倉石衍：ユビキノンとメナキノン、駒形和男（編）微生物の化学分類実験法、学会出版センター、東京、pp.143－155、1982。

11）河村好章、江崎孝行：細菌の系統分類と同定方法、第18回日本細菌学会技術講習会テキスト 日本細菌学雑誌、55、545－584、2000。

12）鈴木健一朗：DNA塩基組成、鈴木健一朗、平石 明、横田 明（編）微生物の分類・同定実験法 分子遺伝学・分

子生物学的手法を中心に、シュプリンガー・フェアラーク東京、pp. 28－33、2001。

13）Katayama-Fujimura, Y., Komatsu, Y., Kuraishi, H. and Kaneko, T.: Estimation of DNA base composition by high performance liquid chromatography of its nuclease P1 hydrolysate, Agricultural and Biological Chememistry, 48, 3169－3172. 1984.

14）Ezaki, T., Hashimoto, Y. and Yabuuchi, E.: Fluorometric deoxyribonucleic acid-deoxyribonucleic acid hybridization in microdilution wells as an alternative to membrane filter hybridization in which radioisotopes are used to determine genetic relatedness among bacterial strains, International Journal of Systematic Bacteriology, 39, 224－229. 1989.

15）中山二郎、田中重光、Prapa, S.、立山敦、坪内美樹、清原千香子、白川太郎、園元謙二：各種分子生物学的手法による乳児腸内細菌叢の解析－幼児アレルギー発症ハイリスク原因究明の大規模疫学調査にむけて－、腸内細菌学会誌、21、129－142、2007。

16）Farrelly, V., Rainey, F. A. and Stackebrandt, E.: Effect of genome size and *rrn* gene copy number on PCR amplification of 16S rRNA genes from a mixture of bacterial species, Applied and Environmental Microbiology, 61, 2798－2801, 1995.

17）KEGG Organisms: Complete Genomes.（http://www.genome.jp/kegg/catalog/org_list.html）.

18）Case, R. J., Boucher, Y., Dahllof, I., Holmstrom, C., Doolittle, W. F. and Kjelleberg, S.: Use of 16S rRNA and *rpoB* genes as molecular markers for microbial ecology studies, Applied and Environmental Microbiology, 73, 278－288, 2007.

19）Tazato, N., Nishijima, M., Handa, Y., Kigawa, R., Sano, C. and Sugiyama, J.: *Gluconacetobacter tumulicola* sp. nov. and *Gluconacetobacter asukensis* sp. nov., isolated from the stone chamber interior of the Kitora Tumulus, International Journal of Systematic and Evolutionary Microbiology, 62, 2032－2038, 2012.

20）Wayne, L. G., Brenner, D. J., Colwell, R. R., Grimont, P. A. D., Kandler, O., Krichevsky, L., Moore, L. H., Moore, W. C., Murray, R. G. E., Stackebrandt, E., Starr, M. P. and Trüper, H. G.: Report of the ad hoc committee on reconciliation of approaches to bacterial systematics, International Journal of Systematic Bacteriology, 37, 463－464, 1987.

21）Sievers, M. and Swings, J.: Genus VIII. *Gluconacetobacter.* Yamada, Hoshino, and Ishikawa 1998b, 32[VP]（Effective publication: Yamada, Hoshino, and Ishikawa 1997, 1249）, In: Bergey's Manual of Systematic Bacteriology, 2nd Edn, Vol. 2, The *Proteobacteria*, Part C, The *Alphaproteobacteria*, the *Betaproteobacteria*, the *Deltaproteobacteria* and the *Epsilonproteobacteria*, ed. by Brenner, D. J., Kreig, N. P., Staley, J. T. and Garrity, G. M., Springer, New York, pp. 72－77, 2005.

22）Sievers, M., Sellmer, S. and Teuber, M.: *Acetobacter europaeus* sp. nov., a main component of industrial vinegar fermenters in central Europe, Systematic and Applied Microbiology, 15, 386－392, 1992.

23）Yamada, Y.: *Acetobacter xylinus* sp. nov., nom. rev., for the cellulose-forming and cellulose-less, acetate-oxidizing acetic acid bacteria with the Q-10 system, The Journal of General and Applied Microbiology, 29, 417－420. 1983.

24）Gillis, M., Kersters, K., Hoste, B., Janssens, D., Kroppenstedt, R. M., Stephan, M. P., Teixeira, K. R. S., Döbereiner, J. and De Ley, J.: *Acetobacter diazotrophicus* sp. nov., a nitrogen-fixing acetic acid bacterium associated with sugarcane, International Journal of Systematic Bacteriology, 39, 361－364, 1989.

25) Yamada, Y. and Pattaraporn, Y.: Genera and species in acetic acid bacteria, International Journal of Food Microbiology, 125, 15－24, 2008.

26) Navarro, R. R. and Komagata, K.: Differentiation of *Gluconacetobacter liquefaciens* and *Gluconacetobacter xylinus* on the basis of DNA base composition, DNA relatedness, and oxidation products from glucose, The Journal of General and Applied Microbiology, 45, 7－15, 1999.

27) Yamada, Y., Pattaraporn Yukphan, P., Vu, H. T. L., Muramatsu, Y., Ochaikul, D. and Nakagawa, Y.: Subdivision of the genus *Gluconacetobacter* Yamada, Hoshino and Ishikawa 1998: the proposal of *Komagatabacter* gen. nov., for strains accommodated to the *Gluconacetobacter xylinus* group in the *α-Proteobacteria*, Annales Microbiology, 62, 849－859, 2012.

28) Franke, I. H., Fegan, M., Hayward, A. C., Leonard, G., Stackebrandt, E. and Sly, L. I.: Description of *Gluconacetobacter sacchari* sp. nov., a new species of acetic acid bacterium isolated from the leaf sheath of sugar cane and from the pink sugar-cane mealy bug, International Journal of Systematic Bacteriology, 49, 1681－1693, 1999.

29) Fuentes-Ramírez, L. E., Bustillos-Cristales, R., Tapia-Hernández, A., Jiménez-Salgado, T., Wang, E. T, Martínez-Romero, E. and Caballero-Mellado, J.: Novel nitrogen-fixing acetic acid bacteria, *Gluconacetobacter johannae* sp. nov. and *Gluconacetobacter azotocaptans* sp. nov., associated with coffee plants, International Journal of Systematic and Evolutionary Microbiology, 51, 1305－1314, 2001.

30) Pedraza, R. O.: Recent advances in nitrogen-fixing acetic acid bacteria, International Journal of Food Microbiology, 125, 25－35, 2008.

31) 高松塚古墳壁画劣化原因調査検討会 第 10 回、参考資料 5－2、平成 21 年 9 月 1 日、文化庁

32) 佐野千絵、西島美由紀、喜友名朝彦、木川りか、杉山純多：高松塚古墳石室内より分離された主要な微生物のギ酸・酢酸生成能、保存科学、49、209－219、2010。

33) Kigawa, R., Sano, C., Nishijima, M., Tazato. N., Kiyuna, T., Hayakawa, N., Kawanobe, W., Udagawa, S., Tateishi, T. and Sugiyama, J.: Investigation of acetic acid bacteria isolated from the Kitora tumulus in Japan and their involvement in the deterioration of the plaster of the mural paintings, Studies in Conservation, 58, 30－40, 2013.

34) 高松塚古墳壁画劣化原因調査検討会 第 7 回、参考資料 4、平成 21 年 3 月 12 日、文化庁

35) 高松塚古墳壁画劣化原因調査検討会 第 7 回、参考資料 5、平成 21 年 3 月 21 日、文化庁

36) 堆　洋平、李　玉友、久保田健吾、原田秀樹：デンプンの高温水素発酵細菌群の構造解析、生物工学会誌、86、157－163、2008。

37) Fierer, N., Jackson, J. A., Vilgalys, R. and Jackson, R. B.: Assessment of soil microbial community structure by use of taxon-specific quantitative PCR assays, Applied and Environmental Microbiology, 71, 4117－4120, 2005.

38) Pitkäranta, M., Meklin, T., Hyvärinen, A., Paulin, L., Auvinen, P., Neva-lainen, A. and Rintala, H.: Analysis of fungal flora in indoor dust by ribosomal DNA sequence analysis, quantitative PCR, and culture, Applied and Environmental Microbiology, 74, 233－244, 2008.

39) Nishijima, M., Tazato, N., Handa, Y., Tomita, J., Kigawa, R., Sano, C., Sugiyama, J.: *Gluconacetobacter tumulisoli* sp. nov., *Gluconacetobacter takamatsuzukensis* sp. nov. and *Gluconacetobacter aggeris* sp. nov., isolated from Takamatsuzuka Tumulus samples before and during the dismantling work in 2007, International Journal of Systematic and Evolutionary Microbiology, 63, 3981－3988, 2013.

40）西島美由紀、安光得、富田順子、喜友名朝彦、佐藤嘉則、木川りか、佐野千絵、宇田川滋正、建石徹、杉山純多：分子生物学的手法による高松塚古墳・キトラ古墳の微生物群集構造解析、保存科学、57、23 − 47、2018。

41）Sugiyama, J., Kiyuna, T., Nishijima,M., An, K.-D., Nagatsuka, Y., Tazato, N., Handa, Y., Hata-Tomita, J., Sato, Y., Kigawa, R., Sano, C.: Polyphasic insights into the microbiomes of the Takamatsuzuka Tumulus and Kitora Tumulus, The Journal of General and Applied Microbiology, 63, 63 − 113, 2017.

42）Validation List no. 64: International Journal of Systematic and Evolutionary Microbiology, 48, 327 − 328, 1998.

43）Yamada, Y., Katsura, K., Kawasaki, H., Widyastuti, Y., Saono, S., Seki, T., Uchimura, T. and Komagata, K.: *Asaia bogorensis* gen. nov., sp. nov., an unusual acetic acid bacterium in the *α-Proteobacteria*, International Journal of Systematic and Evolutionary Microbiology, 50, 823 − 829, 2000.

44）Yamada, Y., Yukpan, P., Vu, H. T. L., Muramatsu, Y., Ochaikul, D., Tanasapuwat, S. and Nakagawa, Y.: Description of *Komagataeibacter* gen. nov., with proposals of new combinations（*Acetobacteraceae*）, The Journal of General and Applied Microbiology, 58, 397 − 404, 2012.

45）Validation List no. 149: International Journal of Systematic and Evolutionary Microbiology, 63, 1 − 5, 2013.

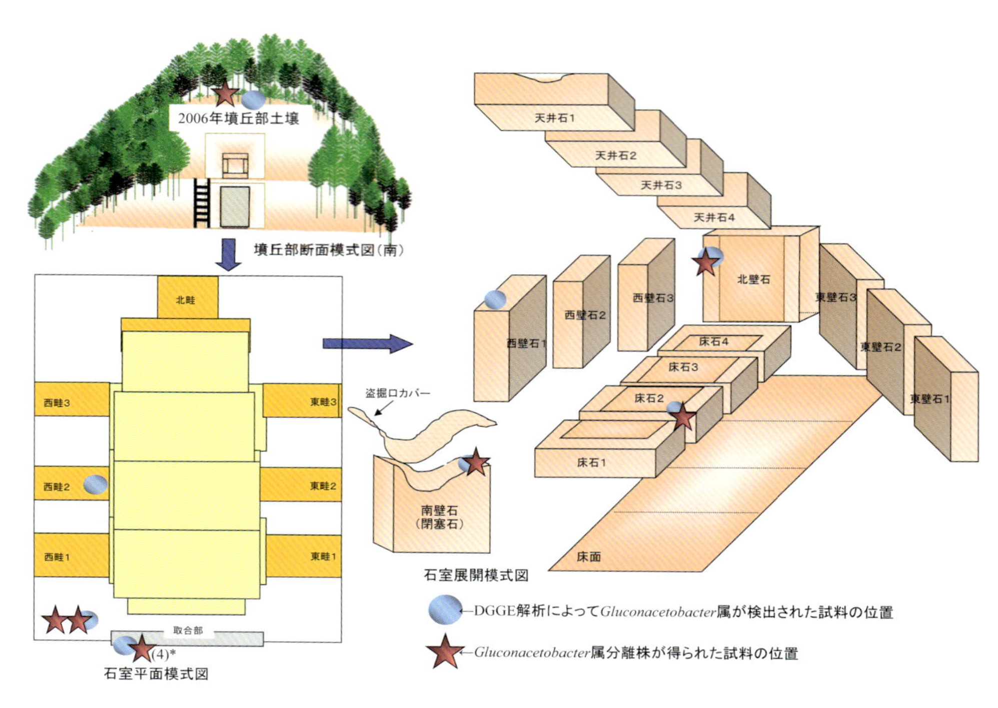

Fig. 1　DGGE 解析による *Gluconacetobacter* 属細菌検出試料の採取位置および分離株の採取位置
* は当該箇所の試料から 4 株の分離株が得られていることを示す。

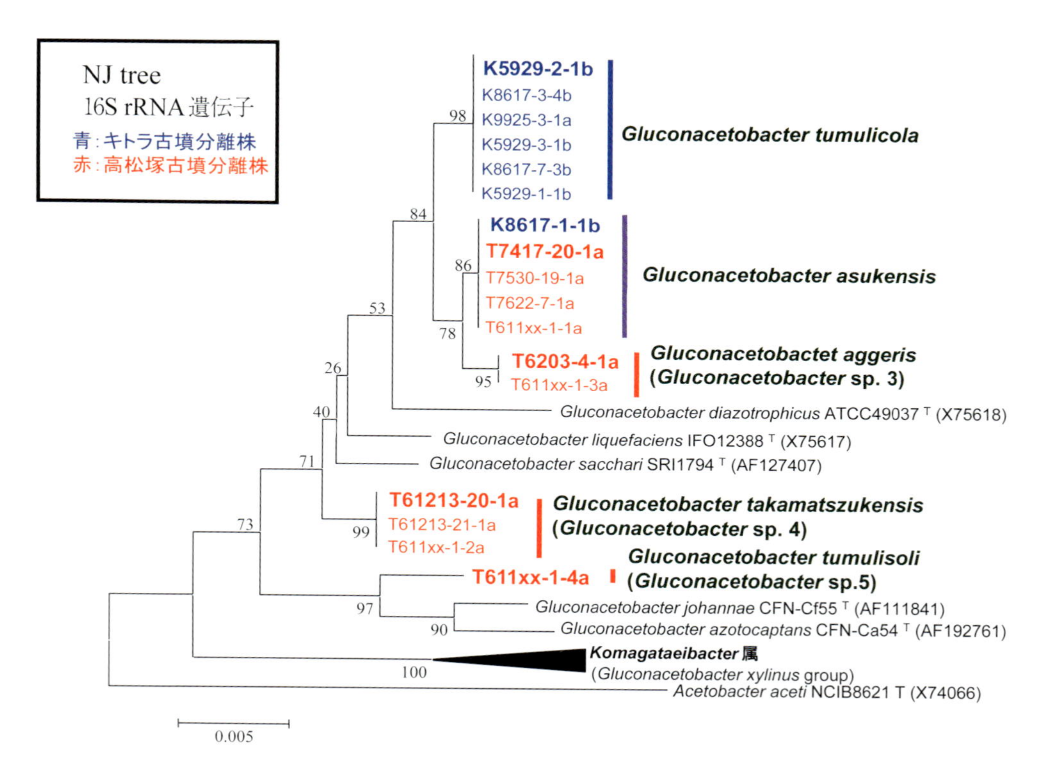

Fig. 2　高松塚古墳試料から分離された酢酸菌分離株の分子系統的位置

左下のスケールは塩基置換頻度を示す。キトラ古墳から分離された *Gluconacetobacter tumulicola* および *Gluconacetobacter asukensis* は分離当初 *Gluconacetobacter* sp. 1 および *Gluconacetobacter* sp. 2 と記載されていたが、Tazato et al.[19] によりそれぞれ新種として提唱された。高松塚古墳試料由来の 3 新種は当初 *Gluconacetobacter* sp. 3、4、5 としていたがそれぞれ新種として提唱された[39]。（　）は旧名称を示す。

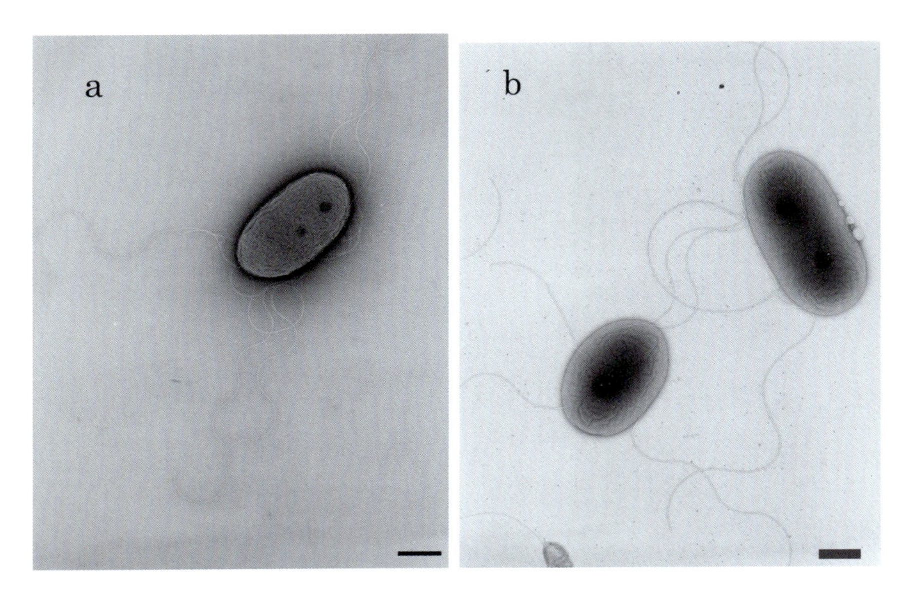

Fig. 3　T61213-20-1a 株（a）および T6203-4-1a 株（b）のネガティブ染色像
スケールは 0.5 μm。Nishijima et al.[39] を引用。

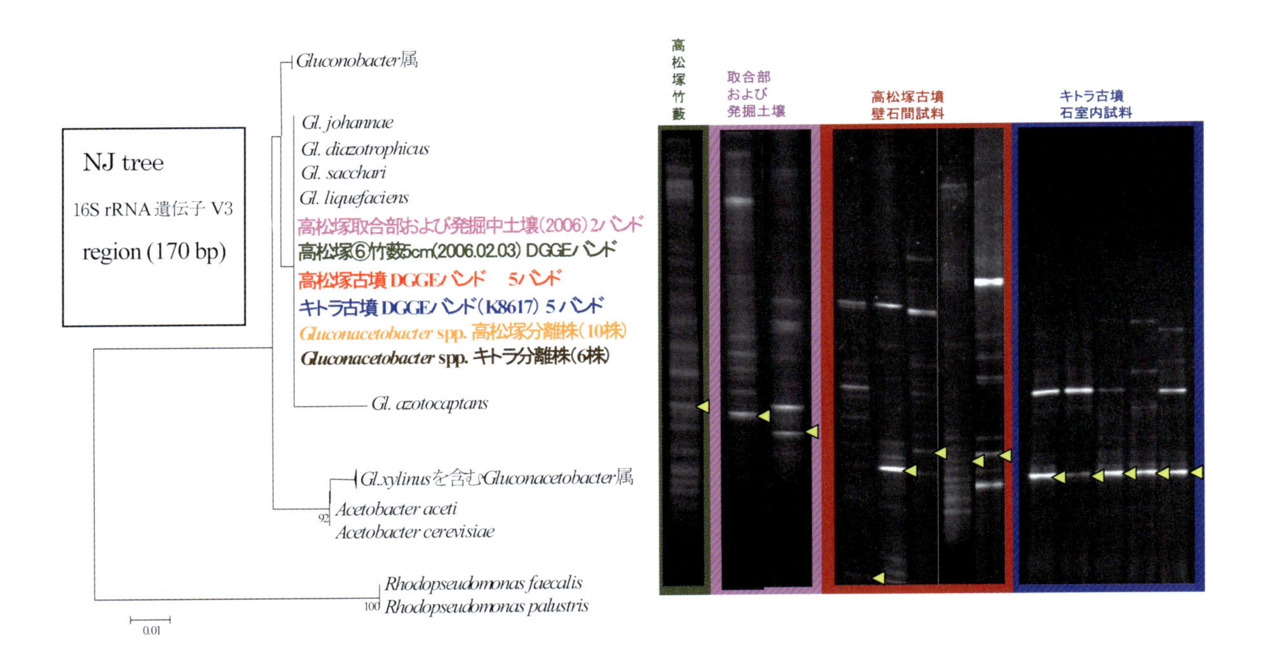

Fig. 4　高松塚・キトラ両古墳試料から検出された *Gluconacetobacter* 属近縁種の DGGE バンド（右）および酢酸菌バンド由来塩基配列と分離株の塩基配列に基づく系統樹（左）ゲルイメージ上の黄色矢印は酢酸菌由来の配列が検出されたものを示す。*Gl.*: *Gluconacetobacter* の略　左下のスケールは塩基置換頻度を示す。*G. xylinus* を含む *Gluconacetobacter* 属＝ *Komagataeibacter xylinus* を含む *Komagataeibacter* 属。

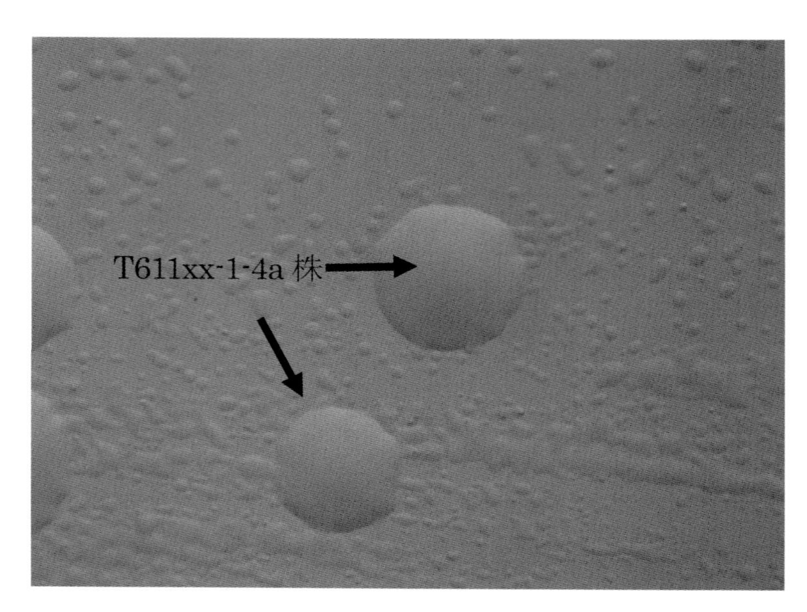

Fig. 5　N-free 培地上でのコロニー拡大像。分離試料 T611xx-1。大きさの異なるコロニーが出現した。
大きいコロニー（直径 1.5 ～ 2.0 mm 程度）は T611xx-1-4a 株。

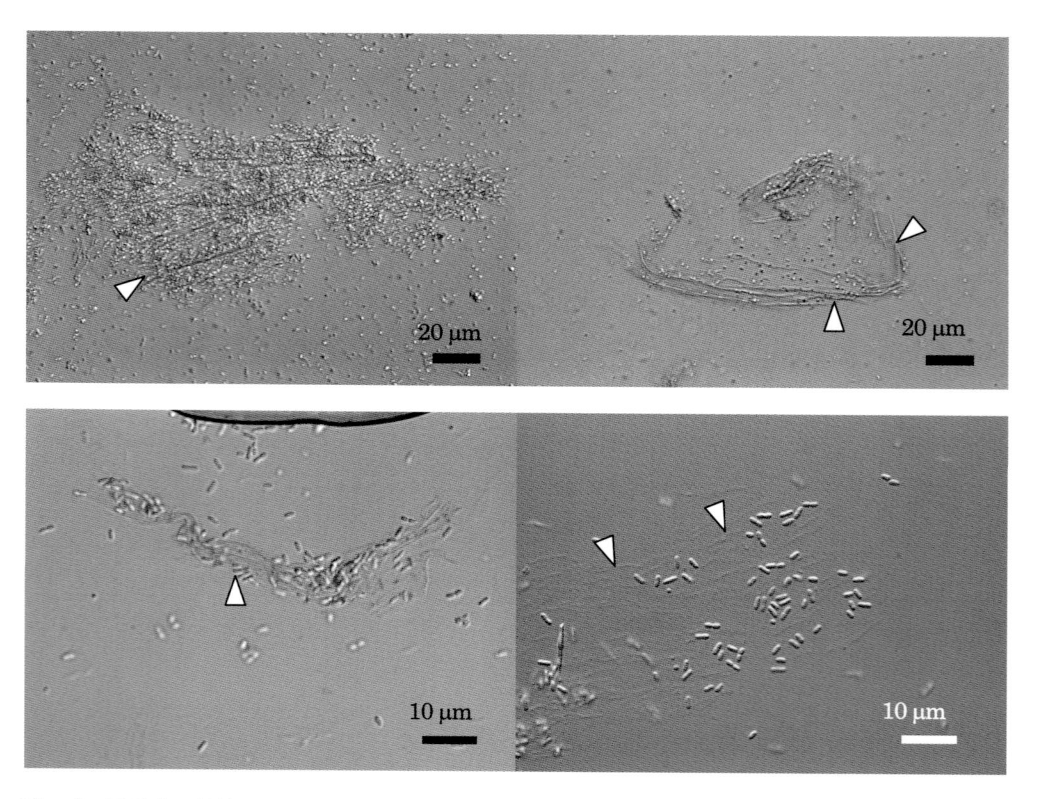

Fig. 6　酢酸菌分離株による皮膜形成　上段：キトラ古墳分離株（K8617-1-1b 株）、下段：高松塚古墳分離株（T6203-4-1a 株）。菌体の周辺に膜状の構造が確認される（矢印）。CalcofluorWhite 染色。

Fig. 7 T61213-21-1a 株培養 GYC 寒天平板上におけるカルシウムの再結晶化 培養 3 週間後 矢印の箇所などで再結晶したカルシウムが認められる。平板裏面の観察像。

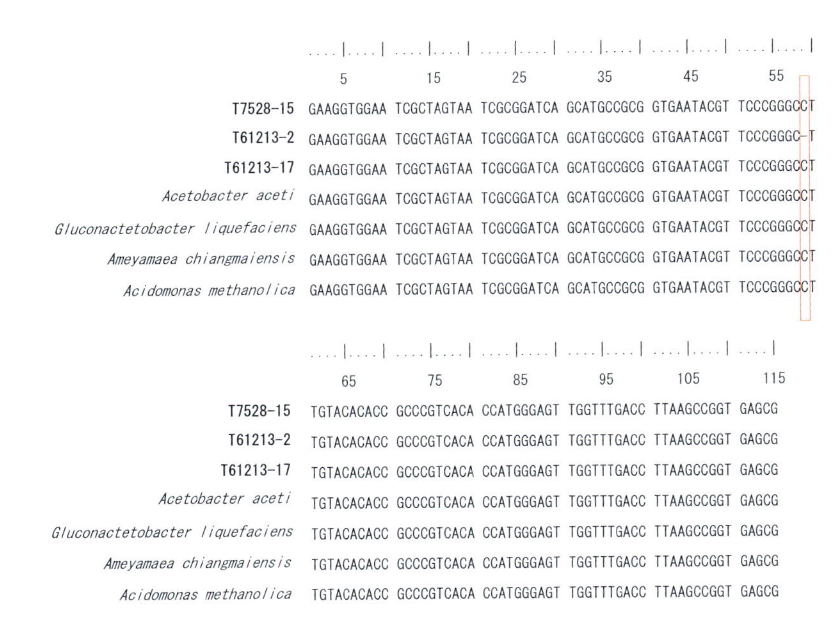

Fig. 8 定量 PCR 増幅産物の塩基配列アライメント。酢酸菌特異プライマーでは対象としている酢酸菌群の 16S rRNA 遺伝子塩基配列 115 塩基を増幅するように設計されている。定量 PCR で増幅された増幅産物の塩基配列解析を行ったところ、得られた配列は特異プライマー設計時に対象と考えた酢酸菌の配列とほぼ一致した（T61213-2 のみ一塩基欠失がみられる、赤枠）。

Tab. 1　集積培養法による酢酸菌分離株

試料番号*	分離源	酢酸菌分離株
T7417-20	高松塚古墳 北壁石 西壁（3石）との石材間 隙間の黒色物質 070417 #14	T7417-20-1a
T7530-19	高松塚古墳 側壁と天井石間 南-天1 閉塞石上面 土	T7530-19-1a
T7622-7	高松塚古墳 側壁と床石間 東1-床2/1 床石立ち上がり部分 粘性あり 東壁石１吊り上げ後の床面	T7622-7-1a
T611xx-1	ひさし上 粘土下 あり穴 くもの巣周辺　土壌（取合部上部北側塞ぎ石直下）	T611xx-1-1a
		T611xx-1-2a
		T611xx-1-3a
		T611xx-1-4a
T61213-20	石室外　西側　左側面　（墳丘部発掘作業現場）	T61213-20-1a
T61213-21	石室外　西側　左側面　（墳丘部発掘作業現場）	T61213-21-1a
T6203-4	高松塚⑥ 竹薮5 cm　（平成 18（2006).02.03)	T6203-4-1a

Tab. 2　定量 PCR 法に用いた試料

	試料番号	試料採取箇所
高松塚古墳	T7528-15	高松塚古墳 側壁と天井石間 西1-天1 西壁石1 南小口 天井石1との接合面 漆喰
	T7530-19	高松塚古墳 側壁と天井石間 南-天1 閉塞石上面 土
	T7417-20	高松塚古墳 北壁石 西壁(3石)との石材間 隙間の黒色物質 070417 #14
	T7601-2	高松塚古墳 側壁と畦間　西2-西2畦 西2背面　石の境目の黒い部分の土
	T7622-7	高松塚古墳 側壁と床石間 東1-床2/1 床石立ち上がり部分 粘性あり 東壁石1吊り上げ後の床面
	T6203-4	高松塚⑥ 竹薮5 cm（平成 18（2006).02.03)
	T61213-2	石室内 西壁中央女子 襟部分：ゲル状(黒色)
	T61213-12	石室内 北壁天井寄り右上：ゲル
	T61213-17	石室内 東壁中央部付近の床上：土
キトラ古墳	K8617-1	キトラ古墳石室内 天井石 北東側隅付近 試料番号.K8617-1
	K8617-2	キトラ古墳石室内東壁 中央上部付近 試料番号.K8617-2
	K8617-3	キトラ古墳石室内 東壁 中央上部付近 試料番号.K8617-3
	K8617-4	キトラ古墳石室内 天井壁 中心部の亀裂内2ヶ所 試料番号.K8617-4
	K8617-8	キトラ古墳石室内天井壁 試料番号.K8617-8

Tab. 3　分離株の表現形質

	高松塚古墳分離株				キトラ古墳分離株		既知近縁種				
	T611xx-1-4a	T61213-20-1a	T6203-4-1-1a	T7417-20-1a	K8617-1-1b	K5929-2-1b	*G. liquefaciens*	*G. diazotrophicus*	*G. sacchari*	*G. johannae*	*G. azotocaptans*
運動性	−	+	+	+	+	+	+	+	+	+	+
DSM 培地 105 寒天平板での色素産生‡	+	−	−	−	−	+	+	+	+	+	+
D-fructoseからのγ-Pyrones 産生	−	−	+	+	+	+	+	+	+	−	−
D-glucose からのγ-Pyrones 産生§	+	−	−	−	−	+	+	+	+	+	+
5-Ketogluconic acid from D-glucose	−	+	+	−	−	−	+	−	+	−	−
2-Ketogluconic acid from D-glucose	−	+	−	+	+	+	+	+	+	−	−
2,5-Diketogluconic acid from D-glucose	+	−	−	−	−	+	+	+	+	+	+
Ketogenesis from glycerol	+	+	+	−	−	+	+	−	−	−	−
無窒素源培地での生育	+	+	+	+	+	+	−	+	ND	+	+
1-propanolからの酸生成	−	+	+	+	+	+	+	+	+	−	−
炭素源の利用:											
Sodium acetate	+	+	+	+	+	+	−	+	+	+	−
D-Sorbitol	−	−	−	−	−	+	−	+	−	+	+
myo-Inositol	−	−	−	−	−	+	−	−	−	−	−
meso-Ribitol	−	+	+	+	+	+	−§	−§	−§	−§	+§
D-Mannitol	−	+	+	+	+	+	+§	+§	−§	−§	+§
D-Xylose	+	−	−	−	−	−	−§	+§	+§	+§	−§
G+C 含量 (mol%)	66.5	66.6	65.4	65.2	65.4	64.7	64.6	66	66	67.5§	65.7§

＋:陽性、－:陰性、ND:No data

* キトラ古墳分離株および既知近縁種の性状については、以下の項目を除き、Tazato et al.[19] を引用：運動性、DSM 培地 105 からの色素産生、D-glucose からの γ-pyrones 産生、炭素源利用の一部および G+C 含量の一部。

‡DSM 培地 105 を GYC 培地として扱った。

§ 高松塚古墳分離株と同時にデータを取得したもの

Nishijima et al.[39] を改変して引用

Tab. 4　分離株および既知近縁種の菌体脂肪酸組成

菌株：1, T6203-4-1a; 2, T7417-20-1a; 3, T61213-20-1a; 4, T611xx-1-4a; 5, *G. tumulicola* K5929-2-1b^{T}; 6, *G. asukensis* K8617-1-1b^{T}; 7, *G. liquefaciens* NBRC 12388^{T}; 8, *G. diazotrophicus* DSM 5601^{T}; 9, *G. sacchari* DSM 12717^{T}; 10, *G. azotocaptans* DSM 13594^{T} ;11, *G. johannae* DSM 13595^{T}　^{T}：基準株（Type strain）

菌株番号の頭文字 T は高松塚古墳分離株、同じく K はキトラ古墳分離株　各脂肪酸種は合計値の百分率(%)で表示
－：検出されなかったものを示す。Nishijima et al.[39]を改変して引用。

脂肪酸種	1	2	3	4	5*	6*	7*	8*	9*	10*	11*
Saturated:											
$C_{12:0}$	-	-	-	-	-	0.6	2.1	1.2	1.1	1.3	0.9
$C_{14:0}$	2.3	4.6	4.7	2.4	3.0	4.1	4.1	4.5	2.2	3.1	3.3
$C_{16:0}$	7.9	8.2	8.5	15.5	11.2	9.3	8.4	7.4	9.2	14.0	10.5
$C_{17:0}$	0.8	0.5	0.5	0.7	-	0.6	-	-	-	-	0.3
$C_{18:0}$	2.5	2.8	2.0	1.4	3.4	3.4	2.3	1.4	1.4	1.2	1.4
$C_{19:0}$ cyclo ω8c	2.1	0.9	1.2	1.2	1.4	0.6	2.1	1.4	0.9	2.2	1.1
Unsaturated:											
$C_{16:1}$ω5c	-	-	-	0.9	-	-	-	-	-	-	-
$C_{17:1}$ω6c	0.7	0.5	0.5	-	-	0.4	-	-	-	-	-
$C_{18:1}$ω7c	62.0	65.2	58.5	59.7	62.8	63.1	62.6	64.3	63.8	60.7	63.7
Hydroxylated:											
$C_{14:0}$ 2-OH	6.7	3.9	6.1	6.2	5.5	4.5	4.3	5.5	5.8	5.9	6.3
$C_{16:0}$ 2-OH	8.5	6.2	9.8	5.5	7.1	6.3	7.7	8.4	8.1	5.3	5.5
$C_{18:1}$ 2-OH	1.4	2.5	1.1	0.8	0.9	2.2	-	0.9	1.8	-	0.8
$C_{16:0}$ 3-OH	2.6	2.5	3.2	2.9	2.8	2.7	3.3	3.0	3.4	3.4	3.4
$C_{18:0}$ 3-OH	0.7	0.8	1.4	1.4	0.9	0.9	1.3	0.9	1.1	1.2	1.2
Summed features**											
Sum in Feature 2	1.1	1.1	1.9	1.4	1.0	1.2	1.8	1.1	1.3	1.1	1.4
Sum in Feature 3	0.4	0.3	0.3	-	-	-	-	-	-	0.8	0.4

* Tazato et al.[19]から引用。
** Summed features：MIDI 法において保持時間、ECL値がほぼ同じ脂肪酸であるため脂肪酸種の特定ができないもの。Summed feature 2は $C_{14:0}$ 3-OH/ iso-$C_{16:1}$ Iを、Summed feature 3は $C_{16:1}$ ω 7c/iso-$C_{15:0}$ 2-OHを示す。

Tab. 5　各試料の抽出DNA 1 ngあたりに含まれる酢酸菌16S rRNA遺伝子コピー数

試料		16S rRNA遺伝子 酢酸菌
墳丘部（竹藪）	T6203-4	2.16×10^{4}
石室解体中試料	T7528-15	1.38×10^{7}
	T7530-19	3.37×10^{3}
	T7417-20	9.74×10^{2}
	T7601-2	4.65×10^{4}
	T7622-7	8.44×10^{3}
石室内試料	T61213-2	5.05×10^{4}
	T61213-12	ND*
	T61213-17	4.73×10^{2}
キトラ古墳 石室内試料	K8617-1	9.08×10^{5}
	K8617-2	2.98×10^{4}
	K8617-3	5.87×10^{5}
	K8617-4	1.11×10^{4}
	K8617-8	5.21×10^{4}

*:ND、PCR増幅産物が検出されなかった試料

9　高松塚古墳から分離された主要微生物群の出現状況プロット

（1）　はじめに

平成16（2004）年5月から平成21（2009）年2月にかけて高松塚古墳の石室内外から採取された代表的なサンプルから分離された主要微生物群の出現状況を視覚化する一手法として、石室展開図を中心とした図版に分離株の出現をプロットすることを試みた[1,2]。得られたプロット図ならびにそれぞれの微生物分類群に関する文献調査による生息地、基質嗜好性、生態的情報をもとに、当該微生物の石室内への侵入経路等について考察を行った。なお、本節で記述した主要微生物分離株については第3章3節、第3章6節および Sugiyama et al.（2017）の英文総説[2]（付録A）にも掲載されている。

（2）　方法

（2）-1　対象微生物群

対象微生物として、以下の9グループを選抜した。

（菌類：カビ、酵母）

- *Penicillum* 属（*Penicillium paneum*（*Penicillium* sp. 1））[3]（Tab. 1、Fig. 1 ～ Fig. 5）
- *Fusarium* 属（*Fusariumu solani* species complex（FSSC））[4]（Tab. 2、Fig. 6 ～ Fig. 10）
- *Trichoderma* 属[4]（Tab. 3、Fig. 11 ～ Fig. 15）
- 暗色系 *Acremonium* 属（*Acremonium* sect. *Gliomastix*）[5,6]（Tab. 4、Fig. 16 ～ Fig. 20）
- 酵母（*Candida takamatsuzukensis*[7,8], *Candida tumulicola*[7,8], *Meyerozyma guilliermondii*（≡ *Pichia guilliermondii*）[9]、*Pichia membranifaciens*）（Tab. 5、Fig. 21 ～ Fig. 25）

（細菌）

- *Stenotrophomas* 属（*Stenotrophomas* sp.1（新種）, *S.* aff. *maltophilia*）[10]（Tab. 6、Fig. 26 ～ Fig. 29）
- *Ochrobactrum* 属（*Ochrobactrum* aff. *grignonense*, *O.* aff. *pituitosum*）[11]（Tab. 7、Fig. 30 ～ Fig. 34）
- *Bacillus* 属（*Bacillus* aff. *thuringiensis*, *B.* aff. *simplex*）[11]（Tab. 8、Fig. 35 ～ Fig. 39）
- *Bordetella* 属（*Bordetella* aff. *petrii*）[12]（Tab. 9、Fig. 40 ～ Fig. 44）

注）これまでの文化庁検討会や『保存科学』等の報告において、*Pichia guilliermondii* の学名を用いていたが、その後の分類学的再編[9]に伴い、*Meyerozyma guilliermondii* へと学名が変更になったため、本報告において *Pichia guilliermondii* を *Meyerozyma guilliermondii* に学名を変更することとする。

さらに、供試した微生物はその後の研究あるいは分類学の進展に伴い学名の変更が行われた。そこで、文化庁検討会資料で発表した供試時点の学名と平成30（2018）年3月時点の学名の異同を Tab. 10 に示した。

（２）－２　プロット図の構成内容

奈良文化財研究所により撮影・提供された壁石面の写真（フォトマップ 2006－72dpi- 奈良文化財研究所）をプロット図に使用した。

プロット図は対象微生物群別に以下の表と図で構成される：

・当該微生物群の分離株一覧表（遺伝子塩基配列解析実施分離株については赤文字で表記した。「遺伝子塩基配列」は以下、「遺伝子解析」と略す。）。なお、表中で塩基配列解析対象とした遺伝子および略称は次の通り。菌類：28S または 26S ＝核 28S/26S rRNA 遺伝子の D1/D2 領域、ITS ＝ ITS1-5.8S rRNA 遺伝子 -ITS2 領域、細菌：16S ＝ 16S rRNA 遺伝子

・プロット図（5 種類）

“総合図（平成 13（2001）年～平成 21（2009）年 2 月）”

“墳丘部冷却前（平成 13（2001）年～平成 16（2004）年）”～細菌は分離データがないため、菌類のみ作成

“墳丘部冷却開始直後（平成 17（2005）年 9 月）”

“墳丘部冷却後：安定期（平成 18（2006）年 2 月～ 12 月）”

“石室解体（平成 19（2007）年）および墳丘部発掘（平成 20（2008）年～平成 21（2009）年 2 月）”

（３）　菌類（カビ・酵母）のプロットの分析結果と考察

（３）－１　アオカビ属 *Penicillium paneum*

〈分離株数〉総分離株数：141 株、遺伝子解析：24 株（Tab. 1）

遺伝子解析未実施株についてはコロニーと形態的特徴において、遺伝子解析実施株と類似していることから、*Penicillium* sp.1 の全分離株が同一種、*Penicillium paneum* だと考えられる [3]。

〈試料の採取時期：時系列〉

P. paneum は墳丘部冷却前の平成 16（2004）年（Fig. 2）、墳丘部冷却開始後の平成 17（2005）年以降（Fig. 3、4、5）も石室内でほぼ安定して出現しており、石室内の常在菌類であると考えられる [2, 3]。また、*P. paneum* は墳丘部の冷却にともなう石室内の温度低下の影響はほとんど受けていないと考えられる。

昭和 55 年から平成の初め、平成 16（2004）年以前の石室内の調査において *Penicillium* 属の発生が報告されている [13, 14]。しかし、平成 16（2004）年以前の分離株が現存しないため、比較解析ができないが、平成 16（2004）年以降の調査で確認された *P. paneum* は平成 16（2004）年以前から石室内環境に生息していた可能性が考えられる。

〈試料の採取箇所別〉

石室内では、ほぼ全体的に分布していたと考えられるが天井および床面、西壁 1、南壁ではほとんど分離されていないため、試料数の関係もあり、分布していないとはいえない。

分生子が乾性で多量に形成され、飛散しやすい性質を持つことから、石室内という狭い環境下では容易に分散したものと考えられる。また、石室周辺環境（取合部、取合部上部のふさぎ石、畦、前室、準備

室）からも分離されている。一方で、外環境※からは3株のみ分離されているが、いずれも石室に近い箇所で、石室から離れた墳丘土（北、西、東側など）からは全く分離されていない。

※　平成18（2006）年7月の「墳丘部盛土 石室入口（準備室の入口付近と考えられる：Tab. 1 No. 54, 55)」、平成20（2008）年12月の「西8凝灰岩 取合部の壁 擬土を外したところ 下から4番目のブロック（墓道部に相当する箇所と考えられる：Tab. 1 No. 141）」

〈生態的特徴〉

P. paneum はカビに汚染されたライ麦パン等、食品、サイレージ等からの分離報告例が知られている[15, 16]が、土壌環境からの報告例はほとんどない（ただし、近縁種の *P. roqueforti* として報告されていた可能性もある）。特に、サイレージのような植物性基質からの分離報告例があることは、当該種が植物の根などの植物基質を媒介して石室に近い環境から石室内へ侵入・定着した、あるいは元々石室内環境に生息していた可能性が考えられる。

（3）-2　フザリウム属 *Fusarium solani* species complex（FSSC）

〈分離株数〉総分離株数：79株、遺伝子解析：37株（Tab. 2）

遺伝子解析未実施株についてはコロニーと形態的特徴において、全分離株が遺伝子解析実施株と類似していることから、*Fusarium* 属の全分離株が *Fusarium solani* species complex（FSSC）クレードに属すると考えられる[4)]。

〈試料の採取時期：時系列〉

Fusarium 属分類群は、昭和61（1986）年～昭和62（1987）年の調査や平成6（1994）年以降の定期点検でも検出されており[13, 17)]、また、墳丘部冷却前の平成13（2001）年12月に石室内北壁壁面に発生した白色を呈するカビ（TBT-3株：Tab. 2 No. 78）と平成14（2002）年10月に石室内東壁青龍付近の黒い汚れの箇所から分離した白色を呈するカビ（TBT-4株：Tab. 2 No. 79）の2株も分子系統解析の結果から同一のFSSCクレードに帰属した（Fig. 7）。このことから、*Fusarium* 属のカビは石室内に定着していた常在菌類である可能性が考えられる。また、墳丘部冷却開始後の平成17（2005）年以降（Fig. 8、9、10）は石室内で発生が確認されているものの、その出現がやや減少していることから、墳丘部の冷却にともなう石室内の温度低下の影響をある程度受けていると考えられる。

〈試料の採取箇所別〉

Fusarium 属（FSSCクレード）の分離株数は *P. paneum* に比べて少ないものの、湿った環境の石室内ではほぼ全体的に分布しており、同じく壁石間などの小口面などからも多く分離されている。一方で、石室外（石室周辺の土壌、畦など）や墳丘部などの試料で、受領時点で比較的乾燥していた試料からはほとんど分離されていない。このことから、湿潤な条件を好み、定着していたことが考えられる。なお、外環境からは空中浮遊菌（airborne fungi）として1株（Tab. 2 No. 48）、墳丘部からは平成21（2009）年2月の「墳丘南西斜面 断割内版築 土壌試料（Tab. 2 No. 77）」からのみ分離されている。

〈生態的特徴〉

Fusarium 属（*F. solani*）は主に土壌や植物体（病原菌など）に生息していることが知られている[18]ことから、石室周辺環境の土壌あるいは植物基質に普遍的に生息していると考えられる。しかし、今回の調査で外環境からほとんど分離されていないことは、今回、外環境由来の試料が比較的乾燥していたことと関係がある可能性や、用いた培養法が適していなかった可能性も考えられる。なお、*F. solani* は平成 13（2001）年にラスコー洞窟で発生した主要な菌類として報告されている[19]。

（３）–３　トリコデルマ属 *Trichoderma*

〈分離株数〉総分離株数：80 株、遺伝子解析：35 株（Tab. 3）

主に Harzianum-Virens クレードに属すると考えられるが、詳細なグルーピングは未実施[4]

〈試料の採取時期：時系列〉

Trichoderma 属分類群は、昭和 61（1986）年～昭和 62（1987）年の調査、および平成 6（1994）年以降の定期点検で検出されていたほか[13, 17]、墳丘部冷却前の平成 15（2003）年 9 月に取合部の擬土部分に発生したカビ（TBT-5 株：Tab. 3 No. 1）と平成 16（2004）年 4 月に盗掘口上奥に発生したカビ（TBT-7 株：Tab. 3 No. 2）の 2 株が分離されていることから、石室内に定着していた常在菌類である可能性が考えられた（Fig. 12）。また、墳丘部冷却開始後の平成 17（2005）年以降は石室内では全く発生が確認されていない（Fig. 13、14）。このことから、*Trchoderma* 属菌種が墳丘部の冷却にともなう石室内の温度低下の影響をかなり受けたか、あるいはその他のカビなどの微生物との相互関係により発生が抑制されていた可能性が考えられる。

〈試料の採取箇所別〉

Trichoderma 属の分離株数は *P. paneum* に比べて少ないものの、冷却前の湿った環境の石室内ではほぼ全体的に分布しており、同じく壁石間などの小口面などからも多く分離されている。一方で、*Trichoderma* 属は取合部や石室外（石室周辺の土壌、畦、床下など）や墳丘部などのあらゆる箇所のサンプルから分離されている（Fig. 11）。このことから、*Trichoderma* 属の分布は温度の影響は受けるものの、さほど湿度の影響は受けていない可能性が示唆された。

〈生態的特徴〉

Trichoderma 属の仲間は土壌環境から普通に分離される土壌菌類の仲間である[18]ことから、石室周辺環境の土壌などに普遍的に生息していると考えられる。このことは墳丘部サンプルの分析結果からも支持される（Fig. 11、15）。石室周囲の土壌から何らかの手段によって石室内部へ侵入してきた可能性が考えられる。

（３）–４　暗色系アクレモニウム属 *Acremonium* sect. *Gliomastix*

〈分離株数〉総分離株数：51 株、遺伝子解析：38 株（Tab. 4※）

→遺伝子解析株の内訳：*A. masseei* 33 株、*A. murorum* 3 株、*A. polychromum* 2 株[5)]

※　遺伝子解析未実施の 14 株については形態的特徴において *A. masseei* と仮同定している。また、Tab. 4 中の No. 47 と No. 48 については文化庁検討会資料掲載の光学顕微鏡写真像[20)]に基づき、*A. murorum* と同定されたが、分離株は現存しないため詳細な比較検討は困難である。なお、暗色系アクレモニウム属（*Acremonium* sect. *Gliomastix*）は Summerbell et al.[6)]により、*Gliomastix* 属に再分類されている（Tab. 10）（第 3 章 3 節参照）。供試時点の学名との異同は Tab. 10 に示した。

〈試料の採取時期：時系列〉

暗色系 *Acremonium* は冷却直後の平成 17（2005）年 9 月まではほとんど確認されていない（Fig. 17、18）。冷却後、石室内の温度が約 10 ℃に安定化した平成 18（2006）年 5 月以降、石室内の壁画面（主に西壁）を中心に *A. masseei* が大発生しているのがわかる（Fig. 19）。石室内の温度低下により、*Trichoderma* 属など他の菌群の生育が抑制されることで、相対的に *A. masseei* が優勢になった可能性が考えられる。

一方、*A. murorum* は平成 13（2001）年 12 月に石室内に生息していた可能性が示唆され（Fig. 17）、さらに、平成 18（2006）年には西壁石 1 の壁画面で 1 株（Tab. 4, No.49）、平成 19（2007）年の石室解体時に床石間で 2 株（Tab. 4, No.50, 51）確認できている（Fig. 20）。このことから、*A. murorum* は平成 13（2001）年頃から石室内（壁面等）で生息していたが、墳丘部冷却開始後の石室内の温度が約 10 ℃になり *A. masseei* が大発生した際は、*A. masseei* に生育を抑制される形でわずかに石室内に生息していた可能性がある。

〈試料の採取箇所別〉

暗色系アクレモニウム属 2 種（*A. masseei*, *A. murorum*）は石室内および壁石間でのみ分布が確認できており、取合部、石室外および墳丘部試料からは一切分離されていないことから、主に石室内に特異的に生息していた菌群だと考えられた（Fig. 16）。逆に *A. polychromum* は石室内では分離されず、前室 B の空中浮遊菌としてのみ分離されている（Fig. 16）。

〈生態的特徴〉

A. masseei は植物基質やウサギの糞[21, 22)]、*A. murorum* は土壌や植物基質などに生息することが知られている[18, 21)]。石室内に発生したこれらのカビは石室周辺の土壌環境あるいは植物体から中に侵入して、定着した可能性が考えられた。一方で、*A. polychromum* は空気中や土壌環境に生息する[21)]ことが知られており、前室 B の空中浮遊菌として分離されていることから、外気からの侵入である可能性が示唆された。

(3)-5　酵母（*Candida* 属、*Meyerozyma* 属、*Pichia* 属）

〈酵母主要 4 種の分離株数〉総分離株数：44 株、遺伝子解析：44 株

遺伝子解析株の内訳：*Candida takamatsuzukensis*（新種：6 株）、*Candida tumulicola*（新種：16 株）、*Mey-*

erozyma guilliermondii（17株）、*Pichia membranifaciens*（5株）

〈試料の採取時期：時系列〉

平成18（2006）年の冷却後安定期にこれら4種の酵母が石室内壁面を中心に比較的多く発生しているのが認められる（Fig. 22 ～ 25）。

〈試料の採取箇所別〉

4菌種ともに石室内という高湿度環境中の壁画面のゲル状試料を中心に分布しており、*Meyerozyma guilliermondii* のみ取合部環境でも分布が認められる（Fig. 21）。一方で、比較的乾燥した石室外（畦など）や墳丘部土壌試料からは分離されていない（Fig. 21）。

〈生態的特徴〉

高松塚古墳の石室内および取合部から高頻度で分離された *Meyerozyma guilliermondii* は一般に土壌、昆虫、植物、下水などの自然環境からの分離報告例が多い[9, 23]。また、*C. tumulicola* および *C. takamatsuzukensis* の2新種[7, 8]が石室内の壁画面に発生したバイオフィルムから比較的高頻度で分離されている。これらに近縁な *Candida* 属酵母の仲間の多くは土壌や昆虫などの自然環境中に生息している[23]ことが知られていることから、これらの酵母4種は石室外環境から侵入した可能性があると推察される。

（4）　細菌のプロットの分析結果と考察

（4）－1　*Stenotrophomonas* 属

〈分離株数〉*Stenotrophomonas* sp. 1（新種）総分離株数：30株、遺伝子解析：15株

Stenotrophomonas sp. 2（*S.* aff. *maltophilia*）総分離株数：2株、遺伝子解析：2株

Stenotrophomonas sp. 3（*S.* aff. *maltophilia*）総分離株数：1株、遺伝子解析：1株

なお、*Stenotrophomas* sp. 1（新種）は Handa et al. により *S. tumulicola* として新種提唱された[10]。遺伝子解析が行われていない分離株については、形態的特徴により同一グループに分けた際の代表株（遺伝子塩基配列解析分離株）の帰属分類群に簡易的に含めた（第3章6節）。供試時点の学名との異同は Tab. 10 に示した。

〈試料の採取時期：時系列〉

Stenotrophomonas sp. 1（新種）は冷却開始直後の平成17（2005）年9月は1株のみ分離されたが（Fig. 27）、石室内の温度が約10℃に安定化した平成18（2006）年5月以降、石室内の壁面を中心に検出されている（Fig. 28、29）。

Stenotrophomonas sp. 2（*S.* aff. *maltophilia*）は冷却後の平成18（2006）年に石室内の壁面から2株のみ分離され（Fig. 28）、一方で、*Stenotrophomonas* sp. 3（*S.* aff. *maltophilia*）は平成19（2007）年に取合部から1株分離されている（Fig. 29）。

〈試料の採取箇所別〉

Stenotrophomonas sp. 1（新種）は主に高湿度環境の石室内の壁面から分離されており、壁石間からは3株、取合部では1株、石室外では北壁の背面部から1株のみ分離されている（Fig. 26）。しかし、墳丘部土壌試料からは一切分離されていない。*Stenotrophomonas* sp. 2（*S.* aff. *maltophilia*）は冷却後の平成18（2006）年に石室内の壁面から2株のみ、一方で、*Stenotrophomonas* sp. 3（*S.* aff. *maltophilia*）は平成19（2007）年に取合部から1株分離されている（Fig. 26）。

〈生態的特徴〉

Stenotrophomonas 属は自然環境中（水、植物根圏など）からよく分離される[24] ことが知られている。高松塚古墳から分離した菌株は30℃前後で良好な生育を示す一方で、4℃では生育せず、10℃前後の環境中では生育が可能である[10]。このことは冷却後、石室内の温度が約10℃に安定化した平成18（2006）年に石室内から多く分離されたことと関係があると考えられる。一方で、石室解体中の壁石間等から分離されたことから、石室外環境から内部に侵入したことが予想される。なお、墳丘部の土壌試料からは分離されていないことは、温度条件、あるいは閉鎖された石室とは異なる湿度条件などにより、存在量が非常に少ないためではないかと考えられた。また、*Stenotrophomonas* 属分離株は比較的着色した試料・ゲル状試料から多く分離されている（Tab. 6）。これらゲル状試料は石室内に生息する微生物集団によるバイオフィルムであると考えられ、*Stenotrophomonas* 属分離株もバイオフィルム形成に何らかの役割を果たしていたと推察される。加えて、分離株は黄色系コロニーを形成するため[10]、この色素がゲルの着色にも関与していた可能性が考えられる。

（4）-2　*Ochrobactrum* 属

〈分離株数〉 *Ochrobactrum* sp. 1（*O.* aff. *grignonense*）総分離株数：2株、遺伝子解析：2株

Ochrobactrum sp. 2（*O.* aff. *pituitosum*）総分離株数：40株、遺伝子解析：15株

Ochrobactrum 属分離株については半田ら[11] により遺伝子レベルでのより詳細な同定が行われた。遺伝子解析が行われていない分離株については、形態的特徴により同一グループに分けた際の代表株（遺伝子塩基配列解析分離株）の帰属分類群に含めた（第3章6節参照）。供試時点の学名との異同はTab. 10に示した。

〈試料の採取時期：時系列〉

Ochrobactrum sp. 1（*O.* aff. *grignonense*）は冷却開始直後の平成17（2005）年9月に石室内の壁画面から2株のみ分離されている（Fig. 31）が、石室内の温度が約10℃に安定化した平成18（2006）年以降は分離されていない（Fig. 32、33）。逆に、*Ochrobactrum* sp. 2（*O.* aff. *pituitosum*）は石室内の温度が約10℃に安定化した平成18（2006）年以降に、石室内の壁画面を中心に発生しているのが認められる（Fig. 32、33）。

〈試料の採取箇所別〉

Ochrobactrum sp. 1（*O.* aff. *grignonense*）、*Ochrobactrum* sp. 2（*O.* aff. *pituitosum*）ともに、主に高湿度環境の石室内の壁面から分離されている（Fig. 30）。その中で、*Ochrobactrum* sp. 2（*O.* aff. *pituitosum*）が壁石間から４株、取合部から１株、石室外では北壁の背面部から１株のみ分離されている（Fig. 30）。しかし、墳丘部土壌試料からは一切分離されていない。

〈生態的特徴〉

Ochrobactrum 属の最適生育温度は 20 ℃～ 37 ℃である[25]が、高松塚古墳試料由来分離株に近縁な *O. grignonense* などの環境中の分離株は４℃でも生育することが知られている[26]。石室内の温度が約10 ℃に安定化した時期に石室内から多くの *Ochrobactrum* 属が分離されたことから、高松塚古墳の石室内の分離株は低温環境に適した性質を持つ菌株であると考えられる。*Ochrobactrum* 属分離株は粘稠性のコロニー形成が認められ（第４章５節、Fig. 71）、石室内で確認されたゲル状物質（バイオフィルム）を構成する主要な分類群のひとつであったことが報告されている[27]。一方、墳丘部土壌試料から分離されなかった理由としては、ほぼ閉鎖環境であった石室内あるいは壁石間等の石室周辺に比べ、墳丘部土壌の環境条件（温度・湿度条件等）では相対的な菌数が少なかったためではないかと考えられる。

（４）-３　*Bacillus* 属

〈分離株数〉*Bacillus* sp. 1（*B.* aff. *thuringiensis*）総分離株数：93 株、遺伝子解析：28 株

Bacillus sp. 6（*B.* aff. *simplex*）総分離株数：23 株、遺伝子解析：22 株

Bacillus 属分離株についてはプロット作成以降に半田らにより遺伝子レベルでのより詳細な同定が行われた[11]。供試時点の学名との異同は Tab. 10 に示した。*Bacillus* sp. 1（*B.* aff. *thuringiensis*）は、*Bacillus* 属の中で *B. cereus* に近縁な種で構成されるグループに含まれることから、半田ら[11]は *B. cereus* group として扱っている。複数の遺伝子塩基配列を用いた同定の結果、Tab. 8 で示したこのグループの分離株は、*B. cereus*、*B. thuringiensis*、*B. toyonensis*、およびこれらの種に近縁な未知種が含まれていた（Tab. 10）。一方、Tab. 8 で示した *Bacillus* sp. 6 には *B. simplex* および *B. butanolivorans* の２種が含まれていた（Tab. 10）。なお、分離株と種の対応については半田ら[11]にも掲載されている。Tab. 8 に示す分離株のなかで、複数の遺伝子による解析が行われなかった分離株および遺伝子解析が行われていない分離株については、遺伝子解析の結果または、形態的特徴により同一グループに分けた際の代表株（遺伝子塩基配列解析分離株）の帰属分類群に含めた（第３章６節参照）。

〈試料の採取時期：時系列〉

Bacillus sp. 1（*B.* aff. *thuringiensis*）は細菌の分離調査を開始した冷却開始直後の平成 17（2005）年９月以降、石室解体まで全ての時期のサンプルからほぼ安定して出現しており、石室内の常在細菌であると考えられた（Fig. 35 ～ 37）。また、墳丘部の冷却にともなう石室内の温度低下の影響はほとんど受けていないと考えられる。

一方、*Bacillus* sp. 6（*B.* aff. *simplex*）は平成 19（2007）年の石室解体作業中の壁石間、石室外（畦など）

および墳丘部のサンプルからのみ分離されている（Fig. 32、33）。このことから石室解体前の高湿度・冷却による低温などの環境に保たれていた石室内では何らかの要因で繁殖できず、壁石間でわずかに生存していたものと考えられる。

〈試料の採取箇所別〉

Bacillus sp. 1（*B.* aff. *thuringiensis*）は石室内の壁画面や壁石間、石室外、取合部、墳丘部のあらゆる箇所のサンプルから分離されており、温度・湿度に関係なく、石室やその周辺環境（墳丘部）には普通に生息している細菌であることが示唆される（Fig. 34）。

一方、*Bacillus* sp. 6（*B.* aff. *simplex*）は壁石間、石室外（畦など）および墳丘部（特に、石室に近い墓道部付近：Tab. 8 No. 113 ~ No. 116）のサンプルからのみ分離され、石室内からの試料からは分離されなかった（Fig. 34）。このことから、*Bacillus* sp. 6は石室周辺に存在したものの、何らかの制約等により、石室内に侵入できなかったか、あるいは生育条件等が満たされず、分離されるほどの菌数に繁殖しなかったのではないかと考えられた。

〈生態的特徴〉

Bacillus 属は芽胞を形成することで、一般には生育に不利な乾燥した環境下でも、他の細菌よりも耐性が強いことが知られている[28]。

高松塚古墳のほとんどの試料から *Bacillus* 属細菌が分離されたことから、古墳あるいは石室周辺の土壌中に生息していた細菌が何らかの要因（水、土壌動物、植物、あるいは土壌の流入など）により石室内に侵入したことが考えられる。定量的な分析は行っておらず、また培養条件による選択圧等についても考慮されなければならないが、試料からの分離において、分離平板上に出現するコロニーの特徴から推定した結果では、*Bacillus* 属由来のコロニーが多く認められことから、量的（菌数的）にも優占種として存在したのではないかと推察される。

(4)-4　*Bordetella* 属

〈分離株数〉*Bordetella* sp. 1（*B.* aff. *petrii*）総分離株数：13株、遺伝子解析：4株

Bordetella sp. 2（*B.* aff. *petrii*）総分離株数：7株、遺伝子解析：6株

Bordetella 属分離株については Tazato et al.[12] により詳細な同定が行われ、遺伝子解析を実施した10株（Tab. 9）に対して3新種（*B. muralis, B. tumulicola, B. tumbae*）を提唱している（Tab. 10）。遺伝子解析が行われていない分離株については、形態的特徴により同一グループに分けた際の代表株（遺伝子塩基配列解析分離株）の帰属分類群に含めた（第3章6節）。供試時点の学名との対照は Tab. 10に示した。なお、各分離株とその帰属する種については、Tazato et al.[12] に掲載されている。

〈試料の採取時期：時系列〉

ほとんどの *Bordetella* 属分離株は、石室内の温度が約10 ℃に安定化した平成18（2006）年に石室内の壁画面に由来する試料から分離されているほか、1株が平成18（2006）年採取の墳丘部試料から分

離されている。一方、石室解体開始直後の平成19（2007）年４月に１株のみ北壁目地漆喰から分離された（Tab. 9, No. 20）（Fig. 39 ～ 41）。

〈試料の採取箇所別〉

Bordetella 属細菌は、そのほとんどが石室冷却安定期（平成18（2006）年）、高湿度環境の石室内の壁面から分離されており（Fig. 38）、例外は墳丘部盛土、および解体開始直後の北壁目地漆喰から分離されている２株のみである（Fig. 38：Tab. 9, No. 20）。このように分離例はわずかであるが墳丘部盛土や壁石目地漆喰から分離されたことから、石室外から何らかの方法によって石室内に侵入し、低温で維持された石室内で優占化したのではないかと推察される。

〈生態的特徴〉

Bordetella 属は一般的に臨床試料から分離され、既知種のほとんどはヒト、あるいは動物の病原細菌として知られており[29]、環境試料からの分離例は３種の高松塚古墳試料の分離株を除くと *B. petrii* のみである。*Bordetella* 属の多くは病原細菌であるためか、生育温度は37 ℃前後であり、栄養要求性があるなど、宿主と寄生者としての関係性が考えられるが[30]、高松塚古墳試料から分離された分離株については３種とも高湿度、低栄養、低温（冷却中の石室内）などの条件で生育する[12]。高松塚古墳試料由来の *Bordetella* 属分離株の分離源の多くは石室内壁面の黒色（紫色、茶色）ゲル、黒いしみなどであり、石室内でのバイオフィルム構成菌の一つであることが考えられる。

（喜友名・西島・木川・佐野・杉山）

参考文献

１）高松塚古墳壁画劣化原因調査検討会 第12回、参考資料１－４、平成21年11月30日、文化庁

２）Sugiyama, J., Kiyuna, T., Nishijima, M., An, K.-D., Nagatsuka, Y., Tazato, N., Handa, Y., Hata-Tomita, J., Sato, Y., Kigawa, R. and Sano, C.: Polyphasic insights into the microbiomes of the Takamatsuzuka Tumulus and Kitora Tumulus, The Journal of General and Applied Microbiology, 63, 63－113, 2017.

３）An, K.-D., Kiyuna, T., Kigawa, R., Sano, C., Miura, S. and Sugiyama, J.: The identity of *Penicillium* sp. 1, a major contaminant of the stone chambers in the Takamatsuzuka and Kitora Tumuli in Japan, is *Penicillium paneum*, Antonie van Leeuwenhoek, 96, 579－592, 2009.

４）Kiyuna, T., An, K.-D., Kigawa, R., Sano, C., Miura, S. and Sugiyama, J.: Mycobiota of the Takamatsuzuka and Kitora Tumuli in Japan, focusing on the molecular phylogenetic diversity of *Fusarium* and *Trichoderma*, Mycoscience, 49, 298－311, 2008.

５）Kiyuna, T., An, K.-D., Kigawa, R., Sano, C., Miura, S. and Sugiyama, J.: Molecular assessment of fungi in "black spots" that deface murals in the Takamatsuzuka and Kitora Tumuli in Japan: *Acremonium* sect. *Gliomastix* including *Acremonium tumulicola* sp. nov. and *Acremonium felinum* comb. nov., Mycoscience, 52, 1－17, 2011.

６）Summerbell, R. C., Gueidan, C., Schroers, H.-J., de Hoog, G. S., Starink, M., Arocha Rosete, Y., Guarro, J. and Scott, J. A.: *Acremonium* phylogenetic overview and revision of *Gliomastix*, *Sarocladium*, and *Trichothecium*, Studies in Mycology, 68, 139 – 162, 2011.

7) Nagatsuka, Y., Kiyuna, T., Kigawa, R., Sano, C., Miura, S. and Sugiyama, J.: *Candida tumulicola* sp. nov. and *Candida takamatsuzukensis* sp. nov., novel yeast species assignable to the *Candida membranifaciens* clade, isolated from the stone chamber of the Takamatsuzuka tumulus, International Journal of Systematic and Evolutionary Microbiology, 59, 186 – 194, 2009.

8) Nagatsuka, Y., Ninomiya, S., Kiyuna, T., Kigawa, R., Sano, C. and Sugiyama, J.: *Yamadazyma kitorensis* f.a., sp. nov. and *Zygoascus biomembranicola* f.a., sp. nov., novel yeasts from the stone chamber interior of the Kitora Tumulus, and five novel combinations in *Yamadazyma* and *Zygoascus* for species of *Candida*, International Journal of Systematic and Evolutionary Microbiology, 66, 1692 – 1704, 2016.

9) Kurtzman, C. P. and Suzuki, M.: Phylogenetic analysis of ascomycete yeasts that form coenzyme Q-9 and the proposal of the new genera *Babjeviella*, *Meyerozyma*, *Millerozyma*, *Priceomyces*, and *Scheffersomyces*, Mycoscience, 51, 2 – 14, 2010.

10) Handa, Y., Tazato, N., Nagatsuka, Y., Koide, T., Kigawa, R, Sano, C. and Sugiyama, J.: *Stenotrophomonas tumulicola* sp. nov., a major contaminant of the stone chamber interior in the Takamatsuzuka Tumulus, International Journal of Systematic and Evolutionary Microbiology, 66, 1119 – 1124, 2016. [For "Corrigendum", see International Journal of Systematic and Evolutionary Microbiology, 67, 763, 2017.]

11) 半田豊、立里臨、佐藤嘉則、木川りか、佐野千絵、杉山純多：高松塚・キトラ両古墳からの主要細菌分離株：*Bacillus*・*Ochrobactrum* 両属分離株の分子系統学的位置、保存科学、56、33 – 48、2017。

12) Tazato, N., Handa, Y., Nishijima, M., Kigawa, R., Sano, C. and Sugiyama, J.: Novel environmental species isolated from the plaster wall surface of mural paintings in the Takamatsuzuka tumulus: *Bordetella muralis* sp. nov., *Bordetella tumulicola* sp. nov. and *Bordetella tumbae* sp. nov., International Journal of Systematic and Evolutionary Microbiology, 65, 4830 – 4838, 2015.

13) 文化庁：国宝高松塚古墳壁画保存管理の経緯（昭和 47 年～平成 18 年 9 月）、文化庁ホームページ（http://www.bunka.go.jp/seisaku/bunkazai/takamatsu_kitora/hozon_kako.html）（確認：平成 30 年 6 月 10 日）

14) 新井英夫：高松塚古墳壁画の微生物学的環境とその対策、文化庁（編）国宝 高松塚古墳壁画－保存と修理－、文化庁、pp.186 – 196、1987。

15) Boysen, M., Skouboe, P., Frisvad, J. and Rossen, L.: Reclassification of the *Penicillium roqueforti* group into three species on the basis of molecular genetic and biochemical profiles, Microbiology, 142, 541 – 549, 1996.

16) O'Brien, M., Egan, D., O'Kiely, P., Forristal, P. D., Doohan, F. M. and Fuller, H. T.: Morphological and molecular characterization of *Penicillium roqueforti* and *P. paneum* isolated from baled grass silage, Mycological Research, 112, 921 – 932, 2008.

17) 国宝高松塚古墳壁画恒久保存対策検討会 第 10 回、資料 5、平成 19 年 11 月 30 日、文化庁

18) Domsch, K. H., Gams, W. and Anderson, T.-H.: Compendium of Soil Fungi, 2nd Edn, IHW-Verlag, Eching, 2007.

19) Orial, G., Bousta, F. and François, A.: Lascaux cave: monitoring of microbiological activities, Proceedings of the 31st International Symposium on the Conservation and Restoration of Cultural Property, 2008, National Research Institute for Cultural Properties, Tokyo, pp. 31 – 40, 2009.

20) 国宝高松塚古墳壁画恒久保存対策検討会 第 3 回、参考資料 3、平成 17 年 5 月 11 日、文化庁

21）Gams, W.: *Cephalosporium*-artige Schimmelpilze（Hyphomycetes）, Gustav Fischer Verlag, Stuttgart, 1971.

22）Matsushima, T.: Icons microfungorum a Matsushima lectorum, Published by the author, Kobe, 1975.

23）Kurtzman, C. P., Fell, J. W. and Boekhout, T.（Eds.）: The Yeasts, a Taxonomic Study, 5th Edn, Elsevier, Amsterdam, 2011.

24）Ryan, R. P., Monchy, S., Cardinale, M., Taghavi, S., Crossman, L., Azison, M. B., Berg., G., van der Lelie, D. and Dow, J. M.: The versality and adaptation of bacteria from the genus *Stenotrophomonas*, Nature Reviews Microbiology, 7, 514 – 525, 2009.

25）Kämpfer, P., Wohlgemuth, S. and Scholz, H.: The Family *Brucellaceae*. In: The Prokaryotes－*Alphaproteobacteria* and *Betaproteobacteria*, 4th Edn, ed. by Rosenberg, E., DeLong, E. F., Lory, S., Stackebrandt, E. and Thompson, F., Springer－Verlag: Berlin Heidelberg, pp. 155 – 178, 2014.

26）Lebuhn, M., Achouak, W., Schloter, M., Berge, O., Meier, H., Barakat, M., Hartmann, A. and Heulin, T.: Taxonomic characterization of *Ochrobactrum* sp. isolates from soil samples and wheat roots, and description of *Ochrobactrum tritici* sp. nov. and *Ochrobactrum grignonense* sp. nov., International Journal of Systematic and Evolutionary Microbiology, 50, 2207 – 2223, 2000.

27）高松塚古墳壁画劣化原因調査検討会第４回、資料２、平成 20 年 10 月 20 日、文化庁

28）Logan, N. A. and De Vos, P.: Genus I. *Bacillus* Cohn 1872, 174[AL], In: Bergey's Manual of Systematic Bacteriology, 2nd Edn, Vol. 3, The *Firmicutes*, ed. by De Vos, P., Garrity, G. M., Jones, D., Krieg, N. R., Ludwig, W., Rainey, F. A., Schleifer, K.-H. and Whitman, W. B., Springer, New York, pp. 21 – 128, 2009.

29）Sanden, G. N. and Weyant, R. S.: Genus *Bordetella* Moreno-Lópes 1952, 178[AL], In: Bergey's Manual of Systematic Bacteriology, 2nd Edn, Vol. 2, The *Proteobacteria*, Part C, The *Alpha-, Beta-, Delta-*, and *Epsilonproteobacteria*, ed. by Brenner, D. J., Krieg, N. R., Staley, J. T. and Garrity, G. M., Springer, New York, pp. 662 – 671, 2005.

30）Weiss, A.: The genus *Bordetella,* In: The Prokaryotes: A Handbook on the Biology of Bacteria, 3rd Edn, Vol. 5, Proteobacteria: Alpha and Beta Subclasses, ed. by Dworkin, M., Falkow, S., Rosenberg, E., Schleifer, K.-H. and Stackebrandt, E., Springer, New York, pp. 648 – 674, 2006.

Tab. 1　高松塚古墳石室内外から分離された *Penicillium paneum* の分離株一覧[*1]

No.	試料採取[*2]	時期	株番号	分離源(試料採取箇所)のメモ	
1	2004.5.19	冷却前	T4519-2-4	高松塚	取合部、石室南閉塞石、中央下部、緑色コロニー
2	2004.5.19	冷却前	T4519-3-3	高松塚	取合部、盗掘孔下面、樹脂カバー、小球状緑色コロニー
3	2004.5.19	冷却前	T4519-5-5	高松塚	石室内床面、白色コロニー
4	2004.7.16	冷却前	T4716-2	高松塚	石室内壁面、白虎の爪の箇所(高松粘菌)
5	2004.9.6	冷却前	T4906-1-1	高松塚	取合部、石室左、擬土上コロニー
6	2004.9.6	冷却前	T4906-8-5	高松塚	石室内西壁壁面、群像上、白色コロニー
7	2004.9.6	冷却前	T4906-11-8	高松塚	石室内壁面上のワラジムシ(成体)1個体
8	2004.9.6	冷却前	T4906-12-1	高松塚	石室内壁面上のダニ(成体)個体数不詳
9	2004.9.22	冷却前	T4922-1-2	高松塚	石室内、奥(B-1:1a(落下菌:CP添加PDAを10分間開放)
10	2004.9.22	冷却前	T4922-2-1	高松塚	石室内、手前(B-1:1b(落下菌:CP添加PDAを10分間開放)
11	2004.9.22	冷却前	T4922-3-1	高松塚	取合部、左手(土壌混入)(B-2:2a(落下菌:CP添加PDAを10分間開放)
12	2004.9.22	冷却前	T4922-4-3	高松塚	取合部、右手(B-2:2b(落下菌:CP添加PDAを10分間開放)
13	2004.9.22	冷却前	T4922-5-1	高松塚	前室(一番取合部に近い部屋)1(B-3:3a(落下菌:CP添加PDAを10分間開放)
14	2004.9.22	冷却前	T4922-8-3	高松塚	石室内、青龍後ろ、東壁:石室粘菌様ねばねば(A-②)
15	2005.9.16	冷却直後	T5916-1-1	高松塚	西壁 白虎 前肢下、ゲル状
16	2005.9.16	冷却直後	T5916-2-1	高松塚	西壁 白虎 後肢下、ゲル状
17	2005.9.16	冷却直後	T5916-3-1	高松塚	西壁 女子群像 左の人物のも裾下、ベタベタ状
18	2005.9.16	冷却直後	T5916-4-1	高松塚	西壁 女子群像 左の人物下 数cm、ベタベタ状
19	2005.9.16	冷却直後	T5916-5-1	高松塚	東壁 女子群像 右の人物下、ゲル状
20	2005.9.16	冷却直後	T5916-6-1	高松塚	東壁 女子群像下、ゲル状
21	2005.9.16	冷却直後	T5916-7-1	高松塚	東壁 青龍 右下、ベタベタ状
22	2005.9.16	冷却直後	T5916-8-1	高松塚	東壁 青龍 左 茶しみ中の黒カビ跡、ベタベタ状
23	2006.2.20	冷却後安定期	T6220-1-1	高松塚	西壁 女子群像より左
24	2006.2.20	冷却後安定期	T6220-2-3	高松塚	西壁 女子群像 頭上
25	2006.2.20	冷却後安定期	T6220-3-6	高松塚	西壁 女子群像 肩
26	2006.2.20	冷却後安定期	T6220-4-1	高松塚	西壁 白虎 下方
27	2006.2.20	冷却後安定期	T6220-5-1	高松塚	西壁 白虎 前足
28	2006.2.20	冷却後安定期	T6220-6-1	高松塚	東壁 青龍後ろ足付近
29	2006.2.20	冷却後安定期	T6220-7-1	高松塚	西壁 女子群像右肩の赤い着物上のスポット
30	2006.5.17	冷却後安定期	T6517-1-2	高松塚	西壁 女子 額の黒色部分 No.①
31	2006.5.17	冷却後安定期	T6517-2-2	高松塚	西壁 女子 襟部分の黒色部分 No.②
32	2006.5.17	冷却後安定期	T6517-3-2	高松塚	西壁 左女子 頭部後方の黒色部分 No.③
33	2006.5.17	冷却後安定期	T6517-6-2	高松塚	西壁 朱線の下 黒色部分 No.⑥
34	2006.5.17	冷却後安定期	T6517-7-2	高松塚	西壁 白虎頭上 黒色部分 No.⑦
35	2006.5.17	冷却後安定期	T6517-9-1	高松塚	東壁 右女子足元下 ゲル状部分 No.⑨
36	2006.5.17	冷却後安定期	T6517-10-1	高松塚	西壁 左女子 頭部後方で捕獲した白い虫 No.⑩
37	2006.5.17	冷却後安定期	T6517-11-2	高松塚	西壁 女子 額の黒色部分(①(T5617-1)と同じ箇所) No.⑪
38	2006.5.17	冷却後安定期	T6517-12-3	高松塚	取合部 左(西)側下方 黒色部分 060517-1
39	2006.5.17	冷却後安定期	T6517-14-2	高松塚	取合部 右(東)側 黒色部分 060517-3
40	2006.7.13	冷却後安定期	T6713-1-2	高松塚	石室内 西壁 女子右肩の黒いシミ
41	2006.7.13	冷却後安定期	T6713-3-1	高松塚	石室内 西壁 北側中央の紫ゲル
42	2006.7.13	冷却後安定期	T6713-4-2	高松塚	石室内 西壁 中央 朱線の下 黒カビ
43	2006.7.13	冷却後安定期	T6713-5-1	高松塚	石室内 西壁 中央下部 茶ゲル
44	2006.7.13	冷却後安定期	T6713-6-1	高松塚	石室内 東壁 右女子足元下 茶色ゲル
45	2006.7.13	冷却後安定期	T6713-7-1	高松塚	石室内 東壁 南側上方 紫色ゲル
46	2006.7.13	冷却後安定期	T6713-8-2	高松塚	石室内 東壁 右女子上 黒カビ
47	2006.7.13	冷却後安定期	T6713-9-1	高松塚	石室内 東壁 中央青龍左側の黒カビ(茶ゲル様)
48	2006.7.13	冷却後安定期	T6713-10-1	高松塚	石室内 北壁 右上 紫色ゲル
49	2006.7.13	冷却後安定期	T6713-11-1	高松塚	石室内 天井 紫色ゲル
50	2006.7.13	冷却後安定期	T6713-12-2	高松塚	石室内 天井 黒カビ
51	2006.7.13	冷却後安定期	T6713-13-1	高松塚	石室内 東壁 女子群像下方の床付近の土
52	2006.7.13	冷却後安定期	T6713-14-3	高松塚	石室内 西壁 男子群像上部の黒カビ
53	2006.7.13	冷却後安定期	T6713-15-4	高松塚	取合部 Oidiodendron sp. 発生場所
54	2006.7.13	冷却後安定期	T6713-18-1	高松塚	古墳墳丘部盛土 石室入口付近(東側)
55	2006.7.13	冷却後安定期	T6713-19-1	高松塚	古墳墳丘部盛土 石室入口付近(西側)
56	2006.7.6	冷却後安定期	T6706-8-1	高松塚	準備室 柱
57	2006.10.17	冷却後安定期	T61017-1-2	高松塚	石室内 西壁中央女子 額 (= T6517-1, 文化財No.1)
58	2006.10.17	冷却後安定期	T61017-3-2	高松塚	石室内 西壁左女子 頭部後方 (= T6517-3, 文化財No.3)
59	2006.10.17	冷却後安定期	T61017-4-2	高松塚	石室内 西壁中央部 (= T6517-5, 文化財No.5)
60	2006.10.17	冷却後安定期	T61017-5-2	高松塚	石室内 西壁朱線の下 (= T6517-6, 文化財No.6)
61	2006.10.17	冷却後安定期	T61017-6-1	高松塚	石室内 西壁白虎頭上 (= T6517-7, 文化財No.7)
62	2006.10.17	冷却後安定期	T61017-7-1	高松塚	石室内 東壁右女子上 白いカビ様 (= T6517-8, 文化財No.8)
63	2006.10.17	冷却後安定期	T61017-8-1	高松塚	石室内 東壁右女子足元 ゲル (= T6517-9, 文化財No.9)
64	2006.10.17	冷却後安定期	T61017-9-2	高松塚	石室内 天井 北東部 文化財No.21
65	2006.10.17	冷却後安定期	T61017-10-2	高松塚	石室内 天井 北西部 文化財No.22
66	2006.10.17	冷却後安定期	T61017-11-1	高松塚	石室内 北壁玄武右上 (新規採取箇所, 文化財No.30)
67	2006.11.14	冷却後安定期	T61114-2-1	高松塚	ふさぎ石 一層目 西南第1石 灰色
68	2006.11.xx	冷却後安定期	T611**-1-1	高松塚	ひさし上 粘土下 あり穴 くもの巣周辺 土壌
69	2006.11.xx	冷却後安定期	T611**-2-1	高松塚	取合部内 ありの巣下 土壌
70	2006.12.13	冷却後安定期	T61213-1-1	高松塚	石室内 西壁中央女子 額 : 黒カビ ゲル状
71	2006.12.13	冷却後安定期	T61213-2-2	高松塚	石室内 西壁中央女子 襟部分 : ゲル状(黒色)
72	2006.12.13	冷却後安定期	T61213-3-1	高松塚	石室内 西壁左女子 頭部後方 : 黒カビ
73	2006.12.13	冷却後安定期	T61213-4-1	高松塚	石室内 西壁中央部 : 黒カビ
74	2006.12.13	冷却後安定期	T61213-5-1	高松塚	石室内 西壁朱線の下 : 黒カビ
75	2006.12.13	冷却後安定期	T61213-6-2	高松塚	石室内 西壁白虎頭上 :ゲル状
76	2006.12.13	冷却後安定期	T61213-7-1	高松塚	石室内 東壁右女子上 : 白カビ 4-5 mm
77	2006.12.13	冷却後安定期	T61213-8-2	高松塚	石室内 東壁右女子足元 : ゲル
78	2006.12.13	冷却後安定期	T61213-9-2	高松塚	石室内 天井 北側第一石 東側 黒カビ
79	2006.12.13	冷却後安定期	T61213-10-2	高松塚	石室内 天井 北側第一第二石境目近く 中央付近
80	2006.12.13	冷却後安定期	T61213-11-2	高松塚	石室内 西壁右女子 袖上 : 黒カビ(顕微鏡Gliomastix)

（**Tab.** 1 続き）

81	2006.12.13	冷却後安定期	T61213-12-1	高松塚	石室内 北壁天井寄り右上：ゲル
82	2006.12.13	冷却後安定期	T61213-13-1	高松塚	石室内 北壁玄武右下側：ゲル
83	2006.12.13	冷却後安定期	T61213-14-1	高松塚	石室内 西壁中央付近の床上：トビムシ類2個体
84	2006.12.13	冷却後安定期	T61213-15-2	高松塚	石室内 東壁男子群像右足元：黒カビ
85	2006.12.13	冷却後安定期	T61213-16-2	高松塚	石室内 東壁北側第一石隅床上：緑カビ（アリの死体にPen）
86	2006.12.13	冷却後安定期	T61213-17-1	高松塚	石室内 東壁中央部付近の床上：土
87	2006.12.13	冷却後安定期	T61213-28-1	高松塚	石室外　東側 右奥 側面　手前 マット裏面の根（⑦-2）（墳丘部発掘作業現場）
88	2007.2.13	石室解体中	T7213-2-1	高松塚	取合部　擬土 西　灰緑
89	2007.2.13	石室解体中	T7213-3-1	高松塚	取合部　西　擬土　黒
90	2007.2.14	石室解体中	T7214-4-1	高松塚	取合部　西側面
91	2007.2.14	石室解体中	T7214-5-1	高松塚	取合部 西(左)側　穴(小口)(天井石直下？)　黒紫色
92	2007.2.14	石室解体中	T7214-8-1	高松塚	取合部　西（左）側くぼみの中　黒色
93	2007.2.14	石室解体中	T7214-9-1	高松塚	取合部 石室入口扉下側の壁面　白色
94	2007.2.14	石室解体中	T7214-14K-1	高松塚	取合部 露出した石室天井石の一部を掘り起こした黒色部分
95	2007.2.19	石室解体中	T7219-1	高松塚	南西区 黄白色版築内　取合部壁面から内部へ10 cm（図面有）白色カビ・緑色カビ
96	2007.3.20	石室解体中	T7320-1-3	高松塚	147次　5ALI　取合部 南西隅崩落土除去後 墓道埋土断面 070320
97	2007.4.17	石室解体中	T7417-7-1	高松塚	西壁石3 #1 （メモ：西側3 女子群像 北右上から40 cm程離れている（北右上））
98	2007.4.17	石室解体中	T7417-10-1	高松塚	東壁石3 #4 （メモ：東側3 女子群像 北左下 衣すそから10 cm離れている（北左下））
99	2007.4.17	石室解体中	T7417-11-1	高松塚	北壁石 壁面西側下方 黒シミ 070417 #5
100	2007.4.17	石室解体中	T7417-12-1	高松塚	北壁石 壁面中央やや東寄り下方 黒シミ 070417 #6
101	2007.4.17	石室解体中	T7417-13-1	高松塚	北壁石 壁面東側下方（玄武右斜め下方）黒シミ・ゲル 070417 #7
102	2007.4.17	石室解体中	T7417-14-1	高松塚	北壁石 壁面中央下方 ゲル 070417 #8
103	2007.4.17	石室解体中	T7417-15-1	高松塚	北壁石 壁面東寄り上方 紫ゲル 070417 #9
104	2007.4.17	石室解体中	T7417-16-1	高松塚	北壁石 壁面中央上方 黒すす（シミ） 070417 #10
105	2007.4.17	石室解体中	T7417-17-1	高松塚	北壁石 壁面玄武東斜め上 緑色 070417 #11
106	2007.4.17	石室解体中	T7417-18-1	高松塚	北壁石 東側 東3石との隙間（下方）黒くなった漆喰、木の根、泥 070417 #12
107	2007.4.25	石室解体中	T7425-3-1	高松塚	西3石　上小口面　黒色物質3（中央ピット状の複数の穴につまっていたもの）
108	2007.4.25	石室解体中	T7425-4-1	高松塚	東3石　上小口面　黒色物質1（中央）
109	2007.4.26	石室解体中	T7426-17	高松塚	側3　西畔　床から5 cm　070426
110	2007.5.2	石室解体中	T7502-1-1	高松塚	西2壁面　右下（北寄り：3石から数10 cm）黒色 円状コロニー （エタノール処理前）
111	2007.5.7	石室解体中	T7507-2-1	高松塚	東3壁面　女子群像下　黒色 070507
112	2007.5.7	石室解体中	T7507-3-1	高松塚	西3壁面　女子群像（真中：左3女子）左頭部後方 黒色 070507
113	2007.5.7	石室解体中	T7507-4-1	高松塚	西2壁面(白虎)　真中 下方（床付近）黒色 半月状コロニー 070507
114	2007.5.10	石室解体中	T7510-2-1	高松塚	西2石　北側小口面　下方東寄り　黒褐色物質（ゲル状） 070510
115	2007.5.10	石室解体中	T7510-3-1	高松塚	西2石　北側小口面　下方東寄り　黒褐色物質（ゲル状）
116	2007.5.10	石室解体中	T7510-4-1	高松塚	西2石　北側小口面　中ほど　表面が黒褐色～灰褐色の漆喰片(塊) 070510
117	2007.5.10	石室解体中	T7510-5-1	高松塚	西2石　北側小口面　下方中央付近　表面が黒褐色～灰褐色の漆喰片(塊) 070510
118	2007.5.10	石室解体中	T7510-7-1	高松塚	西2石　北側小口面　下方東寄り　黒褐色物質（ゲル状） 070510
119	2007.5.10	石室解体中	T7510-9-1	高松塚	西3石取外し跡の床石面　西寄り中央　黒～茶褐色物質
120	2007.5.11	石室解体中	T7511-3-1	高松塚	西3石 底面（上部／石室側）真ん中 黒褐色　070511
121	2007.5.11	石室解体中	T7511-5-1	高松塚	西3石 壁面底辺部左側　070511
122	2007.5.17	石室解体中	T7517-6-1	高松塚	東2石 北小口 天井石近く 070517
123	2007.5.28	石室解体中	T7528-21-1	高松塚	天井石2 壁面南側中ほど
124	2007.5.28	石室解体中	T7528-3-3	高松塚	東壁石1 上端 天井石2との接合面（天1・石室寄り）
125	2007.5.28	石室解体中	T7528-5-1	高松塚	西壁石2 上端 天井石2との接合面
126	2007.5.28	石室解体中	T7528-11-2	高松塚	東壁石1 東畔 土 黒色部分に接しているところ
127	2007.5.30	石室解体中	T7530-4-1	高松塚	東壁石1 上端 天井石1との接合面 漆喰黒粘
128	2007.5.30	石室解体中	T7530-16-1	高松塚	西壁石1 南目地 漆喰天場 黒色粘性（閉塞石をとめている目地漆喰）
129	2007.5.21	石室解体中	T7521-8A-4	高松塚	盗掘口プラスチックカバー 下部 石室側
130	2007.5.21	石室解体中	T7521-8B-1	高松塚	盗掘口プラスチックカバー 下部 石室側
131	2007.5.21	石室解体中	T7521-8F-2	高松塚	盗掘口プラスチックカバー 下部 石室側
132	2007.5.21	石室解体中	T7521-8H-2	高松塚	盗掘口プラスチックカバー下部取合部側
133	2007.6.7	石室解体中	T7607-8-3	高松塚	東壁石1 北小口接合面 石の上 下部（ゲル状）070607-8
134	2007.6.8	石室解体中	T7608-1-1	高松塚	西壁石1-南壁石間の漆喰片残り+土壌
135	2007.6.11	石室解体中	T7611-4-1	高松塚	東壁石1（南-東1石間境目近く:東外側）壁面上部 黒い土+根っこ 粘性
136	2007.6.14	石室解体中	T7614-2-5	高松塚	西壁石1と2の接合面 取外し後の漆喰・土の混合物 070614-2
137	2007.6.15	石室解体中	T7615-5-1	高松塚	東壁石1 南小口 中央部下部 茶色と黒の混合 ネバネバ 070615-5
138	2007.6.15	石室解体中	T7615-10-6	高松塚	西壁石1 南小口 右側下部 黒色ネバネバ 070615-10
139	2007.6.15	石室解体中	T7615-16-2	高松塚	南壁石（閉塞石:石室側）西隅床面近く 070615-a
140	2007.8.21	石室解体中	T7821-7-4	高松塚	床石1 北小口面 下部左側 赤茶色 粘土 根っこ含む #34 070821
141	2008.12.3	墳丘部発掘	T81203-9-1	高松塚	西8 凝灰岩 取合部の壁 擬土を外したところ 下から4番目のブロック 081203

＊1　赤文字は遺伝子解析実施分離株（28S）

＊2　試料採取日の略号。平成 16（2004）年、平成 17（2005）年、平成 18（2006）年、平成 19（2007）年、平成 20（2008）年と月日を示す。

Tab. 2　高松塚古墳石室内外から分離された *Fusarium solani* species complex（FSSC）の分離株一覧*1

No.	試料採取*2	時期	株番号	分離源（試料採取箇所）のメモ	
1	2004.5.19	冷却前	T4519-1-1	高松塚	取合部 石室南閉塞石、西側上面、白色コロニー
2	2004.5.19	冷却前	T4519-1-2	高松塚	取合部 石室南閉塞石、西側上面、白色コロニー
3	2004.5.19	冷却前	T4519-2-1	高松塚	取合部 石室南閉塞石、中央下部、緑色コロニー
4	2004.5.19	冷却前	T4519-2-2	高松塚	取合部 石室南閉塞石、中央下部、緑色コロニー
5	2004.5.19	冷却前	T4519-3-1	高松塚	取合部 盗掘孔下面、樹脂カバー、小球状緑色コロニー
6	2004.5.19	冷却前	T4519-3-2	高松塚	取合部 盗掘孔下面、樹脂カバー、小球状緑色コロニー
7	2004.5.19	冷却前	T4519-5-2	高松塚	石室内 床面 白色コロニー
8	2004.5.19	冷却前	T4519-6-1	高松塚	石室内床面、ガーゼ上、白色コロニー
9	2004.5.19	冷却前	T4519-7-1	高松塚	石室内 床面 緑色コロニー
10	2004.5.19	冷却前	T4519-7-2	高松塚	石室内 床面 緑色コロニー
11	2004.5.19	冷却前	T4519-9-1	高松塚	石室内 東壁
12	2004.5.19	冷却前	T4519-9-2	高松塚	石室内 東壁
13	2004.5.19	冷却前	T4519-9-3	高松塚	石室内 東壁
14	2004.5.19	冷却前	T4519-10-2	高松塚	石室内 漆喰 西壁近傍
15	2004.5.19	冷却前	T4519-10-3	高松塚	石室内 漆喰 西壁近傍
16	2004.5.19	冷却前	T4519-10-4	高松塚	石室内 漆喰 西壁近傍
17	2004.7.16	冷却前	T4716-1	高松塚	石室内 西壁 白虎の爪の箇所（高松粘菌）
18	2004.9.6	冷却前	T4906-6-1	高松塚	石室内 床上 白色コロニー
19	2004.9.6	冷却前	T4906-8-1	高松塚	石室内 西壁壁面 群像上 白色コロニー
20	2004.9.6	冷却前	T4906-9-1	高松塚	石室内 西壁壁面 白色コロニー
21	2004.9.6	冷却前	T4906-9-2	高松塚	石室内 西壁壁面 白色コロニー
22	2004.9.6	冷却前	T4906-10-1	高松塚	石室内 壁面 青龍わき 黒色コロニー
23	2004.9.6	冷却前	T4906-11-3	高松塚	石室内 壁面上のワラジムシ（成体）1個体
24	2004.9.6	冷却前	T4906-11-4	高松塚	石室内 壁面上のワラジムシ（成体）1個体
25	2004.9.6	冷却前	T4906-11-5	高松塚	石室内 壁面上のワラジムシ（成体）1個体
26	2004.9.6	冷却前	T4906-11-6	高松塚	石室内 壁面上のワラジムシ（成体）1個体
27	2004.9.6	冷却前	T4906-11-10	高松塚	石室内 壁面上のワラジムシ（成体）1個体
28	2004.9.6	冷却前	T4906-11-11	高松塚	石室内 壁面上のワラジムシ（成体）1個体
29	2004.9.6	冷却前	T4906-11-12	高松塚	石室内 壁面上のワラジムシ（成体）1個体
30	2004.9.6	冷却前	T4906-12-2	高松塚	石室内 壁面上のダニ（成体）個体数不詳
31	2004.9.6	冷却前	T4906-14-1	高松塚	取合部（高040906-A取）
32	2004.9.6	冷却前	T4906-14-2	高松塚	取合部（高040906-A取）
33	2004.9.22	冷却前	T4922-8-2	高松塚	石室内 東壁 青龍後ろ 東壁：石室粘菌様ねばねば（A-②）
34	2005.9.16	冷却直後	T5916-2-2	高松塚	西壁 白虎 後肢下、ゲル状
35	2005.9.16	冷却直後	T5916-3-2	高松塚	西壁 女子群像 左の人物のも裾下、ベタベタ状
36	2005.9.16	冷却直後	T5916-5-2	高松塚	東壁 女子群像 右の人物下、ゲル状
37	2005.9.16	冷却直後	T5916-6-2	高松塚	東壁 女子群像下、ゲル状
38	2005.9.16	冷却直後	T5916-7-2	高松塚	東壁 青龍 右下、ベタベタ状
39	2006.2.20	冷却後安定期	T6220-1-3	高松塚	西壁 女子群像より左
40	2006.2.20	冷却後安定期	T6220-2-2	高松塚	西壁 女子群像 頭上
41	2006.2.20	冷却後安定期	T6220-3-2	高松塚	西壁 女子群像 肩
42	2006.2.20	冷却後安定期	T6220-5-3	高松塚	西壁 白虎 前足
43	2006.5.17	冷却後安定期	T6517-9-3	高松塚	東壁 右女子足元下　ゲル状部分　No.⑨
44	2006.7.13	冷却後安定期	T6713-6-2	高松塚	石室内　東壁 右女子足元下　茶色ゲル
45	2006.7.13	冷却後安定期	T6713-7-6	高松塚	石室内　東壁 南側上方 紫色ゲル
46	2006.7.13	冷却後安定期	T6713-10-3	高松塚	石室内　北壁 右上　紫色ゲル
47	2006.7.13	冷却後安定期	T6713-17-5	高松塚	前室A　配管上
48	2006.7.13	冷却後安定期	T6713-25-2	高松塚	空中菌⑥ 外気 10L
49	2006.12.13	冷却後安定期	T61213-4-2	高松塚	石室内 西壁中央部 ： 黒カビ
50	2006.12.13	冷却後安定期	T61213-7-4	高松塚	石室内 東壁右女子上 ： 白カビ 4-5 mm
51	2006.12.13	冷却後安定期	T61213-12-5	高松塚	石室内 北壁天井寄り右上 ：ゲル
52	2006.12.13	冷却後安定期	T61213-13-8	高松塚	石室内 北壁玄武右下側 ： ゲル
53	2007.4.17	石室解体中	T7417-8-3	高松塚	石室内　070417 #2 （メモ：西側3 女子群像 北右 衣すそから30 cm離れている（北右））
54	2007.4.17	石室解体中	T7417-14-3	高松塚	北壁石 壁面中央下方 ゲル 070417 #8
55	2007.4.17	石室解体中	T7417-15-3	高松塚	北壁石 壁面東寄り上方 紫ゲル 070417 #9
56	2007.4.17	石室解体中	T7417-18-3	高松塚	北壁石 東側 東3石との隙間（下方）黒くなった漆喰、木の根、泥 070417 #12
57	2007.4.17	石室解体中	T7417-21-3	高松塚	北壁石 床面との間 漆喰、木の根 070417 #15
58	2007.4.25	石室解体中	T7425-1-3	高松塚	西3石　上小口面゛ 黒色物質1（北寄り）070425
59	2007.5.10	石室解体中	T7510-2-3	高松塚	西2石　北側小口面　下方東寄り　黒褐色物質（ゲル状）070510
60	2007.5.10	石室解体中	T7510-3-3	高松塚	西2石　北側小口面　下方東寄り　黒褐色物質（ゲル状）
61	2007.5.10	石室解体中	T7510-4-3	高松塚	西2石　北側小口面　中ほど　表面が黒褐色～灰褐色の漆喰片（塊）070510
62	2007.5.10	石室解体中	T7510-5-3	高松塚	西2石　北側小口面　下方中央付近　表面が黒褐色～灰褐色の漆喰片（塊）070510
63	2007.5.10	石室解体中	T7510-7-3	高松塚	西2石　北側小口面　下方東寄り　黒褐色物質（ゲル状）070510
64	2007.5.17	石室解体中	T7517-2-3	高松塚	東3石　南小口-2（中）070517
65	2007.5.17	石室解体中	T7517-8-3	高松塚	東3石下床面 段差部分（やや真中）ネバネバ
66	2007.5.17	石室解体中	T7517-11-3	高松塚	天井石1と2 継ぎ目間（残土）赤っぽい
67	2007.5.18	石室解体中	T7518-2-3	高松塚	西3石 底面（石室側）左上 黒色ねばねば　070518
68	2007.5.18	石室解体中	T7518-5-3	高松塚	西3石 底面（外側）右下 茶パラパラ　070518
69	2007.5.28	石室解体中	T7528-3-7	高松塚	東壁石1 上端 天井石2との接合面（天1・石室寄り）
70	2007.5.28	石室解体中	T7528-9-10	高松塚	天井石1 小口 天井石2との接合面 黒色
71	2007.6.14	石室解体中	T7614-2-3	高松塚	西壁石1と2の接合面 取外し後の漆喰・土の混合物 070614-2
72	2007.6.15	石室解体中	T7615-5-5	高松塚	東壁石1 南小口 中央部下部 茶色と黒の混合 ネバネバ 070615-5
73	2007.6.15	石室解体中	T7615-10-5	高松塚	西壁石1 南小口 右側下部 黒色ネバネバ 070615-10
74	2007.8.20	石室解体中	T7820-5-3	高松塚	床石4 南小口面 下段中央 #5 070820
75	2007.8.29	石室解体中	T7829-2-3	高松塚	床石3下（東）約10 cm 淡褐版築土 070829
76	2007.8.29	石室解体中	T7829-3-3	高松塚	床石2下から10 cm下 淡褐色版築土 070829
77	2009.2.17	石室解体中	T9217-4	高松塚	墳丘南西斜面 断割内版築（A-I区）土壌サンプル No.8（墳丘南西斜面オリジナル土（上層の版築）
78	2001.12.18	冷却前	TBT-3	高松塚	石室内 北壁玄武付近
79	2002.10.30	冷却前	TBT-4	高松塚	石室内 東壁青龍付近 黒い汚れの箇所

＊1　赤文字は遺伝子解析実施分離株（28S）

＊2　試料採取日の略号。平成16（2004）年、平成17（2005）年、平成18（2006）年、平成19（2007）年、平成21（2009）年、平成13（2001）年、平成14（2002）年と月日を示す。

Tab. 3　高松塚古墳石室内外から分離された *Trichoderma* 属の分離株一覧＊1

No.	試料採取＊2	時期	株番号	分離源（試料採取箇所）のメモ	
1	2003.9.16	冷却前	TBT-5	高松塚	取合部 擬土部分のカビ 2003.9.16
2	2004.4.5	冷却前	TBT-7	高松塚	取合部 盗掘口上奥 2004.4.5
3	2004.5.19	冷却前	T4519-2-6	高松塚	取合部 石室南閉寒石 中央下部 緑色コロニー
4	2004.5.19	冷却前	T4519-2-7	高松塚	取合部 石室南閉寒石 中央下部 緑色コロニー
5	2004.5.19	冷却前	T4519-2-8	高松塚	取合部 石室南閉寒石 中央下部 緑色コロニー
6	2004.5.19	冷却前	T4519-5-7	高松塚	石室内 床面 白色コロニー
7	2004.5.19	冷却前	T4519-7-5	高松塚	石室内 床面 緑色コロニー
8	2004.5.19	冷却前	T4519-8-2	高松塚	石室内 西壁
9	2004.5.19	冷却前	T4519-8-3	高松塚	石室内 西壁
10	2004.5.19	冷却前	T4519-9-6	高松塚	石室内 東壁
11	2004.5.19	冷却前	T4519-9-7	高松塚	石室内 東壁
12	2004.5.19	冷却前	T4519-9-8	高松塚	石室内 東壁
13	2004.5.19	冷却前	T4519-10-5	高松塚	石室内 西壁近傍 漆喰
14	2004.5.19	冷却前	T4519-10-6	高松塚	石室内 西壁近傍 漆喰
15	2004.5.19	冷却前	T4519-10-7	高松塚	石室内 西壁近傍 漆喰
16	2004.8.00	冷却前	T4800-1-2	高松塚	石室内 北白
17	2004.9.6	冷却前	T4906-2-1	高松塚	取合部 石室左 蜘蛛の巣状コロニー
18	2004.9.6	冷却前	T4906-2-2	高松塚	取合部 石室左 蜘蛛の巣状コロニー
19	2004.9.6	冷却前	T4906-3-2	高松塚	取合部 石室左 蜘蛛の巣状コロニー
20	2004.9.6	冷却前	T4906-5-2	高松塚	取合部 黒色コロニー
21	2004.9.6	冷却前	T4906-6-2	高松塚	石室内 床上 白色コロニー
22	2004.9.6	冷却前	T4906-6-3	高松塚	石室内 床上 白色コロニー
23	2004.9.6	冷却前	T4906-7-4	高松塚	石室内 東壁青龍わき 黒色コロニー
24	2004.9.6	冷却前	T4906-8-8	高松塚	石室内 西壁 群像上 白色コロニー
25	2004.9.6	冷却前	T4906-8-9	高松塚	石室内 西壁 群像上 白色コロニー
26	2004.9.6	冷却前	T4906-8-10	高松塚	石室内 西壁 群像上 白色コロニー
27	2004.9.6	冷却前	T4906-10-3	高松塚	石室内 東壁青龍わき 黒色コロニー
28	2004.9.6	冷却前	T4906-10-4	高松塚	石室内 東壁青龍わき 黒色コロニー
29	2004.9.6	冷却前	T4906-12-7	高松塚	石室内 壁面上のダニ（成体）個体数不詳
30	2006.11.14	石室解体中	T61114-1-5	高松塚	ふさぎ石 一層目 西南第1石　黒色
31	2006.11.14	石室解体中	T61114-1-9	高松塚	ふさぎ石 一層目 西南第1石　黒色
32	2006.11.14	石室解体中	T61114-1-10	高松塚	ふさぎ石 一層目 西南第1石　黒色
33	2006.12.13	石室解体中	T61213-19-2	高松塚	石室外　西側 H13工事 保存施設西（左）側 ふさぎ用凝灰岩側面（取合部上付近）
34	2006.12.13	石室解体中	T61213-24-2	高松塚	石室外　東側 右奥 側面　手前 マット裏面の根（取合部上付近）
35	2007.2.13	石室解体中	T7213-1-2	高松塚	取合部　擬土 西　石材近傍　灰
36	2007.2.13	石室解体中	T7213-2-2	高松塚	取合部　擬土 西　灰緑
37	2007.2.13	石室解体中	T7213-3-2	高松塚	取合部　西　擬土　黒
38	2007.2.13	石室解体中	T7213-4-2	高松塚	取合部　擬土 東　灰綿
39	2007.2.13	石室解体中	T7213-5-2	高松塚	取合部　西　灰緑（②と同じ）
40	2007.2.14	石室解体中	T7214-7-2	高松塚	取合部　西（左）側くぼみの中　灰色
41	2007.2.14	石室解体中	T7214-8-2	高松塚	取合部　西（左）側くぼみの中　黒色
42	2007.2.14	石室解体中	T7214-12-2	高松塚	取合部　石室天井　石材表面　西側　黒色
43	2007.2.14	石室解体中	T7214-13s-2	高松塚	取合部　石室天井 西端石室直上土　147次　5ALI 旧発掘区内
44	2007.3.20	石室解体中	T7320-1-6	高松塚	147次　5ALI　取合部 南西隅崩落土除去後 墓道埋土断面 070320
45	2007.5.8	石室解体中	T7508-1-2	高松塚	北側（石室北壁より約1 m北）カビが生えやすい地層面の土 070508
46	2007.4.17	石室解体中	T7417-7-2	高松塚	石室内　070417 #1（メモ：西側3 女子群像 北右上から40 cm程離れている（北右上））
47	2007.4.17	石室解体中	T7417-11-2	高松塚	北壁石 壁面西側下方 黒シミ 070417 #5
48	2007.4.17	石室解体中	T7417-20-2	高松塚	北壁石 西壁（3石）との石材間 隙間の黒色物質 070417 #14
49	2007.4.26	石室解体中	T7426-17-8	高松塚	側3　西畔　床から5 cm　070426
50	2007.5.10	石室解体中	T7510-9-2	高松塚	西3石 取外し跡の床石面　西寄り中央　黒～茶褐色物質　070510
51	2007.5.11	石室解体中	T7511-5-2	高松塚	西3石 壁面底辺部左側　070511
52	2007.5.17	石室解体中	T7517-11-2	高松塚	天井石1と2 継ぎ目間（残土）赤っぽい
53	2007.5.18	石室解体中	T7518-1-2	高松塚	東3石 壁面と底面との境目付近 黒色ねばねば　070518
54	2007.5.18	石室解体中	T7518-2-2	高松塚	西3石 底面（石室側）左上 黒色ねばねば　070518
55	2007.5.18	石室解体中	T7518-5-2	高松塚	西3石 底面（外側）右下 茶パラパラ　070518
56	2007.5.21	石室解体中	T7521-7-2	高松塚	盗掘口（プラスチックカバー下）進入口付近　黒 070521-7
57	2007.5.28	石室解体中	T7528-5-4	高松塚	西壁石2 上端 天井石2との接合面
58	2007.5.28	石室解体中	T7528-11-5	高松塚	東壁石1 東畔 土 黒色部分に接しているところ
59	2007.6.15	石室解体中	T7615-10-8	高松塚	西壁石1 南小口 右側下部 黒色ネバネバ 070615-10
60	2007.6.15	石室解体中	T7615-10-9	高松塚	西壁石1 南小口 右側下部 黒色ネバネバ 070615-10
61	2007.6.26	石室解体中	T7626-14-1	高松塚	西壁石1（男子群像）床石との接触面:底面　070626-e
62	2007.8.29	石室解体中	T7829-1-2	高松塚	床石4下（東）約15 cm下 緑色微砂層 070829
63	2007.8.29	石室解体中	T7829-1-3	高松塚	床石4下（東）約15 cm下 緑色微砂層 070829
64	2007.8.29	石室解体中	T7829-2-2	高松塚	床石3下（東）約10 cm 淡褐版築土 070829
65	2007.8.29	石室解体中	T7829-3-4	高松塚	床石2下から10 cm下 淡褐色版築土 070829
66	2008.8.4	墳丘部発掘	T8804-4-1	高松塚	保存施設 東側　旧発掘区 上面 ④ 080804 粘土質
67	2008.10.27	墳丘部発掘	T81027-1-1	高松塚	墳丘南東斜面オリジナル土（上層の版築）土壌サンプル No.7 081027
68	2008.10.27	墳丘部発掘	T81027-2-1	高松塚	古墳周辺東側の地山 土壌サンプル No.9 081027
69	2008.10.27	墳丘部発掘	T81027-2-2	高松塚	古墳周辺東側の地山 土壌サンプル No.9 081027
70	2008.10.28	墳丘部発掘	T81028-1	高松塚	古墳周辺北側の地山 土壌サンプル No.10 081028
71	2008.10.28	墳丘部発掘	T81028-2	高松塚	古墳周辺北側の地山 土壌サンプル No.10 081028
72	2008.10.28	墳丘部発掘	T81028-3	高松塚	古墳周辺北側の地山 土壌サンプル No.10 081028
73	2008.11.19	墳丘部発掘	T81119-1-1	高松塚	保存施設 東堀形内 埋土① 081119
74	2008.11.19	墳丘部発掘	T81119-2-1	高松塚	保存施設 西側堀形 埋土① 081119
75	2008.11.19	墳丘部発掘	T81119-1-12	高松塚	保存施設 東堀形内 埋土① 081119
76	2008.12.3	墳丘部発掘	T81203-2-1	高松塚	西側 墳丘土 オリジナル（版築）（カビらしきものあり）081203
77	2008.12.3	墳丘部発掘	T81203-3-1	高松塚	東側 墳丘土 オリジナル 白色版築土（取合部凝灰岩の裏）081203
78	2008.12.3	墳丘部発掘	T81203-5-1	高松塚	墓道 東側 オリジナル盛土（版築の上方）（取合部から南に2 m）081203
79	2008.12.3	墳丘部発掘	T81203-9-2	高松塚	西8 凝灰岩 取合部の壁 擬土を外したところ 下から4番目のブロック 081203
80	2009.2.17	墳丘部発掘	T9217-5	高松塚	墳丘南西斜面 断割内版築（A-I区）土壌サンプル No. 8 090217 （墳丘南西斜面オリジナル土（上層の版築）

＊1　赤文字は遺伝子解析実施分離株（28S）

＊2　試料採取日の略号。平成 15（2003）年、平成 16（2004）年、平成 18（2006）年、平成 19（2007）年、平成 20（2008）年、平成 21（2009）年と月日を示す。

Tab. 4　高松塚古墳石室内外から分離された暗色系 *Acremonium* 属（*Acremonium* sect. *Gliomastix*）の分離株一覧＊1

No.	試料採取＊2	時期	株番号	分離源（試料採取箇所）のメモ		グループ＊3
1	2004.5.19	冷却前	T4519-5-1	高松塚	石室内 床面　白色コロニー	masseei
2	2006.5.17	冷却後安定期	T6517-1-1	高松塚	石室内 西壁 女子 額の黒色部分　No.①	masseei
3	2006.5.17	冷却後安定期	T6517-2-1	高松塚	石室内 西壁 女子 襟部分の黒色部分　No.②	masseei
4	2006.5.17	冷却後安定期	T6517-3-1	高松塚	石室内 西壁 左女子 頭部後方の黒色部分　No.③	masseei
5	2006.5.17	冷却後安定期	T6517-5-1	高松塚	石室内 西壁 中央部　黒色部分　No.⑤	masseei
6	2006.5.17	冷却後安定期	T6517-6-1	高松塚	石室内 西壁 朱線の下　黒色部分　No.⑥	masseei
7	2006.5.17	冷却後安定期	T6517-7-1	高松塚	石室内 西壁 白虎頭上　黒色部分　No.⑦	masseei
8	2006.5.17	冷却後安定期	T6517-8-1	高松塚	石室内 東壁 右女子上　白いカビ　No.⑧	masseei
9	2006.5.17	冷却後安定期	T6517-11-1	高松塚	石室内 西壁 女子 額の黒色部分①(T5617-1)と同じ箇所No.⑪	masseei
10	2006.7.13	冷却後安定期	T6713-1-1	高松塚	石室内 西壁女子右肩の黒いシミ	masseei
11	2006.7.13	冷却後安定期	T6713-2-1	高松塚	石室内 西壁 左女子 頭部後方の黒カビ	masseei
12	2006.7.13	冷却後安定期	T6713-4-1	高松塚	石室内　西壁 中央 朱線の下　黒カビ	masseei
13	2006.7.13	冷却後安定期	T6713-8-1	高松塚	石室内　東壁 右女子上　黒カビ	masseei
14	2006.7.13	冷却後安定期	T6713-12-1	高松塚	石室内　天井　黒カビ	masseei
15	2006.7.13	冷却後安定期	T6713-14-1	高松塚	石室内　西壁 男子群像上部の黒カビ	masseei
16	2006.10.17	冷却後安定期	T61017-1-1	高松塚	石室内 西壁中央女子 額（= T6517-1, 文化財No.1）	masseei
17	2006.10.17	冷却後安定期	T61017-2-1	高松塚	石室内 西壁中央女子 襟部分（= T6517-2, 文化財No.2）	masseei
18	2006.10.17	冷却後安定期	T61017-3-1	高松塚	石室内 西壁左女子 頭部後方（= T6517-3, 文化財No.3）	masseei
19	2006.10.17	冷却後安定期	T61017-4-1	高松塚	石室内 西壁中央部（= T6517-5, 文化財No.5）	masseei
20	2006.10.17	冷却後安定期	T61017-5-1	高松塚	石室内 西壁朱線の下（= T6517-6, 文化財No.6）	masseei
21	2006.10.17	冷却後安定期	T61017-9-1	高松塚	石室内 天井 北東部（文化財No.21）	masseei
22	2006.10.17	冷却後安定期	T61017-10-1	高松塚	石室内 天井 北西部（文化財No.22）	masseei
23	2006.12.13	冷却後安定期	T61213-1-6	高松塚	石室内 西壁中央女子 額：黒カビ ゲル状	masseei
24	2006.12.13	冷却後安定期	T61213-2-1	高松塚	石室内 西壁中央女子 襟部分：ゲル状(黒色)	masseei
25	2006.12.13	冷却後安定期	T61213-3-9	高松塚	石室内 西壁左女子 頭部後方：黒カビ	masseei
26	2006.12.13	冷却後安定期	T61213-4-3	高松塚	石室内 西壁中央部：黒カビ	masseei
27	2006.12.13	冷却後安定期	T61213-5-4	高松塚	石室内 西壁朱線の下：黒カビ	masseei
28	2006.12.13	冷却後安定期	T61213-6-1	高松塚	石室内 西壁白虎頭上：ゲル状	masseei
29	2006.12.13	冷却後安定期	T61213-9-1	高松塚	石室内 天井 北側第一石 東側　黒カビ	masseei
30	2006.12.13	冷却後安定期	T61213-10-1	高松塚	石室内 天井 北側第一第二石境目近く 中央付近	masseei
31	2006.12.13	冷却後安定期	T61213-11-1	高松塚	石室内 西壁右女子 袖上：黒カビ	masseei
32	2006.12.13	冷却後安定期	T61213-15-1	高松塚	石室内 西壁男子群像右足元：黒カビ	masseei
33	2007.4.17	石室解体中	T7417-7●	高松塚	西壁石3 壁面 #1(メモ:西側3 女子群像 北右上から40 cm程離れている(北右上))	masseei
34	2007.4.17	石室解体中	T7417-9●	高松塚	東壁石3 壁面 #3(メモ:東側3 女子群像 北左下 40 cm程離れている(石材北端より5 cm))	masseei
35	2007.4.17	石室解体中	T7417-10●	高松塚	東壁石3 壁面 #4(メモ:東側3 女子群像 北左下 衣すそから10 cm離れている(北左下))	masseei
36	2007.4.17	石室解体中	T7417-11●	高松塚	北壁石 壁面西側下方 黒シミ 070417 #5	masseei
37	2007.4.17	石室解体中	T7417-12●	高松塚	北壁石 壁面中央やや東寄り下方 黒シミ 070417 #6	masseei
38	2007.4.17	石室解体中	T7417-16●	高松塚	北壁石 壁面中央上方 黒すす(シミ) 070417 #10	masseei
39	2007.4.17	石室解体中	T7417-21●	高松塚	北壁石 床面との間 漆喰、木の根 070417 #15	masseei
40	2007.5.2	石室解体中	T7502-1●	高松塚	西2壁面　右下(北寄り:3石から数10 cm)黒色 円状コロニー 070502(エタノール処理前)	masseei
41	2007.5.7	石室解体中	T7507-1●	高松塚	東3壁面(女子群像)　左上(北寄り)黒色 070507	masseei
42	2007.5.7	石室解体中	T7507-2●	高松塚	東3壁面　女子群像下　黒色 070507	masseei
43	2007.5.10	石室解体中	T7510-1-1	高松塚	147次 5ALI 西壁石3 南小口上半 漆喰片(西3-西2間)	masseei
44	2007.5.17	石室解体中	T7517-11●	高松塚	天井石1と2 継ぎ目間(残土)赤っぽい	masseei
45	2007.5.28	石室解体中	T7528-5●	高松塚	西壁石2 上端 天井石2との接合面	masseei
46	2007.6.14	石室解体中	T7614-2-1	高松塚	西壁石1と2の接合面 取外し後の漆喰・土の混合物	masseei
47	2001.12	冷却前	分離株なし▲	高松塚	石室内東壁中央部 青龍下 汚れ箇所	cf. murorum
48	2001.12	冷却前	分離株なし▲	高松塚	石室内西壁中央部 白虎 左	cf. murorum
49	2006.7.13	冷却後安定期	T6713-14-2	高松塚	石室内　西壁 男子群像上部の黒カビ	murorum
50	2007.8.20	石室解体中	T7820-5-1	高松塚	床石4 南小口面 下段中央 #5 070820	murorum
51	2007.8.21	石室解体中	T7821-7-1	高松塚	床石1 北小口面 下部左側 赤茶色 粘土 根っこ含む #34 070821	murorum
52	2006.7.13	冷却後安定期	T6713-22-1a	高松塚	空中菌③ 前室B	polychromum
53	2006.7.13	冷却後安定期	T6713-22-1b	高松塚	空中菌③ 前室B	polychromum

＊1　赤文字は遺伝子解析実施分離株（28S と ITS）

＊2　試料採取日の略号。平成 16（2004）年、平成 18（2006）年、平成 19（2007）年、平成 13（2001）年と月日を示す。

＊3　グループ：一部の菌株を除き、培養性状、形態、遺伝子解析（28S と ITS）の総合的な見解に基づいて種を同定。Tab. 4 中のグループ名称については、属名ならびに節名を省略して、種形容語のみをローマン体で表記してある。

▲国宝高松塚古墳壁画恒久保存対策検討会（第 10 回）－資料 5「高松塚古墳壁画の劣化の経緯と生物的要因について」掲載資料（光学顕微鏡写真）に基づき、種を推定。しかし、分離株は現存しないため詳細な比較検討は困難。

●コロニー性状および形態的特徴に基づき種を同定、遺伝子解析は未実施。

Tab. 5　高松塚古墳石室内外から分離された酵母（*Candida* 属、*Meyerozyma* 属、*Pichia* 属）の分離株一覧*1

No.	試料採取*2	時期	株番号	試料採取箇所（分離源）のメモ	グループ*3
1	2004.5.19	冷却前	T4519-6-5	石室内 床面、ガーゼ上、白色コロニー	*Meyerozyma guilliermondii*
2	2006.2.20	冷却後安定期	T6220-7-2	石室内 西壁 女子群像右肩の赤い着物上のスポット	*Meyerozyma guilliermondii*
3	2006.5.17	冷却後安定期	T6517-1-3	石室内 西壁 女子 額の黒色部分 No.①	*Meyerozyma guilliermondii*
4	2006.5.17	冷却後安定期	T6517-3-4	石室内 西壁 左女子 頭部後方の黒色部分 No.③	*Meyerozyma guilliermondii*
5	2006.5.17	冷却後安定期	T6517-10-3	石室内 西壁 左女子 頭部後方で捕獲した白い虫 No.⑩	*Meyerozyma guilliermondii*
6	2006.5.17	冷却後安定期	T6517-14-4	取合部 右(東)側 黒色部分 060517-3	*Meyerozyma guilliermondii*
7	2006.5.17	冷却後安定期	T6517-14-5	取合部 右(東)側 黒色部分 060517-3	*Meyerozyma guilliermondii*
8	2006.11.14	冷却後安定期	T61114-3-10	ふさぎ石 一層目 北 白色	*Meyerozyma guilliermondii*
9	2006.11.14	冷却後安定期	T61114-6-13	ふさぎ石 一層目 北 茶	*Meyerozyma guilliermondii*
10	2006.12.13	冷却後安定期	T61213-14-9	石室内 西壁中央付近の床上 ：トビムシ類2個体	*Meyerozyma guilliermondii*
11	2007.2.13	石室解体中	T7213-2-10y	取合部 擬土 西 灰緑	*Meyerozyma guilliermondii*
12	2007.2.13	石室解体中	T7213-3-y	取合部 西 擬土 黒	*Meyerozyma guilliermondii*
13	2007.2.14	石室解体中	T7214-1-y	取合部（取上天板）石室天井 石材表面 黒色	*Meyerozyma guilliermondii*
14	2007.2.14	石室解体中	T7214-2-y	取合部 ひさし下 東(右)側 / 石室天井 東壁, 発掘	*Meyerozyma guilliermondii*
15	2007.2.14	石室解体中	T7214-3-y	取合部 石室直上 旧発掘箇所	*Meyerozyma guilliermondii*
16	2007.2.14	石室解体中	T7214-4-y	取合部 西側面	*Meyerozyma guilliermondii*
17	2007.2.14	石室解体中	T7214-14-y	取合部 露出した石室天井石の一部を掘り起こした黒色部分	*Meyerozyma guilliermondii*
18	2005.9.16	冷却直後	T5916-5-3	石室内 東壁 女子群像 右の人物下、ゲル状	*Candida tumulicola*
19	2005.9.16	冷却直後	T5916-6-3	石室内 東壁 女子群像下、ゲル状	*Candida tumulicola*
20	2005.9.16	冷却直後	T5916-8-2	石室内 東壁 青龍 左 茶しみ中の黒カビ跡、ベタベタ状	*Candida tumulicola*
21	2006.2.20	冷却後安定期	T6220-1-4	石室内 西壁 女子群像より左	*Candida tumulicola*
22	2006.2.20	冷却後安定期	T6220-6-3	石室内 東壁 青龍後ろ足付近	*Candida tumulicola*
23	2006.5.17	冷却後安定期	T6517-3-6	石室内 西壁 左女子 頭部後方の黒色部分 No.③	*Candida tumulicola*
24	2006.5.17	冷却後安定期	T6517-7-3	石室内 西壁 白虎頭上 黒色部分 No.⑦	*Candida tumulicola*
25	2006.5.17	冷却後安定期	T6517-8-2	石室内 東壁 右女子上 白いカビ No.⑧	*Candida tumulicola*
26	2006.5.17	冷却後安定期	T6517-9-5	石室内 東壁 右女子足元下 ゲル状部分 No.⑨	*Candida tumulicola*
27	2006.12.13	冷却後安定期	T61213-1-5	石室内 西壁中央女子 額 ：黒カビ ゲル状	*Candida tumulicola*
28	2006.12.13	冷却後安定期	T61213-3-5	石室内 西壁左女子 頭部後方 ：黒カビ	*Candida tumulicola*
29	2006.12.13	冷却後安定期	T61213-7-9	石室内 東壁右女子上 ：白カビ 4-5 mm	*Candida tumulicola*
30	2006.12.13	冷却後安定期	T61213-7-10	石室内 東壁右女子上 ：白カビ 4-5 mm	*Candida tumulicola*
31	2006.12.13	冷却後安定期	T61213-12-11	石室内 北壁天井寄り右上 ：ゲル	*Candida tumulicola*
32	2006.12.13	冷却後安定期	T61213-14-8	石室内 西壁中央付近の床上 ：トビムシ類2個体	*Candida tumulicola*
33	2007.5.10	石室解体中	T7510-3-7y	西2石 北側小口面 下方東寄り 黒褐色物質（ゲル状）070510	*Candida tumulicola*
34	2004.9.22	冷却前	T4922-1-1	石室内 奥（B-1:1a（落下菌:CP添加PDAを10分間開放）	*Candida takamatsuzukensis*
35	2005.9.16	冷却直後	T5916-2-4	石室内 西壁 白虎 後肢下、ゲル状	*Candida takamatsuzukensis*
36	2006.5.17	冷却後安定期	T6517-3-3	石室内 西壁 左女子 頭部後方の黒色部分 No.③	*Candida takamatsuzukensis*
37	2006.12.13	冷却後安定期	T61213-3-6	石室内 西壁左女子 頭部後方 ：黒カビ	*Candida takamatsuzukensis*
38	2006.12.13	冷却後安定期	T61213-12-12	石室内 北壁天井寄り右上 ：ゲル	*Candida takamatsuzukensis*
39	2006.12.13	冷却後安定期	T61213-13-9	石室内 北壁玄武右下側 ：ゲル	*Candida takamatsuzukensis*
40	2006.12.13	冷却後安定期	T61213-12-13	石室内 北壁天井寄り右上 ：ゲル	*Pichia membranifaciens*
41	2006.12.13	冷却後安定期	T61213-14-5a	石室内 西壁中央付近の床上 ：トビムシ類2個体	*Pichia membranifaciens*
42	2006.12.13	冷却後安定期	T61213-14-5b	石室内 西壁中央付近の床上 ：トビムシ類2個体	*Pichia membranifaciens*
43	2006.12.13	冷却後安定期	T61213-14-6	石室内 西壁中央付近の床上 ：トビムシ類2個体	*Pichia membranifaciens*
44	2004.7.16	冷却前	T4716-3	石室内 壁面、白虎の爪の箇所（高松粘菌）	*Pichia membranifaciens*

*1　赤文字は遺伝子解析実施分離株（26S）

*2　試料採取日の略号。平成16（2004）年、平成17（2005）年、平成18（2006）年、平成19（2007）年と月日を示す。

*3　グループ：培養性状、形態、遺伝子解析（26S）の総合的な見解に基づいて種を同定。

Tab. 6　高松塚古墳石室内外から分離された *Stenotrophomonas* 属の分離株一覧*1

No.	試料採取*2	時期	株番号	試料採取箇所（分離源）のメモ	グループ*3
1	2005.9.16	冷却直後	T5916-2-1b	石室内 西壁 白虎 後肢下、ゲル状	sp. 1(新種)
2	2006.5.17	冷却後安定期	T6517-1-2b	石室内 西壁 女子 額の黒色部分 No.①	sp. 1(新種)
3	2006.5.17	冷却後安定期	T6517-2-2b, 3b	石室内 西壁 女子 襟部分の黒色部分 No.②	sp. 1(新種)
4	2006.5.17	冷却後安定期	T6517-3-2b	石室内 西壁 左女子 頭部後方の黒色部分 No.③	sp. 1(新種)
5	2006.5.17	冷却後安定期	T6517-5-3b	石室内 西壁 中央部 黒色部分 No.⑤	sp. 1(新種)
6	2006.5.17	冷却後安定期	T6517-6-3b	石室内 西壁 朱線の下 黒色部分 No.⑥	sp. 1(新種)
7	2006.5.17	冷却後安定期	T6517-7-4b	石室内 西壁 白虎頭上 黒色部分 No.⑦	sp. 1(新種)
8	2006.5.17	冷却後安定期	T6517-8-4b	石室内 東壁 右女子上 白いカビ No.⑧	sp. 1(新種)
9	2006.5.17	冷却後安定期	T6517-10-2b	石室内 西壁 左女子 頭部後方で捕獲した白い虫 No.⑩	sp. 1(新種)
10	2006.5.17	冷却後安定期	T6517-11-2b	石室内 西壁 女子 額の黒色部分（①(T5617-1)と同じ箇所）No.⑪	sp. 1(新種)
11	2006.7.13	冷却後安定期	T6713-2-2b	石室内 西壁 左女子 頭部後方の黒カビ	sp. 1(新種)
12	2006.7.13	冷却後安定期	T6713-4-4b	石室内 西壁 中央 朱線の下 黒カビ	sp. 1(新種)
13	2006.7.13	冷却後安定期	T6713-8-2b	石室内 東壁 右女子上 黒カビ	sp. 1(新種)
14	2006.7.13	冷却後安定期	T6713-12-2b	石室内 天井 黒カビ	sp. 1(新種)
15	2006.7.13	冷却後安定期	T6713-13-2b	石室内 東壁 女子群像下方の床付近の土	sp. 1(新種)
16	2006.10.17	冷却後安定期	T61017-1-2b	石室内 西壁中央女子 額（= T6517-1, 文化財No.1）	sp. 1(新種)
17	2006.10.17	冷却後安定期	T61017-2-2b	石室内 西壁中央女子 襟部分（= T6517-2, 文化財No.2）	sp. 1(新種)
18	2006.10.17	冷却後安定期	T61017-4-3b	石室内 西壁中央部（= T6517-5, 文化財No.5）	sp. 1(新種)
19	2006.10.17	冷却後安定期	T61017-5-3b	石室内 西壁朱線の下（= T6517-6, 文化財No.6）	sp. 1(新種)
20	2006.10.17	冷却後安定期	T61017-9-3b	石室内 天井 北東部 文化財No.21	sp. 1(新種)
21	2006.10.17	冷却後安定期	T61017-10-3b	石室内 天井 北西部 文化財No.22	sp. 1(新種)
22	2007.2.14	石室解体中	T7214-12-2b	取合部 石室天井 石材表面 西側 黒色	sp. 1(新種)
23	2007.4.10	石室解体中	T7410-3-2b	北壁 背面 東寄り中央 黒色部分	sp. 1(新種)
24	2007.4.17	石室解体中	T7417-2-1b	西側 3 小口 070417 ②	sp. 1(新種)
25	2007.4.17	石室解体中	T7417-7-2b	西壁石3 #1（メモ：西側3 女子群像 北右上から40 cm程離れている（北右上））	sp. 1(新種)
26	2007.4.25	石室解体中	T7425-4-2b	東3石 上小口面 黒色物質1（中央）070425	sp. 1(新種)
27	2007.4.26	石室解体中	T7426-5-1b	天井石2 西側黒色物質（ピット状の穴につまっていたもの）	sp. 1(新種)
28	2007.4.26	石室解体中	T7426-9-4b	天井石2漆喰面北東側 ゲル様褐色物質070426	sp. 1(新種)
29	2007.5.17	石室解体中	T7517-5-3b	東2石 北小口 黒色ベタベタ（石室側下部） 070517	sp. 1(新種)
30	2007.5.21	石室解体中	T7521-8a-1b	盗掘口プラスチックカバー 下部：石室側 （A～C）	sp. 1(新種)
31	2006.2.20	冷却後安定期	T6220-6-1b	石室内 東壁 青龍後ろ足付近	sp. 2 (*S.* aff. *maltophilia*)
32	2006.7.13	冷却後安定期	T6713-10-4b	石室内 北壁 右上 紫色ゲル	sp. 2 (*S.* aff. *maltophilia*)
33	2007.2.14	石室解体中	T7214-8-1b	取合部 西（左）側くぼみの中 黒色	sp. 3 (*S.* aff. *maltophilia*)

*1　赤文字は遺伝子解析実施分離株（16S）

*2　試料採取日の略号。平成 17（2005）年、平成 18（2006）年、平成 19（2007）年と月日を示す。

*3　グループ：赤文字表記の分離株は培養性状、形態、遺伝子解析（16S）に基づいて簡易的に同定し、分類群を分けたもの（供試当時の名称、現時点の学名については Tab. 10 を参照）。黒文字の表記の分離株については培養性状と形態的特徴に基づくグルーピング（第 3 章 6 節参照）。表中では属名を省略して記述した。よって、「sp. 1（新種）」は *Stenotrophomonas* sp. 1（新種）、「sp. 2（*S.* aff. *maltophilia*）」は *Stenotrophomonas* sp. 2（*S.* aff. *maltophilia*）、「sp. 3（*S.* aff. *maltophilia*）」は *Stenotrophomonas* sp. 3（*S.* aff. *maltophilia*）を意味する。

Tab. 7　高松塚古墳石室内外から分離された *Ochrobactrum* 属の分離株一覧＊1

No.	試料採取＊2	時期	株番号	試料採取箇所(分離源)のメモ	グループ＊3
1	2005.9.16	冷却直後	T5916-1-1b	西壁 白虎 前肢下、ゲル状	sp. 1 (*O.* aff. *grignonense*)
2	2005.9.16	冷却直後	T5916-7-1b	石室内 東壁 青龍 右下、ベタベタ状	sp. 1 (*O.* aff. *grignonense*)
3	2006.2.20	冷却後安定期	T6220-2-3b	石室内 西壁 女子群像 頭上	sp. 2 (*O.* aff. *pituitosum*)
4	2006.2.20	冷却後安定期	T6220-4-3b	石室内 西壁 白虎 下方	sp. 2 (*O.* aff. *pituitosum*)
5	2006.2.20	冷却後安定期	T6220-5-3b	石室内 西壁 白虎 前足	sp. 2 (*O.* aff. *pituitosum*)
6	2006.5.17	冷却後安定期	T6517-1-5b	石室内 西壁 女子 額の黒色部分 No.①	sp. 2 (*O.* aff. *pituitosum*)
7	2006.5.17	冷却後安定期	T6517-3-3b	石室内 西壁 左女子 頭部後方の黒色部分 No.③	sp. 2 (*O.* aff. *pituitosum*)
8	2006.5.17	冷却後安定期	T6517-6-2b	石室内 西壁 朱線の下 黒色部分 No.⑥	sp. 2 (*O.* aff. *pituitosum*)
9	2006.5.17	冷却後安定期	T6517-8-3b	石室内 東壁 右女子上 白いカビ No.⑧	sp. 2 (*O.* aff. *pituitosum*)
10	2006.5.17	冷却後安定期	T6517-9-2b	石室内 東壁 右女子足元下 ゲル状部分 No.⑨	sp. 2 (*O.* aff. *pituitosum*)
11	2006.7.13	冷却後安定期	T6713-1-4b	石室内 西壁 女子右肩の黒いシミ	sp. 2 (*O.* aff. *pituitosum*)
12	2006.7.13	冷却後安定期	T6713-3-3b	石室内 西壁 北側中央の紫ゲル	sp. 2 (*O.* aff. *pituitosum*)
13	2006.7.13	冷却後安定期	T6713-4-2b	石室内 西壁 中央 朱線の下 黒カビ	sp. 2 (*O.* aff. *pituitosum*)
14	2006.7.13	冷却後安定期	T6713-5-2b	石室内 西壁 中央下部 茶ゲル	sp. 2 (*O.* aff. *pituitosum*)
15	2006.7.13	冷却後安定期	T6713-6-2b	石室内 東壁 右女子足元下 茶色ゲル	sp. 2 (*O.* aff. *pituitosum*)
16	2006.7.13	冷却後安定期	T6713-7-2b	石室内 東壁 南側上方 紫色ゲル	sp. 2 (*O.* aff. *pituitosum*)
17	2006.7.13	冷却後安定期	T6713-8-3b	石室内 東壁 右女子上 黒カビ	sp. 2 (*O.* aff. *pituitosum*)
18	2006.7.13	冷却後安定期	T6713-9-3b	石室内 東壁 中央青龍左側の黒カビ(茶ゲル？)	sp. 2 (*O.* aff. *pituitosum*)
19	2006.7.13	冷却後安定期	T6713-10-2b	石室内 北壁 右上 紫色ゲル	sp. 2 (*O.* aff. *pituitosum*)
20	2006.7.13	冷却後安定期	T6713-11-3b	石室内 天井 紫色ゲル	sp. 2 (*O.* aff. *pituitosum*)
21	2006.7.13	冷却後安定期	T6713-15-5b	取合部 Oidiodendron sp. 発生場所	sp. 2 (*O.* aff. *pituitosum*)
22	2006.10.17	冷却後安定期	T61017-1-4b	石室内 西壁中央女子 額 (= T6517-1, 文化財No.1)	sp. 2 (*O.* aff. *pituitosum*)
23	2006.10.17	冷却後安定期	T61017-3-2b	石室内 西壁左女子 頭部後方 (= T6517-3, 文化財No.3)	sp. 2 (*O.* aff. *pituitosum*)
24	2006.10.17	冷却後安定期	T61017-4-2b	石室内 西壁中央部 (= T6517-5, 文化財No.5)	sp. 2 (*O.* aff. *pituitosum*)
25	2006.10.17	冷却後安定期	T61017-6-3b	石室内 西壁白虎頭上 (= T6517-7, 文化財No.7)	sp. 2 (*O.* aff. *pituitosum*)
26	2006.10.17	冷却後安定期	T61017-7-2b	石室内 東壁右女子上 白いカビ？ (= T6517-8, 文化財No.8)	sp. 2 (*O.* aff. *pituitosum*)
27	2006.10.17	冷却後安定期	T61017-9-4b	石室内 天井 北東部 文化財No.21	sp. 2 (*O.* aff. *pituitosum*)
28	2006.10.17	冷却後安定期	T61017-10-2b	石室内 天井 北西部 文化財No.22	sp. 2 (*O.* aff. *pituitosum*)
29	2006.10.17	冷却後安定期	T61017-11-2b	石室内 北壁玄武右上 (新規採取箇所, 文化財No.30)	sp. 2 (*O.* aff. *pituitosum*)
30	2007.4.5	石室解体中	T7405-3-2b	北壁 北側畦上面 黒色部 高北土湿	sp. 2 (*O.* aff. *pituitosum*)
31	2007.4.10	石室解体中	T7410-1-7b	北壁 面北寄り間上部目地漆喰	sp. 2 (*O.* aff. *pituitosum*)
32	2007.4.13	石室解体中	T7413-7-1b	漆喰除去後の北壁と東3石との接合下部、東3石側の黒色膜状物質 (石室へ続く隙間から採取)	sp. 2 (*O.* aff. *pituitosum*)
33	2007.4.17	石室解体中	T7417-2-3b	西側 3 小口 070417 ②	sp. 2 (*O.* aff. *pituitosum*)
34	2007.4.17	石室解体中	T7417-7-3b	西壁石3 #1(メモ:西側3 女子群像 北右上から40 cm程離れている(北右上))	sp. 2 (*O.* aff. *pituitosum*)
35	2007.4.17	石室解体中	T7417-11-3b	北壁石 壁面西側下方 黒シミ 070417 #5	sp. 2 (*O.* aff. *pituitosum*)
36	2007.4.17	石室解体中	T7417-12-3b	北壁石 壁面中央やや東寄り下方 黒シミ 070417 #6	sp. 2 (*O.* aff. *pituitosum*)
37	2007.4.17	石室解体中	T7417-13-2b	北壁石 壁面東側下方(玄武右斜め下方)黒シミ・ゲル 070417 #7	sp. 2 (*O.* aff. *pituitosum*)
38	2007.4.17	石室解体中	T7417-14-3b	北壁石 壁面中央下方 ゲル 070417 #8	sp. 2 (*O.* aff. *pituitosum*)
39	2007.4.17	石室解体中	T7417-17-3b	北壁石 壁面玄武東斜め上 緑色 070417 #11	sp. 2 (*O.* aff. *pituitosum*)
40	2007.4.25	石室解体中	T7425-1-3b	西3石 上小口面 黒色物質1(北寄り)	sp. 2 (*O.* aff. *pituitosum*)
41	2007.4.26	石室解体中	T7426-6-2b	天井石2 南側小口面 黒色物質	sp. 2 (*O.* aff. *pituitosum*)
42	2007.4.26	石室解体中	T7426-9-3b	天井石2 漆喰面北東側 ゲル様褐色物質	sp. 2 (*O.* aff. *pituitosum*)

＊1　赤文字は遺伝子解析実施分離株(16S)

＊2　試料採取日の略号。平成17(2005)年、平成18(2006)年、平成19(2007)年と月日を示す。

＊3　グループ:赤文字表記の分離株は培養性状、形態、遺伝子解析(16S)に基づいて簡易的に同定し、分類群を分けたもの(供試当時の名称、現時点の学名については Tab. 10を参照)。黒文字の表記の分離株については培養性状と形態的特徴に基づくグルーピング(第3章6節参照)。表中では属名を省略して記述した。よって、「sp. 1(*O.* aff. *grignonense*)」は *Ochrobactrum* sp. 1 (*O.* aff. *grignonense*)、「sp. 2 (*O.* aff. *pituitosum*)」は *Ochrobactrum* sp. 2 (*O.* aff. *pituitosum*)を意味する。

Tab. 8　高松塚古墳石室内外から分離された *Bacillus* 属（主に *B. thuringiensis, B. simplex*）の分離株一覧＊[1]

No.	試料採取＊[2]	時期	株番号	試料採取箇所（分離源）のメモ	グループ＊[3]
1	2005.9.16	冷却直後	T5916-2-3b	石室内 西壁 白虎 後肢下、ゲル状	sp. 1 (*B.* aff. *thuringiensis*)
2	2005.9.16	冷却直後	T5916-3-1b	石室内 西壁 女子群像 左の人物のも裾下、ベタベタ状	sp. 1 (*B.* aff. *thuringiensis*)
3	2005.9.16	冷却直後	T5916-4-2b	石室内 西壁 女子群像 左の人物下 数cm、ベタベタ状	sp. 1 (*B.* aff. *thuringiensis*)
4	2005.9.16	冷却直後	T5916-5-1b	石室内 東壁 女子群像 右の人物下、ゲル状	sp. 1 (*B.* aff. *thuringiensis*)
5	2005.9.16	冷却直後	T5916-6b	石室内 東壁 女子群像下、ゲル状	sp. 1 (*B.* aff. *thuringiensis*)
6	2005.9.16	冷却直後	T5916-7-2b	石室内 東壁 青龍 右下、ベタベタ状	sp. 1 (*B.* aff. *thuringiensis*)
7	2005.9.16	冷却直後	T5916-8b	石室内 東壁 青龍 左 茶しみ中の黒カビ跡、ベタベタ状	sp. 1 (*B.* aff. *thuringiensis*)
8	2006.2.20	冷却後安定期	T6220-1-1b	石室内 西壁 女子群像より左	sp. 1 (*B.* aff. *thuringiensis*)
9	2006.2.20	冷却後安定期	T6220-2-1b	石室内 西壁 女子群像 頭上	sp. 1 (*B.* aff. *thuringiensis*)
10	2006.2.20	冷却後安定期	T6220-3-1b	石室内 西壁 女子群像 肩	sp. 1 (*B.* aff. *thuringiensis*)
11	2006.2.20	冷却後安定期	T6220-4-1b	石室内 西壁 白虎 下方	sp. 1 (*B.* aff. *thuringiensis*)
12	2006.2.20	冷却後安定期	T6220-5-1b	石室内 西壁 白虎 前足	sp. 1 (*B.* aff. *thuringiensis*)
13	2006.2.20	冷却後安定期	T6220-6-2b	石室内 東壁 青龍後ろ足付近	sp. 1 (*B.* aff. *thuringiensis*)
14	2006.2.20	冷却後安定期	T6220-7-1b	石室内 西壁 女子群像右肩の赤い着物上のスポット	sp. 1 (*B.* aff. *thuringiensis*)
15	2006.5.17	冷却後安定期	T6517-1-1b	石室内 西壁 女子 額の黒色部分　No.①	sp. 1 (*B.* aff. *thuringiensis*)
16	2006.5.17	冷却後安定期	T6517-2-1b	石室内 西壁 女子 襟部分の黒色部分　No.②	sp. 1 (*B.* aff. *thuringiensis*)
17	2006.5.17	冷却後安定期	T6517-3-1b	石室内 西壁 左女子 頭部後方の黒色部分　No.③	sp. 1 (*B.* aff. *thuringiensis*)
18	2006.5.17	冷却後安定期	T6517-5-1b	石室内 西壁 中央部　黒色部分　No.⑤	sp. 1 (*B.* aff. *thuringiensis*)
19	2006.5.17	冷却後安定期	T6517-6-1b	石室内 西壁 朱線の下　黒色部分　No.⑥	sp. 1 (*B.* aff. *thuringiensis*)
20	2006.5.17	冷却後安定期	T6517-7-1b	石室内 西壁 白虎頭上　黒色部分　No.⑦	sp. 1 (*B.* aff. *thuringiensis*)
21	2006.5.17	冷却後安定期	T6517-8-1b	石室内 東壁 右女子上　白いカビ　No.⑧	sp. 1 (*B.* aff. *thuringiensis*)
22	2006.5.17	冷却後安定期	T6517-9-1b	石室内 東壁 右女子足元下　ゲル状部分　No.⑨	sp. 1 (*B.* aff. *thuringiensis*)
23	2006.5.17	冷却後安定期	T6517-10-1b	石室内 西壁 左女子 頭部後方で捕獲した白い虫　No.⑩	sp. 1 (*B.* aff. *thuringiensis*)
24	2006.5.17	冷却後安定期	T6517-11-1b	石室内 西壁 女子 額の黒色部分（①(T5617-1)と同じ箇所）　No.⑪	sp. 1 (*B.* aff. *thuringiensis*)
25	2006.5.17	冷却後安定期	T6517-12b	取合部 左(西)側下方　黒色部分　060517-1	sp. 1 (*B.* aff. *thuringiensis*)
26	2006.5.17	冷却後安定期	T6517-13b	取合部 左(西)側下方　黒色部分　060517-2	sp. 1 (*B.* aff. *thuringiensis*)
27	2006.5.17	冷却後安定期	T6517-14b	取合部 右(東)側　黒色部分　060517-3	sp. 1 (*B.* aff. *thuringiensis*)
28	2006.7.13	冷却後安定期	T6713-1-1b	石室内 西壁 女子右肩の黒いシミ	sp. 1 (*B.* aff. *thuringiensis*)
29	2006.7.13	冷却後安定期	T6713-2-1b	石室内 西壁 左女子 頭部後方の黒カビ	sp. 1 (*B.* aff. *thuringiensis*)
30	2006.7.13	冷却後安定期	T6713-3-1b	石室内 西壁 北側中央の紫ゲル	sp. 1 (*B.* aff. *thuringiensis*)
31	2006.7.13	冷却後安定期	T6713-4-1b	石室内 西壁 中央 朱線の下　黒カビ	sp. 1 (*B.* aff. *thuringiensis*)
32	2006.7.13	冷却後安定期	T6713-5-1b	石室内 西壁 中央下部 茶ゲル	sp. 1 (*B.* aff. *thuringiensis*)
33	2006.7.13	冷却後安定期	T6713-6-1b	石室内 東壁 右女子足元下　茶色ゲル	sp. 1 (*B.* aff. *thuringiensis*)
34	2006.7.13	冷却後安定期	T6713-7-1b	石室内 東壁 南側上方 紫色ゲル	sp. 1 (*B.* aff. *thuringiensis*)
35	2006.7.13	冷却後安定期	T6713-8-1b	石室内 東壁 右女子上　黒カビ	sp. 1 (*B.* aff. *thuringiensis*)
36	2006.7.13	冷却後安定期	T6713-9-1b	石室内 東壁 中央青龍左側の黒カビ（茶ゲル？）	sp. 1 (*B.* aff. *thuringiensis*)
37	2006.7.13	冷却後安定期	T6713-10-1b	石室内 北壁 右上　紫色ゲル	sp. 1 (*B.* aff. *thuringiensis*)
38	2006.7.13	冷却後安定期	T6713-11-1b	石室内 天井　紫色ゲル	sp. 1 (*B.* aff. *thuringiensis*)
39	2006.7.13	冷却後安定期	T6713-12-1b	石室内 天井　黒カビ	sp. 1 (*B.* aff. *thuringiensis*)
40	2006.7.13	冷却後安定期	T6713-13-1b	石室内 東壁 女子群像下方の床付近の土	sp. 1 (*B.* aff. *thuringiensis*)
41	2006.7.13	冷却後安定期	T6713-14-1b	石室内 西壁 男子群像上部の黒カビ	sp. 1 (*B.* aff. *thuringiensis*)
42	2006.7.13	冷却後安定期	T6713-15-1b	取合部 Oidiodendron sp. 発生場所	sp. 1 (*B.* aff. *thuringiensis*)
43	2006.7.13	冷却後安定期	T6713-17-1b	前室A 配管上	sp. 1 (*B.* aff. *thuringiensis*)
44	2006.7.13	冷却後安定期	T6713-18-1b	古墳墳丘部盛土　石室入口付近（東側）	sp. 1 (*B.* aff. *thuringiensis*)
45	2006.7.13	冷却後安定期	T6713-19-1b	古墳墳丘部盛土　石室入口付近（西側）	sp. 1 (*B.* aff. *thuringiensis*)
46	2006.10.17	冷却後安定期	T61017-1-1b	石室内 西壁中央女子 額（= T6517-1, 文化財No.1）	sp. 1 (*B.* aff. *thuringiensis*)
47	2006.10.17	冷却後安定期	T61017-2-1b	石室内 西壁中央女子 襟部分（= T6517-2, 文化財No.2）	sp. 1 (*B.* aff. *thuringiensis*)
48	2006.10.17	冷却後安定期	T61017-3-1b	石室内 西壁左女子 頭部後方（= T6517-3, 文化財No.3）	sp. 1 (*B.* aff. *thuringiensis*)
49	2006.10.17	冷却後安定期	T61017-4-1b	石室内 西壁中央部（= T6517-5, 文化財No.5）	sp. 1 (*B.* aff. *thuringiensis*)
50	2006.10.17	冷却後安定期	T61017-5-1b	石室内 西壁朱線の下（= T6517-6, 文化財No.6）	sp. 1 (*B.* aff. *thuringiensis*)
51	2006.10.17	冷却後安定期	T61017-6-1b	石室内 西壁白虎頭上（= T6517-7, 文化財No.7）	sp. 1 (*B.* aff. *thuringiensis*)
52	2006.10.17	冷却後安定期	T61017-7-1b	石室内 東壁右女子上 白いカビ？（= T6517-8, 文化財No.8）	sp. 1 (*B.* aff. *thuringiensis*)
53	2006.10.17	冷却後安定期	T61017-8-1b	石室内 東壁右女子足元 ゲル（= T6517-9, 文化財No.9）	sp. 1 (*B.* aff. *thuringiensis*)
54	2006.10.17	冷却後安定期	T61017-9-1b	石室内 天井 北東部 文化財No.21	sp. 1 (*B.* aff. *thuringiensis*)
55	2006.10.17	冷却後安定期	T61017-10-1b	石室内 天井 北西部 文化財No.22	sp. 1 (*B.* aff. *thuringiensis*)
56	2006.10.17	冷却後安定期	T61017-11-1b	石室内 北壁玄武右上（新規採取箇所, 文化財No.30）	sp. 1 (*B.* aff. *thuringiensis*)
57	2007.2.14	石室解体中	T7214-7-1b	取合部 西(左)側くぼみの中　灰色	sp. 1 (*B.* aff. *thuringiensis*)
58	2007.2.14	石室解体中	T7214-11-1b	取合部 石室天井　石材表面中央部(東側)　黒色	sp. 1 (*B.* aff. *thuringiensis*)
59	2007.4.5	石室解体中	T7405-4-1b	北壁上面 石材 黒色部(湿式) 石 湿 070405 ④	sp. 1 (*B.* aff. *thuringiensis*)
60	2007.4.13	石室解体中	T7413-7-3b	漆喰除去後の北壁と東3石との接合下部、東3石側の黒色膜状物質（石室へ続く隙間から採取）	sp. 1 (*B.* aff. *thuringiensis*)
61	2007.4.17	石室解体中	T7417-2-5b	西側 3 小口 070417 ②	sp. 1 (*B.* aff. *thuringiensis*)
62	2007.4.17	石室解体中	T7417-7-1b	石室内　070417 #1（メモ：西側3 女子群像 北右上から40 cm程離れている（北右上））	sp. 1 (*B.* aff. *thuringiensis*)

（**Tab.** 8 続き）

63	2007.4.17	石室解体中	T7417-11-1b	北壁石 壁面西側下方 黒シミ 070417 #5	sp. 1 (*B.* aff. *thuringiensis*)
64	2007.4.17	石室解体中	T7417-12-1b	北壁石 壁面中央やや東寄り下方 黒シミ 070417 #6	sp. 1 (*B.* aff. *thuringiensis*)
65	2007.4.17	石室解体中	T7417-13-1b	北壁石 壁面東側下方（玄武右斜め下方）黒シミ・ゲル 070417 #7	sp. 1 (*B.* aff. *thuringiensis*)
66	2007.4.17	石室解体中	T7417-14-1b	北壁石 壁面中央下方 ゲル 070417 #8	sp. 1 (*B.* aff. *thuringiensis*)
67	2007.4.17	石室解体中	T7417-15-1b	北壁石 壁面東寄り上方 紫ゲル 070417 #9	sp. 1 (*B.* aff. *thuringiensis*)
68	2007.4.17	石室解体中	T7417-17-1b	北壁石 壁面玄武東斜め上 緑色 070417 #11	sp. 1 (*B.* aff. *thuringiensis*)
69	2007.4.25	石室解体中	T7425-4-3b	東3石　上小口面　黒色物質1（中央）070425	sp. 1 (*B.* aff. *thuringiensis*)
70	2007.4.25	石室解体中	T7425-9-1b	東3壁面　女子群像の上方、黒いカビ　070425	sp. 1 (*B.* aff. *thuringiensis*)
71	2007.4.25	石室解体中	T7425-11-1b	西3壁面　女子群像黄色い衣裳上の黒いカビ　070425	sp. 1 (*B.* aff. *thuringiensis*)
72	2007.4.25	石室解体中	T7425-12-1b	西3壁面　女子群像右女子右上の黒いカビ　070425	sp. 1 (*B.* aff. *thuringiensis*)
73	2007.4.25	石室解体中	T7425-14-1b	西2壁面　白虎背中付近の黒いカビ　070425	sp. 1 (*B.* aff. *thuringiensis*)
74	2007.4.26	石室解体中	T7426-1-1b	東3壁面　女子群像、白っぽいぷつぷつとしたコロニー070426	sp. 1 (*B.* aff. *thuringiensis*)
75	2007.4.26	石室解体中	T7426-9-1b	天井石2漆喰面北東側　ゲル様褐色物質070426	sp. 1 (*B.* aff. *thuringiensis*)
76	2007.4.26	石室解体中	T7426-11-1b	天井石2漆喰面東側　黒色物質　070426	sp. 1 (*B.* aff. *thuringiensis*)
77	2007.4.26	石室解体中	T7426-12-3b	西畦　側3　接地面 黒色部　070426	sp. 1 (*B.* aff. *thuringiensis*)
78	2007.5.10	石室解体中	T7510-3-1b	西2石　北側小口面　下方東寄り　黒褐色物質（ゲル状）070510	sp. 1 (*B.* aff. *thuringiensis*)
79	2007.5.17	石室解体中	T7517-5-1b	東2石 北小口 黒色ベタベタ（石室側下部）070517	sp. 1 (*B.* aff. *thuringiensis*)
80	2007.5.28	石室解体中	T7528-3-3b	東壁石1 上端 天井石2との接合面（天1・石室寄り）	sp. 1 (*B.* aff. *thuringiensis*)
81	2007.5.28	石室解体中	T7528-5-1b	西壁石2 上端 天井石2との接合面	sp. 1 (*B.* aff. *thuringiensis*)
82	2007.5.28	石室解体中	T7528-11-1b	東壁石1 東畔 土 黒色部分に接しているところ	sp. 1 (*B.* aff. *thuringiensis*)
83	2007.5.30	石室解体中	T7530-16	西壁石1 南目地 漆喰天場 黒色粘性（閉塞石をとめている目地漆喰）	sp. 1 (*B.* aff. *thuringiensis*)
84	2007.5.21	石室解体中	T7521-8a-1b	盗掘口プラスチックカバー 下部 :石室側 （A〜C）	sp. 1 (*B.* aff. *thuringiensis*)
85	2007.6.11	石室解体中	T7611-4-1b	東壁石1（南-東1石間境目近く:東外側）壁面上部 黒い土+根っこ 非常に粘性あり 070611-④	sp. 1 (*B.* aff. *thuringiensis*)
86	2007.8.29	石室解体中	T7829-1	床石４下（東）約15cm下 緑色微砂層 070829	sp. 1 (*B.* aff. *thuringiensis*)
87	2008.10.27	墳丘部発掘	T81027-1-2b	墳丘南東斜面オリジナル土（上層の版築）土壌サンプル No.7 081027	sp. 1 (*B.* aff. *thuringiensis*)
88	2008.10.27	墳丘部発掘	T81027-2-1b	古墳周辺東側の地山 土壌サンプル No.9 081027	sp. 1 (*B.* aff. *thuringiensis*)
89	2008.10.28	墳丘部発掘	T81028-3b	古墳周辺北側の地山 土壌サンプル No.10 081028	sp. 1 (*B.* aff. *thuringiensis*)
90	2008.11.19	墳丘部発掘	T81119-2-1b	保存施設 西側堀形 埋土① 081119	sp. 1 (*B.* aff. *thuringiensis*)
91	2008.12.3	墳丘部発掘	T81203-5-2b	墓道 東側 オリジナル盛土（版築の上方）（取合部から南に2 m）081203	sp. 1 (*B.* aff. *thuringiensis*)
92	2008.12.3	墳丘部発掘	T81203-9-2b	西8 凝灰岩 取合部の壁 擬土を外したところ 下から4番目のブロック 08120	sp. 1 (*B.* aff. *thuringiensis*)
93	2008.12.3	墳丘部発掘	T81203-9-5b	西8 凝灰岩 取合部の壁 擬土を外したところ 下から4番目のブロック 08120	sp. 1 (*B.* aff. *thuringiensis*)

94	2007.4.5	石室解体中	T7405-4-2b	北壁上面 石材 黒色部（湿式）石 湿 070405 ④	sp. 6 (*B.* aff. *simplex*)
95	2007.4.9	石室解体中	T7409-2-4b	147次 5ALL 北畦 北壁石小口 接触面② 070409（北壁背面土壌漆喰）	sp. 6 (*B.* aff. *simplex*)
96	2007.4.10	石室解体中	T7410-1-5b	北壁 面北寄り間 上部 目地漆喰 070410（優先順位①）	sp. 6 (*B.* aff. *simplex*)
97	2007.4.10	石室解体中	T7410-2-1b	北壁背面　東寄上 黒色部分 070410（優先順位②）	sp. 6 (*B.* aff. *simplex*)
98	2007.4.13.	石室解体中	T7413-2-2b	漆喰除去後の北壁と西3石との接合部なかほど、黒色部	sp. 6 (*B.* aff. *simplex*)
99	2007.4.13	石室解体中	T7413-5-2b	北側 漆喰除去後の西3石側下部、黒色部1（石室への間隙付近）	sp. 6 (*B.* aff. *simplex*)
100	2007.4.13	石室解体中	T7413-6-1b, 2b	漆喰除去後の北壁と東3石との接合下部、黒色部のついた漆喰片	sp. 6 (*B.* aff. *simplex*)
101	2007.4.25	石室解体中	T7425-1-1b	西3石　上小口面　黒色物質1（北寄り）070425	sp. 6 (*B.* aff. *simplex*)
102	2007.4.26	石室解体中	T7426-12-1b	西畦　側3　接地面 黒色部　070426	sp. 6 (*B.* aff. *simplex*)
103	2007.4.26	石室解体中	T7426-14-2b	側3　東畦 接地面 黒　070426	sp. 6 (*B.* aff. *simplex*)
104	2007.5.10	石室解体中	T7510-3-2b	西2石　北側小口面　下方東寄り　黒褐色物質（ゲル状）070510	sp. 6 (*B.* aff. *simplex*)
105	2007.5.28	石室解体中	T7528-3-2b	東壁石1 上端 天井石2との接合面（天1・石室寄り）	sp. 6 (*B.* aff. *simplex*)
106	2007.5.28	石室解体中	T7528-9-1b	天井石1 小口 天井石2との接合面 黒色	sp. 6 (*B.* aff. *simplex*)
107	2007.5.28	石室解体中	T7528-11-2b	東壁石1 東畔 土 黒色部分に接しているところ	sp. 6 (*B.* aff. *simplex*)
108	2007.5.30	石室解体中	T7530-16-3b	西壁石1 南目地 漆喰天場 黒色粘性（閉塞石をとめている目地漆喰）	sp. 6 (*B.* aff. *simplex*)
109	2007.5.21	石室解体中	T7521-8b-4b	盗掘口プラスチックカバー 下部 :取合部側（G〜I）	sp. 6 (*B.* aff. *simplex*)
110	2007.6.11	石室解体中	T7611-4-2b	東壁石1（南-東1石間境目近く:東外側）壁面上部 黒い土+根っこ 非常に粘性あり 070611-④	sp. 6 (*B.* aff. *simplex*)
111	2007.8.21	石室解体中	T7821-16-3b	床石２ 底面（裏側真ん中付近）の土 #43 070821	sp. 6 (*B.* aff. *simplex*)
112	2007.8.22	石室解体中	T7822-2-1b	床石１下 東隅 黒色部 070822	sp. 6 (*B.* aff. *simplex*)
113	2008.11.19	墳丘部発掘	T81119-2-3b	保存施設 西側堀形 埋土① 081119	sp. 6 (*B.* aff. *simplex*)
114	2008.12.3	墳丘部発掘	T81203-9-1b	西8 凝灰岩 取合部の壁 擬土を外したところ 下から4番目のブロック 08120	sp. 6 (*B.* aff. *simplex*)
115	2008.12.3	墳丘部発掘	T81203-9-3b	西8 凝灰岩 取合部の壁 擬土を外したところ 下から4番目のブロック 08120	sp. 6 (*B.* aff. *simplex*)
116	2008.12.3	墳丘部発掘	T81203-9-4b	西8 凝灰岩 取合部の壁 擬土を外したところ 下から4番目のブロック 08120	sp. 6 (*B.* aff. *simplex*)

＊1　赤文字は遺伝子解析実施分離株（16S）

＊2　試料採取日の略号。平成17（2005）年、平成18（2006）年、平成19（2007）年、平成20（2008）年と月日を示す。

＊3　グループ：赤文字表記の分離株は培養性状、形態、遺伝子解析（16S）に基づいて簡易的に同定し、分類群を分けたもの（供試当時の名称、現時点の学名についてはTab. 10を参照）。黒文字の表記の分離株については培養性状と形態的特徴に基づくグルーピング（第3章6節参照）。表中では属名を省略して記述した。よって、「sp. 1 (*B.* aff. *thuringiensis*)」は *Bacillus* sp. 1 (*B.* aff. *thuringiensis*) を、「sp. 6 (*B.* aff. *simplex*)」は *Bacillus* sp. 6 (*B.* aff. *simplex*) を意味する。

Tab. 9　高松塚古墳石室内外から分離された *Bordetella* 属の分離株一覧＊1

No.	試料採取＊2	時期	株番号	試料採取箇所（分離源）のメモ	グループ＊3
1	2006.2.20	冷却後安定期	T6220-3-2b	石室内 西壁 女子群像 肩	sp. 1 (*B.* aff. *petrii*)
2	2006.5.17	冷却後安定期	T6517-7-3b	石室内 西壁 白虎頭上　黒色部分　No.⑦	sp. 1 (*B.* aff. *petrii*)
3	2006.7.13	冷却後安定期	T6713-1-3b	石室内　西壁 女子右肩の黒いシミ	sp. 1 (*B.* aff. *petrii*)
4	2006.7.13	冷却後安定期	T6713-2-3b	石室内 西壁 左女子 頭部後方の黒カビ	sp. 1 (*B.* aff. *petrii*)
5	2006.7.13	冷却後安定期	T6713-3-2b	石室内 西壁 北側中央の紫ゲル	sp. 1 (*B.* aff. *petrii*)
6	2006.7.13	冷却後安定期	T6713-5-3b	石室内 西壁 中央下部 茶ゲル	sp. 1 (*B.* aff. *petrii*)
7	2006.7.13	冷却後安定期	T6713-6-3b	石室内 東壁 右女子足元下　茶色ゲル	sp. 1 (*B.* aff. *petrii*)
8	2006.7.13	冷却後安定期	T6713-10-3b	石室内 北壁 右上　紫色ゲル	sp. 1 (*B.* aff. *petrii*)
9	2006.7.13	冷却後安定期	T6713-11-2b	石室内 天井　紫色ゲル	sp. 1 (*B.* aff. *petrii*)
10	2006.7.13	冷却後安定期	T6713-12-3b	石室内 天井　黒カビ	sp. 1 (*B.* aff. *petrii*)
11	2006.7.13	冷却後安定期	T6713-13-3b	石室内 東壁 女子群像下方の床付近の土	sp. 1 (*B.* aff. *petrii*)
12	2006.7.13	冷却後安定期	T6713-14-3b	石室内 西壁 男子群像上部の黒カビ	sp. 1 (*B.* aff. *petrii*)
13	2006.7.13	冷却後安定期	T6713-19-3b	古墳墳丘部盛土　石室入口付近（西側）	sp. 1 (*B.* aff. *petrii*)
14	2006.5.17	冷却後安定期	T6517-1-4b	石室内 西壁 女子 額の黒色部分　No.①	sp. 2 (*B.* aff. *petrii*)
15	2006.5.17	冷却後安定期	T6517-5-2b	石室内 西壁 中央部　黒色部分　No.⑤	sp. 2 (*B.* aff. *petrii*)
16	2006.5.17	冷却後安定期	T6517-7-5b	西壁 白虎頭上　黒色部分　No.⑦	sp. 2 (*B.* aff. *petrii*)
17	2006.5.17	冷却後安定期	T6517-11-3b	石室内 西壁 女子 額の黒色部分（①（T5617-1）と同じ箇所）	sp. 2 (*B.* aff. *petrii*)
18	2006.10.17	冷却後安定期	T61017-2-3b	石室内 西壁中央女子 襟部分（= T6517-2, 文化財No.2）	sp. 2 (*B.* aff. *petrii*)
19	2006.10.17	冷却後安定期	T61017-5-2b	石室内 西壁朱線の下（= T6517-6, 文化財No.6）	sp. 2 (*B.* aff. *petrii*)
20	2007.4.10	石室解体中	T7410-1-3b	北壁 面北寄り間上部目地漆喰	sp. 2 (*B.* aff. *petrii*)

＊1　赤文字は遺伝子解析実施分離株（16S）

＊2　試料採取日の略号。平成18（2006）年、平成19（2007）年と月日を示す。

＊3　グループ：赤文字表記の分離株は培養性状、形態、遺伝子解析（16S）に基づいて簡易的に同定し、分類群を分けたもの（供試当時の名称、現時点の学名についてはTab. 10を参照）。黒文字の表記の分離株については培養性状と形態的特徴に基づくグルーピング（第3章6節参照）。表中では属名を省略して記述した。よって、「sp. 1（*B.* aff. *petrii*）」は *Bordetella* sp. 1（*B.* aff. *petrii*）を、「sp. 2（*B.* aff. *petrii*）」は *Bordetella* sp. 2（*B.* aff. *petrii*）を意味する。

Tab. 10　供試微生物の新旧学名の対応（異同）表

供試時点の学名※1	現行の学名※3	文献※4
*Penicillium*属（*Penicillium paneum* (*Penicillium* sp. 1))	*Penicillium paneum*	3
*Fusarium*属（*Fusarium solani* species complex (FSSC))	*Fusarium* sp.	4
*Trichoderma*属	*Trichoderma* sp.	4
暗色系*Acremonium*属（*Acremonium* sect. *Gliomastix*）	*Gliomastix*属	5, 6
Acremonium (sect.*Gliomastix*) *masseei*	*Gliomastix masseei*	5, 6
Acremonium (sect.*Gliomastix*) *murorum*	*Gliomastix murorum*	5, 6
Acremonium (sect.*Gliomastix*) *polychromum*	*Gliomastix polychroma*	5, 6
Candida takamatsuzukensis	*Yamadazyma takamatsuzukensis*	7, 8
Candida tumulicola	*Yamadazyma tumulicola*	7, 8
Meyerozyma guilliermondii (≡*Pichia guilliermondii*)	*Meyerozyma guilliermondii*	9
Pichia membranifaciens	*Pichia membranifaciens*	—
Stenotrophomonas sp. 1 (新種)	*Stenotrophomonas tumulicola*	10
Stenotrophomonas sp. 2 (*S.* aff. *maltophilia*)	*Stenotrophomonas maltophilia*	10
Ochrobactrum sp. 1 (*O.* aff. *grignonense*)	*Ochrobactrum* sp.	11
Ochrobactrum sp. 2 (*O.* aff. *pituitosum*)	*Ochrobactrum pituitosum*	11
Bacillus sp. 1 (*B.* aff. *thuringiensis*)※2	*Bacillus thuringiensis*	11
Bacillus sp. 1 (*B.* aff. *thuringiensis*)※2	*Bacillus toyoensis*	11
	Bacillus sp.	11
	Bacillus cereus	11
Bacillus sp. 6 (*B.* aff. *simplex*)※2	*Bacillus simplex*	11
	Bacillus butanolivorans	11
Bordetella sp. 1 (*B.* aff. *petrii*)※2	*Bordetella muralis*	12
	Bordetella tumbae	12
Bordetella sp. 2 (*B.* aff. *petrii*)	*Bordetella tumulicola*	12

※1、高松塚古墳壁画劣化原因調査検討会 第12回 参考資料1-4（平成21年11月30日）（参考文献[1]）掲載時の学名。

※2、詳細同定の結果、これらのグループには複数の種が含まれていた。詳しくは表中に示す当該種の文献を参照されたい。

※3、平成30（2018）年3月時点の各分離株の学名またはJCMに寄託された分離株のJCMホームページ上に記載の学名（URL: http://jcm.brc.riken.jp/ja/catalogueまたは、http://www.jcm.riken.jp/cgi-bin/jcm/strain_takamatsuzuka-kitora）平成30（2018）年6月10日時点。

※4、詳細同定に関する原著論文、番号は参考文献参照。

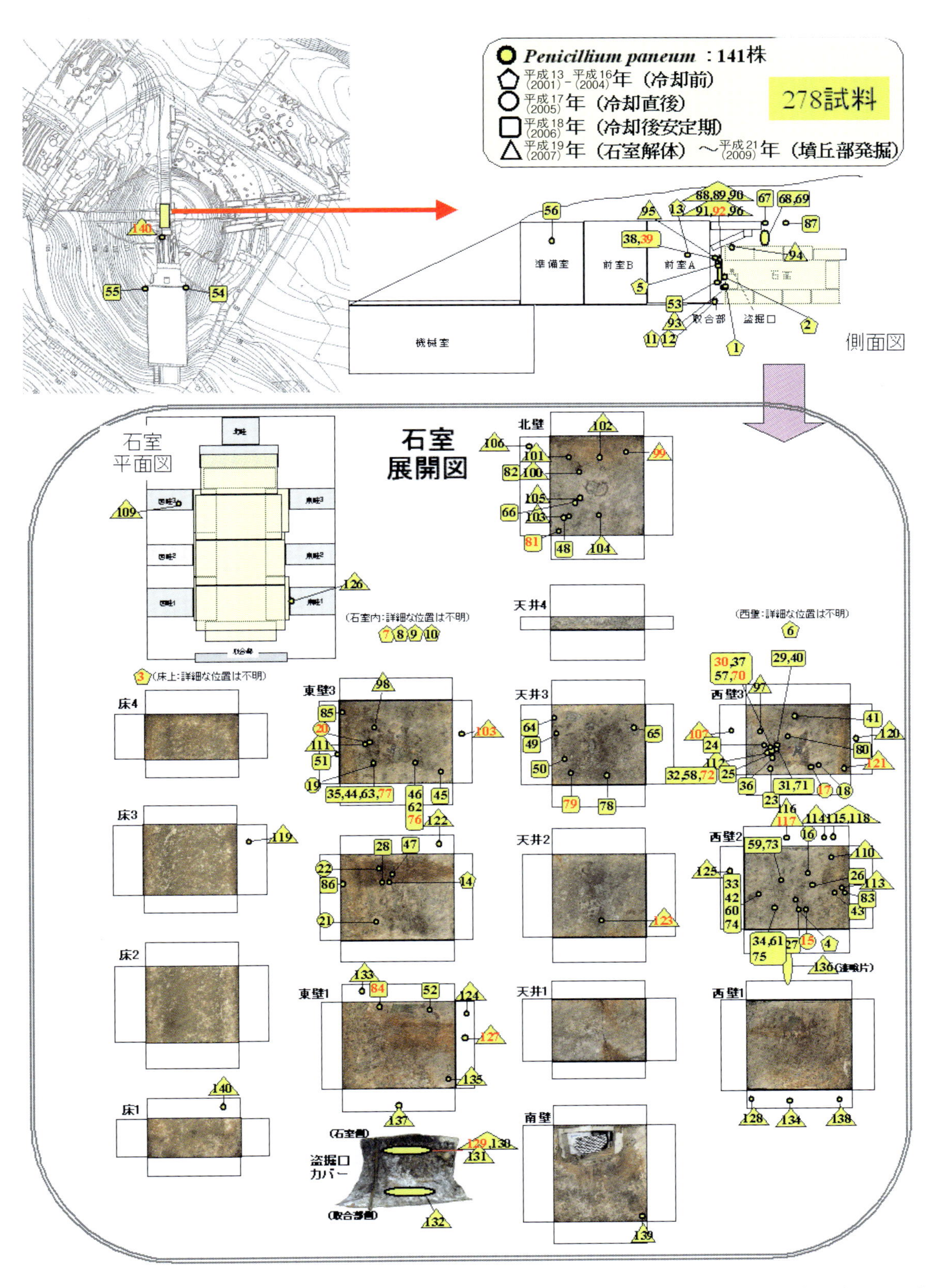

Fig. 1　高松塚古墳石室内外から分離された *Penicillium paneum* の出現状況プロット総合図（平成 13（2001）年〜平成 21（2009）年）

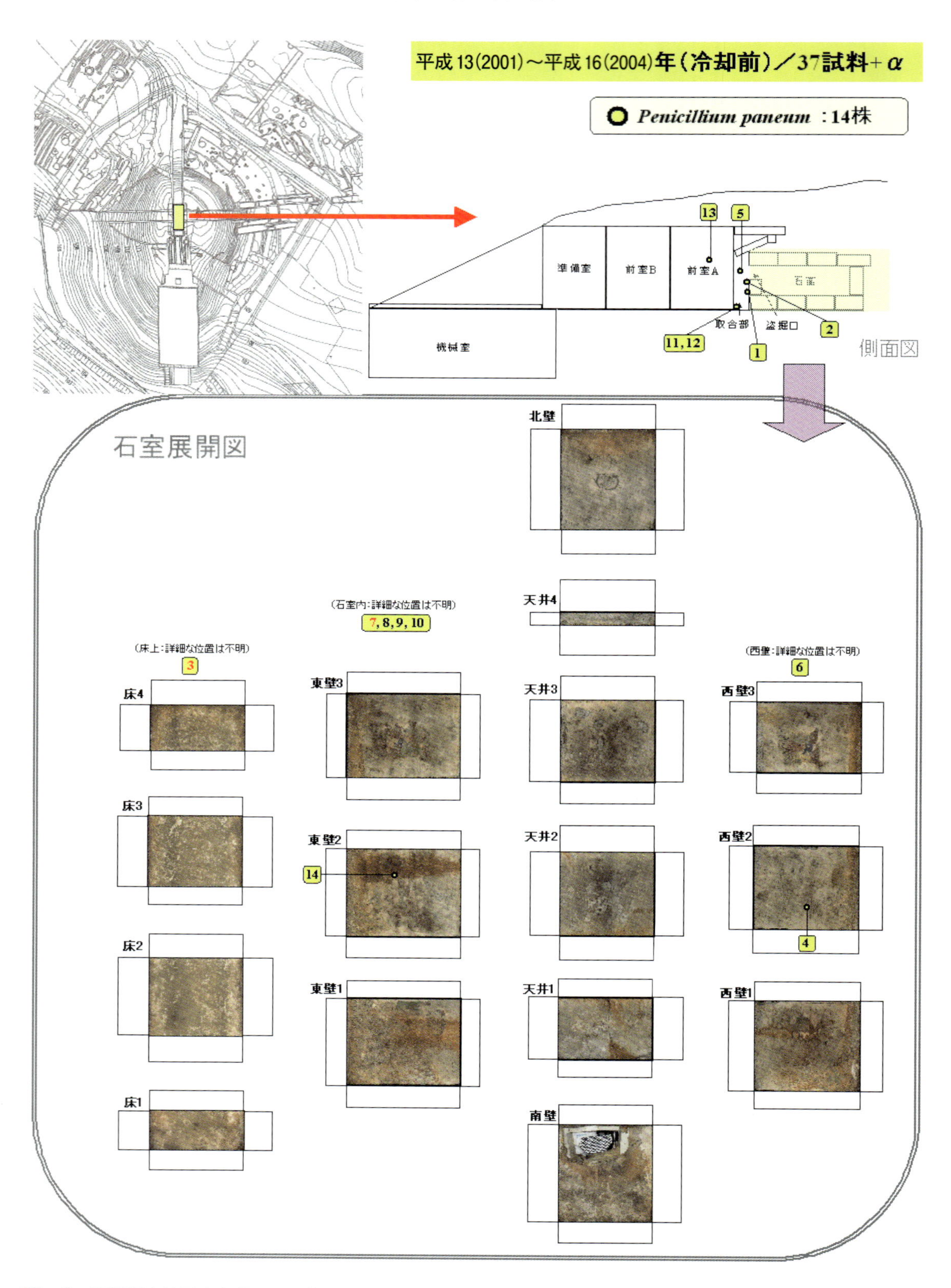

Fig. 2　高松塚古墳石室内外から分離された *Penicillium paneum* の出現状況プロット図（平成13（2001）年～平成16（2004）年：墳丘部冷却前）

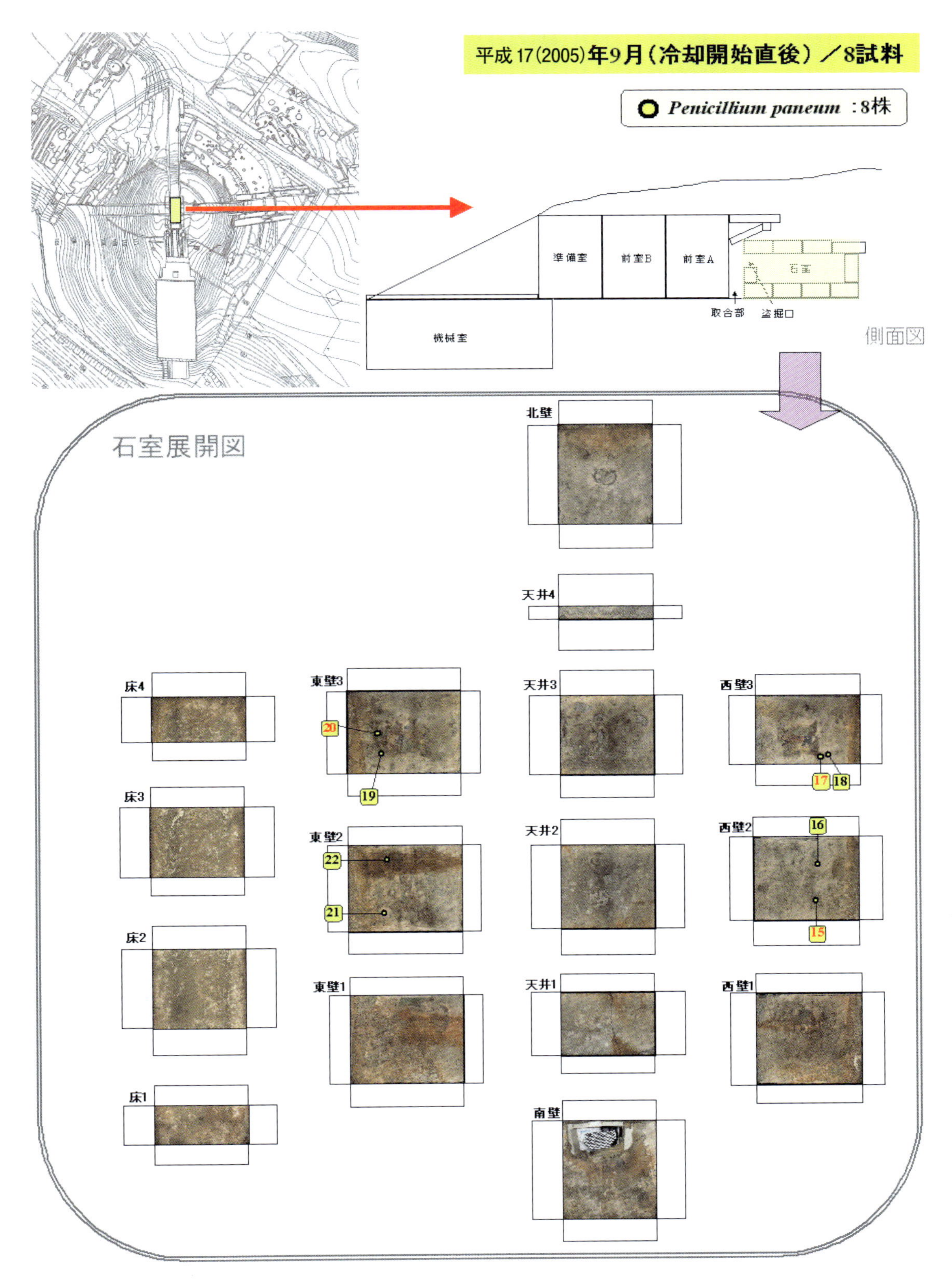

Fig. 3　高松塚古墳石室内外から分離された *Penicillium paneum* の出現状況プロット図（平成17（2005）年9月：墳丘部冷却開始直後）

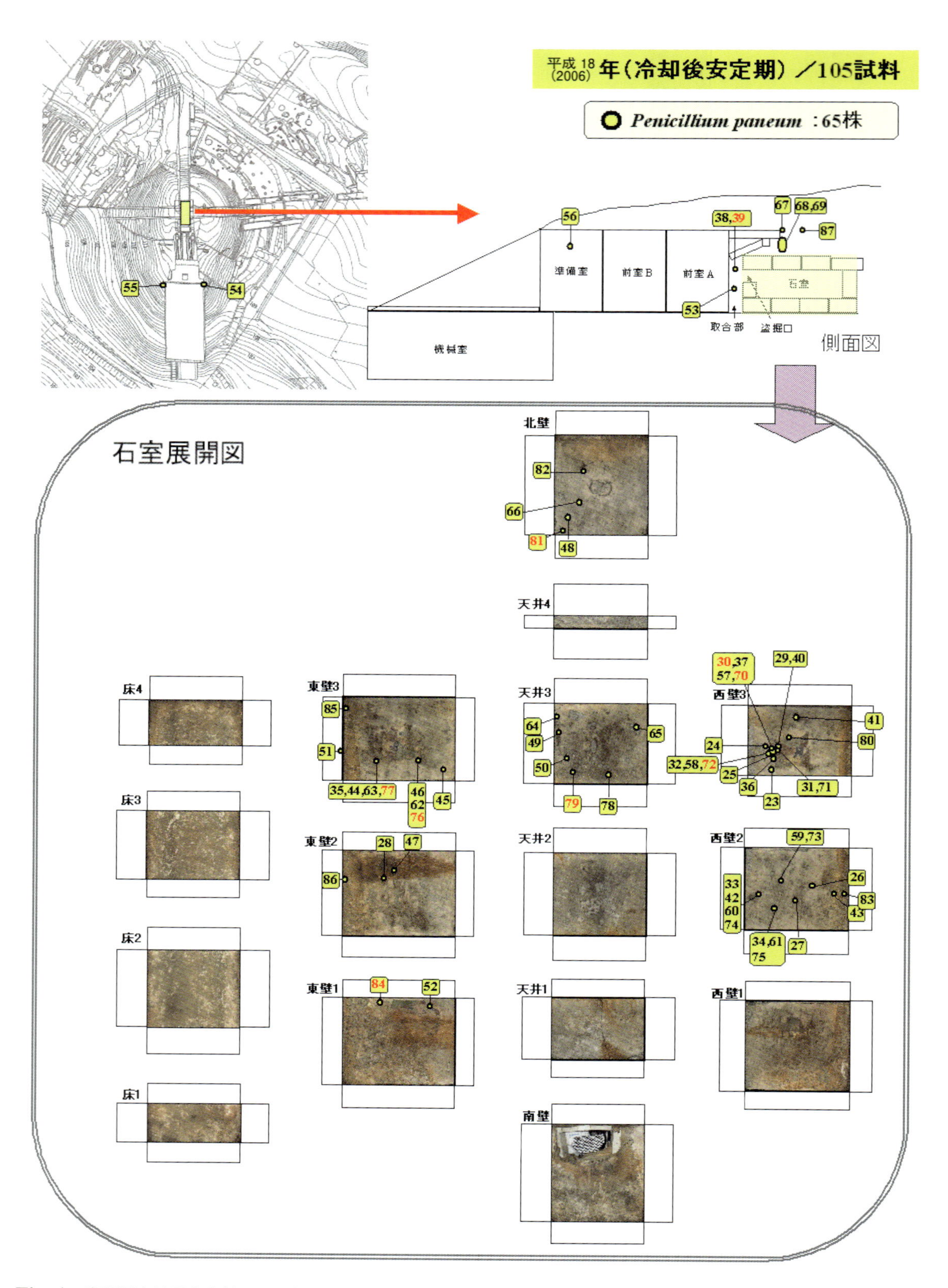

Fig. 4　高松塚古墳石室内外から分離された *Penicillium paneum* の出現状況プロット図（平成 18（2006）年２月～12 月：墳丘部冷却後安定期）

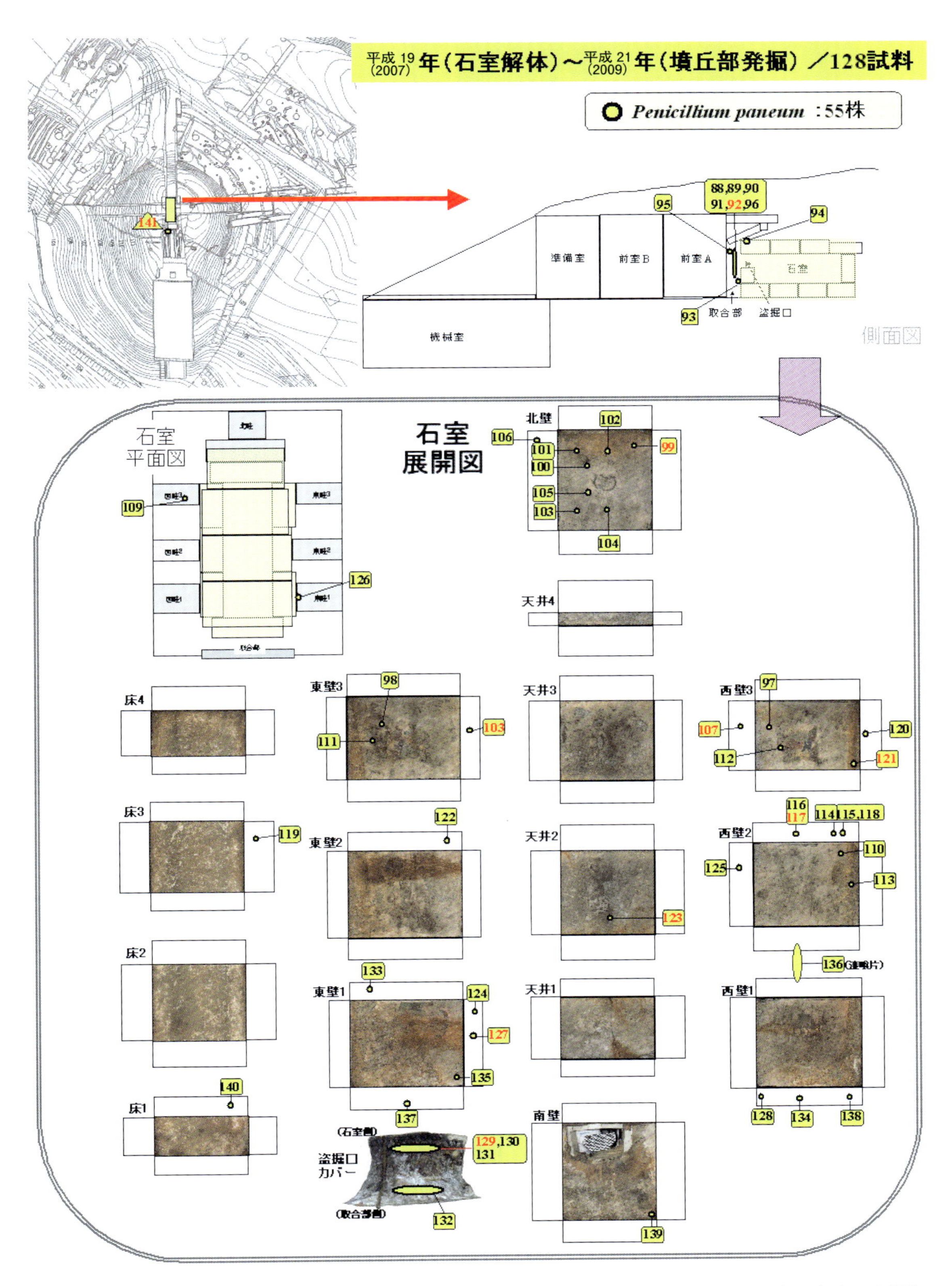

Fig. 5　高松塚古墳石室内外から分離された *Penicillium paneum* の出現状況プロット図（平成 19（2007）年石室解体～平成 21（2009）年墳丘部発掘）

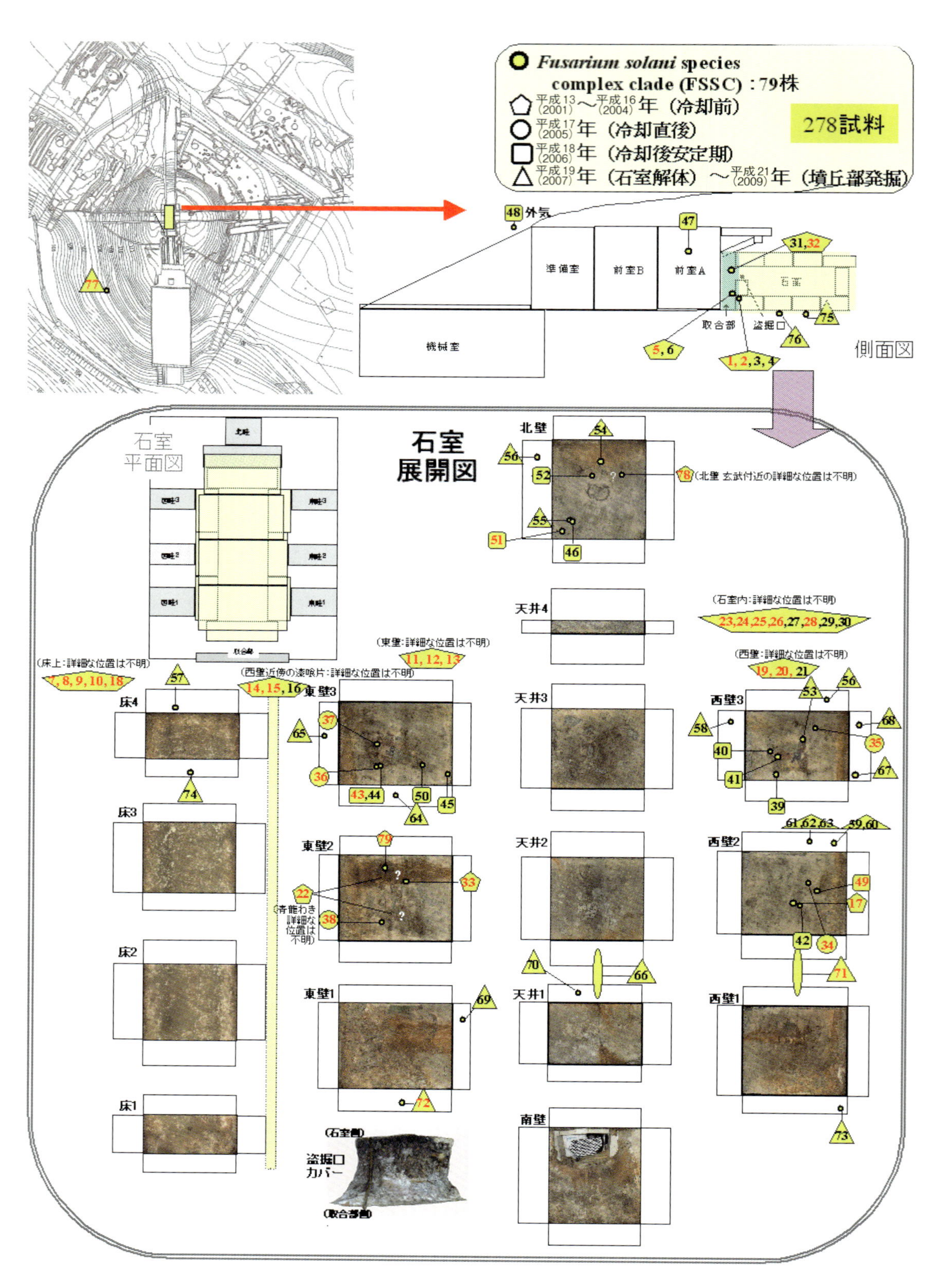

Fig. 6　高松塚古墳石室内外から分離された *Fusarium solani* species complex（FSSC）の出現状況プロット総合図（平成13（2001）年～平成21（2009）年）

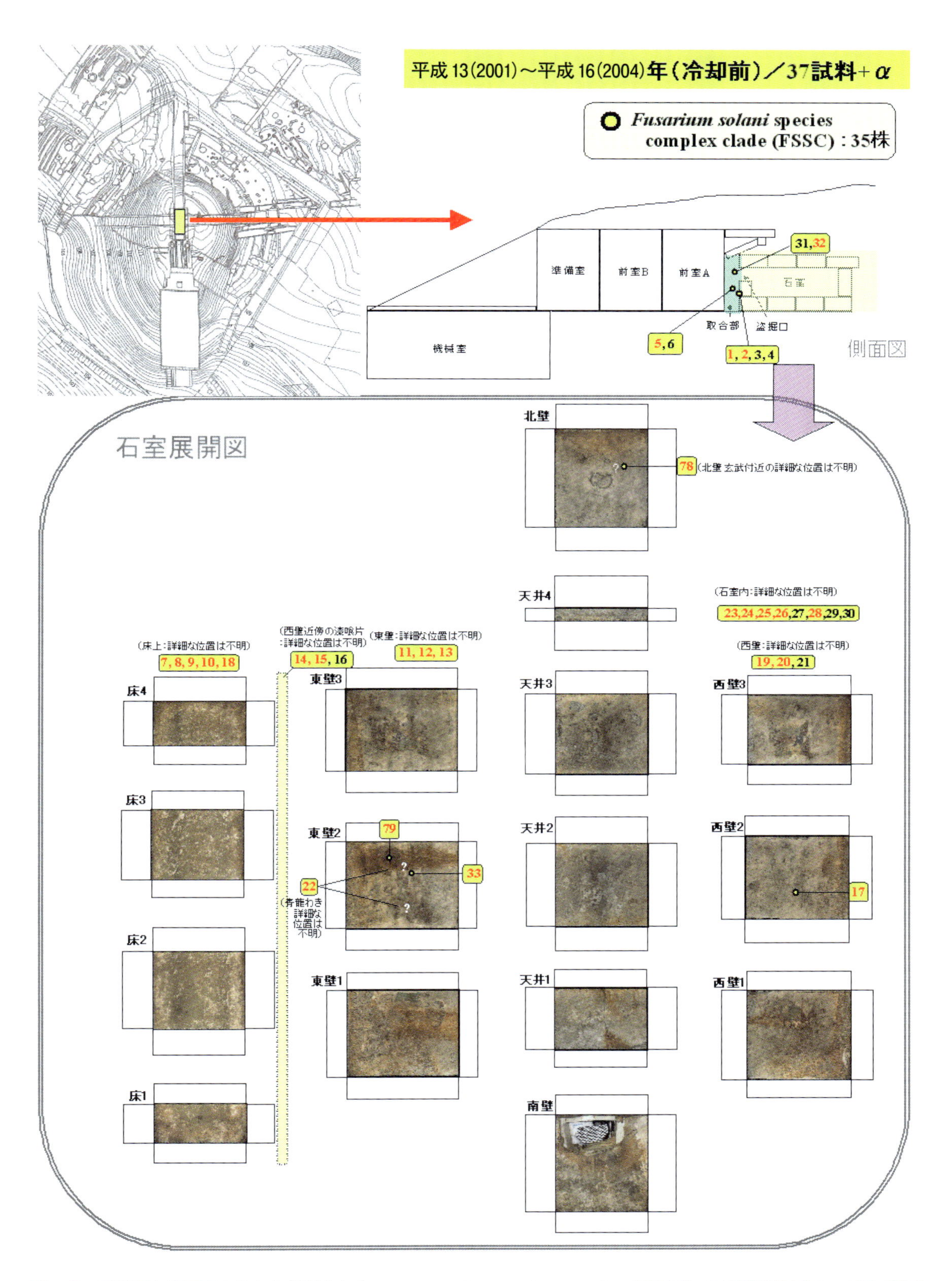

Fig. 7　高松塚古墳石室内外から分離された *Fusarium solani* species complex（FSSC）の出現状況プロット図（平成13（2001）年～平成16（2004）年：墳丘部冷却前）

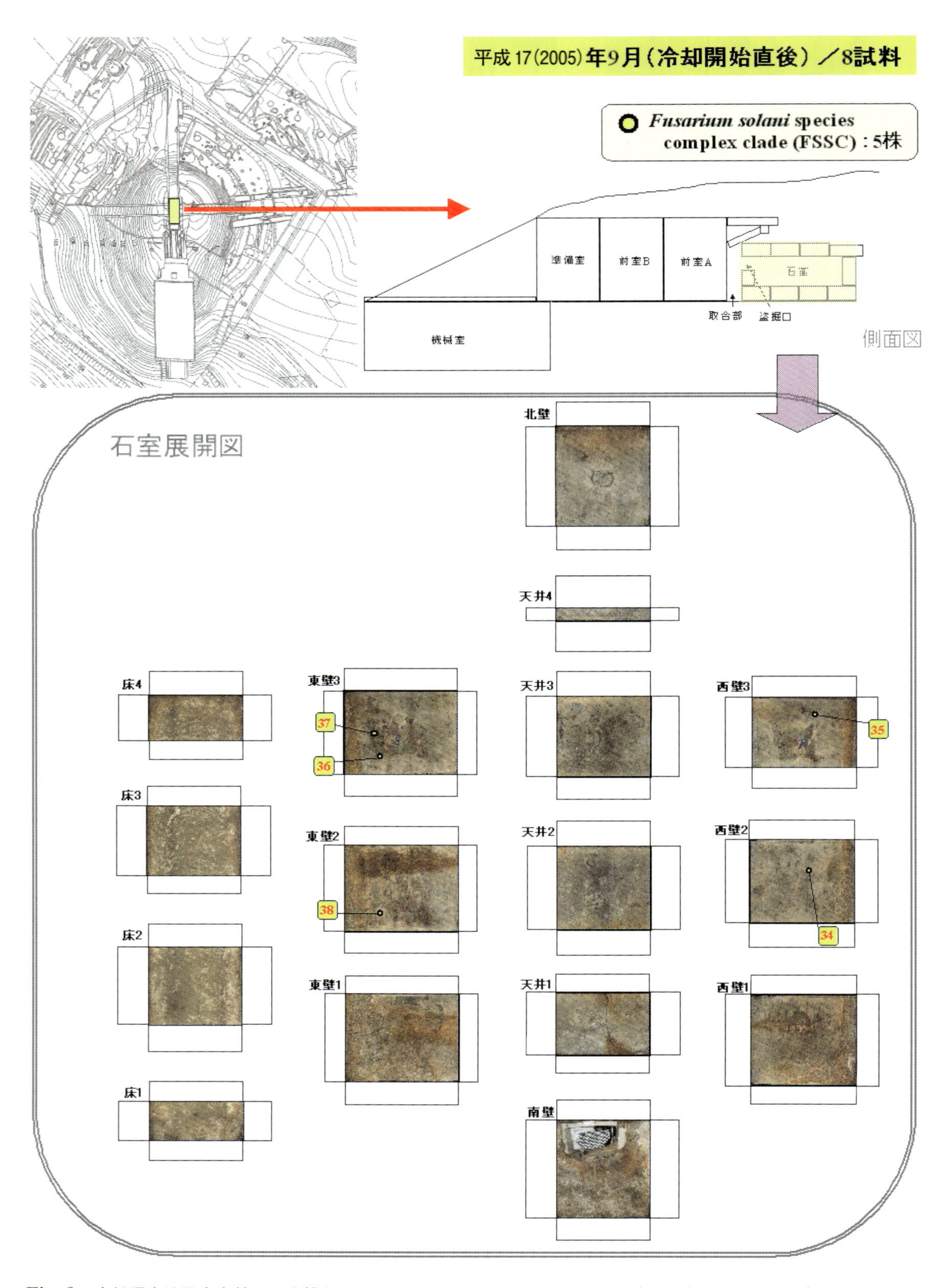

Fig. 8　高松塚古墳石室内外から分離された *Fusarium solani* species complex（FSSC）の出現状況プロット図（平成17（2005）年9月：墳丘部冷却開始直後）

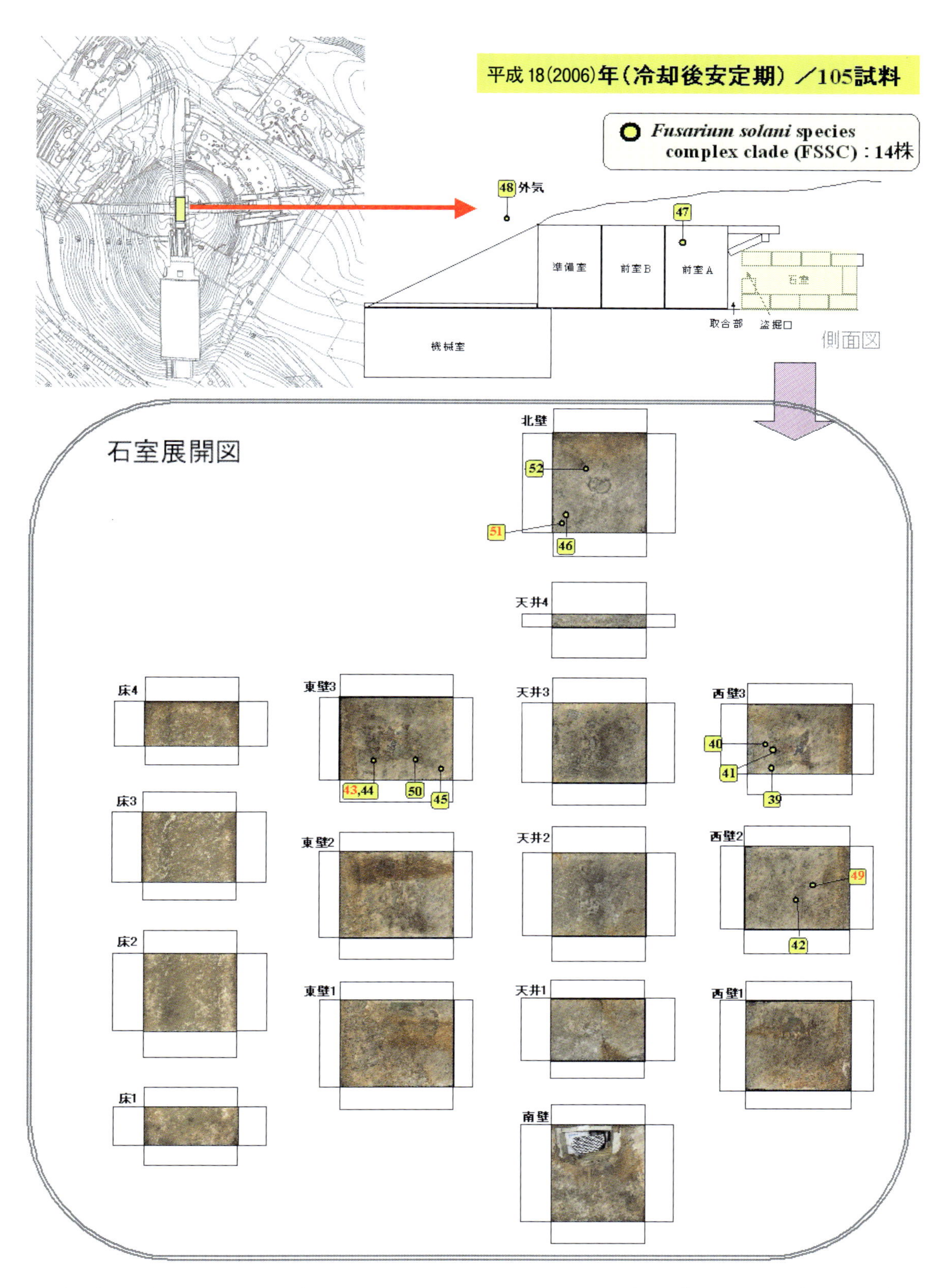

Fig. 9 高松塚古墳石室内外から分離された *Fusarium solani* species complex（FSSC）の出現状況プロット図（平成18（2006）年2月～12月：墳丘部冷却後安定期）

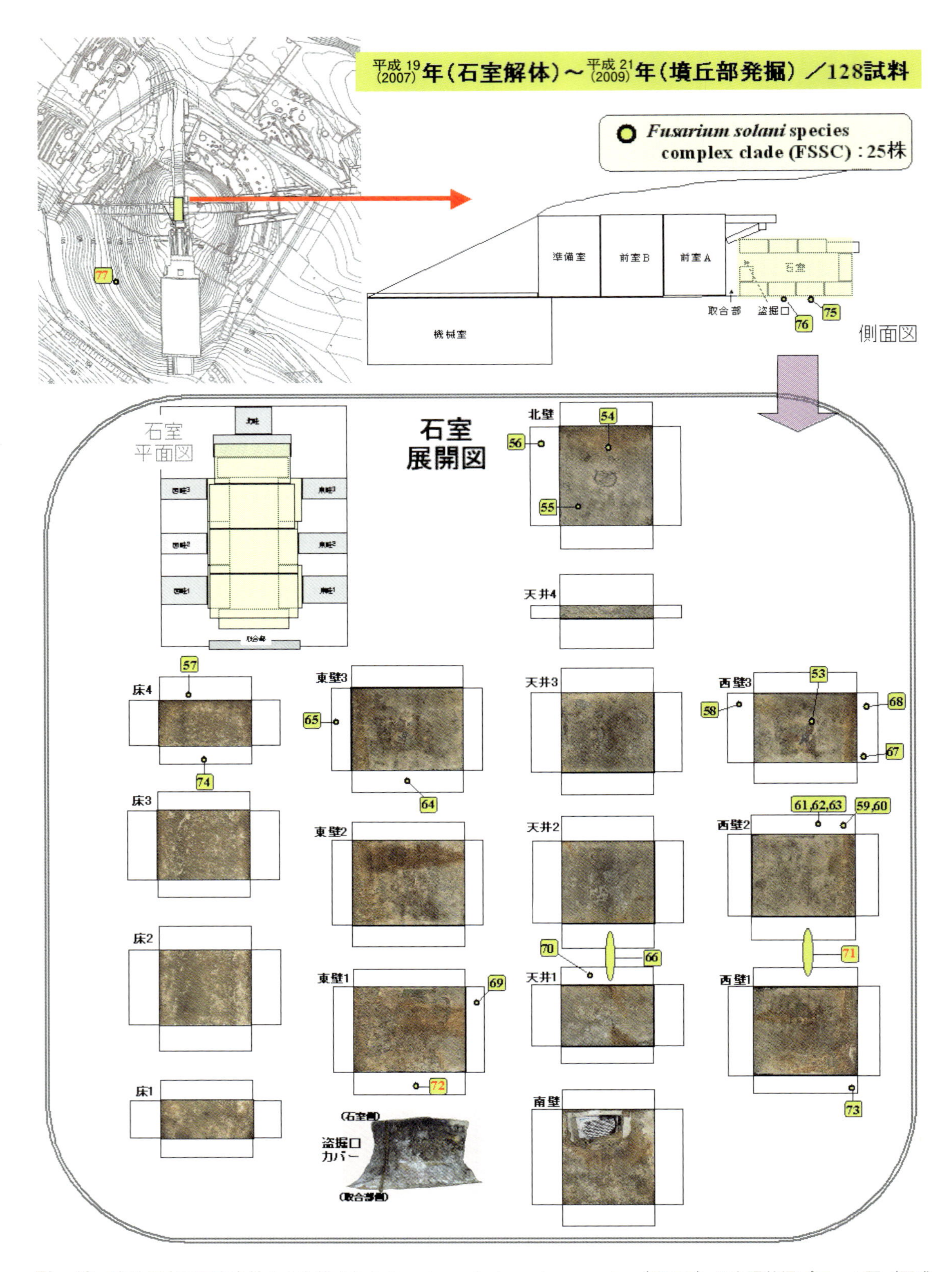

Fig. 10　高松塚古墳石室内外から分離された *Fusarium solani* species complex（FSSC）の出現状況プロット図（平成19（2007）年石室解体～平成21（2009）年墳丘部発掘）

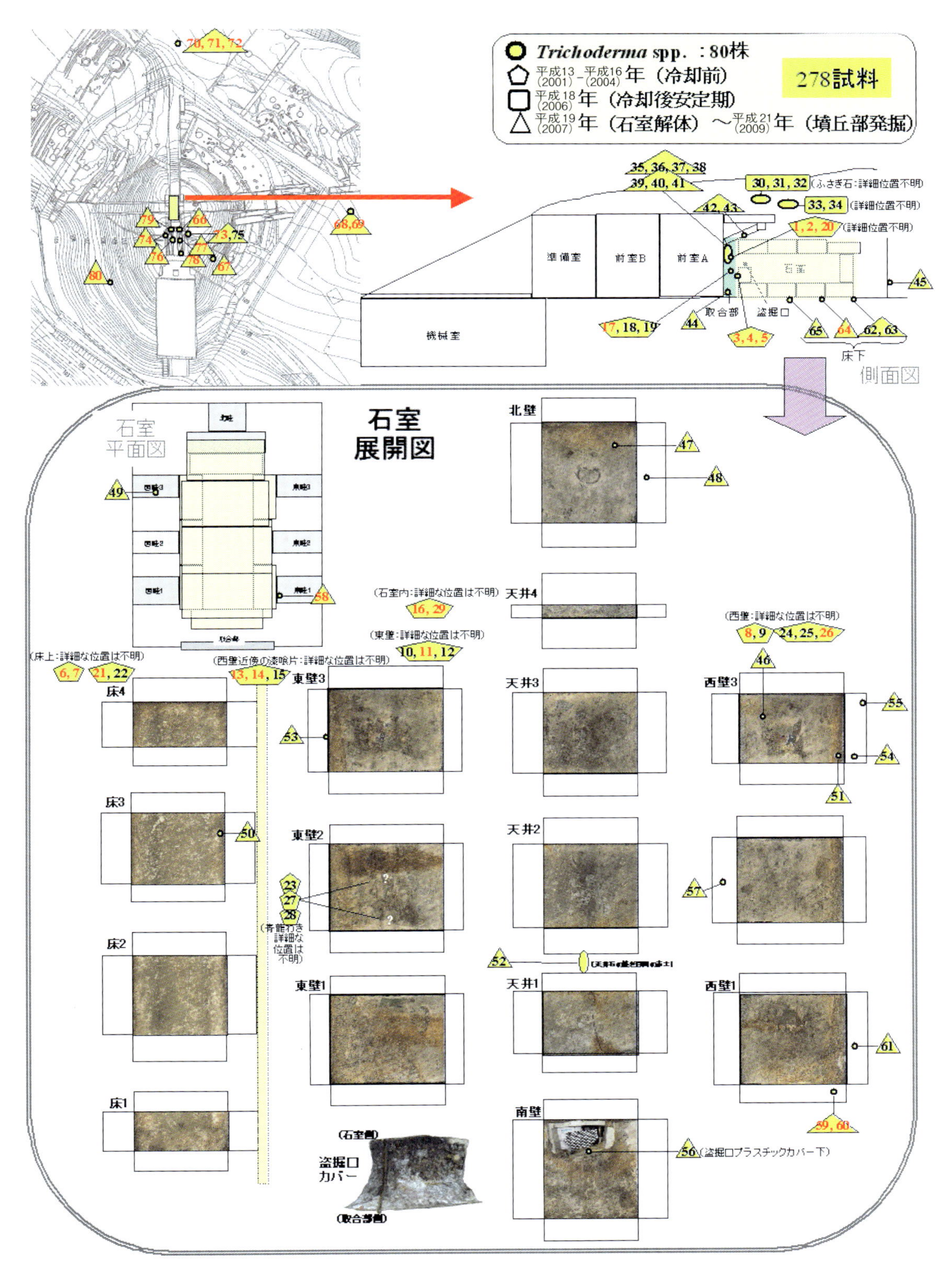

Fig. 11　高松塚古墳石室内外から分離された *Trichoderma* 属の出現状況プロット総合図（平成 13（2001）年～平成 21（2009）年）

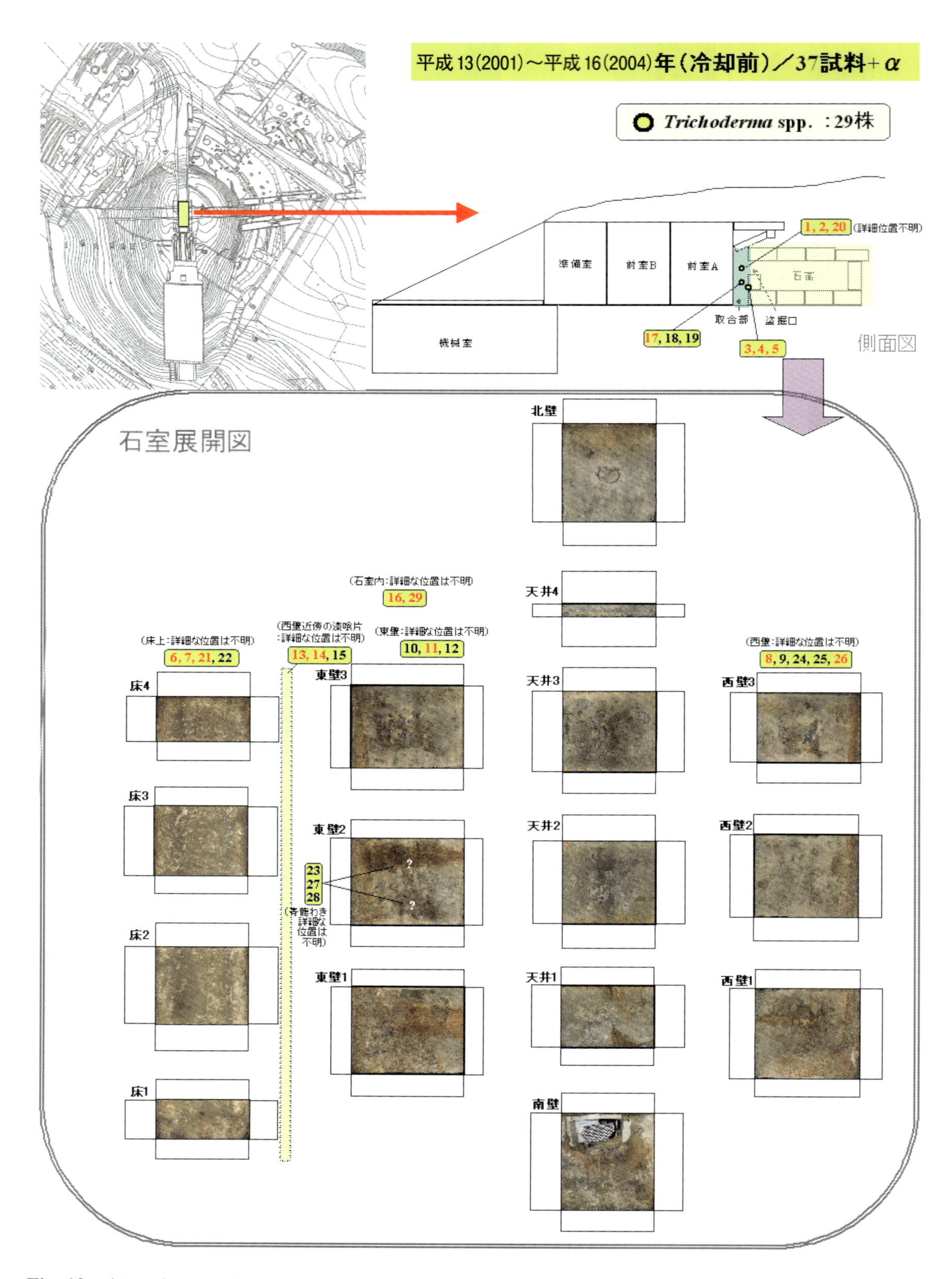

Fig. 12　高松塚古墳石室内外から分離された*Trichoderma*属の出現状況プロット図(平成13 (2001) 年〜平成16 (2004) 年：墳丘部冷却前)

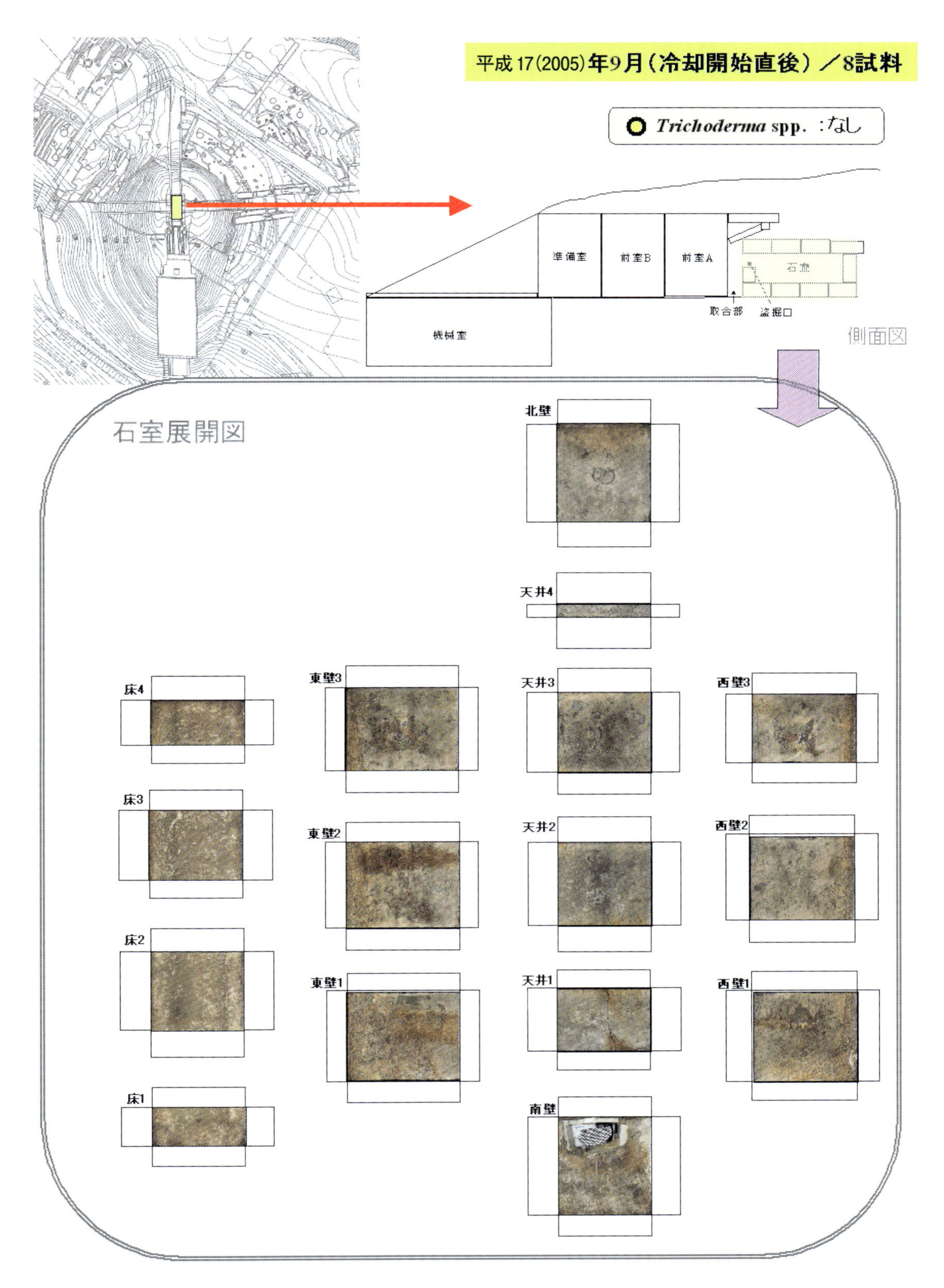

Fig. 13　高松塚古墳石室内外から分離された *Trichoderma* 属の出現状況プロット図（平成17（2005）年9月：墳丘部冷却開始直後）

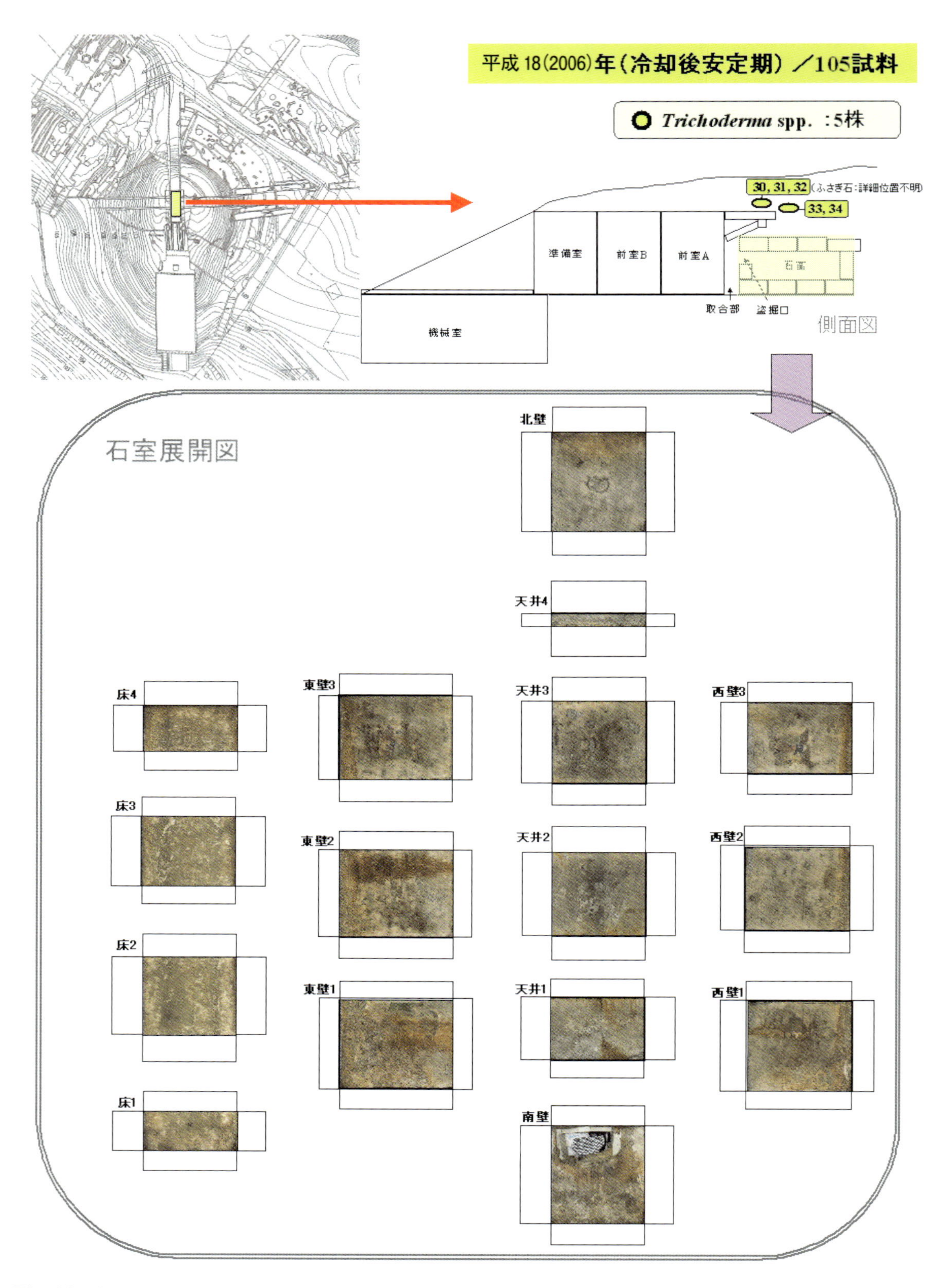

Fig. 14　高松塚古墳石室内外から分離された *Trichoderma* 属の出現状況プロット図（平成18（2006）年2月～12月：墳丘部冷却後安定期）

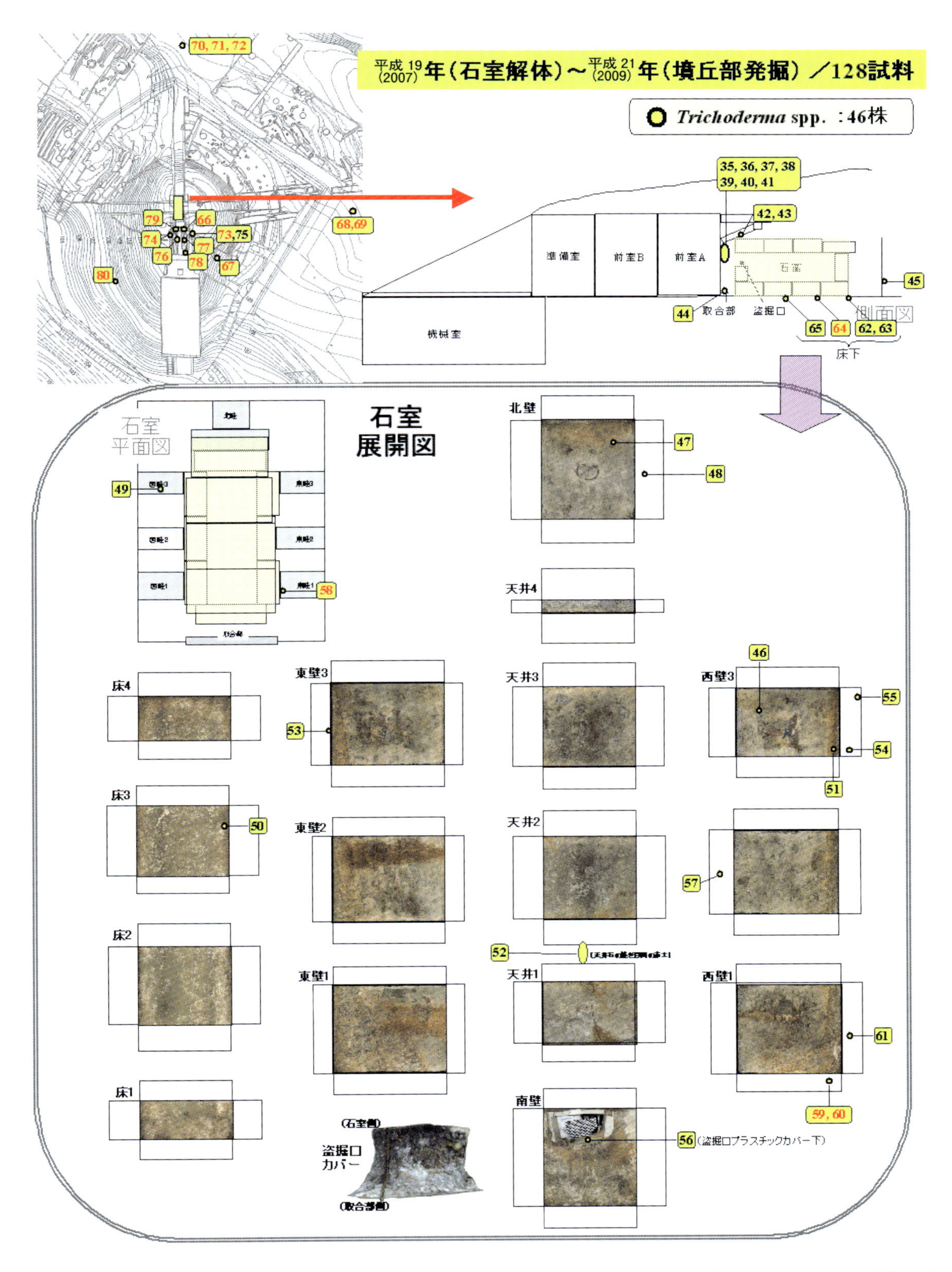

Fig. 15　高松塚古墳石室内外から分離された *Trichoderma* 属の出現状況プロット図（平成 19（2007）年石室解体～平成 21（2009）年墳丘部発掘）

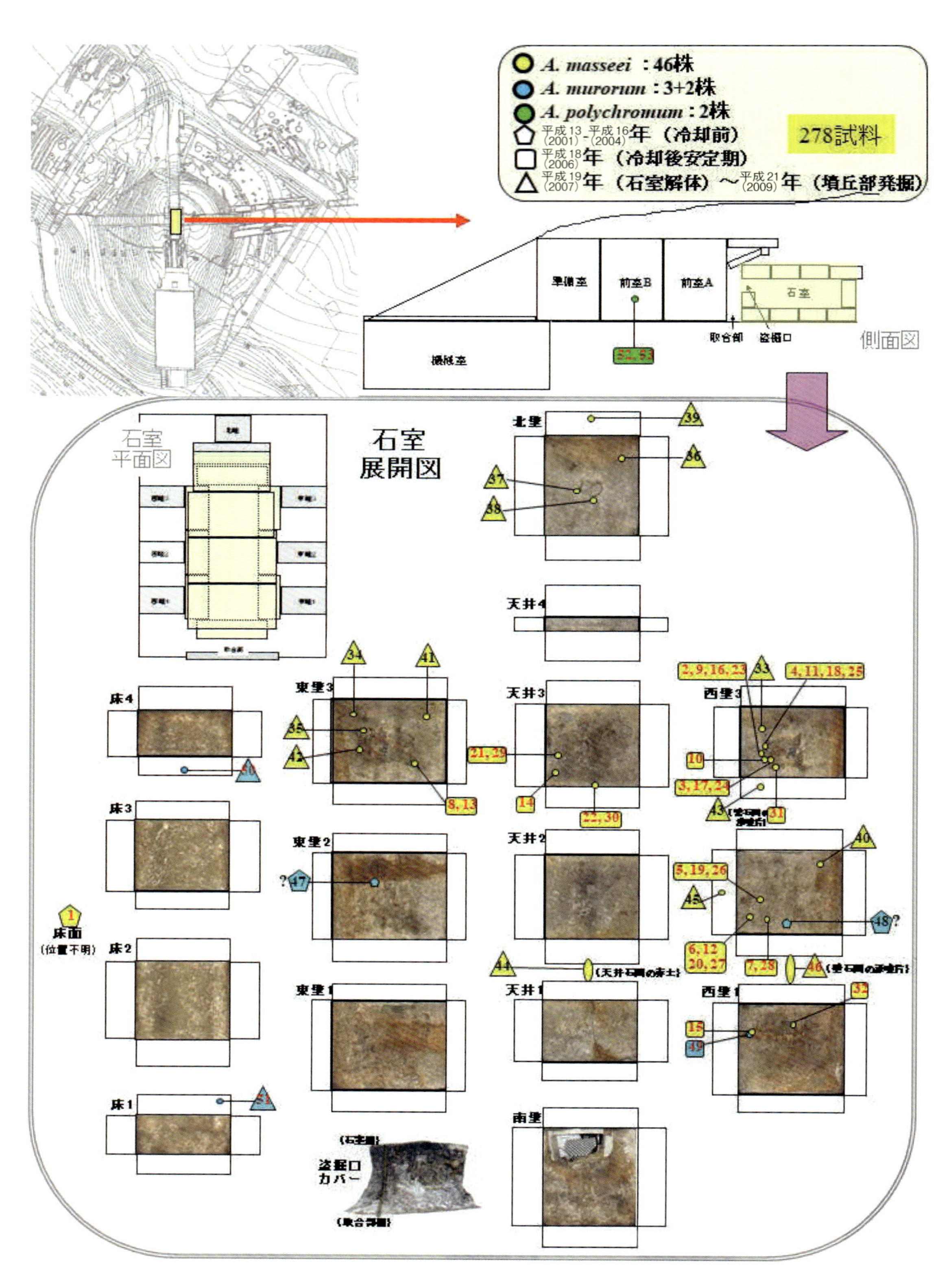

Fig. 16　高松塚古墳石室内外から分離された暗色系 *Acremonium* 属（*Acremonium* sect. *Gliomastix*）の出現状況プロット総合図（平成 13（2001）年～平成 21（2009）年）

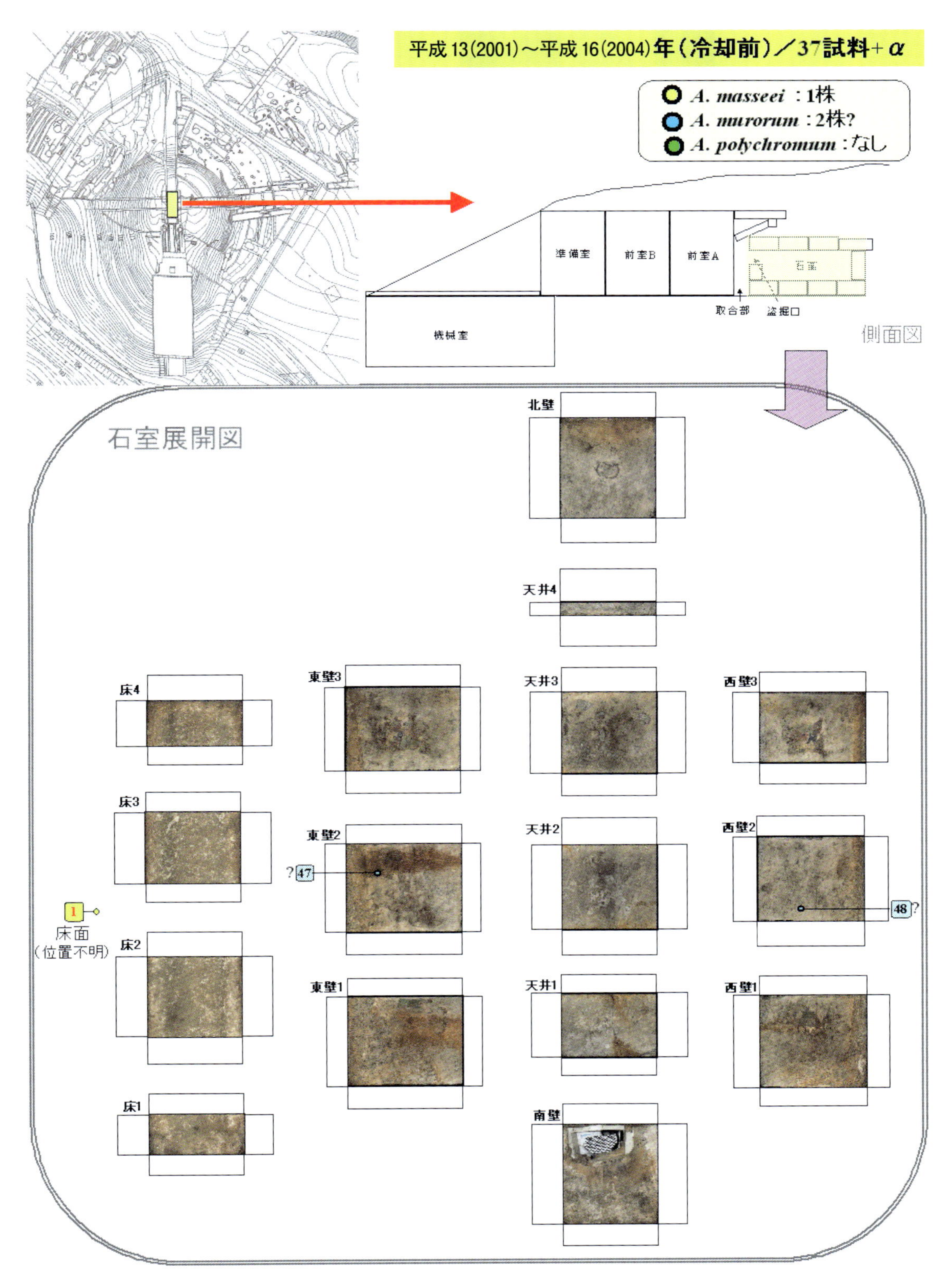

Fig. 17　高松塚古墳石室内外から分離された暗色系 *Acremonium* 属（*Acremonium* sect. *Gliomastix*）の出現状況プロット図（平成 13（2001）年～平成 16（2004）年：墳丘部冷却前）

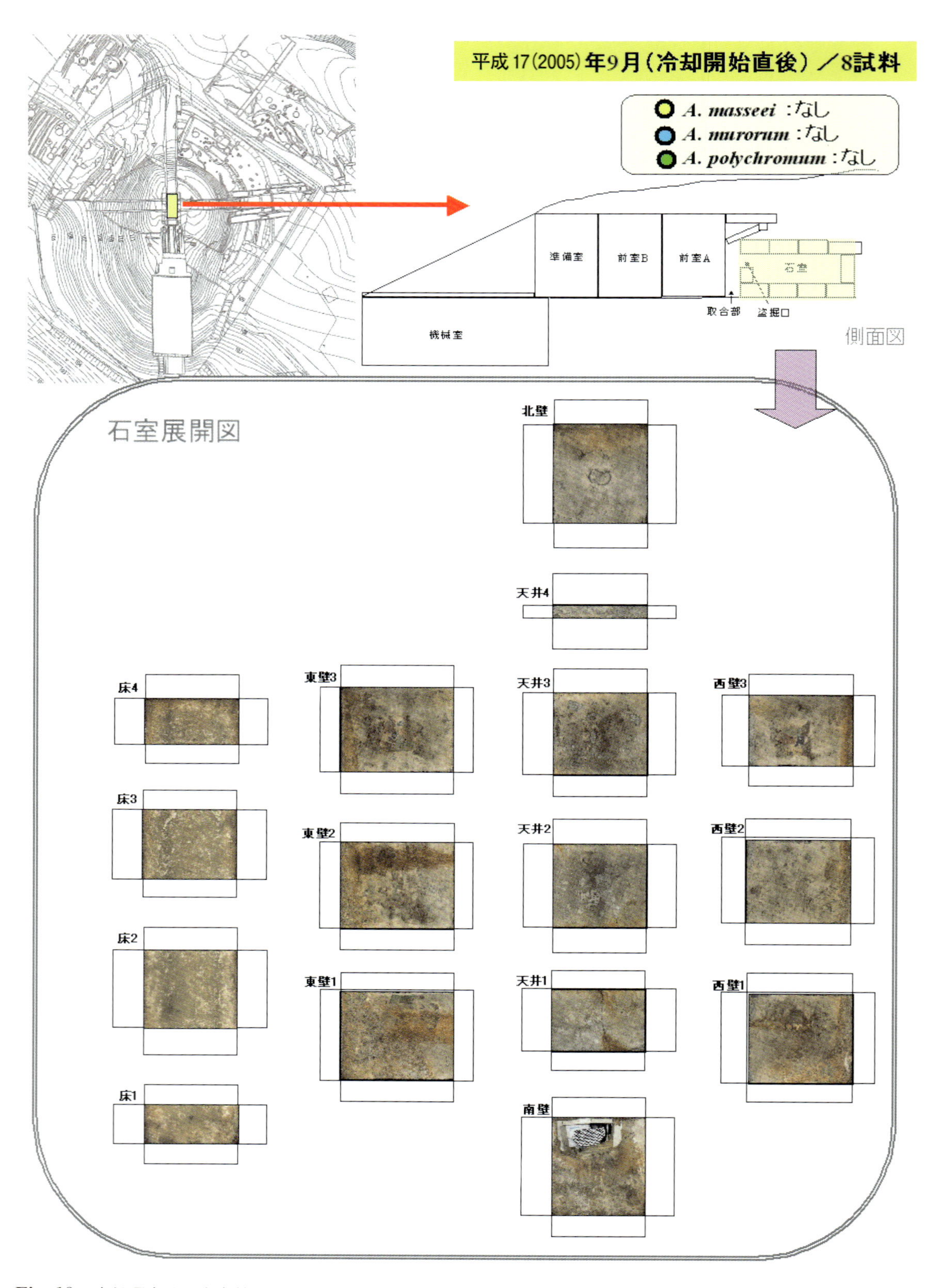

Fig. 18　高松塚古墳石室内外から分離された暗色系 *Acremonium* 属（*Acremonium* sect. *Gliomastix*）の出現状況プロット図（平成17（2005）年９月：墳丘部冷却開始直後）

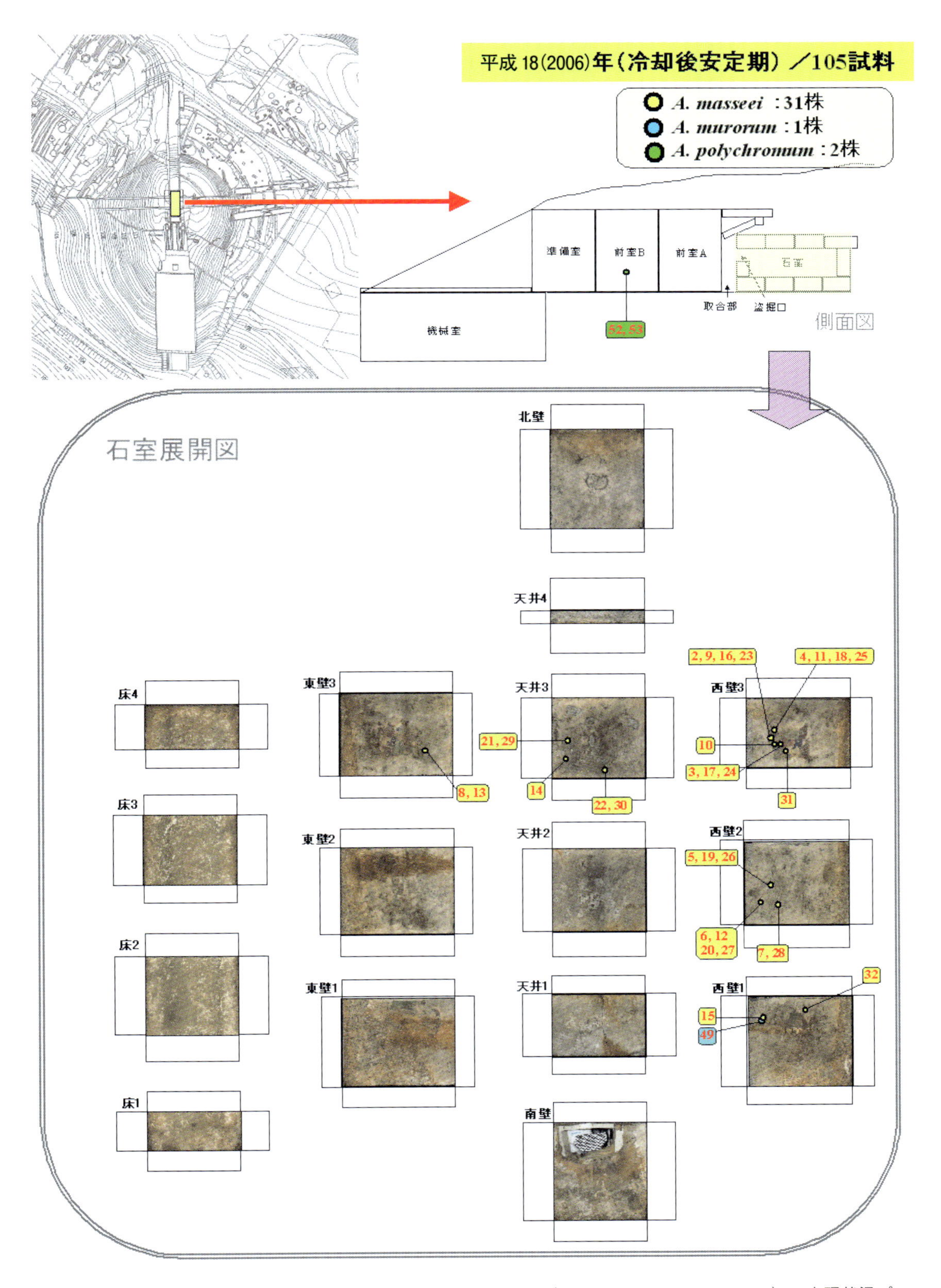

Fig. 19　高松塚古墳石室内外から分離された暗色系 *Acremonium* 属（*Acremonium* sect. *Gliomastix*）の出現状況プロット図（平成 18（2006）年 2 月～ 12 月：墳丘部冷却後安定期）

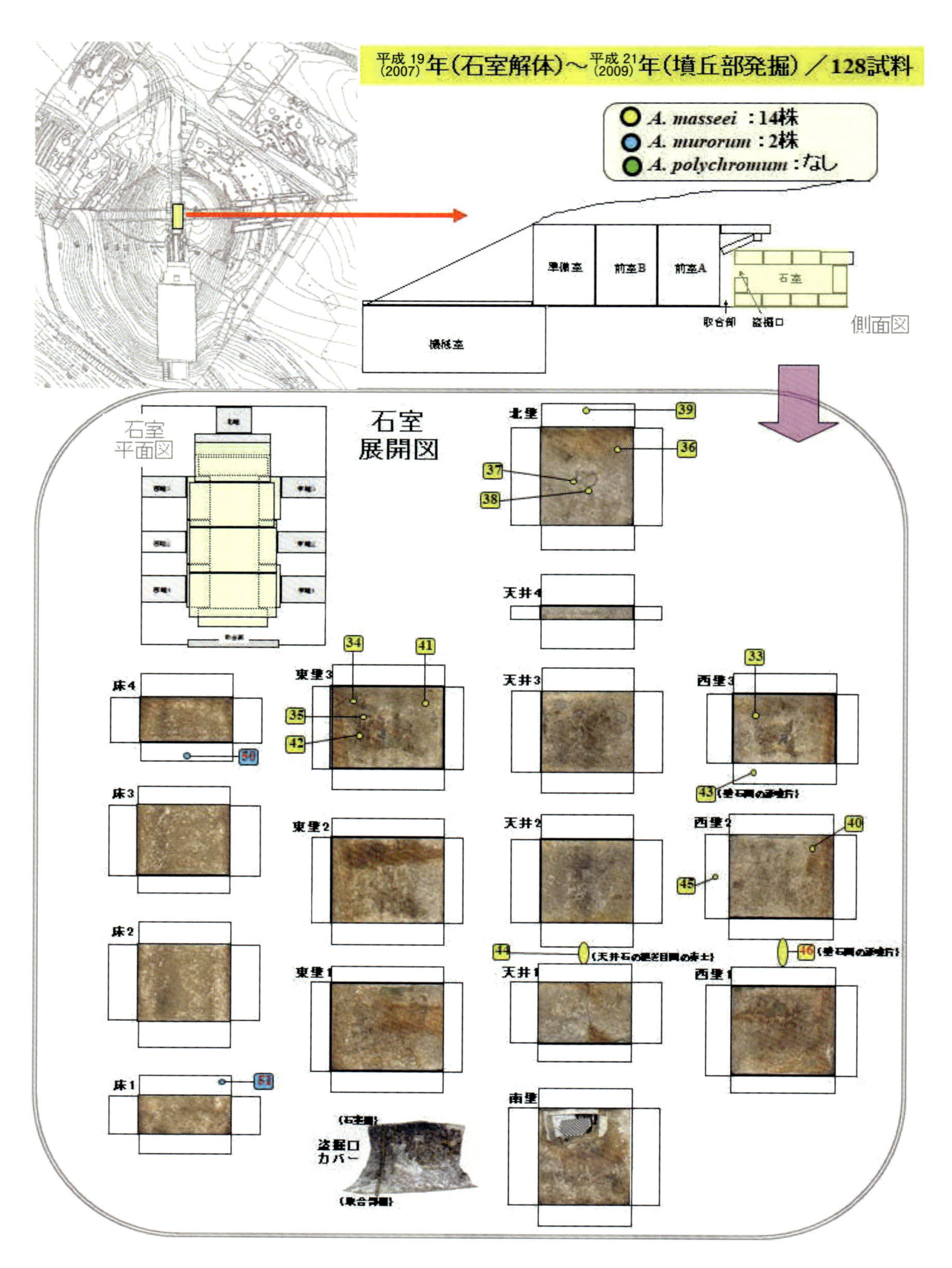

Fig. 20　高松塚古墳石室内外から分離された暗色系 *Acremonium* 属（*Acremonium* sect. *Gliomastix*）の出現状況プロット図（平成 19（2007）年石室解体～平成 21（2009）年墳丘部発掘）

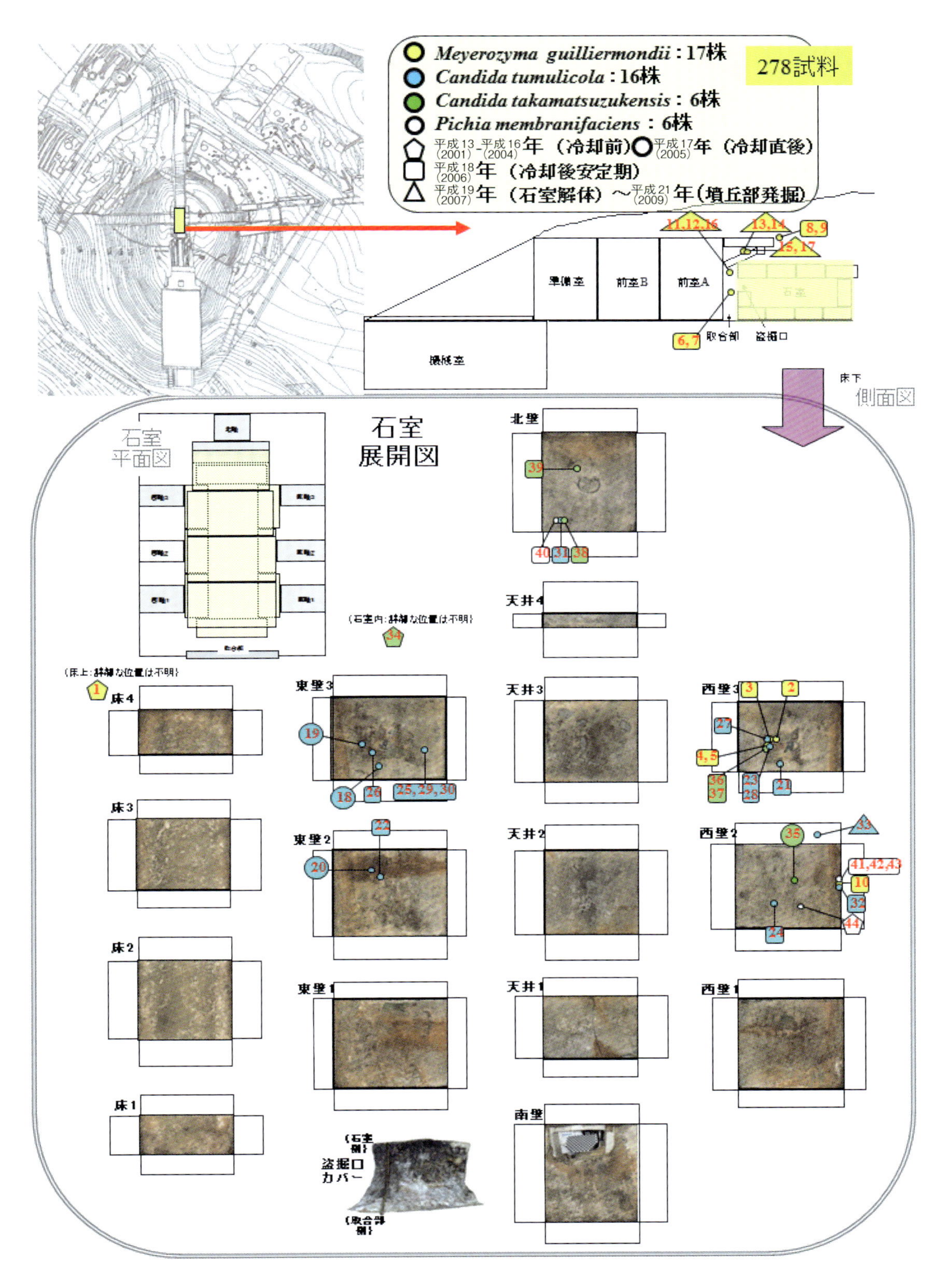

Fig. 21　高松塚古墳石室内外から分離された酵母（*Candida* 属、*Meyerozyma* 属、*Pichia* 属）の出現状況プロット総合図（平成 13（2001）年～平成 21（2009）年）

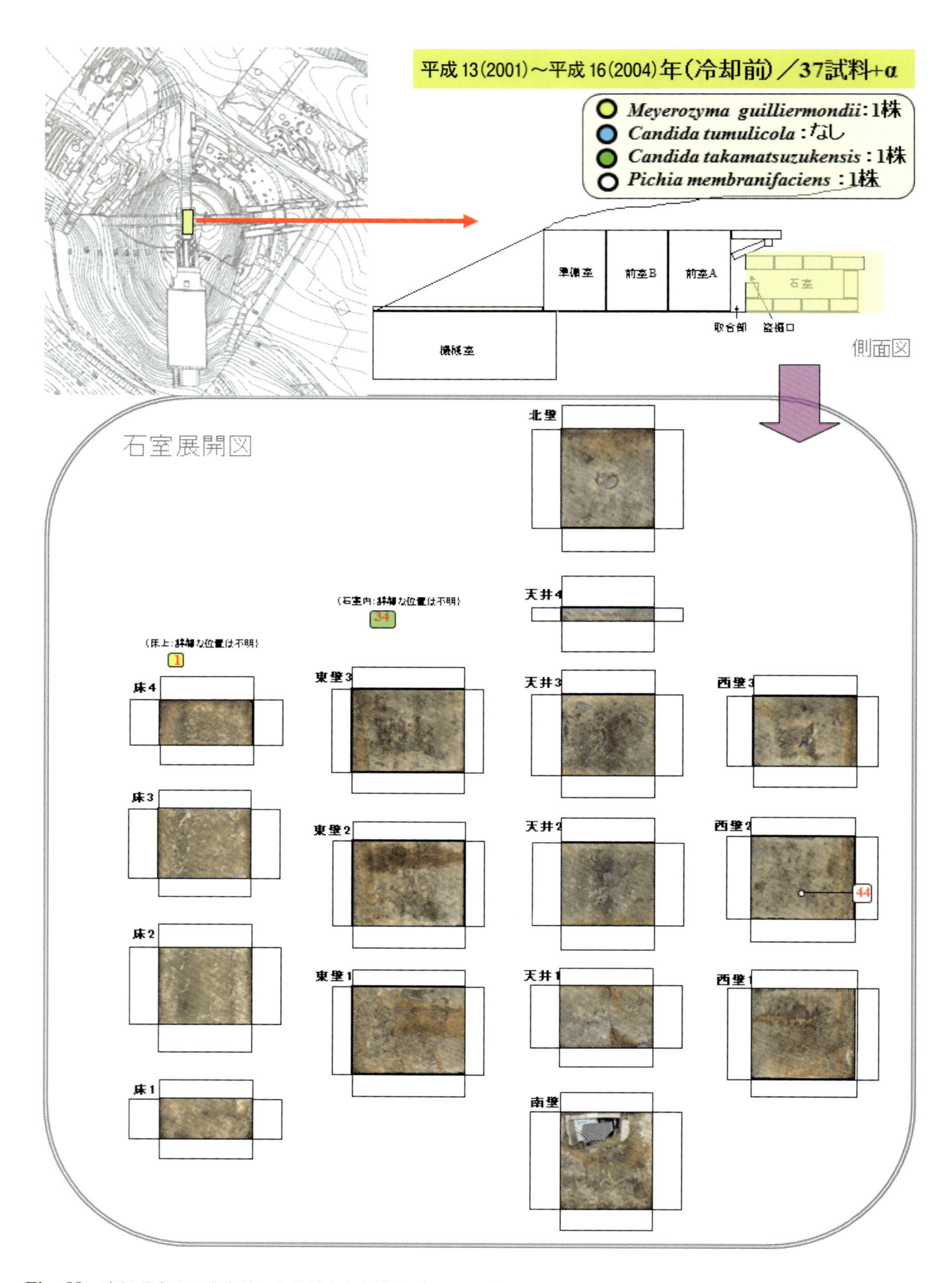

Fig. 22　高松塚古墳石室内外から分離された酵母（*Candida* 属、*Meyerozyma* 属、*Pichia* 属）の出現状況プロット図（平成 13（2001）年～平成 16（2004）年：墳丘部冷却前）

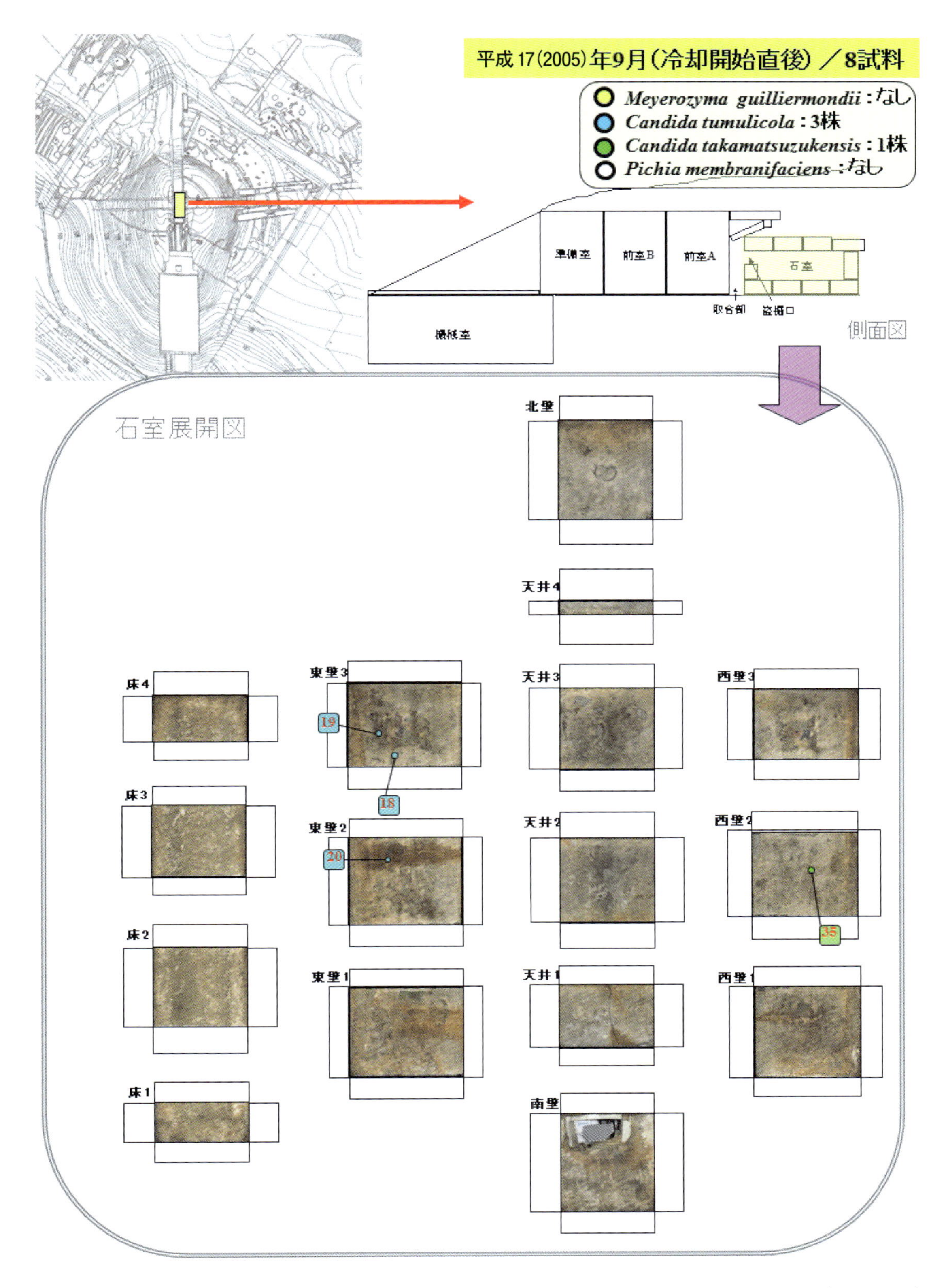

Fig. 23　高松塚古墳石室内外から分離された酵母（*Candida* 属、*Meyerozyma* 属、*Pichia* 属）の出現状況プロット図（平成 17（2005）年 9 月：墳丘部冷却開始直後）

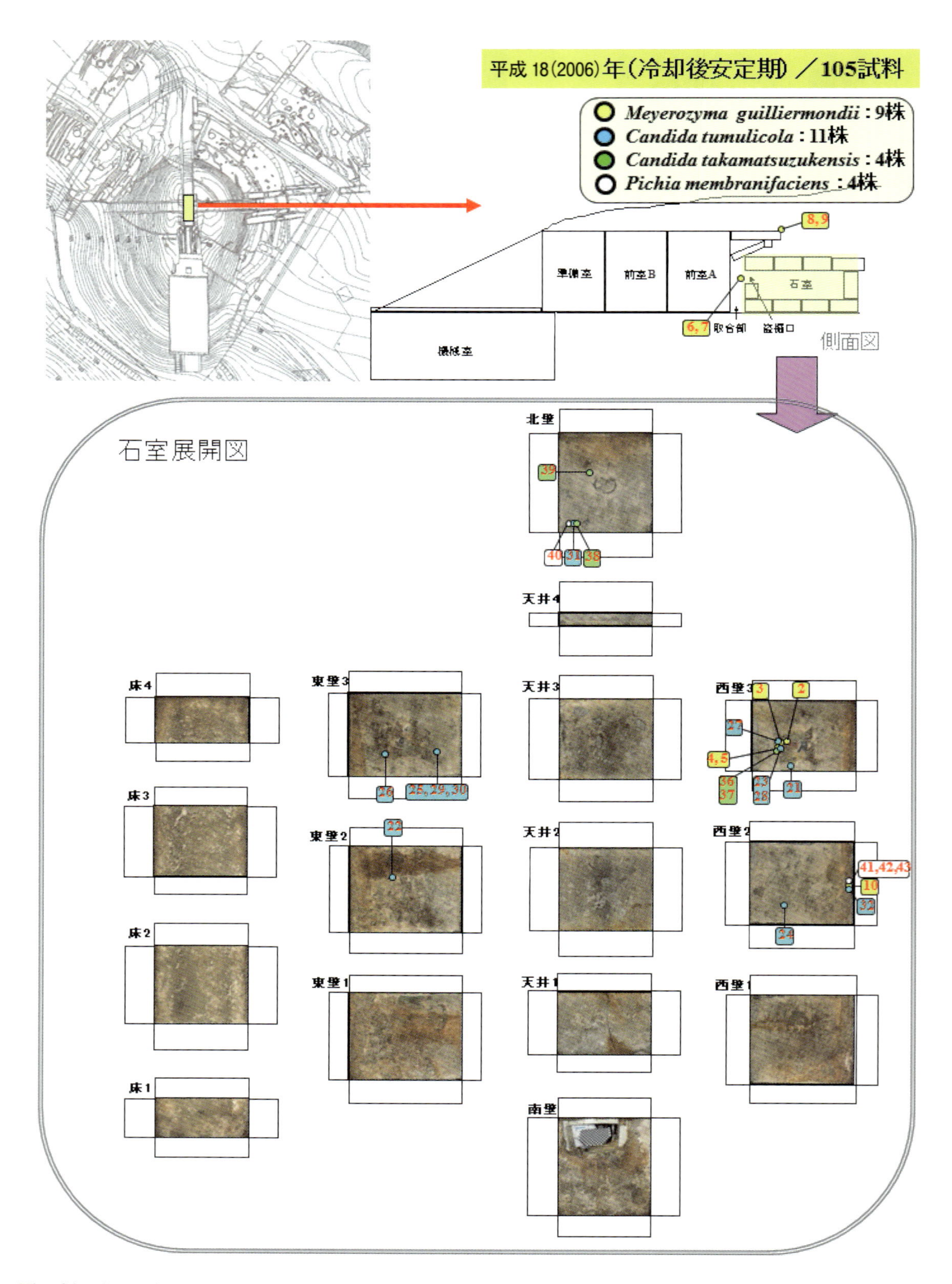

Fig. 24　高松塚古墳石室内外から分離された酵母（*Candida* 属、*Meyerozyma* 属、*Pichia* 属）の出現状況プロット図（平成 18（2006）年 2 月～ 12 月：墳丘部冷却後安定期）

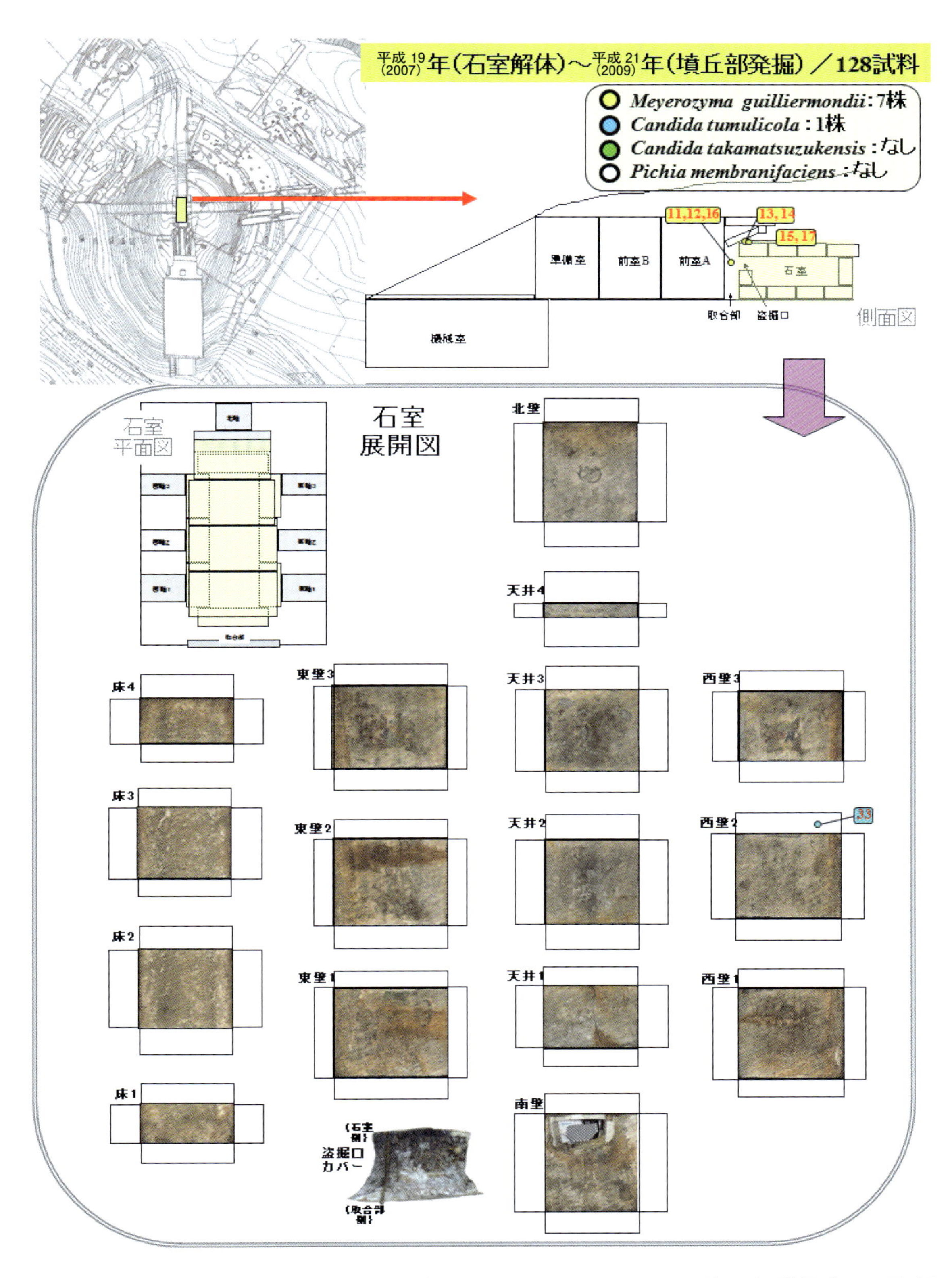

Fig. 25　高松塚古墳石室内外から分離された酵母（*Candida* 属、*Meyerozyma* 属、*Pichia* 属）の出現状況プロット図（平成 19（2007）年石室解体〜平成 21（2009）年墳丘部発掘）

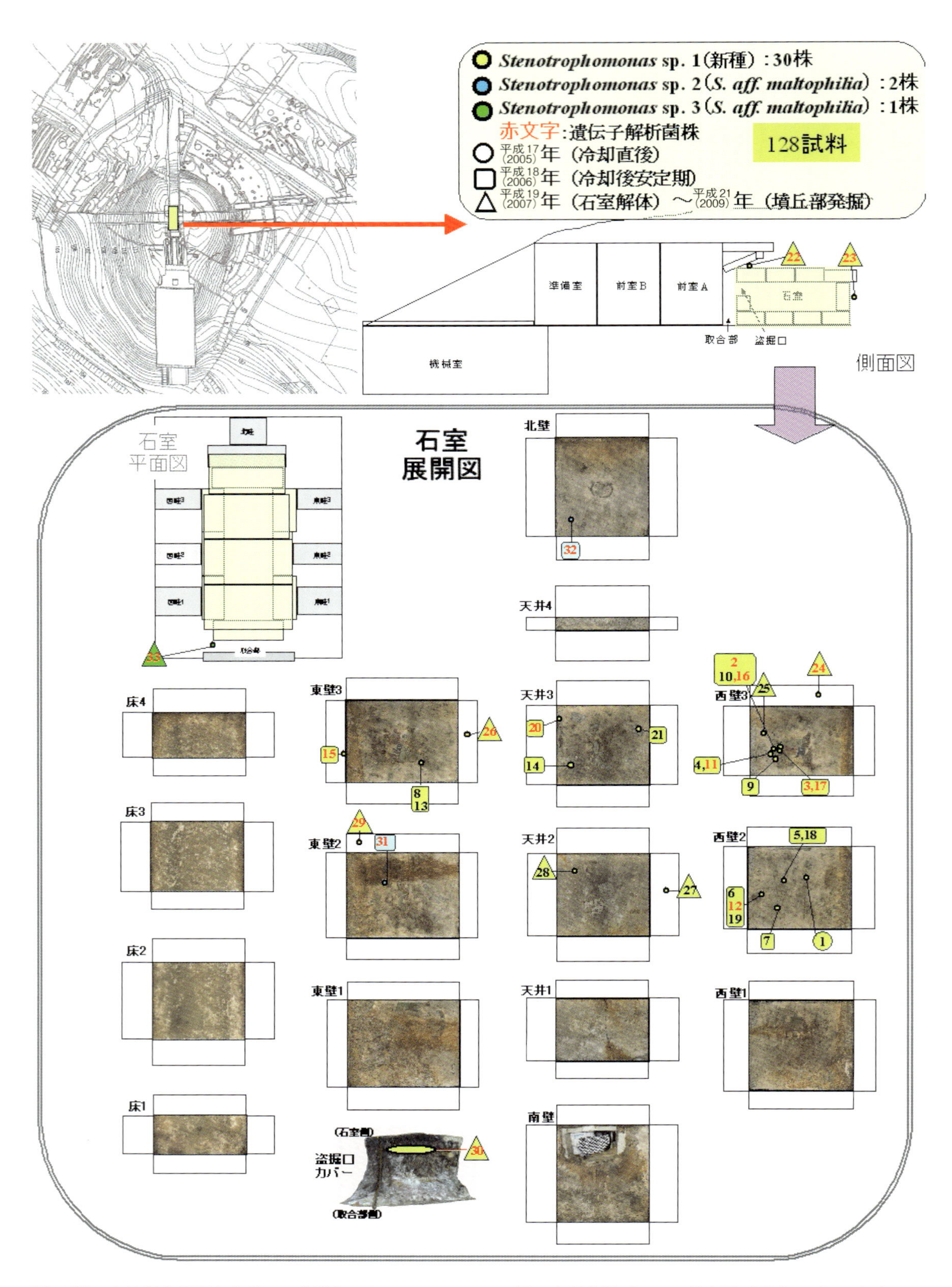

Fig. 26　高松塚古墳石室内外から分離された *Stenotrophomonas* 属の出現状況プロット総合図（平成 17（2005）年～平成 21（2009）年）

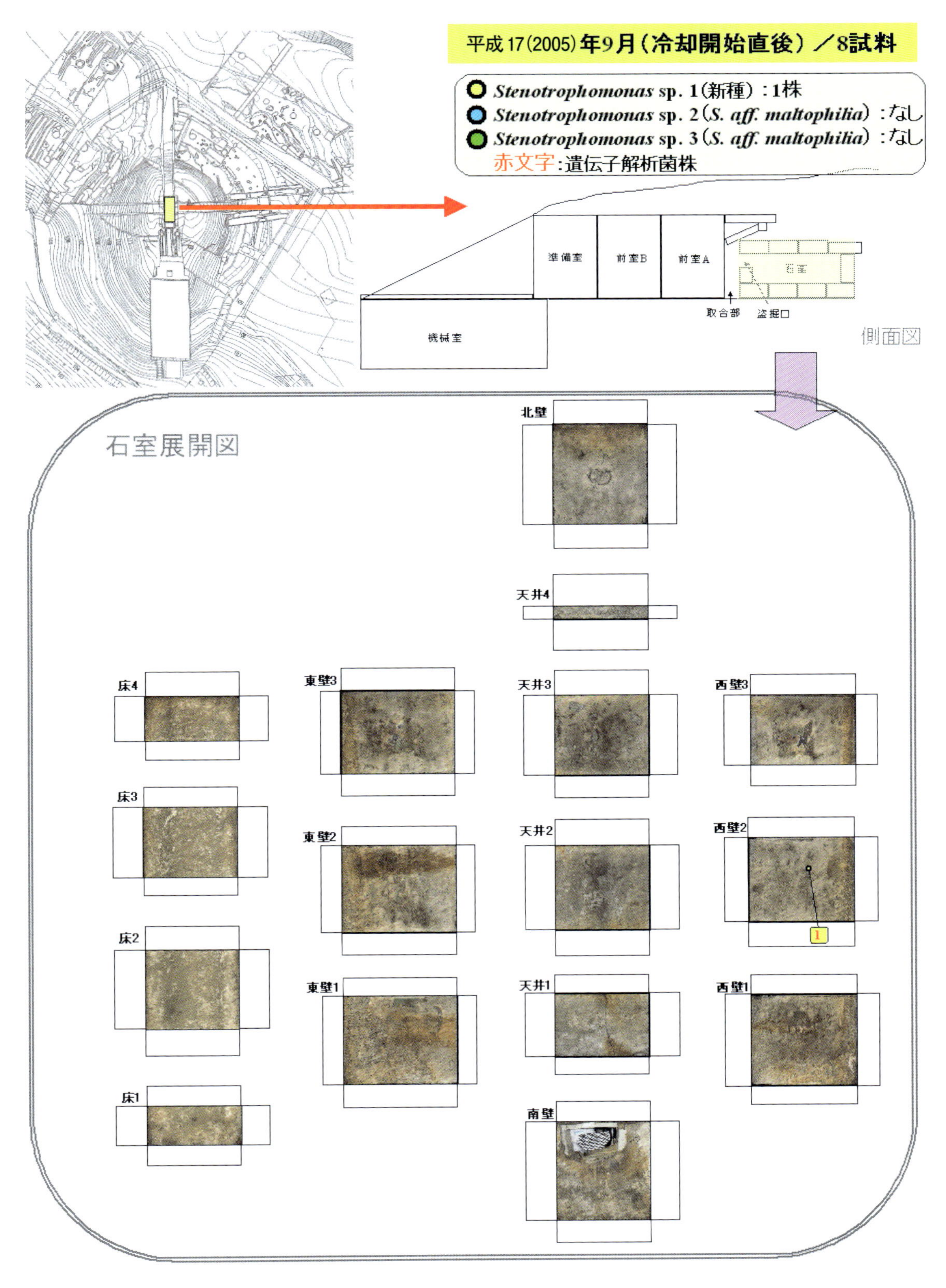

Fig. 27　高松塚古墳石室内外から分離された *Stenotrophomonas* 属の出現状況プロット図（平成 17（2005）年 9 月：墳丘部冷却開始直後）

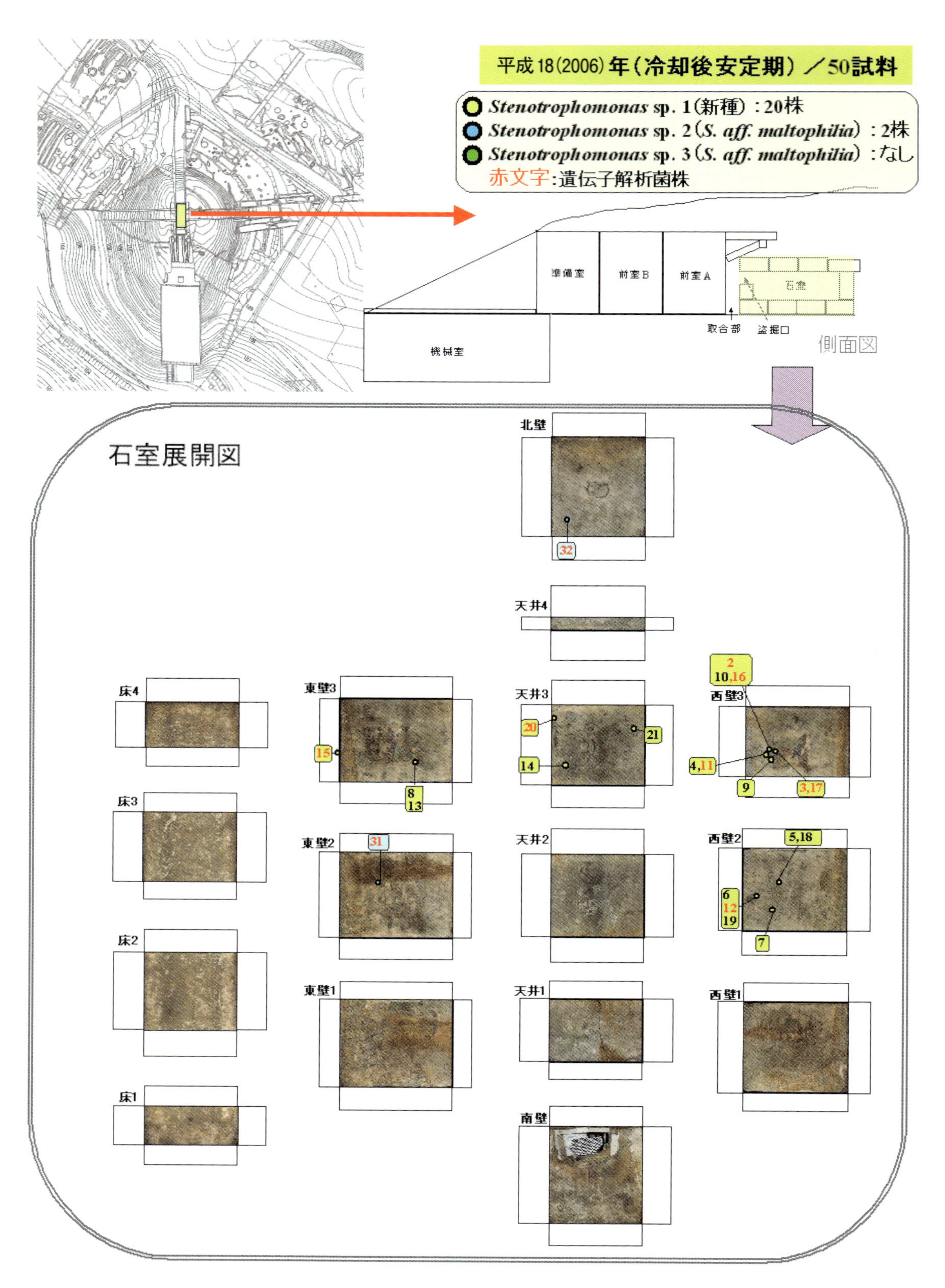

Fig. 28　高松塚古墳石室内外から分離された *Stenotrophomonas* 属の出現状況プロット図（平成 18（2006）年 2 月～ 12 月：墳丘部冷却後安定期）

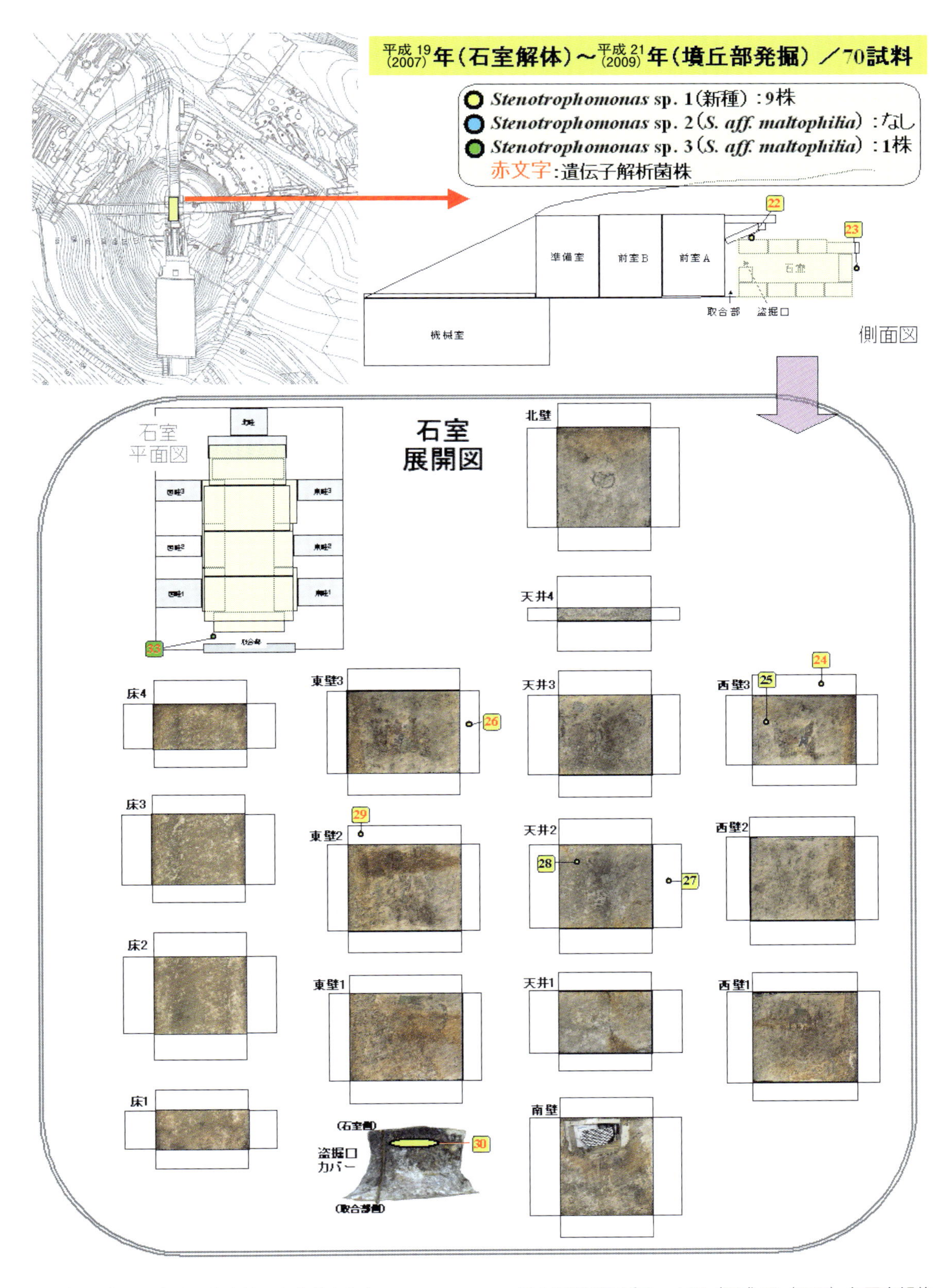

Fig. 29　高松塚古墳石室内外から分離された *Stenotrophomonas* 属の出現状況プロット図（平成 19（2007）年石室解体〜平成 20（2008）年墳丘部発掘）

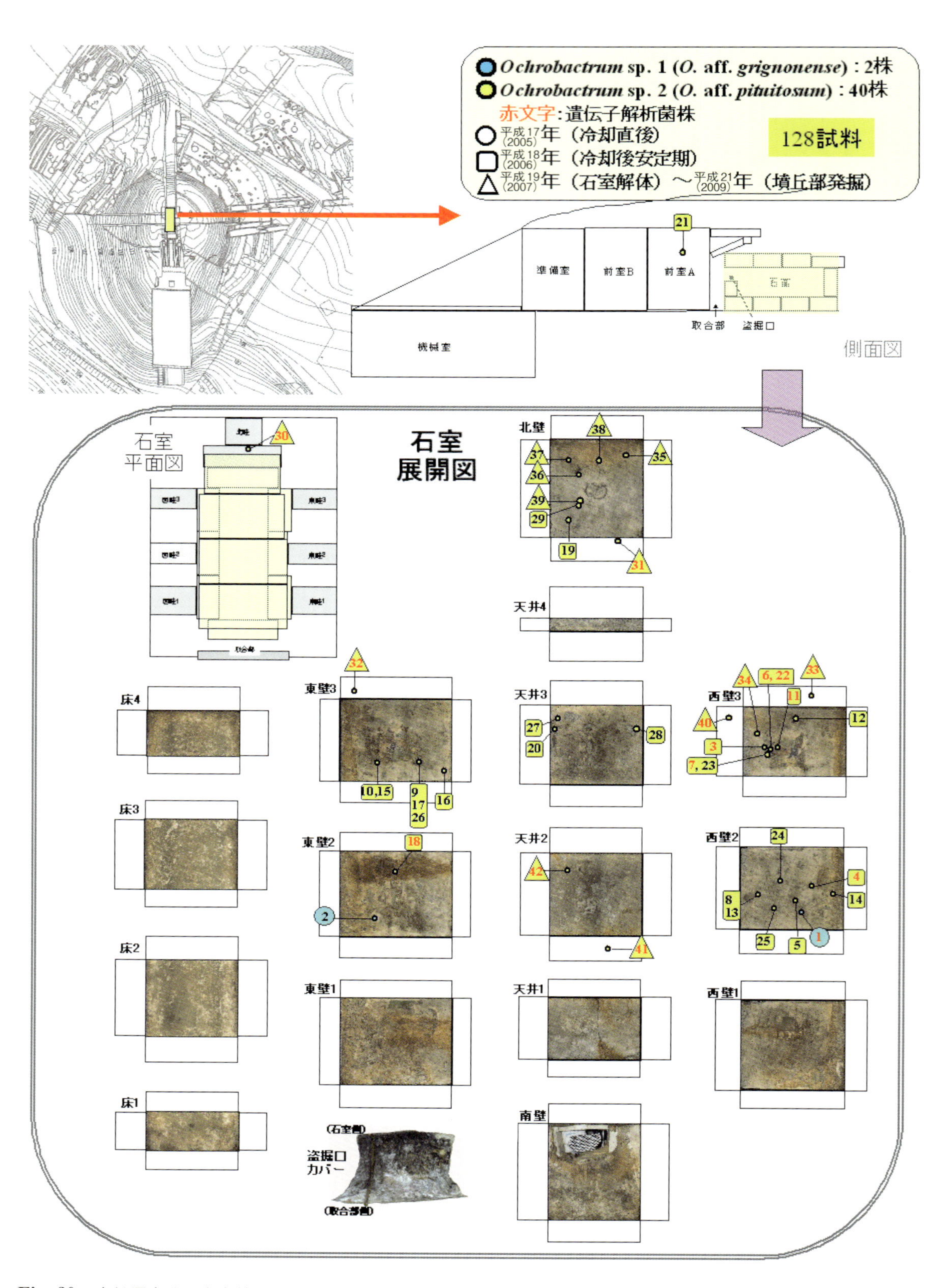

Fig. 30　高松塚古墳石室内外から分離された *Ochrobactrum* 属の出現状況プロット総合図（平成 17（2005）年～平成 21（2009）年）

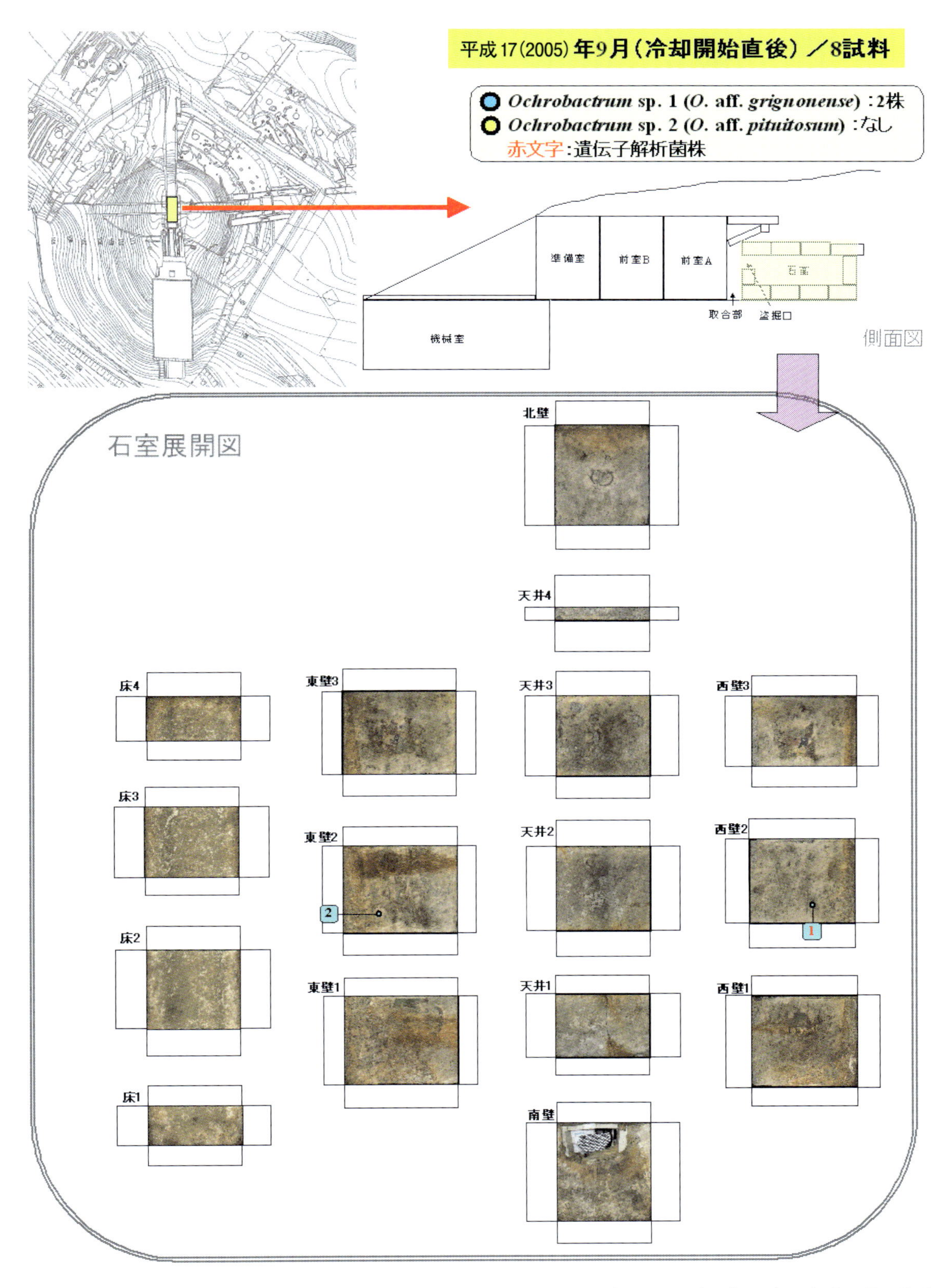

Fig. 31　高松塚古墳石室内外から分離された *Ochrobactrum* 属の出現状況プロット図（平成 17（2005）年 9 月：墳丘部冷却開始直後）

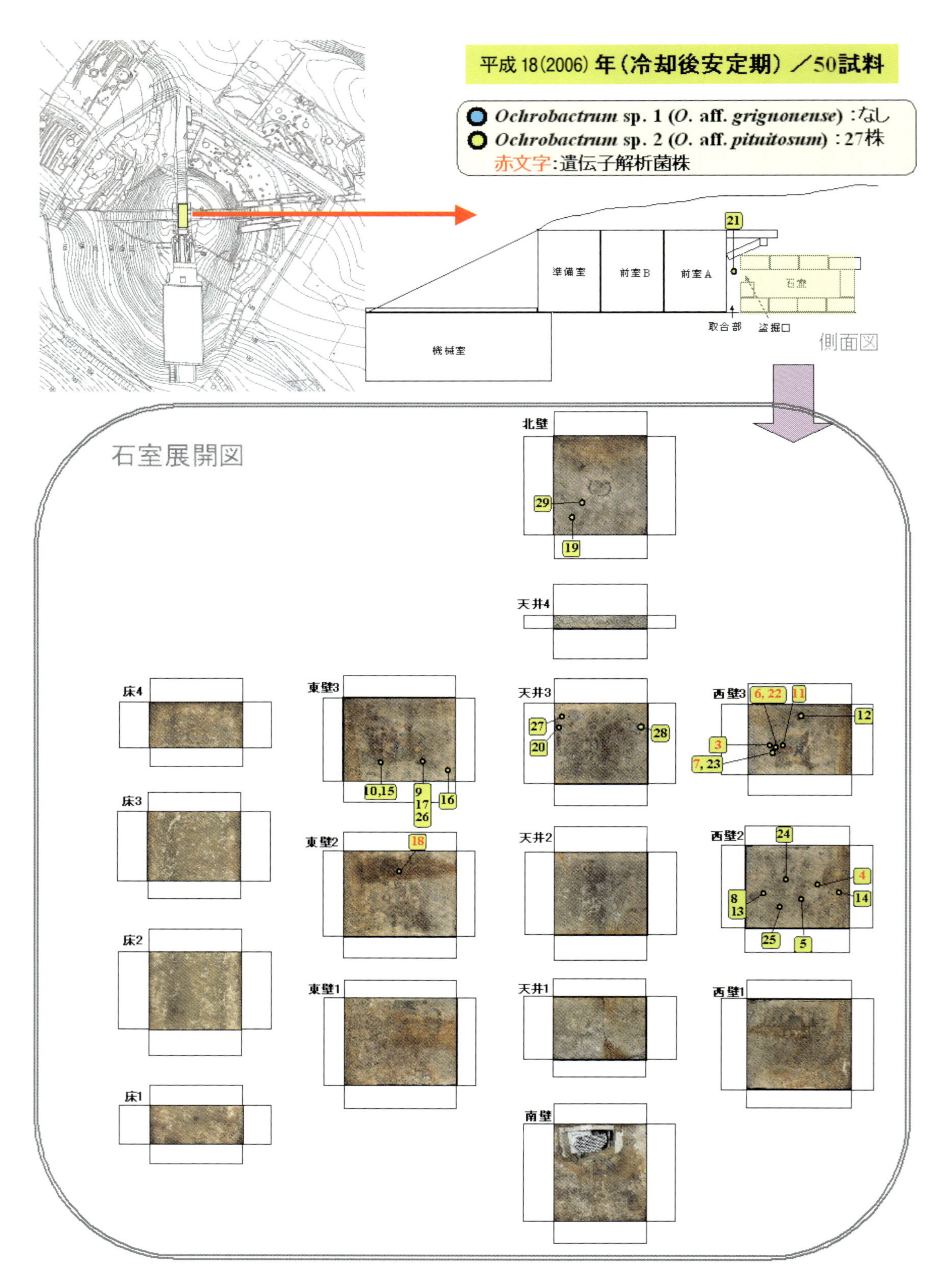

Fig. 32　高松塚古墳石室内外から分離された *Ochrobactrum* 属の出現状況プロット図（平成 18（2006）年２月～12 月：墳丘部冷却後安定期）

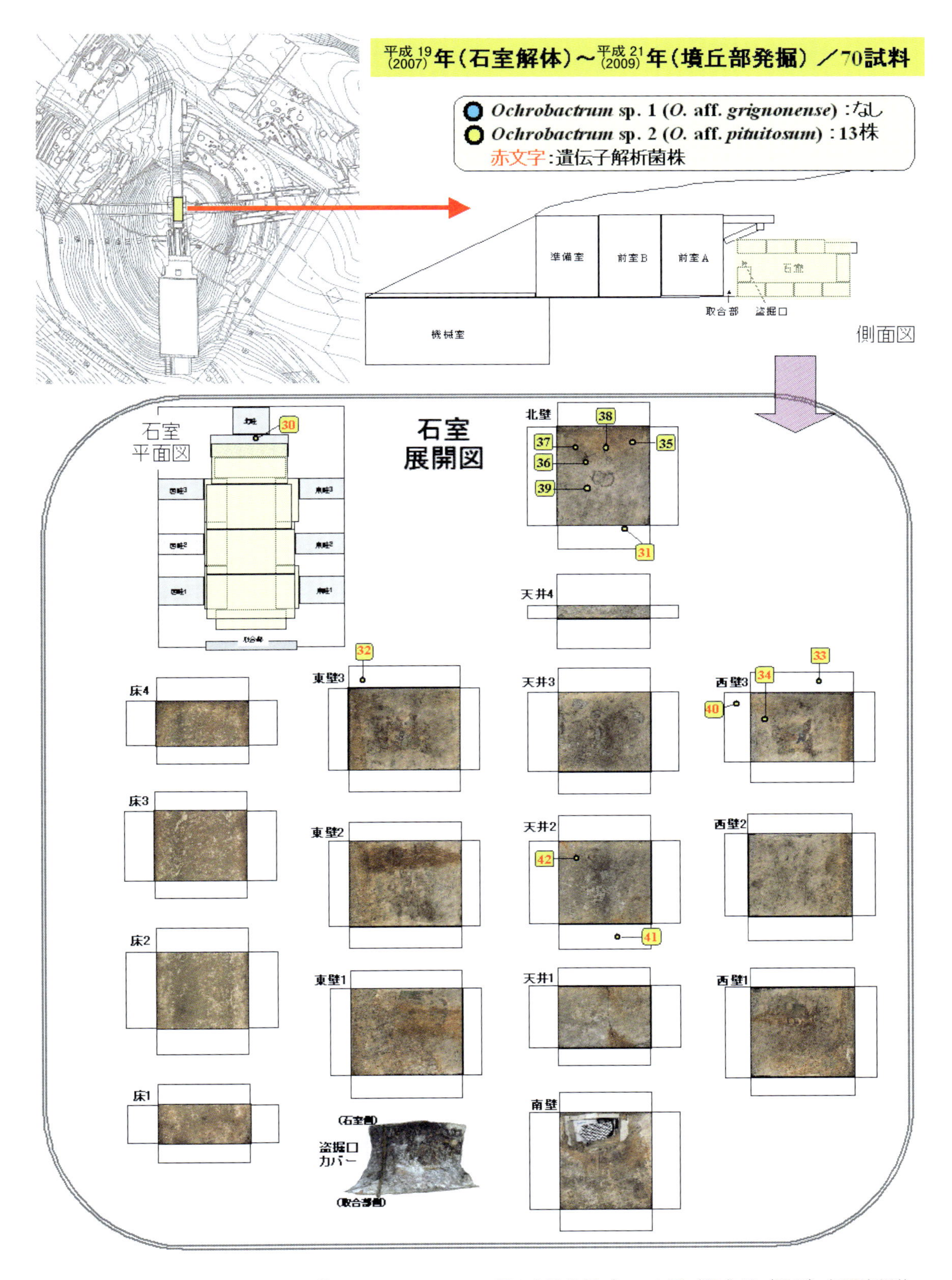

Fig. 33　高松塚古墳石室内外から分離された *Ochrobactrum* 属の出現状況プロット図（平成 19（2007）年石室解体～平成 21（2009）年墳丘部発掘）

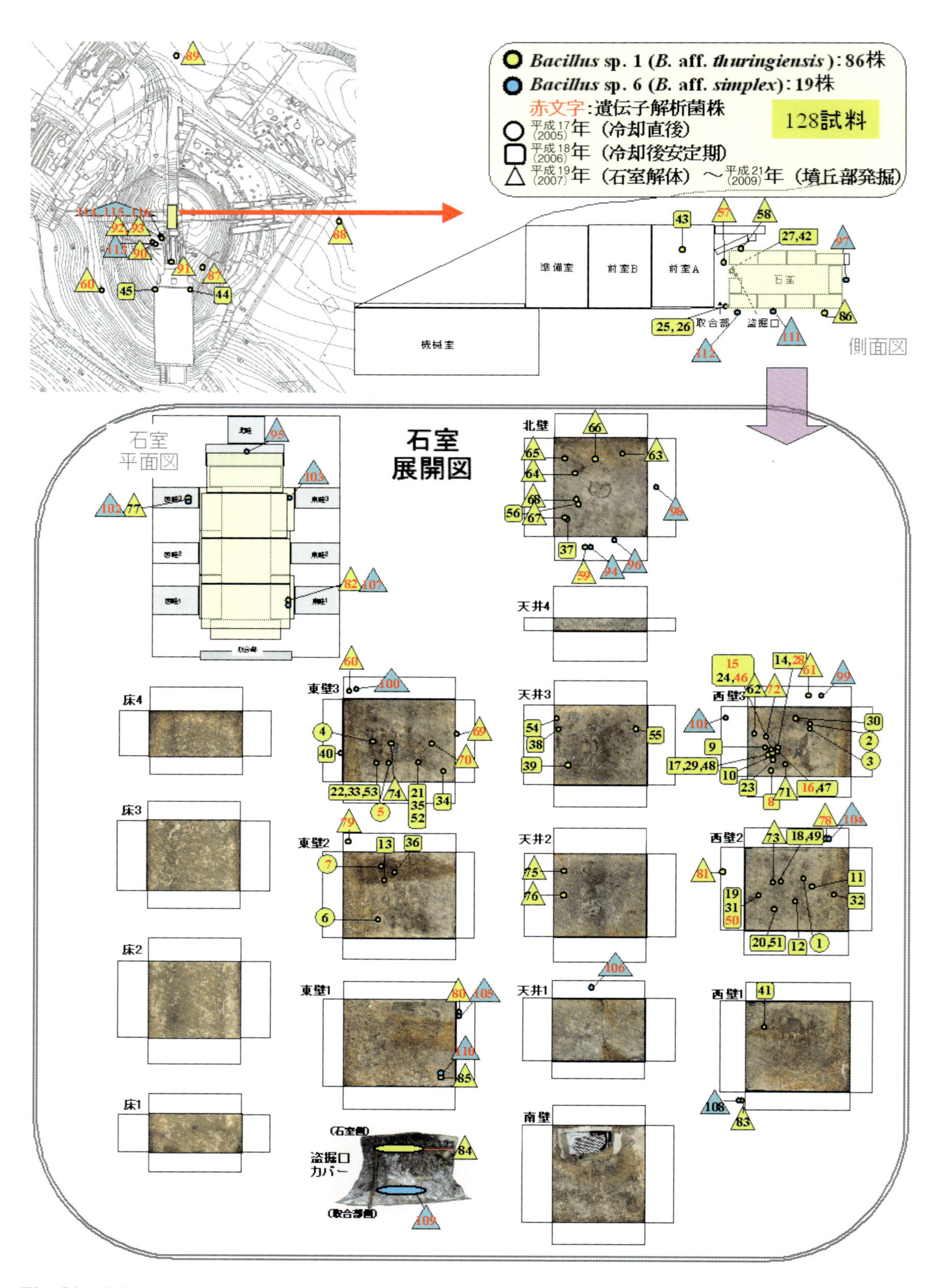

Fig. 34　高松塚古墳石室内外から分離された *Bacillus* 属の出現状況プロット総合図（平成 17（2005）年～平成 20（2008）年）

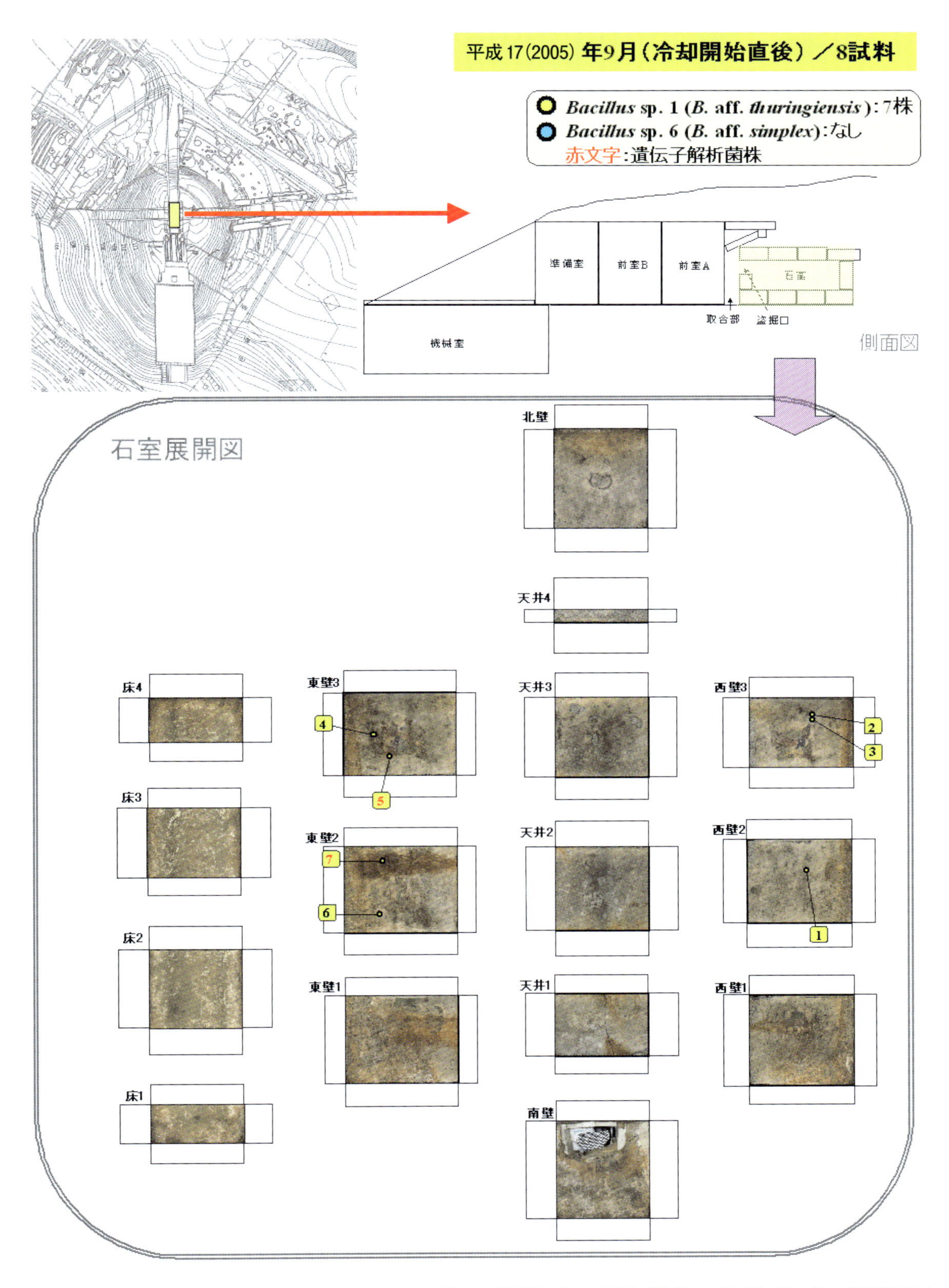

Fig. 35　高松塚古墳石室内外から分離された *Bacillus* 属の出現状況プロット図（平成 17（2005）年 9 月：墳丘部冷却開始直後）

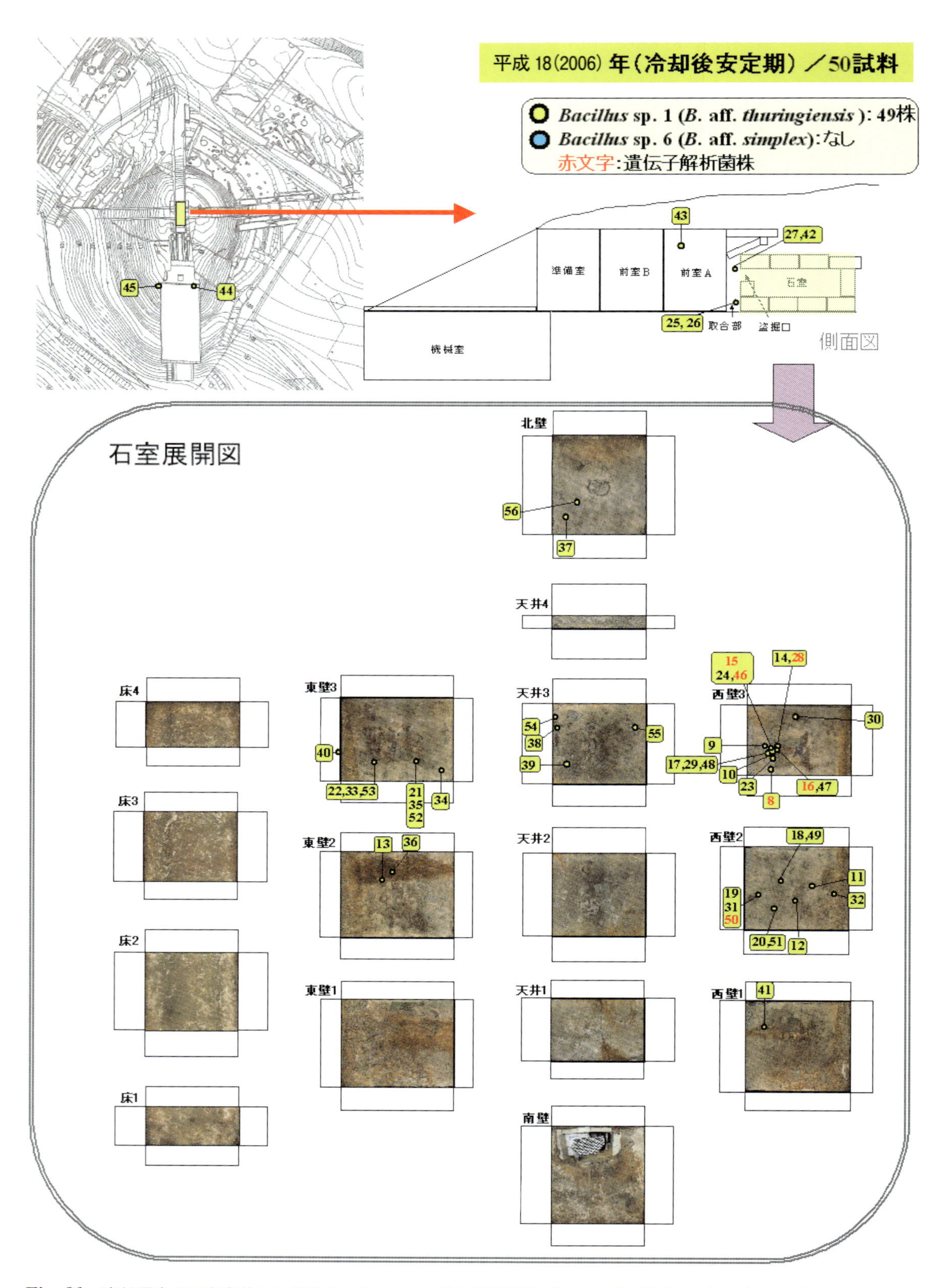

Fig. 36　高松塚古墳石室内外から分離された *Bacillus* 属の出現状況プロット図（平成 18（2006）年２月～ 12 月：墳丘部冷却後安定期）

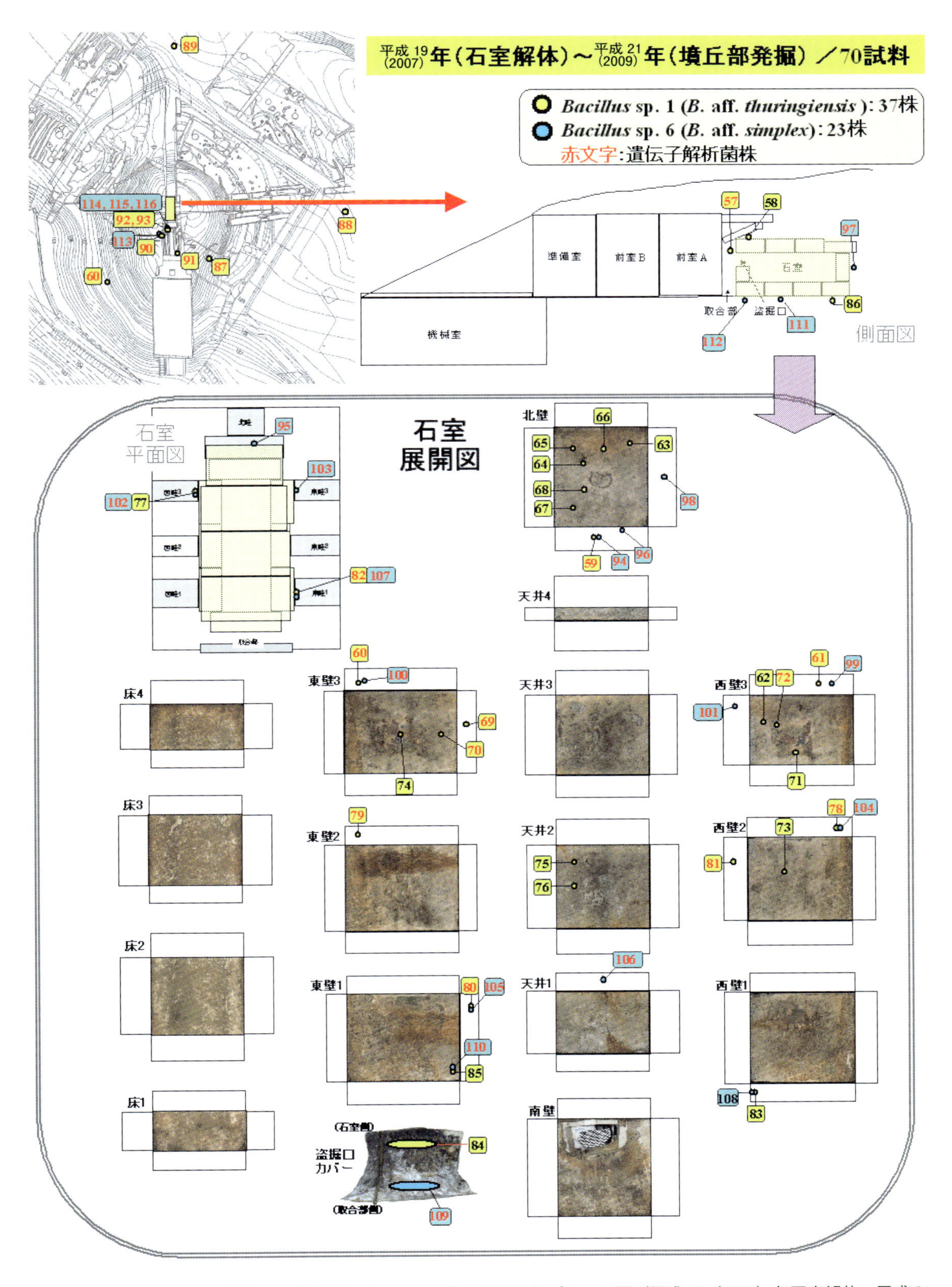

Fig. 37　高松塚古墳石室内外から分離された *Bacillus* 属の出現状況プロット図（平成 19（2007）年石室解体～平成 21（2009）年墳丘部発掘）

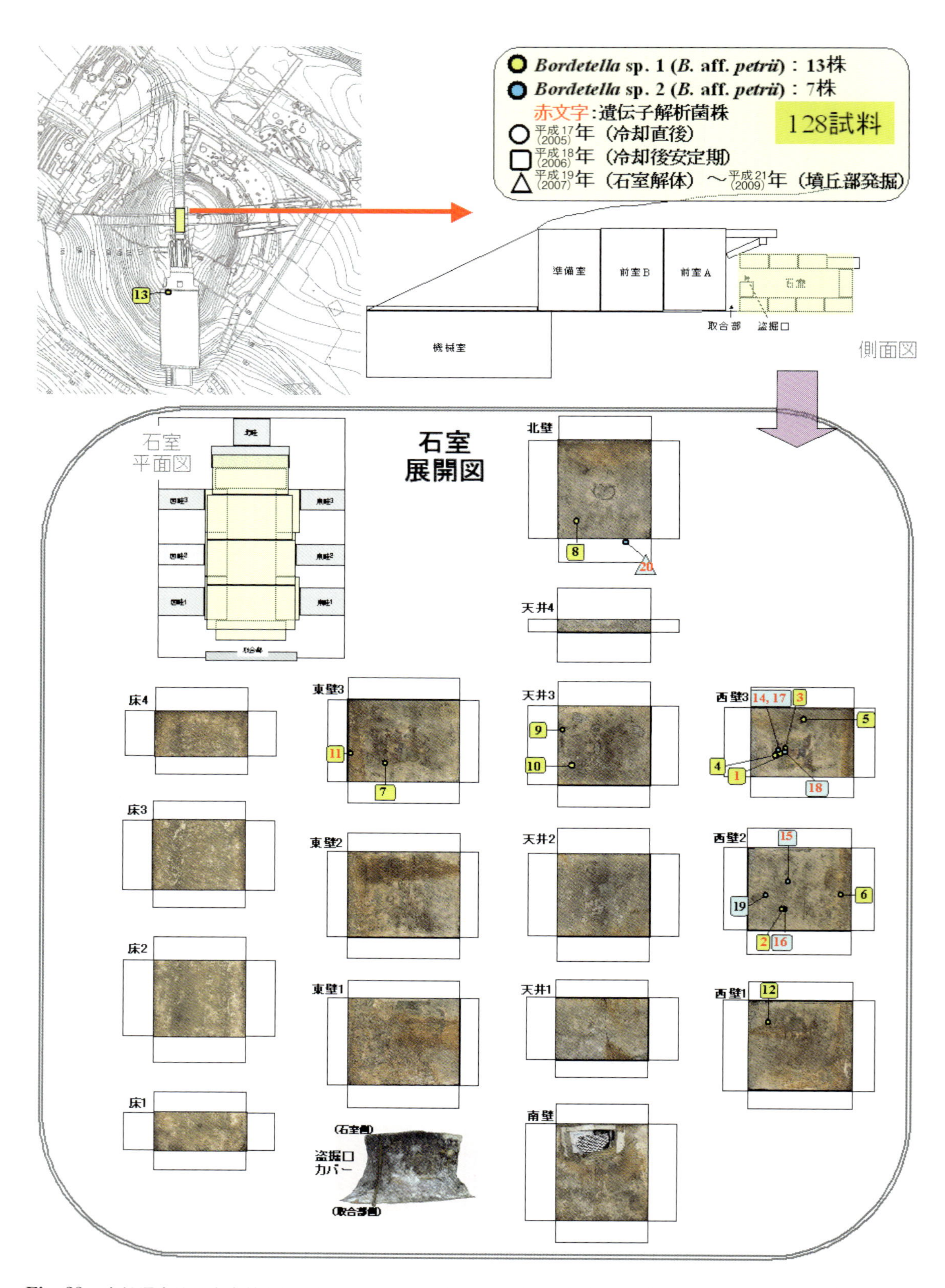

Fig. 38　高松塚古墳石室内外から分離された *Bordetella* 属の出現状況プロット総合図（平成 17（2005）年～平成 20（2008）年）

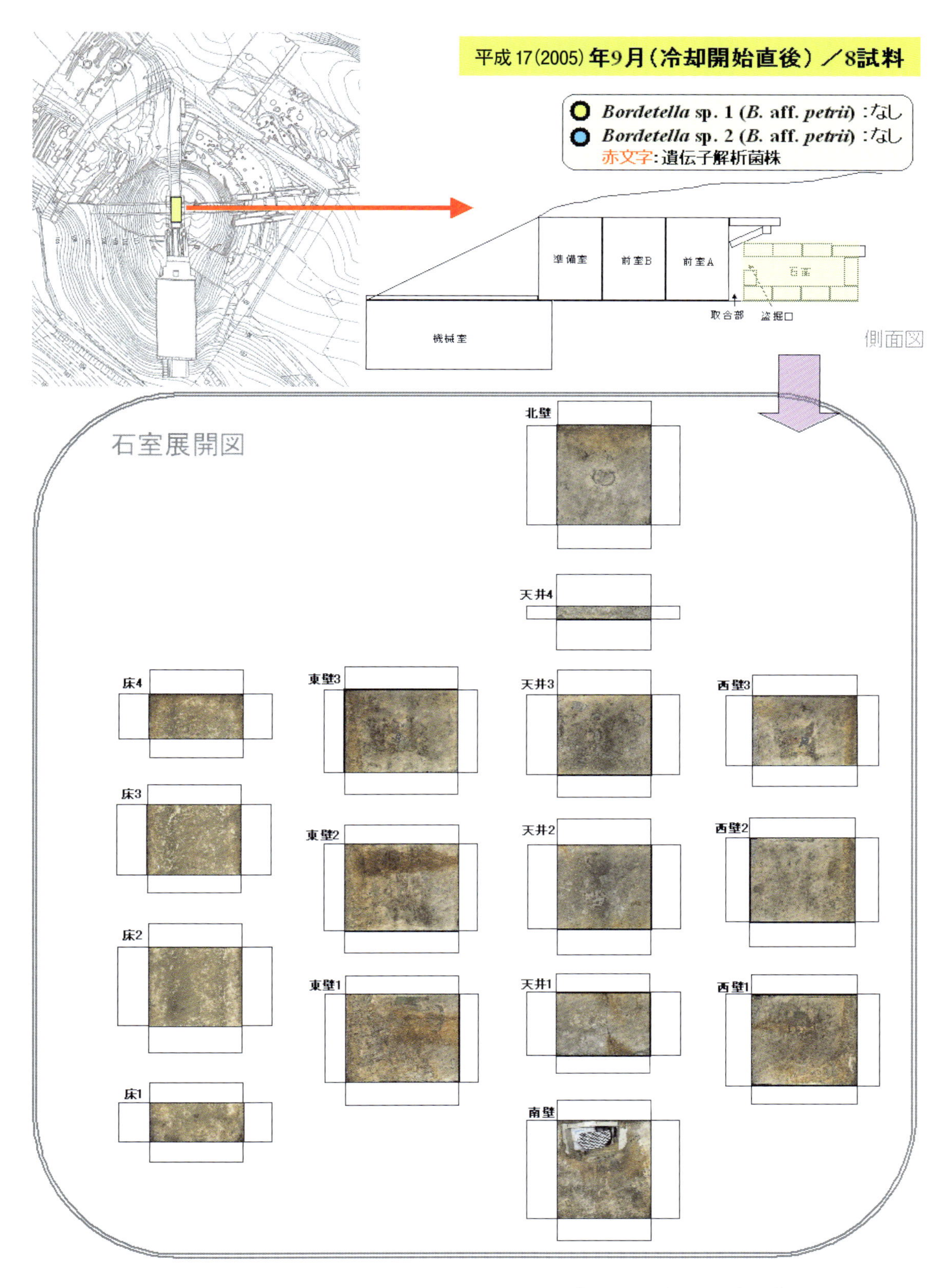

Fig. 39　高松塚古墳石室内外から分離された *Bordetella* 属の出現状況プロット図（平成 17（2005）年 9 月：墳丘部冷却開始直後）

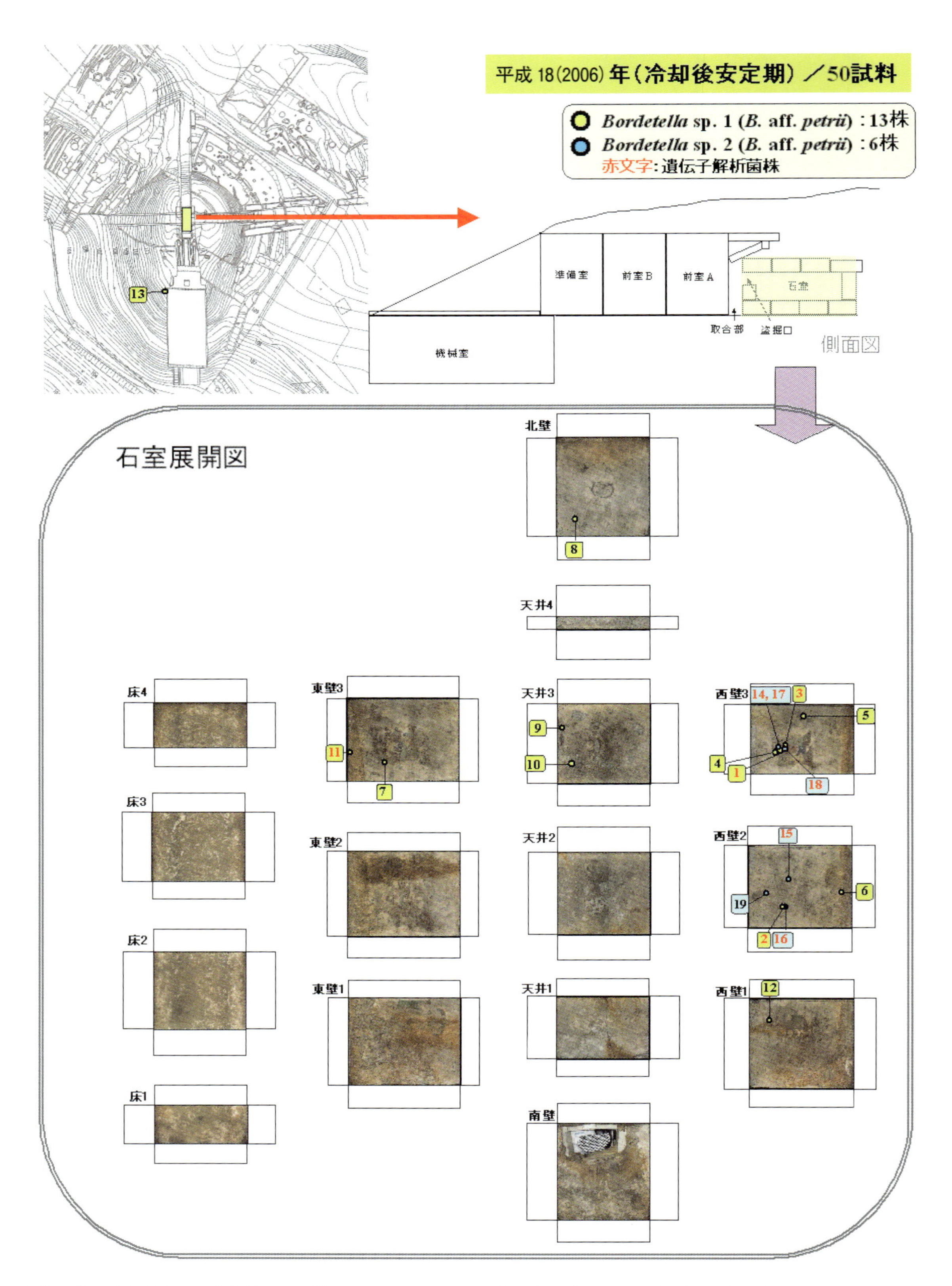

Fig. 40　高松塚古墳石室内外から分離された *Bordetella* 属の出現状況プロット図（平成 18（2006）年２月～ 12 月：墳丘部冷却後安定期）

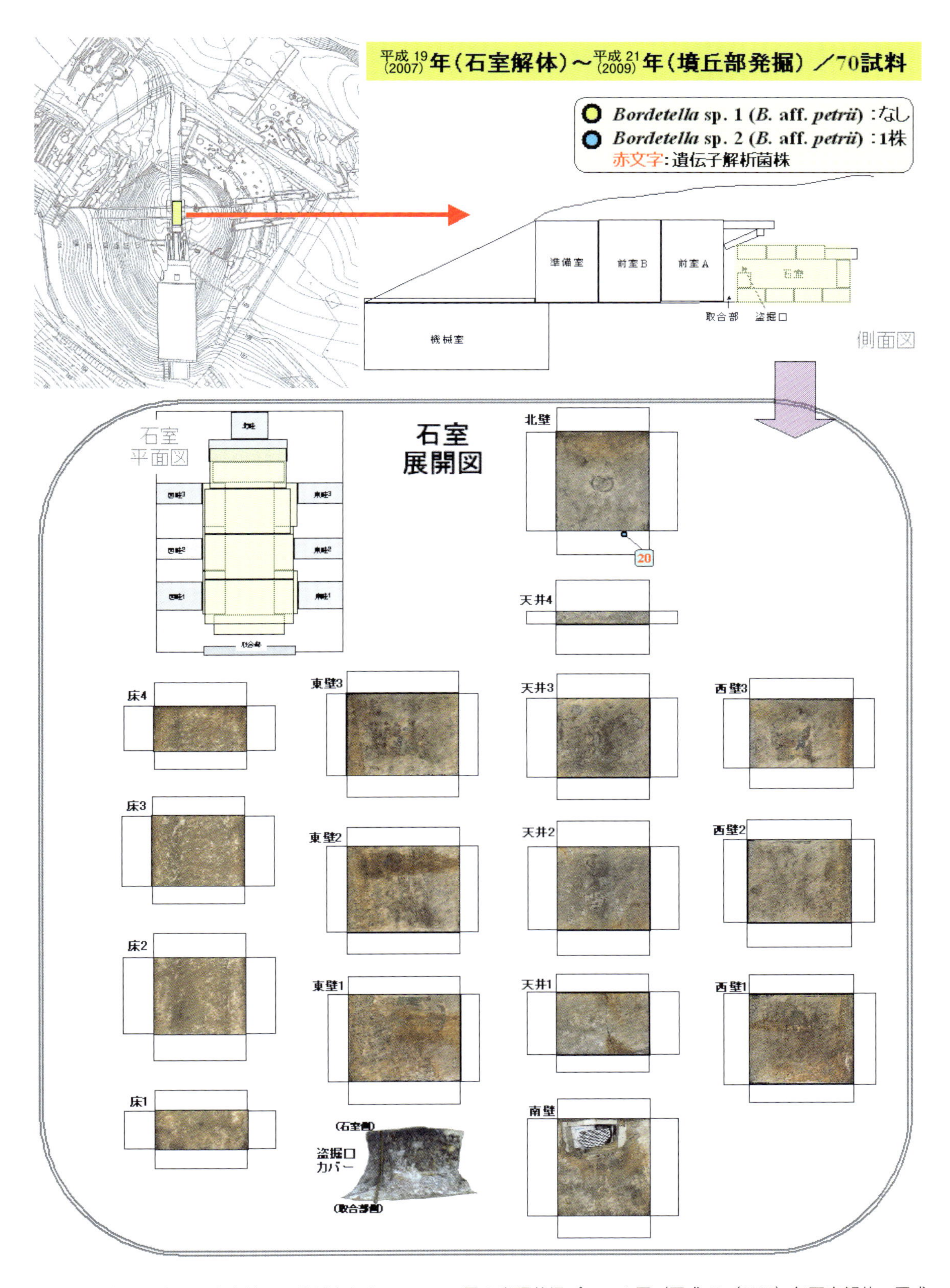

Fig. 41　高松塚古墳石室内外から分離された *Bordetella* 属の出現状況プロット図（平成 19（2007）年石室解体〜平成 21（2009）年墳丘部発掘）

10　高松塚古墳石室解体作業中に採取した試料の走査型電子顕微鏡観察

（１）　はじめに

本節では、高松塚古墳石室解体作業中（平成19年４月開始～同年８月終了）に採取された壁石間の漆喰小片について走査型電子顕微鏡（以下SEMと略記）を用いて微生物学的視点から詳細な観察を行ったので、その結果について以下に記載する。なお、撮影したSEM像の一部は既報[1-3]で公表されている。

（２）　分析試料

高松塚古墳の石室解体作業中で採取された試料のうち、壁石間の目地漆喰片１点、壁画面に由来する乾燥した状態のゲル（以下、乾燥ゲルと略す、バイオフィルム）４点、計５点の試料についてSEM観察に供試した。試料リストを、Tab. 1に示す。また、壁画面の乾燥ゲル試料の採取箇所をFig. 1に示す。

（３）　方法

試料を実体顕微鏡下で必要部分をカットし、マニキュアで試料台に固定した。その後、常法により、白金パラジウム（Pt-Pd）のイオンスパッタコーティング（E200、日立製作所製）した後、直ちに走査型電子顕微鏡（日立製作所製、S-4000）により加速電圧5.0 kV下で観察しながら、記録として残すべき画像を撮影した。詳細は、既報[1]にも掲載されている。

（４）　観察結果

（４）-１　壁石間漆喰片のSEM観察結果

壁石間の漆喰片（147次5AL1西側石３南小口上半漆喰（西３-２石間の漆喰小片：T7510-1）平成19（2007）年５月10日採取）について、SEMを用いてその微細構造を詳細に観察した。試料の表面、断面の微細構造を調べた結果、内部に侵入した菌糸や細菌細胞の混生状態が観察された（Fig. 2）。なお、大きさから菌類か放線菌か特定が難しい場合、以下、単に菌糸、胞子と記す。

（４）-２　高松塚古墳壁画面に由来する乾燥ゲル（バイオフィルム）のSEM観察結果

石室内壁画面のいわゆるゲル状部分の生物学的、構造的特性を明らかにする一環として、東壁・西壁女子群像付近に由来する乾燥ゲル試料についてSEMを用いてその微細構造を詳細に観察した。その結果について、以下にまとめる。

石室壁画面（東・西両女子群像付近）に生じた乾燥ゲル試料についてSEMで表面、裏面、断面の微細構造を調べた。その結果、内部に侵入した菌糸や細菌細胞の混生状態が観察された（Fig. 3～Fig. 6）。東・西両女子群像のいわゆる「黒い染み」[4]の乾燥ゲル試料を観察した結果、その表層はゲルが固化し、クレーター状の小穴内部に微生物細胞や菌類胞子様の細胞が観察された。ゲル試料の裏面の観察から、下層部分は細菌の細胞と菌糸・胞子が混生状態にあったことが裏付けられた。

（5）　まとめ

石室壁画面（東・西両女子群像付近）に生じた乾燥ゲル試料（バイオフィルム）についてSEMを用いて表面、裏面、断面の微細構造を調べた。その結果、内部に侵入した菌糸や細菌細胞の混生状態が観察された。東・西両女子群像のいわゆる「黒い染み」の乾燥ゲル試料を観察した結果、その表層はゲルが固化し、クレーター状の小穴内部に微生物細胞や菌類胞子様の細胞が観察された。ゲル試料の裏面の観察から、下層部分は細菌の細胞と菌糸・胞子が混生状態にあったことが裏付けられた。

（杉山・矢口行雄・喜友名・木川・佐野）

参考文献

1）Sugiyama, J., Kiyuna, T., An, K.-D., Nagatsuka, Y., Handa, Y., Tazato, N., Hata-Tomita, J., Nishijima, M., Koide, T., Yaguchi, Y., Kigawa, R., Sano, C. and Miura, S.: Microbiological survey of the stone chambers of Takamatsuzuka and Kitora tumuli, Nara Prefecture, Japan: a milestone in elucidating the cause of biodeterioration of mural paintings, Proceedings of the 31st International Symposium on the Conservation and Restoration of Cultural Property, 2008, National Research Institute for Cultural Properties, Tokyo, pp. 51－73, 2009.

2）国宝高松塚古墳壁画恒久保存対策検討会 第11回、資料5、平成20年2月25日、文化庁

3）Sugiyama, J., Kiyuna, T., Nishijima, M., An, K.-D., Nagatsuka, Y., Tazato, N., Handa, Y., Hata-Tomita, J., Sato, Y., Kigawa, R. and Sano, C.: Polyphasic insights into the microbiomes of the Takamatsuzuka Tumulus and Kitora Tumulus, The Journal of General and Applied Microbiology, 63, 63－113, 2017.

4）Kiyuna, T., An, K.-D., Kigawa, R., Sano, C., Miura, S. and Sugiyama, J.: Molecular assessment of fungi in "black spots" that deface murals in the Takamatsuzuka and Kitora Tumuli in Japan: *Acremonium* sect. *Gliomastix* including *Acremonium tumulicola* sp. nov. and *Acremonium felinum* comb. nov., Mycoscience, 52, 1－17, 2011.

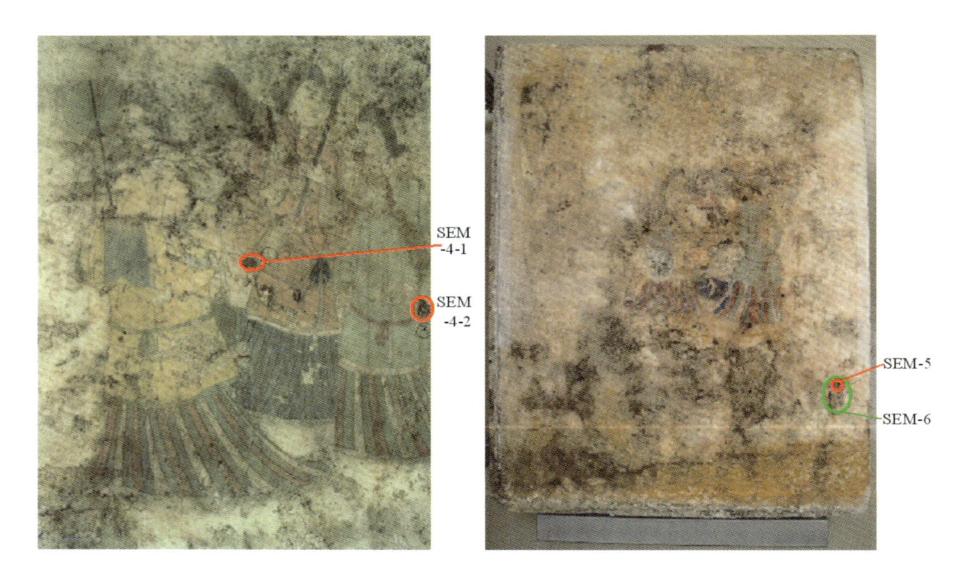

Fig. 1　壁画面に由来する乾燥ゲル状試料（バイオフィルム）の採取箇所の位置関係：（左）西壁３の女子群像、（右）東壁３の女子群像

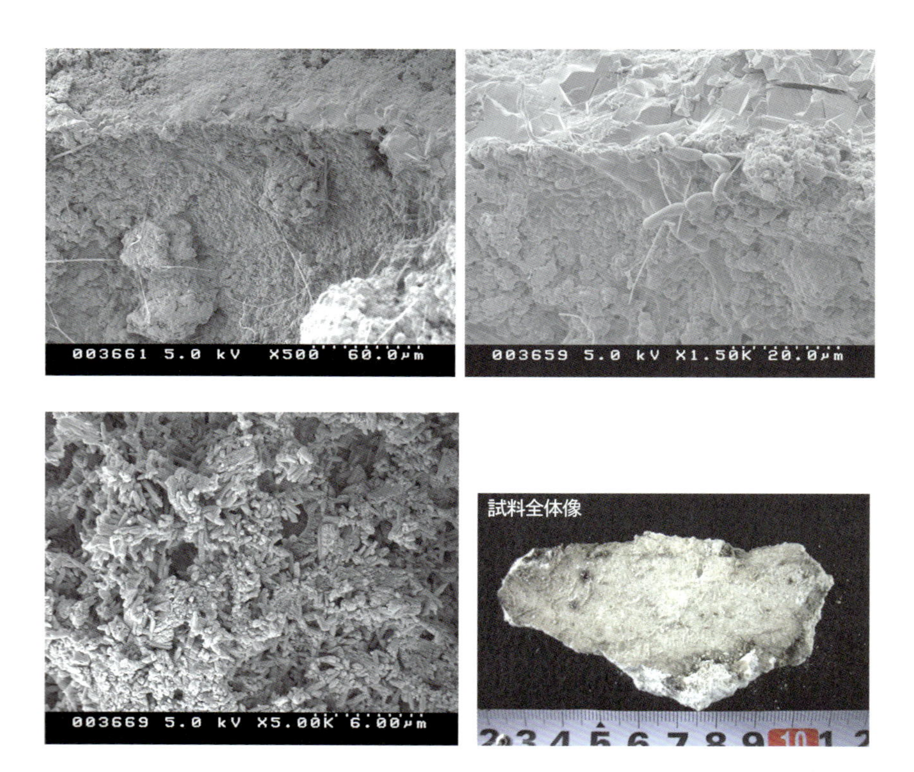

Fig. 2　SEM-2：壁石間の目地漆喰片（T7510-1）の断面、表層に観察された菌糸や胞子（Film Nos. 003661、003659）。漆喰表層下の状態および微生物細胞様の塊（Film No. 003669）。

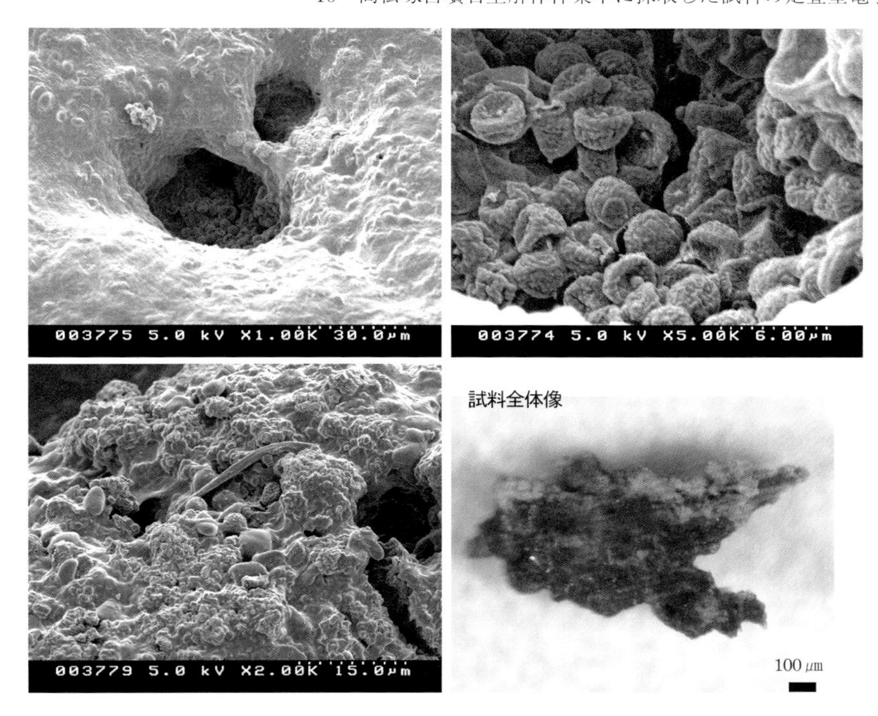

Fig. 3　SEM-4-1（西壁女子群像、右から二人目の帯左下の「黒い染み」試料）の観察像：乾燥ゲル試料の表面、小穴に菌類胞子様の細胞が詰まっている（Film Nos. 003775、003774）。同裏面の状態、微生物細胞や菌類胞子様の細胞が認められる（Film No. 003779）。

Fig. 4　SEM-4-2（西壁女子群像、最右翼の女子の右帯付近の「黒い染み」試料）：ゲル試料表面の状態（Film No. 003783）と拡大写真。ゲル試料裏面の状態、菌糸が多数認められる（Film Nos. 003786、003787）。

Fig. 5　SEM-5（東壁女子群像、最右翼の女子の右下の「黒い染み」の一部分の試料）：ゲル試料表面の状態、微生物細胞や菌類胞子様の細胞が多数認められる（Film No. 003793）。ゲル試料断面の状態（Film No. 003800）、同拡大写真、カビ（菌類）の胞子（暗色系 *Acremonium*（sect. *Gliomastix*）sp. と推測される）が多数認められる（Film No. 003801）。

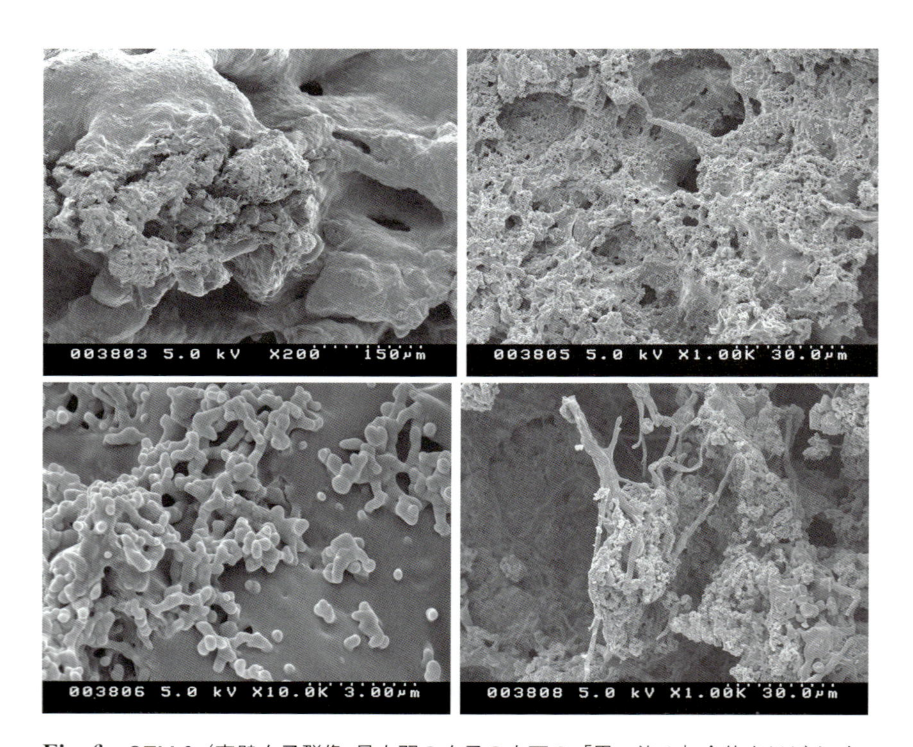

Fig. 6　SEM-6（東壁女子群像 最右翼の女子の右下の「黒い染み」全体をほぼカバーする試料）：ゲル試料両面の状態。表面に微生物細胞と推測される塊が認められる（Film No. 003803）。ゲル試料裏面の状態（Film No. 003805）、同拡大写真、細菌細胞と推測される塊（Film No. 003806）。同、菌糸と細菌細胞の混生状態となっている（Film No. 003808）。

Tab. 1　走査型電子顕微鏡観察に用いた試料リスト

試料No.	作業No.	採取年月日	試料採取箇所のメモ
T7510-1	SEM-2	平成19(2007)年5月10日	147次5ALI　西側石南小口上半漆喰（西3-2石間）
T7725-1	SEM-4-1*	平成19(2007)年7月25日	西壁女子群像　右から二人目の帯左下の「黒い染み」（仮設修理施設にて）
T7725-2	SEM-4-2*	平成19(2007)年7月25日	西壁女子群像　最右翼の女子の右帯付近の「黒い染み」（仮設修理施設にて）
T7817-1	SEM-5*	平成19(2007)年8月17日	東壁女子群像　最右翼の女子の右下の「黒い染み」の一部（仮設修理施設にて）
T7817-2	SEM-6*	平成19(2007)年8月17日	東壁女子群像　最右翼の女子の右下の「黒い染み」全体（仮設修理施設にて）

＊ 各試料の包装はポリエステル紙を使用した。

11　高松塚古墳石室解体作業中に採取した植物（根）遺体の同定

（１）　はじめに

平成19（2007）年に実施された高松塚古墳の石室解体作業中に石室を構成する壁石間の小口面などに植物根（遺体として）が多数侵入しているのが認められた[1)]。植物の根はそれ自体が物理・化学的な石材劣化の一因となることが知られており、また、様々な微生物の生息環境・増殖基質ともなり得る[2)]。生物劣化の一因を解明する上でそれらの植物（根）遺体を同定しておくことは非常に重要なことであると考えられたため、石室解体作業中に採取した試料中に含まれる植物（根）遺体試料の一部について同定を行った。また、根の放射性炭素年代測定を実施した。

（２）　同定分析試料一覧

根の同定分析には平成19（2007）年８月に以下の６箇所から採取された試料を用いた。試料リストをTab. 1に、試料概観をFig. 1に示す。同定分析に供試した試料の一部については根の放射性炭素年代測定を実施した。また、放射性年代測定試料には、採取場所は床石下としかわからないが、試料の採取時期の異なる根２試料を加えた（根の同定分析は未実施）。

（３）　方法

（３)-１　植物（根）遺体の同定

植物（根）遺体の同定は、まず実体顕微鏡で外形を観察した。ついで、表皮が剥がれる試料は剥がしてプレパラートを作製した。内部の組織が残っている試料は片刃カミソリで横断面と放射断面を切り取ってプレパラートを作製した。内部の組織が残っていない試料の一部は走査型電子顕微鏡で横断面を観察した。

（３)-２　放射性炭素年代測定

試料の調製・測定はパレオ・ラボに委託した。前処理および分析・解析は以下のとおりである。

各試料は、超音波洗浄、酸・アルカリ・酸洗浄（塩酸：1.2 N、水酸化ナトリウム：0.02 N、塩酸：1.2 N)、サルフィックス後、加速器質量分析計（コンパクトAMS：NEC製1.5SDH）を用いて測定した。得られた^{14}C濃度について同位体分別効果の補正を行った後、^{14}C年代、暦年代を算出した。^{14}C年代の暦年較正にはOxCal3.10（較正曲線データ：INTCAL04)、PLD-10034についてはインターネット上の暦年較正ソフトCALIBomb（http://calib.qub.ac.uk/CALIBomb/、較正曲線：NH_zone2.14c dataset）を使用した。

（4）　結果と考察

（4）-1　根の同定分析結果

今回、観察した6試料中には「単子葉植物の根」、「双子葉植物の根」、「黒褐色で根毛を多数もつ根」の3タイプの根が認められた。単子葉植物の根と根毛をもつ根の表皮は、ほとんどの試料で認められた。観察写真をFig. 2とFig. 3に示す。

「単子葉植物の根」とした試料は木部が外原型の放射中心柱をもっており、髄をもつことから単子葉植物の根であると考えられる[3)]。この部分では内皮の内側と表皮しか保存されておらず、皮層は残っていない。一方、長さ200 μmほどの多数の刺毛様の毛をもつ表皮も観察され、茎の部分の表皮と考えられるが、その部分では内部の組織は残っていなかった。根の部分は淡緑色となっており、その表皮と思われる部分には根毛もそれ以外の突起も見られない。肉眼的には淡緑色となっているが、光学顕微鏡下では色はついておらず、呈色の原因は不明である。

「双子葉植物の根」とした試料は直径200 μmをこえる大型の道管が単独あるいは2個複合して密に散在し、髄をもたないことから双子葉植物の根と考えられる。成長輪界は認められず、放射組織は3本ほどしか認められない。試料の直径は1.5 mmほどで篩部は潰れており観察できないが、その外側に周皮が認められる。

「黒褐色で根毛を多数もつ根」とした試料は黒色化していて多数の根毛と思われる突起をもつ。しかし内部の組織は残っておらず、いずれも中空である。皮層には放射方向に並んだ5層ほどの細胞層が認められる。皮層の細胞は黒褐色を呈しており、経年変化によって着色したものと考えられる。

（4）-2　放射性炭素年代測定結果

得られた結果をTab. 2にまとめた。それぞれの暦年代範囲のうち、その確率が最も高い年代範囲については、表中に下線で示した。

2σ暦年代範囲から判断して、暦年代範囲は3群に整理できる。すなわち、第1の群は16世紀前半から17世紀中頃（PLD-9893）である。第2の群は17世紀後半から20世紀中頃（PLD-9394～9896、10033）である。第3の群は1960～1970年代（PLD-10034）である。試料点数が少なく、石の配置と根の侵入年代との関係については不明であるが、上記の結果から、石室床石の下への根の侵入は、絶えず起こっていたと考えられる。

（能城修一・安部久・喜友名・木川・佐野・杉山）

参考文献

1）国宝高松塚古墳壁画恒久保存対策検討会 第10回、資料6、平成19年11月30日、文化庁

2）Caneva, G., Nugari, M. P. and Salvadori, O.（Eds.）: Plant Biology for Cultural Heritage, Biodeterioration and Conservation, translated by Glanville, H. into English, The Getty Conservation Institute, Los Angeles, CA, 2008.

3）原襄：植物の形態、裳華房、東京、1972。

Tab. 1　根の同定分析用試料および放射性炭素年代測定試料

試料No.	採取年月日	試料採取箇所	同定分析	^{14}C 試験
T7820-14	平成19(2007)年８月20日	床石３ 南小口面 #14	○	×
T7820-18	平成19(2007)年８月20日	床石 3 南小口面 右側下部 木の根+赤茶色部分 #18	○	×
T7820-26	平成19(2007)年８月20日	床石３ 北小口面　相欠き上の雑多なもの（土、枝、粘土、漆喰） #26	○	○
T7820-27	平成19(2007)年８月20日	（吊り上げ後）床石３下 地面の根 #27	○	○
T7822-5	平成19(2007)年８月22日	床石３下	○	○
T7822-6	平成19(2007)年８月22日	床石４下	○	○
T7822-1	平成19(2007)年８月22日	床石１下	×	○
T7530-2	平成19(2007)年５月30日	東壁石１　上端 天井石１との接合面 漆喰根入り	×	○

Tab. 2　放射性炭素年代測定および暦年較正の結果

試料No.	δ ^{13}C (‰)	暦年較正用年代 (yrBP±1σ)	^{14}C 年代 (yrBP±1σ)	^{14}C 年代を暦年代に較正した年代範囲	
				1σ暦年代範囲	2σ暦年代範囲
T7820-26	-31. 90±0. 22	286±19	285±20	1520AD(38. 0%)1560AD 1630AD(30. 2%)1650AD	1520AD(56. 9%)1600AD 1620AD(38. 5%)1660AD
T7820-27	-31. 80±0. 26	162±24	160±25	1660AD(11. 5%)1690AD 1730AD(37. 6%)1780AD 1790AD(7. 0%)1810AD 1920AD(12. 1%)1950AD	1660AD(16. 7%)1700AD 1720AD(51. 6%)1820AD 1830AD(8. 1%)1880AD 1910AD(19. 1%)1960AD
T7822-5	-33. 74±0. 15	120±26	120±25	1680AD(18. 0%)1730AD 1800AD(42. 6%)1890AD 1910AD(7. 7%)1930AD	1680AD(31. 5%)1780AD 1800AD(63. 9%)1940AD
T7822-6	-27. 80±0. 14	92±18	90±20	1690AD(22. 8%)1730AD 1810AD(16. 0%)1840AD 1870AD(29. 4%)1920AD	1690AD(26. 8%)1730AD 1810AD(68. 6%)1920AD
T7822-1	-28. 48±0. 17	124±18	125±20	1680AD(11. 6%)1710AD 1720AD(7. 4%)1740AD 1800AD(6. 9%)1820AD 1830AD(33. 9%)1880AD 1910AD(8. 4%)1930AD	1680AD(27. 9%)1740AD 1800AD(67. 5%)1940AD
T7530-2	-28. 49±0. 17	-2206±16	-2205±15	1977AD(68. 2%)1979AD	1962AD(3. 1%)1963AD 1976AD(92. 3%)1979AD

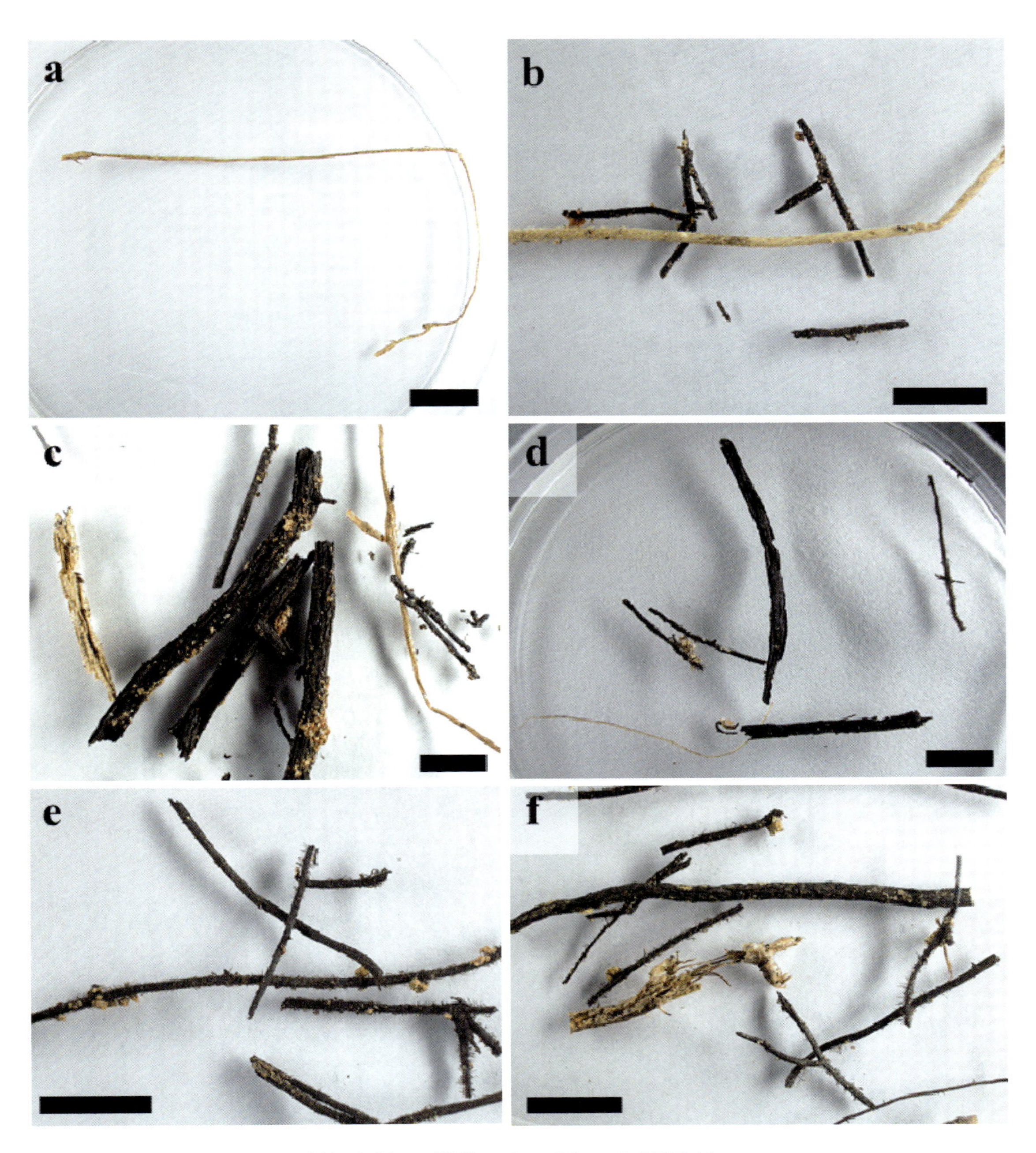

Fig. 1　根の同定分析に供試した試料の概観：a（試料 No.）T7820-14、b T7820-18、c T7820-26、d T7820-27、e T7822-5、f T7822-6（スケールバー：1 cm）（撮影倍率、不同）

T7820-14　左：単子葉植物の根、右：その表皮

T7820-18　左：単子葉植物の根、中央：その横断面、右：その茎の部分の毛

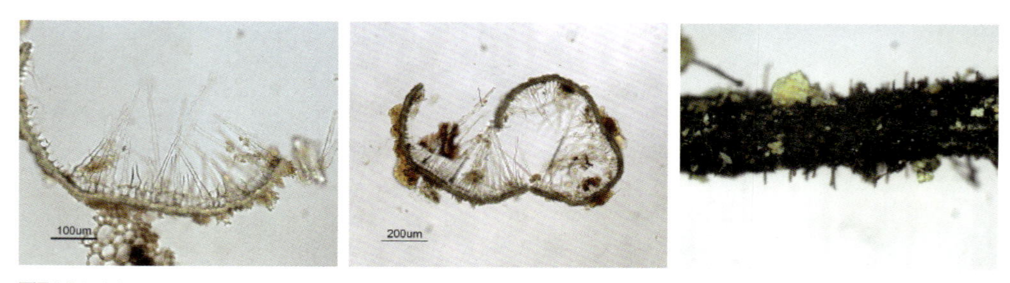

T7820-18　左、中央：その茎部分の毛、右：多数の毛根をだす根

T7820-26　左：多数の毛根をだす根、中央：表皮、右：単子葉植物の根

Fig. 2　顕微鏡観察像

T7820-27　左：多数の根毛をだす根、中央：根毛の拡大、右：単子葉植物の根

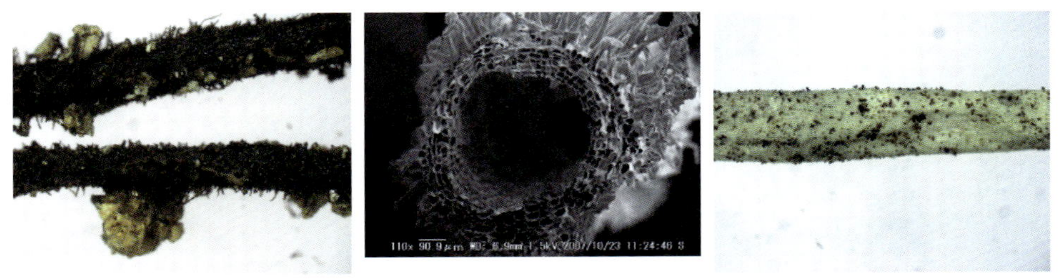

T7822-5　左：多数の根毛をだす根、中央：その中空の横断面、右：単子葉植物の根

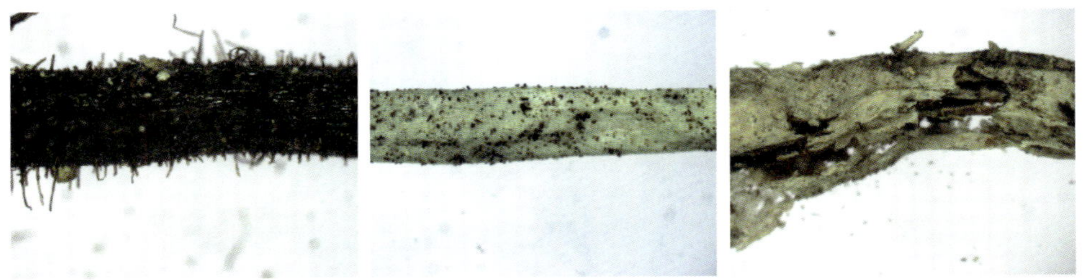

T7822-6　左：多数の根毛をだす根、中央：単子葉植物の根、右：単子葉植物の根様

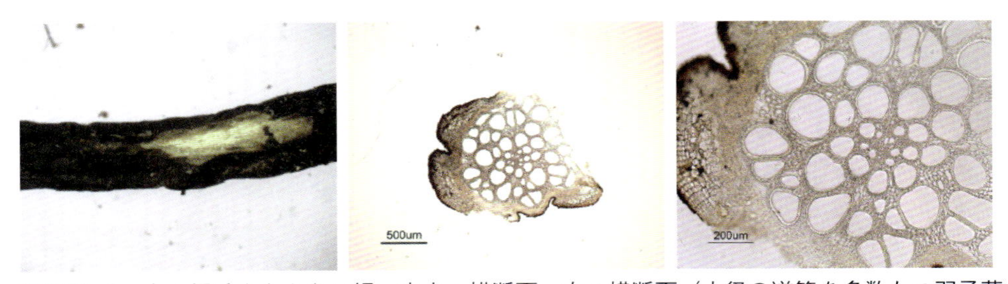

T7822-6　左：根毛をもたない根、中央：横断面、右：横断面（大径の道管を多数もつ双子葉植物の根、周皮をもつ）

Fig. 3　顕微鏡観察像

第４章　微生物の生理的性質などを含む生物学的特徴（バイオプロフィール）の調査結果

高松塚古墳壁画の微生物による汚染や劣化には、さまざまな要因が関与していると考えられるが、劣化の過程には、微生物が古墳で使用された樹脂等の材料に作用する可能性があるのかどうかという点や、微生物が出す代謝物などが石材や漆喰などに影響する可能性があるのか、という問題など、微生物の生理的性質がきわめて大きな影響を及ぼすと考えられる。古墳壁画の劣化原因の検討においては、このような壁画や石材の劣化と関わる微生物の生物学的特徴（バイオプロフィール）の調査が非常に重要である。そこで本章では、以下の項目について検討した結果を報告する。

・過去に石室内や取合部で使用された樹脂などとカビの生育の関係

　高松塚古墳壁画劣化原因調査検討会（第７回）（平成 21 年３月 12 日）資料３、『保存科学第 49 号』（平成 22 年３月）にて報告し、第４章１節にまとめた。

・殺菌処置に使用された薬剤の効果

　『保存科学第 45 号』（平成 18 年３月）、『保存科学第 46 号』（平成 19 年３月）、および国宝高松塚古墳壁画恒久保存対策検討会（第７回）（平成 18 年７月 24 日）資料４にて報告し、第４章２節にまとめた。

・殺菌剤等への順化の検討

　高松塚古墳壁画劣化原因調査検討会（第 12 回）（平成 21 年 11 月 30 日）、参考資料１−７、『保存科学第 49 号』（平成 22 年３月）にて報告し、第４章２節にまとめた。

・殺菌剤が微生物の栄養源として使用された可能性（資化性）の検討

　高松塚古墳壁画劣化原因調査検討会（第７回）（平成 21 年３月 12 日）資料３、『保存科学第 49 号』（平成 22 年３月）にて報告し、第４章３節にまとめた。

・劣化の要因となる有機酸の産生について

　高松塚古墳壁画劣化原因調査検討会（第７回）（平成 21 年３月 12 日）資料３、高松塚古墳壁画劣化原因調査検討会（第 10 回）（平成 21 年９月１日）資料５−２、『保存科学第 49 号』（平成 22 年３月）にて報告し、第４章４節、５節にまとめた。

・温度条件による発育度や生理的変化の検討

　国宝高松塚古墳壁画恒久保存対策検討会（第４回）（平成 17 年６月 27 日）、および高松塚古墳壁画劣化原因調査検討会（第 10 回）（平成 21 年９月１日）資料５−３にて報告し、第４章６節、７節にまとめた。

・暗色系代謝物産生の検討

高松塚古墳壁画劣化原因調査検討会（第10回）（平成21年9月1日）資料5－3、高松塚古墳壁画劣化原因調査検討会（第12回）（平成21年11月30日）、参考資料1－8、『保存科学第49号』（平成22年3月）にて報告し、第4章7節、8節、9節にまとめた。

・目地漆喰へのカビ接種試験

目地漆喰には暗色に変色しているところが多くみられたが、その暗色化の原因を探るため、高松塚古墳から分離されたカビを一部の目地漆喰片に接種し、色調の変化を観察した。その結果の一部を高松塚古墳壁画劣化原因調査検討会（第12回）（平成21年11月30日）資料1－8にて報告し、第4章9節にまとめた。

・目地漆喰に含まれる栄養分としての有機物の分析

発掘、解体作業の際、目地漆喰上におびただしいカビの発生がみられる箇所が多くみられたが、目地漆喰に栄養分となる有機物がどの程度含まれているのかを調査し、第4章10節にまとめた。

・修理用高分子材料の資化性試験

古墳から分離された細菌や酵母が、壁画の修理に使用される材料を栄養源として生育（発育）できるかどうかを調査し、『保存科学第51号』（平成24年3月）にて報告し、第4章11節にまとめた。

（木川・佐野・杉山・高鳥・石崎）

1　石室内・取合部および養生等で使用された樹脂等材料のカビ抵抗性試験

（1）　はじめに

高松塚古墳壁画の微生物による汚染や劣化には、さまざまな要因が関与していると考えられるが、古墳の石室や取合部などで過去に使用された樹脂等の材料と微生物との関係はひとつの重要な検討課題と考えられる。本節では、高松塚古墳で、古墳発掘後の昭和47（1972）年以降に石室や取合部などで使用された樹脂等や、石室解体時の壁画の養生に使用された材料で現在入手可能なものについて、カビ抵抗性試験を行った結果を報告する。なお、この結果は高松塚古墳壁画劣化原因調査検討会にて報告した[1)]。

（2）　試料と方法

試料とそれらの高松塚古墳における使用用途を Tab. 1 に示す。

カビ抵抗性試験は JIS Z2911 の「プラスチック製品の試験」に準じて行い、JIS で規定された５株のカビの混合胞子液のほか、高松塚古墳から主要に分離された８種のカビの胞子液を用いた。1 mL あたりの胞子数が約 10^6 個になるように調製した胞子液を試料に噴霧し、精製水を入れたデシケータ内に 20℃-25℃にて静置し、およそ２週間ごとに試料表面のカビ発育状態を肉眼および顕微鏡下で観察しながら、８週間静置した。

（2）-1　対象とする樹脂等試料

・樹脂等試料は Tab. 1 の９種類とした。同一試料につき３検体を試験に供した。

・樹脂等試料は、直径約 6 cm のガラスシャーレ内で固化させたものを使用した。

試料とした樹脂等の概要は以下の通りである。いずれも現在入手できる製品を使用した。同一の商標名であっても、当時の製品と比較すると若干の組成の変更が知られているものもあるため[2)]、必ずしも当時の材料を厳密に再現したものになっていない可能性はある。しかし、主成分には大きな変更はないため、大まかな傾向をつかむことを目的とした。

＜昭和50年代の修理において石室内の漆喰、絵画の剥落止めに使用された樹脂＞

・パラロイド B72（アクリル樹脂、Rohm & Haas 社）：当時はトリクレン溶媒で使用されていたが、現在はトリクレンがその毒性のために使用できなくなったため、キシレンに溶かして試料を調製した。パラロイド B72 は、昭和 45 ～ 55 年頃の製品と、供試時点の製品は形状や使用上の特性に差異があることが指摘されており、実際に新旧パラロイド B72 の比較分析結果によると、古い製品では低分子量成分が相対的に多いなどの差異があることが報告されている[2)]。このため、当時の製品の状況を厳密に再現することはできないが、あくまでもここではメタクリル酸エステルを主成分とするアクリル共重合体の製品として、傾向を把握することを目的とした。

なお、昭和50年代に同様に壁画の剥落止めのために石室で使用されたという記録があるプライマルAC55、プライマルAC55エマルジョンについては、現在では入手できなかったため、試験を行えなかった。

＜平成13（2001）年2月取合部の崩落止め工事の際、取合部で使用された材料＞

・OH100（テトラエトキシシラン、旭化成ワッカーシリコーン株式会社）：取合部に面した石室南側天井石、閉塞石露出部分に散布または塗布された。

・アラルダイトAER-2400・ハードナーHY-837　5：2（エポキシ樹脂、旭化成ケミカルズ株式会社・硬化剤、ナガセケムテック株式会社）：崩落空洞部隙間埋め、表面仕上げ、側壁の擬土仕上げに使用された。擬土の場合は、土とねりあわせて使用された。

なお、平成13（2001）年の取合部工事で版築壁の強化の目的でハケ塗りされた、サイトSX-R・サイトSX-B　3：1溶液（シリケート）については、現在入手できなかったため、試験を行えなかった。

＜平成13（2001）年7月取合部の防カビ処理の際、防カビ剤（コートサイド123）を擬土などの上に塗布する際に使用＞

・パラロイドB72（アクリル樹脂、Rohm & Haas社）：キシレン溶媒で使用。

＜平成13（2001）年以降、殺菌のために壁面にエタノールが噴霧された影響をみる目的で作成＞

・パラロイドB72（アクリル樹脂、Rohm & Haas社）をキシレン溶媒で溶かして膜を作成し、このあと90％容量エタノール：10％容量水を噴霧したのち、乾かして使用。

＜平成15（2003）年取合部で使用＞

・ビフォロン（両親媒性ポリマー・ポリシロキサン、イムン研究所）

＜平成19（2007）年の解体作業に伴い、絵画の表打ちなどに使用＞

・HPC（ハイドロキシプロピルセルロース、Aldrich社）平均分子量100万。解体による壁画面の養生の際、側壁の絵画面を保護するレーヨン紙の表打ちの際に使用された。水に溶かし試料を調製。

・MC（メチルセルロース、Aldrich社）400cps。分子量の小さいMCは、石室解体時に天井面の漆喰絵画面の保護に使用された。

＜（対照試料）一般に日本画の剥落止め、表打ちなどに使用される天然材料＞

・膠（三千本膠）

・フノリ

これらは、解体前の石室内で使用されたことはない。

（2）-2　試料の作成方法

洗って乾熱滅菌したガラス製シャーレ（φ 60 mm、高さ 20 mm）に、各材料の2％溶液を 6.5 g ずつスポイトでまんべんなく滴下し、ドラフト内で溶媒を十分に蒸発乾固させた。試料は実際に現場で使用する際に調製する方法に極力近い形で調製し、接種区分は同一試料につき3検体を用意した。このほか、カビを接種しない「非接種菌区分」と「通常環境の保管対照区分」に各々3検体ずつを用意した。

＜材料の調製方法についての注記＞試験する材料に最初に付着していた微生物数のばらつきの影響を排除するためには、試験の前に検体の滅菌処理を行うほうが望ましいが、場合によっては滅菌処理により材料の物性が大きく変化する懸念があり、また、今回の目的は、実際に現場で使用されている状態の試料でどの程度カビが発生するかについて、大まかな傾向をつかむことである。このため、今回の試験では、可能な限り清浄な状態で試料を作成したものの、厳密な意味での滅菌処理は行わず、現場で一般的に調製される方式で作成した材料を使用した。

また、今回の試験では、これらの樹脂等を乾熱滅菌したガラスシャーレに滴下し、乾燥、固化させたものを試料として使用した。したがって、現場で使用されたときの状況を必ずしも再現したものではない。場合によっては、現場の状況と近い条件で検討すると、異なる結果が得られる可能性もあることに留意する必要がある。例えば、樹脂等が高湿度環境で生乾きの状態である場合や、固化する際に熱を発生する場合、古墳という場所で周辺環境に豊富に存在する水分と相互作用する場合、周りの高湿度状態にある石などの材質と相互作用する場合などには、今回の結果よりもカビの生育が促進あるいは抑制される可能性もある。

（2）-3　使用菌株

JIS Z2911 かび抵抗性試験方法付属書1、プラスチック製品の試験に使用する菌株（5株）の単一胞子懸濁液を等量混合したもの（A）、及び、以下8種類の高松塚古墳石室、もしくは取合部から分離された菌株（B～I）を各々単独で用いた（株番号の TBT は、高松塚古墳試料から分離した菌株であることを示す）。

A．*Aspergillus niger* NBRC 6341、*Penicillium pinophilum* IAM 7013、*Paecilomyces variotii* IAM 5001、*Trichoderma virens* NBRC 6355、*Chaetomium globosum* NBRC 6347 の単一胞子懸濁液を等量混合したもの。

B．*Fusarium* sp.　TBT-4（平成 14（2002）年 10 月青龍付近より分離）

C．*Fusarium* sp.　TBT-3（平成 13（2001）年 12 月玄武後肢付近より分離）

D．*Penicillium paneum*　TBT-154（T5916-6-1）（平成 17（2005）年 9 月 16 日東壁女子群像下より分離）[3)]

E．*Penicillium* sp.　TBT-6[※1]（平成 15（2003）年 9 月 16 日取合部擬土上より分離）

F．*Trichoderma* sp.　TBT-5（平成 15（2003）年 9 月 6 日取合部擬土上より分離）

G．*Trichoderma* sp.　TBT-16（平成 16（2004）年 5 月 19 日東壁より分離）

H．*Acremonium*（sect. *Gliomastix*）*masseei*[※2]　TBT-105（≡ T6517-1-1）（平成 18（2006）年 5 月 17 日、西壁女子額付近より分離）

I．*Cylindrocarpon* sp.　TBT-1（平成 13（2001）年 12 月玄武尾の下より分離）

※１　*Penicillium* sp. TBT-6はITS領域の塩基配列を用いた分子系統解析の結果において、*Penicillium corylophilum/cinerascens*と同定された（喜友名ら、保存科学57、49－66、2018）。

※２　この“黒い染み”の主因である暗色系アクレモニウム属分離株について、詳細同定を行った結果、*Acremonium*（sect. *Gliomastix*）*masseei*と同定された（Kiyuna et al., Mycoscience, 52, 1－17, 2011）。なお、本種はSummerbell et al.（Stud. Mycol., 68, 139－162, 2011）により*Gliomastix masseei*のホモタイプ異名（homotypic synonym＝命名法上の異名）との見解が発表された。

（２）－４　実施手順

試験菌をポテトデキストロース寒天培地で25℃、８日間培養し、得られた胞子をスルホこはく酸ジオクチルナトリウムを0.005％になるように添加した溶液に懸濁させ、滅菌したガーゼでろ過した。この懸濁液を血球計数盤を用いて、１mLあたりの胞子数が約10^6個になるように調製し、これを単一胞子懸濁液とした。混合胞子懸濁液を調整する場合は、各単一胞子懸濁液を等量混合し、混合胞子懸濁液とした。

JIS Z2911で使用する５菌株は混合胞子液として、８種類の高松塚古墳分離株は単一胞子懸濁液として試験に供した。各胞子液（9種類）を検体（結果のばらつきの程度をみるために、同一種試料につき３検体）に噴霧し、精製水を入れたデシケータ内に入れ、連続空調運転（20℃～25℃）した室内で保存した。また、対照として、カビを接種しない検体、デシケータに入れない検体についても同様に保存した。区分は以下の通りである。

接種区分：

カビの胞子懸濁液を0.1 mL噴霧後、滅菌水を入れた滅菌済みデシケーターのなかで20～25℃で保存した。

非接種区分：

カビを接種せずに、滅菌水を入れた滅菌済みデシケーターのなかで20℃～25℃で保存した。

通常環境の保管対照区分：

高湿度にしないとき、もともとの試験片の状態を確認するための対照として、実験室でそのまま室温保存した。

14、24、42及び56日間保存後の検体について、カビ発育状況を肉眼及び顕微鏡下で観察し、56日間培養後の検体については代表的なもの１枚の写真撮影を行った。

試料表面のカビの発生度は以下の５段階で表示した。

－　：肉眼および顕微鏡下でカビの発生は認められない。

±　：肉眼ではカビの発生が認められないが、顕微鏡下では確認する。

＋　：カビの発生が肉眼で認められ、発生部分の面積は検体表面積の10％未満。

＋＋：カビの発生が肉眼で認められ、発生部分の面積は検体表面積の10％以上、30％未満。

＋＋＋：カビの発生が肉眼で認められ、発生部分の面積は検体表面積の30％以上。

（3）　結果と考察

結果は附属資料（pp. 247 – 255）の表1 – 1から表1 – 6に示した。また、試験8週間後の検体表面のカビ発生状況の例をFig. 1に示した。

昭和50年代に壁画に実施された剥落止めの作業で使用された樹脂（現在入手できるものとしてパラロイドB72）を試験したところ、高湿度条件下では、JIS Z2911プラスチックの試験を対象とする供試菌や高松塚古墳の主要なカビの分離株のいくつかが生育することがわかった（附属資料表– 1 – 1、1）。これは、これまでの試験結果とも一致する[4,5]。

また、平成13（2001）年取合部の崩落止め工事に使用された樹脂のうち、現在入手可能なものについて、試験を行ったところ、崩落止め工事に用いられたエポキシ樹脂では、JISの試験菌、高松塚古墳の主要なカビ分離株のいくつかが生育することがわかった（附属資料の表– 1 – 2、4）。OH100では、今回の試験ではカビの生育がみられなかった（附属資料の表– 1 – 2、3）。しかし、平成13（2001）年当時の取合部では、この樹脂処理部にもカビが発生していたことから、実際の現場で水分を含む石の上に処置した場合では、結果が異なる可能性もある。

さらに、パラロイドB72を固化させたのち90 %容量エタノール：10 %容量水を噴霧し、再び乾燥させたものは、もとのパラロイドB72よりもさらにカビが発生しやすくなることが明らかとなった（附属資料表– 1 – 1、2）。したがって、パラロイドB72が処置された場所をエタノールによって殺菌処理した場合には、よりカビが生育しやすい状態になった可能性も考えられる。この機構は明らかではないが、パラロイドB72の分子配位が変わるなどなんらかの理由によりカビに利用されやすくなる可能性や、エタノールが樹脂にとりこまれ、低濃度で残留した場合に、カビがエタノールを資化（栄養源として利用）した可能性などが考えられる。実際に、高松塚古墳由来のカビの分離株のいくつかが低濃度のエタノールを資化することが示されており[6]、後者の可能性が考えられる。

なお、両親媒性樹脂のビフォロンは、これまでの試験[4]では比較的カビが生えにくい結果が得られており、実際にキトラ古墳の小前室の土上でも使用されたが、今回の試験によって、*Acremonium*（sect. *Gliomastix*）*masseei*など、カビの種類によっては、やや生育するものもあった（附属資料表– 1 – 3、5）。

平成19（2007）年の石室解体の際に、側壁の壁画の養生で使用されたHPC（ヒドロキシプロピルセルロース、平均分子量100万）では、カビの生育がみられず、過去の試験結果[5]とも一致した（附属資料表– 1 – 3、6）。一方、天井面の養生で使用された低分子のMC（メチルセルロース、400cps）については、かなりカビの生育が認められた（附属資料表– 1 – 4、7）。これに対して、高分子のMC（4,000cps）については、以前の試験でカビが生育しにくいという結果が得られており[5]、同様の化学組成であったとしても、カビの生えやすさは分子量にかなり依存すると考えられる。なお、石室解体時は、天井面を養生してのち、数日内（通常2、3日内）にその天井石は解体され、修理施設に搬送されたため、実際にMCで養生した面にカビが発生するということはなかった。

以上の結果に対して、高湿度の古墳の石室内で使用されたことはないが、一般的に日本画の剥落止め、表打ちなどに使用される天然材料の膠、ふのりなどではカビの生育が顕著にみられた（附属資料表– 1 – 4、8、附属資料表– 1 – 5、9）。

天然材料の膠、ふのりは、非常にカビが生育しやすく、供試菌を噴霧していない場合においても、高湿度環境におかれた場合にカビが生育し（附属資料表-1-6、下段）、特にふのりの場合は、調製後にやや水分を含む状態にある数日間にカビが発生する場合もあった（附属資料表-1-6、上段）。この結果も、以前の結果[5]とほぼ一致するものであった。なお、この内容は『保存科学49号』にも報告されている[7]。

（4）　まとめと今後の課題

高松塚古墳の石室内や取合部で以前に使用された材料や石室解体時の壁画の養生材などについて、高湿度環境下でカビの生育を調査したところ、一部にカビが生育する場合があることがわかった。これらのカビの発生度は、膠やふのりなどの天然材料に比べると、全般に低いものであった。しかし、今後、高松塚古墳のような高湿度環境で絵画の剥落止めや、隣接空間の工事などが必要となったときに、どのような材料を使用して、どのような方法で行うべきかが、非常に大きな課題である。

（木川・佐野・高鳥・喜友名・杉山・安部倫子・中右恵理子・坪倉早智子・早川典子・川野邊渉・石崎）

参考文献

1）高松塚古墳壁画劣化原因調査検討会 第7回、参考資料2、平成21年3月12日、文化庁

2）栢植新、園田直子：新旧“Paraloid B-72”の比較分析、園田直子（編）合成素材と博物館資料、国立民族学博物館調査報告　36、183－194、2003。

3）An, K-D., Kiyuna, T., Kigawa, R., Sano, C., Miura, S. and J. Sugiyama: The identity of *Penicillium* sp. 1, a major contaminant of the stone chamber in the Takamatsuzuka and Kitora Tumuli in Japan, is *Penicillium paneum*, Antonie van Leeuwenhoek, 96, 579－592, 2009.

4）木川りか、早川典子、山本記子、川野邊渉、佐野千絵、青木繁夫：遺跡等で使用する樹脂のカビへの抵抗性について、保存科学、44、149－156、2005。

5）早川典子、中右恵理子、木川りか、沖本明子、川野邊渉：絵画表面に用いる修復材料の基礎的研究－壁画修復を中心に－、文化財保存修復学会誌、53、1－19、2008。

6）木川りか、佐野千絵、喜友名朝彦、立里臨、杉山純多：高松塚古墳・キトラ古墳石室内の微生物分離株のアルコール系殺菌剤資化性試験結果、保存科学、49、231－237、2010。

7）木川りか、佐野千絵、高鳥浩介、喜友名朝彦、杉山純多、安部倫子、中右恵理子、坪倉早智子、早川典子、川野邊渉、石崎武志：高松塚古墳石室内・取合部および養生等で使用された樹脂等材料のかび抵抗性試験、保存科学、49、61－71、2010。

Tab. 1　試験に用いた樹脂等試料

高松塚古墳における使用時期および用途	材料
昭和50年代の修理時の石室内の絵画の剥落止めに使用	・パラロイドＢ72/キシレン（アクリル樹脂）
平成13（2001）年２月取合部の崩落止め工事の際、取合部で使用	・ＯＨ100（テトラエトキシシラン） ・アラルダイトＡＥＲ-2400・ハードナーHY-837（エポキシ樹脂）
平成13（2001）年７月　取合部の防カビ処理の際、防カビ剤を擬土などに処理する際に使用	・パラロイドＢ72/キシレン（アクリル樹脂）
平成13（2001）年以降、石室内壁画部の殺菌のためにエタノールを噴霧した（壁面の剥落止めの樹脂（パラロイドB72）へのエタノールの影響を考慮）	・パラロイドＢ72/キシレン/乾燥後、90 %vol. エタノール（10 %水）を噴霧し乾燥させたもの（アクリル樹脂・エタノール噴霧）
平成15（2003）年11月　取合部で使用	・ビフォロン（両親媒性ポリマー・ポリシロキサン）
平成19（2007）年の石室解体作業に伴い、絵画の表打ちなどに使用	・ＨＰＣ100万/水（セルロースエーテル） ・ＭＣ400cps/水（セルロースエーテル）
＜対照＞　一般に日本画の剥落止め、表打ちなどに使用される天然材料（解体前の石室では使用されていない）	・膠（タンパク質） ・ふのり（多糖）

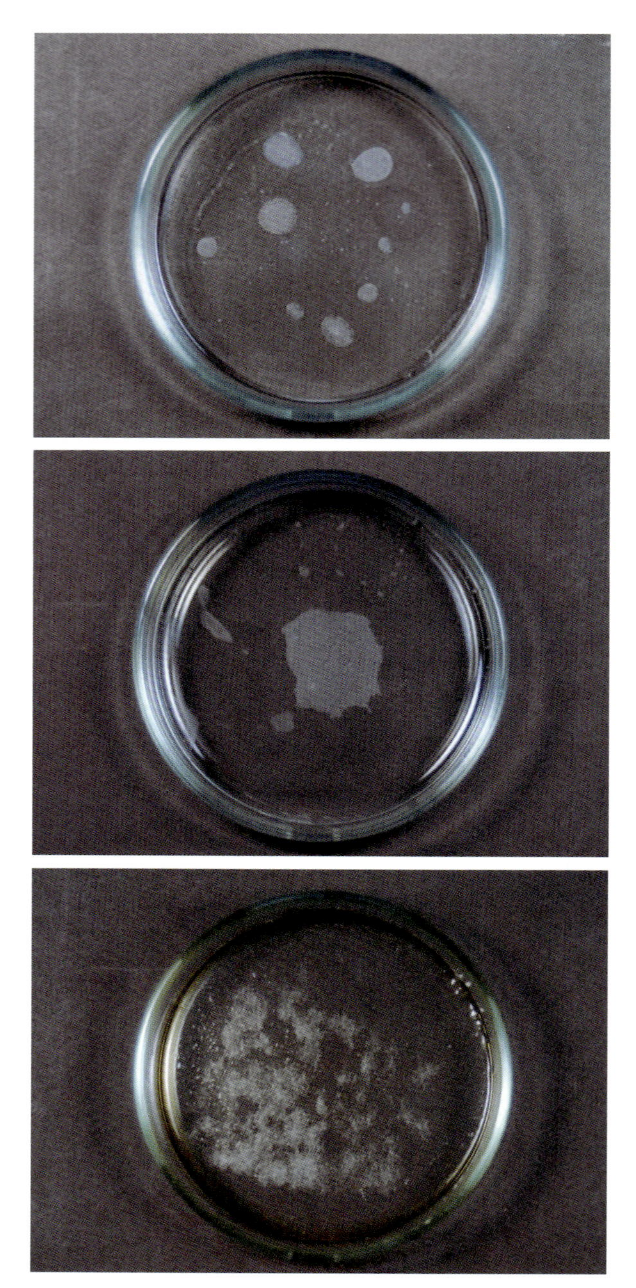

Fig. 1　８週間後の検体のカビ発生状況の例

（上）パラロイド B72・エタノール噴霧試料（附属資料、表 -1-1,2）に *Fusarium* sp. TBT-3 を噴霧
（中）アラルダイト AER-2400 試料（附属資料、表 -1-2,4）に *Fusarium* sp. TBT-4 を噴霧
（下）膠試料（附属資料、表 -1-4,8）に *Trichoderma* sp. TBT-5 を噴霧

かび抵抗性試験

1　依 頼 者

独立行政法人　国立文化財機構　東京文化財研究所

2　検　　体

1)　パラロイドB72/キシレン

2)　パラロイドB72/キシレン/乾燥後エタノールを噴霧し乾燥させた物

3)　OH100

4)　アラルダイトAER2400

5)　ビフォロン

6)　HPC100万/水

7)　MC400cps/水

8)　膠

9)　ふのり

なお，依頼者から試験に用いるかび(8菌株)及びデシケーターが提供された。

3　試験目的

検体のかび抵抗性試験を行う。

4　試験概要

検体を試料とした。かびの混合胞子懸濁液又は単一胞子懸濁液を試料にまきかけ，ふたをして，精製水を入れたデシケーターに入れ，20～25 ℃で保存し，保存14，24，42及び56日後の試料表面のかび発育状態を肉眼及び顕微鏡下で観察した。また，試料をそのまま保存したもの及び精製水を入れたデシケーターに入れ保存したものについても同様に観察した。

5　試験結果

結果を表-1に，結果の表示方法を表-2に示した。

表-1-1　試験結果

検体	試験菌	試料表面のかび発育状態			
		14日後	24日後	42日後	56日後
1) パラロイドB72/キシレン	混合胞子懸濁液*	−〜＋	−〜＋	＋	＋
	Fusarium sp.（株番号：TBT-4）	＋	＋	＋	＋
	Fusarium sp.（株番号：TBT-3）	＋	＋	＋	＋
	Penicillium sp.（株番号：TBT-154）	−	−	−	−〜＋
	Penicillium sp.（株番号：TBT-6）	±〜＋	±〜＋	±〜＋	＋
	Trichoderma sp.（株番号：TBT-5）	−	−	−	−
	Trichoderma sp.（株番号：TBT-16）	−	−	−	−
	Acremonium (sect. *Gliomastix*) sp.（株番号：TBT-105）	＋	＋	＋	＋
	Cylindrocarpon sp.（株番号：TBT-1）	−	−	−	−
2) パラロイドB72/キシレン/乾燥後エタノールを噴霧し乾燥させた物	混合胞子懸濁液*	＋	＋	＋	＋
	Fusarium sp.（株番号：TBT-4）	＋	＋	＋＋〜＋＋＋	＋＋〜＋＋＋
	Fusarium sp.（株番号：TBT-3）	＋	＋＋	＋＋	＋＋
	Penicillium sp.（株番号：TBT-154）	−	−	−	−
	Penicillium sp.（株番号：TBT-6）	−〜＋	−〜＋	−〜＋	−〜＋
	Trichoderma sp.（株番号：TBT-5）	−〜＋	±〜＋	＋	＋
	Trichoderma sp.（株番号：TBT-16）	＋	＋	＋	＋
	Acremonium (sect. *Gliomastix*) sp.（株番号：TBT-105）	＋	＋	＋＋	＋＋
	Cylindrocarpon sp.（株番号：TBT-1）	＋＋	＋＋	＋＋	＋＋

* *Aspergillus niger* NBRC 6341, *Penicillium pinophilum* IAM 7013, *Paecilomyces variotii* IAM 5001, *Trichoderma virens* NBRC 6355, *Chaetomium globosum* NBRC 6347の単一胞子懸濁液を等量混合したもの

表-1-2　試験結果

検体	試験菌	試料表面のかび発育状態			
		14日後	24日後	42日後	56日後
3) OH100	混合胞子懸濁液*	−	−	−	−
	Fusarium sp.（株番号：TBT-4）	−	−	−	−
	Fusarium sp.（株番号：TBT-3）	−	−	−	−
	Penicillium sp.（株番号：TBT-154）	−	−	−	−
	Penicillium sp.（株番号：TBT-6）	−	−	−	−
	Trichoderma sp.（株番号：TBT-5）	−	−	−	−
	Trichoderma sp.（株番号：TBT-16）	−	−	−	−
	Acremonium (sect. *Gliomastix*) sp.（株番号：TBT-105）	−	−	−	−
	Cylindrocarpon sp.（株番号：TBT-1）	−	−	−	−
4) アラルダイト AER2400	混合胞子懸濁液*	＋	＋	＋	＋
	Fusarium sp.（株番号：TBT-4）	＋	＋	＋〜＋＋	＋〜＋＋
	Fusarium sp.（株番号：TBT-3）	＋	＋	＋	＋
	Penicillium sp.（株番号：TBT-154）	−	−	−	−
	Penicillium sp.（株番号：TBT-6）	＋	＋	＋	＋
	Trichoderma sp.（株番号：TBT-5）	±〜＋	±〜＋	＋	＋
	Trichoderma sp.（株番号：TBT-16）	−〜＋	−〜＋	−〜＋	−〜＋
	Acremonium (sect. *Gliomastix*) sp.（株番号：TBT-105）	＋＋	＋＋	＋＋	＋＋
	Cylindrocarpon sp.（株番号：TBT-1）	＋＋	＋＋	＋＋	＋＋

* *Aspergillus niger* NBRC 6341, *Penicillium pinophilum* IAM 7013, *Paecilomyces variotii* IAM 5001, *Trichoderma virens* NBRC 6355, *Chaetomium globosum* NBRC 6347 の単一胞子懸濁液を等量混合したもの

表-1-3　試験結果

検体	試験菌	試料表面のかび発育状態			
		14日後	24日後	42日後	56日後
5) ビフォロン	混合胞子懸濁液*	－～±	－～±	－～±	－～±
	Fusarium sp. （株番号：TBT-4）	－	－	－	－
	Fusarium sp. （株番号：TBT-3）	＋	＋	＋	＋
	Penicillium sp. （株番号：TBT-154）	－	－	－	－
	Penicillium sp. （株番号：TBT-6）	－	－	－	－
	Trichoderma sp. （株番号：TBT-5）	－	－	－	－
	Trichoderma sp. （株番号：TBT-16）	－	－	－	－
	Acremonium (sect. *Gliomastix*) sp. （株番号：TBT-105）	＋＋	＋＋	＋＋	＋＋
	Cylindrocarpon sp. （株番号：TBT-1）	－	－	－	－
6) HPC100万/水	混合胞子懸濁液*	－	－	－	－
	Fusarium sp. （株番号：TBT-4）	－	－	－	－
	Fusarium sp. （株番号：TBT-3）	－	－	－	－
	Penicillium sp. （株番号：TBT-154）	－	－	－	－
	Penicillium sp. （株番号：TBT-6）	－	－	－	－
	Trichoderma sp. （株番号：TBT-5）	－	－	－	－
	Trichoderma sp. （株番号：TBT-16）	－	－	－	－
	Acremonium (sect. *Gliomastix*) sp. （株番号：TBT-105）	－	－	－	－
	Cylindrocarpon sp. （株番号：TBT-1）	－	－	－	－

* *Aspergillus niger* NBRC 6341, *Penicillium pinophilum* IAM 7013, *Paecilomyces variotii* IAM 5001, *Trichoderma virens* NBRC 6355, *Chaetomium globosum* NBRC 6347の単一胞子懸濁液を等量混合したもの

表-1-4　試験結果

検体	試験菌	試料表面のかび発育状態			
		14日後	24日後	42日後	56日後
7) MC400cps /水	混合胞子懸濁液*	＋＋	＋＋＋	＋＋＋	＋＋＋
	Fusarium sp. (株番号：TBT-4)	＋＋	＋＋～＋＋＋	＋＋＋	＋＋＋
	Fusarium sp. (株番号：TBT-3)	＋＋	＋＋	＋＋＋	＋＋＋
	Penicillium sp. (株番号：TBT-154)	＋＋	＋＋	＋＋＋	＋＋＋
	Penicillium sp. (株番号：TBT-6)	＋＋	＋＋	＋＋＋	＋＋＋
	Trichoderma sp. (株番号：TBT-5)	＋＋	＋＋	＋＋＋	＋＋＋
	Trichoderma sp. (株番号：TBT-16)	＋＋	＋＋	＋＋～＋＋＋	＋＋＋
	Acremonium (sect. *Gliomastix*) sp. (株番号：TBT-105)	＋＋＋	＋＋＋	＋＋＋	＋＋＋
	Cylindrocarpon sp. (株番号：TBT-1)	＋＋＋	＋＋＋	＋＋＋	＋＋＋
8) 膠	混合胞子懸濁液*	＋＋＋	＋＋＋	＋＋＋	＋＋＋
	Fusarium sp. (株番号：TBT-4)	＋＋＋	＋＋＋	＋＋＋	＋＋＋
	Fusarium sp. (株番号：TBT-3)	＋＋＋	＋＋＋	＋＋＋	＋＋＋
	Penicillium sp. (株番号：TBT-154)	＋＋＋	＋＋＋	＋＋＋	＋＋＋
	Penicillium sp. (株番号：TBT-6)	＋＋＋	＋＋＋	＋＋＋	＋＋＋
	Trichoderma sp. (株番号：TBT-5)	＋＋＋	＋＋＋	＋＋＋	＋＋＋
	Trichoderma sp. (株番号：TBT-16)	＋＋＋	＋＋＋	＋＋＋	＋＋＋
	Acremonium (sect. *Gliomastix*) sp. (株番号：TBT-105)	＋＋＋	＋＋＋	＋＋＋	＋＋＋
	Cylindrocarpon sp. (株番号：TBT-1)	＋＋＋	＋＋＋	＋＋＋	＋＋＋

* *Aspergillus niger* NBRC 6341, *Penicillium pinophilum* IAM 7013, *Paecilomyces variotii* IAM 5001, *Trichoderma virens* NBRC 6355, *Chaetomium globosum* NBRC 6347 の単一胞子懸濁液を等量混合したもの

表-1-5　試験結果

検体	試験菌	試料表面のかび発育状態			
		14日後	24日後	42日後	56日後
9) ふのり	混合胞子懸濁液*	+++	+++	+++	+++
	Fusarium sp. (株番号：TBT-4)	+++	+++	+++	+++
	Fusarium sp. (株番号：TBT-3)	+++	+++	+++	+++
	Penicillium sp. (株番号：TBT-154)	+++	+++	+++	+++
	Penicillium sp. (株番号：TBT-6)	+++	+++	+++	+++
	Trichoderma sp. (株番号：TBT-5)	+++	+++	+++	+++
	Trichoderma sp. (株番号：TBT-16)	+++	+++	+++	+++
	Acremonium (sect. *Gliomastix*) sp. (株番号：TBT-105)	+++	+++	+++	+++
	Cylindrocarpon sp. (株番号：TBT-1)	+++	+++	+++	+++

* *Aspergillus niger* NBRC 6341, *Penicillium pinophilum* IAM 7013,
Paecilomyces variotii IAM 5001, *Trichoderma virens* NBRC 6355,
Chaetomium globosum NBRC 6347 の単一胞子懸濁液を等量混合したもの

表-1-6 試験結果

区分		検体	試料表面のかび発育状態			
			14日後	24日後	42日後	56日後
そのまま保存	1)	パラロイドB72/キシレン	−	−	−	−
	2)	パラロイドB72/キシレン/乾燥後エタノールを噴霧し乾燥させた物	−	−	−	−
	3)	OH100	−	−	−	−
	4)	アラルダイトAER2400	−	−	−	−
	5)	ビフォロン	−	−	−	−
	6)	HPC100万/水	−	−	−	−
	7)	MC400cps/水	−	−	−	−
	8)	膠	−	−	−	−
	9)	ふのり	+++	+++	+++	+++
精製水を入れたデシケーター内で保存	1)	パラロイドB72/キシレン	−	−	−	−
	2)	パラロイドB72/キシレン/乾燥後エタノールを噴霧し乾燥させた物	−	−	−	−
	3)	OH100	−	−	−	−
	4)	アラルダイトAER2400	−	−	−	−
	5)	ビフォロン	−	−	−	−
	6)	HPC100万/水	−	−	−	−
	7)	MC400cps/水	−	−	−	−
	8)	膠	−〜++	−〜+++	+〜+++	+〜+++
	9)	ふのり	+++	+++	+++	+++

表-2　試験結果の表示方法

菌糸の発育	結果の表示
肉眼及び顕微鏡下でかびの発生は認められない。	−
肉眼ではかびの発生が認められないが，顕微鏡下では確認する。	±
かびの発生が肉眼で認められ，発生部分の面積は検体表面積の10 %未満。	＋
かびの発生が肉眼で認められ，発生部分の面積は検体表面積の10 %以上，30 %未満。	＋＋
かびの発生が肉眼で認められ，発生部分の面積は検体表面積の30 %以上。	＋＋＋

6　試験方法

1）　試験菌

a）　混合胞子懸濁液

JIS Z 2911：2000「かび抵抗性試験方法」附属書1（規定）プラスチック製品の試験，方法Aに規定されている以下の5菌株を試験に供した。

Aspergillus niger NBRC 6341
Penicillium pinophilum IAM 7013(*Penicillium funiculosum*)
Paecilomyces variotii IAM 5001
Trichoderma virens NBRC 6355(*Gliocladium virens*)
Chaetomium globosum NBRC 6347

b）　依頼者提供菌株

Fusarium sp.(株番号：TBT-4)
Fusarium sp.(株番号：TBT-3)
Penicillium sp.(株番号：TBT-154)
Penicillium sp.(株番号：TBT-6)
Trichoderma sp.(株番号：TBT-5)
Trichoderma sp.(株番号：TBT-16)
Acremonium (sect. *Gliomastix*) sp.(株番号：TBT-105)
Cylindrocarpon sp.(株番号：TBT-1)

2)　混合胞子懸濁液及び単一胞子懸濁液の調製

試験菌をPotato Dextrose Agar(Difco)で25 ℃±2 ℃，14日間培養した。培養後，得られた胞子を0.005 %スルホこはく酸ジオクチルナトリウム溶液に懸濁させ，滅菌したガーゼでろ過した。この懸濁液を血球計算盤を用いて，1 ml当たりの胞子数が約10^6となるように調製し，単一胞子懸濁液とした。

また，試験菌a)は各単一胞子懸濁液を等量混合し，混合胞子懸濁液とした。

3)　試験操作

検体を試料とした。試料に混合胞子懸濁液又は単一胞子懸濁液0.1 mlを均等にまきかけ，ふたをして，精製水を入れたデシケーターに入れ，20～25 ℃で保存し，保存14，24，42及び56日後の試料表面のかび発育状態を肉眼及び顕微鏡下で観察した。また，試料をそのまま保存したもの及び精製水を入れたデシケーターに入れ保存したものについても同様に観察した。

2　殺菌処理に使用された薬剤の効果、および石室と石室周辺部由来カビの薬剤に対する順化の可能性の検討

（1）　はじめに

高松塚古墳の石室で過去に使用された薬剤の殺菌効果と、微生物の薬剤への耐性獲得の問題は重要な検討課題である。高松塚古墳では、昭和47（1972）年の発掘以降、エタノール：ホルマリン（9：1）溶液、TBZ、エタノール、ホルマリン、パラホルムアルデヒド、イソプロパノールなどが殺菌剤として使用された。

石室で殺菌剤を使用する場合、絵画に影響をできるだけ与えない方法である必要があり、高湿かつ狭隘な環境であるためにカビの除去は困難を極める。長期作業が困難なため、カビの処理効率は低く、使用する薬剤等も壁画への影響と作業者への健康被害の問題から制限せざるを得ない。

壁画の解体修理まで微生物の壁面での増殖を遅くするために、緊急対策として平成17（2005）年9月以降に冷却が実施され、石室内の温度が10℃程度に保たれるように制御された。その結果、石室が高温（20℃前後）になる時期に数年程続いて大発生していたカビが顕著に発生する状況は、平成17（2005）年には抑制されたが、平成18（2006）年2月以降、再度、カビによる壁画の染みが発見され、平成18（2006）年5月には壁面で暗色系の *Acremonium* sp. がみられるようになった。そこで、本節では、高松塚古墳で使用されたことのある殺菌剤などについて殺菌効果を確認し、薬剤に対する耐性の獲得の可能性について検討した。この結果は国宝高松塚古墳壁画恒久保存対策検討会[1)]および高松塚古墳壁画劣化原因調査検討会[2)]においても報告されている。

（2）　高松塚古墳分離カビ等に対する消毒薬試験結果

高松塚古墳の石室等を汚染する主要カビについて、3種消毒薬による殺カビ試験を検討した。

使用菌株：

高松塚古墳石室等由来カビ

　　Penicillium spp.　4株

　　暗色系 *Acremonium* sp.　1株

　　Trichoderma sp.　1株

キトラ取合部由来カビ

　　Paecilomyces lilacinus　1株

生活環境由来

　　Penicillium spp.　2株

消毒薬：

1）消毒用エタノール　　：70％

2）イソプロパノール　：70％

3）ホルマリン　　　　　　　　：1、3、5％

試験方法：

各カビを1週間前培養して増殖期にあるカビの胞子液を調整した。上記濃度に調製した消毒薬に胞子を接種し、浸漬処理した。所定時間浸漬後、速やかに消毒薬から胞子を取り出し、培養を行った。培養により発育の有無を確認判定した。

結果：

Tab. 1に結果を示した。

1）高松塚古墳由来カビに対して、3種の消毒薬ともに効果が確認された。

2）アルコール系の消毒効果はエタノールが最も有効であった。

3）ホルマリンでは3％以上で有効であった。

4）アルコール系の消毒効果を比較すると石室に多い *Penicillium* に対してエタノールがイソプロパノールより優れていた。

5）ホルマリンは一般使用濃度域の高濃度で有効であった。

6）暗色系 *Acremonium* sp. に対して消毒薬はいずれも有効であった。

7）作業時での安全性等を考慮した場合、エタノールが最も有効な消毒薬といえた。

所見：

今回使用した3種の消毒薬は石室壁面等で使用可能とする気化性の強い消毒薬である。その場合カビに対する有効性はもちろん望まれるものであるが、さらにいくつか考慮すべき注意点がある。例えば、

（1）作業環境が狭隘であることから薬剤の人体への安全性が高い

（2）有機物等の残留性がない

（3）短時間で有効であるためには気化性が強くかつ消毒効果が優れている

（4）壁画等への影響がない

（5）*Penicillium* を含めた広範囲なカビに有効である

このような状況から高松塚古墳石室壁画等でカビを制御する薬剤には制約がある。重要な点は安全かつ消毒効果が期待されることであり、気化性の強い薬剤の場合、少なくとも短時間で殺カビ性を有すことである。高松塚古墳石室には、長年にわたって *Penicillium* が広範囲に生息していることから、現状では完全に除去できる方法は望めない。そのため、ここに示したエタノール及びホルマリンが有効とされることから、消毒作業を必要に応じてする必要がある。その消毒作業に関して、考慮しておかなければならないことは、石室内は高湿であり壁面の水分が多いことから薬剤濃度を高めにして処理することである。

＜以上の所見を受けた平成18（2006）年時点での方策＞

Tab. 1の結果より、暗色系の *Acremonium* sp. の殺菌には、種々の消毒薬が有効であることがわかって

いる。Tab. 1のデータに基づき、石室内のカビを殺菌する際には、高濃度（99.5 %）のエタノール、あるいは状況に応じて約3 %のホルマリンを使用することとした。なお、塩化ベンザルコニウムなどの4級アンモニウム塩については、その特性から直接壁面に施薬することはできないが、施設消毒など、使用できる場合は使用した。

（3）　石室および周辺部由来カビの薬剤に対する順化試験結果

（3）-1　供試薬剤

1）エタノール　（ETOH）和光純薬　試薬特級エタノール95 %

2）イソプロパノール　（IPA）和光純薬　試薬一級

3）パラホルムアルデヒド　（PFA）和光純薬　試薬一級

4）チアベンダゾール　（TBZ）三共製薬

（3）-2　供試カビおよび胞子液調製

高松塚古墳石室周辺由来の6種のカビを用いた。

Penicillium paneum T12（= TM789）（石室、平成18（2006）年3月10日）

Penicillium corylophilum T788（= TM788）（石室、平成18（2006）年3月10日）

Trichoderma sp. T221（= TM792）（取り合い部、平成18（2006）年5月17日）

Gliocladium roseum T795（= TM795）（石室、平成18（2006）年3月10日）

Fusarium solani T118（= TM793）（取り合い部、平成18（2006）年3月10日）

暗色系 *Acremonium* sp. T791（= TM791）（石室、平成18（2006）年5月17日）

上記のカビをポテトデキストロース寒天培地で培養し、界面活性剤で胞子が1～3×10^6個/mLになるよう懸濁液を調製した。

（3）-3　順化試験法

各薬剤を環境条件に近くするため有機物を添加した状態で以下の順化試験を実施した。

・薬剤をポテトデキストロース液体培地で所定濃度に希釈調製した。

・これに胞子液を添加処理し、薬剤存在下で培養した。

・培養はETOH、IPA、TBZは静置培養とし、PFAは溶解性の関係から振とう培養とした。

・それぞれ1週間培養後、発育を示した薬剤添加最高濃度を確認した。

・そこで発育した菌体を回収・磨砕し、菌糸片とした細胞懸濁液を約10^6個/mLとなるように作製した。

・この菌体に新しく調製した薬剤で培養を行った。

・この操作を10継代まで継続し、薬剤に対する順化を検討した。

（3）-4　結果および考察

高松塚古墳石室周辺由来である6種のカビを用いて4薬剤に対する順化試験を10継代まで実施した結

果を Fig. 1－4 に示す。図は、横軸に 10 継代までの植え継ぎ回数を示し、縦軸は最大発育濃度（%）をアルコールおよび PFA で、μg/mL を TBZ で示す。

エタノール（ETOH）

6 種のカビを用いて ETOH 各濃度での初代最大発育濃度を測定したところ 5、7.5 % であった（Fig. 1）。2 継代以降は、一部で 5 から 7.5 % に変化する種があった。しかし、総体的に 2 継代以降はほぼ同値を示す傾向にあった。継代 9 代目で *F. solani* が 10 % になったが、以後 7.5 % になり一定であった。この結果から ETOH での顕著な順化は認められないことが分かった。

イソプロパノール（IPA）

6 種のカビを用いて IPA 各濃度での初代最大発育濃度を測定したところ 1.5 および 2.5 % であった（Fig. 2）。この値は 5 継代まで変化することなく、6 継代以降で 2.5 から 5 % を示した。しかし、この値は際立った変化とはいえなかった。この結果から IPA においても顕著な順化は認められなかった。

パラホルムアルデヒド（PFA）

6 種のカビを用いて PFA 各濃度での初代最大発育濃度を測定したところ 0.1、0.8 % であった（Fig. 3）。2 継代以降は、*P. paneum* を除き 5 菌種間で最大発育濃度に差がみられ 10 継代までの間に最大発育濃度にばらつき傾向がみられ、薬剤の活性に不安定さがみられた。6 菌種の中で *P. paneum* は、初代 0.1 % が 5 継代以降 1 から 3.2 % に上昇変化し順化傾向を示した。このことから PFA では菌種により一部で順化がおこるものと推察された。

チアベンダゾール（TBZ）

6 種のカビを用いて TBZ 各濃度での初代最大発育濃度を測定したところ 3.2 から 12.5 μg/mL であった（Fig. 4）。2 継代以降は、*Acremonium* は変化しないが、残りの 5 菌種間で最大発育濃度に差がみられ 10 継代までの間に最大発育濃度が 12.5 から 50 μg/mL まで上昇した。菌種によっては、継代ごとに高値になるものもあった。このことから TBZ では長期使用で順化傾向が認められる可能性が考えられる。

以上のことから、高松塚古墳石室周辺由来 6 種カビを用いて ETOH、IPA、PFA および TBZ の 4 薬剤に対する順化試験を 10 継代まで実施したところ以下の結論が得られた。

1）ETOH は、いずれのカビに対しても順化傾向が認められなかった。

2）IPA についても、いずれのカビに対して順化傾向が認められなかった。

3）PFA は、薬剤の効果が不安定であったが、一部のカビで順化傾向を示した。

4）TBZ は、いずれのカビに対しても長期使用で順化傾向を示した。

5）高松塚古墳石室周辺由来の主要カビに対して一部薬剤の順化がみられた。薬剤の使用に際しては、順化作用を潜在的に有す薬剤については、必要な場合には対応を検討して使用する必要がある。

（高島・久米田裕子・木川・佐野）

参考文献

１）国宝高松塚古墳壁画恒久保存対策検討会 第７回、資料４、高松塚古墳分離カビ等に対する消毒薬試験結果、高鳥浩介、平成18年７月24日、文化庁

２）高松塚古墳壁画劣化原因調査検討会 第12回、参考資料１−７、高松塚古墳石室および周辺部で使用した薬剤のカビに対する馴化試験結果の概要、高鳥浩介、木川りか、佐野千絵、平成21年11月30日、文化庁

３）高鳥浩介、久米田裕子、木川りか、佐野千絵：高松塚古墳石室および周辺部由来カビの薬剤に対する馴化、保存科学、49、239−242、2010。

Tab. 1　高松塚古墳分離株等　消毒薬の効果試験結果

70 %エタノール

供試菌	時間（分）								
	0.5	1	1.5	2	5	10	20	30	60
Penicillium sp. 高松塚8	＋	−	−	−	／	／	／	／	／
Penicillium sp. 高松塚9	−	−	−	−	−	−	−	−	−
Penicillium sp. 高松塚13	＋	−	−	−	／	／	／	／	／
Penicillium sp. 東壁の石の上	＋	＋	＋	＋	−	−	−	−	−
Acremonium sp.	−	−	−	−	／	／	／	／	／
Trichoderma sp. 取り合い部	−	−	−	−	／	／	／	／	／

70 %イソプロパノール

供試菌	時間（分）								
	0.5	1	1.5	2	5	10	20	30	60
Penicillium sp. 高松塚8	＋	＋	＋	＋	／	／	／	／	／
Penicillium sp. 高松塚9	＋	＋	＋	＋	＋	−	−	−	−
Penicillium sp. 高松塚13	＋	＋	＋	＋	／	／	／	／	／
Penicillium sp. 東壁の石の上	＋	＋	＋	＋	＋	＋	−	−	−
Acremonium sp.	−	−	−	−	／	／	／	／	／
Trichoderma sp. 取り合い部	−	−	−	−	／	／	／	／	／

1 %ホルマリン水※1

供試菌	時間（分）				
	0.5	1	1.5	2	3
Acremonium sp.	−	−	−	−	−
Trichoderma sp. 取り合い部	＋	＋	＋	＋	＋

Trichoderma sp. 取り合い部

消毒薬	時間（分）				
	0.5	1	1.5	2	3
1 %ホルマリン水※1	＋	＋	＋	＋	＋
3 %ホルマリン水※2	−	−	−	−	−
5 %ホルマリン水※3	−	−	−	−	−

＋: 発育を認める（生残）
−: 発育を認めない（死滅）
／: 未実施

※1 ホルマリン（ホルムアルデヒド36〜38 %含有）を35倍希釈したもの
※2 ホルマリン（ホルムアルデヒド36〜38 %含有）を10倍希釈したもの
※3 ホルマリン（ホルムアルデヒド36〜38 %含有）を7倍希釈したもの

<参考資料>

70 %エタノール

供試菌	時間（分）								
	0.5	1	1.5	2	5	10	20	30	60
Penicillium sp. 空中真菌	−	−	−	−	−	／	／	／	／
Penicillium sp. ダスト	−	−	−	−	−	／	／	／	／
Paecilomyces lilacinus キトラ古墳	−	−	−	−	−	−	−	−	−

70 %イソプロパノール

供試菌	時間（分）								
	0.5	1	1.5	2	5	10	20	30	60
Penicillium sp. 空中真菌	−	−	−	−	−	／	／	／	／
Penicillium sp. ダスト	−	−	−	−	−	／	／	／	／
Paecilomyces lilacinus キトラ古墳	−	−	−	−	−	−	−	−	−

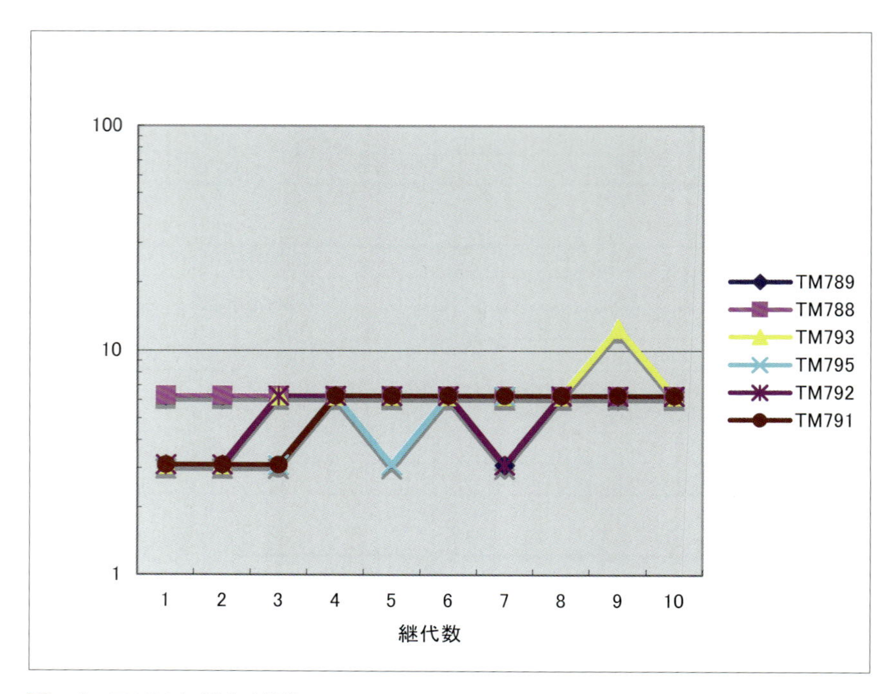

Fig. 1　ETOH に対する順化

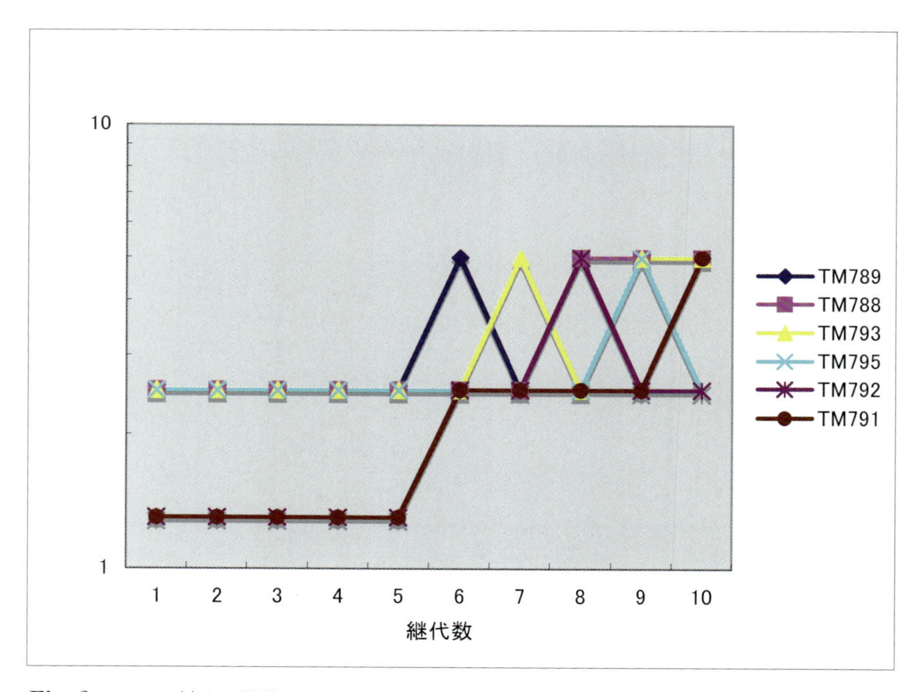

Fig. 2　IPA に対する順化

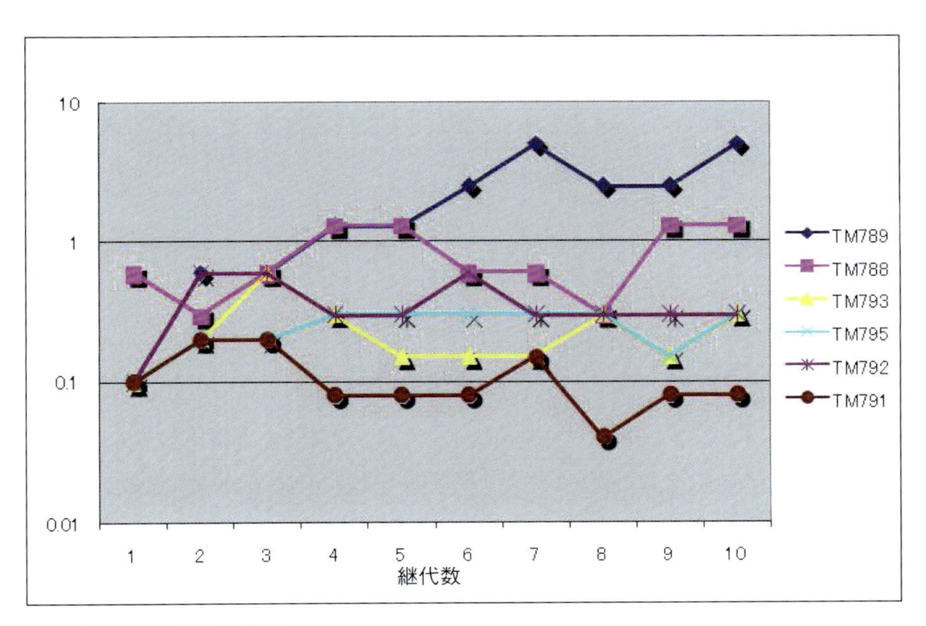

Fig. 3　PFA に対する順化

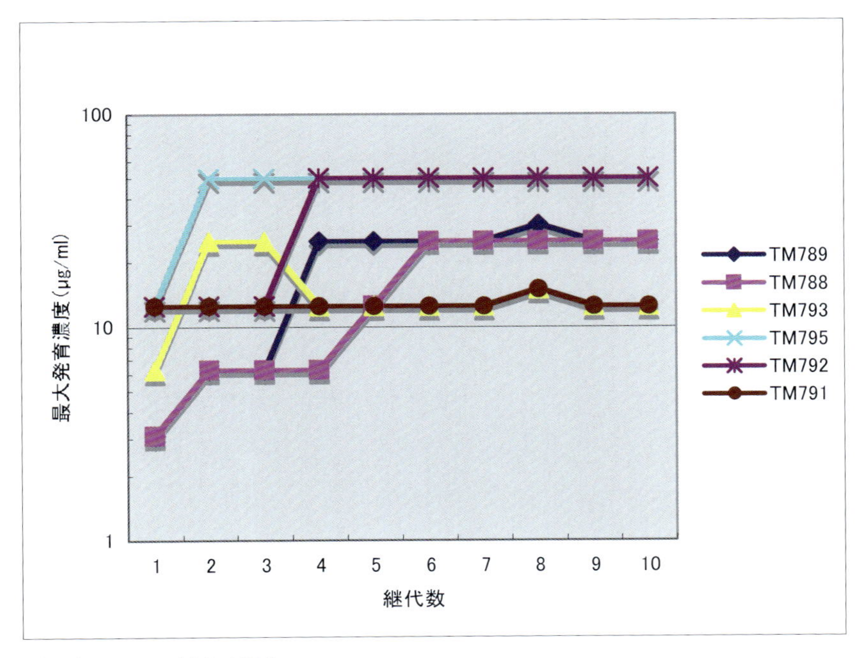

Fig. 4　TBZ に対する順化

3　アルコール系殺菌剤が微生物の栄養源として使用された可能性の検討（資化性試験）

（1）　はじめに

高松塚・キトラ両古墳では、彩色壁画が描かれている壁面などの消毒やカビのコロニーの除去時に、顔料などへの影響が少ないことと、人体への毒性も比較的低いことから、アルコール系の殺菌剤（エタノール、イソプロパノール）が使用されてきた[1-7]。これらのアルコール系の殺菌剤は、濃度が十分に高いときには優れた殺菌効果を示し[8]、また使い続けた場合でもカビの馴化が比較的起こりにくいという性質をもつ[9, 10]一方で、低濃度になると、微生物の栄養源（炭素源）として利用される可能性も指摘された[11-13]。

この可能性について、高松塚・キトラ両古墳の石室内から分離された微生物の分離株（Tab. 1：カビ19株、酵母5株、細菌10株）を用い、高松塚・キトラ両古墳において使用されてきた薬剤（エタノール、イソプロパノール）が低濃度になった場合、資化（栄養源として利用し、生育）するかどうかについて試験を行った。本節では、これらの菌株が、エタノールやイソプロパノールを炭素源として利用できるかどうかを知るために、エタノールやイソプロパノールが殺菌剤として生育を阻害しないように、低濃度条件（0.5 %、1 %）で添加した場合について検討を行った。なお、この結果は、第7回高松塚古墳壁画劣化原因調査検討会にて報告した[14]。なお、供試分離株／菌株は原則、供試時点の学名で表記した。それぞれの現行の学名は、Tab. 1に記載した。

（2）　カビ分離株の試験と結果

栄養源として炭素源が加えられていない液体培地（Bacto Yeast Nitrogen base（Becton Dickinson, MD, USA）、および、グルコース、エタノール、イソプロパノールを、それぞれ唯一の炭素源として添加したものに19株の供試菌株（Tab. 1）をそれぞれ植菌し、生育の有無を確認した。グルコースは培地に終濃度が0.5 %になるよう添加し、エタノール、イソプロパノールについては、培地に終濃度が0.5 %、または1 %になるよう添加して試験を行った。培養は、液体培地5 mLを試験管に入れて、静置培養で行った。1週間ごとに生育の有無を確認しながら1か月間観察し、最終的な結果をTab. 2に示した。

炭素源無添加の場合は、いずれの供試菌株も生育がみられなかったが、0.5 %のグルコースを添加したものでは、すべての供試菌株で生育がみられた（Tab. 2）。

エタノールを単一炭素源として添加した場合には、0.5 %、1 %のいずれのエタノール濃度の場合でも、一部、生育が弱い菌株はあったものの、19株全てで生育がみられた。さらに、1 %のエタノールを加えた場合には、*Trichoderma* sp. 1-b（T4519-9-7株）などの一部の分離株で、グルコース0.5 %相当を加えた場合よりも良好な生育性を示す場合が認められた（Tab. 2）。一方、イソプロパノールは*Acremonium*（sect.*Gliomastix*）、*Penicillium*、*Fusarium*および*Sagenomella*の4属の分離株で資化されたが、*Acremonium*（sect.*Gliomastix*）以外は弱い生育しか認められなかった。また、*Trichoderma*など、その他の分離株では、イソプロパノールを加えても殆ど生育しないことが明らかになった（Tab. 2）。

（3） 酵母分離株の試験と結果

栄養源として炭素源が加えられていない液体培地（Bacto Yeast Nitrogen base（Becton Dickinson, MD, USA）、および、グルコース、エタノール、イソプロパノールを、それぞれ単一の炭素源として添加したものに、5株の酵母の分離株（Tab. 1）を供試菌株として植菌し、生育の有無を確認した。グルコースは培地に終濃度が0.5 %、エタノール、イソプロパノールについては、培地に終濃度が0.5 %、または1 %になるよう添加して試験を行った。培養は、液体培地5 mLを試験管に入れて、静置培養で行った。1週間ごとに生育の有無を確認しながら1か月間観察し、最終的な結果をTab. 3に示した。

炭素源無添加の場合は、いずれの供試菌株も生育がみられなかったが、0.5 %のグルコースを添加したものでは、すべての供試菌株で生育がみられた（Tab. 3）。エタノールを0.5 %、1 %添加した場合は5株全ての分離株で生育がみとめられたが、*Candida takamatsuzukensis* T4922-1-1^{T} 株 [12] では2週間程度生育が遅れる傾向が見られた（Tab. 3）。一方、イソプロパノールを0.5 %、1 %添加した場合には、今回試験を行った分離株では生育はみられなかった（Tab. 3）。

（4） 細菌分離株の試験と結果

栄養源として炭素源が加えられていない液体培地（M70培地）[15]、および、グルコース、エタノール、イソプロパノールを、それぞれ単一の炭素源として添加したものに10株の細菌の分離株（Tab. 1）を供試菌株として植菌し、生育の有無を確認した。グルコースは培地に終濃度が0.5 %、エタノール、イソプロパノールについては、それぞれ培地に終濃度が0.1 %、0.5 %、または1 %となるよう添加して試験を行った。試験管に入れた液体培地5 mLで静置培養し、3日後の結果をTab. 4に示した。

炭素源無添加の場合は、いずれの供試菌株も生育がみられなかったが、0.5 %のグルコースを添加したものでは、すべての供試菌株で生育がみられた（Tab. 4）。

エタノール、イソプロパノールをそれぞれ培地に0.1 %、0.5 %、または1 %となるよう添加した場合は、*Microbacterium* sp. T6220-7-3b株を除く9株の細菌分離株において、生育がみられ、細菌分離株の多くはエタノールに加え、イソプロパノールも資化できることが明らかとなった（Tab. 4）。

（5） 考察

今回の試験では、高松塚古墳石室から分離された菌株が、エタノールやイソプロパノールを唯一の炭素源として利用できるかどうかを知るために、エタノールやイソプロパノールが殺菌剤として生育を阻害しないような、低濃度（0.5 %、1 %）での培養試験を行った。どの程度高い濃度まで微生物の生育が可能であるかについては、資化性の観点と、抵抗性の観点の両方において今後検討すべき課題である。抵抗性の観点からは、高鳥らによって検討が行われ、薬剤以外の炭素源が加えられた培地にエタノールやイソプロパノールを殺菌剤として加えた場合、最大発育濃度はエタノールでは7.5 %程度、イソプロパノールでは、2.5 %～5 %であるという結果が報告された [9, 10]。エタノールやイソプロパノールを単一炭素源とした場合に、どの程度の濃度まで生育が可能かという問題については、別途調査する必要があると考えられる。

（６）　今後の課題

エタノールやイソプロパノールを単一の炭素源として添加した培地に高松塚古墳石室より分離されたカビ、酵母、細菌を植菌し、生育を調査したところ、エタノールについては、１％容量の低濃度では、ほとんどの菌株が生育を示すことがわかった。これに対して、イソプロパノールでは、カビや酵母の菌株は生育しないか、生育が弱かったが、細菌では多くの菌株が生育することができた。

高松塚古墳では、昭和50年代からパラホルムアルデヒド燻蒸が石室内で実施され、当時大発生した *Doratomyces* sp. のカビの対策として一定の効果をあげた[16]と考えられる。しかし、パラホルムアルデヒド燻蒸を行っても、分厚いコロニーが生じているような箇所では、コロニー内部までは効果が十分ではないことが知られており、このような場合は、物理的に殺菌しつつ、取り除くことを併用することが必要と考えられた。

絵画への影響が少なく、人体への毒性が比較的低いという点で、このようなカビのコロニーの殺菌と除去という用途にはアルコール系のものが候補となり、高松塚古墳では平成13（2001）年以降平成17（2005）年９月まで、キトラ古墳では平成16（2004）年以降、適宜使用された。

しかし、本節の結果からエタノールが１％程度の低濃度になると、高松塚古墳から分離されたカビ、酵母、細菌などが炭素源として利用できることがわかった。また、イソプロパノールについては、今回調べた範囲では酵母の分離株は炭素源として使用できなかったが、カビの分離株の一部や細菌の分離株の多くが１％程度の低濃度で、炭素源として利用できることが示された。

薬剤については、壁画の色材や支持体に影響が及びにくく、人体への影響や、環境汚染などの懸念が少ないものを選ぶ必要がある。有機系の殺菌剤、抗菌剤のなかで、それら自身が栄養源となりにくいものは存在するが、上述の制約を満たすかどうか、また薬剤が分解された場合に、分解産物が有機物として微生物の栄養源になる可能性についてはどうか、ということについて、慎重な検討を要する。このため、今回検討したもの以外の有機系の殺菌剤、抗菌剤についても、同様な高湿度環境においてどのように使用すべきか、あるいはそもそも使用が適当かどうかについて、十分に検討していく必要がある。平成21（2009）年以降は、キトラ古墳においては、目に見える範囲の絵画の取り外しが終了したことを受けて、石室内では有機物を残さない微生物制御方法（間欠的な紫外線照射、局所的な次亜塩素酸による処置）に切り替えられている[17, 18]が、今後、このような有機物を残さない方法についても、どのように応用していくべきかを検討すべき時期に来ている。

（木川・佐野・喜友名・立里・杉山）

参考文献

１）木川りか、佐野千絵、石崎武志、三浦定俊：高松塚古墳の微生物対策の経緯と現状、保存科学、45、33－58、2006。

２）木川りか、佐野千絵、石崎武志、三浦定俊：高松塚古墳における菌類等微生物調査報告（平成18年）、保存科学、46、209－219、2007。

３）木川りか、佐野千絵、間渕創、三浦定俊：キトラ古墳の前室および石室における菌類調査報告、保存科学、44、

165－171、2005。

4）木川りか、間渕創、佐野千絵、三浦定俊：キトラ古墳における菌類等生物調査報告（2）、保存科学、45、93－105、2006。

5）木川りか、佐野千絵、間渕創、三浦定俊：キトラ古墳における菌類等生物調査報告（3）、保存科学、46、227－233、2007。

6）国宝高松塚古墳壁画恒久保存対策検討会 第3回、参考資料3、平成17年5月11日、文化庁

7）高松塚古墳壁画劣化原因調査検討会 第3回、資料5、平成20年9月30日、文化庁

8）国宝高松塚古墳壁画恒久保存対策検討会 第7回、資料4、平成18年7月24日、文化庁

9）高鳥浩介、久米田裕子、木川りか、佐野千絵：高松塚古墳石室および周辺部由来カビの薬剤に対する馴化、保存科学、49、239－242、2010。

10）高松塚古墳壁画劣化原因調査検討会 第12回、参考資料1－7、平成21年11月30日、文化庁

11）国宝高松塚古墳壁画恒久保存対策検討会 第5回、資料3－2、古田太郎、平成18年2月9日、文化庁

12）Nagatsuka, Y., Kiyuna, T., Kigawa, R., Sano C., Miura, S. and Sugiyama, J.: *Candida tumulicola* sp. nov. and *Candida takamatsuzukensis* sp. nov., novel yeast species assignable to the *Candida membranifaciens* clade, isolated from the stone chamber of the Takamatsu-zuka tumulus, International Journal of Systematic and Evolutionary Microbiology, 59, 186－194, 2009.

13）木川りか、佐野千絵、間渕創、喜友名朝彦、立里臨、西島美由紀、杉山純多：キトラ古墳の微生物等の状況報告（2008）、保存科学、48、167－174、2009。

14）高松塚古墳壁画劣化原因調査検討会 第7回、参考資料4、平成21年3月12日、文化庁

15）坂崎利一、吉崎悦郎、三木寛二：新　細菌培地学講座　－下Ⅰ－（第二版）、近代出版、1995。

16）新井英夫：高松塚古墳壁画の微生物学的環境とその対策、文化庁（編）国宝高松塚古墳壁画－保存と修理－、文化庁、pp. 186－196、1987。

17）古墳壁画保存活用検討会 第4回、資料3、平成21年3月9日、文化庁

18）木川りか、佐野千絵、喜友名朝彦、立里臨、杉山純多、高鳥浩介、久米田裕子、森井順之、早川典子、川野邊渉：キトラ古墳の微生物調査結果と微生物対策について（2009）、保存科学、49、253－264、2010。

19）An, K.-D., Kiyuna, T., Kigawa, R., Sano, C., Miura, S. and Sugiyama, J.: The identity of *Penicillium* sp. 1, a major contaminant of the sotome chambers in the Takamatsuzuka and Kitora tumuli in Japan, is *Penicillium paneum*, Antonie van Leeuwenhoek, 96, 579－592, 2009.

20）Kiyuna, T., An, K.-D., Kigawa, R., Sano, C., Miura, S. and Sugiyama, J.: Mycobiota of the Takamatsuzuka and Kitora Tumuli in Japan, focusing on the molecular phylogenetic diversity of *Fusarium* and *Trichoderma*, Mycoscience, 49, 298－311, 2008.

21）木川りか、佐野千絵、喜友名朝彦、立里臨、杉山純多：高松塚古墳・キトラ古墳石室内の微生物分離株のアルコール系殺菌剤資化性試験結果、保存科学、49、231－237、2010。

22）Kiyuna, T., An, K.-D., Kigawa, R., Sano, C., Miura, S. and Sugiyama, J.: Molecular assessment of fungi in "black spots" that deface murals in the Takamatsuzuka and Kitora Tumuli in Japan: *Acremonium* sect. *Gliomastix* including *Acremonium tumulicola* sp. nov. and *Acremonium felinum* comb. nov., Mycoscience, 52, 1－17, 2011.

23）Kiyuna, T., An, K.-D., Kigawa, R., Sano, C., Miura, S. and Sugiyama, J.: Bristle-like fungal colonizers on the stone walls of the Kitora and Takamatsuzuka Tumuli are identified as *Kendrickiella phycomyces*, Mycoscience, 53, 446－159, 2012.

24）Kurtzman, C. P. and Suzuki, M.: Phylogenetic analysis of ascomycete yeasts that form coenzyme Q-9 and the proposal of the new genera *Babjeviella*, *Meyerozyma*, *Millerozyma*, *Priceomyces*, and *Scheffersomyces*, Mycoscience, 51, 2－14, 2010.

25）Tazato, N., Nishijima, M., Handa, Y., Kigawa, R., Sano, C. and Sugiyama, J.: *Gluconacetobacter tumulicola* sp. nov. and *Gluconacetobacter asukensis* sp. nov., isolated from the stone chamber interior of the Kitora Tumulus, Nara, Japan, International Journal of Systematic and Evolutionary Microbiology, 62, 2032－2038, 2012.

26）Summerbell, R. C., Gueidan, C., Schroers, H-J., de Hoog, G. S., Starink, M., Arocha Rosete, Y., Guarro, J. and Scott, J. A.: *Acremonium* phylogenetic overview and revision of *Gliomastix*, *Sarocladium*, and *Trichothecium*, Studies in Mycology, 68, 139－162, 2011.

27）Kiyuna, T., An, K.-D., Kigawa, R., Sano, C., Miura, S. and Sugiyama, J.: “Black particles”, the major colonizers on the ceiling stone of the stone chamber interior of the Kitora Tumulus, Japan, are the bulbilliferous basidiomycete fungus *Burgoa anomala*, Mycoscience, 56, 293－300, 2015.

28）Kiyuna, T., An, K.-D., Kigawa, R., Sano, C., Miura, S. and Sugiyama, J.: Noteworthy anamorphic fungi, *Cephalotrichum verrucisporum*, *Sagenomella striatispora*, and *Sagenomella griseoviridis*, isolated from biodeteriorated samples in the Takamatsuzuka and Kitora Tumui, Mycoscience, 58, 320－327, 2017.

29）Nagatsuka, Y., Ninomiya, S., Kiyuna, T., Kigawa, R., Sano, C. and Sugiyama, J.: *Yamadazyma kitorensis* f.a., sp. nov. and *Zygoascus biomembranicola* f.a., sp. nov., novel yeasts from the stone chamber interior of the Kitora Tumulus, and five novel combinations in *Yamadazyma* and *Zygoascus* for species of *Candida*, International Journal of Systematic and Evolutionary Microbiology, 66, 1692－1704, 2016.

30）半田豊、立里臨、佐藤嘉則、木川りか、佐野千絵、杉山純多：高松塚・キトラ両古墳からの主要細菌分離株：*Bacillus*・*Ochrobactrum* 両属分離株の分子系統学的位置、保存科学、56、33－48、2017。

31）Nishijima, M., Tazato, N., Handa, Y., Umekawa, N., Kigawa, R., Sano, C. and Sugiyama, J.: *Microbacterium tumbae* sp. nov., an actinobacterium isolated from the stone chamber of ancient tumulus, International Journal of Systematic and Evolutionary Microbiology, 67, 1777－1783, 2017.

32）Handa, Y., Tazato, N., Nagatsuka, Y., Koide, T., Kigawa, R, Sano, C. and Sugiyama, J.: *Stenotrophomonas tumulicola* sp. nov. , a major contaminant of the stone chamber interior in the Takamatsuzuka Tumulus, International Journal of Systematic and Evolutionary Microbiology, 66, 1119－1124, 2016. [For “Corrigendum”, see International Journal of Systematic and Evolutionary Microbiology, 67, 763, 2017.]

Tab. 1　資化性試験供試菌株リスト

供試時点の学名※1	分離株番号※2	現行の学名※3	JCM 菌株番号	分離源	文献※4
カビ					
Acremonium (sect. *Gliomastix*) *masseei*	T4519-5-1	*Gliomastix masseei*	17164	高松塚古墳 石室内 床面 白色コロニー	22, 26
Acremonium (sect. *Gliomastix*) *masseei*	T6517-1-1	*Gliomastix masseei*	17165	高松塚古墳 石室内 西壁 女子 額の黒色部分 No.①	22, 26
Acremonium (sect. *Gliomastix*) *murorum*	K7511-1	*Gliomastix murorum*	17177	キトラ古墳 石室内 北壁 東側 上方 黒ススカビ	22, 26
Penicillium paneum	T5916-6-1	*Penicillium paneum*	15987	高松塚古墳 石室内 東壁 女子群像下 ゲル状	19
Penicillium paneum	T6517-1-2	*Penicillium paneum*	15988	高松塚古墳 石室内 西壁 女子 額の黒色部分 No.①	19
Penicillium paneum	K5916-7-1	*Penicillium paneum*	15994	キトラ古墳 石室内 北壁 玄武下	19
Fusarium sp. (FSSCクレード)※6	T4519-9-3	*Fusarium* sp.	15356	高松塚古墳 石室内 東壁	脚注※5
Fusarium sp. (FSSCクレード)※6	T4716-1	*Fusarium* sp.	28004	高松塚古墳 石室内 西壁 白虎の爪の箇所 ゲル状（高松粘菌）	脚注※5
Fusarium sp. (FSSCクレード)※6	K5225-19-3	*Fusarium* sp.	15341	キトラ古墳 石室内 西 漆喰剥落片	20
Trichoderma sp. 1-b	T4519-9-7	*Trichoderma* sp.	28003	高松塚古墳 石室内 東壁	脚注※5
Trichoderma sp. 1-b	K5916-7-3	*Trichoderma* sp.	28338	キトラ古墳 石室内 北壁 玄武下	脚注※5
Cylindrocarpon sp.	TBT-1	*Cylindrocarpon* sp.	15337	高松塚古墳 石室内 北壁 玄武尾下 (2001.12.18)	20
Cylindrocarpon sp.	TBK-22	*Cylindrocarpon* sp.	15336	キトラ古墳 石室内 西壁 白虎前肢付近 褐色部分 (2005.12.17)	20
Burgoa anomala	K7316-1-1	*Burgoa anomala*	30266	キトラ古墳 石室内 天井石壁面 天文図 (北斗付近(1)) "黒粒"	27
Kendrickiella phycomyces※7	K5906-1-1	*Kendrickiella phycomyces*	18028	キトラ古墳 石室内 西壁 中央下部 茶とげ からの分離平板 (MA)	23
Doratomyces sp.	T7530-12-1	*Cephalotrichum verrucisporum*	28755	高松塚古墳 西壁石1上端（天井石1との接合面）漆喰片および黒褐色の根試料	28
Sagenomella sp. (*S. striatispora* に近縁)	T7214-14k-1	*Sagenomella striatispora*	28744	高松塚古墳 取合部 露出した石室天井石の一部を掘り起こした黒色部分	28
Sagenomella sp. (*S. striatispora* に近縁)	T8804-4-7	*Sagenomella striatispora*	28761	高松塚古墳 保存施設東側旧発掘区 上面 ④ 粘土質	28
Sagenomella sp. (*S. diversispora* に近縁)	TBK-20	*Sagenomella griseoviridis*	15364	キトラ古墳 小前室 石室入口天井石側面	28
酵母					
Candida takamatsuzukensis	T4922-1-1T	*Yamadazyma takamatsuzukensis*	15410T	高松塚古墳 石室内 奥 (B-1:1a（落下菌：CP添加PDAを10分間開放）	12, 29
Candida tumulicola	T6517-9-5T	*Yamadazyma tumulicola*	15403T	高松塚古墳 石室内 東壁 右女子足元下ゲル状部分 No.⑨	12, 29
Candida sp. (*Candida olivae* に近縁)	K5916-7-4	*Yamadazyma olivae*	30999	キトラ古墳 石室内 北壁 玄武下	29
Pichia membranifaciens	T4716-3	*Pichia membranifaciens*	28221	高松塚古墳 石室内 西壁 白虎の爪の箇所 ゲル状（高松粘菌）	－
Meyerozyma guilliermondii	T6517-3-4	*Meyerozyma guilliermondii*	28202	高松塚古墳 石室内 西壁 左女子 頭部後方の黒色部分 No.③	24
細菌					
Gluconacetobacter tumulicola	K5929-2-1bT	*Gluconacetobacter tumulicola*	17774T	キトラ古墳 石室内 西寄り天井 漆喰にあいた穴③No.4中身の黒色	25
Bacillus thuringiensis	T5916-8-1b	*Bacillus toyoensis*	28785	高松塚古墳 石室内 東壁 青龍左 茶しみ中の黒カビ跡 ベタベタ状	30
Bacillus simplex	K6203-10-3b	*Bacillus simplex*	28856	キトラ古墳 石室南壁 下方 ゲル上の塊多数（高松塚のものに酷似）	30
Microbacterium sp. (*M. phyllosphaerae* に近縁)	T6220-7-3b	*Microbacterium shaanxiense*	28790	高松塚古墳 石室内 西壁 女子群像 右肩の赤い着物上のスポット	31
Ochrobactrum sp. (*O. pituitosum* に近縁)	T6220-2-3b	*Ochrobactrum pituitosum*	28787	高松塚古墳 石室内 西壁 女子群像 頭上	30
Rhizobium radiobacter	K5902-3-1b	*Rhizobium* sp.	28644	キトラ古墳 石室内 北壁 濃緑色のしみ	脚注※5
Stenotrophomonas sp. (新種)	T5916-2-1bT	*Stenotrophomonas tumulicola*	30961T	高松塚古墳 石室内 西壁 白虎 後肢下 ゲル上	32
Olivibacter soli	T6220-7-2b	*Olivibacter* sp.	28250	高松塚古墳 石室内 西壁 女子群像 右肩の赤い着物上のスポット	脚注※5
Stenotrophomonas sp. (*S. rhizophila* に近縁)	K5916-3-1b	*Stenotrophomonas* sp.	28635	キトラ古墳 石室内 南壁 朱雀上のカビ	脚注※5
Advenella kashmirensis	T6220-6-3b	*Advenella* sp.	28249	高松塚古墳 石室内 東壁 青龍 後肢付近	脚注※5

※1、保存科学 49 号（木川ら[21]）掲載時の学名

※2、T：高松塚古墳分離株、K：キトラ古墳分離株、TBT：高松塚古墳分離株(東文研)、TBK：キトラ古墳分離株(東文研)、T：基準株

※3、平成 30（2018）年 3 月時点の各分離株の学名または JCM に寄託された分離株の JCM ホームページ上に記載の学名

※4、詳細同定に関する原著論文、番号は参考文献参照

※5、JCM オンラインカタログ（URL:http://jcm.brc.riken.jp/ja/catalogue　または、http://www.jcm.riken.jp/cgi-bin/jcm/strain_takamatsuzuka-kitora）平成 30（2018）年 6 月 8 日時点

※6、FSSC クレード：*Fusarium solani* species complex クレードに含まれる *Fusarium* sp.

※7、これまでの委員会や保存科学等の報告において、当分離株について、*Pichia guilliermondii* の学名を用いていたが、その後の分類学的再編[24]に伴い、*Meyerozyma guilliermondii* へと学名が変更になったため、本報告において *Pichia guilliermondii* を *Meyerozyma guilliermondii* に学名を変更する。

Tab. 2　カビ分離株の資化性試験結果

供試時点の学名※1	分離株番号※2	エタノール (%)		イソプロパノール (%)		対照	
		0.5	1	0.5	1	炭素源無添加	グルコース 0.5 %
Acremonium (sect.*Gliomastix*) *masseei*	T4519-5-1	＋	＋	＋W	＋	－	＋
Acremonium (sect.*Gliomastix*) *masseei*	T6517-1-1	＋	＋	＋	＋	－	＋
Acremonium (sect.*Gliomastix*) *murorum*	K7511-1	＋	＋	＋	＋W	－	＋
Penicillium paneum	T5916-6-1	＋	＋	＋W	＋W	－	＋
Penicillium paneum	T6517-1-2	＋	＋	＋W	＋W	－	＋
Penicillium paneum	K5916-7-1	＋	＋	＋W	＋W	－	＋
Fusarium sp. (FSSCクレード)	T4519-9-3	＋	＋	＋W	＋W	－	＋
Fusarium sp. (FSSCクレード)	T4716-1	＋	＋	＋W	＋W	－	＋
Fusarium sp. (FSSCクレード)	K5225-19-3	＋	＋	＋W	＋W	－	＋
Trichoderma sp. 1-b	T4519-9-7	＋	＋	－	－	－	＋
Trichoderma sp. 1-b	K5916-7-3	＋	＋	－	－	－	＋
Cylindrocarpon sp.	TBT-1	＋	＋	＋W	－	－	＋
Cylindrocarpon sp.	TBK-22	＋	＋W	－	－	－	＋
Burgoa anomala	K7316-1-1	＋W	＋W	－	－	－	＋
Kendrickiella phycomyces	K5906-1-1	＋	＋	－	－	－	＋
Doratomyces sp.	T7530-12-1	＋	＋W	－	－	－	＋
Sagenomella sp. (*S. striatispora*に近縁)	T7214-14k-1	＋	＋	－	－	－	＋
Sagenomella sp. (*S. striatispora*に近縁)	T8804-4-7	＋	＋	－	－	－	＋
Sagenomella sp. (*S. diversispora*に近縁)	TBK-20	＋	＋	＋W	＋W	－	＋

※1, ※2　Tab. 1の脚注参照
【凡例】＋：生育陽性、＋W：弱い生育陽性、－：生育陰性エタノール添加でピンクの陰付きの欄は、グルコース0.5 %相当を加えた場合よりも生育が良好であったことを示す。

Tab. 3　酵母分離株の資化性試験結果

供試時点の学名※1	分離株番号※2	エタノール (%)		イソプロパノール (%)		対照	
		0.5	1	0.5	1	炭素源無添加	グルコース 0.5 %
Candida takamatsuzukensis	T4922-1-1[T]	＋S	＋S	－	－	－	＋
Candida tumulicola	T6517-9-5[T]	＋	＋	－	－	－	＋
Candida sp. (*Candida olivae*に近縁)	K5916-7-4	＋	＋	－	－	－	＋
Pichia membranifaciens	T4716-3	＋	＋	－	－	－	＋
Meyerozyma guilliermondii	T6517-3-4	＋	＋	－	－	－	＋

※1, ※2　Tab. 1の脚注参照
【凡例】＋：生育陽性、＋W：弱い生育陽性、－：生育陰性

Tab. 4　細菌分離株の資化性試験結果

供試時点の学名※1	分離株番号※2	エタノール(%)			イソプロパノール(%)			対照	
		0.1	0.5	1	0.1	0.5	1	炭素源無添加	グルコース 0.5 %
Gluconacetobacter tumulicola	K5929-2-1b[T]	＋	＋	＋	＋	＋	＋	－	＋
Bacillus thuringiensis	T5916-8-1b	＋	＋	＋	＋	＋	＋	－	＋
Bacillus simplex	K6203-10-3b	＋	＋	＋	＋	＋	＋	－	＋
Microbacterium sp. (*M. phyllosphaerae*に近縁)	T6220-7-3b	－	－	－	－	－	－	－	＋
Ochrobactrum sp. (*O. pituitosum*に近縁)	T6220-2-3b	＋	＋	＋	＋	＋	＋	－	＋
Rhizobium radiobacter	K5902-3-1b	＋	＋	＋	＋	＋	＋	－	＋
Stenotrophomonas sp. (新種)	T5916-2-1b	＋	＋	＋	＋	＋	＋	－	＋
Olivibacter soli	T6220-7-2b	＋	＋	＋	＋	＋	＋	－	＋
Stenotrophomonas sp. (*S. rhizophila*に近縁)	K5916-3-1b	＋	＋	＋	＋	＋	＋	－	＋
Advenella kashmirensis	T6220-6-3b	＋	＋	＋	＋	＋	＋	－	＋

※1, ※2　Tab. 1の脚注参照
【凡例】＋：生育陽性、－：生育陰性

4　微生物分離株による有機酸の産生について

（1）　はじめに

高松塚古墳石室内から分離されたカビ・酵母、細菌の各分離株について、代謝物の有機酸について生成能を調査した[1～9, 13, 14]。対照としてキトラ古墳からのカビ分離株および、高松塚・キトラ両古墳分離株の既知近縁種を用いた。また、培養期間の延長による pH の低下と有機酸生成量を比較した。さらに石室内で用いていたエタノールあるいはイソプロパノールを単一の炭素源とした場合の有機酸生成量について検討した。

実験は数回に分けて試行したので、試行回ごとに以下に報告する。（2）の予備試験の結論にあるように、有機酸生成量の多少については各試行回においては有意差があるものの、各試行回間の菌体量や培養条件などわずかな相違により、各試行回で得られた有機酸生成量の絶対値は再現性が弱いため、各試行回間の数値は比較できないことに注意されたい。なお、供試分離株／菌株は原則、供試時点の学名で表記した。それぞれの現行の学名については、Tab. 1 に記載した。

（2）　予備試験[8)]

まず、分析対象微生物（Tab. 1、Tab. 2）の培養に適しており、かつ培地に含まれる有機酸が分析上の障害とならないよう、適切な合成培地を選択する試験を行った。次に、同一培養条件内の分析値の標準偏差を求め、分析が有意となるか確認した。予備試験には Tab. 1 および Tab. 2 に挙げた菌株のうち、星印 2 つを付した菌株を用いた。

（2）-1　培地の選択

・ツァペック培地：硝酸ナトリウム 3 g、燐酸一水素二カリウム 1 g、硫酸マグネシウム七水和物 0.5 g、塩化カリウム 0.5 g、硫酸鉄（II）七水和物 0.01 g、スクロース 30 g、蒸留水 1000 mL、pH 6.5

・0.02 %酵母エキス添加 BM 培地：燐酸水素二アンモニウム 1 g、塩化カリウム 0.2 g、硫酸マグネシウム七水和物 0.2 g、酵母エキス 0.2 g、グルコース 10 g、蒸留水 1000 mL、pH 7.0

細菌分離株については、以下の培地についても検討を行った。

・Koser の培地（改変）：燐酸二水素アンモニウム 1 g、燐酸一水素二カリウム 1 g、塩化ナトリウム 5 g、硫酸マグネシウム七水和物 0.2 g、グルコース 2 g 蒸留水 1000 mL、pH 6.8

・Davis 培地（改変）：燐酸一水素二カリウム 7 g、燐酸二水素一カリウム 2 g、硫酸マグネシウム七水和物 0.15 g、硫酸アンモニウム 1 g、グルコース 2 g、蒸留水 1000 mL、pH 6.8

・1/10 濃度希釈 Nutrient Broth 培地：nutrient broth（Oxoid, Hampshire, England）1.3 g、蒸留水 1000 mL、pH 7.4

これらの培地に、さらにエタノールを 1 %添加したものをそれぞれ調製し、各分離株の生育性を比較検討した。各培地における分離株の生育については、濁度等を目視で判定し、生育可能か判断した。

供試したすべてのカビ・酵母菌株はツァペック培地、細菌については、0.02 %酵母エキス添加 BM 培地が望ましいと判断した（Tab. 3）。

(2)-2　分析誤差の確認

試験株には、高松塚・キトラ両古墳から分離された *Fusarium* sp.（FSSC クレード）T4716-1 株および *Fusarium* sp.（FSSC クレード）K5225-19-3 株を用いて、培養によるばらつきを検討した。PDA 培地で 25 ℃、1 週間培養した両菌株の胞子を回収し、およそ 10^6 個 /mL になるように 1 %エタノール添加ツァペック培地にそれぞれ懸濁した。各菌株胞子懸濁液を 100 µL ずつ 1 %エタノール添加ツァペック培地に、10 本ずつ植菌し、25 ℃斜面、静置で 1 週間培養した。各培養物の上清を回収し、フィルターろ過（0.22 µm のフィルターでろ過後 0.45 µm マイレクスフィルターでろ過）を行って有機酸分析試料とした。

定量分析は有機酸分析システム（島津製作所製 有機酸分析システム カラムオーブン 45 ℃）で行い、有機酸のうち漆喰の劣化に影響の大きいと考えられるギ酸および酢酸の生成量についてまとめた。

定量用にあつらえた基準試料（化学分析用試薬）の標準偏差は平均値に対して 0.3 %であった。10 本植菌した試料間の誤差は、高松塚分離株 *Fusarium* sp. T4716-1 株でギ酸 1.64 ± 0.59 mg/L（標準偏差 35.8 %）、酢酸 117.56 ± 36.78 mg/L（標準偏差 31.3 %）、キトラ分離株 *Fusarium* sp. K5225-19-3 株でギ酸 1.52 ± 0.66 mg/L（標準偏差 43.8 %）、酢酸 117.89 ± 25.36 mg/L（標準偏差 21.5 %）であった。いずれも培養条件による影響は大きいが、同一回の培養の内では生成量の多少について有意の差を得られると判断した。

(3)　主要な分離株のギ酸・酢酸生成量

試験は 2 回に分けて行った。1 回目は主要な分離株について試験した。2 回目の試験では再現性を確認するとともに、1 回目の対象ではなかった分離株のなかで GYC 寒天平板上において顕著な炭酸カルシウム溶解性を示す分離株、また過去に分離報告がなされていたものの近年では分離例が少ない株を試験に加えた。また、培養期間の相違による有機酸生成量の比較を試みた。なお、2 回目の分析とその結果については、本節（6）において述べる。

(3)-1　方法

1 回目の試験に用いた微生物株を Tab. 1 および Tab. 2 に示す。使用培地は、予備試験で選択した通り、カビ・酵母用にはツァペック液体培地、細菌用には 0.02 %酵母エキス添加 BM 液体培地とした。

カビは斜面静置 6 日または 7 日、酵母・細菌は振とう培養 3 日または 4 日、25 ℃で培養した。培養本数は各 2 本（反復）である。カビの植菌量は、厚みが一定になるように 20 mL ずつ分注して固化させた PDA 平板培地で 25 ℃、5 日間前培養した菌体の菌糸伸長先端部付近をコルクボーラーで切り取って、1 本の試験管あたり各一つを接種源として調整した。細菌および酵母については懸濁液を作製し、0.5 mL ずつ添加した。

有機酸分析用の各試料は、予備試験のとおり、ろ過後の培養上清を試料として有機酸分析システムで測定した。すなわち、培養後に孔径 0.22 µm のフィルターで培養上清をろ過後、再び孔径 0.45 µm のフィルターでろ過し、HPLC 分析用バイアルに移した。

分析機器および分析条件は以下のとおりである。

島津製作所　有機酸分析システム、カラムオーブン温度 45 ℃、150 μL をインジェクション

スタンダードには、ギ酸ナトリウム、酢酸ナトリウム標品　約 1 mg/L、10 mg/L 水溶液を用い、同一条件で各シークエンス前後および 6 ～ 9 サンプルごとに検体に加え、1 シークエンスごとに面積濃度を求めて、濃度を校正した。

ろ過後の培養上清の pH を測定し（EUTECH INSTRUMENTS 社製 pH メーター EcoScan pH 5）、培養前の培地の pH を差し引いて pH 変化量とした。2 回目の試験ではさらに、培養期間の違いによる培養上清の pH 変化を検討するため培養期間を 2 週間延長し、pH 変化量を求めた。

（3）-2　結果

各分離株のギ酸・酢酸生成量と pH 変化量の結果を Tab. 4 ～ 6 に示す。カビではギ酸の生成は認められなかった。一方、高松塚古墳からの微生物分離株では、*Fusarium* 属分離株およびその近縁対照株で顕著な酢酸生成が認められた。次いで *Acremonium* 属（*Gliomastix* 節）分離株で比較的酢酸の生成が多く見られたが、*Penicillium* 属、*Trichoderma* 属などの分離株や保存株では酢酸の生成はほとんど認められなかった（Tab. 4）。酵母では *Pichia membranifaciens* T4716-3 株で顕著な酢酸生成が認められた（Tab. 5）。細菌では *Ochrobactrum* sp.（≡ *O. pituitosum*[15]）T6220-2-3b 株で酢酸の生成および pH の低下が認められた（Tab. 6）。

比較対照として分析をおこなったキトラ古墳石室内から分離された微生物分離株では、西寄り天井の漆喰にあいた穴の中の黒色物質から分離された *Gluconacetobacter tumulicola* K5929-2-1b^{T} 株[10]（分離当初は *Gluconacetobacter* sp. 1 とされていた株）の酢酸生成量が最も多く、pH の変化量も大きかった（Tab. 6）。この分離株が漆喰を溶かした原因菌の一つと推察される。

分離株培養液は概ね酢酸生成量の多い株で顕著に pH の低下が認められる傾向があった。しかし、*Kendrickiella phycomyces* K5906-1-1 株[11]（分離当初は *Phialocephala phycomyces* と同定されていた株）では酢酸生成量は検出限界以下であるにもかかわらず pH が低下しており、その他の株でも詳細に見ると pH 低下の程度は必ずしも酢酸生成量のみとは相関しない場合もあった。この理由としては、培地中の窒素源からアルカリ性物質（アンモニア等）を産生する株では中和される場合がある可能性や、酢酸以外の酸の生成によって pH が低下する場合などが推測される。*K. phycomyces* K5906-1-1 株培養上清および培地（参照試料）上清についてのみ、イオンクロマトグラフ（横河 HP 製 HP2010-II）で無機イオン分析を行ったが、この 2 試料で無機イオン量について有意な差は認められなかった。

培養期間をさらに 2 週間延長したものに対し pH 測定を行い、HPLC 分析試料との pH の変化量を比べた。すなわち、各分離株培養上清の pH 平均値を培養期間延長後の pH 測定値から引いたものを変化量とし、結果を Fig. 1 および Fig. 2 に示す。HPLC 分析試料（カビ分離株は培養 7 日、酵母および細菌は培養 4 日で採取）と比較すると培養期間を延長したものでは全ての分離株で pH の低下が認められた。このことから、培養期間の違いは酸生成量に影響すると考えられる。

（４）　エタノール、イソプロパノール、グルコースをそれぞれ単一炭素源とした時の酢酸生成量とpH

有機酸生成の顕著な株について、エタノール、イソプロパノール等を単一の炭素源としたときの生成量を比較検討した。グルコースを対照の炭素源とした。

（４）-１　方法

試験には、*Fusarium* 属３株（T4716-1、K5225-19-3および対照菌株 *Fusarium solani* f. sp. *mori* NBRC 30964）、酵母１株（*Pichia membranifaciens* T4716-3）、細菌２株（*Ochrobactrum* sp.（≡ *O. pituitosum*[15]）T6220-2-3b、*Stenotrophomonas* sp.（*S. rhizophila* に近縁）K5916-3-1b）、および酢酸菌２株（*Gluconacetobacter tumulicola* K5929-2-1b^T、既知種基準株 *G. diazotrophicus* DSM 5601^T）の合計８株を用いた。

カビ・酵母はツァペック液体培地、細菌は0.02％酵母エキス添加BM液体培地のそれぞれ炭素源（スクロースあるいはグルコース）を除いたものを基本培地とした。これらの培地に、最終濃度１％となるように、エタノール、イソプロパノール、またはグルコースを添加した。

カビは斜面静置６日または７日、酵母・細菌は振とう培養３日または４日、25℃で、各２本（反復）ずつ培養した。植菌量はカビについては平板培地上のコロニー先端部をコルクボーラーで切り取って接種源とした。細菌および酵母については懸濁液を作製し0.5 mLずつ添加した。

（４）-２　結果

単一炭素源を変えた時のギ酸生成量の測定結果をTab. 7に示す。ギ酸の生成は、カビ・酵母でエタノールあるいはイソプロパノールを単一炭素源とした時に認められた。細菌では *Stenotrophomonas* sp. でギ酸生成が見られたが、酢酸菌ではギ酸生成は確認されなかった。

単一炭素源を変えた時の酢酸生成量測定結果をTab. 8に示す。高松塚古墳から分離された微生物について以下に述べる。*Fusarium* 属株では、グルコースを単一炭素源としたときに酢酸の生成が顕著に認められた。一方、酵母ではエタノールを単一炭素源としたときに顕著な酢酸生成が認められた。細菌ではエタノールを単一炭素源としたときに、*Ochrobactrum* 属分離株で酢酸の生成が顕著に認められた。イソプロパノールを単一炭素源としたときは、用いたカビ、酵母、細菌の各分離株は生育も不良であった。

一方で、キトラ古墳から分離された酢酸菌では、エタノールを単一炭素源としたときに、酢酸の生成が顕著に認められた（Tab. 8）。酢酸菌はグルコースを単一炭素源としたとき、良好な生育が認められたものの、酢酸の生成量は検出限界以下であった。分離株の帰属する *Gluconacetobacter* 属細菌には酢酸のほか、グルコン酸生成能のある株が知られていることから、グルコースを単一炭素源としたときは酢酸ではなく、グルコン酸を生成した可能性が考えられ、これによる培地pHの低下が生じたことが推察された（Tab. 9）。培地のpHは、酸生成の多いもので顕著な低下が認められた（Tab. 9）。

（５）　酢酸菌の酢酸生成能の比較検討

キトラ古墳石室内からはこれまでに６株の酢酸菌が分離されているが、これらの酢酸生成能についても分離株ごとにどの程度の異なりがあるのか検討した。

（5）-1　方法

使用した菌株は *Gluconacetobacter* 属分離株6株（Tab. 1：K5929-1-1b、K5929-2-1b^{T}、K5929-3-1b、K8617-1-1b^{T}、K8617-3-4b、K8617-7-3b）である。対照として分離株の既知近縁種である *G. diazotrophicus* DSM 5601^{T} を用いた。培地は0.02 %酵母エキス添加BM+1 % EtOH培地を用い、培養時間3日、25 ℃で振とう培養した。培養は各2本（反復）、植菌は懸濁液を作製し0.5 mLずつ添加した。

（5）-2　結果

キトラ古墳石室内分離株では対照に用いた *G. diazotrophicus* よりも多くの酢酸生成が認められた（Tab. 10）。また、培地pHも大きく低下した。酢酸生成量で見る限り平均値に対して変動幅は約90 %となり、分離株ごとに酢酸生成能力はかなりのばらつきがあったものの、pH変化量はいずれも大きく、漆喰の溶解という事象を引き起こす能力を十分に持つ菌株であることが明確になった。

（6）　主要なカビ・酵母分離株の有機酸生成量

本節（3）で試験を行ったカビ・酵母分離株（Tab. 1）について、再現性を確認するとともに、（3）で分析を行っていない分離株のなかでGYC寒天平板上において顕著な炭酸カルシウム溶解を示す株などを分析に加えた。また、培養期間を1週間のほか3週間まで延長し、培養期間の相違による有機酸生成量の比較をおこなった。

（6）-1　方法

原則として、（3）-1と同じ方法で行った。分析に用いた菌株のリストをTab. 11およびTab. 12に示す。培地は、1 %エタノール添加ツァペック培地を用いた。滅菌後にエタノールを最終濃度1 %になるように無菌的に加えた。

培養温度は25 ℃とし、斜面静置で1週間および3週間培養した。植種量は、以下のように調整した。厚みが一定になるように20 mLずつ分注して固化させたPDA平板培地で25 ℃ 5日間前培養した菌体の特に菌糸伸長先端部付近をコルクボーラーで打ち抜き、1本の試験管あたり、このひとつを植種源とした。

培養1週間後に上清を回収し、孔径0.22 µmのフィルターでろ過後にバイアル瓶口一杯に入れて－80 ℃にて凍結保存した。培地のみのブランクも同様に調製し、凍結保存した。培養3週間後の試料を回収する時に、凍結試料を解凍し、孔径0.45 µmのフィルターでろ過し、HPLC分析用バイアルに移した。一方、3週間培養した培養上清は、孔径0.22 µmのフィルターでろ過後、再び孔径0.45 µmのフィルターでろ過し、HPLC分析用バイアルに移した。

分析装置および分析条件は以下のとおりである。

島津製作所　有機酸分析システム、カラムオーブン45 ℃、150 µLをインジェクション

スタンダードには、ギ酸ナトリウム、酢酸ナトリウム、クエン酸二水素カリウム、リンゴ酸、こはく酸、乳酸リチウム、酒石酸、フマル酸、グリコール酸の標品を用いて約10 mg/Lおよび約100 mg/L濃度

の水溶液を作成した。同一条件で各シークエンス前後および6～9検体ごとにスタンダードを組み込んで分析し、各シークエンス内のスタンダードサンプルから得た面積濃度平均値を用いて、ピーク面積から濃度を算出した。

培養上清のpHを測定し、ブランク培地（無植菌培地）のpHに対する変化量を求めた。装置：EU-TECH INSTRUMENTS社製　pHメーター　EcoScan pH5、変化量＝培養上清pH －ブランクpH

（6）-2　結果

各分離株による有機酸生成量は、培地に含まれる有機酸量を差し引いて求めた。すなわち、ブランク培地の定量値を各分離株の有機酸成分の定量値から引き算した。図の作成にあたり、マイナスの値を示したところは全て0として表した。また、プラスの値であっても、0.1に満たない場合は0で表示した。

クエン酸の保持時間について、標品クエン酸水溶液およびクエン酸生成で知られる *Apergillus niger* 既知対照株[12]のように培養上清のpHが低い検体においては、その保持時間Rtは16.7－17.1分の間で安定していた。しかし、その他の培養上清ではpH低下が弱くクエン酸の解離が起こり保持時間が変化し、16.5分前後と若干早く溶出する第2ピークを生じていた。内部標準を加えて再解析を行うべきであったが今回は果たせなかったため、保持時間が16.7－17.1分のもののみクエン酸ピークとして同定し、生成量を算出した。

菌種によって生成した有機酸の種類と量に相違が認められ、特に *Fusarium* 属、*Pichia membranifaciens* で（3）-2と同様に酢酸が多く生成され、再現性が確認された。一方、*Aspergillus* 属、*Kendrickiella* 属ではクエン酸が多く生成されていた。全体としては、培養1週間よりも3週間に延長したもので、生成量が増加している分離株が多いことから、培養期間の長さは生成量に影響を及ぼすと考えられる。以下、有機酸の種類ごとにその結果をFig. 3～Fig. 8に示す。また、定量した全有機酸の生成量を合計したものをFig. 9に、各培養液のpH変化量をFig. 10に示した。

（6）-2-1　各種有機酸の生成量

各分離株の培養期間の相違によるギ酸生成量をFig. 3に示す。今回の結果ではカビ分離株で0.6～12 mg/Lの生成が認められた。特に *Sagenomella* sp.（≡ *S. striatispora*[16]）T7521-8D-1株では培養1週間後に、用いたカビ分離株の中で最も高い12 mg/Lの値を示した。ギ酸生成については全体的に培養期間が短い方が高い傾向を示し、培養期間とともに減少する（揮発性が高いため放散すると考えられる）可能性が示唆された。これに対し、他の有機酸では培養期間が長い方が生成量は多い傾向が認められた。

酢酸生成は、*Fusarium* 属、*Pichia* 属で顕著な生成が認められ、*Trichoderma* 属、*Penicillium* 属での生成が認められないなどの結果が再度確認された（Fig. 4）。今回初めて分析を行った *Doratromyces* 属（後に *Cephalotrichum* 属と同定[17]）、*Clonostachys* 属、*Sagenomella* 属の各分離株でも比較的多い酢酸生成が見られた。（3）の結果において、pHの低下の割に酢酸生成のほとんど確認されなかった *Kendrickiella* 属分離株は今回の分析においても酢酸生成量は低いものであった。ほとんどの分離株において培養期間が長い方がより生成量が多い傾向が見られ、特に、*Pichia* 属では2.5～3倍の生成量となっていた。

乳酸生成は *Clonostachys* 属でもっとも高い生成量が認められ、ついで、*Doratromyces* 属（= *Cephalot-*

*richum*属[17])、*Acremonium murorum*対照株、*Sagenomella*属、*Pichia*属の各分離株でも比較的多い乳酸生成が見られた（Fig. 5）。*Clonostachys*属や*Acremonium murorum*では培養期間が長い方が多いのに対し、*Doratomyces*属（= *Cephalotrichum*属[17])）や*Sagenomella*属では培養1週間後の方が生成量は多かった。

リンゴ酸生成は*Sagenomella*属分離株でもっとも高い生成量が認められ、ついで、*Cylindrocarpon*属、*Penicillium*属の各分離株でも比較的多い生成が見られた（Fig. 6）。また、培養期間が長い方が生成量は多い傾向が認められた。

こはく酸生成は*Sagenomella*属分離株でもっとも高い生成量が認められた（Fig. 7）。*Cylindrocarpon*属、*Penicillium*属、*Fusarium*属、*Aspergillus*属などの各分離株でも生成が見られた。また、培養期間が長い方が生成量は多い傾向が認められた。

クエン酸については、*Kendrickiella*属、*Aspergillus*属の各分離株において顕著な生成が認められた（Fig. 8）。一方、このほかの分離株では*Penicillium paneum*対照株で培養3週間後に比較的多い生成が見られた。いずれも培養期間が長い方が生成量は多く、*Kendrickiella*属では3週間後の培養では3倍以上の生成量を示している。

(6)-2-2　微生物種類ごとの有機酸生成

分離株ごとの有機酸生成については、対照株とほぼ同様な種類・量を生成する場合と、やや異なる場合があった。

菌株を培養すると全体的に培養上清のpHの低下が認められたが、特に酢酸、クエン酸の顕著な生成が見られた*Fusarium*属、*Pichia*属、*Kendrickiella*属、*Aspergillus*属の各分離株でpHの大きな変化（低下）が認められた（Fig. 10）。また、全体的に培養期間が長い方がpHの低下が大きい傾向を示し、（3）の結果を支持した。*Sagenomella* sp.（≡ *S. striatispora*[16])）T7521-8D-1株のpH変化量はクエン酸を多く生成した*Kendrickiella*属や*Aspergillus*属分離株の値よりも大きく、顕著な低下を示していた。*Sagenomella* sp.（≡ *S. striatispora*[16])）T7521-8D-1株では、複数の有機酸で比較的多い生成が認められたものの、その全体の有機酸生成量は*Fusarium*属よりも低い値を示した（Fig. 9）。このことから、*Sagenomella* sp.（≡ *S. striatispora*[16])）T7521-8D-1株は今回分析対象にならなかった酸を生成している可能性も考えられた。

（7）　まとめ

高松塚・キトラ両古墳から分離されたカビ、酵母、細菌の各分離株について、特に漆喰の劣化と関わる可能性があるギ酸・酢酸生成量およびpH低下、さらにエタノール、イソプロパノール等を単一の炭素源としたときの酢酸生成量について比較検討した。

高松塚古墳微生物分離株のうち、カビでは*Fusarium* sp.（FSSCクレード）T4716-1株、酵母では*Pichiamembranifaciens* T4716-3株、細菌では*Ochrobactrum* sp.（≡ *O. pituitosum*[15])）T6220-2-3b株で酢酸生成量の多いものが存在し、pHの低下も引き起こした。比較対照として分析を行ったキトラ古墳石室内から分離された微生物分離株では、西寄り天井の漆喰にあいた穴の中の黒色物質から分離された*Gluconacetobacter tumulicola* K5929-2-1b^{T}株の酢酸生成量が多く、pHの低下も大きかった。この分離株が漆喰を溶かした原因菌の一つと考えられる。培養期間を延長したものでは全ての分離株でpHの低下が認められた。

単一炭素源を希少量のエタノールに変えると、高松塚古墳石室内微生物分離株では *Pichia membranifaciens* T4716-3 株、*Ochrobactrum* sp.（≡ *O. pituitosum*[15]）T6220-2-3b 株で酢酸生成量が増加し、pH 低下を引き起こす可能性があることがわかった。キトラ古墳石室内からの微生物分離株では、*G. tumulicola* K5929-2-1b^T 株の酢酸生成量が多かった。

キトラ古墳石室内から分離された6株の酢酸菌の酢酸生成能力には、かなりのばらつきがあったもののいずれの株も pH 低下は大きく、漆喰の溶解という事象を引き起こす能力を十分に持つ菌株であることが明らかとなった。

以上の結果から、高松塚古墳石室内では酵母 *Pichia membranifaciens* T4716-3 株が、キトラ古墳石室内では分離された酢酸菌がいずれも大きな pH 低下を引き起こし、漆喰劣化に関与したおそれがあると考えられた。また、漆喰に孔があくほどの目に見える被害はなくとも、微生物が繁殖した壁面は酢酸等の代謝物で汚損され、漆喰表面の pH 低下を引き起こして[13]次の微生物被害を被りやすい状態となることがわかった。消毒薬に用いられたエタノールは、1％と薄い濃度になると微生物の栄養となり得ることがわかった。長期に現地保存が期待される文化遺産については、消毒にあたって、可能であれば将来栄養源となり得る有機質の薬剤を避け、紫外線殺菌などその他の物理的方法の採用も検討すべきであることが示唆された。

（佐野・西島・喜友名・木川・杉山）

参考文献

1）高松塚古墳壁画劣化原因調査検討会 第10回、資料5－2、平成21年9月1日、文化庁

2）高松塚古墳壁画劣化原因調査検討会 第11回、資料4、平成21年9月30日、文化庁

3）Kigawa, R., Ssano, C., Ishizaki, T., Miura, S. and Sugiyama, J.: Biological issues in the conservation of mural paintings of Takamatsuzuka and Kitora tumuli in Japan, The 31st Proceedings of the International Symposium on the Conservation and Restoration of Cultural Property, 2008, National Research Institute for Cultural Property, Tokyo, pp. 43－50, 2009.

4）Sugiyama, J., Kiyuna, T., An, K.-D., Nagatsuka, Y., Handa, Y., Tazato, N., Hata-Tomia, J., Nishijima, M., Koide, T., Yaguchi, Y., Kigawa, R., Sano, C. and Miura, S.: Microbiological survey of the stone chambers of Takamatsuzuka and Kitora Tumuli, Nara Prefecture, Japan: a milestone in elucidating the cause of biodeterioration of mural paintings, Proceedings of the 31st International Symposium on the Conservation and Restoration of Cultural Property, 2008, National Research Institute for Cultural Property, Tokyo, pp. 51－73, 2009.

5）Kiyuna, T., An, K.-D., Kigawa, R., Sano, C., Miura, S. and Sugiyama, J.: Mycobiota of the Takamatsuzuka and Kitora Tumuli in Japan, focusing on the molecular phylogenetic diversity of *Fusarium* and *Trichoderma*, Mycoscience, 49, 298－311, 2008.

6）Nagatsuka, Y., Kiyuna, T., Kigawa, R., Sano, C., Miura, S. and Sugiyama, J.: *Candida tumulicola* sp. nov and *Candida takamatsuzukensis* sp. nov., novel yeast epecies assignable to the *Candida membranifaciens* clade, isolated from the stone chamber of the Takamatsuzuka tumulus, International Journal of Systematic and Evolutionary Microbiology, 59, 186－194, 2009.

7）An, K.-D., Kiyuna, T., Kigawa, R., Sano, C., Miura, S. and Sugiyama, J.: The Identity of *Penicillium* sp.1, a major contaminant of the sotome chambers in the Takamatsuzuka and Kitora tumuli in Japan, is *Penicillium paneum*, Antonie van Leeuwenhoek, 96, 579－592, 2009.

8）佐野千絵、西島美由紀、喜友名朝彦、木川りか、杉山純多：高松塚古墳石室内より分離された主要な微生物のギ酸・酢酸生成能、保存科学、49、209－219、2010。

9）Kiyuna, T., An, K.-D., Kigawa, R., Sano, C., Miura, S. and Sugiyama, J.: Molecular assessment of fungi in "black spots" that deface murals in the Takamatsuzuka and Kitora Tumuli in Japan: *Acremonium* sect. *Gliomastix* including *Acremonium tumulicola* sp. nov. and *Acremonium felinum* comb. nov., Mycoscience, 52, 1－17, 2011.

10）Tazato, N., Nishijima, M., Handa, Y., Kigawa, R., Sano, C. and Sugiyama, J.: *Gluconacetobacter tumulicola* sp. nov. and *Gluconacetobacter asukensis* sp. nov., isolated from the stone chamber interior of the Kitora Tumulus, International Journal of Systematic and Evolutionary Microbiology, 62, 2032－2038, 2012.

11）Kiyuna, T., An, K.-D., Kigawa, R., Sano, C., Miura, S. and Sugiyama, J.: Bristle-like fungal colonizers on the stone walls of the Kitora and Takamatsuzuka Tumuli are identified as *Kendrickiella phycomyces*, Mycoscience, 53, 446－459, 2012.

12）Currie, J. N.: The citric acid fermentation of *Aspergillus niger*, Journal of Biological Chemistry, 31, 15－37, 1917.

13）Kigawa, R., Sano, C., Nishijima, M., Tazato, N., Kiyuna, T., Hayakawa, N., Kawanobe, W., Udagawa, S., Tateishi, T., Sugiyama, J.: Investigation of acetic acid bacteria isolated from the Kitora tumulus in Japan and their involvement in the deterioration of the plaster of the mural paintings, Studies in Conservation, 52, 30－40, 2013.

14）Sugiyama, J., Kiyuna, T., Nishijima, M., An, K.-D., Nagatsuka, Y., Tazato, N., Handa, Y., Hata-Tomita, J., Sato, Y., Kigawa, R. and Sano, C.: Polyphasic insights into the microbiomes of the Takamatsuzuka Tumulus and Kitora Tumulus, The Journal of General and Applied Microbiology, 63, 63－113, 2017.

15）半田豊、立里臨、佐藤嘉則、木川りか、佐野千絵、杉山純多：高松塚・キトラ両古墳からの主要細菌分離株：*Bacillus*・*Ochrobactrum* 両属分離株の分子系統学的位置、保存科学、56、33－48、2017。

16）Kiyuna, T., An, K.-D., Kigawa, R., Sano, C., Miura, S. and Sugiyama, J.: Noteworthy anamorphic fungi, *Cephalotrichum verrucisporum, Sagenomella striatispora*, and *Sagenomella griseoviridis*, isolated from biodeteriorated samples in the Takamatsuzuka and Kitora Tumui, Mycoscience, 58, 320－327, 2017.

17）Kiyuna, T., An, K.-D., Kigawa, R., Sano, C., Miura, S. and Sugiyama, J.: "Black particles", the major colonizers on the ceiling stone of the stone chamber interior of the Kitora Tumulus, Japan, are the bulbilliferous basidiomycete fungus *Burgoa anomala*, Mycoscience, 56, 293－300, 2015.

18）Nagatsuka, Y., Ninomiya, S., Kiyuna, T., Kigawa, R., Sano, C. and Sugiyama, J.: *Yamadazyma kitorensis* f.a., sp. nov. and *Zygoascus biomembranicola* f.a., sp. nov., novel yeasts from the stone chamber interior of the Kitora Tumulus, and five novel combinations in *Yamadazyma* and *Zygoascus* for species of *Candida*, International Journal of Systematic and Evolutionary Microbiology, 66, 1692－1704, 2016.

19）Handa, Y., Tazato, N., Nagatsuka, Y., Koide, T., Kigawa, R, Sano, C. and Sugiyama, J.: *Stenotrophomonas tumulicola* sp. nov. , a major contaminant of the stone chamber interior in the Takamatsuzuka Tumulus, International Journal of Systematic and Evolutionary Microbiology, 66, 1119－1124, 2016.［For "Corrigendum", see International Journal of Systematic and Evolutionary Microbiology, 67, 763, 2017.］

20）Kurtzman, C. P. and Suzuki, M.: Phylogenetic analysis of ascomycete yeasts that form coenzyme Q-9 and the proposal of the new genera *Babjeviella, Meyerozyma, Millerozyma, Priceomyces*, and *Scheffersomyces,* Mycoscience, 51, 2－14, 2010.

21）Summerbell, R. C., Gueidan, C., Schroers, H-J., de Hoog, G. S., Starink, M., Arocha Rosete, Y., Guarro, J. and Scott, J. A.: *Acremonium* phylogenetic overview and revision of *Gliomastix, Sarocladium*, and *Trichothecium*, Studies in Mycology 68: 139－162, 2011.

Tab. 1 有機酸分析試験 供試分離株リスト

供試時点の学名[※1]	現行の学名[※2]	分離株番号[※3]	分離源	文献[※4]
カビ				
Acremonium（sect.*Gliomastix*）sp. 1	*Gliomastix masseei*	T4519-5-1	高松塚古墳 石室内 床面 白色コロニー	9、21
Acremonium（sect.*Gliomastix*）sp. 2	*Gliomastix murorum*	T6713-14-2	高松塚古墳 石室内 西壁 男子群像上部の黒カビ	9、21
Acremonium（sect.*Gliomastix*）sp. 1	*Gliomastix masseei*	T6517-1-1**	高松塚古墳 石室内 西壁 女子 額の黒色部分 No.①	9、21
Acremonium（sect.*Gliomastix*）sp. 2	*Gliomastix murorum*	K7511-1**	キトラ古墳 石室内 北壁 東側 上方 黒ススカビ	9、21
Acremonium（sect.*Gliomastix*）sp. 3	*Gliomastix roseogrisea*（=*Acremonium felinum*）	K4615-9	キトラ古墳 石室内 B区 西壁と流入土の空隙 土壌サンプル3点	9、21
Penicillium paneum	*Penicillium paneum*	T5916-6-1**	高松塚古墳 石室内 東壁 女子群像下 ゲル状	7
Penicillium paneum	*Penicillium paneum*	K5916-7-1	キトラ古墳 石室内 北壁 玄武下	7
Fusarium sp.（FSSC クレード）[※5]	*Fusarium* sp.	K5225-19-3**	キトラ古墳 石室内 西 漆喰剥落片	5、脚注[※6]
Fusarium sp.（FSSC クレード）[※5]	*Fusarium* sp.	T4716-1**	高松塚古墳 石室内 西壁 白虎の爪の箇所 ゲル状（高松粘菌）	脚注[※6]
Trichoderma sp. 1-b	*Trichoderma* sp.	T4519-9-7**	高松塚古墳 石室内 東壁	14
Trichoderma sp. 1-b	*Trichoderma* sp.	K5916-7-3	キトラ古墳 石室内 北壁 玄武下	脚注[※6]
Cylindrocarpon sp.	*Cylindrocarpon* sp.	TBT-1**	高松塚古墳 石室内 北壁 玄武尾下	5
Cylindrocarpon sp.	*Cylindrocarpon* sp.	TBK-22	キトラ古墳 石室内 西壁 白虎前足付近 褐色部分	5
Phialocephala phycomyces	*Kendrickiella phycomyces*	K5906-1-1**	キトラ古墳 石室内 西壁 中央下部 茶とげからの分離平板（MA）	11
酵母				
Candida takamatsuzukensis	*Yamadazyma takamatsuzukensis*	T4922-1-1[T] **	高松塚古墳 石室内 奥（B-1：1a（落下菌：CP添加PDAを10分間開放）	6, 18
Candida tumulicola	*Yamadazyma tumulicola*	T6517-9-5[T] **	高松塚古墳 石室内 東壁 右女子足元下 ゲル状部分 No.⑨	6, 18
Candida sp.	*Yamadazyma olivae*	K5916-7-4**	キトラ古墳 石室内 北壁 玄武下	18
Pichia membranifaciens	*Pichia membranifaciens*	T4716-3**	高松塚古墳 石室内 西壁 白虎の爪の箇所 ゲル状	脚注[※6]
Pichia guilliermondii	*Meyerozyma guilliermondii*	T6517-3-4**	高松塚古墳 石室内 西壁 左女子 頭部後方の黒色部分 No.③	20
細菌				
Stenotrophomonas sp.	*Stenotrophomonas tumulicola*	T5916-2-1b**	高松塚古墳 石室内 西壁 白虎 後肢下 ゲル上	19
Stenotrophomonas sp.（*S. rhizophila* に近縁）	*Stenotrophomonas* sp.	K5916-3-1b	キトラ古墳 石室内 南壁 朱雀上のカビ	脚注[※6]
Ochrobactrum sp.（*O. grignonense* に近縁）	*Ochrobactrum pituitosum*	T6220-2-3b**	高松塚古墳 石室内 西壁 女子群像 頭上	15
Bacillus simplex	*Bacillus simplex*	K6203-10-3b**	キトラ古墳 石室南壁 下方 ゲル上の塊多数（高松塚のものに酷似）	15
Bacillus thuringiensis	*Bacillus toyoensis*	T5916-8-1b**	高松塚古墳 石室内 東壁 青龍左 茶しみ中の黒カビ跡ベタベタ状	15
Gluconacetobacter sp. 1	*Gluconacetobacter tumulicola*	K5929-2-1b[T]**	キトラ古墳 石室内 西寄り天井 漆喰にあいた穴③ No.4中身の黒色	10
Gluconacetobacter sp. 1	*Gluconacetobacter tumulicola*	K5929-1-1b	キトラ古墳 石室内 西寄り天井 漆喰にあいた穴② No.3（黒色物質）	10
Gluconacetobacter sp. 1	*Gluconacetobacter tumulicola*	K5929-3-1b	キトラ古墳 石室内 西寄り天井 漆喰にあいた穴③ No.5 表層 黒色（黒色物質）	10
Gluconacetobacter sp. 2	*Gluconacetobacter asukensis*	K8617-1-1b[T]	キトラ古墳 石室内 天井石 北東側隅付近 茶ゲル	10
Gluconacetobacter sp. 1	*Gluconacetobacter tumulicola*	K8617-3-4b	キトラ古墳 石室内 東壁 中央上部付近 白粒状	10
Gluconacetobacter sp. 1	*Gluconacetobacter tumulicola*	K8617-7-3b	キトラ古墳 石室内 床面 南側 水色	10

※1、供試時点の学名（佐野ら[8)]）

※2、平成30（2018）年3月時点の各分離株の学名

※3、T：高松塚古墳分離株、K：キトラ古墳分離株、TBT：高松塚古墳分離株（東文研）、TBK：キトラ古墳分離株（東文研）、T（上付T）：基準株、 ** 予備試験供試株

※4、詳細同定に関する論文、数字は本節の「参考文献」番号と同一

※5、*Fusarium* sp.（FSSC クレード）：*Fusarium solani* species complex クレードに含まれる菌株

※6、JCM オンラインカタログ（URL:http://jcm.brc.riken.jp/ja/catalogue または、http://www.jcm.riken.jp/cgi-bin/jcm/strain_takamatsuzuka-kitora）平成30（2018）年6月1日時点

Tab. 2　有機酸分析試験対照菌株リスト

種名	菌株番号※3	分離源
Acremonium masseei ≡ *Gliomastix masseei*	CBS 794.69	ウサギの糞(イタリア)
Acremonium murorum var. murorum ≡ *Gliomastix murorum*	CBS 148.81	森林土壌　（ジョージア州、アメリカ）
Penicillium paneum	CBS 101032T	カビの生えたパン　（デンマーク）
Fusarium solani f. sp. *mori*	NBRC 30964	クワ *Morus bombycis*　（宮崎県、日本）
Trichoderma harzianum	NBRC 30543	材木（アメリカトガサワラ（ベイマツ douglas fir））（産地不明）
Aspergillus niger※1	JCM 22282	分離源不明
Ustilago cynodontis※2	NBRC 7530	分離源不明
Gluconacetobacter diazotrophicus	DSM 5601T	サトウキビ
Gluconacetobacter sacchari	DSM 12717T **	サトウキビ
Bacillus thuringiensis	JCM 20386T **	スジコナマダラメイガ
Stenotrophomonas maltophilia	NBRC 14161T **	口腔がん患者の口腔咽頭部

※1 有機酸（クエン酸）生成対照菌株、※2 有機酸（イタコン酸）生成対照菌株、※3 T（上付 T）：基準株、CBS：Westerdijk Fungal Biodiversity Institute 保存株、NBRC：NITE Biological Resource Center 保存株、JCM：Japan Collection of Microorganisms（RIKEN BioResource Research Center）保存株、DSM：Deutsche Sammlung von Microorganismen und Zelkulturen GmbH 保存株、** 予備試験供試株

Tab. 3　各種培地における細菌分離株／菌株の生育性

種名*	分離株／菌株番号*	改変 Koser 培地		改変 Davis 培地		ツァペック培地		1/10 Nutrient Broth 培地		0.02% 酵母エキス添加 BM 培地	
		EtOH 添加	EtOH 無添加	EtOH 添加	EtOH 無添加	EtOH 添加	EtOH 無添加	EtOH 添加	EtOH 無添加	EtOH 添加	EtOH 無添加
Stenotrophomonas sp.	T5916-2-1b	+W	+W	+W	+W	+W	-	++	++	++	++
Stenotrophomonas maltophilia	NBRC 14161T	+	+W	+W	+W	+W	+W	+	+	+	++
Ochrobactrum sp. (*O. grignonense* に近縁)	T6220-2-3b	++	++	+	+	+W	+W	+	++	+	++
Bacillus thuringiensis	T5916-8-1b	+	+W	-	-	+W	+W	++	++	+	++
Bacillus thuringiensis	JCM 20386T	+	+W	+W	+	+W	-	++	++	+	++
Bacillus simplex	K6203-10-3b	++	++	++	++	++	+	+	+W	+	++
Gluconacetobacter tumulicola	K5929-2-1bT	+	++	+	++	+	+	++	+	++	+
Gluconacetobacter sacchari	DSM 12717T	++	++	+	+	++	+	+	+W	+	++

+ 良好に生育、++ 非常に良い生育、+W わずかに生育、- 生育が認められない
EtOH は濃度 1 %になるように添加、改変 Koser 培地のみ培養 96 時間後の判定、それ以外は培養 48 時間後の判定
* Tab. 1・Tab. 2　参照

Tab. 4　カビ分離株／菌株による酢酸生成量と培養液の pH 変化量

種名*	分離株／菌株*	酢酸生成量 mg/L	pH 変化量**
Acremonium (sect. *Gliomastix*) *masseei*	T4519-5-1	48	-0.55
Acremonium (sect. *Gliomastix*) *murorum*	T6713-14-2	14	-0.09
Acremonium (sect. *Gliomastix*) *murorum*	K7511-1	11	0.17
Acremonium (sect. *Gliomastix*) *murorum* var. *murorum*	CBS 148.81	31	-0.09
Acremonium (sect. *Gliomastix*) *masseei*	T6517-1-1	39	-0.32
Acremonium (sect. *Gliomastix*) *masseei*	CBS 794.69	13	0.19
Acremonium (sect. *Gliomastix*) *felinum*	K4615-9	20	-0.08
Penicillium paneum	T5916-6-1	検出限界以下	0.31
Penicillium paneum	CBS 101032^T	検出限界以下	0.11
Penicillium paneum	K5916-7-1	検出限界以下	0.33
Fusarium sp. (FSSC クレード)***	T4716-1	130	-1.63
Fusarium solani f. sp. *mori*	NBRC 30964	57	-0.81
Fusarium sp. (FSSC クレード) ***	K5225-19-3	91	-0.90
Trichoderma sp.	T4519-9-7	24	-0.35
Trichoderma sp.	K5916-7-3	0.3	0.32
Trichoderma harzianum	NBRC 30543	13	0.24
Cylindrocarpon sp.	TBT-1	26	-0.60
Cylindrocarpon sp.	TBK-22	21	-0.36
Kendrickiella phycomyces	K5906-1-1	検出限界以下	-1.99

*, *** Tab. 1・Tab. 2 参照
** pH 変化量＝培養後の培養液 pH 測定値 - ブランク培地の pH 測定値

Tab. 5　酵母分離株のギ酸および酢酸生成量と培養液の pH 変化量

種名*	分離株*	ギ酸生成量 mg/L	酢酸生成量 mg/L	pH 変化量**
Candida takamatsuzukensis	T4922-1-1^T	1.6	0	0.01
Candida tumulicola	T6517-9-5^T	0.4	0	0.04
Candida sp. (*C. olivae* に近縁)	K5916-7-4	0.7	17	-0.44
Pichia membranifaciens	T4716-3	検出限界以下	450	-2.10
Pichia guilliermondii	T6517-3-4	0.4	8.1	-0.12

* Tab. 1・Tab. 2　参照、** Tab. 4 参照

Tab. 6　細菌分離株／菌株のギ酸および酢酸生成量と培養液の pH 変化量

種名*	分離株／菌株*	ギ酸生成量 mg/L	酢酸生成量 mg/L	pH 変化量**
Stenotrophomonas sp.	T5916-2-1b	検出限界以下	22	-0.21
Stenotrophomonas maltophilia	NBRC 14161^T	検出限界以下	2.2	-0.10
Stenotrophomonas sp. (*S. rhizophila* に近縁)	K5916-3-1b	13	43	-0.43
Ochrobactrum sp. (*O. grignonense* に近縁)	T6220-2-3b	検出限界以下	57	-1.02
Bacillus thuringiensis	T5916-8-1b	検出限界以下	22	-0.96
Bacillus thuringiensis	JCM 20386^T	検出限界以下	11	-1.51
Bacillus simplex	K6203-10-3b	検出限界以下	8.5	-0.46
Gluconacetobacter tumulicola	K5929-2-1b^T	検出限界以下	400	-3.58
Gluconacetobacter diazotrophicus	DSM 5601^T	検出限界以下	74	-3.91

* Tab. 1・Tab. 2　参照、** Tab. 4 脚注参照

Tab. 7　単一炭素源を変えた時のギ酸生成量の相違

種名	分離株／菌株*	グルコース	エタノール	イソプロパノール
Fusarium sp. (FSSC クレード) **	T4716-1	検出限界以下	1.6	0.6
Fusarium sp. (FSSC クレード) **	K5225-19-3	検出限界以下	1.7	0.3
Fusarium solani f. sp. *mori*	NBRC 30964	検出限界以下	1.4	検出限界以下
Pichia membranifaciens	T4716-3	検出限界以下	0.4	1.3
Stenotrophomonas sp. (*S. rhizophila* に近縁)	K5916-3-1b	1.6	検出限界以下	1.2
Ochrobactrum sp.	T6220-2-3b	検出限界以下	0.1	0.1
Gluconacetobacter tumulicola	K5929-2-1b^T	検出限界以下	検出限界以下	検出限界以下
Gluconacetobacter diazotrophicus	DSM 5601^T	検出限界以下	検出限界以下	検出限界以下

表中数値単位 mg/L、　*, ** Tab. 1・Tab. 2 参照

Tab. 8　単一炭素源を変えた時の酢酸生成量の相違

種名*	分離株／菌株*	グルコース	エタノール	イソプロパノール
Fusarium sp. (FSSC クレード) **	T4716-1	89	3.3	0.3
Fusarium sp. (FSSC クレード) **	K5225-19-3	24	4.8	1.3
Fusarium solani f. sp. *mori*	NBRC 30964	49	3.4	0.6
Pichia membranifaciens	T4716-3	24	180	1.6
Stenotrophomonas sp. (*S. rhizophila* に近縁)	K5916-3-1b	8.1	検出限界以下	1.2
Ochrobactrum sp.	T6220-2-3b	3.4	52	検出限界以下
Gluconacetobacter tumulicola	K5929-2-1b^T	検出限界以下	1700	検出限界以下
Gluconacetobacter diazotrophicus	DSM 5601^T	23	320	0.2

表中数値単位 mg/L、　*, ** Tab. 1・Tab. 2 参照

Tab. 9　単一炭素源を変えた時のpHの変化量

種名**	分離株／菌株**	グルコース	エタノール	イソプロパノール
Fusarium sp. (FSSC クレード) ***	T4716-1	-1.63	0.34	0.24
Fusarium sp. (FSSC クレード) ***	K5225-19-3	-0.16	0.52	0.29
Fusarium solani f. sp. *mori*	NBRC 30964	-0.94	0.28	0.15
Pichia membranifaciens	T4716-3	-0.34	-1.89	0.04
Stenotrophomonas sp. (*S. rhizophila* に近縁)	K5916-3-1b	-0.28	0.06	0.17
Ochrobactrum sp.	T6220-2-3b	-1.29	-0.73	0.16
Gluconacetobacter tumulicola	K5929-2-1b^{T}	-3.66	-3.23	0.04
Gluconacetobacter diazotrophicus	DSM 5601^{T}	-3.97	-2.13	0.05

* Tab. 4　脚注参照、**,*** Tab. 1・Tab. 2　参照

Tab. 10　キトラ古墳石室内からの酢酸菌分離株／菌株の酢酸生成量とpH変化量

種名*	分離株／菌株*	酢酸生成量 mg/L	pH 変化量**
Gluconacetobactor tumulicola	K5929-1-1b^{T}	2200	-3.30
Gluconacetobactor tumulicola	K5919-2-1b	640	-3.85
Gluconacetobactor tumulicola	K5929-3-1b	1600	-3.65
Gluconacetobactor asukensis	K8617-1-1b^{T}	170	-3.30
Gluconacetobactor tumulicola	K86173-4b	510	-3.19
Gluconacetobactor tumulicola	K8617-7-3b	370	-3.17
Gluconacetobacter diazotrophicus	DSM 5601^{T}	90	-3.38

* Tab. 1・Tab. 2　参照、** Tab. 4　脚注参照

Tab. 11　有機酸追加分析分離株リスト

No.	培養期間*	種名	分離株番号**	分離源のメモ	GYC 平板培地での炭酸カルシウム溶解※1
1	1, 3w	*Acremonium* (sect.*Gliomastix*) *masseei* ≡ *Gliomastix masseei* **	T6517-1-1	高松塚古墳 石室内 西壁 女子 額の黒色部分 No.①	+
2	1, 3w	*Acremonium* (sect.*Gliomastix*) *murorum* ≡ *Gliomastix murorum* **	T6713-14-2	高松塚古墳 石室内 西壁 男子群像上部の黒カビ	−
3	1, 3w	*Penicillium paneum*	T5916-6-1	高松塚古墳 石室内 東壁 女子群像下 ゲル状	++
4	1, 3w	*Fusarium* sp. (FSSCクレード) ***	T4716-1	高松塚古墳 石室内 西壁 白虎の爪の箇所 ゲル状(高松粘菌)	++
5	1, 3w	*Trichoderma* sp.	T4519-9-7	高松塚古墳 石室内 東壁	++
6	1, 3w	*Kendrickiella phycomyces*	T61114-1-1	高松塚古墳 ふさぎ石一層目 西南第1石 黒色	+++
7	1, 3w	*Kendrickiella phycomyces*	K5906-1-1	キトラ古墳 石室内 西壁 中央下部 茶とげ	+++
8	1, 3w	*Cylindrocarpon* sp.	TBT-1	高松塚古墳 石室内 北壁 玄武尾下	+ / ++
9	1, 3w	*Clonostachys* sp.	T7607-8-5	高松塚古墳 東壁石1北小口接合面石の上 下部(ゲル状)	++
10	1, 3w	*Burgoa* sp.→*B. anomala* ※2	K7316-1-1	キトラ古墳 石室内 天井石壁面天文図 (北斗付近(1)) 黒粒	++
11	1, 3w	*Doratomyces* sp.→*Cephalotrichum verrucisporum* ※3	T7530-12-1	高松塚古墳 西壁石1 上端天井石1との接合面漆喰	+
12	1, 3w	*Sagenomella* sp.→*S. striatispora* ※3	T7521-8D-1	高松塚古墳 盗掘口プラスチックカバー下部石室側	++/+++
13	1, 3w	*Aspergillus niger* agg. ※4	T6517-2-3	高松塚古墳 石室内 西壁女子襟部分の黒色部分 No.②	+++
14	1, 3w	*Pichia membranifaciens*	T4716-3	高松塚古墳 石室内 西壁 白虎の爪の箇所 ゲル状(高松粘菌)	++

* 培養期間は培養1週間、3週間目の培養物を試験に用いた。

,* Tab. 1 参照

※1　培養4週間後の平板培地の裏面の炭酸カルシウム溶解性の観察所見：+++：炭酸カルシウムの完全な溶解が認められる、++：炭酸カルシウムの溶解が認められる、あるいは裏面全体の変色が認められる、+：わずかに炭酸カルシウム部分が薄くなる、あるいは変色が認められる、−：無変化

※2　詳細同定により学名が変更された[17]。

※3　詳細同定により学名が変更された[16]。

※4　分離株寄託先のJCM（Tab. 2 脚注参照）では、*Aspergillus* sp. とされている。

Tab. 12　有機酸追加分析対照菌株リスト

No.	培養期間*	種名	菌株番号**	分離源	GYC 平板培地での炭酸カルシウム溶解※
15	1, 3 w	*Acremonium masseei*≡ *Gliomastix masseei*	CBS 794.69	ウサギの糞（イタリア）	+
16	1, 3 w	*Acremonium murorum* var. *murorum* ≡*Gliomastix murorum*	CBS 148.81	森林土壌（ジョージア州、アメリカ）	+
17	1, 3 w	*Penicillium paneum*	CBS 101032^T	カビの生えたパン（デンマーク）	+ / ++
18	1, 3 w	*Fusarium solani* f. sp. *mori*	NBRC 30964	クワ *Morus bombycis*（宮崎県、日本）	++
19	1, 3 w	*Trichoderma harzianum*	NBRC 30543	材木（アメリカトガサワラ（マツ Douglas fir））（産地不明）	+
20	1 w	*Aspergillus niger*	JCM 22282	分離源不明（アメリカ）	++ / +++
21	1, 3 w	*Pichia membranifaciens*	NBRC 10215^T	ニレ属樹木の樹液（デンマーク）	+

* 培養期間は培養 1 週間、3 週間目の培養物を試験に用いる。

** Tab. 2　脚注参照

※　培養 4 週間後の平板培地の裏面の炭酸カルシウム溶解性の観察所見：+++：炭酸カルシウムの完全な溶解が認められる、++：炭酸カルシウムの溶解が認められる、あるいは裏面全体の変色が認められる、+：わずかに炭酸カルシウム部分が薄くなる、あるいは変色が認められる。

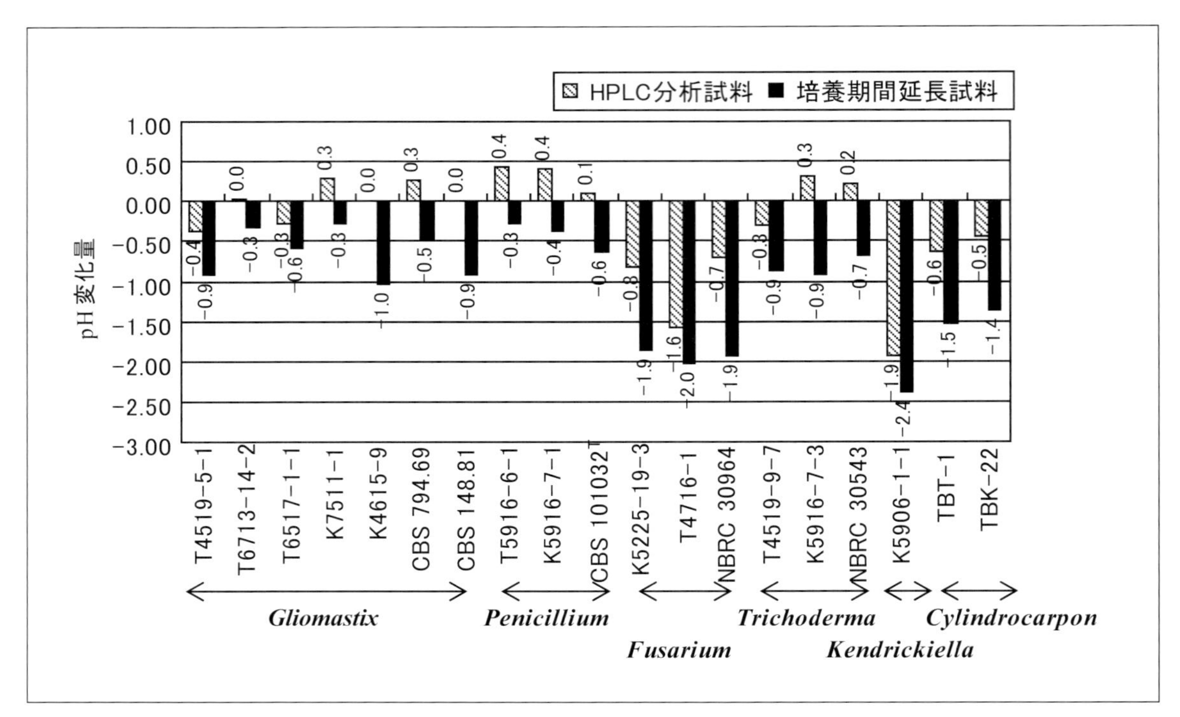

Fig. 1　カビ分離株／菌株の培養期間を延長したときの pH 変化量
※各分離株 / 菌株の学名については Tab. 1 を参照

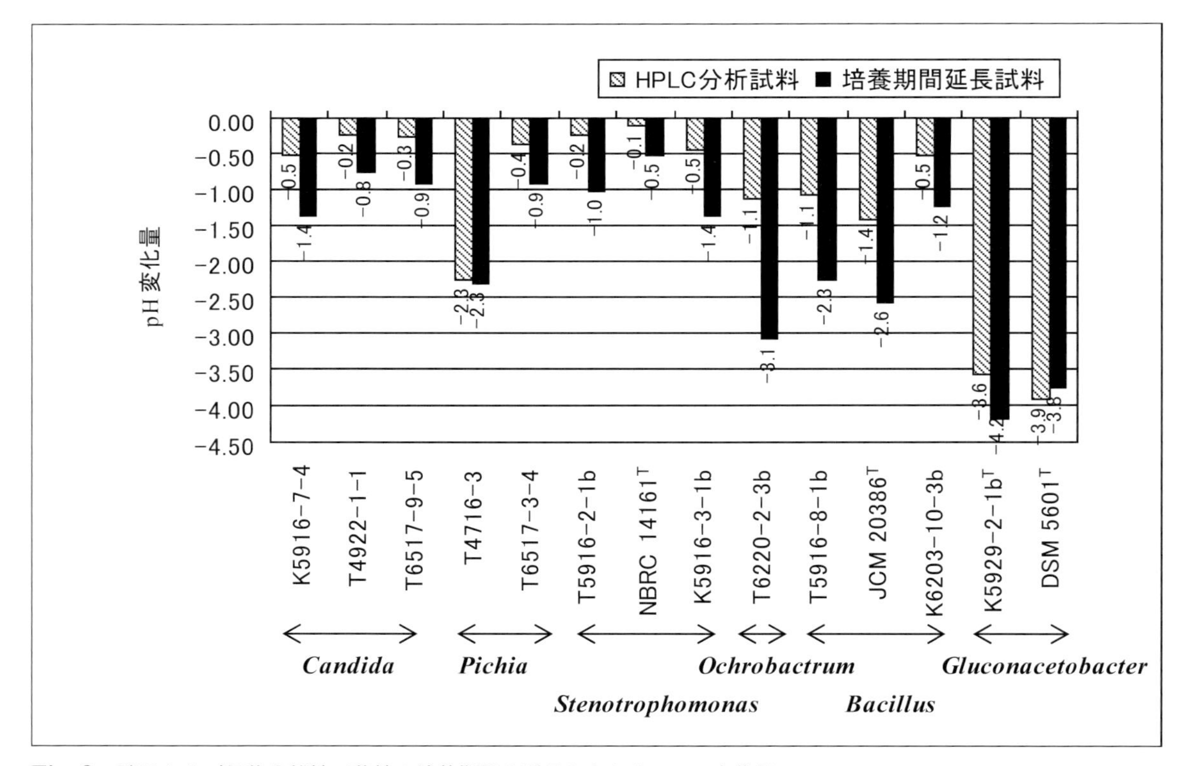

Fig. 2　酵母および細菌分離株／菌株の培養期間を延長したときの pH 変化量
※各分離株 / 菌株の学名については Tab. 1 を参照

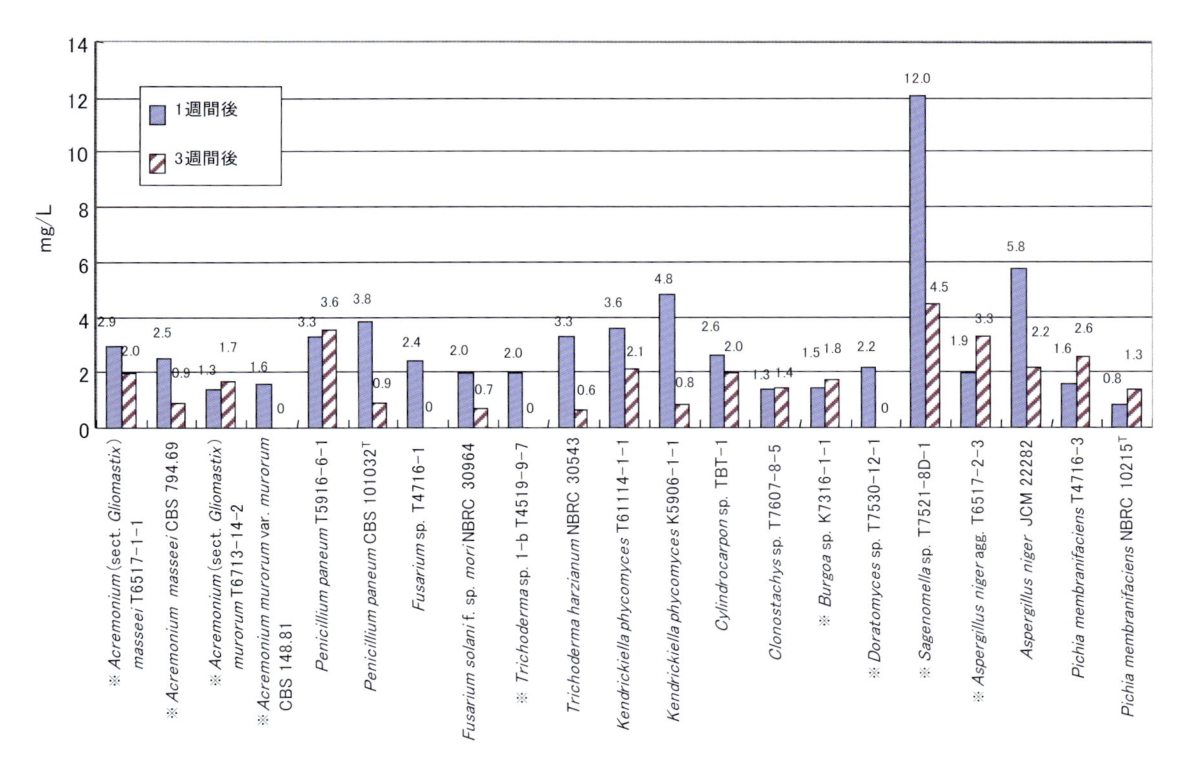

14
12
10
8
6
4
2
0
mg/L
1週間後
3週間後
12.0
5.8
4.8
4.5
3.6 3.8
3.3
3.6
2.9
2.5
1.7
2.4
2.0
2.0
3.3
2.6
1.5 1.8
2.2
1.9
3.3
2.2
2.6
1.6
1.3
2.0
0.9
1.3
1.6
0
0.9
0
0.7
0
0.6
2.1
0.8
2.0
1.3 1.4
0
0.8
※ Acremonium (sect. Gliomastix) masseei T6517-1-1
※ Acremonium masseei CBS 794.69
※ Acremonium (sect. Gliomastix) murorum T6713-14-2
※ Acremonium murorum var. murorum CBS 148.81
Penicillium paneum T5916-6-1
Penicillium paneum CBS 101032ᵀ
Fusarium sp. T4716-1
Fusarium solani f. sp. mori NBRC 30964
※ Trichoderma sp. 1-b T4519-9-7
Trichoderma harzianum NBRC 30543
Kendrickiella phycomyces T61114-1-1
Kendrickiella phycomyces K5906-1-1
Cylindrocarpon sp. TBT-1
Clonostachys sp. T7607-8-5
※ Burgoa sp. K7316-1-1
※ Doratomyces sp. T7530-12-1
※ Sagenomella sp. T7521-8D-1
※ Aspergillus niger agg. T6517-2-3
Aspergillus niger JCM 22282
Pichia membranifaciens T4716-3
Pichia membranifaciens NBRC 10215ᵀ

Fig. 3　ギ酸生成量

※学名が変更された分離株 / 菌株、Tab. 11 および Tab. 12 を参照

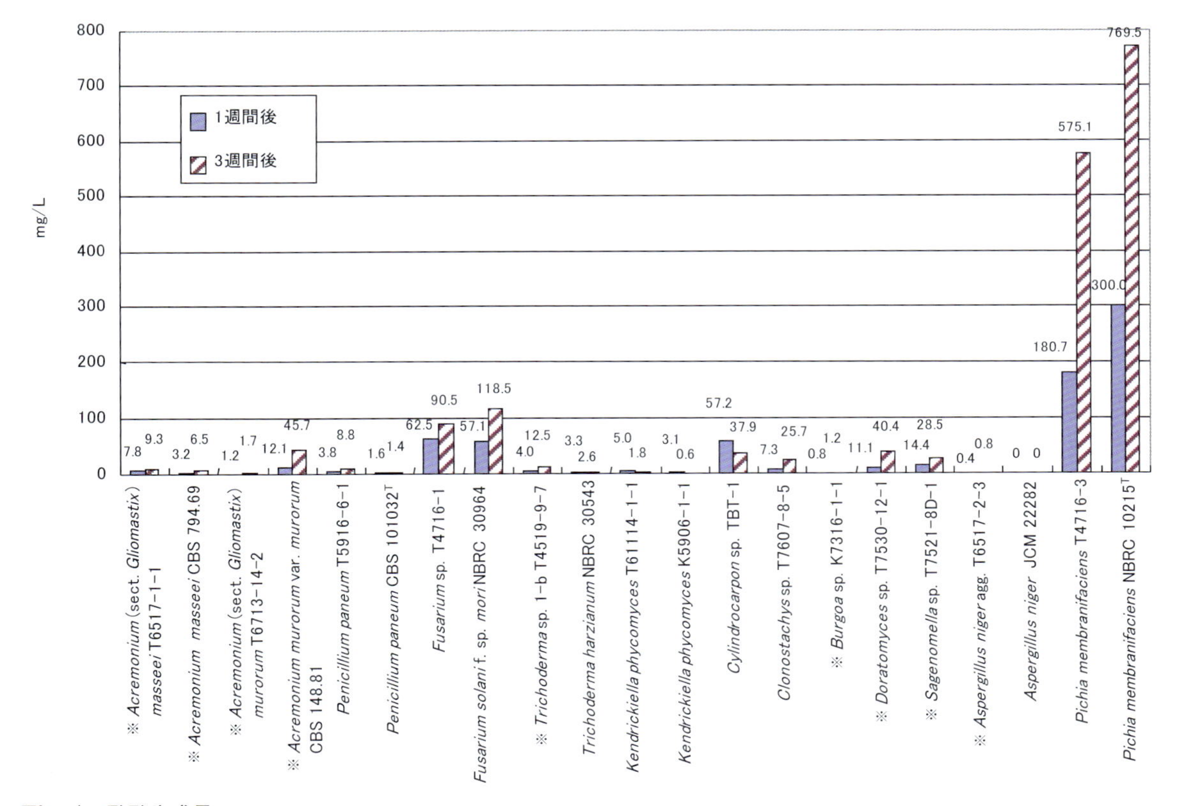

800
700
600
500
400
300
200
100
0
mg/L
1週間後
3週間後
769.5
575.1
300.0
180.7
118.5
90.5
57.2
62.5 57.1
45.7
40.4 28.5
7.8 9.3
3.2 6.5
1.2 1.7
12.1
3.8 8.8
1.6 1.4
12.5
4.0
3.3 2.6
5.0 1.8
3.1 0.6
37.9
7.3 25.7
0.8 1.2
11.1
14.4
0.4 0.8
0 0
※ Acremonium (sect. Gliomastix) masseei T6517-1-1
※ Acremonium masseei CBS 794.69
※ Acremonium (sect. Gliomastix) murorum T6713-14-2
※ Acremonium murorum var. murorum CBS 148.81
Penicillium paneum T5916-6-1
Penicillium paneum CBS 101032ᵀ
Fusarium sp. T4716-1
Fusarium solani f. sp. mori NBRC 30964
※ Trichoderma sp. 1-b T4519-9-7
Trichoderma harzianum NBRC 30543
Kendrickiella phycomyces T61114-1-1
Kendrickiella phycomyces K5906-1-1
Cylindrocarpon sp. TBT-1
Clonostachys sp. T7607-8-5
※ Burgoa sp. K7316-1-1
※ Doratomyces sp. T7530-12-1
※ Sagenomella sp. T7521-8D-1
※ Aspergillus niger agg. T6517-2-3
Aspergillus niger JCM 22282
Pichia membranifaciens T4716-3
Pichia membranifaciens NBRC 10215ᵀ

Fig. 4　酢酸生成量

※学名が変更された分離株 / 菌株、Tab. 11 および Tab. 12 を参照

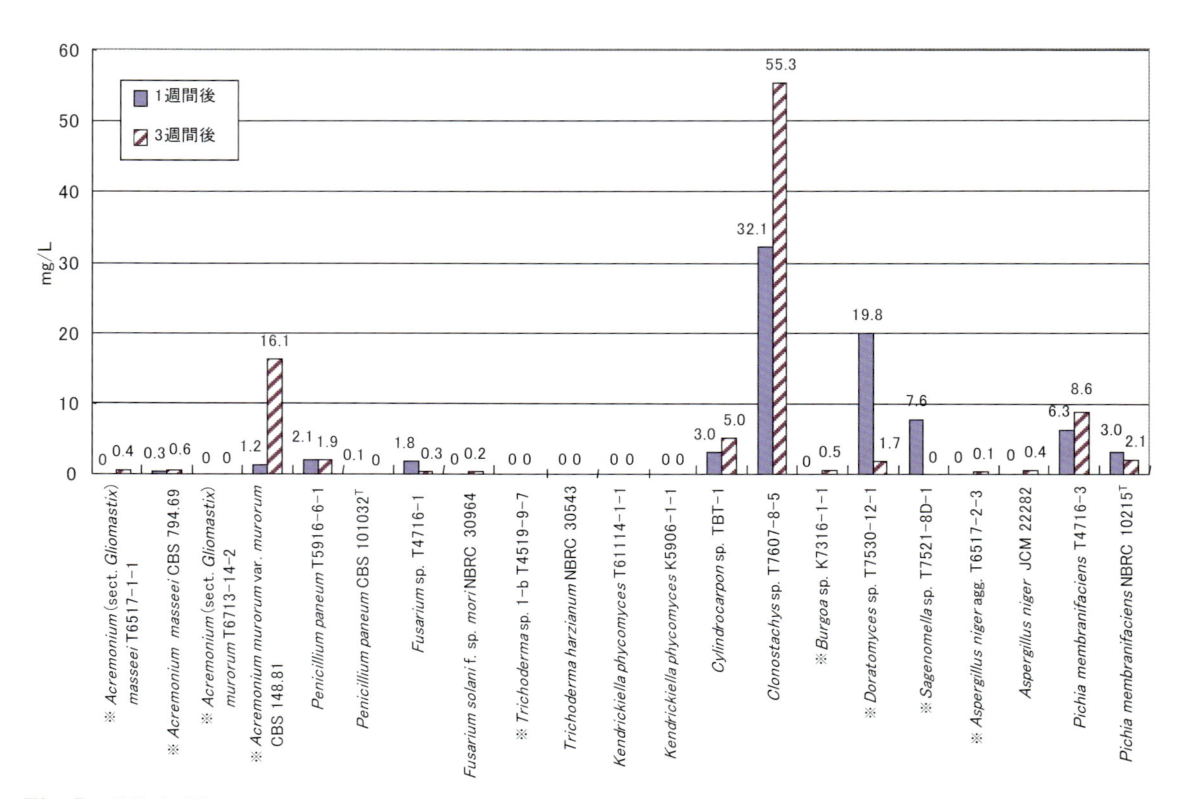

Fig. 5　乳酸生成量

※学名が変更された分離株 / 菌株、Tab. 11 および Tab. 12 を参照

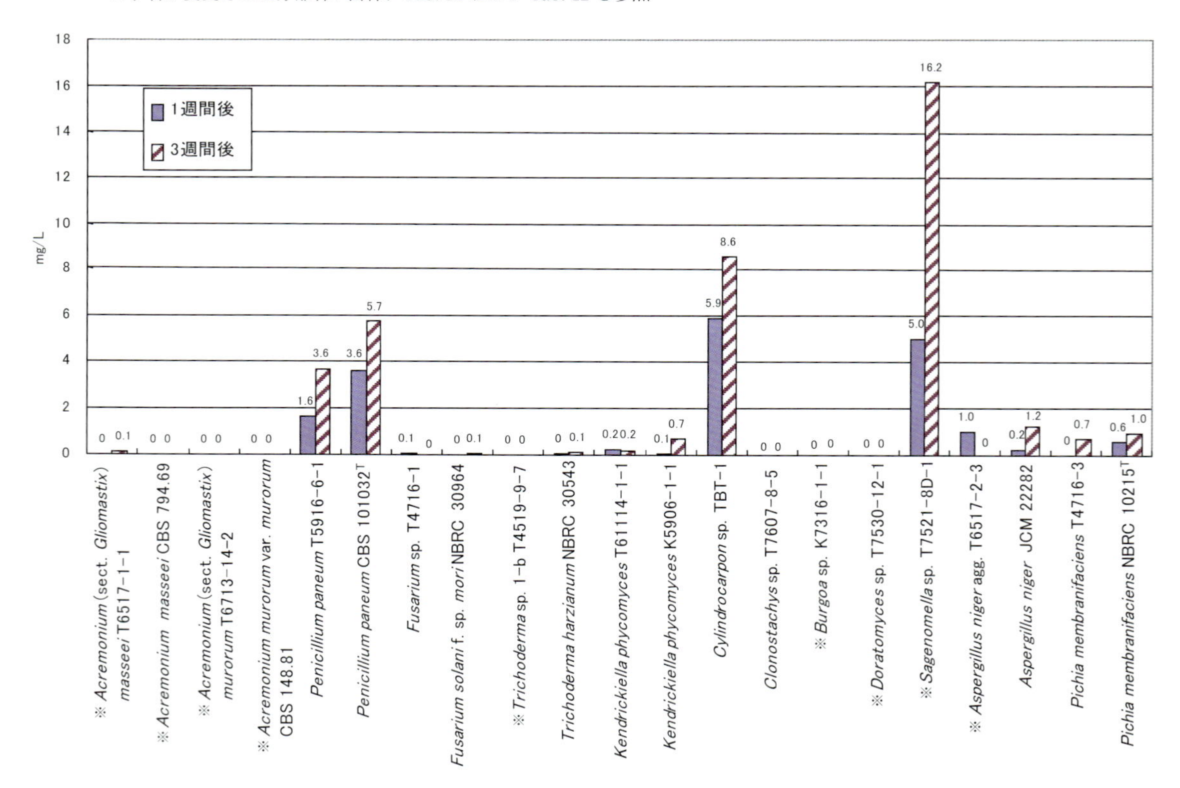

Fig. 6　リンゴ酸生成量

※学名が変更された分離株 / 菌株、Tab. 11 および Tab. 12 を参照

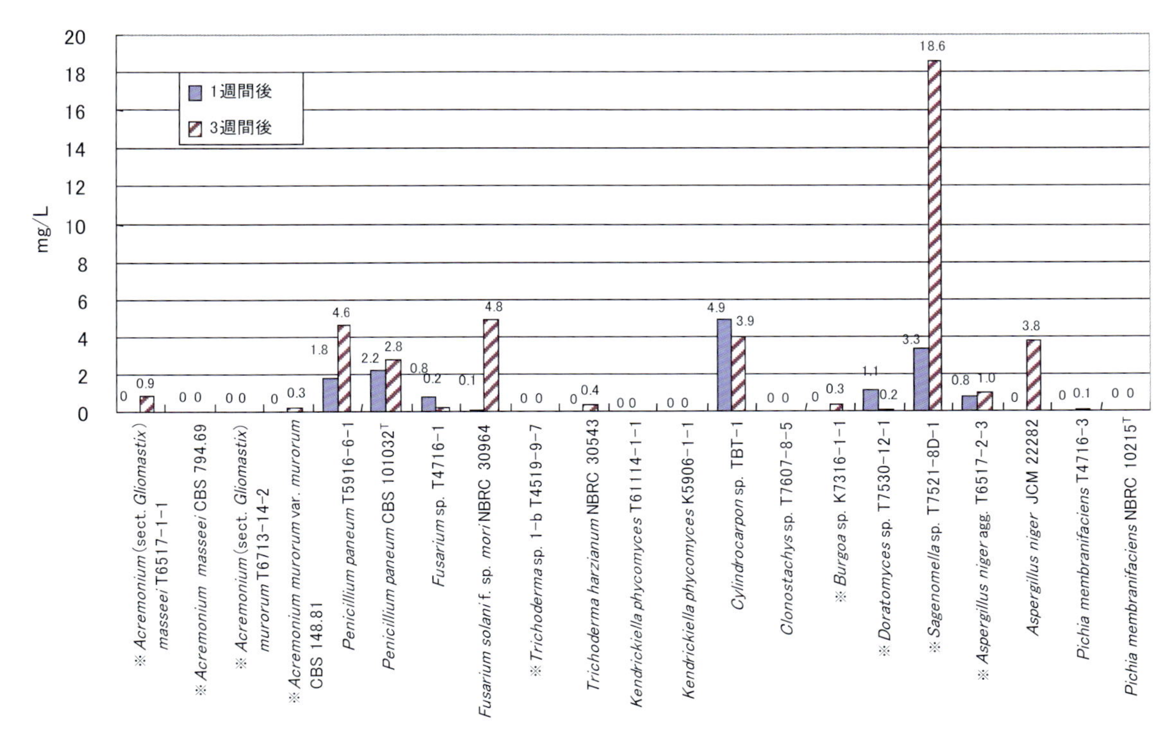

Fig. 7　こはく酸生成量
※学名が変更された分離株 / 菌株、Tab. 11 および Tab. 12 を参照

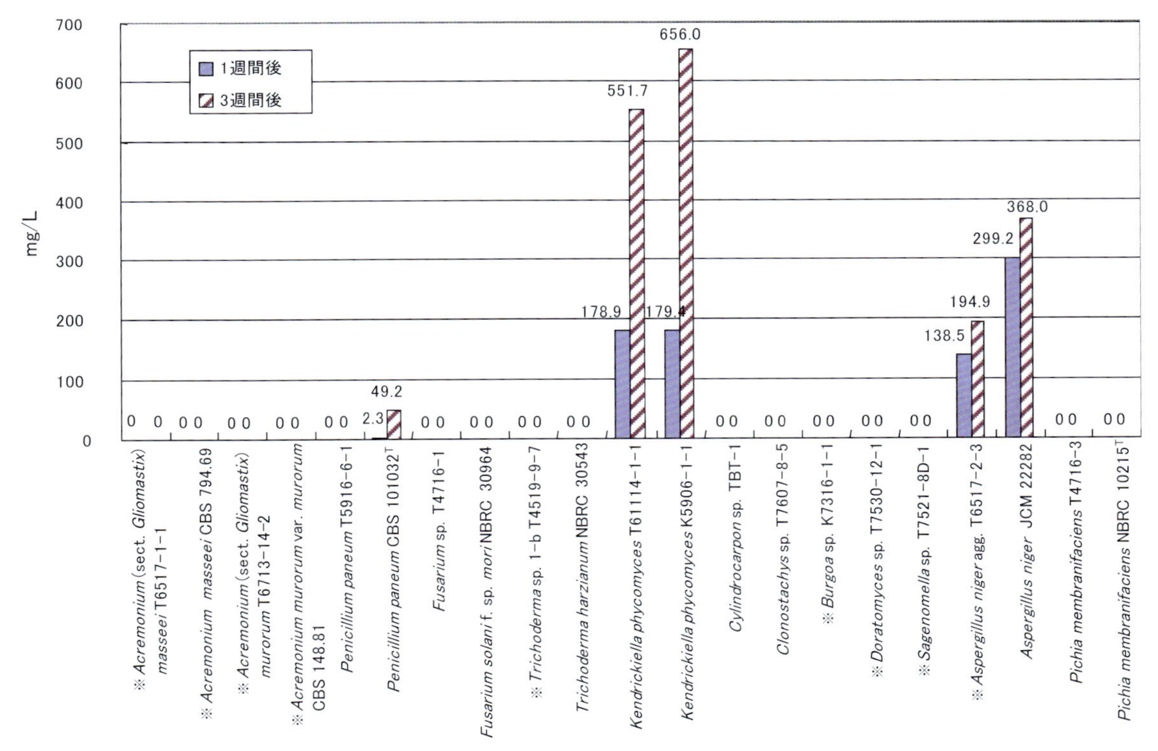

Fig. 8　クエン酸生成量
※学名が変更された分離株 / 菌株、Tab. 11 および Tab. 12 を参照

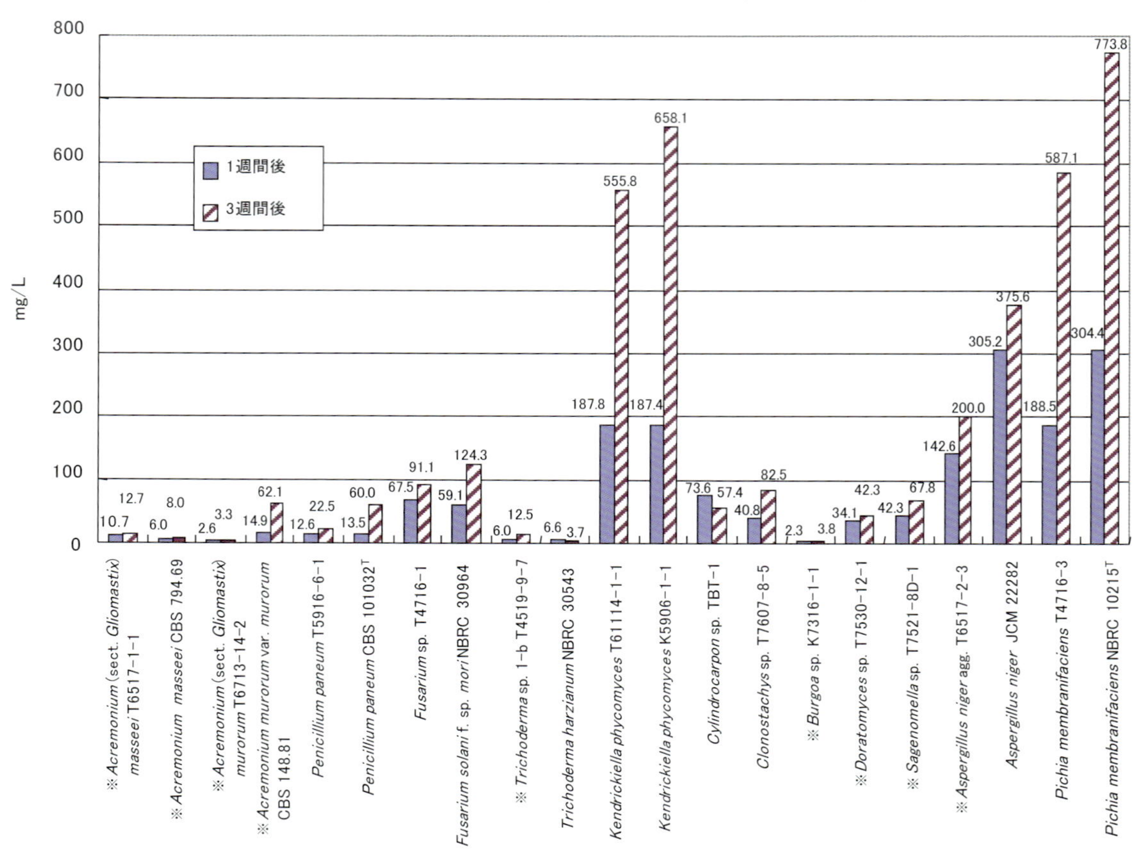

Fig. 9　定量した全有機酸生成量

※学名が変更された分離株 / 菌株、Tab. 11 および Tab. 12 を参照

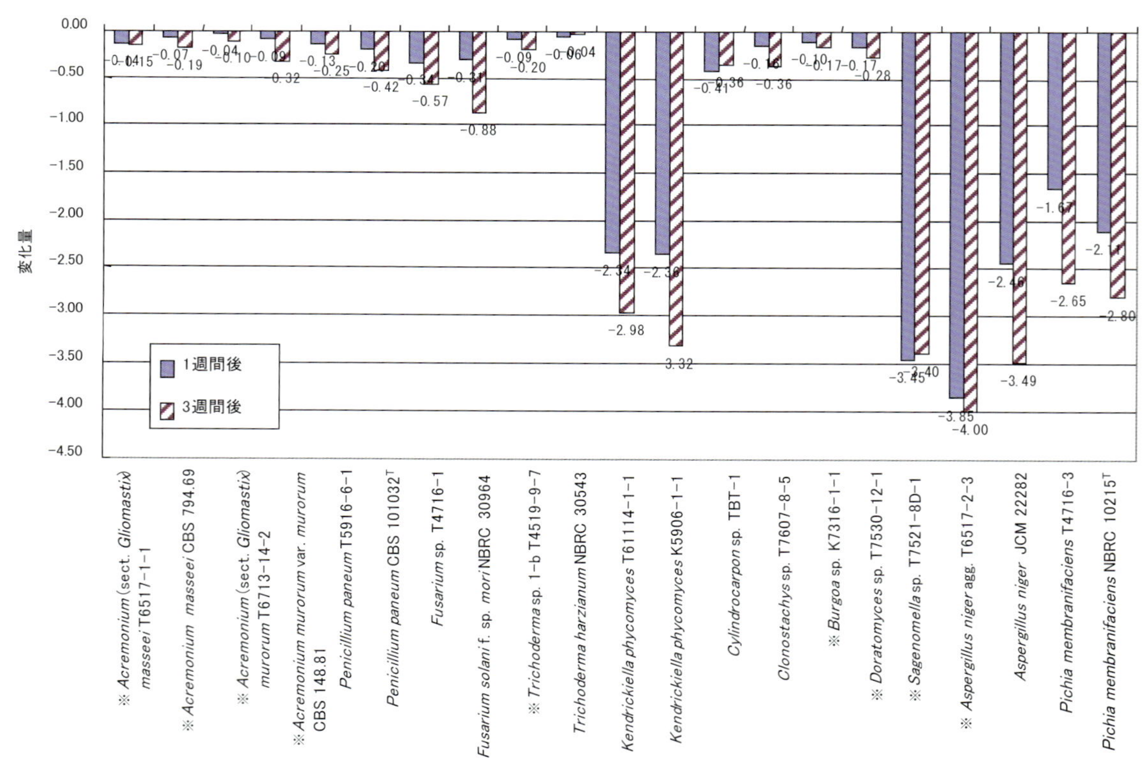

Fig. 10　各培養液の pH 変化量

※学名が変更された分離株 / 菌株、Tab. 11 および Tab. 12 を参照

5　微生物分離株による炭酸カルシウム溶解性について

（1）　はじめに

高松塚古墳における壁画は漆喰などの炭酸カルシウムを主成分とする壁面に描かれている。微生物の二次代謝物として生成された酸がこの炭酸カルシウムに対して影響を及ぼし、漆喰の劣化原因のひとつとなりうることが考えられる。特に、高松塚古墳と同様の壁画が見つかったキトラ古墳においては、石室内の漆喰壁にあいた穴などから酢酸菌が分離され[1]、実験室レベルにおいてこれら酢酸菌分離株による炭酸カルシウムの溶解が確認されている[2−6, 29]。そこで、高松塚古墳から分離された各々の微生物分離株による培地中の炭酸カルシウム溶解性を調査した。なお、本節の内容の一部は第7回高松塚古墳壁画劣化原因調査検討会において報告された[7]。

（2）　方法

（2）-1　供試菌株

高松塚古墳石室内外および解体中の試料から分離された主なカビ、酵母、細菌の各分離株を選抜した。同時にキトラ古墳試料からの分離株、および高松塚・キトラ両古墳の分離株に近縁な既知菌種を対照として用いた。用いた微生物分離株／菌株のリストを Tab. 1 に示した。なお、高松塚古墳の石室解体中試料のうち、墳丘部土壌や壁石間の試料からも酢酸菌が分離されたが[8]、これらの分離株は分離の段階で GYC 寒天平板での炭酸カルシウム溶解性を示していることから（第3章5節および第3章8節）、本節では高松塚古墳試料からの酢酸菌分離株は省略した。なお、供試分離株 / 菌株は原則、供試時点の学名で表記した。それぞれの現行の学名については、Tab. 1 を参照されたい。

（2）-2　炭酸カルシウム添加培地（GYC 寒天平板培地）

GYC 寒天平板培地（以降、GYC と省略）[9]（組成：グルコース 100 g、酵母エキス 10 g、炭酸カルシウム 20 g、寒天 15 g、蒸留水 1000 mL、pH 6.8）に各微生物分離株／菌株を接種して、25 ℃にて培養し、炭酸カルシウムの溶解性および寒天平板の変化等を経時的に観察した。GYC 中に添加した炭酸カルシウムは水に不溶であることから、シャーレ底面に白い沈殿となる。よって、GYC は白い沈殿のある不透明な培地となる（Fig. 1）。酸生成能を有する微生物を GYC に植種した場合、この沈殿した炭酸カルシウムが酸によって溶解することから、その部分は透明化する。従って、酸生成能を有する細菌などを選択的に分離する場合において、GYC のような炭酸カルシウム添加培地を用い、コロニー周辺の透明化を酸生成の指標として用いられることもある[10]。また、ある種の細菌では自身が生成した酸による pH の低下が生育に悪影響を及ぼすことが知られ、そのために培地中に酸の中和を目的として炭酸カルシウムを添加している。このような例としては海洋からしばしば分離される寒天分解細菌なども挙げられる[11]。

本節では、この GYC を用いて高松塚古墳試料において優占的に分離されたカビ、酵母、細菌から選抜した分離株の炭酸カルシウム溶解性を調査した。

（2）-3　炭酸カルシウムと有機酸の反応

漆喰の主成分である炭酸カルシウムは水に不溶であるが、希釈した酸には溶解する[12]。一般に、以下に示す反応式のとおり、酢酸、ギ酸などの有機酸と炭酸カルシウムが反応すると、炭酸カルシウムは水溶性の酢酸カルシウムあるいはギ酸カルシウムなどに変化し、水、二酸化炭素が生成される。

$$2HCOOH+CaCO_3 \rightarrow (HCOO)_2Ca+H_2O+CO_2$$

2分子のギ酸と炭酸カルシウム→ギ酸カルシウムと水と二酸化炭素ができる。

$$2CH_3COOH+CaCO_3 \rightarrow (CH_3COO)_2Ca+H_2O+CO_2$$

2分子の酢酸と炭酸カルシウム→酢酸カルシウムと水と二酸化炭素ができる。

（3）　結果および考察

（3）-1　カビ分離株の観察結果

高松塚古墳石室内試料から最も優占的に分離された *Penicillium* 属分離株において、分離頻度の一番高い *P. paneum*[30] 分離株は炭酸カルシウム溶解をほとんど示さなかった。これに対し、*P. paneum* に次いで分離頻度の高い *Penicillium* sp. 2 分離株（T7615-5-2株など、のちに *Talaromyces minioluteus*（≡ *Penicillium miniolute-um*）と同定[31]）では顕著な溶解が見られ、種による相違が認められた（Fig. 2～Fig. 8）。また、高松塚古墳試料から優占的に分離され、特に壁画面の黒い染みの原因とされる暗色系 *Acremonium* 属[32] 分離株や、冷却前の高松塚古墳石室内試料からの主要分離株のひとつである *Trichoderma* 属分離株などの菌株では、一部の分離株で生成された色素による培地の着色は認められたものの、あまり顕著な炭酸カルシウムの溶解は認められなかった（Fig. 9～Fig. 21）。暗色系 *Acremonium* 属および *Trichoderma* 属分離株で観察された結果は、別に実施した分離株の有機酸分析結果とも一致するものと考えられた[13, 14]（第4章4節）。

一方、高松塚古墳石室で主要に分離された *Fusarium* 属分離株（*Fusarium solani* species complex（FSSC）クレード）[33] および既知近縁種では若干の炭酸カルシウムの溶解が認められた（Fig. 22～Fig. 24）。*Fusarium* 属分離株では酢酸生成が確認されている[13, 14]（第4章4節）ことから、酢酸による炭酸カルシウムの溶解が生じたと思われる。一方で、生成量も酵母分離株や酢酸菌分離株に比べ、あまり多いとはいえず、有機酸分析用培養液のpHの低下もさほど大きくないことから[13, 14]、以下に記す *Aspergillus* 属分離株のような顕著な透明化を起こすほどの溶解とはならなかったのではないかと推察された。なお、*Fusarium* 属については、コンクリートの劣化に関する報告があり、*Fusarium* 属分離株（*Fusarium* sp.）の方がコンクリートの劣化について良く知られる *Thiobacillus* 属細菌よりも早く劣化させるという報告があり、カビの代謝とコンクリート中のカルシウムの間で結果的に水溶性カルシウム複合体を生じるような作用があると推察されている[15]。

カビ分離株の中で炭酸カルシウムの溶解が最も顕著に認められたのは、*Aspergillus* 属分離株であった。なかでも *A. niger* agg. T6517-2-3株は菌糸伸長も早く、培養1週目で用いた直径9 cmのシャーレ全面に菌糸伸長が認められ、GYC平板下面に沈殿している炭酸カルシウムは完全に溶解した（Fig. 25）。ただし、この *Aspergillus* 属分離株は高松塚古墳石室内で主要に見られた種ではなかった。*Aspergillus* 属分離株および近縁の既知株では、炭酸カルシウムに対する溶解性や、カルシウムが再結晶化したと思われる粒子の形成等で種あるいは株によると思われる相違が認められた（Fig. 26 ～ Fig. 30）。

強い溶解作用の認められた *Aspergillus niger* は、工業的なクエン酸生産現場においてしばしば用いられているカビであり[16]、有機酸分析においても、既知種（*A. niger* JCM 22282 株）を試験の陽性対照として用い、顕著なクエン酸生成が確認されている[13, 14]（第4章4節）。加えて、*A. niger* agg. T6517-2-3 株もクエン酸産生が認められており、酸生成に伴い培養液 pH の顕著な低下も確認されている（第4章4節）。このような結果を踏まえると、*Aspergillus* 属分離株による炭酸カルシウムの溶解は、主として生成されたクエン酸によるものと推察される。一方、有機酸分析の結果（第4章4節）では、酢酸やギ酸の生成量は、*A. niger* agg. T6517-2-3 株のほうが対照株である *A. niger* JCM 22282 株よりも低い値を示したが、培地の pH 低下は *A. niger* agg. T6517-2-3 株のほうが大きく、GYC での炭酸カルシウム溶解性と比較して、両菌株は逆の反応を示しているように思われる。有機酸分析による培養条件は GYC によるものと異なることから、同じ条件として比較することはできないが、GYC における炭酸カルシウム溶解性の両株間の相違は、*A. niger* agg. T6517-2-3 株が有機酸分析試験の対象にされていない酸を生成していたことによると推定できる。*Aspergillus niger* のなかにはクエン酸生成の際にシュウ酸を生成するものも知られている[17]。このことから、工業利用におけるクエン酸生成株はクエン酸生成量が多く、シュウ酸生成の少ない株が選抜されている[16]。有機酸分析結果においては分離株のシュウ酸生成能は明らかにされていないが、クエン酸以外にシュウ酸も生成し、複数の有機酸によって炭酸カルシウムが溶解した可能性も考えられる。また、酸の強さは酸解離定数で、濃度を含めた酸・塩基の指標としては pH を考慮する必要があると考えられる。どのような酸をどれだけ生成するかによって低下する pH の幅が炭酸カルシウム溶解の強さに関連があるといえ、それが GYC での炭酸カルシウム溶解性に相違を与えているものと推察される。

Aspergillus 属に次いで強い炭酸カルシウムの溶解性を示した *Kendrickiella phycomyces* 分離株（分離当初は *Phialocephala phycomyces* と同定されていた株、Kiyuna et al.[18]）は、菌糸伸長が遅いものの、培養2週目には集落周辺の炭酸カルシウムの溶解が確認され、同時に培地が茶褐色に着色する様子が確認された（Fig. 31、Fig. 32）。さらに、培養3週目以降は、溶解したカルシウムが再結晶化したと考えられる白色の顆粒が多数認められた。このカビは、高松塚古墳では取合部等に、キトラ古墳では石材に主に発生したものであるが、高松塚・キトラ両古墳から分離された *K. phycomyces* 分離株は炭酸カルシウムの溶解はほぼ同時期に認められたが、培地の着色程度は高松塚古墳分離株の方が顕著であり、再結晶化したカルシウム顆粒はキトラ古墳分離株で顕著に見られた。一方、*Phialocephala* 属様アナモルフ（*Phialocephala*-like hyphomycete）分離株などの4株は、炭酸カルシウムの溶解性や、ガスの生成、色素産生などで *K. phycomyces* 分離株とは相違が見られた（Fig. 33 ～ Fig. 36）。*K. phycomyces* 分離株では、別に行った有機酸分析結果において著量のクエン酸生成と培養液の pH 低下が認められた[13, 14]（第4章4節）。このことから、コロニー周辺の炭酸カルシウムが完全に溶解したのは生成されたクエン酸によるものと推定される。*K. phycomyces* 分離株は菌糸伸長が遅いことから、炭酸カルシウムの溶解される領域もコロニーよりわずかに外側にとどまり、シャーレ全面の炭酸カルシウムが溶解するのに培養8週と長時間を要したものと推定される。

このほか、*Verticillium* sp.（≡ *Lecanicillium* sp.）T7302-19-5 株（Fig. 42）、*Sagenomella* 属[34] 分離株（Fig.

43、Fig. 44）、*Oidiodendron* sp. T81203-2-2 株（Fig. 45）などで顕著に、*Cylindrocarpon* 属分離株（Fig. 47、Fig. 48）でわずかに炭酸カルシウムの溶解が認められた。特に、強い炭酸カルシウム溶解性が認められた *Sagenomella* 属分離株では、分析対象とした有機酸としてギ酸の生成が見られたものの全体量としての有機酸生成は他の分離株に比べて多いとは言えなかったが、その一方で培養液の pH は大きく低下していた（第４章４節）ことから、分析対象以外の酸を生成していた可能性が考えられ、それが炭酸カルシウム溶解をもたらしたと推察される。また、過去に石室内の壁画面で大量発生したとされる *Doratomyces* sp. と同種と考えられる *Doratomyces* sp.（後に *Cephalotrichum verrucisporum*[34] と同定）T7530-12-1 株（石室解体中の試料からの分離株）では炭酸カルシウムの溶解は認められなかった（Fig. 39）。

（３）−２　酵母分離株の観察結果

Candida takamatsuzukensis（≡ *Yamadazyma takamatsuzukensis*[35, 36]）T4922-1-1^T　株（Fig. 54）、*Meyerozyma guilliermondii* T6517-3-4 株（当初 *Pichia guilliermondii* とされたが、その後 Kurtzman et al.[19] により属の変更がなされた）（Fig. 57）で顕著な炭酸カルシウムの溶解が確認され、また、*P. membranifaciens*T4716-3 株（Fig. 58）でわずかな溶解が認められた。このほかキトラ古墳試料から分離された２株の酵母（*Candida* sp.（≡ *Yamadazyma olivae*）K9925-6-5y 株および *Sporidiobolus* aff. *salmonicolor*（後に *Sporidiobolus salmonicolor* と同定）K9703-4-6y 株）で明瞭な溶解が見られた（Fig. 61、Fig. 62）。このうち、*C. takamatsuzukensis*（≡ *Y. takamatsuzukensis*）T4922-1-1^T 株では有機酸分析結果でわずかながらギ酸の生成が確認され、*P. membranifaciens* T4716-3 株では酢酸生成が認められている[13, 14]。一方、GYC において顕著な炭酸カルシウム溶解を示した *M. guilliermondii* T6517-3-4 株はわずかに酢酸やギ酸を生成し、pH の低下もあまり顕著ではなかったが、試験に用いた培地の違いや、分析対象として調査した有機酸以外の酸によって溶解したのではないかと考えられた。

キトラ古墳石室内壁面から分離された *Myxozyma* sp. K9218-2y 株（Fig. 60）は、炭酸カルシウムの溶解は認められなかったものの、GYC で非常に粘性の高いスライム状のコロニーを形成したことから、多糖類を生成する株であると推察される。

（３）−３　細菌分離株の観察結果

細菌分離株でもっとも顕著な炭酸カルシウム溶解性が確認されたのは、キトラ古墳試料からの酢酸菌（*Gluconacetobacter* 属）分離株であった。分離株および既知近縁種は培養３日目以降に炭酸カルシウムの溶解が認められ、１週間で寒天平板のほぼ半分の炭酸カルシウムが溶解した（Fig. 63 ~ Fig. 70）。また、*Gluconacetobacter asukensis* K8617-1-1b^T 株（当初 *Gluconacetobacter* sp. 2 と表記されていた株、Tazato et al. により新種提唱された[1]）を除く５株の分離株と既知近縁種は培地中に水溶性の褐色色素を生成することから、培地は黒褐色に変化した。*Gluconacetobacter* 属はグルコースからグルコン酸を、エタノールから酢酸を生成することが知られていることから、炭酸カルシウムはこれらの酸により溶解したものと考えられる。一方、高松塚古墳石室内試料からの主要な細菌分離株である *Bacillus thuringiensis* 近縁種では炭酸カルシウムの溶解はほとんど確認されなかった（Fig. 74、Fig. 76）。

ギ酸、酢酸などの生成がわずかに確認された株（*Stenotrophomonas* sp. K5916-3-1b 株（Fig. 73）および *Ochro-*

bactrum sp.（≡ *O. pituitosum*[36]）T6220-2-3 株（Fig. 71））も存在した[13, 14]が、これらは生成量がわずかであるためにGYC上では肉眼で確認される炭酸カルシウム溶解まで至らなかったのか、分析に用いた培地の相違により生成した有機酸の種類あるいは量に相違が生じたものと思われる。また、*Ochrobactrum* sp. T6220-2-3 株はGYCではスライム状のコロニーを形成し、平板を裏返しておくと、コロニーが滴り落ちるような現象も確認されたが（Fig. 71）、これはGYCに非常に多く含まれるグルコースから菌体が多糖類を生成したことによると思われる。

(3)-4　カルシウムの再結晶化およびガス生成と漆喰劣化に関る考察

一部の微生物分離株では炭酸カルシウムを溶解したのち、白い結晶が新たに形成される様子が確認された。*Gluconacetobacter* 属の酢酸菌では、酢酸を過酸化することにより、溶解したカルシウムが再び結晶化することが報告されている[20]。高松塚古墳試料からの一部の酢酸菌分離株では特に大きな結晶の形成が確認された（第3章8節）。また、カビ分離株では *Kendrickiella* 属（Fig. 31、Fig. 32）や *Ophiostoma* sp. K9703-3-2（Fig. 52）、*Oidiodendron* sp. T81203-2-2（Fig. 45）、*Aspergillus* 属（Fig. 27、Fig. 28）などの分離株で再結晶化が確認された。再結晶化した粒子の形状は分離株によって異なっていた。カビ分離株でのカルシウムの再結晶化では、生成する有機酸の違いにより炭酸カルシウムと反応して形成されるカルシウム塩に違いが生じ、そのカルシウム塩の水に対する溶解度なども考慮する必要があると思われる。たとえば、酢酸では酢酸カルシウムが、クエン酸ではクエン酸カルシウムが形成されるが、両者の溶解度には違いがあることから、再結晶化あるいは不溶化についても相違があると思われる。

さらに実験室レベルにおいては、ほとんどの従属栄養細菌がカルシウム結晶を形成するといわれている[21]。これらのカルシウム結晶は細菌の生理活性上の副産物として生じるともいわれている。また、カルシウム結晶を生成する微生物を使って、岩石中の亀裂など補修する目的に使う研究を行っているところもある[22, 23]。

また、微生物分離株によっては、平板裏面にガス生成によると考えられる亀裂の形成が見られた（Fig. 33、Fig. 36、Fig. 50、Fig. 51）。これは、炭酸カルシウムが酸により溶解する反応の過程で生成された二酸化炭素によるのではないかと考えられた。生成されたガスが培地表面に抜けた場合は、培地の気相部分に容易に到達すると考えられるが、裏面においては、生成されたガスによって寒天に亀裂が生じ、場合によっては寒天を持ち上げてしまうものと考えられる。以上のような酸による炭酸カルシウムの溶解を起こす微生物は、炭酸カルシウムの溶解や再結晶化、二酸化炭素ガスの生成などにより漆喰の劣化を起こす原因のひとつとなりうると推定される。

また、スライム状コロニーを形成した細菌や酵母などは、石室壁面において、バイオフィルム形成の原因のひとつと考えられる多糖類を提供しうるものと考えられる。

微生物による炭酸カルシウム塩岩石の風化については、微生物の生育により表面の腐食や浸食、穿孔により風化が加速すること、微生物による保水、生成する有機酸や呼吸等により生じる二酸化炭素由来の炭酸による侵食、栄養取得時のミネラル分などの溶脱などがいわれている[24]。また、カビでは菌糸そのものの伸長による穿孔（物理的侵食）、菌糸から溶出される酸による溶解（化学的侵食）などが劣化原因としてあげられている[25]。特にカビが生成した有機酸は、石碑などの風化[26]や、石材などの劣化原因のひとつとなることが報告されている[27]。また、植物と共生する菌根菌類では菌糸先端から有機酸を放出し、穿孔速度は遅いが何世代にもわたって岩石に穴を開けるという推測がされている[28]。

高松塚古墳石室内においても、微生物が同様のプロセスにより漆喰の劣化に関与していたのではないかと推察される。

（西島・喜友名・木川・佐野・杉山）

参考文献

1）Tazato, N., Nishijima, M., Handa, Y., Kigawa, R., Sano, C. and Sugiyama, J.: *Gluconacetobacter tumulicola* sp. nov. and *Gluconacetobacter asukensis* sp. nov., isolated from the stone chamber interior of the Kitora Tumulus, International Journal of Systematic and Evolutionary Microbiology, 62, 2032－2038, 2012.

2）特別史跡キトラ古墳の保存・活用等に関する調査研究委員会 第8回、参考資料5－4、平成17年11月14日、文化庁

3）特別史跡キトラ古墳の保存・活用等に関する調査研究委員会ワーキンググループ　第14回、資料9－1、平成18年10月31日、文化庁

4）木川りか、佐野千絵、間渕 創、喜友名朝彦、立里 臨、西島美由紀、杉山純多：キトラ古墳の微生物等の状況報告（2008）、保存科学、48、167－174 、2009。

5）東京文化財研究所：（保存修復科学センター、研究紹介）キトラ古墳壁画の劣化に関わる微生物の調査、東京文化財研究所概要、p. 17、2009。

6）Kigawa, R., Sano, C., Nishijima, M., Tazato. N., Kiyuna, T., Hayakawa, N., Kawanobe, W., Udagawa, S., Tateishi, T. and Sugiyama, J.: Investigation of acetic acid bacteria isolated from the Kitora tumulus in Japan and their involvement in the deterioration of the plaster of the mural paintings, Studies in Conservation, 58, 30－40, 2013.

7）高松塚古墳壁画劣化原因調査検討会 第7回、参考資料5、平成21年3月21日、文化庁

8）高松塚古墳壁画劣化原因調査検討会 第12回、参考資料1－5、平成21年11月30日、文化庁

9）Deutsche Sammlung von Mikroorganismen und Zellkulturen GmbH（DSM）medium 105. *Gluconobacter Oxydans* medium, In: http://www.dsmz.de/microorganisms/medium/pdf/DSMZ_Medium105.pdf

10）山田雄三：酢酸菌、山里一英、宇田川俊一、児玉 徹、森地敏樹（編）微生物の分離法、pp. 454－457、R&Dプランニング、1986。

11）林孝市郎：好気性従属栄養細菌、門田 元、多賀信夫（編）　海洋微生物研究法、学会出版センター、東京、pp. 69－80、1985。

12）O'Neil, M. J., Smith, A., and Heckelman, P. E.（Eds.）: The Merck Index, An Encyclopedia of Chemicals, Drugs, and Biologocals, 13th Edn, Merck, NJ, USA, 2001.

13）高松塚古墳壁画劣化原因調査検討会 第10回、参考資料5－2、平成21年9月1日、文化庁

14）佐野千絵、西島美由紀、喜友名朝彦、木川りか、杉山純多：高松塚古墳石室内より分離された主要な微生物のギ酸・酢酸生成能、保存科学、49、209－219、2010。

15）Gu, J.-D., Ford, T. E., Berke, N. S., Mitchell, R.: Biodeterioration of concrete by the fungus *Fusarium*, International Biodeterioration and Biodegradation, 41, 101－109, 1998.

16）山口和夫：有機酸、好井久雄、金子安之、山口和夫（編）食品微生物学ハンドブック、技報堂出版、東京、pp.

259－262、1995。

17）Currie, J. N.: The citric acid fermentation of *Aspergillus niger*, Journal of Biological Chemistry, 31, 15－37, 1917.

18）Kiyuna, T., An, K.-D., Kigawa, R., Sano, C., Miura, S. and Sugiyama, J.: Bristle-like fungal colonizers on the stone walls of the Kitora and Takamatsuzuka Tumuli are identified as *Kendrickiella phycomyces*, Mycoscience, 53, 446－459, 2012.

19）Kurtzman, C. P. and Suzuki, M.: Phylogenetic analysis of ascomycete yeasts that form coenzyme Q-9 and the proposal of the new genera *Babjeviella*, *Meyerozyma*, *Millerozyma*, *Priceomyces*, and *Scheffersomyces*, Mycoscience, 51, 2－14, 2010.

20）Sievers, M. and Swings, J.: Genus IX. *Gluconbacter* Asai 1935, 689[AL], In: Bergey's Manual of Systrematic Bacteriology, 2nd Edn, Vol. 2, The *Proteobacteria*, Part C, The *Alpha*-, *Beta*-, *Delta*-, and *Epsilonproteobacteria*, ed. by Garrity., G. M. , Brenner, D. J., Krieg , N. R. and Staley, J. T., Springer, New York, pp. 77－81, 2005.

21）Knorre, H. V. and Krumbein, W. E.: Bacterial calcification, In: Microbial Sediments, ed. by Riding, R., E. and Awramik, S. M., Springer-Verlag, Berlin, pp. 25－31, 2000.

22）Orial, G., Vieweger, T. H. and Loubiere, J.-F.: Biological mortars : a solution for stone sculpture conservation, In: Art, Biology, and Conservation: Biodeterioration of Works of Art, ed. by Koestler, R. J., Koestler, V. H., Charola, A. E. and Nieto-Fernandez, F. E., The Metropolitan Museum of Art, New York, pp. 499－517, 2004.

23）寺島麗、島田俊介、小山忠雄、川崎了：微生物代謝により固化するシリカ系地盤注入剤バイオグラウトの基礎研究、土木学会論文集 C、65、120－130、2009。

24）Sterflinger, K.: Fungi as geologic agents, Geomicrobiology Journal, 17, 97－124, 2000.

25）Lian, B., Chen., Y., Zhu, L. and Yang, R.: Effect of microbial weathering on carbonate rocks, Earth Science Frontiers, 15, 90－99, 2008.

26）de la Torre, M. A., Gomez-Alarcon, G., Melgarejo, P. and Saiz-Jimenez, C.: Fungi in weathered sand stone from Salamanca cathedral, Spain, Science of the Total Environment, 107, 159－168, 1991.

27）Gadd, G. M.: Geomycology: biogeochemical transformations of rocks, minerals, metals, and radionuclides by fungi, biowethering and bioremediation, Mycologial Research, 111, 3－49, 2007.

28）Jongmans, A. G., van Breemen, N., Lundström, U., van Hees, P. A.W., Finly, R. D., Srinivasan, M. and Unestam, T., Giesler, R., Melkerud, P.-A. and Olsson, M.: Rock-eating fungi. Nature, 389, 682－683, 1997.

29）Sugiyama, J., Kiyuna, T., Nishijima, M., An, K.-D., Nagatsuka, Y., Tazato, N., Handa, Y., Hata-Tomita, J., Sato, Y., Kigawa, R. and Sano, C.: Polyphasic insights into the microbiomes of the Takamatsuzuka Tumulus and Kitora Tumulus, The Journal of General and Applied Microbiology, 63, 63－113, 2017.

30）An, K. -D., Kiyuna, T., Kigawa, R., Sano, C., Miura, S. and Sugiyama, J.: The identity of *Penicillium* sp. 1, a major contaminant of the stone chambers in the Takamatsuzuka and Kitora Tumuli in Japan, is *Penicillium paneum*, Antonie van Leeuwenhoek, 96, 579－592, 2009.

31）喜友名朝彦、安光得、佐藤嘉則、木川りか、佐野千絵、杉山純多：高松塚・キトラ両古墳の *Penicillium* 属分離株の分子系統学的帰属および *Penicillium* sp. 2 の分類学的記載と生物劣化問題へのかかわり、保存科学、57、49－66、2018。

32）Kiyuna, T., An, K. -D., Kigawa, R., Sano, C., Miura, S. and Sugiyama, J.: Molecular assessment of fungi in "black spots" that deface murals in the Takamatsuzuka and Kitora Tumuli in Japan: *Acremonium* sect. *Gliomastix* including *Acremonium tumulicola* sp. nov. and *Acremonium felinum* comb. nov., Mycoscience, 52, 1－17, 2011.

33）Kiyuna, T., An, K. -D., Kigawa, R., Sano, C., Miura, S. and Sugiyama, J.: Mycobiota of the Takamatsuzuka and Kitora tumuli in Japan, focusing on the molecular phylogenetic diversity of *Fusarium* and *Trichoderma*, Mycoscience, 49, 298－311, 2008.

34）Kiyuna, T., An, K.-D., Kigawa, R., Sano, C., Miura, S. and Sugiyama, J.: Noteworthy anamorphic fungi, *Cephalotrichum verrucisporum, Sagenomella striatispora*, and *Sagenomella griseoviridis*, isolated from biodeteriorated samples in the Takamatsuzuka and Kitora Tumui, Mycoscience, 58, 320－327, 2017.

35）Nagatsuka, Y., Kiyuna, T., Kigawa, R., Sano, C., Miura, S. and Sugiyama, J.: *Candida tumulicola* sp. nov. and *Candida takamatsuzukensis* sp. nov., novel yeast species assignable to the *Candida membranifaciens* clade, isolated from the stone chamber of the Takamatsuzuka tumulus, International Journal of Systematic and Evolutionary Microbiology, 59, 186－194, 2009.

36）Nagatsuka, Y., Ninomiya, S., Kiyuna, T., Kigawa, R., Sano, C. and Sugiyama, J.: *Yamadazyma kitorensis* f.a., sp. nov. and *Zygoascus biomembranicola* f.a., sp. nov., novel yeasts from the stone chamber interior of the Kitora Tumulus, and five novel combinations in *Yamadazyma* and *Zygoascus* for species of *Candida*, International Journal of Systematic and Evolutionary Microbiology, 66, 1692－1704, 2016.

37）半田豊、立里臨、佐藤嘉則、木川りか、佐野千絵、杉山純多：高松塚・キトラ両古墳からの主要細菌分離株：*Bacillus*・*Ochrobactrum* 両属分離株の分子系統学的位置、保存科学、56、33－48、2017。

38）Summerbell, R. C., Gueidan, C., Schroers, H-J., de Hoog, G. S., Starink, M., Arocha Rosete, Y., Guarro, J. and Scott, J. A.: *Acremonium* phylogenetic overview and revision of *Gliomastix, Sarocladium*, and *Trichothecium*, Studies in Mycology, 68, 139－162, 2011.

39）Kiyuna, T., An, K.-D., Kigawa, R., Sano, C., Miura, S. and Sugiyama, J.: "Black particles", the major colonizers on the ceiling stone of the stone chamber interior of the Kitora Tumulus, Japan, are the bulbilliferous basidiomycete fungus *Burgoa anomala*, Mycoscience, 56, 293－300, 2015.

40）Kiyuna, T., An, K.-D., Kigawa, R., Sano, C. and Sugiyama, J.: Two new *Cladophialophora* species, *C. tumbae* sp. nov. and *C. tumulicola* sp. nov., and chaetothyrialean fungi from biodeteriorated samples in the Takamatsuzuka and Kitora Tumuli, Mycoscience, 59, 75－84, 2018. [For "Corrigendum", see Mycoscience, 59, 441, 2018.]

41）Handa, Y., Tazato, N., Nagatsuka, Y., Koide, T., Kigawa, R, Sano, C. and Sugiyama, J.: *Stenotrophomonas tumulicola* sp. nov. , a major contaminant of the stone chamber interior in the Takamatsuzuka Tumulus, International Journal of Systematic and Evolutionary Microbiology, 66, 1119－1124, 2016. [For "Corrigendum", see International Journal of Systematic and Evolutionary Microbiology, 67, 763, 2017.]

Tab. 1　GYC 寒天平板培地における炭酸カルシウム溶解性試験　供試分離株 / 菌株リスト

No.	区分	供試時点の学名	株名※1	現行の学名※2	JCM 菌株番号※3	分離源のメモ	文献※4
1	カビ	*Acremonium* (sect.*Gliomastix*) sp.	T4519-5-1	*Gliomastix masseei*	17164	高松塚古墳 石室内 床面 白色コロニー	32, 38
2	カビ	*Acremonium* (sect.*Gliomastix*) sp.	T6517-1-1	*Gliomastix masseei*	17165	高松塚古墳 石室内 西壁 女子 額の黒色部分　No. ①	32, 38
3	カビ	*Acremonium masseei*	CBS 794.69	*Gliomastix masseei*	-	ウサギの糞（イタリア）	-
4	カビ	*Acremonium* (sect.*Gliomastix*) sp.	T6713-14-2	*Gliomastix murorum*	17172	高松塚古墳 石室内　西壁 男子群像上部の黒カビ	32, 38
5	カビ	*Acremonium* (sect.*Gliomastix*) sp.	K7511-1	*Gliomastix murorum*	17177	キトラ古墳 石室内　北壁 東側 上方 黒ススカビ	32, 38
6	カビ	*Acremonium murorum* var. *murorum*	CBS 148.81	*Gliomastix murorum*	-	森林土壌（ジョージア州、アメリカ）	-
7	カビ	*Acremonium* (sect.*Gliomastix*) sp.	K4615-9	*Gliomastix roseogrisea* (=*Acremonium felinum*)	17178	キトラ古墳 石室内 B 区、西壁と流入土の空隙　土壌サンプル 3 点	32, 38
8	カビ	*Acremonium strictum*	K5225-6-1	*Sarocladium kiliense* (≡ *Acremonium kiliense*) (JCM では *Acremonium* sp.)※5	15328	キトラ古墳 石室内 北壁 玄武下 酵母様白色コロニー	29
9	カビ	*Acremonium* sp. Yellow	K9403-1-4	Nectriaceae sp.	28359	キトラ古墳 石室内 東壁 南側 泥の上 左黒いゲル 090403（特に黒いもの）	脚注※5
10	カビ	*Acremonium* sp. 3 White	K9703-6-6	Helotiales sp.	28362	キトラ古墳 石室内 東壁 漆喰上（北側上部）赤いゲル粒 090703	脚注※5
11	カビ	*Aspergillus niger* agg.	T6517-2-3	*Aspergillus niger* agg. (JCM では *Aspergillus* sp.) ※5	28013	高松塚古墳 石室内 西壁 女子 襟部分の黒色部分　No. ②	脚注※5
12	カビ	*Aspergillus niger* agg.	T81027-2-4	*Aspergillus niger* agg. (JCM では *Aspergillus* sp.) ※5	28077	高松塚古墳 周辺東側の地山 土壌サンプル No.9 081027	脚注※5
13	カビ	*Aspergillus niger* agg.	K9925-4-4	*Aspergillus niger* agg. (JCM では *Aspergillus* sp.) ※5	28366	キトラ古墳 石室内 北壁 漆喰の黒い穴の中心 黒色ゲル 090925（K9703-7 と同じ箇所）	脚注※5
14	カビ	*Aspergillus niger*	JCM 22282	*Aspergillus niger*	-	分離源不明（アメリカ）クエン酸生産菌	-
15	カビ	*Aspergillus niger*	JCM 10254	*Aspergillus niger*	-	Tannin-gallic acid fermentation	-
16	カビ	*Aspergillus awamori*	CBS 557.65[NT]	*Aspergillus awamori*	-	分離源不明	-
17	カビ	*Burgoa* sp.	K7316-1-1	*Burgoa anomala*	30266	キトラ古墳 石室内 天井石壁面 天文図（北斗付近（1））黒粒（ケーソン試験菌株）	39
18	カビ	*Cladophialophora* sp.	T7615-16-1	*Cladophialophora tumulicola*	28758	高松塚古墳 南壁石（閉塞石：石室側）西隅床面近く 070615-a（石室解体中）	40
19	カビ	*Clonostachys* sp.	T7607-8-5	*Clonostachys* sp.	28061	高松塚古墳 東壁石 1 北小口接合面 石の上下部（ゲル状）070607-8（石室解体中）	脚注※5
20	カビ	*Clonostachys* sp.	K9218-6	*Clonostachys* sp.	28358	キトラ古墳 石室内西壁 壁面の黄色い粒 090218（次亜塩素酸 1000ppm でとる）	脚注※5
21	カビ	*Cylindrocarpon* sp.	TBT-1	*Cylindrocarpon* sp.	15337	高松塚古墳 石室内 北壁 玄武尾下（2001.12.18）	33
22	カビ	*Cylindrocarpon* sp.	TBK-22	*Cylindrocarpon* sp.	15336	キトラ古墳 石室内 西壁 白虎前足付近褐色部分（2005.12.17）	33
23	カビ	*Doratomyces* sp.	T7530-12-1	*Cephalotrichum verrucisporum*	28755	高松塚古墳 西壁石 1 上端 天井石 1 との接合面 漆喰（石室解体中）	34
24	カビ	*Fusarium* sp. (FSSC clade) ※6	T4716-1	*Fusarium* sp.	28004	高松塚古墳 石室内 壁面、白虎の爪の箇所ゲル状（高松粘菌）	脚注※5
25	カビ	*Fusarium* sp. (FSSC clade) ※6	K5225-19-3	*Fusarium* sp.	15341	キトラ古墳 石室内 西、漆喰剥落片	33
26	カビ	*Fusarium solani* f. sp. *mori*	NBRC 30964	*Fusarium solani* f. sp. *mori*	-	クワ *Morus bombycis*（宮崎県 , 日本）	-
27	カビ	*Oidiodendron* sp.	T7214-14k-2	*Oidiodendron* sp.	28048	高松塚古墳 取合部 露出した石室天井石の一部を掘り起こした黒色部分（天井石に接触していた部分）	脚注※5

※ 1、T：高松塚古墳分離株、K：キトラ古墳分離株、TBT：高松塚古墳分離株（東文研）、TBK：キトラ古墳分離株（東文研）、株名の右端上付きの T は当該種の基準株（Type strain）あるいはタイプ由来株（Ex-type strain）、NT はネオタイプ由来株（Ex-neotype strain）を意味する。CBS：Westerdijk Fungal Biodiversity Center 保存株、NBRC：NITE Biological Resource Center 保存株、JCM：Japan Collection of Microorganisms（RIKEN BioResource Research Center）保存株、DSM：Deutsche Sammlung von Mikroorganismen und Zelkulturen GmbH 保存株

※ 2、平成 30（2018）年 3 月時点の各分離株の学名

※ 3、JCM に寄託された分離株の JCM ホームページ上に記載の学名

※ 4、詳細同定に関する論文、数字は本節中の「参考文献」番号と同じ

※ 5、JCM オンラインカタログ（URL:http://jcm.brc.riken.jp/ja/catalogue または、http://www.jcm.riken.jp/cgi-bin/jcm/strain_takamatsuzuka-kitora）、平成 30（2018）年 6 月 1 日時点

※ 6、*Fusarium* sp.（FSSC clade）：*Fusarium solani* species complex クレードに含まれる *Fusarium* sp.

Tab. 1　GYC 寒天平板培地における炭酸カルシウム溶解性試験　供試分離株 / 菌株リスト　（続き）

No.	区分	供試時点の学名	株名※1	現行の学名※2	JCM 菌株番号※3	分離源のメモ	文献※4
28	カビ	*Oidiodendron* sp.	T81203-2-2	*Oidiodendron* sp.	28086	高松塚古墳 西側 墳丘土 オリジナル（版築）（カビらしきものあり）081203	脚注※5
29	カビ	*Ophiostoma* sp.	K9703-3-2	Ophiostomataceae sp.	28360	キトラ古墳石室内 東壁 石の上（中央部南側）白濁ゲル 090703	脚注※5
30	カビ	*Penicillium* sp. 1 (*P. paneum*)	T5916-6-1	*Penicillium paneum*	15987	高松塚古墳 石室内 東壁 女子群像下ゲル状	30
31	カビ	*Penicillium* sp. 1 (*P. paneum*)	K5916-7-1	*Penicillium paneum*	15994	キトラ古墳 石室内 北壁玄武下	30
32	カビ	*Penicillium paneum*	CBS 101032T	*Penicillium paneum*	-	カビの生えたパン（デンマーク）	30
33	カビ	*Penicillium* sp. A	T7615-5-2	*Talaromyces minioluteus*	28757	高松塚古墳　東壁石１南小口 中央部下部 茶色と黒の混合 ネバネバ 070615-5（石室解体中）	31
34	カビ	*Penicillium* sp. A	T81203-3-2	*Talaromyces minioluteus*	28762	高松塚古墳 東側 墳丘土 オリジナル白色版築土（取合部凝灰岩の裏）	31
35	カビ	*Penicillium* sp.	K9925-2-2	*Penicillium citrinum*	28364	キトラ古墳 石室内 東壁 石の上（中央部④の下）黄色粒状（塊）090925（K9703-5と同じ箇所）	31
36	カビ	*Penicillium* sp.	K9925-4-2	*Penicillium* sp.	28365	キトラ古墳 石室内 北壁 漆喰の黒い穴の中心 黒色ゲル 090925（K9703-7 と	31
37	カビ	*Phialocephala phycomyces*	T61114-1-1	*Kendrickiella phycomyces*	18031	高松塚古墳 ふさぎ石 一層目 西南第１石 黒色	18
38	カビ	*Phialocephala phycomyces*	K5906-1-1	*Kendrickiella phycomyces*	18028	キトラ古墳　石室内　西壁 中央下部 茶とげ からの分離平板（MA）	18
39	カビ	*Phialocephala* -like	K8617-6-11	Nectriaceae sp.	28357	キトラ古墳 石室内　南壁 朱雀取外し跡付近石材上の赤色 080617	脚注※5
40	カビ	*Phialocephala* -like	T7821-7-3	Nectriaceae sp.	28071	高松塚古墳 床石１北小口面 下部左側赤茶色 粘土 根っこ含む #34 070821（石室解体中）	脚注※5
41	カビ	*Phialocephala* -like	T61213-7-8	*Cadophora* sp.	28040	高松塚古墳 石室内 東壁石女子上：白カビ 4-5 mm	脚注※5
42	カビ	*Phialocephala* -like	T61213-14-2	*Phialocephala* -like hyphomycete	–	高松塚古墳 石室内 西壁中央付近の床上：トビムシ類２個体	-
43	カビ	*Phialophora* sp.	K9703-4-2	*Cadophora* sp.	28361	キトラ古墳 石室内 東壁 石の上（中央部上）白い粉状 090703	脚注※5
44	カビ	*Phialophora* sp.	T7614-2-7	*Cadophora* sp.	28064	高松塚古墳　西壁石１と２の接合面 取外し後の漆喰・土の混合物 070614-2（石室解体中）	脚注※5
45	カビ	*Sagenomella* -like	T7521-8D-1	*Sagenomella striatispora*	28750	高松塚古墳 盗掘口プラスチックカバー下部 石室側（石室解体中）	34
46	カビ	*Sagenomella* -like	T8804-4-7	*Sagenomella striatispora*	28761	高松塚古墳 保存施設 東側　旧発掘区上面 ④ 080804 粘土質	34
47	カビ	*Scytalidium* -like	T7528-11-4	*Scytalidium* sp.	28058	高松塚古墳 東壁石１東畔 土 黒色部分に接しているところ（石室解体中）	-
48	カビ	*Trichoderma* sp.	T4519-9-7	*Trichoderma* sp.	28003	高松塚古墳 石室内 東壁	29
49	カビ	*Trichoderma* sp.	K5916-7-3	*Trichoderma* sp.	28338	キトラ古墳 石室内 北壁玄武下	脚注※5
50	カビ	*Trichoderma harzianum*	NBRC 30543	*Trichoderma harzianum*	-	材木（アメリカトガサワラ（ベイマツ Douglas fir））（産地不明）	-
51	カビ	*Ustilago cynodontis*	NBRC 7530	*Ustilago cynodontis*	-	分離源不明 イタコン酸生産菌	-
52	カビ	*Verticillium* sp.	T7302-19-5	*Lecanicillium* sp.	28050	高松塚古墳 石室天井石第二石直上（南西区北東隅）	脚注※5

※1、T：高松塚古墳分離株、K：キトラ古墳分離株、TBT：高松塚古墳分離株（東文研）、TBK：キトラ古墳分離株（東文研）、株名の右端上付きのTは当該種の基準株（Type strain）あるいはタイプ由来株（Ex-type strain）、NT はネオタイプ由来株（Ex-neotype strain）を意味する。CBS：Westerdijk Fungal Biodiversity Institute 保存株、NBRC：NITE Biological Resource Center 保存株、JCM：Japan Collection of Microorganisms（RIKEN BioResource Research Center）保存株、DSM：Deutsche Sammlung von Mikroorganismen und Zelkulturen GmbH 保存株

※2、平成 30（2018）年３月時点の各分離株の学名

※3、JCM に寄託された分離株の JCM ホームページ上に記載の学名

※4、詳細同定に関する論文、数字は本節中の「参考文献」番号と同じ

※5、JCM オンラインカタログ（URL:http://jcm.brc.riken.jp/ja/catalogue または、http://www.jcm.riken.jp/cgi-bin/jcm/strain_takamatsuzuka-kitora）、平成 30（2018）年６月１日時点

Tab. 1　GYC 寒天平板培地における炭酸カルシウム溶解性試験　供試分離株 / 菌株リスト　（続き）

No.	区分	供試時点の学名	株名※1	現行の学名※2	JCM 菌株番号※3	分離源のメモ	文献※4
53	酵母	*Candida takamatsuzukensis*	T4922-1-1[T]	*Yamadazyma takamatsuzukensis*	15410	高松塚古墳 石室内 奥（B-1：1a（落下菌：CP 添加 PDA を 10 分間開放）	35, 36
54	酵母	*Candida tumulicola*	T6517-9-5[T]	*Yamadazyma tumulicola*	15403	高松塚古墳 石室内 東壁 右女子足元下 ゲル状部分　No. ⑨	35, 36
55	酵母	*Candida* sp.（新種）	K5916-7-4y	*Yamadazyma olivae*	30999	キトラ古墳　石室内 北壁玄武	36
56	酵母	*Pichia membranifaciens*	T4716-3	*Pichia membranifaciens*	28221	高松塚古墳　石室内壁面 白虎の爪の箇所、ゲル状	-
57	酵母	*Pichia guilliermondii*	T6517-3-4	*Meyerozyma guilliermondii*	28202	高松塚古墳 石室内 西壁 左女子 頭部後方の黒色部分 No. ③	19
58	酵母	*Candida* sp.	K9218-1y	*Yamadazyma olivae*	28598	キトラ古墳 石室内 西壁 壁面の黄色い粒 090218（次亜塩素酸 1000ppm でとる）	脚注※5
59	酵母	*Myxozyma* sp. 2	K9218-2y	*Myxozyma* sp.	28599	キトラ古墳 石室内 西壁 壁面の黄色い粒 090218（次亜塩素酸 1000ppm でとる）	脚注※5
60	酵母	*Candida* sp.	K9925-6-5y	*Candida* cf. *bituminiphila*	28601	キトラ古墳 石室内 天井壁（北から 2 番目／東側）穴の中の黒色ゲル 090925（K9703-8 と同じ箇所）	脚注※5
61	酵母	*Sporidiobolus* aff. *salmonicolor*	K9703-4-6y	*Sporidiobolus salmonicolor*	28600	キトラ古墳 石室内 東壁 石の上（中央部上）白い粉状	脚注※5
62	細菌	*Gluconacetobacter* sp.	K5929-2-1b	*Gluconacetobacter tumulicola*	17774[T]	キトラ古墳 西寄り天井　しっくいにあいた穴③ No.4 中身の黒色（黒色物質）	1
63	細菌	*Stenotrophomonas* sp.（*S. rhizophila* に近縁）	K5916-3-1b	*Stenotrophomonas* sp.	28635	キトラ古墳　石室内、北壁	脚注※5
64	細菌	*Bacillus simplex*	K6203-10-3b	*Bacillus simplex*	28856	キトラ古墳　石室南壁、下方、ゲル上の塊多数（高松塚のものに酷似）	37
65	細菌	*Ochrobactrum* sp.（*O. grignonense* に近縁）	T6220-2-3b	*Ochrobactrum pituitosum*	28787	高松塚古墳　西壁、女子群像、頭上	37
66	細菌	*Stenotrophomonas* sp.（新種）	T5916-2-1b	*Stenotrophomonas tumulicola*	30961[T]	高松塚古墳　西壁、白虎　後肢下、ゲル上	41
67	細菌	*Bacillus thuringiensis*	T5916-8-1b	*Bacillus toyoensis*	28785	高松塚古墳　東壁、青龍左、茶しみ中の黒カビ跡、ベタベタ	37
68	細菌	*Gluconacetobacter* sp.（*Gluconacetobacter* sp. 1）	K5929-1-1b	*Gluconacetobacter tumulicola*	17773	キトラ古墳 西寄り天井　しっくいにあいた穴② No.3（黒色	1
69	細菌	*Gluconacetobacter* sp.（*Gluconacetobacter* sp. 1）	K5929-3-1b	*Gluconacetobacter tumulicola*	17775	キトラ古墳 西寄り天井　しっくいにあいた穴③ No.5 表層の黒色（黒色物質）	1
70	細菌	*Gluconacetobacter* sp.（*Gluconacteobacter* sp. 2）	K8617-1-1b	*Gluconacetobacter asukensis*	17772[T]	キトラ古墳石室内 天井石 北東側隅付近 茶ゲル　080617	1
71	細菌	*Gluconacetobacter* sp.（*Gluconacetobacter* sp. 1）	K8617-3-4b	*Gluconacetobacter tumulicola*	17776	キトラ古墳石室内　東壁 中央上部付近 白粒状 080617	1
72	細菌	*Gluconacetobacter* sp.（*Gluconacetobacter* sp. 1）	K8617-7-3b	*Gluconacetobacter tumulicola*	17777	キトラ古墳石室内　床面 南側 水色 080617	1
73	細菌	*Gluconacetobacter diazotrophicus*	DSM 5601[T]	*Gluconacetobacter diazotrophicus*	-	さとうきび	-
74	細菌	*Gluconacetobacter sacchari*	DSM 21717[T]	*Gluconacetobacter sacchari*	-	さとうきび	-
75	細菌	*Bacillus thuringiensis*	JCM 20386[T]	*Bacillus thuringiensis*	-	スジコナマダラメイガ（*Ephestia kuehniella*）	-
76	細菌	*Stenotrophomonas maltophilia*	NBRC 14161[T]	*Stenotrophomonas maltophilia*	-	口腔がん患者の口腔咽頭部	-

※1、T：高松塚古墳分離株、K：キトラ古墳分離株、TBT：高松塚古墳分離株（東文研）、TBK：キトラ古墳分離株（東文研）、株名の右端上付きの T は当該種の基準株（Type strain）あるいはタイプ由来株（Ex-type strain）、NT はネオタイプ由来株（Ex-neotype strain）を意味する。CBS：Westerdijk Fungal Biodiversity Institute 保存株、NBRC：NITE Biological Resource Center 保存株、JCM：Japan Collection of Microorganisms（RIKEN BioResource Research Center）保存株、DSM：Deutsche Sammlung von Mikroorganismen und Zelkulturen GmbH 保存株
※2、平成 30（2018）年 3 月時点の各分離株の学名
※3、JCM に寄託された分離株の JCM ホームページ上に記載の学名
※4、詳細同定に関する論文、数字は本節中の「参考文献」番号と同じ
※5、JCM オンラインカタログ（URL:http://jcm.brc.riken.jp/ja/catalogue または、http://www.jcm.riken.jp/cgi-bin/jcm/strain_takamatsuzuka-kitora）、平成 30（2018）年 6 月 1 日時点

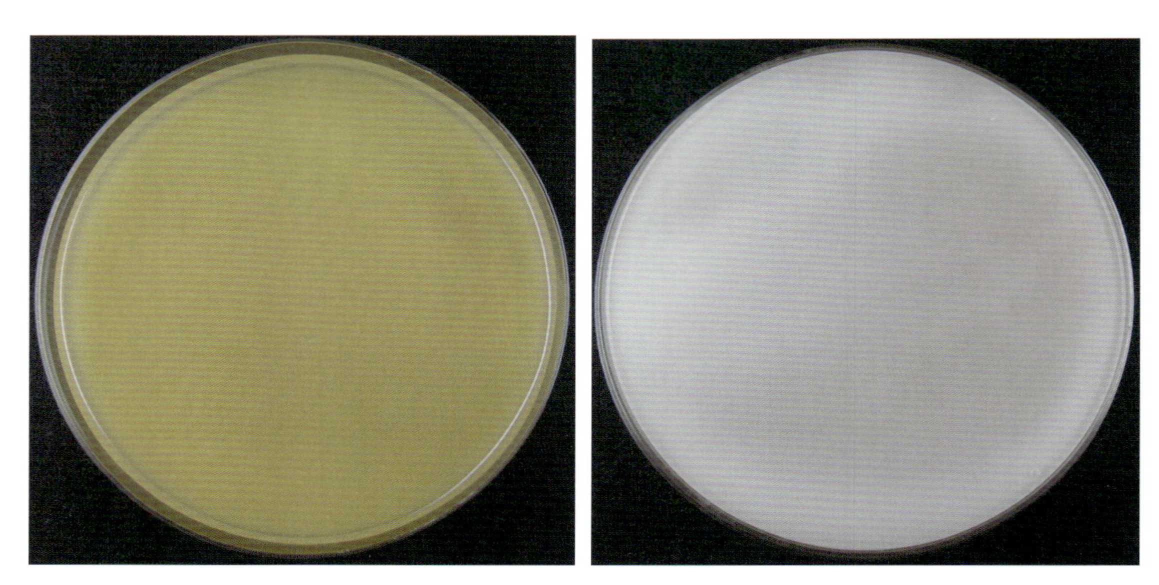

Fig. 1　対照（未接種）の GYC 寒天平板培地、左：表、右：裏

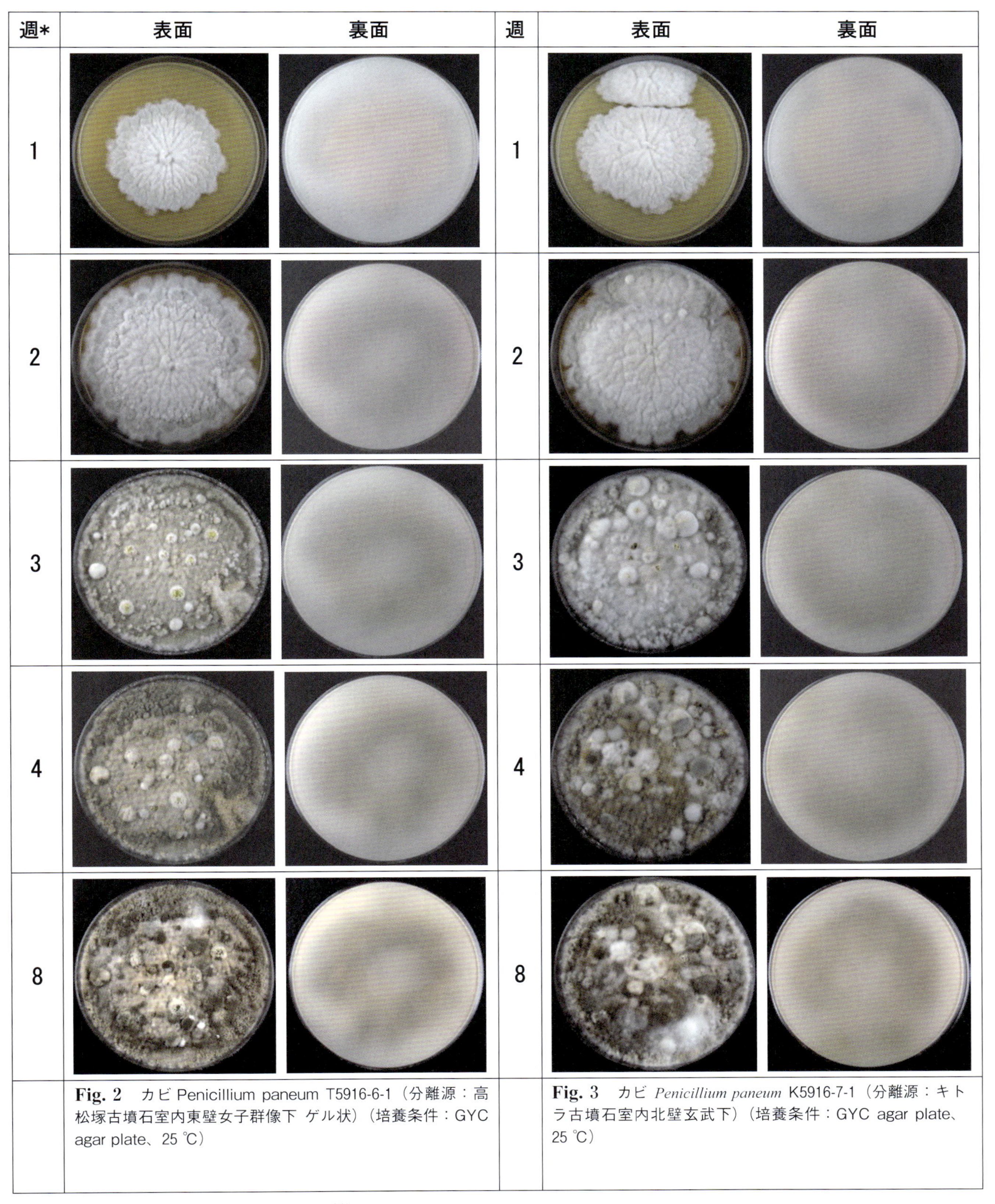

Fig. 2　カビ Penicillium paneum T5916-6-1（分離源：高松塚古墳石室内東壁女子群像下 ゲル状）（培養条件：GYC agar plate、25 ℃）

Fig. 3　カビ *Penicillium paneum* K5916-7-1（分離源：キトラ古墳石室内北壁玄武下）（培養条件：GYC agar plate、25 ℃）

＊週：培養週数を示す（以下 Fig. 77 まで同様）
Fig. 2 ～ Fig. 77 までの分離株帰属分類群（学名）については、Tab. 1 を参照のこと

週	表面	裏面	週	表面	裏面
1		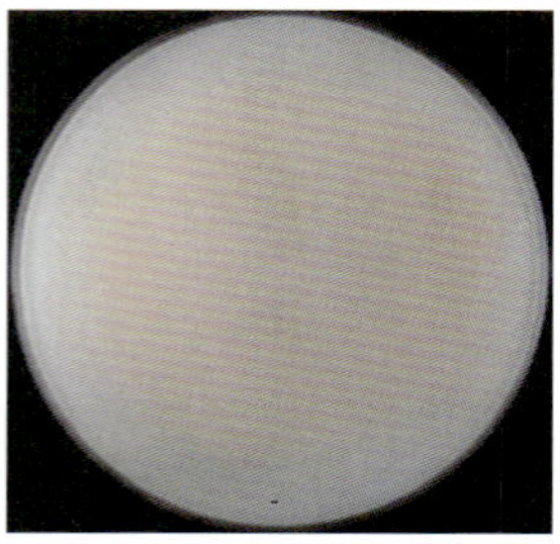	1		
2	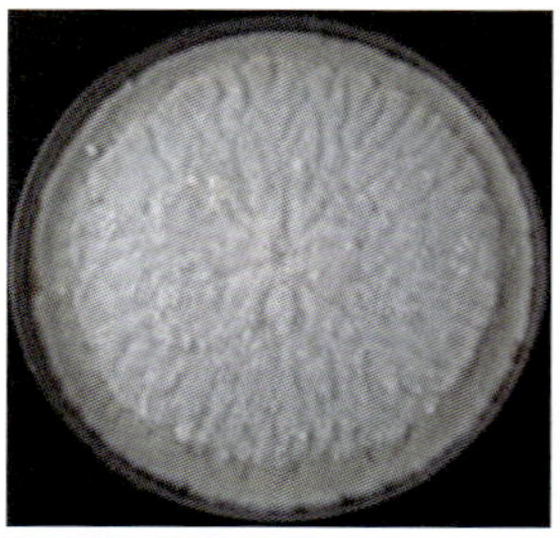		2	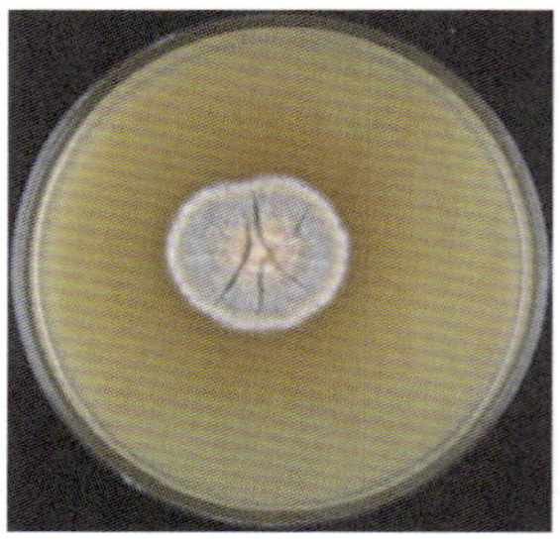	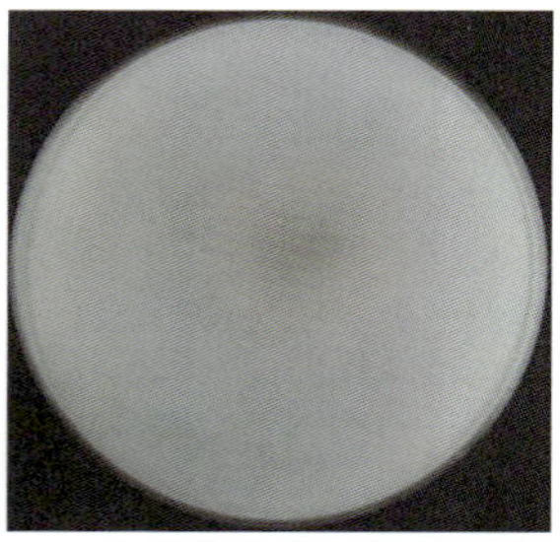
3	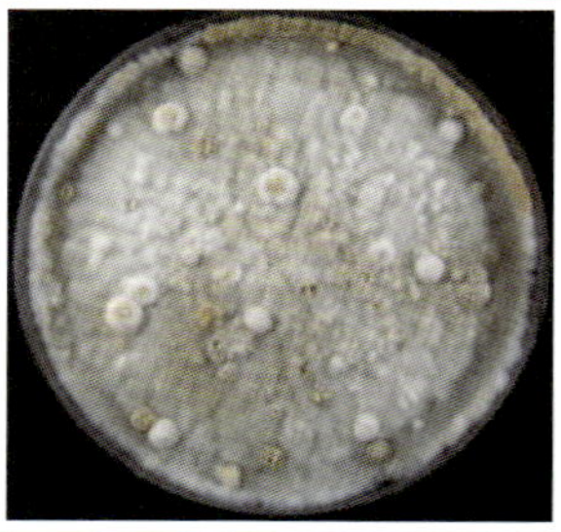	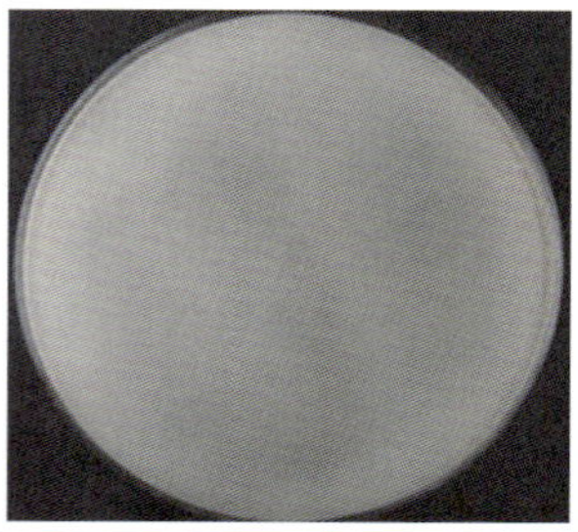	3		
4	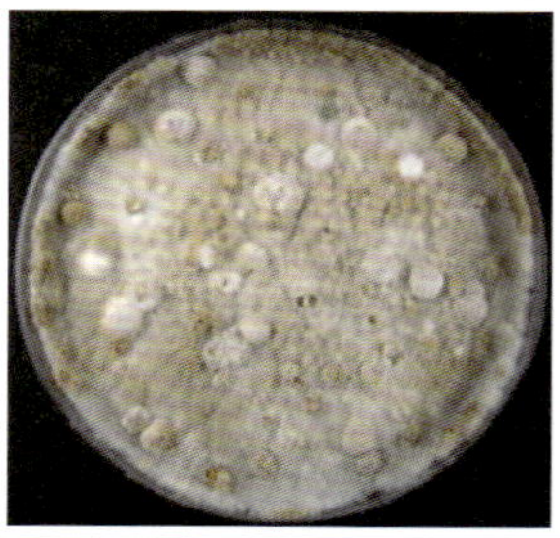	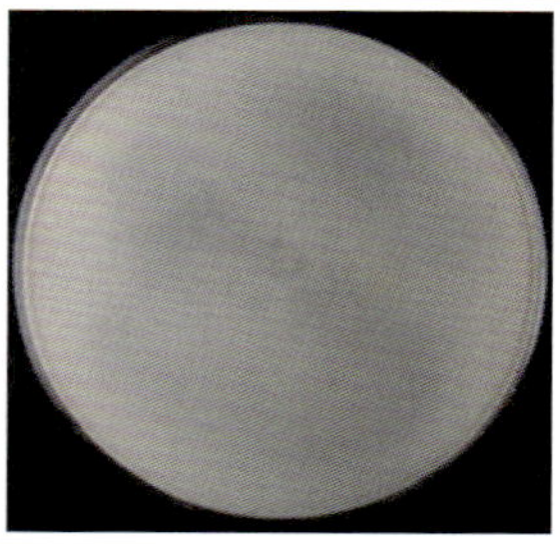	4	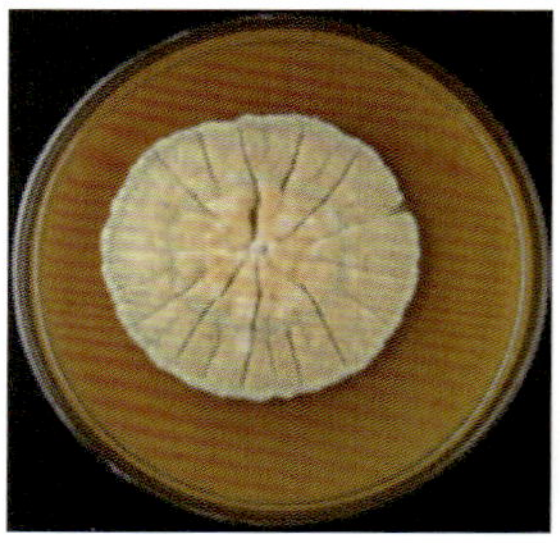	
8	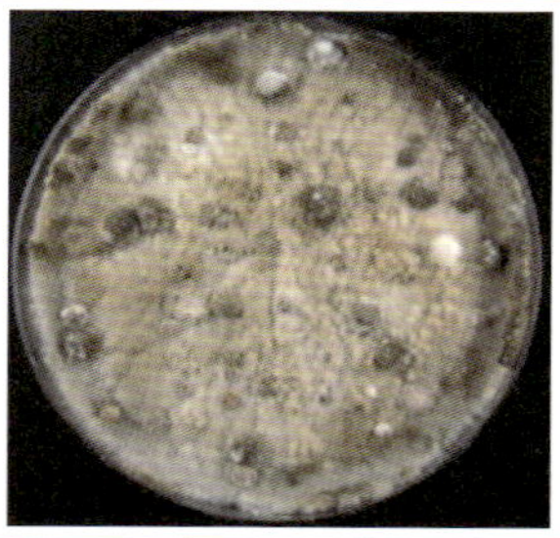	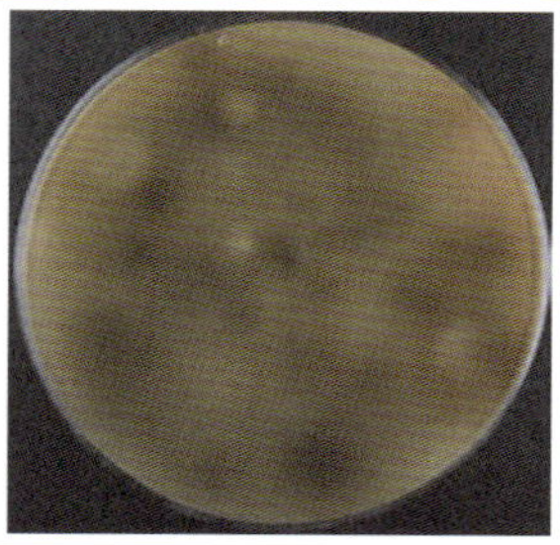	8		
	Fig. 4　カビ既知近縁種 *Penicillium paneum* CBS 101032T（分離源：カビの生えたパン（デンマーク））（培養条件：GYC agar plate、25 ℃）			**Fig. 5**　*Penicillium* sp. 2 T7615-5-2（分離源：高松塚古墳　東壁石1 南小口 中央部下部茶色と黒の混合 ネバネバ 070615-5（石室解体中））（培養条件：GYC agar plate、25 ℃）	

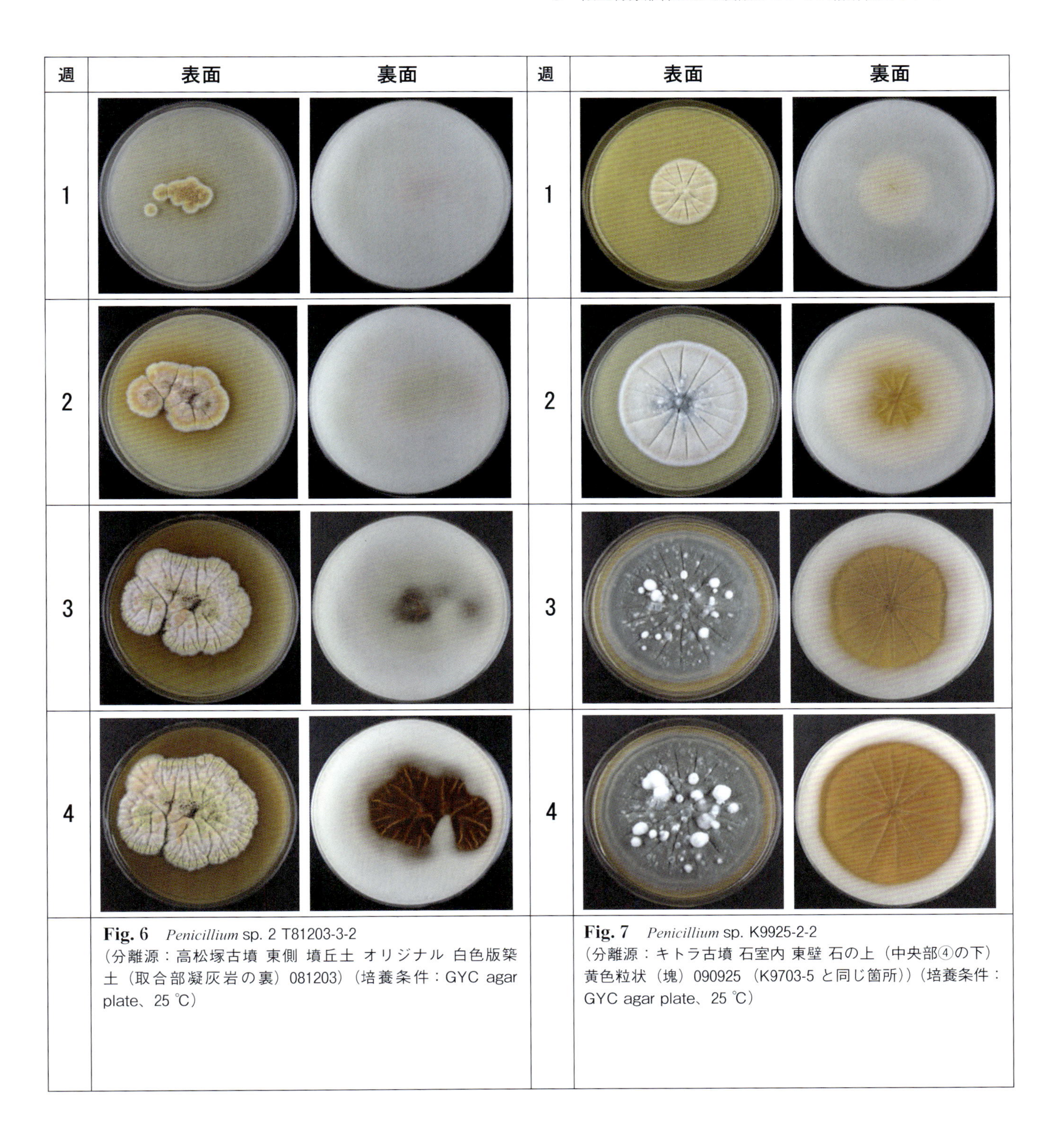

Fig. 6　*Penicillium* sp. 2 T81203-3-2
（分離源：高松塚古墳 東側 墳丘土 オリジナル 白色版築土（取合部凝灰岩の裏）081203）（培養条件：GYC agar plate、25 ℃）

Fig. 7　*Penicillium* sp. K9925-2-2
（分離源：キトラ古墳 石室内 東壁 石の上（中央部④の下）黄色粒状（塊）090925（K9703-5 と同じ箇所））（培養条件：GYC agar plate、25 ℃）

週	表面	裏面	週	表面	裏面
1	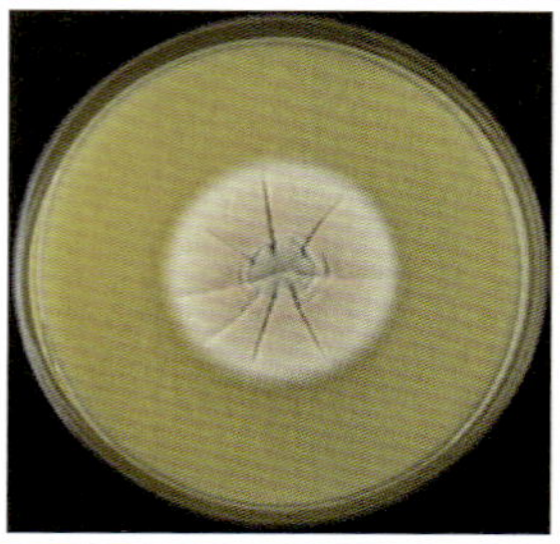	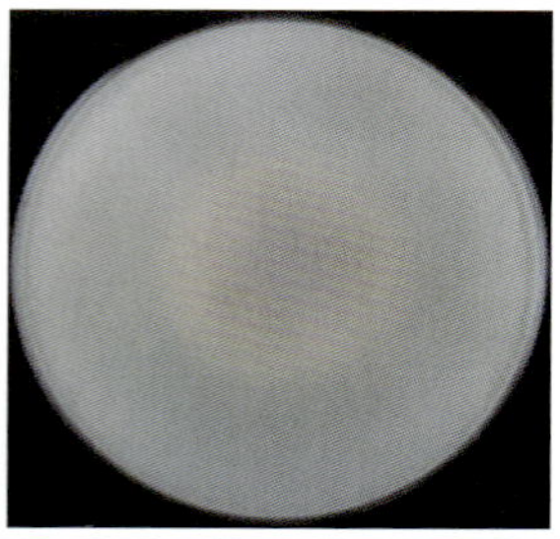	1	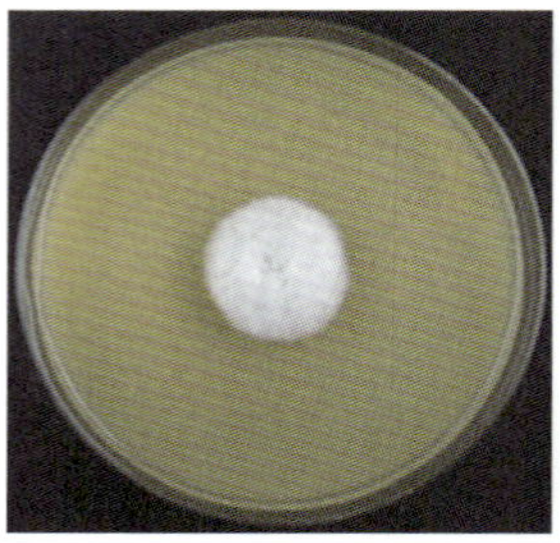	
2	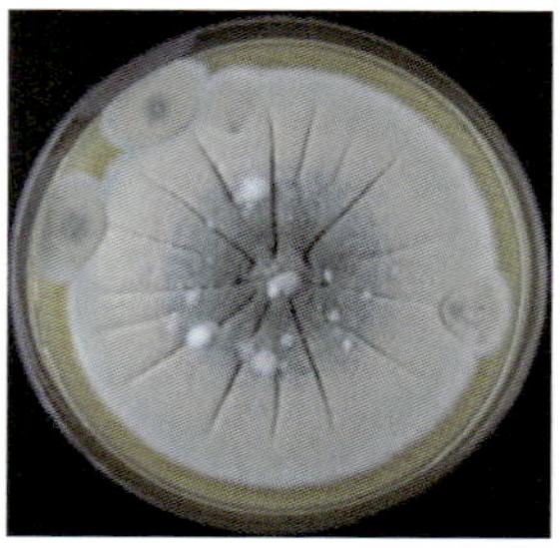	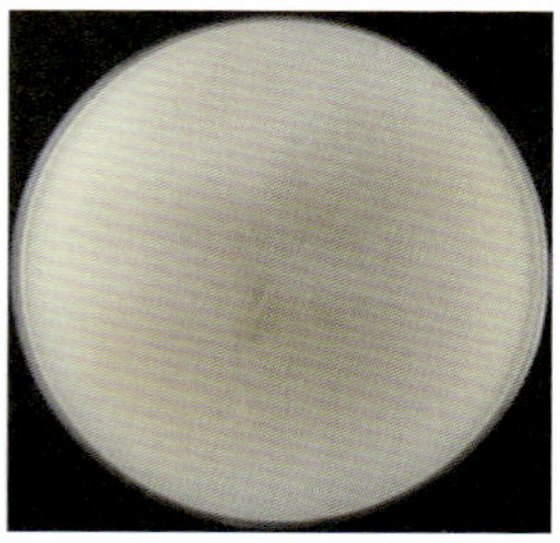	2	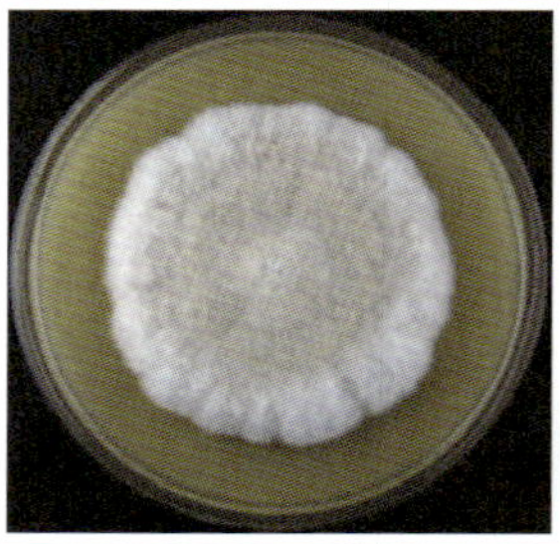	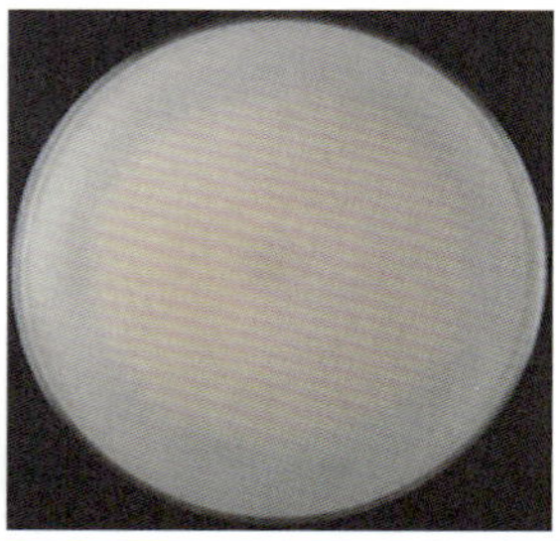
3	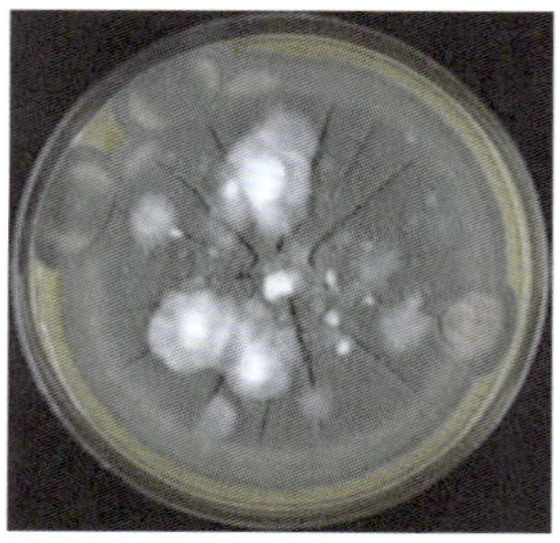	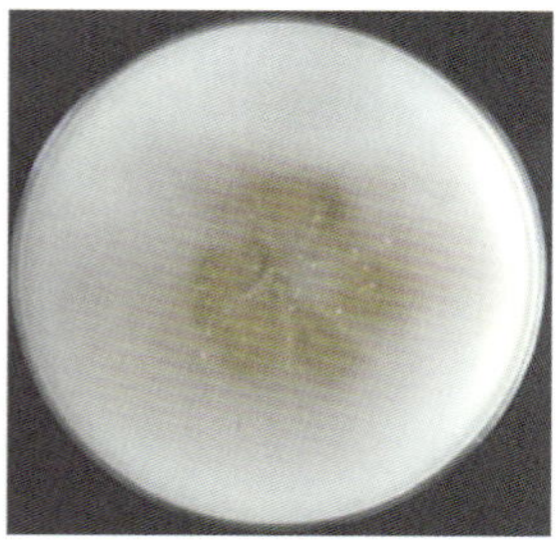	3	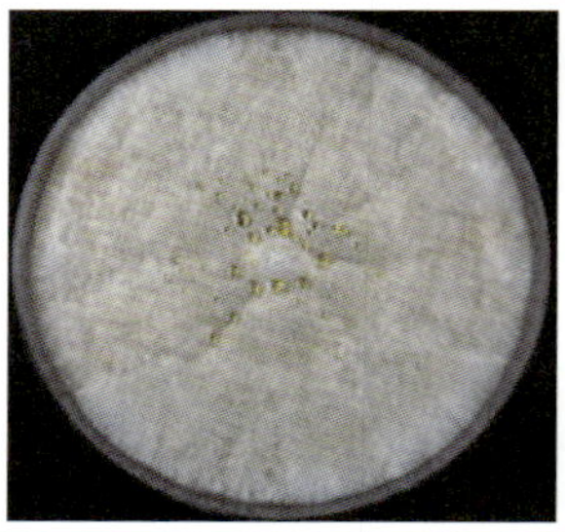	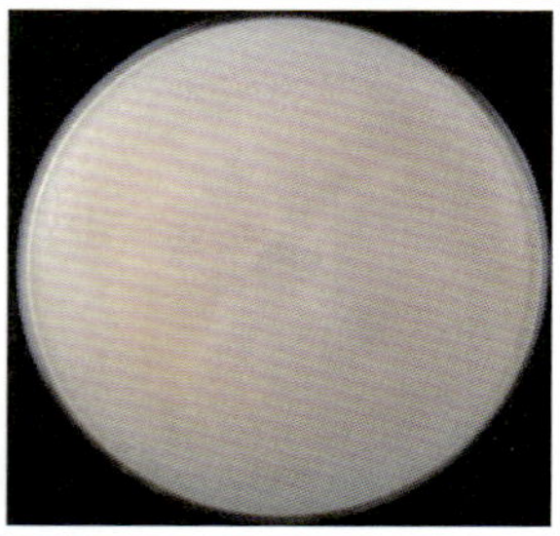
4	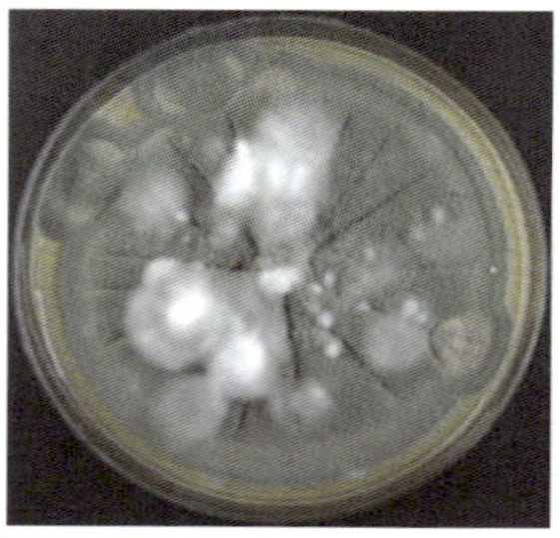	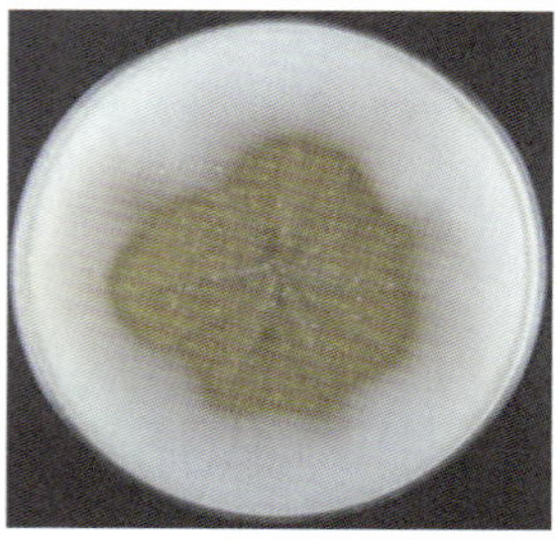	4	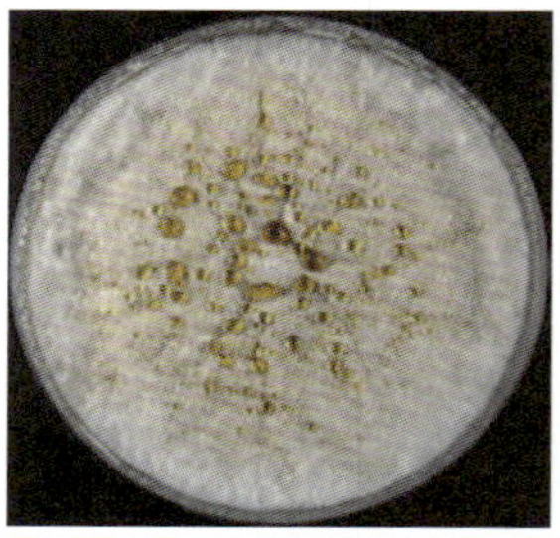	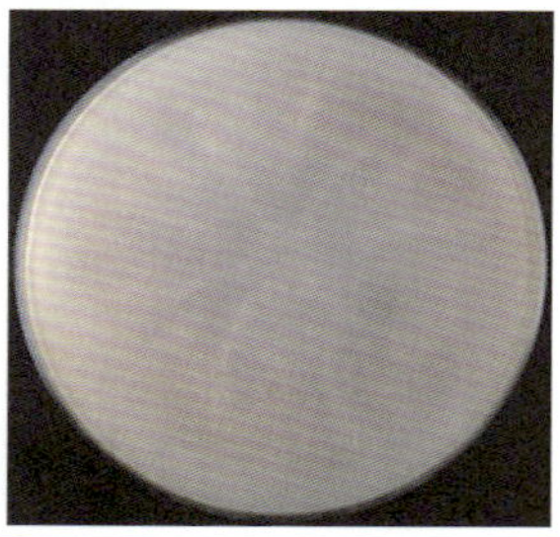
			8	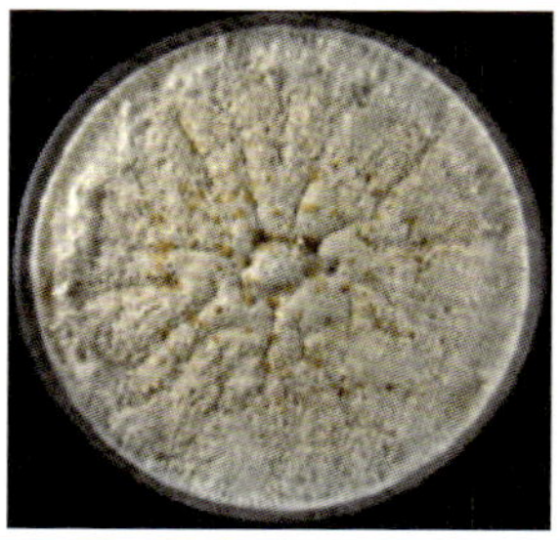	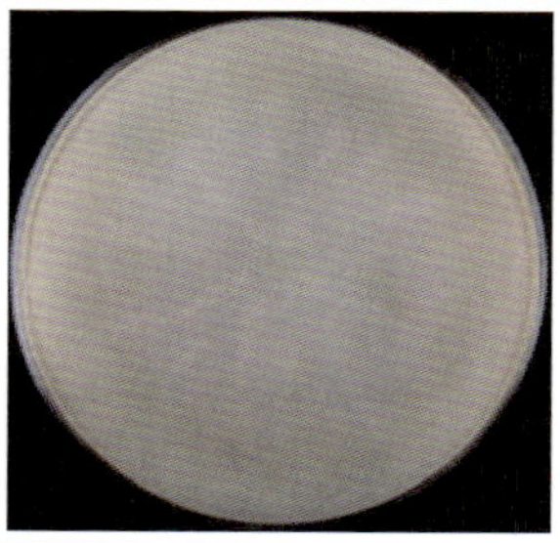
	Fig. 8 *Penicillium* sp. K9925-4-2（分離源：キトラ古墳 石室内 北壁 漆喰の黒い穴の中心 黒色ゲル 090925（K9703-7 と同じ箇所））（培養条件：GYC agar plate、25 ℃）			**Fig. 9** カビ *Acremonium*（sect. *Gliomastix*）*masseei* T4519-5-1（分離源：高松塚古墳石室内床面 白色コロニー）（培養条件：GYC agar plate、25 ℃）	

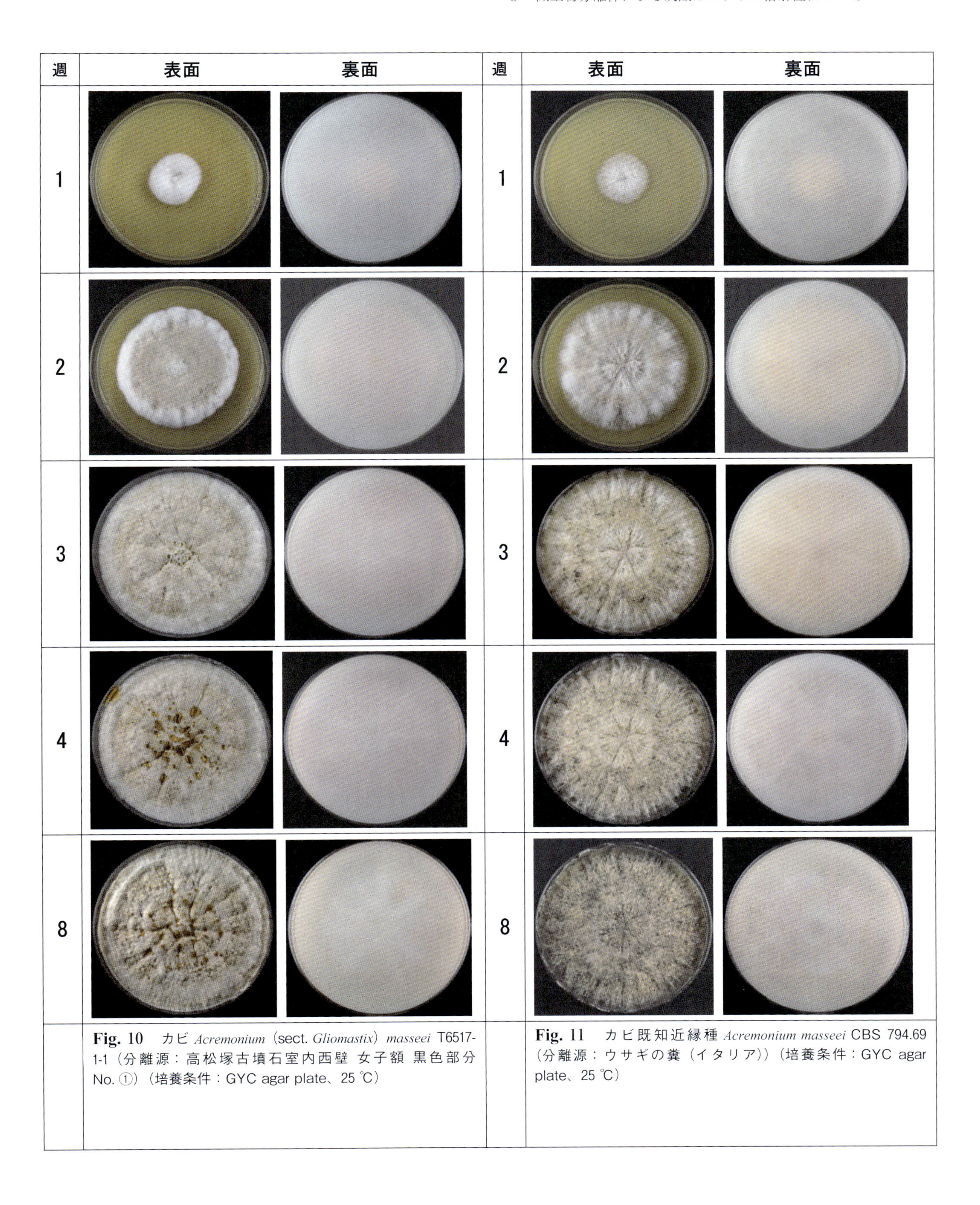

Fig. 10　カビ *Acremonium*（sect. *Gliomastix*）*masseei* T6517-1-1（分離源：高松塚古墳石室内西壁 女子額 黒色部分 No. ①）（培養条件：GYC agar plate、25 ℃）

Fig. 11　カビ既知近縁種 *Acremonium masseei* CBS 794.69（分離源：ウサギの糞（イタリア））（培養条件：GYC agar plate、25 ℃）

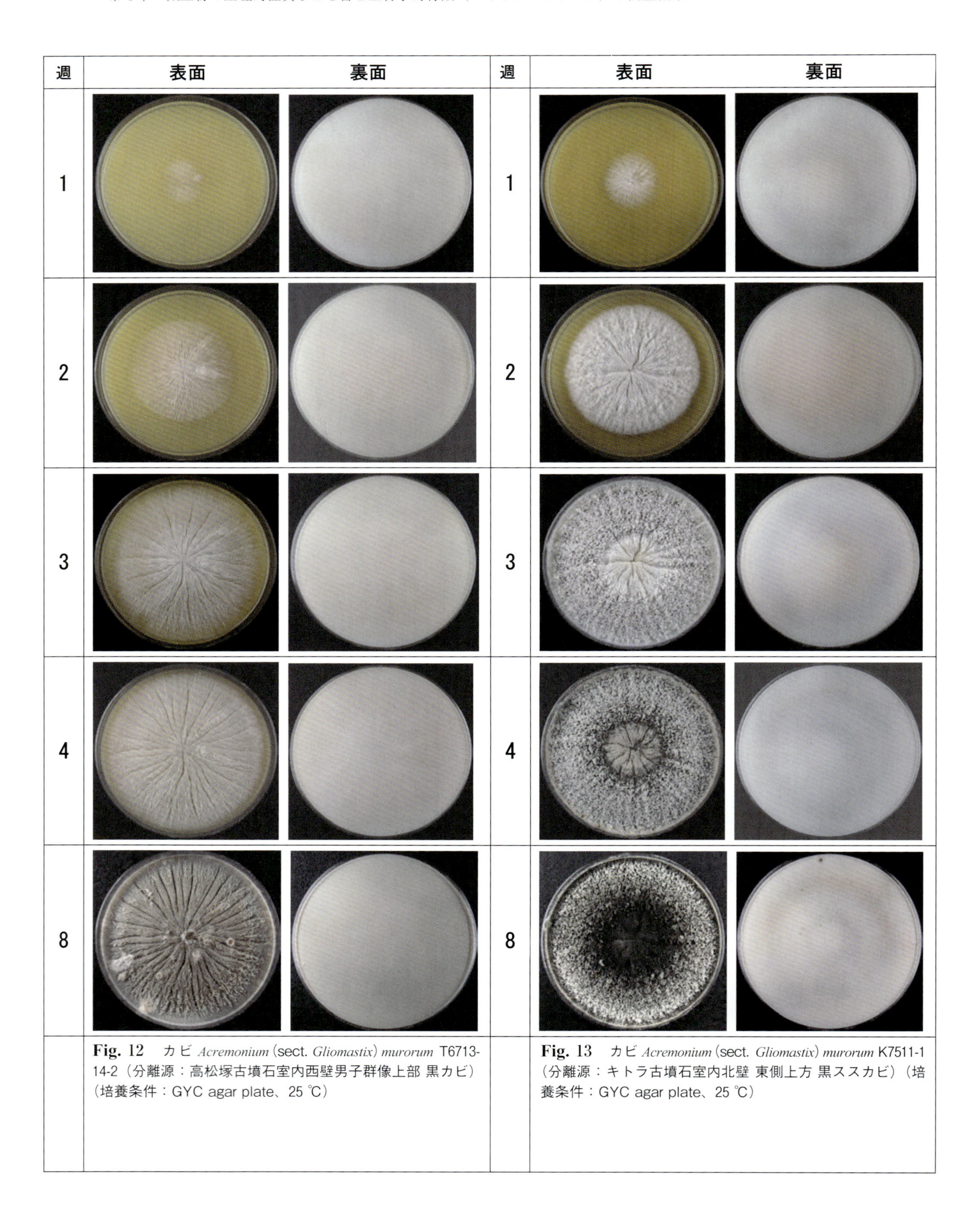

Fig. 12　カビ *Acremonium* (sect. *Gliomastix*) *murorum* T6713-14-2（分離源：高松塚古墳石室内西壁男子群像上部 黒カビ）（培養条件：GYC agar plate、25 ℃）

Fig. 13　カビ *Acremonium* (sect. *Gliomastix*) *murorum* K7511-1（分離源：キトラ古墳石室内北壁 東側上方 黒ススカビ）（培養条件：GYC agar plate、25 ℃）

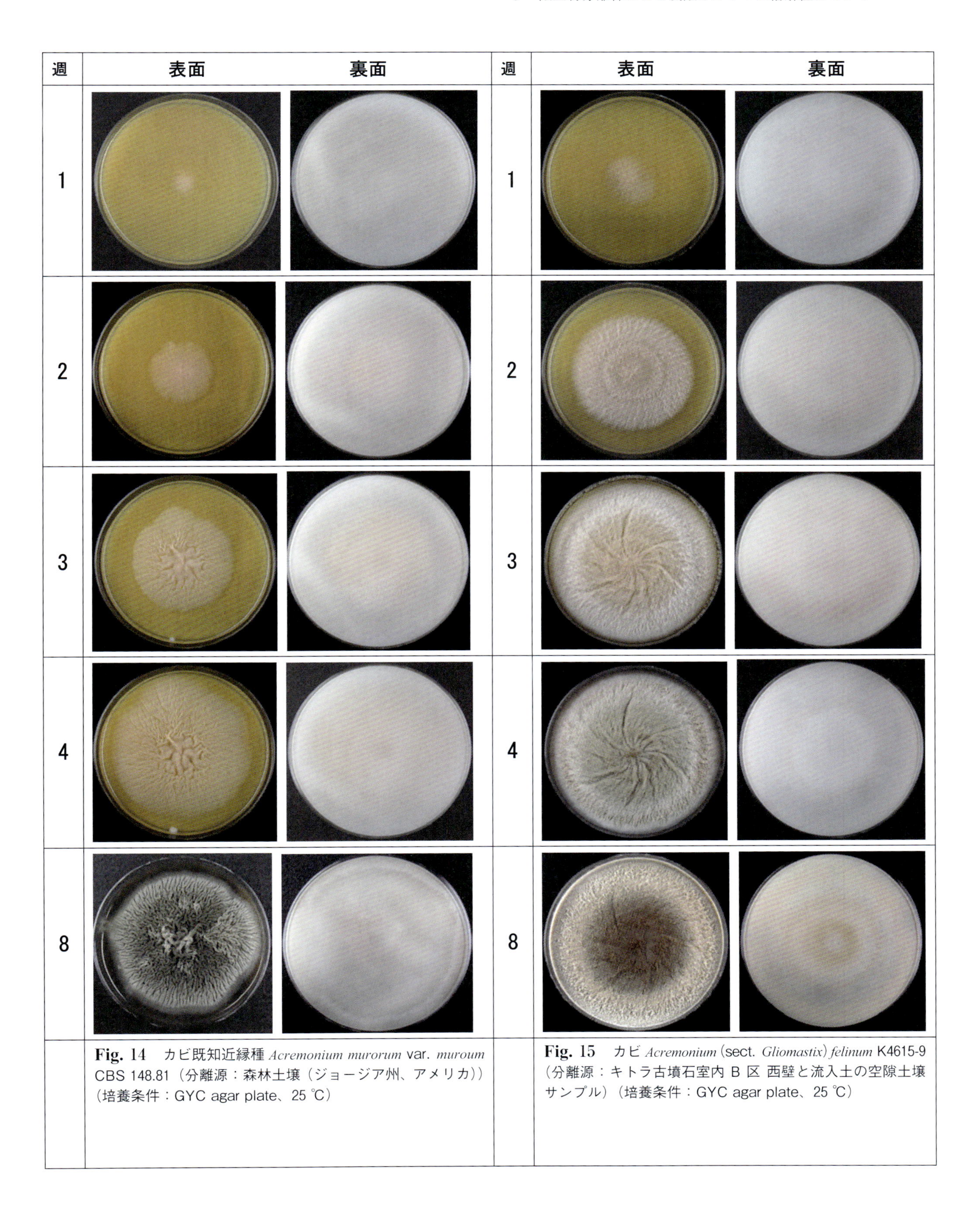

Fig. 14　カビ既知近縁種 *Acremonium murorum* var. *muroum* CBS 148.81（分離源：森林土壌（ジョージア州、アメリカ））（培養条件：GYC agar plate、25 ℃）

Fig. 15　カビ *Acremonium*（sect. *Gliomastix*）*felinum* K4615-9（分離源：キトラ古墳石室内 B 区 西壁と流入土の空隙土壌サンプル）（培養条件：GYC agar plate、25 ℃）

週	表面	裏面	週	表面	裏面
1			1	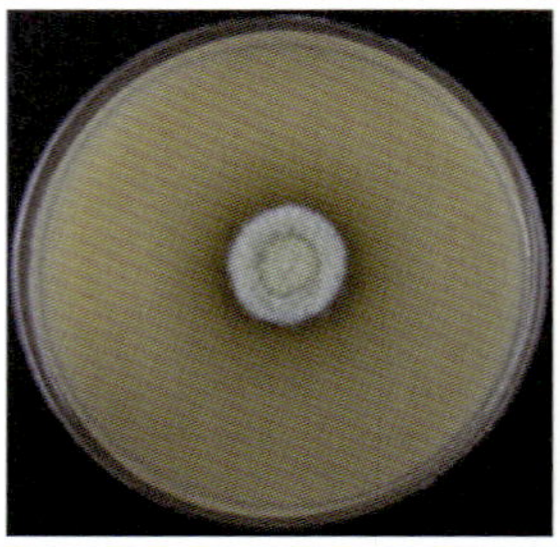	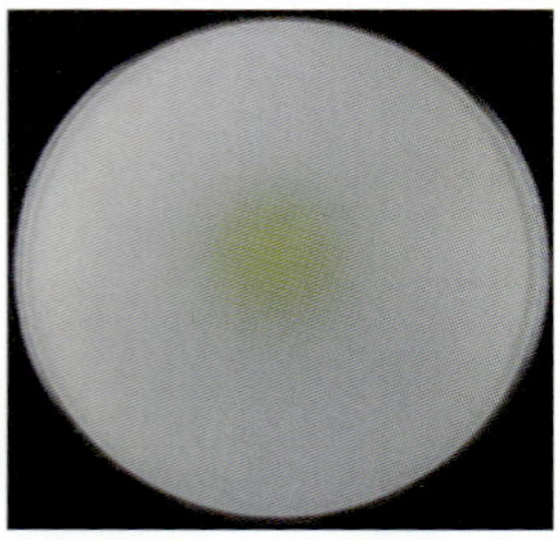
2	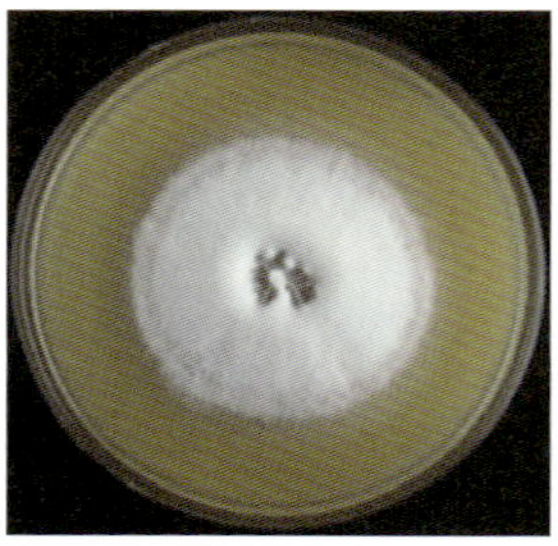	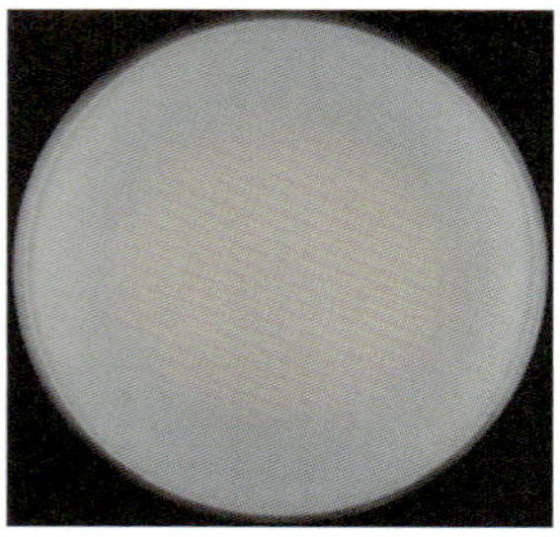	2	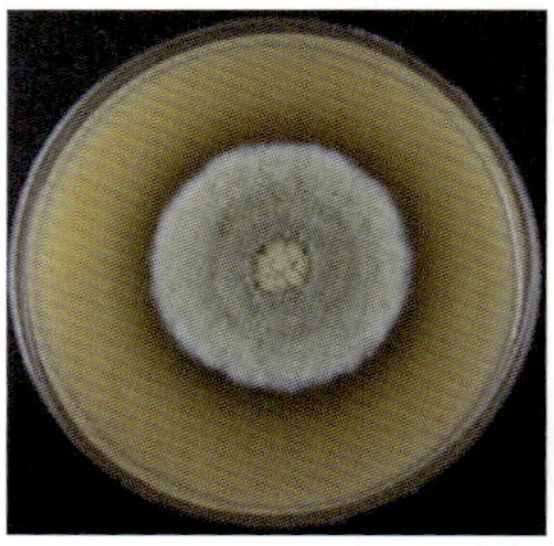	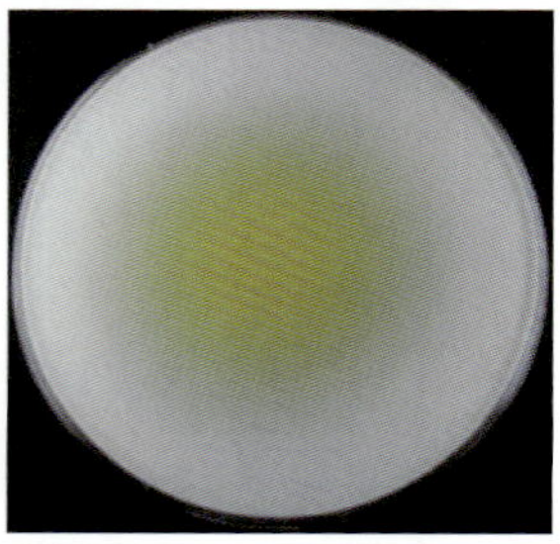
3			3	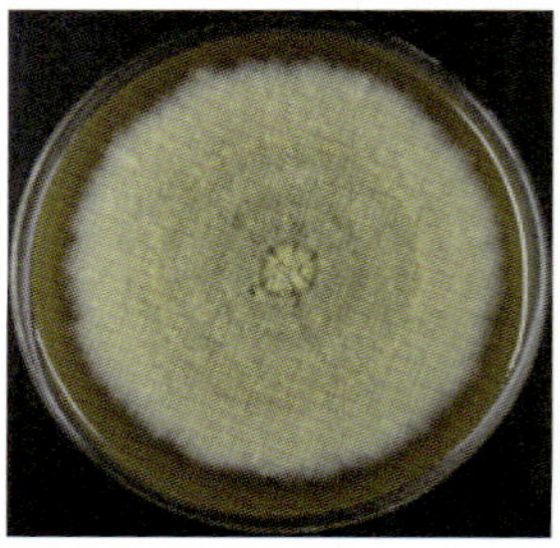	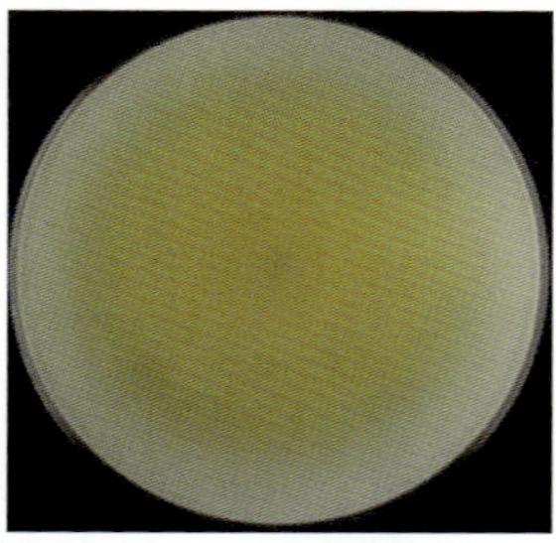
4		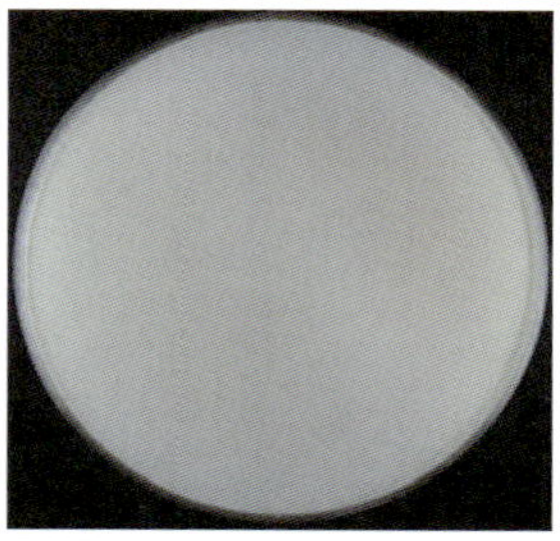	4	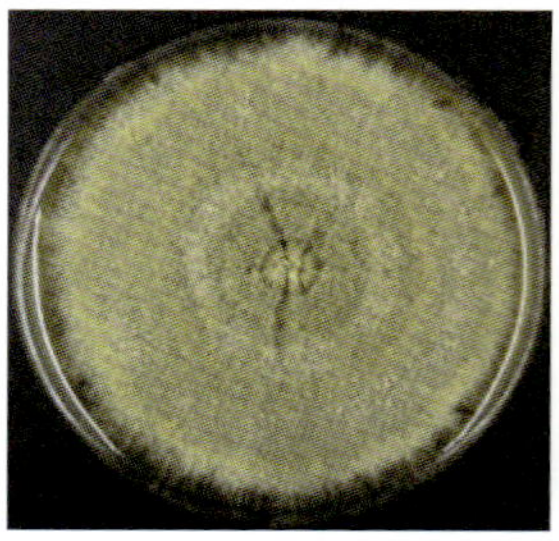	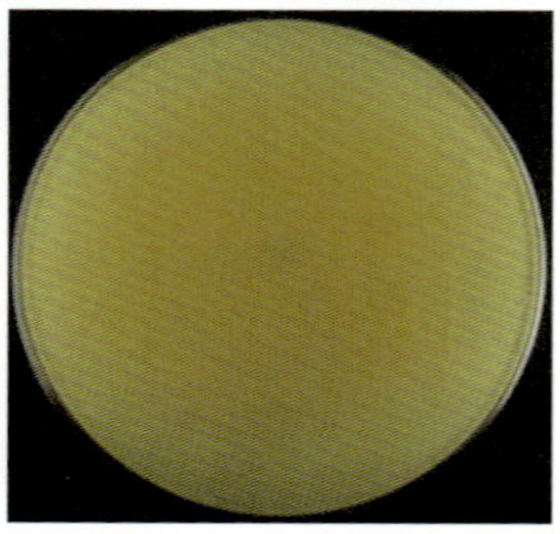
8	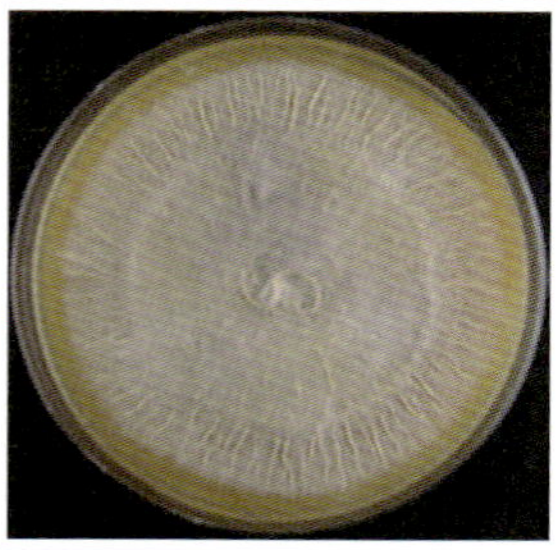		8		
	Fig. 16　*Acremonium* cf. *strictum* K5225-6-1 （分離源：キトラ古墳 石室内 北壁 玄武下酵母様白色コロニー）（培養条件：GYC agar plate、25 ℃）			**Fig. 17**　*Acremonium* sp. Yellow K9403-1-4 （分離源：キトラ古墳 石室内 東壁 南側泥の上 左 黒いゲル 090403（特に黒いもの））（培養条件：GYC agar plate、25 ℃）	

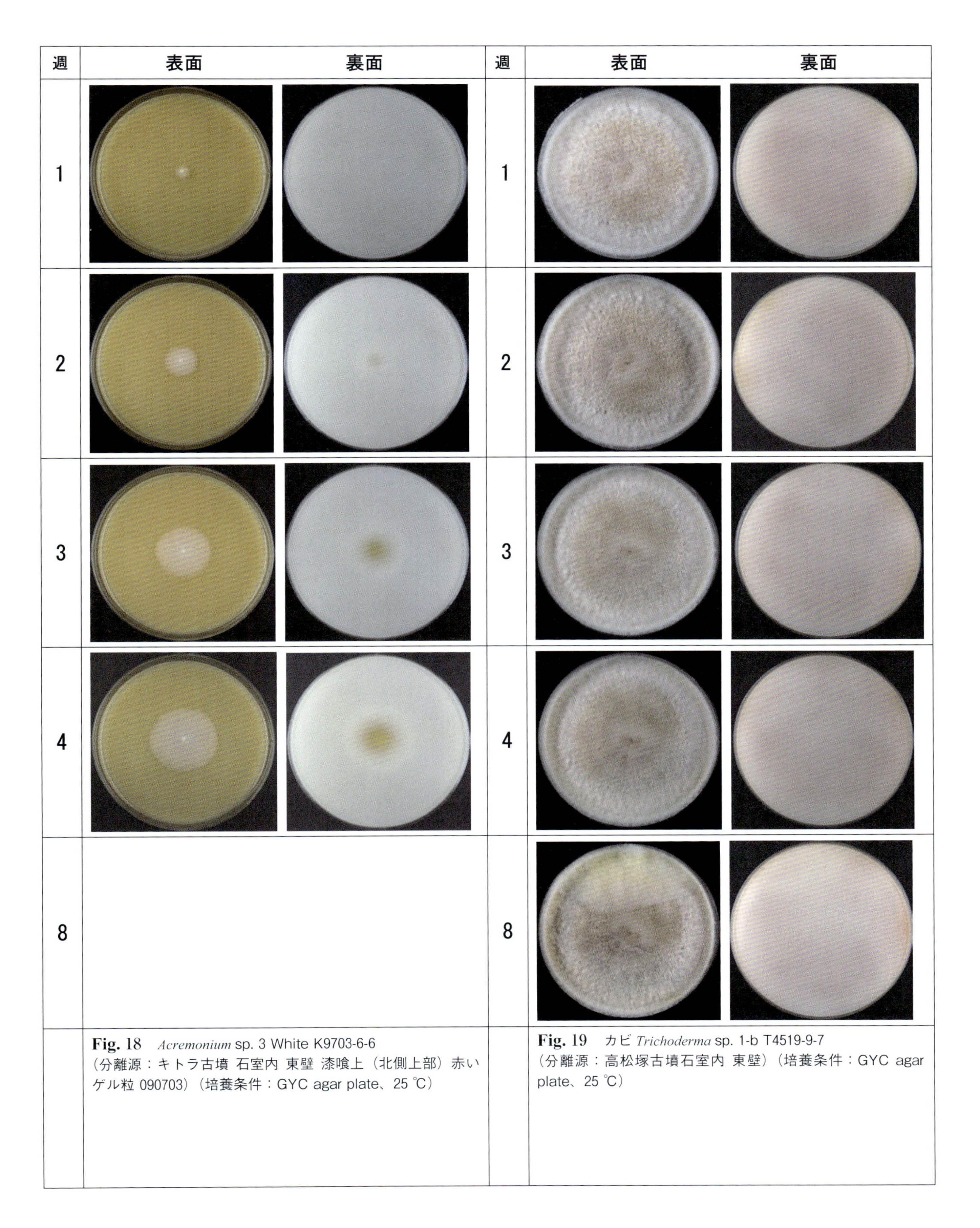

Fig. 18　*Acremonium* sp. 3 White K9703-6-6
（分離源：キトラ古墳 石室内 東壁 漆喰上（北側上部）赤いゲル粒 090703）（培養条件：GYC agar plate、25 ℃）

Fig. 19　カビ *Trichoderma* sp. 1-b T4519-9-7
（分離源：高松塚古墳石室内 東壁）（培養条件：GYC agar plate、25 ℃）

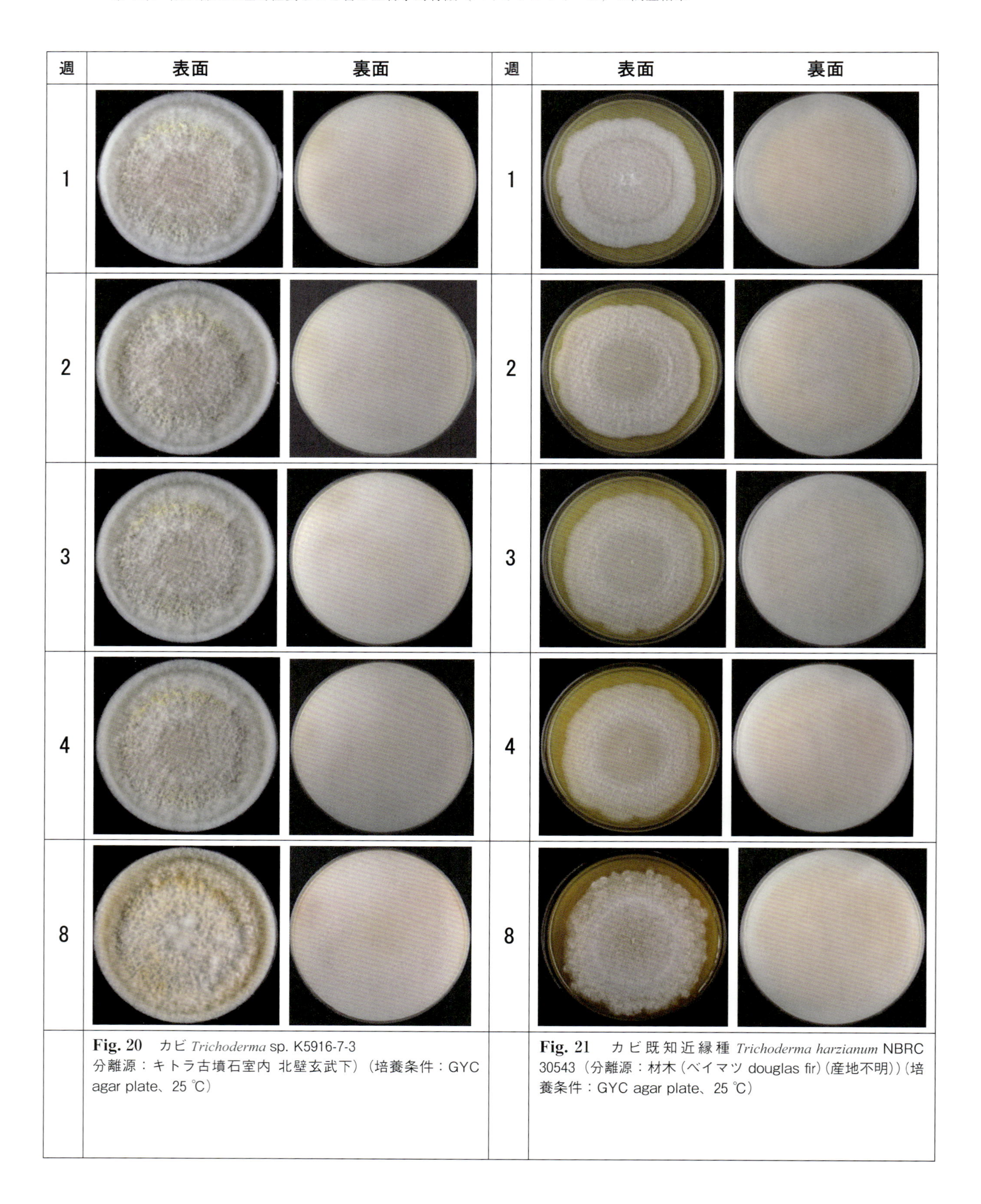

Fig. 20　カビ *Trichoderma* sp. K5916-7-3
分離源：キトラ古墳石室内 北壁玄武下）（培養条件：GYC agar plate、25 ℃）

Fig. 21　カビ既知近縁種 *Trichoderma harzianum* NBRC 30543（分離源：材木（ベイマツ douglas fir）（産地不明））（培養条件：GYC agar plate、25 ℃）

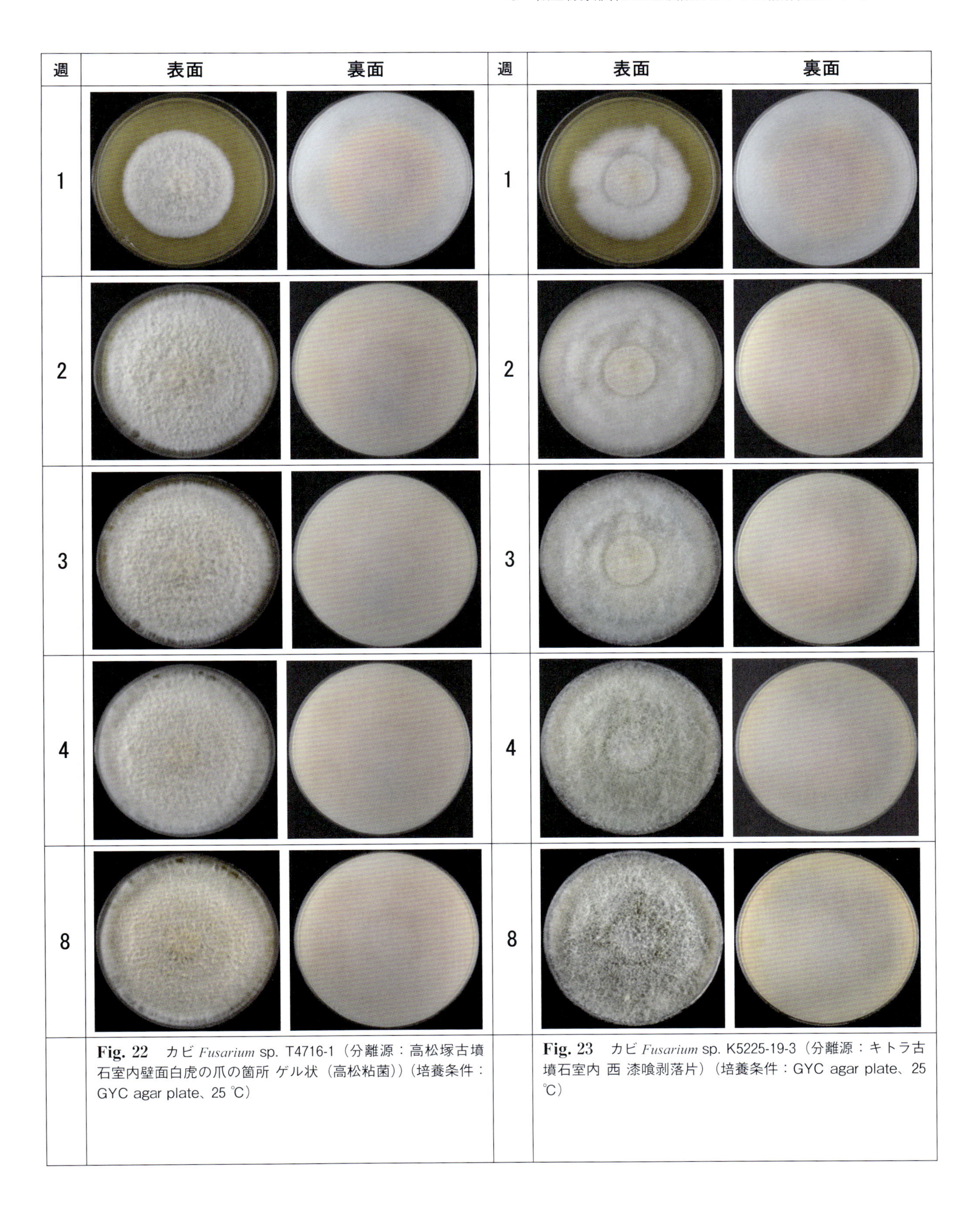

Fig. 22　カビ *Fusarium* sp. T4716-1（分離源：高松塚古墳石室内壁面白虎の爪の箇所 ゲル状（高松粘菌））（培養条件：GYC agar plate、25 ℃）

Fig. 23　カビ *Fusarium* sp. K5225-19-3（分離源：キトラ古墳石室内 西 漆喰剥落片）（培養条件：GYC agar plate、25 ℃）

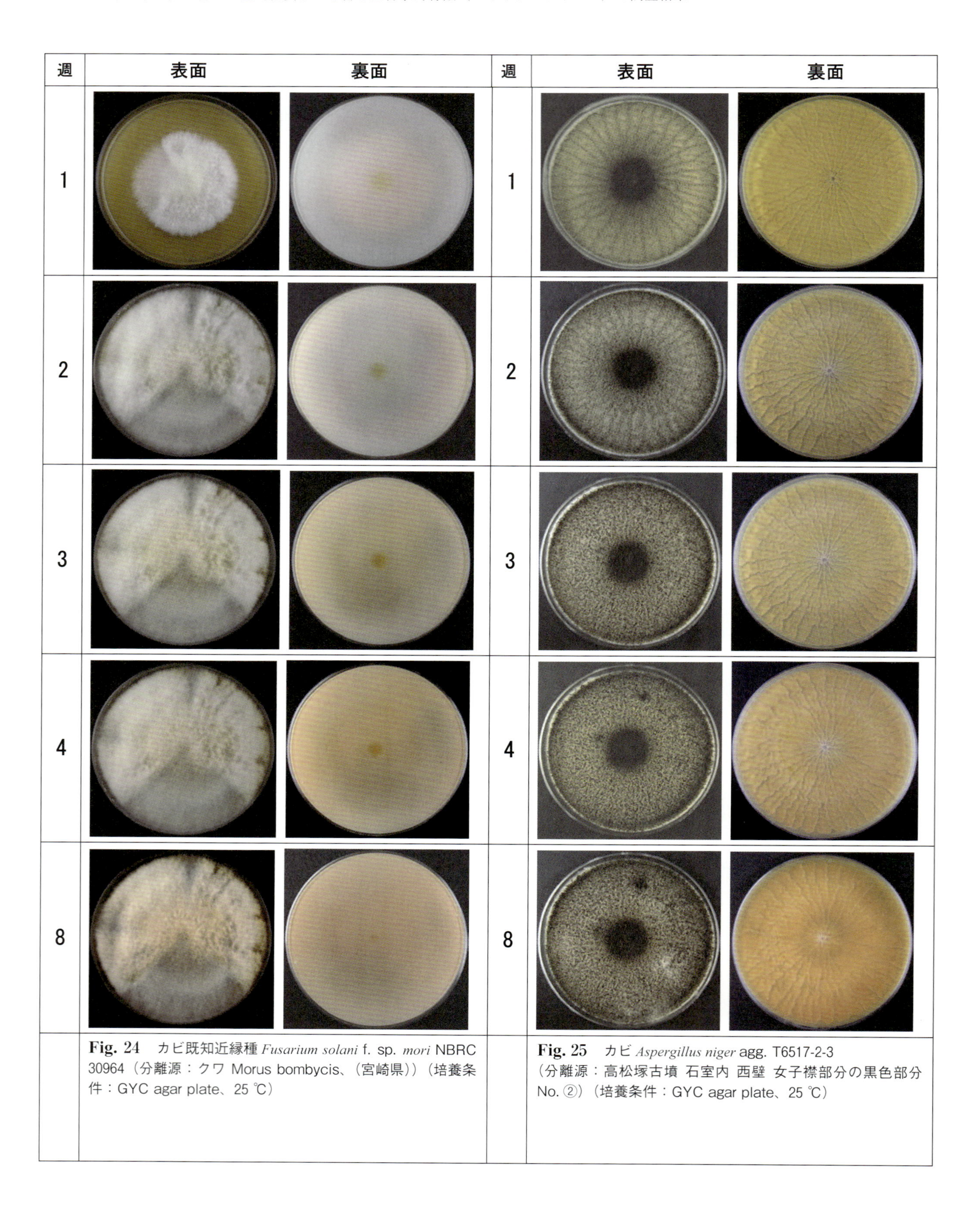

Fig. 24　カビ既知近縁種 *Fusarium solani* f. sp. *mori* NBRC 30964（分離源：クワ Morus bombycis、（宮崎県））（培養条件：GYC agar plate、25 ℃）

Fig. 25　カビ *Aspergillus niger* agg. T6517-2-3（分離源：高松塚古墳 石室内 西壁 女子襟部分の黒色部分 No. ②）（培養条件：GYC agar plate、25 ℃）

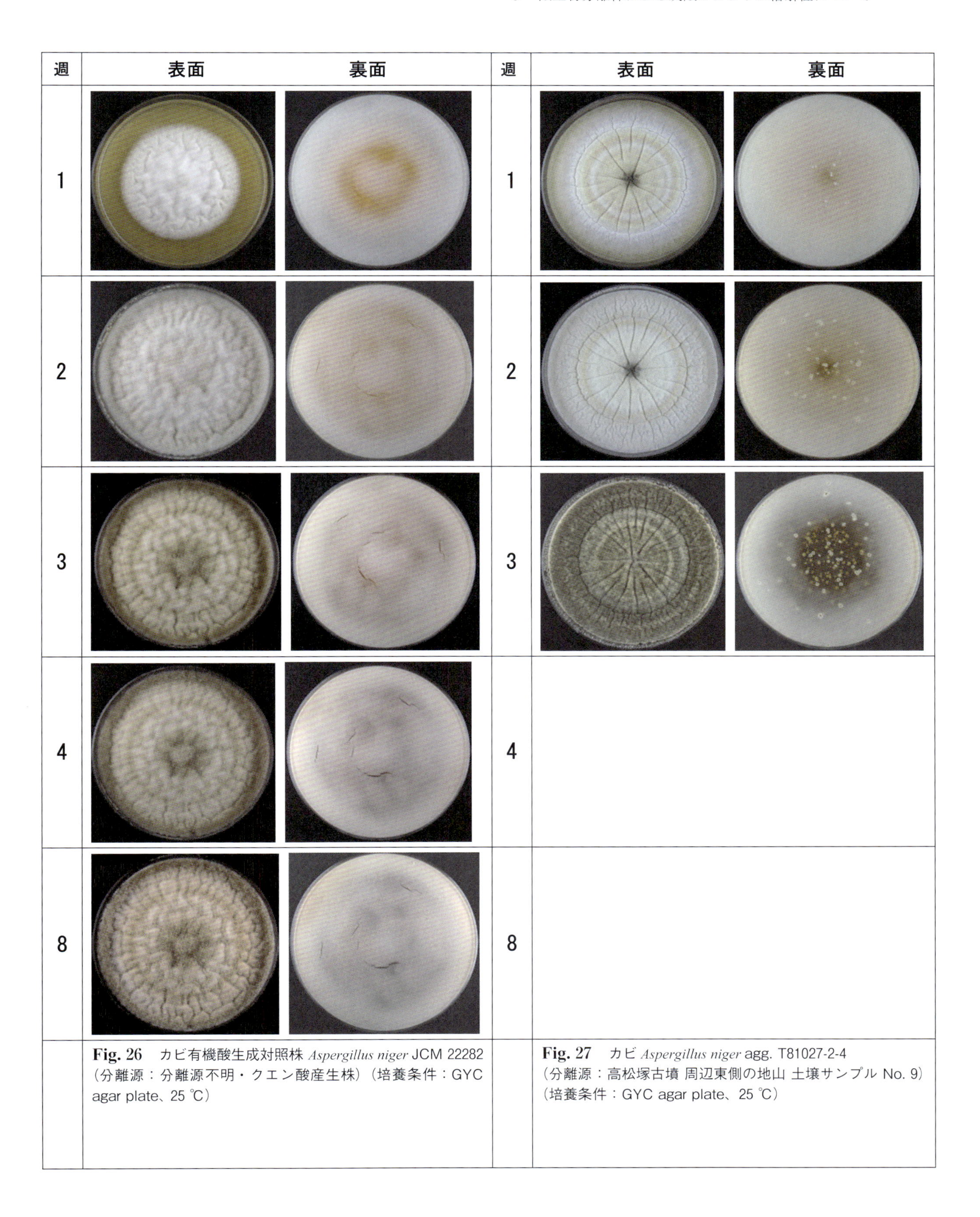

Fig. 26　カビ有機酸生成対照株 *Aspergillus niger* JCM 22282（分離源：分離源不明・クエン酸産生株）（培養条件：GYC agar plate、25 ℃）

Fig. 27　カビ *Aspergillus niger* agg. T81027-2-4（分離源：高松塚古墳 周辺東側の地山 土壌サンプル No. 9）（培養条件：GYC agar plate、25 ℃）

週	表面	裏面	週	表面	裏面
1		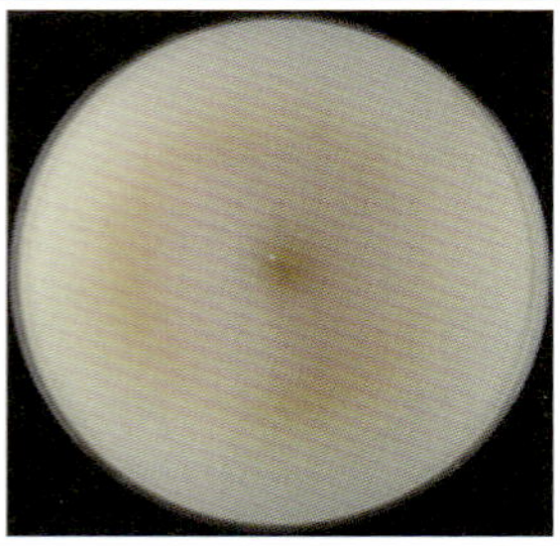	1	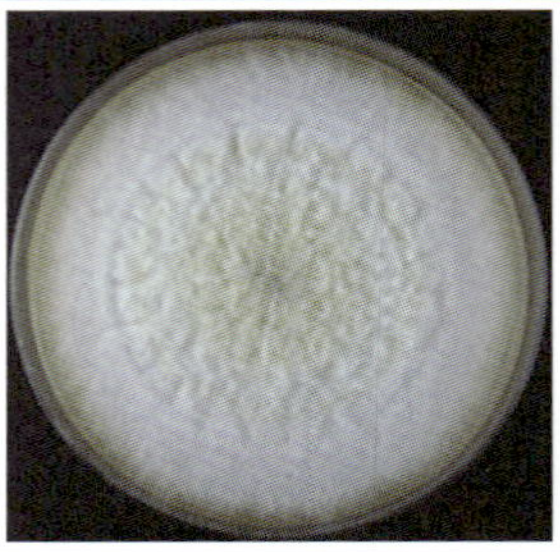	
2	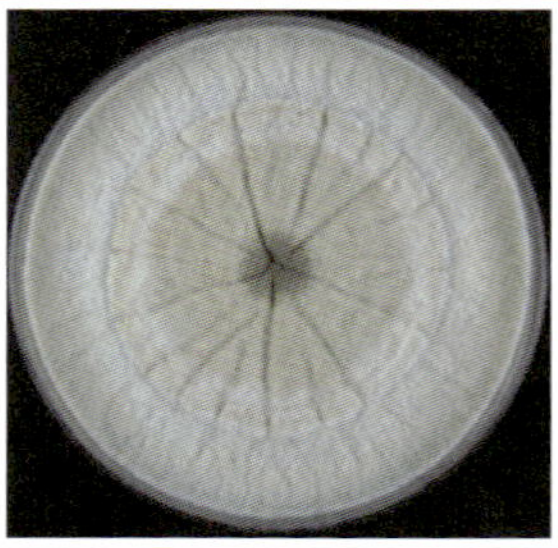	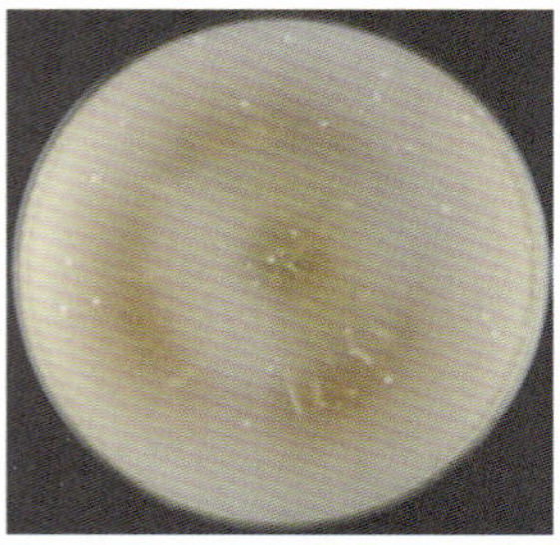	2	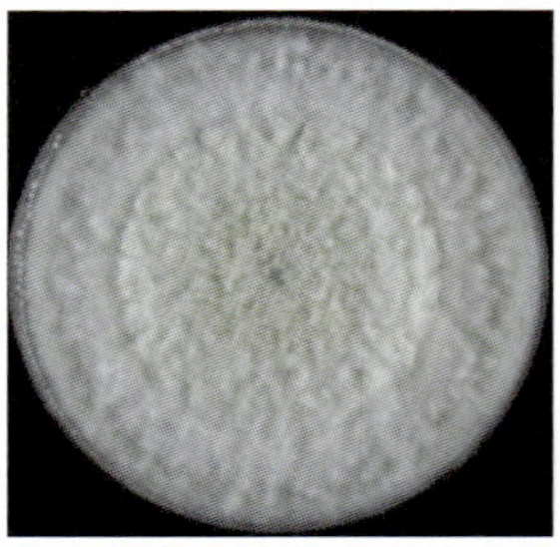	
3	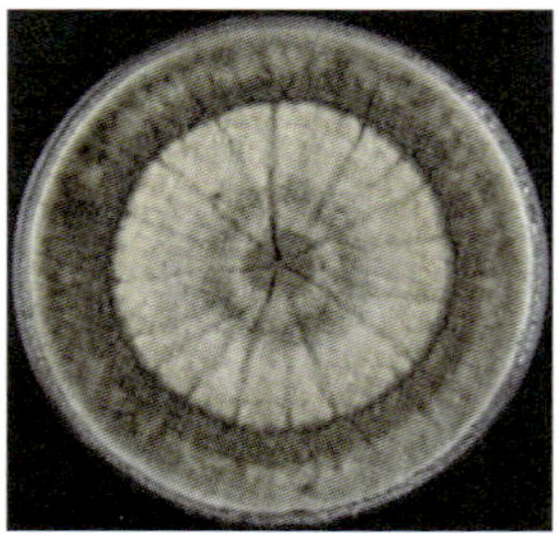		3	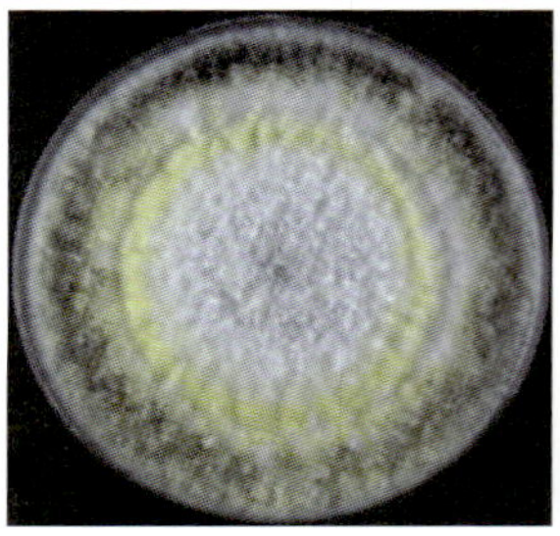	
	Fig. 28　カビ *Aspergillus niger* agg. K9925-4-4（分離源：キトラ古墳 石室内 北壁 漆喰の黒い穴の中心 黒色ゲル）（培養条件：GYC agar plate、25 ℃）			**Fig. 29**　カビ既知近縁種 *Aspergillus niger* JCM 10254（分離　源：Tannin-gallic acid fermentation（Connecticut, USA））（培養条件：GYC agar plate、25 ℃）	

週	表面	裏面	週	表面	裏面
1			1		
2			2		
3			3		
4			4		
8			8		
	Fig. 30　カビ既知近縁種 *Aspergillus awamori* CBS 557.65[NT]（分離源：分離源不明）（培養条件：GYC agar plate、25 ℃）			**Fig. 31**　カビ Kendrickiella phycomyces T61114-1-1（分離源：高松塚古墳 西南第 1 石 黒色）（培養条件：GYC agar plate、25 ℃）	

週	表面	裏面	週	表面	裏面
1	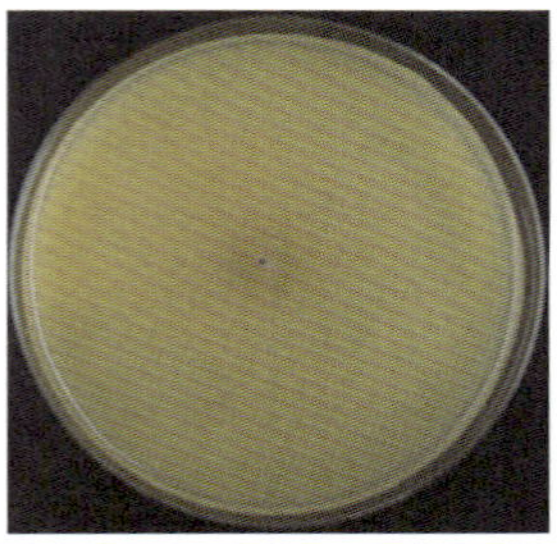		1		
2	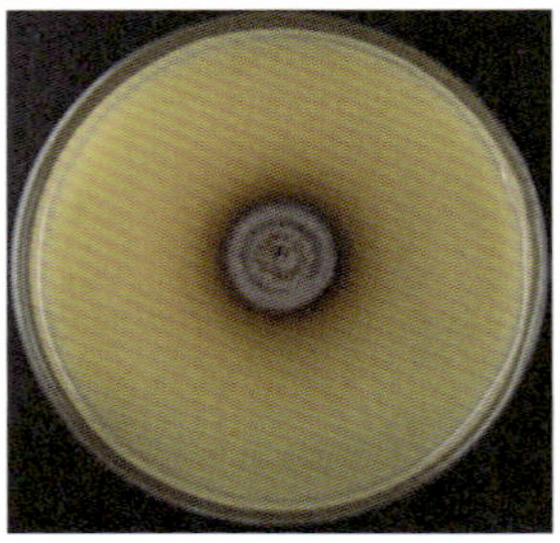	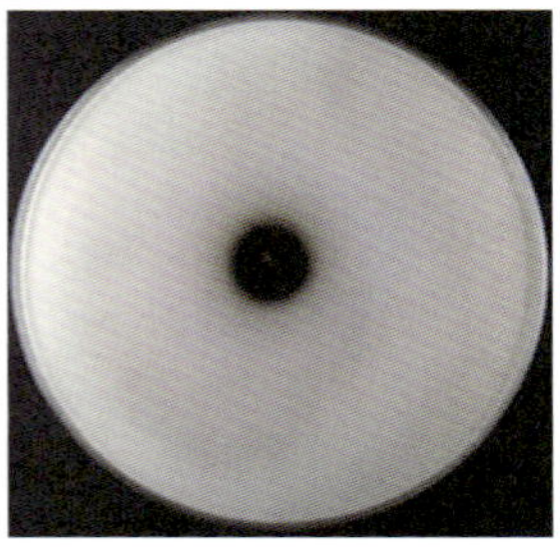	2	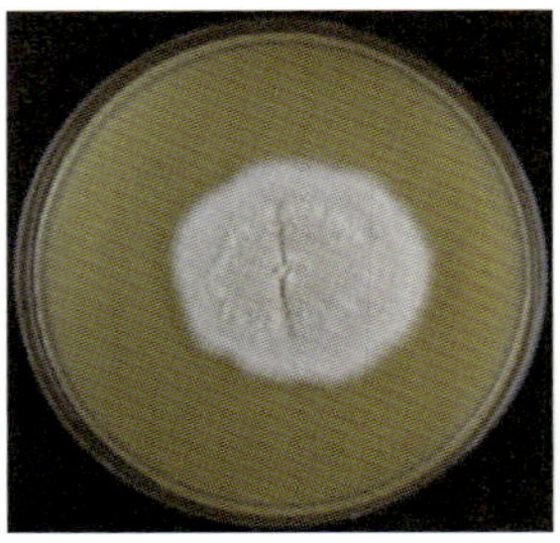	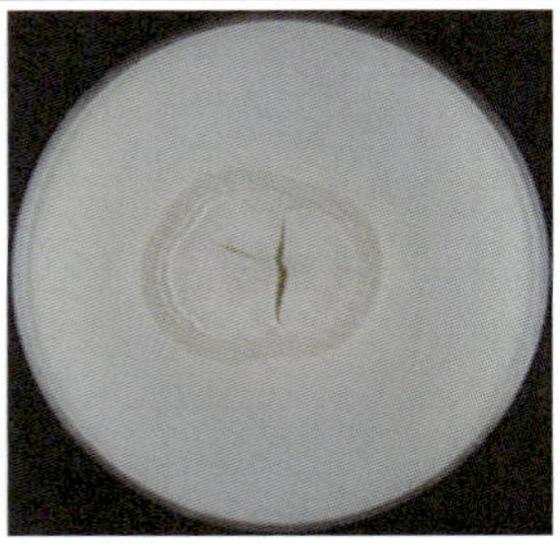
3	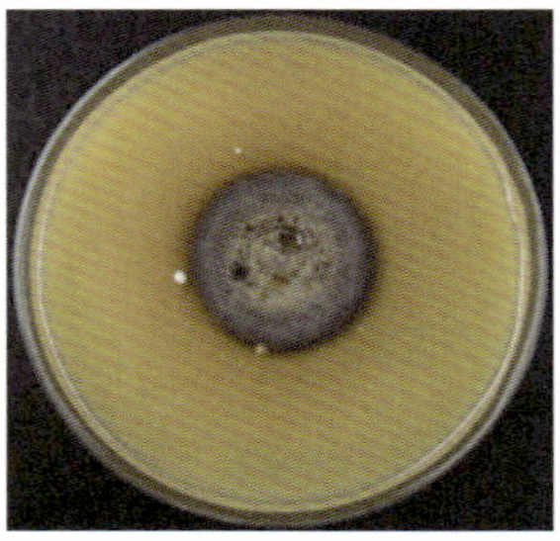		3		
4	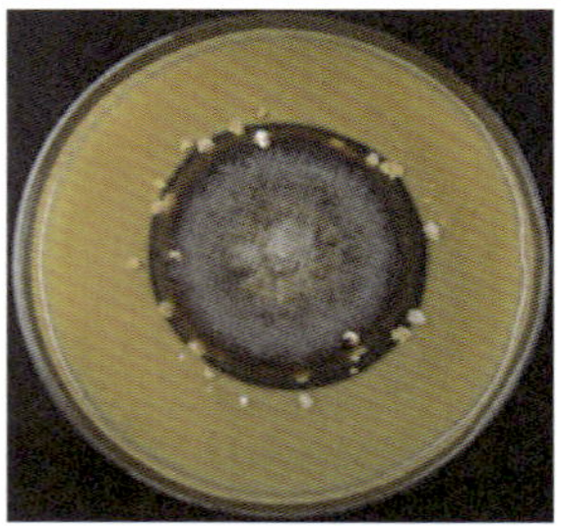		4	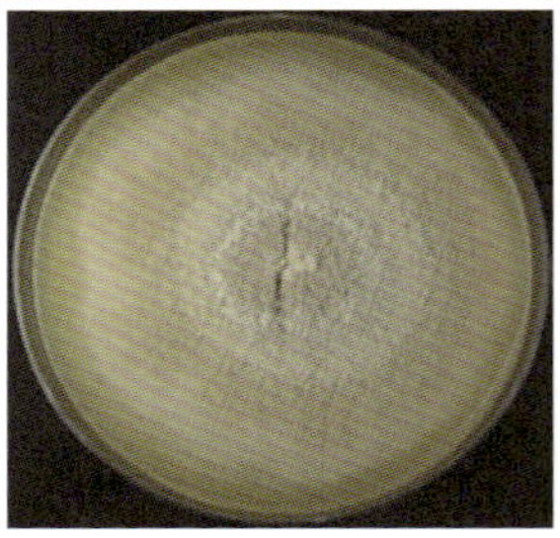	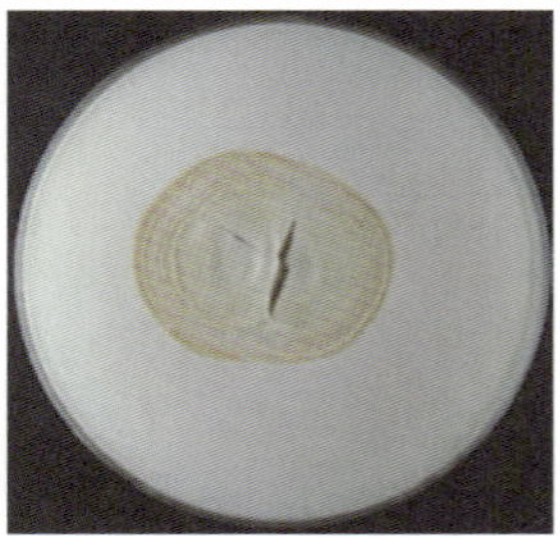
8	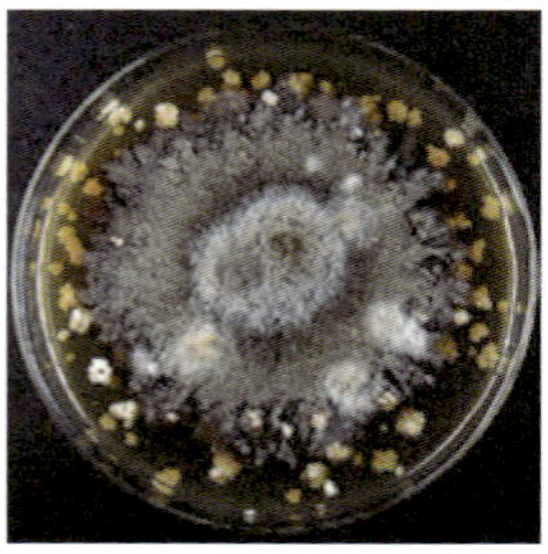	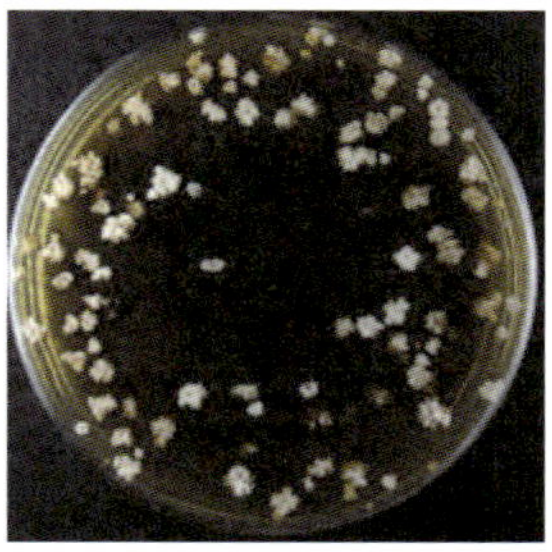	8		
	Fig. 32　カビ Kendrickiella phycomyces K5906-1-1（分離源：キトラ古墳石室内西壁中央下部 茶とげ）（培養条件：GYC agar plate、25 ℃）			**Fig. 33**　カビ *Phialocephala*-like hyphomycete T7821-7-3（分離源：高松塚古墳 床石１ 北小口面 下部左側 赤茶色 粘土 根っこ含む #34（石室解体中））（培養条件：GYC agar plate、25 ℃）	

週	表面	裏面	週	表面	裏面
1			1	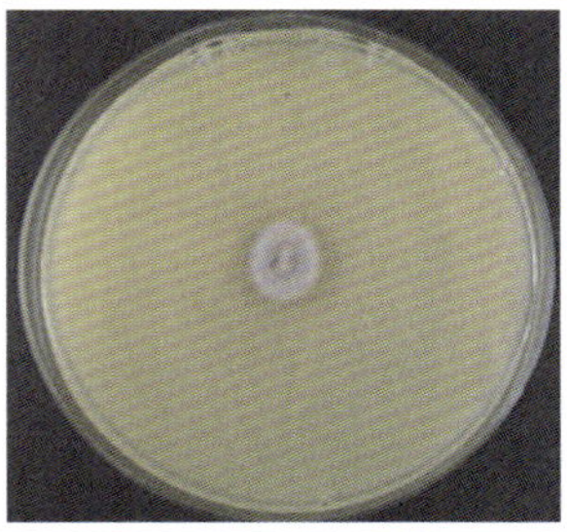	
2	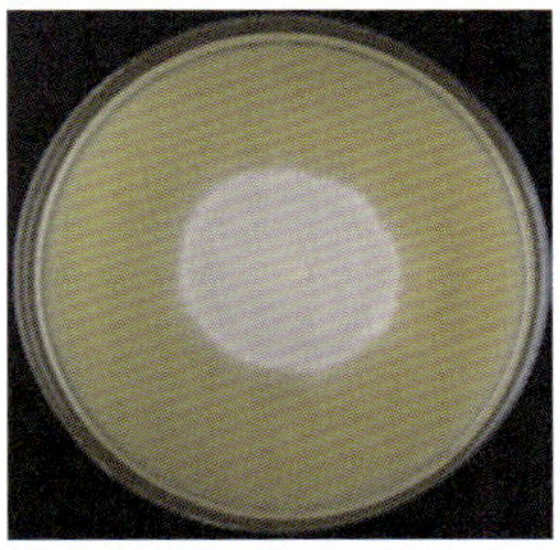	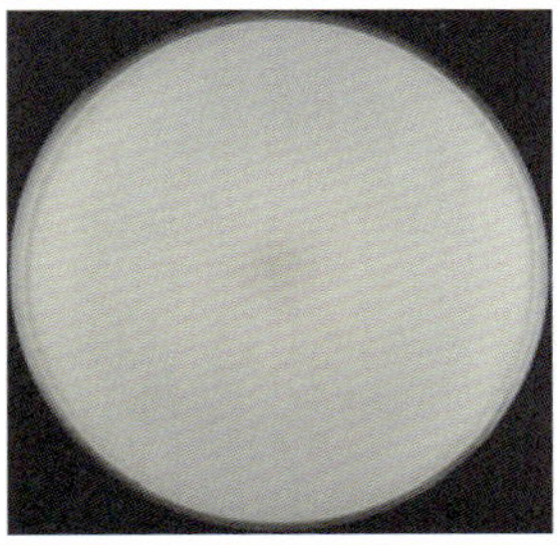	2	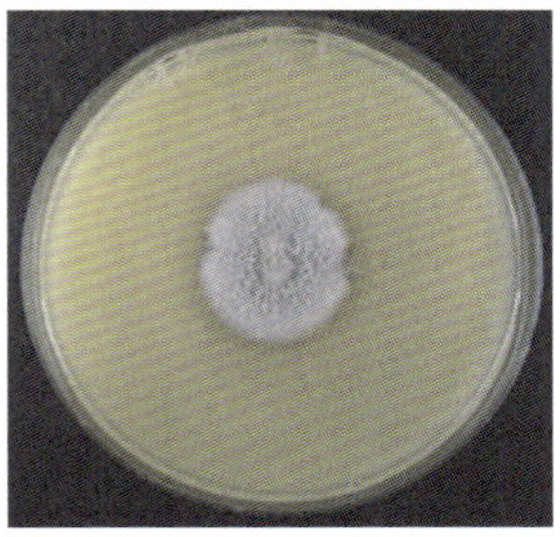	
4	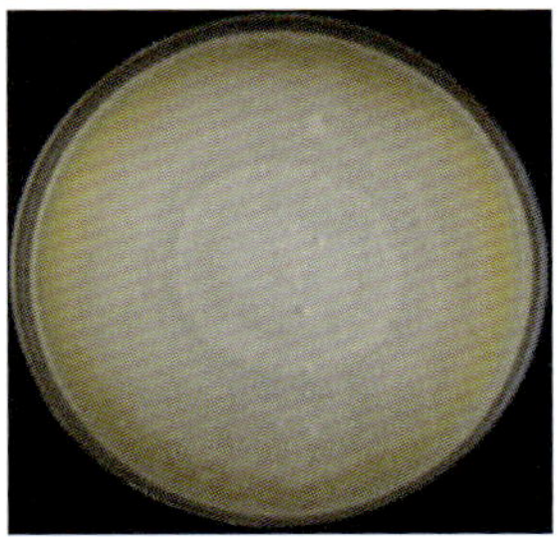	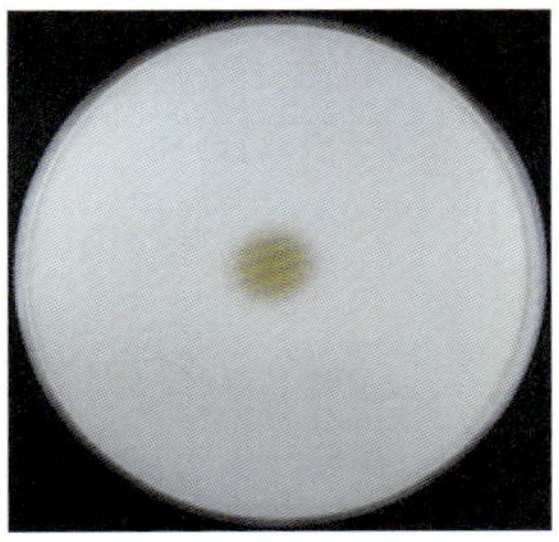	4	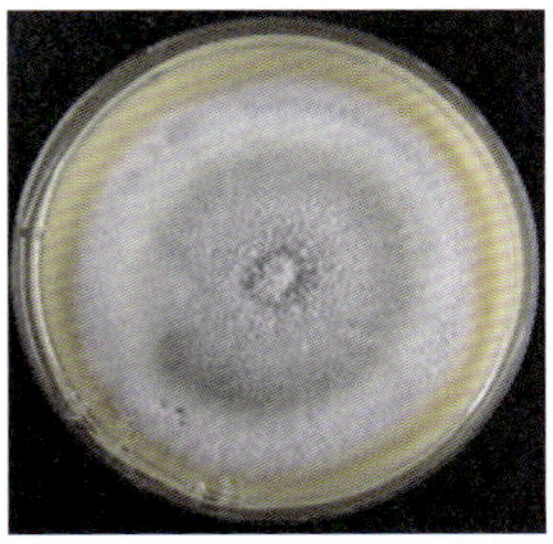	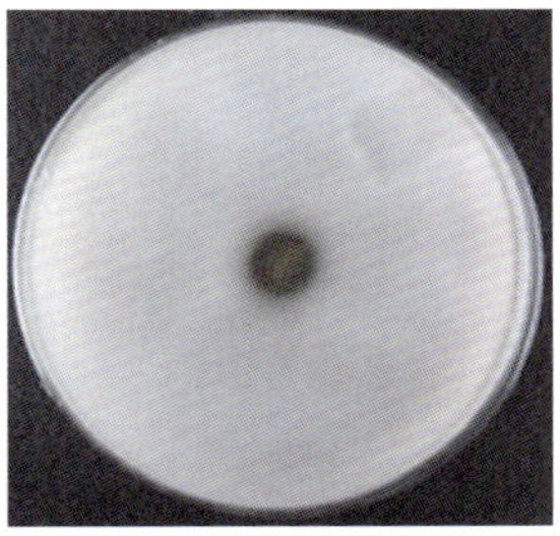
8	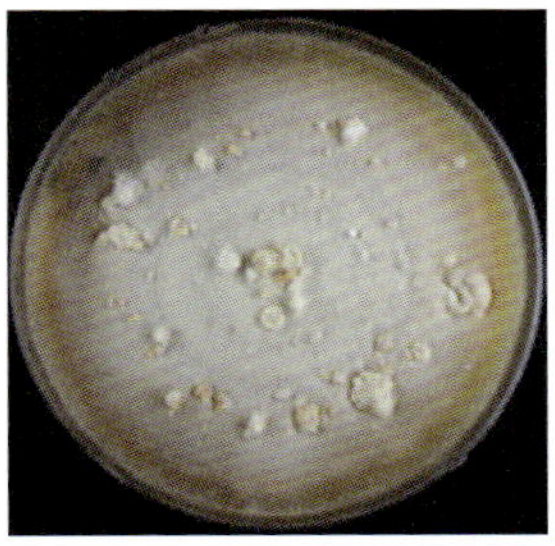	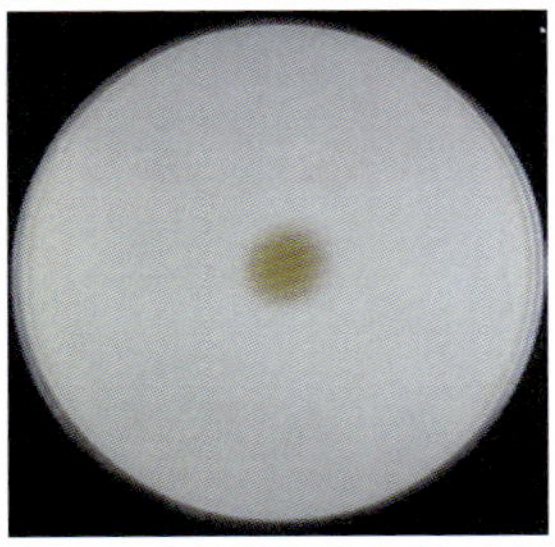	8	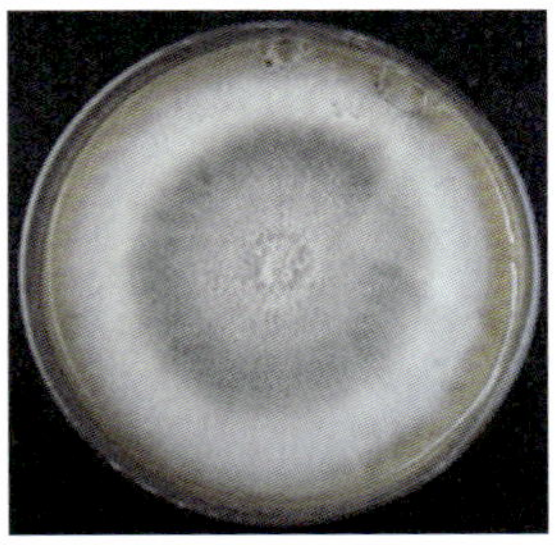	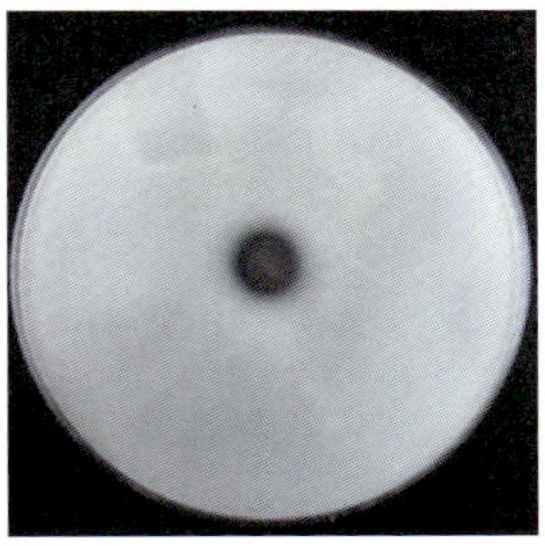
	Fig. 34　カビ *Phialocephala*-like hyphomycete T61213-7-8（分離源：高松塚古墳 石室内 東壁右女子上：白カビ 4-5 mm）（培養条件：GYC agar plate、25 ℃）			**Fig. 35**　カビ *Phialocephala*-like hyphomycete T61213-14-2（分離源：高松塚古墳石室内西壁中央付近の床上：トビムシ類 2 個体）（培養条件：GYC agar plate、25 ℃）	

週	表面	裏面	週	表面	裏面
1	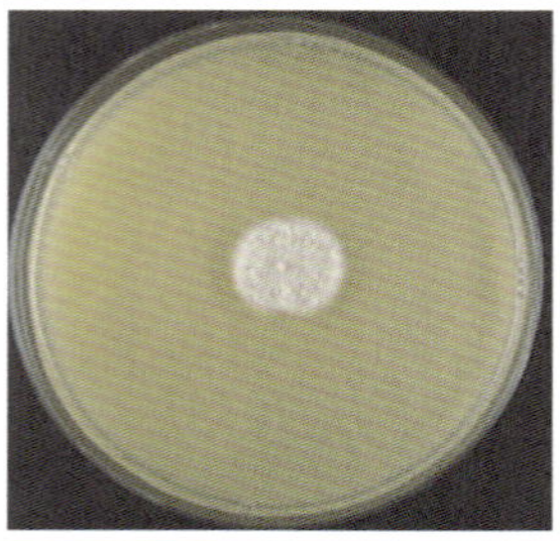		1		
2	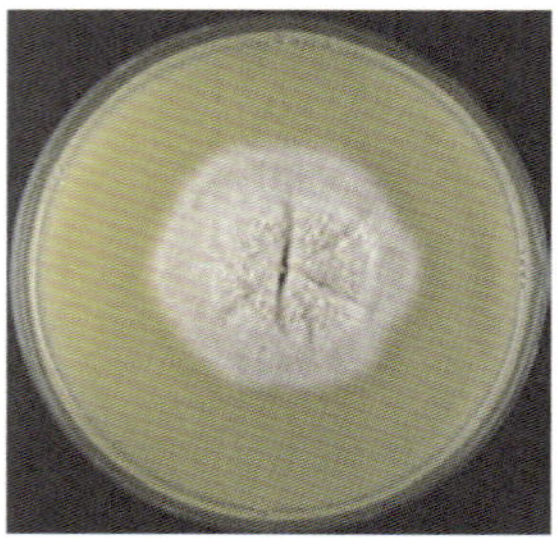	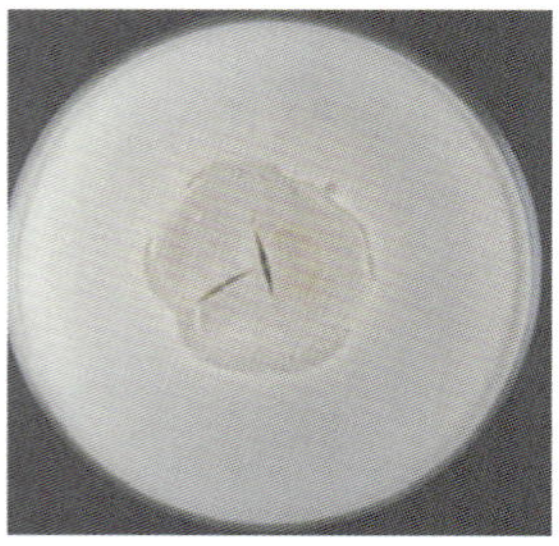	2	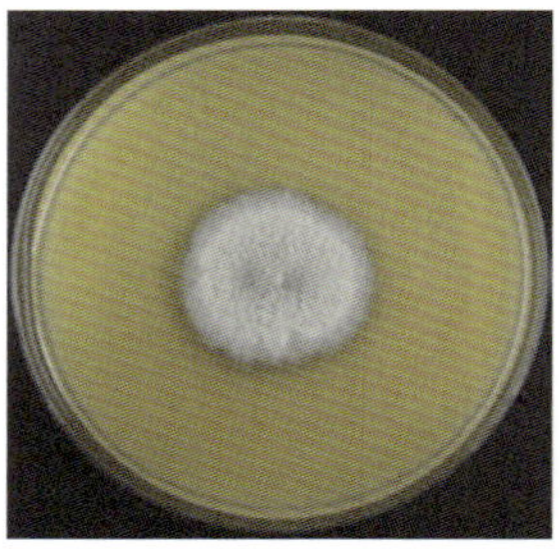	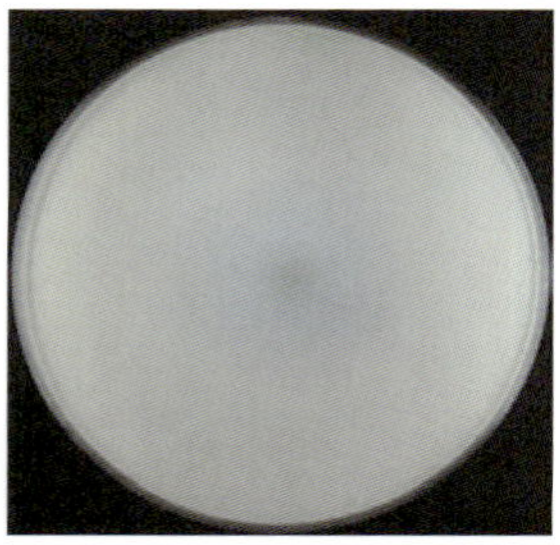
4			4		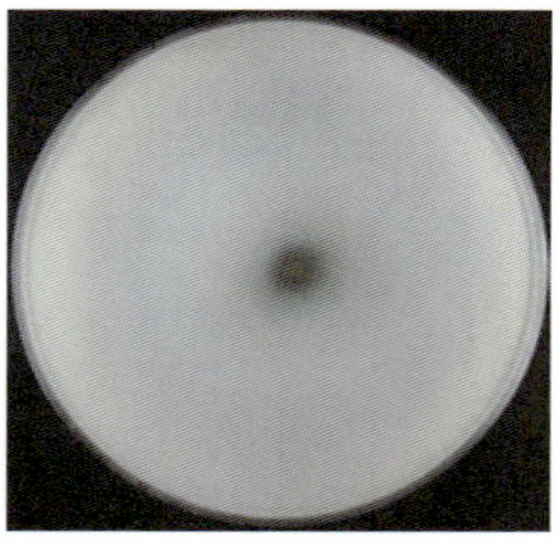
8		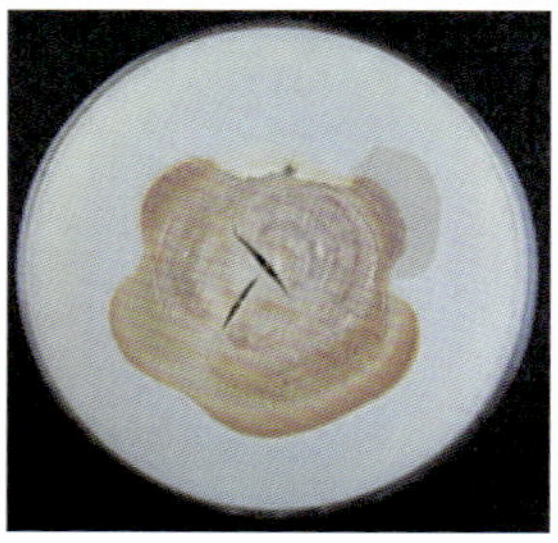	8	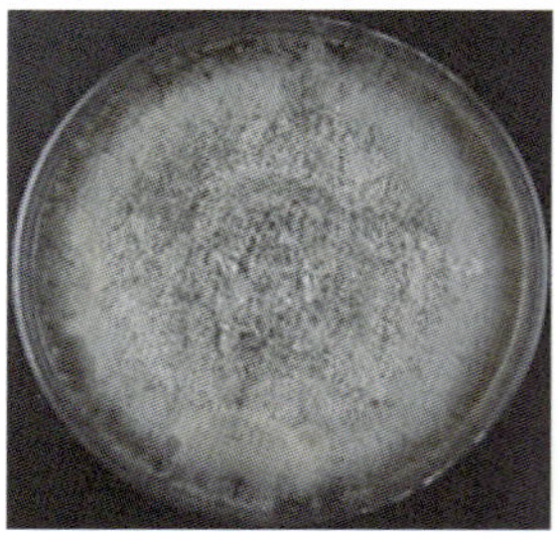	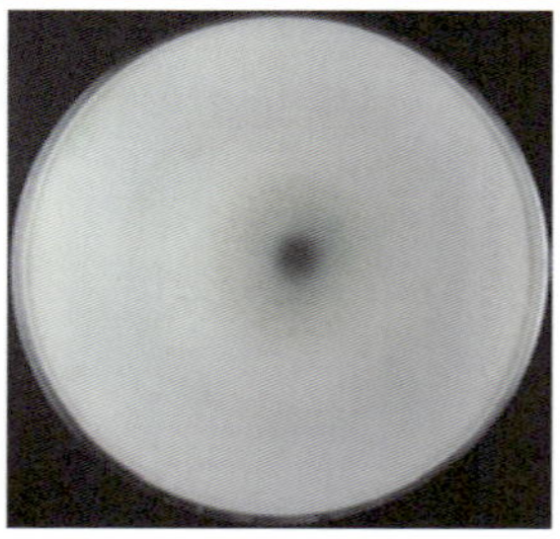
	Fig. 36　カビ *Phialocephala*-like hyphomycete K8617-6-11（分離源：キトラ古墳石室内 南壁朱雀取り外し跡付近石材上の赤色 080617）（培養条件：GYC agar plate、25 ℃）			**Fig. 37**　カビ *Phialophora* sp. K9703-4-2（分離源：キトラ古墳 石室内 東壁 石の上（中央部上）白い粉状 090703）（培養条件：GYC agar plate、25 ℃）	

週	表面	裏面	週	表面	裏面
1			1	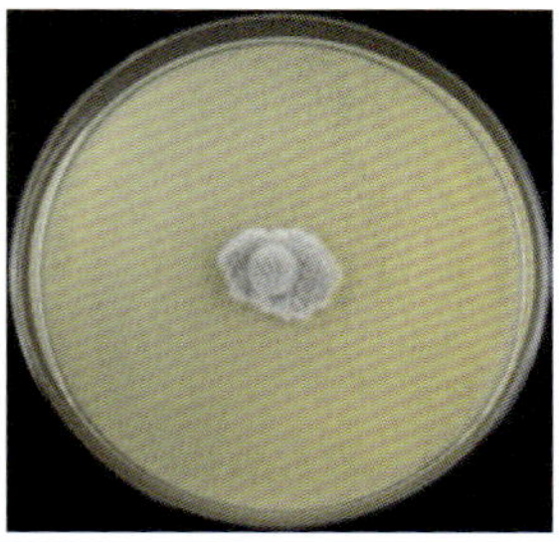	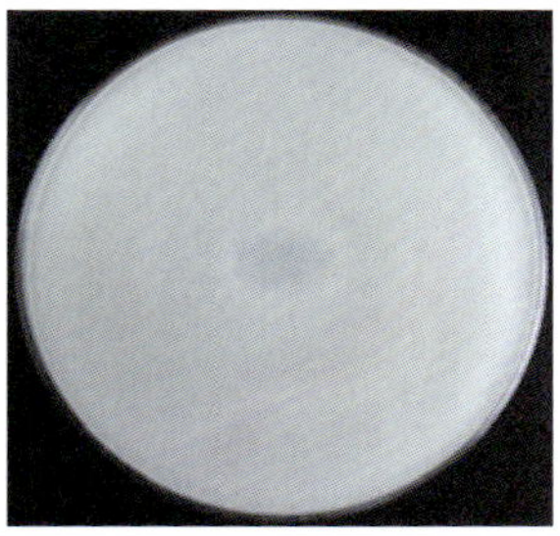
2	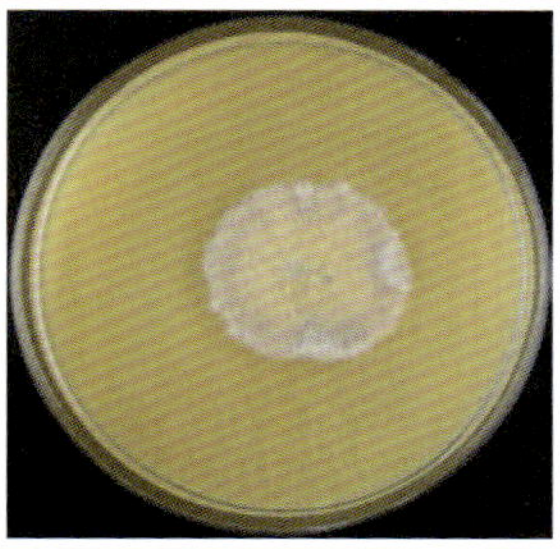	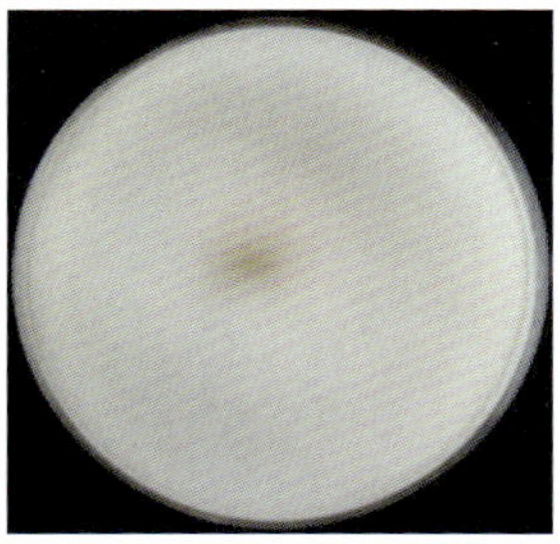	2	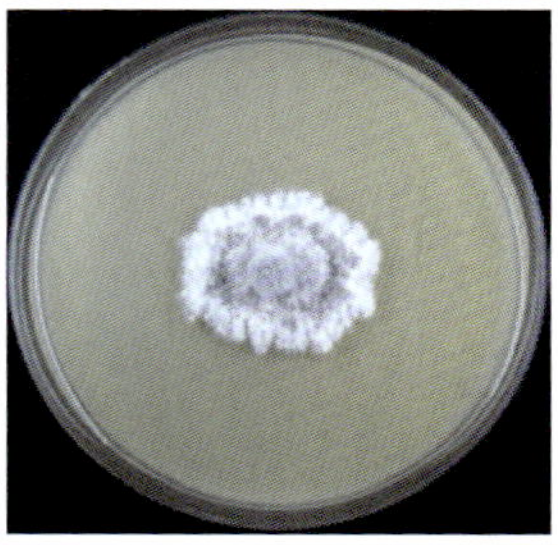	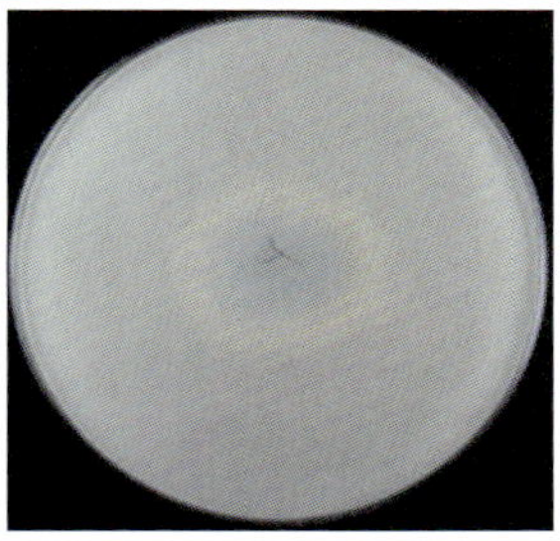
3			3	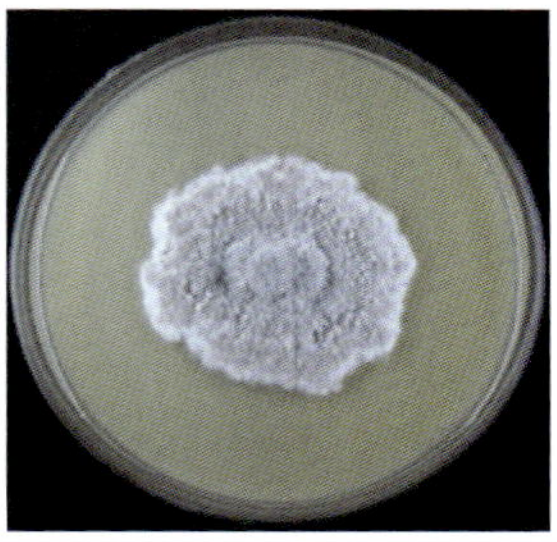	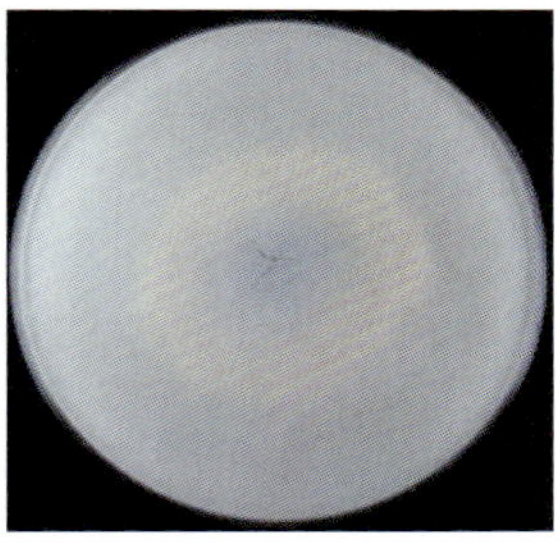
4	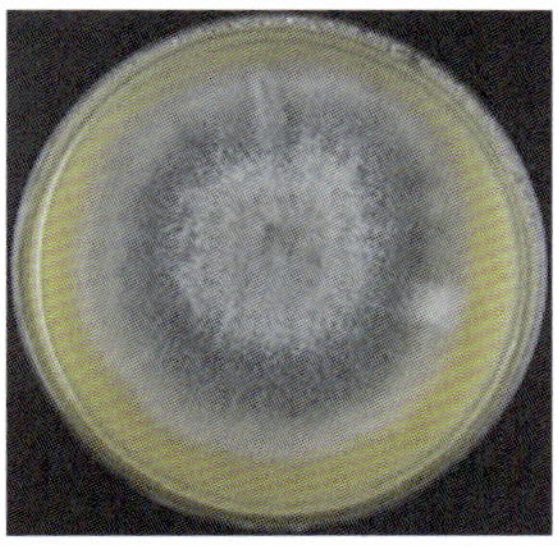	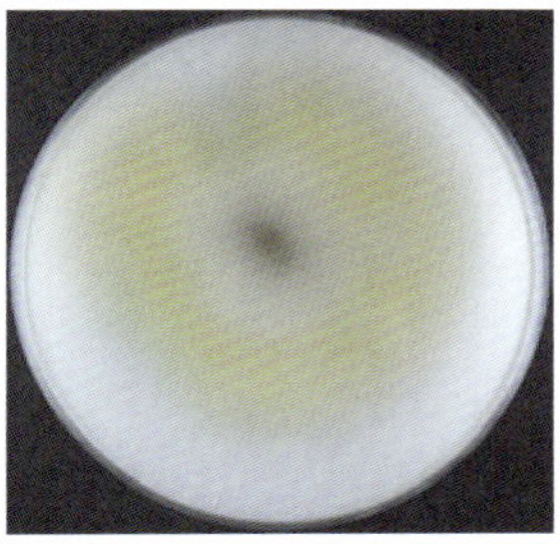	4	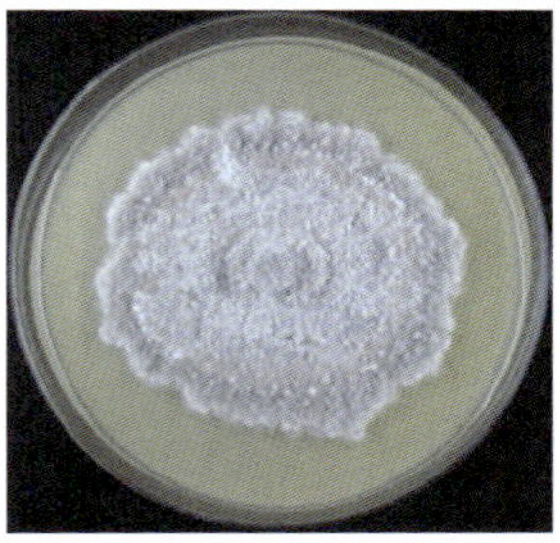	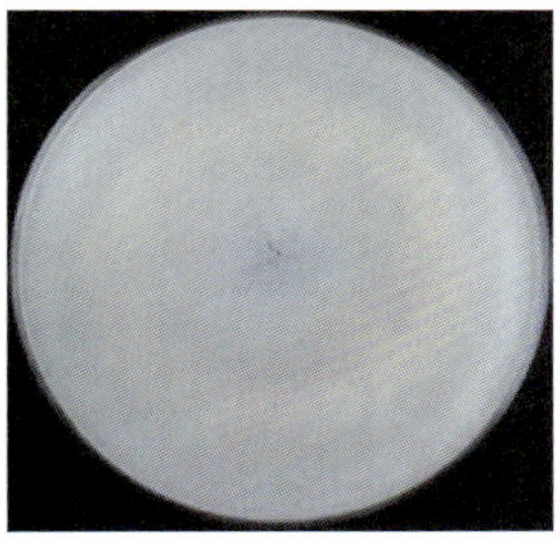
8	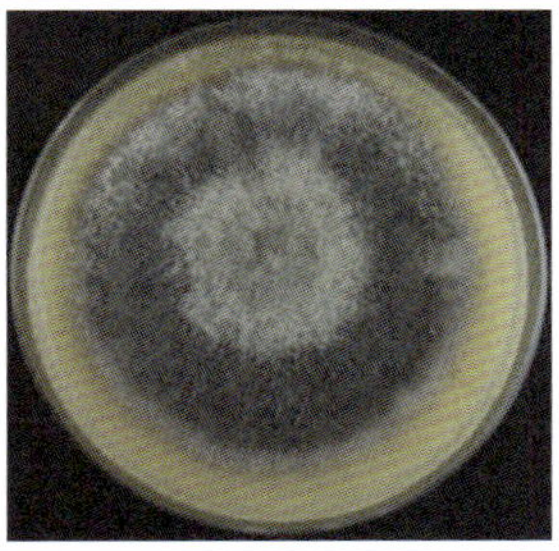	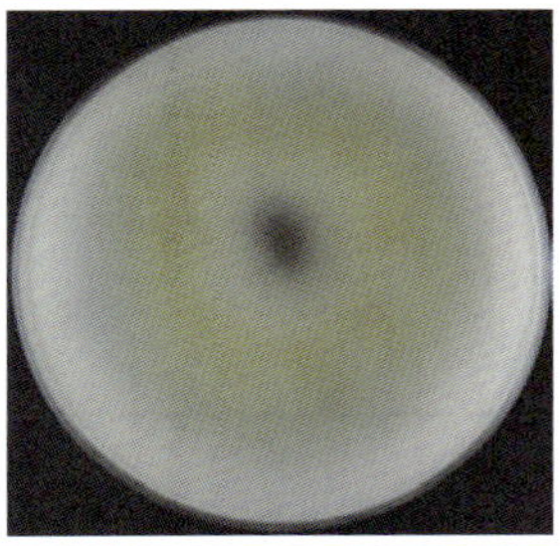	8	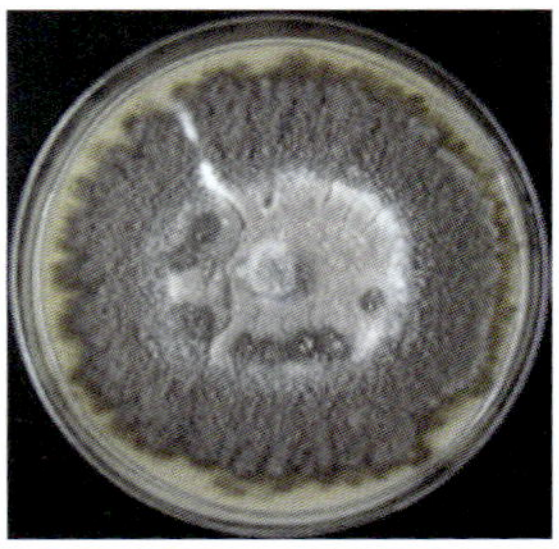	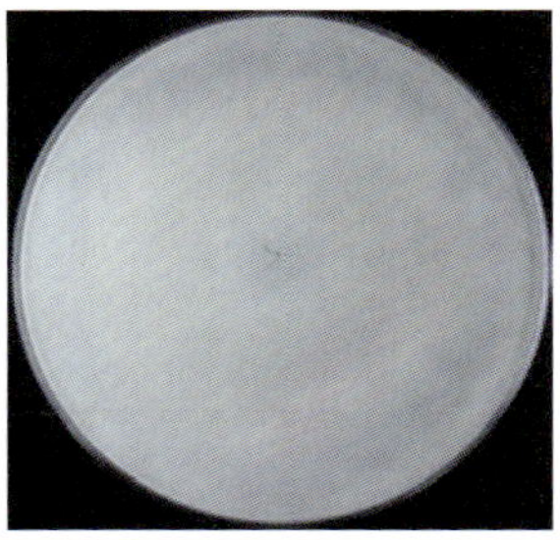
	Fig. 38　カビ *Phialophora* sp. T7614-2-7（分離源：高松塚古墳　西壁石１と２の接合面 取り外し後の漆喰・土の混合物（石室解体中）（培養条件：GYC agar plate、25 ℃）			**Fig. 39**　カビ *Doratomyces* sp. T7530-12-1（分離源：高松塚古墳 西壁石１上端 天井石１との接合面 漆喰（石室解体中））（培養条件：GYC agar plate、25 ℃）	

週	表面	裏面	週	表面	裏面
1	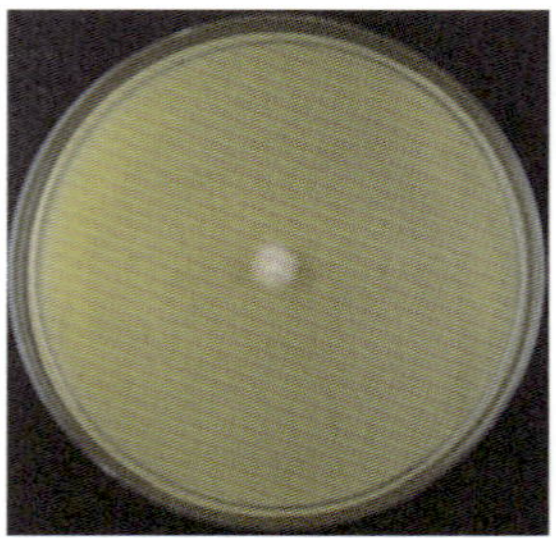		1		
2	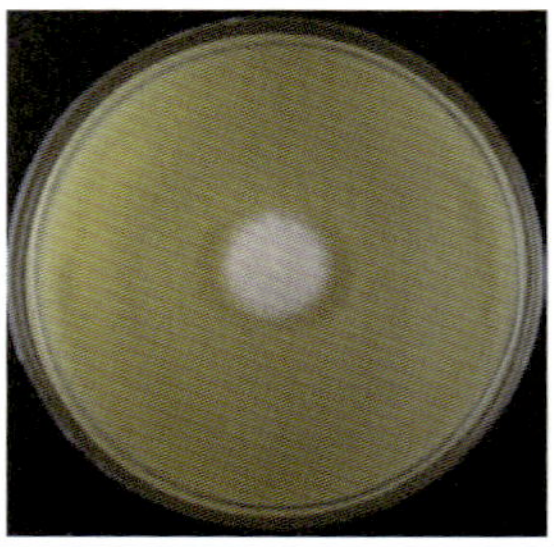		2	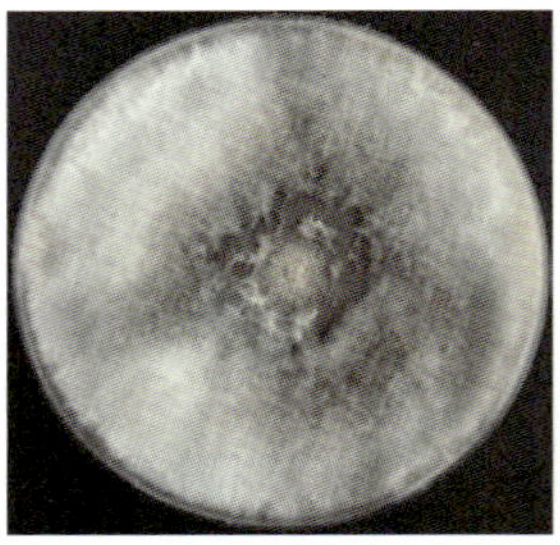	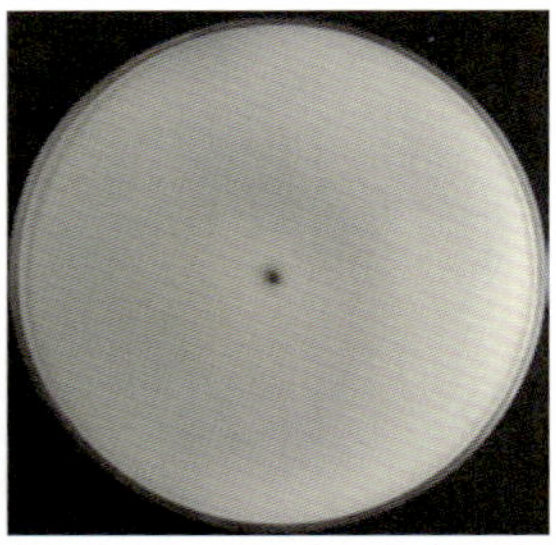
3	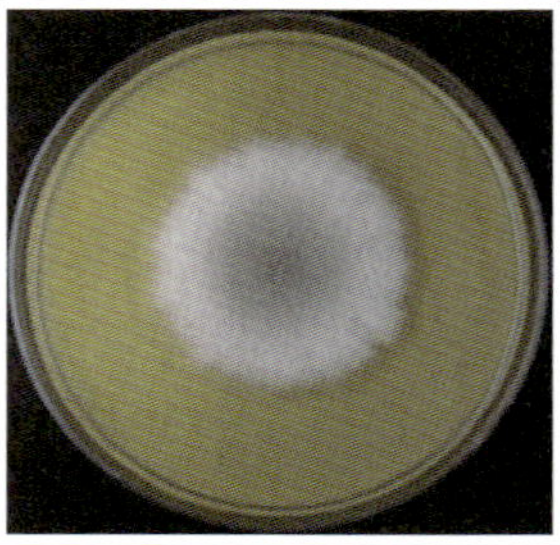		3		
4	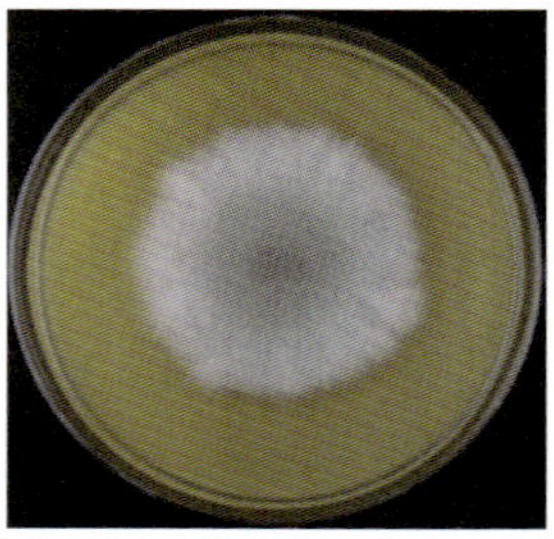		4	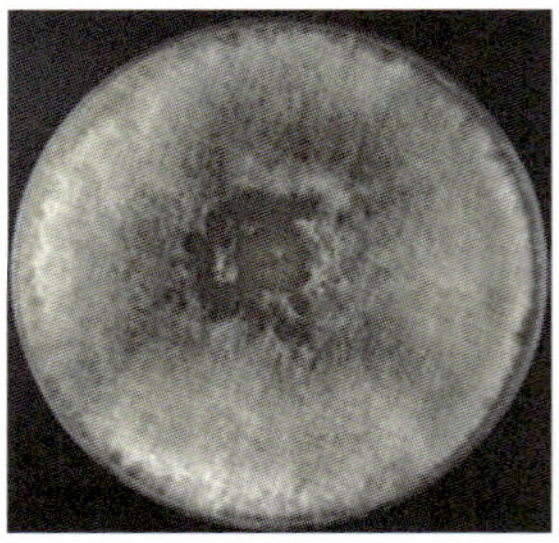	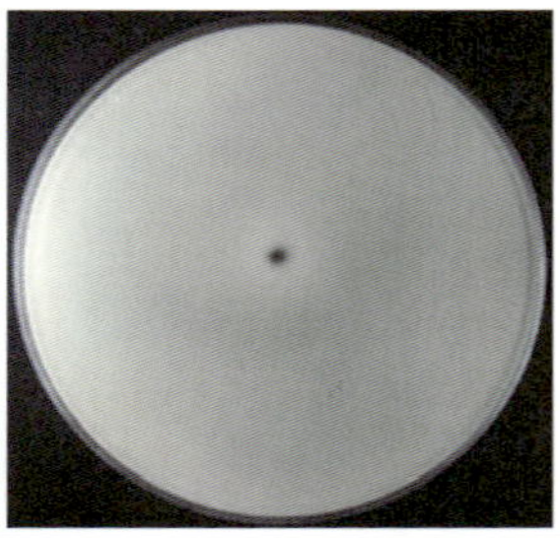
8		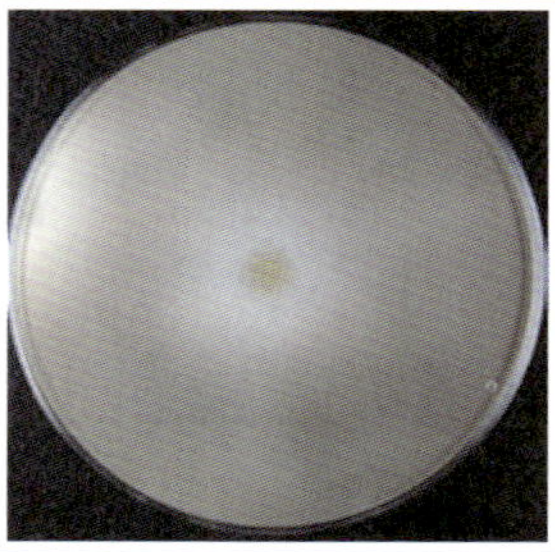	8	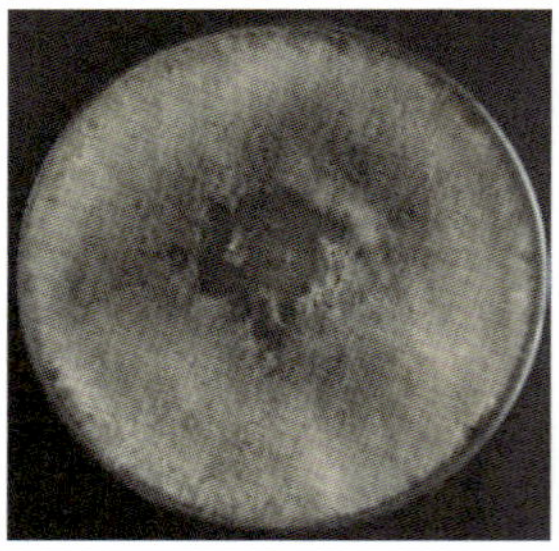	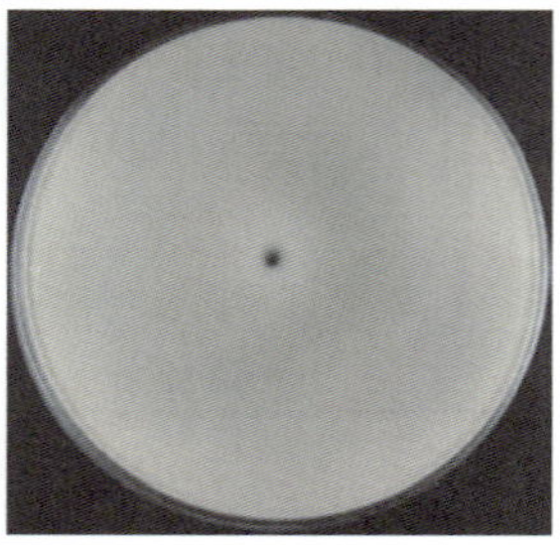
	Fig. 40　カビ *Buroga* sp. K7316-1-1 （分離源：キトラ古墳 石室内 天井石壁面 天文図（北斗付近（1））黒粒）（培養条件：GYC agar plate、25 ℃）			**Fig. 41**　カビ *Scytalidium* sp. T7528-11-4 （分離源：高松塚古墳 東壁石１東畔 土黒色部分に接しているところ（石室解体中））（培養条件：GYC agar plate、25 ℃）	

週	表面	裏面	週	表面	裏面
1			1	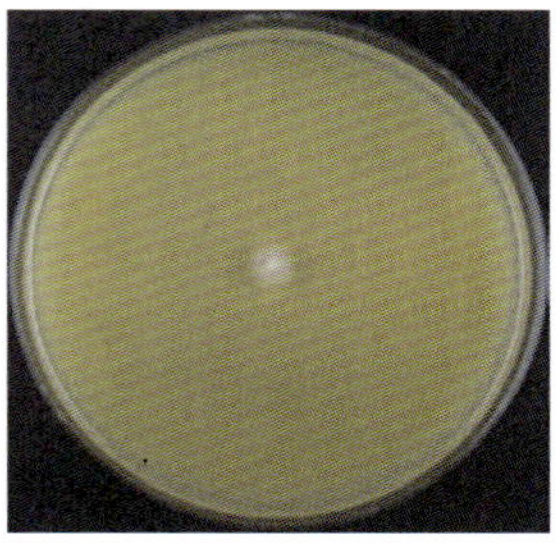	
2	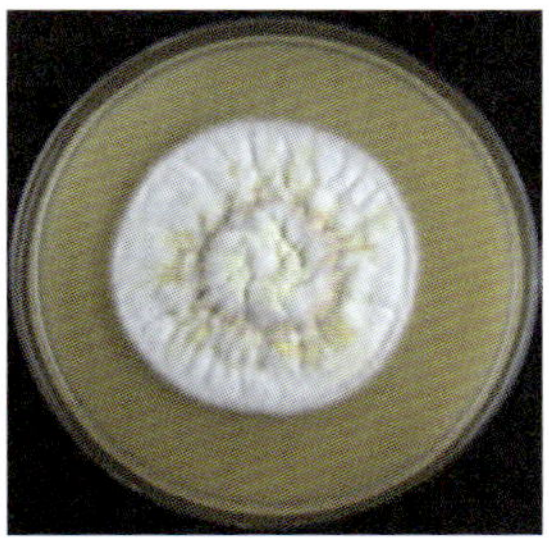	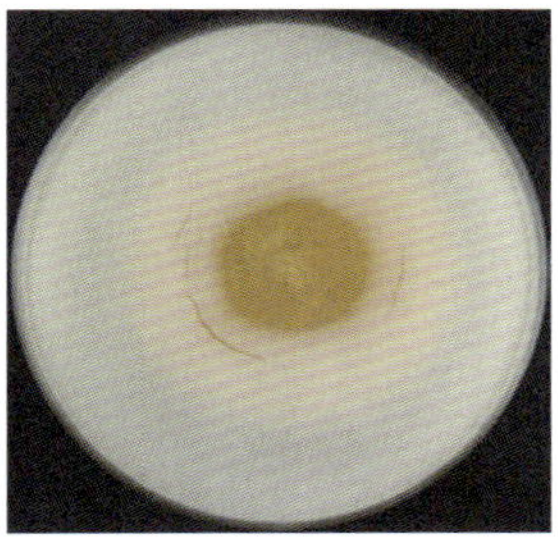	2	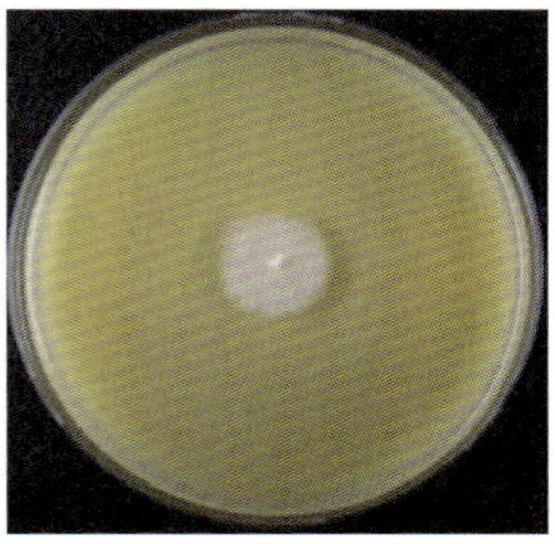	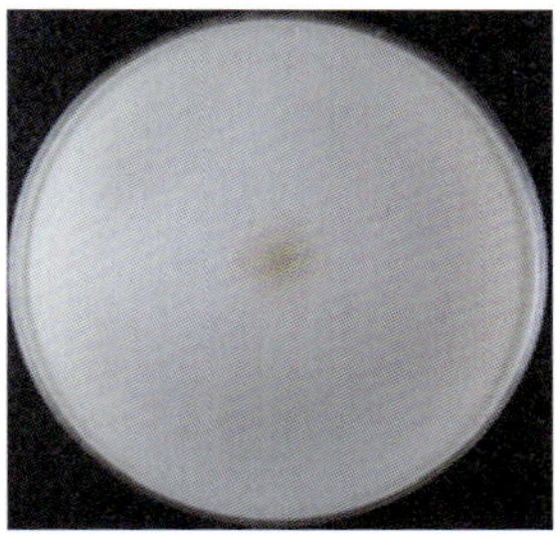
3			3	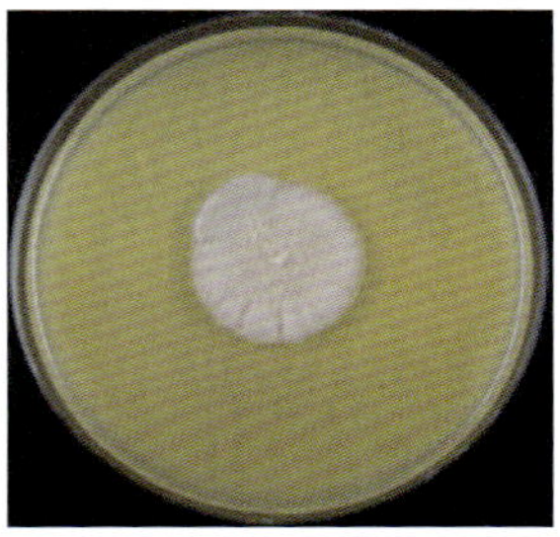	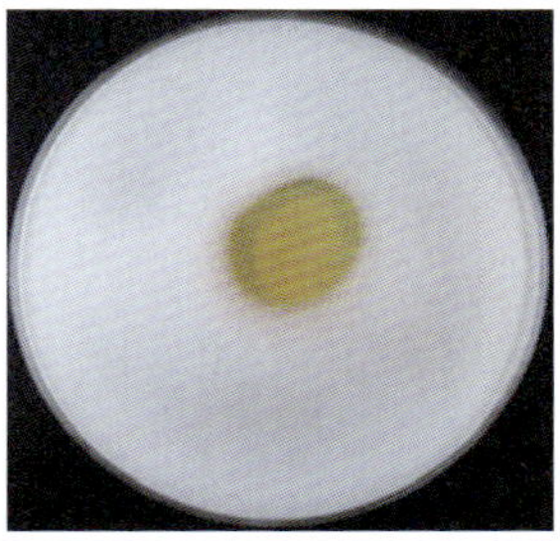
4	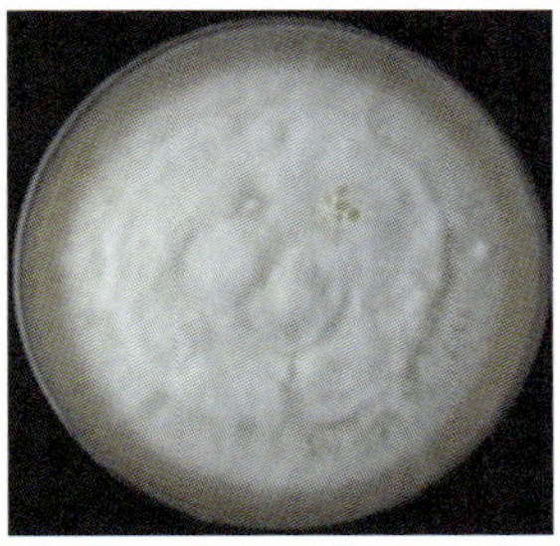	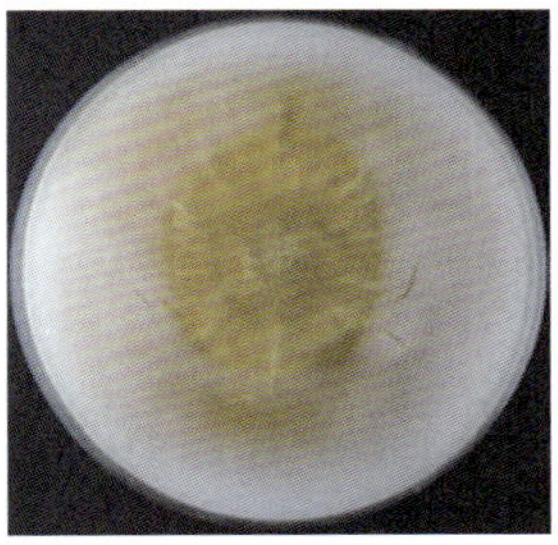	4	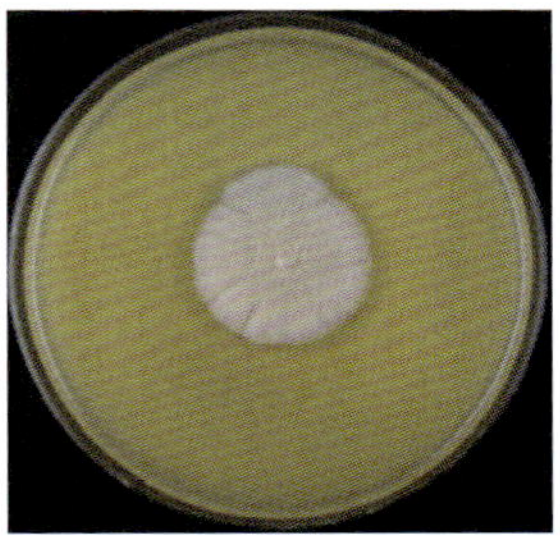	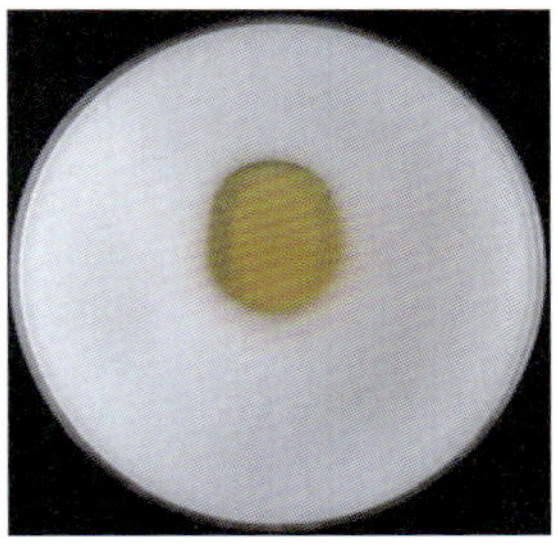
8	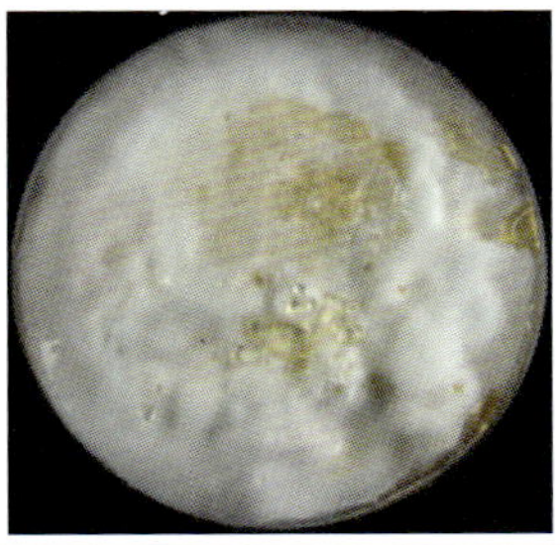	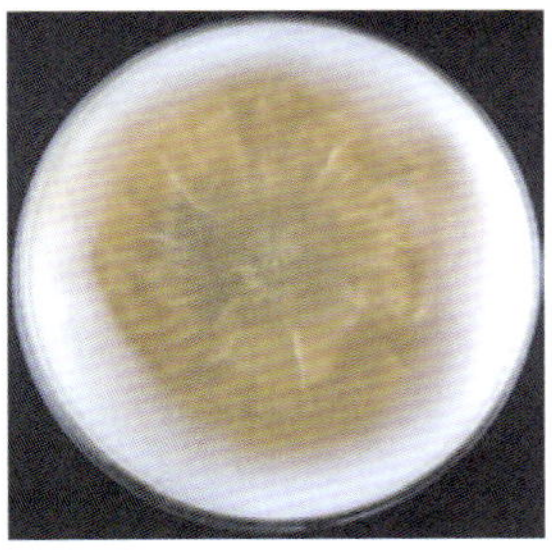	8	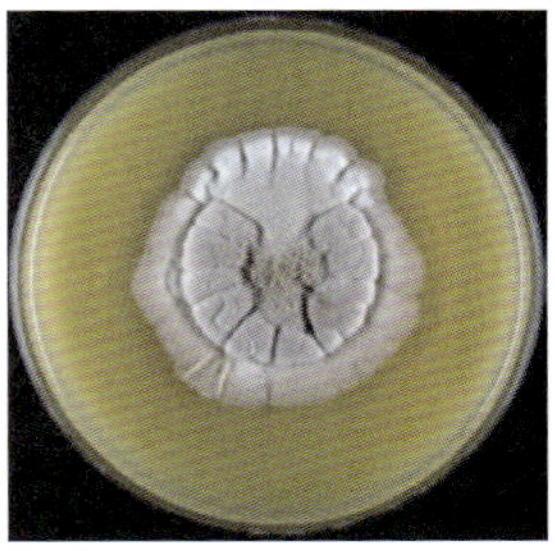	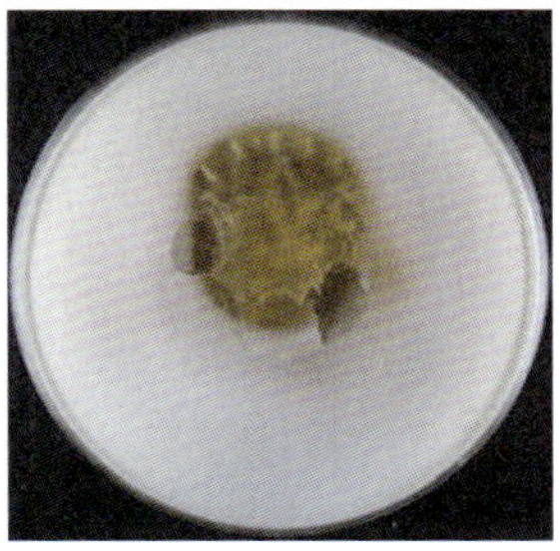
	Fig. 42　カビ *Verticillium* sp. T7302-19-5（分離源：高松塚古墳 石室天井石第二石直上（南西区北東隅））（培養条件：GYC agar plate、25 ℃）			**Fig. 43**　カビ *Sagenomella* sp. T7521-8D-1（分離源：高松塚古墳 盗掘口プラスチックカバー下部 石室側（石室解体中））（培養条件：GYC agar plate、25 ℃）	

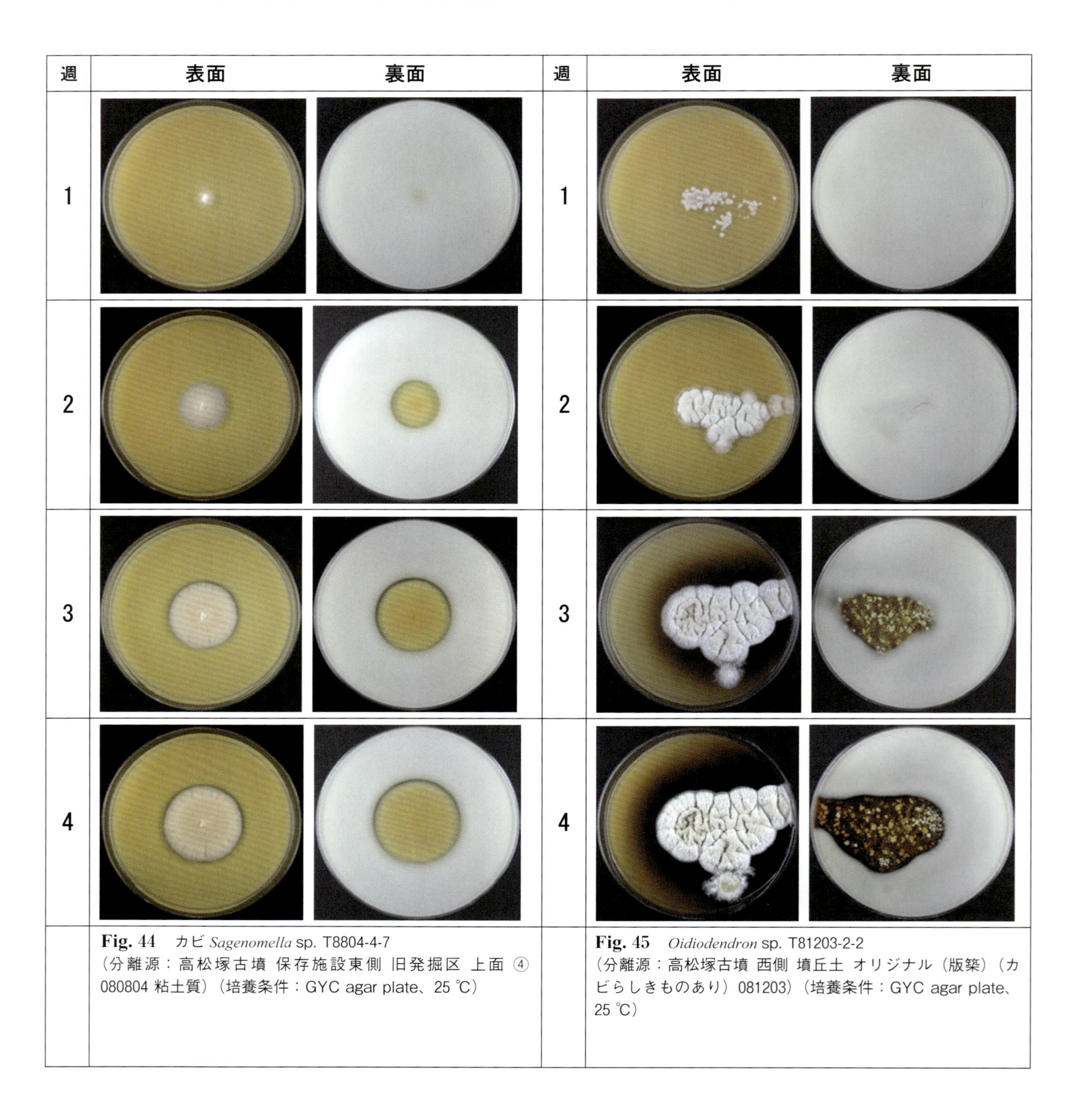

Fig. 44　カビ *Sagenomella* sp. T8804-4-7
（分離源：高松塚古墳 保存施設東側 旧発掘区 上面 ④ 080804 粘土質）（培養条件：GYC agar plate、25 ℃）

Fig. 45　*Oidiodendron* sp. T81203-2-2
（分離源：高松塚古墳 西側 墳丘土 オリジナル（版築）（カビらしきものあり）081203）（培養条件：GYC agar plate、25 ℃）

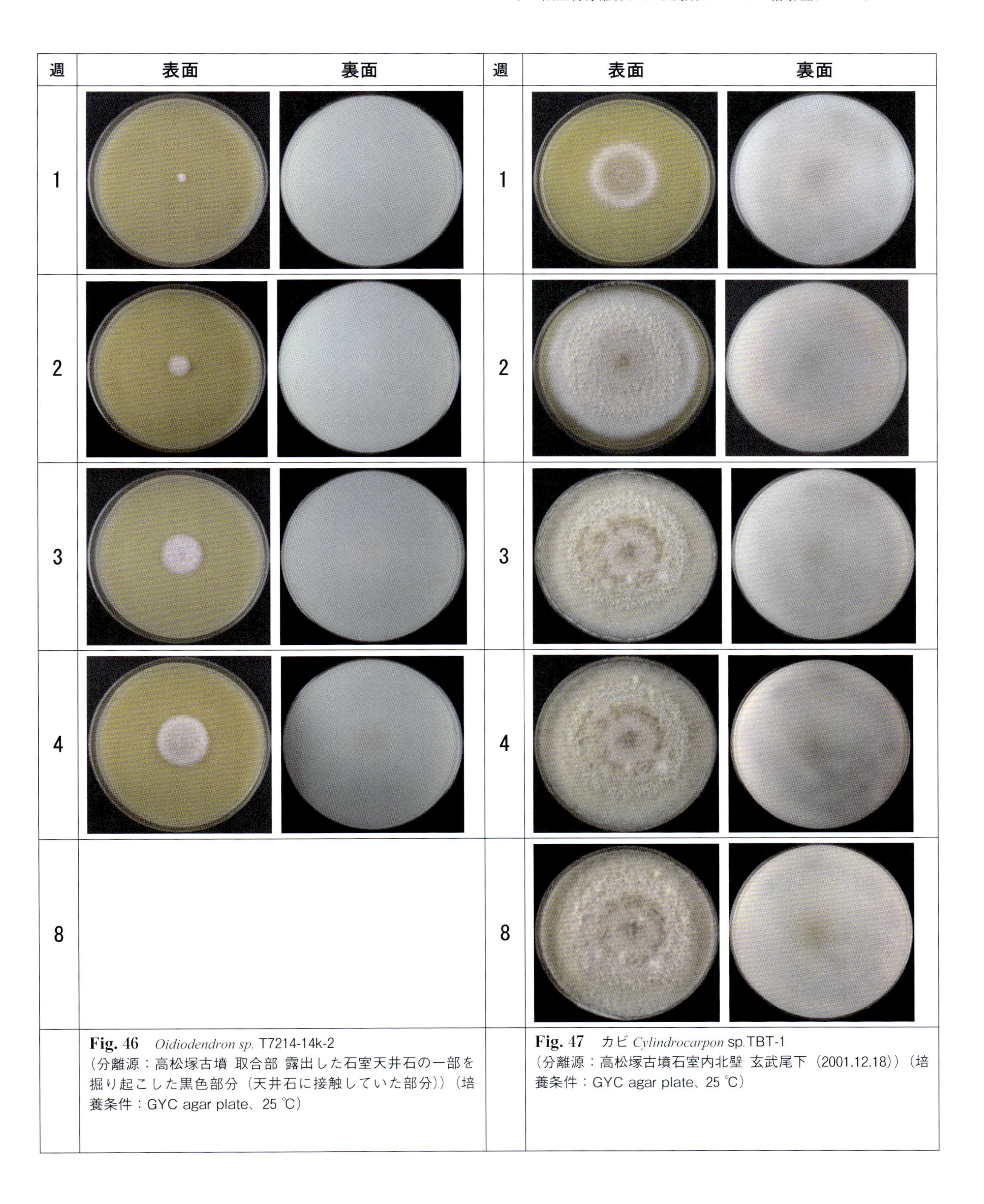

Fig. 46　*Oidiodendron sp.* T7214-14k-2
（分離源：高松塚古墳 取合部 露出した石室天井石の一部を掘り起こした黒色部分（天井石に接触していた部分））（培養条件：GYC agar plate、25 ℃）

Fig. 47　カビ *Cylindrocarpon* sp.TBT-1
（分離源：高松塚古墳石室内北壁 玄武尾下（2001.12.18））（培養条件：GYC agar plate、25 ℃）

週	表面	裏面	週	表面	裏面
1	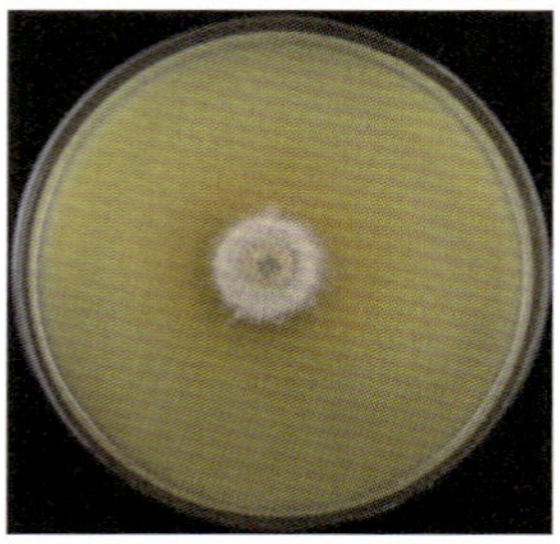	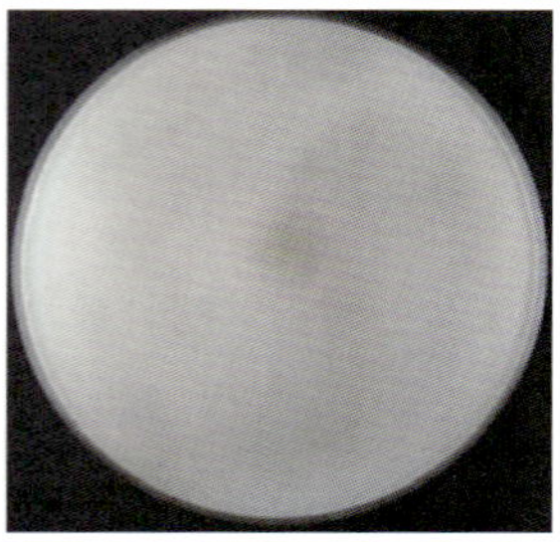	1		
2	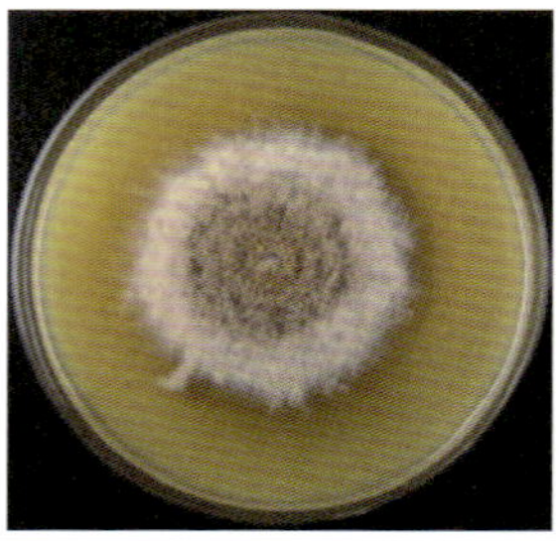	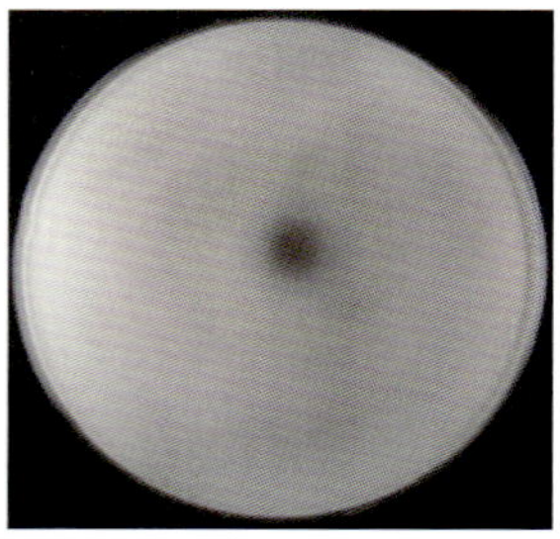	2	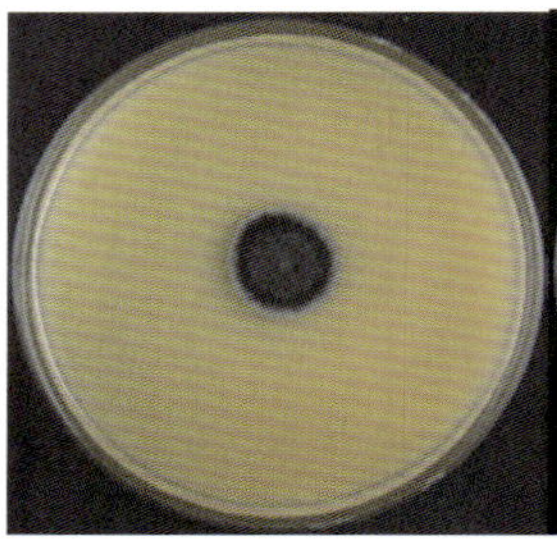	
3	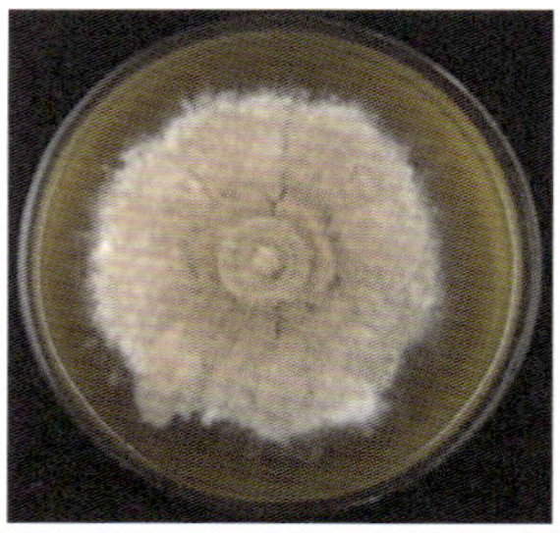	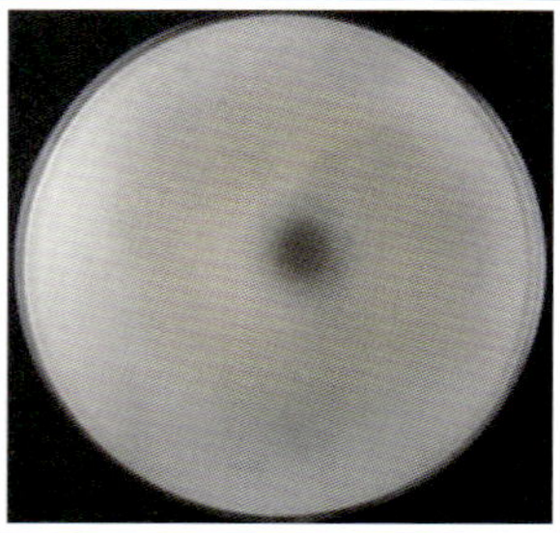	3		
4	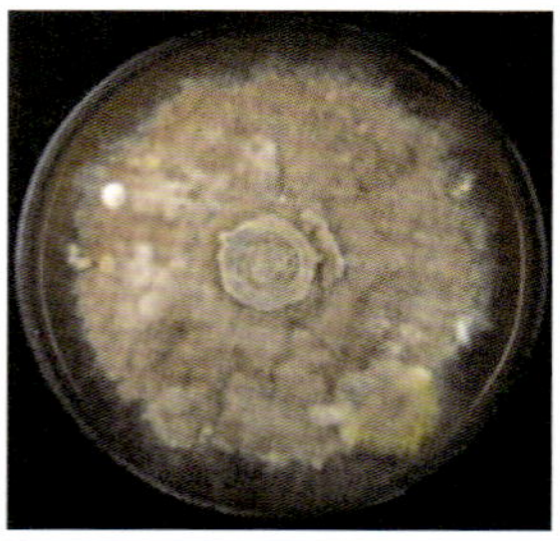	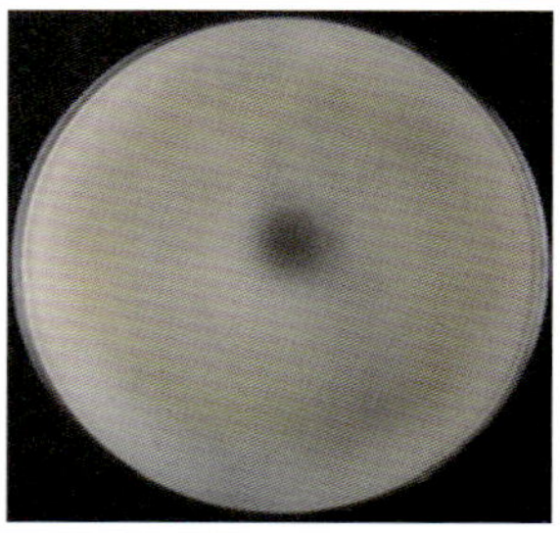	4	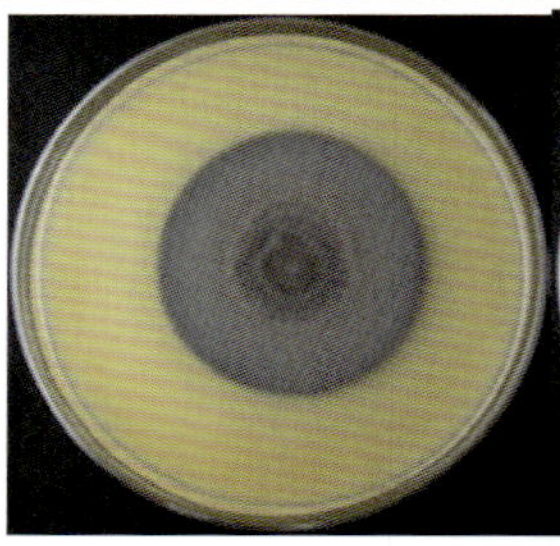	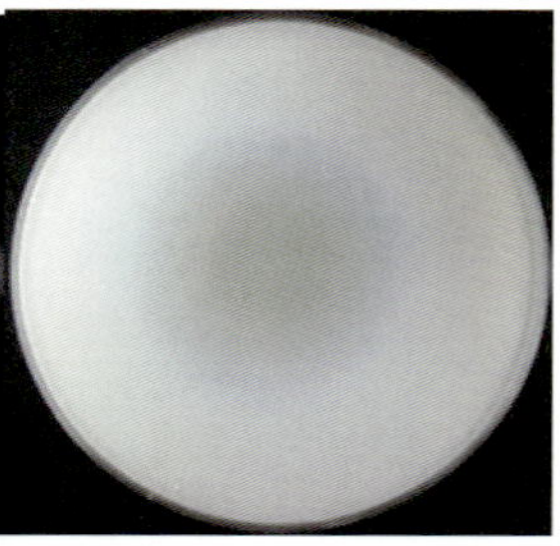
8	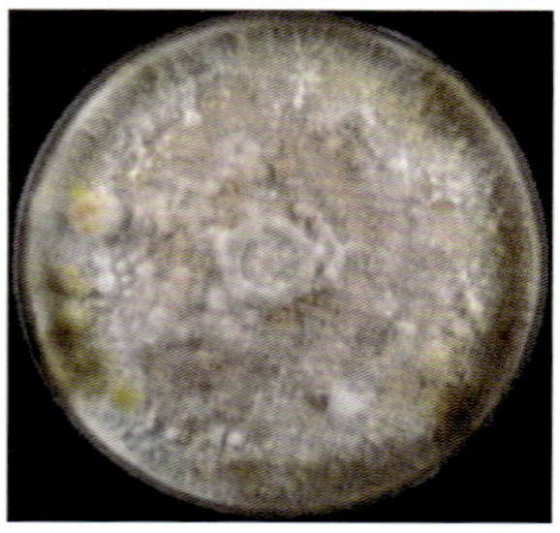	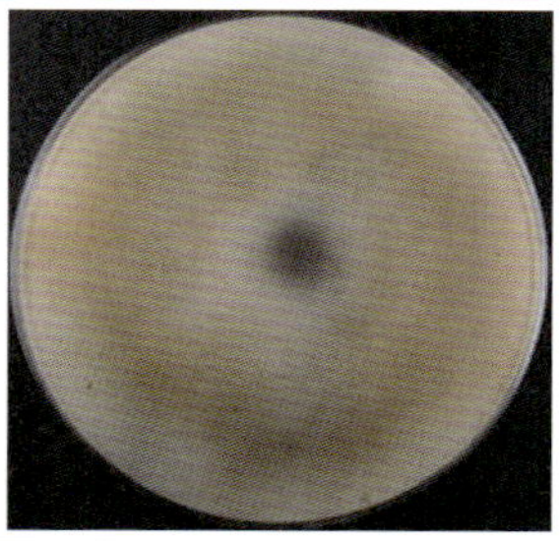	8	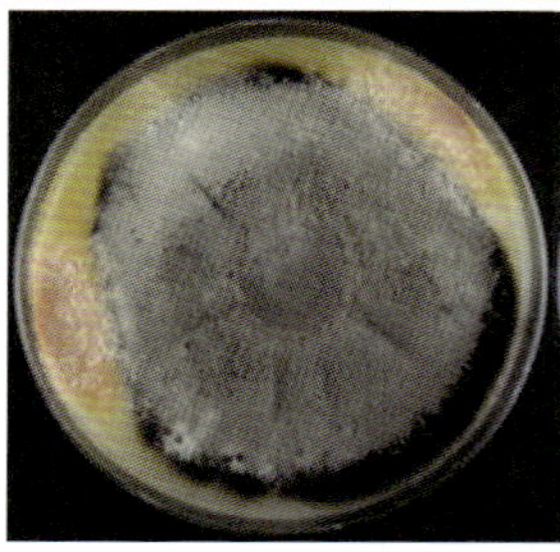	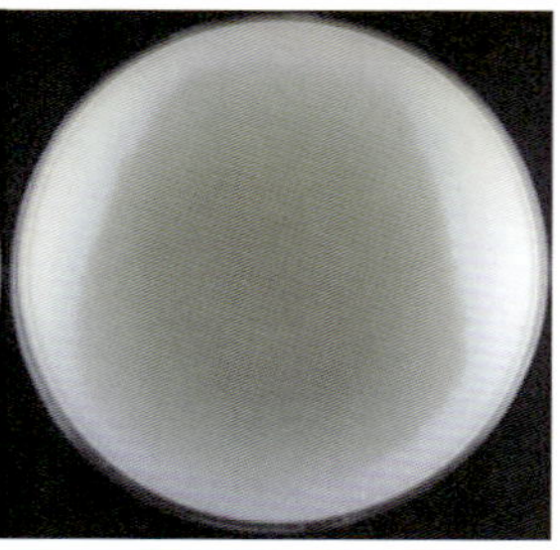
	Fig. 48　カビ *Cylindrocarpon* sp.TBK-22 （分離源：キトラ古墳石室内西壁 白虎前足付近 褐色部分（2005.12.17））（培養条件：GYC agar plate、25 ℃）			**Fig. 49**　カビ *Cladophialophora* sp. T7615-16-1 （分離源：高松塚古墳 南壁石（閉塞石：石室側）西隅床面近く 070615-a（石室解体中））（培養条件：GYC agar plate、25 ℃）	

週	表面	裏面	週	表面	裏面
1	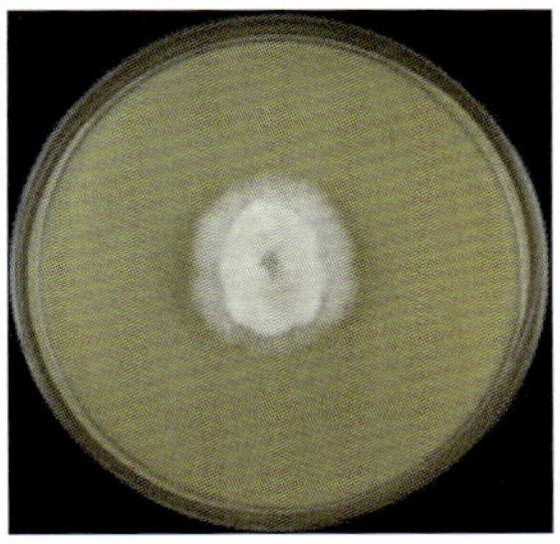	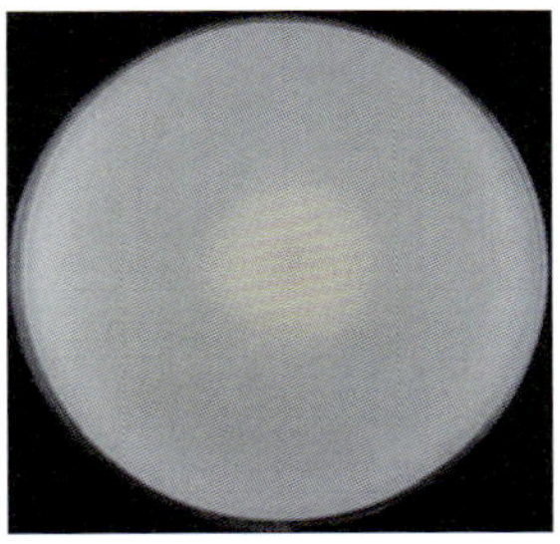	1		
2	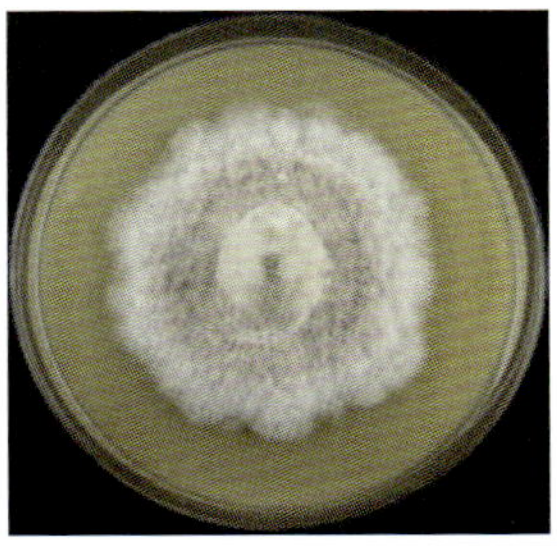	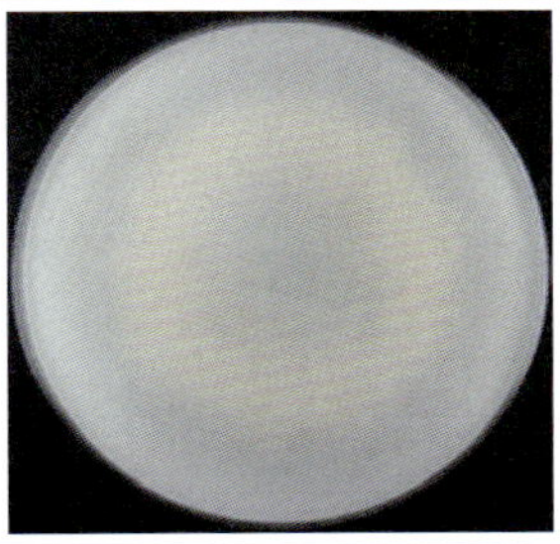	2	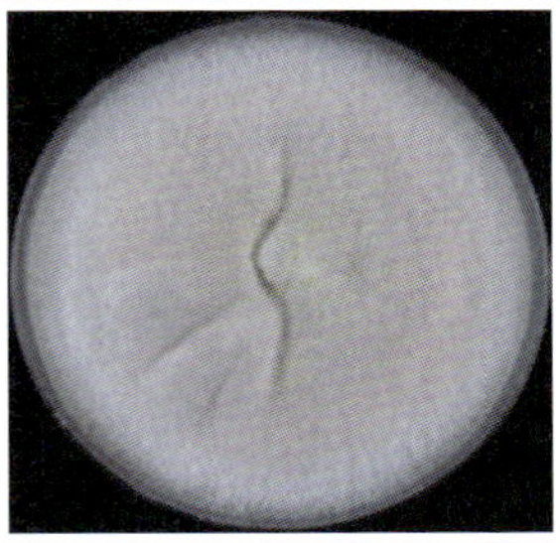	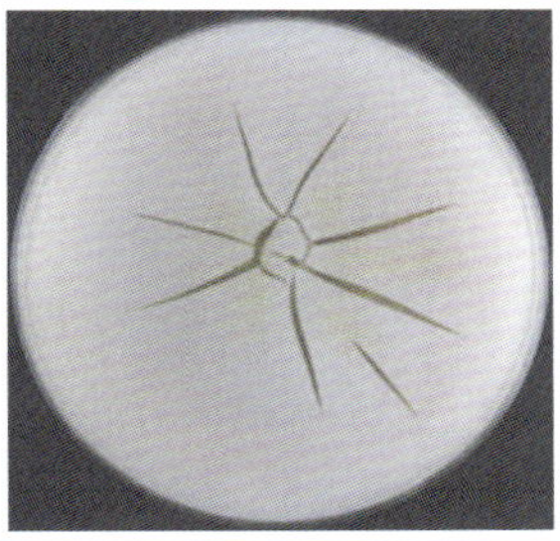
3	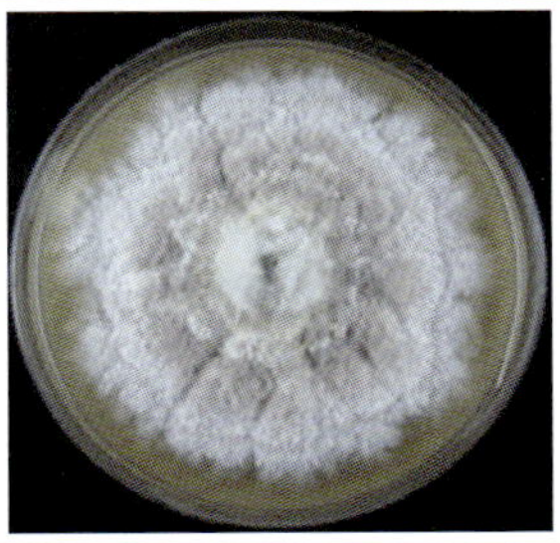	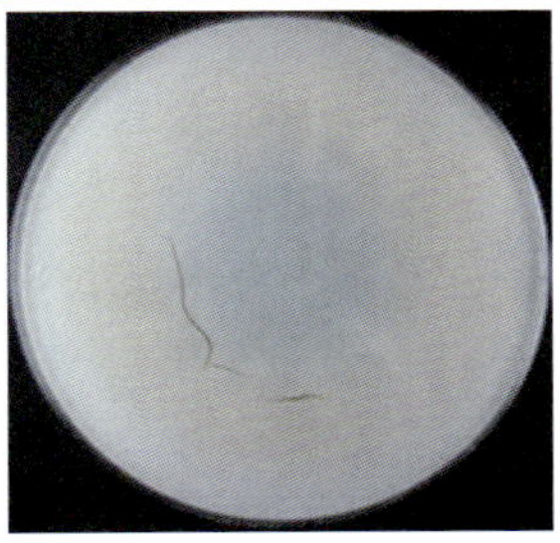	3		
4		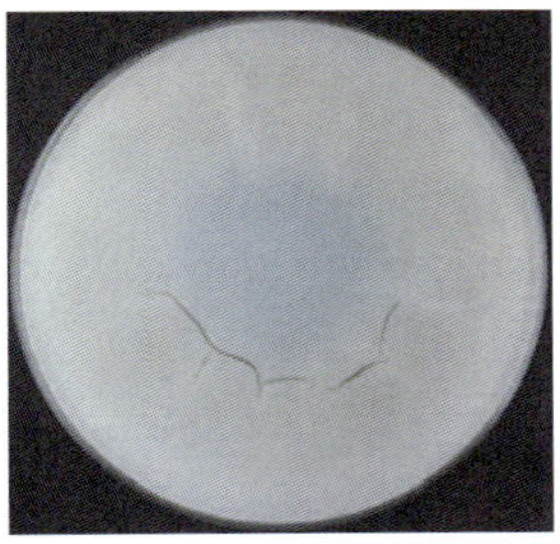	4	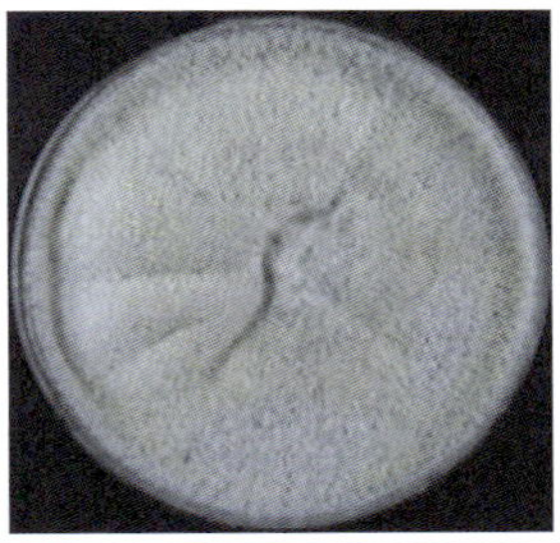	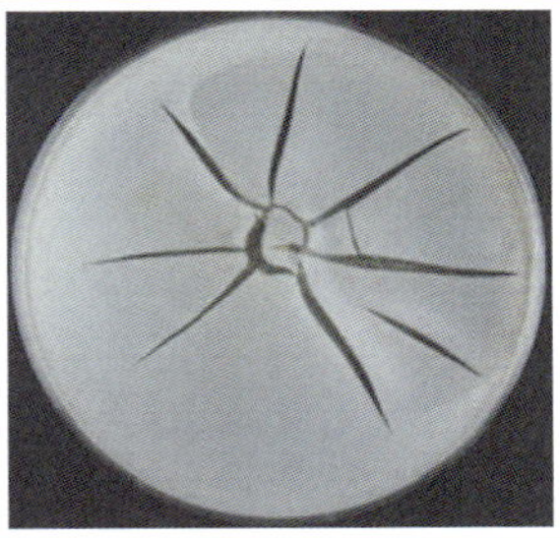
8	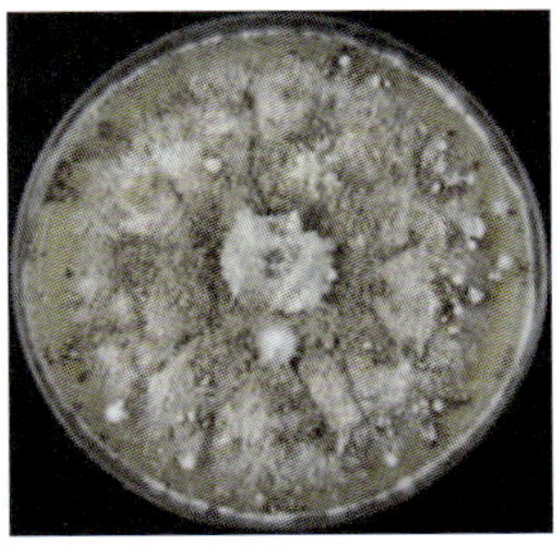	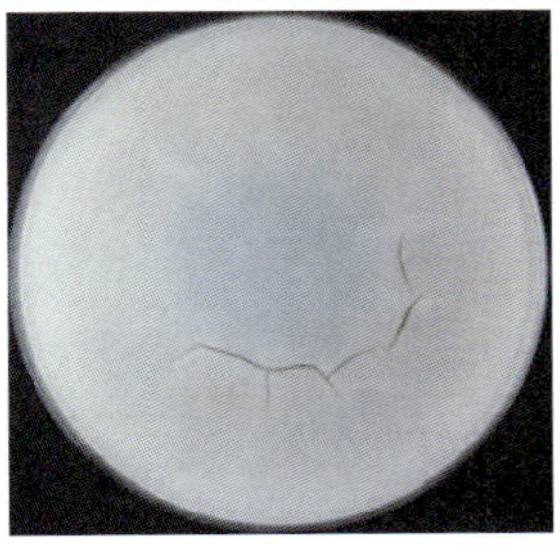	8		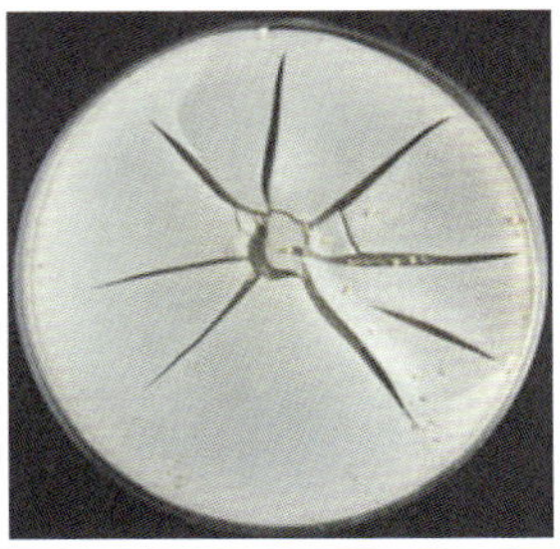
	Fig. 50　カビ *Clonostachys* sp. T7607-8-5 （分離源：高松塚古墳 東壁石1 北小口接合面 石の上 下部（ゲル状）070607-8（石室解体中））（培養条件：GYC agar plate、25 ℃）			Fig. 51　カビ *Clonostachys* sp. K9218-6 （分離源：キトラ古墳 石室内西壁 壁面の黄色い粒 090218（次亜塩素酸 1000 ppm でとる））（培養条件：GYC agar plate、25 ℃）	

週	表面	裏面	週	表面	裏面
1			1		
2			2		
3			3		
4			4		
8			8		
	Fig. 52　*Ophiostoma* sp. K9703-3-2（分離源：キトラ古墳石室内 東壁 石の上（中央部南側）白濁ゲル 090703）（培養条件：GYC agar plate、25 ℃）			**Fig. 53**　カビ有機酸生成対照株 *Ustilago cynodontis* NBRC 7530（分離源不明・イタコン酸産生株）（培養条件：GYC agar plate、25 ℃）	

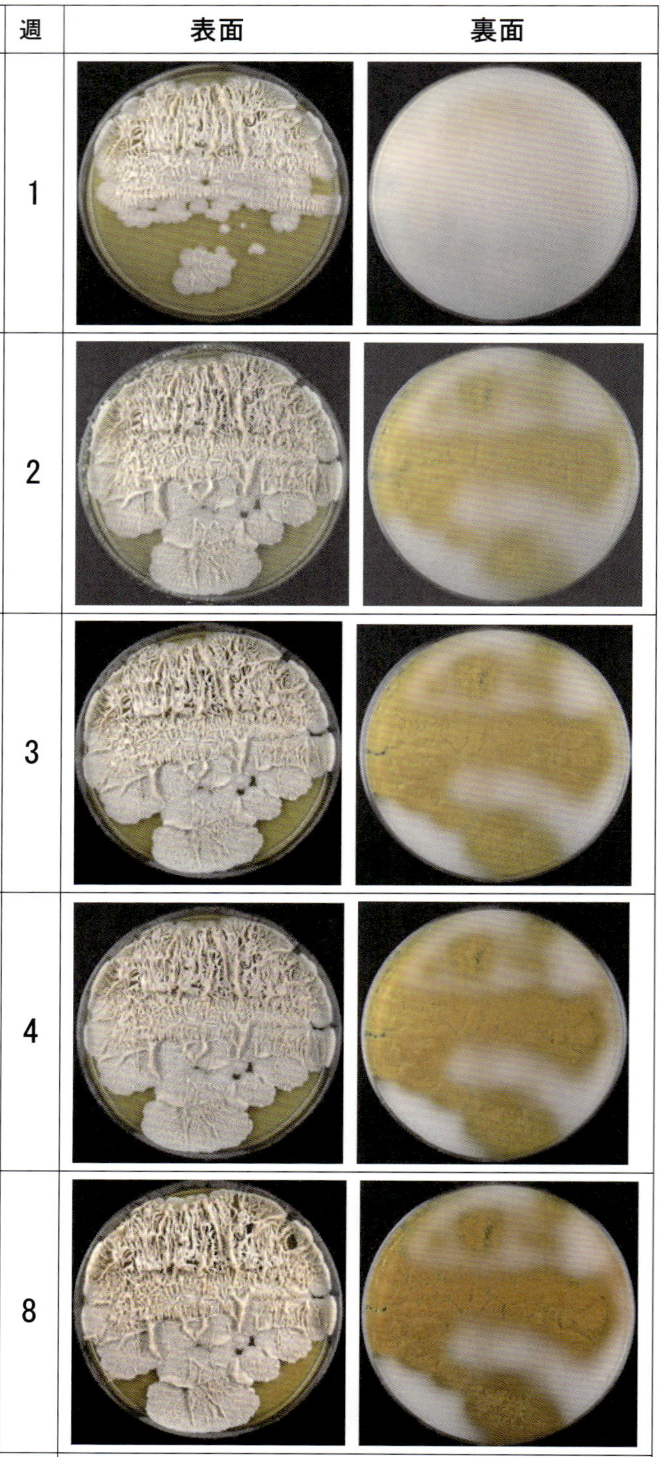

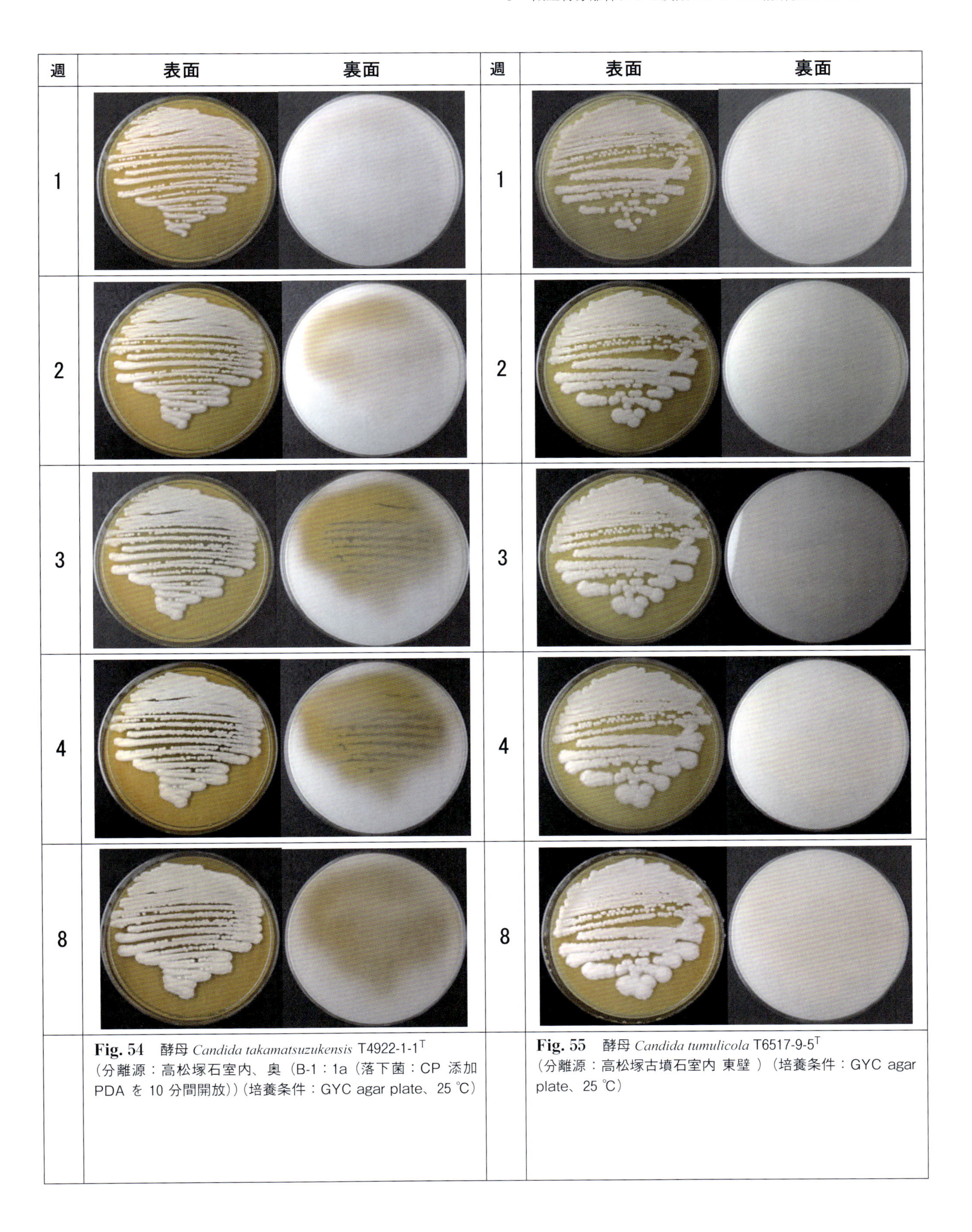

Fig. 54　酵母 *Candida takamatsuzukensis* T4922-1-1ᵀ
（分離源：高松塚石室内、奥（B-1：1a（落下菌：CP 添加 PDA を 10 分間開放））（培養条件：GYC agar plate、25 ℃）

Fig. 55　酵母 *Candida tumulicola* T6517-9-5ᵀ
（分離源：高松塚古墳石室内 東壁 ）（培養条件：GYC agar plate、25 ℃）

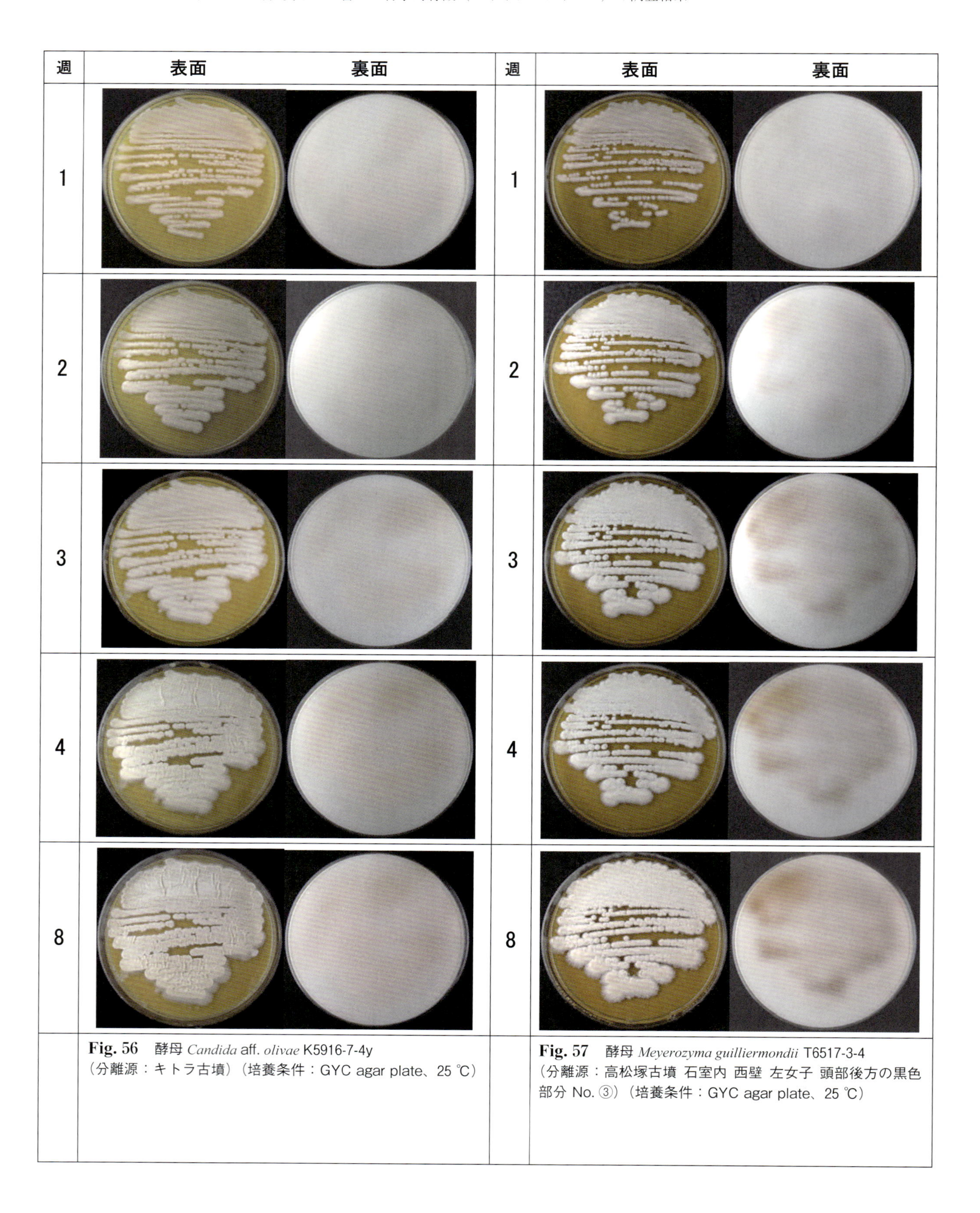

Fig. 56　酵母 *Candida* aff. *olivae* K5916-7-4y
（分離源：キトラ古墳）（培養条件：GYC agar plate、25 ℃）

Fig. 57　酵母 *Meyerozyma guilliermondii* T6517-3-4
（分離源：高松塚古墳 石室内 西壁 左女子 頭部後方の黒色部分 No. ③）（培養条件：GYC agar plate、25 ℃）

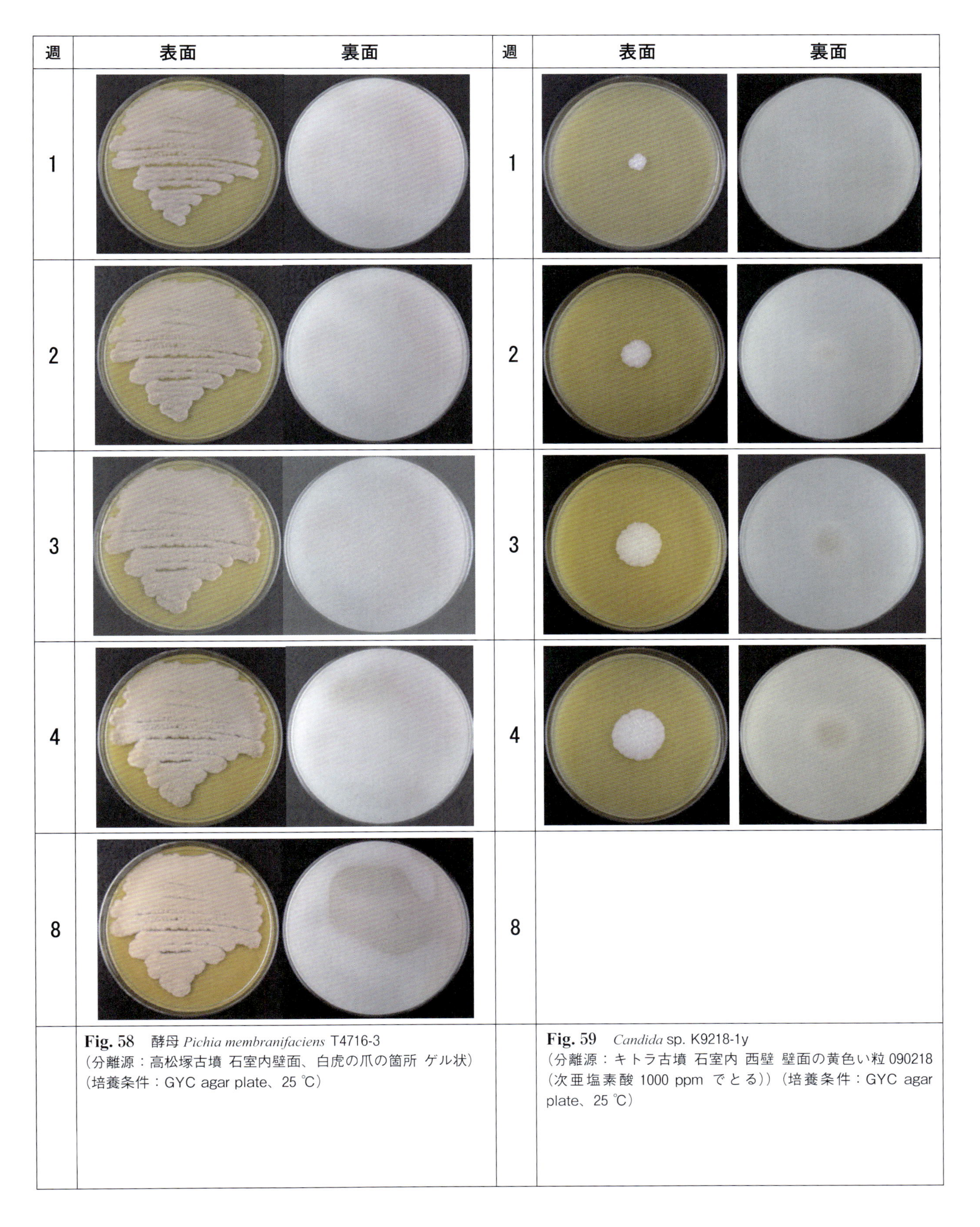

Fig. 58 酵母 *Pichia membranifaciens* T4716-3
（分離源：高松塚古墳 石室内壁面、白虎の爪の箇所 ゲル状）
（培養条件：GYC agar plate、25 ℃）

Fig. 59 *Candida* sp. K9218-1y
（分離源：キトラ古墳 石室内 西壁 壁面の黄色い粒 090218（次亜塩素酸 1000 ppm でとる））（培養条件：GYC agar plate、25 ℃）

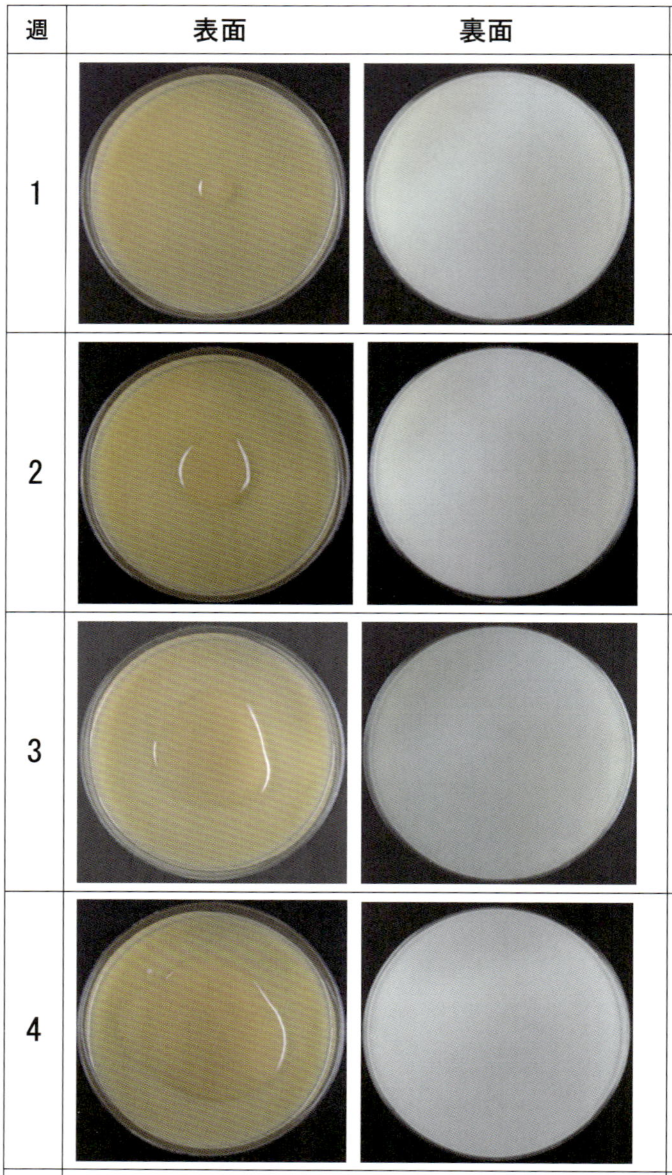

週	表面	裏面	週	表面	裏面
1			1		
2			2		
3			3		
4			4		
	Fig. 60　*Myxozyma* sp. 2 K9218-2y（分離源：キトラ古墳 石室内 西壁 壁面の黄色い粒 090218（次亜塩素酸 1000 ppm でとる））（培養条件：GYC agar plate、25 ℃）			**Fig. 61**　*Candida* sp. K9925-6-5y（分離源：キトラ古墳 石室内 天井壁（北から 2 番目／東側）穴の中の黒色ゲル 090925）（培養条件：GYC agar plate、25 ℃）	

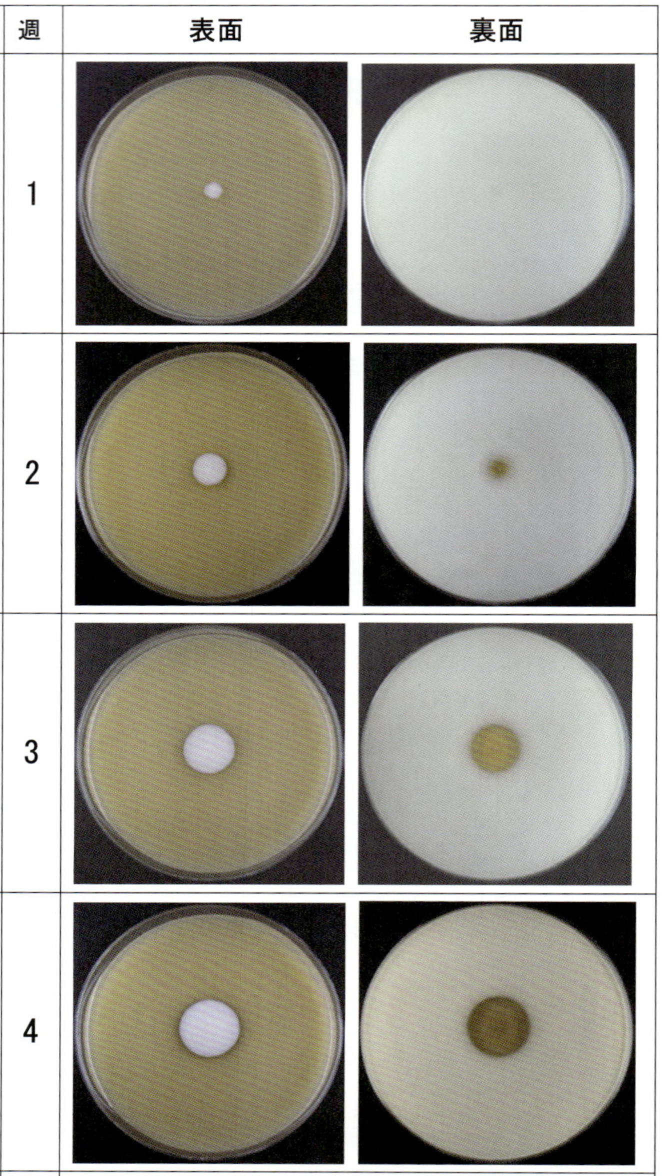

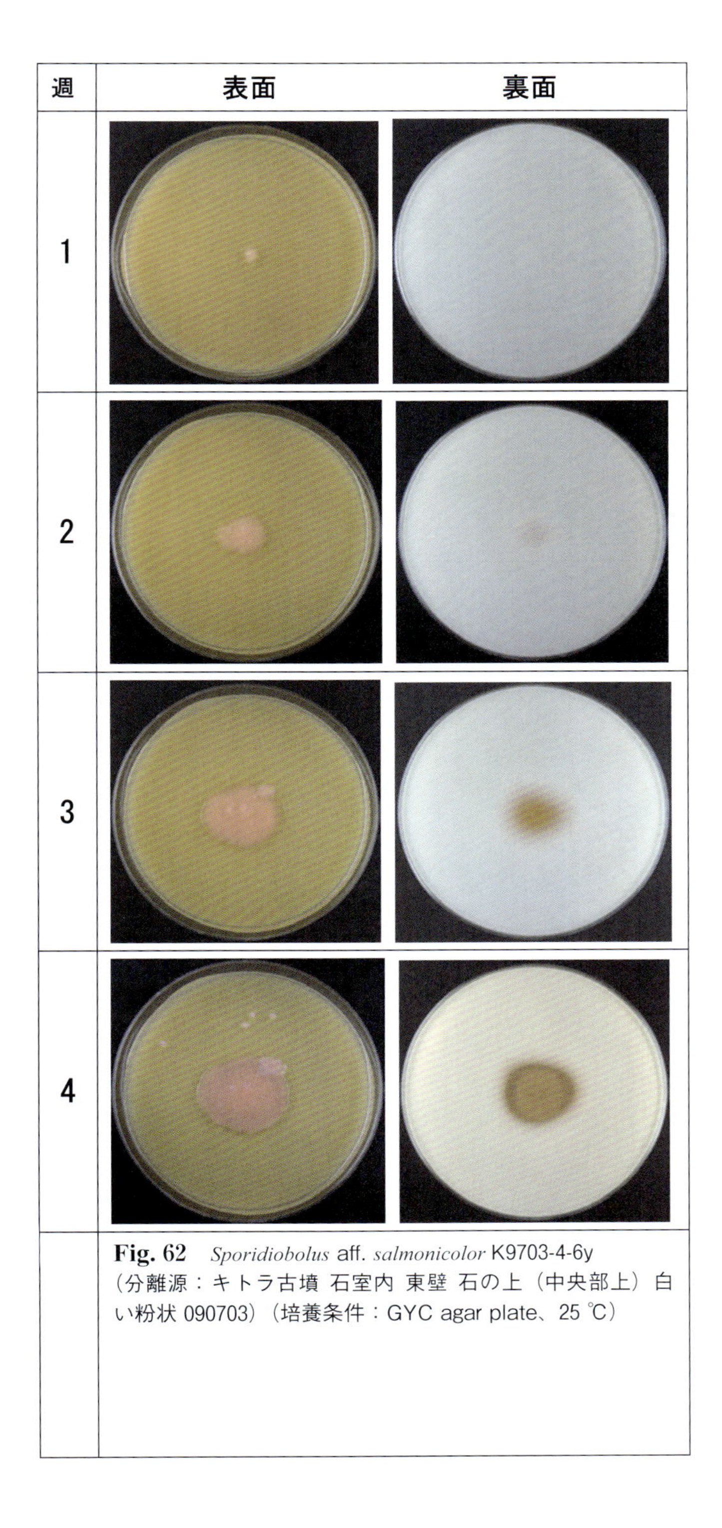

Fig. 62 *Sporidiobolus* aff. *salmonicolor* K9703-4-6y
（分離源：キトラ古墳 石室内 東壁 石の上（中央部上）白い粉状 090703）（培養条件：GYC agar plate、25 ℃）

週	表面	裏面	週	表面	裏面
1			1		
2			2		
3			3		
4			4		
8			8		
	Fig. 63　酢酸菌 *Gluconacetobacter tumulicola* K5929-1-1b（分離源：キトラ古墳石室内西寄り天井）（培養条件：GYC agar plate、25 ℃）			**Fig. 64**　酢酸菌 *Gluconacetobacter tumulicola* K5929-2-1b[T]（分離源：キトラ古墳 石室内、西寄り天井 漆喰にあいた穴 ③ No. 4 中身の黒色）（培養条件：GYC agar plate、25 ℃）	

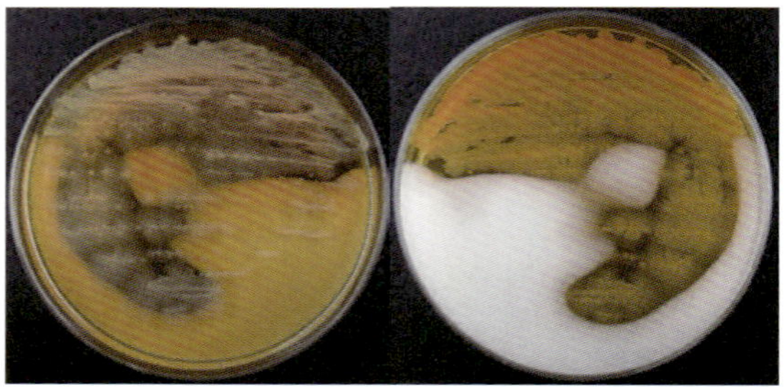

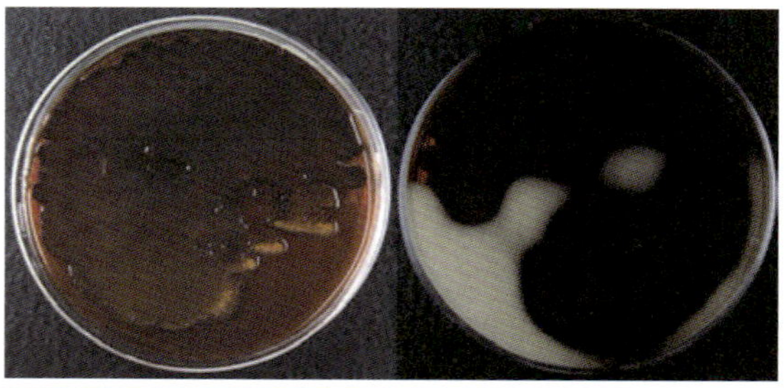

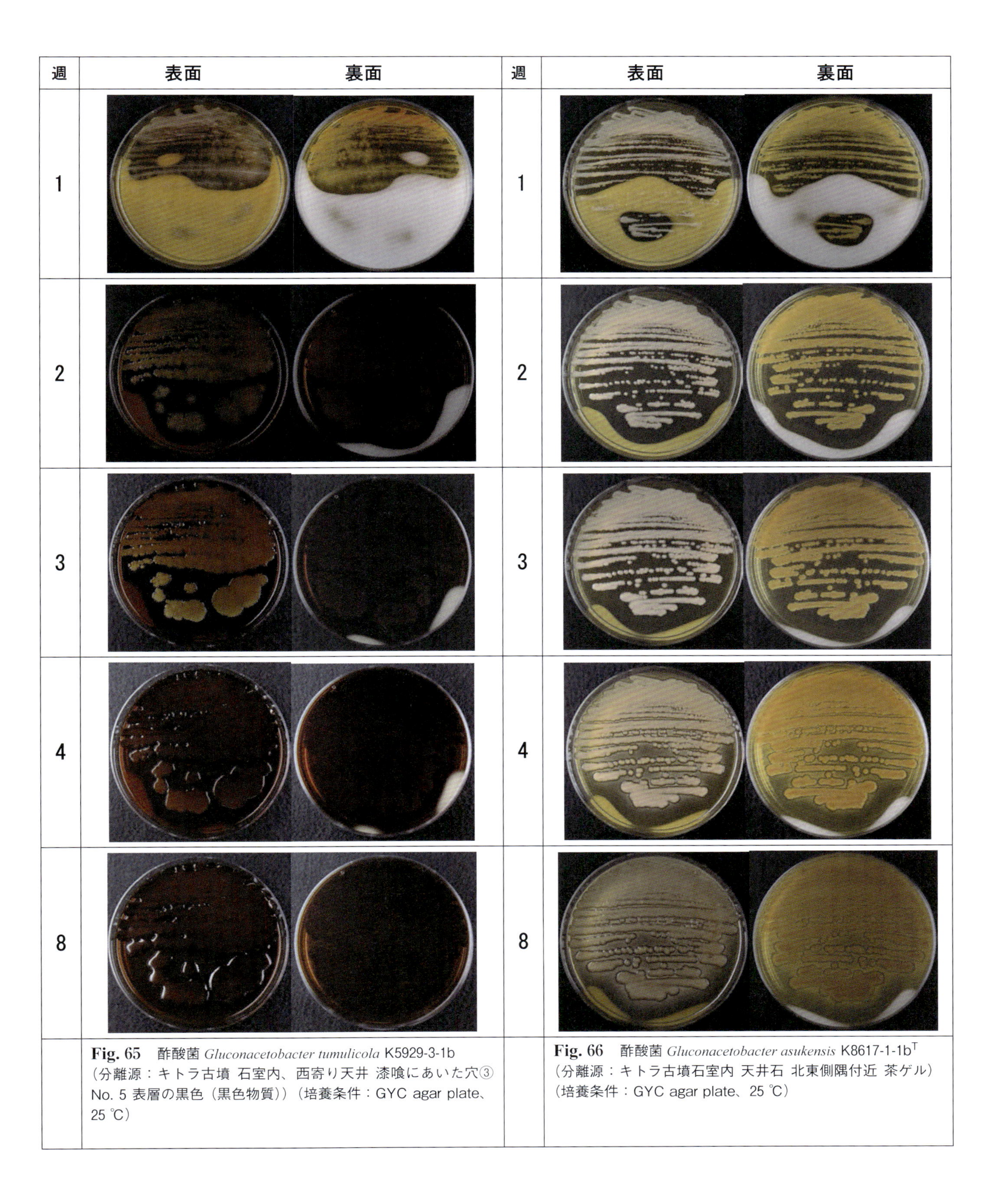

Fig. 65　酢酸菌 *Gluconacetobacter tumulicola* K5929-3-1b
（分離源：キトラ古墳 石室内、西寄り天井 漆喰にあいた穴③ No. 5 表層の黒色（黒色物質））（培養条件：GYC agar plate、25 ℃）

Fig. 66　酢酸菌 *Gluconacetobacter asukensis* K8617-1-1b^{T}
（分離源：キトラ古墳石室内 天井石 北東側隅付近 茶ゲル）（培養条件：GYC agar plate、25 ℃）

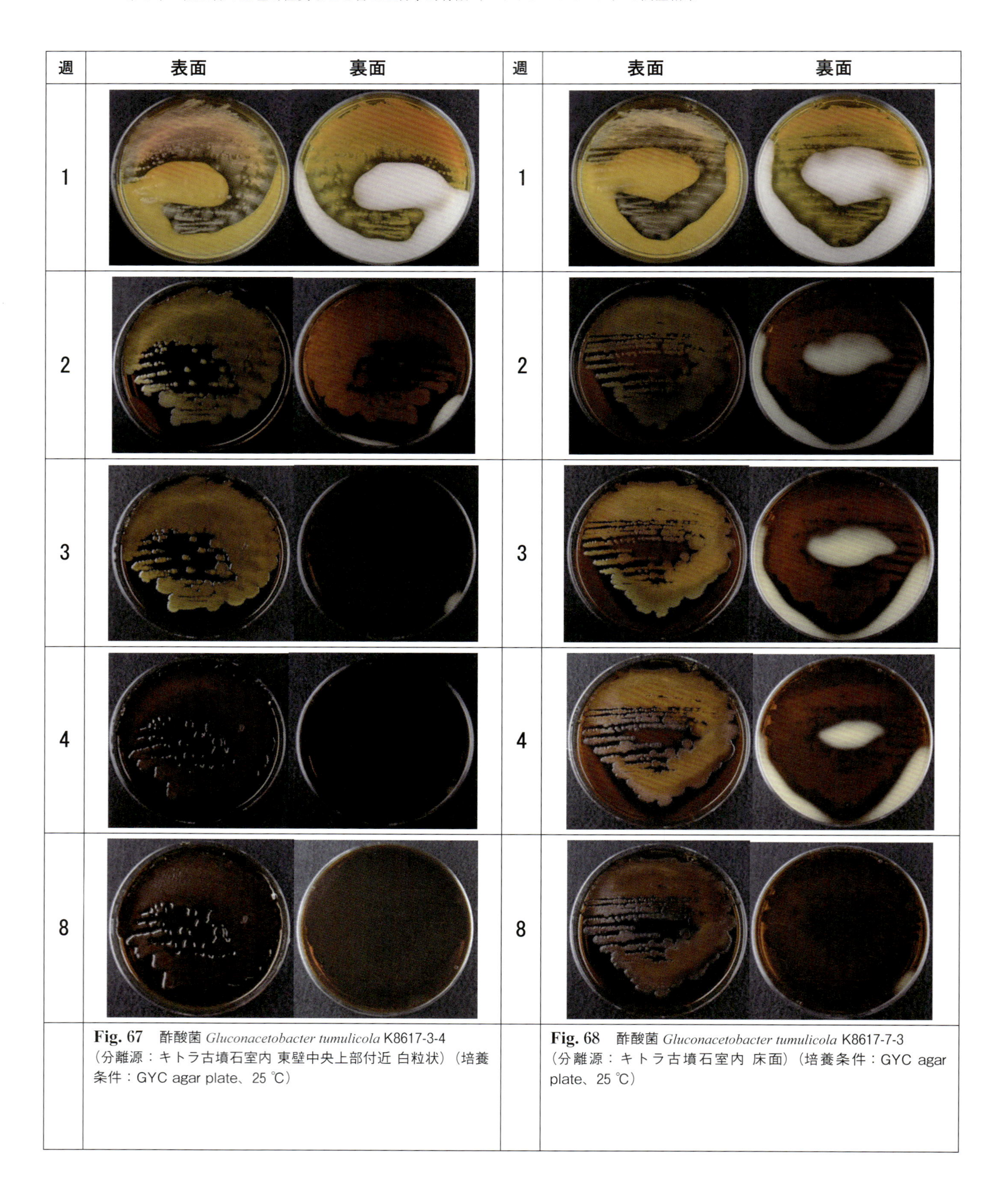

Fig. 67　酢酸菌 *Gluconacetobacter tumulicola* K8617-3-4（分離源：キトラ古墳石室内 東壁中央上部付近 白粒状）（培養条件：GYC agar plate、25 ℃）

Fig. 68　酢酸菌 *Gluconacetobacter tumulicola* K8617-7-3（分離源：キトラ古墳石室内 床面）（培養条件：GYC agar plate、25 ℃）

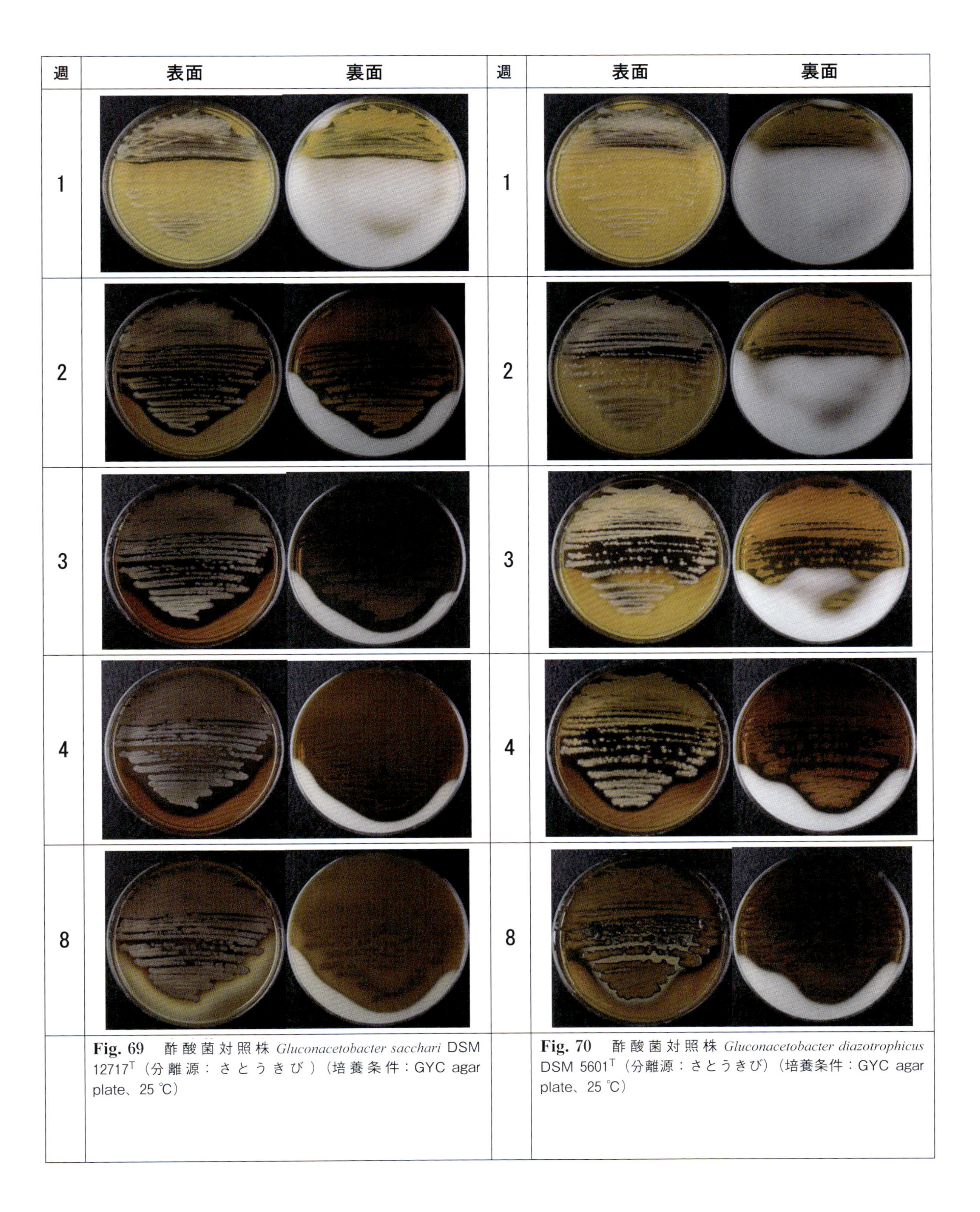

Fig. 69　酢酸菌対照株 *Gluconacetobacter sacchari* DSM 12717^{T}（分離源：さとうきび）（培養条件：GYC agar plate、25 ℃）

Fig. 70　酢酸菌対照株 *Gluconacetobacter diazotrophicus* DSM 5601^{T}（分離源：さとうきび）（培養条件：GYC agar plate、25 ℃）

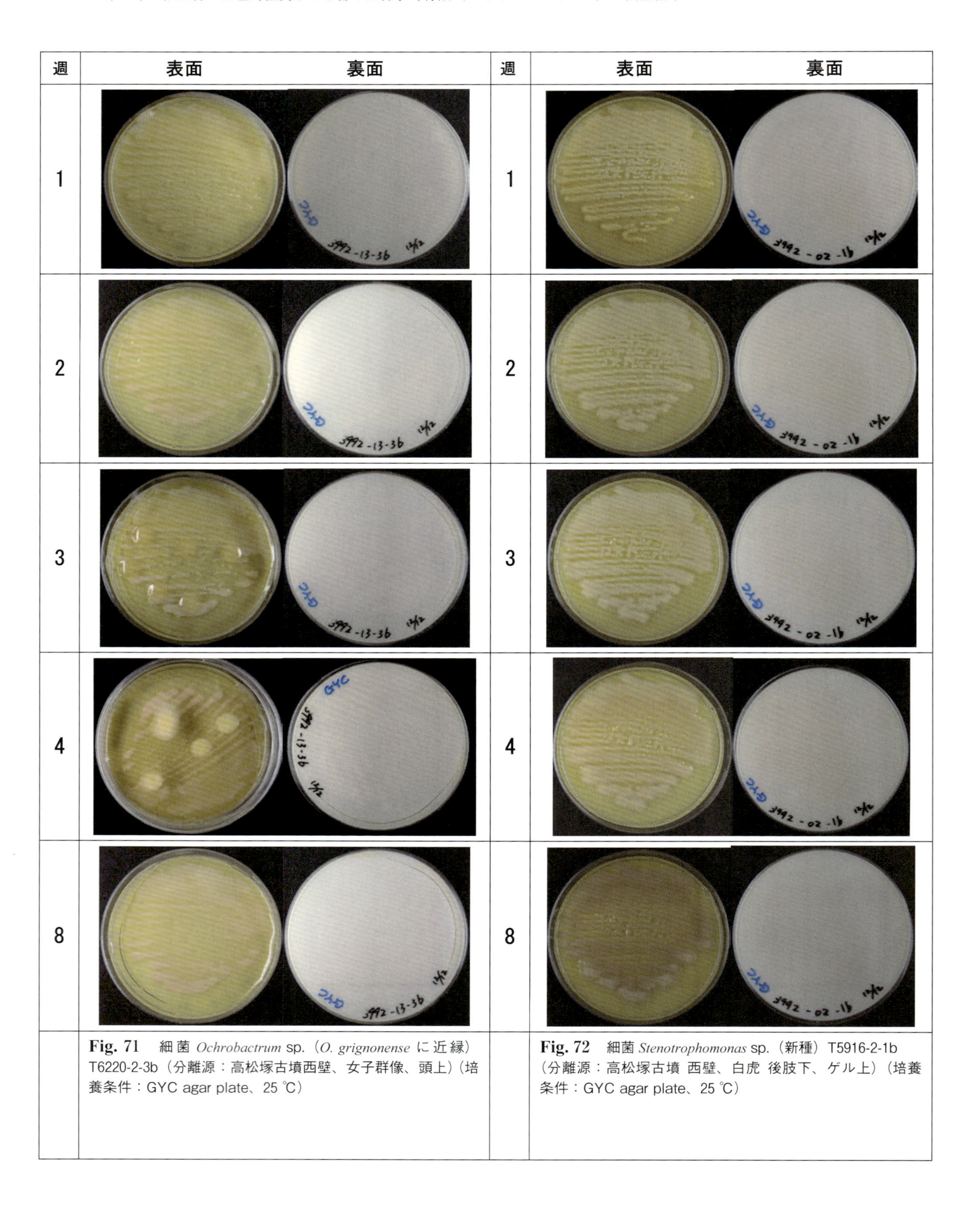

Fig. 71　細菌 *Ochrobactrum* sp.（*O. grignonense* に近縁）T6220-2-3b（分離源：高松塚古墳西壁、女子群像、頭上）（培養条件：GYC agar plate、25 ℃）

Fig. 72　細菌 *Stenotrophomonas* sp.（新種）T5916-2-1b（分離源：高松塚古墳 西壁、白虎 後肢下、ゲル上）（培養条件：GYC agar plate、25 ℃）

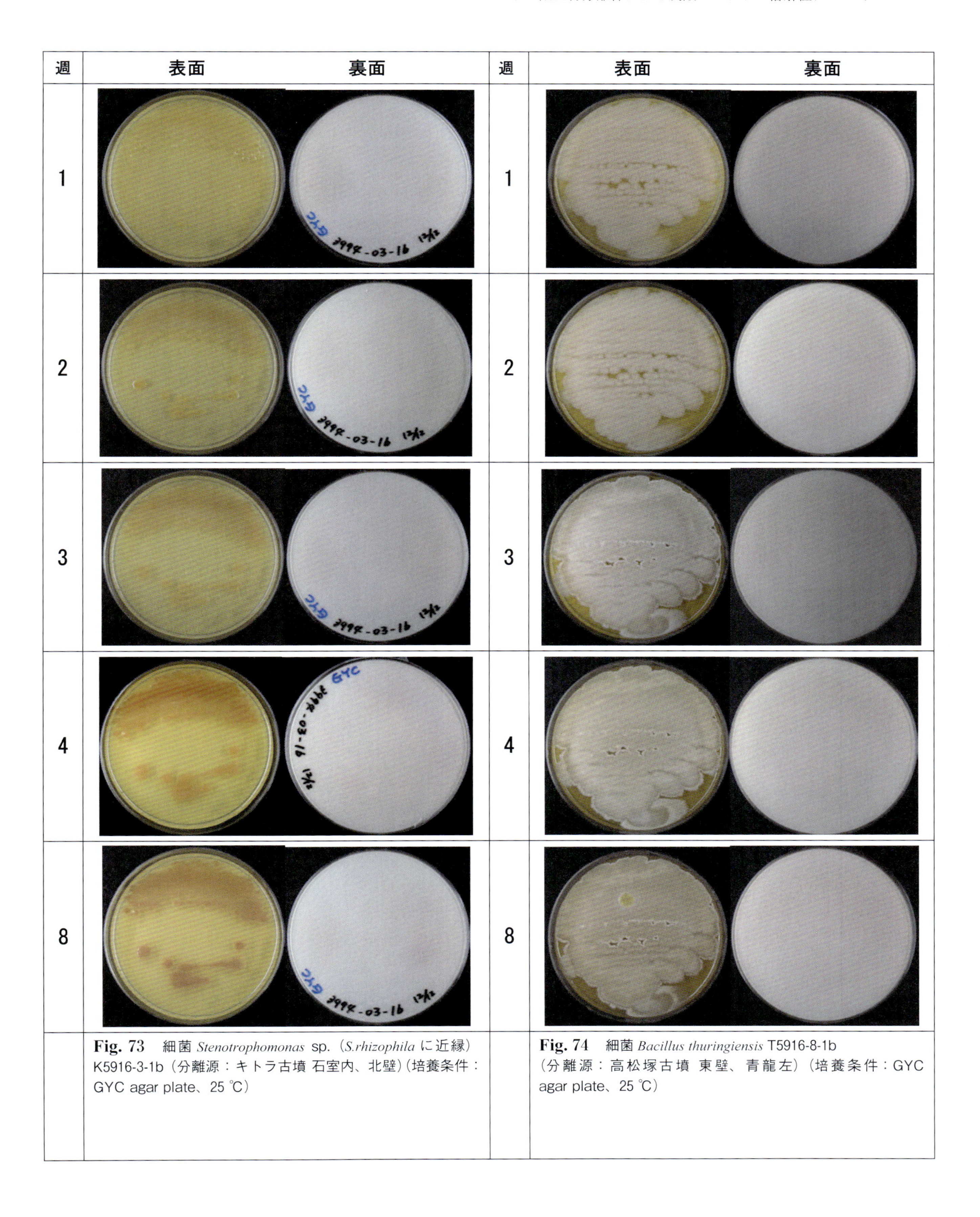

Fig. 73　細菌 *Stenotrophomonas* sp.（*S.rhizophila* に近縁）K5916-3-1b（分離源：キトラ古墳 石室内、北壁）（培養条件：GYC agar plate、25 ℃）

Fig. 74　細菌 *Bacillus thuringiensis* T5916-8-1b（分離源：高松塚古墳 東壁、青龍左）（培養条件：GYC agar plate、25 ℃）

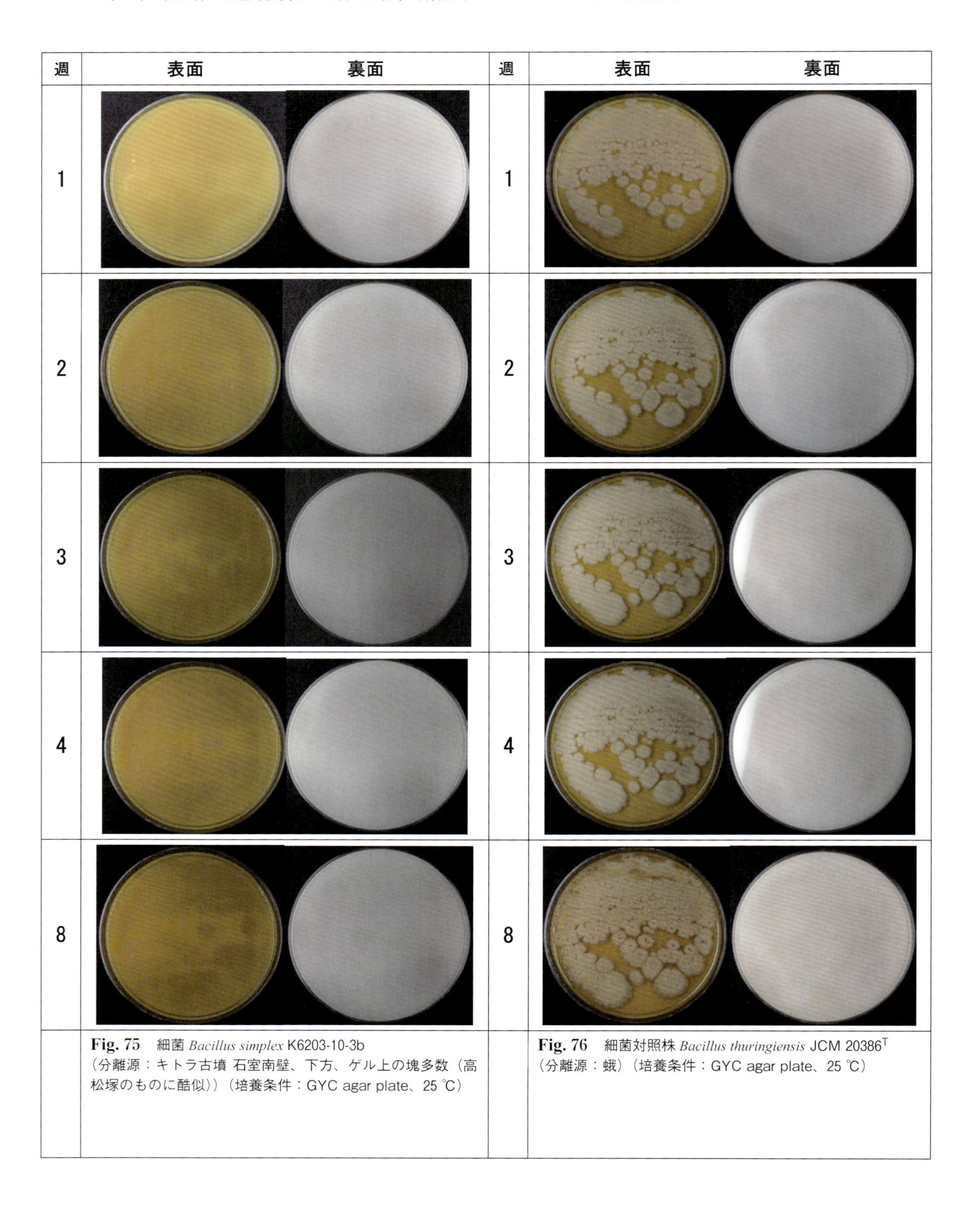

Fig. 75　細菌 *Bacillus simplex* K6203-10-3b
（分離源：キトラ古墳 石室南壁、下方、ゲル上の塊多数（高松塚のものに酷似））（培養条件：GYC agar plate、25 ℃）

Fig. 76　細菌対照株 *Bacillus thuringiensis* JCM 20386T
（分離源：蛾）（培養条件：GYC agar plate、25 ℃）

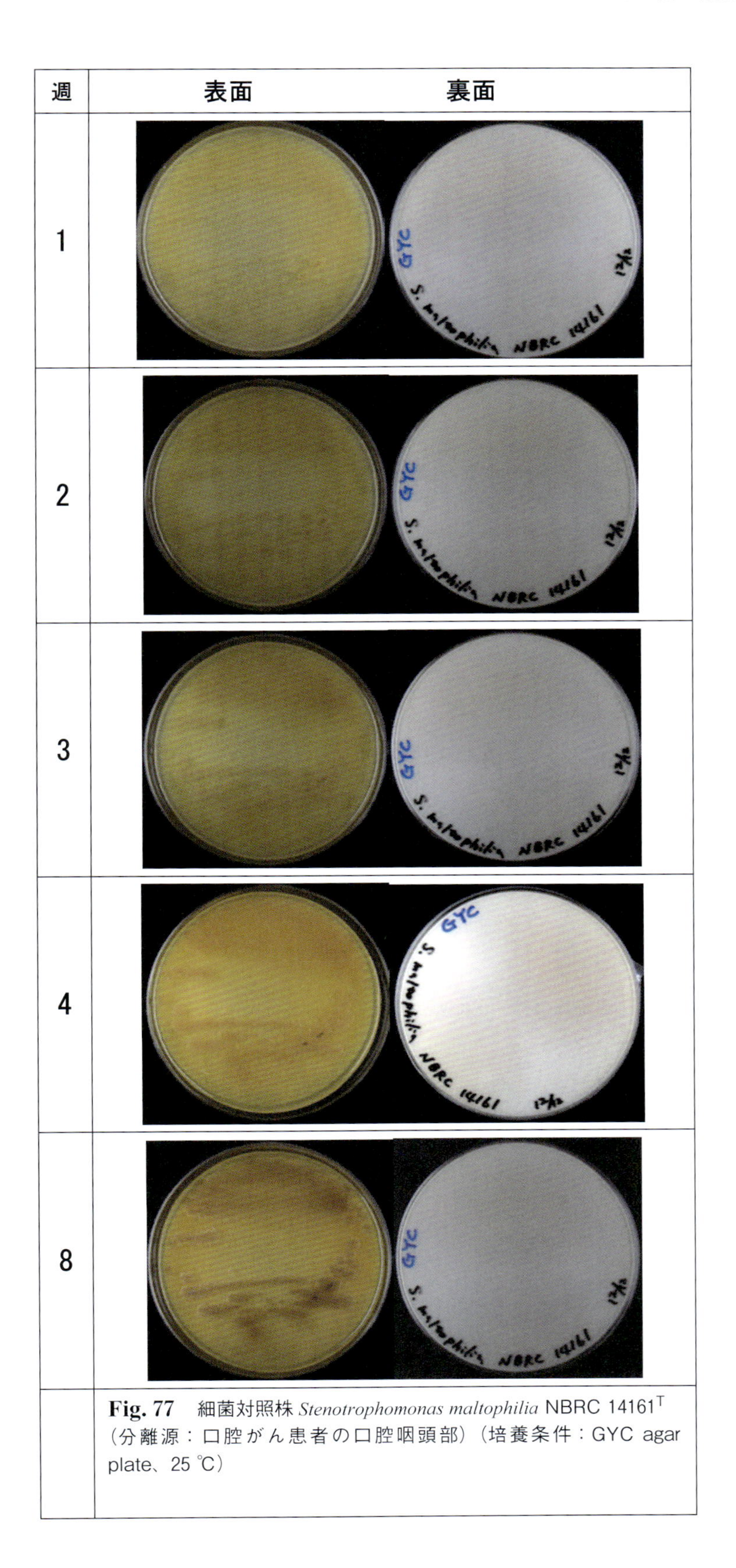

Fig. 77　細菌対照株 *Stenotrophomonas maltophilia* NBRC 14161ᵀ（分離源：口腔がん患者の口腔咽頭部）（培養条件：GYC agar plate、25 ℃）

6　温湿度条件と高松塚古墳のカビ・酵母分離株の発育度

（1）　はじめに

古墳内部でのカビなどの大発生を抑制するための基礎データをとることを目的とし、温度条件や湿度条件とカビなどの微生物の発育の関係を調査した。まず、平成17（2005）年5月に温度と主要なカビ・酵母分離株の発育度の関係について調査を実施した[1)]。さらに、平成17（2005）年6月、温度と湿度条件をかえて発育度を調査した[2)]。

高松塚古墳石室内部は、通常、100％RHに近い高湿度環境であるため、高湿度で生育する菌類が主要な汚染菌として検出されていた。その意味では、湿度をある程度下げることができれば、それらの菌類についてはかなり生育の抑制効果があるものと考えられたが、湿度が80％RH程度では十分に生育可能なカビ（好乾性のカビ）も自然界には存在し、長期間ではそのようなカビによる問題が起きることも予測されるため、好乾性のカビの基準株についても同様に比較実験を行った[2)]。

さらに、平成19（2007）年の解体作業が終了するまでの間、平成17（2005）年9月より墳丘の冷却が実施されたが、その影響を評価するため、平成16（2004）年以降にみられた主なカビについて胞子から発芽する菌糸の長さの比較を含め、平成20（2008）年度により詳細な調査を行った。

（2）　温度条件の影響調査

以下の内容の概要は、平成17（2005）年6月27日に第4回国宝高松塚古墳壁画恒久保存対策検討会にて報告された[1)]。

（2）-1　水蒸気飽和状態の湿室内での培養による温度影響調査

使用菌株：カビ15株（参照菌3株、および高松塚古墳から採取された菌12株）を用いた。使用菌株は下記の通りである。

〈参照菌〉

R-1　*Aspergillus terreus* Thom NBRC 6346

R-2　*Penicillium citrinum* Thom NBRC 6352

R-3　*Fusarium moniliforme* Sheldon
（As *Gibberella fujikuroi*（Sawada）Wollenweber）NBRC 31251

〈高松塚古墳分離株〉

T-1　*Acremonium*（sect. *Gliomastix*）*masseei* TBT-13（T4519-5-1）（平成16（2004）年5月19日石室内床面より）

T-4　*Trichoderma* sp. 1-b TBT-16（T4519-9-7）（平成16（2004）年5月19日石室内東壁より）

T-5　*Gliocladium* sp. 2 TBT-17（T4519-8-1）（平成16（2004）年5月19日石室内西壁より）［現行学名は、*Clonostachys* sp. 2］

T-6　*Penicillium* sp. 4 TBT-18（T4519-9-4）（平成16（2004）年5月19日石室内東壁より）［現行学名は、*Talaromyces* sp. 4］

T-7　*Fusarium* sp. 2 TBT-19（T4906-8-1）（平成16（2004）年9月6日石室内西壁より）

T-8　*Penicillium* sp. 4 TBT-20（T4906-7-3）（平成16（2004）年9月6日石室内東壁青龍付近より）

T-9　*Trichoderma* sp. 4 TBT-21（T4906-8-10）（平成16（2004）年9月6日石室内西壁より）

T-11　*Fusarium* sp.（*F. solani* species complex（FSSC）clade）TBT-23（T4716-1）（平成16（2004）年7月16日石室内西壁白虎爪のゲル状試料より）

T-12　*Cylindrocarpon* sp. TBT-1（平成13（2001）年12月石室内北壁玄武尾の下より）

T-13　*Cylindrocarpon* sp. TBT-2（平成13（2001）年12月石室内南壁中央下方より）

T-3　*Fusarium* sp.8（*F. solani* species complex（FSSC）clade）TBT-15（T4519-9-3）（平成16（2004）年5月19日石室内東壁より）

T-14　*Fusarium* sp.4（*F. solani* species complex（FSSC）clade）TBT-14（T4519-9-2）（平成16（2004）年5月19日石室内東壁より）

前培養：各菌株をPDA（ポテトデキストロース寒天）平板に画線し、胞子を着生するまで25℃で培養した。

胞子を封入した試験片の作製：寒天平板上に発育した菌を生理的食塩水に懸濁し、胞子を遠心分離で集め、0.5％グルコースと0.5％ゼラチンを含む溶液中に懸濁した。菌糸が混在する場合は濾過した。胞子濃度を約1×10^6個/mLに調節し、試験片の作製に使用した。

Fig. 1に、発育環境調査用に準備した試験片を示す。カビの胞子を分散させた溶液3 μLをプラスチック板上にスポット状に接種し乾燥させた。胞子分散スポットの直径は約3 mmになった。この胞子分散スポットを両面テープの枠で囲み、上から酸素と水分を透過できるフィルムで覆った。試験片上でカビが発育しても周囲の環境中にカビが漏出することはない。

試験片はシリカゲルをいれた容器に入れ、乾燥させた状態でフリーザー中で保管した。

水蒸気飽和状態の湿室の作製：10 cm×10 cm厚さ3 cmの角形ケースに直径9 cmのプラスチックシャーレの底を入れ、角型ケース内のシャーレ内外に蒸留水をいれ、小型の湿室とした。湿室内のシャーレ上には、試験片を載せるためのプラスチックの網を置いた。この小型の湿室を、さらに大きなサイズの湿室に入れ、その湿室にも蒸留水を入れ二重の湿室にした。

培養温度の設定：培養温度は湿室を入れるインキュベータにより調節した。予め、インキュベータ内に自記記録型の温度計（サーモレコーダーRS-11、エスペック）を設置し、設定温度で1分毎に24時間温度を記録し、平均温度を計算した。目標温度とのずれをインキュベータの設定温度を変えることにより微調整し、再度24時間温度を記録して平均値を計算。平均温度が±0.2℃以内のずれに収まるまで微調整を繰り返した。

試験片の培養：培養温度は10℃、15℃、18℃、20℃、23℃の5段階とし、培養期間は24時間、4日間、8日間の3期間とした。各培養温度の二重湿室を準備し、温度を平衡状態にさせるため培養開始前に24時間以上、各設定温度のインキュベータに入れて放置した後、二重湿室の内側湿室の網上に試験片

（Fig. 1）を載せた。培養時は内側の湿室も外側の湿室もビニールテープでシールした。

写真撮影と発育の観察：所定の温度で所定の期間培養後、試験片を湿室から取り出して乾燥させた。乾燥により菌糸の発育は停止する。発育を停止させた後、各菌株の発育状態を顕微鏡下で写真撮影した。

胞子の発芽が認められない場合および菌糸が短い場合（約 200 µm 以下）は、対物レンズ 10 倍で撮影し、発育した菌糸が胞子を分散させたスポットの外側に伸長している場合は対物レンズ４倍で撮影した。菌糸が長く伸長し１枚の写真に入りきらない場合は、連続写真を撮影した。

培養後の発育状態を、胞子発芽が認められない場合は－、発芽が認められるが菌糸長が 200 µm 未満の場合は＋、菌糸長が 200 µm 以上で 2000 µm 未満の場合は＋＋。菌糸長が 2000 µm を超えている場合は＋＋＋で表示した。

（２）－２　平板培養による温度影響調査

使用菌株：酵母２株（参照菌１株、および高松塚古墳から分離された１株）を使用した。

〈参照菌〉　R-4 *Pichia membranifaciens*（*Pichia alcoholophila*）NBRC 10725

〈高松塚古墳分離株〉　T-10 *Pichia membranifaciens* TBT-22（T4716-3）（平成 16（2004）年７月 16 日　石室内西壁白虎爪付近のゲル状試料より）

前培養：各菌株を、PDA（ポテトデキストロース寒天）平板培地３枚ずつに画線し、25 ℃で培養した。

細胞懸濁液の作製と接種：各菌株で 1×10^7 個 /mL の懸濁液を作製し、その１白金耳を PDA 平板培地に画線した。

培養：培養温度は 10 ℃、15 ℃、18 ℃、20 ℃、23 ℃の５段階、培養期間は１週間、および３週間の２期間とした。

各温度条件と培養期間の組み合わせで、それぞれ３枚ずつの平板を培養した。

写真撮影と発育の観察：培養１週間後、および３週間後に平板を写真撮影した。発育状態は、下記の３段階で表示した。

＋＋：１週間培養後にコロニーが目視できる

＋：１週間培養後はコロニーが目視できないが３週間培養後にコロニーが目視できる

－：３週間培養もコロニーが目視できない

（２）－３　結果および考察

Tab. 1 ～ 3 に、水蒸気飽和状態の湿室内での培養期間 24 時間、４日間、および８日間の試験片中での菌糸の発育状態を示す。培養期間 24 時間（Tab. 1）では、培養温度 10 ℃および 15 ℃で発芽するカビは認められなかったが、18 ℃では６株が発芽し、培養温度が高いほど発芽した菌株数が多かった。培養期間が４日間になると（Tab. 2）、参照菌の R-1（*Aspergillus terreus*）以外は全て 10 ℃で発芽し、15 ℃以上では菌糸長が 2000 µm（2 mm）を超えるカビが現れた。培養期間８日間（Tab. 3）では、培養温度 10 ℃で *Cylindrocarpon* spp. の菌糸長が 2 mm を超えた。15 ℃では調査した 15 株中 10 株、高松塚古墳から分離されたカビでは 12 株中９株で菌糸長が 2 mm を超え、調査した温度範囲では、培養温度が高いほど菌糸の発育が早かった。培養期間８日間の 10 ℃での発育が認められなかったカビは参照菌の R-1（*Aspergillus terreus*）

だけであった。

培養温度が低温になるほど発育速度は遅くなるが、培養温度10℃でも高松塚古墳から分離されたカビはすべて発育可能であることが明らかになった。石室内部では低温で発育できるカビが環境に適応して生き残ってきた可能性がある。

Fig. 2～6に高松塚古墳から分離された代表的なカビT-14（*Fusarium* sp. 4）の、4日間培養後の発育状態を示す。10℃では菌糸長が200 μm未満であったが、15℃以上は全ての温度で菌糸が2 mmを超えており、18℃以上は全ての温度で新しい胞子の着生が認められた。本菌株は、10℃の8日間培養では菌糸が1 mm程度に伸長しており、15℃の8日間培養では胞子の着生が認められた。低温での発育は遅延するが、停止せずに継続した。

Tab. 4に、平板培養での酵母の発育状態を示す。参照に用いた酵母（*Pichia membranifaciens* NBRC 10725）の発育が培養温度10℃で遅く、1週間培養では目視できるコロニーを形成しなかったが、他は1週間培養で目視できるコロニーを形成した。高松塚古墳から分離された酵母T-10（*Pichia membranifaciens*）は、培養温度10℃でも1週間培養で目視できるコロニーを形成し、高松塚古墳から分離された酵母は低温で発育しやすい株であった。カビと同様、石室内部では低温で発育できる酵母が環境に適応して生き残っている可能性がある。

高松塚古墳石室内部の温度を10℃まで低下させれば、菌の発育は抑制されるが、完全に発育を阻止することはできない。

（3）　温度・湿度条件の違いによる影響調査

以下の内容の概要は、平成18（2006）年2月9日に第5回国宝高松塚古墳壁画恒久保存対策検討会にて報告された[2)]。

高松塚古墳を汚染する主要なカビと酵母およびそれらの参照菌について、発育と温湿度の関係を調査した。ここでは、相対湿度が発育に与える影響についての調査を主な目的とした。

（3）-1　試験方法

使用菌株：前回の調査と同じで、カビ15株（参照菌3株、および高松塚古墳から分離された菌12株）および酵母2株（参照菌1株、および高松塚古墳から分離された菌1株）を使用した。

前培養：各菌株をPDA（ポテトデキストロース寒天）平板に画線し、25℃で培養した。

試験片：寒天平板上に発育したカビの胞子または酵母細胞をグルコース0.5％およびゼラチン0.5％を含む液に懸濁した。カビの場合は胞子濃度を約1×10^6個/mLに調節、酵母の場合は細胞濃度を1×10^5個/mLおよび1×10^4個/mLの2段階に調節した。濃度を調節した懸濁液3 μLを40 mm × 13 mmのプラスチック板にスポット状に接種し、風乾させたものを試験片とした。

試験片の培養：温度および相対湿度を調節した湿室内に試験片を入れて培養した。

カビは、温度10℃、15℃、20℃の3段階と相対湿度80％、90％の2段階を組み合わせた環境下で、酵母は、温度10℃、15℃、20℃の3段階と相対湿度80％、90％、100％の3段階を組み合わせた環境下で培養した。培養期間は24時間および8日間の2期間とした。

発育の観察：培養後に、試験片を湿室から取り出して乾燥させた。乾燥により発育は停止する。発育状態を顕微鏡下で観察し写真撮影した。発育状態は、以下のとおりに表示した。

カビは、胞子発芽が認められない場合は－、発芽が認められるが菌糸長が200 μm未満の場合は＋、菌糸長が200 μm以上で2000 μm未満の場合は＋＋、菌糸長が2000 μmを超えている場合は＋＋＋で表示した。酵母は、発育が認められない場合は－、発育が認められた場合は＋で表示した。

（3）－2　結果

Tab. 5および6に、相対湿度80 %および90 %の湿室内での培養期間24時間および8日間の発育状態を示す。高松塚古墳から分離されたカビ（T-1～T-14）は、相対湿度80 %および90 %で発育が認められなかった。参照のカビ（R-1～R-3）は、相対湿度80 %では発育が認められなかったが、相対湿度90 %では、15 ℃と20 ℃で発育が認められた。

Tab. 7に、前回の相対湿度100 %での調査結果の一部を抜粋する。相対湿度100 %では、高松塚古墳から分離されたカビはすべて8日間培養で発育しており、石室内部に存在しているカビは全て好湿性カビであることがわかる。

Tab. 8～10に、酵母の発育状態を示す。相対湿度80 %および90 %では何れの酵母にも発育が認められなかった。相対湿度100 %では、高松塚古墳から分離された酵母（T-10）は何れの温度でも発育が認められたが、参照の酵母（R-4）は10 ℃で発育が認められなかった。高松塚古墳から分離された酵母はカビと同様に好湿性で、低温に適応した菌株と思われる。

高松塚古墳から分離されたカビと酵母は、相対湿度90 %以下では発育が阻止された。

（4）　湿度条件の違いによる好乾性カビの発育

前項の結果によると、高松塚古墳から分離されたカビは相対湿度90 %と80 %で発育が認められず、参照として使用されたカビは相対湿度90 %では発育が認められたが80 %では発育が認められなかった。高松塚古墳から分離したカビの調査結果からは、低温で相対湿度80 %に保てばカビの発育はかなり抑制されると考えられたが、自然界にはさまざまな種類のカビが存在するため他の種類のカビについて、なかでも好乾性カビについて調査の必要がある。そこで代表的な好乾性カビの発育環境について調査した。

以下の内容についても、平成18（2006）年2月9日に第5回国宝高松塚古墳壁画恒久保存対策検討会にて概要が報告された[2)]。

（4）－1　試験方法

使用菌株

好乾性カビ6株を使用した。*Aspergillus penicilliodes* K-712と*Eurotium herbariorum* J-183は多数のカビの中からスクリーニングした株で、他の好乾性カビよりも発育が速く、広範囲の温湿度環境で発育できる菌株である。

培養条件と発育状態の表示

相対湿度70 %、80 %、90 %、100 %と温度10 ℃、15 ℃、20 ℃を組み合わせた環境で、24時間、1週間のおよび7週間の3期間培養した。発育状態の表示は以下とおり。

－：発芽が認められない。＋：発芽が認められ、菌糸長が200 μm 未満。＋＋：菌糸長が200 μm 以上で2000 μm 未満。＋＋＋：菌糸長が2000 μm 以上。

（4）－2　結果

Tab. 11に、相対湿度70 %での発育を示す。相対湿度70 %では15 ℃以下ではいずれの好乾性カビにも発育が認められなかったが、20 ℃の7週間培養で *Aspergillus penicillioides* K-712の発育が認められた。

Tab. 12に、相対湿度80 %での発育を示す。15 ℃以上では全ての好乾性カビで発育が認められた。10 ℃では7週間培養で *Aspergillus penicillioides* K-712、*Aspergillus restrictus* IFO 7101および *Eurotium herbariorum* J-183の発育が認められた。

Tab. 13に、相対湿度90 %での発育を示す。相対湿度80 %よりも好乾性カビが発育しやすい環境であった。7週間培養では10 ℃でも全てのカビに発育が認められた。

Tab. 14に、相対湿度100 %での発育を示す。好乾性カビは発芽しても菌糸を長く伸ばすことは無く、菌糸の発育が停止した。

好乾性カビは相対湿度90 %付近が発育に最も適した環境であった。

（4）－3　考察

高松塚古墳石室内部のカビ発育を阻止する目的で内部の相対湿度を90 %程度に保ったとした場合、高松塚古墳に存在しているカビと入れかわって好乾性カビなどが発育する可能性がある。

相対湿度80 %の場合は、10 ℃でも発育するカビがあるので、相対湿度を80 %まで低下させてもカビ発育の可能性が残る。

相対湿度70 %の場合、温度が15 ℃以下ではカビの発育が認められなかった。壁面の相対湿度を70 %に変えることが可能であれば、15 ℃以下でカビによる汚染はかなり阻止されると推測される。

しかし、天井や垂直面の壁画の乾燥による剥落や壁面の塩類の析出などの影響を考えると、実際に70 % RH程度の湿度に落とすのは現地では不可能であると考えられる。

（5）　平成17（2005）年以降の墳丘冷却の主要汚染菌に対する影響

平成19（2007）年に石室が解体されるまで、平成17（2005）年9月以降、当面のカビの抑制策として墳丘の冷却が実施された。低温条件下では、*Trichoderma* sp.などのカビは比較的衰退していったが、*Penicillium paneum* や暗色系の *Acremonium*（sect. *Gliomastix*）*masseei* は、比較的優先的に残る形となった（第3章7節）。

解体作業の間、石室は約10 ℃、90 % RHの断熱覆屋の中で保持されていたが、このような環境がこの時期の主要な汚染菌に与えた影響について検討する目的で以下の調査を行った。

（5）－1　試験方法

使用菌株

平成16（2004）年以降、高松塚古墳石室から分離された主要な汚染菌および対照菌。Tab. 15に8株の使用菌株を示す。

<u>試験方法</u>

（2）～（4）と同様に行った。

（5）-2　結果および考察

Tab. 16に、供試菌株の各温湿度条件下での培養24時間後、および7日間後の発育状態を示す。発育なし（胞子発芽が認められなかった）の場合を－、発育あり（胞子発芽と菌糸伸長が認められた）の場合を＋で表わした。また、このときの各菌株の菌糸の生育した長さをTab. 17－24にまとめた。

相対湿度100％では、7日間培養で何れの温度でも全ての菌株に発育が認められた。

相対湿度95％では、7日間培養の20℃はほとんど全ての菌株に発育が認められたが、15℃は発育が認められない菌株があり、10℃では*P. paneum*の2株のみに発育が認められた。相対湿度95％の24時間培養では、20℃のみで*P. paneum*の2株に発育が認められた。

相対湿度90％では、7日間培養で20℃と15℃で*P. paneum*の2株に発育が認められたが、10℃では何れの菌株にも発育が認められなかった。相対湿度90％の24間培養では、何れの温度でも発育が認められなかった。

培養温度が低温になるほど全体的に発育速度は遅くなったが、培養温度10℃でも相対湿度が100％の場合は7日間培養で全ての供試菌が発育した。

*P. paneum*の2株は、試験で用いた他属の菌株と発育パターンが明らかに異なっており、より低湿度環境で発育した。

同じ属の菌株は類似の発育温湿度パターンを示した。*Acremonium*（sect. *Gliomastix*）sp. T6517-1-1と*Acremonium masseeii* CBS 794.69の発育パターンは似ており、*Trichoderma* sp. T4519-9-7と*Trichoderma harzianum* NBRC 30543の発育パターンも似ていた。

同じ属で同種の菌株は、同一の発育温湿度パターンを示した。*Fusarium* sp.（*F. solani*）T4716-1と*Fusarium solani* f. sp. *mori* NBRC 30964は発育パターンが同じであり、同様に*Penicillium* sp.（*P. paneum*）T5916-6-1と*Penicillium paneum* CBS 101032^{T}の発育パターンも同じであった。

（6）　まとめ

低温、低湿度条件になるほど高松塚古墳から主要に分離されたカビ・酵母の発育は抑制されたが、現地保存においては、石室内の湿度を下げると天井、垂直面の壁画の剥落が起きる危険性が高く、実際には湿度を下げるという選択肢はなかった。したがって、壁画の保護のため石室解体を待つまでの期間は低温により、一時的な対策として菌類の生育を遅くするという対策がとられることとなったが、10℃程度の低温条件だけでは、完全にカビの生育を抑制することは難しいことが以上の実験結果からも示された。

（阿部恵子・杉山・木川・佐野）

本節の筆頭著者であられた阿部恵子氏は平成29（2017）年2月に御逝去されましたため、本稿は平成

26（2014）年11月に入稿戴きました当時のままです。本調査事業への多大なるご貢献に深く感謝申し上げますとともに、故人のご功績を偲び、謹んで哀悼の意を表します。

参考文献

1）国宝高松塚古墳壁画恒久保存対策検討会 第4回、資料2－2、平成17年6月27日、文化庁
2）国宝高松塚古墳壁画恒久保存対策検討会 第5回、資料8－2、平成18年2月9日、文化庁

Tab. 1　水蒸気飽和状態の湿室内でのカビ発育調査 24 時間培養

菌株		菌糸長(μm)				
		10 ℃	15 ℃	18 ℃	20 ℃	23 ℃
R-1	*Aspergillus terreus* Thom NBRC 6346	−	−	−	−	+
R-2	*Penicillium citrinum* Thom NBRC 6352	−	−	+	+	+
R-3	*Fusarium moniliforme* Sheldon NBRC 31251	−	−	−	−	−
T-1	*Acremonium* (sect. *Gliomastix*) *masseei* TBT-13	−	−	+	+	+
T-4	*Trichoderma* sp. 1-b　TBT-16	−	−	−	+	+
T-5	*Gliocladium* sp. 2　TBT-17	−	−	−	+	+
T-6	*Penicillium* sp. 4　TBT-18	−	−	−	+	+
T-7	*Fusarium* sp. 2　TBT-19	−	−	+	+	+
T-8	*Penicillium* sp. 4　TBT-20	−	−	−	+	+
T-9	*Trichoderma* sp. 4　TBT-21	−	−	−	−	+
T-11	*Fusarium* sp. (FSSC clade)　TBT-23	−	−	+	+	+
T-12	*Cylindrocarpon* sp.　TBT-1　(褐色になる)	−	−	−	−	−
T-13	*Cylindrocarpon* sp.　TBT-2　(褐色になる)	−	−	−	−	−
T-3	*Fusarium* sp. 8 (FSSC clade)　TBT-15	−	−	+	+	++
T-14	*Fusarium* sp. 4 (FSSC clade)　TBT-14	−	−	+	+	+

−:発芽が認められない。+:発芽が認められ、菌糸長が 200μmm未満。

Tab. 2　水蒸気飽和状態の湿室内でのカビ発育調査 4 日間培養

菌株		菌糸長(μm)				
		10 ℃	15 ℃	18 ℃	20 ℃	23 ℃
R-1	*Aspergillus terreus* Thom NBRC 6346	−	−	++	++	++
R-2	*Penicillium citrinum* Thom NBRC 6352	+	++	++	++	++
R-3	*Fusarium moniliforme* Sheldon NBRC 31251	++	++	+++	+++	+++
T-1	*Acremonium* (sect. *Gliomastix*) *masseei* TBT-13	+	++	++	++	++
T-4	*Trichoderma* sp. 1-b　TBT-16	+	++	+++	+++	+++
T-5	*Gliocladium* sp. 2　TBT-17	+	++	++	+++	+++
T-6	*Penicillium* sp. 4　TBT-18	+	++	++	++	++
T-7	*Fusarium* sp. 2　TBT-19	+	+++	+++	+++	+++
T-8	*Penicillium* sp. 4　TBT-20	+	++	++	++	++
T-9	*Trichoderma* sp. 4　TBT-21	+	++	+++	+++	+++
T-11	*Fusarium* sp. (FSSC clade)　TBT-23	+	++	+++	+++	+++
T-12	*Cylindrocarpon* sp.　TBT-1　(褐色になる)	++	+++	+++	+++	+++
T-13	*Cylindrocarpon* sp.　TBT-2　(褐色になる)	+	++	++	++	+++
T-3	*Fusarium* sp. 8 (FSSC clade)　TBT-15	++	+++	+++	+++	+++
T-14	*Fusarium* sp. 4 (FSSC clade)　TBT-14	+	+++	+++	+++	+++

−:発芽が認められない。+:発芽が認められ、菌糸長が 200μmm未満。

++:菌糸長が 200μm 以上で 2000μm 未満。+++:菌糸長が 2000μm以上。

Tab. 3 水蒸気飽和状態の湿室内でのカビ発育調査 8 日間培養

菌株		菌糸長（μm）				
		10 ℃	15 ℃	18 ℃	20 ℃	23 ℃
R-1	*Aspergillus terreus* Thom NBRC 6346	−	++	+++	+++	+++
R-2	*Penicillium citrinum* Thom NBRC 6352	+	++	++	++	++
R-3	*Fusarium moniliforme* Sheldon NBRC 31251	+++	+++	+++	+++	+++
T-1	*Acremonium* (sect. *Gliomastix*) *masseei* TBT-13	++	++	++	+++	+++
T-4	*Trichoderma* sp. 1-b TBT-16	++	+++	+++	+++	+++
T-5	*Gliocladium* sp. 2 TBT-17	++	+++	+++	+++	+++
T-6	*Penicillium* sp. 4 TBT-18	++	++	++	++	++
T-7	*Fusarium* sp. 2 TBT-19	++	+++	+++	+++	+++
T-8	*Penicillium* sp. 4 TBT-20	++	++	++	++	+++
T-9	*Trichoderma* sp. 4 TBT-21	++	+++	+++	+++	+++
T-11	*Fusarium* sp. (FSSC clade) TBT-23	++	+++	+++	+++	+++
T-12	*Cylindrocarpon* sp. TBT-1 (褐色になる)	+++	+++	+++	+++	+++
T-13	*Cylindrocarpon* sp. TBT-2 (褐色になる)	+++	+++	+++	+++	+++
T-3	*Fusarium* sp. 8 (FSSC clade) TBT-15	++	+++	+++	+++	+++
T-14	*Fusarium* sp. 4 (FSSC clade) TBT-14	++	+++	+++	+++	+++

−:発芽が認められない。+:発芽が認められ、菌糸長が 200 μ mm未満。
++:菌糸長が 200 μ m 以上で 2000 μ m 未満。+++:菌糸長が 2000 μ m以上。

Tab. 4 平板培養による酵母発育調査

菌株		10 ℃	15 ℃	18 ℃	20 ℃	23 ℃
R-4	*Pichia membranifaciens* NBRC 10725	+	++	++	++	++
T-10	*Pichia membranifaciens* TBT-22	++	++	++	++	++

++: 1 週間培養後にコロニーが目視できる。
+:1 週間培養後はコロニーが目視できないが 3 週間培養後にコロニーが目視できる。
−:3 週間培養後もコロニーが目視できない。

Tab. 5　相対湿度 80 %でのカビ発育

菌株		24 時間培養			8 日間培養		
		10 ℃	15 ℃	20 ℃	10 ℃	15 ℃	20 ℃
R-1	*Aspergillus terreus* Thom NBRC 6346	−	−	−	−	−	−
R-2	*Penicillium citrinum* Thom NBRC 6352	−	−	−	−	−	−
R-3	*Fusarium moniliforme* Sheldon NBRC 31251	−	−	−	−	−	−
T-1	*Acremonium* (sect. *Gliomastix*) *masseei* TBT-13	−	−	−	−	−	−
T-3	*Fusarium* sp. 8 (FSSC clade)　TBT-15	−	−	−	−	−	−
T-4	*Trichoderma* sp. 1-b　TBT-16	−	−	−	−	−	−
T-5	*Gliocladium* sp. 2　TBT-17	−	−	−	−	−	−
T-6	*Penicillium* sp. 4　TBT-18	−	−	−	−	−	−
T-7	*Fusarium* sp. 2　TBT-19	−	−	−	−	−	−
T-8	*Penicillium* sp. 4　TBT-20	−	−	−	−	−	−
T-9	*Trichoderma* sp. 4　TBT-21	−	−	−	−	−	−
T-11	*Fusarium* sp. (FSSC clade)　TBT-23	−	−	−	−	−	−
T-12	*Cylindrocarpon* sp.　TBT-1　(褐色になる)	−	−	−	−	−	−
T-13	*Cylindrocarpon* sp.　TBT-2　(褐色になる)	−	−	−	−	−	−
T-14	*Fusarium* sp. 4 (FSSC clade)　TBT-14	−	−	−	−	−	−

−: 発芽が認められない。

Tab. 6　相対湿度 90 %でのカビ発育

菌株		24 時間培養			8 日間培養		
		10 ℃	15 ℃	20 ℃	10 ℃	15 ℃	20 ℃
R-1	*Aspergillus terreus* Thom NBRC 6346	−	−	−	−	−	+
R-2	*Penicillium citrinum* Thom NBRC 6352	−	−	−	−	++	++
R-3	*Fusarium moniliforme* Sheldon NBRC 31251	−	−	−	−	−	−
T-1	*Acremonium* (sect. *Gliomastix*) *masseei* TBT-13	−	−	−	−	−	−
T-3	*Fusarium* sp. 8 (FSSC clade)　TBT-15	−	−	−	−	−	−
T-4	*Trichoderma* sp. 1-b　TBT-16	−	−	−	−	−	−
T-5	*Gliocladium* sp. 2　TBT-17	−	−	−	−	−	−
T-6	*Penicillium* sp. 4　TBT-18	−	−	−	−	−	−
T-7	*Fusarium* sp.2　TBT-19	−	−	−	−	−	−
T-8	*Penicillium* sp. 4　TBT-20	−	−	−	−	−	−
T-9	*Trichoderma* sp. 4　TBT-21	−	−	−	−	−	−
T-11	*Fusarium* sp. (FSSC clade)　TBT-23	−	−	−	−	−	−
T-12	*Cylindrocarpon* sp.　TBT-1　(褐色になる)	−	−	−	−	−	−
T-13	*Cylindrocarpon* sp.　TBT-2　(褐色になる)	−	−	−	−	−	−
T-14	*Fusarium* sp. 4 (FSSC clade)　TBT-14	−	−	−	−	−	−

−: 発芽が認められない。+: 発芽が認められ、菌糸長が 200 μ mm未満。

++: 菌糸長が 200 μ m 以上で 2000 μ m 未満。

Tab. 7　相対湿度 100 %でのカビ発育

菌株		24 時間培養			8 日間培養		
		10 ℃	15 ℃	20 ℃	10 ℃	15 ℃	20 ℃
R-1	*Aspergillus terreus* Thom NBRC 6346	−	−	−	−	++	++
R-2	*Penicillium citrinum* Thom NBRC 6352	−	−	+	+	++	++
R-3	*Fusarium moniliforme* Sheldon NBRC 31251	−	−	−	++	++	+++
T-1	*Acremonium* (sect. *Gliomastix*) *masseei* TBT-13	−	−	+	+	++	++
T-3	*Fusarium* sp. 8 (FSSC clade)　TBT-15	−	−	+	++	+++	+++
T-4	*Trichoderma* sp. 1-b　TBT-16	−	−	+	+	++	+++
T-5	*Gliocladium* sp. 2　TBT-17	−	−	+	+	++	+++
T-6	*Penicillium* sp. 4　TBT-18	−	−	+	+	++	++
T-7	*Fusarium* sp. 2　TBT-19	−	−	+	+	+++	+++
T-8	*Penicillium* sp. 4　TBT-20	−	−	+	+	++	++
T-9	*Trichoderma* sp. 4　TBT-21	−	−	−	+	++	+++
T-11	*Fusarium* sp. (FSSC clade)　TBT-23	−	−	+	+	++	+++
T-12	*Cylindrocarpon* sp.　TBT-1　(褐色になる)	−	−	−	++	+++	+++
T-13	*Cylindrocarpon* sp.　TBT-2　(褐色になる)	−	−	−	+	++	++
T-14	*Fusarium* sp. 4 (FSSC clade)　TBT-14	−	−	+	+	+++	+++

−:発芽が認められない。+:発芽が認められ、菌糸長が 200 μ mm未満。
++:菌糸長が 200 μ m 以上で 2000 μ m 未満。+++:菌糸長が 2000 μ m以上。

Tab. 8　相対湿度 80 %での酵母発育

菌株		24 時間培養			8 日間培養		
		10 ℃	15 ℃	20 ℃	10 ℃	15 ℃	20 ℃
R-4	*Pichia membranifaciens* NBRC 10725	−	−	−	−	−	−
T-10	*Pichia membranifaciens* TBT-22	−	−	−	−	−	−

Tab. 9　相対湿度 90 %での酵母発育

菌株		24 時間培養			8 日間培養		
		10 ℃	15 ℃	20 ℃	10 ℃	15 ℃	20 ℃
R-4	*Pichia membranifaciens* NBRC 10725	−	−	−	−	−	−
T-10	*Pichia membranifaciens* TBT-22	−	−	−	−	−	−

Tab. 10　相対湿度 100 %での酵母発育

菌株		24 時間培養			8 日間培養		
		10 ℃	15 ℃	20 ℃	10 ℃	15 ℃	20 ℃
R-4	*Pichia membranifaciens* NBRC 10725	−	−	−	−	+	+
T-10	*Pichia membranifaciens* TBT-22	−	−	+	+	+	+

−:発育が認められない。 +:発育が認められる。

Tab. 11　好乾性カビの相対湿度 70 %での発育

菌株	24 時間培養			1 週間培養			7 週間培養		
	10 ℃	15 ℃	20 ℃	10 ℃	15 ℃	20 ℃	10 ℃	15 ℃	20 ℃
Aspergillus penicillioides K-712	−	−	−	−	−	−	−	−	+
Aspergillus penicillioides IFO 30615	−	−	−	−	−	−	−	−	−
Aspergillus restrictus IFO 7101	−	−	−	−	−	−	−	−	−
Eurotium amsterodami IFO 6667	−	−	−	−	−	−	−	−	−
Eurotium tonophilum IFO 6529	−	−	−	−	−	−	−	−	−
Eurotium herbariorum J-183	−	−	−	−	−	−	−	−	−

Tab. 12　好乾性カビの相対湿度 80 %での発育

菌株	24 時間培養			1 週間培養			7 週間培養		
	10 ℃	15 ℃	20 ℃	10 ℃	15 ℃	20 ℃	10 ℃	15 ℃	20 ℃
Aspergillus penicillioides K-712	−	−	−	−	−	+	++	+++	+++
Aspergillus penicillioides IFO 30615	−	−	−	−	−	−	−	++	+++
Aspergillus restrictus IFO 7101	−	−	−	−	−	+	+	++	+++
Eurotium amsterodami IFO 6667	−	−	−	−	−	+	−	++	++
Eurotium tonophilum IFO 6529	−	−	−	−	−	−	−	+++	+++
Eurotium herbariorum J-183	−	−	−	−	+	++	++	+++	+++

Tab. 13　好乾性カビの相対湿度 90 %での発育

菌株	24 時間培養			1 週間培養			7 週間培養		
	10 ℃	15 ℃	20 ℃	10 ℃	15 ℃	20 ℃	10 ℃	15 ℃	20 ℃
Aspergillus penicillioides K-712	−	−	−	+	++	+++	+++	+++	+++
Aspergillus penicillioides IFO 30615	−	−	−	−	+	++	+	+++	+++
Aspergillus restrictus IFO 7101	−	−	+	+	++	++	++	+++	+++
Eurotium amsterodami IFO 6667	−	−	−	−	++	++	++	+++	+++
Eurotium tonophilum IFO 6529	−	−	−	−	−	+++	+++	+++	+++
Eurotium herbariorum J-183	−	−	+	++	++	+++	+++	+++	+++

Tab. 14　好乾性カビの相対湿度 100 %での発育

菌株	24 時間培養			1 週間培養			7 週間培養		
	10 ℃	15 ℃	20 ℃	10 ℃	15 ℃	20 ℃	10 ℃	15 ℃	20 ℃
Aspergillus penicillioides K-712	−	−	−	−	−	+	−	−	+
Aspergillus penicillioides IFO 30615	−	−	−	−	−	−	−	−	−
Aspergillus restrictus IFO 7101	−	−	+	−	++	++	−	++	++
Eurotium amsterodami IFO 6667	−	−	−	−	+	++	−	+	++
Eurotium tonophilum IFO 6529	−	−	−	−	+	++	−	++	++
Eurotium herbariorum J-183	−	+	+	++	++	++	++	++	++

−:発芽が認められない。　+:発芽が認められ、菌糸長が 200 μm 未満。
++:菌糸長が 200 μm 以上で 2000 μm 未満。　+++:菌糸長が 2000 μm 以上。

Tab. 15　供試菌株リスト

菌種名	菌株番号	分離源	備考
Acremonium (sect. *Gliomastix*) *masseei*	T6517-1-1	高松塚古墳石室内 西壁女子群像額の黒色部分	
Acremonium masseei	CBS 794.69	Dung of rabbit, Italy	対照
Penicillium paneum	T5916-6-1	高松塚古墳石室内 東壁女子群像下ゲル状	
Penicillium paneum	CBS 101032^T	Mouldy rye bread	対照
Fusarium sp. (FSSC clade)	T4716-1	高松塚古墳石室内 西壁白虎の爪の箇所ゲル状（高松粘菌）	
Fusarium solani f. sp. *mori*	NBRC 30964	クワ *Morus bombycis*	対照
Trichoderma sp. 1-b	T4519-9-7	高松塚古墳石室内 東壁	
Trichoderma harzianum	NBRC 30543	材木（アメリカトガサワラ（ベイマツ Douglas fir））	対照

Tab. 16　温湿度が異なる環境における供試菌の発育

菌種名	菌株番号	温度（℃）	相対湿度（%）					
			90		95		100	
			24h	7d	24h	7d	24h	7d
Acremonium (sect. *Gliomastix*) *masseei*	T6517-1-1	10	−	−	−	−	−	+
		15	−	−	−	−	−	+
		20	−	−	−	+	+	+
Acremonium masseei	CBS 794.69	10	−	−	−	−	−	+
		15	−	−	−	+	−	+
		20	−	−	−	+	+	+
Penicillium paneum	T5916-6-1	10	−	−	−	+	−	+
		15	−	+	−	+	+	+
		20	−	+	+	+	+	+
Penicillium paneum	CBS 101032^T	10	−	−	−	+	−	+
		15	−	+	−	+	+	+
		20	−	+	+	+	+	+
Fusarium sp. (FSSC clade)	T4716-1	10	−	−	−	−	−	+
		15	−	−	−	+	+	+
		20	−	−	−	+	+	+
Fusarium solani f. sp. *mori*	NBRC 30964	10	−	−	−	−	−	+
		15	−	−	−	+	+	+
		20	−	−	−	+	+	+
Trichoderma sp. 1-b	T4519-9-7	10	−	−	−	−	−	+
		15	−	−	−	−	−	+
		20	−	−	−	+	+	+
Trichoderma harzianum	NBRC 30543	10	−	−	−	−	−	+
		15	−	−	−	+	+	+
		20	−	−	−	+	+	+

−:発育なし。+:発育あり。

Tab. 17　T6517-1-1　*Acremonium*（sect. *Gliomastix*）sp.

相対湿度	90 % RH		95 % RH		100 % RH	
調査日数	1	7	1	7	1	7
10 ℃						
試験片NO.	7	25	4	22	1	19
菌糸長1						(30)
菌糸長2						(20)
菌糸長3	0	0	0	0	0	(20)
菌糸長4						(15)
菌糸長5						(10)
菌糸長2～4の平均	0	0	0	0	0	(18.3)
15 ℃						
試験片NO.	8	26	5	23	2	20
菌糸長1						380
菌糸長2						290
菌糸長3	0	0	0	0	0	250
菌糸長4						170
菌糸長5						160
菌糸長2～4の平均	0	0	0	0	0	236.7
20 ℃						
試験片NO.	9	27	6	24	3	21
菌糸長1				(50)	(50)	1400
菌糸長2				(40)	(40)	1340
菌糸長3	0	0	0	(30)	(20)	1300
菌糸長4				(25)	(10)	1220
菌糸長5				(25)	(10)	1210
菌糸長2～4の平均	0	0	0	(31.7)	(23.3)	1286.7

括弧に入れた菌糸長（赤文字）は、胞子から菌糸先端までの距離
括弧の無い菌糸長は胞子分散スポットのエッジから菌糸先端までの距離

Tab. 18　CBS 794.69　*Acremonium masseei*

相対湿度	90 % RH		95 % RH		100 % RH	
調査日数	1	7	1	7	1	7
10 ℃						
試験片NO.	7	25	4	22	1	19
菌糸長1						(60)
菌糸長2						(55)
菌糸長3	0	0	0	0	0	(45)
菌糸長4						(45)
菌糸長5						(40)
菌糸長2～4の平均	0	0	0	0	0	(48.3)
15 ℃						
試験片NO.	8	26	5	23	2	20
菌糸長1				(20)		(250)
菌糸長2				(20)		(220)
菌糸長3	0	0	0	(20)	0	(210)
菌糸長4				(20)		(160)
菌糸長5				(15)		(150)
菌糸長2～4の平均	0	0	0	(20.0)	0	(196.7)
20 ℃						
試験片NO.	9	27	6	24	3	21
菌糸長1				(145)	(60)	1740
菌糸長2				(130)	(55)	1660
菌糸長3	0	0	0	(120)	(55)	1620
菌糸長4				(120)	(50)	1620
菌糸長5				(120)	(50)	1590
菌糸長2～4の平均	0	0	0	(123.3)	(53.3)	1633.3

括弧に入れた菌糸長（赤文字）は、胞子から菌糸先端までの距離
括弧の無い菌糸長は胞子分散スポットのエッジから菌糸先端までの距離

Tab. 19 T5916-6-1 *Penicillium* sp. (*P. paneum*)

相対湿度	90 % RH		95 % RH		100 % RH	
調査日数	1	7	1	7	1	7
10 ℃						
試験片NO.	7	25	4	22	1	19
菌糸長1				(345)		960
菌糸長2				(305)		830
菌糸長3	0	0	0	(220)	0	730
菌糸長4				(210)		720
菌糸長5				(135)		710
菌糸長2～4の平均	0	0	0	(245.0)	0	760.0
15 ℃						
試験片NO.	8	26	5	23	2	20
菌糸長1		(135)		910	(30)	1210
菌糸長2		(115)		730	(20)	1150
菌糸長3	0	(110)	0	560	(20)	1140
菌糸長4		(70)		400	(20)	1100
菌糸長5		(70)		160	(15)	960
菌糸長2～4の平均	0	(98.3)	0	563.3	(20.0)	1130.0
20 ℃						
試験片NO.	9	27	6	24	3	21
菌糸長1		(345)	(10)	940	(150)	1390
菌糸長2		(210)	(10)	900	(140)	1300
菌糸長3	0	(205)	(5)	770	(130)	1240
菌糸長4		(185)	(5)	650	(120)	1170
菌糸長5		(180)	(5)	620	(95)	860
菌糸長2～4の平均	0	(200.0)	(6.7)	773.3	(130.0)	1236.7

括弧に入れた菌糸長(赤文字)は、胞子から菌糸先端までの距離
括弧の無い菌糸長は胞子分散スポットのエッジから菌糸先端までの距離

Tab. 20 CBS 101032[T] *Penicillium paneum*

相対湿度	90 % RH		95 % RH		100 % RH	
調査日数	1	7	1	7	1	7
10 ℃						
試験片NO.	7	25	4	22	1	19
菌糸長1				430		660
菌糸長2				410		660
菌糸長3	0	0	0	370	0	600
菌糸長4				340		550
菌糸長5				220		460
菌糸長2～4の平均	0	0	0	373.3	0	603.3
15 ℃						
試験片NO.	8	26	5	23	2	20
菌糸長1		(265)		1530	(60)	870
菌糸長2		(115)		1310	(55)	830
菌糸長3	0	(100)	0	1200	(45)	670
菌糸長4		(90)		810	(35)	530
菌糸長5		(90)		420	(25)	530
菌糸長2～4の平均	0	(101.7)	0	1106.7	(45.0)	676.7
20 ℃						
試験片NO.	9	27	6	24	3	21
菌糸長1		530	(5)	1440	(255)	1250
菌糸長2		470	(5)	1430	(240)	710
菌糸長3	0	430	(5)	1250	(160)	570
菌糸長4		420	(5)	1170	(155)	370
菌糸長5		270	(5)	1110	(60)	330
菌糸長2～4の平均	0	440.0	(5.0)	1283.3	(185.0)	550.0

括弧に入れた菌糸長(赤文字)は、胞子から菌糸先端までの距離
括弧の無い菌糸長は胞子分散スポットのエッジから菌糸先端までの距離

Tab. 21　T4716-1　*Fusarium* sp.（*F. solani species complex*）

相対湿度	90 % RH		95 % RH		100 % RH	
調査日数	1	7	1	7	1	7
10 ℃						
試験片NO.	7	25	4	22	1	19
菌糸長1						(270)
菌糸長2						(190)
菌糸長3	0	0	0	0	0	(185)
菌糸長4						(180)
菌糸長5						(175)
菌糸長2～4の平均	0	0	0	0	0	(185.0)
15 ℃						
試験片NO.	8	26	5	23	2	20
菌糸長1				(80)	(75)	
菌糸長2				(65)	(70)	
菌糸長3	0	0	0	(50)	(70)	>2430
菌糸長4				(30)	(50)	
菌糸長5				0	(50)	
菌糸長2～4の平均	0	0	0	(48.3)	(63.3)	>2430
20 ℃						
試験片NO.	9	27	6	24	3	21
菌糸長1				540	(235)	
菌糸長2				470	(230)	
菌糸長3	0	0	0	380	(210)	>2700
菌糸長4				370	(180)	
菌糸長5				330	(170)	
菌糸長2～4の平均	0	0	0	406.7	(206.7)	>2700

括弧に入れた菌糸長（赤文字）は、胞子から菌糸先端までの距離
括弧の無い菌糸長は胞子分散スポットのエッジから菌糸先端までの距離

Tab. 22　NBRC 30964　*Fusarium solani* f. sp. mori

相対湿度	90 % RH		95 % RH		100 % RH	
調査日数	1	7	1	7	1	7
10 ℃						
試験片NO.	7	25	4	22	1	19
菌糸長1						390
菌糸長2						370
菌糸長3	0	0	0	0	0	300
菌糸長4						260
菌糸長5						260
菌糸長2～4の平均	0	0	0	0	0	310.0
15 ℃						
試験片NO.	8	26	5	23	2	20
菌糸長1				(40)	(25)	1200
菌糸長2				(35)	(15)	1010
菌糸長3	0	0	0	(25)	(15)	940
菌糸長4				(20)	(10)	920
菌糸長5				0	(10)	880
菌糸長2～4の平均	0	0	0	(26.7)	(13.3)	956.7
20 ℃						
試験片NO.	9	27	6	24	3	21
菌糸長1				280	(130)	1960
菌糸長2				280	(120)	1620
菌糸長3	0	0	0	270	(120)	1590
菌糸長4				200	(110)	1560
菌糸長5				190	(110)	1500
菌糸長2～4の平均	0	0	0	250.0	(116.7)	1590.0

括弧に入れた菌糸長（赤文字）は、胞子から菌糸先端までの距離
括弧の無い菌糸長は胞子分散スポットのエッジから菌糸先端までの距離

Tab. 23　T4519-9-7　*Trichoderma* sp.

相対湿度	90 % RH		95 % RH		100 % RH	
調査日数	1	7	1	7	1	7
10 ℃						
試験片NO.	7	25	4	22	1	19
菌糸長1						660
菌糸長2						640
菌糸長3	0	0	0	0	0	500
菌糸長4						490
菌糸長5						470
菌糸長2～4の平均	0	0	0	0	0	543.3
15 ℃						
試験片NO.	8	26	5	23	2	20
菌糸長1						
菌糸長2						
菌糸長3	0	0	0	0	0	>2720
菌糸長4						
菌糸長5						
菌糸長2～4の平均	0	0	0	0	0	>2720
20 ℃						
試験片NO.	9	27	6	24	3	21
菌糸長1				(205)	(20)	
菌糸長2				(180)	(20)	
菌糸長3	0	0	0	(180)	(20)	>2770
菌糸長4				(170)	(20)	
菌糸長5				(160)	(20)	
菌糸長2～4の平均	0	0	0	(176.7)	(20.0)	>2770

括弧に入れた菌糸長(赤文字)は、胞子から菌糸先端までの距離
括弧の無い菌糸長は胞子分散スポットのエッジから菌糸先端までの距離

Tab. 24　NBRC 30543　*Trichoderma harzianum*

相対湿度	90 % RH		95 % RH		100 % RH	
調査日数	1	7	1	7	1	7
10 ℃						
試験片NO.	7	25	4	22	1	19
菌糸長1						1040
菌糸長2						790
菌糸長3	0	0	0	0	0	790
菌糸長4						760
菌糸長5						670
菌糸長2～4の平均	0	0	0	0	0	780.0
15 ℃						
試験片NO.	8	26	5	23	2	20
菌糸長1				(35)	(30)	1200
菌糸長2				(30)	(20)	1080
菌糸長3	0	0	0	(30)	(20)	970
菌糸長4				(10)	(15)	570
菌糸長5				(5)	(15)	530
菌糸長2～4の平均	0	0	0	(23.3)	(18.3)	873.3
20 ℃						
試験片NO.	9	27	6	24	3	21
菌糸長1				(60)	(185)	>2000
菌糸長2				(60)	(180)	1890
菌糸長3	0	0	0	(50)	(165)	1800
菌糸長4				(30)	(160)	1650
菌糸長5				(30)	(160)	1360
菌糸長2～4の平均	0	0	0	(46.7)	(168.3)	1780.0

括弧に入れた菌糸長(赤文字)は、胞子から菌糸先端までの距離
括弧の無い菌糸長は胞子分散スポットのエッジから菌糸先端までの距離

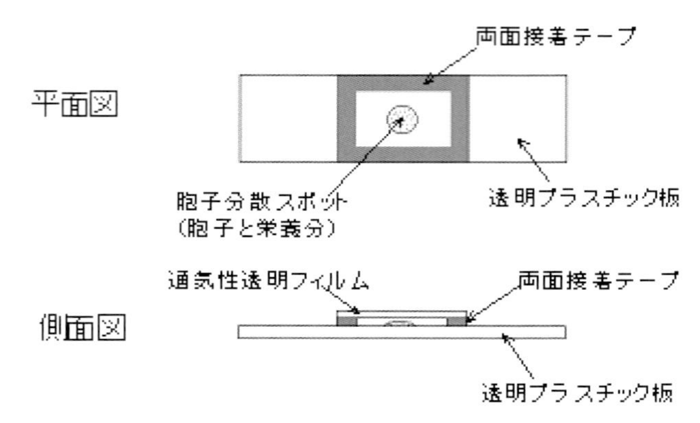

Fig. 1　カビ発育環境調査用試験片

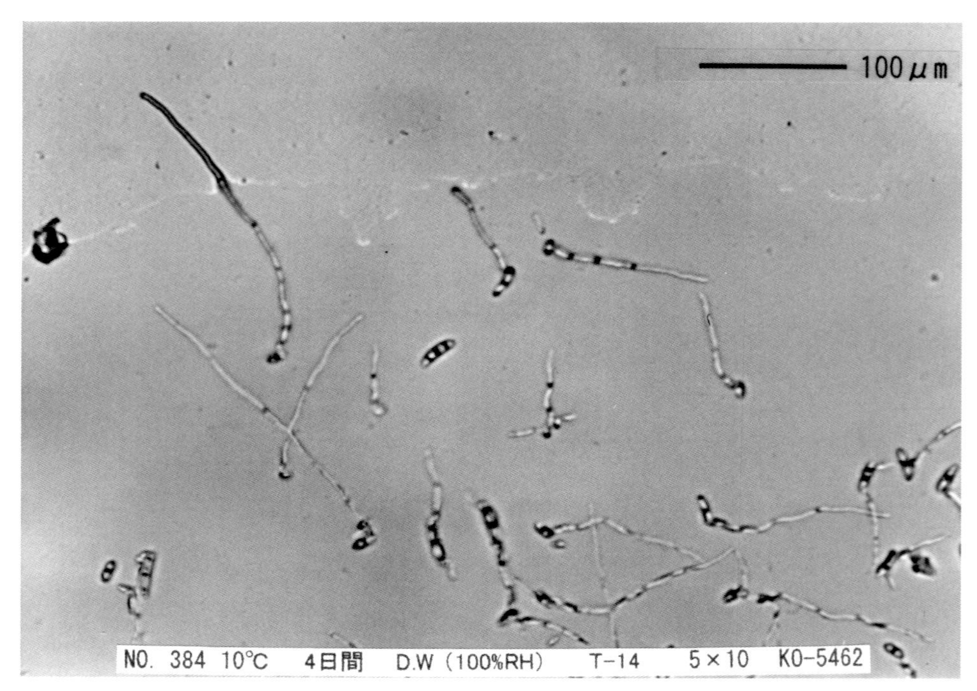

Fig. 2　カビ発育環境調査用試験片

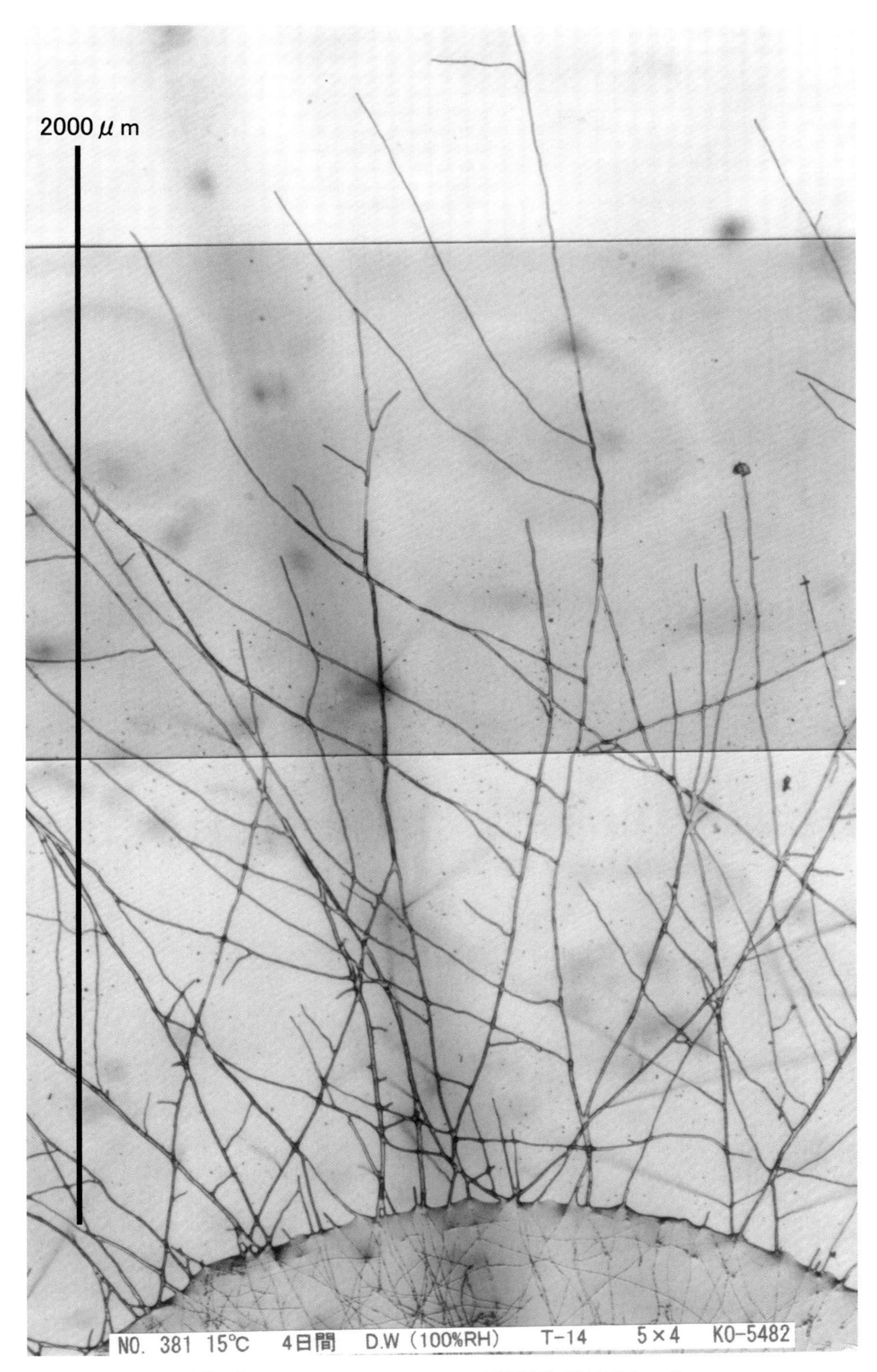

Fig. 3　T-14 *Fusarium* sp. 4 の 4 日間培養 培養温度 15 ℃

Fig. 4　T-14 *Fusarium* sp. 4 の 4 日間培養 培養温度 18 ℃

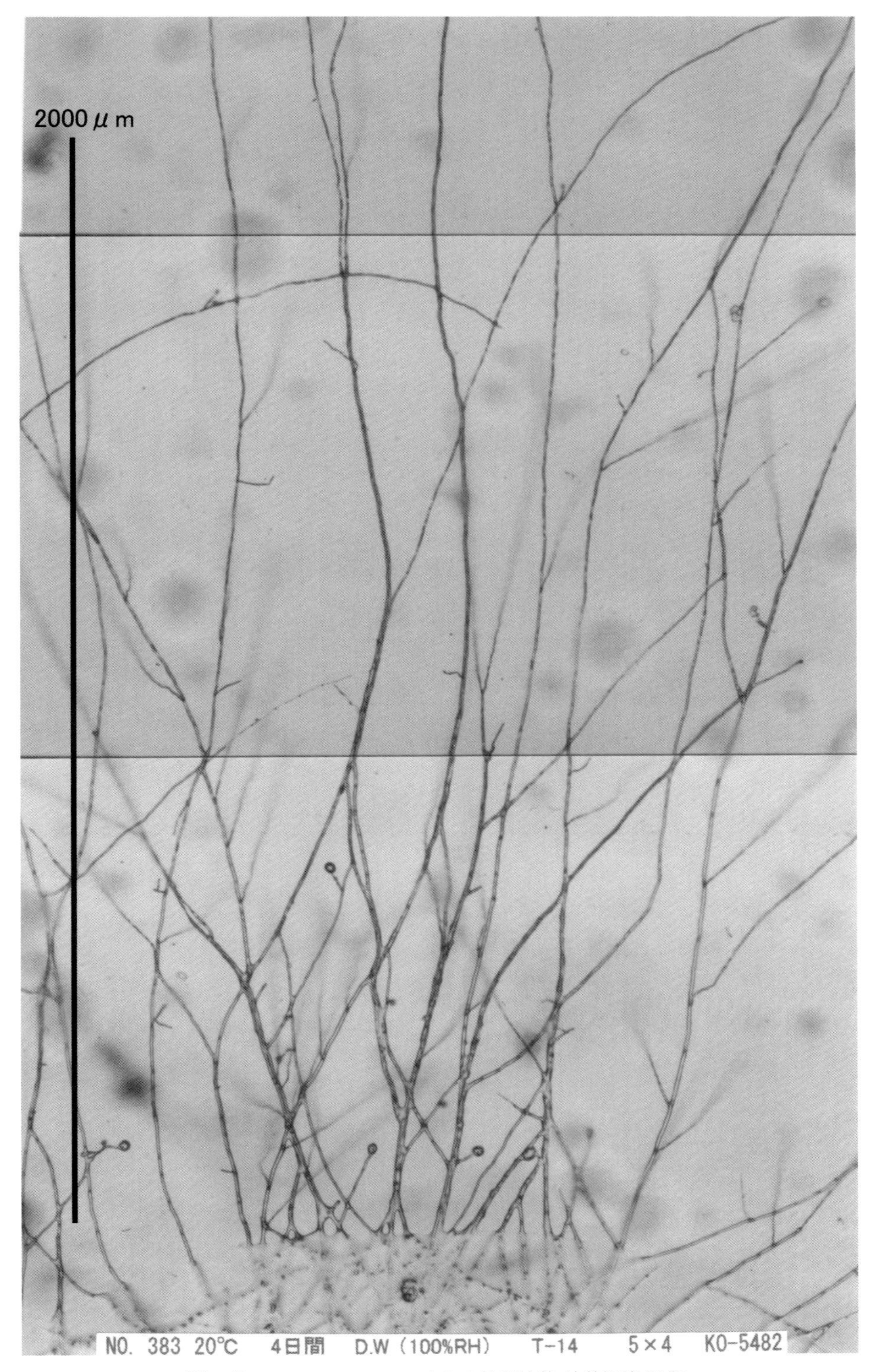

Fig. 5　T-14 *Fusarium* sp. 4 の 4 日間培養 培養温度 20 ℃

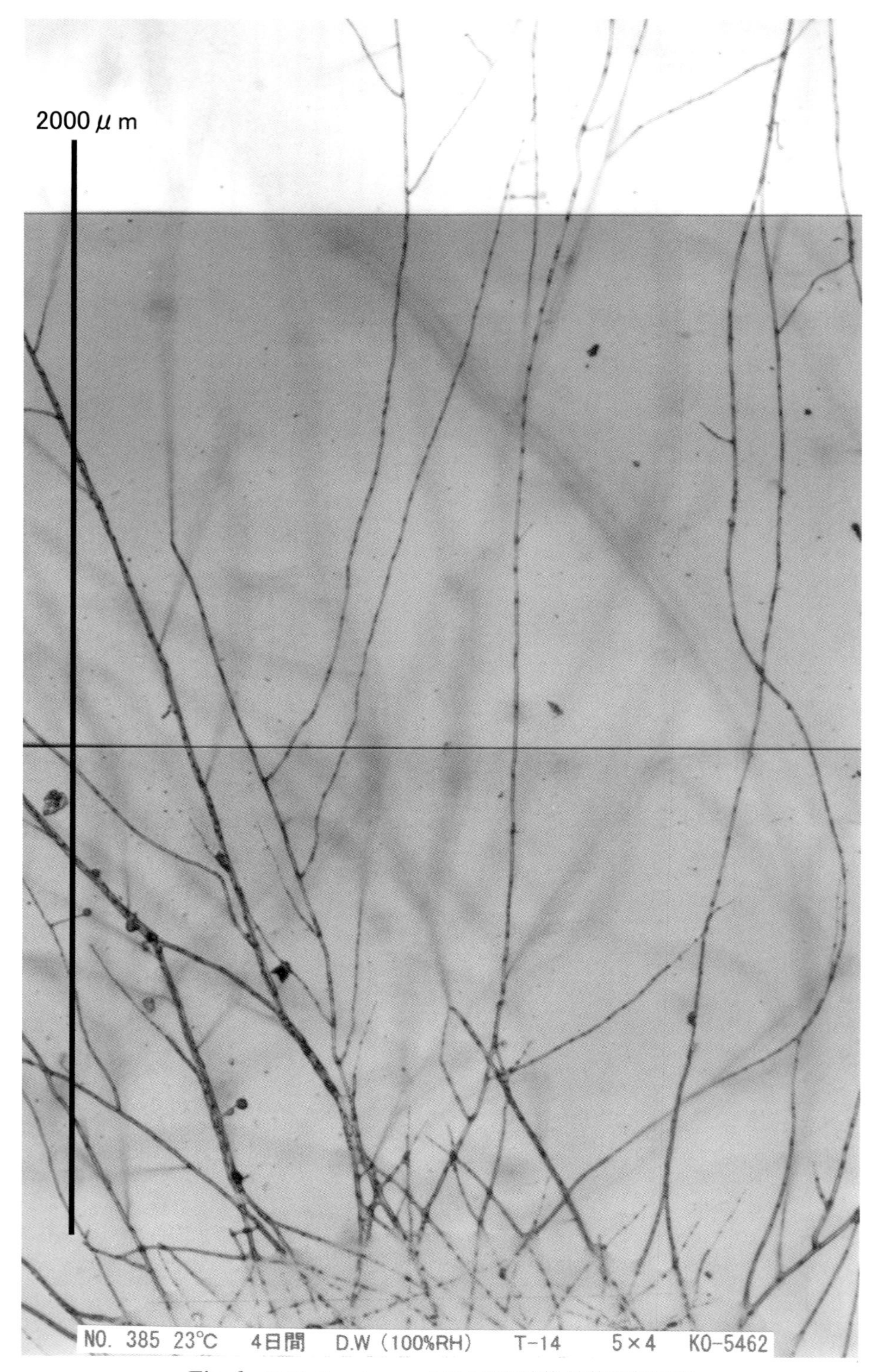

Fig. 6　T-14 *Fusarium* sp. 4 の 4 日間培養 培養温度 23 ℃

7　高松塚古墳石室および周辺部由来カビの温度帯による生理学的性状 ―温度による発育性および色調変化―

（1）　はじめに

高松塚古墳では、通常石室内は季節にあわせて気温がゆるやかに変動しているが、もっとも温度が高い時期には石室内温度が20℃を超えることもあった[1)]。このような条件下、平成13（2001）年以降、複数回カビが大発生していることから[1)]、高松塚古墳の分離株を用いて温度条件による生育度を平成17（2005）年に調査した。その結果、本節で述べるように、一部のカビを除き、多くのカビが低温になると生育が遅くなることが示された[2, 3)]。この結果を受けて、発掘、解体作業の間の当面のカビの生育抑制のための対策として墳丘を10℃程度の低温に冷却することが決定された。

平成17（2005）年以降、平成19（2007）年の解体作業まで石室を低温に保つことにより、*Trichoderma* spp. などの生育は抑制されたものの、暗色系の *Acremonium* sp. など、一部のカビは優先種としてみられるようになった（3章9節）。

高松塚古墳石室でカビ等の微生物が壁画へ与える影響のうち、カビの色素などによる壁面の暗色化は大きな問題となる。カビによる暗色化では、主に色素による影響が考えられる。通常の条件ではさほど色調が濃くないカビでも、時間が経過すると、濃い色調に変化する場合もある。また、温度条件によっても、色調が異なる場合もありうる。

ここではカビの色素と温度の関係、また時間の関係に着目し、高松塚古墳の石室内で優先的にみられたカビの菌株が温度帯によって、また時間の経過に伴ってどのような色調になるのかを調査した。また、コロニー全体の色調を調査するとともに、菌体外代謝物の産生についても検討した。

（2）　高松塚古墳から採取されたカビ・酵母の発育温度試験

高松塚古墳内部での温度がカビ・酵母の発育にどの程度影響を及ぼすか検討するため、高松塚古墳から分離した主要なカビおよび酵母を用いて検証した。以下は、平成17（2005）年6月27日の第4回国宝高松塚古墳壁画恒久保存対策検討会において報告された[2)]。

（2）-1　使用菌株

1）　高松塚古墳から平成13（2001）年12月18日、平成16（2004）年5月19日および平成16（2004）年9月6日に分離した菌株

カビ15株（高松塚古墳12株および参照菌3株）および酵母2株（高松塚古墳1株、および参照菌1株）

2）　高松塚古墳から平成16（2004）年10月26日に分離した菌株

カビ12株（高松塚古墳9株および参照菌3株）を使用した。

なお、使用したカビおよび酵母は、高松塚古墳から量的に多く分離された種である。

(２)-２　方法

ポテト・デキストロース寒天培地３枚（直径 90 mm のシャーレ）に各カビを培養し、低温の所定温度（5、10、12、15、17、25 ℃）下でその発育性を検討した。

培養後、寒天培地での集落直径（mm）を経日観察し、その平均値を算出しグラフに示した（Fig. 1、Fig. 2）。

(２)-３　カビ・酵母の発育温度に関する所見

１）カビの発育と温度の影響

・カビ及び酵母の発育性を５～25 ℃の範囲で検討した。

・カビ及び酵母の多くは、一般に 20 ～ 30 ℃が適温であり、20 ℃以下になると発育が弱くなるとされ、今回の検証からも温度がカビの発育に影響を及ぼしていることが分かった。

２）カビの種類による発育差

・高松塚古墳由来のカビ及び酵母を用いて発育温度試験を行ったところ、菌種によって発育に多少の差がみられた。

・しかし、基本的には菌種に関わりなく低温になるほど発育が弱くなる傾向は共通していた。

３）低温の発育性

・低温下での発育性を検証したところ、各温度間で以下の発育差を認めた（Fig. 1、Fig. 2）。

17 ℃→ 15 ℃　　やや緩慢な発育差

15 ℃→ 10 ℃　　明瞭な発育差

10 ℃→５℃　　極めて明瞭な発育差

・17 ℃：発育至適の 20 ℃台に比べるとやや発育弱いので石室内のカビ抑制は比較的期待できるが、現状を考慮すると長期のカビ発生の抑制は望めないと考えられた。

・15 ℃：17 ℃よりさらに緩慢な発育であり、石室内のカビ抑制は比較的期待できるが、一部菌種により 17 ℃の発育とほぼ同じ種もあり、現状を考慮すると長期のカビ抑制は期待できない。

・12 ℃：明らかに 15 ℃の発育と異なり、かなり発育を抑制するようになる。おそらく長期にわたりカビの発育を抑制する可能性が高い。しかし、現状を考慮すると長期のカビ抑制は期待できない。

・10 ℃：15 ℃と比較すると明瞭な発育差であり、また 12 ℃と比較しても明らかに発育差を認める。すなわち、10 ℃前後になると著しく発育が抑制され、温度が強く影響するようにみられる。しかし、かなり発育が抑制されるが全く抑制することでない限り、また石室の現状を考慮してみても恒久保存対策として期待できない。

・５℃：この程度の低温になると多くのカビは抑制され、長期に及んでも発育を示さない傾向にある。温度だけを考慮するとこのような低温が望ましいが、なかにはある程度発育するカビがあり、低温条件のみを恒久保存対策とするのは困難であると考えられる。

4）低温によるカビ抑制の対策

したがって、高松塚古墳石室内壁画のカビ発生を防御するには、現状を考慮するならば、低温によるカビ対策は一時的な緊急対策として期待はできるが、必ずしも恒久保存対策として期待できるものではない。

（3） 温度帯によるカビの色調の調査

石室およびその周辺のカビの温度帯による発育性及び色調変化、さらにカビの発育による菌体外代謝物の産生について調査した。

（3）-1　供試カビ

供試したカビは高松塚古墳石室及び周辺から分離した以下の6種カビである。

1）*Penicillium paneum* T12（= TM789）（石室、平成18（2006）年3月10日）

2）*Penicillium corylophilum* T788（= TM788）（石室、平成18（2006）年3月10日）

3）*Fusarium solani* T118（= TM793）（取合部、平成18（2006）年3月10日）

4）*Trichoderma* sp. T221（= TM792）（取合部、平成18（2006）年5月17日）

5）*Gliocladium roseum* T795（= TM795）（石室、平成18（2006）年3月10日）

6）暗色系 *Acremonium* sp. T791（= TM791）（石室、平成18（2006）年5月17日）

（3）-2　試験検討項目

（1）温度差による集落性状変化に関する検討

高松塚古墳石室内は平成17（2005）年9月以降から冷却され、その後、平成19（2007）年の解体作業まで、ほぼ10℃台に保持されていたことから以下の温度域でのカビ発育性を観察した。また、発育を長期間観察するために最長8か月まで観察した。

供試カビ：上記6種のカビを用いた。

培養温度：12℃、15℃、20℃、25℃、32℃

培養期間：4か月、8か月

集落性状の観察は、低温下での発育性および石室での暗色化が指摘されたことからカビによる暗色化に特に着目した。

培養は、石室壁面の状況を考慮し、通常より貧栄養下で実施した。すなわち、1/10に希釈したポテト・デキストロース（PD）寒天平板（60 mm径）とした培地を用いた。この培地に各カビを接種し、それぞれの培養温度で最大8か月まで培養し、その間所定時間毎に集落性状の観察を行った。

（2）暗色系菌体外代謝産物産生性の検討

暗色化の一因として、カビの代謝物による場合が想定され、菌体外代謝産物産生色素の検討を行った。処理条件は以下の通りであった。

培養温度：10℃、25℃

培養期間：2か月

菌体外代謝産物産生性の確認実験は、PD寒天平板（直径90 mm）にセロファンを敷き、その上にカビを接種して培養して行った。所定期間培養後、菌体とセロファンを除去し、菌体外へ分泌される色素を観察した。

（3）-3　温度差による集落性状変化について

高松塚古墳石室および周辺部から分離したカビ6種を用いた結果をTab. 1－5、Fig. 3、4にまとめた。表には、各培養温度で発育した集落の直径（mm）、色調および表面性状を記した。

1）*Penicillium paneum* の生理学的性状（Tab. 1、Fig. 3、Fig. 4）

P. paneum は高松塚古墳石室内の平成16（2004）年以降の調査において、主要な汚染カビとして検出されている。*P. paneum* について発育性、色調変化をまとめた。

発育した集落の大きさは、低温の12℃、15℃では発育性弱いが20℃では発育性が著しかった。表面性状は、12℃および15℃では菌糸状であったが3か月後には胞子を産生した。20℃では1か月で胞子産生した。32℃では発育集落が小さく活性が低下したものと思われた。

発育したカビの色調変化では、低温ほど暗色になることが確認された。

2）*Penicillium corylophilum* の生理学的性状（Tab. 2、Fig. 3、Fig. 4）

P. corylophilum の発育した集落の大きさは、低温の12℃、15℃ではやや小さいが、20℃では発育が著しかった。表面性状は、12℃および15℃では菌糸状であったが3か月後には胞子を産生した。20℃では1か月で胞子を産生した。32℃では発育集落が著しく小さく活性が低下したものと思われた。

色調変化では、低温ほどやや暗色になることが確認された。

3）*Fusarium solani* の生理学的性状（Tab. 3、Fig. 3、Fig. 4）

F. solani の集落の大きさは、低温の12℃、15℃ではやや小さいが20℃では発育性が著しかった。表面性状は、12℃および15℃では菌糸状であったが3か月後には胞子を産生した。20℃では1か月で胞子を産生した。色調変化では、低温ほどやや褐色調となった。

4）*Trichoderma* sp. の生理学的性状（Tab. 4、Fig. 3、Fig. 4）

Trichoderma sp. の集落の大きさは、低温の12℃では小さいが15℃以上では発育が著しかった。表面性状は、12℃では白色菌糸状であったが2か月後には胞子を産生して緑色となった。15℃では2か月で胞子を産生した。一方、32℃では発育集落が大きく活性がやや高温でも維持しているものと思われた。色調変化では、低温ほどやや暗緑色化が確認された。

5）*Gliocladium* sp. の生理学的性状（Tab. 5、Fig. 3、Fig. 4）

Gliocladium sp. の集落の大きさは、低温の 12 ℃では小さいが 15 ℃以上では発育が著しかった。表面性状は、12 ℃、15 ℃では白色菌糸状であったが 2 か月後には胞子を産生して緑色となった。20 ℃では 1 か月で胞子を産生した。色調変化では、低温ほどやや緑色化が確認された。

6）暗色系 *Acremonium* sp. の生理学的性状（Tab. 6、Fig. 3、Fig. 4）

暗色系 *Acremonium* sp. の集落の大きさは、低温の 12 ℃、15 ℃では小さいが 20 ℃以上では発育が著しかった。表面性状は、12 ℃、15 ℃では白色または灰色菌糸状であったが 4 か月後には胞子を産生して暗灰色となった。20 ℃では 1 か月で胞子を産生した。32 ℃では発育集落が小さく活性が低下したものと思われた。色調変化では、低温から 25 ℃でやや緑色化が確認された。

（3）-4　暗色系の菌体外代謝産物産生について

6 種のカビについて暗色系の菌体外代謝産物の産生試験を行ったところ、2 か月後に *P. paneum*、*P. corylophilum*、*Trichoderma* sp.、暗色系 *Acremonium* sp. で菌体外の暗色系代謝物が確認された（Fig. 5）。同所における暗色化に関わっているものと思われた。

（4）　まとめ

高松塚古墳石室での壁画暗色化の一原因としてカビが挙げられ、高松塚古墳石室や周辺部から分離した 6 種のカビを用いて温度帯による集落の生理学的性状の変化に関する検討、および暗色系の菌体外代謝産物産生性について検討を行った。

その結果、温度帯により発育性状が異なり、10 ℃台の低温度域では発育が遅いものの *Penicillium* 属など数種のカビで暗色化傾向を示すものがあることが確認された。

また、温度帯を変えて菌体外の代謝産物産生色素の検討を行ったところ、暗色系代謝物を産生するものがあることも分かった。

したがって、低温では石室内等から分離されたカビの発育は全般に遅くなるが、一方で菌体の色調については一部で暗色化傾向を示すものもあることが明らかとなった。

（高鳥・高鳥美奈子・久米田・木川・佐野）

参考文献

1）木川りか、佐野千絵、石崎武志、三浦定俊：高松塚古墳の微生物対策の経緯と現状、保存科学、45、33－58、2006。

2）国宝高松塚古墳壁画恒久保存対策検討会 第 4 回、資料 2－1、平成 17 年 6 月 27 日、文化庁

3）国宝高松塚古墳壁画恒久保存対策検討会 第 4 回、資料 2－2、平成 17 年 6 月 27 日、文化庁

4）高松塚古墳壁画劣化原因調査検討会 第 10 回、資料 5－3、平成 21 年 9 月 1 日、文化庁

5）高鳥浩介、高鳥美奈子、久米田裕子、木川りか、佐野千絵：高松塚古墳石室および周辺部由来カビの温度帯による生理学的性状－発育性および色調変化、保存科学、49、243－252、2010。

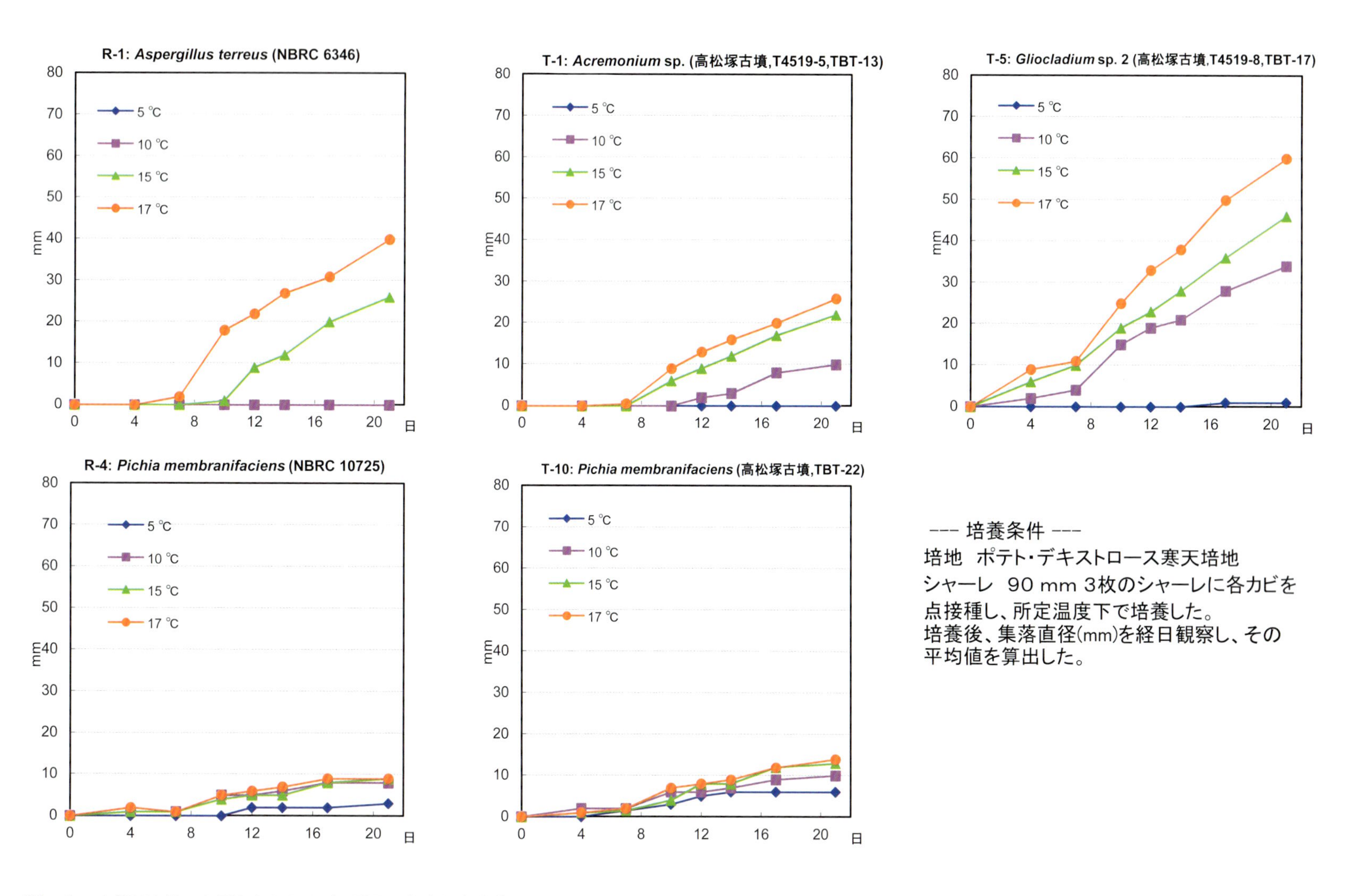

Fig. 1　高松塚古墳から採取されたカビ・酵母の発育温度試験

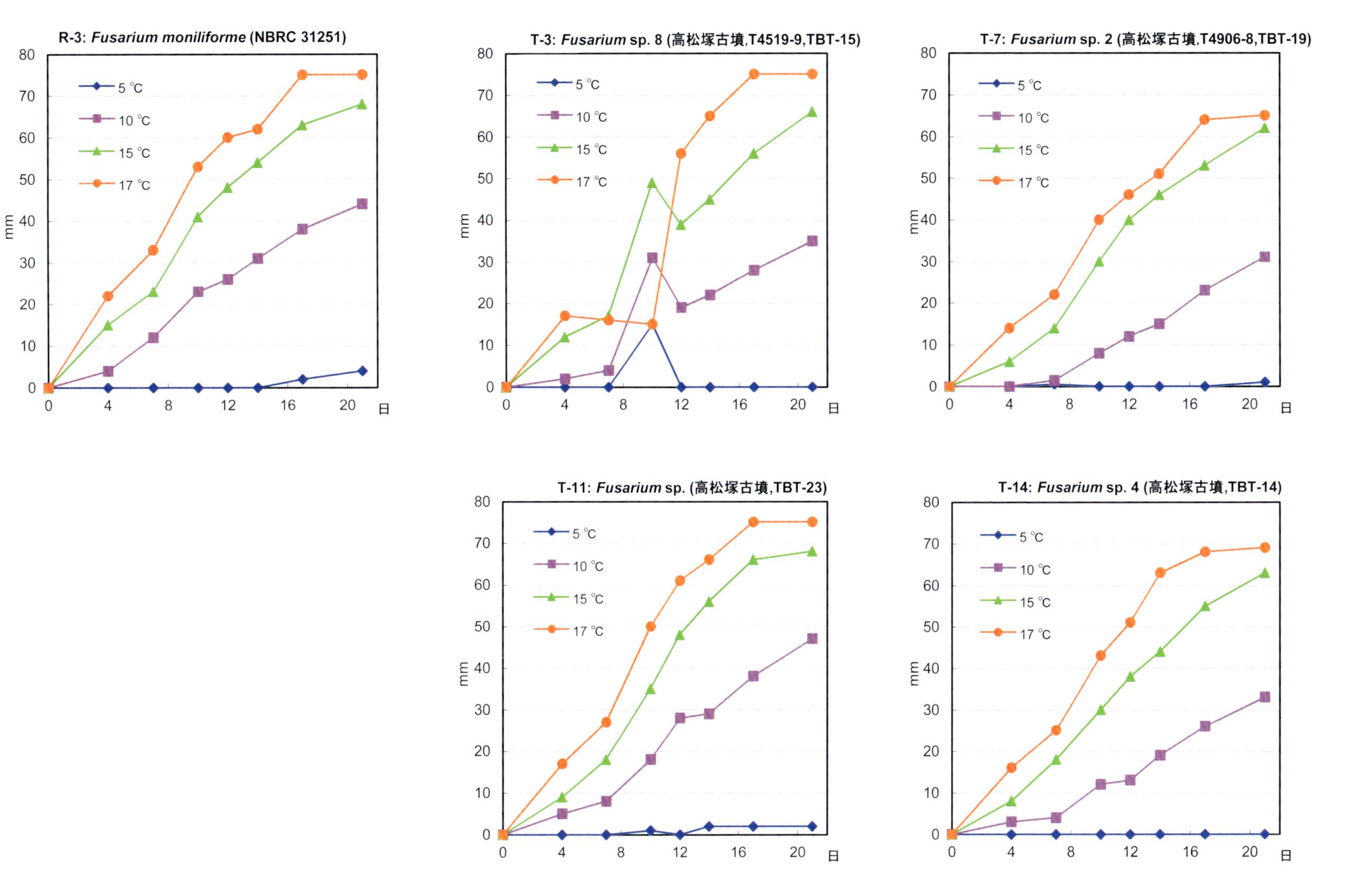
R-3: *Fusarium moniliforme* (NBRC 31251)
T-3: *Fusarium* sp. 8 (高松塚古墳,T4519-9,TBT-15)
T-7: *Fusarium* sp. 2 (高松塚古墳,T4906-8,TBT-19)
T-11: *Fusarium* sp. (高松塚古墳,TBT-23)
T-14: *Fusarium* sp. 4 (高松塚古墳,TBT-14)
5 °C
10 °C
15 °C
17 °C
mm
日

Fig. 1　続き

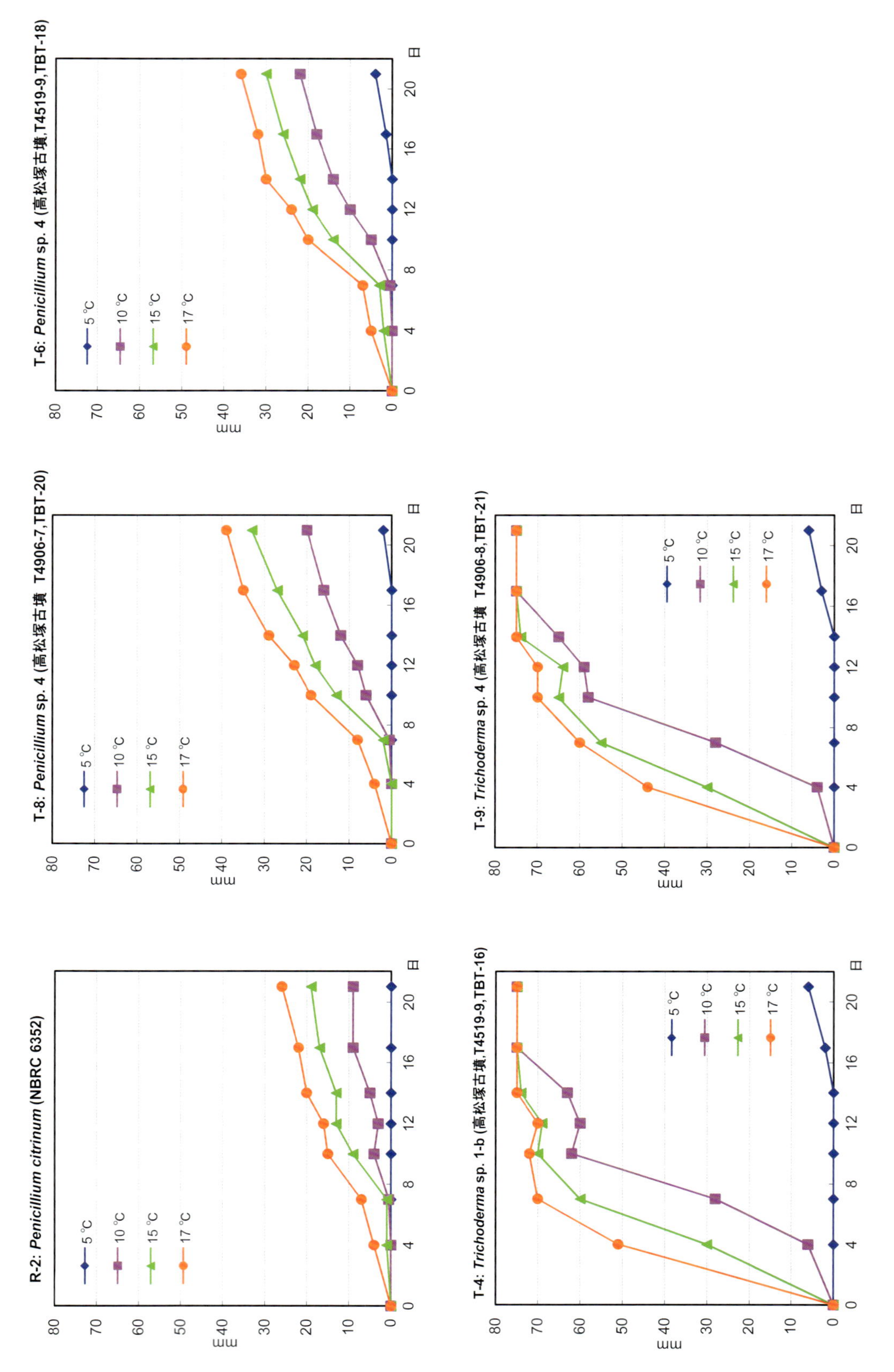
R-2: Penicillium citrinum (NBRC 6352)
T-8: Penicillium sp. 4 (高松塚古墳 T4906-7,TBT-20)
T-6: Penicillium sp. 4 (高松塚古墳,T4519-9,TBT-18)
T-4: Trichoderma sp. 1-b (高松塚古墳,T4519-9,TBT-16)
T-9: Trichoderma sp. 4 (高松塚古墳 T4906-8,TBT-21)
5 °C
10 °C
15 °C
17 °C
mm
日

Fig. 1　続き

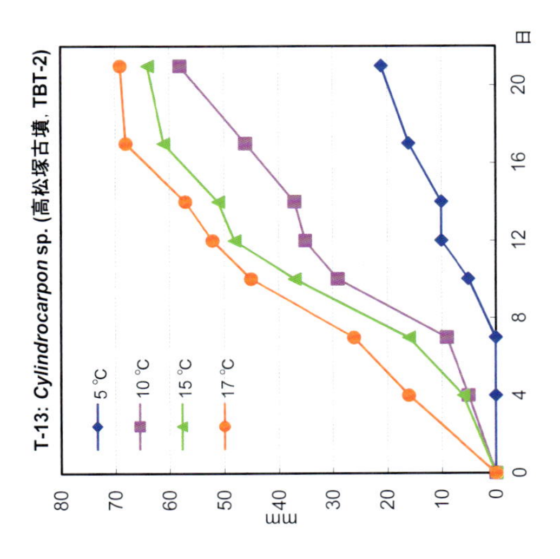
T-13: Cylindrocarpon sp. (高松塚古墳, TBT-2)
5 °C
10 °C
15 °C
17 °C
mm
日

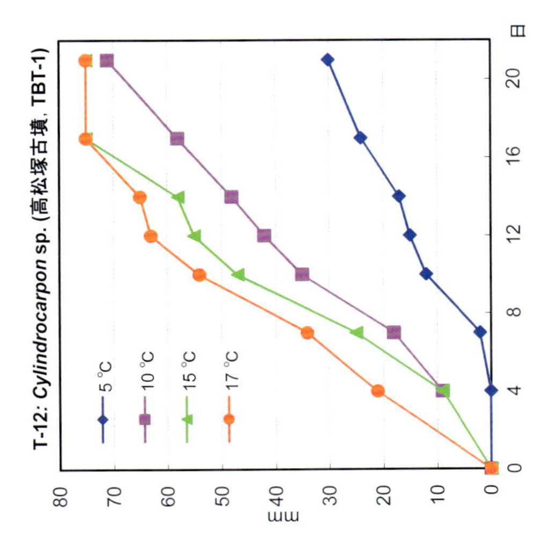
T-12: Cylindrocarpon sp. (高松塚古墳, TBT-1)
5 °C
10 °C
15 °C
17 °C
mm
日

Fig. 1　続き

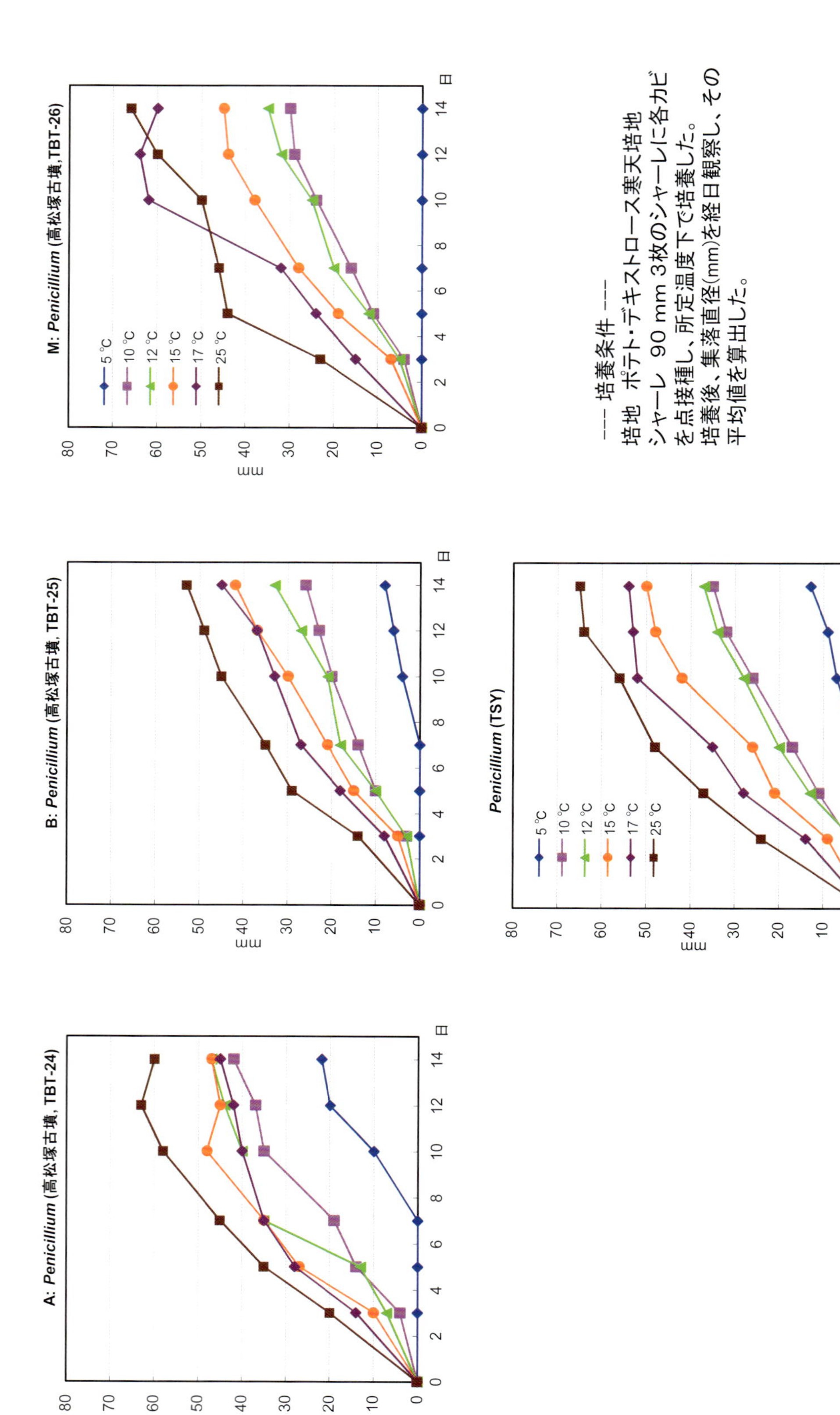

Fig. 2　高松塚古墳から採取されたカビ・酵母の発育温度試験

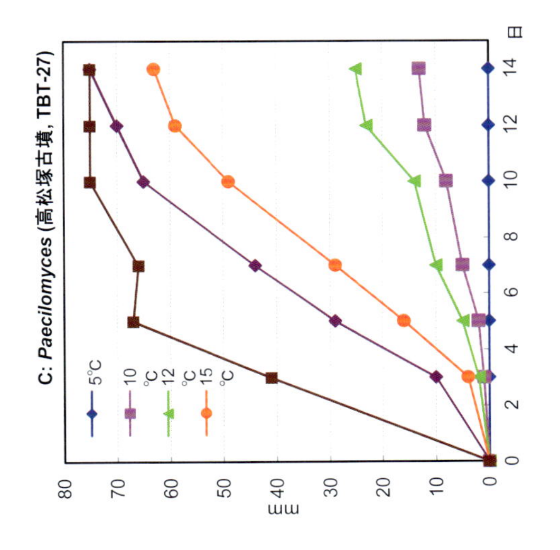
C: *Paecilomyces* (高松塚古墳, TBT-27)
5°C
10 °C
12 °C
15 °C
mm
日
80
70
60
50
40
30
20
10
0
0
2
4
6
8
10
12
14

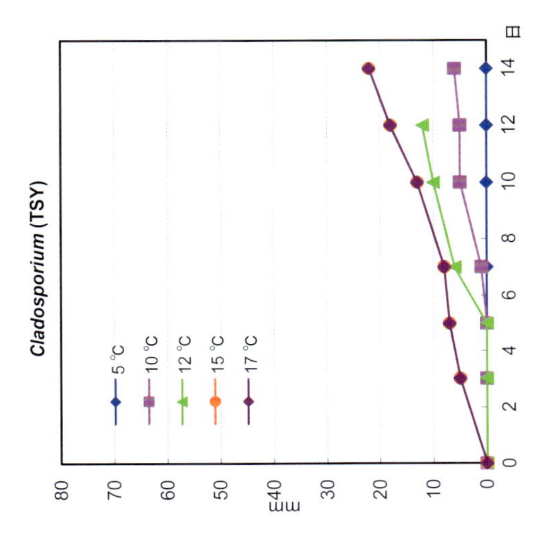
Cladosporium (TSY)
5 °C
10 °C
12 °C
15 °C
17 °C
mm
日
80
70
60
50
40
30
20
10
0
0
2
4
6
8
10
12
14

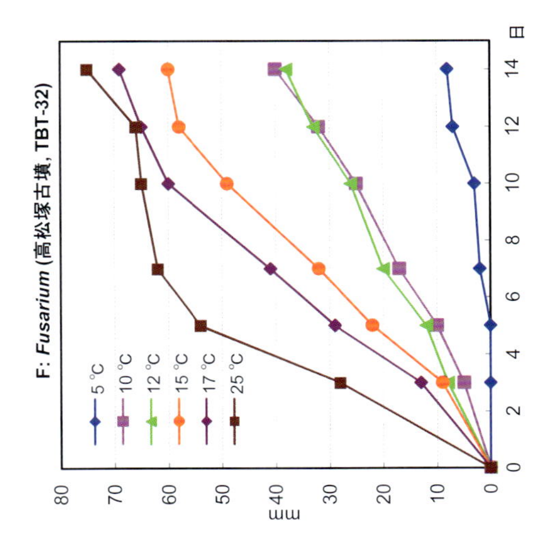
F: *Fusarium* (高松塚古墳, TBT-32)
5 °C
10 °C
12 °C
15 °C
17 °C
25 °C
mm
日
80
70
60
50
40
30
20
10
0
0
2
4
6
8
10
12
14

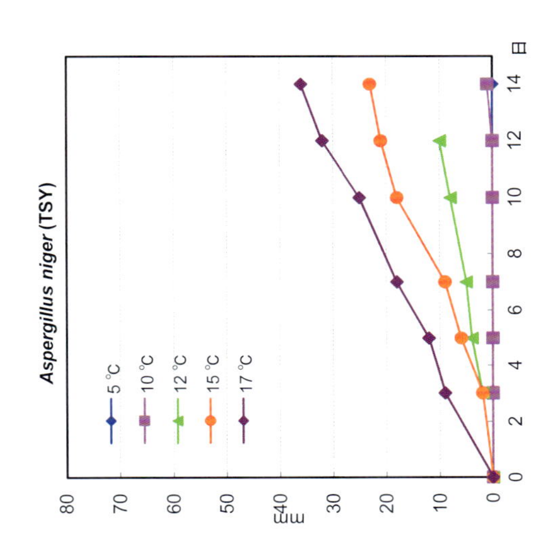
Aspergillus niger (TSY)
5 °C
10 °C
12 °C
15 °C
17 °C
mm
日
80
70
60
50
40
30
20
10
0
0
2
4
6
8
10
12
14

Fig. 2　続き

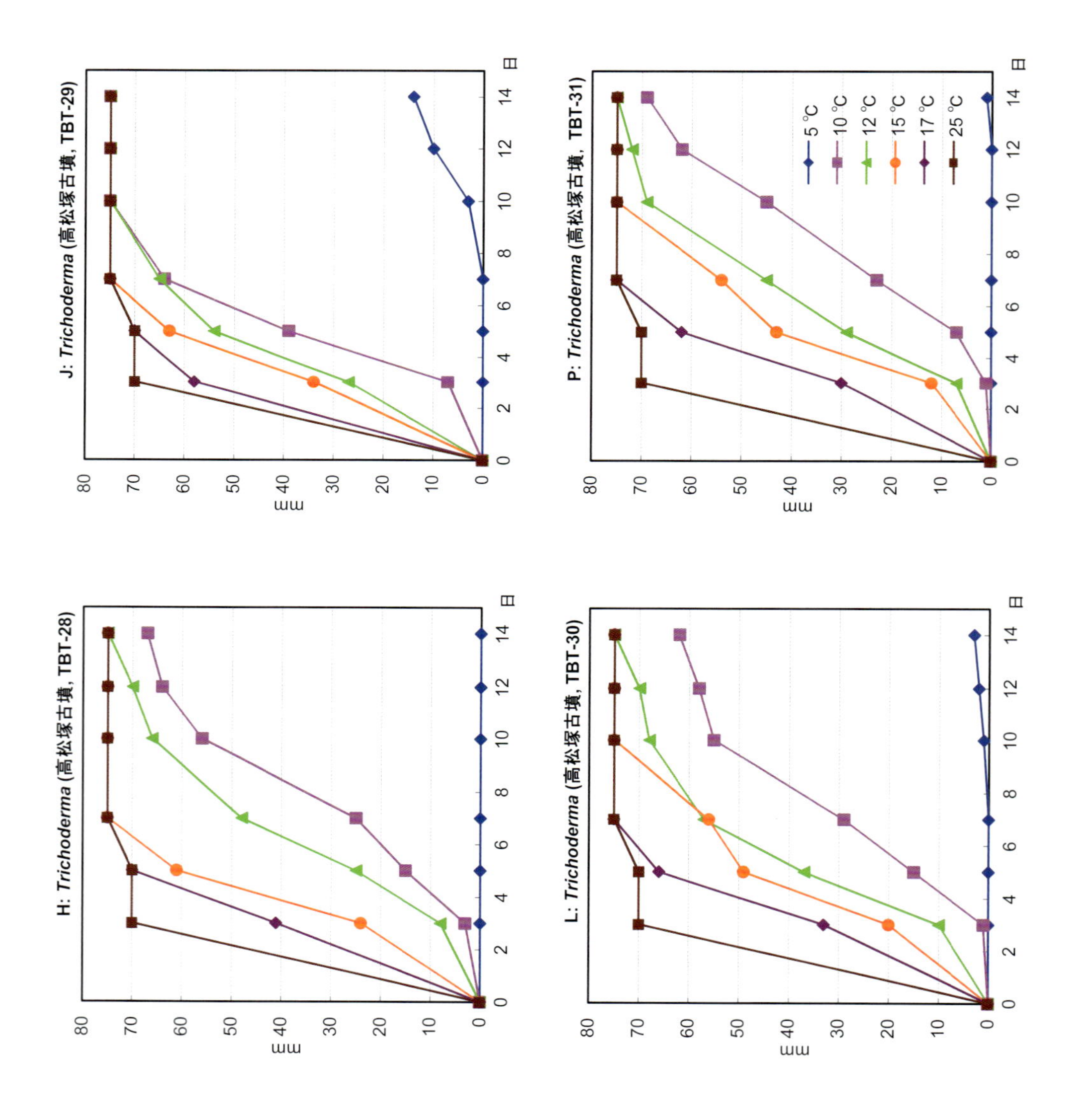
H: Trichoderma (高松塚古墳, TBT-28)
J: Trichoderma (高松塚古墳, TBT-29)
L: Trichoderma (高松塚古墳, TBT-30)
P: Trichoderma (高松塚古墳, TBT-31)
mm
日
5 °C
10 °C
12 °C
15 °C
17 °C
25 °C

Fig. 2　続き

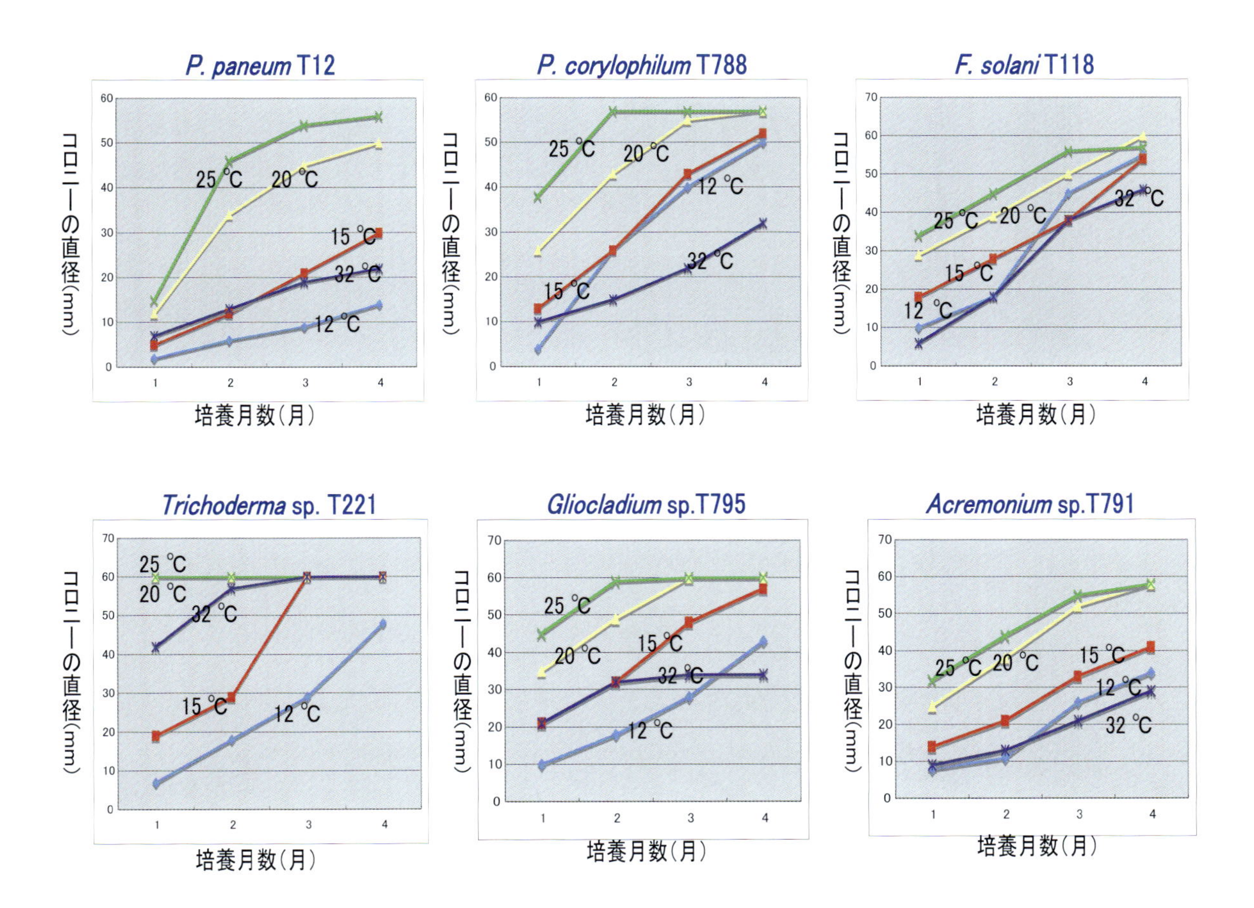

Fig. 3　高松塚古墳由来カビの温度帯による発育性

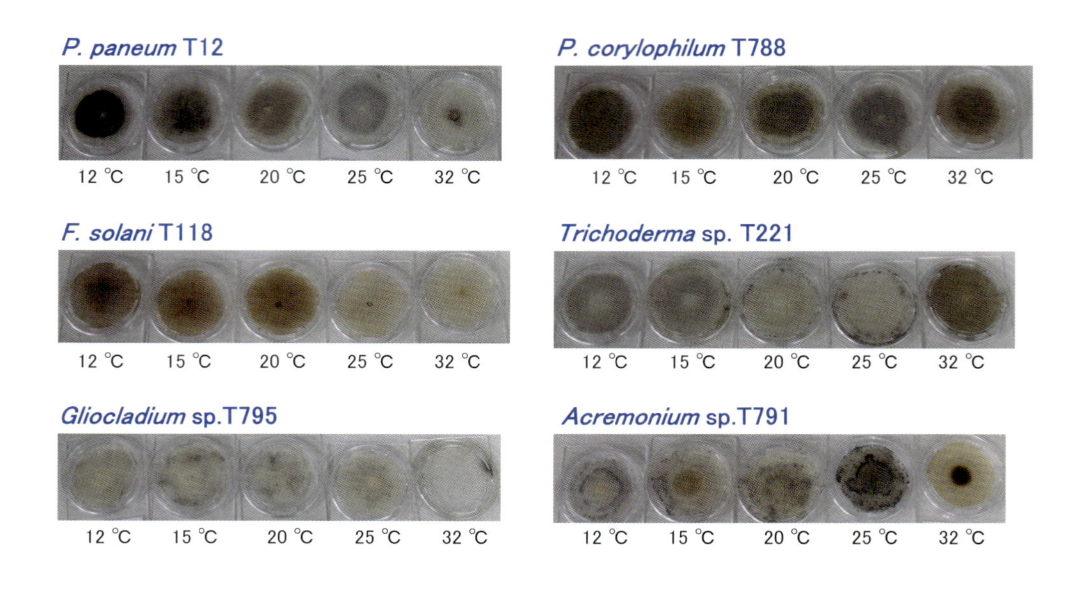

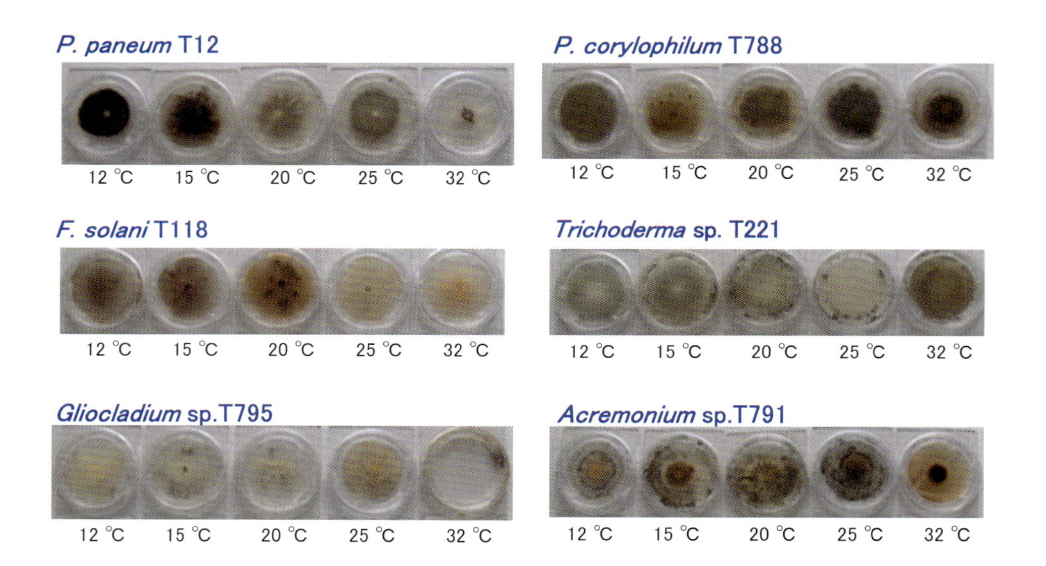

Fig. 4　高松塚古墳由来カビの色調変化　　上、4か月後　下、8か月後

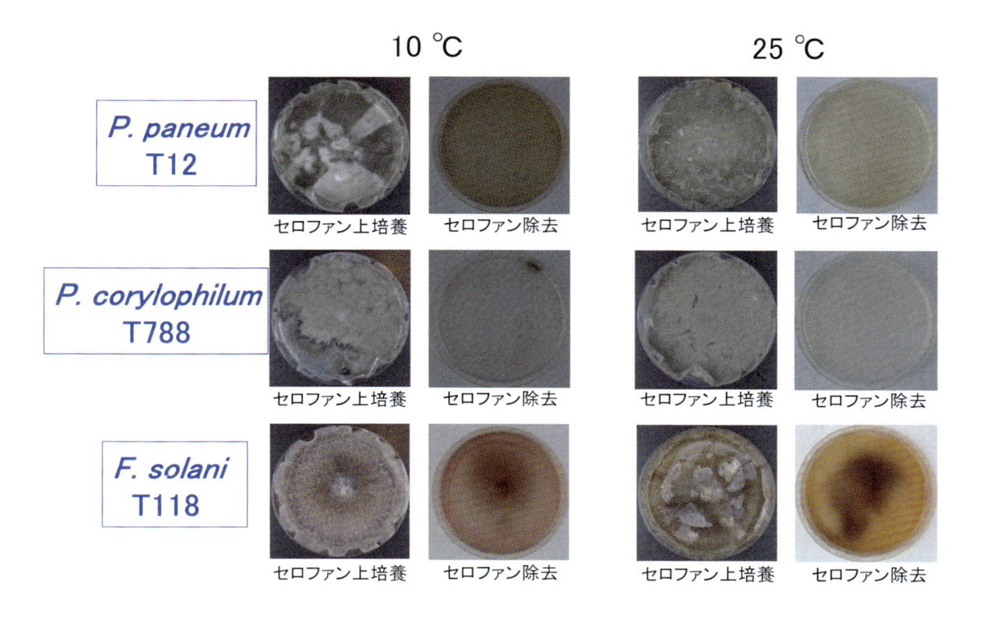

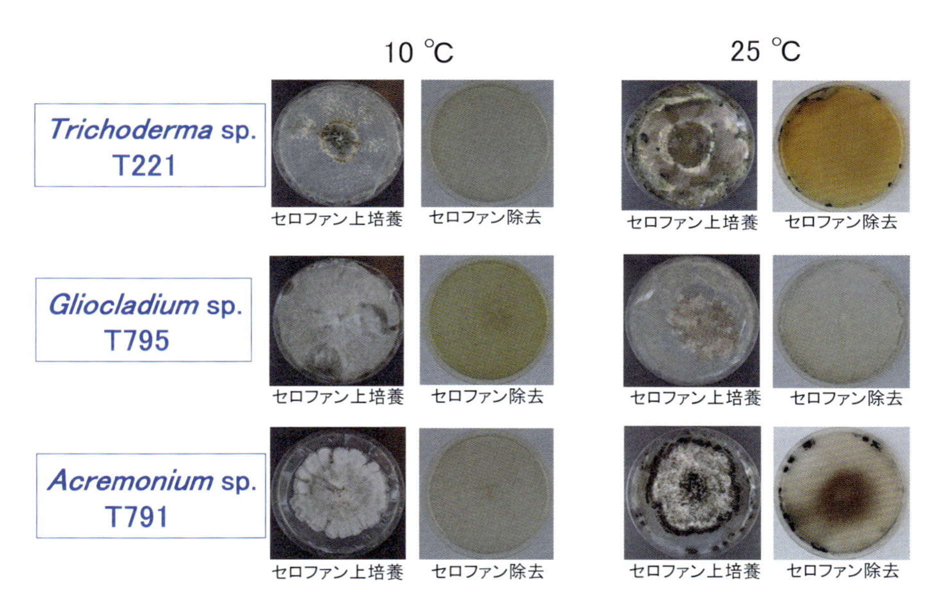

Fig. 5　古墳由来カビの暗色代謝産物産生性　(2 か月後)

Tab. 1　*Penicillium paneum* の発育性および色調変化

	1か月後	2か月後	3か月後	4か月後
１２℃				
集落の直径（mm）	2	6	9	14
色調	淡緑	濃緑	濃緑	濃緑
表面性状	菌糸	菌糸胞子	胞子	胞子
１５℃				
集落の直径（mm）	5	12	21	30
色調	淡緑	濃緑	濃緑	濃緑
表面性状	菌糸	菌糸胞子	胞子	胞子
２０℃				
集落の直径（mm）	12	34	45	50
色調	淡緑	濃緑	濃緑	濃緑
表面性状	胞子	胞子	胞子	胞子
２５℃				
集落の直径（mm）	15	46	54	56
色調	淡緑	濃緑	濃緑	濃緑
表面性状	胞子	胞子	胞子	胞子
３２℃				
集落の直径（mm）	7	13	19	22
色調	淡緑	淡緑	淡緑	淡緑
表面性状	菌糸のみ	菌糸胞子	菌糸胞子	菌糸胞子

Tab. 2　*Penicillium corylophilum* の発育性および色調変化

	1か月後	2か月後	3か月後	4か月後
１２℃				
集落の直径（mm）	4	26	40	50
色調	淡緑	濃緑	濃緑	濃緑
表面性状	菌糸	菌糸胞子	胞子	胞子
１５℃				
集落の直径（mm）	13	26	43	52
色調	淡緑	濃緑	濃緑	濃緑
表面性状	菌糸	菌糸胞子	胞子	胞子
２０℃				
集落の直径（mm）	26	43	55	57
色調	淡緑	濃緑	濃緑	濃緑
表面性状	胞子	胞子	胞子	胞子
２５℃				
集落の直径（mm）	38	57	57	57
色調	淡緑	濃緑	濃緑	濃緑
表面性状	胞子	胞子	胞子	胞子
３２℃				
集落の直径（mm）	10	15	22	32
色調	淡緑	濃緑	濃緑	濃緑
表面性状	菌糸	菌糸	菌糸	菌糸

Tab. 3　*Fusarium solani* の発育性および色調変化

	1か月後	2か月後	3か月後	4か月後
１２℃				
集落の直径（mm）	10	18	45	55
色調	白	白	淡褐	淡褐
表面性状	菌糸	菌糸	菌糸	菌糸
１５℃				
集落の直径（mm）	18	28	38	54
色調	白	淡褐	淡褐	淡褐
表面性状	菌糸	菌糸	菌糸	菌糸胞子
２０℃				
集落の直径（mm）	29	39	50	60
色調	淡褐	淡褐	淡褐	淡褐
表面性状	菌糸	菌糸	菌糸胞子	菌糸胞子
２５℃				
集落の直径（mm）	34	45	56	57
色調	淡褐	淡褐	淡褐	淡褐
表面性状	菌糸	菌糸	菌糸胞子	菌糸胞子
３２℃				
集落の直径（mm）	6	18	38	46
色調	白	白	淡褐	淡褐
表面性状	菌糸	菌糸	菌糸	菌糸

Tab. 4　*Trichoderma* sp. の発育性および色調変化

	1か月後	2か月後	3か月後	4か月後
１２℃				
集落の直径（mm）	7	18	29	48
色調	白	薄緑	薄緑	濃緑
表面性状	菌糸	菌糸	菌糸	菌糸胞子
１５℃				
集落の直径（mm）	19	29	60	60
色調	薄緑	濃緑	濃緑	濃緑
表面性状	菌糸	菌糸胞子	菌糸胞子	菌糸胞子
２０℃				
集落の直径（mm）	60	60	60	60
色調	濃緑	濃緑	濃緑	濃緑
表面性状	菌糸胞子	菌糸胞子	菌糸胞子	菌糸胞子
２５℃				
集落の直径（mm）	60	60	60	60
色調	濃緑	濃緑	濃緑	濃緑
表面性状	菌糸胞子	菌糸胞子	菌糸胞子	菌糸胞子
３２℃				
集落の直径（mm）	42	57	60	60
色調	薄緑	薄緑	薄緑	薄緑
表面性状	菌糸	菌糸	菌糸	菌糸

Tab. 5　*Gliocladium* sp. の発育性および色調変化

	1か月後	2か月後	3か月後	4か月後
１２℃				
集落の直径（mm）	10	18	28	43
色調	白	薄緑	薄緑	濃緑
表面性状	菌糸	菌糸	菌糸	菌糸胞子
１５℃				
集落の直径（mm）	21	32	48	57
色調	白	薄緑	濃緑	濃緑
表面性状	菌糸	菌糸	菌糸胞子	菌糸胞子
２０℃				
集落の直径（mm）	35	49	60	60
色調	濃緑	濃緑	濃緑	濃緑
表面性状	菌糸胞子	菌糸胞子	菌糸胞子	菌糸胞子
２５℃				
集落の直径（mm）	45	59	60	60
色調	濃緑	濃緑	濃緑	濃緑
表面性状	菌糸胞子	菌糸胞子	菌糸胞子	菌糸胞子
３２℃				
集落の直径（mm）	21	32	34	34
色調	白	薄緑	薄緑	薄緑
表面性状	菌糸	菌糸	菌糸	菌糸

Tab. 6　暗色系 *Acremonium* sp. の発育性および色調変化

	1か月後	2か月後	3か月後	4か月後
１２℃				
集落の直径（mm）	8	11	26	34
色調	白	白	灰	暗灰
表面性状	菌糸	菌糸	菌糸	菌糸胞子
１５℃				
集落の直径（mm）	14	21	33	41
色調	灰	灰	灰	暗灰
表面性状	菌糸	菌糸	菌糸胞子	菌糸胞子
２０℃				
集落の直径（mm）	25	38	52	58
色調	灰	暗灰	暗灰	暗灰
表面性状	菌糸	菌糸胞子	菌糸胞子	菌糸胞子
２５℃				
集落の直径（mm）	32	44	55	58
色調	黒	黒	黒	黒
表面性状	菌糸胞子	菌糸胞子	菌糸胞子	菌糸胞子
３２℃				
集落の直径（mm）	9	13	21	29
色調	白	茶	茶	茶
表面性状	菌糸	菌糸	菌糸	菌糸

8　高松塚古墳石室内外から分離した菌類分離株の光照射試験

（1）　はじめに

高松塚古墳石室内の漆喰壁の「暗色化」（暗色の汚れ）の原因の一つとして、石室内環境に繁殖したカビの産生したメラニン色素による黒化などが考えられる。従来からカビの生育状況やメラニン色素生成は光と密接な関係にあることが知られている[1)]。そこで、高松塚古墳の石室内および取合部で発生したカビの産生するメラニンなどの色素産生と光照射の関係を調査し、点検時の照明がカビの表現形質に与えた影響について検証した。本節では、既報[2)]の結果も含め、得られた試験結果と考察を述べる。なお、当該菌類分離株の学名は原則、本試験に供試した時点での学名で記述した（それぞれの学名の異同については、Tab. 1 参照）。

（2）　供試菌株および試験方法

（2）-1　供試菌株

高松塚古墳の石室内および取合部から分離された代表的な 9 菌株、およびキトラ古墳石室内から分離された *Burgoa* sp. の計 10 菌株を選抜し、試験を行った。供試菌株リストを Tab. 1 に示す。

（2）-2　試験方法

高松塚古墳石室内は、通常は完全な暗状態にあるものの、点検時には延べ 1 ～ 2 時間（20 ～ 30 分間隔で数回サイクル）の人工光照射下にある。そこで、光がカビの生育に与える影響を探るため、以下の条件で各分離株の培養を行い、生育の違いとしてコロニーの生育速度、色調の違い、分生子形成量および培地中への色素産生を観察した。

【培養・観察条件】

・照度：1,000 ルクス（Fig. 1）
・光照射条件：①照射、②遮光の 2 条件
　　（培養平板をアルミホイルで完全に包んで遮光条件とした。）
・培養温度：25 ℃
・培養期間：約 1 か月間
・観察頻度：3 日、7 日、10 日、14 日、21 日、28 日
・培養枚数：10 菌株×光照射 2 条件×観察頻度 6 条件×各 2 枚＝ 240 枚
・写真撮影：各条件ともに培養平板を黒色背景で写真撮影し、培地中への色素産生が顕著な株については適宜、背景を白色にして写真を撮影した。

（3）　結果および考察

各菌株を明条件および暗条件下で培養し、撮影を行った培養平板像を分類群別に Fig. 2 から Fig. 11 に示す。試験の結果、明条件と暗条件下で顕著な差が出た菌類群（*Acremonium*（sect. *Gliomastix*）*masseei*、*Fusarium* sp.、*Trichoderma* sp. など）があった一方で、両条件下でほとんど差は見られない菌類群（*Acremonium*（sect. *Gliomastix*）*murorum*、*Burgoa* sp.、*Cylindrocarpon* sp.、*Doratomyces* sp.、*Oidiodendron* sp.、*Kendrickiella phycomyces*、*Penicillium paneum* など）も多かった。

平成 18（2006）年 5 月 17 日に石室内西壁女子の額の黒色部分から分離された *Acremonium*（sect. *Gliomastix*）*masseei* は光照射条件下で暗条件下よりも分生子の暗色化（メラニン生成）が顕著であり、また、培地中への褐色色素産生が顕著な傾向が認められ（Fig. 2）、この結果は予備試験の結果 [2] と一致していた。

Fusarium sp.（FSSC クレード）は暗条件下よりも明条件下で赤色系の色素産生が顕著で、培地上に分生子座（スポロドキア）を多く形成するなど相対的に分生子形成量が多い傾向が認められた（Fig. 6）。

Trichoderma sp. は明条件下で暗条件下よりも分生子形成量およびその成熟度（緑色に着色）が良い傾向が観察された（Fig. 10）。

その一方で、平成 18（2006）年 7 月 13 日に石室内西壁男子群像上の黒い部分より分離された *Acremonium*（sect. *Gliomastix*）*murorum* は、明条件下でも暗条件下でもさほど変わらず（Fig. 3）、暗色系 *Acremonium* でも光照射の影響を受けるもの、受けないものがあることがわかった。

以上より、石室内の点検に伴う光照射は一部の微生物（特にカビ）の生育度や色素産生、胞子形成量に影響を与えていた可能性が示唆された。　（喜友名・木川・佐野・杉山）

参考文献

1）Leach, C. M.: A practical guide to the effects of visible and ultraviolet light on fungi, In: Methods in Microbiology, Vol. 4, ed. by Booth, C., Academic Press, London and New York, pp. 609－664, 1971.

2）高松塚古墳壁画劣化原因調査検討会　第 12 回、参考資料 1－6、平成 21 年 11 月 30 日、文化庁

3）Kiyuna, T., An, K.-D., Kigawa, R., Sano, C., Miura, S. and Sugiyama, J.: Molecular assessment of fungi in “black spots” that deface murals in the Takamatsuzuka and Kitora Tumuli in Japan: *Acremonium* sect. *Gliomastix* including *Acremonium tumulicola* sp. nov. and *Acremonium felinum* comb. nov., Mycoscience, 52, 1－17, 2011.

4）Kiyuna, T., An, K.-D., Kigawa, R., Sano, C., Miura, S. and Sugiyama, J.: Noteworthy anamorphic fungi, *Cephalotrichum verrucisporum*, *Sagenomella striatispora*, and *Sagenomella griseoviridis*, isolated from biodeteriorated samples in the Takamatsuzuka and Kitora Tumuli, Nara, Japan, Mycoscience, 58, 320－327, 2017.

5）An, K.-D., Kiyuna, T., Kigawa, R., Sano, C., Miura, S. and Sugiyama, J.: The identity of *Penicillium* sp. 1, a major contaminant of the stone chambers in the Takamatsuzuka and Kitora Tumuli in Japan, is *Penicillium paneum*, Antonie van Leeuwenhoek, 96, 579－592, 2009.

6）Kiyuna, T., An, K.-D., Kigawa, R., Sano, C., Miura, S. and Sugiyama, J.: Bristle-like fungal colonizers on the stone walls of the Kitora and Takamatsuzuka Tumuli are identified as *Kendrickiella phycomyces*, Mycoscience, 23, 446－459, 2012.

7）Kiyuna, T., An, K.-D., Kigawa, R., Sano, C., Miura, S. and Sugiyama, J.: "Black particles", the major colonizers on the ceiling stone of the stone chamber interior of the Kitora Tumulus, Japan, are the bulbilliferous basidiomycete fungus *Burgoa anomala*, Mycoscience, 56, 293－300, 2015.

Tab. 1　光照射試験供試菌株リスト

供試時点の学名	現行の学名※2	分離株番号	分離源	文献※3
Acremonium (sect. *Gliomastix*) sp.※1	*Gliomastix masseei*	T6517-1-1	高松塚古墳 石室内西壁女子額の黒色部分 No.①	3
Acremonium (sect. *Gliomastix*) sp.	*Gliomastix murorum*	T6713-14-2	高松塚古墳 石室内西壁男子群像上部の黒カビ	3
Cylindrocarpon sp.	*Cylindrocarpon* sp.	TBT-1	高松塚古墳 石室内北壁玄武尾下（2001.12.18）	—
Doratomyces sp.	*Cephalotrichum verrucisporum*	T7530-12-1	高松塚古墳 西壁石1上端 天井石1との接合面漆喰	4
Fusarium sp. (*F. solani* species complex (FSSC) clade)	*Fusarium* sp.	T4716-1	高松塚古墳 石室内壁面白虎の爪の箇所 ゲル状	—
Oidiodendron sp.	*Oidiodendron* sp.	T6517-13-1	高松塚古墳 取合部左（西）側下方 黒色部分	—
Penicillium paneum	*Penicillium paneum*	T5916-6-1	高松塚古墳 石室内東壁女子群像下 ゲル状	5
Kendrickiella phycomyces	*Kendrickiella phycomyces*	T61114-1-1	高松塚古墳 ふさぎ石 一層目西南第1石　黒色	6
Trichoderma sp.1-b	*Trichoderma* sp.	T4519-9-7	高松塚古墳 石室内 東壁	—
Burgoa sp.	*Burgoa anomala*	K7316-1-1	キトラ古墳 石室内天井石壁面 天文図（北斗付近(1)）	7

※1、参考文献[2]で採用された学名
※2、JCMオンラインカタログ（http://jcm.riken.jp/ja/catalogue）で採用されている学名（平成30（2018）年6月11日閲覧）。ただし、*Gliomastix masseei* および *G. murorum* については、R. C. Summerbell et al. が採用した正名（Studies in Mycology, 68, p. 156. 2011）に準じた
※3、詳細同定に関する論文

Fig. 1　光照射試験装置

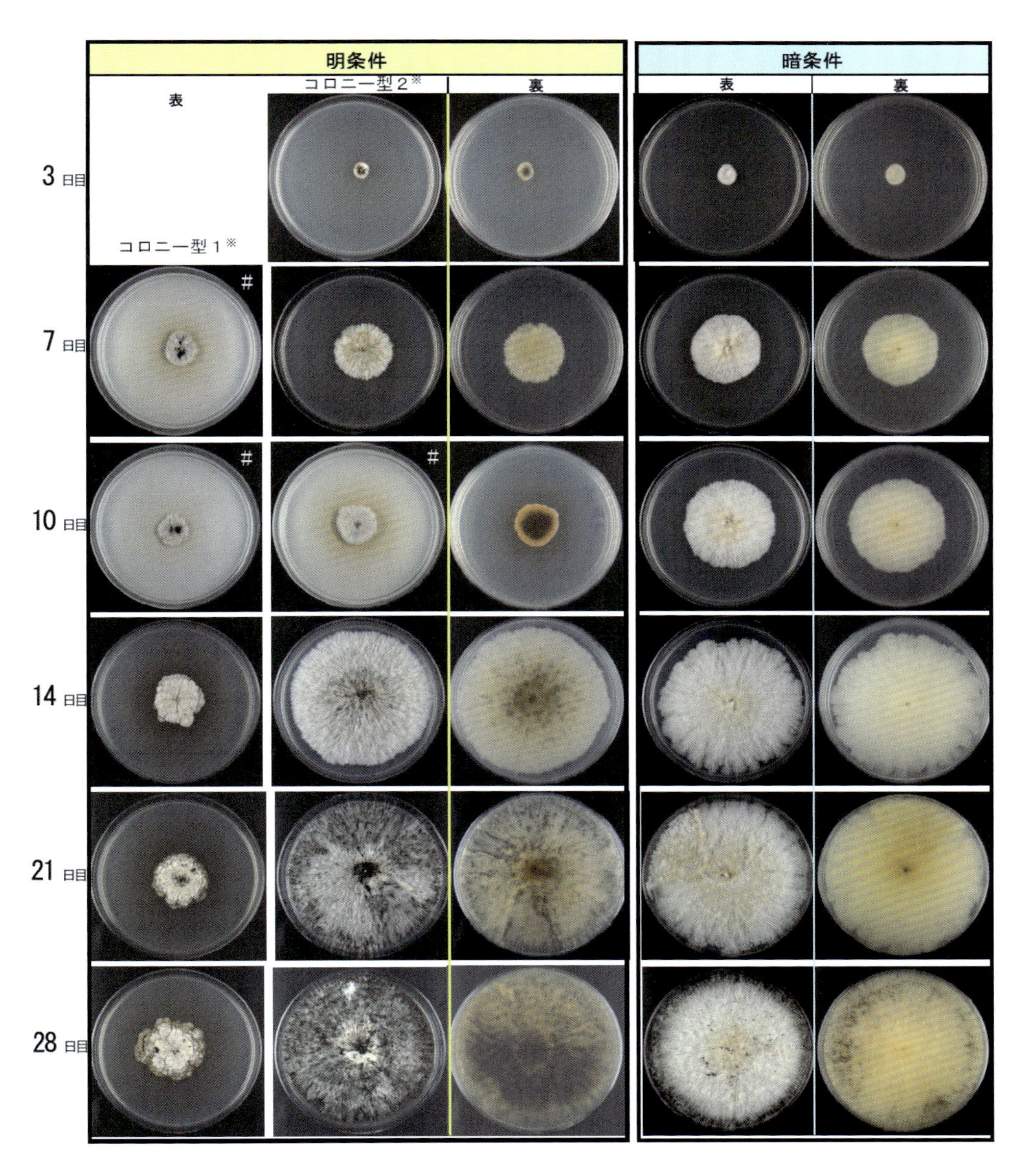

Fig. 2　*Acremonium*（sect. *Gliomastix*）*masseei* T6517-1-1 株の培養平板像（PDA、25 ℃、明暗条件、3～28 日間培養）。※ 明条件下ではコロニーバリエーションが認められる（コロニー型 1、コロニー型 2）。# 培地中への色素産生の特徴を示すため、シャーレの背景を白色にして撮影

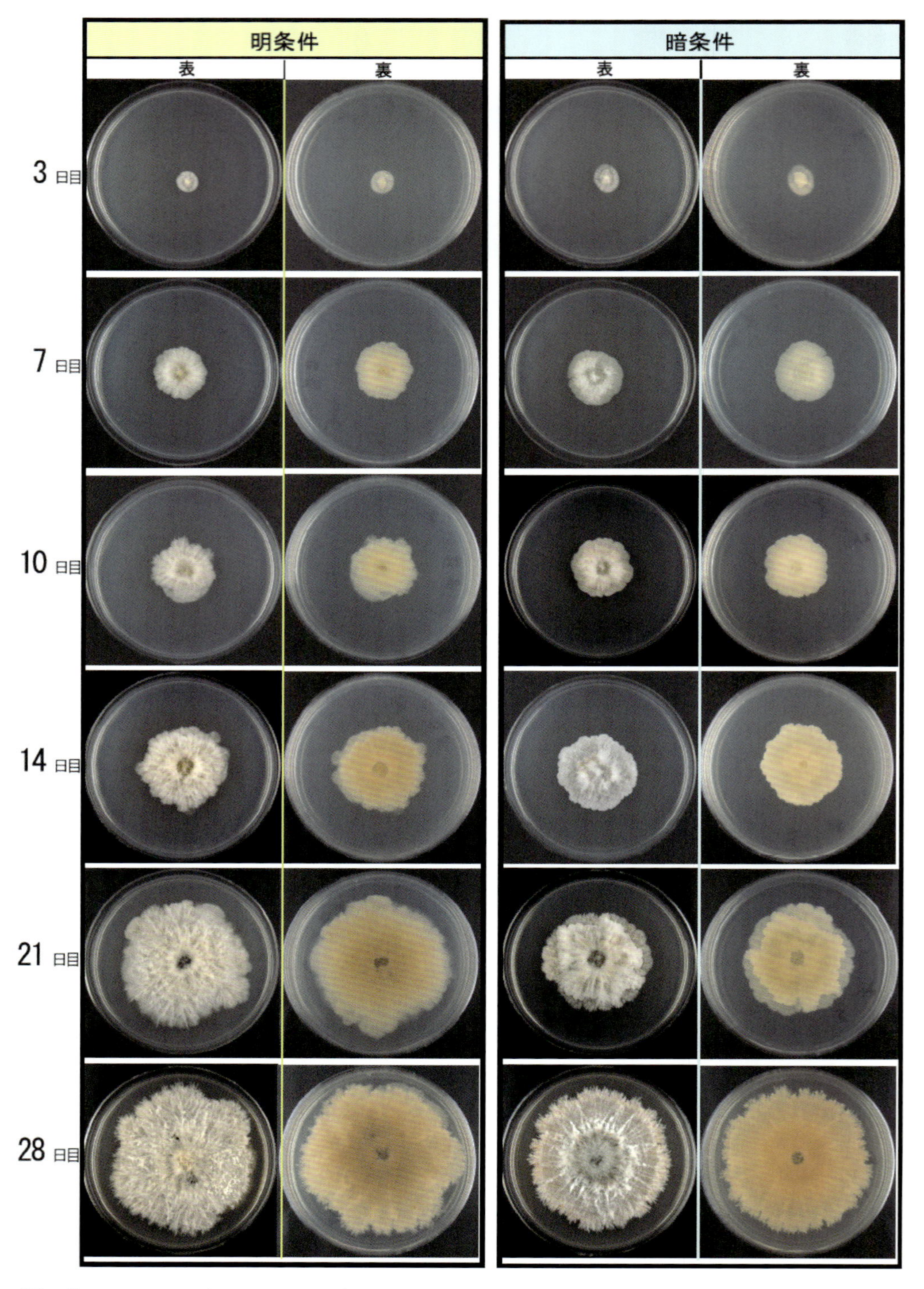

Fig. 3　*Acremonium*（sect. *Gliomastix*）*murorum* T6713-14-2 株の培養平板像（PDA、25 ℃、明暗条件、3 ～ 28 日間培養）

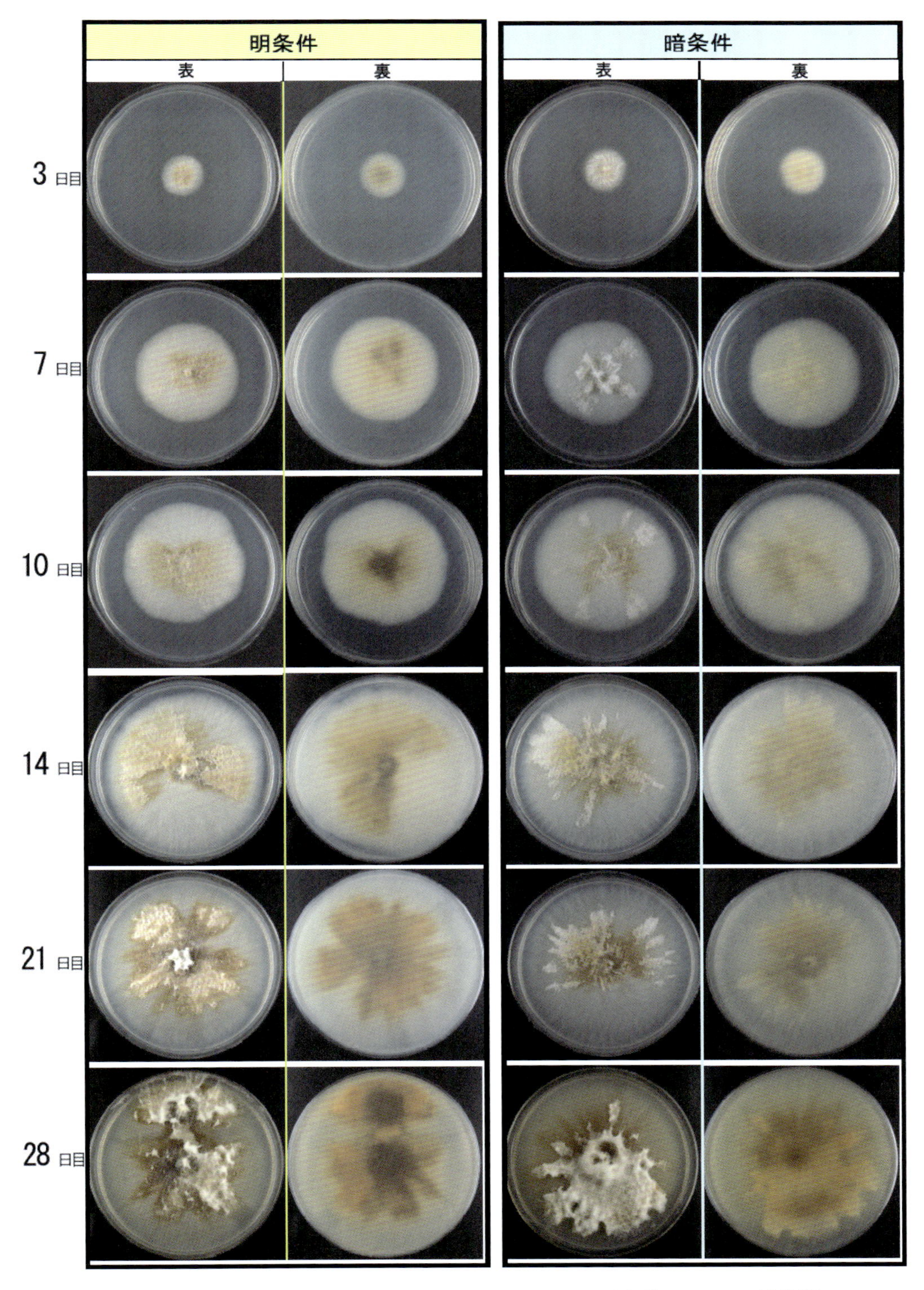

Fig. 4　*Cylindrocarpon* sp. TBT-1 株の培養平板像（PDA、25 ℃、明暗条件、3 ～ 28 日間培養）

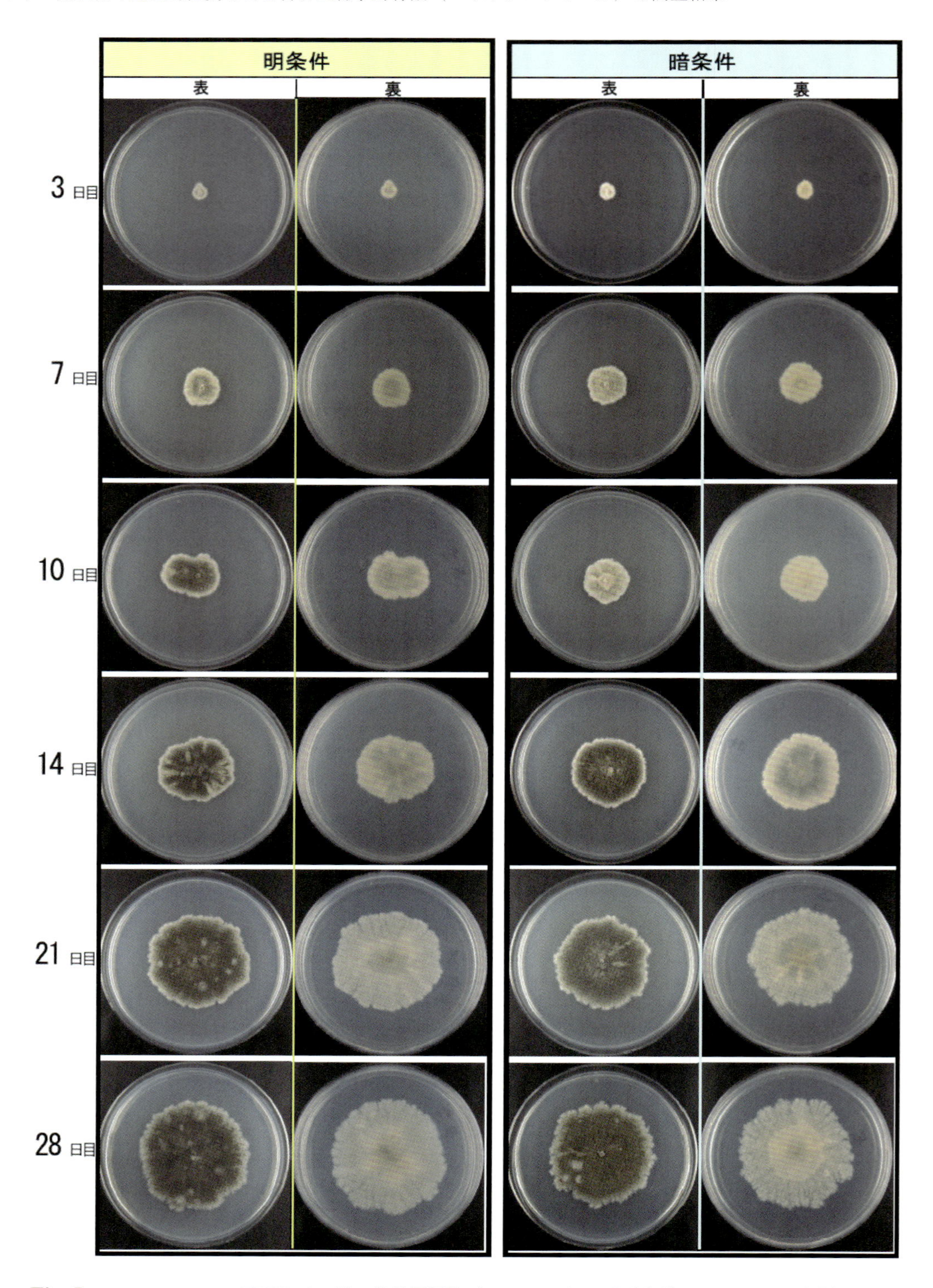

Fig. 5　*Doratomyces* sp. T7530-12-1 株の培養平板像（PDA、25 ℃、明暗条件、3 ～ 28 日間培養）

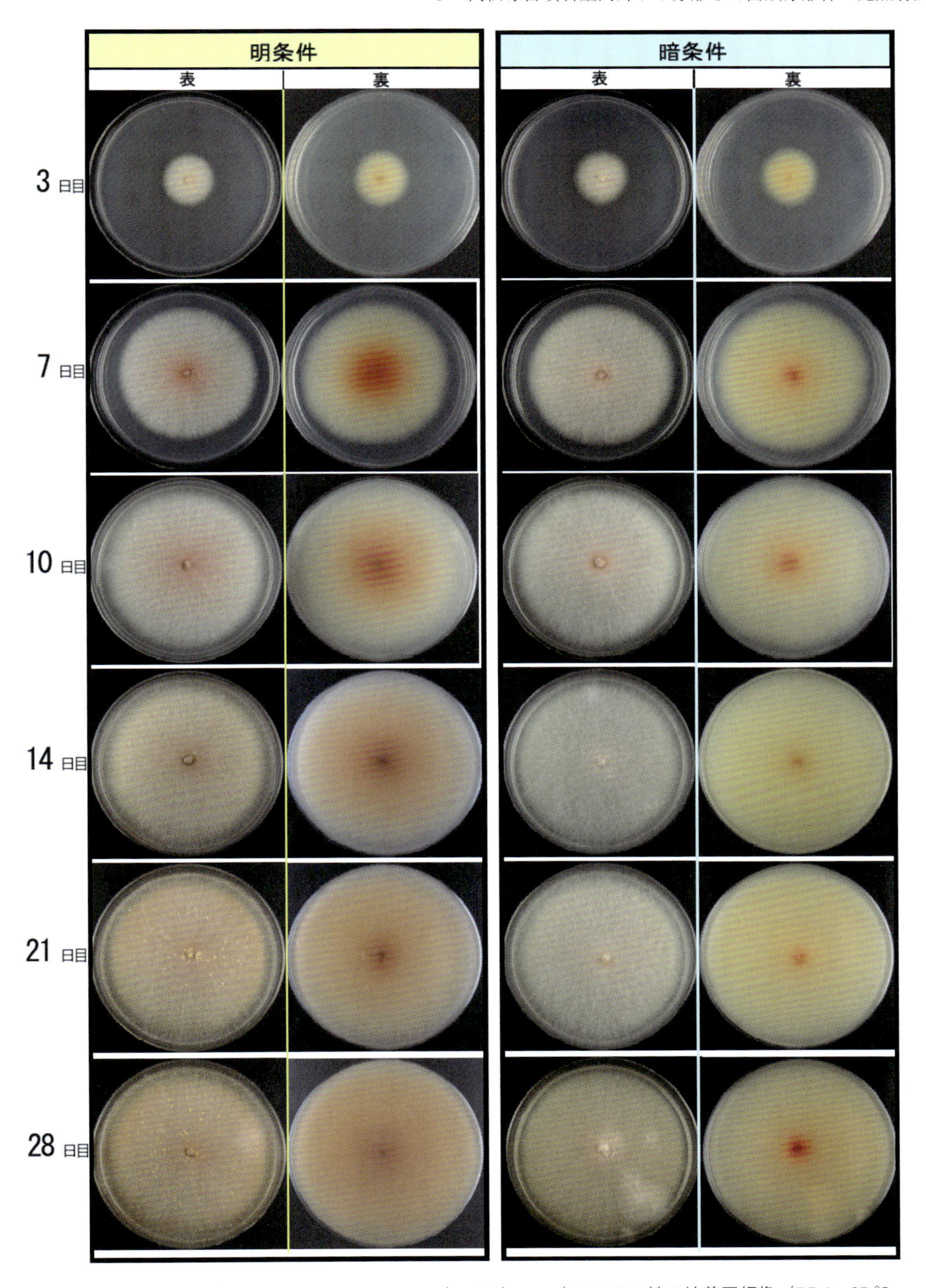

Fig. 6　*Fusarium* sp.（*F. solani* species complex（FSSC）clade）T4716-1 株の培養平板像（PDA、25 ℃、明暗条件、3 〜 28 日間培養）

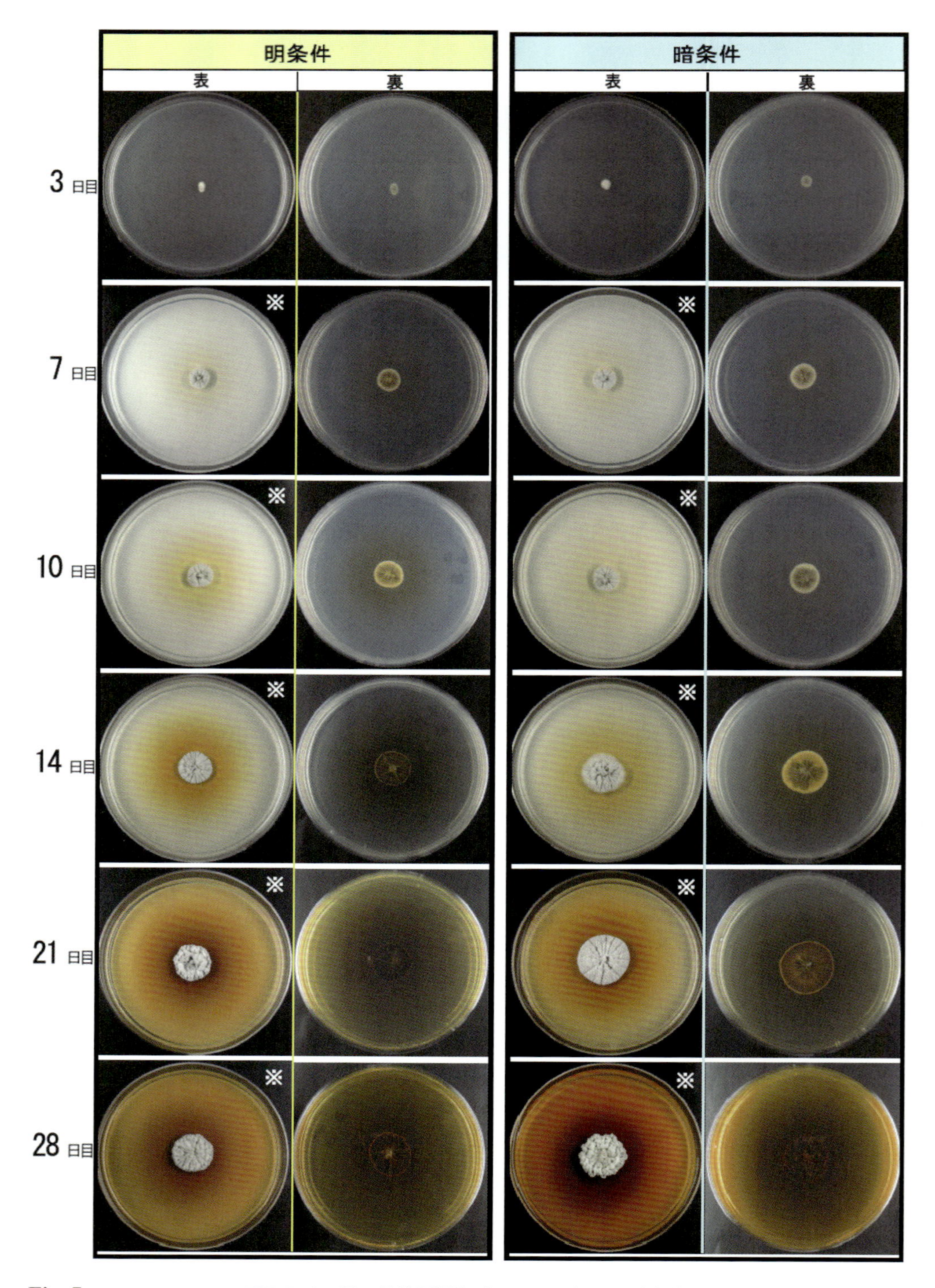

Fig. 7　*Oidiodendron* sp. T6517-13-1 株の培養平板像（PDA、25 ℃、明暗条件、3～28 日間培養）
※ 培地中への色素産生の特徴を示すため、シャーレの背景を白色にして撮影

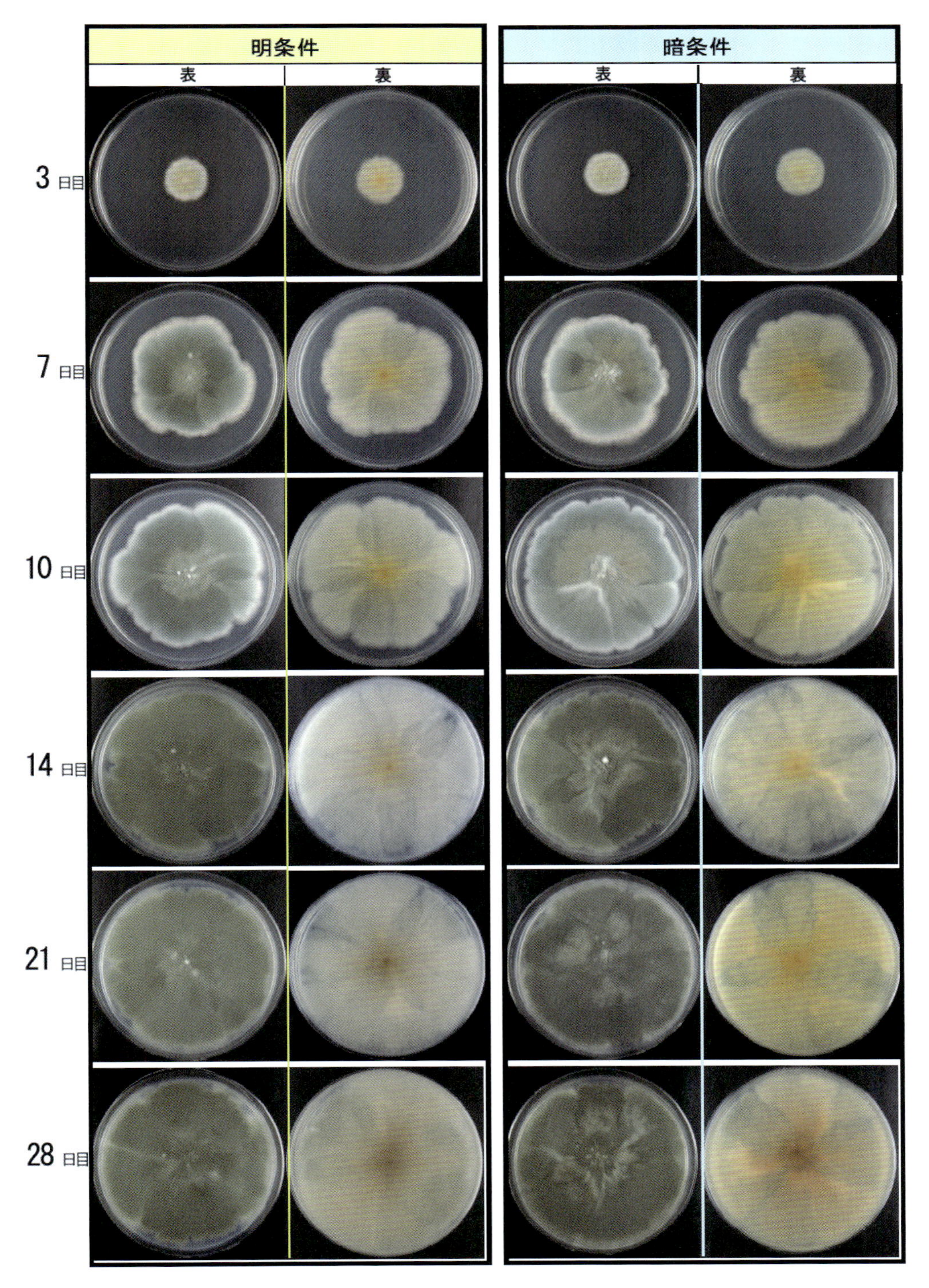

Fig. 8　*Penicillium paneum* T5916-6-1 株の培養平板像（PDA、25 ℃、明暗条件、3 ～ 28 日間培養）

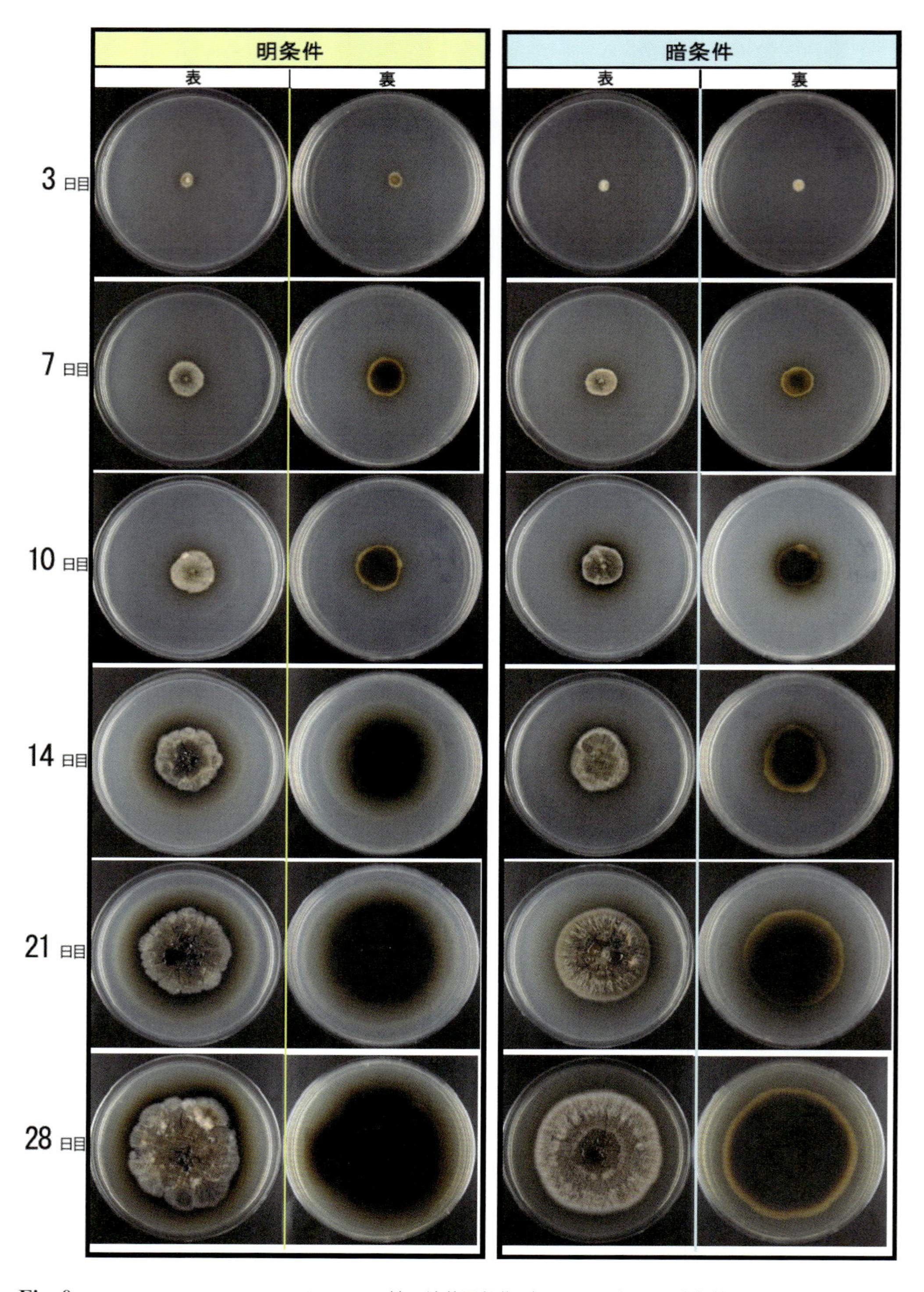

Fig. 9　*Kendrickiella phycomyces* T61114-1-1 株の培養平板像（PDA、25 ℃、明暗条件、3 ～ 28 日間培養）

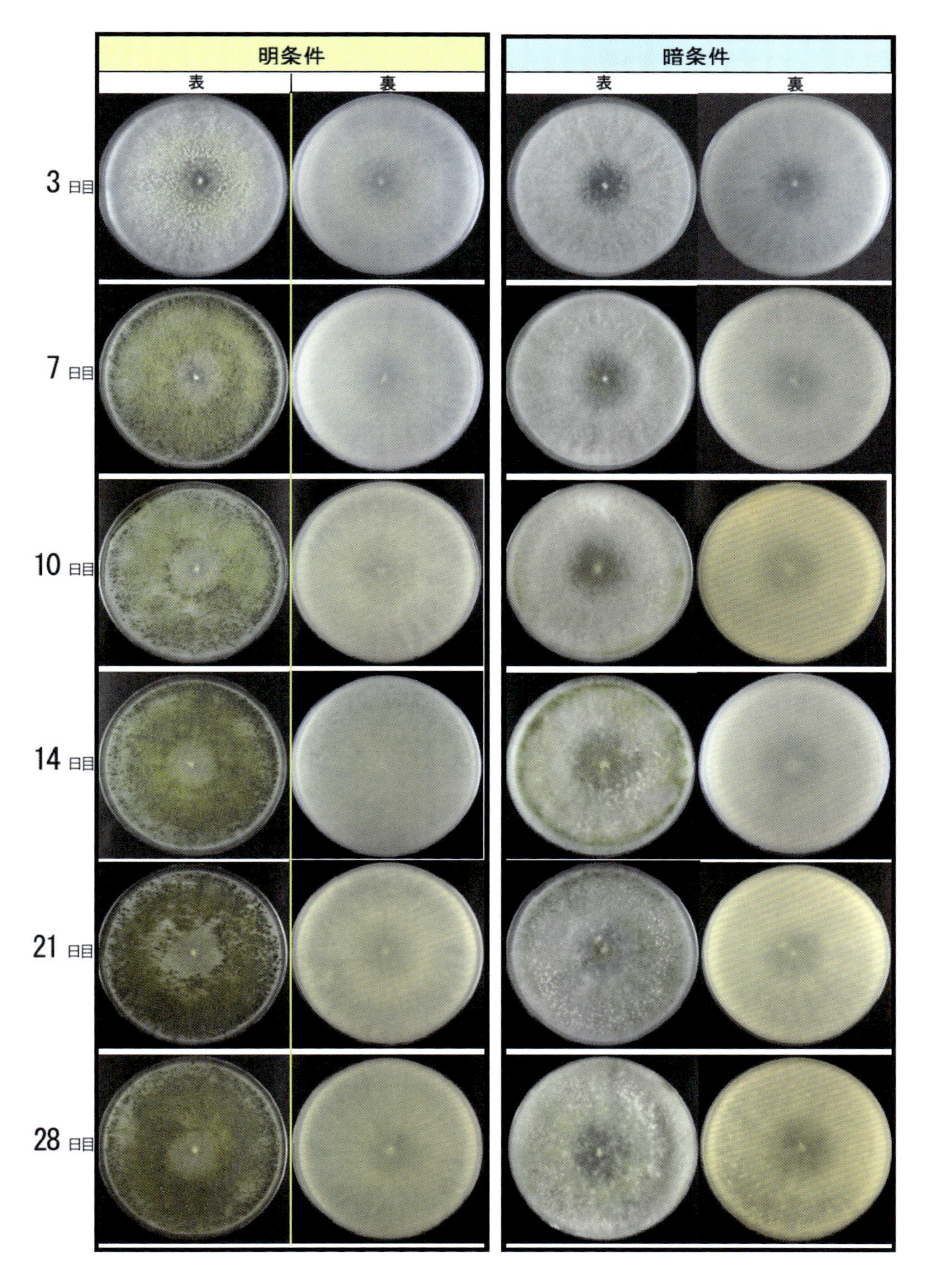

Fig. 10　*Trichoderma* sp. 1-b T4519-9-7 株の培養平板像（PDA、25 ℃、明暗条件、3 ～ 28 日間培養）

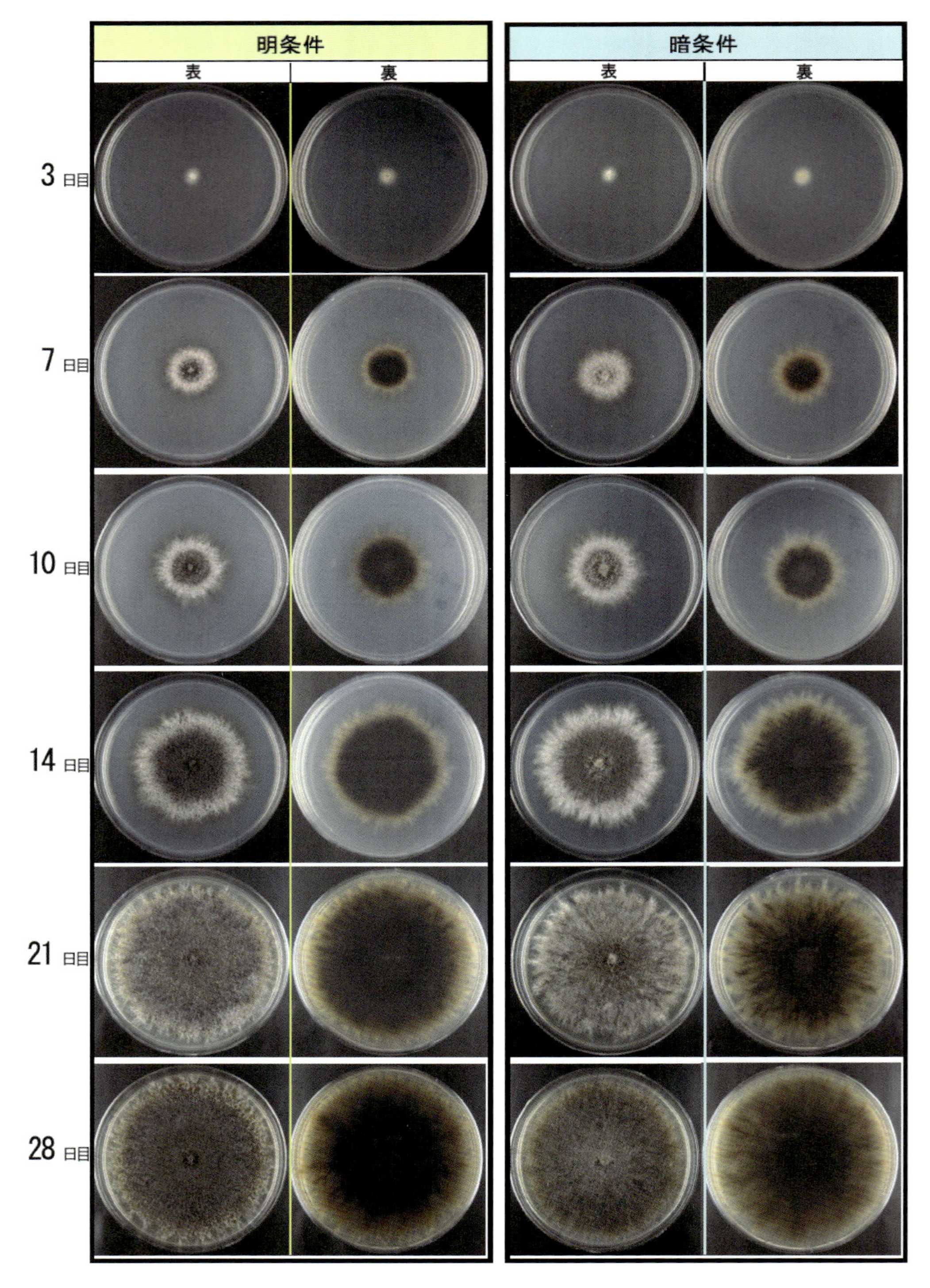

Fig. 11　*Burgoa* sp. K7316-1-1 株の培養平板像（PDA、25 ℃、明暗条件、3 ～ 28 日間培養）

9　高松塚古墳石室目地漆喰へのカビ分離株接種試験

（1）　はじめに

高松塚古墳の平成 19（2007）年の発掘・解体作業において、石室の石材の継ぎ目や石材間をうめる目地漆喰にも暗色のカビ様の汚れがかなり広い範囲に拡がっていることが確認された。発掘作業の際に保護された目地漆喰片の提供を受け、このような目地漆喰に高松塚古墳の主要な汚染菌の分離株を接種した際、目地漆喰そのものにカビが生育する可能性があるのかどうか、また、そうだとすると目地漆喰にどのような色調変化を及ぼすのかについて試験を行った。

（2）　試験方法

1）目地漆喰

目地漆喰を用いて以下の条件で試験を行った（Fig. 1）。すなわち、現状のままの目地漆喰として暗色化確認試験する未滅菌試験と、目地漆喰を滅菌することによる供試カビの暗色化確認試験の 2 試験を実施した。

未滅菌試料：提供された以下の試料を試験に用いた

1）天井石 2－3 間　上面目地漆喰⑥ 9－42－1 070419

2）天井石 3－4 間　隙間内漆喰② 9－65 070404

滅菌試料：提供された以下の試料を 121 ℃、15 分オートクレーブ滅菌し、これを試験に用いた。

1）天井石 3－4 間　隙間内漆喰東半部 9－64 070404

2）供試カビ

高松塚古墳石室周辺由来の 6 株のカビを用いた。

1）*Penicillium paneum* TM789

2）*Penicillium corylophilum* TM788

3）*Trichoderma* sp. TM792

4）*Gliocladium roseum* TM795

5）*Fusarium solani* TM793

6）*Acremonium* sp. TM791

ポテトデキストロース寒天培地で 25 ℃、1 週間前培養し約 1×10^6 個／ mL になるように界面活性剤で胞子液を調製した。

3）試験環境と試験手順

18 ± 2 ℃、相対湿度 96 %以上とした。

（1）　試料の目地漆喰を約 2－3 cm 片とした未滅菌目地漆喰および滅菌目地漆喰を準備した。

（2）　底部を湿性状態にした深型シャーレ（直径9 cm）を準備した。

（3）　深型シャーレに目地漆喰を置き、その中央部に Tab. 1 に示した組み合わせで胞子液を約1 mL 接種した。

（4）　試験環境（18 ± 2℃、相対湿度96 % RH 以上）におき、以後定期的に目地漆喰の暗色化を5か月間観察した。

・暗色化試験結果の記録

（1）　目地漆喰の暗色化観察

未滅菌目地漆喰および滅菌目地漆喰の暗色化を写真等で記録した。

（2）　直接鏡検による目地漆喰上のカビの観察（5か月経過後）

滅菌目地漆喰上のカビ形態を観察した。

（3）　目地漆喰表面の培養（5か月経過後）

未滅菌目地漆喰および滅菌目地漆喰の培養結果を記録した。

（3）　結果

（3）-1　目地漆喰の暗色化観察

（1）未滅菌目地漆喰および滅菌目地漆喰での暗色化を経時的に観察した結果を Fig. 2（Fig. 2-1 から Fig. 2-6）および Fig. 3（Fig. 3-1 から Fig. 3-6）に示す。暗色化が確認されたのは、以下の通りであった。

1）*Penicillium paneum* では4-5か月ころ

2）*Penicillium corylophilum* では4-5か月ころ

3）*Trichoderma* sp. では3か月ころ

4）*Gliocladium roseum* では5か月以上

5）*Fusarium solani* では5か月以上

6）*Acremonium* sp. では3週間ころ

この結果から、暗色化傾向を示したカビは、*Penicillium* 2種、*Trichoderma* 属

および *Acremonium* 属であった。特に早期では *Acremonium* 属による暗色化は著しかった。

（3）-2　直接鏡検による目地漆喰上のカビの観察（5か月経過後）

目地漆喰上のカビの形態を観察した。ここでは、滅菌目地漆喰での観察のみとした（Fig. 4）。

その結果、5か月経過した段階で以下の形態が観察された。

1）*Penicillium paneum* では胞子及び菌糸が確認され、箒状が消失していた。

2）*Penicillium corylophilum* では胞子が確認され、菌糸および箒状が消失していた。

3）*Trichoderma* sp. では多量の胞子および菌糸が確認できた。

4）*Gliocladium roseum* では胞子が確認できた。

5）*Fusarium solani* では胞子が確認できた。

6）*Acremonium* sp. では多量の胞子及び菌糸が確認できた。

特に、*Penicillium* 属の２種、*Trichoderma* 属では胞子が確認でき、菌糸および胞子形成部位の消失傾向がみられた。このことから、目地漆喰でカビ汚染が始まった後は、菌体として胞子が残留するものと思われた。

（３）−３　目地漆喰表面の培養結果（５か月経過後）

目地漆喰にカビ接種して５か月後にその表面を培養した。

ここでは目地漆喰を滅菌した場合と未滅菌の場合で確認した。その結果を Tab. 2、３並びに Fig. 5、６にまとめた。

滅菌目地漆喰では、接種したカビが５か月経過後でも純培養された。また未滅菌目地漆喰では、表で示したように接種中央部では接種したカビが主要であったが、その周辺部をみると石室に分布していたカビが依然生残し、培養された。

（４）　まとめ

目地漆喰の暗色化にカビがどのように関与しているのか情報を得る目的で、高松塚古墳石室の目地漆喰の提供を受け、石室由来カビ６種で検討した。目地漆喰は、滅菌条件、および現状のままの未滅菌条件の２通りの条件で使用した。供試カビはいずれも同環境で多く確認されたカビである。その結果、

１）カビを接種したのち、目地漆喰を経時的に観察したところ、滅菌および未滅菌条件ともに目地漆喰のカビによる暗色化が確認される場合があった。

２）暗色化傾向を示したカビは、*Penicillium* 属の２種、*Trichoderma* 属および *Acremonium* 属の種であった。特に早期では *Acremonium* 属による暗色化が著しかった。

３）５か月経過後の目地漆喰表面から直接鏡検で *Penicillium* 属の２種および *Trichoderma* 属は、多量の胞子が確認できたが、菌糸および胞子形成部位の消失傾向がみられた。このことから、目地漆喰でカビ汚染が始まった後は、菌体として胞子が残留するものと思われた。

４）５か月経過後の目地漆喰表面を培養したところ、接種した６株のカビはいずれも再分離できた。

（高鳥・高鳥美奈子・久米田・木川・佐野）

参考文献

１）高松塚古墳壁画劣化原因調査検討会 第12回、参考資料１−８、平成21年11月30日、文化庁

Tab. 1　試験に用いたカビと目地漆喰

菌 種 名	株番号	供試目地漆喰*	
		未滅菌	滅菌
Penicillium paneum	TM789	A	C
Penicillium corylophilum	TM788	A	C
Trichoderma sp.	TM792	A	C
Gliocladium roseum	TM795	A	C
Fusarium solani	TM793	B	C
Acremonium sp.	TM791	B	C

* A．天井石２－３間上面目地漆喰⑥：B．天井石３－４間隙間内漆喰②：
C．天井石３－４間隙間内漆喰東半部

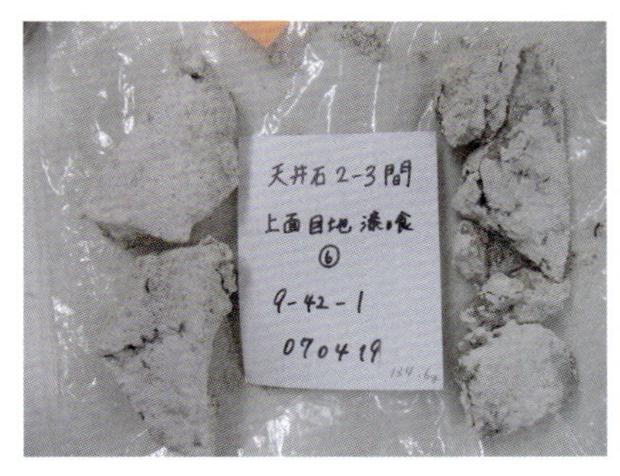

目地漆喰A

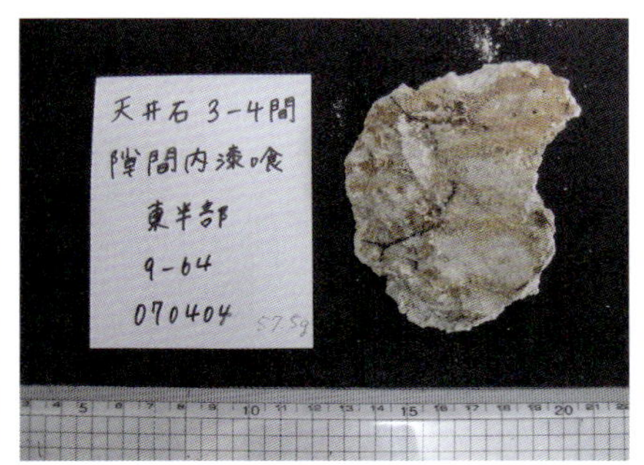

目地漆喰B

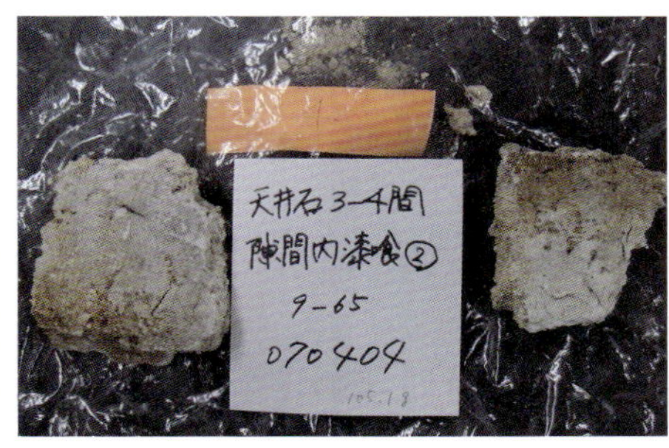

目地漆喰 C

A：天井石 2-3 間　上面目地漆喰⑥9-42-1　070419

B：天井石 3-4 間　隙間内漆喰②　9-65　070404

提供された試料を滅菌

C：天井石 3- 4 間　隙間内漆喰東半部　9-64　070404

Fig. 1　供試目地漆喰

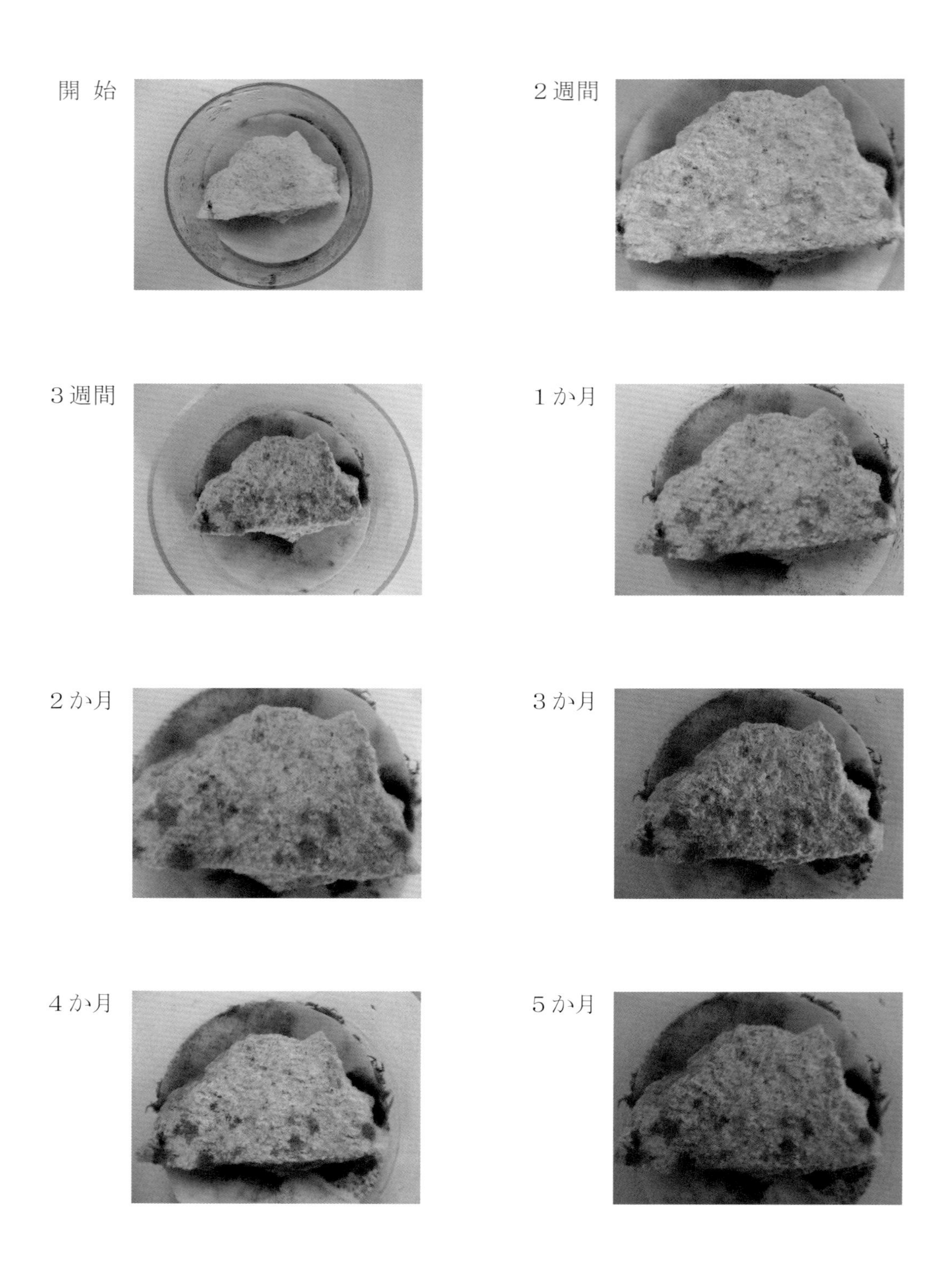

Fig. 2－1　未滅菌目地漆喰での暗色化確認

Penicillium paneum TM789

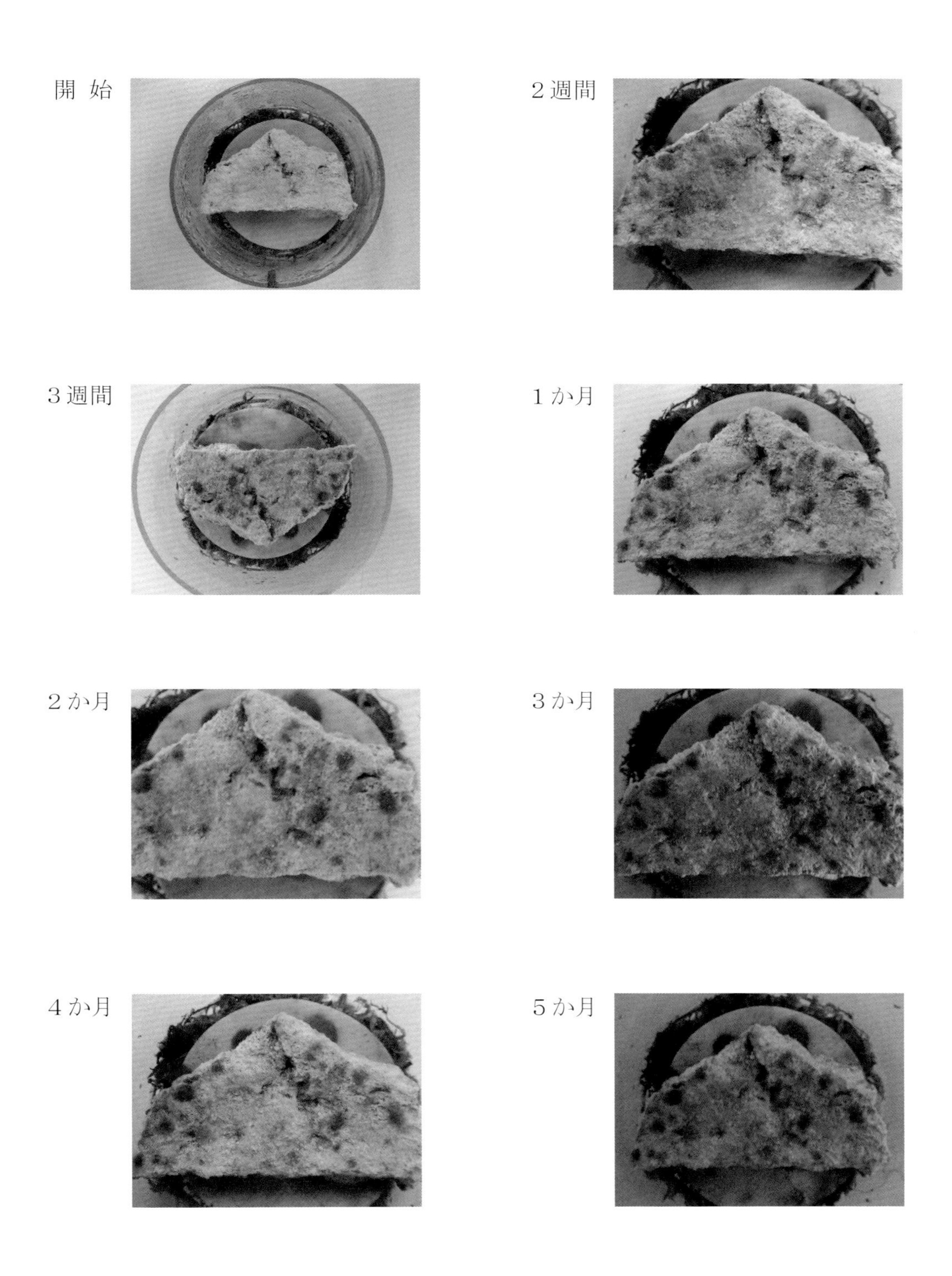

Fig. 2－2　未滅菌目地漆喰での暗色化確認

Penicillium corylophilum TM788

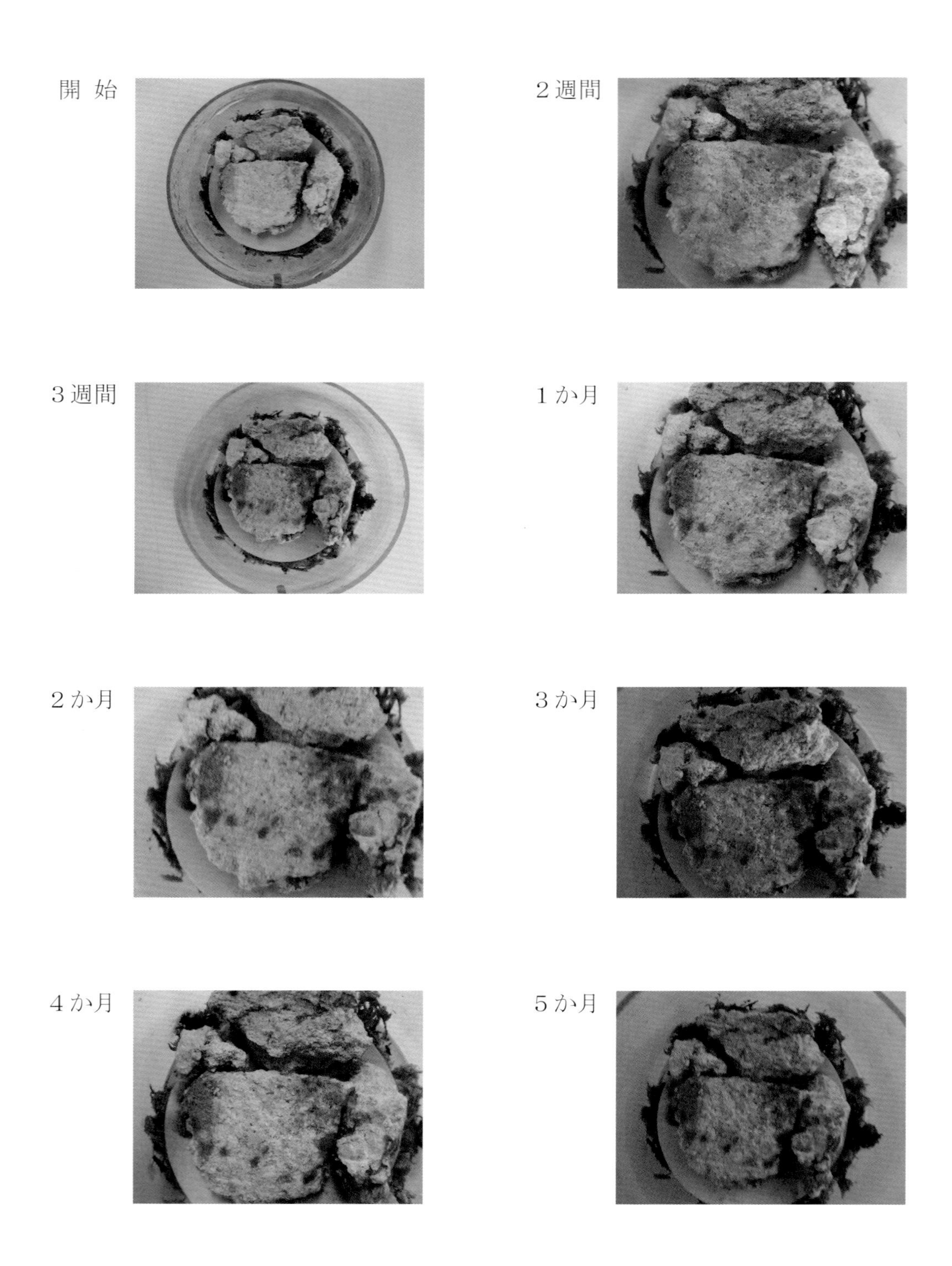

Fig. 2－3　未滅菌目地漆喰での暗色化確認

Trichoderma sp. TM792

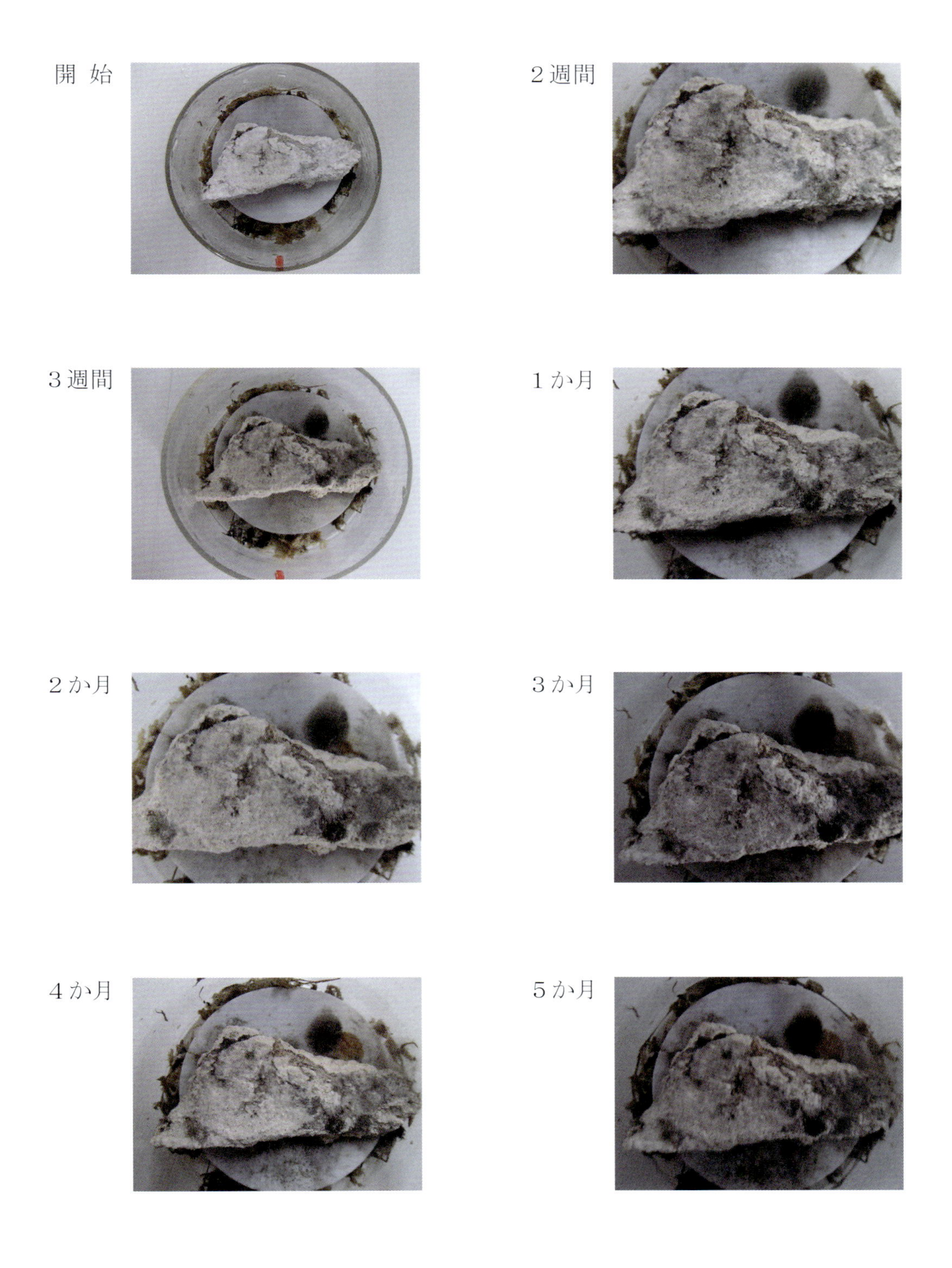

Fig. 2－4　未滅菌目地漆喰での暗色化確認

Gliocladium roseum TM795

Fig. 2－5　未滅菌目地漆喰での暗色化確認

Fusarium solani TM793

Fig. 2－6　未滅菌目地漆喰での暗色化確認

Acremonium sp. TM791

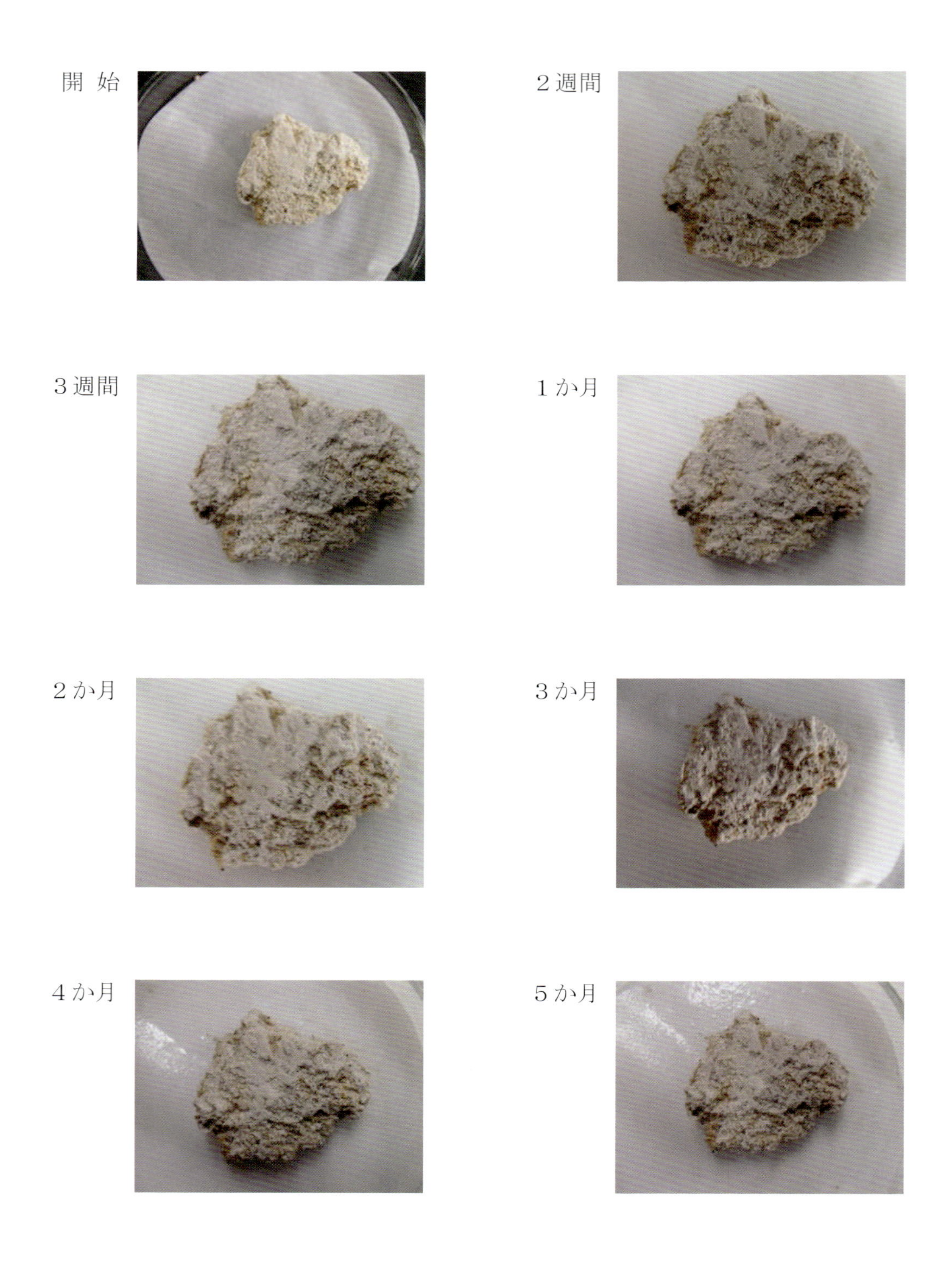

Fig. 3－1　滅菌目地漆喰での暗色化確認

Penicillium paneum TM789

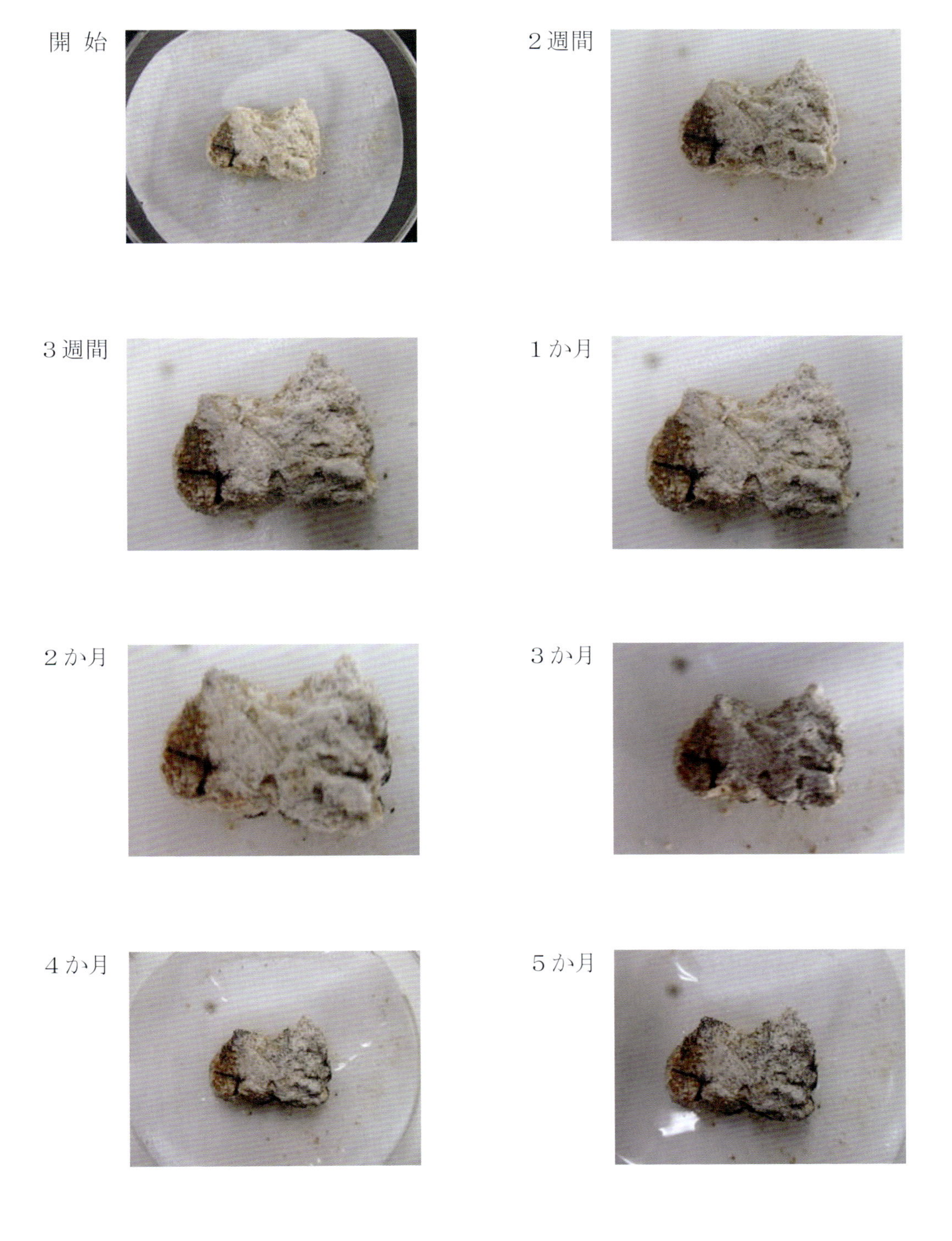

Fig. 3－2　滅菌目地漆喰での暗色化確認

Penicillium corylophilum TM788

Fig. 3－3　滅菌目地漆喰での暗色化確認

Trichoderma sp. TM792

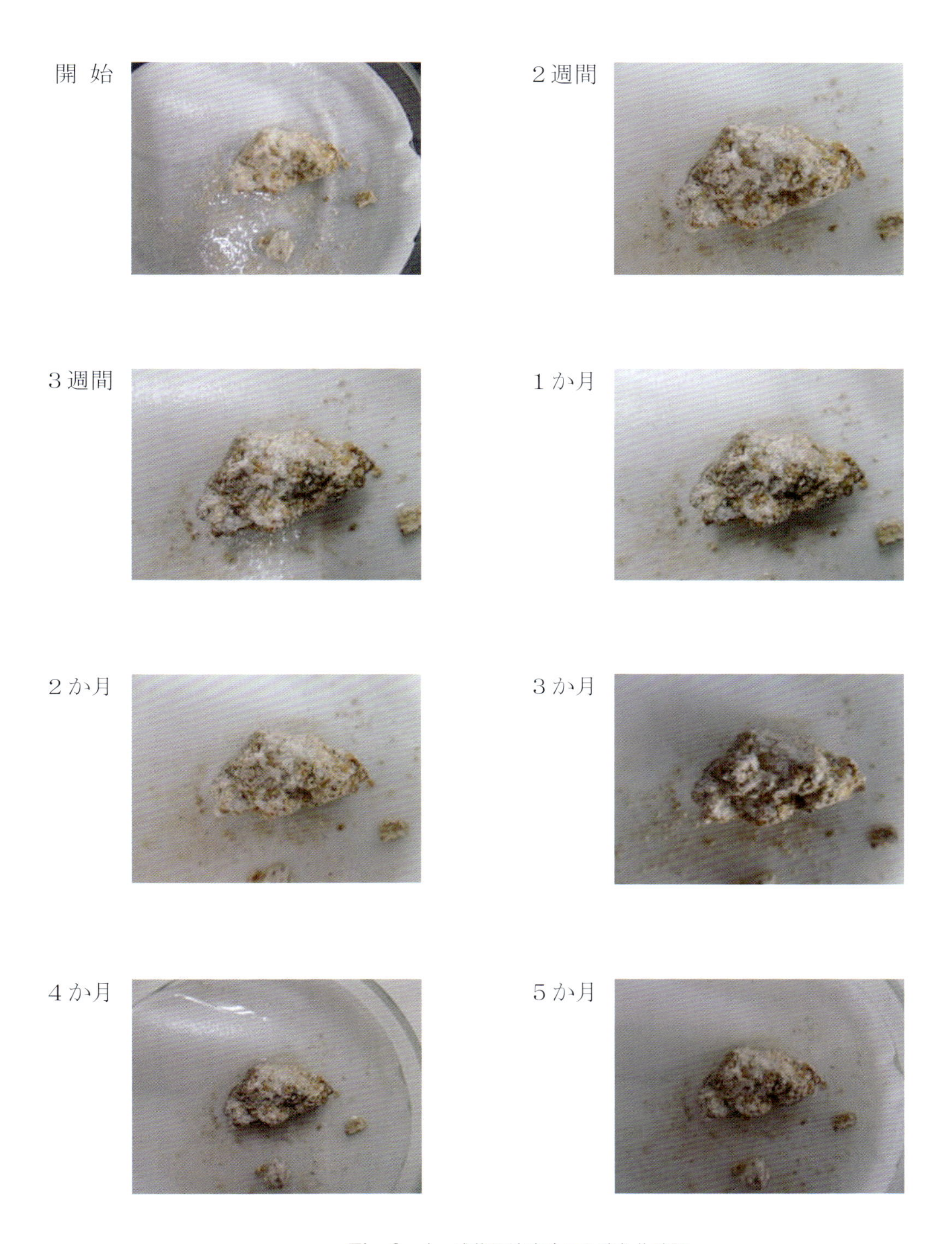

Fig. 3－4　滅菌目地漆喰での暗色化確認

Gliocladium roseum TM795

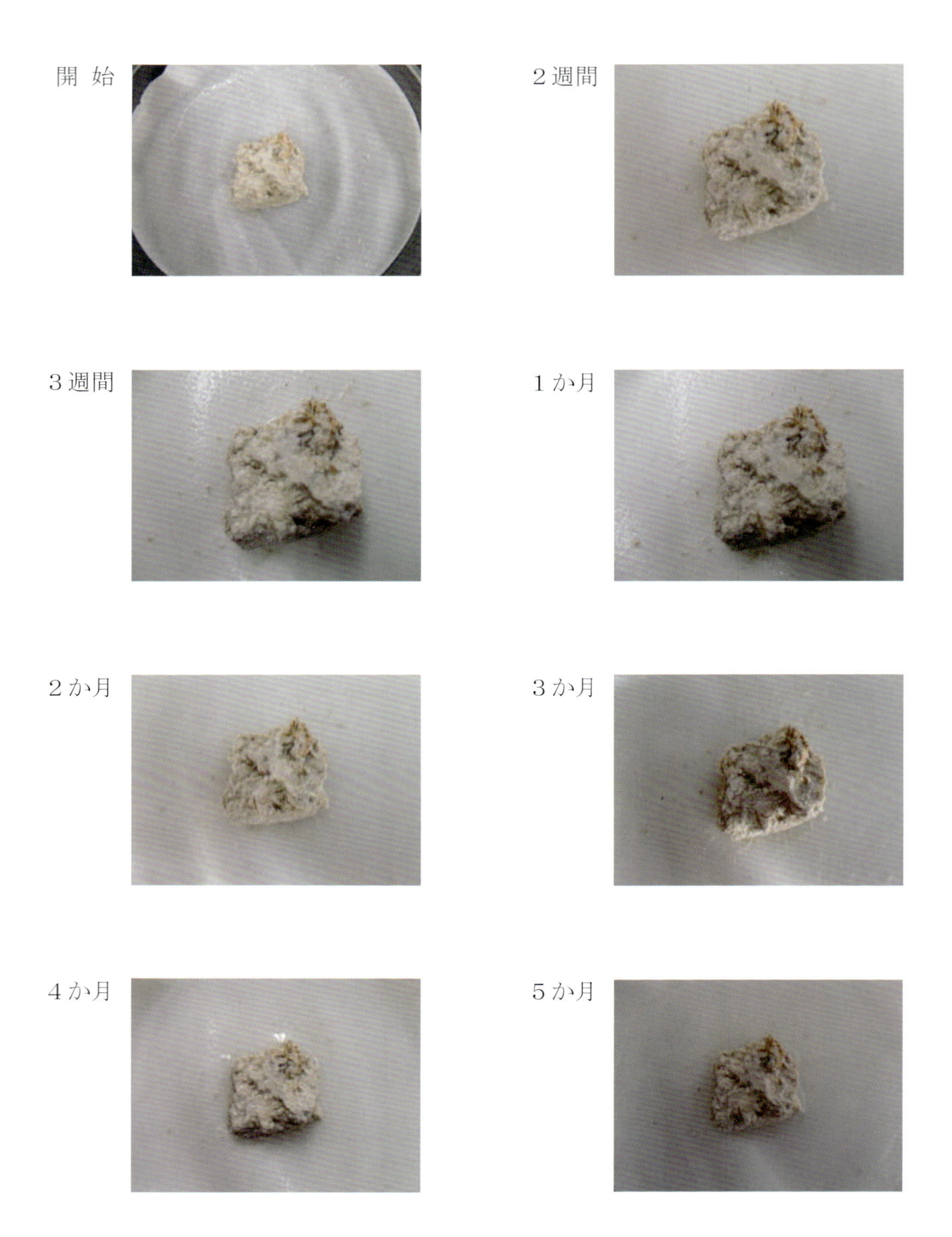

Fig. 3－5　滅菌目地漆喰での暗色化確認

Fusarium solani TM793

Fig. 3－6　滅菌目地漆喰での暗色化確認

Acremonium sp. TM791

Penicillium paneum TM789

Penicillium corylophilum TM788

Trichoderma sp. TM792

Gliocladium roseum TM795

Fusarium solani TM793

Acremonium sp. TM791

Fig. 4　目地漆喰上のカビ形態観察

Tab. 2　滅菌目地漆喰培養結果（5か月経過後）

接種カビ	*Penicillium paneum*	*Penicillium corylophilum*	*Trichoderma sp.*	*Gliocladium roseum*	*Fusarium solani*	*Acremonium*
培養結果	*Penicillium paneum* 確認	*Penicillium corylophilum* 確認	*Trichoderma* 確認	*Gliocladium roseum* 確認	*Fusarium solani* 確認	*Acremonium* 確認

Tab. 3　未滅菌目地漆喰培養結果（5か月経過後）

接種カビ	*Penicillium paneum*	*Penicillium corylophilum*	*Trichoderma sp.*	*Gliocladium roseum*	*Fusarium solani*	*Acremonium*
未滅菌目地漆喰	*Penicillium paneum* 確認	*Penicillium corylophilum* 確認	*Trichoderma* 確認	*Gliocladium roseum* 確認	*Fusarium solani* 確認	*Acremonium* 確認
上記漆喰の周辺から検出されたカビ	*Penicillium* 複数種 *Aspergillus versicolor*	*Fusarium* *Cladosporium*	*Cladosporium* Unidenfifiedmy celia	*Cladosporium* *Fusarium* *Aspergillus versicolor*	*Aspergillus versicolor* *Cladosporium* *Fusarium*	*Cladosporium* *Curvularia* *Aspergillus versicolor* *Penicillium* 複数種 Unidentified my celia

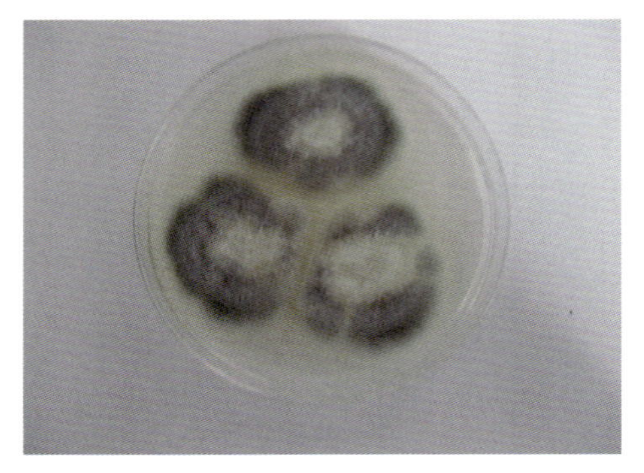

Penicillium paneum

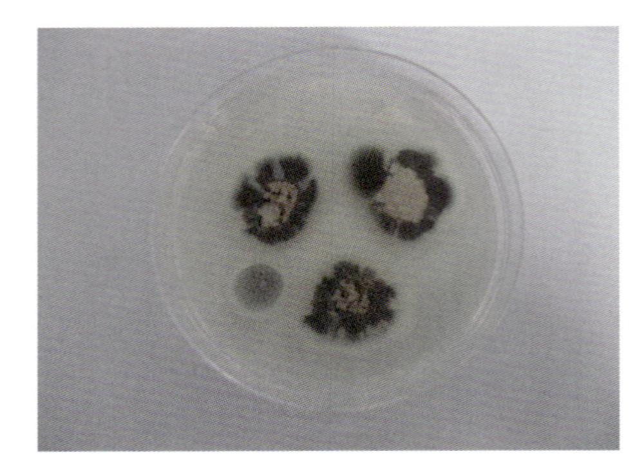

Penicillium corylophilum

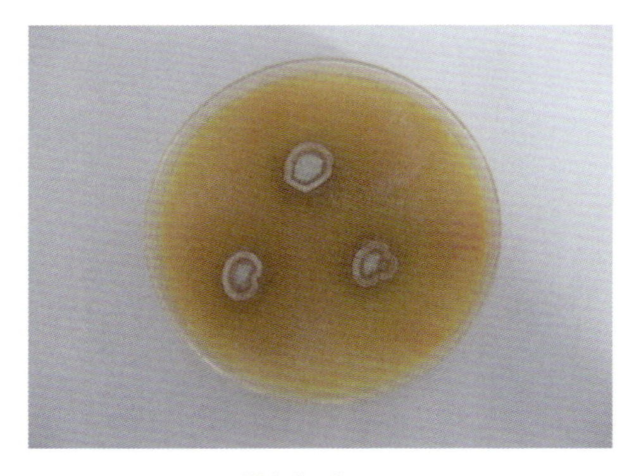

Trichoderma sp.

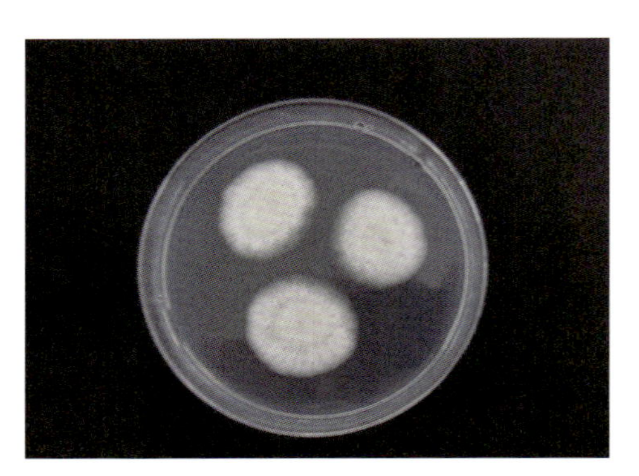

Gliocladium roseum

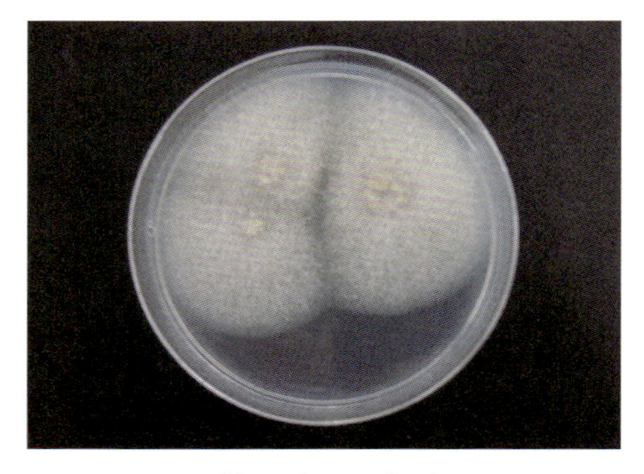

Fusarium solani

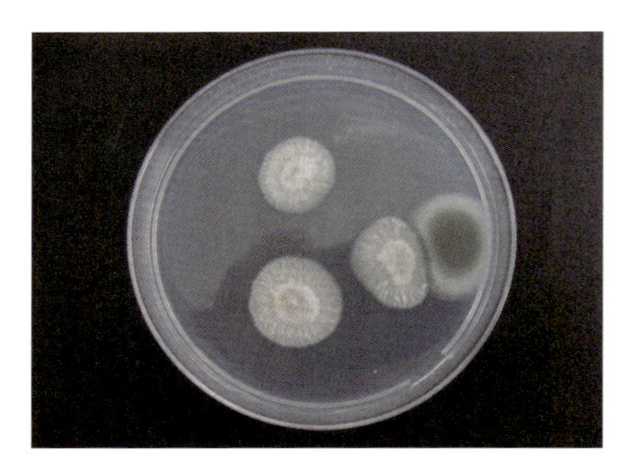

Acremonium sp.

Fig. 5　滅菌目地漆喰培養結果（5 か月経過後）

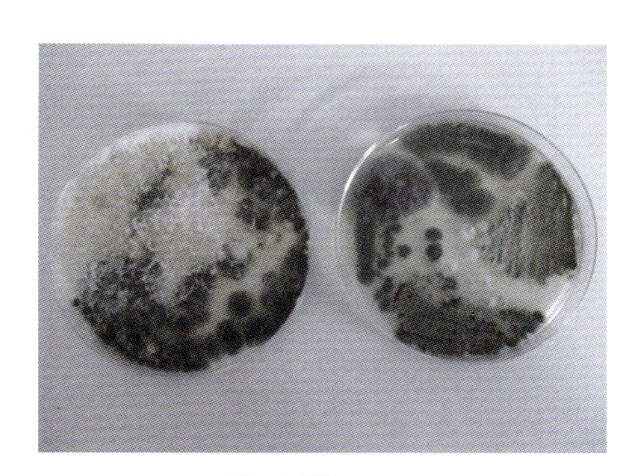

Penicillium paneum

Penicillium corylophilum

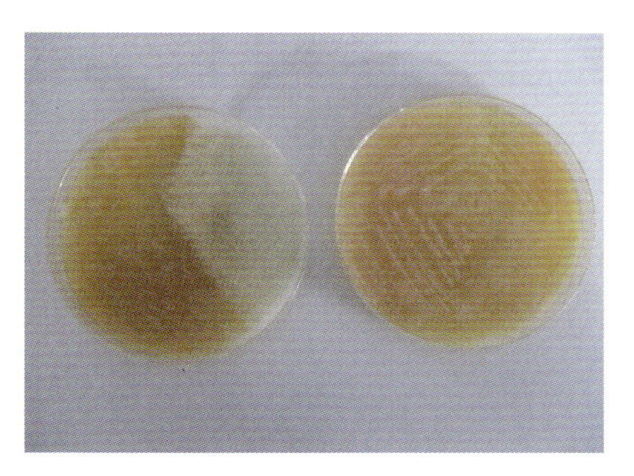

Trichoderma sp.

Gliocladium roseum

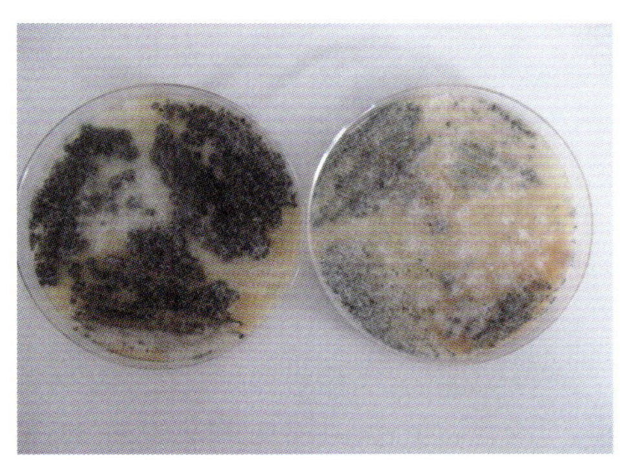

Fusarium solani

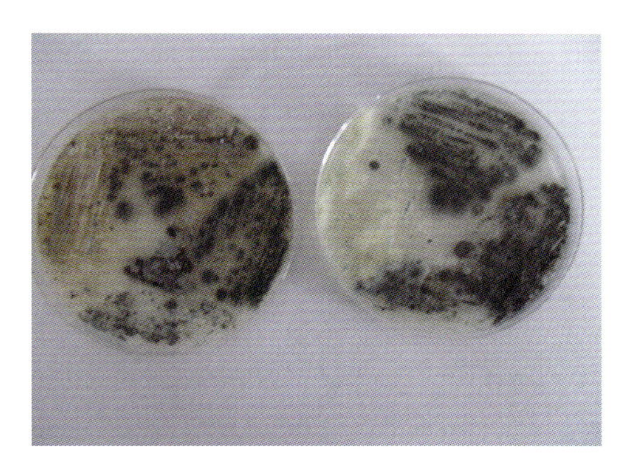

Acremonium sp.

Fig. 6　未滅菌目地漆喰培養結果（5 か月経過後）

（写真内左：カビ接種部位　　写真内右：カビ接収周辺部位）

10　目地漆喰の組成等の分析から得られた目地ごとの微生物被害状況の差異

（1）　はじめに

高松塚古墳の石室解体で石材の固定のために用いられた目地漆喰について、石室解体直後の写真が特別史跡高松塚古墳発掘調査報告（2017）[1)]のPL.58～65に掲載されているが、目地の場所により汚れの程度が異なった。石室解体に際して各目地で小塊となった目地漆喰は、分析試料として有効に利用できることとなった（Fig. 1、Tab. 1）。収集した目地漆喰はTab. 1のとおりである（目地漆喰試料の名称は以下、Fig. 2のように呼称）。これら目地漆喰を分析し微生物の栄養源となる有機物の種類や量などについて検討することで、微生物被害の誘引となる水の侵入場所（目地）についての情報が得られると考え、種々の分析等を行った。

（2）　各分析で得られた情報

（2）-1　走査型電子顕微鏡による観察

各試料を走査型電子顕微鏡（HITACHI製S-3700N）で観察すると、結晶粒形のそろった試料と（Fig. 3）、再結晶が起こり大きな結晶が確認される試料（Fig. 4）があった。作り立てから2年の漆喰の粒径はそろっているのが通常でその間隙径が水分子の保持に適しており、漆喰壁には調湿性があると考えられているのが一般的である。漆喰になぜカビが生えるのかという点を議論するために水ポテンシャルを測定し、高松塚古墳目地漆喰のカビの生えやすさについて検討することとした。

（2）-2　水ポテンシャル測定

水ポテンシャルは基物の水分保持力を定量化した数値で、植物の生育を考える場合など土壌物理学の分野で用いられている。ある系の中に水分があっても、動くことができないほどに強い力で保持されている水分もある。すなわち水分含量が等しいが水のエネルギー状態が異なる場合があり、カビが水分として利用できるかどうかは水ポテンシャルとカビの吸水能力のバランスで決まる。水ポテンシャルの絶対値が大きいほど、強く水を引っ張ることができることを意味する。目地漆喰の水ポテンシャル（Decagon社WP-4Dewpoint Potential Meter）を測定すると、製作したばかりの漆喰（Gグループ、Kグループ）に比べて目地漆喰（Tグループ）は水ポテンシャルの絶対値が小さく、含水比に依らず自由水の多い状態になりやすく、カビがより生えやすい状態であることがわかった（Fig. 5）。

（2）-3　ATP発光量測定

微生物汚損と関連のある指標を得る目的でATP発光量を測定した。測定時点で解体終了から2年4か月を経ており、微生物の活性はすでに低下していると考えられたが、生物による汚損状況を反映した値が得られることが期待された。

ATPは生物のエネルギーの貯蔵や放出に関わる化学物質であり、微生物を含めすべての生体の細胞1つ1つに含まれている。そのため、ホタルルシフェラーゼのような生体触媒によってATPのもつエネルギーを高効率で光に変換し、ATPの存在を検出し数値化することにより生物活動が現在起こっている場所やかつて起こった場所、生物活動の痕跡を得られる可能性がある。この手法を微生物検査などの衛生管理に利用する試みは昭和55（1980）年頃からあったが、光電子増倍管が必要で高価なシステムであり、サンプリングの難しい文化財資料への応用例はない[2)]。平成2（1990）年頃から、ATPを環境の汚染指標として捉える方向でシステムの見直しがはじまり、微生物以外のATPを測定系から酵素（Adenosine phosphate deaminase）で除去する技術が導入され、操作が簡便になるとともに、ろ過が困難な試料も測定対象にできるようになったことから応用例が増えた。最終的にはATPふきとり検査として適用範囲を広げて、装置の小型化、低価格化、使い勝手向上に進んでいったが、微生物を測定対象とする検査法からは離れていった。平成21（2009）年頃にはATPの分解物であるAMP（アデノシンモノリン酸）を酵素（pyruvate orthophosphate dikinase）で再生し強く安定した光が継続するよう改良され、安価なフォトダイオードを利用した機器が開発され、超高感度ATP測定法を採用した機器は市場を席巻した。

本試験では、各場所の目地から1塊、約5 mm x 3 mm x 3 mm（約30 mg）の目地漆喰の塊3個を採取し、根や異物が混入している場合にはそれらを実体顕微鏡下で取り除き、乳鉢ですりつぶして十分に混合して試験に供した。漆喰試料0.50 gをATP抽出試薬（界面活性剤）100 μL、滅菌水400 μLに加えて超音波振動で分散させ（10分）、その後、遠心分離（チビタン、ミリポア製）を行い（10分）、上澄み液200 μLを回収した。回収した上澄み液200 μLに発光試薬HS（ルシフェールHSセット、キッコーマン）を100 μLを添加し、ルミノメータC-110（キッコーマン）で発光量を測定した。

結果をFig. 6に示す。ATP発光量は微生物汚染量と相関があるが、生体とそうでない場合では発光量が桁違いに異なることが知られている。目地漆喰試料のATP発光量を測定すると、石室解体から2年4か月を経た時点でも目地の場所ごとの差は桁数が異なり、西＞東、床＞天井、北＞南であった。これは、微生物の汚染状況が大きく異なったことを反映していると考えられる。

(2)-4　糖の定性分析、糖、脂肪酸、アミノ酸の定量

目地漆喰の1塊（約30 mg）を粉体とし、ダブルショットパイロライザー（フロンティア・ラボ製）で昇温熱分解で発生したガスをクライオフォーカスで濃縮し、GC-MS（JMS-Q1000GC MkII、JEOL製）で定性分析したところ、糖類の熱分解物や各種脂肪酸、何らかの窒素を含む化合物が含まれていることがわかった（(株) JEOLの協力による）。そこで、カビの栄養源となる可能性のある有機物（脂肪酸、糖、アミノ酸）を定量した（島津総合分析試験センターに委託）。

試料は各目地から約30 mgの塊を3～4個採取し、すりつぶして用いた。参照試料には、高松塚古墳壁画の下地漆喰を想定して平成16（2004）年に製作した紙スサ、黒葉銀杏草と生石灰（石灰岩由来、ロータリーキルンで製造された市販品）を原材料とする現代漆喰試料を用いた。この平成16（2004）年製作試料を550 ℃で恒量にすると約5 %の重量減少が見られた。各粉末試料を、目的化合物に適した所定の前処理を行い分析に供した。繰り返し分析回数は3回である。

(２)−４−１　糖・脂肪酸類

各試料に BSTFA 誘導体化試薬とピリジンを加え 100 ℃で３時間反応させ、その溶液を試料とした。まず GC/MS を用いて糖類・脂肪酸類の定性を行い、GC-FID を用いて定量を行った（ガスクロマトグラフ質量分析計 GCMS QP2010、島津製作所）。脂肪酸については、誘導体化反応前に内部標準物質として C15 脂肪酸を試料に添加し、そのピーク面積から定量値を計算した。糖については、GC-MS で得られた分裂パターンから、m/z 214 および 204 を指標に単糖、m/z 361 および m/z 217 を指標に二糖類と分別し、各面積比から相対量を算出した。スタンダードには以下の物質を用いトリメチルシリル（TMS）化して標準とした：グルコース、ガラクトース、マンノース、ソルボース、フルクトース、タガトース、アラビノース、メリビオース、リボース、ラクトース、キシロース、グルクロン酸、グルコン酸、マルトース、セロビオース、スクロース、トレハロース、キシリトール、リビトール、アラビトール、マンニトール、ソルビトール、イノシトール。

GC 分析条件は以下のとおりである。

カラム ZB-1（0.32 mmID、30 m、膜圧 0.25 μm）、カラム温度 80 ℃（2 分）− 20 ℃/分 − 170 ℃ − 3 ℃/分 − 200 ℃ − 12 ℃/分 − 320 ℃（12 分）注入口温度 320 ℃、キャリアガス He、スプリットレス、検出器温度 330 ℃（FID）

また、糖・糖アルコール分析を LC-MS でおこなった（島津総合分析試験センターの協力による、液体クロマトグラフ質量分析計 LCMS-2010EV、島津製作所）。

前処理および LC-MS 分析条件は以下のとおりである。

水ーメタノールで約 100 mg の試料を３回超音波抽出：カラム Imtakt Unison UK-Amino（150 mmL x 2.0 mm I.D. 移動相　A：アセトニトリル　B：水流量　0.2 mL/min、

初期濃度：B10 %→ 10 分 15 %→ 15 分 25 %→ 15.01 分 10 %→ 25 分停止　ポストカラム溶媒　メタノール／クロロホルム = 4：1、流量 0.1 mL/min

温度 45 ℃、試料注入量 5 μL、イオン化モード APCI（−）　霧化ガス流量 2.5 mL/min　乾燥ガス圧 0.01 MPa、印加電圧 − 4.0 kV、CDL 電圧 C-mode、CDL 温度 250 ℃　BH 温度 200 ℃、インターフェース温度 400 ℃、

Q-array DC　S モード　Q-array RF　S モード

SIM 測定範囲　*m/z* 186.95、215.00、217.00、377.10、379.10、221.00（0.5 sec/scan）

(２)−４−２　アミノ酸

アミノ酸については目地漆喰試料をそのまま加水分解処理し、標準的な手法で定量した（アミノ酸分析システム、島津製作所）。

アミノ酸分析条件

前処理各試料に 6 N HCl を加え、100 ℃で 22 時間加水分解。N_2 パージで乾固後、移動相に溶かし測定。

カラム Shim-pack Amino-Na（100 mm L x 6.0 mm ID）

アンモニアトラップカラム ISC-30 S0502B（Na）、（50 mm L x 4.0 mm ID）移動相、島津アミノ酸移動相キット Na 型、流量 0.4 mL/分、60 ℃、5 μL 反応試薬島津アミノ酸分析キット OPA 試薬、流量 0.3

mL/分、60℃、分光蛍光検出器 RF-10A$_{XL}$ レスポンス 1.5 秒、励起波長 350 nm、蛍光波長 450 nm、ゲイン x 1（島津総合分析試験センター報告書より転載）。

（2）-4-3　測定結果

糖の種類ごとの平均濃度を Tab. 2 に、脂肪酸の種類ごとの平均濃度を Tab. 3 に、アミノ酸の種類ごとの平均濃度を Tab. 4 に示す。

Tab. 2 で「単糖類」と記したものは *m/z* 73、243、147、347 の分裂パターンを示す開環した単糖で、ピークは 3 本に分かれていた。標準試料とは一致せず同定できなかったが、溶出時間は 3 本のピークで近い位置にあり、2 本目のピークと 3 本目のピークの総和面積と 1 本目のピークの面積の比が、いずれの試料でもほぼ同等であったので、分解部位の異なる同じ物質由来のピークと推定した。定量数値はグルコース換算であらわした。二糖類は溶出時間の大きく異なる 3 種類のピークが認められ、二糖類 1 は片方の糖環が開環した二糖、二糖類 2 は二つとも開環した二糖、二糖類 3 は二糖類 1 とは異なった位置で片方の糖環が開環したものであった。同じ由来の物質の分解パターンの異なるものかどうか検討したが、それぞれは個別の由来と考えられたので、未同定ではあるが報告することとした。定量数値はスクロース換算であらわした。（島津分析総合試験センター報告書より転載）

漆喰そのものはもともと栄養物を含む材料であるが、その量は目地ごとに相違があり、またその成分組成は目地ごとに異なった。

（2）-5　安定同位体 ^{13}C、^{15}N、^{18}O、放射性同位体 ^{14}C、ストロンチウム同位体比の測定

これら有機物の由来について知るため、安定同位体 ^{13}C、^{15}N、^{18}O および放射性同位体 ^{14}C、あわせて漆喰の由来についての情報を持つカルシウム中のストロンチウム同位体比 $^{87}Sr/^{86}Sr$ を測定した。

各種材料の由来について情報が得られる原理は漆喰の製作工程にある（下枠内）。石灰岩や貝殻など炭酸カルシウムを含む原材料を高温で焼き脱炭酸する過程で原材料の炭素源が消失し、製作時に混ぜられた繊維物や混入物（スサやノリなど）が炭素源となるため、^{14}C 測定により製作年代についての情報が得られる。

〈漆喰の製作工程の化学変化〉

石灰原材料　$CaCO_3$ に熱を加えると、脱炭酸して CaO　（生石灰）　ができる

→ 水を加えて $Ca(OH)_2$　（消石灰）　になる

→ 周辺大気の炭酸ガス CO_2　と反応して $CaCO_3$　になる

しかし水の流入があると製作時代の炭素が流出し、周囲の炭素源から供給された炭素が固定されるという交換過程を繰り返し ^{14}C の値がバラつき安定しないと推定される。^{13}C 安定同位体の値から、周辺土壌との軽元素置換の程度が判断できると考えられる。

一方、炭酸カルシウム材料中には通常、微量元素として数百 ppm のストロンチウムが含まれるが、漆喰の製作工程で原材料に含まれるカルシウムは残存するので、微量に含まれるストロンチウムは原材料の情報を保持していると考えられる。ストロンチウム同位体比 $^{87}Sr/^{86}Sr$ は、大陸地殻を構成する花崗岩類では相対的に大きく、マントルを構成する塩基性岩や年代の新しい火山岩では小さく、海洋性起源のものは

およそ0.7092と中間の値で一定であるとされる[3)]。炭酸塩岩のストロンチウム同位体比$^{87}Sr/^{86}Sr$はその生成当時の環境水の組成を反映すると考えられている。

比較的重い元素であるストロンチウムは軽い炭素に比べて流出一固定の置換は時間がかかるものの、古墳の成立からおよそ1300年を経過した状態では、水の流入があれば交換が生じたと考える方が自然であろう。ストロンチウム同位体比の変動要因はカルシウム溶脱の早い鉱物からの陸水に伴う移動、風化帯と接触した陸水の移動、陸水とともに移動した鉱物の混入、微生物汚染による変動などが考えられる。

発掘報告書によると、目地が接した下位版築は、褐色の花崗岩バイラン土を主体とする砂質土が主体的に用いられ、下から14面までと最上面には凝灰岩粉末が撒かれていた[1)]とのことである。また石室を構成する石は角礫凝灰岩とされる。酸性岩の花崗岩は$^{87}Sr/^{86}Sr$比が相対的に高く、凝灰岩は低い傾向があることから、目地漆喰の周囲は水の流入があれば変動が起こりやすい状況であったと思われる。その値のバラつきから変動要因の多さについての情報が得られると考えた。（パレオ・ラボに委託）

(2)-5-1　炭素・窒素・酸素安定同位体比

イ　目地漆喰試料

目地漆喰塊5 mm x 3 mm x 3 mm（約30～50 mg）を各目地から3点選び試料とした（n = 3）。天2-3については、v1は目地の接合面の上、v2は下で石室内に面した側であり、上は版築からの土が流入しやすい位置となる。測定を実施するにあたり、漆喰試料は酸エッチング（HCl：0.12～0.4 N）を施して表面部分を除去した。試料のガス化には、ガス化前処理装置であるGasBench（Thermo Fisher Scientific）を用いた。

炭素安定同位体比（$\delta^{13}C_{PDB}$）および酸素安定同位体比（$\delta^{18}O_{PDB}$）の測定には、MASS（質量分析計）DELTA V（Thermo Fisher Scientific）を用いた。スタンダードは、炭素安定同位体比、酸素安定同位体比ともにNBS19（方解石）を使用した。

測定は、以下の手順で行った。セプタムキャップ付きバイアルビンに試料を入れ、バイアルビン内をHeでパージした後、H_3PO_4を滴下しCO_2を発生させる。恒温槽中で24時間放置し、完全に反応するのを待つ。反応後、発生したガスをHeキャリアガスでGasBenchに導入しキャピラリーカラムを通してCO_2を分離する。分離したCO_2はそのままHeキャリアガスと共にインターフェースを通してMASSに導入し、安定同位体比を測定する。（パレオ・ラボ報告書より転載）

ロ　墳丘版築試料

墳丘版築および黒色のカビの付着した墳丘版築（西2-3間に隣接）についても測定した。前処理は、湿式で篩い（目開き106 μm）、酸洗浄（塩酸1.2N）を施して無機炭酸塩や酸可溶の有機物を除去した後、測定を行った。試料のガス化には、EA（ガス化前処理装置）であるFlash EA1112（Thermo Fisher Scientific）を用いた。

炭素安定同位体比（$\delta^{13}C_{PDB}$）および窒素安定同位体比（$\delta^{15}N_{Air}$）の測定には、MASS（質量分析計）DELTA V（Thermo Fisher Scientific）を用いた。スタンダードは、炭素安定同位体比がIAEA Sucrose（ANU）、窒素安定同位体比がIAEA N1を使用した。

測定は、以下の手順で行った。スズコンテナに封入した試料を、超高純度酸素と共に、EA内の燃焼炉に落とし、スズの酸化熱を利用して高温で試料を燃焼、ガス化させ、酸化触媒で完全酸化させる。次に還元カラムで窒素酸化物を還元し、水を過塩素酸マグネシウムでトラップ後、分離カラムでCO_2とN_2を分離する。この時の炉および分離カラムの温度は、燃焼炉温度1000℃、還元炉温度680℃、分離カラム温度45℃である。分離したCO_2およびN_2はそのままHeキャリアガスと共にインターフェースを通してMASSに導入し、安定同位体比を測定する。（パレオ・ラボ報告書より転載）

目地漆喰の安定同位体比測定結果をTab. 5に、目地近傍の版築土壌の安定同位体比測定結果をTab. 6にまとめる。墳丘版築土壌では$\delta^{18}O$については測定値を得られず、目地漆喰では$\delta^{15}N$は測定できなかった。$\delta^{13}C$と$\delta^{18}O$の相関をFig. 7に示す。水の交換と目地漆喰中の炭素との間に正の相関が認められ、浸食の大きい目地では元素交換が頻繁に起きていることがわかった。

(2)-5-2　放射性炭素年代測定

カビ等の微生物の攪乱を受けていないと目視で推定された天井の目地漆喰（天2-3）試料について、炭酸カルシウム骨格中の炭素および目地漆喰を酸処理した残渣（目地漆喰を構成する炭酸カルシウムの外の炭素分）について、加速器質量分析法（AMS法）による放射性炭素年代測定を行った。（委託先：パレオ・ラボ）。天2-3試料で妥当な値が得られたので、次に、すべての箇所の目地漆喰について、各3試料を用いて測定した（安定同位体比測定と同じ試料群）。また、墳丘版築および黒色のカビの付着した墳丘版築（西2-3間に隣接）についても測定した。

前処理は、試料を超音波洗浄し、酸エッチング（塩酸0.12 N～0.4 N）を行った。試料は前処理後、加速器質量分析計（コンパクトAMS：NEC、1.5SDH）を用いて測定した。得られた^{14}C濃度について同位体分別効果の補正を行った後、^{14}C年代、暦年代を算出した。

版築試料の前処理は、湿式で篩い（目開き106 μm）、酸洗浄（塩酸1.2 N）した。（パレオ・ラボ報告書より転載）

目地漆喰試料の測定結果をTab. 7に、版築試料の測定結果をTab. 8に、各目地3サンプルの$\delta^{13}C$標準偏差をTab. 9にまとめた。比較的ばらつきの小さい東1-2、東2-3、天1-2、天2-3v2、床3-4の^{14}C年代を暦年代に較正した年代範囲を見ると、炭酸カルシウム骨格中の炭素については7世紀末～8世紀初の値がほとんどであった。目地漆喰の炭酸カルシウム骨格を酸で溶かして得た目地漆喰に混入した有機物残渣については紀元前の結果が得られた（Tab. 8）。地下に堆積した有機物（主としてフミンか）としては妥当な値である。水の浸入があった目地漆喰では土壌の有機物成分が流入し、ばらつきの大きな値となり、暦年代は古い時代の築造であったかのような値となったと思われる。微生物繁殖痕のある土壌では新しい時期の炭素と混合し見かけの暦年代が得られていると思われるが、どの時代に微生物が繁殖したのかは不明である。

暦年代のもっとも古い、土壌の流入の多かったと推定される場所は、南東1、南西1にあり、南側に盗掘口があることと関係があると思われる。

δ13Cの標準偏差の順に並べると、以下のようになった。

北東3＞北西3＞床1-2＞天2-3v1＞西2-3、南西1＞床2-3＞西1-2、天3-4＞南東1＞東1-

2、東２－３＞床３－４＞天１－２＞天２－3v2

（２）－５－３　ストロンチウム同位体比

$^{87}Sr/^{86}Sr$ 比においても、陸水の侵入により劣化の激しい目地と、目視から水の侵入頻度の少ない目地では、前者のストロンチウム同位体比の変動幅が大きくなると考えられ、測定を実施した。（東京大学で実施）

イ　二次イオン質量分析計（NanoSIMS）による測定

１粒の試料があれば分析できることから、まずNanoSIMSで分析した（東京大学共同利用）。東１－２、天１－２、西２－３の目地漆喰を樹脂包埋し、クロスセクションを表出させ（Fig. 8）、前処理なしでNanoSIMSで測定し、ストロンチウム同位体比（$^{87}Sr/^{86}Sr$）とストロンチウム総濃度を測定した。スタンダードには、石垣島のサンゴ骨格を用いた。鉱物等の混入を評価するため、バリウム、マグネシウム濃度も測定した。

NanoSIMSの結果（Tab. 10－1、10－2）では、いずれのサンプルも同位体的に不均質でばらつきが大きかった。一部のスポットで高い $^{87}Sr/^{86}Sr$ 比になっているが、これは地殻起源の高い同位体比を示すSrの混入、例えば版築からの鉱物の流入で説明できる。湿分に伴う元素交換の場合、周辺の土壌や石室を構成する凝灰岩からの移動を考える必要がある。測定回数が異なり一様に比較できないが、そのバラツキは、天１－２、西２－３＞東１－２の順で、東１－２は撹乱が少ない場所と推測される。

原材料が海洋性由来であれば0.7092近傍、石灰岩由来であれば、近畿地方由来の石灰岩は中生代ジュラ紀の付加帯起源でありストロンチウム同位体比は小さくなるといわれている。東１－２の目地漆喰の $^{87}Sr/^{86}Sr$ 比は海洋性起源である0.7092に最も近い値であった。

NanoSIMSの測定に供した３試料の炭素同位体比（$\delta^{13}C$）、窒素同位体比（$\delta^{15}N$）、酸素同位体比（δ^{18}）をTab. 11に示す。炭素同位体比（$\delta^{13}C$）はサンゴ骨格、石灰岩の一般的な炭素同位体比などと比較して軽い値が得られた。このような値－23～－24‰は、通常は有機物起源の炭素と考えられる。窒素同位体比（$\delta^{15}N$）は概ね＋４～５‰を示し、低地の土壌の値と合致しており、土壌の成分が下地に染み込んだものと考えられる。酸素同位体比（$\delta^{18}O$）は炭酸塩の一般的な値であった。

ロ　ICP/MSによる測定

NanoSIMSによる計測でばらつきが大きかったことから、ICP/MSによる測定を実施した。

ICP/MSによる精密測定結果をTab. 12～14に示す。

Tab. 12では、同一サンプルに対して前処理の影響があるかどうか検討するため、フッ酸分解（混入している鉱物も溶解）と酢酸分解（漆喰のみ溶解）を比較した結果をまとめた。NanoSIMSに比較して、ICP/MSの精度は高いが、分析に必要な試料量が多く、局所ではなく平均的な値が得られていると考えられる。ICP/MSでは、測定誤差が小数点以下４桁目であるのに対して、測定値は小数点３桁目で変わる大きな差が２つの酸分解手法で認められ、フッ酸分解の方がやや大きな数値を与える可能性があることがわかった。おそらく混入した鉱物の影響と思われる。再現性を確認するため、試料１と同じ試料を異なる時期に分析し、再現性を確認した。最終的に、委託会社（地球科学研究所）の定法がフッ酸分解であること、また、ろ過分別による試料損失が大きく分析に要する漆喰量が１ｇから３ｇに増加すること、ろ紙によるコンタミネーションなど誤差が大きくなる要因が増えることから、委託会社の定法通りに目地漆喰７か所について分析した（Tab. 13、14）。

試料の使用量の限界から、分析対象目地漆喰は以下の通りとなった：南東１、南西１（砂粒あり）、北東３（砂粒あり）、北西３（砂粒あり）、天１－２、天２－３、天３－４、東２－３、西１－２。また、石灰岩および淡水産二枚貝を焼いて作った現代の漆喰試料を参照試料とし、ストロンチウム同位体比（^{87}Sr/^{86}Sr）とストロンチウム総濃度を測定した。

高松塚古墳目地漆喰試料のストロンチウム同位体比（^{87}Sr/^{86}Sr）は 0.70737 ～ 0.70848 であった（Tab. 13）。標準偏差の大きい順に並べると以下のようになり、バラツキが大きくなる原因は湿分の長期的な接触により元素交換があったと推察した。

北東３、北西３、西１－２ > 東２－３ > 南－東１、南－西１、西２－３、天３－４ > 天１－２、天２－３

ばらつきの小さな天１－２、天２－３の値をみると、マントルを構成する塩基性岩や年代の新しい火山岩 0.703 ～ 0.706 よりも確実に大きく、海洋性起源のストロンチウム同位体比 0.7092 に近い。小さめの数値となる理由は、わずかではあるが水とともに目地漆喰内に混入した鉱物（凝灰岩？）や石室を構成する凝灰岩からのカルシウム溶脱が同位体比の数値を下げている可能性もある。その他の目地では、標準偏差の大きな値を取る場所の目地漆喰では ^{87}Sr/^{86}Sr 比は高い値になるものが多い一方、低い値を取る目地漆喰もあった。高くなる要因として、花崗岩砂の流入やカルシウム溶脱が考えられる。

漆喰の製造工程では、石灰原材料を焼成して角叉（ツノマタ、海藻）から煮出したノリ、わらや紙繊維のスサを加えるのが現代の定法である。その場合に ^{87}Sr/^{86}Sr 比がどのように変化するかを知るため、現代材料でモデル試験を行った（Tab. 14）。動物膠や桃膠など膠着剤の影響、鉛丹塗布（膠着剤：動物膠）の影響も検討した。

淡水の貝を焼いて作られたとされる現代の淡水産貝灰（産出地：滋賀県）からは 0.710 を越す値が得られ、大陸地殻を構成する花崗質岩類 > 0.710 を満たし矛盾はない。近畿地方の石灰岩は白亜紀の海水の Sr 同位体組成 0.7065 に近い値が報告されており、これも矛盾がない。一方、国産石灰岩由来（産出地　山口県）を用いたモデル試験では、原材料が石灰岩であっても漆喰とする過程で海洋由来の材料が加えられ、スサから陸生のミネラル分が混入するためか、予想した以上に ^{87}Sr/^{86}Sr 比は低下した。原材料が石灰岩であっても、海洋性由来の材料であっても、漆喰製作当初の値はほぼ海洋性の値に近くなると考えられた。

古代の漆喰製法を詳細に記述した文献は見当たらず、どのような混入物を使用したのかは不明である。

漆喰は日本では７世紀後半頃から古墳での使用例が見られ、仏教文化とともに漆喰を造る技術の伝播も同時期にあったと考えられている[4]。同一文献に、朝鮮半島の北部では５世紀頃から使用され、７世紀には慶州で使用されるようになったとの指摘もある。また『倭名類聚鈔』（承平年間 931 ～ 938）には青白石を焼いて石灰を焼いていたと記載されていたこと、近畿地方の石灰岩の入手先は限られており、中世前期までの石灰の生産地としては兵庫県佐用町西大畠稗田であろうと報告している[4]。

奈良時代古文書フルテキストデータベース（東京大学 SHIPS）を利用し、「石灰」をキーワードに大日本古文書（編年文書）16 巻の「造金堂所解案」、「造石山院用度帳」、「造仏所作物帳断簡」の雑物を調べたが、藁、縄、本古紙などスサに使えそうなものはあったものの、多糖類が豊富なノリの代替品の産物は記載がなく、海産物は見当たらなかった。原材料が石灰岩で混入物に海産物がない場合、$^{87}Sr/^{86}Sr$ 比は0.7092 より高い値となり、今回の結果とは矛盾する。また石灰をどこから運んだかについても、雲母は伊賀国、麻紙は近江国などの出所がわかるが、石灰については特段の記述が見つからなかった。どこででも入手できる材料だったと考えられ、すなわち海洋由来の石灰材料であった可能性もある。何らかの資料が発見される、あるいは読み解かれることで、このなぞは解読できるかもしれない。

（３）　考察

（３）-１　有機物組成からわかること

各目地に膠着剤として用いられた漆喰は、高松塚古墳のように最高水準の技術で築造された古墳では、同時期に築造された部分では同じ材料が同じような比率で用いられたと推定される。これらの材料は漆喰として硬化するまでにアルカリ分解などを受けるが、各成分組成は大きな相違はない状態にあったと思われる。しかし経年により、各目地の状況は水の流入やカビ等の繁殖などが異なり、有機物の含有量や組成に相違が生じると仮定し、多変量解析を行い、目地の有機物組成に相違があるか検討した。多変量解析を行うにあたり、因果関係に各データ群を分けられないため回帰分析の対象ではないこと、また数値データである分析値を解析対象とすることから、主成分分析、クラスター分析に適したデータ群と考えこの２手法について実施した。

糖、アミノ酸、脂肪酸は各総量が大きく異なり、生データをそのまま解析に用いると総量の多いアミノ酸の結果に解析結果が影響を受けるので、糖、アミノ酸、脂肪酸中の各化合物含量を比率にし、14 か所の目地に対して 42 ピーク成分のデータを解析対象のデータ群として整えた。

主成分分析は、データ群の共通性を見いだし、共通成分を主軸とすることでデータを分類しやすくする手法である。主成分負荷量からその主軸がどの成分の影響を受けて決定づけられているか、また主成分得点からは主軸上の座標値が得られ、各試料間の相違について検討できるようになる。

クラスター分析は、近い距離にある（化学組成の似ている）データを組み合わせて、その相違について検証する方法である。結果は樹形図（デンドログラム）として得られ、どのサンプル間が化学組成から見て似ているか、についての情報が得られる。

データ解析には R 言語を用いた。R 言語は、ニュージーランドのオークランド大学統計学科の Robert Gentleman と Ross Ihaka により開発が始められ、多くの賛同者により開発が続けられているオープンソース方式のデータ解析・処理専用ソフトである。R は世界中にミラーサイトを作られ、日本でも会津大学、東京大学、つくば大学が国内のミラーサイトとしてソフトをダウンロードして利用できる。解析結果を以下に示す。

（３）-１-１　主成分分析結果

主成分については、14 行 42 列のデータ情報に対して 14 個求まるが、その重みについては寄与率から判断する。Tab. 15 に第６成分までの結果を記す。第４成分までで累積寄与率は 90 % を越えており、また、第４成分と第５成分のところで寄与が大きく下がるため、第４成分までの検討で十分に元のデータ構造を保持していると判断し、以下では第４成分までで検討した。

主成分得点と主成分負荷量を同時に記した、通称バイプロット図と呼ばれるグラフを Fig. 9 ～ 11 に示す。主成分得点とは各座標上の位置を示す変換された座標であり、座標（0, 0）の近傍に集まっている状態は第一主成分・第二主成分ともに分布の中心に近い状態にあることを示す。この場合には、有機物組成として平均的な値となっていることを示し、座標軸周辺に散らばるほど有機物組成的に何らかの偏りがあることを示している。矢印は、化学成分のうちどの成分がその軸の方向を決定づけているかを示すもので、矢印の長さが長いほど主たる要因であることを示している。この図を読むにあたっては R による統計計算特有の理由で、負荷量がマイナスほどその量が多いことを示す計算結果となっていることに注意されたい。

Fig. 9 からわかるように、第一主成分 PC1 については、トレハロース量の多少によって座標軸上の位置が決まっている。すなわち、Fig. 9 上段左は南西 1、南東 1 ではトレハロース量が多く、床 3－4 では少なくなっているということを意味する。第二主成分 PC2 では C18：0、C18：1 の脂肪酸の含有量、第三主成分 PC3 では単糖類、第四主成分 PC4 では C16：0 の脂肪酸の含有量で、座標上の位置が主に振り分けられていることがわかる。Fig. 10 ～ 11 を見ると、主成分軸を分ける化学組成として、単糖類、C18：0 や C16：0 など飽和脂肪酸のほか、C16：1、C18：1、C18：2 などの不飽和脂肪酸が比較的多く見られるようになる。これらの化学組成の含有量の多少が、目地漆喰の標準的な化学組成とその他の組成を分ける、主たる要因になることがわかった。また、アミノ酸組成は分類には大きな影響はないことが明らかとなった。これらの結果を石室南側の位置から北の方向にまとめると（Tab. 16）、いくつかの目地が他の部位と組成が異なることがわかった。傾向として、トレハロースの多い部位は南側にあり、飽和脂肪酸の多いところでは不飽和脂肪酸は少なかった。

（3）－1－2　クラスター分析結果

主成分分析で得られた第一主成分 PC1 ～第十四主成分 PC14 について固有値を得たところ、第十二主成分 PC12 までの値がもともと持っていた情報量を保持することを示す固有値 1 を越えており、PC1 ～ PC12 の主成分には複数以上の情報が集約されており、クラスター分析を行う上では無視できないことがわかった。そのため最終的に、全成分を対象にクラスター分析を行った。基準点になる化学組成比が不明なため、階層的クラスター分析を採用した（Fig. 12）。クラスター間の距離はウォード法で求めた。コーフェン相関係数は 0.844322 であった。

大きく分けて二群に分かれた。南西 1、南東 1、西 1－2、天 2－3 の目地漆喰中の有機物成分組成比は、その他の部位の平均組成に比べて大きく異なる組成比となっていることが明らかとなった。発掘にあたった研究者によると、これらの部位の特徴として目地漆喰の厚みが薄い印象があるとのことであった。また二群として見たときに東壁石 1 ～ 3、床石間の試料が同じクラスターに属しているのに対して、西壁石の南側に近い位置が異なる状況となっていること、同様に東壁石の南寄りも他の部位とは異なることがわかった。有機物量の多少が生じる理由については、元々の技法の違い、材料のロット違いのほか、水による土壌の流入や微生物の影響も考える必要がある。目地漆喰は墳丘土壌と石室内をつなぐさまざまな経路となっており、その各地点のうち、上記 4 か所が異なる化学組成となっていることは、水の影響やカビ繁殖の影響と結びつく情報を保持している可能性を示唆するものと考えられる。

（３）‒１‒３　有機物組成のまとめ

以上から、石室を構成する石材間に用いられた目地漆喰には、糖・脂肪酸・アミノ酸などの有機物が含まれ、目地の場所ごとにその含有量は異なることがわかった。主成分分析を行った結果、平均的な化学組成かどうかを判断するには、単糖類、C18：0やC16：0など飽和脂肪酸のほか、C16：1、C18：1、C18：2などの不飽和脂肪酸の含有量の多少が、目地漆喰の標準的な化学組成とその他の組成を分ける主たる要因になることがわかった。またクラスター分析の結果、目地漆喰はその採取部位ごとに大きく分けて二群に分かれ、南西１、南東１、西１‒２、天２‒３の目地漆喰中の有機物成分組成比は、その他の部位の平均組成に比べて大きく異なる組成比となっていることが明らかとなった。目地漆喰は墳丘土壌と石室内をつなぐさまざまな経路となっており、その各地点のうち、上記４か所が異なる化学組成となっていることは、水の影響や微生物繁殖等の影響と結びつく情報を保持している可能性を示唆するものと考えられる。

（３）‒２　ATPの結果と諸結果の比較

ATP量は生物活動の痕跡を直接測定可能な手法であるので、その他の分析結果とATP量の多少の順を比較するため、Tab. 17にまとめた。ATP量の多少は、発光量のオーダー順である。

ATP量の多少とδ^{13}Cの標準偏差の多少が比較的に似た順番となっており、版築から目地へ土壌成分の流入があったところで微生物繁殖があったと推定される。これらのうち、^{87}Sr/^{86}Sr比の標準偏差が大きい西１‒２、北東３、北西３は微生物繁殖を示すATP量も高く、これらの目地においては長時間湿気や水分と接触する状況にあったと推定される。盗掘口に近い南西１、南東１では水の流入量・頻度が多かったようで、^{14}C年代が版築の影響を受け、また有機物組成が他の目地と異なった構成になったと考えられる。

（４）　まとめ

目地漆喰の炭酸カルシウム結晶は再結晶したことが明らかで、長期にわたり水・湿気の流入が繰り返されていたのであろう。軽元素である炭素の同位体交換はすばやく進行し、ストロンチウムの元素交換はゆっくり進むと考えられているが、元素交換に対して時間的な尺度は得られておらず、高松塚古墳石室にいつ、どこから水や湿気が浸入し微生物が繁殖したのかという問いについて答えは得られていない。しかし、南西１、南東１に加えて版築と側石の間に剥離が起こり通気していたかもしれない西１‒２で微生物繁殖が多かった事実と盗掘口直近で加湿器を使用していたこととの関係、盗掘口からもっとも遠い北東3、北西３は覆土も浅く石室内作業や石室内手前からのホルムアルデヒドガス投薬にあたり南北で温度差がつきやすい条件だったことなどを考えると、石室の現地保存において管理上注意すべきことは、微生物が利用できる余剰水を増やさないことにあると思われる。

〈謝　辞〉

試料の準備にあたり、奈良文化財研究所都城発掘調査部　廣瀬覚氏に分析の趣旨を十分にご理解いただき、適した試料を選別・提供いただきました。記して感謝いたします。目地漆喰試料の走査電子顕微鏡観察においては、㈱日立ハイテクノロジーズにご協力いただきました。試料準備・水ポテンシャル測定は林美木子氏、試料撮影は吉田和成氏、ATP 測定は間渕創氏の協力をいただきました。分析にあたっては、委託の他に㈱島津総合分析試験センターにクロスチェックとして LC-MS データの提供をいただき、データ解釈にご協力いただきました。またデータ解析にあたり、多変量解析についてご教示いただき、データの解釈についてご指導いただきました大学共同利用機関法人情報・システム研究機構統計数理研究所リスク解析戦略研究センター長、椿広計教授に心より感謝いたします。

炭酸塩中の炭素および酸素同位体比測定の一部は、東京大学大学院理学系研究科地球惑星科学専攻茅根創教授、中村修子特任研究員の協力を得ました。また、ストロンチウム同位体比測定は、東京大学海洋研究所先端海洋システム研究センター海洋システム計測分野、助教の高畑直人氏の協力を得て行いました。記して感謝いたします。(肩書きはいずれも当時)　(佐野)

参考文献

1）独立行政法人国立文化財機構奈良文化財研究所、文化庁（編）：国宝高松塚古墳壁画恒久保存対策事業報告書 1、特別史跡高松塚古墳石室解体事業にともなう発掘調査（本文＋付図）、文化庁、独立行政法人国立文化財機構奈良文化財研究所、奈良県橿原考古学研究所、明日香村教育委員会、2017。

2）五十君静信、江崎孝行、高鳥浩介、土戸哲明（監修）：微生物の簡易迅速検査法、テクノシステム、東京、2013。

3）佐野有司：　二次元高分解能二次イオン質量分析計（NanoSIMS）を用いた鉛とストロンチウム同位体測定、RADIOISOTOPES、57、597－591、2008。

4）角田清美：　古代から中世前期における石灰と漆喰の利用 http://ir.acc.senshu-u.ac.jp/index.php?action=pages_view_main&active_action=repository_action_common_download&item_id=2335&item_no=1&attribute_id=15&file_no=1&page_id=13&block_id=52　088_10（参照 2018-11-30）

Fig. 1　目地漆喰試料の様子　天２－３の試料

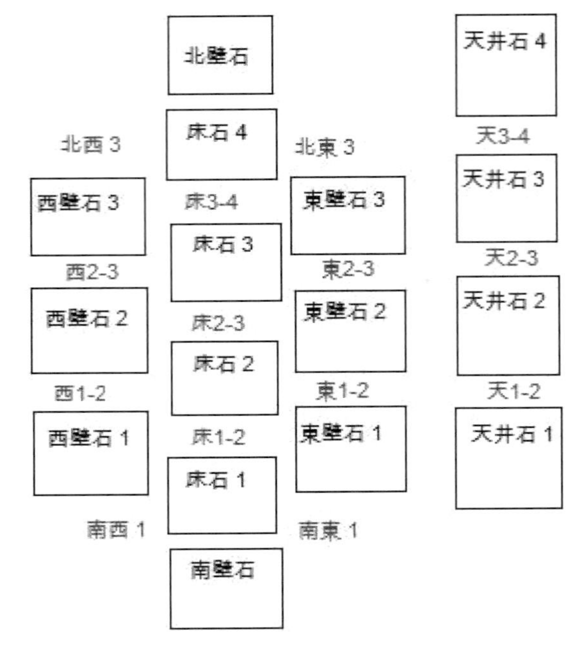

Fig. 2　石室を構成する石の名称と目地漆喰試料名称一覧

Fig. 3　北西３の目地試料の走査電子顕微鏡による観察

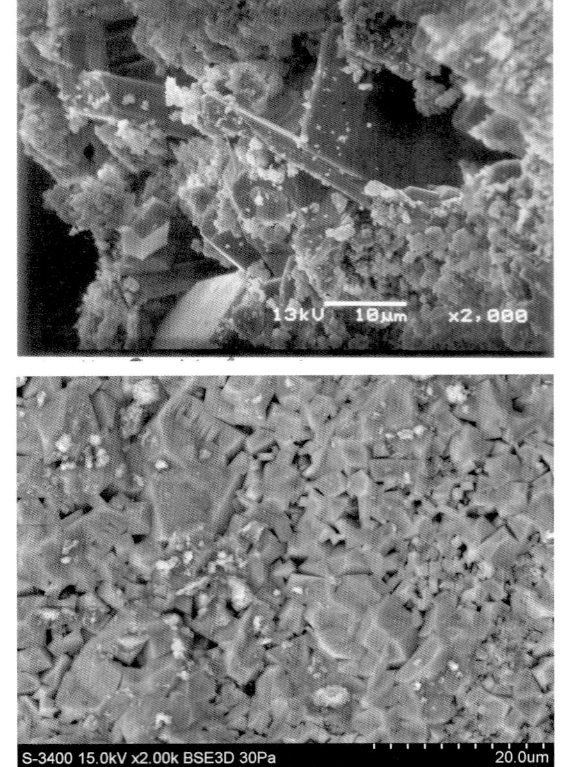

Fig. 4　西２－３の目地試料の走査電子顕微鏡による観察（上下は同一試料の別部位）

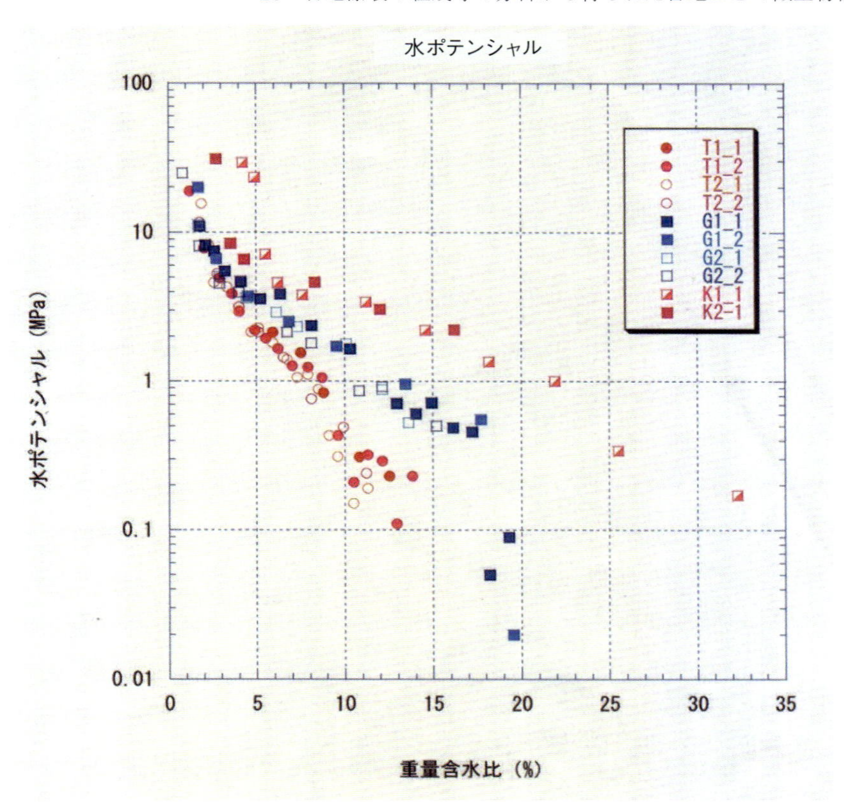

Fig. 5　各種材料の水ポテンシャル
T1、T2：高松塚古墳目地漆喰天 1－2 間、
G:1、G2：石灰岩を焼成して製作した現代漆喰
K1、K2：淡水産貝を焼成して製作した現代漆喰

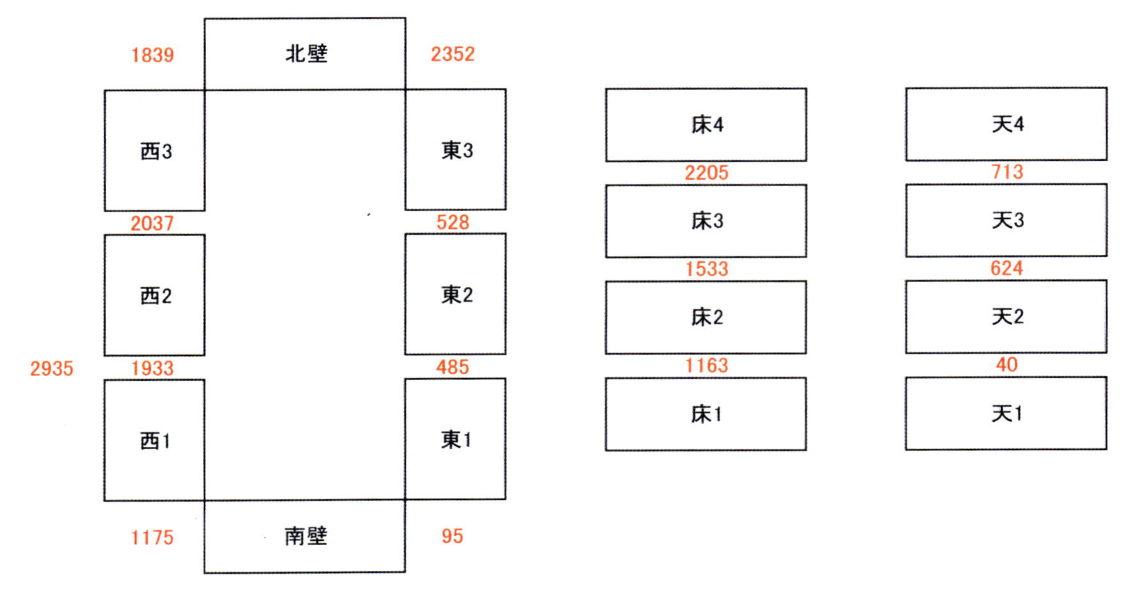

Fig. 6　総 ATP 発光量結果

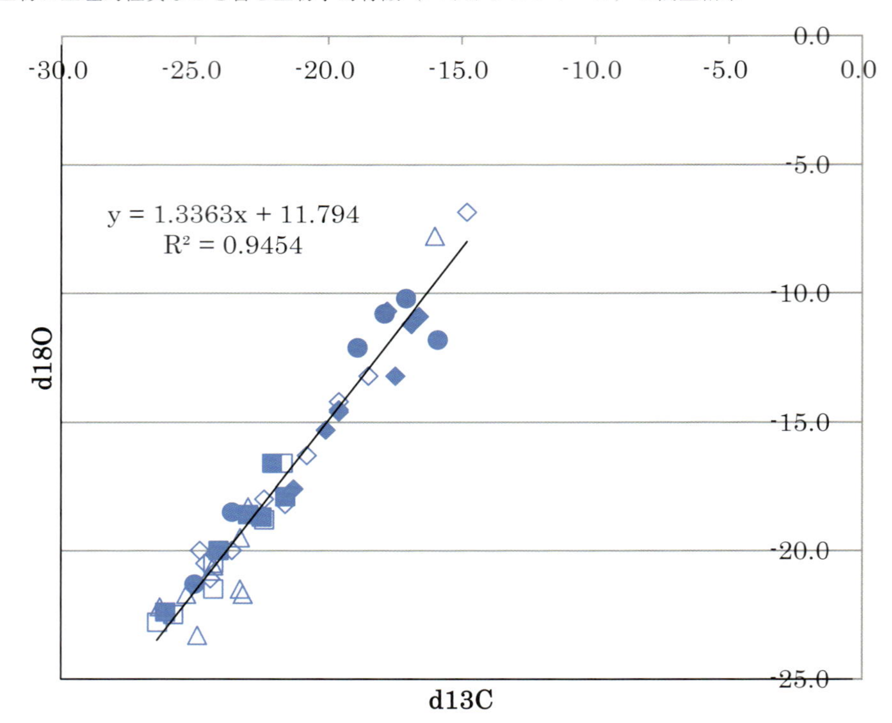

Fig. 7　目地漆喰の $\delta^{13}C$ と $\delta^{18}O$ の相関
◇：天　□：東　■：西　△：床　◆：南　●：北

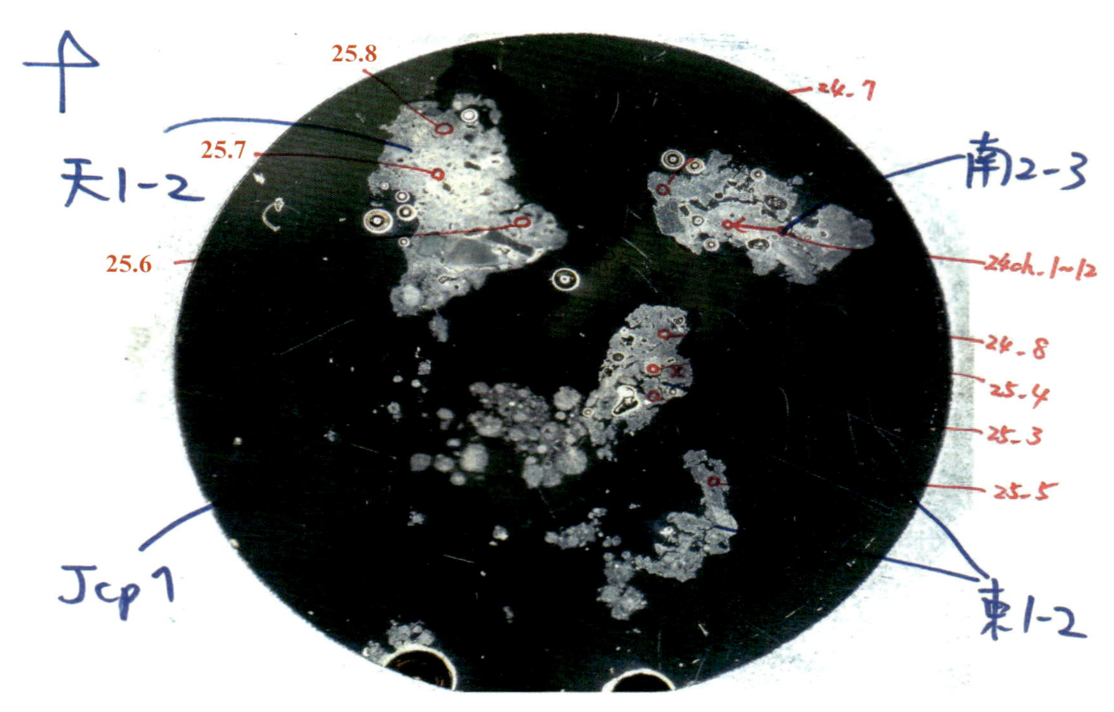

Fig. 8　樹脂包埋された試料（図中、南２－３は西２－３の誤り）
○：測定点　数字は測定チャンネル番号（Tab. 9－2 と対応）
多数回の測定を行ったことがわかる。

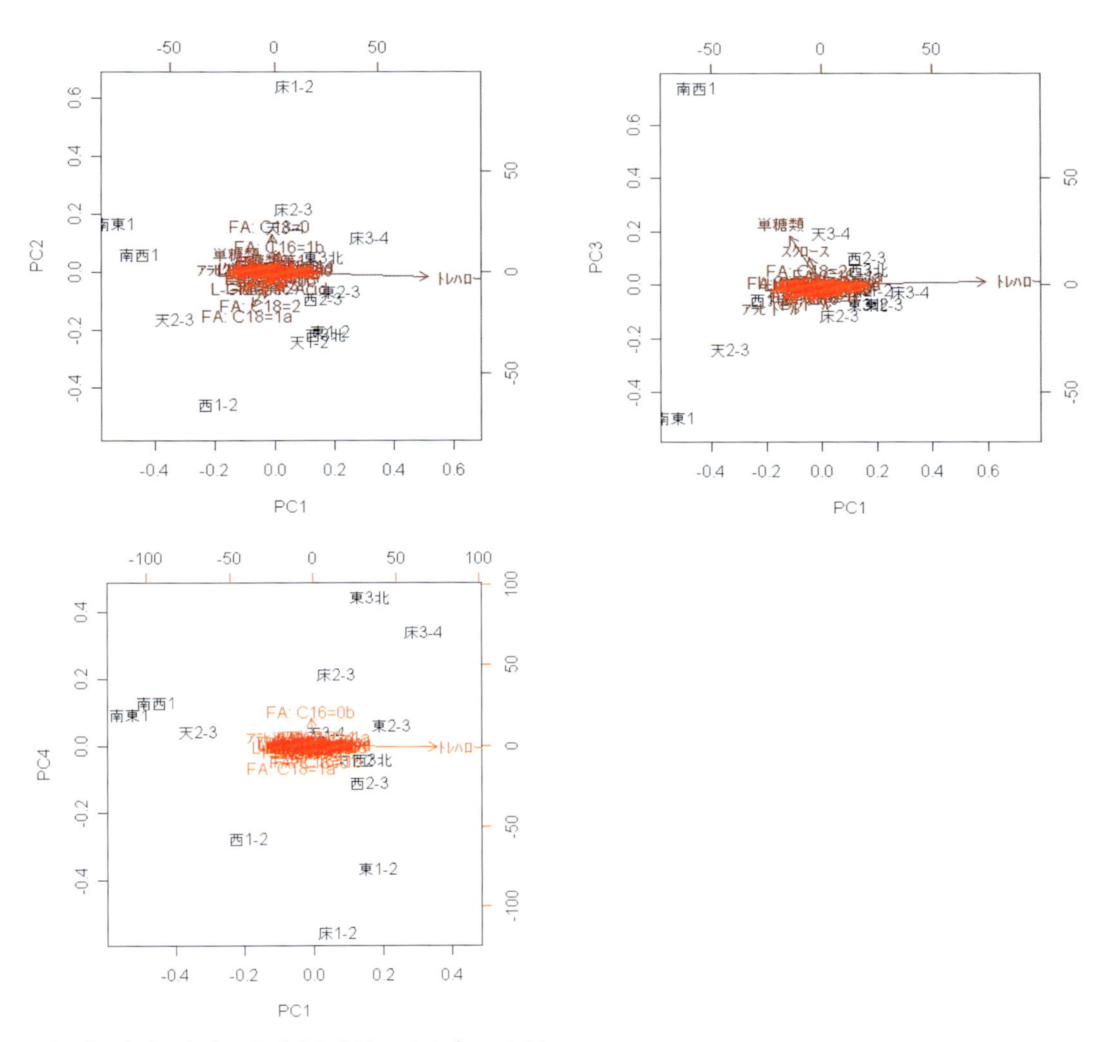

Fig. 9　主成分得点と主成分負荷量のバイプロット図
上段左：主成分１と２　上段右：主成分１と３　下段：主成分１と４

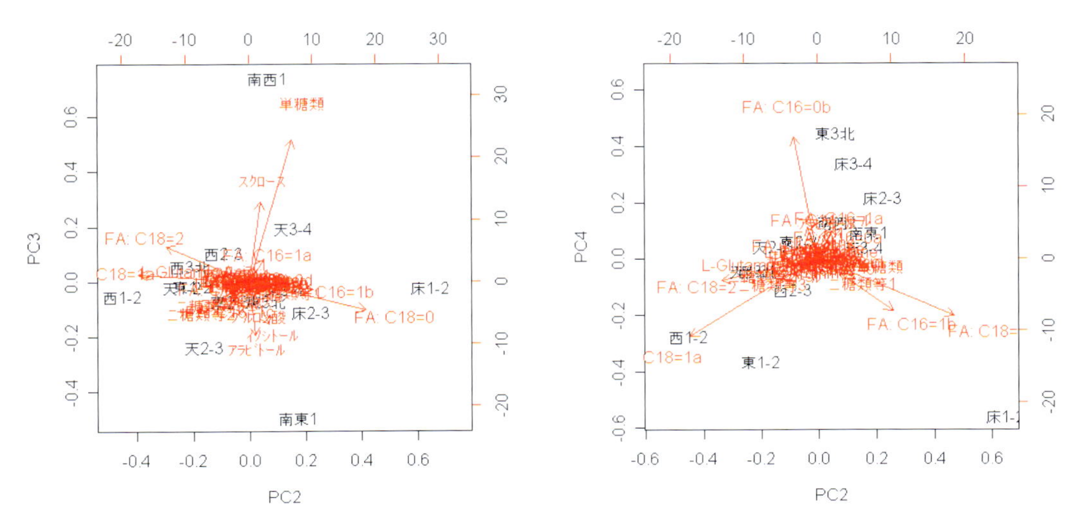

Fig. 10　主成分得点と主成分負荷量のバイプロット図　左：主成分２と３　右：主成分２と４

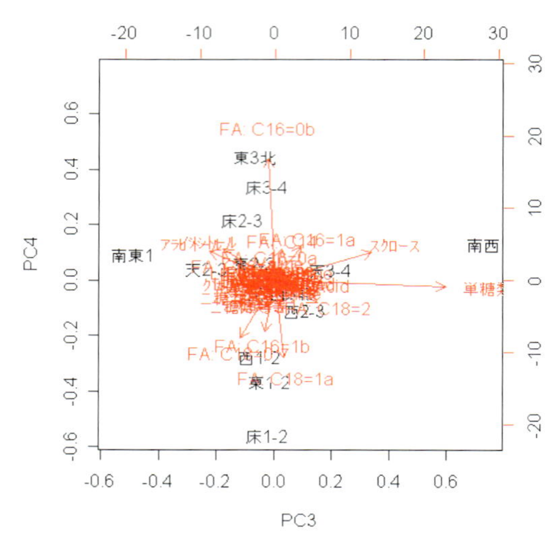

Fig. 11　主成分得点と主成分負荷量のバイプロット図　主成分３と４

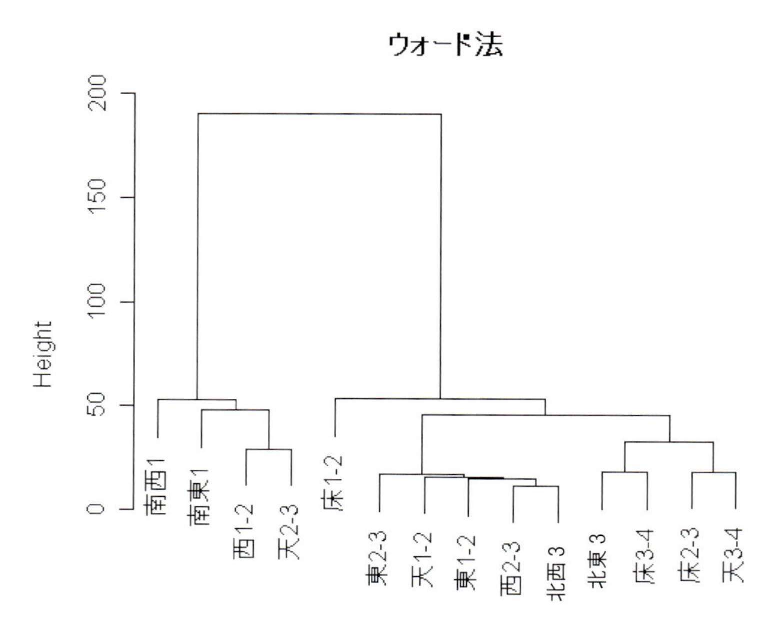

Fig. 12　クラスター分析結果

Tab. 1　試料一覧

試料採取場所	試料番号*	採取年月日	省略名称
南壁石-東壁石 1 間	9-75-1	平成 19(2007)年 06 月 11 日	南東 1
東壁石 1-2 間	9-77-1	平成 19(2007)年 06 月 05 日	東 1-2
東壁石 2-3 間	9-83	平成 19(2007)年 05 月 02 日	東 2-3
北壁石-東壁石 3 間	14-8-2	平成 19(2007)年 04 月 13 日	北東 3
南壁石-西壁石 1 間	9-69-1	平成 19(2007)年 06 月 08 日	南西 1
西壁石 1-2 間	9-74-1	平成 19(2007)年 06 月 05 日	西 1-2
西壁石 2-3 間	9-89	平成 19(2007)年 05 月 02 日	西 2-3
北壁石-西壁石 3 間	14-7	平成 19(2007)年 04 月 13 日	北西 3
床石 1-2 間	14-6-2	平成 19(2007)年 08 月 17 日	床 1-2
床石 2-3 間	14-6-3	平成 19(2007)年 08 月 17 日	床 2-3
床石 3-4 間	14-6-5	平成 19(2007)年 08 月 20 日	床 3-4
天井石 1-2 間	9-27-2	平成 19(2007)年 05 月 28 日	天 1-2
天井石 2-3 間(天井石北小口付着)	なし	平成 19(2007)年 05 月 24 日	天 2-3
天井石 3-4 間(東側面)	9-53-1	平成 19(2007)年 04 月 01 日	天 3-4

*発掘作業において奈良文化財研究所で付与された番号

Tab. 2　高松塚古墳目地漆喰中の糖類定量値（各成分重量(ng)/漆喰(mg)）

成分名	南西1	西1-2	西2-3	北西3	南東1	東1-2	東2-3	北東3	床1-2	床2-3	床3-4	天1-2	天2-3	天3-4
アラビトール	1.069	2.353	0.479	0.419	4.677	0.374	0.384	0.552	0.279	0.238	0.196	0.567	4.979	0.374
マンノース	0.165	2.468	0.188	0.151	1.329	0.128	0.066	0.000	0.000	0.000	0.000	0.409	1.756	0.064
単糖類	4.541	2.601	1.954	1.327	1.081	0.911	0.387	0.225	1.054	0.319	0.576	0.882	1.681	1.260
グルコース	0.161	1.409	0.222	0.163	0.781	0.178	0.359	0.182	0.109	0.277	0.000	0.343	1.384	0.145
マンニトール	0.000	0.940	1.066	0.169	1.120	1.537	0.000	0.000	0.000	0.000	0.000	0.571	0.586	0.000
グルコン酸	0.525	1.538	0.208	0.282	3.046	0.460	0.000	0.000	0.207	0.049	0.054	0.478	0.779	0.026
イノシトール	0.059	0.390	0.117	0.112	2.844	0.128	0.430	0.468	0.077	0.293	0.272	0.183	0.656	0.257
二糖類1	0.302	0.585	0.406	0.275	0.864	0.921	0.528	0.201	0.736	0.339	0.000	0.447	0.739	0.237
スクロース	2.337	0.929	0.770	0.511	0.000	0.508	0.255	0.385	0.149	0.241	0.507	0.384	0.800	0.798
二糖類2	0.000	3.856	0.000	0.314	0.554	0.198	0.000	0.000	0.000	0.013	0.000	0.597	2.849	0.000
トレハロース	2.542	18.580	19.200	17.896	2.352	26.674	12.639	6.555	5.446	3.651	16.256	14.299	7.740	6.029
二糖類3	0.000	4.556	0.000	0.894	1.088	0.600	0.000	0.000	0.000	0.000	0.000	0.000	0.314	0.000

Tab. 3　高松塚古墳目地漆喰中の脂肪酸定量値（各成分重量(ng)/漆喰(mg)）

成分名	南西1	西1-2	西2-3	北西3	南東1	東1-2	東2-3	北東3	床1-2	床2-3	床3-4	天1-2	天2-3	天3-4
C14	1.968	0.773	3.307	1.668	4.199	1.114	1.090	1.296	0.075	0.293	0.851	0.784	1.639	0.336
C16:0-a	0.323	0.430	0.068	0.230	0.000	0.239	0.708	0.529	0.238	0.428	0.447	0.157	1.370	0.321
C16:1-a	2.676	0.221	1.510	1.182	0.000	0.948	1.260	1.488	0.362	0.285	0.851	0.639	0.846	0.902
C16:1-b	1.031	3.069	0.524	0.563	3.054	0.787	0.857	0.564	1.916	0.489	0.457	0.557	1.679	0.327
C16:1-c	0.000	1.424	0.000	0.165	1.907	0.094	1.343	0.000	0.000	0.603	0.062	1.144	5.212	0.095
C16:0-b	16.388	19.846	5.030	6.237	37.927	5.092	6.429	5.536	1.133	3.010	2.695	5.634	11.692	2.355
C18:2	8.821	14.788	3.046	3.335	11.259	3.814	1.971	1.145	0.000	0.374	0.149	2.689	5.129	1.203
C18:1-a	16.768	32.022	6.369	6.561	35.384	8.926	5.696	2.397	1.641	1.634	1.160	6.247	14.758	1.887
C18:1-b	0.465	1.846	0.371	0.226	0.000	0.345	0.444	0.233	0.113	0.154	0.212	0.277	0.985	0.210
C18:0	5.546	4.733	2.898	2.144	29.022	3.841	2.483	1.586	2.981	1.664	0.927	1.428	3.276	1.681
C20:0	0.259	0.557	0.175	0.115	1.697	0.153	0.184	0.152	0.043	0.117	0.115	0.091	0.388	0.124
C22:0	0.000	0.000	0.000	0.049	0.000	0.098	0.226	0.152	0.284	0.000	0.000	0.000	0.245	0.319
C24:0	0.356	0.669	0.746	0.500	1.097	0.160	0.485	0.310	0.504	0.151	0.399	0.373	0.671	0.206

Tab. 4　高松塚古墳目地漆喰中のアミノ酸定量値（各成分重量(ng)/漆喰(mg)）

成分名	南西1	西1-2	西2-3	北西3	南東1	東1-2	東2-3	北東3	床1-2	床2-3	床3-4	天1-2	天2-3	天3-4
L-Aapartic Acid	32.263	76.154	39.553	25.215	82.516	45.674	22.914	19.525	26.298	22.577	57.641	53.273	35.831	27.674
L-Threonine	12.888	26.092	15.893	9.374	41.745	17.083	10.815	7.414	9.967	8.023	18.574	17.713	14.783	10.899
L-Serine	16.768	32.377	19.864	11.333	35.313	20.251	11.523	8.255	12.924	9.227	18.903	20.500	14.479	9.880
L-Glutamic Acid	44.170	177.701	51.158	35.734	98.923	57.079	32.257	26.309	23.582	23.856	70.331	46.126	46.795	37.571
L(-)-Proline	13.259	31.110	14.197	9.060	33.040	15.641	10.624	7.109	9.169	8.443	21.384	14.390	13.107	10.534
Glycine	20.638	63.621	26.558	17.722	54.641	30.487	18.883	13.755	17.027	16.966	40.694	27.971	24.796	20.030
L-Alanine	16.314	60.822	22.423	14.887	61.465	28.519	18.122	12.012	13.471	14.801	40.021	24.171	22.635	19.320
L(-)-Cystine	0.000	0.000	3.643	0.000	0.000	0.000	0.000	0.000	0.000	0.000	0.000	0.000	0.000	0.000
L-Valine	14.727	34.294	15.749	9.788	40.356	18.098	12.670	9.952	8.739	11.806	26.970	13.638	17.686	14.990
L-Methionine	2.534	4.887	4.525	1.884	5.686	3.076	1.703	1.253	1.955	1.265	2.768	3.910	2.041	1.200
L-Isoleucine	7.328	15.037	8.353	4.715	23.541	8.844	7.093	5.054	4.364	5.824	14.426	7.469	9.870	6.821
L-Leucine	17.202	37.055	19.357	11.214	44.268	20.195	13.081	10.238	9.917	10.012	29.362	18.245	18.201	13.575
L-Tyrosine	5.506	25.778	5.494	4.401	12.537	8.297	4.495	2.060	4.201	3.163	6.982	8.042	6.103	5.735
L-Phenylalanine	7.494	18.937	9.350	6.259	24.609	11.637	8.277	6.120	5.828	5.357	15.504	9.825	8.558	8.904
L-Histidine	6.578	13.023	6.273	3.919	14.113	6.794	2.694	1.686	7.195	5.729	12.600	7.746	5.686	4.345
L-Lysine	6.782	17.357	10.048	5.397	18.857	10.668	6.310	5.128	6.632	5.033	15.004	11.793	8.288	7.010
L-Arginine	8.420	18.187	14.086	6.939	15.532	13.500	4.236	2.324	6.146	3.127	12.930	12.293	6.548	2.973

Tab. 5　目地漆喰の炭素同位体比・酸素同位体比

試料名*	$\delta^{13}C_{PDB}$ (‰)	$\delta^{18}O_{PDB}$ (‰)
天 1-2①	-20.8	-16.3
天 1-2②	-23.6	-20.0
天 1-2③	-24.6	-20.5
天 2-3v1①	-17.8	-10.7
天 2-3v1②	-24.8	-20.0
天 2-3v1③	-14.8	-6.85
天 2-3v2①	-24.4	-21.1
天 2-3v2②	-22.4	-18.0
天 2-3v③	-21.6	-18.2
天 3-4①	-19.6	-14.2
天 3-4②	-19.6	-14.6
天 3-4③	-18.5	-13.2
東 1-2①	-26.4	-22.8
東 1-2②	-24.3	-20.5
東 1-2③	-25.8	-22.5
東 2-3①	-21.7	-16.6
東 2-3②	-22.4	-18.8
東 2-3③	-24.3	-21.5
北東 3①	-18.9	-12.1
北東 3②	-25.0	-21.3
北東 3③	-23.6	-18.5
南東 1①	-19.6	-14.5
南東 1②	-20.1	-15.3
南東 1③	-16.6	-10.9
南西 1①	-17.5	-13.2
南西 1②	-21.3	-17.6
南西 1③	-16.9	-11.2
西 1-2①	-21.6	-17.9
西 1-2②	-24.1	-20.0
西 1-2③	-22.5	-18.7
西 2-3①	-23.0	-18.6
西 2-3②	-26.1	-22.4
西 2-3③	-22.1	-16.6
北西 3①	-17.1	-10.2
北西 3②	-15.9	-11.8

（次頁へ続く）

(Tab. 5　前頁からの続き)

北西 3③	-17.9	-10.8
床 2-3①	-23.3	-19.5
床 2-3②	-26.3	-22.2
床 2-3③	-16.0	-7.79
床 3-4①	-23.3	-21.5
床 3-4②	-23.2	-21.7
床 3-4③	-23.0	-18.3
床 1-2①	-24.9	-23.3
床 1-2②	-25.3	-21.7
床 1-2③	-24.3	-20.6

* 丸数字①～③は、各目地で3サンプルを明示するため付けた呼称

Tab. 6　墳丘土壌の炭素安定同位体比・窒素安定同位体比

試料名	$\delta\ ^{13}C_{PDB}$ (‰)	$\delta\ ^{15}N_{Air}$ (‰)
墳丘版築 土壌	-22.5	9.30
墳丘版築 土壌(黒色部・カビ付着部)	-19.5	6.56

Tab. 7　目地漆喰測定試料及び処理

試料	$\delta^{13}C$ (‰)	暦年較正用年代 (yrBP±1σ)	^{14}C 年代 (yrBP±1σ)	^{14}C年代を暦年代に較正した年代範囲		ガス化重量(mg)	炭素含有量(mg)	炭素含有率(%)	前処理
				1σ暦年代範囲	2σ暦年代範囲				
天1-2①	-23.06±0.13	1296±19	1295±20	671AD(44.4%)709AD 747AD(23.8%)766AD	665AD(60.9%)725AD 738AD(34.5%)772AD	40.90	4.42	10.81	超音波洗浄 酸エッチング:0.12N
天1-2②	-24.13±0.14	1286±21	1285±20	679AD(40.0%)714AD 745AD(28.2%)767AD	670AD(95.4%)773AD	48.33	4.98	10.30	超音波洗浄 酸エッチング:0.12N
天1-2③	-26.60±0.13	1362±20	1360±20	651AD(68.2%)667AD	642AD(95.4%)680AD	47.67	4.96	10.40	超音波洗浄 酸エッチング:0.12N
天2-3v2①	-22.69±0.12	1298±19	1300±20	670AD(35.5%)695AD 700AD(7.7%)708AD 748AD(25.0%)766AD	664AD(62.3%)723AD 740AD(33.1%)771AD	45.10	4.79	10.62	超音波洗浄 酸エッチング:0.12N
天2-3v2②	-22.68±0.13	1253±19	1255±20	694AD(56.7%)748AD 765AD(11.5%)776AD	679AD(90.8%)783AD 790AD(4.6%)810AD	46.89	4.83	10.30	超音波洗浄 酸エッチング:0.12N
天2-3v2③	-20.38±0.12	1317±19	1315±20	661AD(58.3%)690AD 752AD(9.9%)761AD	656AD(76.4%)715AD 745AD(19.0%)768AD	43.45	4.43	10.19	超音波洗浄 酸エッチング:0.12N
天2-3v1①	-18.99±0.23	1304±22	1305±20	666AD(39.9%)695AD 700AD(6.6%)708AD 748AD(21.7%)766AD	660AD(65.2%)724AD 739AD(30.2%)771AD	37.88	3.75	9.90	超音波洗浄 酸エッチング:0.12N
天2-3v1②	-20.24±0.29	1362±22	1360±20	650AD(68.2%)668AD	640AD(95.4%)685AD	41.84	4.10	9.80	超音波洗浄 酸エッチング:0.12N
天2-3v1③	-13.61±0.22	1346±25	1345±25	653AD(68.2%)678AD	642AD(88.8%)695AD 700AD(1.1%)707AD 747AD(5.6%)765AD	36.14	3.61	9.99	超音波洗浄 酸エッチング:0.12N
天3-4①	-19.60±0.27	1356±22	1355±20	651AD(68.2%)671AD	642AD(95.4%)688AD	46.75	4.81	10.29	超音波洗浄 酸エッチング:0.12N
天3-4②	-20.08±0.22	1344±22	1345±20	655AD(68.2%)675AD	646AD(91.4%)693AD 749AD(4.0%)764AD	43.58	4.36	10.00	超音波洗浄 酸エッチング:0.12N
天3-4③	-19.93±0.12	1476±19	1475±20	567AD(68.2%)610AD	553AD(95.4%)636AD	41.27	4.13	10.01	超音波洗浄 酸エッチング:0.12N
南東1①	-18.20±0.15	1679±19	1680±20	345AD(68.2%)405AD	262AD(5.5%)278AD 328AD(89.9%)419AD	43.20	4.46	10.32	超音波洗浄 酸エッチング:0.12N
南東1②	-20.58±0.19	1585±22	1585±20	430AD(11.6%)443AD 451AD(8.7%)462AD 483AD(47.9%)533AD	422AD(95.4%)539AD	42.80	4.17	9.74	超音波洗浄 酸エッチング:0.12N
南東1③	-16.55±0.25	1906±21	1905±20	75AD(26.8%)92AD 99AD(41.4%)125AD	30AD(1.2%)38AD 52AD(94.2%)134AD	42.20	4.40	10.42	超音波洗浄 酸エッチング:0.12N

Tab. 9　$\delta^{13}C$ の標準偏差

試料	$\delta^{13}C$ 標準偏差 (‰)	暦年較正用年代標準偏差
天1-2	0.133	20
天2-3v1	0.246	23
天2-3v2	0.123	19
天3-4	0.203	21
南東1	0.197	20.7
東1-2	0.18	19.3
東2-3	0.173	20
北東3	0.306	23.3
南西1	0.227	21
西1-2	0.203	20.3
西2-3	0.233	21
北西3	0.253	24.6
床1-2	0.27	22
床2-3	0.213	23
床3-4	0.163	22.7

Tab. 7　（続き）

東1-2①	-27.29±0.19	1321±19	1320±20	660AD(68.2%)688AD	655AD(79.6%)714AD 745AD(15.8%)768AD	19.24	2.03	10.53	超音波洗浄 酸エッチング:0.4N
東1-2②	-23.75±0.18	1274±20	1275±20	687AD(37.3%)722AD 741AD(30.9%)770AD	675AD(95.4%)775AD	12.97	1.30	10.05	超音波洗浄 酸エッチング:0.4N
東1-2③	-27.73±0.17	1305±19	1305±20	666AD(43.7%)694AD 703AD(2.9%)706AD 748AD(21.6%)765AD	661AD(66.5%)722AD 740AD(28.9%)770AD	11.61	1.17	10.09	超音波洗浄 酸エッチング:0.4N
東2-3①	-21.84±0.18	1253±21	1255±20	694AD(56.8%)748AD 765AD(11.4%)776AD	677AD(93.6%)814AD 843AD(1.8%)858AD	19.23	2.04	10.61	超音波洗浄 酸エッチング:0.4N
東2-3②	-22.72±0.16	1301±20	1300±20	668AD(39.0%)695AD 701AD(5.8%)707AD 748AD(23.4%)765AD	662AD(63.9%)723AD 740AD(31.5%)771AD	11.43	1.17	10.25	超音波洗浄 酸エッチング:0.4N
東2-3③	-24.32±0.18	1252±19	1250±20	694AD(56.2%)748AD 765AD(12.0%)776AD	680AD(89.4%)783AD 789AD(5.2%)812AD 847AD(0.8%)854AD	10.67	1.09	10.21	超音波洗浄 酸エッチング:0.4N
北東3①	-20.85±0.30	1239±21	1240±20	693AD(43.0%)748AD 765AD(14.3%)781AD 791AD(11.0%)808AD	687AD(95.4%)870AD	11.15	1.22	10.90	超音波洗浄 酸エッチング:0.4N
北東3②	-25.22±0.16	1254±19	1255±20	694AD(7.2%)702AD 707AD(49.9%)748AD 765AD(11.1%)775AD	677AD(91.2%)783AD 790AD(4.2%)810AD	13.85	1.28	9.27	超音波洗浄 酸エッチング:0.4N
北東3③	-28.09±0.46	1193±30	1195±30	780AD(9.0%)792AD 805AD(59.2%)880AD	720AD(3.6%)742AD 769AD(89.3%)897AD 923AD(2.6%)940AD	11.75	1.23	10.48	超音波洗浄 酸エッチング:0.4N
南西1①	-16.80±0.22	1410±21	1410±20	621AD(68.2%)654AD	604AD(95.4%)660AD	32.20	3.25	10.09	超音波洗浄 酸エッチング:0.12N
南西1②	-18.99±0.24	1923±22	1925±20	55AD(44.8%)90AD 101AD(23.4%)123AD	26AD(7.6%)42AD 47AD(87.8%)129AD	42.40	4.34	10.23	超音波洗浄 酸エッチング:0.12N
南西1③	-16.01±0.22	1388±20	1390±20	642AD(68.2%)661AD	616AD(95.4%)667AD	42.50	4.42	10.40	超音波洗浄 酸エッチング:0.12N
西1-2①	-21.78±0.23	1268±20	1270±20	690AD(41.6%)725AD 738AD(15.9%)752AD 761AD(10.8%)771AD	678AD(95.4%)777AD	25.67	2.28	8.88	超音波洗浄 酸エッチング:0.4N
西1-2②	-26.04±0.20	1242±21	1240±20	693AD(47.2%)749AD 764AD(13.8%)780AD 792AD(7.2%)804AD	686AD(95.4%)869AD	25.08	2.16	8.61	超音波洗浄 酸エッチング:0.4N
西1-2③	-20.89±0.18	1307±20	1305±20	665AD(47.2%)694AD 748AD(21.0%)765AD	660AD(67.6%)721AD 741AD(27.8%)770AD	29.11	2.84	9.75	超音波洗浄 酸エッチング:0.4N

Tab. 7　（続き）

西2-3①	-24.62±0.23	1316±21	1315±20	661AD(55.2%)691AD 751AD(13.0%)762AD	656AD(73.8%)719AD 742AD(21.6%)770AD	29.24	2.73	9.33	超音波洗浄 酸エッチング:0.4N
西2-3②	-27.74±0.21	1270±21	1270±20	689AD(39.9%)724AD 740AD(15.6%)754AD 759AD(12.7%)771AD	676AD(95.4%)776AD	31.64	3.07	9.70	超音波洗浄 酸エッチング:0.4N
西2-3③	-20.27±0.26	1106±21	1105±20	898AD(28.5%)922AD 943AD(39.7%)976AD	892AD(95.4%)986AD	29.08	2.68	9.21	超音波洗浄 酸エッチング:0.4N
北西3①	-16.96±0.24	1245±24	1245±25	691AD(49.0%)750AD 762AD(14.0%)780AD 793AD(5.2%)803AD	682AD(95.4%)869AD	29.33	3.00	10.23	超音波洗浄 酸エッチング:0.4N
北西3②	-15.88±0.29	1340±28	1340±30	652AD(68.2%)686AD	645AD(84.6%)714AD 745AD(10.8%)768AD	22.83	2.34	9.82	超音波洗浄 酸エッチング:0.4N
北西3③	-20.11±0.23	1291±22	1290±20	675AD(42.7%)711AD 747AD(25.5%)766AD	667AD(95.4%)773AD	26.11	2.51	9.61	超音波洗浄 酸エッチング:0.4N
床1-2①	-25.46±0.30	1140±22	1140±20	885AD(16.7%)900AD 918AD(51.5%)966AD	783AD(0.8%)788AD 816AD(4.8%)843AD 859AD(89.7%)979AD	40.50	4.08	10.07	超音波洗浄 酸エッチング:0.12N
床1-2②	-24.98±0.25	1168±22	1170±20	782AD(5.1%)789AD 810AD(27.5%)848AD 855AD(35.7%)894AD	777AD(84.1%)899AD 919AD(11.3%)948AD	43.10	4.25	9.86	超音波洗浄 酸エッチング:0.12N
床1-2③	-23.06±0.26	1229±22	1230±20	717AD(18.6%)743AD 768AD(38.1%)824AD 841AD(11.5%)861AD	692AD(28.5%)749AD 764AD(66.9%)879AD	42.90	4.90	11.42	超音波洗浄 酸エッチング:0.12N
床2-3①	-26.35±0.23	1553±23	1555±25	436AD(48.2%)490AD 510AD(4.6%)517AD 530AD(15.4%)546AD	430AD(95.4%)561AD	33.70	3.10	9.20	超音波洗浄 酸エッチング:0.12N
床2-3②	-25.83±0.20	1356±21	1355±20	651AD(68.2%)670AD	644AD(95.4%)685AD	43.10	4.38	10.16	超音波洗浄 酸エッチング:0.12N
床2-3③	-21.03±0.21	1403±25	1405±25	622AD(68.2%)658AD	603AD(95.4%)664AD	22.30	0.62	2.78	超音波洗浄 酸エッチング:0.12N
床3-4①	-24.43±0.17	1332±23	1330±25	656AD(68.2%)686AD	650AD(84.2%)711AD 746AD(11.2%)767AD	42.20	4.17	9.88	超音波洗浄 酸エッチング:0.12N
床3-4②	-23.83±0.16	1333±23	1335±25	656AD(68.2%)686AD	650AD(85.0%)710AD 747AD(10.4%)766AD	33.40	3.32	9.94	超音波洗浄 酸エッチング:0.12N
床3-4③	-22.77±0.18	1158±22	1160±20	783AD(2.5%)788AD 818AD(14.1%)843AD 860AD(33.3%)898AD 921AD(18.4%)945AD	780AD(5.3%)792AD 805AD(62.1%)901AD 917AD(28.0%)966AD	10.90	1.10	10.09	超音波洗浄 酸エッチング:0.12N

Tab. 8　放射性炭素年代測定及び暦年較正の結果

試料	δ ^{13}C (‰)	暦年較正用年代 (yrBP±1σ)	^{14}C 年代 (yrBP±1σ)	^{14}C年代を暦年代に較正した年代範囲		ガス化重量(mg)	炭素含有量(mg)	炭素含有率(%)	前処理
				1σ暦年代範囲	2σ暦年代範囲				
墳丘版築	-21.32±0.15	2590±22	2590±20	801BC(68.2%)780BC	808BC(95.4%)767BC	950.30	1.89	0.20	湿式篩分 106μm 酸洗浄(塩酸:1.2N)
墳丘版築/黒色カビ付着部	-18.68±0.13	1477±19	1475±20	566AD(68.2%)610AD	551AD(95.4%)635AD	634.70	1.98	0.31	湿式篩分 106μm 酸洗浄(塩酸:1.2N)

Tab. 10－1　NanoSIMS による測定結果（3 ～ 10 回平均）

	$^{87}Sr/^{86}Sr$平均	標準偏差
西 2-3	0.711786	0.0043
東 1-2	0.708862	0.0024
天 1-2	0.713234	0.0046

Tab. 10－2　NanoSIMS 測定 各スポットデータ

File	Sample	Mg (ppm)	Sr (ppm)	Ba (ppm)	$^{87}Sr/^{86}Sr$	標準偏差
1224_7	西 2-3	1265	179	83	0.7092	0.0014
1224ch_1	西 2-3	1450	70	18	0.7088	0.0019
1224ch_2	西 2-3	3995	331	70	0.7091	0.0010
1224ch_3	西 2-3	2382	191	43	0.7095	0.0010
1224ch_4	西 2-3	8346	231	50	0.7105	0.0012
1224ch_5	西 2-3	5111	224	53	0.7111	0.0008
1224ch_6	西 2-3	6940	234	55	0.7076	0.0008
1224ch_7	西 2-3	7923	234	47	0.7163	0.0010
1224ch_8	西 2-3	3650	162	13	0.7195	0.0010
1224ch_9	西 2-3	3017	160	9	0.7199	0.0011
1224ch_10	西 2-3	5754	216	49	0.7123	0.0011
1224ch_11	西 2-3	5510	222	56	0.7065	0.0009
1224ch_12	西 2-3	5825	300	64	0.7129	0.0009
1224_8	東 1-2	1760	168	30	0.7061	0.0012
1225_3	東 1-2	3290	447	150	0.7078	0.0272
1225_4	東 1-2	1339	202	25	0.7117	0.0011
1225_5	東 1-2	728	1017	166	0.7098	0.0007
1225_6	天 1-2	3093	172	91	0.7097	0.0019
1225_7	天 1-2	1264	189	88	0.7184	0.0016
1225_8	天 1-2	3245	228	112	0.7116	0.0016
standard	Ishigaki-coral	1610	7290	10	0.7092	0.0002

Tab. 11 酸素同位体比、炭素同位体比、および窒素同位体比（Tab. 8 と同試料）

	$\delta^{13}C$(PDB) (‰)	$\delta^{18}O$(PDB) (‰)	remarks
西 2-3 (1)	-24.797	-20.943	
西 2-3 (2)	-24.702	-20.803	
西 2-3 Ave.	-24.750	-20.873	sample 中 1mm 程度の黒髪 or 筆の毛
東 1-2 (1)	-23.200	-21.502	
東 1-2 (2)	-23.024	-21.282	
東 1-2 Ave.	-23.112	-21.392	sample 中 白い繊維状のもの
天 1-2 (1)	-23.975	-20.104	
天 1-2 (2)	-23.895	-20.129	
天 1-2 Ave.	-23.935	-20.116	sample 中 白い繊維状のもの

窒素同位体比
西 2-3：5.21 ‰、東 1-2：3.40 ‰（ガス量が小さく誤差が大きい）
天 1-2：4.04 ‰

Tab. 12 前処理に使用する酸の種類による Sr 同位体比の変動

試料名	Sr 濃度 (ppm)	$^{87}Sr/^{86}Sr$比	標準偏差
西 2-3/フッ酸分解	265	0.70804	0.00014 (8)
西 2-3/酢酸分解	—	0.70778	0.00031 (8)
西 2-3/酢酸分解/再現性確認	351	0.70777	0.00014 (4)

—：定量限界以下

Tab. 13 目地漆喰と現代の貝灰の分析結果

試料名	Sr 濃度 (ppm)	$^{87}Sr/^{86}Sr$ 比	標準偏差
天 1-2	389	0.70848	0.00010(6)
天 2-3	524	0.70737	0.00006(5)
天 2-3/別試料	432	0.70753	0.00010(4)
南東 1	559	0.709497	0.000148
南西 1	549	0.712055	0.000133
北東 3	982	0.715300	0.000281
北西 3	1619	0.711193	0.000271
天 3-4	729	0.708677	0.000124
東 2-3	479	0.709333	0.000179
西 1-2	856	0.705169	0.000250

Tab. 14　現代の石灰岩製漆喰の分析結果

試料名	Sr 濃度 (ppm)	$^{87}Sr/^{86}Sr$ 比	標準偏差
石灰岩（山口）	102	0.722211	0.000247
石灰岩（山口）漆喰	69.3	0.70632	0.00031(1)
石灰岩（山口）漆喰膠塗布	323	0.70751	0.00010(7)
石灰岩（山口）漆喰鉛丹を膠で塗布	324	0.70843	0.00010(8)
石灰岩（山口）/桃膠塗布	440	0.70831	0.00011(8)
石灰岩（産地不明）漆喰2003年製作	369	0.70819	0.00021(0)
貝灰（滋賀）	587	0.71072	0.00022(8)

Tab. 15　主成分分析結果

	第一成分 PC1	第二成分 PC2	第三成分 PC3	第四成分 PC4	第五成分 PC5	第六成分 PC6
標準偏差	26.948	11.453	10.4864	8.6598	5.1184	4.0126
寄与率	0.652	0.118	0.0987	0.0673	0.0235	0.0144
累積寄与率	0.652	0.769	0.8678	0.9351	0.9586	0.9731

Tab. 16　各目地における主成分に影響の大きい化学成分量の多少

	トレハロース	飽和脂肪酸 C18：0	飽和脂肪酸 C16：0	不飽和脂肪酸 C18：1	不飽和脂肪酸 C16：1	単糖類、スクロース
南西1	多	—	—	—	—	少
南東1	多	—	—	—	—	多
西1-2	やや多	多	多	少	少	—
床1-2	—	少	多	少	少	—
東1-2	—	—	多	少	少	—
天1-2	—	多	—	—	—	—
西2-3	—	—	—	—	—	—
床2-3	—	やや少	やや少	やや多	—	—
東2-3	—	—	—	—	—	—
天2-3	多	—	—	—	—	やや多
北西3	—	—	—	—	—	—
床3-4	少	—	少	多	多	—
北東3	—	—	少	多	多	—
天3-4	—	—	—	—	—	—

—，平均的であることを表わす

Tab. 17　結果のまとめ

項目	推測	場所（多→少の順に記載）
ATP 量多少	微生物繁殖	西1-2、北東3、床3-4、西2-3、北西3、南西1、床1-2、床2-3＞天3-4 、天2-3、東2-3、東1-2 ＞南東1、天1-2
有機物成分の異なる目地	有機物の成分組成変化	南西1、南東1、西1-2、天2-3
δ^{13}C の標準偏差の多少	土壌成分の流入	北東3＞北西3＞床1-2＞天2-3v1＞西2-3、南西1＞床2-3＞西1-2、天3-4＞南東1＞東1-2、東2-3＞床3-4＞天1-2＞天2-3 v2
暦年代の古い土壌流入の多いと推定される目地	水の流入	南東 1、南西 1
^{87}Sr/^{86}Sr 比の標準偏差の多少　(ICP-MS)	水・湿気の長期の浸入	北東 3、北西 3、西 1-2＞東 2-3＞南東 1、南西 1、西 2-3、天 3-4＞天1-2、天 2-3

11　古墳から分離された細菌や酵母の修理用高分子材料に対する資化性試験

（１）　はじめに

これまで高松塚・キトラ両古墳の壁画の剥落止めや強化処置などに使用されたことのある高分子材料には、パラロイド B72、HPC（ハイドロキシプロピルセルロース）、MC（メチルセルロース）などがある。これらの高分子材料についてカビの生育度試験を行ってきた[1-3]が、古墳などの高湿度環境でカビ以外に問題になる細菌や酵母などの生育可能性については、まだ十分にデータが揃っていない。本節では、キトラ古墳から分離された細菌や酵母の分離株を用いて、これらの微生物が修理処置に用いられる高分子材料を栄養源として生育する可能性があるかどうかを調査した。なお、供試分離株／菌株は原則、供試時点の学名で表記した。それぞれの現行の学名は、Tab. 3 に記載した。

（２）　調査方法

（２）-１　壁画の剥落止め、強化処置などに使用された各高分子材料

試験で用いた高分子材料の一覧を Tab. 1 に示す。高松塚古墳の石室内で過去に使用されたパラロイド B72 をはじめ、キトラ古墳の壁画の取り外し作業の際に使用された HPC、MC について検討した。また、膠、フノリは石室内で使用されたことはないが、日本の伝統的絵画の修理に用いられる材料で、かつこれまで実施したカビの生育度試験でカビが生育しやすかったこともあり、今回の試験でも生育度の比較のために試験に加えた。

（２）-２　高分子材料を加えた培地の調製

各高分子材料の濃縮溶液を用いて、細菌の資化性試験に適用される基準[4]に基づき、高分子材料の最終濃度 0.1 ％と 0.5 ％になるように２段階の濃度に調製し、ほかの炭素源をほとんど含まない液体培地へ添加し、その液体培地中でそれぞれの細菌や酵母が生育するかどうかを調査した。また、対照として、細菌、酵母が通常炭素源として生育するグルコース（0.1 ％、0.5 ％）を添加した培地も用意し、生育の度合を比較した。

高分子材料を液体培地に加えるに当たり、濃縮溶液を調製する際、ほとんどの材料は、滅菌水に１％程度の濃度で溶け、試験上で問題がなかった。しかし、パラロイド B72 は水に溶けないため、この樹脂のみはジメチルスルホオキシド（DMSO）に５％濃度で溶かし、この濃縮溶液を最終濃度 0.1 ％および 0.5 ％になるように培地に添加した。ただし、パラロイド B72 の場合は、後述するように、場合によっては基本培地にこの濃縮溶液を加えたのちに樹脂が一部液体培地中で析出する場合もあった（Fig. 1）ため、培地中には目的の濃度の樹脂が溶けていない可能性が高い。ほかの材料では、このような問題はみられなかった。各種高分子材料の濃縮溶液調製濃度の検討結果を Tab. 2 に示す。

(2)-3　細菌・酵母供試菌株と試験方法

供試菌株一覧を Tab. 3 に示す。キトラ古墳の漆喰の一部に重大な影響を与えたと推測される酢酸菌 *Gluconacetobacter* sp. 1 をはじめとして、これまでキトラ古墳石室内、特に壁面上のバイオフィルムから分離された細菌 8 株、酵母 4 株を用いた（一部、高松塚古墳分離株を含む）。また、参考としてバイオフィルム形成能を有する代表的な細菌（*Pseudomonas aeruginosa*）および酵母（*Candida albicans*）を試験に供した。

細菌は、Nutrient agar（Oxoid, Hampshire, England）培地において、30 ℃で 24 時間前培養を行い、資化性試験の基礎培地としては、M70 液体培地[4]（添付資料 1）を用い、30 ℃で 1 週間培養した。また、酵母は Yeast extract-malt extract agar（YM agar）で 28 ℃で 3 日間前培養を行い、資化性試験の基礎培地としては、Bacto Yeast Nitrogen base（Becton Dickinson, MD, USA）を用い、25 ℃で 4 週間培養を行った。

(3)　結果と考察

細菌の試験結果を Tab. 4 に、酵母の試験結果を Tab. 5 に示す。試験は平成 22（2010）年、平成 23（2011）年の 2 度にわたって同じ菌株を用いて実施し、それら 2 回の結果を併記した。結果は、グルコースを加えた陽性コントロールの結果と比較し、目視により判定した。細菌の中には、天然材料の膠、フノリを加えた場合のみならず、HPC、MC を加えた場合にも生育し、これらの材料を資化するものもあることがわかった。なお、キトラ古墳の漆喰の一部に重大な影響を与えたと推測される酢酸菌 *Gluconacetobacter* sp. 1 については、HPC、MC などの高分子を資化することはなかった。平成 23（2011）年に実施した 2 回目の試験において、培養前の各高分子材料を含む液体培地の様子を Fig. 2 に、一例として *Bacillus thuringiensis* の菌株について 3 週間培養した後の各液体培地中での生育の様子を Fig. 3 に示した。

今回供試した樹脂の中でパラロイド B72 を加えた培地では、調査したいずれの細菌、酵母も生育しなかったが、この樹脂の場合は各液体基礎培地に添加した際に完全に溶解せずに、白色の塊が残存する場合もあった（Fig. 1、Fig. 2）ため、今回の液体培地を用いた方法では、資化性を正確に試験できていない可能性もある。また、パラロイド B72 のみ、濃縮溶液を DMSO で調整したため、少量ではあるが DMSO を加えたことでパラロイド B72 の資化性に影響を及ぼした可能性についても考慮する必要がある。ただし DMSO を加えた影響については、細菌および酵母の一般的な増殖培地（Nutrient agar/broth, YM broth/agar）に DMSO を 0.1 %、0.5 %、1.0 %の濃度になるように添加して、細菌、酵母の各 3 株を接種して、増殖を観察したところ、問題なく生育が認められたことから、今回の試験に DMSO の直接的な増殖阻害はないと判断される。

高分子量の HPC（Mw. 100 万）、高分子量の MC（4,000 cps）については、同様に実施したカビの生育度をみる試験では比較的カビが生育しにくいという結果が得られていた[1-3]が、湿度が高い現場では HPC や MC などの材料にも生物被害が起きたという報告もある[11, 12]。キトラ古墳の壁画の場合には、これらの高分子材料は取り外し作業の際に使用されるもので、恒久的に高湿度の石室内におかれるという前提のものではない。しかし、一時的に使用されるものであったとしても、細菌、酵母なども問題になる高湿度環境においては、あらゆる微生物に対して耐性があるような材料という観点を考慮すると、壁画などに適用する材料の選択は、非常に難しいことがわかる。

（木川・佐野・喜友名・立里・杉山・早川・川野邊）

参考文献

1）木川りか、早川典子、山本記子、川野邊渉、佐野千絵、青木繁夫：遺跡等で使用する樹脂のカビへの抵抗性について、保存科学、44、149－156、2005。

2）早川典子、中右恵理子、木川りか、沖本明子、川野辺渉：絵画表面に用いる修復材料の基礎的研究－壁画修復を中心に－、文化財保存修復学会誌、53、1－19、2008。

3）木川りか、佐野千絵、高鳥浩介、喜友名朝彦、杉山純多、安部倫子、中右恵理子、坪倉早智子、早川典子、川野辺渉、石崎武志：高松塚古墳石室内・取合部および養生等で使用された樹脂等材料のかび抵抗性試験、保存科学、49、61－71、2010。

4）坂崎利一、吉崎悦郎、三木寛二：新細菌培地学講座　－下Ⅰ－（第二版）、近代出版、1995。

5）木川りか、佐野千絵、喜友名朝彦、立里臨、杉山純多、早川典子、川野辺渉：キトラ古墳から分離された細菌や酵母の修復用高分子材料に対する資化性試験、保存科学、51、157－166、2012。

6）Tazato, N., Nishijima, M., Handa, Y., Kigawa, R., Sano, C. and Sugiyama, J.: *Gluconacetobacter tumulicola* sp. nov. and *Gluconacetobacter asukensis* sp. nov., isolated from the stone chamber interior of the Kitora Tumulus, Nara, Japan, International Journal of Systematic and Evolutionary Microbiology, 62, 2032－2038, 2012.

7）半田豊、立里臨、佐藤嘉則、木川りか、佐野千絵、杉山純多：高松塚・キトラ両古墳からの主要細菌分離株：*Bacillus*・*Ochrobactrum* 両属分離株の分子系統学的位置、保存科学、56、33－48、2017。

8）Nagatsuka, Y., Kiyuna, T., Kigawa, R., Sano, C., Miura, S. and Sugiyama, J.: *Candida tumulicola* sp. nov. and *Candida takamatsuzukensis* sp. nov., novel yeast species assignable to the *Candida membranifaciens* clade, isolated from the stone chamber of the Takamatsuzuka tumulus, International Journal of Systematic and Evolutionary Microbiology, 59, 186－194, 2009.

9）Nagatsuka, Y., Ninomiya, S., Kiyuna, T., Kigawa, R., Sano, C. and Sugiyama, J.: *Yamadazyma kitorensis* f.a., sp. nov. and *Zygoascus biomembranicola* f.a., sp. nov., novel yeasts from the stone chamber interior of the Kitora Tumulus, and five novel combinations in *Yamadazyma* and *Zygoascus* for species of *Candida*, International Journal of Systematic and Evolutionary Microbiology, 66, 1692－1704, 2016.

10）Kurtzman, C. P. and Suzuki, M.: Phylogenetic analysis of ascomycete yeasts that form coenzyme Q-9 and the proposal of the new genera *Babjeviella*, *Meyerozyma*, *Millerozyma*, *Priceomyces*, and *Scheffersomyces*, Mycoscience, 51, 2－14, 2010.

11）Karbowska-Berent, J.: Microbiodeterioration of Mural Paintings: A Review, In: Art, Biology, and Conservation: Biodeterioration of Works of Art, ed. by Koestler, R. J., Koestler, N., Charola, A. E. and Nieto-Fernandez, F. E., The Metropolitan Museum of Art, New York, pp. 266－301, 2003.

12）Peterson, K., Heyn, C. H. and Krumbein, W. E.: Degradation of synthetic consolidants used in mural paintings restoration by microorgamisms, In: Conserving the Painted Past, Developing Approaches to Wall Painting Conservation, Proceedings of Journees d'Etudes de la S. F. I. I. C., ed. by Heritage, A., Dijon, pp. 47－58, 1993.

＜参考資料１＞

M70 培地組成*

1. 基礎培地

硫酸アンモニウム	2 g
塩化ナトリウム	10 g
ゲランガム	2 g
精製水	400 ml
pH7.0-7.2	

2. 二価金属塩液

$CaCl_2$・$2H_2O$	14.7 mg
MgSO4・7H2O	123 mg
精製水	100 ml
pH7.0-7.2	

3. リン酸塩液

KH_2PO_4	680 mg
K_2HPO_4	2.610 mg
金属塩溶液[a]	10 ml
精製水	400 ml
pH7.0-7.2	

a 金属塩溶液

$FeSO_4$・$7H_2O$	55.6 mg
$ZnSO_4$・$7H_2O$	28.7 mg
$MnSO_4$・$4H_2O$	22.3 mg
$CuSO_4$・$5H_2O$	2.5 mg
$Co(NO_3)$・$6H_2O$	3 mg
ホウ酸	6.2 mg
リン酸	960 mg
精製水	1000 ml

混合割合：

1.基礎培地	400 ml
2.二価金属塩液	100 ml
3.リン酸塩液	400 ml
4.超純水	100 ml

*炭素源利用試験培地：坂崎利一他、新細菌培地学講座、下Ｉ、第二版、近代出版、1995

Tab. 1　試験に用いた高分子材料

No.	高分子材料名	備考
①	パラロイドB72（アクリル樹脂） （Rohm&Haas社）Lot. No. 20071109	パラロイドB52は昭和50年代に高松塚古墳壁画の剥落止めに使用されていた。
②	HPC　Mw. 100万（ﾊｲﾄﾞﾛｷｼﾌﾟﾛﾋﾟﾙｾﾙﾛｰｽ） （Aldrich社）　Batch＃11331MA	平成16（2004）　年当時キトラ古墳の壁画の取り外し作業で使用されていたもの。
③	HPC　Mw. 100万（ﾊｲﾄﾞﾛｷｼﾌﾟﾛﾋﾟﾙｾﾙﾛｰｽ） （Aldrich社）　Batch＃05131JH	キトラ古墳などで使用されてきたもの。
④	HPC　H　（ﾊｲﾄﾞﾛｷｼﾌﾟﾛﾋﾟﾙｾﾙﾛｰｽ） （NISSO）2010年時点で使用しているもの	平成22（2010）年時点で作業に使用されていたもの。
⑤	MC　4,000 cps（メチルセルロース） （Aldrich社）　Lot No. 01616CO	キトラ古墳などで使用されてきたもの。
⑥	MC　400 cps　（メチルセルロース） （Aldrich社）　Lot No. 14601TC	キトラ古墳などで使用されてきたもの。
⑦	三千本膠（にかわ）	古墳石室内の作業では使用していない。 日本画で使用されるもの。
⑧	煮だしフノリ（混合）	古墳石室内の作業では使用していない。 抽出成分をシート状に固めたもの。
⑨	精製フノリ（混合）	古墳石室内の作業では使用していない。 抽出成分をシート状に固めたもの。

Tab. 2　各高分子材料の濃縮溶液調製濃度の検討結果

No.	樹脂等試料名	溶媒	希釈濃度			
			0.5 %	1 %	5 %	10 %
①	パラロイドB72（アクリル樹脂）	滅菌水	－	×	－	－
		90%エタノール	－	－	×	×
		DMSO	－	－	○	×
②	HPC　Mw. 100万 Batch＃11331MA	滅菌水	－	○	－	－
③	HPC　Mw. 100万 Batch＃05131JH	滅菌水	○	△	－	×
④	HPC　H	滅菌水	－	○	△	－
⑤	MC　4,000 cps	滅菌水	－	○	－	－
⑥	MC　400 cps	滅菌水	－	○	－	－
⑦	三千本膠	滅菌水	－	○	－	－

DMSO：ジメチルスルホキシド

○：完全に溶解　△：半溶解（完全に溶解せず、やや不透明な状態）、×：不溶（溶解せず）

－：未実施

Tab. 3　供試菌株リスト

	供試時点の学名※1	株名※2	現行の学名※3	JCM 菌株番号	分離源	文献※4
細菌	*Gluconacetobacter* sp.1	K5929-2-1b^{T}	*Gluconacetobacter tumulicola*	17774^{T}	キトラ古墳 石室内 西寄り天井漆喰にあいた穴③No.4中身の黒色	6
	Stenotrophomonas sp.（*S. rhizophila* に近縁）	K5916-3-1b	*Stenotrophomonas* sp.	28635	キトラ古墳 石室内 南壁朱雀上のカビ	脚注※5
	Stenotrophomonas sp.（*S. rhizophila* に近縁）	K6613-3b	*Stenotrophomonas* sp.	28649	キトラ古墳 石室内 南壁 朱雀尾羽中央（絵の上）白色 塩状塊	脚注※5
	Bacillus thuringiensis	K5916-1-2b	*Bacillus toyoensis*	28855	キトラ古墳 石室内 南壁朱雀（ゲル状）	7
	Bacillus simplex	K6203-10-3b	*Bacillus simplex*	28856	キトラ古墳 石室内 西壁下方ゲル上の塊多数（高松塚のものに酷似）	7
	Microbacterium sp.（*M. foliorum* に近縁）	K6303-8-2b	*Microbacterium* sp.	28647	キトラ古墳 石室内 南壁朱雀	脚注※5
	Rhizobium sp.（*R. radiobacter* に近縁）	K6303-8-4b	*Rhizobium* sp.	28648	キトラ古墳 石室内 南壁朱雀	脚注※5
	Sphingobium sp.	K5916-2-2b	*Novosphingobium* sp.	28633	キトラ古墳 石室内 南壁朱雀突起物	脚注※5
	Pseudomonas aeruginosa	JCM 5962^{T}			不明	
酵母	*Candida tumulicola*	T6517-9-5^{T}	*Yamadazyma tumulicola*	15403	高松塚古墳 石室内 東壁右女子足元下ゲル状部分No.⑨	8, 9
	Candida sp.（*Candida olivae* に近縁）	K5916-7-4y	*Yamadazyma olivae*	30999	キトラ古墳 石室内 北壁玄武下	9
	Pichia guilliermondii	K7724-2-2	*Meyerozyma guilliermondii*	28596	キトラ古墳 石室内 天井赤い着色ゲル	10
	Myxozyma monticola	K8617-6-6	*Myxozyma* sp.	28597	キトラ古墳 石室内 南壁朱雀取外し跡付近石材上の赤色	脚注※5
	Candida albicans	JCM 1542^{T}			皮膚の患部	

※1、保存科学 51 号（木川ら[5], 2012）掲載時の学名
※2、T: 高松塚古墳分離株、K: キトラ古墳分離株、株名の右端上付きの T：当該種の基準株（Type strain）、JCM：Japan Collection of Microorganisms（RIKEN BioResource Research Center）保存株
※3、平成 30（2018）年 3 月時点の各分離株の学名または JCM に寄託された分離株の JCM ホームページ上に記載の学名
※4、詳細同定に関する論文
※5、JCM オンラインカタログ（URL:http://jcm.brc.riken.jp/ja/catalogue または、http://www.jcm.riken.jp/cgi-bin/jcm/strain_takamatsuzuka-kitora）平成 30（2018）年 6 月 8 日時点

Tab. 4　キトラ古墳石室内からの細菌分離株の各高分子材料に対する資化性試験結果

樹脂等試料名および培地添加濃度(%)	①		②		③		④		⑤		⑥		⑦		⑧		⑨		コントロール	
	パラロイド B72		HPC Mw. 100 万 Batch♯ 11331MA		HPC Mw. 100 万 Batch♯ 05131JH		HPC　H		MC 4,000 cps		MC 4,00 cps		三千本膠		煮だしフノリ（混合）		精製フノリ（混合）		グルコース	
菌種名 菌株番号	0.1	0.5	0.1	0.5	0.1	0.5	0.1	0.5	0.1	0.5	0.1	0.5	0.1	0.5	0.1	0.5	0.1	0.5	0.1	0.5
Gluconacetobacter sp.1 K5929-2-1b	-/-	-/-	-/-	-/-	-/-	-/-	-/-	-/-	-/-	-/-	-/-	-/-	+/+	+/+	-/-	+/+	+/+	+/+	+w/+w	+w/+
Stenotrophomonas sp. K5916-3-1b	-/-	-/-	-/-	-/-	+/-	+/+w	+/-	+/-	+/-	+/-	+/-	+/-	+/+	+/+	+/+	+/+	+/+	+/+	+/+w	+/+
Stenotrophomonas sp. K6613-3b	-/-	-/-	-/-	-/-	+/-	+/-	+/-	+/-	+/-	+/-	+/-	+/-	+/+	+/+	+/+	+/+	+/+	+/+	+/+	+/+
Bacillus thuringiensis K5916-1-2b	-/-	-/-	+/-	+/-	+/-	+/-	+/-	+/+w	+/-	+/-	+/-	+/-	+/+	+/+	+/+	+/+	+/+	+/+	+/+	+/+
Bacillus simplex K6203-10-3b	-/-	-/-	-/-	-/-	+/-	+/-	+/-	+/-	+/-	+/-	+/-	+/+	+/+	+/+	+/+	+/+	+/+	+/+	+w/+	+w/+
Microbacterium sp. K6303-8-2b	-/-	-/-	-/-	-/-	+/-	+/+w	+/-	+/+	+/-	+/+w	+/-	+/+	+/+	+/+	+/+	+/+	+/+	+/+	+/+w	+/+
Rhizobium sp. K6303-8-4b	-/-	-/-	+/+w	+/+w	+/+w	+/+w	+/+w	+/+w	+/+w	+/+w	+/+w	+/+w	+/+	+/+	+/+	+/+	+/+	+/+	+/+	+/+
Sphingobium sp. K5916-2-2b	-/-	-/-	-/-	-/-	+/-	+/+w	+/+w	+/+w	+/+w	+/+w	+/+w	+/+w	+/+	+/+	+/+	+/+	+/+	+/+	+/+	+/+
Pseudomonas aeruginosa JCM 5962^T	-/-	-/-	-/-	-/-	+w/-	+/-	+w/-	+/-	+/-	+/+w	+/+w	+/+	+/+w	+/+	+/+	+/+	+/+	+/+	+/+	+/+

＋：資化性あり、＋w：弱い資化性、－：資化性なし
30℃で培養、１週間後の結果を示す。表中の結果は、「平成 22（2010）年実施試験結果 / 平成 23（2011）年実施試験結果」として２回の試験結果のデータを併記。

Tab. 5　キトラ古墳石室内からの酵母分離株の各高分子材料に対する資化性試験結果

樹脂等試料名および培地添加濃度(%) 菌種名 菌株番号	① パラロイド B72		② HPC Mw. 100万 Batch♯ 11331MA		③ HPC Mw. 100万 Batch♯ 05131JH		④ HPC　H		⑤ MC 4,000 cps		⑥ MC 4,00 cps		⑦ 三千本膠		⑧ 煮だしフノリ（混合）		⑨ 精製フノリ（混合）		コントロール グルコース	
	0.1	0.5	0.1	0.5	0.1	0.1	0.1	0.5	0.1	0.5	0.1	0.5	0.1	0.5	0.1	0.5	0.1	0.5	0.1	0.5
Candida tumulicola T6517-9-5[T]	−/−	−/−	−/−	−/−	−/−	−/−	−/−	−/−	−/−	−/−	−/−	−/−	−/−	−/+w	+w/w	+/+w	+w/+w	+/+w	+/+w	+/+
Candida aff. *olivae* K5916-7-4y	−/−	−/−	−/−	−/−	−/−	−/−	−/−	−/−	−/−	−/−	−/−	−/−	−/+w	+/+w	+w/+w	+/+w	+w/+w	+/+w	+w/+w	+/+
Pichia guilliermondii K7724-2-2	−/−	−/−	−/−	+w/−	−/−	−/−	−/−	−/−	−/−	−/−	−/−	−/−	−/+w	+/+w	+w/+w	+/+w	−/+w	+/+w	+w/+w	+/+
Myxozyma monticola K8617-6-6	−/−	−/−	−/−	+w/−	−/−	−/−	−/−	−/−	−/−	−/−	−/−	−/−	−/+w	+/+w	+w/+w	+/+w	+w/+w	+/+w	+/+	+/+
Candida albicans JCM 1542[T]	−/+w	−/−	−/−	+w/−	−/−	−/−	−/−	−/−	−/−	−/−	−/−	−/−	−/+w	+/+w	+w/+w	+w/+w	+w/+w	+/+w	+/+	+/+

+：資化性あり、+w：弱い資化性、−：資化性なし

25℃で培養、4週間後の結果を示す。表中の結果は、「平成22（2010）年実施試験結果/平成23（2011）年実施試験結果」として2回の試験結果のデータを併記。

Fig. 1　パラロイド B72 の濃縮溶液を添加した後の Bacto Yeast Nitrogen Base 液体培地の例（左：0.1 %、右：0.5 %）

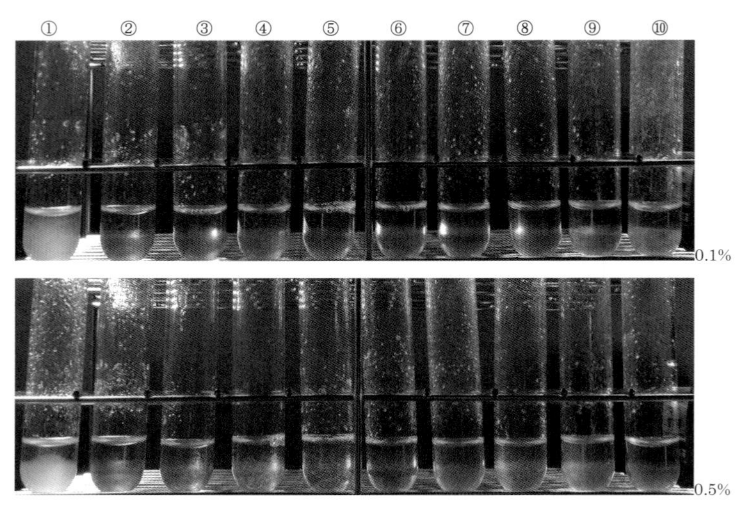

Fig. 2　各高分子材料を含む液体培地の様子（培養前）
写真の上段：濃度 0.1 %、下段：濃度 0.5 %
左から、①パラロイド B72、② HPC Mw 100 万（2004）、③ HPC Mw 100 万、④ HPC H、⑤ MC 4000 cps、⑥ MC 400 cps、⑦三千本膠、⑧煮出しフノリ、⑨精製フノリ、⑩グルコース（コントロール）

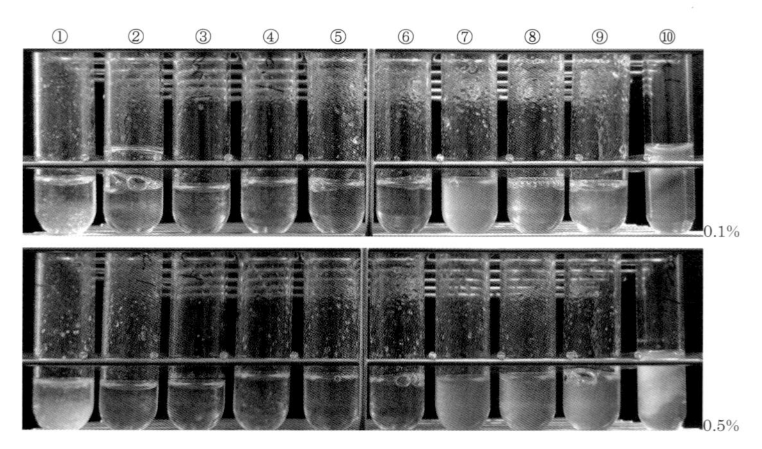

Fig. 3　*Bacillus thuringiensis* K5916-1-2b（培養 2 回目、3 週間後）
写真の上段：濃度 0.1 %、下段：濃度 0.5 %
左から、①パラロイド B72、② HPC Mw 100 万（2004）、③ HPC Mw 100 万、④ HPC H、⑤ MC 4000 cps、⑥ MC 400 cps、⑦三千本膠、⑧煮出しフノリ、⑨精製フノリ、⑩グルコース（コントロール）

第５章　高松塚古墳の試料から分離された微生物株の保存と寄託

平成 16（2004）年以降の高松塚古墳石室、取合部など詳細な微生物調査によって、相当な数の微生物が分離された。平成 13（2001）年の石室内で発生した一部のカビの分離株をはじめ、平成 16（2004）年に発生したカビも含まれていることから、高松塚古墳壁画・壁石の微生物による劣化原因を調査する上で、また広く古墳石室内の劣化にどのような微生物が関与していたかを知る上でも、さらには、壁画の修理方法を検討する模擬実験の実施の上でも、大きな役割を果たした。このような微生物分離株は、今後同様の古墳石室内の微生物による劣化の防止策を考える場合にも、また他の被害がおきたときの参照株（Reference strain）としても非常に重要な役割を果たすと考えられる。

劣化原因調査や保存活用方法を検討する一環として、これまで高松塚・キトラ両古墳の主要な微生物の培養株の保存用アンプルを作製してきたが、今後も重要な微生物分離株は「未来に向けて『常に備える』」[1] ために、証拠培養株（voucher culture）として恒久保存していく必要がある [2-4]。

なお、後述の第５章１節中の Tab. ３～７には高松塚古墳に加えて、キトラ古墳の試料から分離・同定された微生物株の各種情報も記載した。

（杉山・木川・佐野）

参考文献

１）高松塚古墳壁画劣化原因調査検討会、高松塚古墳壁画劣化原因調査報告書、平成 22 年３月 24 日、文化庁、p. 92。

２）杉山純多：21 世紀の “Voucher specimens, Voucher cultures”、日本微生物資源学会誌、16、39－40、2000。

３）杉山純多、岡田元：証拠（voucher）となる標本・培養株の役割と寄託の重要性、日本菌学会会報、42、53－56、2001。

４）Sugiyama, J., Kiyuna, T., Nishijima, M., An, K.-D., Nagatsuka, Y., Tazato, N., Handa, Y., Hata-Tomita, J., Sato, Y., Kigawa, R. and Sano, C.: Polyphasic insights into the microbiomes of the Takamatsuzuka Tumulus and Kitora Tumulus, The Journal of General and Applied Microbiology, 63, 63－113, 2017.

１　高松塚古墳・キトラ古墳から分離された微生物株の保存と寄託

（１）　はじめに

微生物分離株は系統分類学的に同じ種に属していても、個々の微生物株によってそれぞれの性質は異なり、今後のさらなる研究や「未来に向けて『常に備える』」[1]という視点から、証拠（voucher）となる微生物株（培養株）を恒久的に保存する必要がある[2-4]。微生物分離株の保存には様々な保存法が知られている[5]。高松塚古墳試料から分離された微生物分離株の一連の保存用アンプル作製に際して、坂根ら[6]によって多種類の微生物に適用できるように改良された真空乾燥法の一種、L- 乾燥（Liquid-drying）法を主として適用した。L- 乾燥法とは菌体から大部分の水分を取り除き、細胞の活動を停止させることにより保存する方法で、ガラスアンプルに入れた菌液を凍結させずに液体から減圧下で乾燥させた後、アンプル内部を真空に保持したまま密封し、低温で保管する方法である[6,7]。カビなどで培地上で胞子形成が認められない分離株に対しては、L- 乾燥法を適用することができないため[8]、凍結保存法を適用した。

（２）　保存方法（L- 乾燥法、凍結保存法）

L- 乾燥法および凍結保存法の方法の概要を以下にまとめる。詳細は、それぞれの参考文献を参照されたい。

（２）-１　L- 乾燥法[6,7]

各微生物分離株を生育に適した培地で前培養を行った後、菌体を集菌し、保護培地に懸濁した後、濃厚な菌液をアンプル管に分注し、真空乾燥させた後、真空状態を保った状態で溶封し、冷暗所で保管した。各微生物分離株の前培養条件は、細菌では基本的に Nutrient Agar（Oxoid, Hampshire, England）（pH 7.4）、30 ℃、２日間で行った。酵母は Bacto YM Agar（Becton Dickinson, MD, USA）（pH 6.2）あるいはポテトデキストロース寒天培地（日本製薬、東京）（pH 5.6）、25 ℃～ 28 ℃、４～７日間、カビはポテトデキストロース寒天培地（日本製薬、東京）（pH 5.6）、25 ℃～ 28 ℃で７日間とした。また、各微生物分離株のアンプル用の保護培地（分散媒）を Tab. 1 に示す。

（２）-２　凍結保存法[7,8]

カビ（糸状菌類）の中で培地上で胞子形成が認められないグループについては L- 乾燥法による保存法は適用できないため、凍結保存法を適用した。また、一部の細菌分離株、酵母分離株についても予備的な保存法として凍結保存を用いた。凍結保存に使用した保護培地を Tab. 2 に示す。保存方法として、カビに対しては適切な培地で十分な生育が認められるコロニーの周縁部あるいは中心付近を寒天培地ごとコルクボーラーで打ち抜いて、コロニー片を滅菌済の保護培地が入った凍結用チューブ（2.0 mL）に入れて－80 ℃で凍結保存した。一方、細菌および酵母については寒天平板培地上で十分に生育したコロニーから菌体を集菌して保護培地に懸濁して、濃厚な菌液を調製後、−80℃で凍結保存した。

（3）　高松塚古墳試料からの分離微生物の保存対象微生株について

恒久保存向けにL-乾燥アンプル等を作製した高松塚古墳試料からの微生物分離株は平成22（2010）年4月時点で総計で977株となり、内訳として、高松塚古墳菌類（カビ・酵母）分離株は470株、高松塚古墳細菌分離株は507株である。キトラ古墳についても保存株を作製しており、菌類（カビ・酵母）分離株は281株、細菌分離株は155株となっている（平成22（2010）年4月時点）。

（4）　公的微生物株保存機関への寄託・移管微生物株について

個別寄託株（個別寄託の微生物分離株）と一括移管（寄託）株（一括移管の微生物分離株）の2つに分けて記述する。

（4）-1　個別寄託株

高松塚古墳試料・キトラ古墳試料から分離した微生物のうち、特に微生物劣化にかかわる主要微生物（細菌・カビ・酵母）については種レベルの詳細同定を行い、それらの結果を主として国際学術誌に論文投稿した。その際、決定した遺伝子塩基配列データは当該分離株の学名・分離源情報など必要な菌株データ（strain data）とともに国際塩基配列データベース（International Nucleotide Sequence Database; INSD）（DDBJ/ENA/GenBank）に登録した。さらに当該分離株を関係する菌株データとともに国内の公的な（public）微生物株保存機関（カルチャーコレクション）/バイオリソースセンターの一つ、現在の国立研究開発法人・理化学研究所バイオリソース研究センター（つくば市高野台、略称：JCM）へ順次、寄託し、公開分譲されている（例えば、参考文献[9-17]）。特に、新種の記載・提唱を行ったカビ・酵母・細菌分離株の基準株（type strain）/タイプに由来する株（ex-type strain）については、それぞれ国際藻類・菌類・植物命名規約（International Code of Nomenclature of algae, fungi, and plants; ICN）および国際原核生物命名規約（International Code of Nomenclature of Prokaryotes; ICNP）の関係条項に従い、海外の公的微生物株保存機関「オランダWesterdijk Fungal Biodiversity Institute, CBS-KNAW Culture Collection、略称：CBS」、「英国NCIMB Ltd., National Collections of Industrial, Food and Marine Bacteria、略称：NCIMB」にも寄託した（例えば、参考文献[10, 12, 14-17]）。菌類の新種の記載・提唱にかかわるタイプ標本については、国立科学博物館植物研究部・菌類ハーバリウム（つくば市天久保、略称：TNS-F）に寄託した[10, 17]）。上述のカテゴリーに含まれる全微生物分離株のデータを菌類（カビ・酵母）と細菌に分けてTab. 3A、Tab. 3Bに示す。

（4）-2　一括移管（寄託）株

他方、高松塚古墳試料・キトラ古墳試料から分離した微生物株のうち、詳細な同定（種レベルの同定）に至らず、簡易同定（属/科レベル）に留まった微生物分離株については、遺伝子塩基配列データならびに分離源など菌株データとともに文化庁文化財部古墳壁画室から国立研究開発法人理化学研究所バイオリソースセンター・微生物材料開発室（JCM）に一括して移管した[18-20]。これら移管微生物分離株は現在、「非営利学術研究目的」に限定して非営利機関のみに分譲されている。なお、微生物株の品質管理に欠かせない遺伝子塩基配列データはすべて国際塩基配列データベース（DDBJ/ENA/GenBank）に必要な情報を付けて登録し、公開されている。一括移管（寄託）株の微生物分離株データについて、菌類（カビ・酵母）はTab. 4とTab. 5、細菌はTab. 6とTab. 7に示した。

なお、個別寄託株と一括移管（寄託）株のそれぞれの微生物分離株の学名は系統分類学の進展に伴い、寄託した微生物保存機関/バイオリソースセンターにより適時アップデート（更新）されている。上述のJCMに寄託した全微生物分離株の最新の学名情報は、JCM微生物株オンラインカタログ[21]を参照されたい。

（5）まとめ

本事業で分離・同定した微生物株は今後の古墳壁画など広く文化財の微生物劣化の調査研究などを行う上で、きわめて重要なものである。それらの微生物分離株については、恒久的保存体制が整備されている環境の下で保存・維持していくことが急務であると考え、当該微生物分離株の大半をつくば市高野台所在の国立研究開発法人理化学研究所バイオリソース研究センター微生物材料開発室（BRC-JCM）に寄託し、公開分譲されている。

（杉山・喜友名・西島・木川・佐野）

参考文献

1）高松塚古墳壁画劣化原因調査検討会、高松塚古墳壁画劣化原因調査報告書、文化庁、p. 92、2010。

2）杉山純多：21世紀の“Voucher specimens, Voucher cultures”、日本微生物資源学会誌、16、39－40、2000。

3）杉山純多、岡田元：証拠（voucher）となる標本・培養株の役割と寄託の重要性、日本菌学会会報、42、53－56、2001。

4）Sugiyama, J., Kiyuna, T., Nishijima, M., An, K.-D., Nagatsuka, Y., Tazato, N., Handa, Y., Hata-Tomita, J., Sato, Y., Kigawa, R. and Sano,C.: Polyphasic insights into the microbiomes of the Takamatsuzuka Tumulus and Kitora Tumulus, The Journal of General and Applied Microbiology, 63, 63－113, 2017.

5）根井外喜男（編）：微生物の保存法、東京大学出版会、東京、1977。

6）坂根健、西井忠止、伊藤忠義、見方洪三郎：L-乾燥法による微生物株の長期保存法、日本微生物資源学会誌、12、91－97、1996。

7）中川恭好：微生物の保存方法 ― 微生物管理の実際 ―、防菌防黴、34、95－103、2006。

8）岡田元：糸状菌類の簡便で安全な凍結保存法、日本微生物資源学会誌、22、105－110、2006。

9）Kiyuna, T., An, K.-D., Kigawa, R., Sano, C., Miura, S. and Sugiyama, J.: Mycobiota of the Takamatsuzuka and Kitora Tumuli in Japan, focusing on the molecular phylogenetic diversity of *Fusarium* and *Trichoderma*, Mycoscience, 49, 298－311, 2008.

10）Kiyuna, T., An, K.-D., Kigawa, R., Sano, C., Miura, S. and Sugiyama, J.: Molecular assessment of fungi in “black spots” that deface murals in the Takamatsuzuka and Kitora Tumuli in Japan: *Acremonium* sect. *Gliomastix* including *Acremonium tumulicola* sp. nov. and *Acremonium felinum* comb. nov., Mycoscience, 52, 1－17, 2011.

11）An, K.-D., Kiyuna, T. ., Kigawa, R., Sano, C., Miura, S. and Sugiyama, J.: The Identity of *Penicillium* sp.1, a major contaminant of the sotome chambers in the Takamatsuzuka and Kitora tumuli in Japan, is *Penicillium paneum*,

Antonie van Leeuwenhoek, 96, 579－592, 2009.

12）Nagatsuka, Y., Kiyuna, T., Kigawa, R., Sano C., Miura, S. and Sugiyama, J.: *Candida tumulicola* sp. nov. and *Candida takamatsuzukensis* sp. nov., novel yeast species assignable to the *Candida membranifaciens* clade, isolated from the stone chamber of the Takamatsu-zuka tumulus, International Journal of Systematic and Evolutionary Microbiology, 59, 186－194, 2009.

13）Kiyuna, T., An, K.-D., Kigawa, R., Sano, C., Miura, S. and Sugiyama, J.: Bristle-like fungal colonizers on the stone walls of the Kitora and Takamatsuzuka Tumuli are identified as *Kendrickiella phycomyces*, Mycoscience, 53, 446－459, 2012.

14）Tazato, N., Nishijima, M., Handa, Y., Kigawa, R., Sano, C. and Sugiyama, J.: *Gluconacetobacter tumulicola* sp. nov. and *Gluconacetobacter asukensis* sp. nov., isolated from the stone chamber interior of the Kitora Tumulus, Nara, Japan, International Journal of Systematic and Evolutionary Microbiology, 62, 2032－2038, 2012.

15）Handa, Y., Tazato, N., Nagatsuka, Y., Koide, T., Kigawa, R., Sano, C. and Sugiyama, J.: *Stenotrophomonas tumulicola* sp. nov., a major contaminant of the stone chamber interior in the Takamatsuzuka Tumulus, International Journal of Systematic and Evolutionary Microbiology, 66, 1119－1124, 2016.［For "Corrigendum", see International Journal of Systematic and Evolutionary Microbiology, 67, 763, 2017.］

16）Nishijima, M., Tazato, N., Handa, Y., Umekawa, N., Kigawa, R., Sano, C. and Sugiyama, J.: *Krasilnikoviella muralis* gen. nov., sp. nov., a member of the family *Promicromonosporaceae*, isolated from the Takamatsuzuka Tumulus stone chamber interior and reclassification of *Promicromonospora flava* as *Krasilnikoviella flava* comb. nov., International Journal of Systematic and Evolutionary Microbiology, 67, 294－300, 2017.

17）Kiyuna, T., An, K.-D., Kigawa, R., Sano, C. and Sugiyama, J.: Two new *Cladophialophora* species, *C. tumbae* sp. nov. and *C. tumulicola* sp. nov., and chaetothyrialean fungi from biodeteriorated samples in the Takamatsuzuka and Kitora Tumuli, Mycoscience 59, 75－84, 2018.［For "Corrigendum", see Mycoscience, 59, 441, 2018.］

18）古墳壁画の保存活用に関する検討会 第19回、資料4－3、平成28年3月22日、文化庁

19）理化学研究所バイオリソースセンター微生物材料開発室、文化庁文化財部古墳壁画室：高松塚古墳の壁画からの微生物株公開へ－文化庁保有のカビ・酵母・細菌株の移管完了と提供開始－、平成28年6月29日、http://www.riken.jp/pr/topics/2016/20160629_1/

20）Anonymous: Researchers gain access to microorganisms from ancient tumuli, July 19, 2016, RIKEN, http://www.riken.jp/pr/topics/2016/20160629_1/

21）RIKEN BRC-JCM: JCM 微生物株オンラインカタログ、http://jcm.brc.riken.jp/ja/catalogue

Tab. 1　微生物分離株のL-乾燥保存法に用いる保護培地[4, 5]

一般細菌	グルタミン酸ナトリウム 3.0 g, リビトール 1.5 g, システイン一塩酸 0.05 g, 0.1 Mリン酸緩衝液(K-K, pH 7.0) 100 ml (pH 7.0；121 ℃, 15分間オートクレーブ滅菌)
酵母	A液（ポリビニルピロリドン(K-90) 6.0 g, ラクトース 5.0 g, 消泡剤PE-L 0.1 g, 蒸留水 75 ml） B液（グルタミン酸ナトリウム 3.0 g, 1Mリン酸緩衝液(K-K, pH 7.0) 10 ml, 蒸留水 15 ml） A液とB液を別々にオートクレーブ滅菌した後、両液を混合する。
糸状菌（カビ）	グルタミン酸ナトリウム 3.0 g, 消泡剤 PE-L 0.5 g, 0.1 M リン酸緩衝液(K-K, pH 7.0) 100 ml (pH無調整；121 ℃, 15分間オートクレーブ滅菌)

Tab. 2　微生物分離株の凍結保存法に用いる保護培地[5, 6]

一般細菌 酵母	10 % グリセロール溶液
糸状菌（カビ）	10 % グリセロール＋5 %トレハロース水溶液

Tab. 3A 高松塚・キトラ両古墳試料から分離・同定された菌類（カビ・酵母）分離株の個別寄託株リスト

分離当初の学名[1]	現行学名[2]	分離株番号[3]	東文研番号[3]	微生物株/標本保存機関の受託番号[4), 5)]		分離源（試料採取箇所）	試料採取年月日	遺伝子塩基配列 アクセッション番号[6]			文献[7]
				JCM	その他の保存機関			LSU	ITS	その他遺伝子	
カビ											
Acremonium (sect. *Gliomastix*) *masseei*	*Gliomastix masseei*	T4519-5-1	TBT-13(m)	17164		高松塚古墳 石室内床面 白色コロニー	2004/5/19	AB540433	AB540507		1
Acremonium (sect. *Gliomastix*) *masseei*	*Gliomastix masseei*	T6517-1-1	TBT-105(m)	17165		高松塚古墳 石室内西壁女子額 黒色部分 No.①	2006/5/17	AB540434	AB540508		1
Acremonium (sect. *Gliomastix*) *masseei*	*Gliomastix masseei*	T6517-7-1	TBT-123(m)	17166		高松塚古墳 石室内西壁白虎頭上 黒色部分 No.⑦	2006/5/17	AB540439	AB540513		1
Acremonium (sect. *Gliomastix*) *masseei*	*Gliomastix masseei*	T6517-8-1	TBT-126(m)	17167		高松塚古墳 石室内東壁右女子上(絵の上) 白いカビ No.⑧	2006/5/17	AB540440	AB540514		1
Acremonium (sect. *Gliomastix*) *masseei*	*Gliomastix masseei*	T61213-1-6	TBT-497(m)	17168		高松塚古墳 石室内西壁中央女子額 黒カビ ゲル状	2006/12/13	AB540455	AB540529		1
Acremonium (sect. *Gliomastix*) *masseei*	*Gliomastix masseei*	T61213-6-1	TBT-505(m)	17169		高松塚古墳 石室内西壁白虎頭上 ゲル状 黒カビ	2006/12/13	AB540460	AB540534		1
Acremonium (sect. *Gliomastix*) *masseei*	*Gliomastix masseei*	T61213-10-1	TBT-514(m)	17170		高松塚古墳 石室内天井北側第一第二石境目近く 中央付近 黒カビ	2006/12/13	AB540462	AB540536		1
Acremonium (sect. *Gliomastix*) *masseei*	*Gliomastix masseei*	K61027-2-1	TBK-1006(m)	17171		キトラ古墳 石室内東壁 黒い粉状のカビ	2006/10/27	AB540465	AB540539		1
Acremonium (sect. *Gliomastix*) *murorum*	*Gliomastix murorum*	T6713-14-2	TBT-1005(m)	17172		高松塚古墳 石室内西壁男子群像上部の黒カビ	2006/7/13	AB540466	AB540540		1
Acremonium (sect. *Gliomastix*) *murorum*	*Gliomastix murorum*	K6330-2	TBK-202(m)	17173		キトラ古墳 石室内東壁 黒色とげ状	2006/3/30	AB540467	AB540541		1
Acremonium (sect. *Gliomastix*) *murorum*	*Gliomastix murorum*	K6630-3-1	TBK-1010(m)	17174		キトラ古墳 石室内天井部 黒いカビ様汚れ	2006/6/30	AB540468	AB540542		1
Acremonium (sect. *Gliomastix*) *murorum*	*Gliomastix murorum*	K61027-1-1	TBK-1005(m)	17175		キトラ古墳 石室内北壁 黒い粉状のカビ	2006/10/27	AB540469	AB540543		1
Acremonium (sect. *Gliomastix*) *murorum*	*Gliomastix murorum*	K61027-3-1	TBK-1007(m)	17176		キトラ古墳 石室内南壁 黒いすす状のカビ	2006/10/27	AB540470	AB540544		1
Acremonium (sect. *Gliomastix*) *murorum*	*Gliomastix murorum*	K7511-1	TBK-478(m)	17177		キトラ古墳 石室内北壁東側上方 黒すすカビ	2007/5/11	AB540471	AB540545		1
Acremonium (sect. *Gliomastix*) *felinum*	*Gliomastix roseogrisea*	K4615-9	TBK-1001(m)	17178		キトラ古墳 石室内B区 西壁と流入土の空隙 土壌サンプル3点	2004/6/15	AB540472	AB540546		1
Acremonium (sect. *Gliomastix*) *polychrorum*	*Gliomastix polychroma*	T6713-22-1a	TBT-1006(m)	17179		高松塚古墳 空中菌③ 前室B	2006/7/13	AB540473	AB540547		1
Acremonium (sect. *Gliomastix*) *polychrorum*	*Gliomastix polychroma*	T6713-22-1b	TBT-1007(m)	17180		高松塚古墳 空中菌③ 前室B	2006/7/13	AB540474	AB540548		1
Acremonium (sect. *Gliomastix*) *polychrorum*	*Gliomastix polychroma*	K5225-12-5	TBK-1003(m)	17181		キトラ古墳 小前室北 空中落下微生物(10分暴露)	2005/2/25	AB540475	AB540549		1
Acremonium (sect. *Gliomastix*) *tumulicola*	*Gliomastix tumulicola*	K5916-10-3	TBK-197(m)	17182		キトラ古墳 小前室閉塞石 粘性物	2005/9/16	AB540476	AB540550		1
Acremonium (sect. *Gliomastix*) *tumulicola*	*Gliomastix tumulicola*	K6303-1-7	TBK-1008(m)	17183		キトラ古墳 石室内 床面	2006/3/3	AB540477	AB540551		1
Acremonium (sect. *Gliomastix*) *tumulicola*	*Gliomastix tumulicola*	K6613-2[T]	TBK-1009(m)	17184[T]	CBS 127532[T] TNS-F-37402[T]	キトラ古墳 石室内南壁朱雀尾羽中央(絵の上) 白色 塩状塊	2006/6/13	AB540478	AB540552		1
Acremonium cf. *strictum*	*Sarocladium kiliense*	K5217-2-2	TBK-32(m)	15326		キトラ古墳 石室内西壁 ブーメラン状片うら 黒粒状 粘性	2005/2/17	AB294795		AB294844 (*EF-1α*)	2
Acremonium cf. *strictum*	*Sarocladium kiliense*	K5217-2-3	TBK-33(m)	15327		キトラ古墳 石室内西壁 ブーメラン状片うら 黒粒状 粘性	2005/2/17	AB294796		AB294845 (*EF-1α*)	2
Acremonium cf. *strictum*	*Sarocladium kiliense*	K5225-6-1	TBK-38(m)	15328		キトラ古墳 石室内北壁 玄武下 酵母様白色コロニー	2005/2/25	AB294802		AB294851 (*EF-1α*)	2
Acremonium cf. *strictum*	*Sarocladium kiliense*	K5225-13-3	TBK-41(m)	15329		キトラ古墳 石室内東北 空中落下微生物(10分暴露)	2005/2/25	AB294797		AB294846 (*EF-1α*)	2
Acremonium cf. *strictum*	*Sarocladium kiliense*	K5225-14-3	TBK-44(m)	15330		キトラ古墳 石室内西北 空中落下微生物(10分暴露)	2005/2/25	AB294798		AB294847 (*EF-1α*)	2
Acremonium cf. *strictum*	*Sarocladium kiliense*	K5225-15-1	TBK-45(m)	15331		キトラ古墳 石室内南西 空中落下微生物(10分暴露)	2005/2/25	AB294799		AB294848 (*EF-1α*)	2
Acremonium cf. *strictum*	*Sarocladium kiliense*	K5225-19-1	TBK-49(m)	15332		キトラ古墳 石室内西 漆喰剥落片	2005/2/25	AB294800		AB294849 (*EF-1α*)	2
Acremonium cf. *strictum*	*Sarocladium kiliense*	K5225-19-2	TBK-50(m)	15333		キトラ古墳 石室内西 漆喰剥落片	2005/2/25	AB294801		AB294850 (*EF-1α*)	2
Acremonium-like hyphomycetes (Bionectriaceae group 1)	Unidentified fungus	K5225-10-5	TBK-40(m)	15384		キトラ古墳 小前室西 空中落下微生物(10分暴露)	2005/2/25	AB294803			2
Acremonium-like hyphomycetes (Bionectriaceae group 1)	Unidentified fungus	K5225-14-1	TBK-42(m)	15385		キトラ古墳 石室内西北 空中落下微生物(10分暴露)	2005/2/25	AB294804			2
Acremonium-like hyphomycetes (Bionectriaceae group 1)	Unidentified fungus	K5225-14-2	TBK-43(m)	15386		キトラ古墳 石室内西北 空中落下微生物(10分暴露)	2005/2/25	AB294805			2
Burgoa sp.	*Burgoa anomala*	K6421-1-1	TBK-203(m) TBK-625(m)	30265		キトラ古墳 石室内東壁日月上 黒い粒々	2006/4/21	AB972759	AB972782	AB972752 (SSU)	3
Burgoa sp.	*Burgoa anomala*	K7316-1-1	TBK-459(m) TBK-627(m)	30266		キトラ古墳 石室内天井石壁面 天文図（北斗付近(1)）黒粒	2007/3/16	AB972765	AB972788	AB972755 (SSU)	3
Burgoa sp.	*Burgoa anomala*	K9515-1	TBK-628(m)	30267		キトラ古墳 石室内天井南側西寄 黒粒	2009/5/15	AB972774	AB972797		3
Burgoa sp.	*Burgoa anomala*	K9703-6-7	TBK-1011(m)	30268		キトラ古墳 石室内東壁 漆喰上(北側上部)赤いゲル粒	2009/7/3	AB972775	AB972798		3
Burgoa sp.	*Burgoa anomala*	K10510-2-1	TBK-449(m) TBK-629(m)	30269		キトラ古墳 石室内天井 中央日地付近 黒粒	2010/5/10	AB972778	AB972801		3
Cladophialophora sp. 1	*Cladophialophora tumulicola*	T61213-19-4	TBT-898(m)	28742		高松塚古墳 石室外西側 H13工事 保存施設西(左)側ふさぎ用凝灰岩側面 土壌塊(黄褐色、薄い層状)(墳丘部発掘作業現場)	2006/12/13	LC192087	LC192122		4
Cladophialophora sp. 1	*Cladophialophora tumulicola*	T61213-23-2	TBT-907(m)	28743		高松塚古墳 石室外東側 石側面 石材表面上部の根（墳丘部発掘作業現場）	2006/12/13	LC192088	LC192123		4
Cladophialophora sp. 1	*Cladophialophora tumulicola*	T7615-16-1		28758		高松塚古墳 南壁石(閉塞石:石室側)西隅床面近く 漆喰土壌片小塊(黒褐色)	2007/6/15	LC192059	LC192094		4

(Tab. 3A 続き)

Cladophialophora sp. 1	*Cladophialophora tumulicola*	T8804-4-4	TBT-791(m)	28760		高松塚古墳 保存施設東側 旧発掘区上面 ④ 粘土質	2008/8/4	LC192061	LC192096		4
Cladophialophora sp. 1	*Cladophialophora tumulicola*	T81203-3-5	TBT-844(m)	28763		高松塚古墳 東側 墳丘土オリジナル 白色版築土(取合部凝灰岩の裏)	2008/12/3	LC192060	LC192095		4
Cladophialophora sp. 1	*Cladophialophora tumulicola*	K6203-2-4		28764		キトラ古墳 石室内東壁 漆喰の穴(上方、小さい穴)の中の黒色粘性のある物質	2006/2/3	LC192062	LC192097		4
Cladophialophora sp. 1	*Cladophialophora tumulicola*	K6203-7-2^T	TBK-179(m)	28766^T	CBS 142747^T TNS-F-40285^T	キトラ古墳 石室内天井 奥(北寄り)漆喰が剥がれている部分のきわ黒色粘性物質	2006/2/3	LC192063	LC192098		4, 5
Cladophialophora sp. 1	*Cladophialophora tumulicola*	K9403-3-4	TBK-362(m)	28768		キトラ古墳 石室内東壁 南側下方石の面の上 ゲル	2009/4/3	LC192092	LC192127		4
Cladophialophora sp. 1	*Cladophialophora tumulicola*	K101008-4-6	TBK-500(m)	28771		キトラ古墳 石室内天井 中央部 石材間の隙間の物質 ゲル (側面を針でこそげる)	2010/10/8	LC192064	LC192099		4
Cladophialophora sp. 1	*Cladophialophora tumulicola*	K111013-1-6	TBK-540(m)	28774		キトラ古墳 石室内西壁中央部 黒緑 ゲル	2011/10/13	LC192065	LC192100		4
Cladophialophora sp. 1	*Cladophialophora tumulicola*	K111013-6-3	TBK-557(m)	28775		キトラ古墳 石室内天井北側中央部 石材面 漆喰破片	2011/10/13	LC192066	LC192101		4
Cladophialophora sp. 1	*Cladophialophora tumulicola*	K12924-1-7	TBK-581(m)	28777		キトラ古墳 石室内東壁中央すきま奥 黄土色ゲル	2012/9/24	LC192067	LC192102		4
Cladophialophora sp. 1	*Cladophialophora tumulicola*	K12924-2-3	TBK-585(m)	28778		キトラ古墳 石室内天井石中央西側すきま奥 茶~黄土色ゲル状塊(土壌)/漆喰砕片	2012/9/24	LC192068	LC192103		4
Cladophialophora sp. 1	*Cladophialophora tumulicola*	K12924-4-1	TBK-593(m)	28779		キトラ古墳 石室内 天井石中央付近西側クレーター 黒~茶褐色ゲル状塊(土壌等の混生体)/漆喰砕片	2012/9/24	LC192069	LC192104		4
Cladophialophora sp. 1	*Cladophialophora tumulicola*	K13218-4-10	TBK-653(m)	28781		キトラ古墳 石室入口盗掘口東側 ステンレス板 朱雀側 ウレタン - すず箔	2013/2/18	LC192070	LC192105		4
Cladophialophora sp. 2	*Cladophialophora* sp.	K9703-7-4	TBK-377(m)	28769		キトラ古墳 石室内北壁 漆喰の黒い穴の中心 黒色ゲル	2009/7/3	LC192071	LC192106		4
Cladophialophora sp. 3	*Cladophialophora tumbae*	T611xx-2-2	TBT-893(m)	28738		高松塚古墳 取合部内 ありの巣下 土壌	2006/11	LC192086	LC192121		4
Cladophialophora sp. 3	*Cladophialophora tumbae*	T7510-1-4	TBT-968(m)	28746		高松塚古墳 147次 5ALI 西側石 3 南小口上半 漆喰(西 3-2 石間の漆喰片)	2007/5/10	LC192090	LC192125		4
Cladophialophora sp. 3	*Cladophialophora tumbae*	T7521-8H-2	TBT-675(m)	28753		高松塚古墳 盗掘口プラスチックカバー下部 取合部側	2007/5/21	LC192073	LC192108		4
Cladophialophora sp. 3	*Cladophialophora tumbae*	T7521-8I-2	TBT-677(m)	28754		高松塚古墳 盗掘口プラスチックカバー下部 取合部側	2007/5/21	LC192074	LC192109		4
Cladophialophora sp. 3	*Cladophialophora tumbae*	T7820-5-9		28759		高松塚古墳 床石 4 南小口面下段中央 #5(漆喰土壌片)	2007/8/20	LC192075	LC192110		4
Cladophialophora sp. 3	*Cladophialophora tumbae*	T7521-8B-3^T	TBT-667(m)	28749^T	CBS 142748^T TNS-F-40284^T	高松塚古墳 盗掘口プラスチックカバー 下部 石室側	2007/5/21	LC192072	LC192107		4, 5
Cladophialophora sp. 4	*Cladophialophora* sp.	K101008-4-7	TBK-501(m)	28772		キトラ古墳 石室内天井中央部 石材間の隙間の物質 ゲル	2010/10/8	LC192081	LC192116		4
Cladophialophora sp.	*Cladophialophora* sp.	K111013-6-12	TBK-563(m)	28776		キトラ古墳 石室内天井北側中央部 石材面 漆喰破片	2011/10/13	LC192091	LC192126		4
Cladophialophora sp.	*Cladosporium halotolerans*	K6203-3-2	TBK-173(m)	28765		キトラ古墳 石室内東壁 漆喰の穴の下の薄黒い部分、粘性のある物質を針で採取したもの	2006/2/3	LC192085	LC192120		4
Cladophialophora sp.	*Exophiala angulospora*	T61213-6-5	TBT-507(m)	28739		高松塚古墳 石室内西壁白虎頭上 ゲル状	2006/12/13	LC192082	LC192117		4
Cladophialophora sp.	*Exophiala angulospora*	T61213-13-2		28740		高松塚古墳 石室内北壁玄武右下側 ゲル	2006/12/13	LC192083	LC192118		4
Cladophialophora sp.	*Exophiala angulospora*	T7417-13-1	TBT-944(m)	28745		高松塚古墳 北壁石 壁面東側下方(玄武右斜め下方) 黒シミ・ゲル	2007/4/17	LC192089	LC192124		4
Clonostachys sp. (Bionectriaceae group 2)	*Clonostachys* sp.	T4519-4-1	TBT-39(m)	15334		高松塚古墳 取合部 南閉寒石中央下部 綿状白色コロニー	2004/5/19	AB294806		AB294852 (*EF-1α*)	2
Clonostachys sp. (Bionectriaceae group 2)	*Clonostachys* sp.	T4519-4-2	TBT-40(m)	15335		高松塚古墳 取合部 南閉寒石中央下部 綿状白色コロニー	2004/5/19	AB294807		AB294853 (*EF-1α*)	2
Cylindrocarpon sp.	*Cylindrocarpon* sp.		TBT-1(m)	15337		高松塚古墳 石室内北壁玄武尾下	2001/12/18	AB373716		AB373728 (*EF-1α*)	2
Cylindrocarpon sp.	*Cylindrocarpon* sp.		TBT-2(m)	15338		高松塚古墳 石室内南壁中央下方	2001/12/18	AB373717		AB373729 (*EF-1α*)	2
Cylindrocarpon sp.	*Cylindrocarpon* sp.		TBK-22(m)	15336		キトラ古墳 石室内西壁 白虎前足付近 褐色部分	2005/12/17	AB373727		AB373738 (*EF-1α*)	2
Doratomyces sp.	*Cephalotrichum verrucisporum*	T7530-12-1	TBT-978(m)	28755		高松塚古墳 西壁石 1 上端 天井石 1 との接合面 漆喰 漆喰片および漆喰土壌片(黒~茶褐色)/黒褐色の根	2007/5/30	LC177623	LC177638		6
Fusarium sp. (FSSC クレード) [8]	*Fusarium* sp.	T4519-1-1	TBT-33(m)	15348		高松塚古墳 取合部 南閉寒石西側上面 白色コロニー	2004/5/19	AB294808		AB294854 (*EF-1α*)	2
Fusarium sp. (FSSC クレード) [8]	*Fusarium* sp.	T4519-1-2	TBT-34(m)	15349		高松塚古墳 取合部 南閉寒石西側上面 白色コロニー	2004/5/19			AB294855 (*EF-1α*)	2
Fusarium sp. (FSSC クレード) [8]	*Fusarium* sp.	T4519-3-1	TBT-38(m)	15350		高松塚古墳 取合部 盗掘孔下面 樹脂カバー 小球状緑色コロニー	2004/5/19	AB294817		AB294864 (*EF-1α*)	2
Fusarium sp. (FSSC クレード) [8]	*Fusarium* sp.	T4519-5-2	TBT-41(m)	15351		高松塚古墳 石室内床面 白色コロニー	2004/5/19	AB294809		AB294856 (*EF-1α*)	2
Fusarium sp. (FSSC クレード) [8]	*Fusarium* sp.	T4519-6-1	TBT-43(m)	15352		高松塚古墳 石室内床面ガーゼ上 白色コロニー	2004/5/19	AB294810		AB294857 (*EF-1α*)	2
Fusarium sp. (FSSC クレード) [8]	*Fusarium* sp.	T4519-7-1	TBT-44(m)	15353		高松塚古墳 石室内床面 緑色コロニー	2004/5/19	AB294811		AB294858 (*EF-1α*)	2
Fusarium sp. (FSSC クレード) [8]	*Fusarium* sp.	T4519-9-1	TBT-46(m)	15354		高松塚古墳 石室内東壁	2004/5/19	AB294812		AB294859 (*EF-1α*)	2
Fusarium sp. (FSSC クレード) [8]	*Fusarium* sp.	T4519-9-2	TBT-14(m)	15355		高松塚古墳 石室内東壁	2004/5/19	AB294813		AB294860 (*EF-1α*)	2
Fusarium sp. (FSSC クレード) [8]	*Fusarium* sp.	T4519-9-3	TBT-15(m)	15356		高松塚古墳 石室内東壁	2004/5/19	AB294814		AB294861 (*EF-1α*)	2
Fusarium sp. (FSSC クレード) [8]	*Fusarium* sp.	T4519-10-2	TBT-47(m)	15357		高松塚古墳 石室内西壁近傍 漆喰片	2004/5/19	AB294821			2
Fusarium sp. (FSSC クレード) [8]	*Fusarium* sp.	T4906-10-1	TBT-50(m)	15358		高松塚古墳 石室内東壁 青龍わき 黒色コロニー	2004/9/6	AB294815		AB294862 (*EF-1α*)	2
Fusarium sp. (FSSC クレード) [8]	*Fusarium* sp.	T4906-11-4	TBT-51(m)	15359		高松塚古墳 石室内壁面上のワラジムシ(成体)1個体	2004/9/6	AB294818		AB294865 (*EF-1α*)	2
Fusarium sp. (FSSC クレード) [8]	*Fusarium* sp.	T4906-11-5	TBT-52(m)	15360		高松塚古墳 石室内壁面上のワラジムシ(成体)1個体	2004/9/6	AB294820		AB294867 (*EF-1α*)	2
Fusarium sp. (FSSC クレード) [8]	*Fusarium* sp.	T4906-11-6	TBT-53(m)	15361		高松塚古墳 石室内壁面上のワラジムシ(成体)1個体	2004/9/6	AB294819		AB294866 (*EF-1α*)	2
Fusarium sp. (FSSC クレード) [8]	*Fusarium* sp.	T4922-8-2	TBT-54(m)	15362		高松塚古墳 石室内東壁青龍後ろ 石室粘性物質	2004/9/22	AB294816		AB294863 (*EF-1α*)	2

(Tab. 3A 続き)

Fusarium sp. (FSSC クレード)[8]	*Fusarium* sp.	K5225-19-3	TBK-51(m)	15341		キトラ古墳 石室内西 漆喰剥落片	2005/2/25	AB294823		AB294869 (*EF-1α*)	2
Fusarium sp. (FSSC クレード)[8]	*Fusarium* sp.	K5427-1-1	TBK-52(m)	15342		キトラ古墳 小前室前室側 紫色	2005/4/27	AB294822		AB294868 (*EF-1α*)	2
Fusarium sp. (FSSC クレード)[8]	*Fusarium* sp.	K5427-1-2	TBK-53(m)	15343		キトラ古墳 小前室前室側 紫色	2005/4/27	AB294827		AB294872 (*EF-1α*)	2
Fusarium sp. (FSSC クレード)[8]	*Fusarium* sp.	K5427-1-5	TBK-55(m)	15345		キトラ古墳 小前室前室側 紫色	2005/4/27	AB294824		AB294870 (*EF-1α*)	2
Fusarium sp. (FSSC クレード)[8]	*Fusarium* sp.	K5427-2-1	TBK-56(m)	15346		キトラ古墳 小前室前室側 紫色	2005/4/27	AB294825			2
Fusarium sp. (FSSC クレード)[8]	*Fusarium* sp.	K5427-2-2	TBK-57(m)	15347		キトラ古墳 小前室前室側 紫色	2005/4/27	AB294826		AB294871 (*EF-1α*)	2
Fusarium sp. (FSSC クレード)[8]	*Fusarium* sp.		TBT-3(m)	15365		高松塚古墳 石室内北壁玄武付近	2001/12/18	AB373718		AB373730 (*EF-1α*)	2
Fusarium sp. (FSSC クレード)[8]	*Fusarium* sp.		TBT-4(m)	15339		高松塚古墳 石室内東壁青龍付近 黒い汚れの箇所	2002/10/30	AB373719		AB373731 (*EF-1α*)	2
Fusarium sp. (FATSC クレード)[9]	*Fusarium* sp.	K5225-2-1	TBK-35(m)	15340		キトラ古墳 小前室土壌の上 ピンクコロニー	2005/2/25	AB294829		AB294874 (*EF-1α*)	2
Fusarium sp. (FOSC クレード)[10]	*Fusarium* sp.	K5427-1-3	TBK-54(m)	15344		キトラ古墳 小前室前室側 紫色	2005/4/27	AB294828		AB294873 (*EF-1α*)	2
Fusarium sp. (FOSC クレード)[11]	*Fusarium* sp.		TBK-8(m)	15363		キトラ古墳 小前室樹脂試験区改良土壌の上の白く広がったカビ	2003/9/16	AB373725		AB373737(*EF-1α*)	2
Kendrickiella phycomyces	*Kendrickiella phycomyces*	K4910-1	TBK-1002(m)	18027		キトラ古墳 小前室石室外天井石側面表面 石材表面	2004/9/10	AB671441	AB671474	AB671437 (SSU)	7
Kendrickiella phycomyces	*Kendrickiella phycomyces*	K5906-1-1	TBK-205(m)	18028		キトラ古墳 石室内西壁中央下部 茶とげ	2005/9/6	AB671443	AB671476	AB671438 (SSU)	7
Kendrickiella phycomyces	*Kendrickiella phycomyces*	K8617-6-13	TBK-268(m)	18029		キトラ古墳 石室内南壁朱雀取外し跡付近石材上の赤色ゲル状	2008/6/17	AB671448	AB671481		7
Kendrickiella phycomyces	*Kendrickiella phycomyces*	K101008-6-1	TBK-512(m)	18030		キトラ古墳 石室内西壁南側株(床面近く)石の上 黒色部	2010/10/8	AB671449	AB671482		7
Kendrickiella phycomyces	*Kendrickiella phycomyces*	T61114-1-1	TBT-490(m)	18031		高松塚古墳 ふさぎ石 一層目 西南第1石 黒色	2006/11/14	AB671451	AB671484		7
Kendrickiella phycomyces	*Kendrickiella phycomyces*	T7608-1-7	TBT-707(m)	18032		高松塚古墳 西壁石 1-南壁石間の漆喰片残り / 土壌	2007/6/8	AB671458	AB671491		7
Penicillium paneum	*Penicillium paneum*	T4519-5-5	TBT-1001(m)	15985		高松塚古墳 石室内床面	2004/5/19	AB479290	AB479322	AB479337 (β -tubulin) AB479366 (*lys2*)	8
Penicillium paneum	*Penicillium paneum*	T4906-11-8	TBT-1002(m)	15986		高松塚古墳 石室内壁面上のワラジムシ(成体)	2004/9/6	AB479291	AB479323	AB479338 (β -tubulin) AB479367 (*lys2*)	8
Penicillium paneum	*Penicillium paneum*	T5916-6-1	TBT-154(m)	15987		高松塚古墳 石室内東壁女子群像下 ゲル状	2005/9/16	AB479294	AB479326	AB479341 (β -tubulin) AB479370 (*lys2*)	8
Penicillium paneum	*Penicillium paneum*	T6517-1-2	TBT-106(m)	15988		高松塚古墳 石室内西壁女子額の黒色部分 No.①	2006/5/17	AB479295	AB479327	AB479342 (β -tubulin) AB479371 (*lys2*)	8
Penicillium paneum	*Penicillium paneum*	T7214-8-1	TBT-927(m)	15989		高松塚古墳 取合部西(左)側くぼみの中黒色	2007/2/14	AB479296	AB479328	AB479343 (β -tubulin) AB479372 (*lys2*)	8
Penicillium paneum	*Penicillium paneum*	T7425-4-1	TBT-955(m)	15990		高松塚古墳 東3石上小口面 黒色物質1(中央)	2007/4/25	AB479298	AB479330	AB479345 (β -tubulin) AB479374 (*lys2*)	8
Penicillium paneum	*Penicillium paneum*	T7510-5-1	TBT-974(m)	15991		高松塚古墳 西2石北側小口面下方中央付近 表面が黒褐色～灰褐色の漆喰片	2007/5/10	AB479299	AB479331	AB479346 (β -tubulin) AB479375 (*lys2*)	8
Penicillium paneum	*Penicillium paneum*	T7521-8A-4	TBT-664(m)	15992		高松塚古墳 盗掘口プラスチックカバー 下部 A (石室側)	2007/5/21	AB479300	AB479332	AB479347 (β -tubulin) AB479376 (*lys2*)	8
Penicillium paneum	*Penicillium paneum*	T7528-21-1	TBT-1008(m)	15993		高松塚古墳 天井石2壁面南側中ほど	2007/5/28	AB479301	AB479333	AB479348 (β -tubulin) AB479377 (*lys2*)	8
Penicillium paneum	*Penicillium paneum*	K5916-7-1	TBK-1004(m)	15994		キトラ古墳 石室内北壁玄武下 濃緑ゲル状	2005/9/16	AB479303	AB479335	AB479350 (β -tubulin) AB479379 (*lys2*)	8
Penicillium paneum	*Penicillium paneum*	K6203-2-1	TBK-169(m)	15995		キトラ古墳 石室内東壁 漆喰の穴(上方、小さい穴)の中 黒色粘性物質	2006/2/3	AB479304	AB479336	AB479351 (β -tubulin) AB479380 (*lys2*)	8
Penicillium sp. 2 (*Penicillium cf. minioluteum*)	*Talaromyces minioluteus*	T4906-7-3	TBT-20(m)	28737		高松塚古墳 石室内壁面青龍わき 黒色コロニー	2004/9/6	LC195229	LC195241	LC195253 (β -tubulin)	9
Penicillium sp. 2 (*Penicillium cf. minioluteum*)	*Talaromyces minioluteus*	T61213-17-2	TBT-530(m)	28741		高松塚古墳 石室内東壁中央部付近の床上 土	2006/12/13	LC195230	LC195242	LC195254 (β -tubulin)	9
Penicillium sp. 2 (*Penicillium cf. minioluteum*)	*Talaromyces minioluteus*	T7521-8B-2	TBT-666(m)	28748		高松塚古墳 盗掘口プラスチックカバー下部 石室側	2007/5/21	LC195231	LC195243	LC195255 (β -tubulin)	9
Penicillium sp. 2 (*Penicillium cf. minioluteum*)	*Talaromyces minioluteus*	T7521-8F-1	TBT-672(m)	28751		高松塚古墳 盗掘口プラスチックカバー下部 石室側	2007/5/21	LC195232	LC195244	LC195256 (β -tubulin)	9
Penicillium sp. 2 (*Penicillium cf. minioluteum*)	*Talaromyces minioluteus*	T7521-8H-1	TBT-674(m)	28752		高松塚古墳 盗掘口プラスチックカバー下部 取合部側	2007/5/21	LC195233	LC195245	LC195257 (β -tubulin)	9
Penicillium sp. 2 (*Penicillium cf. minioluteum*)	*Talaromyces minioluteus*	T7530-16-2	TBT-695(m)	28756		高松塚古墳 西壁石1南目地 漆喰天場 黒色粘性 漆喰土壌片(黒～灰褐色)/黒褐色の根合(閉塞石をとめている目地漆喰)	2007/5/30	LC195234	LC195246	LC195258 (β -tubulin)	9
Penicillium sp. 2 (*Penicillium cf. minioluteum*)	*Talaromyces minioluteus*	T7615-5-2	TBT-712(m)	28757		高松塚古墳 東壁石1南小口 中央部下部 茶色と黒の混合 粘性物質	2007/6/15	LC195235	LC195247	LC195259 (β -tubulin)	9
Penicillium sp. 2 (*Penicillium cf. minioluteum*)	*Talaromyces minioluteus*	T81203-3-2	TBT-841(m)	28762		高松塚古墳 東側 墳丘土オリジナル 白色版築土(取合部凝灰岩の裏)	2008/12/3	LC195236	LC195248	LC195260 (β -tubulin)	9
Penicillium sp. 2 (*Penicillium cf. minioluteum*)	*Talaromyces minioluteus*	K8626-8	TBK-298(m)	28767		キトラ古墳 墳丘部表層の土壌サンプル(墳頂部ではない)	2008/6/26	LC195237	LC195249	LC195261 (β -tubulin)	9
Penicillium sp. 2 (*Penicillium cf. minioluteum*)	*Talaromyces minioluteus*	K101008-7-6	TBK-517(m)	28773		キトラ古墳 石室内南壁 上部(天井近く)石上 泥(石と石の間の土)	2010/10/8	LC195238	LC195250	LC195262 (β -tubulin)	9
Penicillium sp. 2 (*Penicillium cf. minioluteum*)	*Talaromyces minioluteus*	K13218-4-4	TBK-648(m)	28780		キトラ古墳 石室入口盗掘口東側 ステンレス板 朱雀側 ウレタン-すず箔	2013/2/18	LC195239	LC195251	LC195263 (β -tubulin)	9
Penicillium sp.	*Sagenomella griseoviridis*		TBK-20(m)	15364		キトラ古墳 小前室石室入口天井石側面	2004/5/8	AB373726 LC177631	LC177646		2, 6

（Tab. 3A 続き）

Sagenomella sp.（*S. striatispora*に近縁）	*Sagenomella striatispora*	T7214-14k-1	TBT-650(m)	28744		高松塚古墳 取合部 露出した石室天井石の一部を掘り起こした黒色部分 土壌(漆喰土壌片)小塊(黒～茶褐色)(天井石に接触していた部分)	2007/2/14	LC177627	LC177642		6
Sagenomella sp.（*S. striatispora*に近縁）	*Sagenomella striatispora*	T7521-8D-1	TBT-669(m)	28750		高松塚古墳 盗掘口プラスチックカバー 下部 石室側	2007/5/21	LC177628	LC177643		6
Sagenomella sp.（*S. striatispora*に近縁）	*Sagenomella striatispora*	T8804-4-7	TBT-792(m)	28761		高松塚古墳 保存施設東側 旧発掘区 上面④ 粘土質	2008/8/4	LC177629	LC177644		6
Trichoderma sp.	*Trichoderma* sp.	T4519-2-6	TBT-35(m)	15373		高松塚古墳 取合部南閉塞石 中央下部 緑色コロニー	2004/5/19	AB294832		AB294877 (*EF-1α*)	2
Trichoderma sp.	*Trichoderma* sp.	T4519-2-7	TBT-36(m)	15374		高松塚古墳 取合部南閉塞石 中央下部 緑色コロニー	2004/5/19	AB294833		AB294878 (*EF-1α*)	2
Trichoderma sp.	*Trichoderma* sp.	T4519-2-8	TBT-37(m)	15375		高松塚古墳 取合部南閉塞石 中央下部 緑色コロニー	2004/5/19	AB294834		AB294879 (*EF-1α*)	2
Trichoderma sp.	*Trichoderma* sp.	T4519-5-7	TBT-42(m)	15376		高松塚古墳 石室内床面 白色コロニー	2004/5/19	AB294831		AB294876 (*EF-1α*)	2
Trichoderma sp.	*Trichoderma* sp.	T4519-7-5	TBT-45(m)	15377		高松塚古墳 石室内床面 緑色コロニー	2004/5/19	AB294836		AB294881 (*EF-1α*)	2
Trichoderma sp.	*Trichoderma* sp.	T4519-10-5	TBT-48(m)	15378		高松塚古墳 石室内西壁近傍 漆喰片	2004/5/19	AB294830		AB294875 (*EF-1α*)	2
Trichoderma sp.	*Trichoderma* sp.	T4519-10-6	TBT-49(m)	15379		高松塚古墳 石室内西壁近傍 漆喰片	2004/5/19	AB294835		AB294880 (*EF-1α*)	2
Trichoderma sp.	*Trichoderma* sp.	K5225-1-1	TBK-34(m)	15367		キトラ古墳 小前室 土壌の上 ピンクコロニー	2005/2/25	AB294837		AB294882 (*EF-1α*)	2
Trichoderma sp.	*Trichoderma* sp.	K5225-3-1	TBK-36(m)	15368		キトラ古墳 小前室 土壌の上 白色コロニー	2005/2/25	AB294841		AB294886 (*EF-1α*)	2
Trichoderma sp.	*Trichoderma* sp.	K5225-3-2	TBK-37(m)	15369		キトラ古墳 小前室 土壌の上 白色コロニー	2005/2/25	AB294842		AB294887 (*EF-1α*)	2
Trichoderma sp.	*Trichoderma* sp.	K5225-6-6	TBK-39(m)	15370		キトラ古墳 石室内北壁玄武下 酵母様白色コロニー	2005/2/25	AB294838		AB294883 (*EF-1α*)	2
Trichoderma sp.	*Trichoderma* sp.	K5225-17-3	TBK-47(m)	15371		キトラ古墳 小前室 腐朽根(露出部)	2005/2/25	AB294840		AB294885 (*EF-1α*)	2
Trichoderma sp.	*Trichoderma* sp.	K5225-18-3	TBK-48(m)	15372		キトラ古墳 小前室西 枯死小根	2005/2/25	AB294839		AB294884 (*EF-1α*)	2
Trichoderma sp.	*Trichoderma* sp.		TBT-5(m)	15382		高松塚古墳 取合部擬土部分のカビ	2003/9/16	AB373720		AB373732 (*EF-1α*)	2
Trichoderma sp.	*Trichoderma* sp.		TBT-7(m)	15383		高松塚古墳 取合部盗掘口上奥	2004/4/5	AB373721		AB373733 (*EF-1α*)	2
Trichoderma sp.	*Trichoderma* sp.		TBK-1(m)	15380		キトラ古墳 石室内西壁 緑のカビ	2004/3/17	AB373722		AB373734 (*EF-1α*)	2
Trichoderma sp.	*Trichoderma* sp.		TBK-3(m)	15381		キトラ古墳 石室内 流入土上 緑のカビ	2004/3/17	AB373723		AB373735 (*EF-1α*)	2
Trichoderma sp.	*Trichoderma* sp.		TBK-6(m)	15366		キトラ古墳 小前室中央の土 白い綿状のカビ	2003/9/16	AB373724		AB373736 (*EF-1α*)	2
Unidentified Chaetothyriales sp.	*Exophiala angulospora*	T7528-5-6		28747		高松塚古墳 西壁石2上端 天井石2との接合面 漆喰細片および漆喰土壌片(白、灰黒褐色)/黒褐色の根	2007/5/28	LC192084	LC192119		4
Unidentifed Venturiaceae sp.	*Cadophora* sp.	K9703-7-5	TBK-378(m)	28770		キトラ古墳 石室内北壁 漆喰の黒い穴の中心 黒色ゲル	2009/7/3	LC192093	LC192128		4, 5
酵母											
Candida takamatsuzukensis	*Yamadazyma takamatsuzukensis*	T4922-1-1[T]	TBT-1009(y)	15410[T]	CBS 10916[T] NBRC 104391[T]	高松塚古墳 石室内 奥(B-1:1a)(落下菌:CP添加PDAを10分間開放)	2004/9/22	AB365470	AB365470		10, 11
Candida takamatsuzukensis	*Yamadazyma takamatsuzukensis*	T5916-2-4	TBT-1003(m)	15411		高松塚古墳 石室内西壁白虎 後肢下 ゲル状	2005/9/16	AB365471	AB365471		10, 11
Candida takamatsuzukensis	*Yamadazyma takamatsuzukensis*	T61213-3-6	TBT-163(y)	15412		高松塚古墳 石室内西壁左女子 頭部後方 黒カビ	2006/12/13	AB365472	AB365472		10, 11
Candida takamatsuzukensis	*Yamadazyma takamatsuzukensis*	T61213-12-12	TBT-168(y)	15413		高松塚古墳 石室内北壁天井寄り右上 ゲル	2006/12/13	AB365473	AB365473		10, 11
Candida takamatsuzukensis	*Yamadazyma takamatsuzukensis*	T61213-13-9	TBT-170(y)	15414		高松塚古墳 石室内北壁玄武右下側 ゲル	2006/12/13	AB365474	AB365474		10, 11
Candida tumulicola	*Yamadazyma tumulicola*	T5916-5-3	TBT-153(y)	15396		高松塚古墳 石室内東壁女子群像右の人物下 ゲル状	2005/9/16	AB365456	AB365456		10, 11
Candida tumulicola	*Yamadazyma tumulicola*	T5916-6-3	TBT-156(y)	15397		高松塚古墳 石室内東壁女子群像下 ゲル状	2005/9/16	AB365457	AB365457		10, 11
Candida tumulicola	*Yamadazyma tumulicola*	T6220-1-4	TBT-94(y)	15398		高松塚古墳 石室内西壁女子群像より左	2006/2/20	AB365458	AB365458		10, 11
Candida tumulicola	*Yamadazyma tumulicola*	T6220-6-3	TBT-103(y)	15399		高松塚古墳 石室内東壁青龍後ろ足付近	2006/2/20	AB365459	AB365459		10, 11
Candida tumulicola	*Yamadazyma tumulicola*	T6517-3-6	TBT-116(y)	15400		高松塚古墳 石室内西壁 左女子頭部後方の黒色部分　No.③	2006/5/17	AB365460	AB365460		10, 11
Candida tumulicola	*Yamadazyma tumulicola*	T6517-7-3	TBT-125(y)	15401		高松塚古墳 石室内西壁白虎頭上 黒色部分 No.⑦	2006/5/17	AB365461	AB365461		10, 11
Candida tumulicola	*Yamadazyma tumulicola*	T6517-8-2	TBT-127(y)	15402		高松塚古墳 石室内東壁右女子上 白いカビ No.⑧	2006/5/17	AB365462	AB365462		10, 11
Candida tumulicola	*Yamadazyma tumulicola*	T6517-9-5[T]	TBT-1004(y)	15403[T]	CBS 10917[T] NBRC 104392[T]	高松塚古墳 石室内東壁右女子足元下 ゲル状部分　No.⑨	2006/5/17	AB365463	AB365463		10, 11
Candida tumulicola	*Yamadazyma tumulicola*	T61213-1-5	TBT-161(y)	15404		高松塚古墳 石室内西壁中央女子額 黒カビゲル状	2006/12/13	AB365464	AB365464		10, 11
Candida tumulicola	*Yamadazyma tumulicola*	T61213-3-5	TBT-162(y)	15405		高松塚古墳 石室内西壁左女子頭部後方 黒カビ	2006/12/13	AB365465	AB365465		10, 11
Candida tumulicola	*Yamadazyma tumulicola*	T61213-7-9	TBT-164(y)	15406		高松塚古墳 石室内東壁右女子上 白カビ 4-5 mm	2006/12/13	AB365466	AB365466		10, 11
Candida tumulicola	*Yamadazyma tumulicola*	T61213-7-10	TBT-165(y)	15407		高松塚古墳 石室内東壁右女子上 白カビ 4-5 mm	2006/12/13	AB365467	AB365467		10, 11
Candida tumulicola	*Yamadazyma tumulicola*	T61213-12-11	TBT-167(y)	15408		高松塚古墳 石室内北壁天井寄り右上 ゲル	2006/12/13	AB365468	AB365468		10, 11
Candida tumulicola	*Yamadazyma tumulicola*	T61213-14-8	TBT-172(y)	15409		高松塚古墳 石室内西壁中央付近の床上 トビムシ類2個体	2006/12/13	AB365469	AB365469		10, 11
Candida sp.（*Candida olivae*に近縁）	*Yamadazyma olivae*	K5916-7-4	TBK-195(y)	30999		キトラ古墳 石室内 北壁玄武下 濃緑ゲル状	2005/9/16	LC060993	LC060993		11
Candida sp.（*Candida olivae*に近縁）	*Yamadazyma olivae*	K6120-3-4	TBK-124(y)	31000		キトラ 石室内東壁北寄天井石すきま　流入土	2006/1/20	LC061000			11
Candida sp.（*Candida olivae*に近縁）	*Yamadazyma olivae*	K8617-4-4	TBK-240(y)	31001		キトラ古墳 石室内天井壁中心部の亀裂内2ヶ所 黒色ゲル	2008/6/17	LC061004			11
Candida sp.（*Candida olivae*に近縁）	*Yamadazyma olivae*	K8617-6-7	TBK-264(y)	31002		キトラ古墳 石室内南壁 朱雀取外し跡付近石材上の赤色	2008/6/17	LC061006			11
Candida sp.（*Candida olivae*に近縁）	*Yamadazyma olivae*	K7706-2-7		31003		キトラ古墳 石室内西壁	2007/7/6	LC061009			11
Candida sp.	*Yamadazyma kitorensis*	K61208-2-10		31004		キトラ古墳 石室内床面	2006/12/8	LC060994	LC060994		11
Candida sp.	*Yamadazyma kitorensis*	K8617-6-8[T]	TBK-265(y)	31005[T]	CBS 14158[T]	キトラ古墳 石室内南壁朱雀取外し跡付近石材上 赤色	2008/6/17	LC060995	LC060995		11
Candida polysorbophila	*Zygoascus polysorbophilus*	T6517-9-4	TBT-131(y)	31006		高松塚石室内 東壁右女子足元下 ゲル状部分 No.⑨	2006/5/17	LC060996	LC060996	LC091396 (MtSm) LC091398 (*COX2*)	11

(Tab. 3A 続き)

Candida cf. *bituminiphila*	*Zygoascus biomembranicola*	K61208-2-11^{T}		31007^{T}	CBS 14157^{T}	キトラ古墳 石室内床面	2006/12/8	LC060997	LC060997	LC091397 (MtSm) LC091399 (*COX2*)	11
Prototheca cf. *stagnora*	*Prototheca tumulicola*	T6713-13-10^{T}	TBT-485(y)	31123^{T}	CBS 140669^{T}	高松塚古墳 石室内東壁女子群像下方の床付近 土	2006/7/13	LC090551		LC090552 (SSU)	12
Prototheca cf. *stagnora*	*Prototheca tumulicola*	T61213-7-11	TBT-166(m)	31124		高松塚古墳 石室内東壁右女子上 白カビ 4-5 mm	2006/12/13	LC090553		LC090554 (SSU)	12

1) 分離当初の同定結果による学名（文化庁検討会資料等で掲載されたもの）
2) 現行（平成 30（2018）年 3 月末時点）の分類学による学名：詳細同定や分類学の進展により学名が変更された分離株がある。
3) T：高松塚古墳分離株、K：キトラ古墳分離株、TBT：高松塚古墳分離株（東文研）、TBK：キトラ古墳分離株（東文研）、^{T}：タイプ由来株／基準株
4) 公的微生物株保存機関略称：JCM. Japan Collection of Microorganisms, RIKEN BioResource Research Center, Tsukuba, Japan; CBS, Westerdijk Fungal Biodiversity Institute, Utrecht, The Netherlands（旧 Centraalbureau voor Schimmelcultures）; NBRC, Biological Resource Center, National Institute of Technology and Evaluation（NITE）, Kisarazu, Japan
5) 公的標本保存機関略称：TNS, National Museum of Nature and Science, Tsukuba, Japan　TNS に寄託したタイプ（基準）標本には肩つき^{T}を付けた。
6) 解析対象遺伝子：ITS, internal transcribed spacer, 決定した配列は 18S ribosomal RNA 遺伝子部分塩基配列 ,ITS1, 5.8S ribosomal RNA（rRNA）遺伝子、ITS2 および 28S rRNA 遺伝子部分塩基配列を含む ; LSU, large-subunit rRNA 遺伝子、決定した配列は LSU rRNA 遺伝子の D1/D2 領域 ; SSU, small-subunit rRNA 遺伝子 ; β-tubulin, beta-tubulin 遺伝子部分塩基配列 ; *EF-1 α*, EF-1-alpha 遺伝子部分塩基配列（= *tef1*; protein coding gene translation-elongation factor 1-alpha）; *lys2*, aminoadipate reductase 遺伝子部分塩基配列 ; MtSm, mitochondrial small-subunit rRNA 遺伝子部分塩基配列 ; *COX2*, cytochrome oxidase subunit II 遺伝子部分塩基配列
7) 参考文献（新種提唱論文等）:

1. Kiyuna, T., An, K.-D., Kigawa, R., Sano, C., Miura, S. and Sugiyama, J.: Molecular assessment of fungi in "black spots" that deface murals in the Takamatsuzuka and Kitora Tumuli in Japan: *Acremonium* sect. *Gliomastix* including *Acremonium tumulicola* sp. nov. and *Acremonium felinum* comb. nov., Mycoscience, 52, 1 – 17, 2011.
2. Kiyuna, T., An, K.-D., Kigawa, R., Sano, C., Miura, S. and Sugiyama, J.: Mycobiota of the Takamatsuzuka and Kitora Tumuli in Japan, focusing on the molecular phylogenetic diversity of *Fusarium* and *Trichoderma*, Mycoscience, 49, 298 – 311, 2008.
3. Kiyuna, T., An, K.-D., Kigawa, R., Sano, C., Miura, S. and Sugiyama, J.: "Black particles", the major colonizers on the ceiling stone of the stone chamber interior of the Kitora Tumulus, Japan, are the bulbilliferous basidiomycete fungus *Burgoa anomala*. Mycoscience, 56, 293 – 300, 2015.
4. Kiyuna, T., An, K.-D., Kigawa, R., Sano, C. and Sugiyama, J.: Two new *Cladophialophora* species, *C. tumbae* sp. nov. and *C. tumulicola* sp. nov., and chaetothyrialean fungi from biodeteriorated samples in the Takamatsuzuka and Kitora Tumuli, Mycoscience 59: 75 – 84, 2018.［For "Corrigendum", see Mycoscience, 59, 441, 2018.］
5. Kiyuna, T., An, K.-D., Kigawa, R., Sano, C. and Sugiyama, J.: Corrigendum to "Two new *Cladophialophora* species, *C. tumbae* sp. nov. and *C. tumulicola* sp. nov., and chaetothyrialean fungi from biodeteriorated samples in the Takamatsuzuka and Kitora Tumuli"［Mycoscience 59（2018）75 – 84］, Mycoscience（2018）, https://doi.org/10.1016/j.myc.2018.05.004.
6. Kiyuna, T., An, K.-D., Kigawa, R., Sano, C., Miura, S. and Sugiyama, J.: Noteworthy anamorphic fungi, *Cephalotrichum verrucisporum*, *Sagenomella striatispora*, and *Sagenomella griseoviridis*, isolated from biodeteriorated samples in the Takamatsuzuka and Kitora Tumuli, Nara, Japan, Mycoscience, 58, 320 – 327, 2017.
7. Kiyuna, T., An, K.-D., Kigawa, R., Sano, C., Miura, S. and Sugiyama, J.: Bristle-like fungal colonizers on the stone walls of the Kitora and Takamatsuzuka Tumuli are identified as *Kendrickiella phycomyces*, Mycoscience, 23, 446 – 459, 2012.
8. An, K.-D., Kiyuna, T.., Kigawa, R., Sano, C., Miura, S. and Sugiyama, J.: The Identity of *Penicillium* sp.1, a major contaminant of the sotome chambers in the Takamatsuzuka and Kitora tumuli in Japan, is *Penicillium paneum*, Antonie van Leeuwenhoek, 96, 579 – 592, 2009.
9. 喜友名朝彦、安光得、佐藤嘉則、木川りか、佐野千絵、杉山純多：高松塚・キトラ両古墳の *Penicillium* 属分離株の分子系統学的帰属および *Penicillium* sp. 2 の分類学的記載と生物劣化問題へのかかわり、保存科学、57, 49 – 66, 2018.
10. Nagatsuka, Y., Kiyuna, T., Kigawa, R., Sano C., Miura, S and Sugiyama, J.: *Candida tumulicola* sp. nov. and *Candida takamatsuzukensis* sp. nov., novel yeast species assignable to the *Candida membranifaciens* clade, isolated from the stone chamber of the Takamatsuzuka tumulus, International Journal of Systematic and Evolutionary Microbiology, 59, 186 – 194, 2009.
11. Nagatsuka, Y., Ninomiya, S., Kiyuna, T., Kigawa, R., Sano, C. and Sugiyama, J.: *Yamadazyma kitorensis* f.a., sp. nov. and *Zygoascus gelicola* f.a., sp. nov., novel yeasts from the stone chamber interior of the Kitora Tumulus, and five novel combinations in *Yamadazyma* and *Zygoascus* for species of *Candida*, International Journal of Systematic and Evolutionary Microbiology 66, 1692 – 1704, 2016.
12. Nagatsuka, Y., Kiyuna, T., Kigawa, R., Sano, C. and Sugiyama, J.: *Prototheca tumulicola* sp. nov., a novel achlorophyllous, yeast-like microalga isolated from the stone chamber interior of the Takamatsuzuka Tumulus, Mycoscience, 58, 53 – 59, 2017.

8) *Fusarium* sp.（FSSC クレード）: *Fusarium solani* species complex クレードに含まれる *Fusarium* sp.
9) *Fusarium* sp.（FATSC クレード）: *Fusarium avenaceum* / *F. ticinctum* species complex クレードに含まれる *Fusarium* sp.
10) *Fusarium* sp.（FOSC クレード）: *Fusarium oxysporum* species complex クレードに含まれる *Fusarium* sp.

Tab. 3B　高松塚・キトラ両古墳試料から分離・同定された細菌分離株の個別寄託株リスト

分離当初の学名 1)	現行学名 2)	分離株番号 3)	東文研番号 3)	微生物株保存機関の受託番号 4)		分離源（試料採取箇所）	試料採取年月日	遺伝子塩基配列アクセッション番号 5)		文献 6)
				JCM	その他の保存機関			16S	その他遺伝子	
Bacillus sp. 1 (*B.* aff. *thuringiensis*) (*Bacillus cereus* group)	*Bacillus thuringiensis*	T5916-6b	TBT-67(b)	28784		高松塚古墳 石室内東壁女子群像下 ゲル状	2005/9/16	LC150621	LC150718 (*gyrB*)	1
Bacillus sp. 1 (*B.* aff. *thuringiensis*) (*Bacillus cereus* group)	*Bacillus toyonensis*	T5916-8-1b	TBT-70(b)	28785		高松塚古墳 石室内東壁青龍左 茶しみ中 黒カビ跡 ベタベタ状	2005/9/16	LC150622	LC150719 (*gyr*B)	1
Bacillus sp. 1 (*B.* aff. *thuringiensis*) (*Bacillus cereus* group)	*Bacillus toyonensis*	T6220-1-1b	TBT-71(b)	28786		高松塚古墳 石室内西壁女子群像より左	2006/2/20	LC150623		1
Bacillus sp. 1 (*B.* aff. *thuringiensis*) (*Bacillus cereus* group)	*Bacillus toyonensis*	T6517-1-1b	TBT-174(b)	28791		高松塚古墳 石室内西壁女子額 黒色部分　No.①	2006/5/17	LC150624		1
Bacillus sp. 1 (*B.* aff. *thuringiensis*) (*Bacillus cereus* group)	*Bacillus toyonensis*	T6517-2-5b	TBT-183(b)	28794		高松塚古墳 石室内西壁女子襟部分 黒色部分 No.②	2006/5/17	LC150625		1
Bacillus sp. 1 (*B.* aff. *thuringiensis*) (*Bacillus cereus* group)	*Bacillus toyonensis*	T6713-1-1b	TBT-213(b)	28796		高松塚古墳 石室内西壁女子右肩 黒いシミ	2006/7/13	LC150626		1
Bacillus sp. 1 (*B.* aff. *thuringiensis*) (*Bacillus cereus* group)	*Bacillus toyonensis*	T61017-1-1b	TBT-282(b)	28799		高松塚古墳 石室内西壁中央女子額	2006/10/17	LC150627		1
Bacillus sp. 1 (*B.* aff. *thuringiensis*) (*Bacillus cereus* group)	*Bacillus toyonensis*	T61017-5-1b	TBT-296(b)	28801		高松塚古墳 石室内西壁朱線の下	2006/10/17	LC150628		1
Bacillus sp. 1 (*B.* aff. *thuringiensis*) (*Bacillus cereus* group)	*Bacillus toyonensis*	T7214-7-1b	TBT-375(b)	28802		高松塚古墳 取合部西(左)側くぼみの中 灰色	2007/2/14	LC150629	LC150720 (*gyrB*)	1
Bacillus sp. 1 (*B.* aff. *thuringiensis*) (*Bacillus cereus* group)	*Bacillus toyonensis*	T7405-4-1b	TBT-333(b)	28804		高松塚古墳 北壁上面石材 黒色部	2007/4/5	LC150630		1
Bacillus sp. 6 (close to *B. simplex*)	*Bacillus simplex*	T7405-4-2b	TBT-334(b)	28805		高松塚古墳 北壁上面石材 黒色部	2007/4/5	LC150661	LC150726 (*gyrB*)	1
Bacillus sp. 6 (close to *B. simplex*)	*Bacillus simplex*	T7409-2-4b	TBT-339(b)	28806		高松塚古墳 147次 5ALL 北畦 北壁石小口接触面 土壌漆喰	2007/4/9	LC150662	LC150727 (*gyrB*)	1
Bacillus sp. 6 (close to *B. simplex*)	*Bacillus simplex*	T7410-1-5b	TBT-344(b)	28807		高松塚古墳 北壁面北寄り間上部 目地漆喰	2007/4/10	LC150663	LC150728 (*gyrB*)	1
Bacillus sp. 6 (close to *B. simplex*)	*Bacillus simplex*	T7410-2-1b	TBT-347(b)	28810		高松塚古墳 北壁背面東寄上 黒色部分	2007/4/10	LC150664		1
Bacillus sp. 6 (close to *B. simplex*)	*Bacillus simplex*	T7413-2-2b	TBT-318(b)	28811		高松塚古墳 漆喰除去後の北壁と西3石との接合部なかほど 黒色部	2007/4/13	LC150665		1
Bacillus sp. 6 (close to *B. simplex*)	*Bacillus simplex*	T7413-5-2b	TBT-321(b)	28812		高松塚古墳 北側漆喰除去後の西3石側下部 黒色部(石室への間隙付近)	2007/4/13	LC150666		1
Bacillus sp. 6 (close to *B. simplex*)	*Bacillus simplex*	T7413-6-1b	TBT-322(b)	28813		高松塚古墳 漆喰除去後の北壁と東3石との接合下部 黒色部のついた漆喰片	2007/4/13	LC150667	LC150729 (*gyrB*)	1
Bacillus sp. 6 (close to *B. simplex*)	*Bacillus simplex*	T7413-6-2b	TBT-323(b)	28814		高松塚古墳 漆喰除去後の北壁と東3石との接合下部 黒色部のついた漆喰片	2007/4/13	LC150668		1
Bacillus sp. 1 (*B.* aff. *thuringiensis*) (*Bacillus cereus* group)	*Bacillus toyonensis*	T7413-7-3b	TBT-326(b)	28816		高松塚古墳 漆喰除去後の北壁と東3石との接合下部 東3石側の黒色膜状物質	2007/4/13	LC150631		1
Bacillus sp. 1 (*B.* aff. *thuringiensis*) (*Bacillus cereus* group)	*Bacillus toyonensis*	T7417-2-5b	TBT-354(b)	28819		高松塚古墳 西側3小口	2007/4/17	LC150632		1
Bacillus sp. 6 (close to *B. simplex*)	*Bacillus simplex*	T7425-1-1b	TBT-386(b)	28821		高松塚古墳 西3石上小口面 黒色物質	2007/4/25	LC150669		1
Bacillus sp. 1 (*B.* aff. *thuringiensis*) (*Bacillus cereus* group)	*Bacillus toyonensis*	T7425-4-3b	TBT-396(b)	28823		高松塚古墳 東3石上小口面 黒色物質	2007/4/25	LC150633		1
Bacillus sp. 1 (*B.* aff. *thuringiensis*) (*Bacillus cereus* group)	*Bacillus toyonensis*	T7425-9-2b	TBT-399(b)	28824		高松塚古墳 東3壁面女子群像の上方 黒カビ	2007/4/25	LC150634		1
Bacillus sp. 1 (*B.* aff. *thuringiensis*) (*Bacillus cereus* group)	*Bacillus toyonensis*	T7425-12-1b	TBT-402(b)	28825		高松塚古墳 西3壁面女子群像右女子右上 黒カビ	2007/4/25	LC150635		1
Bacillus sp. 6 (close to *B. simplex*)	*Bacillus simplex*	T7426-12-1b	TBT-415(b)	28828		高松塚古墳 西畦側3接地面 黒色部	2007/4/26	LC150670		1
Bacillus sp. 6 (close to *B. simplex*)	*Bacillus simplex*	T7426-12-2b	TBT-416(b)	28829		高松塚古墳 西畦側3接地面 黒色部	2007/4/26	LC150671		1
Bacillus sp. 6 (close to *B. simplex*)	*Bacillus simplex*	T7426-14-2b	TBT-419(b)	28830		高松塚古墳 側3東畦接地面 黒色部	2007/4/26	LC150672		1
Bacillus sp. 1 (*B.* aff. *thuringiensis*) (*Bacillus cereus* group)	*Bacillus toyonensis*	T7510-3-1b	TBT-575(b)	28831		高松塚古墳 西2石北側小口面下方東寄り 黒褐色物質(ゲル状)	2007/5/10	LC150636		1
Bacillus sp. 6 (close to *B. simplex*)	*Bacillus simplex*	T7510-3-2b	TBT-576(b)	28832		高松塚古墳 西2石北側小口面下方東寄り 黒褐色物質(ゲル状)	2007/5/10	LC150673		1
Bacillus sp. 1 (*B.* aff. *thuringiensis*) (*Bacillus cereus* group)	*Bacillus toyonensis*	T7517-5-1b	TBT-587(b)	28834		高松塚古墳 東2石北小口 黒色粘性物質(石室側下部)	2007/5/17	LC150637		1
Bacillus sp. 6 (close to *B. simplex*)	*Bacillus simplex*	T7528-3-2b	TBT-593(b)	28835		高松塚古墳 東壁石1上端天井石2との接合面(天1、石室寄り)	2007/5/28	LC150674		1
Bacillus sp. 6 (close to *B. simplex*)	*Bacillus simplex*	T7528-9-1b	TBT-600(b)	28837		高松塚古墳 天井石1小口天井石2との接合面 黒色	2007/5/28	LC150675		1
Bacillus sp. 6 (close to *B. simplex*)	*Bacillus simplex*	T7528-11-2b	TBT-607(b)	28838		高松塚古墳 東壁石1東畔 土(黒色部分に接しているところ)	2007/5/28	LC150676		1

（Tab. 3B 続き）

Bacillus sp. 6 (close to *B. simplex*)	*Bacillus simplex*	T7611-4-2b	TBT-628(b)	28839		高松塚古墳 東壁石 1(南 - 東 1 石間境目近く、東外側)壁面上部 黒い土と根 粘性物	2007/6/11	LC150677		1
Bacillus sp. 6 (close to *B. simplex*)	*Bacillus simplex*	T7611-4-3b	TBT-629(b)	28840		高松塚古墳 東壁石 1(南 - 東 1 石間境目近く、東外側)壁面上部 黒い土と根 粘性物	2007/6/11	LC150678		1
Bacillus sp. 6 (close to *B. simplex*)	*Bacillus simplex*	T7821-16-3b	TBT-640(b)	28841		高松塚古墳 床石 2 底面(裏側真ん中付近) 土	2007/8/21	LC150679		1
Bacillus sp. 6 (close to *B. simplex*)	*Bacillus simplex*	T7822-2-1b	TBT-641(b)	28842		高松塚古墳 床石 1 下東隅 黒色部	2007/8/22	LC150680		1
Bacillus sp. 1 (*B.* aff. *thuringiensis*) (*Bacillus cereus* group)	*Bacillus pseudomycoides*	T8804-4-1b	TBT-859(b)	28843		高松塚古墳 保存施設東側旧発掘区上面	2008/8/4	LC150638	LC150721 (*gyrB*)	1
Bacillus sp. 1 (*B.* aff. *thuringiensis*) (*Bacillus cereus* group)	*Bacillus thuringiensis*	T81027-1-2b	TBT-863(b)	28844		高松塚古墳 墳丘南東斜面オリジナル土(上層の版築) 土壌	2008/10/27	LC150639	LC150722 (*gyrB*)	1
Bacillus sp. 1 (*B.* aff. *thuringiensis*) (*Bacillus cereus* group)	*Bacillus* sp.	T81027-2-1b	TBT-864(b)	28845		高松塚古墳 墳丘南東斜面オリジナル土(上層の版築) 土壌	2008/10/27	LC150640	LC150723 (*gyrB*)	1
Bacillus sp. 1 (*B.* aff. *thuringiensis*) (*Bacillus cereus* group)	*Bacillus cereus*	T81028-3b	TBT-870(b)	28846		高松塚古墳 古墳周辺北側の地山 土壌	2008/10/28	LC150641	LC150724 (*gyrB*)	1
Bacillus sp. 1 (*B.* aff. *thuringiensis*) (*Bacillus cereus* group)	*Bacillus* sp.	T81119-2-1b	TBT-872(b)	28847		高松塚古墳 保存施設西側堀形 埋土	2008/11/19	LC150642	LC150725 (*gyrB*)	1
Bacillus sp. 6 (close to *B. simplex*)	*Bacillus simplex*	T81119-2-3b	TBT-874(b)	28848		高松塚古墳 保存施設西側堀形 埋土	2008/11/19	LC150681	LC150730 (*gyrB*)	1
Bacillus sp. 1 (*B.* aff. *thuringiensis*) (*Bacillus cereus* group)	*Bacillus toyonensis*	T81203-5-2b	TBT-882(b)	28849		高松塚古墳 墓道東側オリジナル盛土(版築の上方、取合部から南に2m)	2008/12/3	LC150643		1
Bacillus sp. 6 (close to *B. simplex*)	*Bacillus butanolivorans*	T81203-9-1b	TBT-883(b)	28850		高松塚古墳 西 8 凝灰岩取合部の壁擬土を外したところ下から 4 番目のブロック	2008/12/3	LC150682	LC150731 (*gyrB*)	1
Bacillus sp. 1 (*B.* aff. *thuringiensis*) (*Bacillus cereus* group)	*Bacillus toyonensis*	T81203-9-2b	TBT-884(b)	28851		高松塚古墳 西 8 凝灰岩取合部の壁擬土を外したところ下から 4 番目のブロック	2008/12/3	LC150644		1
Bacillus sp. 6 (close to *B. simplex*)	*Bacillus butanolivorans*	T81203-9-3b	TBT-885(b)	28852		高松塚古墳 西 8 凝灰岩取合部の壁擬土を外したところ下から 4 番目のブロック	2008/12/3	LC150683		1
Bacillus sp. 6 (close to *B. simplex*)	*Bacillus butanolivorans*	T81203-9-4b	TBT-886(b)	28853		高松塚古墳 西 8 凝灰岩取合部の壁擬土を外したところ下から 4 番目のブロック	2008/12/3	LC150684		1
Bacillus sp. 1 (*B.* aff. *thuringiensis*) (*Bacillus cereus* group)	*Bacillus toyonensis*	T81203-9-5b	TBT-887(b)	28854		高松塚古墳 西 8 凝灰岩取合部の壁擬土を外したところ下から 4 番目のブロック	2008/12/3	LC150645		1
Bacillus sp. 1 (*B.* aff. *thuringiensis*) (*Bacillus cereus* group)	*Bacillus toyonensis*	K5916-1-2b	TBK-59(b)	28855		キトラ古墳 石室内南壁朱雀 ゲル状	2005/9/16	LC150646		1
Bacillus sp. 3 (close to *B. simplex*)	*Bacillus simplex*	K6203-10-3b	TBK-146(b)	28856		キトラ古墳 石室内西壁下方 ゲル状の塊	2006/2/3	LC150649	LC150732 (*gyrB*)	1
Bacillus sp. 3 (close to *B. simplex*)	*Bacillus simplex*	K6303-2-1b	TBK-149(b)	28857		キトラ古墳 石室内東壁	2006/3/3	LC150650		1
Bacillus sp. 3 (close to *B. simplex*)	*Bacillus simplex*	K6303-9-1b	TBK-208(b)	28858		キトラ古墳 石室内床面	2006/3/3	LC150651		1
Bacillus sp. 3 (close to *B. simplex*)	*Bacillus simplex*	K6630-3-2b	TBK-218(b)	28859		キトラ古墳 石室内天井部 黒いカビ様汚れ	2006/6/30	LC150652		1
Bacillus sp. 1 (*B.* aff. *thuringiensis*) (*Bacillus cereus* group)	*Bacillus* sp.	K6630-4-5b	TBK-223(b)	28860		キトラ古墳 石室内西壁床上壁面 キノコ状ゲル	2006/6/30	LC150647	LC150733 (*gyrB*)	1
Bacillus sp. 3 (close to *B. simplex*)	*Bacillus simplex*	K8617-2-1b	TBK-321(b)	28861		キトラ古墳 石室内東壁中央上部付近 茶褐色ゲル	2008/6/17	LC150653		1
Bacillus sp. 3 (close to *B. simplex*)	*Bacillus simplex*	K8617-3-1b	TBK-322(b)	28862		キトラ古墳 石室内東壁中央上部付近 白粒状	2008/6/17	LC150654		1
Bacillus sp. 5 (close to *B. simplex*)	*Bacillus simplex*	K8617-5-1b	TBK-331(b)	28863		キトラ古墳 石室内 西壁中央付近 白粒状	2008/6/17	LC150657		1
Bacillus sp. 5 (close to *B. simplex*)	*Bacillus simplex*	K8617-7-2b	TBK-338(b)	28864		キトラ古墳 石室内床面南側 水色	2008/6/17	LC150658		1
Bacillus sp. 1 (*B.* aff. *thuringiensis*) (*Bacillus cereus* group)	*Bacillus toyonensis*	K8626-1b	TBK-343(b)	28865		キトラ古墳 墳丘部表層 土壌サンプル(墳頂部ではない)	2008/6/26	LC150648		1
Bacillus sp. 5 (close to *B. simplex*)	*Bacillus simplex*	K9703-3-1b	TBK-426(b)	28866		キトラ古墳 石室内東壁石の上(中央部南側)白濁ゲル	2009/7/3	LC150659	LC150734 (*gyrB*)	1
Bacillus sp. 5 (close to *B. simplex*)	*Bacillus simplex*	K9703-10-1b	TBK-437(b)	28867		キトラ古墳 石室内西壁漆喰上(北側中央) 黄色ゲル(粒状)	2009/7/3	LC150660		1
Bacillus sp. 3 (close to *B. simplex*)	*Bacillus simplex*	K101008-6-1b	TBK-525(b)	28868		キトラ古墳 石室内西壁南側株(床面近く)石の上 黒色部 (針でこそげる)	2010/10/8	LC150655		1
Bacillus sp. 3 (close to *B. simplex*)	*Bacillus simplex*	K101008-7-3b	TBK-528(b)	28869		キトラ古墳 石室内南壁上部(天井近く)石の上 泥 (石と石の間の土)	2010/10/8	LC150656		1
Bordetella sp. 1 (close to *B. petrii*)	*Bordetella muralis*	T6220-3-2b^{T}	TBT-77(b)	30931^{T}	NCIMB 15006^{T}	高松塚古墳 石室内西壁女子群像肩	2006/2/20	LC053647		2
Bordetella sp. 1 (close to *B. petrii*)	*Bordetella muralis*	T6517-7-3b	TBT-194(b)	30932		高松塚古墳 石室内西壁白虎頭上 黒色部分　No.⑦	2006/5/17	LC053648		2
Bordetella sp. 1 (close to *B. petrii*)	*Bordetella muralis*	T6713-13-3b	TBT-258(b)	30933		高松塚古墳 石室内東壁女子群像下方の床付近 土	2007/7/13	LC053649		2
Bordetella sp. 3 (close to *B. petrii*)[8]	*Bordetella tumbae*	T6713-1-3b^{T}	TBT-231(b)	30934^{T}	NCIMB 15008^{T}	高松塚古墳 石室内西壁女子石肩 黒いシミ	2007/7/13	LC053656		2
Bordetella sp. 2 (close to *B. petrii*)	*Bordetella tumulicola*	T61017-2-3b	TBT-289(b)	30940		高松塚古墳 石室内西壁中央女子襟部分	2006/10/17	LC053655		2
Bordetella sp. 2 (close to *B. petrii*)	*Bordetella tumulicola*	T6517-11-3b	TBT-209(b)	30938		高松塚古墳 石室内西壁女子額 黒色部分	2006/5/17	LC053653		2

（Tab. 3B 続き）

Bordetella sp. 2 (close to *B. petrii*)	*Bordetella tumulicola*	T6517-1-4b^{T}	TBT-177(b)	30935^{T}	NCIMB 15007^{T}	高松塚古墳 石室内西壁女子額 黒色部分	2006/5/17	LC053650		2
Bordetella sp. 2 (close to *B. petrii*)	*Bordetella tumulicola*	T6517-5-2b	TBT-188(b)	30936		高松塚古墳 石室内西壁中央部 黒色部分	2006/5/17	LC053651		2
Bordetella sp. 2 (close to *B. petrii*)	*Bordetella tumulicola*	T6517-7-5b	TBT-196(b)	30937		高松塚古墳 石室内西壁白虎頭上 黒色部分	2006/5/17	LC053652		2
Bordetella sp. 2 (close to *B. petrii*)	*Bordetella tumulicola*	T7410-1-3b	TBT-342(b)	30939		高松塚古墳 北壁面北寄り間上部 目地漆喰	2007/4/10	LC053654		2
Gluconacetobacter sp. 1	*Gluconacetobacter tumulicola*	K5929-1-1b	TBK-89(b)	17773		キトラ古墳 石室内 西寄り天井漆喰に開いた穴② No.3 黒色物質	2005/9/29	AB627115		3
Gluconacetobacter sp. 1	*Gluconacetobacter tumulicola*	K5929-2-1b^{T}	TBK-90(b)	17774^{T}	NCIMB 14760^{T}	キトラ古墳 石室内中央寄り天井漆喰にあいた穴③ No.4 中身の黒色粘性物質	2005/9/29	AB627116		3
Gluconacetobacter sp. 1	*Gluconacetobacter tumulicola*	K5929-3-1b	TBK-92(b)	17775		キトラ古墳 石室内中央寄り天井漆喰にあいた穴③ No.5 表層の黒色粘性物質	2005/9/29	AB627117		3
Gluconacetobacter sp. 1	*Gluconacetobacter tumulicola*	K8617-3-4b	TBK-325(b)	17776		キトラ古墳 石室内東壁中央上部付近 白粒状	2008/6/17	AB627118		3
Gluconacetobacter sp. 1	*Gluconacetobacter tumulicola*	K8617-7-3b	TBK-339(b)	17777		キトラ古墳 石室内床面南側 水色	2008/6/17	AB627119		3
Gluconacetobacter sp. 2	*Gluconacetobacter asukensis*	K8617-1-1b^{T}	TBK-320(b)	17772^{T}	NCIMB 14759^{T}	キトラ古墳 石室内天井石北東側隅付近 茶ゲル	2008/6/17	AB627120		3
Gluconacetobacter sp. 2	*Gluconacetobacter asukensis*	T7417-20-1a	TBT-787(b)	19089		高松塚古墳 北壁石西壁３との石材間 隙間の黒色物質	2007/4/17	AB778533		4
Gluconacetobacter sp. 2	*Gluconacetobacter asukensis*	T7530-19-1a		19090		高松塚古墳 閉塞石上面 土	2007/5/30	AB778534		4
Gluconacetobacter sp. 2	*Gluconacetobacter asukensis*	T7622-7-1a	TBT-788(b)	19091		高松塚古墳 床石立ち上がり部分 粘性物質（東壁石１吊り上げ後の床面）	2007/6/22	AB778535		4
Gluconacetobacter sp. 2	*Gluconacetobacter asukensis*	T611xx-1-1a[7]				高松塚古墳 ひさし上粘土下あり穴／くもの巣周辺 土壌	2006/11/xx	AB778527		4
Gluconacetobacter sp. 3	*Gluconacetobacter aggeris*	T6203-4-1a^{T}	TBT-780(b)	19092^{T}	NCIMB 14860^{T}	高松塚古墳⑥ 墳丘部周辺竹藪 5cm 土壌	2006/2/3	AB778526		4
Gluconacetobacter sp. 4	*Gluconacetobacter takamatsuzukensis*	T611xx-1-2a	TBT-782(b)	19096		高松塚古墳 ひさし上粘土下あり穴／くもの巣周辺 土壌	2006/11/xx	AB778528		4
Gluconacetobacter sp. 3	*Gluconacetobacer aggeris*	T611xx-1-3a	TBT-783(b)	19093		高松塚古墳 ひさし上粘土下あり穴／くもの巣周辺 土壌	2006/11/xx	AB778529		4
Gluconacetobacter sp. 5	*Gluconacetobacter tumulisoli*	T611xx-1-4a^{T}	TBT-784(b)	19097^{T}	NCIMB 14861^{T}	高松塚古墳 ひさし上粘土下あり穴／くもの巣周辺 土壌	2006/11/xx	AB778530		4
Gluconacetobacter sp. 4	*Gluconacetobacter takamatsuzukensis*	T61213-20-1a^{T}	TBT-785(b)	19094^{T}	NCIMB 14859^{T}	高松塚古墳 石室外西側左側面（墳丘部発掘作業現場）	2006/12/13	AB778531		4
Gluconacetobacter sp. 4	*Gluconacetobacter takamatsuzukensis*	T61213-21-1a	TBT-786(b)	19095		高松塚古墳 石室外西側左側面 土壌（墳丘部発掘作業現場）	2006/12/13	AB778532		4
Microbacterium sp. 3 (close to *M. profundi*)	*Microbacterium shaanxiense*	T6220-7-3b	TBT-91(b)	28790		高松塚古墳 石室内西壁女子群像右肩の赤い着物上のスポット	2006/2/20	LC148835		5
Microbacterium sp. 3 (close to *M. profundi*)	*Microbacterium shaanxiense*	T6517-1-3b	TBT-176(b)	28792		高松塚古墳 石室内西壁女子額の黒色部分	2006/5/17	LC148836		5
Microbacterium sp. 3 (close to *M. profundi*)	*Microbacterium shaanxiense*	T7410-1-6b	TBT-345(b)	28808		高松塚古墳 北壁面北寄り間上部 目地漆喰	2007/4/10	LC148837		5
Microbacterium sp. 3 (close to *M. profundi*)	*Microbacterium shaanxiense*	T7417-2-4b	TBT-353(b)	28818		高松塚古墳 西側３小口	2007/4/17	LC148838		5
Microbacterium sp. 3 (close to *M. profundi*)	*Microbacterium shaanxiense*	T7510-3-5b	TBT-579(b)	28833		高松塚古墳 西２石 北側小口面 下方東寄り 黒褐色物質（ゲル状）	2007/5/10	LC148839		5
Microbacterium sp. 7	*Microbacterium tumbae*	T7528-3-6b^{T}	TBT-597(b)	28836^{T}	NCIMB 15039^{T}	高松塚古墳 東壁石１上端天井石２との接合面（天１、石室寄り）	2007/5/28	LC148840		5
Microbacterium sp. 4 (close to *M. profundi*)	*Microbacterium shaanxiense*	K13218-1-2b	TBK-684(b)	28870		キトラ古墳 石室入口盗掘口天井側ステンレス上 黒粒	2013/2/18	LC148841		5
Microbacterium sp. 4 (close to *M. profundi*)	*Microbacterium shaanxiense*	K13218-3-2b	TBK-688(b)	28871		キトラ古墳 石室入口盗掘口天井側石接地面 テープ・ウレタン・スポンジ	2013/2/18	LC148842		5
Ochrobactrum sp. 1 (close to *O. pecoris*)	*Ochrobactrum* sp.	T5916-7-1b	TBT-68(b)	28782		高松塚古墳 石室内東壁青龍右下 粘性物質	2005/9/16	LC150686	LC150736 (*gyrB*) LC150739 (*groEL*)	1
Ochrobactrum sp. 1 (close to *O. pecoris*)	*Ochrobactrum* sp.	T5916-1-1b	TBT-55(b)	28783		高松塚古墳 石室内西壁白虎前肢下 ゲル状	2005/9/16	LC150685	LC150735 (*gyrB*) LC150738 (*groEL*)	1
Ochrobactrum sp. 2 (close to *O. pituitosum*)[9]	*Ochrobactrum pituitosum*	T6220-2-3b	TBT-75(b)	28787		高松塚古墳 石室内西壁女子群像頭上	2006/2/20	LC150687	LC150737 (*gyrB*) LC150740 (*groEL*)	1
Ochrobactrum sp. 2 (close to *O. pituitosum*)[9]	*Ochrobactrum pituitosum*	T6220-4-3b	TBT-81(b)	28788		高松塚古墳 石室内西壁白虎 下方	2006/2/20	LC150688		1
Ochrobactrum sp. 2 (close to *O. pituitosum*)[9]	*Ochrobactrum pituitosum*	T6517-1-5b	TBT-178(b)	28793		高松塚古墳 石室内西壁女子額 黒色部分	2006/5/17	LC150689		1
Ochrobactrum sp. 2 (close to *O. pituitosum*)[9]	*Ochrobactrum pituitosum*	T6517-3-3b	TBT-186(b)	28795		高松塚古墳 石室内西壁左女子頭部後方の黒色部分	2006/5/17	LC150690		1
Ochrobactrum sp. 2 (close to *O. pituitosum*)[9]	*Ochrobactrum pituitosum*	T6713-1-4b	TBT-232(b)	28797		高松塚古墳 石室内西壁女子右肩 黒いシミ	2006/7/13	LC150691		1
Ochrobactrum sp. 2 (close to *O. pituitosum*)[9]	*Ochrobactrum pituitosum*	T6713-9-3b	TBT-226(b)	28798		高松塚古墳 石室内東壁中央青龍左側 黒カビ（茶色ゲル状）	2006/7/13	LC150692		1

（Tab. 3B 続き）

Ochrobactrum sp. 2 (close to *O. pituitosum*)[9]	*Ochrobactrum pituitosum*	T61017-1-4b	TBT-285(b)	28800		高松塚古墳 石室内西壁中央女子額	2006/10/17	LC150693		1
Ochrobactrum sp. 2 (close to *O. pituitosum*)[9]	*Ochrobactrum pituitosum*	T7405-3-2b[7]				高松塚古墳 北壁北側畦上面黒色部(湿式) 高 北 土湿	2007/4/5	LC150694		1
Ochrobactrum sp. 2 (close to *O. pituitosum*)[9]	*Ochrobactrum pituitosum*	T7410-1-7b	TBT-346(b)	28809		高松塚古墳 北壁面北寄り間上部 目地漆喰	2007/4/10	LC150695		1
Ochrobactrum sp. 2 (close to *O. pituitosum*)[9]	*Ochrobactrum pituitosum*	T7413-7-1b	TBT-324(b)	28815		高松塚古墳 漆喰除去後の北壁と東3石との接合下部 東3石側の黒色膜状物質(石室へ続く隙間から採取)	2007/4/13	LC150696		1
Ochrobactrum sp. 2 (close to *O. pituitosum*)[9]	*Ochrobactrum pituitosum*	T7417-2-3b	TBT-352(b)	28817		高松塚古墳 西側3小口	2007/4/17	LC150697		1
Ochrobactrum sp. 2 (close to *O. pituitosum*)[9]	*Ochrobactrum pituitosum*	T7417-7-3b	TBT-357(b)	28820		高松塚古墳 石室内西壁女子群像北右上から40cm程離れている	2007/4/17	LC150698		1
Ochrobactrum sp. 2 (close to *O. pituitosum*)[9]	*Ochrobactrum pituitosum*	T7425-1-3b	TBT-388(b)	28822		高松塚古墳 西3石上小口面 黒色物質	2007/4/25	LC150699		1
Ochrobactrum sp. 2 (close to *O. pituitosum*)[9]	*Ochrobactrum pituitosum*	T7426-6-2b	TBT-409(b)	28826		高松塚古墳 天井石2南側小口面 黒色物質	2007/4/26	LC150700		1
Ochrobactrum sp. 2 (close to *O. pituitosum*)[9]	*Ochrobactrum pituitosum*	T7426-9-3b	TBT-412(b)	28827		高松塚古墳 天井石2漆喰面北東側 ゲル様褐色物質	2007/4/26	LC150701		1
Unidentified Promicromonosporaceae bacterium	*Krasilnikoviella muralis*	T6220-5-2b[T]	TBT-84(b)	28789[T]	NCIMB 15040[T]	高松塚古墳 石室内西壁白虎前足	2006/2/20	LC148843		6
Stenotrophomonas sp. 1 (close to *S. chelatiphaga*)	*Stenotrophomonas tumulicola*	T5916-2-1b[T]	TBT-57(b)	30961[T]	NCIMB 15009[T]	高松塚古墳 石室内西壁白虎後肢下 ゲル状	2005/9/16	LC066089	LC092950 (*gyrB1*) LC092951 (*gyrB2*)	7
Stenotrophomonas sp. 1 (close to *S. chelatiphaga*)	*Stenotrophomonas tumulicola*	T61017-1-2b[10]	TBT-283(b)			高松塚古墳 石室内西壁中央女子額	2006/10/17	LC066100		7, 8
Stenotrophomonas sp. 1 (close to *S. chelatiphaga*)	*Stenotrophomonas tumulicola*	T61017-1-5b[10]	TBT-286(b)			高松塚古墳 石室内西壁中央女子額	2006/10/17	LC066101		7, 8
Stenotrophomonas sp. 1 (close to *S. chelatiphaga*)	*Stenotrophomonas tumulicola*	T61017-2-2b[10]	TBT-288(b)			高松塚古墳 石室内西壁中央女子襟部分	2006/10/17	LC066102		7, 8
Stenotrophomonas sp. 1 (close to *S. chelatiphaga*)	*Stenotrophomonas tumulicola*	T61017-9-3b	TBT-309(b)	30969		高松塚古墳 石室内天井北東部	2006/10/17	LC066103		7
Stenotrophomonas sp. 1 (close to *S. chelatiphaga*)	*Stenotrophomonas tumulicola*	T6517-1-2b	TBT-175(b)	30962		高松塚古墳 石室内西壁女子額 黒色部分	2006/5/17	LC066090	LC092952 (*gyrB1*) LC092953 (*gyrB2*)	7
Stenotrophomonas sp. 1 (close to *S. chelatiphaga*)	*Stenotrophomonas tumulicola*	T6517-2-2b[10]	TBT-180(b)			高松塚古墳 石室内西壁女子襟部分 黒色部分	2006/5/17	LC066091		7, 8
Stenotrophomonas sp. 1 (close to *S. chelatiphaga*)	*Stenotrophomonas tumulicola*	T6517-2-3b	TBT-181(b)	30963		高松塚古墳 石室内西壁女子襟部分 黒色部分	2006/5/17	LC066092	LC092954 (*gyrB1*) LC092955 (*gyrB2*)	7
Stenotrophomonas sp. 1 (close to *S. chelatiphaga*)	*Stenotrophomonas tumulicola*	T6713-13-2b[7]	TBT-230(b)[7]			高松塚古墳 石室内東壁女子群像下方の床付近 土	2006/7/13	LC066095		7
Stenotrophomonas sp. 1 (close to *S. chelatiphaga*)	*Stenotrophomonas tumulicola*	T6713-2-2b[10]	TBT-233(b)			高松塚古墳 石室内西壁左女子頭部後方 黒カビ	2006/7/13	LC066093		7, 8
Stenotrophomonas sp. 1 (close to *S. chelatiphaga*)	*Stenotrophomonas tumulicola*	T6713-4-4b[10]	TBT-239(b)			高松塚古墳 石室内西壁中央朱線の下 黒カビ	2006/7/13	LC066094		7, 8
Stenotrophomonas sp. 1 (close to *S. chelatiphaga*)	*Stenotrophomonas tumulicola*	T7214-12-2b	TBT-381(b)	30965		高松塚古墳 取合部石室天井石材表面西側　黒色	2007/2/14	LC066096	LC092956 (*gyrB1*) LC092957 (*gyrB2*)	7
Stenotrophomonas sp. 1 (close to *S. chelatiphaga*)	*Stenotrophomonas tumulicola*	T7410-3-2b	TBT-349(b)	30966		高松塚古墳 北壁背面東寄中央 黒色部分	2007/4/10	LC066097	LC092958 (*gyrB1*) LC092959 (*gyrB2*)	7
Stenotrophomonas sp. 1 (close to *S. chelatiphaga*)	*Stenotrophomonas tumulicola*	T7417-2-1b	TBT-350(b)	30967		高松塚古墳 西側3小口	2007/4/17	LC066098		7
Stenotrophomonas sp. 1 (close to *S. chelatiphaga*)	*Stenotrophomonas tumulicola*	T7425-4-2b	TBT-395(b)	30968		高松塚古墳 東3石上小口面 黒色物質	2007/4/25	LC066099		7
Stenotrophomonas sp. 2 (*S.* aff. *maltophilia*)	*Stenotrophomonas maltophilia*	K6303-5-2b	TBK-157(b)	30959		キトラ古墳 石室内天井	2006/3/3	LC066104		7
Stenotrophomonas sp. 2 (*S.* aff. *maltophilia*)	*Stenotrophomonas maltophilia*	T6220-6-1b	TBT-86(b)	30960		高松塚古墳 石室内東壁青龍後ろ足付近	2006/2/20	LC066105		7

1）分離当初の同定結果による学名（文化庁検討会資料等で掲載されたもの）
2）現行（平成30（2018）年3月末時点）の分類学による学名：詳細同定や分類学の進展により学名が変更された分離株がある。
3）T：高松塚古墳分離株、K：キトラ古墳分離株、TBT：高松塚古墳分離株（東文研）、TBK：キトラ古墳分離株（東文研）、[T]：基準株
4）公的微生物株保存機関略称：JCM. Japan Collection of Microorganisms, RIKEN BioResource Research Center, Tsukuba, Japan; NCIMB, National Collections of Industrial Food and Marine Bacteria, NCIMB Ltd., Aberdeen, UK.
5）解析対象遺伝子：16S, 16S ribosomal RNA（rRNA）遺伝子：*gyrB*, DNA gyrase subunit B 遺伝子：*groEL*, 60-kDa heat shock protein GroEL 遺伝子：*gyrB1*, DNA gyrase subunit B 遺伝子 region 1; *gyrB2*, DNA gyrase subunit B 遺伝子 region 2.

（Tab. 3B 続き）

6）参考文献（新種提唱論文等）：

1. 半田豊、立里臨、佐藤嘉則、木川りか、佐野千絵、杉山純多：高松塚・キトラ両古墳からの主要細菌分離株：*Bacillus*・*Ochrobactrum* 両属分離株の分子系統学的位置、保存科学、56, 33 – 48, 2017.

2. Tazato, N., Handa, Y., Nishijima, M., Kigawa, R., Sano, C. and Sugiyama, J.: Novel environmental species isolated from the plaster wall surface of mural paintings in the Takamatsuzuka tumulus: *Bordetella muralis* sp. nov., *Bordetella tumulicola* sp. nov. and *Bordetella tumbae* sp. nov., International Journal of Systematic and Evolutionary Microbiology, 65, 4830 – 4838, 2015.

3. Tazato, N., Nishijima, M., Handa, Y., Kigawa, R., Sano, C. and Sugiyama, J.: *Gluconacetobacter tumulicola* sp. nov. and *Gluconacetobacter asukensis* sp. nov., isolated from the stone chamber interior of the Kitora Tumulus, Nara, Japan, International Journal of Systematic and Evolutionary Microbiology, 62, 2032 – 2038, 2012.

4. Nishijima, M., Tazato, N., Handa, Y., Tomita, J., Kigawa, R., Sano, C. and Sugiyama, J.: *Gluconacetobacter tumulisoli* sp. nov., *Gluconacetobacter takamatsuzukensis* sp. nov. and *Gluconacetobacter aggeris* sp. nov., isolated from Takamatsuzuka Tumulus samples before and during the dismantling work in 2007, International Journal of Systematic and Evolutionary Microbiology, 63, 3981 – 3988, 2013.

5. Nishijima, M., Tazato, N., Handa, Y., Umekawa, N., Kigawa, R., Sano, C. and Sugiyama, J.: *Microbacterium tumbae* sp. nov., an actinobacterium isolated from the stone chamber of ancient tumulus, International Journal of Systematic and Evolutionary Microbiology, 67, 1777 – 1783, 2017.

6. Nishijima, M., Tazato, N., Handa, Y., Umekawa, N., Kigawa, R., Sano, C. and Sugiyama, J.: *Krasilnikoviella muralis* gen. nov., sp. nov. , a new member of the family *Promicromonosporaceae*, isolated from the Takamatsuzuka Tumulus stone chamber interior and reclassification of *Promicromonospora flava* as *Krasilnikoviella flava* comb. nov., International Journal of Systematic and Evolutionary Microbiology, 67, 294 – 300, 2017.

7. Handa, Y., Tazato, N., Nagatsuka, Y., Koide, T., Kigawa, R, Sano, C. and Sugiyama, J.: *Stenotrophomonas tumulicola* sp. nov., a major contaminant of the stone chamber interior in the Takamatsuzuka Tumulus, International Journal of Systematic and Evolutionary Microbiology, 66, 1119 – 1124, 2016.

8. Handa, Y., Tazato, N., Nagatsuka, Y., Koide, T., Kigawa, R., Sano, C. and Sugiyama, J.: Corrigendum: *Stenotrophomonas tumulicola* sp. nov., a major contaminant of the stone chamber interior in the Takamatsuzuka Tumulus. Int J Syst Evol Microbiol 2016; 66:1119 – 1124, doi: 10.1099/ijsem.0.000843, International Journal of Systematic and Evolutionary Microbiology, 67, 763, 2017.

7）16S rRNA 遺伝子塩基配列決定後に死滅し、分離株が保存されていない株。死滅株で分離株番号の記入が無いものは当該株番号発行前に死滅が判明したもの。
　なお、決定された 16S rRNA 遺伝子塩基配列は遺伝子塩基配列データベースに登録されアクセッション番号が発行されている。

8）分離当初（文化庁検討会資料等）は *Bordetella* sp.1 としていた。

9）文化庁検討会等の報告資料では、*Ochrobactrum* sp. 2（close to *O. grignonense*）と推定していた。

10）これらは一括移管（寄託）株だが誤って文献７に掲載された（文献８を参照）。

Tab. 4　高松塚古墳の試料から分離された菌類（カビ・酵母）分離株の一括移管（寄託）株リスト

現行学名[1]	JCM番号[2]	分離株番号	分離情報		種同定者	遺伝子塩基配列アクセッション番号[3]		菌株に関する文献等[4]		
			試料採取日付	試料採取箇所		LSU	ITS	①分類学的情報	②生理生化学的情報	③生態学的情報
カビ										
Clonostachys sp.	28001	T4519-8-1s	19-May-04	On the west wall in the stone chamber	T. Kiyuna, R. Kigawa and J. Sugiyama	LC133899	LC133768	—	4-13, 4-14, 5-1-2, 5-1-3	6-3
Talaromyces sp.	28002	T4519-9-4s	19-May-04	On the east wall in the stone chamber	T. Kiyuna, R. Kigawa and J. Sugiyama	-	LC133769	—	4-13, 4-14, 5-1-2, 5-1-3	6-3
Trichoderma sp.	28003	T4519-9-7s	19-May-04	On the east wall in the stone chamber	T. Kiyuna, R. Kigawa and J. Sugiyama	LC133900	LC133770	—	2-9, 2-25, 4-7, 4-9, 4-10, 4-11, 4-13, 4-14, 5-1-2, 5-1-3, 5-1-5, 5-3-4, 5-3-5, 5-3-6	4-3, 6-3
Fusarium sp.	28004	T4716-1s	16-Jul-04	Viscous gels on the paintings of the white tiger on west wall in the stone chamber	T. Kiyuna, R. Kigawa and J. Sugiyama	LC133901	LC133771	—	2-9, 2-25, 4-9, 4-10, 4-11, 4-13, 4-14, 5-1-2, 5-1-3, 5-1-5, 5-3-4, 5-3-5, 5-3-6	4-5, 5-3-10
Fusarium sp.	28005	T4906-8-1m	6-Sep-04	White colonies on the paintings of the group of women on the west wall in the stone chamber	T. Kiyuna, R. Kigawa and J. Sugiyama	LC133902	-	—	4-13, 4-14, 5-1-2, 5-1-3	4-3, 4-5, 5-3-10
Trichoderma sp.	28006	T4906-8-10m	6-Sep-04	White colonies on the paintings of the group of women on the west wall in the stone chamber	T. Kiyuna, R. Kigawa and J. Sugiyama	LC133903	-	—	4-13, 4-14, 5-1-2, 5-1-3	4-3, 4-5, 6-3, 5-3-10
Penicillium paneum	28007	T5916-2-1	16-Sep-05	Viscous gels below the paintings of the white tiger on the west wall in the stone chamber	T. Kiyuna, R. Kigawa and J. Sugiyama	-	LC133772	—	—	4-5, 5-3-10
Fusarium sp.	28008	T5916-2-2	16-Sep-05	Viscous gels below the paintings of the white tiger on the west wall in the stone chamber	T. Kiyuna, R. Kigawa and J. Sugiyama	-	LC133773	—	—	4-5, 5-3-10
Fusarium sp.	28009	T5916-3-2	16-Sep-05	Viscous gels below the paintings of the group of women on the west wall in the stone chamber	T. Kiyuna, R. Kigawa and J. Sugiyama	LC133904	-	—	—	4-5, 5-3-10
Fusarium sp.	28010	T5916-5-2	16-Sep-05	Viscous gels below the paintings of the group of women on the east wall in the stone chamber	T. Kiyuna, R. Kigawa and J. Sugiyama	LC133905	-	—	—	4-5, 5-3-10
Fusarium sp.	28011	T5916-7-2	16-Sep-05	Viscous gels below the paintings of the blue dragon on the east wall in the stone chamber	T. Kiyuna, R. Kigawa and J. Sugiyama	LC133906	-	—	—	4-5, 5-3-10
Gliomastix masseei	28012	T6517-2-1	17-May-06	Black spots on the paintings of the group of women on the west wall in the stone chamber	T. Kiyuna, R. Kigawa and J. Sugiyama	AB540435	AB540509	1-4	—	1-4, 4-3, 4-5, 5-3-10, 6-18
Aspergillus sp.	28013	T6517-2-3	17-May-06	Black spots on the paintings of the group of women on the west wall in the stone chamber	T. Kiyuna, R. Kigawa and J. Sugiyama	LC133907	—	—	—	4-10, 6-18
Gliomastix masseei	28014	T6517-3-1	17-May-06	Black spots around the paintings of the group of women on the west wall in the stone chamber	T. Kiyuna, R. Kigawa and J. Sugiyama	AB540436	AB540510	1-4	—	1-4, 4-3, 4-5, 5-3-10, 6-18
Gliomastix masseei	28015	T6517-5-1	17-May-06	Black spots on the west wall in the stone chamber	T. Kiyuna, R. Kigawa and J. Sugiyama	AB540437	AB540511	1-4	—	1-4, 4-3, 4-5, 5-3-10, 6-18
Gliomastix masseei	28016	T6517-6-1	17-May-06	Black spots on the west wall in the stone chamber	T. Kiyuna, R. Kigawa and J. Sugiyama	AB540438	AB540512	1-4	—	1-4, 4-3, 4-5, 5-3-10, 6-18
Fusarium sp.	28017	T6517-9-3	17-May-06	Viscous gels below the paintings of the group of women on the east wall in the stone chamber	T. Kiyuna, R. Kigawa and J. Sugiyama	LC133908	—	—	—	4-5, 5-3-10, 6-18
Penicillium paneum	28018	T6517-9-1	17-May-06	Viscous gels below the paintings of the group of women on the east wall in the stone chamber	T. Kiyuna, R. Kigawa and J. Sugiyama	—	LC133774	—	—	4-5, 5-3-10, 6-18
Gliomastix masseei	28019	T6517-11-1	17-May-06	Black spots on the paintings of the group of women on the west wall in the stone chamber	T. Kiyuna, R. Kigawa and J. Sugiyama	AB540441	AB540515	1-4	—	1-4, 4-3, 4-5, 5-3-10, 6-18
Oidiodendron sp.	28020	T6517-13-1	17-May-06	Black spots on western area of the adjacent space	T. Kiyuna, R. Kigawa and J. Sugiyama	LC133909	-	4-11	—	—
Penicillium paneum	28021	T6517-14-2	17-May-06	Black spots on eastern area of the adjacent space	T. Kiyuna, R. Kigawa and J. Sugiyama	LC133910	LC133775	—	—	4-5, 5-3-10, 6-18
Gliomastix masseei	28022	T6713-1-1	13-Jul-06	Black spots on the paintings of the group of women on the west wall in the stone chamber	T. Kiyuna, R. Kigawa and J. Sugiyama	AB540442	AB540516	1-4	—	1-4, 4-3, 4-5, 5-3-10
Gliomastix masseei	28023	T6713-2-1	13-Jul-06	Black moldy colonies around the paintings of the group of women on the west wall in the stone chamber	T. Kiyuna, R. Kigawa and J. Sugiyama	AB540443	AB540517	1-4	—	1-4, 4-3, 4-5, 5-3-10
Gliomastix masseei	28024	T6713-4-1	13-Jul-06	Black moldy colonies on the west wall in the stone chamber	T. Kiyuna, R. Kigawa and J. Sugiyama	AB540444	AB540518	1-4	—	1-4, 3-1, 4-3, 4-5, 5-3-1, 5-3-2, 5-3-10
Gliomastix masseei	28025	T6713-8-1	13-Jul-06	Black moldy colonies around the paintings of the group of women on the east wall in the stone chamber	T. Kiyuna, R. Kigawa and J. Sugiyama	AB540445	AB540519	1-4	—	1-4, 4-3, 4-5, 5-3-10
Gliomastix masseei	28026	T6713-14-1	13-Jul-06	Black spots around the paintings of the group of men on the west wall in the stone chamber	T. Kiyuna, R. Kigawa and J. Sugiyama	AB540447	AB540521	1-4	—	1-4, 3-1, 4-3, 4-5, 5-3-10
Gliomastix masseei	28027	T61017-1-1	17-Oct-06	Black spots on the paintings of the group of women on the west wall in the stone chamber	T. Kiyuna, R. Kigawa and J. Sugiyama	AB540448	AB540522	1-4	—	1-4, 3-1, 4-3, 4-5, 5-3-10
Gliomastix masseei	28028	T61017-2-1	17-Oct-06	Black spots on the paintings of the group of women on the west wall in the stone chamber	T. Kiyuna, R. Kigawa and J. Sugiyama	AB540449	AB540523	—	—	1-4, 4-3, 4-5, 5-3-10
Gliomastix masseei	28029	T61017-3-1	17-Oct-06	Black spots around the paintings of the group of women on the west wall in the stone chamber	T. Kiyuna, R. Kigawa and J. Sugiyama	AB540450	AB540524	—	—	1-4, 4-3, 4-5, 5-3-10
Gliomastix masseei	28030	T61017-4-1	17-Oct-06	Black spots on the west wall in the stone chamber	T. Kiyuna, R. Kigawa and J. Sugiyama	AB540451	AB540525	—	—	1-4, 4-3, 4-5, 5-3-10
Gliomastix masseei	28031	T61017-5-1	17-Oct-06	Black spots on the west wall in the stone chamber	T. Kiyuna, R. Kigawa and J. Sugiyama	AB540452	AB540526	—	—	1-4, 4-3, 4-5, 5-3-10
Gliomastix masseei	28032	T61017-9-1	17-Oct-06	On northeast area of the ceiling stone in the stone chamber	T. Kiyuna, R. Kigawa and J. Sugiyama	AB540453	AB540527	1-4	—	1-4, 3-1, 4-3, 4-5, 5-3-10
Gliomastix masseei	28033	T61017-10-1	17-Oct-06	On northwest area of the ceiling stone in the stone chamber	T. Kiyuna, R. Kigawa and J. Sugiyama	AB540454	AB540528	—	—	1-4, 4-3, 4-5, 5-3-10
Kendrickiella phycomyces	28034	T611xx-2-1	Nov-06	Soil below the ant nest in the adjacent space	T. Kiyuna, R. Kigawa and J. Sugiyama	AB671452	AB671485	—	—	1-5, 4-3
Gliomastix masseei	28035	T61213-2-1	13-Dec-06	Black spots on the paintings of the group of women on the west wall in the stone chamber	T. Kiyuna, R. Kigawa and J. Sugiyama	AB540456	AB540530	—	—	1-4, 4-3, 4-5, 5-3-10
Gliomastix masseei	28036	T61213-3-9	13-Dec-06	Black moldy colonies around the paintings of the group of women on the west wall in the stone chamber	T. Kiyuna, R. Kigawa and J. Sugiyama	AB540457	AB540531	—	—	1-4, 4-3, 4-5, 5-3-10
Fusarium sp.	28037	T61213-4-2	13-Dec-06	Black moldy colonies on the west wall in the stone chamber	T. Kiyuna, R. Kigawa and J. Sugiyama	LC133911	—	—	—	4-5, 5-3-10
Gliomastix masseei	28038	T61213-4-3	13-Dec-06	Black moldy colonies on the west wall in the stone chamber	T. Kiyuna, R. Kigawa and J. Sugiyama	AB540458	AB540532	1-4	—	1-4, 4-3, 4-5, 5-3-10
Gliomastix masseei	28039	T61213-5-4	13-Dec-06	Black moldy colonies on the west wall in the stone chamber	T. Kiyuna, R. Kigawa and J. Sugiyama	AB540459	AB540533	1-4	—	1-4, 4-3, 4-5, 5-3-10
Cadophora sp.	28040	T61213-7-8	13-Dec-06	White moldy colonies around the paintings of the group of women on the east wall in the stone chamber	T. Kiyuna, R. Kigawa and J. Sugiyama	—	LC133776	4-10	—	1-4, 4-3, 4-5
Gliomastix masseei	28041	T61213-9-1	13-Dec-06	Black moldy colonies on northeast area of the ceiling stone wall in the stone chamber	T. Kiyuna, R. Kigawa and J. Sugiyama	AB540461	AB540535	1-4	—	1-4, 4-3, 4-5, 5-3-10
Gliomastix masseei	28042	T61213-11-1	13-Dec-06	Black moldy colonies on the paintings of the group of women on the west wall in the stone chamber	T. Kiyuna, R. Kigawa and J. Sugiyama	AB540463	AB540537	1-4	—	1-4, 3-1, 4-3, 4-5, 5-3-1, 5-3-2, 5-3-10
Penicillium paneum	28043	T61213-12-1	13-Dec-06	Viscous gels on the north wall in the stone chamber	T. Kiyuna, R. Kigawa and J. Sugiyama	LC133912	—		—	4-5, 5-3-10
Cadophora sp.	28044	T61213-14-3	13-Dec-06	Springtail (Collembola) on the floor in the middle west in the stone chamber	T. Kiyuna, R. Kigawa and J. Sugiyama	LC133913	—	4-10	—	
Gliomastix masseei	28045	T61213-15-1	13-Dec-06	Black moldy colonies around the paintings of the group of men on the west wall in the stone chamber	T. Kiyuna, R. Kigawa and J. Sugiyama	AB540464	AB540538	1-4	—	1-4, 4-3, 4-5, 5-3-10
Kendrickiella phycomyces	28046	T61213-21-3	13-Dec-06	Soil taken from the west area of the stone chamber exterior (during dismantling work)	T. Kiyuna, R. Kigawa and J. Sugiyama	AB671454	AB671487	1-5	—	4-3
Kendrickiella phycomyces	28047	T61213-27-1	13-Dec-06	Plant roots and soil taken from the west area of the stone chamber exterior (during dismantling work)	T. Kiyuna, R. Kigawa and J. Sugiyama	AB671455	AB671488	1-5	—	4-3
Oidiodendron sp.	28048	T7214-14k-2	14-Feb-07	Black spots around ceiling stone wall in the adjacent space	T. Kiyuna, R. Kigawa and J. Sugiyama	LC133914	—	—	4-10	6-6
Kendrickiella phycomyces	28049	T7302-19-3	2-Mar-07	On the ceiling stone wall (during dismantling work)	T. Kiyuna, R. Kigawa and J. Sugiyama	AB671456	AB671489	1-5	4-10	4-3, 6-6
Lecanicillium sp.	28050	T7302-19-5	2-Mar-07	On the ceiling stone wall (during dismantling work)	T. Kiyuna, R. Kigawa and J. Sugiyama	LC133915	—	—	—	4-3, 6-6
Kendrickiella phycomyces	28051	T7320-1-2	20-Mar-07	Soil on the surface tomb passage	T. Kiyuna, R. Kigawa and J. Sugiyama	AB671457	AB671490	1-5		4-3, 6-6
Penicillium paneum	28052	T7320-1-3	20-Mar-07	Soil on the surface tomb passage	T. Kiyuna, R. Kigawa and J. Sugiyama	LC133916	-	—	—	4-5, 5-3-10, 6-6
Penicillium paneum	28053	T7417-11-1	17-Apr-07	Black spots around western area on the north wall (during relocation of the stone chamber)	T. Kiyuna, R. Kigawa and J. Sugiyama	LC133917	LC133777	—	—	4-5, 5-3-10, 6-6
Fusarium sp.	28054	T7417-14-1	17-Apr-07	Viscous gels on the north wall (during relocation of the stone chamber)	T. Kiyuna, R. Kigawa and J. Sugiyama	-	LC133778	—	—	4-5, 5-3-10

(Tab. 4 続き)

Fusarium sp.		28055	T7425-1-1	25-Apr-07	Black substances on the top surface of west wall stone 3 (during relocation of the stone chamber)	T. Kiyuna, R. Kigawa and J. Sugiyama	-	LC133779	—	—	4-5
Penicillium paneum		28056	T7425-3-1	25-Apr-07	Black substances in small pits on the top surface of west wall stone 3 (during relocation of the stone chamber)	T. Kiyuna, R. Kigawa and J. Sugiyama	LC133918	LC133780	1-1	—	1-1, 4-3, 4-5, 5-3-10, 6-6
Penicillium paneum		28057	T7511-5-1	11-May-07	On the west wall stone 3 (during relocation of the stone chamber)	T. Kiyuna, R. Kigawa and J. Sugiyama	LC133919		—	—	4-5, 5-3-10, 6-6
Scytalidium sp.		28058	T7528-11-4	28-May-07	Soil around the east wall 1 (during dismantling work)	T. Kiyuna, R. Kigawa and J. Sugiyama	-	LC133781	—	—	4-10, 6-6
Trichoderma sp.		28059	T7528-11-5	28-May-07	Soil around the east wall 1 (during dismantling work)	T. Kiyuna, R. Kigawa and J. Sugiyama	LC133920	LC133782	—	—	4-5, 5-3-10, 6-6
Penicillium paneum		28060	T7530-4-1	30-May-07	Black viscous substances and plaster on the east wall 1 (during dismantling work)	T. Kiyuna, R. Kigawa and J. Sugiyama	LC133921	-	1-1	—	1-1, 4-3, 4-5, 5-3-10, 6-6
Clonostachys sp.		28061	T7607-8-5	7-Jun-07	Viscous gels on the east wall 1 (during dismantling work)	T. Kiyuna, R. Kigawa and J. Sugiyama	LC133922	-	—	—	4-10, 6-6
Gliomastix masseei		28062	T7614-2-1	14-Jun-07	Soil and plaster between the west wall 1 and 2 (during relocation of the stone chamber)	T. Kiyuna, R. Kigawa and J. Sugiyama	LC133923	-	—	—	4-5, 5-3-10, 6-6
Fusarium sp.		28063	T7614-2-3	14-Jun-07	Soil and plaster between the west wall 1 and 2 (during relocation of the stone chamber)	T. Kiyuna, R. Kigawa and J. Sugiyama	LC133924	-	—	—	4-5, 5-3-10, 6-6
Cadophora sp.		28064	T7614-2-7	14-Jun-07	Soil and plaster between the west wall 1 and 2 (during relocation of the stone chamber)	T. Kiyuna, R. Kigawa and J. Sugiyama	-	LC133783	—	—	4-3, 4-10, 6-6
Penicillium paneum		28065	T7615-5-1	15-Jun-07	Blackish brown viscous substances on the east wall 1 (during relocation of the stone chamber)	T. Kiyuna, R. Kigawa and J. Sugiyama	LC133925	-	—	—	4-5, 5-3-10, 6-6
Fusarium sp.		28066	T7615-5-5	15-Jun-07	Blackish brown viscous substances on the east wall 1 (during relocation of the stone chamber)	T. Kiyuna, R. Kigawa and J. Sugiyama	LC133926	-	—	—	4-5, 5-3-10, 6-6
Trichoderma sp.		28067	T7615-10-8	15-Jun-07	Blackish viscous substances on the west wall 1 (during relocation of the stone chamber)	T. Kiyuna, R. Kigawa and J. Sugiyama	LC133927	-	—	—	4-5, 5-3-10, 6-6
Trichoderma sp.		28068	T7615-10-9	15-Jun-07	Blackish viscous substances on the west wall 1 (during relocation of the stone chamber)	T. Kiyuna, R. Kigawa and J. Sugiyama	LC133928	-	—	—	4-5, 5-3-10, 6-6
Gliomastix murorum		28069	T7820-5-1	20-Aug-07	On the south-lateral side of the floor 4 (during relocation of the stone chamber)	T. Kiyuna, R. Kigawa and J. Sugiyama	LC133929	-	—	—	4-5, 5-3-10, 6-6
Gliomastix murorum		28070	T7821-7-1	21-Aug-07	Clay soil and plant roots on the north-lateral side of the floor 1 (during relocation of the stone chamber)	T. Kiyuna, R. Kigawa and J. Sugiyama	LC133930	-	—	—	4-5, 5-3-10, 6-6
Unidentified fungus	Nectriaceae sp.	28071	T7821-7-3	21-Aug-07	Clay soil and plant roots on the north-lateral side of the floor 1 (during relocation of the stone chamber)	T. Kiyuna, R. Kigawa and J. Sugiyama	-	LC133784	—	—	4-3, 4-10, 6-6
Trichoderma sp.		28072	T7829-2-2	29-Aug-07	Soil (Hanchiku) under the floor 3 (during relocation of the stone chamber)	T. Kiyuna, R. Kigawa and J. Sugiyama	LC133931	-	—	—	4-5, 5-3-10, 6-6
Trichoderma sp.		28073	T8804-4-1	4-Aug-08	Clay soil around eastern area of conservation facility	T. Kiyuna, R. Kigawa and J. Sugiyama	LC133932	-	—	—	4-5, 5-3-10
Trichoderma sp.		28074	T81027-1-1	27-Oct-08	Soil (Hanchiku) in the southeast area of the burial mound	T. Kiyuna, R. Kigawa and J. Sugiyama	LC133933	-	—	—	4-5, 5-3-10
Trichoderma sp.		28075	T81027-2-1	27-Oct-08	Soil around eastern area of the tomb	T. Kiyuna, R. Kigawa and J. Sugiyama	LC133934	-	—	—	4-5, 5-3-10
Trichoderma sp.		28076	T81027-2-2	27-Oct-08	Soil around eastern area of the tomb	T. Kiyuna, R. Kigawa and J. Sugiyama	LC133935	-	—	—	4-5, 5-3-10
Aspergillus sp.		28077	T81027-2-4	27-Oct-08	Soil around eastern area of the tomb	T. Kiyuna, R. Kigawa and J. Sugiyama	LC133936	-	—	—	4-10
Trichoderma sp.		28078	T81028-1	28-Oct-08	Soil around northern area of the tomb	T. Kiyuna, R. Kigawa and J. Sugiyama	LC133937	-	—	—	4-5, 5-3-10
Trichoderma sp.		28079	T81028-2	28-Oct-08	Soil around northern area of the tomb	T. Kiyuna, R. Kigawa and J. Sugiyama	LC133938	-	—	—	4-5, 5-3-10
Trichoderma sp.		28080	T81028-3	28-Oct-08	Soil around northern area of the tomb	T. Kiyuna, R. Kigawa and J. Sugiyama	LC133939	-	—	—	4-5, 5-3-10
Trichoderma sp.		28081	T81028-4	28-Oct-08	Soil around northern area of the tomb	T. Kiyuna, R. Kigawa and J. Sugiyama	LC133940	-	—	—	4-5
Trichoderma sp.		28082	T81119-1-1	19-Nov-08	Soil around eastern area of conservation facility	T. Kiyuna, R. Kigawa and J. Sugiyama	LC133941	-	—	—	4-5, 5-3-10
Trichoderma sp.		28083	T81119-2-1	19-Nov-08	Soil around western area of conservation facility	T. Kiyuna, R. Kigawa and J. Sugiyama	LC133942	-	—	—	4-5, 5-3-10
Trichocladium sp.		28084	T81119-2-5	19-Nov-08	Soil around western area of conservation facility	T. Kiyuna, R. Kigawa and J. Sugiyama	LC133943	-	—	—	4-5
Trichoderma sp.		28085	T81203-2-1	3-Dec-08	Soil (Hanchiku) in the western area of the burial mound	T. Kiyuna, R. Kigawa and J. Sugiyama	LC133944	-	—	—	4-5, 5-3-10
Oidiodendron sp.		28086	T81203-2-2	3-Dec-08	Soil (Hanchiku) in the western area of the burial mound	T. Kiyuna, R. Kigawa and J. Sugiyama	LC133945	-	—	—	4-3, 4-10
Trichoderma sp.		28087	T81203-3-1	3-Dec-08	Soil (Hanchiku) in the eastern area of the burial mound	T. Kiyuna, R. Kigawa and J. Sugiyama	LC133946	-	—	—	4-5, 5-3-10
Trichoderma sp.		28088	T81203-5-1	3-Dec-08	Soil (Hanchiku) in the southern area of the burial mound	T. Kiyuna, R. Kigawa and J. Sugiyama	LC133947	-	—	—	4-5, 5-3-10
Penicillium paneum		28089	T81203-9-1	3-Dec-08	Soil in the adjacent space	T. Kiyuna, R. Kigawa and J. Sugiyama	LC133948	-	—	—	4-5, 5-3-10
Trichoderma sp.		28090	T81203-9-2	3-Dec-08	Soil in the adjacent space	T. Kiyuna, R. Kigawa and J. Sugiyama	LC133949	-	—	—	4-5, 5-3-10
Fusarium sp.		28091	T9217-4	17-Feb-09	Soil (Hanchiku) in the southwest area of the burial mound	T. Kiyuna, R. Kigawa and J. Sugiyama	LC133950	-	—	—	4-5, 5-3-10
Trichoderma sp.		28092	T9217-5	17-Feb-09	Soil (Hanchiku) in the southwest area of the burial mound	T. Kiyuna, R. Kigawa and J. Sugiyama	LC133951	-	—	—	4-5, 5-3-10
Penicillium sp.		28093	TBT-6(m)	16-Sep-03	Soil	T. Kiyuna, R. Kigawa and J. Sugiyama	—	LC133785	—	2-1, 2-15, 4-7, 5-3-3	6-3
Penicillium paneum		28094	TBT-24(m)	26-Oct-04	In the stone chamber	T. Kiyuna, R. Kigawa and J. Sugiyama	—	LC133786	—	4-14, 5-1-2	6-3
Penicillium sp.		28095	TBT-25(m)	26-Oct-04	In the stone chamber	T. Kiyuna, R. Kigawa and J. Sugiyama	—	LC133787	—	4-14, 5-1-2	6-3
Penicillium sp.		28096	TBT-26(m)	26-Oct-04	In the stone chamber	T. Kiyuna, R. Kigawa and J. Sugiyama	—	LC133788	—	4-14, 5-1-2	6-3
Paecilomyces sp.		28097	TBT-27(m)	26-Oct-04	In the stone chamber	T. Kiyuna, R. Kigawa and J. Sugiyama	—	LC133789	—	4-14, 5-1-2	6-3
Trichoderma sp.		28098	TBT-28(m)	26-Oct-04	In the stone chamber	T. Kiyuna, R. Kigawa and J. Sugiyama	—	LC133790	—	4-14, 5-1-2	6-3
Trichoderma sp.		28099	TBT-29(m)	26-Oct-04	In the stone chamber	T. Kiyuna, R. Kigawa and J. Sugiyama	—	LC133791	—	4-14, 5-1-2	6-3
Trichoderma sp.		28100	TBT-30(m)	26-Oct-04	In the stone chamber	T. Kiyuna, R. Kigawa and J. Sugiyama	—	LC133792	—	4-14, 5-1-2	6-3
Trichoderma sp.		28101	TBT-31(m)	26-Oct-04	In the stone chamber	T. Kiyuna, R. Kigawa and J. Sugiyama	—	LC133793	—	4-14, 5-1-2	6-3
Fusarium sp.		28102	TBT-32(m)	26-Oct-04	In the stone chamber	T. Kiyuna, R. Kigawa and J. Sugiyama	—	LC133794	—	4-14, 5-1-2	6-3
Penicillium paneum		28103	T5916-4-1	16-Sep-05	Viscous gels below the paintings of the group of women on the west wall in the stone chamber	T. Kiyuna, R. Kigawa and J. Sugiyama	—	LC133795	—	—	4-5, 5-3-10
Fusarium sp.		28104	T6220-3-2	20-Feb-06	On the paintings of the group of women on the west wall in the stone chamber	T. Kiyuna, R. Kigawa and J. Sugiyama	—	LC133796	—	—	4-5, 5-3-10, 6-18
Penicillium paneum		28105	T6517-11-2	17-May-06	Black spots on the paintings of the group of women on the west wall in the stone chamber	T. Kiyuna, R. Kigawa and J. Sugiyama	—	LC133797	—	—	4-5, 5-3-10, 6-18
Penicillium paneum		28106	T6517-12-3	17-May-06	Black spots on western area of the adjacent space	T. Kiyuna, R. Kigawa and J. Sugiyama	—	LC133798	—	—	4-5, 5-3-10, 6-18
Penicillium paneum		28107	T7507-3-1	7-May-07	Black spots on the paintings of the group of women on the west wall in the stone chamber	T. Kiyuna, R. Kigawa and J. Sugiyama	—	LC133799	—	—	4-5, 5-3-10
Penicillium paneum		28108	T7528-5-1	28-May-07	Between west wall 2 and ceiling stone 2 (during relocation of the stone chamber)	T. Kiyuna, R. Kigawa and J. Sugiyama	—	LC133800	—	—	4-5, 5-3-10
Fusarium sp.		28109	T7528-9-10	28-May-07	Black substances between ceiling stone 1 and 2 (during relocation of the stone chamber)	T. Kiyuna, R. Kigawa and J. Sugiyama	—	LC133801	—	—	4-5, 5-3-10
Aspergillus sp.		28110	T6517-2-4	17-May-06	Balck spots on the paintings of the group of women on the west wall in the stone chamber	T. Kiyuna, R. Kigawa and J. Sugiyama	LC133952	-	—	—	6-18
Penicillium paneum		28111	T6517-5-2	17-May-06	Black spots on the west wall in the stone chamber	T. Kiyuna, R. Kigawa and J. Sugiyama	LC133953	-	—	—	6-18
Trametes sp.		28112	T6517-6-3	17-May-06	Black spots on the west wall in the stone chamber	T. Kiyuna, R. Kigawa and J. Sugiyama	LC133954	-	—	—	6-18

（Tab. 4 続き）

Oidiodendron sp.		28113	T6517-12-1a	17-May-06	Black spots on western area of the adjacent space	T. Kiyuna, R. Kigawa and J. Sugiyama	LC133955	LC133802	–	–	6-18
Clonostachys sp.		28114	T61213-1-2	13-Dec-06	Balck viscous gels on the paintings of the group of women on the west wall in the stone chamber	T. Kiyuna, R. Kigawa and J. Sugiyama	LC133956	-	–	–	4-3
Trametes sp.		28115	T61213-1-4	13-Dec-06	Balck viscous gels on the paintings of the group of women on the west wall in the stone chamber	T. Kiyuna, R. Kigawa and J. Sugiyama	–	LC145303	–	–	4-3
Clonostachys sp.		28116	T61213-8-5	13-Dec-06	Viscous gels below the paintings of the group of women on the east wall in the stone chamber	T. Kiyuna, R. Kigawa and J. Sugiyama	–	LC145304	–	–	4-3
Exophiala sp.		28117	T61213-9-3	13-Dec-06	Black moldy colonies on the ceiling stone wall 1 in the stone chamber	T. Kiyuna, R. Kigawa and J. Sugiyama	–	LC145305	–	–	4-3
Clonostachys sp.		28118	T61213-10-3	13-Dec-06	On the ceiling stone wall in the stone chamber	T. Kiyuna, R. Kigawa and J. Sugiyama	–	LC145306	–	–	4-3
Clonostachys sp.		28119	T61213-12-9	13-Dec-06	Viscous gels on the north wall in the stone chamber	T. Kiyuna, R. Kigawa and J. Sugiyama	–	LC145307	–	–	4-3
Purpureocillium sp.		28120	T61213-8-3	13-Dec-06	Viscous gels below the paintings of the group of women on the east wall in the stone chamber	T. Kiyuna, R. Kigawa and J. Sugiyama	LC133957	–	–	–	4-3
Clonostachys sp.		28121	T61213-11-3	13-Dec-06	Black moldy colonies on the paintings of the group of women on the west wall in the stone chamber	T. Kiyuna, R. Kigawa and J. Sugiyama	LC133958	–	–	–	4-3
Arthrobotrytis sp.		28122	T61213-13-3	13-Dec-06	Viscous gels below the tortoise and snake on the north wall in the stone chamber	T. Kiyuna, R. Kigawa and J. Sugiyama	LC133959	–	–	–	4-3
Lecanicillium sp.		28123	T61213-17-6	13-Dec-06	Soil on the floor around east area in the stone chamber	T. Kiyuna, R. Kigawa and J. Sugiyama	LC133960	–	–	–	4-3
Penicillium sp.		28124	T7214-14k-3m	14-Feb-07	Black spots around ceiling stone wall in the adjacent space	T. Kiyuna, R. Kigawa and J. Sugiyama	LC133961	–	–	–	6-6
Unidentified fungus	Sordariomycetes sp.	28125	T7320-1-6	20-Mar-07	Soil in the adjacent space	T. Kiyuna, R. Kigawa and J. Sugiyama	LC133962	–	–	–	6-6
Ilyonectria sp.		28126	T7426-17-2	26-Apr-07	Soil around the western area of the stone chambe exterior	T. Kiyuna, R. Kigawa and J. Sugiyama	LC133963	–	–	–	6-6
Cladosporium sp.		28127	T7426-17-4	26-Apr-07	Soil around the western area of the stone chambe exterior	T. Kiyuna, R. Kigawa and J. Sugiyama	LC133964	–	–	–	6-6
Penicillium sp.		28128	T7508-1-2	8-May-07	Soil around the northern area of the stone chambe exterior	T. Kiyuna, R. Kigawa and J. Sugiyama	–	LC145288	–	–	6-6
Sporothrix sp.		28129	T7508-1-3	8-May-07	Soil around the northern area of the stone chambe exterior	T. Kiyuna, R. Kigawa and J. Sugiyama	–	LC145289	–	–	6-6
Penicillium sp.		28130	T7508-4-1	8-May-07	Soil around the northern area of the stone chambe exterior	T. Kiyuna, R. Kigawa and J. Sugiyama	–	LC145290	–	–	6-6
Unidentified fungus	Nectriaceae sp.	28131	T7508-4-3	8-May-07	Soil around the northern area of the stone chambe exterior	T. Kiyuna, R. Kigawa and J. Sugiyama	–	LC145291	–	–	6-6
Lecanicillium sp.		28132	T7510-1-3	10-May-07	A piece of plaster on the joint space between west wall 3 and south wall (during relocation of the stone chamber)	T. Kiyuna, R. Kigawa and J. Sugiyama	–	LC145292	–	–	6-6
Talaromyces sp.		28133	T7510-1-5	10-May-07	A piece of plaster on the joint space between west wall 3 and south wall (during relocation of the stone chamber)	T. Kiyuna, R. Kigawa and J. Sugiyama	–	LC145293	–	–	6-6
Lecanicillium sp.		28134	T7510-1-6	10-May-07	A piece of plaster on the joint space between west wall 3 and south wall (during relocation of the stone chamber)	T. Kiyuna, R. Kigawa and J. Sugiyama	–	LC145294	–	–	6-6
Cladophialophora sp.		28135	T7510-1-7	10-May-07	A piece of plaster on the joint space between west wall 3 and south wall (during relocation of the stone chamber)	T. Kiyuna, R. Kigawa and J. Sugiyama	–	LC145295	–	–	6-6
Unidentifed fungus	Leotiomycetes sp.	28136	T7510-5-2	10-May-07	A piece of plaster on the joint space between west wall 3 and south wall (during relocation of the stone chamber)	T. Kiyuna, R. Kigawa and J. Sugiyama	LC133965	–	–	–	6-6
Unidentifed fungus	Nectriaceae sp.	28137	T7517-8-1	17-May-07	Viscous substances on the east side wall 3 (during relocation of the stone chamber)	T. Kiyuna, R. Kigawa and J. Sugiyama	LC133966	–	–	–	6-6
Unidentifed fungus	Herpotrichiellaceae sp.	28138	T7518-5-1	18-May-07	Blackish brown viscous substances on the east side wall 3 (during relocation of the stone chamber)	T. Kiyuna, R. Kigawa and J. Sugiyama	LC133967	–	–	–	6-6
Penicillium sp.		28139	T7521-4-2	21-May-07	Plastic cover over the thieving hole (stone chamber interior side)	T. Kiyuna, R. Kigawa and J. Sugiyama	LC133968	–	–	–	6-6
Rhinocladiella sp.		28140	T7521-8(B)-1	21-May-07	Plastic cover over the thieving hole (stone chamber interior side)	T. Kiyuna, R. Kigawa and J. Sugiyama	LC133969	–	–	–	6-6
Unidentifed fungus	Niessliaceae sp.	28141	T7530-4-4	30-May-07	Black viscous gels and pieces of side plaster between east wall 1 and ceiling stone 1 (during relocation of the stone chamber)	T. Kiyuna, R. Kigawa and J. Sugiyama	LC133970	–	–	–	6-6
Cladophialophora sp.		28142	T7530-16-3	30-May-07	Black viscous gels and pieces of side plaster between west wall 1 and south wall (during relocation of the stone chamber)	T. Kiyuna, R. Kigawa and J. Sugiyama	–	LC145296	–	–	6-6
Penicillium sp.		28143	T7601-3-2	1-Jun-07	Soil behind the east wall 2 (during relocation of the stone chamber)	T. Kiyuna, R. Kigawa and J. Sugiyama	LC133971	–	–	–	6-6
Oidiodendron sp.		28144	T7604-5-1	4-Jun-07	Soil behind the east wall 1 (during relocation of the stone chamber)	T. Kiyuna, R. Kigawa and J. Sugiyama	–	LC145297	–	–	6-6
Oidiodendron sp.		28145	T7604-8-1	4-Jun-07	Soil behind the west wall 1 (during relocation of the stone chamber)	T. Kiyuna, R. Kigawa and J. Sugiyama	LC133972	–	–	–	6-6
Mortierella sp.		28146	T7607-8-9	7-Jun-07	Viscous gels between east wall 1 and north wall (during relocation of the stone chamber)	T. Kiyuna, R. Kigawa and J. Sugiyama	–	LC145298	–	–	6-6
Lecanicillium sp.		28147	T7608-1-6	8-Jun-07	Soil and pieces of side plaster between west wall 1 and south wall (during relocation of the stone chamber)	T. Kiyuna, R. Kigawa and J. Sugiyama	LC133973	–	–	–	6-6
Oidiodendron sp.		28148	T7820-5-5	20-Aug-07	On the south-lateral side of the floor 4 (during relocation of the stone chamber)	T. Kiyuna, R. Kigawa and J. Sugiyama	LC133974	–	–	–	6-6
Cadophora sp.		28149	T7820-5-6	20-Aug-07	On the south-lateral side of the floor 4 (during relocation of the stone chamber)	T. Kiyuna, R. Kigawa and J. Sugiyama	LC133975	–	–	–	6-6
Unidentifed fungus	Nectriaceae sp.	28150	T7821-7-2	21-Aug-07	Clay soil and plant roots on the north-lateral side of the floor 1 (during relocation of the stone chamber)	T. Kiyuna, R. Kigawa and J. Sugiyama	–	LC145299	–	–	6-6
Mucor sp.		28151	T7821-7-7	21-Aug-07	Clay soil and plant roots on the north-lateral side of the floor 1 (during relocation of the stone chamber)	T. Kiyuna, R. Kigawa and J. Sugiyama	LC133976	–	–	–	6-6
Sarocladium sp.		28152	T7821-7-9	21-Aug-07	Clay soil and plant roots on the north-lateral side of the floor 1 (during relocation of the stone chamber)	T. Kiyuna, R. Kigawa and J. Sugiyama	LC133977	–	–	–	6-6
Cadophora sp.		28153	T7821-7-11	21-Aug-07	Clay soil and plant roots on the north-lateral side of the floor 1 (during relocation of the stone chamber)	T. Kiyuna, R. Kigawa and J. Sugiyama	–	LC145300	–	–	6-6
Cladosporium sp.		28154	T7821-16-2	21-Aug-07	Soil on the lateral side of floor 2 (during relocation of the stone chamber)	T. Kiyuna, R. Kigawa and J. Sugiyama	LC133978	–	–	–	6-6
Penicillium sp.		28155	T7822-2-1	22-Aug-07	Black spots on the floor 1 (during relocation of the stone chamber)	T. Kiyuna, R. Kigawa and J. Sugiyama	LC133979	–	–	–	4-3
Penicillium sp.		28156	T7822-2-2	22-Aug-07	Black spots on the floor 1 (during relocation of the stone chamber)	T. Kiyuna, R. Kigawa and J. Sugiyama	–	LC145301	–	–	4-3
Penicillium paneum		28157	T7822-2-3	22-Aug-07	Black spots on the floor 1 (during relocation of the stone chamber)	T. Kiyuna, R. Kigawa and J. Sugiyama	–	LC145302	–	–	4-3
Penicillium sp.		28158	T7829-1-1	29-Aug-07	Greenish sand under the floor 4 (during relocation of the stone chamber)	T. Kiyuna, R. Kigawa and J. Sugiyama	LC133980	-	–	–	4-3
Ilyonectria sp.		28159	T7829-3-2	29-Aug-07	Soil (Hanchiku) under the floor 2 (during relocation of the stone chamber)	T. Kiyuna, R. Kigawa and J. Sugiyama	LC133981	-	–	–	4-3
Penicillium sp.		28160	T8804-4-2	4-Aug-08	Clay soil around eastern area of conservation facility	T. Kiyuna, R. Kigawa and J. Sugiyama	LC133982	-	–	–	4-3
Cistella sp.		28161	T8804-4-5	4-Aug-08	Clay soil around eastern area of conservation facility	T. Kiyuna, R. Kigawa and J. Sugiyama	LC133983	-	–	–	4-3
Geomyces sp.		28162	T81027-1-4	27-Oct-08	Soil (Hanchiku) in the southeast area of the burial mound	T. Kiyuna, R. Kigawa and J. Sugiyama	LC133984	-	–	–	4-3
Unidentified fungus	Leotiomycetes sp.	28163	T81027-1-6	27-Oct-08	Soil (Hanchiku) in the southeast area of the burial mound	T. Kiyuna, R. Kigawa and J. Sugiyama	LC133985	-	–	–	4-3
Ilyonectria sp.		28164	T81027-2-3	27-Oct-08	Soil around eastern area of the tomb	T. Kiyuna, R. Kigawa and J. Sugiyama	LC133986	LC133803	–	–	4-3
Penicillium sp.		28165	T81027-2-5	27-Oct-08	Soil around eastern area of the tomb	T. Kiyuna, R. Kigawa and J. Sugiyama	LC133987	-	–	–	4-3
Penicillium sp.		28166	T81027-2-6	27-Oct-08	Soil around eastern area of the tomb	T. Kiyuna, R. Kigawa and J. Sugiyama	LC133988	-	–	–	4-3
Penicillium sp.		28167	T81027-2-7	27-Oct-08	Soil around eastern area of the tomb	T. Kiyuna, R. Kigawa and J. Sugiyama	LC133989	-	–	–	4-3
Unidentifed fungus	Ophiostomataceae sp.	28168	T81027-2-9	27-Oct-08	Soil around eastern area of the tomb	T. Kiyuna, R. Kigawa and J. Sugiyama	LC133990	-	–	–	4-3
Ilyonectria sp.		28169	T81028-5	28-Oct-08	Soil around northern area of the tomb	T. Kiyuna, R. Kigawa and J. Sugiyama	LC133991	-	–	–	4-3
Unidentifed fungus	Chaetosphaeriales sp.	28170	T81028-6	28-Oct-08	Soil around northern area of the tomb	T. Kiyuna, R. Kigawa and J. Sugiyama	LC133992	-	–	–	4-3

（Tab. 4 続き）

Penicillium sp.		28171	T81028-10	28-Oct-08	Soil around northern area of the tomb	T. Kiyuna, R. Kigawa and J. Sugiyama	LC133993	-	—	—	4-3
Penicillium sp.		28172	T81028-13	28-Oct-08	Soil around northern area of the tomb	T. Kiyuna, R. Kigawa and J. Sugiyama	LC133994	-	—	—	4-3
Penicillium sp.		28173	T81028-14	28-Oct-08	Soil around northern area of the tomb	T. Kiyuna, R. Kigawa and J. Sugiyama	LC133995	-	—	—	4-3
Penicillium sp.		28174	T81119-1-2	19-Nov-08	Soil around eastern area of conservation facility	T. Kiyuna, R. Kigawa and J. Sugiyama	LC133996	-	—	—	4-3
Unidentifed fungus	Ophiostomataceae sp.	28175	T81119-1-4	19-Nov-08	Soil around eastern area of conservation facility	T. Kiyuna, R. Kigawa and J. Sugiyama	LC133997	-	—	—	4-3
Penicillium sp.		28176	T81119-2-2	19-Nov-08	Soil around western area of conservation facility	T. Kiyuna, R. Kigawa and J. Sugiyama	LC133998	-	—	—	4-3
Penicillium sp.		28177	T81119-2-3	19-Nov-08	Soil around western area of conservation facility	T. Kiyuna, R. Kigawa and J. Sugiyama	LC133999	-	—	—	4-3
Ilyonectria sp.		28178	T81119-2-4	19-Nov-08	Soil around western area of conservation facility	T. Kiyuna, R. Kigawa and J. Sugiyama	LC134000	-	—	—	4-3
Unidentified fungus	Leotiomycetes sp. .	28179	T81119-2-9	19-Nov-08	Soil around western area of conservation facility	T. Kiyuna, R. Kigawa and J. Sugiyama	LC134001	-	—	—	4-3
Gongronella sp.		28180	T81119-2-10	19-Nov-08	Soil around western area of conservation facility	T. Kiyuna, R. Kigawa and J. Sugiyama	LC134002	-	—	—	4-3
Unidentifed fungus	Ophiostomataceae sp.	28181	T81203-2-8	3-Dec-08	Soil (Hanchiku) in the western area of the burial mound	T. Kiyuna, R. Kigawa and J. Sugiyama	LC134003	-	—	—	4-3
Paecilimyces sp.		28182	T81203-3-3	3-Dec-08	Soil (Hanchiku) in the eastern area of the burial mound	T. Kiyuna, R. Kigawa and J. Sugiyama	LC134004	-	—	—	4-3
Oidiodendron sp.		28183	T81203-3-4	3-Dec-08	Soil (Hanchiku) in the eastern area of the burial mound	T. Kiyuna, R. Kigawa and J. Sugiyama	LC134005	-	—	—	4-3
Unidentified fungus	Leotiomycetes sp.	28184	T81203-3-6	3-Dec-08	Soil (Hanchiku) in the eastern area of the burial mound	T. Kiyuna, R. Kigawa and J. Sugiyama	LC134006	-	—	—	4-3
Penicillium sp.		28185	T81203-3-7	3-Dec-08	Soil (Hanchiku) in the eastern area of the burial mound	T. Kiyuna, R. Kigawa and J. Sugiyama	LC134007	-	—	—	4-3
Unidentifed fungus	Eurotiales sp.	28186	T81203-3-9	3-Dec-08	Soil (Hanchiku) in the eastern area of the burial mound	T. Kiyuna, R. Kigawa and J. Sugiyama	LC134008	-	—	—	4-3
Arthrinium sp.		28187	T81203-3-11	3-Dec-08	Soil (Hanchiku) in the eastern area of the burial mound	T. Kiyuna, R. Kigawa and J. Sugiyama	LC134009	-	—	—	4-3
Oidiodendron sp.		28188	T9217-1	17-Feb-09	Soil (Hanchiku) in the southwes area of the burial mound	T. Kiyuna, R. Kigawa and J. Sugiyama	LC134010	LC133804	—	—	4-3
Unidentified fungus	Leotiomycetes sp.	28189	T9217-2	17-Feb-09	Soil (Hanchiku) in the southwes area of the burial mound	T. Kiyuna, R. Kigawa and J. Sugiyama	LC134011	-	—	—	4-3
Oidiodendron sp.		28190	T9217-3	17-Feb-09	Soil (Hanchiku) in the southwes area of the burial mound	T. Kiyuna, R. Kigawa and J. Sugiyama	LC134012	-	—	—	4-3
Unidentified fungus	Leotiomycetes sp.	28191	T9217-6	17-Feb-09	Soil (Hanchiku) in the southwes area of the burial mound	T. Kiyuna, R. Kigawa and J. Sugiyama	LC134013	-	—	—	4-3
Fusarium sp.		28192	TBT-8(m)	7-Apr-04	Under the painting of the white tiger on west wall in the stone chamber	T. Kiyuna, R. Kigawa and J. Sugiyama	-	LC133805	—	—	6-3
Talaromyces sp.		28193	TBT-9(m)	18-Mar-04	Around the painting of the blue dragon on east wall in the stone chamber	T. Kiyuna, R. Kigawa and J. Sugiyama	-	LC133806	—	—	6-3
Clonostachys sp.		28194	TBT-10	19-May-04	On the paintings of the group of men on the west wall in the stone chamber	T. Kiyuna, R. Kigawa and J. Sugiyama	-	LC133807	—	—	6-3
Fusarium sp.		28195	TBT-12(m)	19-May-04	Under the paintings of the group of men on the west wall in the stone chamber	T. Kiyuna, R. Kigawa and J. Sugiyama	-	LC133808	—	—	6-3
Oidiodendron sp.		28196	T6517-12-1b	17-May-06	Black spots on western area of the adjacent space	T. Kiyuna, R. Kigawa and J. Sugiyama	LC134014	LC133809	—	—	6-18
Oidiodendron sp.		28197	T7608-1-3	8-Jun-07	Soil and plaster between the west wall 1 and south wall (during relocation of the stone chamber)	T. Kiyuna, R. Kigawa and J. Sugiyama	LC134015	-	—	—	6-6
酵母											
Pichia membranifaciens		28198	T5916-6-4	16-Sep-05	Viscous gels below the paintings of the group of women on the east wall in the stone chamber	Y. Nagatsuka, T. Kiyuna, R. Kigawa and J. Sugiyama	LC134016	—	—	—	4-5
Meyerozyma guilliermondii		28199	T6220-7-2	20-Jun-06	Spots on the paintings of the group of women on the west wall in the stone chamber	Y. Nagatsuka, T. Kiyuna, R. Kigawa and J. Sugiyama	LC134017	—	—	—	4-5, 5-3-10, 6-18
Meyerozyma guilliermondii		28200	T6517-1-3	17-May-06	Black spots on the paintings of the group of women on the west wall in the stone chamber	Y. Nagatsuka, T. Kiyuna, R. Kigawa and J. Sugiyama	LC134018	—	—	—	4-5, 5-3-10, 6-18
Candida takamatsuzukensis		28201	T6517-3-3	17-May-06	Black spots around the paintings of the group of women on the west wall in the stone chamber	Y. Nagatsuka, T. Kiyuna, R. Kigawa and J. Sugiyama	LC134019	—	—	—	4-5, 5-3-10, 6-18
Meyerozyma guilliermondii		28202	T6517-3-4	17-May-06	Black spots around the paintings of the group of women on the west wall in the stone chamber	Y. Nagatsuka, T. Kiyuna, R. Kigawa and J. Sugiyama	LC134020	—	—	2-9, 2-25, 4-9, 4-10, 5-3-4, 5-3-5, 5-3-6	4-5, 5-3-10, 6-18
Meyerozyma guilliermondii		28203	T6517-10-3	17-May-06	White insect around the paintings of the group of women on the west wall in the stone chamber	Y. Nagatsuka, T. Kiyuna, R. Kigawa and J. Sugiyama	LC134021	—	—	—	4-5, 5-3-10, 6-18
Meyerozyma guilliermondii		28204	T6517-14-4	17-May-06	Black spots on eastern area of the adjacent space	Y. Nagatsuka, T. Kiyuna, R. Kigawa and J. Sugiyama	LC134022	—	—	—	4-5, 5-3-10, 6-18
Meyerozyma guilliermondii		28205	T6517-14-5	17-May-06	Black spots on eastern area of the adjacent space	Y. Nagatsuka, T. Kiyuna, R. Kigawa and J. Sugiyama	LC134023	—	—	—	4-5, 5-3-10, 6-18
Pichia membranifaciens		28206	T61114-2-11	14-Nov-06	Grey substances on the sealed stone in the southwest first stratum above the adjacent space	Y. Nagatsuka, T. Kiyuna, R. Kigawa and J. Sugiyama	LC134024	—	—	—	4-5
Meyerozyma guilliermondii		28207	T61114-6-13	14-Nov-06	Brown substances on the sealed stone in the southwest first stratum above the adjacent space	Y. Nagatsuka, T. Kiyuna, R. Kigawa and J. Sugiyama	LC134025	—	—	—	4-5, 5-3-10
Pichia membranifaciens		28208	T61213-12-13	13-Dec-06	Viscous gels on the north wall in the stone chamber	Y. Nagatsuka, T. Kiyuna, R. Kigawa and J. Sugiyama	LC134026	—	—	—	4-5, 5-3-10
Pichia membranifaciens		28209	T61213-14-5ay	13-Dec-06	Springtail (Collembola) on the floor in the middle west in the stone chamber	Y. Nagatsuka, T. Kiyuna, R. Kigawa and J. Sugiyama	LC134027	—	—	—	4-5, 5-3-10
Pichia membranifaciens		28210	T61213-14-5by	13-Dec-06	Springtail (Collembola) on the floor of the middle west in the stone chamber	Y. Nagatsuka, T. Kiyuna, R. Kigawa and J. Sugiyama	LC134028	—	—	—	4-5, 5-3-10
Pichia membranifaciens		28211	T61213-14-6	13-Dec-06	Springtail (Collembola) on the floor of the middle west in the stone chamber	Y. Nagatsuka, T. Kiyuna, R. Kigawa and J. Sugiyama	LC134029	—	—	—	4-5, 5-3-10
Meyerozyma guilliermondii		28212	T61213-14-9	13-Dec-06	Springtail (Collembola) on the floor of the middle west in the stone chamber	Y. Nagatsuka, T. Kiyuna, R. Kigawa and J. Sugiyama	LC134030	—	—	—	4-5, 5-3-10
Meyerozyma guilliermondii		28213	T7213-2-y	13-Feb-07	Greyish green substances in the adjacent space	Y. Nagatsuka, T. Kiyuna, R. Kigawa and J. Sugiyama	LC134031	—	—	—	4-5
Meyerozyma guilliermondii		28214	T7213-3-y	13-Feb-07	Black substances in the adjacent space	Y. Nagatsuka, T. Kiyuna, R. Kigawa and J. Sugiyama	LC134032	—	—	—	4-5, 5-3-10
Meyerozyma guilliermondii		28215	T7214-1-y	14-Feb-07	Black spots on the ceiling stone wall in the adjacent space	Y. Nagatsuka, T. Kiyuna, R. Kigawa and J. Sugiyama	LC134033	—	—	—	4-5, 5-3-10
Meyerozyma guilliermondii		28216	T7214-2-y	14-Feb-07	Substances on the eastern area in the adjacent space	Y. Nagatsuka, T. Kiyuna, R. Kigawa and J. Sugiyama	LC134034	—	—	—	4-5, 5-3-10
Meyerozyma guilliermondii		28217	T7214-3-y	14-Feb-07	On the southwest first stratum above the adjacent space	Y. Nagatsuka, T. Kiyuna, R. Kigawa and J. Sugiyama	LC134035	—	—	—	4-5, 5-3-10
Meyerozyma guilliermondii		28218	T7214-4-y	14-Feb-07	On western area of the adjacent space	Y. Nagatsuka, T. Kiyuna, R. Kigawa and J. Sugiyama	LC134036	—	—	—	4-5, 5-3-10
Meyerozyma guilliermondii		28219	T7214-14-y	14-Feb-07	Black spots around ceiling stone wall in the adjacent space	Y. Nagatsuka, T. Kiyuna, R. Kigawa and J. Sugiyama	LC134037	—	—	—	4-5, 5-3-10
Candida tumulicola		28220	T7510-3-7y	10-May-07	Blackish brown substances on the side surface of west wall stone 2 (during relocation of the stone chamber)	Y. Nagatsuka, T. Kiyuna, R. Kigawa and J. Sugiyama	LC134038	—	—	—	4-5, 5-3-10
Pichia membranifaciens		28221	T4716-3	16-Jul-04	Viscous gels on the paintings of the white tiger on west wall in the stone chamber	Y. Nagatsuka, T. Kiyuna, R. Kigawa and J. Sugiyama	LC134039	—	—	2-9, 2-25, 4-9, 4-10, 4-13, 4-14, 5-1-2, 5-1-3, 5-3-4, 5-3-5, 5-3-6	4-5, 5-3-10
Meyerozyma guilliermondii		28222	T7830-8y	30-Aug-07	White molds between ceiling stone wall 4 and wagon	Y. Nagatsuka, T. Kiyuna, R. Kigawa and J. Sugiyama	LC134040	—	—	—	4-5, 5-3-10
Meyerozyma guilliermondii		28223	T7831-2-6y	31-Aug-07	Yellow molds on the seat under the west wall 1	Y. Nagatsuka, T. Kiyuna, R. Kigawa and J. Sugiyama	LC134041	—	—	—	6-18
Meyerozyma caribbica		28224	T6517-12-4	17-May-06	Black spots on western area in the adjacent space	Y. Nagatsuka, T. Kiyuna, R. Kigawa and J. Sugiyama	LC134042	—	—	—	6-18
Candida quercitrusa		28225	T61114-2-10a	14-Nov-06	Grey substances on the sealed stone in the southwest first stratum above the adjacent space	Y. Nagatsuka, T. Kiyuna, R. Kigawa and J. Sugiyama	LC134043	—	—	—	4-3
Candida tumulicola		28226	T7607-8-8y	7-Jun-07	Viscous gels between east wall 1 and north wall (during relocation of the stone chamber)	Y. Nagatsuka, T. Kiyuna, R. Kigawa and J. Sugiyama	LC134044	—	—	—	6-6
Meyerozyma caribbica		28227	T7213-1-y	13-Feb-07	Grey spots on western area in the adjacent space	Y. Nagatsuka, T. Kiyuna, R. Kigawa and J. Sugiyama	LC134045	—	—	—	6-6
Candida sp.		28228	T7510-3-8y	10-May-07	Black viscous substances on the north-lateral side of the west wall 2 (during relocation of the stone chamber)	Y. Nagatsuka, T. Kiyuna, R. Kigawa and J. Sugiyama	LC134046	—	—	—	6-6

(Tab. 4 続き)

Bandoniozyma sp.		28229	T7528-5-5y	28-May-07	Between west wall 2 and ceiling stone 2 (during relocation of the stone chamber)	Y. Nagatsuka, T. Kiyuna, R. Kigawa and J. Sugiyama	LC134047	–	–	–	6-6
Bandoniozyma sp.		28230	T7528-9-12y	28-May-07	Black substances between ceiling stone 1 and 2 (during relocation of the stone chamber)	Y. Nagatsuka, T. Kiyuna, R. Kigawa and J. Sugiyama	LC134048	–	–	–	6-6
Bandoniozyma sp.		28231	T7530-4-5y	30-May-07	Black viscous substances and plaster on the east wall 1 (during dismantling work)	Y. Nagatsuka, T. Kiyuna, R. Kigawa and J. Sugiyama	LC134049	–	–	–	6-6
Bandoniozyma sp.		28232	T7614-2-8y	14-Jun-07	Soil and plaster between the west wall 1 and 2 (during relocation of the stone chamber)	Y. Nagatsuka, T. Kiyuna, R. Kigawa and J. Sugiyama	LC134050	–	–	–	6-6
Bandoniozyma sp.		28233	T7615-16-10y	15-Jun-07	On the south wall in the stone chamber	Y. Nagatsuka, T. Kiyuna, R. Kigawa and J. Sugiyama	LC134051	–	–	–	6-6
Bandoniozyma sp.		28234	T7821-7-12y	21-Aug-07	Clay soil and plant roots on the north-lateral side of the floor 1 (during relocation of the stone chamber)	Y. Nagatsuka, T. Kiyuna, R. Kigawa and J. Sugiyama	LC134052	–	–	–	6-6
Bandoniozyma sp.		28235	T7821-7-14y	21-Aug-07	Clay soil and plant roots on the north-lateral side of the floor 1 (during relocation of the stone chamber)	Y. Nagatsuka, T. Kiyuna, R. Kigawa and J. Sugiyama	LC134053	–	–	–	6-6
Candida quercitrusa		28236	T7914-1-4y	14-Sep-07	On the north-lateral side of the floor 1 (during relocation of the stone chamber)	Y. Nagatsuka, T. Kiyuna, R. Kigawa and J. Sugiyama	LC134054	–	–	–	6-6
Cryptococcus podzolicus		28237	T81027-2-11y	27-Oct-08	Soil around eastern area of the tomb	Y. Nagatsuka, T. Kiyuna, R. Kigawa and J. Sugiyama	LC134055	–	–	–	4-3
Solicoccozyma terricola		28238	T81027-2-12y	27-Oct-08	Soil around eastern area of the tomb	Y. Nagatsuka, T. Kiyuna, R. Kigawa and J. Sugiyama	LC134056	–	–	–	4-3
Papiliotrema laurentii		28239	T81027-2-13y	27-Oct-08	Soil around eastern area of the tomb	Y. Nagatsuka, T. Kiyuna, R. Kigawa and J. Sugiyama	LC134057	–	–	–	4-3
Solicoccozyma terricola		28240	T81027-2-14y	27-Oct-08	Soil around eastern area of the tomb	Y. Nagatsuka, T. Kiyuna, R. Kigawa and J. Sugiyama	LC134058	–	–	–	4-3
Cryptococcus podzolicus		28241	T81028-7y	28-Oct-08	Soil around northern area of the tomb	Y. Nagatsuka, T. Kiyuna, R. Kigawa and J. Sugiyama	LC134059	–	–	–	4-3
Sugiyamaella novakii		28242	T81028-8y	28-Oct-08	Soil around northern area of the tomb	Y. Nagatsuka, T. Kiyuna, R. Kigawa and J. Sugiyama	LC134060	–	–	–	4-3
Scheffersomyces spartinae		28243	T81119-1-15y	19-Nov-08	Soil around eastern area of conservation facility	Y. Nagatsuka, T. Kiyuna, R. Kigawa and J. Sugiyama	LC134061	–	–	–	4-3

1) 現行（平成 30（2018）年 3 月末時点）の分類学による学名： 詳細同定や分類学の進展により分離当初の学名から変更された分離株がある
2) 公的微生物保存機関略称 : JCM, Japan Collection of Microorganisms, RIKEN Bioresource Research Center, Tsukuba, Japan
3) 解析対象遺伝子 : LSU, large-subunit ribosomal RNA（rRNA）遺伝子、決定した配列は LSU rRNA 遺伝子の D1/D2 領域 ; ITS, internal transcribed spacer, 決定した配列は 18S rRNA 遺伝子部分塩基配列、5.8S rRNA 遺伝子 ITS2 および 28S rRNA 遺伝子部分塩基配列を含む
4) 参考文献 :

1-1. An K-D, Kiyuna T, Kigawa R, Sano C, Miura S, Sugiyama J: The identity of *Penicillium* sp. 1, a major contaminant of the stone chambers in the Takamatsuzuka and Kitora Tumuli in Japan, is *Penicillium paneum*. Antonie van Leeuwenhoek 96: 579–592, 2009.
1-4. Kiyuna T, An K-D, Kigawa R, Sano C, Miura S, Sugiyama J: Molecular assessment of fungi in "black spots" that deface murals in the Takamatsuzuka and Kitora Tumuli in Japan: *Acremonium* sect. *Gliomastix* including *Acremonium tumulicola* sp. nov. and *Acremonium felinum* comb. nov. Mycoscience 52: 1–17, 2011.
1-5. Kiyuna T, An K-D, Kigawa R, Sano C, Miura S, Sugiyama J: Bristle-like fungal colonizers on the stone walls of the Kitora and Takamatsuzuka Tumuli are identified as *Kendrickiella phycomyces*. Mycoscience 53: 446–459, 2012.
2-1. 早川典子、中右恵理子、木川りか、沖本明子、川野邊渉：絵画表面に用いる修復材料の基礎的研究―壁画修復を中心に―、文化財保存修復学会誌 53: 1–19、2008。
2-9. 木川りか、佐野千絵、喜友名朝彦、立里臨、杉山純多：高松塚古墳・キトラ古墳石室内の微生物分離株のアルコール系殺菌剤資化性試験、保存科学 49: 231–238、2010。
2-15. 木川りか、佐野千絵、高鳥浩介、喜友名朝彦、杉山純多、安部倫子、中右恵理子、坪倉早智子、早川典子、川野邊渉、石崎武志：高松塚古墳石室内・取合部および養生等で使用された樹脂等材料のかび抵抗性試験、保存科学 49: 61–71、2010。
2-25. 佐野千絵、西島美由紀、喜友名朝彦、木川りか、杉山純多：高松塚古墳石室内より分離された主要な微生物のギ酸・酢酸生成能、保存科学 49: 209–219、2010。
3-1. Sugiyama J, Kiyuna T, An K-D, Nagatsuka Y, Handa Y, Tazato N, Hata-Tomita J, Nishijima M, Koide T, Yaguchi Y, Kigawa R, Sano C, Miura S: Microbiological survey of the stone chambers of Takamatsuzuka and Kitora tumuli, Nara Prefecture, Japan: a milestone in elucidating the cause of biodeterioration of mural paintings. In: Sano C (ed), International Symposium on the Conservation and Restoration of Cultural Property: Study of Environmental Conditions Surrounding Cultural Properties and their Protective Measures. National Institutes for Cultural Heritage, National Research Institute for Cultural Properties, Tokyo, pp. 51–73, 2009.
4-3. 喜友名朝彦・安光得・木川りか・佐野千絵・杉山純多（第 3 章 3 節）高松塚古墳の菌類相調査
4-4. 永塚由佳・二宮真也・喜友名朝彦・木川りか・佐野千絵・杉山純多（第 3 章 4 節）高松塚古墳石室内外環境の酵母の同定と特徴
4-5. 喜友名朝彦・木川りか・佐野千絵・杉山純多（第 3 章 9 節）高松塚古墳から分離された主要微生物群の出現状況プロット
4-7. 木川りか・佐野千絵・高鳥浩介・喜友名朝彦・杉山純多・安部倫子・中右恵理子・坪倉早智子・早川典子・川野邊渉・石崎武志（第 4 章 1 節）石室内・取合部および養生等で使用された樹脂等材料のかび抵抗性試験
4-9. 佐野千絵・西島美由紀・喜友名朝彦・木川りか・杉山純多（第 4 章 4 節）微生物による有機酸の産生について
4-10. 西島美由紀・喜友名朝彦・木川りか・佐野千絵・杉山純多（第 4 章 5 節）微生物による炭酸カルシウム溶解性について
4-11. 喜友名朝彦・木川りか・佐野千絵・杉山純多（第 4 章 8 節）高松塚古墳石室内外から分離した菌類分離株の光照射試験
4-13. 阿部恵子・杉山純多・木川りか・佐野千絵（第 4 章 6 節）温湿度条件と高松塚古墳のカビ・酵母分離株の発育度
4-14. 高鳥浩介・高鳥美奈子・久米田裕子・木川りか・佐野千絵（第 4 章 7 節）高松塚古墳石室および周辺部由来カビの温度帯による生理学的性状―温度による発育性および色調変化―
5-1-2. 国宝高松塚古墳壁画恒久保存対策検討会 第 4 回、資料 2-1、平成 17 年 6 月 27 日、文化庁（高鳥浩介：高松塚古墳から採取されたカビ・酵母の発育温度試験）
5-1-3. 国宝高松塚古墳壁画恒久保存対策検討会 第 4 回、資料 2-2、平成 17 年 6 月 27 日、文化庁（阿部恵子：高松塚古墳から採取されたカビ・酵母の発育調査）
5-1-5. 国宝高松塚古墳壁画恒久保存対策検討会 第 5 回、資料 8-2、平成 18 年 2 月 9 日、文化庁（壁面養生についての微生物学的見地からの意見：阿部恵子：高松塚古墳から採取されたカビと酵母の発育湿度調査）
5-3-1. 高松塚古墳壁画劣化原因調査検討会 第 4 回、資料 2、平成 20 年 10 月 20 日、文化庁（杉山純多：高松塚古墳壁画の生物劣化にかかわる微生物験）
5-3-2. 高松塚古墳壁画劣化原因調査検討会 第 7 回、資料 3 参考資料 1、平成 21 年 3 月 12 日、文化庁（木川りか：高松塚古墳の生物調査の概要と今後の方向性について、杉山純多：高松塚古墳壁画の生物劣化にかかわる微生物試験）
5-3-3. 高松塚古墳壁画劣化原因調査検討会 第 7 回、資料 3 参考資料 2、平成 21 年 3 月 12 日、文化庁（高鳥浩介：高松塚古墳石室内、および取合部で使用された樹脂などのかび抵抗性試験）
5-3-4. 高松塚古墳壁画劣化原因調査検討会 第 7 回、資料 3 参考資料 4、平成 21 年 3 月 12 日、文化庁（杉山純多・佐野千絵・木川りか：低濃度のエタノールおよびイソプロパノール資化性試験結果）
5-3-5. 高松塚古墳壁画劣化原因調査検討会 第 7 回、資料 3 参考資料 5、平成 21 年 3 月 12 日、文化庁（杉山純多・佐野千絵・木川りか：GYC 寒天平板での炭酸カルシウム溶解性試験結果）
5-3-6. 高松塚古墳壁画劣化原因調査検討会 第 10 回、資料 5-2、平成 21 年 9 月 1 日、文化庁（佐野千絵・木川りか・杉山純多：高松塚古墳より分離された主要な微生物の酢酸生成能調査結果）
5-3-10. 高松塚古墳壁画劣化原因調査検討会 第 12 回、参考資料 1-4、平成 21 年 11 月 32 日、文化庁（杉山純多・木川りか・佐野千絵：高松塚古墳から分離された主要微生物群の出現状況プロット）
6-3. 木川りか、佐野千絵、石崎武志、三浦定俊：高松塚古墳の微生物対策の経緯と現状、保存科学 45: 33–58、2006。
6-6. 木川りか、杉山純多、高鳥浩介、間渕創、佐野千絵、三浦定俊：高松塚古墳発掘・解体作業に伴う生物調査の概要について、保存科学 47: 121–128、2008。
6-18. 木川りか、佐野千絵、石崎武志、三浦定俊：高松塚古墳における菌類等微生物調査報告（平成 18 年度）、保存科学 46: 209–219、2007。

Tab. 5　キトラ古墳の試料から分離された菌類（カビ・酵母）分離株の一括移管（寄託）株リスト

現行学名[1]		JCM番号[2]	分離株番号	分離情報		種同定者	遺伝子塩基配列 アクセッション番号[3]				菌株に関する文献等[4]		
				試料採取日付	試料採取箇所		18S	LSU	ITS	*EF-1α*	①分類学的情報	②生理生化学的情報	③生態学的情報
カビ													
Penicillium sp.		28322	TBK-7(m)	11-Sep-03	In the adjacent small room	T. Kiyuna, R. Kigawa and J. Sugiyama	–	–	LC133810	–	–	2-1, 2-2	–
Acrostalagmus sp.		28323	TBK-11(m)	2-3-Feb-04	Air in the stone chamber	T. Kiyuna, R. Kigawa and J. Sugiyama	–	–	LC133811	–	–	–	6-17
Acrostalagmus sp.		28324	TBK-12(m)	2-3-Feb-04	Air in the stone chamber	T. Kiyuna, R. Kigawa and J. Sugiyama	–	–	LC133812	–	–	–	6-17
Aspergillus sp.		28325	TBK-13(m)	2-3-Feb-04	Air in the stone chamber	T. Kiyuna, R. Kigawa and J. Sugiyama	–	–	LC133813	–	–	–	6-17
Aspergillus sp.		28326	TBK-14(m)	2-3-Feb-04	Air in the stone chamber	T. Kiyuna, R. Kigawa and J. Sugiyama	–	–	LC133814	–	–	–	6-17
Penicillium sp.		28327	TBK-2(m)	17-Mar-04	White molds on the west wall in the stone chamber	T. Kiyuna, R. Kigawa and J. Sugiyama	–	–	LC133815	–	–	–	6-16, 6-17
Aspergillus sp.		28328	TBK-30(m)	17-Dec-04	Brownish substances around the paintings of the white tiger on west wall in the stone chamber	T. Kiyuna, R. Kigawa and J. Sugiyama	–	–	LC133816	–	–	–	6-17
Ilyonectria sp.		28329	TBK-31(m)	17-Dec-04	Brownish substances around the paintings of the white tiger on west wall in the stone chamber	T. Kiyuna, R. Kigawa and J. Sugiyama	–	LC270928	LC133817	–	–	–	6-17
Sarocladium sp.		28330	TBK-23(m)	7-Jan-05	Brownish viscous substances below the paintings of the blue dragon on east wall in the stone chamber	T. Kiyuna, R. Kigawa and J. Sugiyama	–	–	LC133818	–	–	–	6-17
Sarocladium sp.		28331	TBK-24(m)	7-Jan-05	Brownish viscous substances below the paintings of the blue dragon on east wall in the stone chamber	T. Kiyuna, R. Kigawa and J. Sugiyama	–	–	LC133819	–	–	–	6-17
Aspergillus sp.		28332	TBK-25(m)	7-Jan-05	Brownish substances below the paintings of the white tiger on west wall in the stone chamber	T. Kiyuna, R. Kigawa and J. Sugiyama	–	–	LC133820	–	–	–	6-17
Sarocladium sp.		28333	TBK-26(m)	7-Jan-05	Brownish substances below the paintings of the white tiger on west wall in the stone chamber	T. Kiyuna, R. Kigawa and J. Sugiyama	–	–	LC133821	–	–	–	6-17
Ilyonectria sp.		28334	TBK-27(m)	7-Jan-05	Brownish substances below the paintings of the white tiger on west wall in the stone chamber	T. Kiyuna, R. Kigawa and J. Sugiyama	–	LC270929	LC133822	–	–	–	6-17
Kendrickiella phycomyces		28335	K5225-12-1	25-Feb-05	Air in the adjacent small room	T. Kiyuna, R. Kigawa and J. Sugiyama	–	AB671442	AB671475	–	1-5	–	3-1, 4-3
Kendrickiella phycomyces		28336	K5906-2-1	6-Sep-05	Brownish substances on the west wall in the stone chamber	T. Kiyuna, R. Kigawa and J. Sugiyama	–	AB671444	AB671477	–	1-5	–	4-3
Sarocladium sp.		28337	K5916-7-2	16-Sep-05	Dark-greenish viscous gels below the paintings of the tortoise and snake on the north wall in the stone chamber	T. Kiyuna, R. Kigawa and J. Sugiyama	–	LC134062	–	–	–	4-10	–
Trichoderma sp.		28338	K5916-7-3	16-Sep-05	Dark-greenish viscous gels below the paintings of the tortoise and snake on the north wall in the stone chamber	T. Kiyuna, R. Kigawa and J. Sugiyama	–	–	–	LC133193	–	2-9, 2-16, 2-25, 4-8, 4-9, 4-10, 5-2-2, 5-3-4, 5-3-5, 5-3-6	2-10, 4-3,
Burgoa anomala		28339	K6502-2-1	2-May-06	Brack particles on the ceiling stone in the stone chamber	T. Kiyuna, R. Kigawa and J. Sugiyama	AB972753	AB972760	AB972783	–	1-6	–	3-1, 5-2-4
Burgoa anomala		28340	K6502-3-1	2-May-06	Brack particles on stone wall in the stone chamber	T. Kiyuna, R. Kigawa and J. Sugiyama	–	AB972761	AB972784	–	1-6	–	–
Burgoa anomala		28341	K6502-4-1	2-May-06	Brack particles on stone wall in the stone chamber	T. Kiyuna, R. Kigawa and J. Sugiyama	–	AB972762	AB972785	–	1-6	–	–
Burgoa anomala		28342	K6630-3-2	30-Jun-06	Black moldy spots on the ceiling stone in the stone chamber	T. Kiyuna, R. Kigawa and J. Sugiyama	–	AB972763	AB972786	–	1-6	–	–
Kendrickiella phycomyces		28343	K61208-2-2	8-Dec-06	On the floor in the stone chamber	T. Kiyuna, R. Kigawa and J. Sugiyama	–	AB671447	AB671480	–	1-5	–	4-3, 5-2-6
Unidentified fungus	Herpotrichiellaceae sp.	28344	K7119-1	19-Jan-07	Reddish viscous gels on the plaster of the east wall in the stone chamber	T. Kiyuna, R. Kigawa and J. Sugiyama	–	–	LC133823	–	–	–	5-2-6
Burgoa anomala		28345	K7119-3	19-Jan-07	Reddish viscous gels on the plaster of the east wall in the stone chamber	T. Kiyuna, R. Kigawa and J. Sugiyama	AB972754	AB972764	AB972787	–	1-6	–	3-1, 6-2, 5-2-6
Unidentified fungus	Chaetothyriales sp.	28346	K7119-7	19-Jan-07	Reddish viscous gels on the plaster of the east wall in the stone chamber	T. Kiyuna, R. Kigawa and J. Sugiyama	–	–	LC133824	–	–	–	5-2-6
Burgoa anomala		28347	K7316-2-1	16-Mar-07	Black particles on the ceiling stone in the stone chamber	T. Kiyuna, R. Kigawa and J. Sugiyama	–	AB972766	AB972789	–	1-6	–	6-2
Burgoa anomala		28348	K7316-3-1	16-Mar-07	Black particles on the ceiling stone in the stone chamber	T. Kiyuna, R. Kigawa and J. Sugiyama	–	AB972767	AB972790	–	1-6	–	6-2
Burgoa anomala		28349	K7316-4-1	16-Mar-07	Black particles on the ceiling stone in the stone chamber	T. Kiyuna, R. Kigawa and J. Sugiyama	–	AB972768	AB972791	–	1-6	–	6-2
Burgoa anomala		28350	K7316-5-1	16-Mar-07	Black particles on the ceiling stone in the stone chamber	T. Kiyuna, R. Kigawa and J. Sugiyama	–	AB972769	AB972792	–	1-6	–	6-2
Burgoa anomala		28351	K7316-6-1	16-Mar-07	Black particles on the ceiling stone in the stone chamber	T. Kiyuna, R. Kigawa and J. Sugiyama	–	AB972770	AB972793	–	1-6	–	6-2
Burgoa anomala		28352	K7316-7-1	16-Mar-07	Black particles on the ceiling stone in the stone chamber	T. Kiyuna, R. Kigawa and J. Sugiyama	–	AB972771	AB972794	–	1-6	–	6-2
Burgoa anomala		28353	K7323-2-1	23-Mar-07	Black particles on the east wall in the stone chamber	T. Kiyuna, R. Kigawa and J. Sugiyama	–	AB972772	AB972795	–	1-6	–	6-2
Burgoa anomala		28354	K7323-3-1	23-Mar-07	Black particles on the ceiling stone in the stone chamber	T. Kiyuna, R. Kigawa and J. Sugiyama	AB972756	AB972773	AB972796	–	1-6	–	3-1, 6-2
Kendrickiella phycomyces		28355	K7706-1-2	6-Jul-07	On the east wall in the stone chamber	T. Kiyuna, R. Kigawa and J. Sugiyama	–	AB671445	AB671478	–	1-5	–	4-3
Kendrickiella phycomyces		28356	K7724-1-2	24-Jul-07	Beige viscous gels on the floor in the stone chamber	T. Kiyuna, R. Kigawa and J. Sugiyama	–	AB671446	AB671479	–	1-5	–	4-3
Unidentified fungus	Nectriaceae sp.	28357	K8617-6-11	17-Jun-08	Reddish substances on the stone of the south wall in the stone chamber	T. Kiyuna, R. Kigawa and J. Sugiyama	–	LC134063	LC133825	–	–	4-10	2-13
Clonostachys sp.		28358	K9218-6	18-Feb-09	Yellow particles on the west wall in the stone chamber	T. Kiyuna, R. Kigawa and J. Sugiyama	–	LC134064	–	–	–	4-10	2-10
Unidentified fungus	Nectriaceae sp.	28359	K9403-1-4	3-Apr-09	Black viscous gels on southeast area of the floor in th stone chamber	T. Kiyuna, R. Kigawa and J. Sugiyama	–	LC134065	–	–	–	4-10	2-10
Unidentified fungus	Ophiostomataceae sp.	28360	K9703-3-2	3-Jul-09	Whitish viscous gels on the stone of the east wall in the stone chamber	T. Kiyuna, R. Kigawa and J. Sugiyama	–	LC134066	–	–	–	4-10	2-10
Cadophora sp.		28361	K9703-4-2	3-Jul-09	White powders on the stone of the east wall in the stone chamber	T. Kiyuna, R. Kigawa and J. Sugiyama	–	–	LC133826	–	–	4-10	2-10
Unidentified fungus	Helotiales sp.	28362	K9703-6-6	3-Jul-09	Reddish viscous gels on the plaster of the east wall in the stone chamber	T. Kiyuna, R. Kigawa and J. Sugiyama	–	LC134067	–	–	–	4-10	2-10
Burgoa anomala		28363	K9703-9-1	3-Jul-09	Black particles on the ceiling stone in the stone chamber	T. Kiyuna, R. Kigawa and J. Sugiyama	–	AB972776	AB972799	–	1-6	–	2-10
Penicillium sp.		28364	K9925-2-2	25-Sep-09	Yellow viscous gels on the stone of east wall in the stone chamber	T. Kiyuna, R. Kigawa and J. Sugiyama	–	LC134068	–	–	–	4-10	–
Penicillium sp.		28365	K9925-4-2	25-Sep-09	Black viscous gels in a hole of the north wall in the stone chamber	T. Kiyuna, R. Kigawa and J. Sugiyama	–	LC134069	–	–	–	4-10	–
Aspergillus sp.		28366	K9925-4-4	25-Sep-09	Black viscous gels in a hole of the north wall in the stone chamber	T. Kiyuna, R. Kigawa and J. Sugiyama	–	LC134070	–	–	–	4-10	–
Burgoa anomala		28367	K10510-1-1	10-May-10	Black particles on north area of the east wall in the stone chamber	T. Kiyuna, R. Kigawa and J. Sugiyama	–	AB972777	AB972800	–	1-6	–	6-4
Gliomastix tumulicola		28369	K10510-2-2	10-May-10	Black particles on the ceiling stone in the stone chamber	T. Kiyuna, R. Kigawa and J. Sugiyama	–	LC134071	LC133827	–	1-4	2-28	6-4
Fusarium sp.		28370	K101008-7-3	8-Oct-10	Clay soil on the stone of the south wall in the stone chamber	T. Kiyuna, R. Kigawa and J. Sugiyama	–	LC134072	–	–	–	2-28	6-4
Gliomastix tumulicola		28371	K111013-1-1	13-Oct-11	Blackish green substances on the west wall in the stone chamber	T. Kiyuna, R. Kigawa and J. Sugiyama	–	LC134073	LC133828	–	1-4	2-28	6-8
Penicillium paneum		28372	K111013-1-2	13-Oct-11	Blackish green substances on the west wall in the stone chamber	T. Kiyuna, R. Kigawa and J. Sugiyama	–	LC134074	LC133829	–	–	2-28	6-8
Cadophora sp.		28373	K111013-1-7	13-Oct-11	Blackish green substances on the west wall in the stone chamber	T. Kiyuna, R. Kigawa and J. Sugiyama	–	LC134075	LC133830	–	–	2-28	6-8
Gliomastix tumulicola		28374	K111013-6-5	13-Oct-11	Plaster pieces on north area of the ceiling stone in th stone chamber	T. Kiyuna, R. Kigawa and J. Sugiyama	–	LC134076	–	–	1-4	2-28	6-8

（Tab. 5 続き）

Kendrickiella phycomyces		28375	TBK-5(m)	30-Aug-04	On the stone of the stone chamber in the adjacent small room	T. Kiyuna, R. Kigawa and J. Sugiyama	—	AB671450	AB671483	—	1-5	—	4-3, 6-16
Penicillium sp.		28376	TBK-15(m)	2004/2/2-3	Air in the stone chamber	T. Kiyuna, R. Kigawa and J. Sugiyama	—	—	LC133831	—	—	—	6-16
Penicillium sp.		28377	TBK-16(m)	2004/2/2-3	Air in the stone chamber	T. Kiyuna, R. Kigawa and J. Sugiyama	—	—	LC133832	—	—	—	6-16
Penicillium sp.		28378	TBK-17(m)	2-3-Feb-04	Air in the stone chamber	T. Kiyuna, R. Kigawa and J. Sugiyama	—	—	LC133833	—	—	—	6-16
Aspergillus sp.		28379	TBK-18(m)	2-3-Feb-04	Air in the stone chamber	T. Kiyuna, R. Kigawa and J. Sugiyama	—	—	LC133834	—	—	—	6-16
Penicillium sp.		28380	TBK-4(m)	18-Mar-04	White substances in the stone chamber	T. Kiyuna, R. Kigawa and J. Sugiyama	—	—	LC133835	—	—	—	6-16
Penicillium sp.		28381	TBK-10(m)	4-Oct-04	Moldy colonies on a piece of the paintings of Oriental Zodiac during strage	T. Kiyuna, R. Kigawa and J. Sugiyama	—	—	LC133836	—	—	—	6-16
Clonostachys sp.		28382	TBK-28(m)	4-Oct-04	Moldy colonies on a piece of the paintings of Oriental Zodiac during strage	T. Kiyuna, R. Kigawa and J. Sugiyama	—	—	LC133837	—	—	—	6-16
Trichoderma sp.		28383	TBK-29(m)	4-Oct-04	Moldy colonies on a piece of the paintings of Oriental Zodiac during strage	T. Kiyuna, R. Kigawa and J. Sugiyama	—	—	LC133838	—	—	—	6-16
Aspergillus sp.		28384	TBK-21(m)	17-Dec-05	Brownish substances around the paintings of the white tiger on west wall in the stone chamber	T. Kiyuna, R. Kigawa and J. Sugiyama	—	—	LC133839	—	—	—	6-17
Unidentified fungus	Nectriaceae sp.	28385	K5902-2-1	2-Sep-05	Dark-greenish spots on the north wall in the stone chamber	T. Kiyuna, R. Kigawa and J. Sugiyama	—	LC134077	—	—	—	—	6-17
Purpureocillium sp.		28386	K5902-4-1	2-Sep-05	Dark-greenish spots on the north wall in the stone chamber	T. Kiyuna, R. Kigawa and J. Sugiyama	—	LC134078	—	—	—	—	6-17
Penicillium sp.		28387	K5916-1-2	16-Sep-05	Viscous gels on the south wall in the stone chamber	T. Kiyuna, R. Kigawa and J. Sugiyama	—	LC134079	—	—	—	—	6-17
Unidentified fungus	Chaetothyriales sp.	28388	K5916-10-4	16-Sep-05	Viscous substances on the stone wall in the adjacent small room	T. Kiyuna, R. Kigawa and J. Sugiyama	—	LC134080	—	—	—	—	6-17
Acremonium sp.		28389	K5916-10-8	16-Sep-05	Viscous substances on the stone wall in the adjacent small room	T. Kiyuna, R. Kigawa and J. Sugiyama	—	LC134081	—	—	—	—	6-17
Purpureocillium sp.		28390	K6120-1-2	20-Jan-06	Whitish cottony molds on the stone of the north wall in the stone chamber	T. Kiyuna, R. Kigawa and J. Sugiyama	—	LC134082	—	—	—	—	6-3
Fusarium sp.		28391	K6120-1-6	20-Jan-06	Whitish cottony molds on the stone of the north wall in the stone chamber	T. Kiyuna, R. Kigawa and J. Sugiyama	—	LC134083	—	—	—	—	6-3
Ilyonectria sp.		28392	K6120-1-8	20-Jan-06	Whitish cottony molds on the stone of the north wall in the stone chamber	T. Kiyuna, R. Kigawa and J. Sugiyama	—	LC134084	—	—	—	—	6-3
Unidentified fungus	Ophiostomataceae sp.	28393	K6120-3-1	20-Jan-06	Soil in the chink between the east wall and ceiling stone in the stone chamber	T. Kiyuna, R. Kigawa and J. Sugiyama	—	LC134085	—	—	—	—	6-3
Trichoderma sp.		28394	K6120-5-4	20-Jan-06	Soil in the chink between the west wall 1 and 2 in the stone chamber	T. Kiyuna, R. Kigawa and J. Sugiyama	—	LC134086	—	—	—	—	6-3
Fusarium sp.		28395	K6203-1-3	3-Feb-06	Black viscous substances in a plaster hole of the east wall in the stone chamber	T. Kiyuna, R. Kigawa and J. Sugiyama	—	LC134087	—	—	—	—	6-3
Clonostachys sp.		28396	K6203-7-6	3-Feb-06	Black viscous substances on the plaster on north area of the ceiling stone	T. Kiyuna, R. Kigawa and J. Sugiyama	—	LC134088	—	—	—	—	6-3
Unidentified fungus	Nectriaceae sp.	28397	K7323-1-7	23-Mar-07	Yeast-like colonies on the north wall in the stone chamber	T. Kiyuna, R. Kigawa and J. Sugiyama	—	LC134089	—	—	—	—	6-2
Penicillium paneum		28398	K7323-1-9	23-Mar-07	Yeast-like colonies on the north wall in the stone chamber	T. Kiyuna, R. Kigawa and J. Sugiyama	—	LC134090	—	—	—	—	6-2
Unidentified fungus	Ophiostomataceae sp.	28399	K7706-1-1	6-Jul-07	On the east wall in the stone chamber	T. Kiyuna, R. Kigawa and J. Sugiyama	—	LC134091	—	—	—	—	6-2
Penicillium paneum		28400	K8617-1-1	17-Jun-08	Brownish viscous gels on northeast area of the ceiling stone in the stone chamber	T. Kiyuna, R. Kigawa and J. Sugiyama	—	LC134092	LC133840	—	—	—	2-13
Unidentified fungus	Gnomoniaceae sp.	28401	K8617-2-2	17-Jun-08	Brownish viscous gels on the east wall in the stone chamber	T. Kiyuna, R. Kigawa and J. Sugiyama	—	LC134093		—	—	—	2-13
Unidentified fungus	Herpotrichiellaceae sp.	28402	K8617-4-7	17-Jun-08	Black viscous gels in a crack of the ceiling stone in the stone chamber	T. Kiyuna, R. Kigawa and J. Sugiyama	—	LC134094	—	—	—	—	2-13
Unidentified fungus	Polyporales sp.	28403	K8617-4-8	17-Jun-08	Black viscous gels in a crack of the ceiling stone in the stone chamber	T. Kiyuna, R. Kigawa and J. Sugiyama	—	LC134095	LC133841	—	—	—	2-13
Unidentified fungus	Polyporales sp.	28404	K8617-4-11	17-Jun-08	Black viscous gels in a crack of the ceiling stone in the stone chamber	T. Kiyuna, R. Kigawa and J. Sugiyama	—	LC134096	—	—	—	—	2-13
Unidentified fungus	Hymenochaetaceae sp.	28405	K8617-4-12	17-Jun-08	Black viscous gels in a crack of the ceiling stone in the stone chamber	T. Kiyuna, R. Kigawa and J. Sugiyama	—	LC134097	LC133842	—	—	—	2-13
Unidentified fungus	Helotiales sp.	28406	K8617-4-14	17-Jun-08	Black viscous gels in a crack of the ceiling stone in the stone chamber	T. Kiyuna, R. Kigawa and J. Sugiyama	—	LC134098	—	—	—	—	2-13
Unidentified fungus	Polyporales sp.	28407	K8617-4-15	17-Jun-08	Black viscous gels in a crack of the ceiling stone in the stone chamber	T. Kiyuna, R. Kigawa and J. Sugiyama	—	LC134099	—	—	—	—	2-13
Cadophora sp.		28408	K8617-4-16	17-Jun-08	Black viscous gels in a crack of the ceiling stone in the stone chamber	T. Kiyuna, R. Kigawa and J. Sugiyama	—	LC134100	—	—	—	—	2-13
Phanerochaete sp.		28409	K8617-5-4	17-Jun-08	White powder on the west wall in the stone chamber	T. Kiyuna, R. Kigawa and J. Sugiyama	—	LC134101	LC133843	—	—	—	2-13
Penicillium paneum		28410	K8617-5-8	17-Jun-08	White powder on the west wall in the stone chamber	T. Kiyuna, R. Kigawa and J. Sugiyama	—	LC134102	LC133844	—	—	—	2-13
Trichaptum sp.		28411	K8617-5-14	17-Jun-08	White powder on the west wall in the stone chamber	T. Kiyuna, R. Kigawa and J. Sugiyama	—	LC134103	—	—	—	—	2-13
Penicillium paneum		28412	K8617-6-1	17-Jun-08	Reddish substances on the stone of the south wall in the stone chamber	T. Kiyuna, R. Kigawa and J. Sugiyama	—	LC134104	LC133845	—	—	—	2-13
Clonostachys sp.		28413	K8617-6-2	17-Jun-08	Reddish substances on the stone of the south wall in the stone chamber	T. Kiyuna, R. Kigawa and J. Sugiyama	—	LC134105	LC133846	—	—	—	2-13
Ilyonectria sp.		28414	K8617-6-3	17-Jun-08	Reddish substances on the stone of the south wall in the stone chamber	T. Kiyuna, R. Kigawa and J. Sugiyama	—	LC134106	LC133847	—	—	—	2-13
Phlebia sp.		28415	K8617-6-5	17-Jun-08	Reddish substances on the stone of the south wall in the stone chamber	T. Kiyuna, R. Kigawa and J. Sugiyama	—	LC134107	—	—	—	—	2-13
Unidentified fungus	Polyporales sp.	28416	K8617-6-12	17-Jun-08	Reddish substances on the stone of the south wall in the stone chamber	T. Kiyuna, R. Kigawa and J. Sugiyama	—	LC134108	—	—	—	—	2-13
Sarocladium sp.		28417	K8617-6-17	17-Jun-08	Reddish substances on the stone of the south wall in the stone chamber	T. Kiyuna, R. Kigawa and J. Sugiyama	—	LC134109	LC133848	—	—	—	2-13
Unidentified fungus	Corticiaceae sp.	28418	K8617-6-18	17-Jun-08	Reddish substances on the stone of the south wall in the stone chamber	T. Kiyuna, R. Kigawa and J. Sugiyama	—	LC134110	LC133849	—	—	—	2-13
Unidentified fungus	Entolomataceae sp.	28419	K8617-6-19	17-Jun-08	Reddish substances on the stone of the south wall in the stone chamber	T. Kiyuna, R. Kigawa and J. Sugiyama	—	LC134111	—	—	—	—	2-13
Unidentified fungus	Polyporales sp.	28420	K8617-7-6	17-Jun-08	Aqua substances on south area of the floor in the stone chamber	T. Kiyuna, R. Kigawa and J. Sugiyama	—	LC134112	—	—	—	—	2-13
Cadophora sp.		28421	K8617-7-7	17-Jun-08	Aqua substances on south area of the floor in the stone chamber	T. Kiyuna, R. Kigawa and J. Sugiyama	—	LC134113	LC133850	—	—	—	2-13
Unidentified fungus	Polyporales sp.	28422	K8617-8-3	17-Jun-08	Black substances in a hole on west area of the ceiling stone in the stone chamber	T. Kiyuna, R. Kigawa and J. Sugiyama	—	LC134114	LC133851	—	—	—	2-13
Trametes sp.		28423	K8617-8-4	17-Jun-08	Black substances in a hole on west area of the ceiling stone in the stone chamber	T. Kiyuna, R. Kigawa and J. Sugiyama	—	LC134115	—	—	—	—	2-13
Unidentified fungus	Chaetothyriales sp.	28424	K8617-8-8	17-Jun-08	Black substances in a hole on west area of the ceiling stone in the stone chamber	T. Kiyuna, R. Kigawa and J. Sugiyama	—	LC134116	—	—	—	—	2-13
Unidentified fungus	Herpotrichiellaceae sp.	28425	K8617-8-9	17-Jun-08	Black substances in a hole on west area of the ceiling stone in the stone chamber	T. Kiyuna, R. Kigawa and J. Sugiyama	—	LC134117	LC133852	—	—	—	2-13
Unidentified fungus	Ophiostomataceae sp.	28426	K8617-8-10	17-Jun-08	Black substances in a hole on west area of the ceiling stone in the stone chamber	T. Kiyuna, R. Kigawa and J. Sugiyama	—	LC134118	—	—	—	—	2-13
Penicillium sp.		28427	K8626-9	26-Jun-08	Soil in burial mound	T. Kiyuna, R. Kigawa and J. Sugiyama	—	LC134119	LC133853	—	—	—	2-13
Sarocladium sp.		28428	K8626-14	26-Jun-08	Soil in burial mound	T. Kiyuna, R. Kigawa and J. Sugiyama	—	LC134120	LC133854	—	—	—	2-13
Unidentified fungus	Helotiales sp.	28429	K8626-16	26-Jun-08	Soil in burial mound	T. Kiyuna, R. Kigawa and J. Sugiyama	—	LC134121	—	—	—	—	2-13
Clonostahycs sp.		28430	K8626-19	26-Jun-08	Soil in burial mound	T. Kiyuna, R. Kigawa and J. Sugiyama	—	LC134122	LC133855	—	—	—	2-13
Cladosporium sp.		28431	K8626-26	26-Jun-08	Soil in burial mound	T. Kiyuna, R. Kigawa and J. Sugiyama	—	LC134123	LC133856	—	—	—	2-13

（Tab. 5 続き）

Unidentified fungus	Pleosporales sp.	28432	K8626-32	26-Jun-08	Soil in burial mound	T. Kiyuna, R. Kigawa and J. Sugiyama	—	LC134124	LC133857	—	—	—	2-13
Unidentified fungus	Polyporales sp.	28434	K9218-7	18-Feb-09	Yellow particles on the west wall in the stone chamber	T. Kiyuna, R. Kigawa and J. Sugiyama	—	LC134126	—	—	—	—	2-10
Cadophora sp.		28435	K9403-1-3	3-Apr-09	Black viscous gels on southeast area of the floor in th stone chamber	T. Kiyuna, R. Kigawa and J. Sugiyama	—	LC134127	—	—	—	—	2-10
Sarocladium sp.		28436	K9403-3-5	3-Apr-09	Viscous gels on southeast area of the floor in th stone chamber	T. Kiyuna, R. Kigawa and J. Sugiyama	—	LC134128	—	—	—	—	2-10
Cadophora sp.		28437	K9703-8-3	3-Jul-09	Black viscous gels in a hole on east area of the ceiling stone in the stone chamber	T. Kiyuna, R. Kigawa and J. Sugiyama	—	LC134129	—	—	—	—	2-10
Trichoderma sp.		28438	K9703-10-2	3-Jul-09	Yellow viscous gels on the plaster of west wall in the stone chamber	T. Kiyuna, R. Kigawa and J. Sugiyama	—	LC134130	—	—	—	—	2-10
Unidentified fungus	Chaetothyriales sp.	28439	K9925-1-9	25-Sep-09	Yellow particles on the plaster of the west wall in the stone chamber	T. Kiyuna, R. Kigawa and J. Sugiyama	—	LC134131	—	—	—	—	2-10
Unidentified fungus	Tremellales sp.	28440	K9925-2-5	25-Sep-09	Yellow viscous gels on the stone of east wall in the stone chamber	T. Kiyuna, R. Kigawa and J. Sugiyama	—	LC134132	—	—	—	—	2-10
Unidentified fungus	Herpotrichiellaceae sp.	28441	K9925-2-10	25-Sep-09	Yellow viscous gels on the stone of east wall in the stone chamber	T. Kiyuna, R. Kigawa and J. Sugiyama	—	LC134133	—	—	—	—	2-10
Fusarium sp.		28442	K10510-1-2	10-May-10	Black particles on north area of the east wall in the stone chamber	T. Kiyuna, R. Kigawa and J. Sugiyama	—	LC134134	LC133858	—	—	—	6-4
Cadophora sp.		28443	K10510-1-3	10-May-10	Black particles on north area of the east wall in the stone chamber	T. Kiyuna, R. Kigawa and J. Sugiyama	—	LC134135	—	—	—	—	6-4
Unidentified fungus	Chaetothyriales sp.	28444	K10510-1-4	10-May-10	Black particles on north area of the east wall in the stone chamber	T. Kiyuna, R. Kigawa and J. Sugiyama	—	LC134136	—	—	—	—	6-4
Phlebia sp.		28445	K10510-1-7	10-May-10	Black particles on north area of the east wall in the stone chamber	T. Kiyuna, R. Kigawa and J. Sugiyama	—	LC134137	—	—	—	—	6-4
Unidentified fungus	Didymellaceae sp.	28446	K10510-1-8	10-May-10	Black particles on north area of the east wall in the stone chamber	T. Kiyuna, R. Kigawa and J. Sugiyama	—	LC134138	—	—	—	—	6-4
Unidentified fungus	Helotiales sp.	28447	K10510-2-5	10-May-10	Black particles on the ceiling stone in the stone chamber	T. Kiyuna, R. Kigawa and J. Sugiyama	—	LC134139	—	—	—	—	6-4
Unidentified fungus	Chaetothyriales sp.	28448	K101008-1-1	8-Oct-10	Reddish purple substances on the plaster of east wall in the stone chamber	T. Kiyuna, R. Kigawa and J. Sugiyama	—	LC134140	—	—	—	—	6-4
Arthrobotrys sp.		28449	K101008-1-2	8-Oct-10	Reddish purple substances on the plaster of east wall in the stone chamber	T. Kiyuna, R. Kigawa and J. Sugiyama	—	LC134141	—	—	—	—	6-4
Unidentified fungus	Helotiales sp.	28450	K101008-1-3	8-Oct-10	Reddish purple substances on the plaster of east wall in the stone chamber	T. Kiyuna, R. Kigawa and J. Sugiyama	—	LC134142	—	—	—	—	6-4
Cadophora sp.		28451	K101008-2-3	8-Oct-10	White substances on the plaster of the east wall in the stone chamber	T. Kiyuna, R. Kigawa and J. Sugiyama	—	LC134143	—	—	—	—	6-4
Arthrinium sp.		28452	K101008-2-7	8-Oct-10	White substances on the plaster of the east wall in the stone chamber	T. Kiyuna, R. Kigawa and J. Sugiyama	—	LC134144	—	—	—	—	6-4
Clonostachys sp.		28453	K101008-3-2	8-Oct-10	Clay soil on the plaster of the east wall in the stone chamber	T. Kiyuna, R. Kigawa and J. Sugiyama	—	LC134145	—	—	—	—	6-4
Unidentified fungus	Niessliaceae sp.	28454	K101008-6-6	8-Oct-10	Black spots on the stone of the west wall in the stone chamber	T. Kiyuna, R. Kigawa and J. Sugiyama	—	LC134146	—	—	—	—	6-4
Unidentified fungus	Leotiomycetes sp	28455	K101008-6-8	8-Oct-10	Black spots on the stone of the west wall in the stone chamber	T. Kiyuna, R. Kigawa and J. Sugiyama	—	LC134147	—	—	—	—	6-4
Bjerkandera sp.		28456	K111013-1-8	13-Oct-11	Blackish green substances on the west wall in the stone chamber	T. Kiyuna, R. Kigawa and J. Sugiyama	—	LC134148	LC133859	—	—	—	6-8
Penicillium paneum		28457	K111013-4-2	13-Oct-11	Viscous gels on south area of the ceiling stone in th stone chamber	T. Kiyuna, R. Kigawa and J. Sugiyama	—	LC134149	—	—	—	—	6-8
Cadophora sp.		28458	K111013-4-3	13-Oct-11	Viscous gels on south area of the ceiling stone in th stone chamber	T. Kiyuna, R. Kigawa and J. Sugiyama	—	LC134150	LC133860	—	—	—	6-8
Unidentified fungus	Herpotrichiellaceae sp.	28459	K111013-4-4	13-Oct-11	Viscous gels on south area of the ceiling stone in th stone chamber	T. Kiyuna, R. Kigawa and J. Sugiyama	—	LC134151	LC133861	—	—	—	6-8
Unidentified fungus	Chaetothyriales sp.	28460	K111013-4-5	13-Oct-11	Viscous gels on south area of the ceiling stone in th stone chamber	T. Kiyuna, R. Kigawa and J. Sugiyama	—	LC134152	LC133862	—	—	—	6-8
Unidentified fungus	Chaetothyriales sp.	28461	K111013-6-1	13-Oct-11	Plaster pieces on north area of the ceiling stone in th stone chamber	T. Kiyuna, R. Kigawa and J. Sugiyama	—	LC134153	—	—	—	—	6-8
Acremonium sp.		28462	K111013-6-9	13-Oct-11	Plaster pieces on north area of the ceiling stone in th stone chamber	T. Kiyuna, R. Kigawa and J. Sugiyama	—	LC134154	—	—	—	—	6-8
Unidentified fungus	Chaetothyriales sp.	28463	K111013-6-13	13-Oct-11	Plaster pieces on north area of the ceiling stone in th stone chamber	T. Kiyuna, R. Kigawa and J. Sugiyama	—	LC134155	—	—	—	—	6-8
Cadophora sp.		28464	K12924-1-2	24-Sep-12	Yellowish viscous gels on the east wall in the stone chamber	T. Kiyuna, R. Kigawa and J. Sugiyama	—	LC134156	LC133863	—	—	—	2-29
Cadophora sp.		28465	K12924-1-3	24-Sep-12	Yellowish viscous gels on the east wall in the stone chamber	T. Kiyuna, R. Kigawa and J. Sugiyama	—	LC134157	LC133864	—	—	—	2-29
Unidentified fungus	Nectriaceae sp.	28466	K12924-1-4	24-Sep-12	Yellowish viscous gels on the east wall in the stone chamber	T. Kiyuna, R. Kigawa and J. Sugiyama	—	LC134158	LC133865	—	—	—	2-29
Cadophora sp.		28467	K12924-1-9	24-Sep-12	Yellowish viscous gels on the east wall in the stone chamber	T. Kiyuna, R. Kigawa and J. Sugiyama	—	LC134159	—	—	—	—	2-29
Gliomastix murorum		28468	K12924-2-2	24-Sep-12	Brown-Yellowish viscous gels on west area of the ceiling stone in the stone chamber	T. Kiyuna, R. Kigawa and J. Sugiyama	—	LC134160	LC133866	—	—	—	2-29
Unidentified fungus	Nectriaceae sp.	28469	K12924-2-6	24-Sep-12	Brown-Yellowish viscous gels on west area of the ceiling stone in the stone chamber	T. Kiyuna, R. Kigawa and J. Sugiyama	—	LC134161	—	—	—	—	2-29
Gliomastix tumulicola		28470	K12924-3-2	24-Sep-12	Brownish viscous gels in the chink of the ceiling stone in the stone chamber	T. Kiyuna, R. Kigawa and J. Sugiyama	—	LC134162	LC133867	—	—	—	2-29
Cadophora sp.		28471	K12924-4-2	24-Sep-12	Black-Brownish viscous gels in the chink of the ceiling stone in the stone chamber	T. Kiyuna, R. Kigawa and J. Sugiyama	—	LC134163	—	—	—	—	2-29
Cadophora sp.		28472	K12924-4-3	24-Sep-12	Black-Brownish viscous gels in the chink of the ceiling stone in the stone chamber	T. Kiyuna, R. Kigawa and J. Sugiyama	—	LC134164	—	—	—	—	2-29
Unidentified fungus	Herpotrichiellaceae sp.	28473	K12924-4-4	24-Sep-12	Black-Brownish viscous gels in the chink of the ceiling stone in the stone chamber	T. Kiyuna, R. Kigawa and J. Sugiyama	—	LC134165	LC133868	—	—	—	2-29
Unidentified fungus	Tulasnellaceae sp.	28474	K12924-4-5	24-Sep-12	Black-Brownish viscous gels in the chink of the ceiling stone in the stone chamber	T. Kiyuna, R. Kigawa and J. Sugiyama	—	LC134166	—	—	—	—	2-29
Cadophora sp.		28475	K12924-5-3	24-Sep-12	Yellow-brownish viscous gels on the east wall in the stone chamber	T. Kiyuna, R. Kigawa and J. Sugiyama	—	LC134167	—	—	—	—	2-29
Penciillium sp.		28476	K12924-5-4	24-Sep-12	Yellow-brownish viscous gels on the east wall in the stone chamber	T. Kiyuna, R. Kigawa and J. Sugiyama	—	LC134168	LC133869	—	—	—	2-29
Unidentified fungus	Trichocomaceae sp.	28477	K13218-2-1	18-Feb-13	Black particles on the stainless of the grave hole	T. Kiyuna, R. Kigawa and J. Sugiyama	—	LC134169	—	—	—	—	2-29
Acremonium sp.		28478	K13218-2-2	18-Feb-13	Black particles on the stainless of the grave hole	T. Kiyuna, R. Kigawa and J. Sugiyama	—	LC134170	—	—	—	—	2-29
Penicillium sp.		28479	K13218-3-2	18-Feb-13	Urethan sponges on the stone surface of the grave hole	T. Kiyuna, R. Kigawa and J. Sugiyama	—	LC134171	—	—	—	—	2-29
Simplicillium sp.		28480	K13218-3-11	18-Feb-13	Urethan sponges on the stone surface of the grave hole	T. Kiyuna, R. Kigawa and J. Sugiyama	—	LC134172	—	—	—	—	2-29
Trichoderma sp.		28481	K5916-1-3	16-Sep-05	Viscous gels on the south wall in the stone chamber	T. Kiyuna, R. Kigawa and J. Sugiyama	—	—	—	LC133192	—	—	6-17
Unidentified fungus	Nectriaceae sp.	28482	K5916-10-6	16-Sep-05	Viscous substances on the stone wall in the adjacent small room	T. Kiyuna, R. Kigawa and J. Sugiyama	—	LC134173	—	—	—	—	6-17
Sarocladium sp.		28483	K6117-2-5	17-Jan-06	Black substances in a hole on the ceiling stone in the stone chamber	T. Kiyuna, R. Kigawa and J. Sugiyama	—	LC134174	—	—	—	—	6-3
Unidentified fungus	Hypocreales sp.	28484	K6117-3-6	17-Jan-06	Black substances in a hole on the ceiling stone in the stone chamber	T. Kiyuna, R. Kigawa and J. Sugiyama	—	LC134175	—	—	—	—	6-3
Fusarium sp.		28485	K6120-1-7	20-Jan-06	Whitish cottony molds on the stone of the north wall in the stone chamber	T. Kiyuna, R. Kigawa and J. Sugiyama	—	LC134176	—	—	—	—	6-3
Purpureocillium sp.		28486	K6120-1-10	20-Jan-06	Whitish cottony molds on the stone of the north wall in the stone chamber	T. Kiyuna, R. Kigawa and J. Sugiyama	—	LC134177	—	—	—	—	6-3
Clonostachys sp.		28487	K6120-1-11	20-Jan-06	Whitish cottony molds on the stone of the north wall in the stone chamber	T. Kiyuna, R. Kigawa and J. Sugiyama	—	LC134178	—	—	—	—	6-3
Penicillium paneum		28488	K6120-3-3	20-Jan-06	Soil in the chink between the east wall and ceiling stone in the stone chamber	T. Kiyuna, R. Kigawa and J. Sugiyama	—	LC134179	—	—	—	—	6-3
Penicillium paneum		28489	K6203-4-1	3-Feb-06	Black viscous substances on the plaster on south area of the ceiling stone in the stone chamber	T. Kiyuna, R. Kigawa and J. Sugiyama	—	—	LC133870	—	—	—	6-3

（Tab. 5 続き）

Trichoderma sp.		28490	K6203-5-2	3-Feb-06	Black viscous substances on the plaster on south area of the ceiling stone in the stone chamber	T. Kiyuna, R. Kigawa and J. Sugiyama	—	LC134180	—	—	—	—	6-3
Fusarium sp.		28491	K6203-7-7	3-Feb-06	Black viscous substances on the plaster on north area of the ceiling stone in the stone chamber	T. Kiyuna, R. Kigawa and J. Sugiyama	—	LC134181	—	—	—	—	6-3
Purpureocillium sp.		28492	K6203-10-2	3-Feb-06	Viscous gels on the west wall in th stone chamber	T. Kiyuna, R. Kigawa and J. Sugiyama	—	LC134182	—	—	—	—	6-3
Unidentified fungus	Nectriaceae sp.	28493	K7323-1-8	23-Mar-07	Yeast-like colonies on the north wall in the stone chamber	T. Kiyuna, R. Kigawa and J. Sugiyama	—	LC134183	—	—	—	—	6-2
Unidentified fungus	Herpotrichiellaceae sp.	28494	K7323-1-10	23-Mar-07	Yeast-like colonies on the north wall in the stone chamber	T. Kiyuna, R. Kigawa and J. Sugiyama	—	LC134184	—	—	—	—	6-2
Unidentified fungus	Didymellaceae sp.	28495	K7529-1	29-May-07	Pinkish viscous gels on the south wall in the stone chamber	T. Kiyuna, R. Kigawa and J. Sugiyama	—	LC134185	—	—	—	—	6-2
Unidentified fungus	Niessliaceae sp.	28496	K7706-2-4	6-Jul-07	On the west wall in the stone chamber	T. Kiyuna, R. Kigawa and J. Sugiyama	—	LC134186	—	—	—	—	6-2
Cladosporium sp.		28497	K8617-1-2	17-Jun-08	Brownish viscous gels on northeast area of the ceiling stone in the stone chamber	T. Kiyuna, R. Kigawa and J. Sugiyama	—	LC134187	—	—	—	—	2-13
Cladosporium sp.		28498	K8617-2-1	17-Jun-08	Brownish viscous gels on the east wall in the stone chamber	T. Kiyuna, R. Kigawa and J. Sugiyama	—	LC134188	LC133871	—	—	—	2-13
Penicillium sp.		28499	K8617-3-1	17-Jun-08	White particle on the east wall in the stone chamber	T. Kiyuna, R. Kigawa and J. Sugiyama	—	LC134189	—	—	—	—	2-13
Cladosporium sp.		28500	K8617-3-2	17-Jun-08	White particle on the east wall in the stone chamber	T. Kiyuna, R. Kigawa and J. Sugiyama	—	LC134190	—	—	—	—	2-13
Unidentified fungus	Polyporales sp.	28501	K8617-4-2	17-Jun-08	Black viscous gels in a crack of the ceiling stone in the stone chamber	T. Kiyuna, R. Kigawa and J. Sugiyama	—	LC134191	—	—	—	—	2-13
Phlebia sp.		28502	K8617-4-13	17-Jun-08	Black viscous gels in a crack of the ceiling stone in the stone chamber	T. Kiyuna, R. Kigawa and J. Sugiyama	—	LC134192	—	—	—	—	2-13
Cadophora sp.		28503	K8617-5-3	17-Jun-08	White powder on the west wall in the stone chamber	T. Kiyuna, R. Kigawa and J. Sugiyama	—	LC134193	—	—	—	—	2-13
Penicillium sp.		28504	K8617-5-12	17-Jun-08	White powder on the west wall in the stone chamber	T. Kiyuna, R. Kigawa and J. Sugiyama	—	LC134194	—	—	—	—	2-13
Sarocladium sp.		28505	K8617-5-13	17-Jun-08	White powder on the west wall in the stone chamber	T. Kiyuna, R. Kigawa and J. Sugiyama	—	LC134195	—	—	—	—	2-13
Cladosporium sp.		28506	K8617-6-14	17-Jun-08	Reddish substances on the stone of the south wall in the stone chamber	T. Kiyuna, R. Kigawa and J. Sugiyama	—	LC134196	LC133872	—	—	—	2-13
Unidentified fungus	Capnodiales sp.	28507	K8617-6-15	17-Jun-08	Reddish substances on the stone of the south wall in the stone chamber	T. Kiyuna, R. Kigawa and J. Sugiyama	—	LC134197	—	—	—	—	2-13
Penicillium paneum		28508	K8617-7-2	17-Jun-08	Aqua substances on south area of the floor in the stone chamber	T. Kiyuna, R. Kigawa and J. Sugiyama	—	LC134198	LC133873	—	—	—	2-13
Penicillium sp.		28509	K8617-7-3	17-Jun-08	Aqua substances on south area of the floor in the stone chamber	T. Kiyuna, R. Kigawa and J. Sugiyama	—	LC134199	LC133874	—	—	—	2-13
Unidentified fungus	Ophiostomataceae sp.	28510	K8617-7-4	17-Jun-08	Aqua substances on south area of the floor in the stone chamber	T. Kiyuna, R. Kigawa and J. Sugiyama	—	LC134200	—	—	—	—	2-13
Penicillium sp.		28511	K8626-1	26-Jun-08	Soil in burial mound	T. Kiyuna, R. Kigawa and J. Sugiyama	—	LC134201	LC133875	—	—	—	2-13
Penicillium sp.		28512	K8626-2	26-Jun-08	Soil in burial mound	T. Kiyuna, R. Kigawa and J. Sugiyama	—	LC134202	—	—	—	—	2-13
Penicillium sp.		28513	K8626-3	26-Jun-08	Soil in burial mound	T. Kiyuna, R. Kigawa and J. Sugiyama	—	LC134203	—	—	—	—	2-13
Penicillium sp.		28514	K8626-4	26-Jun-08	Soil in burial mound	T. Kiyuna, R. Kigawa and J. Sugiyama	—	LC134204	LC133876	—	—	—	2-13
Talaromyces sp.		28515	K8626-5	26-Jun-08	Soil in burial mound	T. Kiyuna, R. Kigawa and J. Sugiyama	—	LC134205	LC133877	—	—	—	2-13
Unidentified fungus	Trichocomaceae sp.	28516	K8626-6	26-Jun-08	Soil in burial mound	T. Kiyuna, R. Kigawa and J. Sugiyama	—	LC134206	LC133878	—	—	—	2-13
Penicillium sp.		28517	K8626-7	26-Jun-08	Soil in burial mound	T. Kiyuna, R. Kigawa and J. Sugiyama	—	LC134207	LC133879	—	—	—	2-13
Talaromyces sp.		28518	K8626-10	26-Jun-08	Soil in burial mound	T. Kiyuna, R. Kigawa and J. Sugiyama	—	LC134208	LC133880	—	—	—	2-13
Mucor sp.		28519	K8626-11	26-Jun-08	Soil in burial mound	T. Kiyuna, R. Kigawa and J. Sugiyama	—	LC134209	—	—	—	—	2-13
Mucor sp.		28520	K8626-12	26-Jun-08	Soil in burial mound	T. Kiyuna, R. Kigawa and J. Sugiyama	—	LC134210	—	—	—	—	2-13
Aspergillus sp.		28521	K8626-13	26-Jun-08	Soil in burial mound	T. Kiyuna, R. Kigawa and J. Sugiyama	—	LC134211	LC133881	—	—	—	2-13
Clonostachys sp.		28522	K8626-15	26-Jun-08	Soil in burial mound	T. Kiyuna, R. Kigawa and J. Sugiyama	—	LC134212	—	—	—	—	2-13
Talaromyces sp.		28523	K8626-17	26-Jun-08	Soil in burial mound	T. Kiyuna, R. Kigawa and J. Sugiyama	—	LC134213	LC133882	—	—	—	2-13
Unidentified fungus	Chaetomiaceae sp.	28524	K8626-18	26-Jun-08	Soil in burial mound	T. Kiyuna, R. Kigawa and J. Sugiyama	—	LC134214	LC133883	—	—	—	2-13
Unidentified fungus	Polyporales sp.	28525	K8626-20	26-Jun-08	Soil in burial mound	T. Kiyuna, R. Kigawa and J. Sugiyama	—	LC134215	LC133884	—	—	—	2-13
Unidentified fungus	Pleosporales sp.	28526	K8626-21	26-Jun-08	Soil in burial mound	T. Kiyuna, R. Kigawa and J. Sugiyama	—	LC134216	—	—	—	—	2-13
Mortierella sp.		28527	K8626-22	26-Jun-08	Soil in burial mound	T. Kiyuna, R. Kigawa and J. Sugiyama	—	LC134217	LC133885	—	—	—	2-13
Unidentified fungus	Diaporthaceae sp.	28528	K8626-23	26-Jun-08	Soil in burial mound	T. Kiyuna, R. Kigawa and J. Sugiyama	—	LC134218	LC133886	—	—	—	2-13
Unidentified fungus	Didymellaceae sp.	28529	K8626-24	26-Jun-08	Soil in burial mound	T. Kiyuna, R. Kigawa and J. Sugiyama	—	LC134219	—	—	—	—	2-13
Cladosporium sp.		28530	K8626-27	26-Jun-08	Soil in burial mound	T. Kiyuna, R. Kigawa and J. Sugiyama	—	LC134220	LC133887	—	—	—	2-13
Aspergillus sp.		28531	K8626-30	26-Jun-08	Soil in burial mound	T. Kiyuna, R. Kigawa and J. Sugiyama	—	LC134221	LC133888	—	—	—	2-13
Trichoderma sp.		28532	K8626-31	26-Jun-08	Soil in burial mound	T. Kiyuna, R. Kigawa and J. Sugiyama	—	LC134222	LC133889	—	—	—	2-13
Trichoderma sp.		28533	K8626-33	26-Jun-08	Soil in burial mound	T. Kiyuna, R. Kigawa and J. Sugiyama	—	LC134223	LC133890	—	—	—	2-13
Trichoderma sp.		28534	K8626-34	26-Jun-08	Soil in burial mound	T. Kiyuna, R. Kigawa and J. Sugiyama	—	LC134224	LC133891	—	—	—	2-13
Acremonium masseei		28535	K9218-5	18-Feb-09	Yellow particles on the west wall in the stone chamber	T. Kiyuna, R. Kigawa and J. Sugiyama	—	LC134225	—	—	—	—	2-10
Clonostachys sp.		28536	K9703-1-2	3-Jul-09	Brownish viscous gels on the stone of the south wall in the stone chamber	T. Kiyuna, R. Kigawa and J. Sugiyama	—	LC134226	—	—	—	—	2-10
Gliomastix murorum		28537	K9703-2-2	3-Jul-09	Reddish viscous gels on the stone of the south wall in the stone chamber	T. Kiyuna, R. Kigawa and J. Sugiyama	—	LC134227	—	—	—	—	2-10
Gliomastix murorum		28538	K9703-4-3	3-Jul-09	White powders on the stone of the east wall in the stone chamber	T. Kiyuna, R. Kigawa and J. Sugiyama	—	LC134228	—	—	—	—	2-10
Unidentified fungus	Chaetothyriales sp.	28539	K9703-10-10	3-Jul-09	Yellow viscous gels on the plaster of west wall in the stone chamber	T. Kiyuna, R. Kigawa and J. Sugiyama	—	LC134229	—	—	—	—	2-10
Fusarium sp.		28540	K9703-10-13	3-Jul-09	Yellow viscous gels on the plaster of west wall in the stone chamber	T. Kiyuna, R. Kigawa and J. Sugiyama	—	LC134230	—	—	—	—	2-10
Penicillium paneum		28541	K9925-1-1	25-Sep-09	Yellow particles on the plaster of the west wall in the stone chamber	T. Kiyuna, R. Kigawa and J. Sugiyama	—	LC134231	—	—	—	—	2-10
Unidentified fungus	Herpotrichiellaceae sp	28542	K9925-1-10	25-Sep-09	Yellow particles on the plaster of the west wall in the stone chamber	T. Kiyuna, R. Kigawa and J. Sugiyama	—	LC134232	—	—	—	—	2-10
Unidentified fungus	Herpotrichiellaceae sp	28543	K9925-1-17	25-Sep-09	Yellow particles on the plaster of the west wall in the stone chamber	T. Kiyuna, R. Kigawa and J. Sugiyama	—	LC134233	—	—	—	—	2-10
Cadophora sp.		28544	K9925-2-9	25-Sep-09	Yellow viscous gels on the stone of east wall in the stone chamber	T. Kiyuna, R. Kigawa and J. Sugiyama	—	LC134234	—	—	—	—	2-10
Purpureocillium sp.		28545	K9925-4-3	25-Sep-09	Black viscous gels in a hole of the north wall in the stone chamber	T. Kiyuna, R. Kigawa and J. Sugiyama	—	LC134235	—	—	—	—	2-10
Unidentified fungus	Herpotrichiellaceae sp.	28546	K9925-4-8	25-Sep-09	Black viscous gels in a hole of the north wall in the stone chamber	T. Kiyuna, R. Kigawa and J. Sugiyama	—	LC134236	—	—	—	—	2-10

(Tab. 5 続き)

Cadophora sp.		28547	K9925-6-3	25-Sep-09	Black viscous gels in a hole on east area of the ceiling stone in the stone chamber	T. Kiyuna, R. Kigawa and J. Sugiyama	–	LC134237	–	–	–	–	2-10
Cadophora sp.		28548	K10510-1-6	10-May-10	Black particles on north area of the east wall in the stone chamber	T. Kiyuna, R. Kigawa and J. Sugiyama	–	LC134238	–	–	–	–	6-4
Unidentified fungus	Chaetothyriales sp.	28549	K10510-2-3	10-May-10	Black particles on the ceiling stone in the stone chamber	T. Kiyuna, R. Kigawa and J. Sugiyama	–	LC134239	–	–	–	–	6-4
Unidentified fungus	Hypocreales sp.	28550	K101008-1-6	8-Oct-10	Reddish purple substances on the plaster of east wall in the stone chamber	T. Kiyuna, R. Kigawa and J. Sugiyama	–	LC134240	–	–	–	–	6-4
Cadophora sp.		28551	K101008-2-1	8-Oct-10	White substances on the plaster of the east wall in the stone chamber	T. Kiyuna, R. Kigawa and J. Sugiyama	–	LC134241	–	–	–	–	6-4
Penicillium paneum		28552	K101008-4-12	8-Oct-10	Substances in the chink of the ceiling stone in the stone chamber	T. Kiyuna, R. Kigawa and J. Sugiyama	–	LC134242	–	–	–	–	6-4
Cladosporium sp.		28553	K101008-4-13	8-Oct-10	Substances in the chink of the ceiling stone in the stone chamber	T. Kiyuna, R. Kigawa and J. Sugiyama	–	LC134243	–	–	–	–	6-4
Clonostachys sp.		28554	K101008-5-1	8-Oct-10	Brownish viscous gels on the plaster of west wall in the stone chamber	T. Kiyuna, R. Kigawa and J. Sugiyama	–	LC134244	–	–	–	–	6-4
Gliomastix murorum		28555	K101008-7-4	8-Oct-10	Clay soil on the stone of the south wall in the stone chamber	T. Kiyuna, R. Kigawa and J. Sugiyama	–	LC134245	–	–	–	–	6-4
Penicillium sp.		28556	K111013-1-4	13-Oct-11	Blackish green substances on the west wall in the stone chamber	T. Kiyuna, R. Kigawa and J. Sugiyama	–	LC134246	–	–	–	–	6-8
Sarocladium sp.		28557	K111013-1-5	13-Oct-11	Blackish green substances on the west wall in the stone chamber	T. Kiyuna, R. Kigawa and J. Sugiyama	–	LC134247	–	–	–	–	6-8
Cadophora sp.		28558	K111013-4-7	13-Oct-11	Viscous gels on south area of the ceiling stone in th stone chamber	T. Kiyuna, R. Kigawa and J. Sugiyama	–	LC134248	–	–	–	–	6-8
Flammulina sp.		28559	K111013-4-8	13-Oct-11	Viscous gels on south area of the ceiling stone in th stone chamber	T. Kiyuna, R. Kigawa and J. Sugiyama	–	LC134249	–	–	–	–	6-8
Acremonium sp.		28560	K111013-4-10	13-Oct-11	Viscous gels on south area of the ceiling stone in th stone chamber	T. Kiyuna, R. Kigawa and J. Sugiyama	–	LC134250	–	–	–	–	6-8
Unidentified fungus	Herpotrichiellaceae sp	28561	K111013-6-4	13-Oct-11	Plaster pieces on north area of the ceiling stone in th stone chamber	T. Kiyuna, R. Kigawa and J. Sugiyama	–	LC134251	LC133892	–	–	–	6-8
Trametes sp.		28562	K111013-6-10	13-Oct-11	Plaster pieces on north area of the ceiling stone in th stone chamber	T. Kiyuna, R. Kigawa and J. Sugiyama	–	–	LC133893	–	–	–	6-8
Unidentified fungus	Helotiales sp.	28563	K111013-6-11	13-Oct-11	Plaster pieces on north area of the ceiling stone in th stone chamber	T. Kiyuna, R. Kigawa and J. Sugiyama	–	LC134252	–	–	–	–	6-8
Penicillium sp.		28564	K12924-2-8	24-Sep-12	Brown-Yellowish viscous gels on west area of the ceiling stone in the stone chamber	T. Kiyuna, R. Kigawa and J. Sugiyama	–	LC134253	–	–	–	–	2-29
Cadophora sp.		28565	K12924-3-3	24-Sep-12	Brownish viscous gels in the chink of the ceiling stone in the stone chamber	T. Kiyuna, R. Kigawa and J. Sugiyama	–	LC134254	–	–	–	–	2-29
Trichoderma sp.		28566	K12924-3-6	24-Sep-12	Brownish viscous gels in the chink of the ceiling stone in the stone chamber	T. Kiyuna, R. Kigawa and J. Sugiyama	–	LC134255	LC133894	–	–	–	2-29
Clonostachys sp.		28567	K12924-6-3	24-Sep-12	Yellowish viscous gels on the west wall in the stone chamber	T. Kiyuna, R. Kigawa and J. Sugiyama	–	LC134256	LC133895	–	–	–	2-29
Unidentified fungus	Chaetothyriales sp.	28568	K12924-6-5	24-Sep-12	Yellowish viscous gels on the west wall in the stone chamber	T. Kiyuna, R. Kigawa and J. Sugiyama	–	LC134257	–	–	–	–	2-29
Cadophora sp.		28569	K12924-6-7	24-Sep-12	Yellowish viscous gels on the west wall in the stone chamber	T. Kiyuna, R. Kigawa and J. Sugiyama	–	LC134258	–	–	–	–	2-29
Penicillium paneum		28570	K12924-7-4	24-Sep-12	Brownish viscous gels on the west wall in the stone chamber	T. Kiyuna, R. Kigawa and J. Sugiyama	–	LC134259	–	–	–	–	2-29
Sarocladium sp.		28571	K12924-8-4	24-Sep-12	Yellowish viscous gels on the west wall in the stone chamber	T. Kiyuna, R. Kigawa and J. Sugiyama	–	LC134260	–	–	–	–	2-29
Acremonium sp.		28572	K13218-1-6	18-Feb-13	Black particles on the stainless of the grave hole	T. Kiyuna, R. Kigawa and J. Sugiyama	–	LC134261	–	–	–	–	2-29
Cladosporium sp.		28573	K13218-2-4	18-Feb-13	Black particles on the stainless of the grave hole	T. Kiyuna, R. Kigawa and J. Sugiyama	–	LC134262	–	–	–	–	2-29
Penicillium sp.		28574	K13218-3-3	18-Feb-13	Blackish brown substances on the urethan-sponge of the surface of the grave hole	T. Kiyuna, R. Kigawa and J. Sugiyama	–	LC134263	–	–	–	–	2-29
Penicillium sp.		28575	K13218-3-4	18-Feb-13	Blackish brown substances on the urethan-sponge of the surface of the grave hole	T. Kiyuna, R. Kigawa and J. Sugiyama	–	LC134264	–	–	–	–	2-29
Gliomastix murorum		28576	K13218-3-6	18-Feb-13	Blackish brown substances on the urethan-sponge of the surface of the grave hole	T. Kiyuna, R. Kigawa and J. Sugiyama	–	LC134265	–	–	–	–	2-29
Gliomastix tumulicola		28577	K13218-3-7	18-Feb-13	Blackish brown substances on the urethan-sponge of the surface of the grave hole	T. Kiyuna, R. Kigawa and J. Sugiyama	–	LC134266	–	–	–	–	2-29
Penicillium sp.		28578	K13218-4-3	18-Feb-13	Blackish brown substances on the urethan-sponge of the surface of the grave hole	T. Kiyuna, R. Kigawa and J. Sugiyama	–	LC134267	–	–	–	–	2-29
Lecanicillium sp.		28579	K13218-4-8	18-Feb-13	Blackish brown substances on the urethan-sponge of the surface of the grave hole	T. Kiyuna, R. Kigawa and J. Sugiyama	–	LC134268	–	–	–	–	2-29
Simplicillium sp.		28580	K13218-4-9	18-Feb-13	Blackish brown substances on the urethan-sponge of the surface of the grave hole	T. Kiyuna, R. Kigawa and J. Sugiyama	–	LC134269	–	–	–	–	2-29
Alternaria sp.		28581	K13218-4-13	18-Feb-13	Blackish brown substances on the urethan-sponge of the surface of the grave hole	T. Kiyuna, R. Kigawa and J. Sugiyama	–	LC134270	–	–	–	–	2-29
Sarocladium sp.		28582	K13218-7-3	18-Feb-13	Black mold on the stone surface of the grave hole	T. Kiyuna, R. Kigawa and J. Sugiyama	–	LC134271	–	–	–	–	2-29
Penicillium sp.		28583	K13218-7-13	18-Feb-13	Black mold on the stone surface of the grave hole	T. Kiyuna, R. Kigawa and J. Sugiyama	–	LC134272	–	–	–	–	2-29
Sistotrema sp.		28584	K13218-8-4	18-Feb-13	Black mold on the stone surface of the grave hole	T. Kiyuna, R. Kigawa and J. Sugiyama	–	LC134273	–	–	–	–	2-29
Cadophora sp.		28585	K13218-8-7	18-Feb-13	Black mold on the stone surface of the grave hole	T. Kiyuna, R. Kigawa and J. Sugiyama	–	LC134274	–	–	–	–	2-29
Cyphellophora sp.		28586	K13218-9-9	18-Feb-13	White mold on the stone surface of the grave hole	T. Kiyuna, R. Kigawa and J. Sugiyama	–	LC134275	–	–	–	–	2-29
Sarocladium sp.		28587	K5916-5-2	16-Sep-05	White viscous gels on the norh wall in the stone chamber	T. Kiyuna, R. Kigawa and J. Sugiyama	–	–	LC133896	–	–	–	6-17
Cosmospora sp.		28588	K5916-5-3	16-Sep-05	White viscous gels on the norh wall in the stone chamber	T. Kiyuna, R. Kigawa and J. Sugiyama	–	–	LC133897	–	–	–	6-17
Trichoderma sp.		28589	K6120-1-3	20-Jan-06	Whitish cottony molds on the stone of the north wall in the stone chamber	T. Kiyuna, R. Kigawa and J. Sugiyama	–	LC134276	–	–	–	–	6-3
Ilyonectria sp.		28590	K6120-1-9	20-Jan-06	Whitish cottony molds on the stone of the north wall in the stone chamber	T. Kiyuna, R. Kigawa and J. Sugiyama	–	LC134277	–	–	–	–	6-3
Unidentified fungus	Herpotrichiellaceae sp.	28591	K9703-3-4	3-Jul-09	Whitish viscous gels on the stone of the east wall in the stone chamber	T. Kiyuna, R. Kigawa and J. Sugiyama	–	LC134278	–	–	–	–	2-10
Penicillium paneum		28592	K9703-7-1	3-Jul-09	Black viscous gels in a hole of the north wall in the stone chamber	T. Kiyuna, R. Kigawa and J. Sugiyama	–	LC134279	–	–	–	–	2-10
Penicillium paneum		28593	K12924-1-1	24-Sep-12	Yellowish viscous gels on the east wall in the stone chamber	T. Kiyuna, R. Kigawa and J. Sugiyama	–	LC134280	LC133898	–	–	–	2-29
Penicillium paneum		28594	K13218-3-1	18-Feb-13	Blackish brown substances on the urethan-sponge of the surface of the grave hole	T. Kiyuna, R. Kigawa and J. Sugiyama	–	LC134281	–	–	–	–	2-29
Cladosporium sp.		28595	K13218-5-9	18-Feb-13	Blackish brown substances on the ceiling stone surface of the grave hole	T. Kiyuna, R. Kigawa and J. Sugiyama	–	LC134282	–	–	–	–	2-29
酵母													
Pseudozyma sp.		28433	K9218-3	18-Feb-09	Yellow particles on the west wall in the stone chamber	T. Kiyuna, R. Kigawa and J. Sugiyama	–	LC134125	–	–	–	–	2-10
Meyerozyma guilliermondii		28596	K7724-2-2	*24-Jul-07	Reddish viscous gels on ceiling stone wall in the stone chamber	Y. Nagatsuka, T. Kiyuna, R. Kigawa and J. Sugiyama	–	LC134283	–	–	–	2-12, 4-12	2-10
Myxozyma sp.		28597	K8617-6-6	17-Jun-08	Reddish substances on the stone of the south wall in the stone chamber	Y. Nagatsuka, T. Kiyuna, R. Kigawa and J. Sugiyama	–	LC134284	–	–	–	2-12, 4-12	–
Yamadazyma olivae		28598	K9218-1y	18-Feb-09	Yellow particles on the west wall in the stone chamber	Y. Nagatsuka, T. Kiyuna, R. Kigawa and J. Sugiyama	–	LC134285	–	–	–	4-10	2-10
Myxozyma sp.		28599	K9218-2y	18-Feb-09	Yellow particles on the west wall in the stone chamber	Y. Nagatsuka, T. Kiyuna, R. Kigawa and J. Sugiyama	–	LC134286	–	–	–	4-10	2-10
Sporidiobolus salmonicolor		28600	K9703-4-6y	3-Jul-09	White powder on the stone of the east wall in the stone chamber	Y. Nagatsuka, T. Kiyuna, R. Kigawa and J. Sugiyama	–	LC134287	–	–	–	4-10	2-10
Candida sp.		28601	K9925-6-5y	25-Sep-09	Black viscous gels in a hole on east area of the ceiling stone in the stone chamber	Y. Nagatsuka, T. Kiyuna, R. Kigawa and J. Sugiyama	–	LC134288	–	–	–	4-10	–

（Tab. 5 続き）

Candida friedrichii		28602	K61208-2-9	8-Dec-06	On the floor in the stone chamber	Y. Nagatsuka, T. Kiyuna, R. Kigawa and J. Sugiyama	–	LC134289	–	–	–	–	–
Meyerozyma guilliermondii		28603	K6303-9-5	3-Mar-06	On the floor in the stone chamber	Y. Nagatsuka, T. Kiyuna, R. Kigawa and J. Sugiyama	–	LC134290	–	–	–	–	–
Robbauera albescens		28604	K7119-8	19-Jan-07	Reddish viscous gels on the plaster of the east wall in the stone chamber	Y. Nagatsuka, T. Kiyuna, R. Kigawa and J. Sugiyama	–	LC134291	–	–	–	–	6-2
Meyerozyma guilliermondii		28605	K7724-1-5	24-Jul-07	Beige gels on the floor in the stone chamber	Y. Nagatsuka, T. Kiyuna, R. Kigawa and J. Sugiyama	–	LC134292	–	–	–	–	6-2
Myxozyma sp.		28606	K8617-2-4	17-Jun-08	Brownish viscous gels on the east wall in the stone chamber	Y. Nagatsuka, T. Kiyuna, R. Kigawa and J. Sugiyama	–	LC134293	–	–	–	–	2-13
Myxozyma sp.		28607	K8617-4-9	17-Jun-08	Black viscous gels in a crack of the ceiling stone in the stone chamber	Y. Nagatsuka, T. Kiyuna, R. Kigawa and J. Sugiyama	–	LC134294	–	–	–	–	2-13
Myxozyma sp.		28608	K8617-8-5	17-Jun-08	Black substances in a hole on west area of the ceiling stone in the stone chamber	Y. Nagatsuka, T. Kiyuna, R. Kigawa and J. Sugiyama	–	LC134295	–	–	–	–	2-13
Naganishia globosa		28609	K8626-35	26-Jun-08	Soil in burial mound	Y. Nagatsuka, T. Kiyuna, R. Kigawa and J. Sugiyama	–	LC134296	–	–	–	–	2-13
Papiliotrema flavescens		28610	K8626-37	26-Jun-08	Soil in burial mound	Y. Nagatsuka, T. Kiyuna, R. Kigawa and J. Sugiyama	–	LC134297	–	–	–	–	2-13
Candida boidinii		28611	K9403-1-7y	3-Apr-09	Black viscous gels on south area of east wall in the stone chamber	Y. Nagatsuka, T. Kiyuna, R. Kigawa and J. Sugiyama	–	LC134298	–	–	–	–	2-10
Candida boidinii		28612	K9703-1-5y	3-Jul-09	Brownish viscous gels on the stone of the south wall in the stone chamber	Y. Nagatsuka, T. Kiyuna, R. Kigawa and J. Sugiyama	–	LC134299	–	–	–	–	2-10
Yamadazyma olivae		28613	K9703-7-7y	3-Jul-09	Black viscous gels in a hole of the north wall in the stone chamber	Y. Nagatsuka, T. Kiyuna, R. Kigawa and J. Sugiyama	–	LC134300	–	–	–	–	2-10
Myxozyma sp.		28614	K9703-8-6y	3-Jul-09	Black viscous gels in a hole on east area of the ceiling stone in the stone chamber	Y. Nagatsuka, T. Kiyuna, R. Kigawa and J. Sugiyama	–	LC134301	–	–	–	–	2-10
Candida boidinii		28615	K9703-10-16y	3-Jul-09	Yellow viscous gels on the plaster of west wall in the stone chamber	Y. Nagatsuka, T. Kiyuna, R. Kigawa and J. Sugiyama	–	LC134302	–	–	–	–	2-10
Yamadazyma olivae		28616	K9925-2-7y	25-Sep-09	Yellow viscous gels on the stone of east wall in the stone chamber	Y. Nagatsuka, T. Kiyuna, R. Kigawa and J. Sugiyama	–	LC134303	–	–	–	–	2-10
Myxozyma sp.		28617	K9925-4-6y	25-Sep-09	Black viscous gels in a hole of the north wall in the stone chamber	Y. Nagatsuka, T. Kiyuna, R. Kigawa and J. Sugiyama	–	LC134304	–	–	–	–	2-10
Meyerozyma guilliermondii		28618	K101008-1-7y	8-Oct-10	Reddish purple substances on the plaster of east wall in the stone chamber	Y. Nagatsuka, T. Kiyuna, R. Kigawa and J. Sugiyama	–	LC134305	–	–	–	–	6-4
Meyerozyma guilliermondii		28619	K101008-5-7y	8-Oct-10	Brownish viscous gels on the plaster of west wall in the stone chamber	Y. Nagatsuka, T. Kiyuna, R. Kigawa and J. Sugiyama	–	LC134306	–	–	–	–	6-4
Candida boidinii		28620	K101008-5-8y	8-Oct-10	Brownish viscous gels on the plaster of west wall in the stone chamber	Y. Nagatsuka, T. Kiyuna, R. Kigawa and J. Sugiyama	–	LC134307	–	–	–	–	6-4
Myxozyma sp.		28621	K101008-4-9y	8-Oct-10	Substances in the chink of the ceiling stone in the stone chamber	Y. Nagatsuka, T. Kiyuna, R. Kigawa and J. Sugiyama	–	LC134308	–	–	–	–	6-4
Sporidiobolus salmonicolor		28622	K111013-1-10y	13-Oct-11	Blackish green substances on the west wall in the stone chamber	Y. Nagatsuka, T. Kiyuna, R. Kigawa and J. Sugiyama	–	LC134309	–	–	–	–	6-8
Sporidiobolus salmonicolor		28623	K111013-3-5y	13-Oct-11	On the west wall in the stone chamber	Y. Nagatsuka, T. Kiyuna, R. Kigawa and J. Sugiyama	–	LC134310	–	–	–	–	6-8
Myxozyma sp.		28624	K111013-5-5y	13-Oct-11	On the east wall in the stone chamber	Y. Nagatsuka, T. Kiyuna, R. Kigawa and J. Sugiyama	–	LC134311	–	–	–	–	6-8
Candida atmosphaerica		28625	K13218-5-18y	18-Feb-13	Blackish brown substances on the ceiling stone surface of the grave hole	Y. Nagatsuka, T. Kiyuna, R. Kigawa and J. Sugiyama	–	LC134312	–	–	–	–	2-29
Yamadazyma olivae		28626	K6203-4-2	3-Feb-06	Black viscous substances on south area of the ceiling stone in the stone chamber	Y. Nagatsuka, T. Kiyuna, R. Kigawa and J. Sugiyama	–	LC061001	–	–	1-12	–	–
Yamadazyma olivae		28627	K6203-5-3	3-Feb-06	Black viscous substances on south area of the ceiling stone in the stone chamber	Y. Nagatsuka, T. Kiyuna, R. Kigawa and J. Sugiyama	–	LC061002	–	–	1-12	–	–
Yamadazyma olivae		28628	K7511-2	11-May-07	Black sooty molds on east area of the north wall in the stone chamber	Y. Nagatsuka, T. Kiyuna, R. Kigawa and J. Sugiyama	–	LC061003	–	–	1-12	–	6-2
Yamadazyma olivae		28629	K8617-5-6	17-Jun-08	White powder on the west wall in the stone chamber	Y. Nagatsuka, T. Kiyuna, R. Kigawa and J. Sugiyama	–	LC061005	–	–	1-12	–	2-13
Yamadazyma olivae		28630	K8617-7-5	17-Jun-08	Aqua substances on south area of the floor in the stone chamber	Y. Nagatsuka, T. Kiyuna, R. Kigawa and J. Sugiyama	–	LC061007	–	–	1-12	–	2-13
Yamadazyma olivae		28631	K8617-8-6	17-Jun-08	Black substances in a hole on west area of the ceiling stone in the stone chamber	Y. Nagatsuka, T. Kiyuna, R. Kigawa and J. Sugiyama	–	LC061008	–	–	1-12	–	2-13

1）現行（平成 30（2018）年 3 月末時点）の分類学による学名：詳細同定や分類学の進展により分離当初の学名から変更された分離株がある
2）公的微生物保存機関略称：JCM, Japan Collection of Microorganisms, RIKEN Bioresource Research Center, Tsukuba, Japan
3）解析対象遺伝子：18S, 18S ribosomal RNA（rRNA）遺伝子、決定した配列は 18S rRNA 遺伝子部分塩基配列、LSU, large-subunit rRNA 遺伝子、決定した配列は LSU rRNA 遺伝子の D1/D2 領域；ITS, internal transcribed spacer, 決定した配列は 18S rRNA 遺伝子部分塩基配列、5.8S rRNA 遺伝子、ITS2 および 28S rRNA 遺伝子部分塩基配列を含む、EF-1 α，EF-1-alpha 遺伝子部分塩基配列（=tef1, protein coding gene translation-elongation factor 1-alpha）
4）参考文献

1－4. Kiyuna T, An K-D, Kigawa R, Sano C, Miura S, Sugiyama J: Molecular assessment of fungi in "black spots" that deface murals in the Takamatsuzuka and Kitora Tumuli in Japan: *Acremonium* sect. *Gliomastix* including *Acremonium tumulicola* sp. nov. and *Acremonium felinum* comb. nov. Mycoscience 52: 1－17, 2011.
1－5. Kiyuna T, An K-D, Kigawa R, Sano C, Miura S, Sugiyama J: Bristle-like fungal colonizers on the stone walls of the Kitora and Takamatsuzuka Tumuli are identified as *Kendrickiella phycomyces*. Mycoscience 53: 446－459, 2012.
1－6. Kiyuna T, An K-D, Kigawa R, Sano C, Miura S, Sugiyama J: "Black particles", the major colonizers on the ceiling stone of the stone chamber interior of the Kitora Tumulus, Japan, are the bulbilliferous basidiomycete fungus Burgoa anomala. Mycoscience 56: 293－300, 2015.
1－12. Nagatsuka Y, Ninomiya S, Kiyuna T, Kigawa R, Sano C, Sugiyama J: *Yamadazyma kitorensis* f.a., sp. nov. and *Zygoascus gelicola* f.a., sp. nov., novel yeasts from the stone chamber interior of the Kitora Tumulus, and five novel combinations in Yamadazyma and Zygoascus for species of Candida. International Journal of Systematic and Evolutionary Microbiology 66: 1692－1704, 2016.
2－1. 早川典子、中右恵理子、木川りか、沖本明子、川野邊渉：絵画表面に用いる修復材料の基礎的研究―壁画修復を中心に―、文化財保存修復学会誌 53: 1－19、2008。
2－2. 木川りか、早川典子、山本記子、川野邊渉、佐野千絵、青木繁夫：遺跡等で使用する樹脂のカビへの抵抗性について、保存科学 44: 149－156、2005。
2－10. 木川りか、佐野千絵、喜友名朝彦、立里臨、杉山純多、高鳥浩介、久米田裕子、森井順之、早川典子、川野邊渉：キトラ古墳の微生物調査結果と微生物対策について（2009）、保存科学 49: 253－264、2010。
2－12. 木川りか、佐野千絵、喜友名朝彦、立里臨、杉山純多、早川典子、川野辺渉：キトラ古墳から分離された細菌や酵母の修復用高分子材料に対する資化性試験、保存科学 51: 157－166、2012。
2－13. 木川りか、佐野千絵、間渕創、喜友名朝彦、立里臨、西島美由紀、杉山純多：キトラ古墳の微生物等の状況報告（2008）、保存科学 48: 167－174、2009。
2－16. 木川りか、佐野千絵、立里臨、喜友名朝彦、小出知己、杉山純多：キトラ古墳のバイオフィルムから分離されたバクテリア・菌類に対するケーソン CG 相当品（抗菌剤）の効果、保存科学 46: 39－50、2007。
2－28. 木川りか、喜友名朝彦、立里臨、佐藤嘉則、杉山純多：キトラ古墳から分離された微生物の紫外線（UV）耐性試験結果について、保存科学 52: 91－105、2013。
2－29. 木川りか、喜友名朝彦、立里臨、佐藤嘉則、佐野千絵、杉山純多：キトラ古墳の微生物調査報告（2012 年～ 2013 年）および 2004 年から 2013 年までの微生物調査結果概要、保存科学 54: 83－109、2015。
3－1. Sugiyama J, Kiyuna T, An K-D, Nagatsuka Y, Handa Y, Tazato N, Hata-Tomita J, Nishijima M, Koide T, Yaguchi Y, Kigawa R, Sano C, Miura S: Microbiological survey of the stone chambers of Takamatsuzuka and Kitora tumuli, Nara Prefecture, Japan: a milestone in elucidating the cause of biodeterioration of mural paintings. In: Sano C（ed）, International Symposium on the Conservation and Restoration of Cultural Property: Study of Environmental Conditions Surrounding Cultural Properties and their Protective Measures. National Institutes for Cultural Heritage, National Research Institute for Cultural Properties, Tokyo, pp. 51－73, 2009.
4－3. 喜友名朝彦・安光得・木川りか・佐野千絵・杉山純多（第 3 章 3 節）高松塚古墳の菌類相調査
4－8. 木川りか・佐野千絵・喜友名朝彦・立里臨・杉山純多（第 4 章 3 節）アルコール系殺菌剤が微生物の栄養源として使用された可能性の検討（資化性試験）
4－9. 佐野千絵・西島美由紀・喜友名朝彦・木川りか・杉山純多（第 4 章 4 節）微生物による有機酸の産生について
4－10. 西島美由紀・喜友名朝彦・木川りか・佐野千絵・杉山純多（第 4 章 5 節）微生物による炭酸カルシウム溶解性について
4－12. 木川りか・佐野千絵・喜友名朝彦・立里臨・杉山純多・早川典子・川野邊渉（第 4 章 11 節）古墳から分離された細菌や酵母の修復用高分子材料に対する資化性試験
5－2－2. 特別史跡キトラ古墳の保存・活用等に関する調査研究委員会 第 9 回、資料 6－2、平成 18 年 9 月 22 日、文化庁（ケーソン CG 相当品の抗菌性試験（1））
5－2－4. 特別史跡キトラ古墳の保存・活用等に関する調査研究委員会 第 9 回、資料 6－4、平成 18 年 9 月 22 日、文化庁（杉山純多：キトラ古墳石室天井の天文図に発生した"黒色カビ（黒粒）"の同定所見）
5－2－6. 特別史跡キトラ古墳の保存・活用等に関する調査研究委員会 第 11 回、資料 4、平成 19 年 3 月 23 日、文化庁（杉山純多：キトラ古墳石室内微生物調査）
5－3－4. 高松塚古墳壁画劣化原因調査検討会 第 7 回、資料 3、参考資料 4、平成 21 年 3 月 12 日、文化庁（杉山純多・佐野千絵・木川りか：低濃度のエタノールおよびイソプロパノール資化性試験結果）
5－3－5. 高松塚古墳壁画劣化原因調査検討会 第 7 回、資料 3、参考資料 5、平成 21 年 3 月 12 日、文化庁（杉山純多・佐野千絵・木川りか：GYC 寒天平板での炭酸カルシウム溶解性試験結果）
5－3－6. 高松塚古墳壁画劣化原因調査検討会 第 10 回、資料 5－2、平成 21 年 9 月 1 日、文化庁（佐野千絵・木川りか・杉山純多：高松塚古墳より分離された主要な微生物の酢酸生成能調査結果）
6－2. 木川りか、間渕創、佐野千絵、三浦定俊：キトラ古墳の微生物等の状況報告（2007）、保存科学 47: 129－134、2008。
6－3. 木川りか、佐野千絵、石崎武志、三浦定俊：高松塚古墳の微生物対策の経緯と現状、保存科学 45: 33－58、2006。
6－4. 木川りか、佐野千絵、喜友名朝彦、立里臨、杉山純多、早川典子、川野辺渉：キトラ古墳の微生物調査報告（2010）、保存科学 50: 191－195、2011。
6－8. 木川りか、佐藤嘉則、喜友名朝彦、立里臨、杉山純多、早川典子、川野辺渉：キトラ古墳の微生物調査報告（2011）、保存科学 51: 167－171、2012。
6－16. 木川りか、間渕創、佐野千絵、三浦定俊：キトラ古墳の前室および石室における菌類調査報告、保存科学 44: 165－173、2005。
6－17. 木川りか、間渕創、佐野千絵、三浦定俊：キトラ古墳における菌類等生物調査報告（2）、保存科学 45: 93－105、2006。

Tab. 6　高松塚古墳の試料から分離された細菌分離株の一括移管（寄託）株リスト

現行学名[1]		JCM番号[2]	分離株番号	分離情報		種同定者	遺伝子塩基配列アクセッション番号[3]	菌株に関する文献等[4]	
				試料採取日付	試料採取箇所		16S	①分類学的情報	②生理生化学的情報
Microbacterium sp.		28244	T5916-1-2b	16-Sep-05	Viscous gels below the paintings of the white tiger on the west wall in the stone chamber	Y. Handa, N. Tazato, R. Kigawa and J. Sugiyama	LC133591	–	–
Pseudoxanthomonas sp.		28245	T5916-2-2b	16-Sep-05	Viscous gels below the paintings of the white tiger on the west wall in the stone chamber	Y. Handa, N. Tazato, R. Kigawa and J. Sugiyama	LC133592	–	–
Microbacterium sp.		28246	T5916-3-2b	16-Sep-05	Viscous gels below the paintings of the group of women on the west wall in the stone chamber	Y. Handa, N. Tazato, R. Kigawa and J. Sugiyama	LC133593	–	–
Achromobacter sp.		28247	T5916-3-3b	16-Sep-05	Viscous gels below the paintings of the group of women on the west wall in the stone chamber	Y. Handa, N. Tazato, R. Kigawa and J. Sugiyama	LC133594	–	–
Sphingobium sp.		28248	T5916-5-2b	16-Sep-05	Viscous gels below the paintings of the group of women on the east wall in the stone chamber	Y. Handa, N. Tazato, R. Kigawa and J. Sugiyama	LC133595	–	–
Advenella sp.		28249	T6220-6-3b	20-Feb-06	Near the hind legs of the blue dragon on the east wall	Y. Handa, N. Tazato, R. Kigawa and J. Sugiyama	LC133596	–	2-9, 4-8, 5-3-4
Olivibacter sp.		28250	T6220-7-2b	20-Feb-06	Spots on the paintings of the group of women on the west wall in the stone chamber	Y. Handa, N. Tazato, R. Kigawa and J. Sugiyama	LC133597	–	2-9, 4-8, 5-3-4
Stenotrophomonas sp.		28251	T6713-10-4b	13-Jul-06	Purple viscous gels on the north wall in the stone chamber	Y. Handa, N. Tazato, R. Kigawa and J. Sugiyama	LC133598	–	–
Stenotrophomonas sp.		28252	T7214-8-1b	14-Feb-07	Black substances on the western area in the adjacent space	Y. Handa, N. Tazato, R. Kigawa and J. Sugiyama	LC133599	–	–
Stenotrophomonas sp.		28253	T7517-5-3b	17-May-07	Blackish brown viscous substances on the east side wall 3 (during relocation of the stone chamber)	Y. Handa, N. Tazato, R. Kigawa and J. Sugiyama	LC133600	–	–
Unidentified bacterium	Xanthomonadaceae sp.	28254	T6220-1-2b	20-Feb-06	Spots around the paintings of the group of women on the west wall in the stone chamber	Y. Handa, N. Tazato, R. Kigawa and J. Sugiyama	LC133601	–	–
Unidentified bacterium	Xanthomonadaceae sp.	28255	T6220-2-2b	20-Feb-06	Spots around the paintings of the group of women on the west wall in the stone chamber	Y. Handa, N. Tazato, R. Kigawa and J. Sugiyama	LC133602	–	–
Agromyces sp.		28256	T6220-4-2b	20-Feb-06	Viscous gels below the paintings of the white tiger on the west wall in the stone chamber	Y. Handa, N. Tazato, R. Kigawa and J. Sugiyama	LC133603	–	–
Streptomyces sp.		28257	T6220-4-4b	20-Feb-06	Viscous gels below the paintings of the white tiger on the west wall in the stone chamber	Y. Handa, N. Tazato, R. Kigawa and J. Sugiyama	LC133604	–	–
Chryseobacterium sp.		28258	T6517-8-5b	17-May-06	White moldy colonies around the paintings of the group of women on the east wall in the stone chamber	Y. Handa, N. Tazato, R. Kigawa and J. Sugiyama	LC133605	–	–
Rhodococcus sp.		28259	T6517-9-3b	17-May-06	Viscous gels below the paintings of the group of women on the east wall in the stone chamber	Y. Handa, N. Tazato, R. Kigawa and J. Sugiyama	LC133606	–	–
Achromobacter sp.		28260	T6713-1-2b	13-Jul-06	Black spots on the paintings of the group of women on the west wall in the stone chamber	Y. Handa, N. Tazato, R. Kigawa and J. Sugiyama	LC133607	–	–
Streptomyces sp.		28261	T6713-4-3b	13-Jul-06	Black moldy colonies on the west wall in the stone chamber	Y. Handa, N. Tazato, R. Kigawa and J. Sugiyama	LC133608	–	–
Rhodococcus sp.		28262	T6713-8-4b	13-Jul-06	Black moldy colonies around the paintings of the group of women on the east wall in the stone chamber	Y. Handa, N. Tazato, R. Kigawa and J. Sugiyama	LC133609	–	–
Rhizobium sp.		28263	T6713-12-4b	13-Jul-06	Black molds on the ceiling stone wall in the stone chamber	Y. Handa, N. Tazato, R. Kigawa and J. Sugiyama	LC133610	–	–
Microbacterium sp.		28264	T6713-15-3b	13-Jul-06	Black spots on western area of the adjacent space	Y. Handa, N. Tazato, R. Kigawa and J. Sugiyama	LC133611	–	–
Promicromonospora sp.		28265	T6713-15-4b	13-Jul-06	Black spots on western area of the adjacent space	Y. Handa, N. Tazato, R. Kigawa and J. Sugiyama	LC133612	–	–
Pseudomonas sp.		28266	T6713-18-2b	13-Jul-06	Soil in the southern area of the burial mound	Y. Handa, N. Tazato, R. Kigawa and J. Sugiyama	LC133613	–	–
Enterobacter sp.		28267	T6713-18-3b	13-Jul-06	Soil in the southern area of the burial mound	Y. Handa, N. Tazato, R. Kigawa and J. Sugiyama	LC133614	–	–
Cellulomonas sp.		28268	T6713-18-4b	13-Jul-06	Soil in the southern area of the burial mound	Y. Handa, N. Tazato, R. Kigawa and J. Sugiyama	LC133615	–	–
Chryseobacterium sp.		28269	T6713-19-6b	13-Jul-06	Soil in the southern area of the burial mound	Y. Handa, N. Tazato, R. Kigawa and J. Sugiyama	LC133616	–	–
Advenella sp.		28270	T61017-1-3b	17-Oct-06	Black spots on the paintings of the group of women on the west wall in the stone chamber	Y. Handa, N. Tazato, R. Kigawa and J. Sugiyama	LC133617	–	–
Rhodococcus sp.		28271	T61017-6-2b	17-Oct-06	Viscous gels around the paintings of the white tiger on the west wall in the stone chamber	Y. Handa, N. Tazato, R. Kigawa and J. Sugiyama	LC133618	–	–
Unidentified bacterium	Enterobacteriaceae sp.	28272	T7214-5-2b	14-Feb-07	Blackish purple substances on western area of the adjacent space (during excavation)	Y. Handa, N. Tazato, R. Kigawa and J. Sugiyama	LC133619	–	–
Rhodococcus sp.		28273	T7214-7-2b	14-Feb-07	Grey spots on western area of the adjacent space (during excavation)	Y. Handa, N. Tazato, R. Kigawa and J. Sugiyama	LC133620	–	–
Paenibacillus sp.		28274	T7302-19-1b	2-Mar-07	On the ceiling stone wall (during dismantling work)	Y. Handa, N. Tazato, R. Kigawa and J. Sugiyama	LC133621	–	–
Microbacterium sp.		28275	T7405-1-1b	5-Apr-07	Blackish plaster on the top surface of north wall (during relocation of the stone chamber)	Y. Handa, N. Tazato, R. Kigawa and J. Sugiyama	LC133622	–	–
Unidentified bacterium	Xanthomonadaceae sp.	28276	T7405-1-2b	5-Apr-07	Blackish plaster on the top surface of north wall (during relocation of the stone chamber)	Y. Handa, N. Tazato, R. Kigawa and J. Sugiyama	LC133623	–	–
Unidentified bacterium	Xanthomonadaceae sp.	28277	T7405-3-1b	5-Apr-07	Blackish substances on the top surface of north wall (during relocation of the stone chamber)	Y. Handa, N. Tazato, R. Kigawa and J. Sugiyama	LC133624	–	–
Unidentified bacterium	Sphingobacteriaceae sp.	28278	T7409-2-1b	9-Apr-07	Soil and plaster behind the north wall (during relocation of the stone chamber)	Y. Handa, N. Tazato, R. Kigawa and J. Sugiyama	LC133625	–	–
Mesorhizobium sp.		28279	T7409-2-2b	9-Apr-07	Soil and plaster behind the north wall (during relocation of the stone chamber)	Y. Handa, N. Tazato, R. Kigawa and J. Sugiyama	LC133626	–	–
Sphingopyxis sp.		28280	T7409-2-3b	9-Apr-07	Soil and plaster behind the north wall (during relocation of the stone chamber)	Y. Handa, N. Tazato, R. Kigawa and J. Sugiyama	LC133627	–	–
Promicromonospora sp.		28281	T7410-1-2b	10-Apr-07	Plasters between north wall and ceiling stone (during relocation of the stone chamber)	Y. Handa, N. Tazato, R. Kigawa and J. Sugiyama	LC133628	–	–
Microbacterium sp.		28282	T7410-1-4b	10-Apr-07	Plasters between north wall and ceiling stone (during relocation of the stone chamber)	Y. Handa, N. Tazato, R. Kigawa and J. Sugiyama	LC133629	–	–
Rhodococcus sp.		28283	T7410-3-1b	10-Apr-07	Black substances behind the north wall (during relocation of the stone chamber)	Y. Handa, N. Tazato, R. Kigawa and J. Sugiyama	LC133630	–	–
Devosia sp.		28284	T7413-2-1b	13-Apr-07	Black substances between north wall and west wall 3 (during relocation of the stone chamber)	Y. Handa, N. Tazato, R. Kigawa and J. Sugiyama	LC133631	–	–
Rhodococcus sp.		28285	T7413-5-1b	13-Apr-07	Black substances between north wall and west wall 3 (during relocation of the stone chamber)	Y. Handa, N. Tazato, R. Kigawa and J. Sugiyama	LC133632	–	–
Unidentified bacterium	Sphingobacteriaceae sp.	28286	T7413-7-4b	13-Apr-07	Black substances between north wall and east wall 3 (during relocation of the stone chamber)	Y. Handa, N. Tazato, R. Kigawa and J. Sugiyama	LC133633	–	–
Pseudomonas sp.		28287	T7417-11-4b	17-Apr-07	Black spots around western area on the north wall (during relocation of the stone chamber)	Y. Handa, N. Tazato, R. Kigawa and J. Sugiyama	LC133634	–	–
Serratia sp.		28288	T7417-14-2b	17-Apr-07	Viscous gels on the north wall (during relocation of the stone chamber)	Y. Handa, N. Tazato, R. Kigawa and J. Sugiyama	LC133635	–	–
Devosia sp.		28289	T7425-1-2b	25-Apr-07	Black substances on the top surface of west wall stone 3 (during relocation of the stone chamber)	Y. Handa, N. Tazato, R. Kigawa and J. Sugiyama	LC133636	–	–

（Tab. 6 続き）

Sphingopyxis sp.		28290	T7425-1-4b	25-Apr-07	Black substances on the top surface of west wall stone 3 (during relocation of the stone chamber)	Y. Handa, N. Tazato, R. Kigawa and J. Sugiyama	LC133637	–	–
Microbacterium sp.		28291	T7425-3-1b	25-Apr-07	Black substances in small pits on the top surface of west wall stone 3 (during relocation of the stone chamber)	Y. Handa, N. Tazato, R. Kigawa and J. Sugiyama	LC133638	–	–
Unidentified bacterium	Xanthomonadaceae sp.	28292	T7425-3-2b	25-Apr-07	Black substances in small pits on the top surface of west wall stone 3 (during relocation of the stone chamber)	Y. Handa, N. Tazato, R. Kigawa and J. Sugiyama	LC133639	–	–
Serratia sp.		28293	T7426-5-2b	26-Apr-07	Black substances in small pits on the lateral side of ceiling stone wall 2 (during relocation of the stone chamber)	Y. Handa, N. Tazato, R. Kigawa and J. Sugiyama	LC133640	–	–
Microbacterium sp.		28294	T7426-6-1b	26-Apr-07	Black substances on the south-lateral side of ceiling stone wall 2 (during relocation of the stone chamber)	Y. Handa, N. Tazato, R. Kigawa and J. Sugiyama	LC133641	–	–
Rhodococcus sp.		28295	T7426-14-1b	26-Apr-07	Black substances around the eastern area of the stone chambe exterior	Y. Handa, N. Tazato, R. Kigawa and J. Sugiyama	LC133642	–	–
Unidentified bacterium	Micrococcaceae sp.	28296	T7426-17-1b	26-Apr-07	Soil around the western area of the stone chambe exterior	Y. Handa, N. Tazato, R. Kigawa and J. Sugiyama	LC133643	–	–
Amycolatopsis sp.		28297	T7426-17-2b	26-Apr-07	Soil around the western area of the stone chambe exterior	Y. Handa, N. Tazato, R. Kigawa and J. Sugiyama	LC133644	–	–
Microbacterium sp.		28298	T7510-3-4b	10-May-07	Blackish brown substances on the side surface of west wall stone 2 (during relocation of the stone chamber)	Y. Handa, N. Tazato, R. Kigawa and J. Sugiyama	LC133645	–	–
Devosia sp.		28299	T7528-3-1b	28-May-07	Between east wall 1 and ceiling stone 2 (during relocation of the stone chamber)	Y. Handa, N. Tazato, R. Kigawa and J. Sugiyama	LC133646	–	–
Promicromonospora sp.		28300	T7528-3-7b	28-May-07	Between east wall 1 and ceiling stone 2 (during relocation of the stone chamber)	Y. Handa, N. Tazato, R. Kigawa and J. Sugiyama	LC133647	–	–
Unidentified bacterium	Sphingobacteriaceae sp.	28301	T7530-16-4b	30-May-07	Black viscous gels and pieces of side plaster between west wall 1 and south wall (during relocation of the stone chamber)	Y. Handa, N. Tazato, R. Kigawa and J. Sugiyama	LC133648	–	–
Rhodococcus sp.		28302	T7601-3-1b	1-Jun-07	Soil behind east wall 2 (during relocation of the stone chamber)	Y. Handa, N. Tazato, R. Kigawa and J. Sugiyama	LC133649	–	–
Amycolatopsis sp.		28303	T7601-3-2b	1-Jun-07	Soil behind east wall 2 (during relocation of the stone chamber)	Y. Handa, N. Tazato, R. Kigawa and J. Sugiyama	LC133650	–	–
Promicromonospora sp.		28304	T7611-4-5b	11-Jun-07	Blackish viscous gels and plant roots on the east wall 1 (during relocation of the stone chamber)	Y. Handa, N. Tazato, R. Kigawa and J. Sugiyama	LC133651	–	–
Phyllobacterium sp.		28305	T7611-4-6b	11-Jun-07	Blackish viscous gels and plant roots on the east wall 1 (during relocation of the stone chamber)	Y. Handa, N. Tazato, R. Kigawa and J. Sugiyama	LC133652	–	–
Chryseobacterium sp.		28306	T7820-5-1b	20-Aug-07	On the south-lateral side of the floor 4 (during relocation of the stone chamber)	Y. Handa, N. Tazato, R. Kigawa and J. Sugiyama	LC133653	–	–
Rhodococcus sp.		28307	T7821-16-1b	21-Aug-07	Soil on the lateral side of floor 2 (during relocation of the stone chamber)	Y. Handa, N. Tazato, R. Kigawa and J. Sugiyama	LC133654	–	–
Unidentified bacterium	Micrococcaceae sp.	28308	T7822-2-2b	22-Aug-07	Black spots on the floor 1 (during relocation of the stone chamber)	Y. Handa, N. Tazato, R. Kigawa and J. Sugiyama	LC133655	–	–
Nocardioides sp.		28309	T7829-1-4b	29-Aug-07	Greenish sand under the floor 4 (during relocation of the stone chamber)	Y. Handa, N. Tazato, R. Kigawa and J. Sugiyama	LC133656	–	–
Lysinibacillus sp.		28310	T8804-4-3b	4-Aug-08	Clay soil around eastern area of conservation facility	Y. Handa, N. Tazato, R. Kigawa and J. Sugiyama	LC133657	–	–
Paenibacillus sp.		28311	T81119-1-1b	19-Nov-08	Soil around eastern area of conservation facility	Y. Handa, N. Tazato, R. Kigawa and J. Sugiyama	LC133658	–	–
Lysinibacillus sp.		28312	T81119-2-2b	19-Nov-08	Soil around western area of conservation facility	Y. Handa, N. Tazato, R. Kigawa and J. Sugiyama	LC133659	–	–
Paenibacillus sp.		28313	T81203-2-1b	3-Dec-08	Soil (Hanchiku) in the western area of the burial mound	Y. Handa, N. Tazato, R. Kigawa and J. Sugiyama	LC133660	–	–
Paenibacillus sp.		28314	T81203-3-1b	3-Dec-08	Soil (Hanchiku) in the eastern area of the burial mound	Y. Handa, N. Tazato, R. Kigawa and J. Sugiyama	LC133661	–	–
Paenibacillus sp.		28315	T9217-1b	17-Feb-09	Soil (Hanchiku) in the southwest area of the burial mound	Y. Handa, N. Tazato, R. Kigawa and J. Sugiyama	LC133662	–	–
Stenotrophomonas tumulicola		28316	T6517-2-2b	17-May-06	Black spots on the paintings of the group of women on the west wall in the stone chamber	Y. Handa, N. Tazato, R. Kigawa and J. Sugiyama	LC066091	1-11, 4-5, 5-3-10	1-11
Stenotrophomonas tumulicola		28317	T6713-2-2b	13-Jul-06	Black moldy colonies around the paintings of the group of women on the west wall in the stone chamber	Y. Handa, N. Tazato, R. Kigawa and J. Sugiyama	LC066093	1-11, 4-5, 5-3-10	1-11
Stenotrophomonas tumulicola		28318	T6713-4-4b	13-Jul-06	Black moldy colonies on the west wall in the stone chamber	Y. Handa, N. Tazato, R. Kigawa and J. Sugiyama	LC066094	1-11, 4-5, 5-3-10	1-11
Stenotrophomonas tumulicola		28319	T61017-1-2b	17-Oct-06	Black spots on the paintings of the group of women on the west wall in the stone chamber	Y. Handa, N. Tazato, R. Kigawa and J. Sugiyama	LC066100	1-11, 4-5, 5-3-10	1-11
Stenotrophomonas tumulicola		28320	T61017-1-5b	17-Oct-06	Black spots on the paintings of the group of women on the west wall in the stone chamber	Y. Handa, N. Tazato, R. Kigawa and J. Sugiyama	LC066101	1-11, 4-5	1-11
Stenotrophomonas tumulicola		28321	T61017-2-2b	17-Oct-06	Black spots on the paintings of the group of women on the west wall in the stone chamber	Y. Handa, N. Tazato, R. Kigawa and J. Sugiyama	LC066102	1-11, 4-5, 5-3-10	1-11

1）現行（平成 30（2018）年 3 月末時点）の分類学による学名：　詳細同定や分類学の進展により分離当初の学名から変更された分離株がある
2）公的微生物保存機関略称：JCM, Japan Collection of Microorganisms, RIKEN Bioresource Research Center, Tsukuba, Japan
3）解析対象遺伝子：16S, 16S ribosomal RNA（rRNA）遺伝子、決定した配列は 16S rRNA 遺伝子部分塩基配列
4）参考文献：

1－11. Handa Y, Tazato N, Nagatsuka Y, Koide T, Kigawa R, Sano C, Sugiyama J: *Stenotrophomonas tumulicola* sp. nov., a major contaminant of the stone chamber interior in the Takamatsuzuka Tumulus. International Journal of Systematic and Evolutionary Microbiology 66: 1119－1124, 2016.［For "Corrigendum", see International Journal of Systematic and Evolutionary Microbiology, 67, 763, 2017.］
4－5.　喜友名朝彦・木川りか・佐野千絵・杉山純多（第 3 章 9 節）高松塚古墳から分離された主要微生物群の出現状況プロット
4－6.　西島美由紀・立里臨・半田豊・富田順子・木川りか・佐野千絵・杉山純多（第 3 章 8 節）PCR-DGGE 解析・定量 PCR 法および集積培養法による酢酸菌の検出と同定
4－8.　木川りか・佐野千絵・喜友名朝彦・立里臨・杉山純多（第 4 章 3 節）アルコール系殺菌剤が微生物の栄養源として使用された可能性の検討（資化性試験）
5－1－4. 国宝高松塚古墳壁画恒久保存対策検討会 第 5 回、資料 3－2、平成 18 年 2 月 9 日、文化庁（杉山純多：平成 17 年 9 月の石室の微生物等の状況と調査結果について）
5－3－4. 高松塚古墳壁画劣化原因調査検討会 第 7 回、資料 3、参考資料 4、平成 21 年 3 月 12 日、文化庁（杉山純多・佐野千絵・木川りか：低濃度のエタノールおよびイソプロパノール資化性試験結果）
5－3－10. 高松塚古墳壁画劣化原因調査検討会 第 12 回、参考資料 1－4、平成 21 年 11 月 32 日、文化庁（杉山純多・木川りか・佐野千絵：高松塚古墳から分離された主要微生物群の出現状況プロット）
6－6.　木川りか、杉山純多、高鳥浩介、間渕創、佐野千絵、三浦定俊：高松塚古墳発掘・解体作業に伴う生物調査の概要について、保存科学 47: 121－128、2008。
6－18.　木川りか、佐野千絵、石崎武志、三浦定俊：高松塚古墳における菌類等微生物調査報告（平成 18 年度）、保存科学 46: 209－219、2007。

Tab. 7　キトラ古墳の試料から分離された細菌分離株の一括移管（寄託）株リスト

現行学名[1]	JCM番号[2]	分離株番号	分離情報		種同定者	遺伝子塩基配列アクセッション番号[3]	菌株に関する文献等[4]	
			試料採取日付	試料採取箇所		16S	①分類学的情報	②生理生化学的情報
Sphingobium sp.	28632	K5916-2-1b	16-Sep-05	Umbonal substances on the south wall in th stone chamber	Y. Handa, N. Tazato, R. Kigawa and J. Sugiyama	LC133663	−	−
Novosphingobium sp.	28633	K5916-2-2b	16-Sep-05	Umbonal substances on the south wall in th stone chamber	Y. Handa, N. Tazato, R. Kigawa and J. Sugiyama	LC133664	−	2-12, 4-12
Rhizobium sp.	28634	K5916-2-3b	16-Sep-05	Umbonal substances on the south wall in th stone chamber	Y. Handa, N. Tazato, R. Kigawa and J. Sugiyama	LC133665	−	−
Stenotrophomonas sp.	28635	K5916-3-1b	16-Sep-05	Mold on the paintings of the south wall in th stone chamber	Y. Handa, N. Tazato, R. Kigawa and J. Sugiyama	LC133666	−	1-2, 2-9, 2-10, 2-12, 2-25, 2-28, 4-8, 4-9, 4-10, 4-12, 5-3-4, 5-3-5, 5-3-6
Streptomyces sp.	28636	K5916-4-3b	16-Sep-05	Greenish mold on north area of west wall in the stone chamber	Y. Handa, N. Tazato, R. Kigawa and J. Sugiyama	LC133667	−	−
Chryseobacterium sp.	28637	K5916-5-1b	16-Sep-05	White viscous gels on the norh wall in the stone chamber	Y. Handa, N. Tazato, R. Kigawa and J. Sugiyama	LC133668	−	−
Pseudoxanthomonas sp.	28638	K5916-9-2b	16-Sep-05	Rayon material on the north wall in th stone chamber	Y. Handa, N. Tazato, R. Kigawa and J. Sugiyama	LC133669	−	−
Novosphingobium sp.	28639	K5916-10-1b	16-Sep-05	Viscous substances on the stone wall in the adjacent small room	Y. Handa, N. Tazato, R. Kigawa and J. Sugiyama	LC133670	−	−
Olivibacter sp.	28640	K5916-10-2b	16-Sep-05	Viscous substances on the stone wall in the adjacent small room	Y. Handa, N. Tazato, R. Kigawa and J. Sugiyama	LC133671	−	−
Sphingobium sp.	28641	K5916-10-3b	16-Sep-05	Viscous substances on the stone wall in the adjacent small room	Y. Handa, N. Tazato, R. Kigawa and J. Sugiyama	LC133672	−	−
Sphingobium sp.	28642	K5902-1-1b	02-Sep-05	Dark-green viscous gels on the north wall in th stone chamber	Y. Handa, N. Tazato, R. Kigawa and J. Sugiyama	LC133673	−	2-16, 5-2-2
Stenotrophomonas sp.	28643	K5902-1-3b	02-Sep-05	Dark-green viscous gels on the north wall in th stone chamber	Y. Handa, N. Tazato, R. Kigawa and J. Sugiyama	LC133674	−	−
Rhizobium sp.	28644	K5902-3-1b	02-Sep-05	Dark-green spots on the north wall in th stone chamber	Y. Handa, N. Tazato, R. Kigawa and J. Sugiyama	LC133675	−	2-9, 2-16, 5-2-1, 5-3-4, 5-2-2, 4-8
Streptomyces sp.	28645	K5929-2-2b	29-Sep-05	Black substances in a hole on west area of the ceiling stone in the stone chamber	Y. Handa, N. Tazato, R. Kigawa and J. Sugiyama	LC133676	−	5-2-1
Promicromonospora sp.	28646	K6303-6-2b	03-Mar-06	On the ceiling stone in the stone chamber	Y. Handa, N. Tazato, R. Kigawa and J. Sugiyama	LC133677	2-22	−
Microbacterium sp.	28647	K6303-8-2b	03-Mar-06	On the paintings of the south wall in the stone chamber	Y. Handa, N. Tazato, R. Kigawa and J. Sugiyama	LC133678	−	2-12, 4-12
Rhizobium sp.	28648	K6303-8-4b	03-Mar-06	On the paintings of the south wall in the stone chamber	Y. Handa, N. Tazato, R. Kigawa and J. Sugiyama	LC133679	−	2-12, 4-12
Stenotrophomonas sp.	28649	K6613-3b	13-Jun-06	White salt-like masses on the central part of the paintings of the vermillion bird (Suzaku) on the south wall in the stone chamber	Y. Handa, N. Tazato, R. Kigawa and J. Sugiyama	LC133680	−	2-12, 4-12
Promicromonospora sp.	28650	K6613-4b	13-Jun-06	White salt-like masses on the central part of the paintings of the vermillion bird (Suzaku) on the south wall in the stone chamber	Y. Handa, N. Tazato, R. Kigawa and J. Sugiyama	LC133681	2-22	−
Stenotrophomonas sp.	28651	K8617-3-2b	17-Jun-08	White particle on the east wall in the stone chamber	Y. Handa, N. Tazato, R. Kigawa and J. Sugiyama	LC133682	−	2-13
Herbiconiux sp.	28652	K8617-3-3b	17-Jun-08	White particle on the east wall in the stone chamber	Y. Handa, N. Tazato, R. Kigawa and J. Sugiyama	LC133683	−	2-13
Rhizobium sp.	28653	K8617-4-1b	17-Jun-08	Black viscous gels in a crack of the ceiling stone in the stone chamber	Y. Handa, N. Tazato, R. Kigawa and J. Sugiyama	LC133684	−	2-13
Pseudomonas sp.	28654	K8617-4-2b	17-Jun-08	Black viscous gels in a crack of the ceiling stone in the stone chamber	Y. Handa, N. Tazato, R. Kigawa and J. Sugiyama	LC133685	−	2-13
Olivibacter sp.	28655	K8617-4-3b	17-Jun-08	Black viscous gels in a crack of the ceiling stone in the stone chamber	Y. Handa, N. Tazato, R. Kigawa and J. Sugiyama	LC133686	−	2-13
Stenotrophomonas sp.	28656	K8617-4-4b	17-Jun-08	Black viscous gels in a crack of the ceiling stone in the stone chamber	Y. Handa, N. Tazato, R. Kigawa and J. Sugiyama	LC133687	−	2-13
Pseudomonas sp.	28657	K8617-4-5b	17-Jun-08	Black viscous gels in a crack of the ceiling stone in the stone chamber	Y. Handa, N. Tazato, R. Kigawa and J. Sugiyama	LC133688	−	2-13
Achromobacter sp.	28658	K8617-6-1b	17-Jun-08	Reddish substances on the stone of the south wall in the stone chamber	Y. Handa, N. Tazato, R. Kigawa and J. Sugiyama	LC133689	−	2-13
Rhizobium sp.	28659	K8617-6-3b	17-Jun-08	Reddish substances on the stone of the south wall in the stone chamber	Y. Handa, N. Tazato, R. Kigawa and J. Sugiyama	LC133690	−	2-13
Pseudomonas sp.	28660	K8617-6-4b	17-Jun-08	Reddish substances on the stone of the south wall in the stone chamber	Y. Handa, N. Tazato, R. Kigawa and J. Sugiyama	LC133691	−	2-13
Stenotrophomonas sp.	28661	K8617-8-2b	17-Jun-08	Black substances in a hole on west area of the ceiling stone in the stone chamber	Y. Handa, N. Tazato, R. Kigawa and J. Sugiyama	LC133692	−	2-13
Achromobacter sp.	28662	K8617-8-3b	17-Jun-08	Black substances in a hole on west area of the ceiling stone in the stone chamber	Y. Handa, N. Tazato, R. Kigawa and J. Sugiyama	LC133693	−	2-13
Promicromonospora sp.	28663	K9703-7-1b	03-Jul-09	Black viscous gels in a hole of the north wall in the stone chamber	Y. Handa, N. Tazato, R. Kigawa and J. Sugiyama	LC133694	2-22	−
Stenotrophomonas sp.	28664	K101008-2-1b	08-Oct-10	White substances on the plaster of the east wall in the stone chamber	Y. Handa, N. Tazato, R. Kigawa and J. Sugiyama	LC133695	−	2-28
Streptomyces sp.	28665	K101008-5-3b	08-Oct-10	Brownish viscous gels on the plaster of west wall in the stone chamber	Y. Handa, N. Tazato, R. Kigawa and J. Sugiyama	LC133696	−	2-28
Promicromonospora sp.	28666	K111013-1-1b	13-Oct-11	Blackish green substances on the west wall in the stone chamber	Y. Handa, N. Tazato, R. Kigawa and J. Sugiyama	LC133697	2-22	2-28
Promicromonospora sp.	28667	K111013-4-2b	13-Oct-11	On south area of the ceiling stone in the stone chamber	Y. Handa, N. Tazato, R. Kigawa and J. Sugiyama	LC133698	2-22	2-28
Promicromonospora sp.	28668	K111013-6-2b	13-Oct-11	On north area of the ceiling stone in the stone chamber	Y. Handa, N. Tazato, R. Kigawa and J. Sugiyama	LC133699	2-22	−
Herbiconiux sp.	28669	K6117-1-1b	17-Jan-06	Black substances in a hole on the ceiling stone in the stone chamber	Y. Handa, N. Tazato, R. Kigawa and J. Sugiyama	LC133700	−	−
Herbiconiux sp.	28670	K6117-2-1b	17-Jan-06	Black substances in a hole on the ceiling stone in the stone chamber	Y. Handa, N. Tazato, R. Kigawa and J. Sugiyama	LC133701	−	−
Herbiconiux sp.	28671	K6117-3-1b	17-Jan-06	Black substances in a hole on the ceiling stone in the stone chamber	Y. Handa, N. Tazato, R. Kigawa and J. Sugiyama	LC133702	−	−
Rhizobium sp.	28672	K6120-1-1b	20-Jan-06	Whitish cottony molds on the stone of the north wall in the stone chamber	Y. Handa, N. Tazato, R. Kigawa and J. Sugiyama	LC133703	−	−
Leifsonia sp.	28673	K4000-1b	2004	Soil in the south area in the stone chamber	Y. Handa, N. Tazato, R. Kigawa and J. Sugiyama	LC133704	−	−
Stenotrophomonas sp.	28674	K6203-3-1b	03-Feb-06	Black substances in a hole on the east wall in the stone chamber	Y. Handa, N. Tazato, R. Kigawa and J. Sugiyama	LC133705	−	−
Inquilinus sp.	28675	K6203-7-1b	03-Feb-06	Black viscous substances on the plaster on north area of the ceiling stone in the stone chamber	Y. Handa, N. Tazato, R. Kigawa and J. Sugiyama	LC133706	−	−
Microbacterium sp.	28676	K6203-10-2b	03-Feb-06	Viscous gels on the west wall in th stone chamber	Y. Handa, N. Tazato, R. Kigawa and J. Sugiyama	LC133707	−	−
Stenotrophomonas sp.	28677	K6303-1-1b	03-Mar-06	On the floor in the stone chamber	Y. Handa, N. Tazato, R. Kigawa and J. Sugiyama	LC133708	−	−
Stenotrophomonas sp.	28678	K6303-4-1b	03-Mar-06	On the floor in the stone chamber	Y. Handa, N. Tazato, R. Kigawa and J. Sugiyama	LC133709	−	−
Olivibacter sp.	28679	K6303-4-3b	03-Mar-06	On the floor in the stone chamber	Y. Handa, N. Tazato, R. Kigawa and J. Sugiyama	LC133710	−	−
Streptomyces sp.	28680	K6303-7-3b	03-Mar-06	On the west wall in the stone chamber	Y. Handa, N. Tazato, R. Kigawa and J. Sugiyama	LC133711	−	−
Roseomonas sp.	28681	K6303-9-3b	03-Mar-06	On the floor in the stone chamber	Y. Handa, N. Tazato, R. Kigawa and J. Sugiyama	LC133712	−	−
Stenotrophomonas sp.	28682	K6613-1b	13-Jun-06	White salt-like masses on the central part of the paintings of the vermillion bird (Suzaku) on the south wall in the stone chamber	Y. Handa, N. Tazato, R. Kigawa and J. Sugiyama	LC133713	−	−

（Tab. 7 続き）

Roseomonas sp.		28683	K6613-2b	13-Jun-06	White salt-like masses on the central part of the paintings of the vermillion bird (Suzaku) on the south wall in the stone chamber	Y. Handa, N. Tazato, R. Kigawa and J. Sugiyama	LC133714	–	–
Stenotrophomonas sp.		28684	K6630-1-1b	30-Jun-06	White viscous gels on the south wall in the stone chamber	Y. Handa, N. Tazato, R. Kigawa and J. Sugiyama	LC133715	–	–
Bosea sp.		28685	K6630-1-2b	30-Jun-06	White viscous gels on the south wall in the stone chamber	Y. Handa, N. Tazato, R. Kigawa and J. Sugiyama	LC133716	–	–
Olivibacter sp.		28686	K6630-3-1b	30-Jun-06	Black moldy spots on the ceiling stone in the stone chamber	Y. Handa, N. Tazato, R. Kigawa and J. Sugiyama	LC133717	–	–
Bacillus sp.		28687	K6630-4-1b	30-Jun-06	Viscous gels on the floor near the west wall in the stone chamber	Y. Handa, N. Tazato, R. Kigawa and J. Sugiyama	LC133718	–	–
Pseudoxanthomonas sp.		28688	K6630-4-3b	30-Jun-06	Viscous gels on the floor near the west wall in the stone chamber	Y. Handa, N. Tazato, R. Kigawa and J. Sugiyama	LC133719	–	–
Methylopila sp.		28689	K6630-4-6b	30-Jun-06	Viscous gels on the floor near the west wall in the stone chamber	Y. Handa, N. Tazato, R. Kigawa and J. Sugiyama	LC133720	–	–
Streptomyces sp.		28690	K6630-4-8b	30-Jun-06	Viscous gels on the floor near the west wall in the stone chamber	Y. Handa, N. Tazato, R. Kigawa and J. Sugiyama	LC133721	–	–
Bosea sp.		28691	K6630-5-4b	30-Jun-06	Viscous gels on the north wall in the stone chamber	Y. Handa, N. Tazato, R. Kigawa and J. Sugiyama	LC133722	–	–
Stenotrophomonas sp.		28692	K8626-4b	26-Jun-08	Soil in burial mound	Y. Handa, N. Tazato, R. Kigawa and J. Sugiyama	LC133723	–	–
Enterobacter sp.		28693	K8626-5b	26-Jun-08	Soil in burial mound	Y. Handa, N. Tazato, R. Kigawa and J. Sugiyama	LC133724	–	–
Brevibacillus sp.		28694	K8626-6b	26-Jun-08	Soil in burial mound	Y. Handa, N. Tazato, R. Kigawa and J. Sugiyama	LC133725	–	–
Stenotrophomonas sp.		28695	K9218-2b	18-Feb-09	Yellow particles on the west wall in the stone chamber	Y. Handa, N. Tazato, R. Kigawa and J. Sugiyama	LC133726	–	–
Stenotrophomonas sp.		28696	K9403-1-1b	03-Apr-09	Black viscous gels on southeast area of the floor in th stone chamber	Y. Handa, N. Tazato, R. Kigawa and J. Sugiyama	LC133727	–	–
Stenotrophomonas sp.		28697	K9403-1-2b	03-Apr-09	Black viscous gels on southeast area of the floor in th stone chamber	Y. Handa, N. Tazato, R. Kigawa and J. Sugiyama	LC133728	–	–
Stenotrophomonas sp.		28698	K9403-2-1b	03-Apr-09	Black viscous gels on southeast area of the floor in th stone chamber	Y. Handa, N. Tazato, R. Kigawa and J. Sugiyama	LC133729	–	–
Stenotrophomonas sp.		28699	K9403-2-2b	03-Apr-09	Black viscous gels on southeast area of the floor in th stone chamber	Y. Handa, N. Tazato, R. Kigawa and J. Sugiyama	LC133730	–	–
Stenotrophomonas sp.		28700	K9403-3-1b	03-Apr-09	Viscous gels on southeast area of the floor in th stone chamber	Y. Handa, N. Tazato, R. Kigawa and J. Sugiyama	LC133731	–	–
Stenotrophomonas sp.		28701	K9403-3-2b	03-Apr-09	Viscous gels on southeast area of the floor in th stone chamber	Y. Handa, N. Tazato, R. Kigawa and J. Sugiyama	LC133732	–	–
Microbacterium sp.		28702	K9403-3-3b	03-Apr-09	Viscous gels on southeast area of the floor in th stone chamber	Y. Handa, N. Tazato, R. Kigawa and J. Sugiyama	LC133733	–	–
Stenotrophomonas sp.		28703	K9403-3-4b	03-Apr-09	Viscous gels on southeast area of the floor in th stone chamber	Y. Handa, N. Tazato, R. Kigawa and J. Sugiyama	LC133734	–	–
Microbacterium sp.		28704	K9703-1-1b	03-Jul-09	Brownish viscous gels on the stone of the south wall in the stone chamber	Y. Handa, N. Tazato, R. Kigawa and J. Sugiyama	LC133735	–	–
Sphingobacterium sp.		28705	K9703-1-2b	03-Jul-09	Brownish viscous gels on the stone of the south wall in the stone chamber	Y. Handa, N. Tazato, R. Kigawa and J. Sugiyama	LC133736	–	–
Stenotrophomonas sp.		28706	K9703-2-2b	03-Jul-09	Reddish viscous gels on the stone of the south wall in the stone chamber	Y. Handa, N. Tazato, R. Kigawa and J. Sugiyama	LC133737	–	–
Stenotrophomonas sp.		28707	K9703-3-2b	03-Jul-09	Whitish viscous gels on the stone of the east wall in the stone chamber	Y. Handa, N. Tazato, R. Kigawa and J. Sugiyama	LC133738	–	–
Stenotrophomonas sp.		28708	K9703-4-1b	03-Jul-09	White powders on the stone of the east wall in the stone chamber	Y. Handa, N. Tazato, R. Kigawa and J. Sugiyama	LC133739	–	–
Achromobacter sp.		28709	K9703-5-3b	03-Jul-09	Yellow particles on the stone of the east wall in the stone chamber	Y. Handa, N. Tazato, R. Kigawa and J. Sugiyama	LC133740	–	–
Stenotrophomonas sp.		28710	K9703-6-1b	03-Jul-09	Reddish viscous gels on the plaster of the east wall in the stone chamber	Y. Handa, N. Tazato, R. Kigawa and J. Sugiyama	LC133741	–	–
Microbacterium sp.		28711	K9703-8-1b	03-Jul-09	Black viscous gels in a hole on east area of the ceiling stone in the stone chamber	Y. Handa, N. Tazato, R. Kigawa and J. Sugiyama	LC133742	–	–
Pseudoxanthomonas sp.		28712	K101008-1-1b	08-Oct-10	Reddish purple substances on the plaster of east wall in the stone chamber	Y. Handa, N. Tazato, R. Kigawa and J. Sugiyama	LC133743	–	–
Devosia sp.		28713	K101008-4-1b	08-Oct-10	Substances in the chink of the ceiling stone in the stone chamber	Y. Handa, N. Tazato, R. Kigawa and J. Sugiyama	LC133744	–	–
Bosea sp.		28714	K101008-5-2b	08-Oct-10	Brownish viscous gels on the plaster of west wall in the stone chamber	Y. Handa, N. Tazato, R. Kigawa and J. Sugiyama	LC133745	–	–
Mesorhizobium sp.		28715	K101008-7-4b	08-Oct-10	Clay soil on the stone of the south wall in the stone chamber	Y. Handa, N. Tazato, R. Kigawa and J. Sugiyama	LC133746	–	–
Olivibacter sp.		28716	K111013-2-2b	13-Oct-11	Viscous gels on the west wall in the stone chamber	Y. Handa, N. Tazato, R. Kigawa and J. Sugiyama	LC133747	–	–
Bosea sp.		28717	K111013-4-4b	13-Oct-11	Viscous gels on south area of the ceiling stone in th stone chamber	Y. Handa, N. Tazato, R. Kigawa and J. Sugiyama	LC133748	–	–
Methylopila sp.		28718	K111013-6-3b	13-Oct-11	Plaster pieces on north area of the ceiling stone in th stone chamber	Y. Handa, N. Tazato, R. Kigawa and J. Sugiyama	LC133749	–	–
Sphingobium sp.		28719	K111013-6-6b	13-Oct-11	Plaster pieces on north area of the ceiling stone in th stone chamber	Y. Handa, N. Tazato, R. Kigawa and J. Sugiyama	LC133750	–	–
Stenotrophomonas sp.		28720	K12924-1-1b	24-Sep-12	Yellowish viscous gels on the east wall in the stone chamber	Y. Handa, N. Tazato, R. Kigawa and J. Sugiyama	LC133751	–	–
Pseudoxanthomonas sp.		28721	K12924-1-2b	24-Sep-12	Yellowish viscous gels on the east wall in the stone chamber	Y. Handa, N. Tazato, R. Kigawa and J. Sugiyama	LC133752	–	–
Devosia sp.		28722	K12924-2-1b	24-Sep-12	Brown-Yellowish viscous gels on west area of the ceiling stone in the stone chamber	Y. Handa, N. Tazato, R. Kigawa and J. Sugiyama	LC133753	–	–
Stenotrophomonas sp.		28723	K12924-2-3b	24-Sep-12	Brown-Yellowish viscous gels on west area of the ceiling stone in the stone chamber	Y. Handa, N. Tazato, R. Kigawa and J. Sugiyama	LC133754	–	–
Stenotrophomonas sp.		28724	K12924-4-1b	24-Sep-12	Black-Brownish viscous gels in the chink of the ceiling stone in the stone chamber	Y. Handa, N. Tazato, R. Kigawa and J. Sugiyama	LC133755	–	–
Bosea sp.		28725	K12924-5-1b	24-Sep-12	Yellow-brownish viscous gels on the east wall in the stone chamber	Y. Handa, N. Tazato, R. Kigawa and J. Sugiyama	LC133756	–	–
Promicromonospora sp.		28726	K12924-5-3b	24-Sep-12	Yellow-brownish viscous gels on the east wall in the stone chamber	Y. Handa, N. Tazato, R. Kigawa and J. Sugiyama	LC133757	–	–
Streptomyces sp.		28727	K12924-6-1b	24-Sep-12	Yellowish viscous gels on the west wall in the stone chamber	Y. Handa, N. Tazato, R. Kigawa and J. Sugiyama	LC133758	–	–
Stenotrophomonas sp.		28728	K12924-7-2b	24-Sep-12	Brownish viscous gels on the west wall in the stone chamber	Y. Handa, N. Tazato, R. Kigawa and J. Sugiyama	LC133759	–	–
Promicromonospora sp.		28729	K12924-8-1b	24-Sep-12	Yellowish viscous gels on the west wall in the stone chamber	Y. Handa, N. Tazato, R. Kigawa and J. Sugiyama	LC133760	–	–
Salinicola sp.		28730	K13218-1-1b	18-Feb-13	Black particles on the stainless of the grave hole	Y. Handa, N. Tazato, R. Kigawa and J. Sugiyama	LC133761	–	–
Brevibacterium sp.		28731	K13218-1-3b	18-Feb-13	Black particles on the stainless of the grave hole	Y. Handa, N. Tazato, R. Kigawa and J. Sugiyama	LC133762	–	–
Advenella sp.		28732	K13218-1-4b	18-Feb-13	Black particles on the stainless of the grave hole	Y. Handa, N. Tazato, R. Kigawa and J. Sugiyama	LC133763	–	–
Brevibacterium sp.		28733	K13218-3-1b	18-Feb-13	Blackish brown substances on the urethan-sponge of the surface of the grave hole	Y. Handa, N. Tazato, R. Kigawa and J. Sugiyama	LC133764	–	–
Stenotrophomonas sp.		28734	K13218-5-1b	18-Feb-13	Blackish brown substances on the ceiling stone surface of the grave hole	Y. Handa, N. Tazato, R. Kigawa and J. Sugiyama	LC133765	–	–
Advenella sp.		28735	K13218-6-1b	18-Feb-13	Black molds on the ceiling stone wall in the adjacent small room	Y. Handa, N. Tazato, R. Kigawa and J. Sugiyama	LC133766	–	–
Promicromonospora sp.		28736	K13218-6-3b	18-Feb-13	Black molds on the ceiling stone wall in the adjacent small room	Y. Handa, N. Tazato, R. Kigawa and J. Sugiyama	LC133767	–	–

（Tab. 7 続き）

1）現行（平成 30（2018）年 3 月末時点）の分類学による学名：　詳細同定や分類学の進展により分離当初の学名から変更された分離株がある
2）公的微生物保存機関略称 : JCM, Japan Collection of Microorganisms, RIKEN Bioresource Research Center, Tsukuba, Japan
3）解析対象遺伝子 : 16S, 16S ribosomal RNA（rRNA）遺伝子、決定した配列は 16S rRNA 遺伝子部分塩基配列
4）参考文献 :

1－2.　Kigawa R, Sano C, Nishijima M, Tazato N, Kiyuna T, Hayakawa N, Kawanobe W, Udagawa S, Tateishi T, Sugiyama J: Investigation of acetic acid bacteria isolated from the Kitora tumulus in Japan and their involvement in the deterioration of the plaster of the mural paintings. Studies in Conservation 58: 30－40, 2013.
2－9.　木川りか、佐野千絵、喜友名朝彦、立里臨、杉山純多：高松塚古墳・キトラ 古墳石室内の微生物分離株のアルコール系殺菌剤資化性試験、保存科学 49: 231－238、2010。
2－10.　木川りか、佐野千絵、喜友名朝彦、立里臨、杉山純多、高鳥浩介、久米田裕子、森井順之、早川典子、川野邊渉：キトラ古墳の微生物調査結果と微生物対策について（2009）、保存科学 49: 253－264、2010。
2－12.　木川りか、佐野千絵、喜友名朝彦、立里臨、杉山純多、早川典子、川野辺渉：キトラ古墳から分離された細菌や酵母の修復用高分子材料に対する資化性試験、保存科学 51: 157－166、2012。
2－13.　木川りか、佐野千絵、間渕創、喜友名朝彦、立里臨、西島美由紀、杉山純多：キトラ古墳の微生物等の状況報告（2008）、保存科学 48: 167－174、2009。
2－16.　木川りか、佐野千絵、立里臨、喜友名朝彦、小出知己、杉山純多：キトラ古墳のバイオフィルムから分離されたバクテリア・菌類に対するケーソン CG 相当品（抗菌剤）の効果、保存科学 46: 39－50、2007。
2－22.　佐藤嘉則、木川りか、喜友名朝彦、立里臨、西島美由紀、杉山純多：非培養法によるキトラ古墳の細菌調査、保存科学 52: 1－10、2013。
2－25.　佐野千絵、西島美由紀、喜友名朝彦、木川りか、杉山純多：高松塚古墳石室内より分離された主要な微生物のギ酸・酢酸生成能、保存科学 49: 209－219、2010。
2－28.　木川りか、喜友名朝彦、立里臨、佐藤嘉則、杉山純多：キトラ古墳から分離された微生物の紫外線（UV）耐性試験結果について、保存科学 52: 91－105、2013。
2－29.　木川りか、喜友名朝彦、立里臨、佐藤嘉則、佐野千絵、杉山純多：キトラ古墳の微生物調査報告（2012 年～ 2013 年）および 2004 年から 2013 年までの微生物調査結果概要、保存科学 54: 83－109、2015。
4－6.　西島美由紀・立里臨・半田豊・富田順子・木川りか・佐野千絵・杉山純多（第 3 章 8 節）PCR-DGGE 解析・定量 PCR 法および集積培養法による酢酸菌の検出と同定
4－8.　木川りか・佐野千絵・喜友名朝彦・立里臨・杉山純多（第 4 章 3 節）アルコール系殺菌剤が微生物の栄養源として使用された可能性の検討（資化性試験）
4－9.　佐野千絵・西島美由紀・喜友名朝彦・木川りか・杉山純多（第 4 章 4 節）微生物による有機酸の産生について
4－10.　西島美由紀・喜友名朝彦・木川りか・佐野千絵・杉山純多（第 4 章 5 節）微生物による炭酸カルシウム溶解性について
5－2－1.　特別史跡キトラ古墳の保存・活用等に関する調査研究委員会 第 8 回、資料 5－4、平成 17 年 11 月 14 日、文化庁（杉山純多：キトラ古墳石室調査（平成 17 年 9 月 16 日実施）の中間報告）
5－2－2.　特別史跡キトラ古墳の保存・活用等に関する調査研究委員会 第 9 回、資料 6－2、平成 18 年 9 月 22 日、文化庁（ケーソン CG 相当品の抗菌性試験（1））
5－3－4.　高松塚古墳壁画劣化原因調査検討会 第 7 回、資料 3、参考資料 4、平成 21 年 3 月 12 日、文化庁（杉山純多・佐野千絵・木川りか：低濃度のエタノールおよびイソプロパノール資化性試験結果）
5－3－5.　高松塚古墳壁画劣化原因調査検討会 第 7 回、資料 3、参考資料 5、平成 21 年 3 月 12 日、文化庁（杉山純多・佐野千絵・木川りか：GYC 寒天平板での炭酸カルシウム溶解性試験結果）
5－3－6.　高松塚古墳壁画劣化原因調査検討会 第 10 回、資料 5－2、平成 21 年 9 月 1 日、文化庁（佐野千絵・木川りか・杉山純多：高松塚古墳より分離された主要な微生物の酢酸生成能調査結果）
6－4.　木川りか、佐野千絵、喜友名朝彦、立里臨、杉山純多、早川典子、川野辺渉：キトラ古墳の微生物調査報告（2010）、保存科学 50: 191－195、2011。
6－8.　木川りか、佐藤嘉則、喜友名朝彦、立里臨、杉山純多、早川典子、川野辺渉：キトラ古墳の微生物調査報告（2011）、保存科学 51: 167－171、2012。

2　劣化原因調査、壁画の修理事業における微生物分離株利用例について

（1）　はじめに

高松塚古墳の平成16（2004）年以降の微生物の詳細調査によって、相当な数の微生物が分離され、L-乾燥アンプルとして保存されている（Fig. 1）。それらは平成13（2001）年の石室内のカビの大発生のころの部分的な分離株から平成16（2004）年以降の石室内の主要な微生物種を含む。古墳の劣化に関与した微生物がどのような種類であるかという同定結果および文献調査（第3章参照）や、また、それらの微生物の生理学的性質の調査（第4章参照）は、高松塚古墳の微生物劣化の原因の調査において、非常に大きな役割を果たした。

また、微生物分離株は壁画の修復方法を検討する模擬実験の実施のうえでも、大きな役割を果たした。

このような微生物分離株は、今後同様な古墳の微生物による劣化の防止策を考える場合にも、また他の被害がおきたときの参照株としても非常に重要なものである。ここでは、このような微生物分離株がこれまでの調査研究のなかでどのように利用されてきたかについて述べる。古墳壁画等の劣化原因調査・研究に関係して、これまで実施してきた各種試験に供試された微生物分離株の一覧をTab. 1に示した。

（2）　微生物の詳細な同定

第3章において、汚染に関わった微生物やその周辺土壌・墳丘部の微生物の詳細な同定結果、およびその結果にもとづく文献調査結果などをまとめた。詳細に調査することにより、これらの主要微生物の由来について、周辺の土壌がその主要な由来源の一つであるという結論を得ることができた。主要微生物分離株の詳細な同定にかかわる一連の論文等は、付録Bを参照されたい。

（3）　微生物の生理的性質などの調査

第4章において、

・樹脂などの資化性試験

・殺菌剤など薬剤への抵抗性、資化性試験

・漆喰などへ影響を与える有機酸の産生試験

・微生物による漆喰成分（炭酸カルシウム）溶解試験

・温度条件、湿度条件の違いによる生育度試験

・代謝物の産生試験

・光照射の有無による色素の産生度試験

など、多くの生理的性質に関する試験を行ってきた。このような試験は、壁面の劣化に微生物がどのように関与したか、これまで使用されてきた材料や処置の影響はどうだったのか、また、温度条件などは微

生物の発生や色素などの産生にどのような影響を及ぼしたのか、など劣化原因調査に直接的な形で深く関わるものであった。

石室から分離された各代表的な分離株はこのような試験において必須であるが、多くの分離株の中から各試験の目的にもっとも適すると考えられる株を選択して実施した。

（４）　壁画の修理事業における菌株利用

また、保存修理施設で修理が行われている壁画の修理方法の検討の際にも、菌株は重要な役割を果たした。本研究に関係してこれまで各種試験に供試された分離株の一覧を Tab. 1 に示した。

平成 18（2006）年以降、壁画に暗色系 *Acremonium*（sect. *Gliomastix*）spp. が目立つようになり、飛鳥美人の周辺にもみられたが、この西壁女子群像の周辺から分離された菌株を擬似漆喰に接種し、カビの除去方法が検討された。このとき使用された菌株は、以下の暗色系 *Acremonium* 属２株[注)] である。

TBT-105m（T6517-1-1）*Acremonium*（sect. *Gliomastix*）*masseei*

（平成 18（2006）年５月 17 日西壁女子群像の周辺から分離）

TBT-123m（T6517-7-1）*Acremonium*（sect. *Gliomastix*）*masseei*

（平成 18（2006）年５月 17 日西壁白虎の頭上から分離）

注：２株の学名は供試時点のものであり、現行の学名は *Gliomastix masseei* である。

これらを培養して、擬似漆喰に塗布し、湿室においてカビを成長させたのち、どのような方法がクリーニングに適しているかが検討された（Fig. 2、Fig. 3）。さらに、石材を移動するに際して壁画面を養生する前にある程度除去しておくのがよいのか、あるいは養生したのちに除去するのがよいかなど、細かい検討が行われ、除去方針が決定された。

また、色材があるところのクリーニングも想定して、色材を塗った漆喰片にも同様にカビを接種し、各種のクリーニング方法の検討が実施された（Fig. 2、Fig. 3）。

（５）　まとめ

本事業で分離・同定した微生物株は古墳壁画をはじめ広く文化財の微生物劣化の調査研究を行う上で、きわめて重要なものである。

同時期に壁画の取り外し、保護が進められてきたキトラ古墳についても高松塚古墳の場合と同様に微生物株を保存している。キトラ古墳では、平成 20（2008）年に目にみえる壁画が保護されたのち石室の微生物制御方法を紫外線照射に切り替えられることになったが、その際にも、キトラ古墳の主要な微生物分離株を用いて照射条件などが実施された[1, 2)]。このように、微生物分離株は、劣化原因の調査だけでなく、同様な保存環境にある古墳などの保存活用の方法の検討についても重要な試験にその都度活用できると考えられる。

（木川・佐野・杉山・喜友名・半田・西島・高鳥・早川・川野邊・石崎）

参考文献

1）木川りか、佐野千絵、喜友名朝彦、立里臨、杉山純多、高鳥浩介、久米田裕子、森井順之、早川典子、川野邊渉：キトラ古墳の微生物調査結果と微生物対策について（2009）、保存科学、49、253－264、2010。

2）古墳壁画保存活用検討会保存技術ワーキンググループ 第3回、資料4－1、平成21年3月9日、文化庁

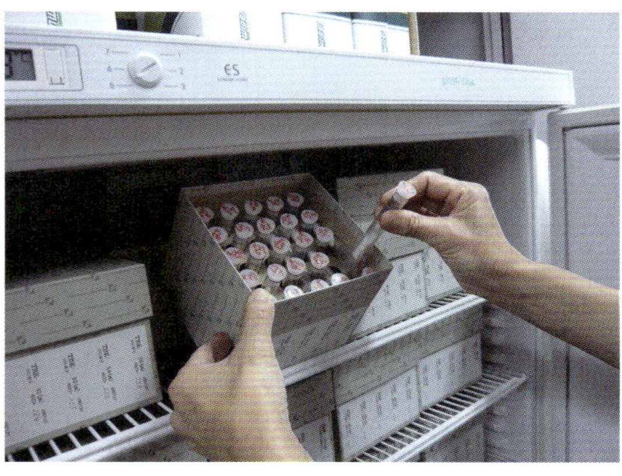

Fig. 1　微生物分離株（保存中のL-乾燥アンプル）の例

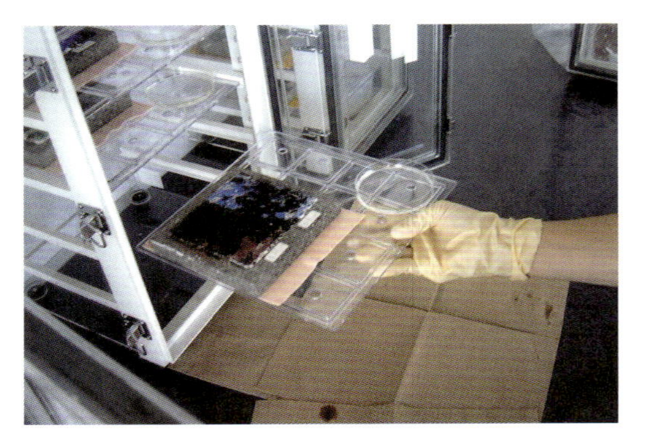

Fig. 2　修復方法の試験のための擬似漆喰へのカビ分離株の接種、培養

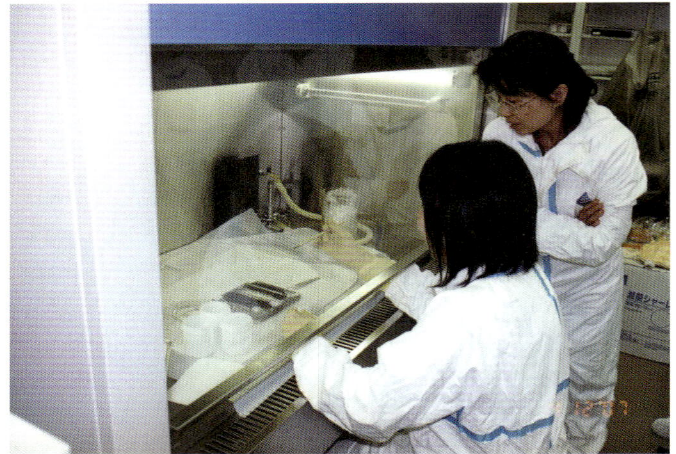

Fig. 3　技術者による黒いカビの除去テストの例

Tab. 1 高松塚古墳・キトラ古墳 微生物分離株の

No.	分離株/対照菌株 供試時点の学名	現	次亜塩素酸殺菌効果試験 15 テクノスルガ・ラボ 平成21	樹脂抵抗性試験 22 東文研 平成16	修理材料 23 東文研 平成19	樹脂抵抗性試験 16,17 カビ相談センター 平成21	樹脂等資化性試験 21, 25 テクノスルガ・ラボ 平成22	UV照射試験1 18 カビ相談センター 平成21	UV照射試験2 18 カビ相談センター 平成21	UV照射試験3 24, 25 テクノスルガ・ラボ 平成23	菌類展 19,20 国立科学博物館（テクノスルガ・ラボ・東文研協力） 平成22	文献[#]
	カビ											
1	*Acremonium* (sect.*Gliomastix*) *masseei*	*Gliomastix masse*										a
2	*Acremonium* (sect.*Gliomastix*) *masseei*	*Gliomastix masse*				●					●	a
3	*Acremonium* (sect.*Gliomastix*) *masseei*	*Gliomastix masse*										a
4	*Acremonium* (sect.*Gliomastix*) *masseei*	*Gliomastix masse*										a
5	*Acremonium* (sect.*Gliomastix*) *murorum*	*Gliomastix muror*										a
6	*Acremonium* (sect.*Gliomastix*) *murorum*	*Gliomastix muror*										a
7	*Acremonium* (sect.*Gliomastix*) *murorum*	*Gliomastix muror*										a
8	*Acremonium* (sect.*Gliomastix*) *murorum*	*Gliomastix muror*	●					●		●		a
9	*Acremonium* (sect.*Gliomastix*) *felinum*	*Gliomastix roseog*										a
10	*Acremonium* (sect.*Gliomastix*) *tumulicola*	*Gliomastix tumuli*								●		a
11	*Acremonium* (sect.*Gliomastix*) *tumulicola*	*Gliomastix tumuli*								●		a
12	*Acremonium* (sect.*Gliomastix*) *tumulicola*	*Gliomastix tumuli*								●		a
13	*Acremonium* (sect.*Gliomastix*) *tumulicola*	*Gliomastix tumuli*								●		a
14	*Aspergillus niger* agg.	*Aspergillus* sp.										
15	*Burgoa* sp.	*Burgoa anomala*										b
16	*Burgoa* sp.	*Burgoa anomala*	●						●	●		b
17	*Burgoa* sp.	*Burgoa anomala*	●						●	●		b
18	*Burgoa* sp.	*Burgoa anomala*										b
19	*Burgoa* sp.	*Burgoa anomala*										b
20	*Burgoa* sp.	*Burgoa anomala*								●		b
21	*Cladophialophora* sp. 1	*Cladophialophora*								●		c
22	*Clonostachys* cf. *rosea*	*Clonostachys* sp.										
23	*Clonostachys* sp.	*Clonostachys* sp.										
24	*Cylindrocarpon* sp.	*Cylindrocarpon s*		●	●	●						d
25	*Cylindrocarpon* sp.	*Cylindrocarpon s*		●	●							d
26	*Cylindrocarpon* sp.	*Cylindrocarpon s*										d
27	*Doratomyces* sp.	*Cephalotrichum v*										e
28	*Fusarium* sp. (*F. solani* species complex (FSSC) clade)	*Fusarium* sp.										d
29	*Fusarium* sp. (*F. solani* species complex (FSSC) clade)	*Fusarium* sp.									●	
30	*Fusarium* sp. (*F. solani* species complex (FSSC) clade)	*Fusarium* sp.										d
31	*Fusarium* sp. (*F. solani* species complex (FSSC) clade)	*Fusarium* sp.										d
32	*Fusarium* sp. (*F. solani* species complex (FSSC) clade)	*Fusarium* sp.						●		●		d
33	*Fusarium* sp. (*F. solani* species complex (FSSC) clade)	*Fusarium* sp.								●		
34	*Fusarium* sp. (*F. solani* species complex (FSSC) clade)	*Fusarium* sp.				●						d
35	*Fusarium* sp. (*F. solani* species complex (FSSC) clade)	*Fusarium* sp.		●	●	●						d
36	*Fusarium* sp. (*F. oxysporum* species complex (FOSC) clade)	*Fusarium* sp.		●	●							
37	*Phialocephala phycomyces*	*Kendrickiella phy*										f
38	*Phialocephala phycomyces*	*Kendrickiella phy*	●									f
39	*Oidiodendron* cf. *tenuissimum*	*Oidiodendron* sp.										
40	*Penicillium* sp. 1	*Penicillium paneu*				●					●	g
41	*Penicillium* sp. 1	*Penicillium paneu*										g
42	*Penicillium* sp. 1	*Penicillium paneu*	●					●		●		g
43	*Penicillium* sp. 1	*Penicillium paneu*								●		h
44	*Penicillium* sp.	*Penicillium* sp.										
45	*Penicillium* sp. 2 (*Penicillium* cf. *miniolutеum*)	*Talaromyces mini*										h
46	*Penicillium* sp. 2 (*Penicillium* cf. *miniolutеum*)	*Talaromyces mini*										h
47	*Penicillium* sp.	*Penicillium corylo*			●	●						h
48	*Penicillium* sp.	*Penicillium corylo*		●	●							h
49	*Penicillium* sp.	*Penicillium* sp.		●								
50	*Phialophora* sp. 2	*Cadophora* sp.								●		
51	*Sagenomella* sp. (*S. striatispora*に近縁)	*Sagenomella stria*										e
52	*Sagenomella* sp. (*S. striatispora*に近縁)	*Sagenomella stria*										e
53	*Sagenomella* sp. (*S. striatispora*に近縁)	*Sagenomella stria*										e
54	*Sagenomella* sp. (*S. striatispora*に近縁)	*Sagenomella stria*										e
55	*Penicillium* sp. / *Sagenomella* sp. (*S. diversispora*に近縁)	*Sagenomella grise*										e
56	*Trichoderma* sp. 1-b	*Trichoderma* sp.				●					●	d
57	*Trichoderma* sp. 4	*Trichoderma* sp.										
58	*Trichoderma* sp. 1-b	*Trichoderma* sp.						●				d
59	*Trichoderma* sp.	*Trichoderma* sp.		●	●	●						d
	酵母											
57	*Candida takamatsuzukensis*	*Yamadazyma taka*										i, j
58	*Candida tumulicola*	*Yamadazyma tum*					●					i, j
59	*Candida* sp. (*Candida olivae*に近縁)	*Yamadazyma oliv*	●				●	●				j
60	*Myxozyma monticola*	*Myxozyma* sp.					●					
61	*Meyerozyma guilliermondii*	*Meyerozyma guill*										
62	*Meyerozyma guilliermondii*	*Meyerozyma guill*					●	●				
63	*Pichia membranifaciens*	*Pichia membranif*										
	細菌											
64	*Bacillus simplex*	*Bacillus simplex*	●				●	●		●		k
65	*Bacillus thuringiensis*	*Bacillus toyonens*					●					k
66	*Bacillus thuringiensis*	*Bacillus toyonens*										k
67	*Bacillus* sp. 2	*Bacillus simplex*								●		k
68	*Gluconacetobacter* sp.2	*Gluconacetobacte*										l, m
69	*Gluconacetobacter* sp.1	*Gluconacetobacte*	●				●	●		●		l, m
70	*Gluconacetobacter* sp.1	*Gluconacetobacte*										l, m
71	*Gluconacetobacter* sp.1	*Gluconacetobacte*										l, m
72	*Gluconacetobacter* sp.1	*Gluconacetobacte*										l, m
73	*Gluconacetobacter* sp.1	*Gluconacetobacte*										l, m
74	*Microbacterium* sp. (*M. phyllosphaerae*に近縁)	*Microbacterium s*										n
75	*Microbacterium* sp. (*M. foliorum*に近縁)	*Microbacterium s*					●					
76	*Ochrobactrum* sp. (*O. pituitosum*に近縁)	*Ochrobactrum pit*										k
77	*Rhizobium radiobacter*	*Rhizobium* sp.										
78	*Rhizobium* sp. (*R. radiobacter*に近縁)	*Rhizobium* sp.					●					
79	*Sphingobium scionense*	*Sphingobium* sp.										
80	*Novosphingobium* sp.	*Novosphingobium*					●					
81	*Olivibacter soli*	*Olivibacter* sp.										
82	*Stenotrophomonas* sp. (新種)	*Stenotrophomona*										o
83	*Stenotrophomonas* sp. (*S. rhizophila*に近縁)	*Stenotrophomona*	●				●	●		●		
84	*Stenotrophomonas* sp. (*S. rhizophila*に近縁)	*Stenotrophomona*					●					
85	*Stenotrophomonas* sp.	*Stenotrophomona*								●		
86	*Stenotrophomonas* sp.	Unidentified bacte								●		
87	*Advenella kashmirensis*	*Advenella* sp.										
88	放線菌1	*Promicromonospo*								●		

（Tab. 1続き）

89	放線菌	*Streptomyces* sp.							●		
90	放線菌2	*Promicromonospo*							●		
	既知対照菌株										
	カビ										
91	*Acremonium masseei*	*Gliomastix masse*									a
92	*Acremonium murorum*	*Gliomastix muror*									a
93	*Acremonium murorum* var. *murorum*	*Gliomastix muror*									a
94	*Aspergillus niger*	*Aspergillus niger*									
95	*Gliomastix murorum* var. *murorum*	*Gliomastix muror*									a
96	*Doratomyces microsporus*	*Cephalotrichum l*									h
97	*Doratomyces nanus*	*Cephalotrichum n*									h
98	*Doratomyces purpureofuscus*	*Cephalotrichum p*									h
99	*Doratomyces stemonitis*	*Cephalotrichum c*									h
100	*Fusarium solani* f. sp. *mori* （FSSC clade）	*Fusarium solani*									
101	*Penicillium paneum*	*Penicillium paneu*									c
102	*Sagenomella diversispora*	*Sagenomella dive*									h
103	*Sagenomella griseoviridis*	*Sagenomella gris*									h
104	*Sagenomella humicola*	*Sagenomella hum*									h
105	*Sagenomella oligospora*	*Sagenomella olig*									h
106	*Sagenomella striatispora*	*Sagenomella stric*									h
107	*Trichoderma harzianum*	*Trichoderma atro*									
	酵母										
108	*Pichia membranifaciens*	*Pichia membrani*									
109	*Candida albicans*	*Candida albicans*				●					
110	*Ustilago cynodontis*	*Ustilago cynodon*									
	細菌										
111	*Bacillus thuringiensis*	*Bacillus thuringie*									
112	*Gluconacetobacter diazotrophicus*	*Gluconacetobacte*									
113	*Gluconacetobacter sacchari*	*Gluconacetobacte*									
114	*Pseudomonas aeruginosa*	*Pseudomonas aer*				●					
115	*Stenotrophomonas maltophilia*	*Stenotrophomona*									

※ 各種試験に関わる発表文献等

1　佐野千絵、西島美由紀、喜友名朝彦、木川りか、杉山純多：高松
2　高松塚古墳壁画劣化原因調査検討会 第10回、資料5-2、平成
3　高松塚古墳壁画劣化原因調査検討会 第7回、参考資料5、平成
4　国宝高松塚古墳壁画恒久保存対策検討会 第4回、資料2-1、平
5　国宝高松塚古墳壁画恒久保存対策検討会 第4回、資料2-2、平
6　高鳥浩介：高松塚古墳石室のカビ問題を考える、防菌防黴、35、
7　国宝高松塚古墳壁画恒久保存対策検討会 第5回、資料8-2、平
8　木川りか、佐野千絵、立里臨、喜友名朝彦、小出知己、杉山純多
9　特別史跡キトラ古墳の保存・活用等に関する調査研究委員会
10　特別史跡キトラ古墳の保存・活用等に関する調査研究委員会
11　特別史跡キトラ古墳の保存・活用等に関する調査研究委員会
12　木川りか、佐野千絵、喜友名朝彦、立里臨、杉山純多：高松塚古
13　高松塚古墳壁画劣化原因調査検討会 第7回、参考資料4、平成
14　高松塚古墳壁画劣化原因調査検討会 第12回、参考資料1-6、
15　木川りか、佐野千絵、喜友名朝彦、立里臨、杉山純多、高鳥浩介
16　木川りか、佐野千絵、高鳥浩介、喜友名朝彦、杉山純多、安部
17　高松塚古墳壁画劣化原因調査検討会 第7回、参考資料2、平成
18　木川りか、佐野千絵、喜友名朝彦、立里臨、杉山純多、高鳥浩介
19　国立科学博物館特別展「菌類のふしぎ － きのことカビと仲間
20　細矢剛 監修（大村嘉人、保坂健太郎、TBSテレビ 編集）：特別
21　木川りか、佐野千絵、喜友名朝彦、立里臨、杉山純多、早川典子
22　木川りか、早川典子、山本記子、川野邊渉、佐野千絵、青木繁
23　早川典子、中右恵理子、木川りか、沖本明子、川野邊渉：絵画表
24　木川りか、喜友名朝彦、立里臨、佐藤嘉則、杉山純多：キトラ古
25　木川りか、喜友名朝彦、立里臨、佐藤嘉則、佐野千絵、杉山純多

分離株の同定に関わる原著論文

a　Kiyuna, T., An, K.-D., Kigawa, R., Sano, C., Miura, S. and coscience, 52, 1 − 17, 2011.
b　Kiyuna, T., An, K.-D., Kigawa, R., Sano, C., Miura, S. and
c　Kiyuna, T., An, K.-D., Kigawa, R., Sano, C. and Sugiyama, Mycoscience, 59, 441, 2018.］
d　Kiyuna, T., An, K.-D., Kigawa, R., Sano, C., Miura, S. and
e　Kiyuna, T., An, K.-D., Kigawa, R., Sano, C., Miura, S. and 320 − 327, 2017.
f　Kiyuna, T., An, K.-D., Kigawa, R., Sano, C., Miura, S. and
g　An, K.-D., Kiyuna, T., Kigawa, R., Sano, C., Miura, S. and
h　喜友名朝彦、安光得、佐藤嘉則、木川りか、佐野千絵、杉山純多
i　Nagatsuka, Y., Kiyuna, T., Kigawa, R., Sano C., Miura, S an Systematic and Evolutionary Microbiology, 59, 186 − 194, 2009.
j　Nagatsuka, Y., Ninomiya, S., Kiyuna, T., Kigawa, R., Sano, *la*, International Journal of Systematic and Evolutionary Microbiology, 66, 1692 − 1704, 2016.
k　半田豊、立里臨、佐藤嘉則、木川りか、佐野千絵、杉山純多：高
l　Kigawa, R., Sano, C., Nishijima, M., Tazato, N., Kiyuna, T. es in Conservation, 58, 30 − 40, 2013.
m　Tazato, N., Nishijima, M., Handa, Y., Kigawa, R., Sano, C. , 62, 2032 − 2038, 2012.
n　Nishijima, M., Tazato, N., Handa, Y., Umekawa, N., Kigaw
o　Handa, Y., Tazato, N., Nagatsuka, Y., Koide, T., Kigawa, R For "Corrigendum", see International Journal of Systematic and Evolutionary Microbiology, 67, 763, 2017.］

注1：JCMに一括寄託された分離株の現行名はJCMホームページの
注2：試験後死滅したため分離株が保存されていないか、またはJC
注3：この分離株は一括寄託株としてJCMに寄託されているが、そ

付録 A　The Journal of General and Applied Microbiology 63 (2): 63–113 (2017), Invited Review: Polyphasic insights into the microbiomes of the Takamatsuzuka Tumulus and Kitora Tumulus*

招待総説：高松塚古墳・キトラ古墳マイクロバイオームの多相的洞察（和文要旨）

微生物の発生とそれに関係する生物劣化問題は、1300 年前築造の特別史跡高松塚古墳（TT）・キトラ古墳（KT）の極彩色（多彩色）壁画に影響を及ぼした。前者（TT）の壁画は国宝に指定されている。奈良県明日香村所在の両古墳の微生物群集 (microbial communities) を、本総説の中核的テーマとして批評的に総括した。培養法（従来の分離・培養法）を使って微生物相を多相的に調べ、古墳壁画・漆喰壁・石室内部の生物劣化にかかわった主要な微生物ならびに注目するに値する微生物の正体（アイデンティティー）を順次明らかにしてきた。主要微生物としては *Fusarium* spp.、*Trichoderma* spp.、*Penicillium* spp.、暗色系 *Acremonium* spp.、*Candida* 属酵母 2 新種、*Bacillus* spp.、*Ochrobactrum* spp.、新種 *Stenotrophomonas tumulicola*、二三の放線菌属が挙げられる。他方、注目すべき微生物としては、*Kendrickiella phycomyces*、*Cephalotrichum verrucisporum*（≡ *Doratomyces verrucisporus*）、*Sagenomella striatispora*、*Sagenomella griseoviridis*、*Cladophialophora* 属 2 新種、*Burgoa anomala*、新種 *Prototheca tumulicola*、*Gluconacetobacter* 属 5 新種、*Bordetella* 属 3 新種、新属・新種 *Krasilnikoviella muralis* を取り上げた。加えて、非培養法（PCR-DGGE、クローンライブラリー、パイロシーケンス解析を含む分子生物学的方法）を使って、TT・KT 両サンプルの微生物群集構造解析を試みた。非培養法の結果からは、培養法とは対照的に、微生物全体を網羅的に把握することができた。さらに、両手法を使って検出した微生物相および微生物群集構造を分析的に考察した。その結果、両手法は相補的な役割を果たし、両アプローチの特徴が明らかとなった。関係する事例として、主にラスコー洞窟（フランス）とアルタミラ洞窟（スペイン）の有史以前の洞窟壁画の生物劣化問題にかかわる知見を検討し、論評した。主要分離株の基質嗜好性（生態群）と当該サンプルの採取位置情報のマッピングに基づいて、TT 石室内部への微生物の出所（ソース）と侵入経路を推定した。最後に、TT・KT のような国内の古墳や海外の同様な遺跡の微生物学的調査結果から得られた教訓、課題、そして将来の展望についても論述した。平成 20（2008） 年以降、TT・KT 両分離株の中で、簡易同定あるいは多相分類学的手法による同定に基づき既知・新規分類群として記載・発表した微生物学名の一覧を“Supplementary Materials”中に収載した。

キーワード：細菌、バイオフィルム、培養的性質（特性）、培養法、非培養法、菌類、微生物群集構造解析、酵母

正誤表（**Errata**）

・64 頁、Summary、↑ 3 行目：= → =,；↑ 2 行目：≡ → ≡ ,
・70 頁、左段、↓ 5 行目：Kyusu → Kyushu
・71 頁、右段、↑ 2 行目：*Ulocaldium* → *Ulocladium*
・76 頁、Table 4：*Tritiratium* sp. → *Tritirachium* sp. と訂正し、Basidiomycota の *Sporotrichum* sp. の下に移す
・76 頁、Table 4：*Cirrenalia* → *Circinella*
・77 頁、右段、↑ 26 行目：*Ulocaldium* → *Ulocladium*
・78 頁、Fig. 6：*Zygoascus polysorbophila* → *Zygoascus polysorbophilus*
・82 頁、左段、↓ 12 行目：*Zygoascus polysorbophila* → *Zygoascus polysorbophilus*
・83 頁、Fig. 10：*Zygoascus polysorbophila* → *Zygoascus polysorbophilus*
・89 頁、右段、↓ 19 行目：*Zygoascus polysorbophila* → *Zygoascus polysorbophilus*
・95 頁、左段、↓ 5, 11, 16, 19, 23 行目：*Cladophialophola* → *Cladophialophora*
・106 頁、右段、↑ 26 行目：Tokyo, Tokyo → Tokyo

Supplementary Materials：

・Supplementary Appendix 1：1 頁、8 行目：characteristics → characters；9 行目：molecularly → molecular、2 頁、40 行目：Eutoriomycetes → Eurotiomycetes；48 行目：Chaetotyriales → Chaetothyiales；49 行目：*Cladophialophola* → *Cladophialophora*；63 行目：(2008) → (2011)、3 頁、85 行目：*Bugoa* → *Burgoa*；87 行目：Kingdom Chlrophyta (Super-group Archaeplastida, Chloroplastida) → Super-group Archaeplastida, Chloroplastida
・Fig. S4：*Zygoascus polysorbophila* → *Zygoascus polysorbophilus*
・Table S2：*Gliocladium* spp. → *Clonostachys* spp.
・Table S3：*Zygoascus polysorbophila* → *Zygoascus polysorbophilus*

J. Gen. Appl. Microbiol., **63**, 63–113 (2017)
doi 10.2323/jgam.2017.01.007

jGAM

Invited Review

Polyphasic insights into the microbiomes of the Takamatsuzuka Tumulus and Kitora Tumulus

(Received December 5, 2016; Accepted January 25, 2017; J-STAGE Advance publication date: March 24, 2017)

Junta Sugiyama,[1,*] Tomohiko Kiyuna,[2] Miyuki Nishijima,[2] Kwang-Deuk An,[2,#] Yuka Nagatsuka,[2,†] Nozomi Tazato,[2] Yutaka Handa,[2,‡] Junko Hata-Tomita,[2] Yoshinori Sato,[3] Rika Kigawa,[3,$] and Chie Sano[3]

[1] *TechnoSuruga Laboratory Co. Ltd., Chiba Branch Office, 3-1532-13 Hasama-cho, Funabashi, Chiba 274-0822, Japan*
[2] *TechnoSuruga Laboratory Co. Ltd., 330 Nagasaki, Shimizu-ku, Shizuoka-city, Shizuoka 424-0065, Japan*
[3] *Tokyo National Research Institute for Cultural Properties, 13-43 Ueno Park, Taito-ku, Tokyo 110-8713, Japan*

Microbial outbreaks and related biodeterioration problems have affected the 1300-year-old multicolor (polychrome) mural paintings of the special historic sites Takamatsuzuka Tumulus (TT) and Kitora Tumulus (KT). Those of TT are designated as a national treasure. The microbiomes of these tumuli, both located in Asuka village, Nara, Japan, are critically reviewed as the central subject of this report. Using culture-dependent methods (conventional isolation and cultivation), we conducted polyphasic studies of the these microbial communities and identified the major microbial colonizers (*Fusarium* spp., *Trichoderma* spp., *Penicillium* spp., dark *Acremonium* spp., novel *Candida* yeast spp., *Bacillus* spp., *Ochrobactrum* spp., *Stenotrophomonas tumulicola*, and a few actinobacterial genera) and noteworthy microbial members (*Kendrickiella phycomyces*, *Cephalotrichum verrucisporum* (≡ *Doratomyces verrucisporus*), *Sagenomella striatispora*, *Sagenomella griseoviridis*, two novel *Cladophialophora* spp., *Burgoa anomala*, one novel species *Prototheca tumulicola*, five novel *Gluconacetobacter* spp., three novel *Bordetella* spp., and one novel genus and species *Krasilnikoviella muralis*) involved in the biodeterioration of mural paintings, plaster walls, and stone chamber interiors. In addition, we generated microbial community data from TT and KT samples using culture-independent methods (molecular biological methods, including PCR-DGGE, clone libraries, and pyrosequence analysis). These data are comprehensively presented, in contrast to those derived from culture-dependent methods. Furthermore, the microbial communities detected using both methods are analytically compared, and, as a result, the complementary roles of these methods and approaches are highlighted. In related contexts, knowledge of similar biodeterioration problems affecting other prehistoric cave paintings, mainly at Lascaux in France and Altamira in Spain, are referred to and commented upon. Based on substrate preferences (or ecological grouping) and mapping (plotting detection sites of isolates), we speculate on the possible origins and invasion routes whereby the major microbial colonizers invaded the TT stone chamber interior. Finally, concluding remarks, lessons, and future perspectives based on our microbiological surveys of these ancient tumuli, and similar treasures outside of Japan, are briefly presented. A list of the microbial taxa that have been identified and fully or briefly described by us as known and novel taxa for TT and KT isolates since 2008 is presented in Supplementary Materials.

*Corresponding author: Junta Sugiyama, TechnoSuruga Laboratory Co. Ltd., Chiba Branch Office, 3-1352-13 Hasama-cho, Funabashi, Chiba 274-0822, Japan.
Tel: +81-47-404-5738 E-mail: jsugiyam@tecsrg.co.jp
#Present address: Macrogen Japan Corp., International Science Innovation Building 3F, Kyoto University, 36-1 Yoshida-Honmachi, Sakyo-ku, Kyoto 606-8501, Japan.
†Present address: Mukaishima-cho, Onomichi, Hiroshima 722-0073, Japan.
‡Present address: CAF Laboratories Inc., 1257-1 Michinoue-Kannabe-cho, Fukuyama, Hiroshima 720-2104, Japan.
$Present address: Kyushu National Museum, Museum Science Division, 4-7-2 Ishizaka, Dazaifu, Fukuoka 808-0118, Japan.

None of the authors of this manuscript has any financial or personal relationship with other people or organizations that could inappropriately influence their work.

Key Words: bacteria; biofilm; cultural properties; culture-dependent methods; culture-independent methods; fungi; microbial community analysis; yeasts

Abbreviations: Agency for Cultural Affairs, ACA; D1/D2 domains of nuclear large subunit ribosomal RNA, LSU; Investigation Committee for Elucidating the Cause of Deterioration of the Mural Paintings of the Takamatsuzuka Tumulus, ICECDMPTT; = Heterotypic (taxonomic) synonym; ≡ Homotypic (nomenclatural) synonym; Kitora Tumulus, KT; Takamatsuzuka Tumulus, TT

1. Introduction

Microorganisms characteristically decompose or assimilate substrates, ranging from monosaccharides to the most complex polymers. Some bacteria and fungi, particularly the basidiomycetous fungi, can decompose polysaccharides, cellulose, and lignin. The undesirable effects of these activities, such as the destruction or decomposition and spoilage of useful materials and artifacts by living organisms, are categorized as biodeterioration: more general saprotrophic activities are categorized as biodegradation (Deacon, 1997; Pinna and Salvadori, 2008). Biodeterioration is simply the consequence of extensive biodegradation of a material (Carlile and Watkinson, 1994). A variety of objects of cultural significance, including mural and cave paintings, ruins, historic buildings, and monuments, are suitable habitats for destructive microorganisms (e.g., Allsopp et al., 2004; Caneva et al., 2008; Saiz-Jiménez, 2003, 2014, 2015; Sterflinger, 2010).

Herein, we focus mainly on the biodeterioration by microorganisms and related consequences to the mural paintings, plaster, and plaster walls at two ancient Japanese tumuli, both in Nara: the Takamatsuzuka Tumulus (TT; Fig. 1a) and the Kitora Tumulus (KT; Fig. 1o). Both of these 1300-year-old tumuli contained multicolor (polychrome) mural paintings that were directly drawn onto thin plaster inside the respective small stone chambers. The mural paintings and plaster walls of both tumuli were confined inside enclosed stone chambers under environmental conditions to be described in detail later. However, these mural paintings and plaster walls faced serious microbial outbreaks and disturbances after respective excavations in 1972 (TT) and 2004 (KT). Eventually, the TT and its stone chamber were dismantled, and the 16 stone blocks, i.e., comprising eight stone (side) walls and four ceiling stones, bearing mural paintings, and four floor stones (Fig. 2), were relocated to a restoration facility in Asuka village during April to August 2007. On the other hand, the mural paintings and plaster of the stone chamber interior of KT were detached from their stone walls by the end of 2009. Repair work of all the mural paintings, stone walls and ceilings has been recently completed. Protective measures against microbial damage have been undertaken for these treasures in Japan (e.g., Agency for Cultural Affairs, Japan, 1987; Ishizaki and Kigawa, 2011), and, similarly, for the Paleolithic caves in southern Europe, such as the Lascaux Cave in France, and the Altamira and other caves in Spain (e.g., Coye, 2011; Saiz-Jiménez, 2014, 2015).

Our collaborative research team has conducted microbiological surveys to identify the microbiota (fungi and bacteria, in particular) involved in the biodeterioration of the mural paintings, plaster, stone walls and ceilings of both tumuli (Sugiyama et al., 2009). This work began at the Takamatsuzuka Tumulus in 2004 at the height of the serious contamination phase termed the "Explosive Appearance of Molds in Heisei (the Second Crisis)," which was named by the Investigation Committee for Elucidating the Cause of Deterioration of the Mural Paintings of Takamatsuzuka Tumulus (ICECDMPTT, 2010). At that time, the attention of both the scientific community (e.g., ICECDMPTT, 2010) and society in general (e.g., Mohri, 2007) was focused on identifying the molds and possible invasion routes involved in the biodeterioration of TT mural paintings, such as "Asuka Beauties (*Asuka Bijin*)" (Fig. 1j) and "White Tiger (*Byakko*)", and how to conserve and restore them at the site.

The original published papers and accounts based on our research are referred to, and cited, within this review. A better understanding and elucidation of the causes and mechanisms involved in the biodeterioration are essential for the proper conservation and restoration of mural paintings and related cultural properties. The aims of this review are to identity and describe the microorganisms involved in the biodeterioration of the mural paintings and plaster walls of these national treasures. The artifacts described herein were maintained *in situ* in a subterranean environment specific to the interior of the tumulus stone chamber. This review also aims to elucidate the mechanisms involved in biodeterioration, using the insights gained from data collected at the Lascaux, Altamira, and other caves. Covering nearly all of the data and evidence regarding the microbiology of the Takamatsuzuka and Kitora Tumuli, this review is expected to provide a guide for future work with such artifacts so as to facilitate keeping them at the original site.

2. A Brief History of the Major Phases, Microbial Disturbances, and Related Biodeterioration Problems of the Paintings and Other Artifacts at Selected Ancient Tumuli and Caves

The selected ancient tumuli (tombs) and caves are divided into four groups: TT, KT, other tumuli in Japan, and caves outside Japan. The profiles, microbial outbreaks, environmental conditions, and related deterioration problems encountered at these various tumuli and caves are briefly reviewed.

2-1. *The Takamatsuzuka Tumulus*

The TT is located on the south slope of a small hill in Asuka-mura (Asuka village), Takaichi-gun (Takaichi county), Nara Prefecture, Japan. This tumulus was constructed by compacting layers of soil to form a two-tiered dome. The diameter of the lower dome is 23 m and that of the upper dome is 17.7 m (Ishizaki and Kigawa, 2011).

Fig. 1. Takamatsuzuka (a–n) and Kitora (o–x) Tumuli and their diagnostic biodeteriorated samples.

(a) The TT seen from the south (photo taken during the first sampling on May 19, 2004). (b) Sampling inside the TT stone chamber and white mold on the west wall (photo taken on Sep 6, 2004). (c) A blue dragon on the east wall with serious discoloration (photo taken on May 10, 2004). (d) Appearance of the stone chamber on Mar 28, 2007. (e) A living mite on the wall surface (photo taken on Aug 13, 2004). (f) A mite collected from the viscous gels (sample No. T7426-5). (g) Two springtails (Collembola) collected from the stone chamber interior (sample No. T61213-14). (h, i) Viscous gel (biofilm) occurred on the walls of the stone chamber interior of TT and its light micrograph (sample No. T5916-1). (j, k) Black stains/spots occurred on the mural painting of a group of women ("Asuka beauties") on the west wall of TT, and conidiophores/conidia of dark *Acremonium* (sample No. T6517-11). (l–n) A piece of plaster collected from the space between the west stone walls 3 and 2 of TT, and SEM micrographs (sample No. T7510-1). (o) The Kitora Tumulus in the south view (photo taken in 1997, Asuka Village Board of Education). (p) Entrance to the KT stone chamber (photo taken on Mar 3, 2006). (q) Sampling inside the KT stone chamber (photo taken on Jun 17, 2008). (r) White fungal colonies (arrows) on the left part of a white tiger on the west wall. (s) Black small hole on the surface of the plaster wall (photo taken on Sep 29, 2005. (t) Viscous gel (biofilm) occurred on the walls of the stone chamber interior of KT (sample No. K9218). (u) A mite collected from the viscous gels (sample No. K9218). (v) Light micrograph of the viscous gel (sample No. K9703-1). (w) A part of the astronomical (star) chart on the ceiling stone wall in the KT (photo taken on Apr 28, 2006) with black particles (arrows). (x) Bristle-like structures on the stone wall in the adjacent small room of the KT (photo taken on Sep 10, 2004). a: reproduced from Kiyuna et al. (2008); h, i, l–n: reproduced from Sugiyama et al. (2009); k: reproduced from Kiyuna et al. (2011); o: reproduced with permission from the Asuka Village Board of Education; b–e, j, p–s, w, x: reproduced with permission from the Agency for Cultural Affairs, Japan.

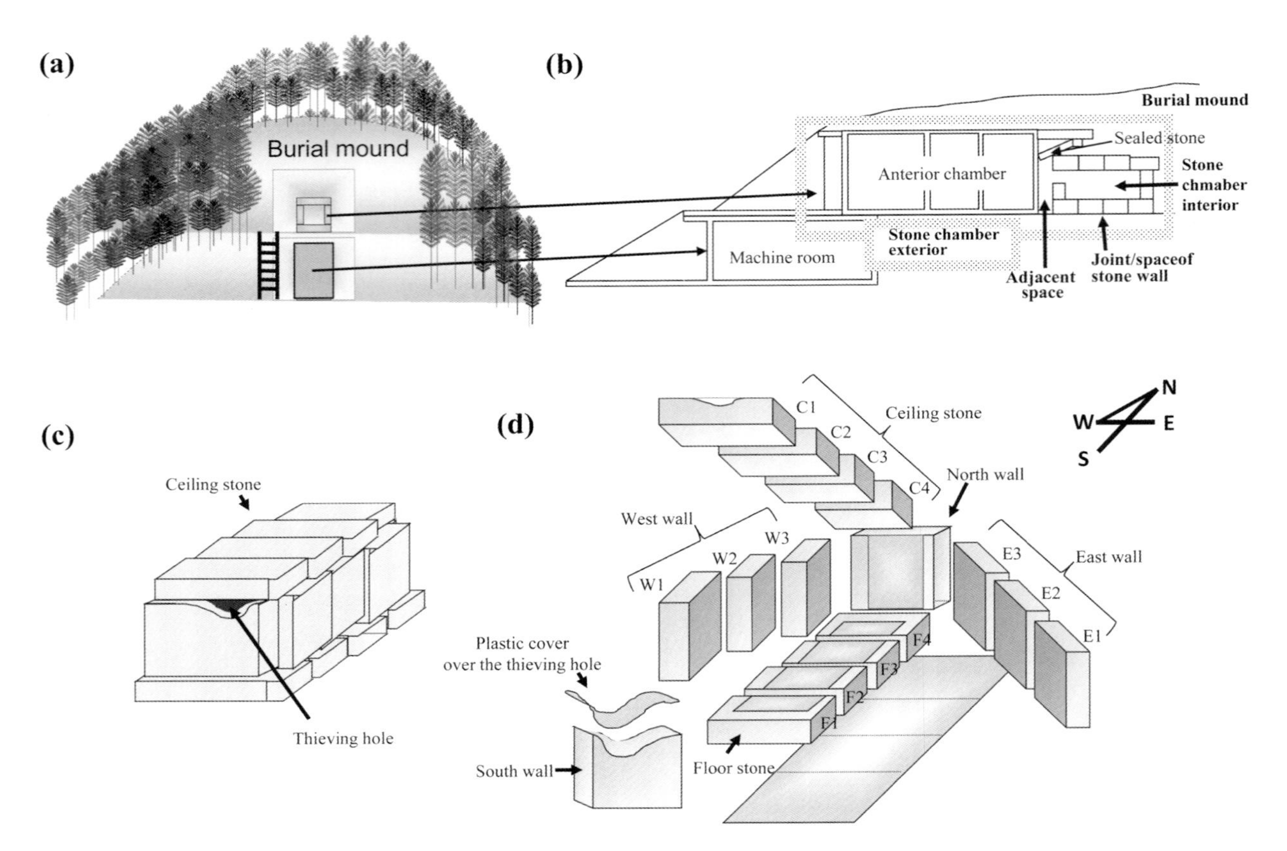

Fig. 2. Schematic diagram of the Takamatsuzuka Tumulus and its stone chamber.

(a) The panoramic view of the tumulus from the south. (b) Cross-section diagram of the conservation facility and stone chamber viewed from the east (modified from Kiyuna et al., 2008). (c) Outward from the stone chamber. (d) Development diagram of the stone chamber; each stone wall was assigned by its direction and number.

Built around the late 7th or early 8th century during the Asuka Era, TT is well known to the Japanese people as an important cultural heritage site because of its multicolor murals. It was discovered and excavated in March 1972. The Japanese government designated TT as a special historic site in April 1973 and the mural paintings as a national treasure in April 1974. A conservation facility was built during the period 1974 to 1976 to protect the tumulus environment from desiccation while allowing access to the chamber (Fig. 2). This facility enabled the early treatment of the murals and periodic inspections of the interior conditions. The characteristics of TT, including the stone chamber and mural paintings, and related environmental data, have been fully described in the 2004–2005 excavation survey reports (Agency for Cultural Affairs, Japan, 1987; Nara National Research Institute of Cultural Properties, 2006).

The stone chamber was constructed within the tumulus using cut slabs of tuff stone. The interior is approximately 2.7 m deep, 1.0 m wide, and 1.1 m high, which makes it a difficult place in which to work (Fig. 2). There is a big hole (85 cm east-west, 60 cm top-bottom) on the south stone wall that was made by thieves in the 12th or 13th century (during the Kamakura period). Polychrome mural paintings were drawn on the relatively flat, thin plaster surface of the wall (2–7 mm thick; erroneously written as 2–7 cm thick in the Takamatsuzuka Tumulus Emergency Conservation Research Committee report, 1972; cf., Sano et al., 2009) inside the stone chamber using many colors, including red, green, yellow, blue, black and gold. The paintings on the eight side walls comprise groups of men and women, the sun and the moon (*Nichi-Getsu*), the four heavenly guardian gods (*Shishin*), viz. "Blue Dragon" (*Seiryu*; Fig. 1c), "White Tiger" (*Byakko*), "Vermilion Bird" (*Suzaku*), and "Black Snake-Tortoise" (*Genbu*), in addition to star chart/constellations (*Seishuku*) on the ceiling. The group of women on the west wall is entitled "Asuka Beauties" (*Asuka Bijin*) (Fig. 1j). In accordance with specialists' advice, the Agency for Cultural Affairs (ACA), Japan, decided in 1973 to preserve the mural paintings in the small stone chamber interior *in situ*, and it was never opened to the public. It was thought that the beauty and stability of the plaster paintings could be preserved if the conditions of high humidity (100% relative humidity [RH]) and cool temperature (14–20°C) could be established (Ishizaki and Kigawa, 2011; Kigawa et al., 2006b). In addition, the stone chamber was kept in darkness, except for regular inspections by the staff involved in the conservation. Because of the darkness, the high humidity and cool temperature were initially considered to be less likely to support microbial growth; also, it was thought that the paintings would be protected against microbial disturbances and biodeterioration.

A brief summary of the selected records and events of microbiological inspections and related activities in TT since its discovery in 1972 is presented in Table 1. Ac-

Table 1. Brief overview of selected records of microbiological inspections in the stone chamber of the TT, after its discoversy.*

Date	Events / countermeasures	Dominant/problematic microorganisms**
1972	Discovery	*Alternaria*, *Cladosporium*, *Nigrospora*, *Trichoderma viride*
	Excavation and the first microbiological inspection	
1975	Microbiological survey	***Doratomyces*** ***, *Fusarium*, *Cladosporium*, *Mucor*
1976	Construction of the restoration facility	
	Annual inspections started	
1976–Early 1980s	Periodic intense restoration	***Doratomyces*** ***, ***Streptomyces***
The First Crisis (1980-1984): "Explosive Appearance of Molds in the Showa Era"		
1980–1981	Fungal outbreak	
1982	Stability and balance were gradually recovered	
1986–1987	↓	*Aspergillus*, *Fusarium*, *Trichoderma*, actinomycetes
1994–2000		*Penicillium*, *Aspergillus*, *Fusarium*, *Trichoderma*
The Second Crisis (2001-2005): "Explosive Appearance of Molds in the Heisei Era"		
Spring 2001	Remediation work at the adjacent space	***Penicillium*, *Aspergillus*, *Fusarium*, *Cladosporium*,**
	Fungal outbreak	***Cylindrocarpon*, *Gliomastix* [*sic*], *Trichoderma***
2002		*Penicillium*, *Fusarium*, *Trichoderma*
May 2004	Viscous gels (biofilms) were visible on the wall plaster and floor	***Penicillium*, *Fusarium*, *Trichoderma*, *Candida*, *Bacillus*, *Ochrobactrum*, *Stenotrophomonas***
Sep 2005	Cooling of the burial mound started	
Feb 2006	Outbreak of black stains/spots on the "Asuka Beauties"	
May–Dec 2006	Outbreak of black stains/spots on the murals	***Acremonium* (sect. *Gliomastix*)**, *Penicillium*, *Bordetella*
Apr–Aug 2007	Dismantling and relocating the stone chamber	
2008–2009	Excavation and investigation of burial mound	
Oct 2009	Completion of maintenance work on the burial mound	

* For details, refer to Arai (1984, 1987, 1990b), Ishizaki and Kigawa (2012), Kigawa et al. (2004, 2006b, 2007a, 2008a, 2009a), and the ACA, Japan website (http://www.bunka.go.jp/seisaku/bunkazai/takamatsu_kitora/).
** Genera in bold show the major microbial colonizers.
*** Heterotypic synonym of *Cephalotrichum* (for details, see Subsection 7-3 of this review).

cording to the official records of the ACA, a Japanese website (<http://www.bunka.go.jp/takamatsu_kitora/hekiga_hozonkanri.html>), Kigawa et al. (2004, 2006b), and ICECDMPTT (2010), the deterioration of mural paintings of TT is attributed to several events that disrupted the static balance of microbial activity in the tumulus. Of these events, the following are noteworthy from the standpoint of biodeterioration or contamination: (1) thieves in the 12th or 13th centuries, (2) the 1972 discovery and excavation, (3) restoration work in 1976–1981, and (4) renovation work in the adjacent space in 2001. Subsequently, the "restoration work in 1976–1981" and the "renovation work in the adjacent space in 2001" were deemed responsible for the "Explosive Appearance of Molds in the Showa Era" (the First Crisis) and the "Explosive Appearance of Molds in the Heisei Era" (the Second Crisis), as defined by ICECDMPTT (2010).

Black spot/stain-forming fungi were identified as *Alternaria* sp., *Cladosporium* sp., and *Nigrospora* sp., and green spot-forming fungi found in the stone chamber interior soon after the excavation in March 1972 were identified as *Trichoderma viride*. In 1975, three years after the excavation, the fungi *Doratomyces* sp., *Fusarium* sp., *Cladosporium* sp., and *Mucor* sp. were identified as the predominant contaminants in the stone chamber interior (Arai, 1984, 1987, 1990b; ACA, Japan website <http://www.bunka.go.jp/>). Furthermore, during the periods of intense restoration between 1976 and the early 1980s, severe outbreaks of microbial contaminants, such as *Doratomyces* sp. and *Streptomyces* sp., appeared on the walls of the stone chamber interior (Arai, 1984, 1987, 1990b; ACA, Japan website (<http://www.bunka.go.jp/>). Paraformaldehyde fumigation was performed for a period of five years starting from June 1981 to control the growth and appearance of microorganisms containing *Doratomyces*. Subsequently, microbial outbreaks gradually became less evident because fewer entries into the stone chamber were made (ACA, Japan website <loc. cit.>; Arai, 1987; Kigawa et al., 2006b). For the matter of *Doratomyces*, see Subsection 7-3. *Aspergillus* sp., *Trichoderma* sp., and *Fusarium* sp., as well as other molds and actinomycetes, were isolated during 1986–1987 (Arai, 1984, 1987, 1990b), whereas *Penicillium* sp., *Aspergillus* sp., *Fusarium* sp., *Trichoderma* sp., and others, were found during 1994–2000 (Kigawa et al., 2006b). These fungi continuously inhabited the stone chamber interior; however, they did not cause serious damage to the mural paintings. The mycobiota of the stone chamber interior was comparatively stable, and little damage occurred during these periods.

In February 2001, renovation was performed in the space adjacent to the TT stone chamber. Because the conservation facility was aging, leakage of soil and rainwater occurred (Kigawa et al., 2009a). In March 2001, following the remediation work in the space adjacent to the TT stone chamber, there were significant occurrences of *Aspergillus* sp., *Cladosporium* sp., *Fusarium* sp., and *Penicillium* sp., in the adjacent space. In September and December 2001, a fungal outbreak occurred on the stone wall of the grave hole and the wall paintings of the stone chamber interior; *Penicillium* sp., *Aspergillus* sp., and *Fusarium* sp. were identified. In December 2001, brown fungi (*Cylindrocarpon* sp.) and black fungi (dark *Acremonium*, viz. *Acremonium* sect. *Gliomastix*) were isolated for the first time near the paintings "Black Snake-Tortoise" (*Genbu*) on the north wall, "Blue Dragon" (*Seiryu*) on east

Table 2. Brief overview of selected records of microbiological inspections in the stone chamber of the KT, after its discoversy.*

Date	Events/countermeasures	Dominant/problematic microorganisms detected **
1983	Discovery	
2003	Fungal appearances in the adjacent small room	*Aspergillus*, *Fusarium*, *Penicillium*, *Trichoderma*, *Cunninghamella*
Mar–Jul 2004	Excavation	*Acremonium*, ***Penicillium***, ***Trichoderma***
	Fungal colonies found on the murals	
Aug 2004	Outbreak of bristle-like fruiting bodies on the stone walls in the adjacent small room	***Phialocephala*** (subsequentry reidentied as ***Kendrickiella***)
Sep 2004	The Agency decided to detach all of the murals	***Fusarium***, ***Penicillium***, ***Trichoderma***, ***Cylindrocarpon***, ***Aspergillus***,
Oct–Dec 2004		*Bacillus megaterium*
2005	Viscous gels (biofilms) were visible on the wall plaster and floor	***Penicillium***, ***Fusarium***, ***Trichoderma***, *Cylindrocarpon*, *Acremonium*, *Phialocephala*, *Candida*, *Stenotrophomonas*, *Serratia*, *Sphingomonas*, *Pseudomonas*
Sep 2005	Small holes were seen in the plaster walls	***Gluconoacetobacter***
Apr 2006	Outbreak of black particles ("*Kuro-tsubu*") on the ceiling	***Burgoa***, *Penicillium*
Oct 2006	Outbreak of black spots/stains on the walls	***Acremonium* (sect. *Gliomastix*)**, *Penicillium*
Feb 2007	All paintings, except the star chart on the ceiling, were relocated	
May 2007	Further outbreak of black spots / stains on the walls	***Acremonium* (sect. *Gliomastix*)**, ***Cladophialophora***
Nov 2008	All paintings were relocated	
Mar 2009	UV irradiation was started to reduce growth of microorganisms	
Nov 2010	All plaster relocation was finished	
Oct 2013	Stone chamber closed	

* For details, refer to Ishizaki and Kigawa (2011), Kigawa et al. (2005, 2006a, 2007b, 2008b, 2009a, 2009b, 2010c, 2011, 2012a), the ACA, Japan website (http://www.bunka.go.jp/seisaku/bunkazai/takamatsu_kitora/), and this text.
** Genera in bold show the major microbial colonizers.

wall 2, and above the painting "White Tiger" (*Byakko*) on west wall 2 (Kigawa et al., 2006b, 2009a; cf., Fig. 2). These black and brown fungi were of particular concern because they produced a soluble pigment that remained on the wall paintings. In October 2002, black stains appeared near the painting "Blue Dragon" on east wall 2 and near the painting of a group of women on east wall 3. It was not possible to remove such stains on site.

In May 2004 (Fig. 1a), we began a series of microbiological surveys, focusing primarily on the dynamics of microbiota (mycobiota and bacteriobiota) to elucidate the cause of the biodeterioration of TT mural paintings. After May 2004, viscous gels (biofilms composed of mixtures of molds, yeasts, bacteria, and microanimals such as mites) also appeared on the wall plaster (Kigawa et al., 2009a). Because of the continuing deterioration of fragile supports (plaster walls and cut slabs of tuff stone), in addition to the serious contamination and blackening of the mural paintings, the ACA of Japan decided in March 2005 to dismantle the stone chamber to save and restore the mural paintings. Cooling of its mound began in September 2005 to slow fungal growth before dismantling. In February 2006, despite cooling the interior, black spots (Figs. 1j and k) appeared on the painting of a group of four women, known as "Asuka Beauties" (*Asuka Bijin*), on west wall 3. In May 2006, the temperature of the stone chamber interior was kept stable at approximately 10°C; however, the black spots expanded on the plaster walls (Kigawa et al., 2007a, 2009a).

Changes in the microbiota were recognized during the period from May 2004 to December 2006, and, subsequently, the stone chamber interior was cooled. Between April and August 2007, the stone chamber was dismantled and relocated by the ACA of Japan (Kigawa et al., 2008a), and all of the stone walls and ceilings with mural paintings were moved to a restoration facility in Asuka village by the end of August for restoration and protection from further deterioration. Excavation and archeological surveys of the mound were conducted from 2008 to 2009. While excavating the mound and dismantling the stone chamber, a variety of samples, such as blackish plaster pieces, plant roots, and soil, were collected, and fungi and bacteria were isolated from the selected samples (Sugiyama et al., 2009).

The mound has now been temporarily restored to its former state. The 16 stone blocks (Fig. 2), including the stone walls and ceiling stones with mural paintings, are being repaired at a restoration facility in Asuka village. The ACA of Japan is now polyphasically investigating the return of all of the mural paintings and stone blocks to their original positions after the restoration is completed.

2-2. *The Kitora Tumulus (KT)*

The KT is located 1.2 km south of the TT in the same Asuka village (Fig. 1o). This circular tomb, which is thought to have been built around the same time as the TT, was also made by compacting soil layer-by-layer to form a two-tier dome. The diameter of the lower dome is 13.8 m and that of the upper dome is 9.4 m. The stone chamber interior is slightly more than 2.4 m deep, 1.0 m wide, and 1.2 m high. Similarly multicolored murals are painted on the thin plaster walls within the stone chamber. The star chart on the ceiling is in a style similar to that in the TT. In November 1983, the mural painting called "Black Snake-Tortoise" (*Genbu*) on the north wall of the KT stone chamber interior was discovered using a fiberscope that was passed into the stone chamber interior through the grave-robber (thieving/thief) hole (on the south wall) cut at the same time as that in the TT. This was only the second discovery of a polychrome mural painting in Japan, the first being in the TT (Nara National Research Institute for Cultural Properties, 2008). The Japanese government designated the KT as a special historic site in 2000. Subsequently, "Blue Dragon" (*Seiryu*) on the east wall, "White Tiger" (*Byakko*) on the west wall (Fig. 1r), the star chart/constellations (*Seishuku*; Fig. 1w) (the old-

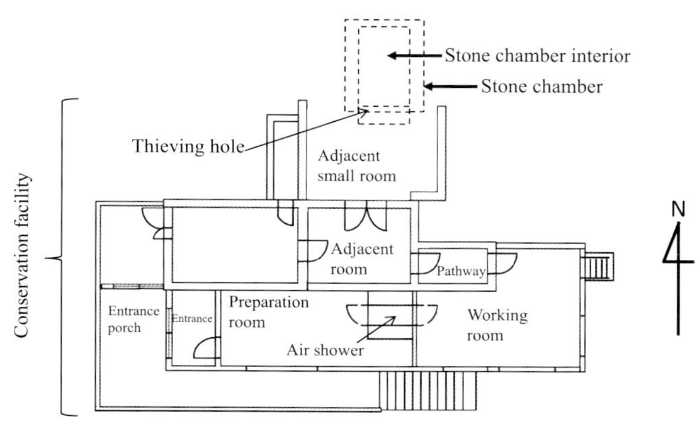

Fig. 3. Schematic diagram of a floor plan (second floor) of the conservation facility for the Kitora Tumulus (modified from Mabuchi and Sano, 2007).

est example of ceiling star constellations in East Asia), and "Vermilion Bird" (*Suzaku*) on the south wall were discovered in 2001 using a compact digital camera. The remaining mural painting depicts all four of the guardian gods (Nara National Research Institute for Cultural Properties, 2008). The profile of this tumulus, including the stone chambers interior and mural paintings, and related environmental data, have been fully described based on the excavation survey in 2002–2004 (Nara National Research Institute of Cultural Properties, 2008).

The environmental conditions inside the stone chamber of the KT were nearly the same as those of the TT. However, the mural paintings deteriorated after its excavation (Fig. 1r). Table 2 summarizes the events and records of microbiological inspections and related activities at the KT after its discovery.

In 2003, a conservation facility was constructed adjacent to the stone chamber (Fig. 3). In January 2004, before excavation, Sano et al. (2005; cf., 2004) conducted the first investigation of the atmospheric composition as an environmental factor and counted airborne fungi. The carbon dioxide (CO_2) concentration was approximately three times higher than that of the outside atmosphere. CO_2 was believed to have been introduced through the plaster walls, which consist primarily of calcium carbonate ($CaCO_3$) (Sano et al., 2005; cf., 2004). There were no poisonous gases, and the number of airborne fungal colonies was low. The latter was considered to be an indication of low fungal activity in the air of the stone chamber interior (Sano et al., 2005; cf., 2004). In early 2004, the KT was excavated. The interior environmental conditions were very similar to those of the TT, and no conspicuous fungal colonies were observed for some time after excavation (Kigawa et al., 2005). However, with the excavation and restoration work, the mural paintings encountered serious microbial disturbance (Figs. 1r and s). In addition, the paintings on the plaster walls became partially detached from the supporting stone wall. Considering the unstable condition of the paintings, the ACA of Japan decided to detach and relocate all of the mural paintings to a controlled environment in September 2004.

Over the course of the excavation, *Acremonium* sp., *Fusarium* sp., *Penicillium* sp., and *Trichoderma* sp. appeared as major contaminants (Kigawa et al., 2005). In June 2004, we started microbiological surveys concurrent with those at the TT, focusing primarily on the dynamics of the microbiota (mycobiota and bacteriobiota) involved in the biodeterioration of the KT stone chamber interior. In August 2004, a "bristle-like" fungus (Fig. 1x), *Phialocephala* sp. (later re-identified as *Kendrickiella phycomyces* by Kiyuna et al., 2012, and mentioned later in Subsection 7-2 of this review), was detected on the KT tuff stone wall of the small room adjacent to the stone chamber (Kigawa et al., 2005, 2006a).

In the summer of 2005, viscous gels or biofilms that were mixtures of molds, yeasts, bacteria, and micro-animals such as mites (Fig. 1u) also appeared on the KT wall plaster, similar to that seen at the TT (Kigawa et al., 2006a; Sugiyama et al., 2009). In September 2005, small holes (approximately 10 mm in diameter; Fig. 1s) caused by acetic acid bacteria (initially identified as members of the genus *Gluconacetobacter* and subsequently proposed as two novel species, *Gluconacetobacter tumulicola* and *Gluconacetobacter asukensis*, by Tazato et al., 2012) became apparent on the plaster wall of the ceiling of KT (Kigawa et al., 2009b, 2012b; Tazato et al., 2012). In April 2006, the basidiomycetous anamorphic fungus *Burgoa* sp. (later re-identified as *Burgoa anomala* by Kiyuna et al., 2015, and mentioned later in Subsection 7-2 of this review), referred to as "black particles," (Fig. 1w) appeared on the ceiling stones (Kigawa et al., 2007b). In May 2007, a further outbreak of black spots/stains caused by *Acremonium* (sect. *Gliomastix*) sp. occurred on the walls (Kigawa et al., 2008b). By the end of 2008, almost all of the paintings on the side walls and the star chart on the ceiling were relocated using the detachment method, except for those that may have been hidden by a thin layer of mud on the walls (Ishizaki and Kigawa, 2011). In 2010, almost all of the plaster on the stone walls was also detached and relocated.

In April 2009, intermittent UV irradiation in the stone chamber interior began to arrest the appearance and growth of various microorganisms (Kigawa et al., 2010c); and their appearance decreased thereafter (Kigawa et al., 2011, 2012b, 2013b, 2015). However, some microorganisms (fungi and bacteria) seemed to survive in places, such as inside the cracks of the stone walls, inside the mud layer, and in viscous gels (biofilms), where sufficient UV light did not penetrate (Kigawa et al., 2011, 2012b, 2013b, 2015). Incidentally, the detached paintings have been repaired at a restoration facility in Asuka village and moved to a new exhibition facility in the same village in September 2016. A comprehensive summary of the surveys of microorganisms in this tumulus from 2004 to 2013 was recently published by Kigawa et al. (2015).

2-3. *Other ancient tumuli in Japan*

According to the ICECDMPTT's report (2010), approximately 600 tumuli with mural paintings (known as 'decorated tombs') have been found in Japan. Compared to the TT and the KT, the other decorated tombs differ somewhat with respect to mural decoration methods, areas of distribution, and construction dates. As mentioned above, both the TT and the KT are located in Nara Prefecture and

Table 3. Brief overview of selected records in the Lascaux Cave after its discoversy.*

Date	Events/countermeasures	Dominant microorganisms**
Sep 1940	**Discovery**	
1948	**Opened to the public**	
First microbial crisis, 1955–1963		
1955–1962	Increasing number of visitors (30,000 per year) and increased carbon dioxide levels	
1960–1963	Development and spread of green spots (called "la maladie verte" or "green disease")	**Green algae (Chlorophyte algae),** ***Bracteacoccus minor***
	Spread of calcite deposits on the walls (called "white disease")	
Apr 1963	**Decision to close the cave to the public**	
1979	Designated by UNESCO as a World Heritage Site.	Stable condition until the end of 2001
1999–2000	Replacement of the decrepit air conditioning system	
Second microbial crisis, 2001–2007		
Sep 2001	Outbreak of white molds and white mucous colonies	***Fusarium solani,*** with ***Pseudomonas fluorescens***
Aug 2001	First biocidal treatments started	
Dec 2001	First observations of small black "spots" on the ceiling of the entrance airlock chamber	***Gliomastix murorum*** [*sic*]
2001	Monitoring of air biocontamination began	
Third microbial crisis, 2006–Present		
2006–	Appearance of obvious black "spots"	***Ochroconis*** (formerly identified as ***Scolecobasidium***), *Ulocladium*, *Gliomastix*, *Gliocladium*, *Fusarium solani*
2008	Biocide treatments (quaternary ammonium derivatives) used again	

* For details, see Coye (2011), Orial et al. (2011), and Martin-Sanchez et al. (2015).
** Generic/species names in bold show the major or noteworthy microbial colonizers.

date to around the late 7th or early 8th century, and their multicolor murals were painted directly onto thin plaster on the stone walls and ceiling stones. In contrast, the other decorated tombs were built in the 5th to 7th century. They are located in the northern Kyusu, Kanto, and Tohoku regions, and their murals were painted directly onto the stone walls without plaster. The exceptions are the Kadumayama and Marukoyama Tumuli in Nara Prefecture and the Houtouzan Tumulus in Gunma Prefecture (ICECDMPTT, 2010).

Records of microorganisms, especially fungi, detected from selected Japanese ancient tumuli, excluding the TT and the KT, are summarized in Table S1. Several microbiological surveys, focusing primarily on fungi, have reported on biodeterioration problems in the following decorated tombs: Torazuka Tumulus in Ibaraki Prefecture (Arai, 1984, 1990a; Emoto et al., 1983), Chibusan Tumulus in Kumamoto Prefecture (Emoto and Emoto, 1974), Ozuka Tumulus in Fukuoka Prefecture (Emoto and Emoto, 1974), Hayama-oketsu Tumulus in Fukushima Prefecture (Arai, 1984), Kiyotosaku-oketsu Tumulus in Fukushima Prefecture (Arai, 1984), Nakata-oketsu Tumulus in Fukushima Prefecture (Arai, 1984), and Mezurashizuka Tumulus in Fukuoka (Sano, pers. comm.).

The Torazuka Tumulus, built around the 7th century, was completely sealed off by 2–3 m of surrounding soil, without cracks or signs of burglary in the surrounding soil. Therefore, the burial stone chamber is considered to have been without ventilation for more than 1000 years (Arai, 1984, 1990a; Emoto et al., 1983). A series of reports on the conservation of mural paintings have included microbiological investigations. After excavation, the number of *Cladosporium* sp. isolated from the air in the stone chamber increased to 500–600 cells/m^3 from only 40–60 cells/m^3 before excavation (Arai, 1984, 1990a; cf., Section 10 of this review; Emoto et al., 1983). In addition, some fungi were isolated from the air in the stone chamber interior (i.e., a basidiomycete and *Penicillium* sp.), followed by species of *Alternaria*, *Aspergillus*, *Pestalotia*, and *Trichoderma* (Arai, 1984, 1990a). These reports did not discuss the origins of the fungi or their roles in biodeterioration, although Arai (1984, 1990a, 1990b) has discussed the roles of amines (low-molecular-weight alkylamines) as antimicrobial factors detected inside the stone chamber of the Torazuka Tumulus.

Emoto and Emoto (1974) reported on microbiological investigations of the Chibusan and Ozuka Tumuli and their paintings. In the Chibusan Tumulus in Kumamoto Prefecture, moldy spots appearing on the stone walls were collected using sterile cotton wool and tweezers, and *Gliocladium roseum*, *Idriella* sp., *Monodictys* sp., *Mortierella* sp., *Mucor* sp., and three species of *Penicillium* (i.e., *P. citreoviride*, *P. janthinellum*, and *P. oxalicum*) were detected. In contrast, in the Ozuka Tumulus in Fukuoka Prefecture (discovered in 1934), moldy spots appearing on the stone walls, soil, and a wooden ladder were collected using the same sampling tools, and airborne fungi were collected using the open-plate sampling method (Emoto and Emoto, 1974). Fungi including *Gliocladium virens*, *Gliomastix* sp., *Mucor* sp., two *Penicillium* spp., *Trichoderma viride*, and *Verticillium* sp. were detected in the stone chamber interior, and *Alternaria alternata*, *Cladosporium herbarum*, *Epicoccum purpurascens*, *Fusarium oxysporum*, and *Penicillium citrinum* were isolated from the air. These authors reported that these organisms caused many stains on the surface of the wall paintings and suggested that many of these microorganisms may have been introduced into the stone chamber interior by humans contaminated with fungal-spore-containing dust. Furthermore, they noted that the ladders and wood used for roofs to conserve these ancient tombs became a nutritional source for fungi, which grew and spread because of insufficient disinfection (Emoto and Emoto, 1974).

In the Hayama-oketsu Tumulus in Fukushima Prefecture (discovered in 1973), *Trichoderma* sp. appeared on the ceiling. This fungus is thought to have spread from a wooden ladder used during the investigation conducted after the discovery of the tumulus (Arai, 1984). In the Kiyotosaku-oketsu Tumulus in Fukushima Prefecture (discovered in 1967), a whitish fungus was found on the left side of the spiral design of straw mats covering the tumulus entrance (Arai, 1984). In the Nakata-oketsu Tumulus in Fukushima Prefecture (discovered in 1969), a pale white fungus, *Phialophora* sp., appeared near the ceiling of the main chamber. Arai (1984) assumed that this fungus originated from soil carried in by workers during the excavation or construction of the preservation facility.

These reports identified the microorganisms using culture-dependent methods (for isolation) and microscopic observations. However, accurate taxonomic identification at the species level was not performed; viz., the taxonomic rank for identification was usually genus. At that time, no molecular approaches were applied. In addition, none of the fungal isolates or specimens described in these reports were preserved in any public culture collections or herbaria. Therefore, precise comparisons between these reports and subsequent studies are not possible.

2-4. Representative decorated caves outside of Japan: Lascaux, Altamira, and others

Biodeterioration of cave paintings by microorganisms has been reported worldwide, particularly in Europe (Garg et al., 1995; Karbowska-Berent, 2003). The paleolithic decorated or painted caves of Lascaux (Dordogne, France) and Altamira (Cantabria, Spain), with paintings as old as 18,000–20,000 years, are especially famous worldwide. These cave paintings are also remarkable in terms of the serious microbial disturbance and contamination reported (Bastian and Alabouvette, 2009; Bastian et al., 2010; Geneste, 2011; Martin-Sanchez et al., 2015; Saiz-Jiménez et al., 2011). By measuring the decay of uranium atoms in the calcite coating of paintings, a team of UK and Spanish researchers recently determined that a large, claviform-like symbol in the famous Techo de los Policromos at the Altamira Cave is at least 35,600 years old (Pike et al., 2012). Here, the historical background and events at the Lascaux and Altamira caves are briefly reviewed, as these caves faced biodeterioration problems and crises similar to those of TT and KT (Coye, 2011; Martin-Sanchez et al., 2015; Sano, 2009).

Table 3 summarizes selected records of microbiological inspections and related activities in the Lascaux Cave since its discovery. The paintings of the Lascaux Cave are thought to have been kept for a very long time in a buried environment with a damp internal atmosphere having a stable temperature and RH, and the images are painted directly onto limy substances (Coye, 2011; cf., Sano, 2009). Lascaux is a descending-type cave, with the entrance situated in the upper part of the hill. It has a medium-sized cavity, approximately 60 m in length from the entrance to the end of the Axial Gallery and approximately 110 m from the entrance to the bottom of the gallery on the right. The accessible cave system has a volume of about 320 m^3 in the Hall of the Bulls and 1,300 m^3 in the area on the right (Orial et al., 2011). The environmental conditions inside the cavity are approximately 12°C and 99% RH (Orial et al., 2011).

The Lascaux Cave was discovered in September 1940, classified as a historic monument in December 1940, and designated by UNESCO as a World Heritage Site along with other caves in 1979. In July 1948, the Lascaux Cave was opened to the public. In 1955, the first indications of cave wall deterioration were reported. This damage was caused by excessive CO_2 levels from a large number of visitors (30,000 per year) and lighting that favored microbial and algal growth (Orial et al., 2011). Subsequently, an air recirculation system was installed under the entrance stairway. In September 1962, the first spots were detected and identified as a single unicellular green alga, *Bracteacoccus minor* (a chlorophyte). Green spots ("la maladie verte" or "green disease") subsequently developed and spread on the walls (Lefevre, 1974; Martin-Sanchez et al., 2015; Orial et al., 2011). "White disease", caused by the spread of calcite on the walls, also occurred. These phenomena were called the "first bioclimatic crisis (1955–1962)" by the Commission for the Scientific Study and Preservation of Lascaux Cave (Coye, 2011). In 1963, after green algal contamination promoted by continuous lighting, the cave was closed to the public (Coye, 2011).

After renewal of the air conditioning system in 2001, the first evidence of a white mold outbreak caused by the *Fusarium solani* species complex (FSSC) appeared in the cave (Dupont et al., 2007; Orial and Mertz, 2006; Orial et al., 2011). Dupont et al. (2007) detected some haplotypes in the FSSC and suggested that the FSSC could have invaded the cave through percolating water from the upper soil, outside soil carried in by people, small animals or running water, or all of these routes. Dupont et al. (2007) reported six fungal genera, namely *Chrysosporium*, *Gliocladium*, *Gliomastix* (*sic*), *Paecilomyces*, *Trichoderma*, and *Verticillium*, in addition to the FSSC. However, species identification and the roles and origins of these fungi were not discussed. Furthermore, Dupont et al. (2007) indicated that human activity could be a probable cause of the alteration in the cave environment and introduction of fungi. Bastian et al. (2010) suggested that the data reported by Dupont et al. (2007) indicated a strong association between the cave fungi and arthropods because these fungal genera contain many entomopathogenic species. In addition to these fungi, localized white, mucous colonies associated with the gamma-proteobacterial species *Pseudomonas fluorescence* appeared as a contaminant in 2001. This bacterial contamination was treated using a specific anti-bacterial agent (streptomycin plus polymixin) (Martin-Sanchez et al., 2015; Orial et al., 2011).

The first biocidal treatments (benzalkonium chloride solutions plus streptomycin and polymyxin) were then initiated. After the outbreak of the FSSC, black spots/stains caused by *Gliomastix murorum* (*sic*) appeared on the cave walls and became problematic in December 2001 (Orial et al., 2011). These phenomena are referred to as the "second bioclimatic crisis (2001–2007)" (Coye, 2011). The microbial crises in the Lascaux Cave have been described in several scientific reports (Bahn, 2008; Fox, 2008; Graff, 2006). The monitoring of biocontaminants in the air was initiated in 2001 and has continued since then.

A novel black spot/stain phenomenon has been observed since 2006 and is present in the ceiling and clay banks extending back into the cave. These black stains contain many fungal genera, including *Ulocaldium*, *Gliomastix*, *Scolecobasidium tshawytchae*, and *Verticillium* (Bastian and Alabouvette, 2009; Bastian et al., 2010). The appearance of *S. tshawytchae* has been linked to the availability of carbon sources, such as, possibly, benzalkonium chloride and its degradation products (Bastian et al., 2010). Furthermore, relationships between the springtail *Folsomia candida* (Collembola, Isotomidae), found on and around black stains, and two fungi from the Lascaux outbreaks (*Fusarium solani* and *S. tshawytchae*) are discussed in Bastian et al. (2010). Two fungi have been suggested to be food for collembolans, which may disperse them within the cave environment (Bastian et al., 2010).

Fungal and bacterial community analyses using molecular biological methods (clone analysis) were conducted by Bastian et al. (2009a, b, c). Based on their findings, they extensively discussed the ecology of microbial communities (microbiomes) in the Lascaux Cave (Bastian et al., 2010). The fungal communities are primarily composed of entomopathogenic fungi, such as *Geosmithia namyslowskii* and *Isaria farinosa* (Bastian et al., 2009b, 2010). These fungi play an important role in the cave, and arthropods contribute to the dispersion of their conidia (Bastian et al., 2009b, 2010; Jurado et al., 2008). In contrast, the bacterial communities were shown to be composed of human pathogenic bacteria as a result of biocide selection (Bastian et al., 2009a, 2009c, 2010). Bastian et al. (2010) noted that a careful study of the fungal ecology is required to completely elucidate the cave food web and control the black stains that threaten the Paleolithic paintings.

Martin-Sanchez et al. (2012a, b) identified and proposed two new species of *Ochroconis* (including that formerly identified as *Scolecobasidium*), *Ochroconis lascauxensis* and *O. anomala*, as major contributors to the black stain. They suggested that the development of these fungi and other fungal outbreaks were likely linked to the presence of unusual organic carbon and nitrogen sources supplied by the intensive biocide treatments, and provided data on their physiology and cellular fatty acid profiles. In addition, Porca et al. (2011) reported that these melanized fungi were the predominant groups in the air.

The Altamira Cave in Spain, with its 15,000-year-old paintings, was discovered in 1879 and was opened to the public in 1917. It was designated a World Heritage Site by UNESCO along with the Lascaux Cave in 1940 (Lasheras et al., 2011). A large number of visitors (175,000) during the 1960s and 1970s severely altered the microclimatic conditions, resulting in the increasing deterioration of the paintings. The cave was closed to the public in 1977. In 1982, after a microclimatic survey, the cave was reopened to the public on a limited basis. In 2002, however, the cave was again closed to the public because of the appearance of phototrophic microorganisms on the paintings (Porca et al., 2011; Saiz-Jiménez et al., 2011). Reopening of the cave has been under consideration since 2010 (Saiz-Jiménez et al., 2011). In this cave, surveys of the microorganisms affecting the wall paintings have primarily focused on bacterial communities/colonizers (Cuezva et al., 2012; Gonzalez et al., 2006, 2008a, 2008b; Jurado et al., 2009; Porca et al., 2012; Portillo and Gonzalez, 2009a, 2011; Saiz-Jiménez et al., 2011; Schabereiter-Gurtner et al., 2002a, b). The walls and ceiling were primarily colonized by actinobacteria (Groth and Saiz-Jiménez, 1999; Groth et al., 1999; Laiz et al., 1999), acidobacteria (Cuezva et al., 2012; Schabereiter-Gurtner et al., 2003; Zimmermann et al., 2005), and sulfate-reducing bacteria (Portillo and Gonzalez, 2009b). There have been only a few reports on contamination by fungi (Jurado et al., 2009; Porca et al., 2011; Saiz-Jiménez et al., 2011) and phototrophic cyanobacteria (Cañaveras et al., 2001; Saiz-Jiménez et al., 2011). Jurado et al. (2009) reported the detection of entomopathogenic (*Isaria farinosa* and *Trichothecium asperum*) and other fungi (i.e., *Acremonium strictum*, *Bionectria ochroleuca*, *Cladosporium cladosporioides*, *Lecanicillium psalliotae*, and *Paecilomyces marquandii*). They discussed the role of arthropods in the dispersal of these fungal propagules.

In addition to the Lascaux and the Altamira Caves, recent reports describe microbiological problems and conservation efforts in the Mogao Grottoes with ancient wall paintings in Dunhuang, China (Ma et al., 2015), a Pleistocene cave with rock art (at least 39,900 years old) in Sulawesi, Indonesia (Aubert et al., 2014; Roebroeks, 2014), Naracoorte Caves in southeastern South Australia (Adetutu et al., 2011), and the Cave of Bats with rock art in Zuheros, Spain (Urzi et al., 2010). Microbial diversity and biodeterioration problems in mural (wall) painting environments have also been mentioned and discussed (e.g., Caneva et al., 2008; Saiz-Jiménez, 2003; Vanderwolf et al., 2013).

2-5. Principal differences between the TT and KT and Lascaux Cave

Some of the important differences between the TT and KT and Lascaux are briefly summarized by Ishizaki and Kigawa (2011). One of the big differences between these sites is their geographical location and age. The TT and KT are located in Japan, a corner of East Asia, and both tumuli are dated to around the late 7th or early 8th century, during the Asuka period. In contrast, the Lascaux Cave is located in France, southern Europe, and the paintings and engravings are dated to be prehistoric, 18,600 ± 190 years BP (e.g., Geneste, 2011). The support layers of the painting in the TT and KT are made of plaster, whereas those of Lascaux are composed of limestone. The pigments differ between the TT/KT and Lascaux, and those of both tumuli are thought to be sensitive to certain chemical disinfectants and fungicides (Ishizaki and Kigawa, 2011). The stone chambers of both tumuli (Figs. 1d, 1p, and 2) are constructed of rectangular stones of volcanic tuff (tuff brecca) and their enclosed, interior spaces (Figs. 1b and q) are extremely narrow compared to those of the Lascaux Cave. The former spaces make many types of work difficult (e.g., inspection, treatments, and sampling; Figs. 1b and q). In addition to these differences, TT and KT have never been open to the public, whereas the Lascaux Cave was opened to tourists from 1948 to 1963 (60 visitors/h; 1000 visitors/d; 100,000 visitors/y). As a result, the Lascaux Cave was subjected to destabilization of the temperature and RH, and an increasing concentration of CO_2 in the air (Pallot-Frossard et al., 2009).

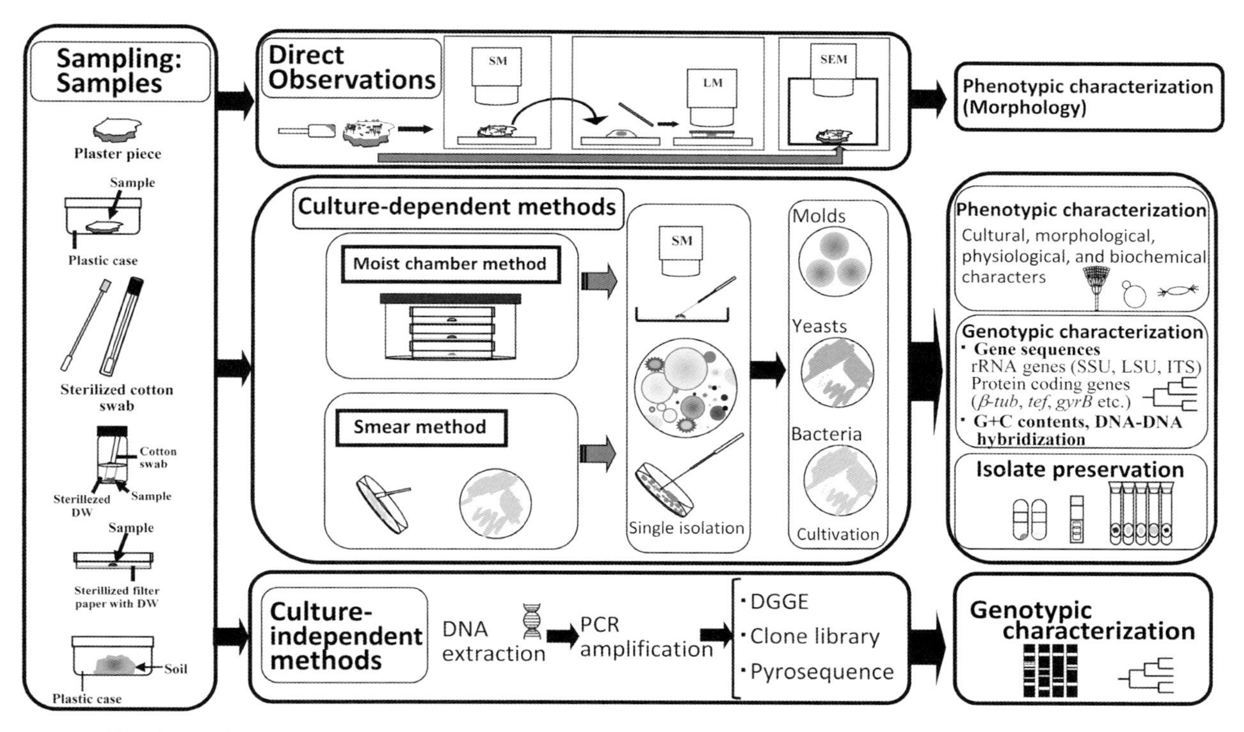

Fig. 4. A scheme of the microbiological methods adopted in our studies (modified from Sugiyama et al., 2009). Abbreviations: SM, Stereo microscope; LM, Light microscope; SEM, Scanning electron microscope.

3. Microbiological Approaches Adopted in Determining the Cause of the Biodeterioration of the TT and KT Mural Paintings and Plaster Walls

It is important to fully understand the features of the tumulus, stone chamber, mural paintings, and surrounding environmental conditions when planning a microbiological survey. Both the TT and KT are special historic sites, and the mural paintings are national treasures or the equivalent. In Japan, the "Law of the Protection of Cultural Properties" (<http://law.e-gov.go.jp/htmldata/S25/S25HO214.html>) only permits the use of "non-destructive methods" for the handling of cultural properties. This regulation qualitatively and quantitatively limits our research strategies. As a general rule, only the use of "non-destructive methods" is applied. Considering these limitations, we adopted the following methodologies for determining the identity of microorganisms and the cause of biodeterioration. The approaches adopted in our series of surveys and studies of the tumuli, stone chambers, and murals are illustrated in Fig. 4.

3-1. Sampling and sampled materials

Samples inside the stone chamber were collected using sterile moist cotton swabs, carefully avoiding damage to the paintings and other substances. A total of 716 samples, including mold spots, viscous gels (biofilms), and mixtures of plaster fragments and soil, were collected from the TT stone chamber interior, spaces between the stone walls, and the stone chamber exterior, between May 2004 and February 2009 (Fig. S1). These TT samples were classified, according to the sampling area, into the following categories: stone chamber interior, adjacent space, joint space of the stone walls, stone chamber exterior, and mound (Fig. 2, Fig. S1). The types of sampled materials and the respective numbers of samples are shown in Fig. S1. A total of 217 samples were collected from the KT stone chamber interior and exterior from June 2004 to February 2013 (Fig. 3, Fig. S2). Similarly, these KT samples were categorized according to the sampling area as follows: stone chamber interior, adjacent small room, adjacent rooms, and mound and external air (Fig. 3, Fig. S2). From these collected samples of the TT and KT, selected samples were adopted to isolate (or examine?) fungi and bacteria.

3-2. Direct observation of samples

Before isolation and cultivation, the samples from both tumuli were carefully observed macroscopically and with stereo and light microscopes (Fig. 4). These data helped to specify the major fungal colonizers using the cultivation method. A few microphotographs based on these observations are shown in Figs. 1f–i, k, t–v. To examine the microbial invasion of the substrates, scanning electron microscopy (SEM) was used to observe selected plaster pieces and viscous gels (biofilms) on plaster (Sugiyama et al., 2009; Figs. 1l–n). Our SEM observations clearly demonstrated fungal hyphae and microbial cells penetrating the plaster of the TT stone chamber interior, thereby damaging the texture of the plaster (Figs. 1m and n).

3-3. Culture-dependent methods: Isolation, cultivation, and identification

Various methods and techniques have been used to investigate the biodeterioration of cultural heritage/properties such as mural paintings. These methods have been summarized by many authors (e.g., Allsopp et al., 2004; Ciferri, 1999; Dakal and Arora, 2012; Heyrman and

Swings, 2003; Pinzari et al., 2010; Salvadori and Urzi, 2008). Traditionally, investigations of microbes/microbial communities related to the biodeterioration of cultural heritage/properties have been conducted using culture-dependent methods (e.g., Berner et al., 1997; Guglielminetti et al., 1994). We used the following three isolation methods (Fig. 4): (1) sterile moist cotton swabs bearing the mold samples were rubbed immediately onto moist filter papers in a Petri dish, incubated in a moist chamber at 25°C, and observed at regular intervals over a period of approximately two months. The newly-appearing colonies were isolated using a sterile needle under a stereomicroscope (Gams et al., 1987; Krug, 2004); (2) swab samples were aseptically transported to the laboratory, where they were smeared directly onto plates containing potato-dextrose agar (for fungi) (PDA; e.g., Kiyuna et al., 2008) and nutrient agar (CM3; e.g., Tazato et al., 2012) and then incubated at 20–25°C and 30°C, respectively, for a suitable period under aerobic conditions; and (3) uncovered plates were exposed to air for 10 min and then incubated at 25°C to isolate airborne microbes. All fungal isolates were cultured on PDA in the dark at 25°C. After purification of the fungal and bacterial colonies, the respective isolates were grouped by morphological characteristics. In addition to the full phenotypic characterization of the selected/representative isolates, gene sequencing was performed, mainly on the LSU and other genes for fungi and 16S rRNA gene for bacteria. Based on the sequence data, molecular phylogenetic analyses were made using the standard method. Representative studies that used our methods include Kiyuna et al. (2008, 2011, 2012, 2015, 2017) and An et al. (2009) for the major/noteworthy fungal colonizers, Nagatsuka et al. (2009, 2016, 2017) for yeast and yeast-like colonizers, and Tazato et al. (2012, 2015), Nishijima et al. (2013, 2017a, 2017b), and Handa et al. (2016, 2017), for the major/noteworthy bacterial colonizers. These original papers have revealed the identities of the TT and KT microbial isolates in question, proposing one novel genus, seventeen novel species, and six novel combinations in total, as listed in Supplementary Materials of this review.

3-4. Culture-independent (molecular) methods: PCR-DGGE, clone libraries, and pyrosequence analyses

Molecular community analyses (polymerase chain reaction-denaturing gradient gel electrophoresis [PCR-DGGE], clone library, and pyrosequence analyses) of the selected samples were used to clarify the microbial diversity of various biodeteriorated environments (Gurtner et al., 2000; Portillo et al., 2008, 2009; Saiz-Jiménez, 2003; Zengler, 2008). Details of our culture-independent methods (Fig. 4) and the data obtained have been described in Sato et al. (2013, 2015), Nishijima et al. (unpubl.), and Section 8 of this review.

3-5. Biological characterization (bioprofiling) of the selected microbial isolates

To identify the organisms in question, we used the usual biological (physiological) characterization (Fig. 4; e.g., growth range at different temperatures, responses on fermentation and assimilation tests in yeasts, growth range at different temperatures and pH, and utilization of various carbon sources in bacteria). In addition, we used the following assessments and bioprofiling techniques: (1) utilization of ethanol and isopropanol as carbon sources (Kigawa et al., 2010b); (2) the effect of a biocide (Kathon GC) on isolates from viscous gels (biofilms) (Kigawa et al., 2007c); (3) carboxylic acid productivity (Sano et al., 2010); (4) acetic acid production by *Gluconacetobacter* isolates (Kigawa et al., 2013a); (5) growth tests on consolidants of mural paintings [paraloid B72, hydroxyl propyl cellulose, methyl cellulose, and others (Kigawa et al., 2010a, 2012a)]; (6) decomposition of calcium carbonate ($CaCO_3$) as a major component of the plaster by *Gluconacetobacter* isolates (Kigawa et al., 2013a); and (7) investigating the effects of intermittent UV irradiation (applied inside the KT stone chamber from 2009 to 2013 after relocation of the mural painting in 2008) on selected fungal (e.g., dark *Acremonium* spp., *Penicillium paneum*, and *Burgoa anomala*) and bacterial (e.g., *Bacillus* and *Stenotrophomonas* spp.) isolates (Kigawa et al., 2010c, 2013b). These studies were conducted to reveal the biological characteristics of the major/selected TT/KT microbial isolates and their involvement in the biodeterioration of mural paintings and wall plaster and to design proper measures for controlling microbial contaminants.

4. Dynamics of Microbiota of the TT Stone Chamber Interior and Neighboring Environments from 2004 to 2009 Using Culture-Dependent Methods

4-1. Mycobiota of the TT

In this section, the dynamics and changes of mycobiota, especially molds, are described, followed by that of the yeast biota.

A total of 236 selected samples, including mold spots, viscous gels (biofilms), and mixtures of plaster fragments and soil (Fig. S1) were collected from the stone chamber interior, spaces between the stone walls, and the stone chamber exterior of TT between May 2004 and February 2009 (Fig. 2). These were: 90 samples gathered from the stone chamber interior during May 2004 to December 2006; 19 from the adjacent space during May 2004 to July 2006; 50 from the joint space of the stone walls during April 2007 to August 2007; 66 from the stone chamber exterior during November 2006 to August 2007; and 11 from the mound during February 2008 to February 2009.

4-1-1. Changes in mycobiota of the stone chamber interior between May 2004 and December 2006. A total of 426 isolates were obtained from the stone chamber interior between May 2004 and December 2006. The succession of mycobiota of the stone chamber interior, mainly based on the major fungal genera, is summarized in Fig. 5. From May to September 2004, *Fusarium* (FSSC clade), *Trichoderma*, and *Penicillium* (mainly *Penicillium* sp. 1, subsequently identified as the known species *Penicillium paneum*; see An et al., 2009) were the predominant fungal genera in the stone chamber interior. After cooling of the TT mound and stone chamber starting from September 2005, *Fusarium* and *Trichoderma* species decreased in number, but *Penicillium* continued to be the major fungal

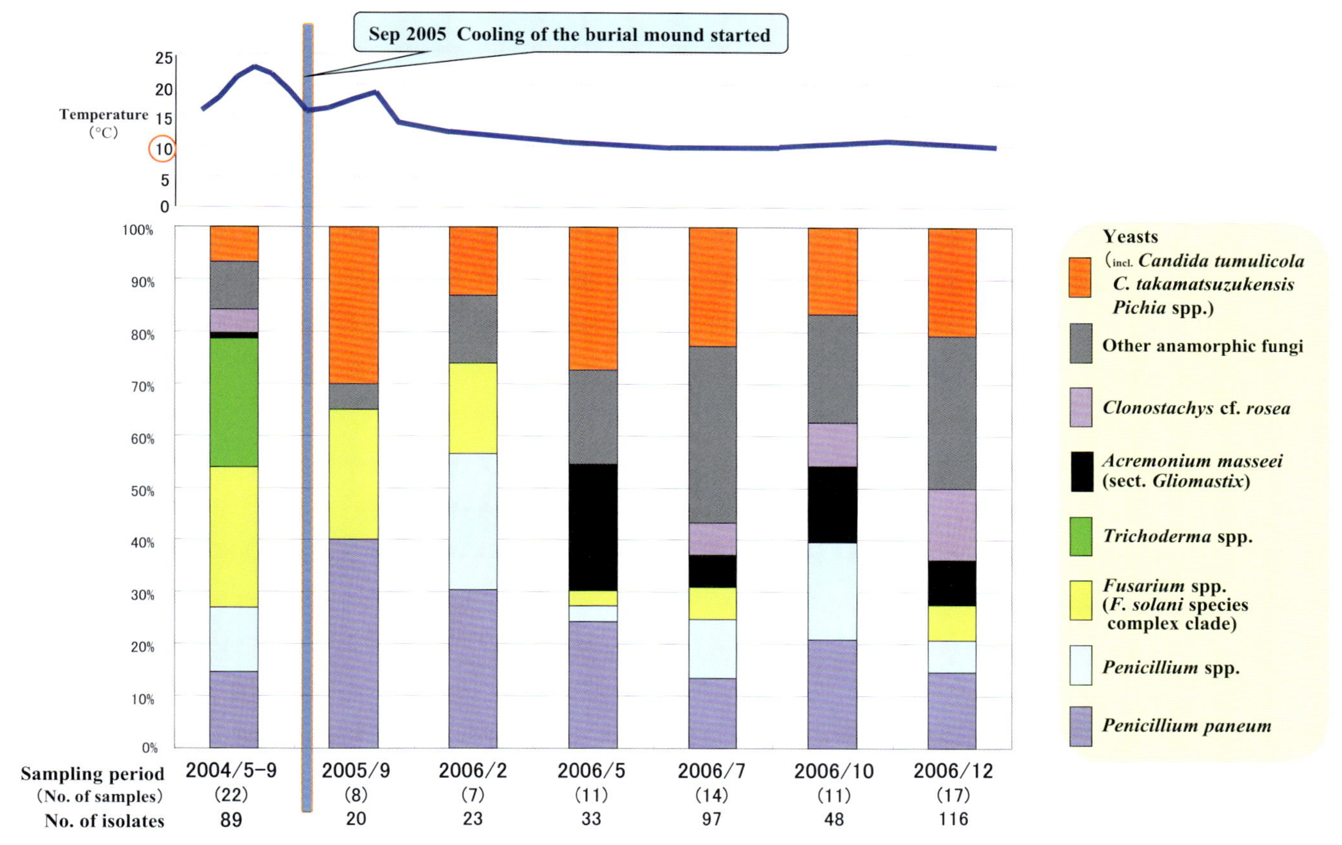

Fig. 5. Changes in mycobiota of the TT stone chamber interior (May 2004–Dec 2006) (modified from Sugiyama et al., 2009). The graph indicates the proportions at the genus level among the samples collected during each sampling period.

colonizers. From May 2006, the temperature of the stone chamber interior was kept stable at approximately 10°C, and members of *Acremonium* sect. *Gliomastix*, the causal biodeteriogens of the "Black Spots on the Asuka Beauties (*Asuka Bijin*)", were mainly isolated from the stone chamber interior together with *P. paneum* (Fig. 5; cf., Subsection 6-3). *Clonostachys* was the primary isolate in various other samples. In addition, ascomycetous yeasts, such as *Candida takamatsuzukensis*, *C. tumulicola*, *Pichia guilliermondii*, and *P. membranifaciens*, were isolated from viscous gels (biofilms) developed on the mural paintings and plaster walls. A report on *C. takamatsuzukensis* and *C. tumulicola* includes a brief discussion on the significance of the novel *Candida* species in the tumulus environment and related disinfectants (Nagatsuka et al., 2009).

Many fungal species were common to both mycobiotas of the TT and KT (Table 4, Table S2). *Penicillium paneum*, *Fusarium* (FSSC clade), *Trichoderma*, and *Clonostachys* cf. *rosea* were the major colonizers in the stone chamber of the TT. These fungal genera are reported as the major groups involved in the biodeterioration of mural paintings outside of Japan (Garg et al., 1995; Karbowska-Berent, 2003). *Acremonium* (sect. *Gliomastix*) *masseei* was predominantly isolated from the TT stone chamber interior. These species were reported for the first time, in this study, from the black stains/spots on the mural paintings (Figs. 1j and k); however, to date, there is no record of its occurrence outside of Japan. This major colonizer of the black stains/spots is considered to be affected by environmental changes, such as temperature and humidity.

Arai (1984, 1987, 1990b) reported that *Doratomyces* sp., *Fusarium* sp., *Cladosporium* sp., and *Mucor* sp. were the predominant colonizers of the TT in March 1975, while a few *Trichoderma* sp. and *Penicillium* sp. were also present. The zygomycete genus *Mucor* was not encountered in our survey of either tumulus. The fungal isolates recovered between 1975 and the spring of 2001 (Arai, 1984, 1987, 1990b) were not available for study because they had not been deposited in any public culture collection. In addition, there were no illustrations or brief/complete descriptions of these fungi. Consequently, comparisons of fungal records between previous surveys and our survey are based on fragmentary data at the genus, but not the species, level. The genus *Cylindrocarpon*, a causal agent of the brown stains on the north and south walls of the TT in December 2001 (Kigawa et al., 2006b), was not isolated from the stone chamber interior between 2004 and 2006 in our survey. During the dismantling and relocation of the stone chamber between April and August 2007, *Cylindrocarpon* (taxonomically and ecologically similar to *Fusarium*) was isolated from samples recovered from the joint spaces between the stone walls and the stone chamber exterior. Therefore, the decline in occurrences of *Cylindrocarpon* since 2001 was considered to be affected by other factors, such as microbial behavior (e.g., the physiological decline of the fungus itself, invasion of other fungi such as dark *Acremonium*) or biocide treatment.

Table 4. List of fungal taxa isolated from the TT stone chamber interior and neighboring environments.

Sampling area	Stone chamber interior	Adjacent space	Joint/Space of stone walls	Stone chamber exterior	Mound	Habitat cited in the literature [b]				
Taxon / Sampling period	2004.5–2006.12	2004.5–2006.7	2007.4–8	2006.11–2007.8	2008–2009.2	Soil	Plant	Air	Arthropods	Others
Ascomycota										
Acremonium (sect. *Gliomastix*) *masseei*	+ [a]		+				●			●
Acremonium (sect. *Gliomastix*) *murorum*	+		+			●	●			
Acremonium spp.	+	+	+	+	+	●	●	●	●	●
Alternaria sp.				+		●	●			
Aphanocladium sp.			+			●				
Arthrinium sp.					+	●		●		●
Arthrobotrys sp.	+		+			●			●	●
Aspergillus spp. (incl. *A. niger* agg.)	+	+			+	●	●	●		●
Bionectriaceous group		+				●	●			●
Cephalotrichum verrucisporum			+			●	●			●
Cladophialophora spp.			+	+	+	●	●	●		●
Cladosporium spp.	+			+		●	●	●		
Clonostachys cf. *rosea*	+	+	+	+		●	●			●
Cylindrocarpon sp.			+	+	+	●	●			●
Exophiala sp.					+	●	●			●
Fusarium spp. (FSSC clade)	+	+	+	+	+	●	●	●		●
Geomyces cf. *pannorum*					+	●		●		●
Gilmaniella humicola					+	●				
Kendrickiella phycomyces	+		+	+		●	●			●
Lecanicillium spp.	+		+	+						
Nodulisporium sp.				+		●	●			
Oidiodendron spp.	+	+	+	+	+	●	●	●		
Paecilomyces variotii complex			+	+	+	●	●	●	●	●
Papulaspora sp.					+	●	●			●
Penicillium paneum	+	+	+	+	+		●	●		●
Penicillium spp.	+	+	+	+	+	●	●	●	●	●
Phialocephala spp.	+		+			●	●			●
Phialophora sp.			+			●	●	●		
Purpureocillium lilacinum	+	+				●		●		●
Rhinocladiella sp.	+		+			●	●			
Sagenomella striatispora			+	+	+	●	●			●
Talaromyces minioluteus	+	+	+	+	+	●				●
Talaromyces spp.					+	●	●			●
Trichocladium opacum			+		+	●	●			●
Trichoderma spp.	+	+	+	+	+	●	●	●		●
Trichosporiella sp.				+		●				●
Tritiratium sp.				+						
Verticillium sp.			+			●	●		●	●
Yeast spp. (incl. *Candida*, *Pichia*)	+	+	+	+	+	●	●	●		●
Basidiomycota										
Cryptococcus spp.					+	●	●			●
Sporotrichum sp.	+						●			●
Mucoromycotina										
Cirrenalia sp.					+	●				
Gongronella butleri					+	●				
Mortierella sp.			+	+		●			●	●
Zygorhynchus sp.			+			●	●			
Others										
Unidentified spp. (incl. sterile mycelium)	+	+	+	+	+					
Total no. of isolates	426	72	337	451	124					
No. of examined samples	90	19	50	66	11					

[a] + indicates that the taxon was isolated.

[b] ● indicates that the taxon has been recorded from the habitat on the basis of the literature information (e.g., Domsch et al., 2007; Seifert et al., 2011).

4-1-2. Mycobiota of samples collected from the TT stone chamber interior and neighboring environment. During the survey of mycobiota related to the biodeterioration of murals and plaster walls from May 2004 to February 2009, a total of 236 selected samples were subjected to fungal isolation. As previously mentioned in Subsection 3-1 of this review, these samples were categorized into five groups depending on the sampling area. The stone chamber interior contained 90 samples collected from May 2004 to December 2006: the adjacent space contained 19 samples collected from May 2004 to July 2006, the joint space of the stone walls contained 50 samples gathered from April to August 2007, the stone chamber exterior contained 66 samples gathered from November 2006 to August 2007, and the mound contained 11 samples gathered from February 2008 to 2009.

From the total of 236 samples, 1410 fungal isolates (including unidentified groups) were isolated and identified at the genus/species level (Fig. S3, Table 4), including 426 from the stone chamber interior, 72 from the adjacent space, 337 from the joint space of the stone walls, 451 from the stone chamber exterior, and 124 from the mound. Members of the genus *Penicillium* (e.g., *P. paneum*, the predominant colonizer of the stone chamber interior) were isolated from the adjacent space, the joint space of the stone walls, and the stone chamber exterior, but not from the mound. On the other hand, *Talaromyces minioluteus* (≡*Penicillium minioluteum*) was one of the predominant species isolated from the joint space of the stone walls and the stone chamber exterior (see Subsection 6-3 of this review). Isolates of the FSCC clade were mainly isolated from the stone chamber interior and the joint space of the stone walls, and a few were found on the stone chamber exterior and within the mound. *Trichoderma* species were the predominant group isolated from some samples. *Acremonium* sect. *Gliomastix* spp. were mainly isolated from the stone chamber interior, but not from the adjacent space, the stone chamber exterior, or the mound. *Oidiodendron* spp., which accounted for most of the gray to black stains/spots in the adjacent space on May 2006, were isolated from the adjacent space and stone chamber exterior. The genus *Oidiodendron*, a causal agent of gray to blackish stains/spots in the adjacent space on May 2006, was only isolated from the adjacent spaces and the stone chamber exterior of the TT, but not the KT. The genus *Oidiodendron* contains species that are common soil- and plant-associated fungi (Domsch et al., 2007); therefore, members of this genus are considered to have invaded the adjacent spaces via plant roots and similar substrates from the neighboring environment of the stone chamber.

In Table 4, *Cephalotrichum verrucisporum* (≡ *Doratomyces verrucisporus*) was only isolated from the joint space between west wall 1 and the ceiling stone of wall 1 (Kiyuna et al., 2017). *Doratomyces* (*sic*) was recorded in the Agency's reports as the predominant fungus occurring in the stone chamber in the 1970–80s (Arai, 1984, 1987, 1990b; the Agency webpage, <http://www.bunka.go.jp/seisaku/bunkazai/takamatsu_kitora/>). The *Doratomyces* isolates and related vouchers were not preserved in any public culture collections; therefore, a comparison of the two is not possible. However, one of our *Doratomyces* isolates is believed to be the same species mentioned in Arai's reports (1987, 1990b). Hence, the *Doratomyces* isolate in question may have survived in the joint space between the plaster walls. Furthermore, various chaetotyrialean black fungi (e.g., *Cladophialophora* and *Phialophora*) were isolated from the joint space of the stone walls and identified by direct observation. Various fungi were isolated from the joint space of the stone walls in addition to other areas of TT (Table 4). The joint spaces of the stone walls are located between the stone chamber interior and exterior, in both the stone chamber exterior and the burial mound. Therefore, these spaces were susceptible environments of the stone chamber interior and exterior and, for many years, were considered to be "accumulation spots" for various microbes from both of these environments. A good example is our detection of *Cephalotrichum verrucisporum* in the joint space, as described later.

Regarding *Fusarium* TT and KT isolates, haplotypes of the FSSC clade were detected (Kiyuna et al., 2008). A similar discovery was reported from the prehistoric painted cave of Lascaux in France (Dupont et al., 2007; Orial et al., 2011). These fungal members are reported to deteriorate wall paintings (Dhawan et al., 1993; Garg et al., 1995). *Fusarium solani*, with the ability to oxidize elemental sulfur, has been identified in deteriorated sandstones of Angkor monuments in Cambodia (Li et al., 2010).

Cladosporium, a ubiquitous fungal genus, has been observed in biodeteriorated samples outside of Japan (Garg et al., 1995; Karbowska-Berent, 2003). However, only a few *Cladosporium* spp. were isolated from the murals and plaster walls of both the TT (Table 4) and the KT (Table S2). The presence of this genus as a predominant fungus was observed in the TT stone chamber interior from 1972 to 2001 (ACA, Japan web page; http://www.bunka.go.jp/seisaku/bunkazai/takamatsu_kitora/hozon_kako.html).

Purpureocillium lilacinum (≡*Paecilomyces lilacinus*) and *Lecanicillium* spp. were isolated from various samples from the TT (Table 4) and KT (Table S2) stone chambers. *Purpureocillium lilacinum* has been found in soil, insects, nematodes, clinical samples (Luangsa-Ard et al., 2011), and in numerous samples from the Altamira Cave in Spain (Novakova et al., 2014). The presence of members of the entomogenous genera *Purpureocillium* and *Lecanicillium* suggests that these fungi invaded the stone chamber through arthropods, such as mites and springtails (see Subsection 9-3 of this review).

Outbreaks of black stains/spots on the mural paintings were common problematic occurrences in TT, KT, and the Lascaux Cave (e.g., Ishizaki and Kigawa, 2011). After the outbreak of the FSSC in the Lascaux Cave, black spots/stains caused by *Gliomastix murorum* (*sic*) appeared on the cave walls and became problematic in December 2001 (Orial et al., 2011). Occurrences of *Gliomastix murorum* (*sic*), treated as *Acremonium* (sect. *Gliomastix*) *murorum* (Kiyuna et al., 2011), were similar to those of KT. Since 2006, the novel black spot/stain phenomenon has been found on the cave walls, and the causal agents were identified as *Ulocaldium*, *Gliomastix*, *Scolecobasidium tshawytchae*, and *Verticillium* (Bastian and Alabouvette, 2009; Bastian et al., 2010). Subsequently, *Ochroconis lascauxensis*, *O. anomala*, *Acremonium nepalense*, and *Exophiala* were identified as the major causal agents of the black stain (Martin-Sanchez et al., 2012a, b). These fungal colonizers differed between the TT and the KT (*Acremonium* [sect. *Gliomastix*] *masseei* in TT; *Acremonium* [sect. *Gliomastix*] *tumulicola* in the KT). *Acremonium nepalense* is phylogenetically placed in the family Plectosphaerellaceae (Glomerellales), which differs from the section *Gliomastix* of *Acremonium* (Hypocreales) (Summerbell et al., 2011). *A. nepalense* develops white colonies on PDA and melanized colonies (gray-green color) on ECA medium (Martin-Sanchez et al., 2012a). This cultural characteristic on PDA differed from that of our isolates of *Acremonium* (sect. *Gliomastix*) spp.

4-2. Yeast biota

A total of 159 yeast strains were isolated from samples collected from the TT between 2004 and 2009. Subsequently, we selected 71 isolates as representatives based on their sources, their collection sites, and their colony characteristics, and the LSU gene sequences of these selected isolates were determined. The methods used to characterize the phenotypes and genotypes of these strains are

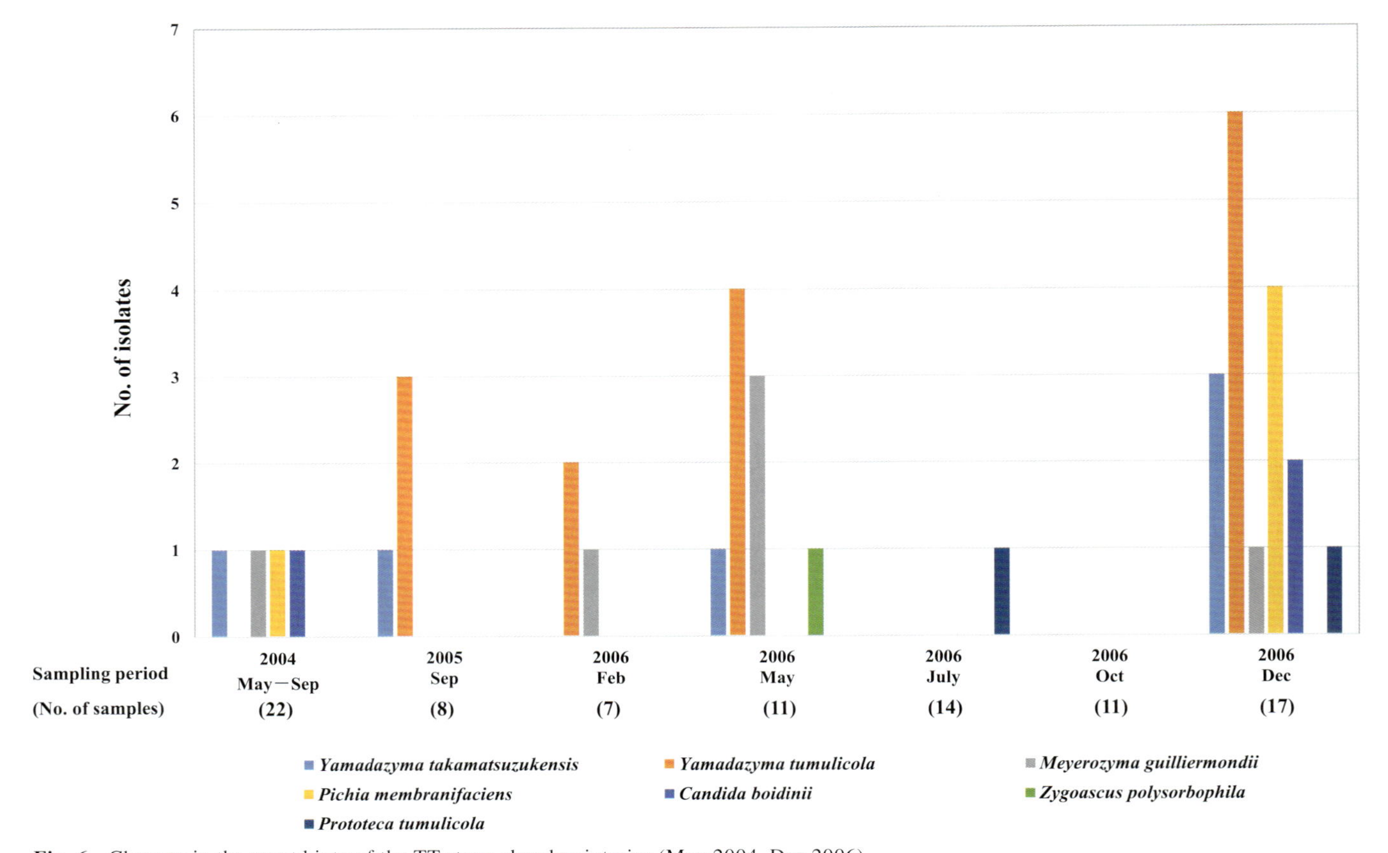

Fig. 6. Changes in the yeast biota of the TT stone chamber interior (May 2004–Dec 2006).
The graph indicates the number of isolates at the genus level among the samples collected during each sampling period. None of the isolates were obtained from samples collected in Oct 2006.

described in Kurtzman et al. (2011), Natastuka et al. (2002, 2005, 2009, 2016), and Yamada et al. (1999).

4-2-1. Changes in the yeast biota of the stone chamber interior between May 2004 and December 2006. The results of bootstrapped neighbor-joining (NJ) analysis of LSU gene sequences are summarized in Fig. S4 and Table S3. Changes in the yeast biota of the stone chamber interior, along with the number of samples, are shown in Fig. 6. Only four yeast strains were isolated from 22 samples collected from the TT chamber interior between May and September 2004, while 34 yeast strains were isolated from 68 samples from the TT chamber interior after mound cooling was started in September 2005. *Yamadazyma tumulicola*, the most frequent isolate in TT interior samples, including many biofilms, had not been isolated before the cooling of the burial mound (Table S3, Fig. 6). The cooling of the mound is thought to be one of the triggers of the change in yeast biota. *Meyerozyma guilliermondii* (≡*Pichia guilliermondii*), *Pichia membranifaciens*, *Yamadazyma takamatsuzukensis* (≡*Candida takamatsuzukensis*), and *Candida boidinii* were isolated before cooling of the burial mound, and after cooling as well, but at a lower frequency.

4-2-2. Yeast biota of samples collected from the TT stone chamber interior and neighboring environment. Figure S4 and Table S3 summarize the isolate taxon/phylogeny and the sampling area from where the isolates were collected. *Y. tumulicola*, *M. guilliermondii*, *Y. takamatsuzukensis*, and *P. membranifaciens* were the most frequent species identified in the samples collected inside the stone chamber. A paper on *C. takamatsuzukensis* and *C. tumulicola* (both later designated as the genus *Yamadazyma*; Nagatsuka et al., 2016) briefly discusses the significance of these novel *Candida* species in the tumulus environment and related disinfectants (Nagatsuka et al., 2009). *Yamadazyma tumulicola*, *Y. takamatsuzukensis*, and *P. membranifaciens* were frequently isolated from biofilm samples on the walls in the stone chamber interior and the joints/spaces of stone walls, but not from the stone chamber exterior or mound. Only *M. guilliermondii* was found in samples from both the stone chamber interior and exterior. Many species in the *Yamadazyma* clade to which *Y. tumulicola* and *Y. takamatsuzukensis* belong, including *P. membranifaciens* and *M. guilliermondii*, were reported to be associated soil, insects, and plants (Ganter, 2006; Suh et al., 2005). *Y. tumulicola*, *M. guilliermondii*, *Y. takamatsuzukensis*, and *P. membranifaciens* are thought to have been brought into the stone chamber from the outside environment by transporters. Nine of 11 isolates from the mound were assigned to the genus *Cryptococcus* and were reported to be accompanied by many insect-/soil-associated yeast species (Fonseca et al., 2011). None of the species isolated from mound samples were found in any other area: namely, the stone chamber interior, adjacent space, joint/space of stone walls and stone chamber interior.

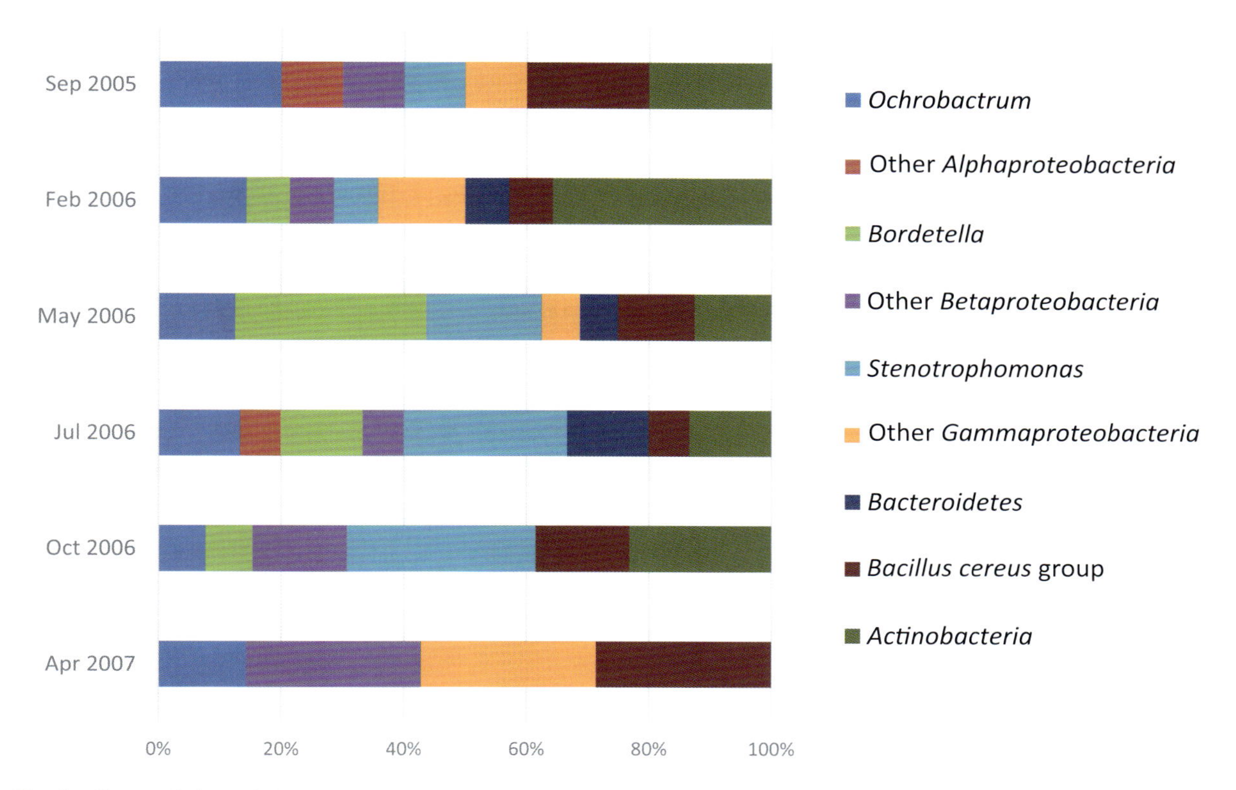

Fig. 7. Changes in bacteriobiota of the TT stone chamber interior (Sep 2005–Apr 2007).

The graph indicates the proportions at the phylum/class level among the samples collected during each sampling period. *Bacillus cereus* group included *B. cereus* and its phylogenetically related species, *B. thuringiensis*, *B. toyonensis*, and *B. pseudomycoides*, and three unknown species in this group. Other *Alphaproteobacteria*: isolates belonged to the *Alphaproteobacteria* except *Ochrobactrum*; Other *Betaproteobacteria*: isolates belonged to the *Betaproteobacteria* except *Bordetella*; Other *Gammaproteobacteria*: isolates belonged to the *Gammaproteobacteria* except *Stenotrophomonas*. Note: Quotation marks for names of the bacterial taxa above the rank of class are eliminated in appearance within all the figures of this review.

4-3. Bacteriobiota

In the survey of the TT bacteriobiota, we obtained a total of 516 strains from 177 samples collected from September 2005 to February 2009. We performed a 16S rRNA gene sequence analysis of 242 isolates, including 10 acetic acid bacteria, and we determined the bacterial community of TT based on these 242 isolates.

4-3-1. Bacteriobiota of the TT stone chamber interior. The bacteriobiota of the TT was determined initially from results obtained from only 50 samples (Sugiyama et al., 2009). The bacteriobiota of the TT stone chamber interior was investigated during the period September 2005 to April 2007, when the dismantling work had just begun. Before the dismantling work started, the chamber interior was kept at about 10°C to control fungal activities (Inuzuka and Ishizaki, 2007). The temperature control started in September 2005 and was continued up until April 2007. The temperature of the chamber interior was stable, around 10°C, during 2006–2007, just before the beginning of the dismantling work. Before dismantling, the chamber was a dark, highly humid, enclosed space. The bacteriobiota survey of the stone chamber interior was carried out during this period.

Changes in the bacteriobiota of the TT stone chamber interior are shown in Fig. 7. The phylum-level taxa of these TT isolates include the "*Proteobacteria*" (including three classes, *Alpha-*, *Beta-*, and *Gamma-proteobacteria*), "*Bacteroidetes*", "*Firmicutes*", and "*Actinobacteria*". The samples in 2005 were collected immediately after cooling of the chamber interior. Initially, Gram-positive bacteria, including *Bacillus* (mainly the *B. cereus* group, see Subsection 6-6 of this review) and some "*Actinobacteria*", accounted for more than half of the isolates; however, the ratio of Gram-negative bacteria in the isolated strains increased after cooling stabilized in the chamber in 2006. In particular, all isolates of *Bordetella* in the class *Betaproteobacteria* were only found in samples collected in 2006. The number of isolates belonging to *Stenotrophomonas* in the class *Gammaproteobacteria* was also higher at this time. Additionally, *Ochrobactrum* spp. in the class *Alphaproteobacteria* was one of the major taxa found. Therefore, the four genera *Bacillus*, *Stenotrophomonas*, *Bordetella*, and *Ochrobactrum* were considered to be predominant in the bacterial community on the plaster surface in this period. *Ochrobactrum* and *Bordetella* were only isolated from the TT samples; no isolates were obtained from the KT samples. As the dismantling work started, the inside of the chamber was exposed to the outside air. The microclimate of the plaster surface was warmer and drier than before. *Bordetella* spp. and *Ochrobactrum* spp. were not isolated from the plaster surface samples collected in 2007. While the ratio of *Bacillus* to "*Proteobacteria*" recovered to 1:1 in 2007, no

"*Actinobacteria*" were isolated at this time (Fig. 7). These results indicated that environmental conditions, such as temperature and humidity, affected the bacterial diversity in the stone chamber interior, especially on the plaster surface. Before the dismantling, the appearance of many viscous gels (biofilms) was observed on the stone chamber wall surface (Figs. 1h, i, t, and v); therefore, most bacteria were highly active at that time, even though the stone chamber interior was maintained at a low temperature.

4-3-2. Bacteriobiota of samples collected from the TT stone chamber interior and the neighboring environment. Because of repeated disturbances of the TT by microorganisms, the stone chamber was dismantled and relocated for conservation work. The samples collected in this period were separated into five groups as previously mentioned (Section 3 of this review). A comparison of the bacterial diversity between the interior and exterior of the TT stone chamber is shown in Fig. S5. The *Gluconacetobacter* spp. were isolated using the enrichment culture method (see Subsection 7-8 of this review), which is a method not used very often in this study. The isolates represented six phyla/classes as determined by the 16S rRNA gene sequence. The ratio of each taxa in the total isolates was as follows: *Alphaproteobacteria*, 16.1%; *Betaproteobacteria*, 9.1%; *Gammaproteobacteria*, 14.9%; "*Bacteroidetes*", 5.0%; "*Firmicutes*", 28.5%; and "*Actinobacteria*", 26.4% (Fig. S5). The proportion of "*Proteobacteria*" increased toward the interior from the exterior of the stone chamber. The converse result was observed for "*Actinobacteria*" and "*Firmicutes*". In the class *Alphaproteobacteria*, *Ochrobactrum* spp. were isolated from the stone chamber exterior, the joint/space of the stone wall, and the stone chamber interior, while *Gluconacetobacter* spp. were not found in any of the stone chamber interior samples. In the class *Betaproteobacteria*, three *Bordetella* spp. were isolated from the stone chamber interior and the joint/space of the stone wall. In the class *Gammaproteobacteria*, the proportion of *Stenotrophomonas* spp. increased toward the interior from the exterior of the stone chamber, but no strains of this genus were isolated from the mound samples. Interestingly, members of the *Bacillus cereus* group were isolated from all sites except the stone chamber exterior, while the *B. simplex* group was not found inside the stone chamber. The phylum "*Firmicutes*" was the most predominant in the TT samples; in particular, the isolates of the *B. cereus* and *B. simplex* groups accounted for 21.5% of all isolates. These results suggest that the bacteria isolated from the stone chamber interior might have invaded the chamber from the surrounding area and adapted to the environment (see Subsections 6-6 and 9-3 of this review).

5. Dynamics of the Microbiota of the KT Stone Chamber Interior and Neighboring Environments from 2004 to 2013 Based on Culture-Dependent Methods

5-1. Mycobiota of the KT

A total of 198 samples collected from the KT stone chamber interior and exterior between June 2004 and February 2013 (Table S2) were used for mycobiota analyses. These were: 157 samples were gathered from the stone chamber interior during June 2004 to September 2012, 9 from the thieving (thief) hole during February 2013, 25 from the adjacent small room during September 2004 to March 2006, 5 from the adjacent rooms in March 2006, 1 from the external air in March 2006, and 1 from the mound in June 2008.

5-1-1. Changes in the mycobiota of the KT stone chamber interior between June 2004 and September 2012. From the 157 samples collected from the stone chamber interior, 832 isolates were isolated (Table S2). In June 2004, *Penicillium* (mainly *P. paneum*) and ascomycetous yeasts (*Candida* and *Pichia*, mainly isolated from a viscous gel) were predominant. Subsequently, *Fusarium* (FSSC clade), *Acremonium* cf. *strictum*, *Trichoderma*, *Acremonium* sect. *Gliomastix*, *Myxozyma* spp., and *Clonostachys* cf. *rosea* were the predominant fungi inside the stone chamber (Fig. 8). In April 2006, a basidiomycetous anamorphic fungus (*Burgoa*), denoted as "black particles" (see Subsection 7-2), was isolated only from the stone chamber interior (Fig. 8, Table S2).

After intermittent UV irradiation of the KT stone chamber started in April 2009, microbial appearances (e.g., mold spots and viscous gels (biofilms)) were effectively suppressed; this assessment was based on observations made with the naked eye (Kigawa et al., 2010c, 2012b). However, dematiacetous fungi, *Cladophialophora*, and *Phialophora* species were clearly isolated from the stone chamber interior, together with other fungi from various samples (Fig. 8).

Many fungal species were common to both the TT (Table 4) and KT mycobiotas (Table S2). *Penicillium paneum*, *Fusarium* (the FSSC clade), and *Trichoderma* were the major colonizers of the KT stone chamber interior. These fungal genera are reported as major contributors to the biodeterioration of mural paintings outside of Japan (Garg et al., 1995; Karbowska-Berent, 2003). *Acremonium* cf. *strictum*, *Acremonium* (sect. *Gliomastix*) *tumulicola*, *Burgoa anomala*, and *Kendrickiella phycomyces* are the predominant species isolated from the KT stone chamber interior. These species were reported for the first time in the biodeteriorated samples in this study. To date, there is no record of their occurrence outside of Japan.

KT isolates of *Acremonium* cf. *strictum* were re-identified as *A. killense* and *A. strictum*, known as clinically important species in molecular phylogenetic analyses. Recently, *A. killense* and *A. strictum* were reclassified into the genus *Sarocladium* (anamorphic Hypocrales; Giraldo et al., 2015; Summerbell et al., 2011). Detection of these species was recorded mainly from viscous substances on the plaster and stone walls in the KT stone chamber; therefore, they are thought to be involved in viscous gel (biofilm) formation on the mural paintings. Recently, *A. strictum* was identified in samples from the Altamira Cave, but was not discussed as a threat to the conservation of murals in the Altamira Cave (Novakova et al., 2014).

5-1-2. Mycobiota of the KT stone chamber interior and the neighboring environment. While surveying mycobiota related to the biodeterioration of the murals and plaster walls from June 2004 to February 2013, a total of 198 samples were collected for fungal isolation. A total of

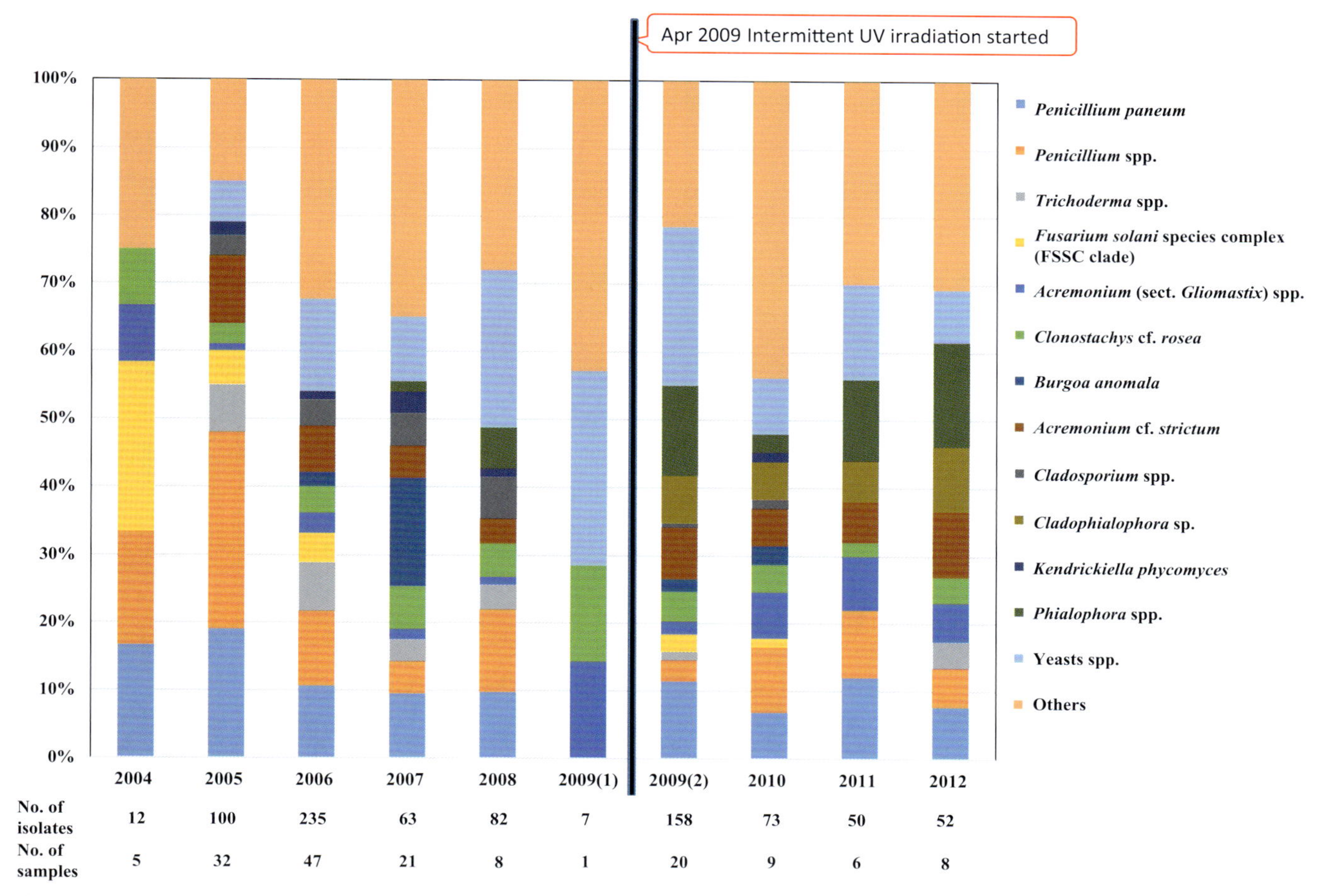

Fig. 8. Changes in mycobiota of the KT stone chamber interior (Jun 2004–Oct 2011).

The graph indicates the proportions at the genus level among the samples collected during each sampling period. Data modified and compiled from Kiyuna et al. (2008), Kigawa et al. (2009b, 2010b, 2011, 2012a), and the Agency for Cultural Affairs, Japan webpage (<http://www.bunka.go.jp/>).

157 samples were selected from the stone chamber interior (June 2004–September 2012), 25 from the adjacent small room (September 2004–March 2006), 5 from the adjacent rooms (March 2006), and 1 each from the mound (June 2008) and the external air (March 2006). From a total of 198 samples, 1092 fungal isolates (including unidentified groups) were isolated, of which 832 isolates were acquired from the stone chamber interior, 76 from the adjacent small room, 43 from the adjacent rooms, and 42 from the mound/external air (Table S2). KT samples for microbial surveys were mainly collected from the stone chamber interior; therefore, the comparison of mycobiotas between the stone chamber interior and exterior (including the adjacent small room and rooms, external air, and mound) was difficult. Core genera of mycobiota of the stone chamber interior, mainly *Penicillium*, dark *Acremonium*, *Fusarium*, and *Trichoderma*, were similar to those of the adjacent small room (Table S2).

5-2. *Yeast biota of the KT samples*

5-2-1. Changes in the yeast biota of the KT stone chamber interior between June 2004 and September 2012. We determined the phylogenetic positions of 62 yeasts isolated from samples collected from the KT stone chamber interior. Figure 9 summarizes the changes in the KT yeast biota over time. *Yamadazyma olivae* was the yeast predominant in the KT stone chamber interior before intermittent UV irradiation started in April 2009. After UV irradiation, the predominant species changed from *Y. olivae* to *Candida boidinii*, which was isolated from the sample collected in 2007 for the first time. The yeast temporarily named *Myxozyma* cf. *monticola* dominated between 2008 and 2011, and *M. guilliermondii* was continually isolated throughout the period, regardless of intermittent UV irradiation.

5-2-2. Comparison of the yeast biota of the stone chamber interiors of KT and TT. The phylogenetic position in the NJ tree of 38 TT and 62 KT yeast isolates from chamber interior samples was determined based on D1/D2 LSU rRNA gene sequences (Fig. 10). Subsequently, about 55% of the TT and 35% of the KT isolates were assigned to the *Yamadazyma* clade (Table S3, Fig. 10). However, one KT isolate was assigned to *Y. tumulicola*; the *Yamadazyma* species *Y. tumulicola* and *Y. takamatsuzukensis* were specifically isolated from the TT, and *Y. olivae*, *Y. kitorensis*, and *C. friedrichii* were specifically isolated from the KT. We do not have sufficient evidence to explain these isolate specificities at the moment. On the other hand, *Meyerozyma guilliermondii* and *Candida boidinii* were frequently isolated from both tumuli (Figs. 6, 9, and 10). Moreover, species of the *Yamadazyma* clade, *M. guilliermondii*, and *C. boidinii* were reportedly associated

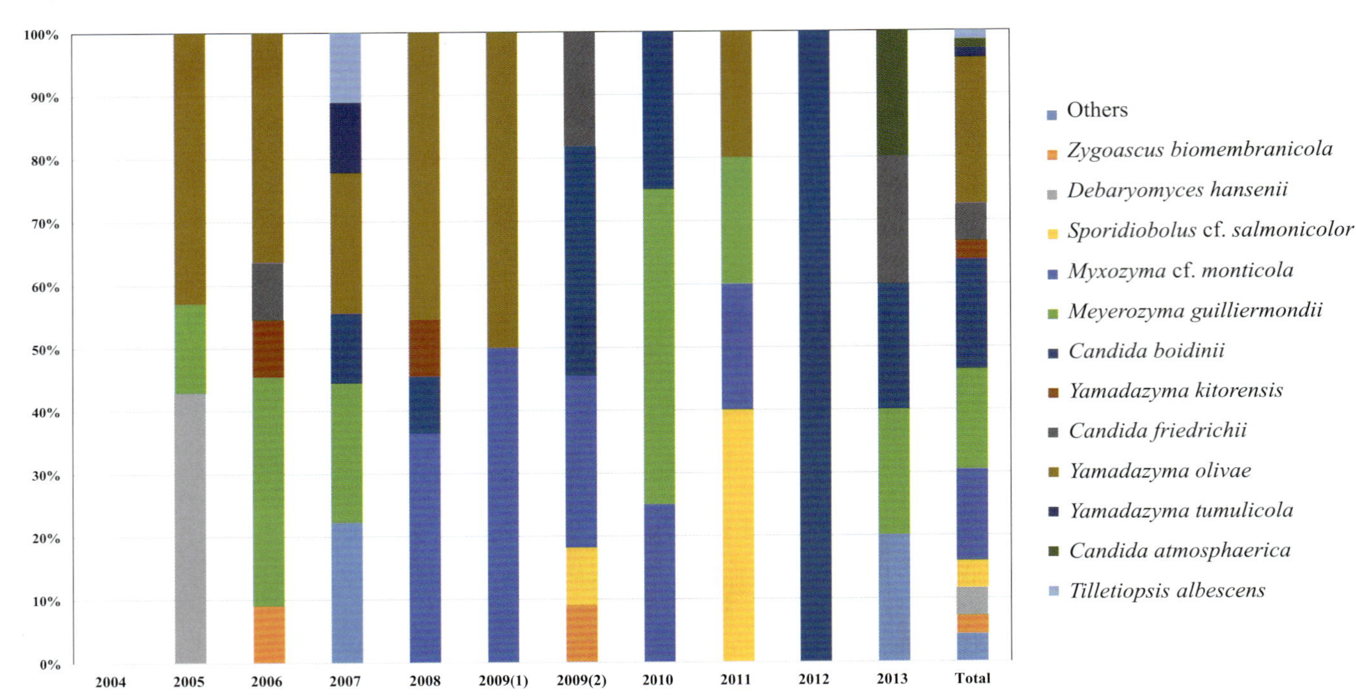

Fig. 9. Changes in the yeast biota of the KT stone chamber interior (2004–2012) and exterior (2013).
2009 (1) and 2009 (2) includes the isolates from the sample collected before/after intermittent UV irradiation in 2009, respectively. The graph indicates the proportions at the genus level among the samples collected during each sampling period. None of the isolates were obtained from samples collected in 2004.

with various insects and/or natural environmental substrates, including water, atmosphere, and soil (Kurtzman, 2011; Lachance et al., 2011; Suh et al., 2005). The invasion of arthropods, including the spring tail *Porcellio* sp. and mites, plant roots, water, and traces of soil through narrow spaces between wall stones was observed in the TT stone chamber (ICECDMPTT, 2010). The presence of multiple yeast species of the *Yamadazyma* clade and *M. guilliermondii* in both the TT and KT stone chamber interiors may be associated with such phenomena. Minority yeast isolates include *Zygoascus polysorbophila* from TT (Fig. 6) and *Zygoascus biomembranicola* from KT (Fig. 9). A yeast-like microalga, *Prototheca* sp., which very recently has been identified as *P. tumulicola* sp. nov. (Fig. S4 and Fig. 6; Nagatsuka et al., 2017; cf., Subsection 7-6 of this review), was isolated from the TT, and *Myxozyma* sp., which formed slimy colonies, was isolated from the KT (Fig. 9).

5-3. *Bacteriobiota*

In the survey of KT bacteriobiota, we obtained a total of 257 isolates from a total of 99 samples collected during September 2005 to February 2013. The 16S rRNA gene sequence was analyzed in 164 selected isolates. Therefore, the determination of the KT bacterial community was based on these 164 isolates. The phylogenetic tree constructed from selected bacterial isolates obtained from both tumuli is shown in Fig. 11. All isolates represented six phyla/classes as determined by the 16S rRNA gene sequence divergence.

5-3-1. Bacteriobiota of the KT stone chamber interior. As shown in Table 2, the mural paintings were detached from the walls inside the stone chamber and relocated to the preservation facility soon after the discovery in 2004 that the wall plaster was loosely held to the stone. After all paintings were relocated, UV intermittent irradiation was carried out to control the activity of microorganisms (starting in March 2009) (Kigawa et al., 2009b, 2010c, 2011; Table 2).

The bacteriobiota of the KT stone chamber is shown in Fig. 12. The major taxa of the isolates from the KT stone chamber interior included the phyla "*Proteobacteria*" (*Rhizobium* in the class *Alphaproteobacteria*, *Achromobacter* in the class *Betaproteobacteria*, and *Stenotrophomonas* in the class *Gammaproteobacteria*), "*Bacteroidetes*", "*Firmicutes*", and "*Actinobacteria*". Isolates from the KT chamber interior included more species of Gram-negative, than Gram-positive, bacteria. The genus *Gluconacetobacter* in the class *Alphaproteobacteria* was thought to have caused severe damage to the wall plaster. The samples in 2009 differed from those of other years, as no *Alphaproteobacteria* were isolated. At that time, UV irradiation had begun. Hence, UV irradiation likely affected the microbial community in the KT stone chamber interior. The phylogenetic tree based on 16S rRNA gene sequences of TT and KT isolates from viscous gel (biofilm) samples is shown in Fig. 11. A clear difference in bacterial diversity is seen between the two tumuli.

5-3-2. Bacteriobiota of the KT stone chamber interior before, and after, UV irradiation, and bacteriobiota of the stone chamber exterior. After relocation of the mural paintings and the plaster inside the stone chamber, intermittent UV irradiation was begun in 2009 to prevent microorganism growth. In the samples collected before UV irradiation, more than 60% of the isolates comprised bacteria of the phylum "*Proteobacteria*". Members of the

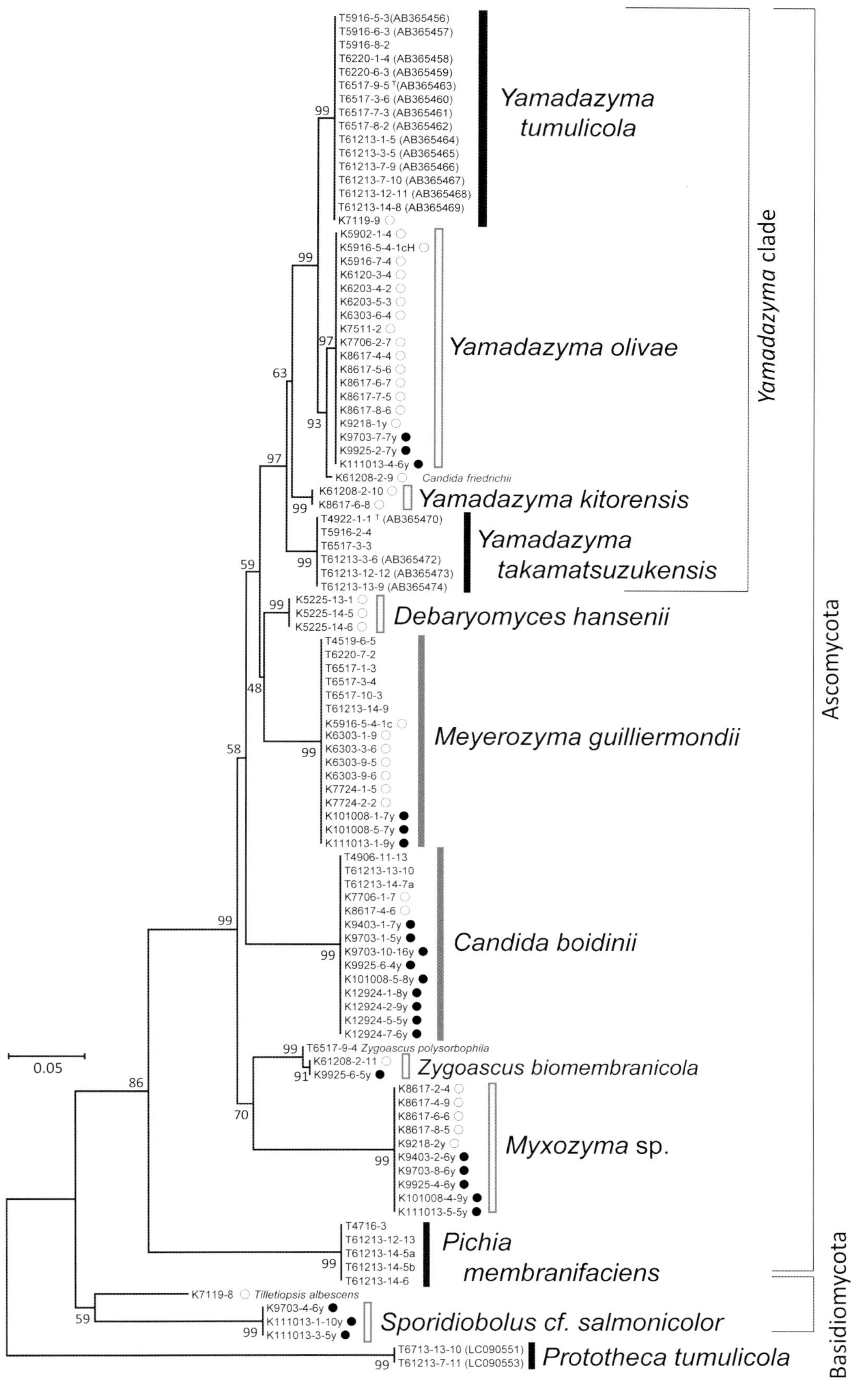

Fig. 10. Comparison of the yeast biota of the TT and KT chamber interiors.

The tree was constructed based on the neighbor-joining analysis of LSU gene sequences (446 nt). Bootstrap percentage values >50% derived from 1000 replications are shown above or below the corresponding branches. Numbers in parentheses indicate DDBJ accession numbers. Bar indicates 0.05 nucleotide substitutions per site. The initials T and K of strain numbers indicate isolates from the TT and KT, respectively; ○: isolates from the KT before intermittent UV irradiation; ●: isolates from the KT after intermittent UV irradiation.

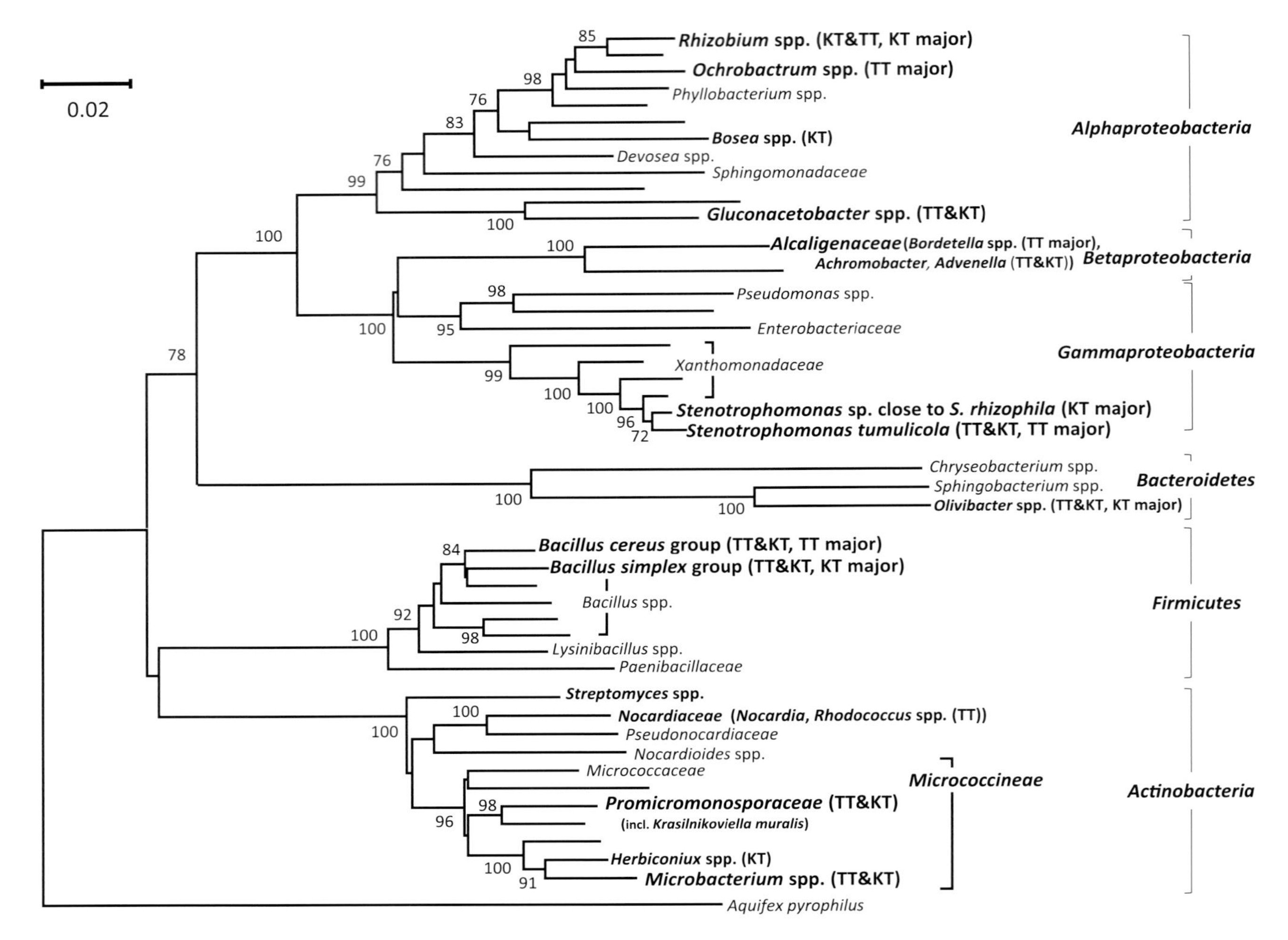

Fig. 11. Molecular phylogeny placing selected 157 TT and KT bacterial isolates.

The tree was constructed based on the neighbor-joining analysis of 16S rRNA gene sequences (1300 nt). Bootstrap percentage values >70 % derived from 1000 replications are shown above or below the corresponding branches. The type strain of *Aquifex pyrophilus* is used as an outgroup. Bar indicates 0.02 nucleotide substitutions per site. The TT, KT and both in parentheses indicate the respective major taxa isolated from both tumuli. The *Bacillus cereus* group included *B. cereus* and its phylogenetically related species, *B. thuringiensis*, *B. toyonensis*, and *B. pseudomycoides*, and three unknown species in this group, whereas the *B. simplex* group included *B. simplex* and its related species, *B. butanolivorans*.

phyla "*Actinobacteria*" and "*Bacteroidetes*" increased after UV irradiation (Fig. S6). These results suggest that UV irradiation had an effect on the bacterial community.

Stenotrophomonas tumulicola (Handa et al., 2016), *Microbacterium shaanxiense* (Peng et al., 2015), and *Advenella* sp., were isolated from the TT stone chamber interior and from the stone chamber exterior and burial mound soil of the KT.

5-3-3. Comparison of the bacterial communities of the TT and KT. Viscous gels appeared on some parts of the wall surface inside the stone chamber starting in 2004 in the TT and in the summer of 2005 in the KT, respectively. These gels (biofilms) were aggregates of microorganisms, including mycelia, spores, yeasts, and bacterial cells, as observed through a light microscope (Figs. 1h, i, t, and v). Most of the isolates from these gels were *Ochrobactrum* spp, *Rhizobium* sp., *Gluconacetobacter* spp., *Advenella* sp., *Bordetella* spp., *Stenotrophomonas* spp., *Bacillus* spp., and several species of "*Actinobacteria*" (Fig. 11).

A clear difference in bacterial diversity is seen between the two tumuli. *Alphaproteobacteria* was more diverse in the KT than in the TT. For instance, acetic acid bacteria were isolated from the stone chamber interior of the KT but not the TT. One of predominant TT isolates belonged to the genus *Ochrobactrum* in the class *Alphaproteobacteria*. *Ochrobactrum* members were not isolated from the KT. In the KT, *Rhizobium* aff. *radiobacter* was the most predominant bacterium in the class *Alphaproteobacteria*.

In the class *Betaproteobacteria*, *Bordetella* was isolated from the TT only, whereas *Advenella* and *Achromobacter* were isolated from both tumuli. The genus *Stenotrophomonas* in the class *Gammaproteobacteria* was predominant among isolates obtained from both tumuli. However, the representative species of this genus differed between tumuli. Most *Stenotrophomonas* isolates from the TT were of a novel taxon, recently proposed by Handa et al. (2016) as *S. tumulicola*, with the type strain T5916-2-1b^T (JCM 30961^T). In contrast, those from the KT belonged to *S. rhizophila*, which was not isolated from the TT. The major taxa of the bacterial communities isolated from the stone chamber interiors of both KT and TT were *Bacillus*, the *Rhizobiales*, and *Streptomyces*. Thus, environmental

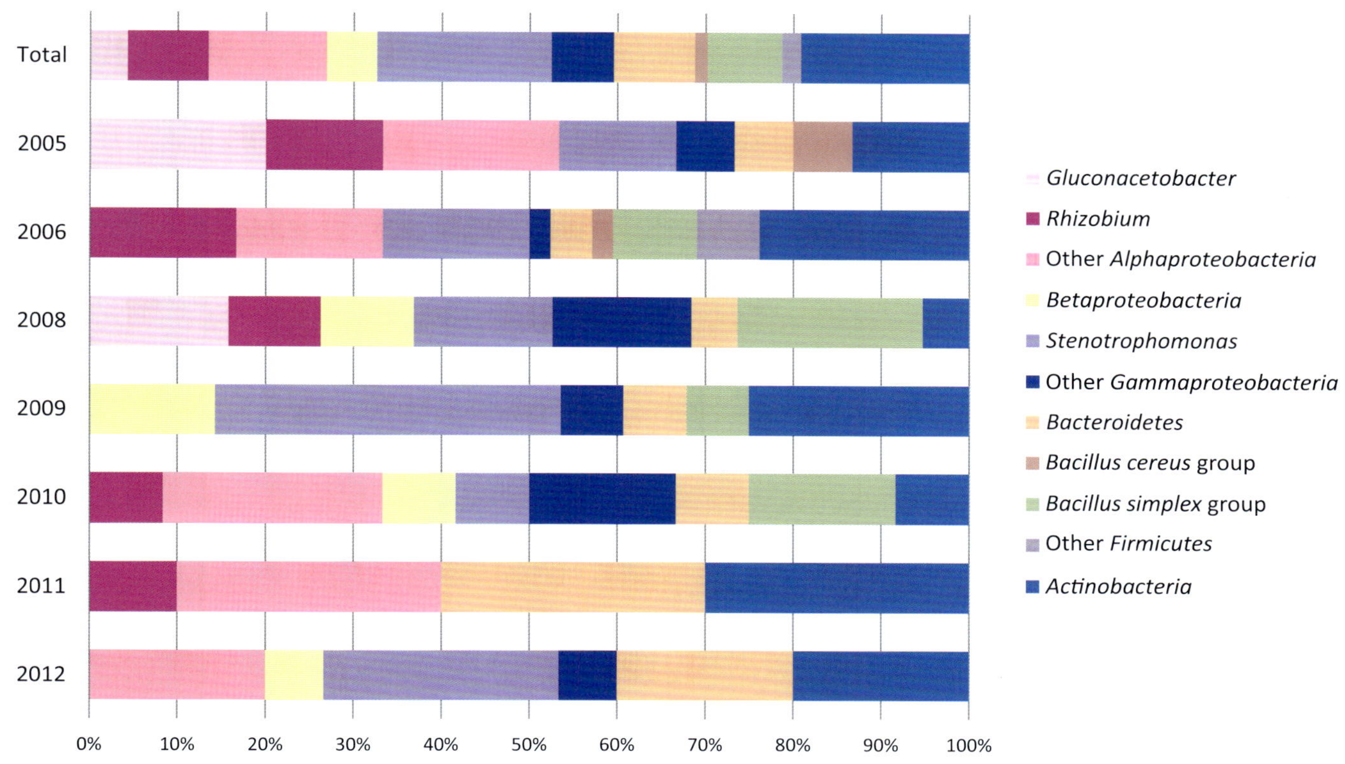

Fig. 12. Changes in the bacteriobiota of the KT stone chamber interior (Sep 2005–Sep 2012).

The graph indicates the proportions at the phylum/class level among the samples collected during each sampling period. The *Bacillus cereus* group included *B. cereus* and its phylogenetically related species, *B. thuringiensis*, *B. toyonensis*, and *B. pseudomycoides*, and three unknown species in this group, whereas the *B. simplex* group was included its related species, *B. butanolivorans*. Other *Alphaproteobacteria*: isolates belonged to the *Alphaproteobacteria* except *Gluconacetobacter* and *Rhizobium*; Other *Gammaproteobacteria*: isolates belonged to the *Gammaproteobacteria* except *Stenotrophomonas*; Other "*Firmicutes*": isolates belonged to the "*Firmicutes*" except the *Bacillus cereus* and *simplex* groups.

differences (cooling or not, dismantling or not, and UV intermittent or not) between the tumuli affected the bacterial taxa composition of the biofilms.

5-3-4. Comparison of the bacterial communities of TT, KT, and the Lascaux and Altamira Caves. The initial record of the bacterial community inside the TT stone chamber reported *Actinomycetes* along with some fungi (Arai, 1987). At the time of the discovery of the TT stone chamber, and at the first fungal outbreak, the investigation of bacteria was not as extensive as that of fungi. In addition, fungicide treatments (formaldehyde fumigation; ethanol) had been performed to prevent fungal outbreaks. Therefore, it is assumed that the original bacterial community in the TT stone chamber interior had already changed when our microbiological survey started. Our bacteriobiota survey for the KT stone chamber interior started from September 2005. At that time, viscous gels (biofilms) had been observed on the surface of stone walls, and several biocide treatments by paraformaldehyde fumigation had already been performed (Kigawa et al., 2005).

The most predominant bacteria in the Lascaux and Altamira Caves were of the phyla "*Proteobacteria*" and "*Actinobacteria*". According to Bastian et al. (2010), the most abundant bacterial taxa in the Lascaux Cave, as determined by the cloning method, were "*Proteobacteria*", such as *Ralstonia* in the class *Betaproteobacteria* and *Pseudomonas* in the class *Gammaproteobacteria*. Presumably, bacteria in these genera might have been selected as a result of benzalkonium chloride treatment for the control of the microorganisms in the Lascaux Cave (Bastian et al., 2009c). On the other hand, neither *Ralstonia* nor *Pseudomonas* were isolated (or very few strains were isolated) from the TT and KT using the culture-dependent method. Additionally, neither of these two genera were detected in the TT and KT samples using the PCR-DGGE method. In the Altamira Cave, the major taxa of isolates were "*Actinobacteria*" (mostly *Streptomyces*), "*Proteobacteria*" (mostly *Gammaproteobacteria*), and "*Firmicutes*" (mostly *Bacillus*) (Gonzalez et al., 2008a; Laiz et al., 2003). The predominant airborne bacteria in this cave were *Micrococcus luteus* (85.3%), *Pseudomonas* spp. (6.8%), and *Bacillus* spp. (1.8%) (Garcia-Anton et al., 2014). Human disturbance (fungicide, artificial constructions) of this cave is considered to have strongly affected the balance of the bacterial community (Saiz-Jiménez, 2015).

6. Identification of the Major Microbial Colonizers of the Stone Chamber Interiors of Both Tumuli and Their Roles in Biodeterioration

This section reviews the major microbial colonizers of the TT and KT based on an integrated analysis of their phenotypes and genotypes and their related biological characteristics. Phenotypic (particularly cultural and morphological) characteristics of the major microorganisms of the TT and KT are shown in Fig. 13.

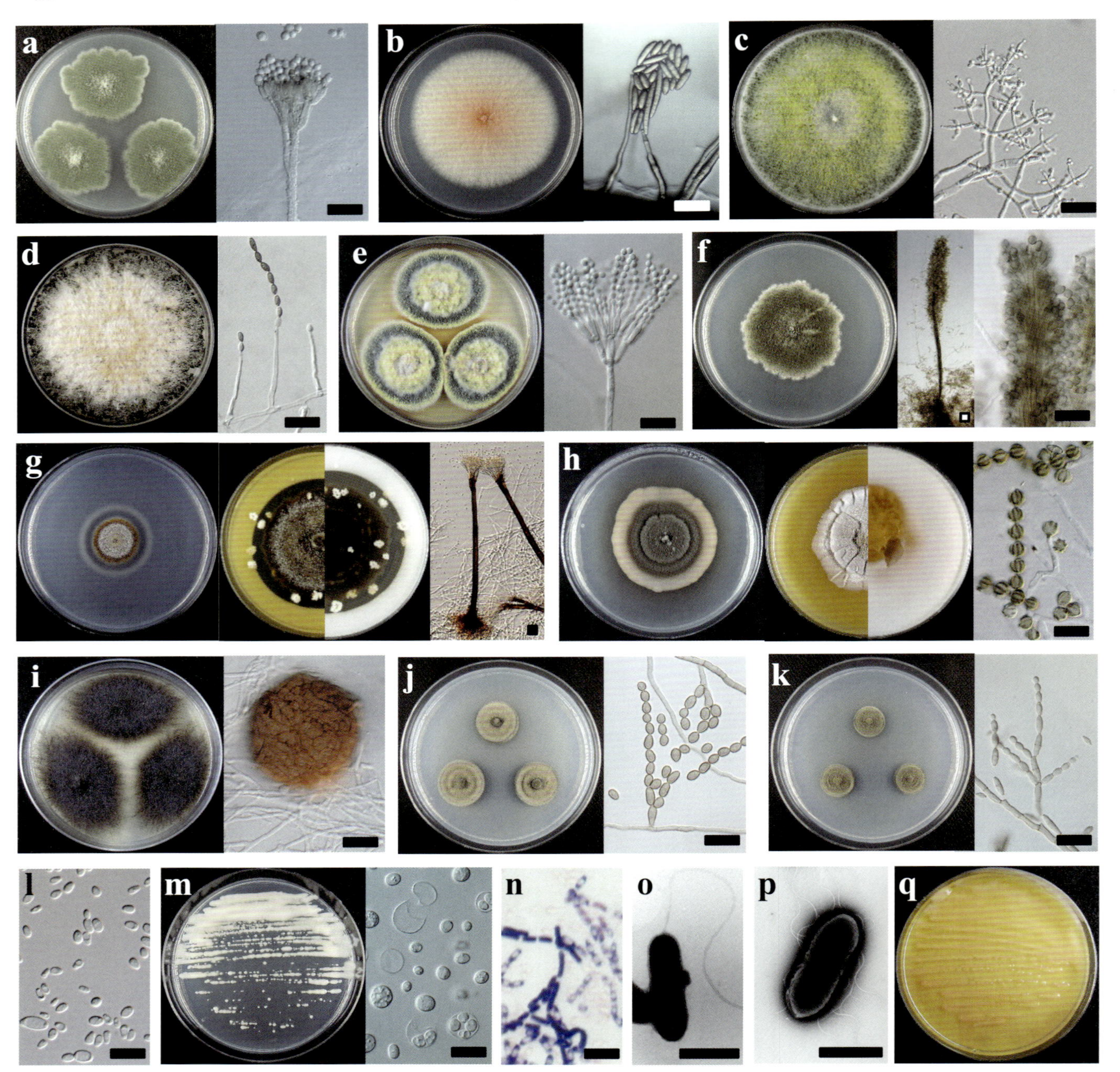

Fig. 13. Cultural and morphological characteristics of the major or noteworthy microorganisms of TT and KT.

(a) *Penicillium paneum* T5916-6-1 (JCM 15987) on PDA at 25°C for 2 weeks, (b) *Fusarium* sp. (*F. solani* species complex clade (FSSC)) T4716-1 on PDA at 25°C for 1 week, (c) *Trichoderma* sp. (*T. harzianum* species complex) T4519-9-7 on PDA at 25°C for 1 week, (d) *Acremonium masseei* (sect. *Gliomastix*) T6517-1-1 (JCM 17165) on PDA at 25°C for 4 weeks, (e) *Talaromyces minioluteus* T4906-7-3 (JCM 28737) on YES at 25°C for 2 weeks, (f) *Cephalotrichum verrucisporum* T7530-12-1 (JCM 28755) on PDA at 25°C for 3 weeks, (g) *Kendrickiella phycomyces* K5906-1-1 (JCM 18028) on PDA at 25°C for 2 weeks/on GYC (surface/reverse) at 25°C for 4 weeks/K4910-1 (JCM 18027); The calcium carbonate decomposition and white precipitants were observed around the colony, (h) *Sagenomella striatispora* T7521-8D-1 (JCM 28750) on PDA at 25°C for 8 weeks/on GYC (surface/reverse) at 25°C for 8 weeks; The calcium carbonate decomposition was observed beneath the colony, (i) *Burgoa anomala* K6421-1-1 (JCM 30265) on PDA at 25°C for 4 weeks, (j) *Cladophialophora* sp. 1 K6203-7-2^T (JCM 28766^T) on PDA at 25°C for 2 weeks/T81203-3-5 (JCM 28763), (k) *Cladophialophora* sp. 3 T7521-8B-3^T (JCM 28749^T) on PDA at 25°C for 2 weeks, (l) *Candida tumulicola* T6517-3-6 (JCM 15400), (m) *Prototheca tumulicola* T6713-13-10^T (JCM 31123^T) on YM at 25°C for 3 days, (n) *Bacillus toyonensis* T5916-8b (JCM 28785); The endospores are observed as a transparent spot in the cell, (o) *Stenotrophomonas tumulicola* T6517-1-2b (JCM 30962), (p) *Gluconacetobacter takamatsuzukensis* T61213-20-1a^T (JCM 19094^T), (q) *Ochrobactrum pituitosum* T6220-2-3b (JCM 28787) on GYC at 25°C for 1 week. Bars = a–m, 10 μm; n, 5 μm; o–p, 1 μm. For abbreviations of culture media, see An et al. (2009), Kiyuna et al. (2008), and Tazato et al. (2012).

6-1. *Fusarium solani species complex (FSSC) clade*

Members of the genus *Fusarium*, ca. 111 species, are common soil fungi (molds) and plant pathogens. They are saprobes or parasites and are widespread (Domsch et al., 2007; Kirk et al., 2008). The majority of the TT and KT *Fusarium* isolates (e.g., Figs. 13 and 14) belong to FSSC clade 3 (O'Donnell, 2000), along with one phylogenetic species (isolates LSP 1-1 and -2) from the Lascaux Cave (Dupont et al., 2007). Members of FSSC clade 3 are well known as plant pathogens and mycotoxigenic saprobes

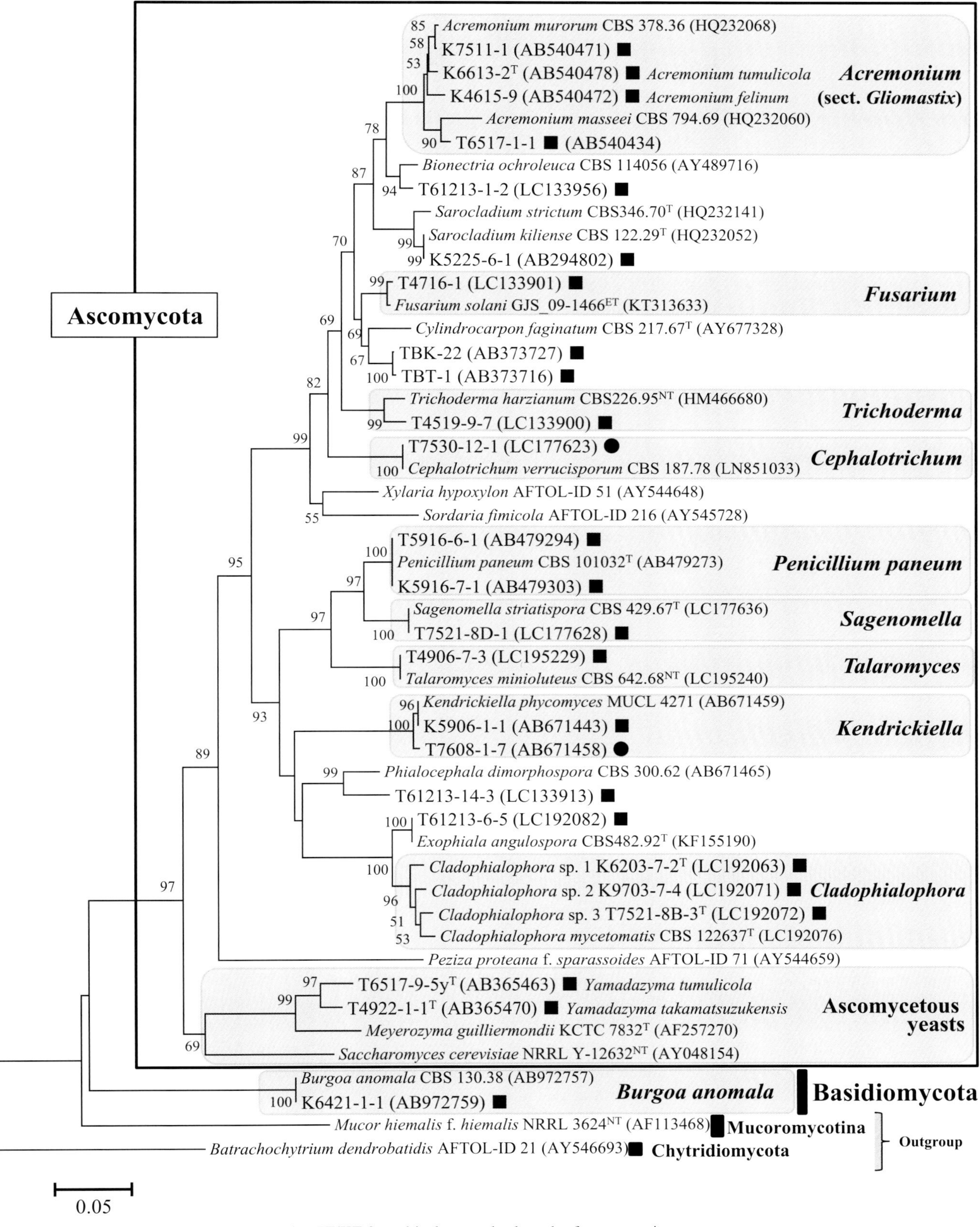

Fig. 14. Molecular phylogeny placing the major TT/KT fungal isolates and selected reference strains.

The tree was constructed based on the neighbor-joining analysis of 49 LSU gene sequences (417 nt). Numerals in parentheses are DDBJ/GenBank/EMBL accession numbers. Taxon names in bold in shaded boxes indicate the respective major/noteworthy fungal genera and groups; for the higher taxonomic assignments, see Supplementary Materials. Bootstrap percentage values >50% derived from 1000 replications are shown above or below the corresponding branches. Bar indicates 0.05 nucleotoide substitutions per site. The initials T and K of isolate numbers indicate isolates from the TT and KT, respectively; isolates TBT-1 and TBK-22 were from the TT and KT, respectively; ■: isolates from the stone chamber interior; ●: isolates from the joint/space of stone walls. Strain with a superscript "T/NT" indicates that derived from the ex-type/ex-neotype, respectively.

mainly occurring in soil. Recently, at least 300 phylogenetically distinct species were estimated (O'Donnell et al., 2015). O'Donnell et al. (2004, 2007) and Zhang et al. (2006) reported that fusaria pathogenic to humans and other animals belong to either the FSSC or FOSC clade. In light of the conclusion by Dupont et al. (2007) regarding the Lascaux Cave, we suggested that most TT and KT fusaria in the FSSC clade 3 were also deeply involved in the deterioration of the murals (Kiyuna et al., 2008). Members of FSSC clade 3 are well known as colonizers of various plants, soil, mycetomas, and other substrates (Domsch et al., 2007; Zhang et al., 2006). Taxonomic and molecular phylogenetic studies of FSSC clade 3 have been performed by numerous authors (e.g., Schroers et al., 2016). A future study is needed to compare the living *Fusarium* isolates between the two tumuli in Japan and the Lascaux Cave in France, and to assign them to a common phylogenetic species in the FSSC.

The metabolic activities of fungi produce various organic acids (e.g., acetic, formic, gluconic, and citric) that are known to cause chemical deterioration of wall paintings (e.g., Gomez-Alarcon and de la Torre, 1994; Sterflinger, 2000). Strains of *Fusarium*, which produce high amounts of acetic acid, significantly decreased the pH of the liquid culture medium (Sano et al., 2010). *Fusarium solani* is known to produce organic acids, including acetic, citric, fumaric, glyoxylic, and oxalic acid (e.g., Sterflinger, 2000). Furthermore, biodeterioration of concrete was shown to be caused by organic acids produced by *Fusarium* sp. (Gu et al., 1998).

6-2. Trichoderma

The genus *Trichoderma*, comprising 254 species (Bissett et al., 2015), is one of the most common genera among soil and wood-decaying fungi (molds), and these organisms are widespread (Domsch et al., 2007; Kirk et al., 2008). The TT and KT isolates belonged to three clades (Fig. 14): the Harzianum-Virens clade (Catoptron/Lixii clade), the Viride clade (Rufa clade), and *Trichoderma* sect. *Longibrachiatum* (Chaverri and Samuels, 2003; Samuels, 2006). Most of the isolates (nine TT and four KT) were clustered in the Harzianum-Virens clade. These TT and KT strains were isolated from the stone chamber interior and the adjacent space or the small room (Table 4, Table S2). Members of this clade may cause most of the wall plaster and mural deterioration, particularly in the interior stone chamber of TT. The morphological species *Trichoderma harzianum* (Fig. 13c) was the most commonly encountered *Tichoderma* in direct isolations, but it probably represents multiple phylogenetically distinct species (Kiyuna et al., 2008). *Trichoderma harzianum* is commonly isolated from soil (Domsch et al., 2007) and occurs as a colonizer of diverse plant substrates (Chaverii and Samuels, 2002). Therefore, *Trichoderma* members are considered to be common fungal colonizers of the interior and exterior of both tumuli. *Trichoderma harzianum* is also known to produce acetic, citric, formic, and oxalic acids (Sterflinger, 2000). On the other hand, TT and KT isolates of *T. harzianum* produced small amounts of acetic acid and no formic acid (Sano et al., 2010).

6-3. Penicillium: Penicillium paneum and Penicillum spp.

Penicillium, comprising 354 species, is one of the most common genera in soil, food, and as saprobes in a variety of decaying materials; these organisms are widespread (Kirk et al., 2008; Visagie et al., 2014). Members of this genus are involved in the biodeterioration of cultural properties, such as paintings, throughout the world (e.g., Garg et al., 1995). In Japan, *Penicillium* isolates have been reported in tumuli (Arai, 1984, 1990a; Emoto and Emoto, 1974; Emoto et al., 1983). In most cases, however, the *Penicillium* isolates in these previous reports were identified only at the genera level. Therefore, detailed comparisons of *Penicillium* isolates between the TT, KT, and other tumuli in Japan are impossible because no voucher isolates or specimens were preserved.

Penicillium isolates, which comprised a predominant fungal group, were obtained from samples collected from the stone chamber interior and adjacent spaces or rooms of both tumuli. Of 2502 fungal isolates of the TT and KT, 699 were assignable to *Penicillium*, of which 236 were phenotypically assigned to *Penicillium* sp. 1. Subsequently, our molecular phylogenetic analysis (inferred from the LSU, ITS, β-tubulin, and *lys2* sequences) clearly indicates that the 15 selected *Penicillium* sp. 1 isolates of the TT and KT, as well as the ex-holotype and another strain of *Penicillium paneum* (Fig. 13a), form a monophyletic cluster together with *P. roqueforti* and *P. carneum* in sect. *Roqueforti* (An et al., 2009). The phylogeny also suggests that there are no haplotypes within *Penicillium* sp. 1 isolates. These TT and KT isolates of *Penicillium* sp. 1 were identified and re-described as the known species *P. paneum* Frisvad based on an integrated analysis of phenotypic and genotypic characters by An et al. (2009). As for the closely related species *P. roqueforti*, *P. carneum*, and *P. paneum* in the series *Roqueforti*, Frisvad and Samson (2004) have commented that these three species are predominant in growths on rye bread, blue cheeses, and silage. Members of this series are a special case, growing very well at low pH, often in conjunction with organic acids and high CO_2 content of the atmosphere. O'Brien et al. (2006, 2008) has added baled grass silage as a habitat of *P. paneum*.

These *P. paneum* isolates produce blue-green colored conidial mass and slightly yellowish soluble pigment in agar plates which seem to be involved in the formation of stain spots on the mural paintings and plaster. The finding by An et al. (2009) is the first account of *P. paneum* isolated from samples related to the biodeterioration of cultural properties. This species was consistently isolated from the stone chamber interior before and after the cooling operation began in May 2004. Therefore, the activity of *P. paneum* was not affected by lower temperatures. The latest data referring to the identity of other *Penicillium* TT and KT isolates will be published elsewhere by Kiyuna et al. in the near future.

6-4. Acremonium sect. Gliomastix

Members (*ca.* 117 species) of the genus *Acremonium* are common soil fungi and plant pathogens, growing on decaying materials as saprobes or parasites (Domsch et al., 2007; Gams, 1971; Kirk et al., 2008).

A total of 74 representative isolates assignable to dark *Acremonium* (viz., *Acremonium* sect. *Gliomastix*) were isolated from the TT and KT stone chamber interior and exterior and were culturally and morphologically characterized (Kiyuna et al., 2011). Using integrated phenotypic and genotypic analyses, these isolates were identified as taxa of the series *Murorum* validated by Kiyuna et al. (2011) in sect. *Gliomastix*, including *Acremonium masseei*, *A. murorum*, *A. felinum* comb. nov., *A. polychromum*, and *A. tumulicola* sp. nov., typified by the ex-type strain K6613-2 (JCM 17184) (Kiyuna et al., 2011; cf., Fig. 14). Recently, draft genome sequences of *A. tumulicola* K6613-2 (JCM 17184) were determined and released on the JCM web site: <http://www.jcm.riken.jp/cgi-bin/nbrp/nbrp_list.cgi>. In this study, *A. masseei* was isolated only from the stone chamber interior of both tumuli (Fig. 13d). However, this species was not detected in exterior samples of either the TT or KT.

In Europe, fungal biodeterioration is well known to affect items of cultural significance, such as murals (Berner et al., 1997; Dhawan et al., 1993; Guglielminetti et al., 1994; Karbowska-Berent, 2003). The role of fungi in the deterioration of murals and their decay mechanisms have been reviewed by Garg et al. (1995) and Caneva et al. (2008). Black stains (or spots) caused by dematiaceous anamorphic fungi (e.g., *Cladosporium*) on mural paintings often causes problems in their conservation (Arai et al., 1991; Caneva et al., 2008; Ciferri, 1999). Fungal stains (or spots) are primarily caused by the secretion of metabolites or pigmentation of the fungi, especially melanin (Diakumaku et al., 1995; Nieto-Fernández et al., 2003; Saiz-Jiménez, 1995). Even after the fungus is dead, the pigmented cell walls remain on the surface of the substratum. These substances are particularly resistant to chemical and enzymatic degradation (Nieto-Fernández et al., 2003). Species of dark *Acremonium* or *Gliomastix* have been implicated in the biodeterioration of wall paintings by several researchers. Examples include the cave wall paintings of Lascaux, France (Orial and Mertz, 2006; Orial et al., 2009), indoor mural paintings in Europe (Nugari et al., 1993), Ajanta wall paintings in India (Dhawan et al., 1993), and Ozuka Tumulus paintings in Japan (Emoto and Emoto, 1974).

In 2001, the white molds growing on the prehistoric paintings in the Lascaux Cave in France were identified as members of the FSSC clade (Dupont et al., 2007; Orial and Mertz, 2006). The following year, an emergence of the black mold *Gliomastix murorum* (*sic*) was reported by Orial and Mertz (2006) and Orial et al. (2009). In our study, a few isolates of *A. murorum* were isolated from the stone chamber interiors of both tumuli.

A few species of dark *Acremonium* sect. *Gliomastix* were detected and recorded before September 2005. However, starting in May 2006, the temperature of the stone chamber interior was maintained at approximately 10°C, and the growth of the dark *Acremonium* sect. *Gliomastix* (*A. masseei*) drastically increased on the mural of the stone chamber interior. This outbreak of dark *Acremonium* is considered to have been promoted by relationships with other microbes and environmental conditions, such as the drop in temperature.

6-5. *Yeast taxa*

Information regarding the habitat and sources of yeast isolates is available from Kurtzman et al. (2011) and from the lists or catalogues of the respective public culture collections.

The predominant species in the TT stone chamber interior were *Yamadazyma tumulicola* and *Y. takamatsuzukensis*, which we initially described as the novel species *Candida tumulicola* and *C. takamatsuzukensis* (Nagatsuka et al., 2009) before reclassification to the genus *Yamadazyma* as new combinations (Nagatsuka et al., 2016; cf., Fig. 10). *Yamadazyma olivae* and *Y. kitorensis*, which we proposed as new combinations and new species (Nagatsuka et al., 2016; cf., Fig. 10), were the predominant species in the KT stone chamber interior. These four *Yamadazyma* species were frequently isolated from viscous gel (biofilm) samples collected inside the stone chambers. The minority yeast isolates *Zygoascus polysorbophila* from the TT, and *Z. biomembranicola* from KT, were also isolated from biofilm samples collected in the stone chamber interior. We proposed the new combination and new species, respectively, for these yeast (Nagatsuka et al., 2016). These four *Yamadazyma* species and two *Zygoascus* species formed abundant hyphae and pseudohyphae (Nagatsuka et al., 2009, 2016). Multiple medical studies have documented the close relationships between *Candida albicans* biofilm development and hyphal formation with extracellular substances (Hawser and Douglas, 1994; Nett et al., 2010). The hyphae and pseudohyphae of these isolates may also have played important roles as substructures in the developing biofilm in the TT and KT, leading to the observed contamination.

Ethanol and isopropanol were used as mild disinfectants on the mural pigments; however, these alcohols may have been diluted sufficiently to facilitate their use as a carbon source by microorganisms in the stone chamber interiors of the TT and KT (Ishizaki and Kigawa, 2011). The previously mentioned four *Yamadazyma* species and two *Zygoasucus* species, in addition to *P. membranifaciens* T4716-3 and *Meyerozyma guilliermondii* T6517-3-4 , were found to utilize ethanol (approx. 0.5% and 1%, v/v) but not isopropanol as a single carbon source (Kigawa et al., 2010b; Nagatsuka et al., 2016). *Y. takamatsuzukensis* T4922-1-1^T (JCM 15410^T), *Y. tumulicola* T6517-9-5^T (JCM 15403^T), *Y. olivae* K5916-7-4 (JCM 30999), *P. membranifaciens* T4716-3, and *M. guilliermondii* T6517-3-4 were tested for their ability to produce acetic acid, and formic acid (Sano et al., 2010). Yeast isolates were cultured in Czapek broth originally containing sucrose as the sole carbon source at 25°C for three or four days on a reciprocal shaker. The yeast isolates produced acetic acid and/or formic acid, and *P. membranifaciens* T4716-3 produced rather strong acetic acids that decreased the pH of the TT plaster. The production of acetic acids by *P. membranifaciens* T4716-3 in Czapek broth containing ethanol instead of sucrose was found to be about three times that in standard Czapek broth containing sucrose. On the other hand, *P. membranifaciens* T4716-3 showed no growth and no production of carboxylic acids in Czapek broth containing isopropanol as a sole carbon source. From these results, isopropanol was concluded to be better as a disinfectant against the yeasts composing these biofilms. The $CaCO_3$ solubilization test on GYC agar plates of selected TT and KT isolates showed that $CaCO_3$ was clearly dissolubilized by *M. guilliermondii* T6517-3-4 and *Y. takamatsuzukensis* T4922-1-1^T (JCM 15410^T) and slightly dissolubilized by *P. membranifaciens* T4716-3 (Sano et al., 2010). These results suggest that the yeast in the biofilms played an important role in the deterioration of the plaster walls in the moist stone chamber interior.

6-6. *Bacillus*

The firmicute genus *Bacillus* comprises over 220 species of gram-positive, commonly endospore-forming bacteria. *Bacillus* is one of the most common bacterial genera in soil and water (fresh and sea water) and is found in decaying materials (saprophytes) (Logan and De Vos, 2009). A few species are known to be pathogenic, causing illnesses, such as anthrax (*B. anthracis*), food-borne illness and opportunistic infections (*B. cereus*), and insect diseases (*B. thuringiensis*) (Logan and De Vos, 2009). In the world of conservation science, members of the genus *Bacillus* are thought to be involved in biomineralization (Cañaveras et al., 1999; Cuezva et al., 2012; Laiz et al., 1999).

Bacillus species were the most predominant bacteria isolated from the TT and KT samples. A total of 78 isolates were obtained from both tumuli. The original sources of the isolates were viscous gels or biofilms on the wall surface inside the stone chamber. Thus, *Bacillus* is thought to be one of the predominant components of such biofilms. These isolates were categorized into several groups based on their 16S rRNA gene sequence divergence. The top two groups were *B. cereus* which included *B. thuringiensis*, *B. toyonensis*, *B. pseudomycoides*, and three unknown species in this group, and *B. simplex* which included *B. butanolivorans* (see Supplementary Materials 1, Handa et al., 2017). Interestingly, nearly all of the *B. cereus* group strains were isolated from the TT stone chamber interior. However, the *B. simplex* group was only isolated from the TT stone chamber exterior, although it was a predominant isolate from the KT stone chamber interior. *B. simplex* group strains were isolated from TT samples collected between the wall stone or space and from the stone chamber exterior during the dismantling work (Sugiyama et al., 2009). It was suggested that the *B. simplex* group isolates had not adapted to grow in the cooled TT stone chamber. The partial DNA *gyrase B* subunit gene (*gyrB* gene) sequence-based phylogenetic analysis was performed as a high resolution approach to distinguish *B. cereus* and *B. simplex* group isolates (Handa et al., 2017). Especially, the *B. cereus* group includes pathogenic bacteria for humans, such as *B. cereus*, *B. anthracis*, and *B. weihenstephanensis*. Most of isolates in the *B. cereus* group were not clinical species except one isolate belonged to *B. cereus* (Handa et al., 2017). On the other hand, *B. muralis*, which is closely related to *B. simplex*, was isolated from a deteriorated mural painting (Heyrman et al., 2005). Based on the results of the phylogenetic analysis of the *gyrB* gene sequence, all of our *B. simplex* group isolates, except strain T81203-9-1b (JCM 28850), were tentatively identified as *B. simplex* (Handa et al., 2017).

Bacillus cereus group strains were also isolated or detected in samples from the Altamira Cave in Spain (Laiz et al., 1999), the Kartchner Caverns in the USA (Ikner et al., 2007), and the Mogao Grottoes in China (Ma et al., 2015). In caves, many bacteria (particularly actinobacteria) cause $CaCO_3$ precipitation (Cañaveras et al., 2006; Cuezva et al., 2009, 2012; Diaz-Herraiz et al., 2013). Some *Bacillus* spp. are thought to be involved in $CaCO_3$ precipitation along with these actinobacteria (Cañaveras et al., 1999; Cuezva et al., 2012; Laiz et al., 1999).

Recently, *Bacillus* and *Sporosarcina* strains causing $CaCO_3$ precipitation were isolated from concrete; one of which was closely related to *B. cereus* (Kim et al., 2016). Our isolates did not show $CaCO_3$ decomposition or precipitation on GYC medium (Kigawa et al., unpubl.), but two isolates produced acetic acid and decreased the pH of the culture broth (*B. toyonensis* T5916-8-1b [JCM 28785] and *Bacillus simplex* K6203-10-3b [JCM 28856]) (Sano et al., 2010). Therefore, these *Bacillus* isolates might play a role in the biodeterioration of plaster. Furthermore, isolates T5916-8-1b and K6203-10-3b were shown to utilize hydroxyl propyl cellulose and methyl cellulose, compounds used as consolidants in mural paintings (Kigawa et al., 2012a). The utilization of ethanol or isopropanol as a carbon source was tested for isolates T5916-8-1b and K6203-10-3b (Kigawa et al., 2010b). These organic solvents were used as fungicides, as they were thought to be mild compounds that would not affect the paints or humans but were still effective for removing fungal mycelia. Tested strains showed growth in a 1% concentration (V/V) solvent containing broth medium. Thus, when these solvents were applied as fungicides, at least some bacilli could grow if the solution was sufficiently diluted. Isolate K6203-10-3b was also tested for its response to treatment with sodium hypochlorite (NaClO). This strain showed no growth when exposed to 100 ppm NaClO for 5 min (Kigawa et al., 2010c).

After relocation of the mural paintings of the KT, the stone chamber was intermittently exposed to UV irradiation to control microbial activity (Kigawa et al., 2010c). Two isolates, *Bacillus simplex* K6203-10-3b (JCM 28856; isolated before UV irradiation) and K101008-7-3b (JCM 28869; isolated after UV irradiation), were tested for resistance to UV irradiation (Kigawa et al., 2013b). Although most strains did not show a noticeable tolerance to UV irradiation, the isolate that was obtained after UV irradiation grew slightly after 2 min of UV exposure (Kigawa et al., 2013b). Because *Bacillus* species are spore-forming bacteria (Fig. 13), they can survive even when the environmental conditions are not suitable for their growth. According to Riesenman and Nicholson (2000), the spore inner coat layer plays a role in spore resistance to environmentally relevant UV wavelengths. It is thought that some *Bacillus* members survived inside the stone chamber despite UV irradiation.

6-7. *Stenotrophomonas*

The proteobacterium genus *Stenotrophomonas*, comprising at least 11 species (Euzéby, 1997), is common in the environment and associates closely with plants (Ryan et al., 2009). *Stenotrophomonas maltophilia* is found in a

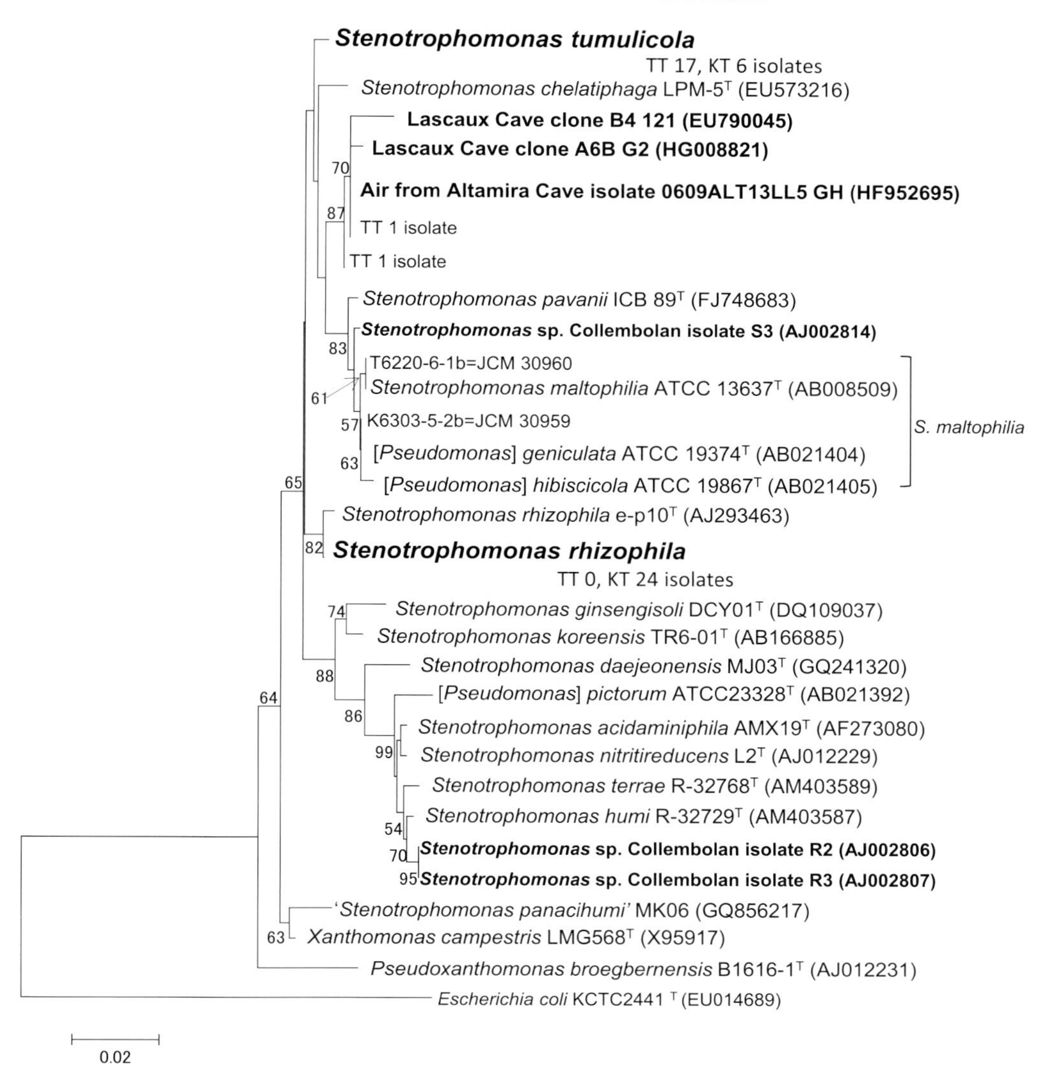

Fig. 15. Molecular phylogeny placing *Stenotrophomonas* isolates and their related clones obtained from the Lascaux Cave and isolates of the Altamira Cave and Collembola.

The tree was constructed based on the neighbor-joining analysis of partial 16S rRNA gene sequences (731 nt). Bootstrap percentage values >50% derived from 1000 replications are shown above or below the corresponding branches. *Escherichia coli* was used as an outgroup. Bar indicates 0.02 nucleotide substitutions per site. The initials T and K of isolate numbers indicate isolates from the TT and KT, respectively. Strain with a superscript "T" indicates the type strain.

variety of environments and is frequently isolated from clinical samples and nosocomial infections (Palleroni, 2005).

In our preliminary report, *Stenotrophomonas* species were isolated as one of the major taxa from the wall surface of the TT stone chamber interior (Sugiyama et al., 2009). In particular, they were obtained from viscous gel (biofilm)-like samples that were collected from September 2005 to April 2007. Finally, 51 *Stenotrophomonas* isolates in total were obtained from both the TT and KT. These isolates were identified as belonging to 4 groups, based on 16S rRNA gene sequences analysis (Fig. 15). One of these isolates (the major group of the TT) was proposed to be a novel species, *S. tumulicola* (Fig. 13o), with type strain T5916-2-1b^T (JCM 30961^T) (Handa et al., 2016). This novel species was closely related to *S. chelatiphaga* (Kaparullina et al., 2009) (Fig. 15). The second major group, but only isolated from the KT samples of *Stenotrophomonas* isolates, was *S. rhizophila*, and the third one was related to *S. maltophilia*, which was isolated from both tumuli as a minor group. *S. maltophilia* is usually isolated from clinical samples. However, this bacterium has been isolated previously from cave samples, particularly from "show caves", which are those accessible to the public (e.g., Bastian et al., 2010; Garcia-Anton et al., 2014). With many visitors entering a cave, microorganisms may be introduced into its interior. The invasion of such clinical bacteria from water, insects, roots, or human shoes with attached soil, has been suggested by Jurado et al. (2014). In the case of the TT and KT stone chambers, two strains of *S. maltophilia* have been isolated and identified by Handa et al. (2016). Additionally, two isolates, *S. maltophilia* T7214-8-1b and T6713-10-4b, were closely related to the Lascaux Cave clones and an Altamira Cave isolate (Fig. 15). In the Lascaux Cave, clones of *S. maltophilia* represented 18.1% of the total (Martin-Sanchez and Saiz-Jiménez, 2014). Interestingly, three *S. maltophilia*-like strains were isolated from the gut and feces of collembolans, *Folsomia candida* (Hoffmann et al., 1998). The temperatures enabling growth of *S. rhizophila* (4–37°C) and *S. tumulicola* (10–37°C) were lower than that for *S. chelatiphaga* (25–40°C) (Handa et al., 2016; Kaparullina et al., 2009; Wolf et al., 2002), suggesting that *S. rhizophila* and *S. tumulicola*, but not *S. chelatiphaga*, could grow inside the chamber of both tumuli. The isolates, *S. tumulicola* T5916-2-1b^T (JCM 30961^T) and *S. rhizophila* K5916-3-1b produced acetic acid and caused a slight pH decrease of the culture broth, and the latter strain also produced formic acid (Sano et al., 2010). These results suggest that the isolates caused severe damage to the plaster walls. Furthermore, the *S. rhizophila* strains, K5916-3-1b and K6613-3b, were able to utilize hydroxyl propyl cellulose and methyl cellulose, which were used as consolidants of the mural paintings (Kigawa et al., 2012a).

Next, *S. tumulicola* T5916-2-1b^T and *S. rhizophila* K5916-3-1b were tested for the ability to utilize ethanol or isopropanol as a carbon source. Tested isolates grew in a 1% concentration (V/V) solvent containing broth medium. Isolate K5916-3-1b did not grow after exposure to 100 ppm of NaClO for 5 min (Kigawa et al., 2010c).

Three isolates, K5916-3-1b (before UV irradiation), K101008-2-1b (1 year after UV irradiation began), and K111013-5-1b (2 years after UV irradiation began), were tested for resistance to UV irradiation (Kigawa et al., 2013b). These isolates did not grow under UV irradiation (Kigawa et al., 2013b).

6-8. Ochrobactrum

The genus *Ochrobactrum* belongs to the order *Rhizobiales* in the class *Alphaproteobacteria*. The rhizobialean genus *Ochrobactrum* (*Brucellaceae*) comprises 18 species that are isolated mainly from the environment (e.g., soil, water, sludge, plants, or rhizospheres), animals, or human clinical samples (Kämpfer et al., 2014). The isolation of *O. pseudogrignonense* has been recorded from an Altamira Cave sample by Jurado et al. (2014).

Samples of the TT stone chamber interior, and from the dismantling work from September 2005 to April 2007, yielded 17 *Ochrobactrum* isolates. These isolates were classified into 2 groups based on 16S rRNA gene sequence analysis (Handa et al., 2017). One group was closely related to *O. pecoris* (Kämpfer et al., 2011). This group contained the only two isolates from samples collected when the cooling of the chamber began, and seemed to be a novel species in the genus *Ochrobactrum* as determined by *groEL* and *gyrB* gene sequence analyses (Handa et al., 2017). The other 15 isolates were tentatively identified as *O. pituitosum* (Huber et al., 2010) based on 16S rRNA, *groEL*, and *gyrB* gene sequence analyses (Handa et al., 2017).

Nearly all of the TT isolates were obtained from samples collected when the stone chamber interior was kept at a stable, cool temperature, except for two isolates of novel species. The mean temperature inside the chamber was around 10°C (Inuzuka and Ishizaki, 2007). This data suggests that the *Ochrobactrum* isolates grow at lower temperatures than the other species. Thus, no isolates of the genus *Ochrobactrum* were obtained from KT samples that were not kept in the cooler environment. The isolate *O. pituitosum* T6220-2-3b (JCM 28787) formed a gruel colony when grown on GYC plates (Fig. 13q), but it did not decompose $CaCO_3$. However, this isolate produced small amounts of acetic acid, thereby lowering the medium pH (Sano et al., 2010). Most of the samples were collected from the stone wall surface and from gel-like biofilms. These results suggest that the isolates played a large role in the plaster surface deterioration and the production of biofilms.

6-9. Actinobacterial genera Microbacterium, Promicromonospora, and Streptomyces

The genera *Microbacterium*, *Promicromonospora*, and *Streptomyces* are in the class *Actinobacteria* (phylum "*Actinobacteria*"). *Microbacterium* (*Microbacteriaceae*, *Actinomycetales*) comprises 98 species mainly isolated from soil, water (fresh and sea water), the plant phyllosphere, and rhizosphere (Euzéby, 1997 <http://www.bacterio.net>; Whitman et al., 2012). The genus *Promicromonospora* (*Promicromosporaceae*, *Micrococcales*) comprises 12 non-pathogenic species found mainly in soil and air (Schumann and Stackebrandt, 2012). The genus *Streptomyces* (*Streptomycetaceae*, *Actinomycetales*) includes more than 780 species (Euzéby, 1997 <http://www.bacterio.net>; Whitman et al., 2012)) found in various environments including soil, fresh water, and seawater. A few species are known plant pathogens, and many species are known to produce bioactive substances.

In the survey of biodeterioration caused by bacteria, 64 strains of actinobacteria were isolated from the TT, and 36 strains were isolated from the KT. These isolates represented 26.4% of the 242 TT isolates and 21.6% of the 164 KT isolates. The major taxa of the actinobacterial isolates were the genera *Streptomyces*, *Microbacterium*, and *Promicromonospora* (Fig. S7). The genus *Rhodococcus* was also major for the TT but not the KT. On the other hand, the genus *Herbiconiux* was only isolated from the KT. Several studies reported that *Actinobacteria* members cause biodeterioration of mural paintings in caves (Adetutu and Ball, 2014; Cuezva et al., 2012; Diaz-Herraiz et al., 2013; Urzì et al., 2010). The major taxa of actinobacterial colonizers in these caves belonged to the genera *Streptomyces*, *Nocardia*, and *Pseudonocardia*. *Actinobacteria* are reported to play an important role in biodeterioration inside caves, including mineral biodeterioration and bioprecipitation (Abdulla, 2009; Cuezva et al., 2012; Diaz-Herraiz et al., 2013). $CaCO_3$ deposits and calcite crystal products are thought to result from the activities of these actinobacteria in caves (Cañaveras et al., 2006; Cuezva et al., 2009, 2012; Diaz-Herraiz et al., 2013). Both the TT and KT mural paintings were painted directly onto the thin layer of plaster that contained $CaCO_3$ as one of the major components (Ishizaki and Kigawa, 2011; Kitada et al., 2015). Some samples collected from both tumuli contained white powdery or pigmented substances. Some parts of the plaster from the KT stone chamber seemed hollow or decomposed (Kigawa et al., 2008b, 2009b). This damage to the plaster might have been caused by microbial activity on the plaster surface. After the outbreak of fungi, diverse microorganisms, such as fungi, yeasts, and bacteria, including actinobacteria, were present on the plaster surface.

Some species of *Nocardia*, *Pseudonocardia*, and *Rhodococcus* are known to be pathogenic or opportunistic pathogens. Such bacteria also have been detected in cave samples (Jurado et al., 2010), and it was thought that humans may have introduced these bacteria into the cave. No pathogenic *Nocardia* or *Pseudonocardia* members were detected in the KT samples. However, three isolates from the TT samples were closely related to *Nocardia nova*, which is designated to be risk group 2 (classification according to German TRBA, URL: <http://www.baua.de/nn_15226/de/Themen-von-A-Z/Biologische-Arbeitsstoffe/TRBA/pdf/TRBA-466.pdf>) or biosafety level 2 (BSL, <http://jsbac.org/archive/img/bsl_level.pdf>). These isolates were obtained from the burial mound soil during the dismantling work. Isolates belonging to the genus *Rhodococcus* were obtained only from TT samples that were collected from the stone chamber interior and during the dismantling work. These isolates were categorized into two groups based on their 16S rRNA gene sequence divergence (Fig. S8). All *Rhodococcus* isolates from the TT were non-pathogenic species.

Most of the actinobacterial isolates from both tumuli were of the genus *Streptomyces*, and they showed nearly identical 16S rRNA gene sequences (Fig. S8a). This observation suggests that the species of the genus *Streptomyces* inhabited the area around both tumuli in Asuka village as ubiquitous actinobacteria. By the same token, the genera *Microbacterium* and *Promicromonospora* are also thought to be ubiquitous actinobacteria around both tumuli. Some of the microbacterial strains were isolated from samples collected during the dismantling of the TT stone chamber. They exhibited the same phylogenetic position as those strains isolated from the stone chamber interior before the dismantling work (Fig. S8b). This data suggests that the bacteria invaded the stone chamber interior from the surrounding soil. The second major taxon of actinobacteria isolates from TT samples is the genus *Microbacterium* (Fig. S8b). A total of 23 *Microbacterium* strains were isolated from both tumuli: 16 strains from the TT and 7 strains from the KT. These isolates were separated into 10 groups based on the 16S rRNA gene sequence divergence (Fig. S8b). One of these isolates, T7528-3-6b^T (JCM 28836^T), was proposed to be a novel species in the genus, designated '*Microbacterium tumbae*' by Nishijima et al. (2017b). The isolate *M. shaanxiense* T6220-7-3b (JCM 28790) could not utilize ethanol or isopropanol as carbon sources (Kigawa et al., 2010b), so ethanol or isopropanol might be effective for removing these microbacteria. Isolate *Microbacterium* sp. K6303-8-2b was observed to utilize hydroxyl propyl cellulose and methyl cellulose (Kigawa et al., 2012a).

Promicromonospora species were also isolated from both tumuli (Fig. S8b). And this bacterium was also detected by culture-independent (molecular) methods from both tumuli (see Section 9). One of these, strain T6220-5-2b^T (JCM 28789^T), was isolated as a novel lineage of the family *Promicromonosporaceae*. We propose that it is a novel genus and species in the family *Promicromonosporaceae*, *Krasilnikoviella mularis* (Nishijima et al., 2017a). As of 2016, the genus *Promicromonospora* comprises 12 species (Euzéby, 1997 <http://www.bacterio.net>). Most of these species were isolated from soil, the rhizosphere, or the surface of plants. *P. vindobonensis* and *P. aerolata* were isolated from indoor air samples (Busse et al., 2003), and *P. umidemergens* (Martin et al., 2010) was isolated from indoor moisture with mold. Recently, *P. alba* was isolated from ant cuticles (Guo et al., 2016). Thus, *Promicromonospora* species are ubiquitous actinomycetes in the soil environment and are distributed by air, water, molds, and insects. Our isolates were obtained from the surfaces of mural paintings as contaminant microorganisms. They may have inhabited the soil surrounding the stone chamber, invading the mural paintings via roots, water, insects, or molds.

The survey of microorganisms in the KT stone chamber interior after UV irradiation indicated that the growth of fungal mycelia was suppressed and bacterial growth decreased. The tolerance to UV irradiation was examined for three actinobacterial KT isolates, namely *Streptomyces* sp. K101008-5-3b and two *Promicromonospora* isolates, *Promicromonospora* sp. K111013-1-1b and K111013-4-2b (Kigawa et al., 2013b). These isolates were obtained from the samples collected after UV irradiation. However, the tested actinobacteria exhibited no resistance to UV irradiation (Kigawa et al., 2013b).

7. Identity of the Minority, but Noteworthy, Fungi and Bacteria in the Stone Chamber Interiors of Both Tumuli, and Their Involvement in Biodeterioration

7-1. *Kendrickiella phycomyces*

The genus *Kendrickiella*, which is currently treated as incertae sedis in the Pezizomycotina, Ascomycota, is monotypic with the type species *K. phycomyces* as its sole member (Kiyuna et al., 2012). It inhabits mainly wood, polypores, and soil and is distributed throughout Africa, Europe, and South America (Seifert et al., 2011).

A total of 31 isolates, classified as "bristle-like fungal colonizers", were collected from the stone chamber interior and exterior of the KT and TT. These isolates were identified as the anamorphic fungal species *K. phycomyces* based on molecular phylogenetic placement and its cultural and morphological characteristics (Fig. 13g; Kiyuna et al., 2012). This fungus constitutes a new addition to the mycobiota (fungal inventory) of Japan. In addition, this finding is the first case in which *K. phycomyces* was isolated from biodeteriorated stone, plaster walls, and murals in a tumulus. Our isolates, represented by *K. phycomyces* T61114-1-1 (JCM18031) and K5906-1-1 (JCM 18028), were inoculated on GYC agar plates and the cultural characteristics of $CaCO_3$ solubilization were observed (Kiyuna et al., 2012, Fig. 13g). In the liquid medium of *K. phycomyces* K5906-1-1 (JCM 18028), a significant pH decrease was observed (Sano et al., 2010). In another study, significant citric acid production by *K. phycomyces* was observed (Sano et al., unpubl.). It is thought, therefore, that the cause of its pH decrease is citric acid production. These physiological characteristics suggest that *K. phycomyces* may have been involved in the deterioration of the plaster walls of the TT stone chamber interior.

Recently, draft genome sequences of *K. phycomyces* K4910-1 (JCM 18027) have been determined and released on the JCM web site; <http://www.jcm.riken.jp/cgi-bin/nbrp/nbrp_list.cgi>.

7-2. *Burgoa anomala*

The basidiomycete anamorph-genus *Burgoa* (class Agaricomycetes, order Cantharellales) comprises nine species, which mainly inhabit wood. These species are widely distributed throughout the northern temperate zone (Seifert et al., 2011).

A total of 20 representative isolates, denoted as "black particles" (*Kuro-tsubu* in Japanese), were isolated from samples collected over a period of six years from the KT stone chamber interior walls, including the star chart painting on the ceiling (Fig. 13i; Kiyuna et al., 2015). These isolates represented by K6421-1-1 (JCM 30265) and K7316-1-1 (JCM 30266) were identified as *Burgoa anomala* (≡*Papulaspora anomala*) based on morphological characteristics and molecular phylogenetic assignment (Kiyuna et al., 2015). According to Goidànich (1937) and Hotson (1912), *Burgoa anomala* has been isolated from plant substrates. Therefore, this is the first record of isolation of *B. anomala* from biodeteriorated cultural heritage materials. Furthermore, this finding is noted as the first inventory record of *B. anomala* from Japan.

7-3. *Cephalotrichum (syn. Doratomyces)*

The dematiaceous hyphomycete genus *Doratomyces* comprises eight species, found on herbaceous stems, dead wood, dung, and soil, mainly in Europe and North America (Ellis, 1971, 1997; Sandoval-Denis et al., 2016). Taxonomically, this genus is heterotypically synonymous with *Cephalotrichum* Link (Hughes, 1958), but it is generally cited as *Doratomyces* Corda in the literature from the field of conservation science (Seifert et al., 2011). Phylogenetically, *Doratomyces* (e.g., *D. stemonitis*) is related to members of the order Microascales in Sordariomycetes (Zhang et al., 2006). The name *Cephalotrichum* is hereafter used instead of *Doratomyces*.

As shown in Table 4, only one strain (T7530-12-1 = JCM 28755) of *Cephalotrichum verrucisporum* (≡ *Doratomyces verrucisporus*) was isolated from the TT stone chamber; this isolate came from plaster pieces and soil/plant root mixtures in the joint spaces of stone walls sampled during the dismantling of the TT (Fig. 13f; Kiyuna et al., 2017). Interestingly, *Doratomyces* (*sic*) was recorded as a predominant fungal genus detected inside the stone chamber in the 1980s (Arai, 1984, 1987, 1990b). As briefly mentioned in Subsection 2-1, in those days, *Doratomyces* growth was rampant inside the stone chamber. The first finding of this genus was March 1975, about three years after the excavation of the tumulus, with samples found at fixed spots of the east wall (beside *Seiryu*) and west wall (the lower part of *Byakko*). This fungus was isolated from samples taken by the uncommon method of collection using sterile moist cotton swabs. These colonies were invisible to the naked eye (Arai, 1987, pers. comm.). In October 1976, *Doratomyces*, along with *Streptomyces*, was also isolated at the same spot. In February and November 1980, *Doratomyces* (Fig. 13f; also see photographs 1–4 and figures 22–27 in Arai, 1987 and 1990b, respectively) was isolated from other spots, including the west wall (upper part of *Byakko*), north wall (*Genbu*), and others. In June 1981 (after nine years of excavation), *Doratomyces*, together with *Streptomyces*, was isolated from all the samples taken at the upper-right part of *Genbu* and the central part of the ceiling, in addition to the fixed spots (Arai, 1987; Arai, pers. comm.). At that time, the entire stone chamber interior had turned black (Arai, pers. comm.). Details on paraformaldehyde fumigation as a preventive measure performed between 1981 and 1986 have been noted in Arai (1987, 1990b). In July 1986, it was confirmed that all of the *Doratomyces* inside the stone chamber had been killed (Arai, pers. comm.).

Unfortunately, no voucher isolates or specimens from that time were preserved. Recently, two *Doratomyces* (*sic*) species have been reported from cave environments in the Altamira Cave in Spain, including the wall and ceiling, rodent feces, and rhizomorphs. However, these isolates were not discussed as a threat to conservation of the murals of the Altamira Cave (Novakova et al., 2014). Our *Doratomyces* (*sic*) isolate (Kiyuna et al., 2017) is considered to be the same species as that reported by Arai (1987, 1990b) and is presumably assignable to one of the dematiaceous (or dark) fungi surviving since the 1970s. To date, *Cephalotrichum verrucisporum* has been recorded from mountain soil (Jiang and Zhang, 2008), sand dune soil (Sandoval-Denis et al., 2016), and soil highly contaminated by PCBs (Mouhamadou et al., 2013). The TT isolate *C. verrucisporum* T7530-12-1 (JCM 28755) is presumed to have originated in soil. Therefore, this finding is the first reliable report of *C. verrucisporum* from a biodeteriorated stone wall in a special historic site and is a new addition to the fungal inventory in Japan.

7-4. *Sagenomella*

The 11 species of the trichocomaceous genus *Sagenomella* (Eurotiales) inhabit soil, peat, and dung, are found on plants and man, and are widespread in the Northern hemisphere (Samson et al., 2011; Seifert et al., 2011).

Four isolates, represented by isolate T7521-8D-1 (JCM 28750) of *Sagenomella striatispora* (Fig. 13h) came from samples collected during the dismantling of the TT stone chamber, and one *S. griseoviridis* isolate TBK-20 (JCM 15364), which was initially assignable to *Penicillium* sp. in Kiyuna et al. (2008), derived from the stone surface of KT (Kiyuna et al., 2017). We observed conidia characteristics of *S. striatispora* in many samples collected from the joint spaces between stone walls, suggesting that *S. striatispora* was a common fungus of the TT stone chamber interior. These isolates were inoculated onto GYC agar plates, and physiological characteristics, such as $CaCO_3$ solubilization, were observed along with those of *Kendrickiella phycomyces* (Kiyuna et al., 2012). In physiological studies of *Sagenomella striatispora* T7521-8D-1, the production of various organic acids (acetic, malic, lactic, succinic, and formic) was observed, together with a large decrease in the pH of the liquid media (Sano et al., unpubl.). These results suggest that *Sagenomella* species may be involved in the deterioration of plaster walls of the TT stone chamber interior. This report is the first to associate *Sagenomella* species with the biodeterioration of cultural properties.

7-5. Cladophialophola and chaetothyrialean black fungi

The 22 known species of the chaetothyrialean genus *Cladophialophora* are parasitic on humans, other animals, and plants, and saprophytic in soil and juice; these species are cosmopolitan (Seifert et al., 2011).

While dismantling and relocating the TT stone chamber, many *Cladophialophola* and chaetothyrialean black fungi, including *Exophiala* and *Phialophora*, were isolated in the joint spaces between the stone walls. Furthermore, since the start of UV irradiation of the KT stone chamber in 2009, these black fungi were notably isolated from the stone walls. Recently, *Cladophialophola* and chaetothyrialean black fungi have been found in various rock substrates (e.g., Badali et al., 2008). *Cladophialophola* and chaetothyrialean black fungi have not been observed in biodeteriorated samples outside of Japan; therefore, our finding is the first to be reported.

Molecular phylogenetic analyses revealed that the isolates of *Cladophialophola* and chaetothyrialean black fungi differed between the two tumuli. In our ongoing study, two new species of *Cladophialophora* will be described elsewhere by Kiyuna et al. in the near future: *Cladophialophora* sp. 1 (Fig. 13j) from the viscous gels and various substrates on the stone walls of the TT and KT, and *Cladophialophora* sp. 3 (Fig. 13k) from black substances on the plastic cover over the thieving hole, soil, and plaster pieces in the TT.

7-6. Prototheca, an achlorophyllous, yeast-like microalga

The achlorophyllous algal genus *Prototheca* comprises eight species and is ubiquitous in nature (Pore, 2011). Some strains of *Prototheca* (e.g., *P. zopfii*, *P. wickerhamii*, *P. cutis*, and *P. miyajii*) have been reported as agents of infections (protothecosis) in humans and animals (Masuda et al., 2016; Pore, 2011; Satoh et al., 2010). Other strains have been isolated as saprobes from the natural environment, and whether they are pathogenic is unknown (e.g., *P. stagnora* and *P. ulmea*) (Pore, 2011).

Two achlorophyllous microalgal isolates of *Prototheca* were among the minority yeast-like strains (Nagatsuka et al., 2017; Figs. 6, 10, and 13m). These isolates originated in the soil and in a white moldy colony collected inside the TT stone chamber. Morphological and other phenotypic and genotypic (molecular) evidence indicates that these two isolates are a novel species of the Chlorellaceous genus *Prototheca* (Trebouxiophyceae, Chlorophyta). From the available data, Nagatsuka et al. (2017) proposed the name *Prototheca tumulicola* based on the two isolates T6713-13-10^{T} (JCM 31123^{T}) (Fig. 13m) and T61213-7-11 (JCM 31124). Many studies report that *Chlorella* is involved in the biodeterioration of cultural assets (Dakal and Cameotra, 2012; Macedo et al., 2009). However, reports regarding an association between the biodeterioration of cultural assets and *Prototheca* are rare. The colonies of two of the isolates, *P. tumulicola* T6713-13-10^{T} and T61213-7-11, were very slimy (Fig. 13m), and the cells and sporangia in both isolates were surrounded by capsules. Whether extracellular substances of these isolates participated in biofilm formation is an interesting question.

7-7. Bordetella

The proteobacterium genus *Bordetella* comprises nine species, most of which are pathogens of humans (*B. pertussis*, *B. parapertussis*, and *B. bronchiseptica*), other mammals, and birds (*B. hinzii* and *B. avium*); the exception is *B. petrii* in the environment (von Wintzingerode et al., 2001).

Since 2006, when the stone chamber was kept at a stable 10°C and an RH of 97% (Inuzuka and Ishizaki, 2007), ten *Bordetella* strains were isolated from a large number of samples from the TT stone chamber. Most of the strains were isolated from the surface of the mural paintings (Tazato et al., 2015). Our ten isolates are closely related to *B. petrii* at the molecular and phylogenetic level. Based on the taxonomic characterization of the isolates, we proposed three novel species in the genus *Bordetella*: *B. muralis*, *B. tumulicola*, and *B. tumbae* (Tazato et al., 2015).

As of April 2016, eleven species of the genus *Bordetella* have been reported (Fig. S9) with *B. pertussis* as the type species. Most of these species are known to be pathogenic, since they were isolated from human and animals (e.g., Sanden and Weyant, 2005; Vandamme et al., 2015; Weiss, 2006; Weyant et al., 1996). Only four species, *B. petrii* (von Wintzingerode et al., 2001) and the three novel species mentioned above, were isolated from the environment. However, whole genome analysis verified that *B. petrii* has pathogenic genes in its genome (Gross et al., 2008). Interestingly, *B. petrii* has been isolated from clinical samples since the initial finding by von Wintzingerode et al. (2001) (e.g., Fry et al., 2005; Le Coustumier et al., 2011; Stark et al., 2007). One species, '*B. ansorpii*', which has not been validated and is closely related to *B. petrii* (Fig. S9), has been isolated from clinical samples and is known to be pathogenic (Ko et al., 2005). At present, it is unknown whether our isolates are pathogenic. In general, pathogenic *Bordetella* species are able to grow at temperatures around 37°C and are fastidious, which is likely due to host-parasite interactions. Based on the whole genome sequence of *B. petrii*, Gross et al. (2008) suggested that this bacterium might grow in a variety of environments because it has remarkable metabolic versatility. Most pathogenic species of the genus *Bordetella* lack metabolic versatility, so they are host-restricted pathogens. Gross et al. (2008) also proposed that *B. petrii* represents an evolutionary link between free-living environmental bacteria and the host-restricted obligate pathogenic species of *Bordetella*.

Our isolates can grow on a standard culture medium and at 10°C. Therefore, they might have similar gene sequences that confer metabolic versatility. The *Bordetella* isolates were growing on the plaster wall surface of mural paintings that is presumed to provide poor nutrient support for bacterial growth, and were kept at approximately 10°C.

These *Bordetella* species were not found during other periods of the microbiological survey of the TT stone chamber and were not isolated in samples from the KT stone chamber, which was not kept under cool conditions.

One of the isolated strains, *B. tumulicola* T7410-1-3b (JCM 30939), was isolated from plaster between the north wall and the ceiling at the beginning of the dismantling of the TT (Tazato et al., 2015). This finding indicates that the *Bordetella* isolates had invaded the chamber through the surrounding soil and that these isolates might be predominant because the temperature condition was suitable for their growth rather than the growth of other microorganisms during the stone chamber cooling period.

In the Lascaux cave in France, paleolithic paintings were surveyed for clinical bacteria using a culture-independent method, and few *Bordetella*-related clones were detected (Bastian et al., 2009a). The partial sequences of the 16S rRNA gene of the clones were more closely related to '*B. ansorpii*' (Fig. S9) and the TT isolates than to other pathogenic species in the genus *Bordetella*.

7-8. Gluconacetobacter

Until our proposal of two novel species (Tazato et al., 2012) mentioned below, the acetobacteriaceous genus *Gluconacetobacter* comprised only five species with the type species *G. liquefaciens*. These species have been isolated from dried fruits, the rhizosphere of coffee plants, sugarcane, and the pink sugar cane mealybug (Komagata et al., 2014). Species of the genus *Gluconacetobacter* are known to produce acetic acid from ethanol and gluconic acid from glucose (Sievers and Swings, 2005).

During the microbiological surveys of the KT mural paintings, a few small holes (*ca.* 10 mm diam; see Subsection 2-2) on the plaster ceiling wall were observed in the stone chamber interior in September 2005 (Fig. 1s; figure 1c in Kigawa et al., 2013a). These small holes were filled with a black gel or viscous materials, and increased in size with time (Kigawa et al., 2006a). We isolated six acetic-acid-producing bacteria from these black gels and viscous materials (Tazato et al., 2012).

According to 16S rRNA gene sequence analysis, these isolates formed a novel lineage in the genus *Gluconacetobacter*. We designated these novel species as *G. asukensis* and *G. tumulicola* (Tazato et al., 2012). Initially, these acetic-acid-producing bacteria were not isolated from the TT samples by the cultivation method we used but were identified using a molecular phylogenetic approach using denaturing gradient gel electrophoresis (DGGE). This result suggested that the acetic-acid-producing bacteria might have been present in the samples collected during the dismantling or in the TT burial mound soil (see Subsection 8-2 of this review; Nishijima et al., 2013). Therefore, we have used the enrichment culture method on samples from which the DGGE results suggested the existence of acetic-acid-producing bacteria. We obtained 10 isolates from seven TT samples and performed polyphasic taxonomic analysis (Nishijima et al., 2013). These 10 isolates were separated into four groups based on 16S rRNA gene sequence similarity, and one species, *G. asukensis*, was also isolated from the KT. The other three groups belonged to a novel lineage in the genus *Gluconacetobacter*. These three novel species of the genus *Gluconacetobacter* were designated as *G. tumulisoli*, *G. aggeris*, and *G. takamatsuzukensis* (Fig. 13p). A total of 16 strains were isolated from both tumuli, representing minority taxa in the contaminant bacteria. However, these strains, particularly the KT isolates, caused severe damage to the plaster wall interior.

Our isolated strains also produce acetic acid from ethanol (Kigawa et al., 2013a; Sano et al., 2010). In addition, our previous experiments (Kigawa et al., 2009b) clearly demonstrated that *G. tumulicola* K5929-2-1b^T (JCM 17774^T) dissolved calcium carbonate ($CaCO_3$), the primary component of the plaster, and produced a water-soluble brownish pigment in the GYC medium that contained $CaCO_3$ (Kigawa et al., 2013a). As a result of acid production, these isolates cause a large decrease in the pH of the culture broth (Kigawa et al., 2013a; Sano et al., 2010). During the September 2005 survey, the pH of the black substance collected from the KT stone chamber was approximately 6 (by pH indicator paper) or 6.6–6.8 (by a pH meter) (Kigawa et al., 2013a). The pH of the surface of the surrounding plaster was approximately 7 by pH indicator paper. In contrast, the pH of a section of plaster adjacent to the "White Tiger" painting, which was relocated in October 2004, was 7.1–8.8 (by a pH meter). This result suggests that the pH of the plaster surface is decreased by the acids produced by microorganisms and that *Gluconacetobacter* isolates in particular cause severe damage to the plaster. Because the TT and KT murals were painted directly onto the thin calcium-carbonate-containing plaster (e.g., Kigawa et al., 2009a), these results strongly suggest that the isolates cause severe damage, including the small, brown-colored holes on the plaster surface of the KT stone chamber interior (Fig. 1s).

The *Gluconacetobacter* isolates cannot grow in an isopropanol-containing medium and produce no acid (Kigawa et al., 2013a; Sano et al., 2010). *Gluconacetobacter* species have not been isolated since the fungicide treatment was changed to isopropanol. *G. tumulicola* K5929-2-1b^T (JCM 17774^T) was also tested for its sensitivity to NaClO. This isolate showed no growth when exposed to NaClO at a concentration of 1000 ppm for 10 s (Kigawa et al., 2010c). No *Gluconacetobacter* species survived under UV irradiation (Kigawa et al., 2013b). Thus, no such bacteria were isolated after treatment of the tumulus with intermittent UV irradiation. An example of biodeterioration caused by acid-producing microorganisms is the sulfate-producing *Mycobacterium* strains isolated from the sandstone in Angkor Wat in Cambodia (Kusumi et al., 2011). These bacteria produce sulfuric acid, causing severe damage to the historical sandstone constructions.

Gluconacetobacter strains were not isolated from the TT stone chamber interior. However, they were present in the environment surrounding the stone chamber and might have invaded the stone chamber if countermeasures had been delayed. One novel species *G. asukensis* isolated from the KT (Tazato et al., 2012) was also isolated from the samples collected from joints/space of stone walls of the TT. This finding is interesting because it suggests that these acetic-acid-producing bacteria might be ubiquitously distributed in the area of Asuka village in Nara. One of these isolates, *G. aggeris* T6203-4-1a^T (JCM 19092^T), was derived from a soil sample collected from the TT mound before relocation of the stone chamber. Of the seven samples from the TT investigated for isolates, just one provided all four group isolates (Nishijima et al., 2013): *Gluconacetobacter sacchari*, which is closely related to our isolates, from the rhizosphere of sugar cane, soil rhizosphere, or the pink sugarcane mealy bug (Franke et al., 1999). Ants, collembolans, mites, and spiders were found in the stone chambers of both tumuli (Kigawa et al., 2006a, 2007a). These results suggest that the ubiquitous acetic-acid-producing bacteria invaded the tumulus either directly or through soil surrounding the walls of the stone chamber.

Many acetic acid bacteria are aerobic and form biofilms (pellicle) on the surface of culture broth (Kersters et al., 2006; Komagata et al., 2014; Mamlouk and Gullo, 2013). Cellulose produced by *Komagataeibacter xylinus* (≡*G. xylinus*; Yamada et al., 2013) is a food known as "nata de coco". Strains isolated from both tumuli also produce a film on the broth surface, and KT strains were isolated from biofilms or viscous gels. Thus, these isolates are most likely involved in the formation of the biofilm.

On the GYC medium used for the cultivation of acetic acid bacteria, a clear zone is produced around colonies of bacteria that produce acetic acid by the oxidation of glucose. In addition, overoxidation of acetic acid by strains of *Acetobacter*, *Gluconacetobacter*, and *Acidomonas* is indicated by re-precipitation of $CaCO_3$ (Kersters et al., 2006). The isolates, *G. takamatsuzukensis* T61213-21-1a (JCM 19095) and *G. aggeris* T6203-4-1a^T (JCM 19092^T), both caused $CaCO_3$ re-precipitation. Calcite crystal precipitation is caused by microorganisms in caves (e.g., Altamira, Spain) (Cañaveras et al., 2006). The bioprecipitation of minerals in caves is thought to be caused by actinobacteria (Cañaveras et al., 2006; Cuezva et al., 2009, 2012; Diaz-Herraiz et al., 2013). The *Gluconacetobacter* isolates might have caused not only the decay of the plaster wall surface but also the hollows in the plaster. Additionally, three species of *Gluconacetobacter* (*G. diazotrophicus*, *G. azotocaptans*, and *G. johanae*) are known as nitrogen-fixing bacteria (Fuentes-Ramírez et al., 2001; Gillis et al., 1989). These bacteria could be used as some root-nodule bacteria or alternatives to avoid or reduce the use of nitrogen fertilizers in fields (Pedraza, 2008). Although we did not confirm the nitrogen fixing ability of our isolates using the acetylene reduction method, our isolates grew on a nitrogen-free medium described in Dutta and Gachhui (2007) (Nishijima et al., 2013; Tazato et al., 2012). This observation suggests that these bacteria are capable of fixing nitrogen from the air and may supply it as a nutrient source to other microorganisms in the nutrient-poor environment of the stone chamber.

8. Comparison of the TT and KT Microbial Communities Using Culture-Independent (Molecular) Methods

Recently, microbial communities are often characterized without the use of culture-dependent (cultivation) methods because cultivation conditions, such as the medium, pH, temperature, and aerobic or anaerobic environment, can impose a selective pressure (bias) toward some microorganisms. However, to investigate the biological properties of causal microorganisms, the use of purified microbial isolates is very important. Culture-independent methods do not impose such a bias and can be used to identify uncultured or difficult-to-culture microorganisms. Therefore, the joint use of culture-dependent and culture-independent methods for the analysis of microbial communities complements the respective weak points of each method and gives more accurate, comprehensive results. In this section, we describe the fungal and bacterial communities of both tumuli (TT and KT) using culture-independent methods and compare the results of the two methods. Based on the data obtained using both methods, the origins of the causal microorganisms and related invasion routes will be discussed in Section 9. The following results in this section were obtained from samples collected under restricted conditions because both tumuli are special historic sites, and, in particular, because the mural paintings of the TT are designated as a national treasure. Therefore, in general, samples from sites of historical heritage may not be collected according to the usual experimental strategy and methodologies (see Section 3). Hence, for example, we could not examine absolute microbial populations by direct cell counting or measuring the biomass, and the obtained phylotype data were qualitative not quantitative.

8-1. Fungal community

8-1-1. Analysis of the TT fungal community. A total of 50 samples were selected for culture-independent (primarily DGGE) analysis. All but four of these samples were collected during the dismantling of the tumulus. These samples were categorized into five groups according to the collection site (see Subsection 3-1, Fig. S1).

Culture-dependent method: A total of 397 fungal strains were isolated from the same samples used for DGGE analysis using the culture-dependent method. Figure S10 shows the proportions of organisms at the phylum/order or family level at each collection site. The most abundant taxa isolated from the stone chamber interior were the orders Hypocreales (mostly *Gliocladium* [*Clonostachys* spp.]), Eurotilales (mostly *Penicillium* spp., with *P. paneum* predominant), and Saccharomycetales (the major yeast order) (Fig. S10). The order Chaetothyriales (mostly *Cladophialophora*) was isolated from four collection sites, but not the chamber interior. The diversity of isolated taxa was lower in the chamber interior and adjacent space than at other collection sites. Further details of the fungal community in the TT acquired using the culture-dependent methods are described in Section 4.

DGGE: A total of 50 samples were analyzed by DGGE profiling of partial SSU rRNA gene sequences, and a total of 129 fungal partial SSU gene sequences were identified. BLAST (Altschul et al., 1997) analysis revealed a total of 41 different fungal genera along with other eukaryotes, such as Collembola, Cercozoa, and Labyrinthulida. The major fungal phyla of the community were Ascomycota (74%), Basidiomycota (6%), and Zygomycota (4%) (Fig. S10). The ascomycete orders Eurotilales, Helotiales, Hypocreales, Chaetothyriales, and Saccharomycetales represented a large fraction of the fungal community, as observed using the cultivation method. The predominant fungal genera observed as a percentage of the total detected band sequences were *Exophiala* (11%), *Verticillium* (9%), *Aspergillus* (5%), *Mortierella* (4%), *Penicillium* (3%), *Phialocephala* (3%), *Candida* (3%), *Thermomyces* (3%), and *Fusarium* (2%).

The Saccharomycetales (ascomycetous yeasts) were prevalent in the stone chamber interior samples (viscous gels/biofilms). The Orbiliales were only detected in the stone chamber interior. The Helotiales were detected in the burial mound, the stone chamber exterior, and the adjacent space. The Hypocreales were detected in the burial mound, the stone chamber exterior, the adjacent space, and the joint/space of the stone walls. *Penicillium*, *Fusarium*, and *Trichoderma* were the major fungal colonizers as determined by the culture-dependent method, whereas *Exophiala*, *Verticillium*, and *Aspergillus* were also major fungal colonizers according to the DGGE method. In addition, collembolans were detected in the adjacent space, the stone chamber exterior, and the joint/space of the stone walls.

Clone library analysis: A total of 22 DGGE samples were also analyzed by clone libraries of the partial SSU gene. 1201 clones were analyzed, and their closest relatives were identified by BLAST. The results according to the collection site are shown in Fig. S10. A total of 46 different fungal genera were identified, along with other eukaryotes such as Collembola and Alveolata. The fungal groups identified include the phyla Ascomycota (83%), Basidiomycota (5%), and Zygomycota (0.1%) (Fig. S10). The predominant fungal genera observed as a percentage of the total clones were *Exophiala* (19%), *Pichia* (11%), *Phialocephala* (11%), *Penicillium* (8%), *Candida* (6%), *Hyaloscypha* (4%), *Scytalidium* (3%), and *Orbilia* (3%). The orders Eurotiales and Helotiales were detected at all five collection sites, whereas Chaetothyriales was not detected at the burial mound or the stone chamber interior.

The ascomycete yeasts (Saccharomycetales) represented more than 70% of the stone chamber interior fungi according to DGGE and clone library analyses. In contrast, ascomycete yeasts represented only 16% according to the culture-dependent method. The phylum Basidiomycota was detected at all sites except the chamber interior using clone library analysis, but this fungus was only isolated from mound samples. Comparison of culture-dependent methods to culture-independent (community analysis) of fungi using SSU (Fig. S10) revealed that *Penicillium* in the Eurotiales was detected at all sites, from the burial mound to the stone chamber exterior. The joint/space of stone walls is considered to be the boundary between the stone chamber interior and the external environment, which includes the stone chamber exterior, the burial mound, and the habitation environment. This region was influenced by microorganisms from both environments for many years. The wide variety of fungi detected in the joint/space of stone walls supports this notion.

Using clone library analysis, collembolans were also detected in the adjacent space, the joint/space of stone walls, and the stone chamber exterior. In the survey of the TT stone chamber interior, arthropods, such as mites, ants, and collembolans, were detected (Figs. 1e, f, g, and u). Collembolans are thought to be one of the transporters of fungal propagules and bacterial cells involved in the biodeterioration of the stone chamber interior. The primers used for clone analysis might be not suitable for mites and other arthropods, since they were not detected. Collembola is discussed in Subsubsection 9-1-3.

8-1-2. KT samples.

Culture-dependent method: Microbial surveys of the KT samples (Fig. S2) were carried out from 2004 to 2013, mainly using mycological methods. The results are summarized by Kigawa et al. (2015) and in Section 5. After the excavation of the KT in 2004, the genera *Trichoderma*, *Penicillium*, and *Fusarium* were isolated as the major fungal colonizers inside the KT stone chamber. Later, the genera *Burgoa* and *Acremonium* (sect. *Gliomastix*), members of black fungi/molds, were also detected with *Penicillium* and yeasts from the samples collected in 2006. Further species of the black molds, including *Phialophora* sp., *Ophiostoma* sp., and *Cladosporium* sp., were also predominant isolates. The diversity of the fungal community increased with time after the excavation, and similar trends were shown in the case of the TT and the Lascaux cave (Kigawa et al., 2015). The dark-colored fungi (e.g., *Cladophialophora*, *Arthrinium*, and *Exophiala*) were the most abundant isolates after intermittent UV irradiation carried out in 2009.

Culture-independent method: Analysis of the KT fungal community using the culture-independent method was carried out only once, using next generation sequence (NGS) analysis (Sato et al., 2015). The last samples collected before the stone chamber was buried in 2013 were used for the NGS analysis. The fungal communities of these samples consisted predominantly of the genus *Farlowiella* in the class Dothideomycetes, the genera *Mariannaea*, *Beauveria*, and *Acremonium* (*Sarocladium*-clade) in the class Sordariomycetes, the genus *Thelebolus* in the class Leotiomycetes, and the genera *Phialophora* and *Exophiala* in the class Eurotiomycetes (Sato et al., 2015). These KT stone chamber interior samples were collected after intermittent UV irradiation. The major taxa detected coincided closely to those identified by the culture-dependent method (Kigawa et al., 2015). In particular, the black mold genera *Phialophora* and *Exophiala* were identified as being predominant by both methods. However, the genera *Farlowiella*, *Mariannaea*, *Thelebolus*, and *Beauveria* were not isolated using the culture-dependent method. The genus *Beauveria* is known mainly as the insect pathogenic fungus commonly called Chinese Caterpillar Fungus. Therefore, Sato et al. (2015) suggested that invading insects played an important role as vectors in the distribution of these fungi.

8-2. Bacterial community analysis

8-2-1. TT.

Culture-dependent method: The major taxa (phyla/classes) of the TT bacterial community, as determined by the culture-dependent method, are the phyla "*Proteobacteria*" (classes *Alpha*-, *Beta*-, *Gamma-proteobacteria*), "*Bacteroidetes*", "*Firmicutes*" (class *Bacilli*), and

"*Actinobacteria*".

The most dominant was the *Bacillus cereus* group (see also Subsubsection 6-3-1). The next predominant bacteria inside the stone chamber included *Ochrobactrum* spp. (*Alphaproteobacteria*), *Bordetella* spp. (the *Betaproteobacteria*), and *Stenotrophomonas* spp. (the *Gammaproteobacteria*), along with *B. cereus* (Figs. 7 and 11, in Subsections 4-3 and 5-3). "*Actinobacteria*" isolates increased, moving from the stone chamber interior toward the stone chamber exterior (Fig. S5).

DGGE: A total of 109 TT samples were used for bacterial community analysis using the culture-independent method (PCR-DGGE). The TT samples were classified according to the sampling area described in Subsection 3-1 (Fig. 2, Fig. S1). The number of samples were as follows: 4 samples collected in 2006 (before the dismantling work) from the stone chamber interior, 36 samples from the joint/space of the wall stone, 10 samples from the adjacent room, 45 samples from the stone chamber exterior, and 14 burial mound samples.

The bands derived from *Ochrobactrum* were detected in samples from both the stone chamber interior and exterior. *Stenotrophomonas* was identified in samples from the stone chamber interior and the interspace of the east wall. *Bordetella* was detected in the stone chamber interior, whereas *Bacillus* was detected in the interspace of the stone wall. These bacteria were also identified by the isolation method as being predominant. As summarized here, these four bacterial genera were detected as the major bands using DGGE and as the predominant TT isolates.

In the isolation method results, the most abundant bacterial isolates were members of the "*Actinobacteria*" and the "*Firmicutes*", such as *Bacillus* and *Streptomyces*. The bands of *Bacillus* and "*Actinobacteria*" were also detected in the PCR-DGGE analysis of burial mound soil samples collected during the dismantling work. Bands derived from the "*Acidobacteria*" were also abundant in the mound soil samples, although "*Acidobacteria*" were not isolated (see Subsubsection 9-1-5).

The population dynamics of bacterial diversity in the TT, according to the culture-independent method, are shown in Fig. S11. The DGGE results indicate that *Alpha-*, *Beta-*, and *Gamma-proteobacteria* were the predominant bacteria in the stone chamber interior. This result is consistent with the isolation results. The presence of *Alphaproteobacteria* increased, moving from the stone chamber exterior toward the interior. However, the sequences derived from *Alphaproteobacteria* were assignable not only to *Ochrobactrum* spp., but also to the other order, *Rhizobiales*. The finding that the phylum "*Acidobacteria*" was detected as the major band in the samples collected from outside the stone chamber is intriguing. Species of "*Acidobacteira*" were not isolated by the method we used (see Subsection 3-3). The phylum "*Chloroflexi*" was detected in the stone chamber exterior, but this phylum was not isolated using our methods.

8-2-2. KT.

Culture-dependent method: The major taxa of isolates were the phylum "*Proteobacteria*", including *Rhizobium* (*Alphaproteobacteria*), *Achromobacter* (*Betaproteobacteria*), and *Stenotrophomonas* (*Gammaproteobacteria*). The samples taken from inside the KT chamber in 2009 differ from other samplings, as *Alphaproteobacteria* were not isolated (Fig. 12). At that time, UV irradiation had just begun. Members of the phylum "*Proteobacteria*" decreased a little after UV irradiation (Fig. S6). Hence, it is considered that UV irradiation affected the microbial community of the KT stone chamber interior (Subsection 5-3).

DGGE: A total of 15 samples were analyzed by the PCR-DGGE method. The DGGE band patterns from the five samples (four west wall, and one northwest ceiling, samples) were similar, and the genus *Gluconacetobacter* was detected as one of the major bands (Fig. S12). The sample in lane No. 15 was collected from the east wall after UV irradiation, but a band from *Gluconacetobacter* was also detected. After UV irradiation was routinely carried out, *Gluconacetobacter* spp. were not isolated from samples inside the stone chamber. These data suggest that *Gluconacetobacter* spp. were widely distributed inside the stone chamber.

DGGE results for the KT show that bands derived from gram-negative bacteria represent more than 70% of all bands from samples collected inside the stone chamber interior (Fig. S13). The predominant genera were the same as those identified by isolation. *Betaproteobacteria* was recognized as the second most common genera in the stone chamber interior. However, the detected genera differed from the isolates; for example, the genus *Achromobacter* was not detected, but several strains were isolated. Remarkably, a bacterium thought to be myxobacteria in the class *Deltaproteobacteria* was detected in the stone chamber interior. This bacterium was also detected in the TT dismantling work samples derived from the interspace of the stone wall using DGGE, but was not isolated from either tumuli using the isolation method. Interestingly, the phyla "*Acidobacteria*", "*Cyanobacteria*", and "*Chlorobi*" were detected in the stone chamber interior samples before UV irradiation. "*Acidobacteria*" were also detected in the TT samples but not in those from the TT stone chamber interior. The KT stone chamber was usually kept under dark conditions. A band derived from "*Cyanobacteria*" was detected in a sample collected from the south side floor stone. Very weak exposure to light might have occurred during the preservation treatments, or when checking the stone chamber interior, since the south side was the entrance to the chamber interior (Figs. 1p and 3). Because this floor was once covered with inflowing soil, another possibility is that cyanobacteria entered the stone chamber in soil and survived there. Before UV irradiation, the various taxa were detected as similar to the isolation results. After UV irradiation, however, the bacterial community was less diverse, and the predominant species changed. In the burial mound soil, uncultured or difficult-to-cultivate bacteria, such as the phyla "*Acidobacteria*", "*Choroflexi*", and "*Nitrospirae*", were detected with an abundance similar to that of TT soil samples.

Clone library: The bacterial community under intermittent UV irradiation was surveyed using culture-independent methods (Clone library and NGS) (Sato et al., 2013, 2015). Clone library analysis revealed that the genus

Promicromonospora (class *Actinobacteria*) was the most predominant bacteria in all four samples collected from the stone chamber interior in 2010 (Sato et al., 2013). This result is consistent with the isolation result (Kigawa et al., 2013b). The major species of isolated bacteria belonged to *Actinobacteria*, including *Promicromonospora*, *Streptomyces*, and other genera. Strains of the genus *Promicromonospora* were isolated from samples collected before UV irradiation, but they were minor. These results suggest that the genus *Promicromonospora* inhabited the inside of the stone chamber but did not become predominant until the UV irradiation. While this result was based on only one sample, a clone that was closely related to *Gluconacetobacter tumulicola* was detected. Interestingly, the site from which the clone library analysis sample was collected (east wall, center of the upper side, near the ceiling) was near the site from which *Gluconacetobacter* members were isolated.

Next generation sequence (NGS): Based on the bacterial community analysis by NGS, the genera *Jiangella*, *Promicromonospora*, and *Streptomyces* in the phylum "*Actinobacteria*" were of high abundance in some samples (Sato et al., 2015). This result supports the isolation and clone library analyses. The intermittent UV irradiation affected the bacterial community of the KT stone chamber interior. *Gluconacetobacter*-related sequences were also faintly detected in four samples. No strains of the genus *Gluconacetobacter* were isolated from the samples collected after 2009 (Fig. 12). In contrast, using culture-independent methods (PCR-DGGE, clone library, and NGS analyses) *Gluconacetobacter* was detected in samples collected during intermittent UV irradiation (Sato et al., 2013, 2015). A clone derived from *G. tumulicola* was obtained from a sample collected very near the site from which *G. tumulicola* K8617-7-3b (JCM 17777) was isolated (Tazato et al., 2012). Additionally, *Gluconacetobacter* spp. were faintly detected in four of the eight samples tested by NGS analysis (Sato et al., 2015). These four samples were collected from the east wall, ceiling (north side and west side), and west wall. In the PCR-DGGE analysis, one band was detected from a floor sample. These findings suggest that *Gluconacetobacter* was possibly distributed throughout the KT stone chamber interior.

9. General Discussion

In this general discussion, we focus on the following four points: (1) the upsides and downsides of culture-dependent and culture-independent methods; (2) substrate preference; (3) mapping (based on the detection sites) of the major microbial colonizers involved in the deterioration of mural paintings and plaster walls; and (4) invasion routes as suggested by substrate preference and mapping the locations of detected TT isolates.

9-1. The upsides and downsides of culture-dependent and culture-independent methods

Many studies have investigated the causes of biodeterioration of cultural heritage sites using culture-independent methods, e.g., 16S rRNA gene sequence, PCR-DGGE, clone library, and NGS analyses (Caneva et al., 2008; Cheeptham, 2013; Engle, 2015; Gurtner et al., 2000; Li et al., 2016; Saiz-Jiménez, 2003, 2014, 2015; Schabereiter-Gurtner et al., 2002a; Zengler, 2008). In particular, culture-independent methods have been used to analyze the microbial communities of the Lascaux Cave in France, the Altamira Cave in Spain, and the necropolis in Italy (Bastian et al., 2009a, 2009c, 2010; Diaz-Herraiz et al., 2013; Garcia-Anton et al., 2014; Martin-Sanchez and Saiz-Jiménez, 2014; Saiz-Jiménez, 2014; Schabereiter-Gurtner et al., 2002b). Many of these surveys and investigations were carried out using both culture-dependent and culture-independent methods. In our survey, both methods were used to analyze the TT and KT samples (Sato et al., 2013, 2015; Sugiyama et al., 2009). We also conducted tests to determine the effect of fungicides, utilization of compounds, materials, production of acid, and UV tolerance by examined intended for our isolates. Using culture-independent methods, we were able to identify uncultured bacteria. These methods were also very useful for avoiding selective pressure in the cultivation conditions, such as the medium type, temperature, and air conditions. As an example, we could not culturally isolate *Gluconacetobacter* spp. from TT samples but did detect it using DGGE analysis (Nishijima et al., 2013). The isolation of *Gluconacetobacter* usually requires the use of a special method employing an acetic acid bacterial isolation medium (e.g., Yamada, 1986). On the other hand, proper use of culture-independent methods requires avoiding bias introduced by the choice of PCR primers.

In previous reports using PCR-DGGE, many results regarding the presence or predominance of microbes in the community differed depending upon the method used (González and Saiz-Jimenéz, 2005; Gurtner et al., 2000; Portillo et al., 2008; Schabereiter-Gurtner et al., 2002a, 2002b, 2004). However, in the case of the TT and KT samples, the major taxa in the microbial communities were mostly similar in these two methods. For example, the major taxa in the fungal community were the orders Eurotiales, Hypocreales, Chaetothyriales, Helotiales, and Saccharomycetales in the phylum Ascomycomycota as determined by the culture-independent method (see Subsubsection 8-1-1). These results are consistent with those of the isolation method. On the other hand, the genera *Farlowiella*, *Mariannaea*, *Thelebolus*, and *Beauveria* were not isolated by culture-dependent methods but were detected by the culture-independent method. Similar results were observed in the case of the bacterial community analysis. The phyla "*Acidobacteria*", "*Cyanobacteria*", "*Chlorobi*", and "*Chlorofexi*" were known as unculturable taxa or microorganisms that are different to cultivate and isolate using a conventional culture medium; therefore, they were detected using the culture-independent method (see Subsection 8-2). Some differences in the detected taxa in the fungal community were observed between the PCR-DGGE and clone library methods. For example, Hypocreales was detected using both the cultivation method and DGGE, but not using clone analysis. In the burial mound, Xylariales was detected by DGGE, whereas Pleosporales was detected using clone analysis. In addition, clones were obtained from collembolans but not mites, because the primer sets used may not have been suitable for the SSU rRNA gene sequences of mites (Nishijima et al., unpubl.). To more accurately reveal the biological community/biota, multiple methods are needed.

Members of the domain "*Archaea*" were reported from a microbiological survey in some Caves (Saiz-Jiménez, 2015), especially, uncultured low-temperature "*Crenarchaeota*" were detected from the Altamira Cave as metabolically active archaea (Gonzalez et al., 2006). In this study, "*Archaea*" was not detected from either tumuli by the culture-independent method we used. It might be that the primers used for the tests were not suitable to detect "*Archaea*".

9-1-1. Gram-positive bacteria: the phyla "Proteobacteria" vs. "Actinobacteria" and "Firmicutes". Bastian et al. (2009c) reported that the almost exclusive presence of "*Proteobacteria*" could be considered a marker of a human-impacted cave. Similar results were reported in the Kartchner Caverns in Arizona, USA, by Ikner et al. (2007). In this cave, "*Actinobacteria*", "*Firmicutes*", and "*Proteobacteria*" were the three primary phyla detected in samples exposed to different levels of human impact. The "*Proteobacteria*" were predominant (>77%) in high impact areas, while "*Firmicutes*" predominated in the low (66%) and medium (52%) impact areas. Ikner et al. (2007) also proposed that the predominance of the phylum "*Proteobacteria*" was a consequence of increased organic matter availability in lint and other organics brought into the cave by visitors.

In the case of the Lascaux Cave, "*Proteobacteria*" was predominant in the bacteriobiota. Human clinical bacteria such as *Pseudomonas* and *Ralstonia* appeared after the introduction of selective pressure by benzal chloride treatments (Bastian et al., 2009c). In the case of the TT and KT stone chamber interiors, "*Proteobacteria*" appeared as the predominant bacteria after 2004. After UV irradiation was begun in the KT stone chamber interior, the prevalence of "*Proteobacteria*" decreased and "*Bacteroidetes*" or "*Actinobacteria*" became the major bacteria.

9-1-2. Deltaproteobacteria. The class *Deltaproteobacteria* has been detected in the bacterial community of some caves, especially the Altamira Cave and the Niu Cave (Saiz-Jiménez, 2015; Zhou et al., 2007). However, most of the *Deltaproteobacteria* in cave bacteriobiota are sulfur- or sulfate-reducing bacteria, most of which are anaerobic. According to the report by Zhou et al. (2007) (for the Altamira cave, see Schabereiter-Gurtner et al., 2002b), the slime bacterial order *Myxococcales* in the class *Deltaproteobacteria* has been detected only in the Altamira Cave samples. In our DGGE survey, we obtained a few bands derived from *Myxococcales* in both the TT and KT samples (see Subsubsection 8-2-2). Those from KT were collected mainly from gel-like (biofilm) substances in the stone chamber interior, while, in contrast, those from the TT samples were collected from the interspace of wall stone. Members of the genus *Myxobacteria* feed other microorganisms and inhabit various environments; however, their cultivation is known to be difficult, especially in medium conditions and long-term cultivation (Shimkets et al., 2006). Many microorganisms and biofilms were found on the plaster surface inside the stone chamber, particularly in the KT. Therefore, a plaster surface might be suitable for the growth of myxobacteria.

9-1-3. Arthropods. Many arthropods, including mites, spiders, centipedes, and collembolans were observed on the surface of the plaster walls of the TT and KT chamber interiors (Figs. 1e–g, u). The results of culture-independent methods suggested that these arthropods were present both inside and around the outside of the chamber. These arthropods might have played a role in distributing the contaminating microorganisms to the inside of the chamber, also providing a good source of nutrition once dead. Dromph (2003) reported that collembolans are vectors of entomopathogenic fungi. Greif and Currah (2007) isolated species of the fungal genera *Acremonium*, *Beauveria*, *Cladosporium*, *Cryptendoxyla*, *Geomyces*, *Gliocladium*, *Hormiactis*, *Leptographium*, *Oidiodendron*, *Penicillium*, and *Verticillium* from collembolans. In the case of the Lascaux Cave, collembolans fed on the mycelia/hyphae of *Fusarium* and *Ochroconis* and carried conidia on their bodies (Bastian et al., 2009b, 2010). In the case of the TT, our observations indicate that mites fed on fungal bodies and colonies and then walked on the collected samples and the surface of the culture medium in the plates.

9-1-4. Effects of UV irradiation on the microbial community. Unfortunately, culture-independent analysis was not carried out on the KT samples before intermittent UV irradiation began. However, the results of next generation sequence (NGS) analysis by Sato et al. (2015) were consistent with those of the culture-dependent method using the same samples. In addition, some uncultured fungi, such as *Beauveria*, were only detected using culture-independent methods. These data suggest that more comprehensive biota analysis using both culture-dependent and culture-independent methods should be performed. The mycobiota after UV irradiation in the KT stone chamber interior was composed of predominant black or dark-colored fungi, including *Cladophialophora*, *Arthrinium*, and *Exophiala*, which showed a relatively high tolerance for UV irradiation (Kigawa et al., 2013b). However, there was no significant increase in UV tolerance of taxa/isolates when comparing isolates before and after UV irradiation.

As for bacteriobiota, "*Proteobacteria*", accommodating acetic acid bacteria, were detected as being predominant in the samples collected before UV irradiation; however, the phyla "*Bacteroidetes*" and "*Actinobacteria*" predominated after UV irradiation. To investigate the effects of UV irradiation on the microbiome, representative isolates of major microorganisms (fungi, yeasts, and bacteria) in the KT stone chamber interior were tested for UV tolerance (Kigawa et al., 2010c). Dark-colored fungi (presumably melanin-rich) and actinomycete were comparatively tolerant (slightly tolerant, in the case of the latter) to UV irradiation (Kigawa et al., 2013b).

Fungal mycelia were not observed after UV irradiation in the KT stone chamber interior, and it was considered that microbial activities overall were inhibited within the stone chamber. Therefore, it was suggested that the difference or change in the proportion of taxa appearing after UV irradiation was caused by the selective growth of UV-tolerant microorganisms, presumably survivors (Kigawa et al., 2015).

9-1-5. "Acidobacteria". Using the culture-independent methods, the phylum "*Acidobacteria*" was detected as being predominant, especially in the burial mound soil of both the TT and KT. In particular, these bacteria were detected from the KT stone chamber interior. In other caves, these bacteria were commonly retrieved but not cultured (Zimmermann et al., 2005). In the Spanish caves (viz., La Garma Cave, Tito Bustillo Cave, and Altamira Cave), this bacterium was predominant along with "*Proteobacteria*" (Schabereiter-Gurtner et al., 2003). Some band sequences detected from both tumuli showed a similar phylogenetic position to those of bacteria detected in the Spanish caves (Fig. S14). According to Saiz-Jiménez (2015), it is possible that the abundance of the "*Acidobacteria*" in the Spanish caves might be biased by sampling, and/or by the low number of sequences studied. Based on the results of a molecular survey of 60 caves, "*Acidobacteria*" represented as low as 3% of the population (Lee et al., 2012). In our survey, we might not have obtained enough samples and sequences (see Subsection 8-2). It is interesting that similar bacteria were detected at sites in Europe and Japan. In addition, "*Acidobacteria*" were detected as the second major bacteria after the phylum "*Proteobacteria*" in the Niu Cave, Southwest of China (Zhou et al., 2007). On the other hand, no "*Acidobacteria*" and only rare "*Actinobacteria*" were detected, while more than 98% of the bacteria detected in the Lascaux Cave were assignable to the "*Proteobacteria*" (Bastian et al., 2009c). Biocide treatment and human disturbance are thought to have had a strong impact on the microbial community, especially that of the Lascaux Cave (Bastian et al., 2009c).

9-2. Substrate preference of the major and noteworthy TT microbial species

Primary references concerning substrate and habitat data for fungi (Domsch et al., 2007; Ellis, 1971, 1976, 1997; Samson et al., 2010; Seifert et al., 2011) have been used here. Ecological substrates or habitats were categorized as soil, on living or dead plants, on insects, in the air, and in/on others. The substrate preferences of the fungal species/isolates of the TT have been assigned according to these categories (Table 4). Similarly, bacteria were categorized based on substrate preferences. The major bacterial genera *Bacillus*, *Ochrobactrum* and *Stenotrophomonas*, and a few actinobacteria (*Microbacterium*, *Promicromonospora*, and *Streptomyces*), to which the TT and KT bacterial isolates were assigned, are soil-inhabiting members (Kämpfer et al., 2014; Logan and De Vos, 2009; Ryan et al., 2009; Whitman et al., 2012). *Bordetella* from the TT samples and *Gluconacetobacter* from both the TT and KT samples have been cited as noteworthy genera. Most species of *Bordetella* are mammalian and avian parasites and pathogens. They cause respiratory infections in humans and a variety of warm-blooded animals (Sanden and Weyant, 2005; Weiss, 2006; Weyant et al., 1996; cf., Subsection 7-7 mentioned above). The closest related species found in TT isolates, *B. petrii*, was isolated from river sediment (von Wintzingerode et al., 2001). *Gluconacetobacter* species have been isolated from dried fruits, the rhizosphere of coffee plants, sugarcane, and the pink sugarcane mealybug. Thus, most of these bacteria prefer plant substrates (Komagata et al., 2014; cf., Subsection 7-8 mentioned above). Overall, the substrate preference data indicate that the fungal and bacterial species detected in the TT and KT depend on soil and/or plant substrates.

9-3. Mapping of the major fungal and bacterial colonizers detected from the TT samples

Mapping (plotting) data from two fungal colonizers (*Penicillium* and dark *Acremonium*) and three bacterial colonizers (*Bacillus*, *Ochrobactrum*, and *Stenotrophomonas*) are illustrated, respectively, in Figs. S15 and S16). The remaining maps will be published by Kiyuna et al. in the near future.

(1) *Penicillium paneum* (Fig. S15a): The 141 isolates of *Penicillium paneum*, in which the 25 isolates were molecular phylogenetically characterized by LSU gene sequences, from the stone chamber interior and the neighboring environment of the TT were used for the mapping analysis. *Penicillium paneum* was consistently isolated from the stone chamber interior before and after cooling of the stone chamber since May 2004. *P. paneum* was isolated from various samples collected from the stone chamber interior and neighboring environment, including the mural paintings and plaster surface of the stone walls, the joint space between the stone walls, and the stone chamber exterior. Only three isolates were isolated from the mound. Therefore, this species is thought to be an indigenous mold inside the stone chamber. Furthermore, this genus was isolated from the stone chamber interior before 2004 (Arai, 1984, 1987, 1990b; Kigawa et al., 2006b); however, it is uncertain whether these Arai isolates are assignable to *P. paneum*. *Penicillium paneum* has been isolated from moldy rye bread and bakers yeast, silage, and cassava chips in northern Europe and Canada (Frisvad and Samson, 2004). These isolation records suggest that this mold invaded the stone chamber through plant-associated substrates such as roots.

(2) *Acremonium* sect. *Gliomastix* spp. (Fig. S15b): The 51 isolates of the dark *Acremonium* species (46 *Acremonium masseei*, in which 32 isolates were molecular phylogenetically characterized by LSU gene sequences, three *Acremonium murorum*, and two *Acremonium polychromum* isolates) from the stone chamber interior and the neighboring environment of the TT were used for mapping analysis. Dark *Acremonium* sect. *Gliomastix* spp. were mainly isolated from the stone chamber interior but not from the adjacent space, the stone chamber exterior, or the mound soil. From May 2006, the temperature of the stone chamber interior was maintained at about 10°C, and the two species of *Acremonium* sect. *Gliomastix* (*A. masseei* and *A. murorum*) appeared mainly on the mural of the stone chamber interior and the joint space between the stone walls. On the other hand, *A. polychromum* was only detected on the exterior of the stone chamber as an airborne fungus, with no appearance inside the stone cham-

ber.

(3) *Bacillus* spp. (Fig. S16a): A total of 52 *Bacillus* spp. isolates identified by 16S rRNA gene sequences were obtained from TT samples. Isolates of the *B. cereus* group (27) and the *B. simplex* group (25) from the original source sampling sites, with 64 isolates which were tentatively identified on the basis of morphological and cultural characteristics, are shown in Fig. S16a. Members of the *B. cereus* group were isolated throughout the chamber interior, and especially the northwest, north, and northeast walls. This result suggests that the *B. cereus* group was predominant and distributed throughout the chamber interior. The *B. cereus* group was also present at the chamber exterior, the interspace of the wall stone, and the burial mound. While no *B. simplex* group was isolated from the chamber interior, it was isolated from the adjacent space (cover of thieving/thief hole), the joint space of the stone wall, the stone chamber exterior, and the mound soil. These observations suggest that these two groups of *Bacillus* spp. are ubiquitous microorganisms in the environment surrounding the TT. During our survey (September 2005–April 2007), the TT chamber interior was maintained at around 10°C and at a very high humidity (nearly 100% RH). These microclimates are within the allowed growth range of these two *Bacillus* isolates. The *B. cereus* group might have adapted faster to the low temperature and high humidity than did the *B. simplex* group isolates. Alternatively, the differences in the habitats of these two *Bacillus* groups may have been caused by other factors, such as competition in the community. *Bacillus* spp. were abundant and frequent in the TT samples. This genus is known to form endospores (Fig. 13n), which would have allowed it to survive and distribute throughout the chamber interior.

(4) *Ochrobactrum* spp. (Fig. S16b): A total of 42 isolates belonging to the genus *Ochrobactrum* were obtained from TT samples collected from September 2005 to April 2007. In these isolates, 17 isolates were identified by 16S rRNA, *gyrB*, and *groEL* genes sequence analyses (Handa et al., 2017), and the remaining isolates were tentatively identified on the basis of morphological and cultural characteristics. Interestingly, two isolates were taken from samples collected just as the cooling of the chamber interior began (*Ochrobactrum* sp. 1), but fifteen isolates of *O. pituitosum* were obtained when the temperature was stable, or from dismantling samples. Before chamber dismantling, these isolates were found mainly on the plaster surface of the west wall inside the stone chamber (Fig. S16b). However, after dismantling, *O. pituitosum* was isolated from joint/space stone wall samples (Fig. S16b). This result suggests that these isolates invaded from the surrounding environment to the inside of the stone chamber. *Ochrobactrum* spp. were not isolated from burial mound samples. Their optimum growth temperature is 20–37°C, but environmental isolates will grow at 4°C. Therefore, these isolates might be predominant in a cool environment.

9-4. Origins and invasion routes of the major microbial colonizers into the stone chamber interior

Our mycobiota and bacteriobiota surveys detected various taxonomical and ecological microbial groups from samples of the stone chamber interior and the neighboring environments of both tumuli (Table 4, Table S2). Based mainly on substrate preference and mapping data analyses, the possible origins of these microorganisms are considered to be the surrounding soil (carried mainly by water), plant substrates (e.g., roots), air, water, and small animals (e.g., mites, collembolans, and sow bugs). In the Altamira Cave, fungal colonies have three well-defined origins: plant saprophytes introduced from the exterior, entomopathogenic fungi introduced by arthropoda, and coprophilous fungi growing on rodent feces (Jurado et al., 2009; Saiz-Jiménez et al., 2011).

Water, air currents, and micro-animals are also thought to play roles in the invasion of species into the stone chamber. For example, in the case of the Lascaux cave, *Fusarium solani* species complex (FSSC) are thought to have been carried by water from soils above the cave (Dupont et al., 2007). Furthermore, the dispersal of fungi on the mural paintings is reported to be mainly caused by arthropods (mites or collembolans) (e.g., Gorbushina and Petersen, 2000; Guglielminetti et al., 1994; Jurado et al., 2009; Fig. 1g). Bastian et al. (2009b) reported that the composition of the fungal community in the Lascaux cave is largely influenced by arthropod colonization and activity, with the collembolans being of primary significance. They concluded that "entomophilous fungi play an important role in the cave and arthropods contribute to the dispersion of spores and fungal development." Our direct observations of collected samples and the official records of ACA, Japan (<http://www.bunka.go.jp/>), report the presence of arthropods such as centipedes, millipedes, springtails (Colembolla), common rough woodlices, carabids, earwigs, spiders, and ants. Living mites and springtails were observed in fungal colonies on plaster walls inside the TT stone chambers. Although further studies on associated microorganisms and arthropods are needed, it is easy to imagine that these arthropods, especially mites and springtails, were involved in the expansion of microbial (bacteria, molds, and yeasts) colonization and disturbances in the stone chamber interior. As pointed out by Bastian et al. (2009b), in the Lascaux Cave, the role of arthropods as vectors is great within the tumulus stone chamber. The major bacterial members, such as *Bacillus*, *Stenotrophomonas*, *Ochrobactrum*, and a few actinobacterial genera were colonized inside the stone chamber by the same vectors that introduced the fungi.

Inside the KT stone chamber, the bristle-like (penicilliate) mold *Kendrickiella phycomyces* was first observed on the surface of the stone ceiling in the adjacent small room in August 2004 (Fig. 13g; Kiyuna et al., 2012). Subsequently, this fungus was continuously observed in the stone chamber (Table S2). Conidial masses produced on the apex of conidiophores in *Kendrickiella phycomyces* are considered suitable for dispersal by small animals (e.g., arthropods), similar to species of the ophiostomatoid anamorphic genus *Leptographium* (Jacobs and Wingfield, 2001). Therefore, the invasion of *K. phycomyces* into the stone chamber is considered to have occurred via arthropods (e.g., mites or collembolans). In the TT, this fungus was observed on plant roots in a hole beside the stone wall above the adjacent space (Kiyuna et al., 2012; e.g., isolate T61213-27-1). Thus, another possible route of invasion of *K. phycomyces* into the stone chamber is via plant roots.

Further possible major invasion routes into the TT stone chamber are considered to be the big hole on the south wall made by thieves (during the Kamakura period, in AD 1185–1333), the adjacent space/room, the joint/space of the stone walls, and cracks in the stone walls (Figs. S12 and S13). Our microbial community analyses suggest that a variety of ecological groups inhabited the stone chamber and its environs (cf., Table 4 for fungal isolates). The proposed pathways of entry of the bacteria and fungi that participated in the deterioration of the wall paintings include several pathways from the soil environment of the stone chamber entrance and the neighboring environment of the TT. In addition, also possibly involved are the surrounding soil (mainly by water), plant substrates (for details of identification, Noshiro et al., unpublished), air, and arthropods (e.g., mites and collembolans; Figs. 1e–g, u). In these various ways, it is presumed that various bacteria and fungi were able to into the stone chamber interior, and those microorganisms suited to the high humidity inhabited the wall paintings of the stone chamber interior. The results of bacterial community analysis by culture-dependent and culture-independent methods suggest that the bacteria entered the interior from the stone chamber exterior, for example via the burial mound. Evidence for such entry includes the decreasing abundance of some types of bacteria as sampling moved from the stone chamber exterior to the interior. In particular, the phylum *Acidobacteria*, detected in the TT samples, was predominant in the burial mound and decreased from the exterior to the interior. Such observations are of interest in speculating on the invasion routes of microbial contaminants.

10. Conclusions, Lessons, and Future Perspectives

The advances of our microbiological survey work (2004–2016) of the TT and KT stone chambers in Asuka village, Nara Prefecture, Japan, to reveal the cause of biodeterioration of the 1300-year-old mural paintings are briefly summarized below.

Using culture-dependent (cultivation) methods, the predominant microorganisms relating to the deterioration inside the stone chambers of both the TT and KT were fungi (molds and yeasts) and bacteria. These predominant fungi of the TT samples collected from May 2004 to February 2005 were assigned to the phialidic anamorph genera *Fusarium*, *Trichoderma*, and *Penicillium*, which grow rapidly and produce numerous conidia. However, soon after cooling of the mound began in September 2005, *Fusarium* spp. and *Trichoderma* spp. decreased and were replaced by dark *Acremonium* (*Acremonium* sect. *Gliomastix*). When the temperature was maintained at about 10°C, one of the dark *Acremonium* (*Acremonium masseei*, a heterotypic synonym of *Gliomastix masseei*) appeared as the major cause of the black stains/spots on the painting of a group of four women (called "Asuka beauties" or "*Asuka Bijin*") on the west wall. These so-called common molds grow rapidly and produce numerous dry or slimy conidia (Mason, 1937) as propagules, and are ubiquitous in the soil. The top three common bacterial genera, *Bacillus*, *Ochrobactrum*, and *Stenotrophomonas*, were detected during the same period. Similar changes in bacteriobiota were seen after the cooling of the mound; members of *Bordetella*, which have been identified and proposed as three novel species (see Supplementary Materials) became predominant. Viscous gels that developed on the stone walls of both the TT and KT stone chamber interiors were biofilms comprising bacteria, yeasts, and molds. The identities of these major microbial colonizers of the TT and KT samples, including those from biofilms, were determined using integrated analysis of phenotypic and genotypic characteristics. In addition, the identity of noteworthy microorganisms, including the TT and/or KT isolates of the fungal genera *Cephalotrichum* (= *Doratomyces*), *Kendrickiella*, and *Burgoa* and the bacterial genera *Gluconacetobacter* and *Bordetella* were identified at the species level based on their phenotypic and genotypic characteristics, and novel species have been proposed (see Supplementary Materials). In addition, SEM observations of plaster and biofilm samples revealed fungal hyphae and bacterial/microbial cells deeply penetrating the plaster texture (Figs. 1l and m; cf., figures 15 and 16 in Sugiyama et al., 2009). Culture-independent DGGE, clone library, and pyrosequencing methods were applied to analyze the bacterial and fungal communities of the TT and KT. For the major microbial colonizers, the results of the cultivation and DGGE methods were consistent. However, the results obtained using culture-independent methods indicated a greater diversity of microorganisms. Consequently, the latter method is essential to reliably reveal the species composition of microbiota and microbial communities, as recommended by Martin-Sanchez and Saiz-Jiménez (2014) in their studies of the air of the Lascaux Cave. As demonstrated by Heyrman and Swings (2003), as well as in this review, all applicable synthetic approaches in modern microbiology and related areas help to elucidate the causes of biodeterioration of cultural treasures such as the TT and KT mural paintings and walls.

Based on substrate preference (ecological groups) and mapping (plotting the detection sites of the isolates) of selected major microbial colonizers, their possible origins and invasion routes into the TT stone chamber interior are speculated. Comprehensive analyses of data obtained from these mycological surveys identified multiple invasion routes, including a large hole on the south wall made by thieves, spaces adjacent to the stone chamber, spaces between the stone walls, and cracks in the stone walls. These bacteria and fungi were brought into the stone chamber from the outside through wall cracks and spaces between stone walls by soil, rain water, small animals (e.g., mites and collembolans), plant roots, and air. In addition, human factors are considered to be a means of invasion. In conclusion, the microbial biodeterioration and contamination inside the stone chamber was caused by multiple factors, as suggested by the ICECDMPTT (2010). Further studies are needed to elucidate the mechanisms of biodeterioration.

In closing, lessons learned and future perspectives based on our microbiological surveys to date are:

(1) When sampling sites and materials that are national

historic sites and national treasures or suchlike, such as the Takamatsuzuka and Kitora Tumuli, non-destructive sampling methods are applied with some limitations (e.g., time, space, and sample amounts) under related laws. As a result, small amounts and numbers of samples frequently are used for the isolation of microorganisms. The acquired data (microbiota or microbial diversity) from such sampling using culture-dependent (cultivation) methods should be carefully analyzed and accessed, and the conclusions should be drawn after careful consideration. Culture-independent (molecular) methods complement traditional culture-dependent methods. A good example is *Gluconacetobacter*, one of the acetic acid bacteria genera. These bacteria were not isolated from the initial TT samples using the conventional isolation method. The DGGE analysis suggested the presence of acetic acid bacteria from the samples taken during the dismantling work and in the burial mound soil. Consequently, we used the enrichment culture method to isolate the bacteria in question from these samples. As a result, we obtained 10 isolates of the acetic acid bacteria from seven samples (Nishijima et al., 2013; Tazato et al., 2012). Recently, Solden et al. (2016) stated: "Yet, in many environments, only 0.1–1% of them have been cultivated, greatly hindering our understanding of the microbial world". We should therefore pay more attention to the diversity of uncultured microorganisms (Kamagata, 2007; Lewis et al., 2010; Solden et al., 2016; Stackebrandt and Embley, 2000), even within a tumulus stone chamber which has a volume of only 3.13 m^3, as in the case of the TT stone chamber interior.

(2) Accurate species identification, descriptions, and records of species with complete bioprofiling (or biological characterization) are essential for monitoring anything from global climate change (Systematics Agenda 2000, 1994) to a small tumulus stone chamber (this review). These data, namely information and knowledge of the identity of microbial contaminants/disturbances, are helpful for planning strategies for conservation measures (e.g., biocide treatments).

(3) The interior of a tumulus stone chamber is a small, narrow living environment and has a delicate ecosystem and enough nutrients for subterrestrial organisms in spite of the lack of light. In general, therefore, one might think that a stone chamber interior lacks diversity; however, a variety of life forms live even in such an oligotrophic environment. We must observe/detect not only the visible and invisible microbial diversity but also that of other organisms, especially arthropods, such as mites, collembolans (springtails), and other small animals. It is easy to imagine that these arthropods play a great role as vectors of microbial propagules, and as nutrients once dead. In short, "a compound eye" is needed when searching microbiota and/or biota concerning the cause of biodeterioration.

(4) Careful observations on site for the materials are recommended, including a loupe and possibly a portable microscope in addition to the naked eye. Microscopic observations of slide preparations of a material provide a great deal of vivid information at the sampling site; for example, if moldy or viscous gel (biofilm) samples are observed through a microscope, its major microorganisms can be roughly identified immediately, and additional information acquired will be useful for mapping out the strategy for isolation in a laboratory.

(5) As for airborne fungi and an index for risk management, a few comments may be made. In the survey for airborne fungal contamination in show caves, Porca et al. (2011) proposed an index for cave disturbance risk over five categories, ranging from a cave with no problem to a cave with irreversible ecological disturbance. They said this index was not applicable to huge caves with large halls, but no comment was made regarding small stone chambers. The size/volume of stone chambers of both tumuli was too small to compare with show caves, such as the Altamira or Lascaux Cave. Therefore, the index was not adapted directly to either tumuli, but it provided us with an indication of disturbance. The fungal population of the air inside the TT stone chamber was more than 500 cfu/m^3 in December 2003 and 420 cfu/m^3 in the adjacent room (the room in front of the stone chamber, Fig. 2) (Sano et al., 2004). These were risk level 4 (already affected by fungi) and risk level 3 (threatened by fungi), respectively. In contrast, only two colonies were detected from the air of the KT stone chamber interior before excavation (January 2004) (Sano et al., 2005). After the excavation and relocation work was carried out, approximately 60 colonies maximum were detected in the air of the stone chamber interior between 2005 and 2006, although the detection method differed (Mabuchi and Sano, 2007). Fungal colonies in the KT air were not so abundant, and the most prevalent fungus detected was *Penicillium*, but many fungi and bacteria were isolated from the plaster surface of the stone chamber interior at the same time. It was thought that the predominant fungal genera, dark *Acremonium*, *Cylindrocarpon*, *Phialocephala*, and *Fusarium*, produce slimy numerous conidia, so they were not distributed by air. Therefore, the fungal concentration of air in the KT stone chamber was low, even though many fungal colonies were observed on the plaster walls. The maximum fungal concentration of air outside the KT was around 100 cfu (colony forming unit)/m^3 in winter and over 6000 cfu/m^3 in summer (Mabuchi and Sano, 2007). The predominant fungal genera in the air of the KT stone chamber exterior were *Cladosporium*, *Arthrinium*, and *Fusarium*; however, *Penicillium* was predominant inside both the conservation facility (Fig. 3) and the stone chamber (Mabuchi and Sano, 2007). In both tumuli, the results described above were obtained using methods that differed from those of Porca et al. (2011). In addition, these interiors differed with respect to chamber size and the presence of human visitors (the TT and KT were never open to the public). The fungal threat level was 3 in the Altamira Cave, and members of *Cladosporium* and *Epicoccum* were abundant, possibly caused by air exchange and ventilation from the outside air (Cuezva et al., 2015). For the future, consideration should be given to measuring the number of microorganisms and creating an index for the management of tumulus stone chamber interiors.

(6) In relation to the above-mentioned risk management, development of sophisticated 21st century systems for biomonitoring (Woodward et al., 2013) is needed to pro-

vide non-destructive methods for exploring microbial activities and changes in microbiota/microbial communities (e.g., a few methods in Sterflinger and Piñar, 2013 and Microbial Volatile Organic Compounds [MVOCs] in Pócsi, 2012; Suzuki et al., 2012; Takeuchi et al., 2012). At the same time, there is an urgent need to develop capable young "multifaceted" microbiologists (Bastian and Alabouvette, 2009) who can investigate biodeterioration and related implications for cultural properties and cultural heritage.

(7) The major and noteworthy microbial isolates (with the full strain data) that are identified at the species or genus level should be deposited in public culture collections as vouchers to further scientific studies. They should also be distributed to the science community inside and outside the country. In addition, the acquired data and knowledge should be published rapidly. These actions contribute to the progress of science. The majority of our 730 TT and KT microbial isolates (molds, yeasts, and bacteria) (Anonymous, 2016; cf., <http://www.riken.jp/en/pr/topics/2016/20160719_1>) in addition to our previous depositions closely related to 16 original papers (An et al., 2009; Handa et al., 2016, 2017; Kiyuna et al., 2008, 2011, 2012, 2015, 2017; Nagatsuka et al., 2009, 2016, 2017; Nishijima et al., 2013, 2017a, 2017b; Tazato et al., 2012, 2015; also see Supplementary Materials) are available to researchers in microbiology, conservation science, and related fields around the world through the Japan Collection of Microorganisms (JCM), operated by the RIKEN BioResource Center in Tsukuba, Japan.

(8) Age-related deterioration of material is inevitable. In the case of the TT mural paintings, it is estimated that these were 60–70% deteriorated from the initial state (0%) at the moment of excavation (ICECDMPTT, 2010). The microbial balance and ecosystem within the tumulus stone chamber are delicate. Changes in temperature and humidity, increases in CO_2, and the invasion of new biodeteriogens are triggers for the destruction of that delicate microbial balance. Disturbances originated by human visits and activities (especially restoration work) should be as limited as possible, as suggested by Saiz-Jiménez (2013) regarding the Lascaux Cave in France and Cuezva et al. (2015) regarding the Altamira Cave in Spain. To save valuable historical cultural properties from serious biodeterioration, we should gather knowledge using an effective multidisciplinary survey team.

Acknowledgments

A series of our microbiological investigations into the causes of biodeterioration of mural paintings and stone chambers of the Takamatsuzuka and Kitora Tumuli was approved by the Agency for Cultural Affairs, Japan. The funding was provided in part by Grants-in Aid in Scientific Research (A) (No. 17206060 to Sadatoshi Miura, 2005–2007; No. 19200057 to Chie Sano, 2007–2011) from the Japan Society for the Promotion of Science (JSPS), and by a Research Grant from the Institute for Fermentation, Osaka (IFO) (to Kwang-Deug An, 2008–2010). The reproduction of several photographs shown in this review (for details, see figure legends) was permitted by the Office for the Protection of Tumuli and Murals, the Agency for Cultural Affairs, Japan, and also by the Asuka Village Board of Education. One of the authors (J.S.) thanks Dr. Hideo Arai, formerly at the National Research Institute for Cultural Properties, Tokyo, who kindly provided information on the *Doratomyces* problems of the Takamatsuzuka Tumulus stone chamber interior. The writing of this review in part by one of the authors (J.S.) was done at the Department of Botany, National Museum of Nature and Science in Tsukuba as a Visiting Fellow. We thank the Editor and three anonymous reviewers for critical comments and helpful suggestions to improve the manuscript. Finally, we thank the very kind invitation from Dr. Kan Tanaka (Editor-in-Chief), Dr. Hiromi Nishida (Editor), and other editorial members of JGAM, to write and publish this comprehensive review.

Supplementary Materials

Supplementary figures and tables are available in our J-STAGE site (http://www.jstage.jst.go.jp/browse/jgam).

References

Abdulla, H. (2009) Bioweathering and biotransformation of granitic rock minerals by actinomycetes. *Microb. Ecol.*, **58**, 753–761.

Adetutu, E. M. and Ball, A. S. (2014) Microbial diversity and activity in caves. *Microbiology Australia*, **35**, 192–194.

Adetutu, E. M., Thorpe, K., Bourne, S., Cao, X., Shahsavari, E. et al. (2011) Phylogenetic diversity of fungal communities in areas accessible and not accessible to tourists in Naracoorte Caves. *Mycologia*, **103**, 959–968.

Adl, S. M., Simpson, A. G. B., Lane, C. E., Lukeš, J., Bass, D. et al. (2012) The revised classification of eukaryotes. *J. Eukaryot. Microbiol.*, **59**, 429–493.

Agency for Cultural Affairs, Japan (ed.) (1987) National Treasures, the Takamatsuzuka Tumulus Mural Paintings: Conservation and Repair, 205 pp. (in Japanese).

Allsopp, D., Seal, K., and Gaylarde, C. (2004) Introduction to Biodeterioration, 2nd ed., Cambridge University Press, U.K., 237 pp.

Altschul, S. F., Madden, T. L., Schäffer, A. A., Zhang, J., Zhang, Z. et al. (1997) Gapped BLAST and PSI-BLAST: a new generation of protein database search programs. *Nucl. Acids Res.*, **25**, 3389–3402.

An, K.-D., Kiyuna, T., Kigawa, R., Sano, C., Miura, S. et al. (2009) The identity of *Penicillium* sp. 1, a major contaminant of the stone chambers in the Takamatsuzuka and Kitora Tumuli in Japan, is *Penicillium paneum*. *Antonie van Leeuwenhoek*, **96**, 579–592.

Anonymous (2016) Microorganisms from ancient tombs. *RIKEN Research*, Fall 2016, p. 8.

Arai, H. (1984) Microbiological studies on the conservation of mural paintings in tumuli. *In* Conservation and Restoration of Mural Paintings (1) (Proceedings of the International Symposium on the Conservation and Restoration of Cultural Properties, November 17–21, 1983, Tokyo, Japan), ed. by Ito, N., Emoto, Y., and Miura, S., Tokyo National Institute of Cultural Properties, Tokyo, Tokyo, pp. 117–124.

Arai, H. (1987) Microbiological environments and the counterplan for the Takamatsuzuka Tumulus mural paintings. *In* National Treasures, the Takamatsuzuka Tumulus Mural Paintings: Conservation and Repair, The Agency for Cultural Affairs, Japan, pp. 186–196 (in Japanese).

Arai, H. (1990a) The environmental analysis of archaeological sites. *Trends Analyt. Chem.*, **9**, 213–216.

Arai, H. (1990b) Biodeterioration of Cultural Properties and Its Control, Tokyo National Research Institute of Cultural Properties, Tokyo, Tokyo, 93 pp. (in Japanese).

Arai, H., Kenjo, T., Nakasato, T., Miura, S., Mori, H. et al. (1991) Studies on the conservation of Shinto and Buddhist buildings in Nikko designated as national treasure and important cultural property. *Sci. Conserv.*, **30**, 65–128 (in Japanese).

Aubert, M., Brumm, A., Ramli, M., Sutikna, T., Saptomo, E. W. et al. (2014) Pleistocene cave art from Sulawesi, Indonesia. *Nature*, **514**, 223–227.

Badali, H., Gueidan, C., Najafzadeh, M. J., Bonifaz, A., Gerrits van den Ende, A. H. G. et al. (2008) Biodiversity of the genus *Cladophialophora*. *Stud. Mycol.*, **61**, 175–191.

Bahn, P. (2008) Killing Lascaux. *Archaeology*, **61**, 18–19, 66–70.

Bastian, F. and Alabouvette, C. (2009) Lights and shadows on the conservation of a rock art cave: The case of Lascaux Cave. *Int. J. Speleol.*, **38**, 55–60.

Bastian, F., Alabouvette, C., and Saiz-Jiménez, C. (2009a) Bacteria and free-living amoeba in the Lascaux Cave. *Res. Microbiol.*, **160**, 38–40.

Bastian, F., Alabouvette, C., and Saiz-Jiménez, C. (2009b) The impact of arthropods on fungal community structure in Lascaux cave. *J. Appl. Microbiol.*, **106**, 1456–1462.

Bastian, F., Alabouvette, C., Jurado, V., and Saiz-Jiménez, C. (2009c) Impact of biocide treatments on the bacterial communities of the Lascaux Cave. *Naturwissenschaften*, **96**, 863–868.

Bastian, F., Jurado, V., Nováková, A., Alabouvette, C., and Saiz-Jiménez, C. (2010) The microbiology of Lascaux Cave. *Microbiology*, **156**, 644–652.

Berner, M., Wanner, G., and Lubitz, W. (1997) A comparative study of the fungal flora present in medieval wall paintings in the chapel of the castle Herberstein and in the parish church of St Georgen in Styria, Austria. *Int. Biodeterior. Biodegrad.*, **40**, 53–61.

Bissett, J., Gams, W., Jaklitsch, W., and Samuels, G. J. (2015) Accepted *Trichoderma* names in the year 2015. *IMA Fungus*, **6**, 263–295.

Busse, H. J., Zlamala, C., Buczolits, S., Lubitz, W., Kämpfer, P. et al. (2003) *Promicromonospora vindobonensis* sp. nov. and *Promicromonospora aerolata* sp. nov., isolated from the air in the medieval 'Virgilkapelle' in Vienna. *Int. J. Syst. Evol. Microbiol.*, **53**, 1503–1507.

Cañaveras, J. C., Hoyos, M., Sanchez-Moral, S., Sanz-Rubio, E., Bedoya, J. et al. (1999) Microbial communities associated with hydromagnesite and needle-fiber aragonite deposits in a Karstic Cave (Altamira, Northern Spain). *Geomicrobiol. J.*, **16**, 9–25.

Cañaveras, J. C., Sanchez-Moral, S., Soler, V., and Saiz-Jiménez, C. (2001) Microorganisms and microbially induced fabrics in cave walls. *Geomicrobiol. J.*, **18**, 223–240.

Cañaveras, J. C., Cuezva, S., Sanchez-Moral, S., Lario, J., Laiz, L. et al. (2006) On the origin of fiber calcite crystals in moonmilk deposits. *Naturwissenschaften*, **93**, 27–32.

Caneva, G., Nugari, M. P., and Salvadori, O. (eds.) (2008) Plant Biology for Cultural Heritage: Biodeterioration and Conservation, The Getty Conservation Institute, Los Angeles, 408 pp.

Carlile, M. J. and Watkinson, S. C. (1994) The Fungi, Academic Press, San Diego, 301 pp.

Chaverri, P. and Samuels, G. J. (2002) *Hypocrea lixii*, the teleomorph of *Trichoderma harzianum*. *Mycol. Prog.*, **1**, 283–286.

Chaverri, P. and Samuels, G. J. (2003) *Hypocrea/Trichoderma* (Ascomycota, Hypocreales, Hypocreaceae): species with green ascospores. *Stud. Mycol.*, **48**, 1–116.

Cheeptham, N. (ed.) (2013) Cave Microbiomes: A Novel Resource for Drug Discovery, Springer, New York, 130 pp.

Ciferri, O. (1999) Microbial degradation of paintings. *Appl. Environ. Microbiol.*, **65**, 879–885.

Coye, N. (ed.) (2011) Lascaux and Preservation Issues in Subterranean Environments: Proceedings of the International Symposium Paris, February 26 and 27, 2009, Éditions de la Maison des science de l'homme, Paris, 357 pp.

Cuezva, S., Sanchez-Moral, S., Saiz-Jiménez, C., and Cañaveras, J. C. (2009) Microbial communities and associated mineral fabrics in Altamira Cave, Spain. *Int. J. Speleol.*, **38**, 83–92.

Cuezva, S., Fernandez-Cortes, A., Porca, E., Pasic, L., Jurado, V. et al. (2012) The biogeochemical role of *Actinobacteria* in Altamira Cave, Spain. *FEMS Microbiol. Ecol.*, **81**, 281–290.

Cuezva, S., Jurado, V., Fernandez-Cortes, A., Garcia-Anton, E., Rogerio-Candelera, M. A. et al. (2015) Scientific data suggest Altamira cave should remain closed. *In* Microbial Life of Cave Systems, ed. by Annette, S. E., Walter de Gruyter GmbH, Berlin/Boston, pp. 303–320.

Dakal, T. C. and Arora, P. K. (2012) Evaluation of potential of molecular and physical techniques in studying biodeterioration. *Rev. Environ. Sci. Bio/Technol.*, **11**, 71–104.

Dakal, T. C. and Cameotra, S. S. (2012) Microbially induced deterioration of architectural heritage: routes and mechanisms involved. *Environ. Sci. Eur.*, **24**, 1–13.

Deacon, J. W. (1997) Modern Mycology, 3rd ed., Blackwell Science, Oxford, p. 7.

Dhawan, S., Garg, K. L., and Pathak, N. (1993) Microbial analysis of Ajanta wall paintings and their possible control *in situ*. *In* Biodeterioration of Cultural Property 2 (Proceedings of the 2nd International Conference October 5–8, 1992, Yokohama, Japan), ed. by Toishi, K., Arai, H., Kenjo, T., and Yamano, K., International Communications Specialists, Tokyo, pp. 245–262.

Diakumaku, E., Gorbushina, A. A., Krumbein, W. E., Panina, L., and Soukharjevski, S. (1995) Black fungi in marble and limestones: an aesthetical, chemical and physical problem for the conservation of monuments. *Sci. Total Environ.*, **167**, 295–304.

Diaz-Herraiz, M., Jurado, V., Cuezva, S., Laiz, L., and Pallecchi, P. et al. (2013) The Actinobacterial colonization of Etruscan paintings. *Scientific Reports*, **3**, 1440; doi:10.1038/srep01440.

Domsch, K. H., Gams, W., and Anderson, T.-H. (2007) Compendium of Soil Fungi, 2nd ed., IHW-Verlag, Eching, 672 pp.

Dromph, K. M. (2003) Collembolans as vectors of entomopathogenic fungi. *Pedobiologia*, **47**, 245–256.

Dupont, J., Jacquet, C., Dennetiere, B., Lacoste, S., Bousta, F. et al. (2007) Invasion of the French Paleolithic painted cave of Lascaux by members of the *Fusarium solani* species complex. *Mycologia*, **99**, 526–533.

Dutta, D. and Gachhui, R. (2007). Nitrogen-fixing and cellulose-producing *Gluconacetobacter kombuchae* sp. nov., isolated from Kombucha tea. *Int. J. Syst. Evol. Microbiol.*, **57**, 353–357.

Ellis, M. B. (1971) Dematiaceous Hyphomycetes, Commonwealth Mycological Institute, Kew, Surrey, U.K., 608 pp.

Ellis, M. B. (1976) More Dematiaceous Hyphomycetes, Commonwealth Mycological Institute, Kew, U.K., 507 pp.

Ellis, M. B. (1997) Microfungi on Land Plants: An Identification Handbook, New Enlarged edition, The Richmond Publishing Co., Slough, 868 pp.

Emoto, Y. and Emoto, Y. (1974) Microbiological investigation of ancient tombs with paintings: Ozuka tomb in Fukuoka and Chibusan tomb in Kumamoto. *Sci. Conserv.*, **12**, 95–102 (in Japanese).

Emoto, Y., Kadokura, T., Kenjo, T., and Arai, H. (1983) Surveys related to the preservation of murals in Torazuka ancient burial mound. *Sci. Conserv.*, **22**, 121–146 (in Japanese).

Engle, A. S. (ed.) (2015) Microbial Life of Cave Systems, De Gruyter, Berlin/Boston, 335 pp.

Euzéby, J. P. (1997) List of bacterial names with standing in nomenclature: a folder available on the Internet. *Int. J. Syst. Bacteriol.*, **47**, 590–592; List of Prokaryotic names with Standing in Nomenclature <http://www.bacterio.net>.

Fonseca, A., Boekhout, T., and Fell, J. W. (2011) *Cryptococcus* Vuillemin (1901). *In* The Yeasts, A Taxonomic Study, 5th ed., ed. by Kurtzman, C. P., Fell, J. W., and Boekhout, T., Elsevier, Amsterdam, pp. 1661–1737.

Fox, J. L. (2008) Some say Lascaux cave paintings are in microbial "Crisis" mode. *Microbe*, **3**, 110–112.

Franke, I. H., Fegan, M., Hayward, C., Leonard, G., Stackebrandt, E. et al. (1999) Description of *Gluconacetobacter sacchari* sp. nov., a new species of acetic acid bacterium isolated from the leaf sheath of sugar cane and from the pink sugar-cane mealy bug. *Int. J. Syst. Bacteriol.*, **49**, 1681–1693.

Frisvad, J. C. and Samson, R. A. (2004) Polyphasic taxonomy of *Penicillium* subgenus *Penicillium*—A guide to identification of food and air-borne terverticillate Penicillia and their mycotoxins. *Stud. Mycol.*, **49**, 1–173.

Fry, N. K., Duncan, J., Malnick, H., Warner, M., Smith, A. J. et al. (2005). *Bordetella petrii* clinical isolate. *Emerg. Infect. Dis.*, **11**, 1131–1133.

Fuentes-Ramírez, L. E., Bustillos-Cristales, R., Tapia-Hernández, A., Jiménez-Salgado, T., Wang, E. T. et al. (2001) Novel nitrogen-fixing acetic acid bacteria, *Gluconacetobacter johannae* sp. nov. and *Gluconacetobacter azotocaptans* sp. nov., associated with coffee plants. *Int. J. Syst. Evol. Microbiol.*, **51**, 1305–1314.

Gams, W. (1971) *Cephalosporium*-artige Schimmelpilze (Hyphomycetes), Gustav Fischer Verlag, Stuttgart, 262 pp.

Gams, W., van der Aa, H. A., van der Plaats-Niterink, A. J., Samson, S. A., and Stalpers, J. A. (1987) CBS Course of Mycology, 3rd ed., Centraalbureau voor Schimmelcultures, Baarn, 136 pp.

Ganter, P. F. (2006) Yeast and invertebrate associations. *In* Biodiversity and Ecophysiology of Yeasts, ed. by Rosa, C. A. and Gábor, P., Springer, Heidelberg, pp. 303–370.

Garcia-Anton, E., Cuezva, S., Jurado, V., Porca, E., Miller, A. Z. et al. (2014) Combining stable isotope (δ^{13}C) of trace gases and aerobiological data to monitor the entry and dispersion of microorganisms in caves. *Environ. Sci. Pollut. Res.*, **21**, 473–484.

Garg, K. L., Jain, K. K., and Mishra, A. K. (1995) Role of fungi in the deterioration of wall paintings. *Sci. Total Environ.*, **167**, 255–271.

Geneste, J.-M. (2011) The major phases in the conservation of Lascaux Cave. *In* Lascaux and Preservation Issues in Subterranean Environments: Proceedings of the International Symposium Paris, February 26 and 27, 2009, ed. by Coye, N., Éditions de la Maison des science de l'homme, Paris, pp. 51–71.

Gillis, M., Kersters, K., Hoste, B., Janssens, D., Kroppenstedt, R. M. et al. (1989) *Acetobacter diazotrophicus* sp. nov., a nitrogen-fixing acetic acid bacterium associated with sugarcane. *Int. J. Syst. Bacteriol.*, **39**, 361–364.

Giraldo, A., Gené, J., Sutton, D. A., Madrid, H., de Hoog, G. S. et al. (2015). Phylogeny of *Sarocladium* (Hypocreales). *Persoonia*, **34**, 10–24.

Goidànich, G. (1937) Studi sulla microflora fungina della pasta di legno destinata alla fabbricazione della carta. *Bolletino della Stazione di Patologia vegetale Roma*, **17**, 305–399.

Gomez-Alarcon, G. and de la Torre, M. A. (1994) The effect of filamentous fungi on stone monuments: the Spanish experience. *In* Building Mycology, ed. by Singh, J., Chapman & Hall, London, pp. 295–309.

Gonzalez, J. M. and Saiz-Jiménez, C. (2005) Application of molecular nucleic acid-based techniques for the study of microbial communities in monuments and artworks. *Int. Microbiol.*, **8**, 189–194.

Gonzalez, J. M., Portillo, M. C., and Saiz-Jiménez, C. (2006) Metabolically active *Crenarchaeota* in Altamira Cave. *Naturwissenschaften*, **93**, 42–45.

Gonzalez, J. M., Portillo, M. C., and Saiz-Jiménez, C. (2008a) Bacterial diversity in the cave of Altamira. *Coalition*, **15**, 2–6; <www.rtphc.csic.es/boletin.htm>.

Gonzalez, J. M., Portillo, M. C., and Saiz-Jiménez, C. (2008b) Microbes pose a risk to prehistoric cave paintings. *Microbe*, **3**, 72–77.

Gorbushina, A. A. and Petersen, K. (2000) Distribution of microorganisms on ancient wall paintings as related to associated faunal elements. *Int. Biodeterior. Biodegrad.*, **46**, 277–284.

Graff, J. (2006) Saving beauty. *TIME Eur.*, **167**, 36–42.

Greif, M. D. and Currah, R. S. (2007) Patterns in the occurrence of saprophytic fungi carried by arthropods caught in traps baited with rotted wood and dung. *Mycologia*, **99**, 7–19.

Gross, R., Guzman, C. A., Sebaihia, M., Martins dos Santos, V. A. P., Pieper, D. H. et al. (2008). The missing link: *Bordetella petrii* is endowed with both the metabolic versatility of environmental bacteria and virulence traits of pathogenic *Bordetellae*. *BMC Genomics*, **9**, 449.

Groth, I. and Saiz-Jiménez, C. (1999) Actinomycetes in hypogean environments. *Geomicrobiol. J.*, **16**, 1–8.

Groth, I., Vettermann, R., Schuetze, B., Schumann, P., and Saiz-Jiménez, C. (1999) Actinomycetes in Karstic caves of northern Spain (Altamira and Tito Bustillo). *J. Microbiol. Methods*, **36**, 115–122.

Gu, J.-D., Ford, T. E., Berke, N. S., and Mitchell, R. (1998) Biodeterioration of concrete by the fungus *Fusarium*. *Int. Biodeterior. Biodegrad.*, **41**, 101–109.

Guglielminetti, M., Morghen, C. G., Radaelli, A., Bistoni, F., Carruba, G. et al. (1994) Mycological and ultrastructural studies to evaluate biodeterioration of mural paintings: detection of fungi and mites in frescos of the Monastery of St Damian in Assisi. *Int. Biodeterior. Biodegrad.*, **33**, 269–283.

Guo, L., Liu, C., Zhao, J., Li, C., Guo, S. et al. (2016) *Promicromonospora alba* sp. nov., an actinomycete isolated from the cuticle of *Camponotus japonicas* Mayr. *Int. J. Syst. Evol. Microbiol.*, **66**, 1340–1345.

Gurtner, C., Heyrman, J., Pinar, G., Lubitz, W., Swings, J. et al. (2000) Comparative analyses of the bacterial diversity on two different biodeteriorated wall paintings by DGGE and 16S rDNA sequence analysis. *Int. Biodeterior. Biodegrad.*, **46**, 229–239.

Handa, Y., Tazato, N., Nagatsuka, Y., Koide, T., Kigawa, R. et al. (2016) *Stenotrophomonas tumulicola* sp. nov., a major contaminant of the stone chamber interior in the Takamatsuzuka Tumulus. *Int. J. Syst. Evol. Microbiol.*, **66**, 1119–1124.

Handa, Y., Tazato, N., Sato, Y., Kigawa, R., Sano, C. et al. (2017) Molecular phylogenetic placements of *Bacillus* and *Ochrobactrum* isolates from the Takamatsuzuka and Kitora Tumuli. *Sci. Conserv.*, **56** (in press) (in Japanese).

Hawser, S. P. and Douglas, L. J. (1994) Biofilm formation by *Candida* species on the surface of catheter materials in vitro. *Infect. Immun.*, **62**, 915–921.

Heyrman, J. and Swings, J. (2003) Modern diagnostic techniques on isolates. *Coalition*, **6**, 9–13.

Heyrman, J., Logan, N. A., Rodríguez-Díaz, M., Scheldeman, P., Lebbe, L. et al. (2005) Study of mural painting isolates, leading to the transfer of '*Bacillus maroccanus*' and '*Bacillus carotarum*' to *Bacillus simplex*, emended description of *Bacillus simplex*, re-examination of the strains previously attributed to '*Bacillus macroides*' and description of *Bacillus muralis* sp. nov. *Int. J. Syst. Evol. Microbiol.*, **55**, 119–131.

Hibbett, D. S., Binder, M., Bischoff, J. F., Blackwell, M., Cannon, P. F. et al. (2007) A higher-level phylogenetic classification of the Fungi. *Mycol. Res.*, **111**, 509–547.

Hoffmann, A., Thimm, T., Dröge, M., Moore, E. R. B., Munch, J. C. et al. (1998) Intergeneric transfer of conjugative and mobilizable plasmids harbored by *Escherichia coli* in the gut of the soil microarthropod *Folsomia candida* (Collembola). *Appl. Environ. Microbiol.*, **64**, 2652–2659.

Hotson, J. W. (1912) Cultural studies of fungal producing bulbils and similar propagative bodies. *Proc. Am. Acad. Arts Sci.*, **48**, 227–306.

Huber, B., Scholz, H. C., Kämpfer, P., Falsen, E., and Langer, S. et al. (2010) *Ochrobactrum pituitosum* sp. nov., isolated from an industrial environment. *Int. J. Syst. Evol. Microbiol.*, **60**, 321–326.

Hughes, S. J. (1958) Revisiones hyphomycetum aliquot cum appendice de nominibus rejiciendis. *Can. J. Bot.*, **36**, 727–836.

ICECDMPTT (Investigation Committee for Elucidating the Cause of Deterioration of the Mural Paintings of Takamatsuzuka Tumulus) (2010) Report on Investigation of the Cause of Deterioration of the Mural Paintings of Takamatsuzuka Tumulus, Agency for Cultural Affairs, Japan (in Japanese); the pdf file available at <http://www.bunka.go.jp/takamatsu_kitora/kentokaito/pdf/rekka_houkokusho_ver02.pdf>.

Ikner, L. A., Toomey, R. S., Nolan, G., Neilson, J. W., Pryor, B. M. et al. (2007) Culturable microbial diversity and the impact of tourism in Kartchner Caverns, Arizona. *Microbial Ecol.*, **53**, 30–42.

Inuzuka, M. and Ishizaki, T. (2007) Environmental measurement for dismantling the stone chamber of Takamatsuzuka Tumulus. *Sci. Conserv.*, **46**, 221–226 (in Japanese).

Ishizaki, T. and Kigawa, R. (2011) Conservation of mural paintings of Takamatsuzuka and Kitora Tumuli in Japan. *In* Lascaux and Preservation Issues in Subterranean Environments, Proceedings of the International Symposium Paris, February 26 and 27, 2009, ed. by Coye, N., Éditions de la Maison des science de l'homme, Paris, pp. 261–274.

Jacobs, K. and Wingfield, M. J. (2001) *Leptographium* Species: Tree Pathogens, Insect Associates, and Agents of Blue-stain, APS Press, St. Paul, Minnesota, 220 pp.

Jiang, Y.-L. and Zhang, T.-Y. (2008) Two new species of *Doratomyces* from soil. *Mycotaxon*, **104**, 131–134.

Jurado, V., Sanchez-Moral, S., and Saiz-Jiménez, C. (2008) Entomogenous fungi and the conservation of the cultural heritage: A review. *Int. Biodeterior. Biodegrad.*, **62**, 325–330.

Jurado, V., Fernandez-Cortes, A., Cuezva, S., Laiz, L., Canaveras, J. C. et al. (2009) The fungal colonisation of rock-art caves: experimental evidence. *Naturwissenschaften*, **96**, 1027–1034.

Jurado, V., Laiz, L., Rodriguez-Nava, V., Boiron, P., Hermosin, H. et al. (2010) Pathogenic and opportunistic microorganisms in caves. *Int. J. Speleol.*, **39**, 15–24.

Jurado, V., Laiz, L., Sanchez-Moral, S., and Saiz-Jiménez, C. (2014) Pathogenic microorganisms related to human visits in Altamira Cave, Spain. *In* The Conservation of Subterranean Culture Heritage, ed. by Saiz-Jiménez, C., Taylor & Francis Group, London, pp. 229–238.

Kamagata, Y. (2007) What are uncultured microbes? *J. Environ. Biotechnol.*, **7**, 69–73 (in Japanese).

Kämpfer, P., Huber, B., Busse, H. J., Scholz, H. C., Tomaso, H. et al. (2011) *Ochrobactrum pecoris* sp. nov., isolated from farm animals. *Int. J. Syst. Evol. Microbiol.*, **61**, 2278–2283.

Kämpfer, P., Wohlgemuth, S., and Scholz, H. (2014). The Family *Brucellaceae*. *In* The Prokaryotes—*Alphaproteobacteria* and

Betaproteobacteria, 4th ed., ed. by Rosenberg, E. et al., Springer, Berlin/Heidelberg, pp. 155–178.

Kaparullina, E., Doronina, N., Chistyakova, T., and Trotsenko, Y. (2009) *Stenotrophomonas chelatiphaga* sp. nov., a new aerobic EDTA-degrading bacterium. *Syst. Appl. Microbiol.*, **32**, 157–162.

Karbowska-Berent, J. (2003) Microbiodeterioration of mural paintings: a review. *In* Art, Biology, and Conservation: Biodeterioration of Works of Art, ed. by Koestler, R. J., Koestler, V. H., Charola, A. E., and Nietro-Fernandez, F. E., The Metropolitan Museum of Art, New York, pp. 267–301.

Kersters, K., Lisdiyanti, P., Komagata, K., and Swings, J. (2006) The family *Acetobacteraceae*: The genera *Acetobacter*, *Acidomonas*, *Asaia*, *Gluconacetobacter*, *Gluconobacter*, and *Kozakia*. *In Prokaryotes*, A Handbook on the Biology of Bacteria, 3rd ed., ed. by Dworkin, M. et al., Springer, New York, pp. 163–200.

Kigawa, R., Sano, C., and Miura, S. (2004) Past and present situation of microorganisms in Takamatsuzuka Tumulus. *Sci. Conserv.*, **43**, 79–85 (in Japanese).

Kigawa, R., Sano, C., Mabuchi, H., and Miura, S. (2005) Investigation of moulds in Kitora Tumulus during its excavation and restoration works. *Sci. Conserv.*, **44**, 165–171 (in Japanese).

Kigawa, R., Mabuchi, H., Sano, C., and Miura, S. (2006a) Investigation of biological issues in Kitora Tumulus during its restoration work (2). *Sci. Conserv.*, **45**, 93–105 (in Japanese).

Kigawa, R., Sano, C., Ishizaki, T., and Miura, S. (2006b) Concept and measures of the conservation of Takamatsuzuka Tumulus for thirty years and the present situation of biodeterioration. *Sci. Conserv.*, **45**, 33–58 (in Japanese).

Kigawa, R., Sano, C., Ishizaki, T., and Miura, S. (2007a) Circumstances of microorganisms in Takamatsuzuka Tumulus in 2006. *Sci. Conserv.*, **46**, 209–219 (in Japanese).

Kigawa, R., Sano, C., Mabuchi, H., and Miura, S. (2007b) Investigation of biological issues in Kitora Tumulus during its restoration work (3). *Sci. Conserv.*, **46**, 227–233 (in Japanese).

Kigawa, R., Sano, C., Tazato, N., Kiyuna, T., Koide, T. et al. (2007c) The effect of a biocide (Kathon CG) on bacterial and fungi isolated from biofilms on the plaster paintings of Kitora Tumulus and its direct effect on the biofilms. *Sci. Conserv.*, **46**, 39–50 (in Japanese).

Kigawa, R., Sugiyama, J., Takatori, K., Mabuchi, H., and Sano, C. et al. (2008a) Overview of biological survey at Takamatsuzuka Tumulus during the excavation and relocation of the stone chamber in 2007. *Sci. Conserv.*, **47**, 121–128 (in Japanese).

Kigawa, R., Mabuchi, H., Sano, C., and Miura, S. (2008b) Biological issues in Kitora Tumulus during relocation work of the mural paintings (2007). *Sci. Conserv.*, **47**, 129–133 (in Japanese).

Kigawa, R., Sano, C., Ishizaki, T., Miura, S., and Sugiyama, J. (2009a) Biological issues in the conservation of mural paintings of Takamatsuzuka and Kitora Tumuli in Japan. *In* International Symposium on the Cservation and Rstoration of Cutural Poperty—Study of Enviromental Conditions Surrounding Cultural Properties and Their Protective Measures, ed. by Sano, C., National Research Institute of Cultural Properties, Tokyo, pp. 43–50.

Kigawa, R., Sano, C., Mabuchi, H., Kiyuna, T., Tazato, N. et al. (2009b) Biological issues in Kitora Tumulus during restoration works of the mural paintings (2008). *Sci. Conserv.*, **48**, 168–174 (in Japanese).

Kigawa, R., Sano, C., Takatori, K., Kiyuna, T., Sugiyama, J. et al. (2010a) Fungal growth tests of materials used in Takamatsuzuka Tumulus and for protective facing of the mural paintings in the recent relocation. *Sci. Conserv.*, **49**, 61–71 (in Japanese).

Kigawa, R., Sano, C., Kiyuna, T., Tazato, N., and Sugiyama, J. (2010b) Use of ethanol and isopropanol as carbon sources by microorganisms isolated from Takamatsuzuka and Kitora Tumuli. *Sci. Conserv.*, **49**, 231–238 (in Japanese).

Kigawa, R., Sano, C., Kiyuna, T., Tazato, N., Sugiyama, J. et al. (2010c) New measure to control microorganisms in Kitora Tumulus: Effects of intermittent UV irradiation (2009). *Sci. Conserv.*, **49**, 253–264 (in Japanese).

Kigawa, R., Sano, C., Kiyuna, T., Tazato, N., Sugiyama, J. et al. (2011) Microorganisms in Kitora Tumulus during intermittent UV irradiation between restoration works (2010). *Sci. Conserv.*, **50**, 191–195 (in Japanese).

Kigawa, R., Sano, C., Kiyuna, T., Tazato, N., Sugiyama, J. et al. (2012a) Microbial growth tests with consolidations of mural paintings: A case study of bacterial and yeast strains isolated from Kitora Tumulus. *Sci. Conserv.*, **51**, 157–166 (in Japanese).

Kigawa, R., Sato, Y., Kiyuna, T., Tazato, N., Sugiyama, J. et al. (2012b) Microorganisms in Kitora Tumulus during intermittent UV irradiation (2011). *Sci. Conserv.*, **51**, 167–171 (in Japanese).

Kigawa, R., Sano, C., Nishijima, M., Tazato, N., Kiyuna, T. et al. (2013a) Investigation of acetic acid bacteria isolated from the Kitora Tumulus in Japan and their involvement in the deterioration of the plaster of the mural paintings. *Stud. Conserv.*, **58**, 30–40.

Kigawa, R., Kiyuna, T., Tazato, N., Sato, Y., and Sugiyama, J. (2013b) Tolerance test of microorganisms isolated from Kitora Tumulus against UV irradiation. *Sci. Conserv.*, **52**, 91–105 (in Japanese).

Kigawa, R., Kiyuna, T., Tazato, N., Sato, Y., Sano, C. et al. (2015) Summary of the microbial surveys of the Kitora Tumulus from 2004 to 2013. *Sci. Conserv.*, **54**, 83–109 (in Japanese).

Kim, H. J., Eom, H. J., Park, C., Jung, J., Shin, B. et al. (2016) Calcium carbonate precipitation by *Bacillus* and *Sporosarcina* strains isolated from concrete and analysis of the bacterial community of concrete. *J. Microbiol. Biotechnol.*, **26**, 540–548.

Kirk, P. M., Cannon, P. F., Minter, D. W., and Stalpers, J. A. (2008) Dictionary of the Fungi, 10th ed., CAB International, Wallingford, 771 pp.

Kitada, M., Kohzuma, Y., and Tateishi, T. (2015) Microstructure of surface contaminant layer of joint stucco between stone walls of Takamtsuzuka Tumulus. *J. Jpn. Inst. Met. Mater.*, **79**, 404–412 (in Japanese).

Kiyuna, T., An, K.-D., Kigawa, R., Sano, C., Miura, S. et al. (2008) Mycobiota of the Takamatsuzuka and Kitora Tumuli in Japan, focusing on the molecular phylogenetic diversity of *Fusarium* and *Trichoderma*. *Mycoscience*, **49**, 298–311.

Kiyuna, T., An, K.-D., Kigawa, R., Sano, C., Miura, S. et al. (2011) Molecular assessment of fungi in "black spots" that deface murals in the Takamatsuzuka and Kitora Tumuli in Japan: *Acremonium* sect. *Gliomastix* including *Acremonium tumulicola* sp. nov. and *Acremonium felinum* comb. nov. *Mycoscience*, **52**, 1–17.

Kiyuna, T., An, K.-D., Kigawa, R., Sano, C., Miura, S. et al. (2012) Bristle-like fungal colonizers on the stone walls of the Kitora and Takamatsuzuka Tumuli are identified as *Kendrickiella phycomyces*. *Mycoscience*, **53**, 446–459.

Kiyuna, T., An, K.-D., Kigawa, R., Sano, C., Miura, S. et al. (2015) "Black particles", the major colonizers on the ceiling stone of the stone chamber interior of the Kitora Tumulus, Japan, are the bulbilliferous basidiomycete fungus *Burgoa anomala*. *Mycoscience*, **56**, 293–300.

Kiyuna, T., An, K.-D., Kigawa, R., Sano, C., and Sugiyama, J. (2017) Noteworthy anamorphic fungi, *Cephalotrichum verrucisporum*, *Sagenomella striatispora*, and *Sagenomella griseoviridis*, isolated from samples collected while dismantling the Takamatsuzuka Tumulus stone chamber, Nara, Japan. *Mycoscience* (in press); dx.doi.org/10.1016/j.myc.2017.02.003.

Ko, K. S., Peck, K. R., Oh, W. S., Lee, N. Y., Lee, J. H. et al. (2005) New species of *Bordetella*, *Bordetella ansorpii* sp. nov., isolated from the purulent exudate of an epidermal cyst. *J. Clin. Microbiol.*, **43**, 2516–2519.

Komagata, K., Iino, T., and Yamada, Y. (2014) The family *Acetobacteraceae*. *In* The Prokaryotes—*Alphaproteobacteria* and *Betaproteobacteria*, 4th ed., ed. by Rosenberg, E. et al., Springer, Berlin Heidelberg, pp. 1–78; doi:10.1007/978-3-642-30197-1_396.

Krug, J. C. (2004) Moist chambers for the development of fungi. *In* Biodiversity of Fungi, Inventory and Monitoring Methods, ed. by Muller, G. M., Bills, G. F., and Foster, M. S., Elsevier Academic Press, Amsterdam, pp. 589–593.

Kurtzman, C. P. (2011) Meyerozyma Kurtzman & M. Suzuki (2010). *In* The Yeasts, A Taxonomic Study, 5th ed., ed. by Kurtzman, C. P., Fell, J. W., and Boekhout, T., Elsevier, Amsterdam, pp. 621–624.

Kurtzman, C. P., Fell, J. W., Boekhout, T., and Robert, V. (2011) Methods for the isolation, phenotypic characterization and maintenance of yeasts. *In* The Yeasts, A Taxonomic Study, 5th ed., ed. by Kurtzman, C. P., Fell, J. W., and Boekhout, T., Elsevier, Amsterdam, pp. 87–110.

Kusumi, A., Li, X. S., and Katayama, Y. (2011) Mycobacteria isolated from Angkor monument sandstones grow chemolithoautotrophically by oxidizing elemental sulfur. *Front. Microbiol.*, 2:104 PMID 21747806.

Lachance, M. A., Boekhout, T., Scorzetti, G., Fell, J. W., and Kurtzman, C. P. (2011) *Candida* Berkhout. *In* The Yeasts, A Taxonomic Study, 5th ed., ed. by Kurtzman, C. P., Fell, J. W., and Boekhout, T., Elsevier, Amsterdam, pp. 987–1278.

Laiz, L., Groth, I., Gonzalez, I., and Saiz-Jiménez, C. (1999) Microbiological study of the dripping waters in Altamira cave (Santillana del Mar, Spain). *J. Microbiol. Methods*, **36**, 129–138.

Laiz, L., Gonzalez, J. M., and Saiz-Jiménez, C. (2003) Microbial communities in caves: Ecology, physiology, and effects on paleolithic paintings. *In* Art, Biology, and Conservation: Biodeterioration of Works of Art, ed. by Koestler, R. J., Koestler, V. H., Charola, A. E., and Nietro-Fernandez, F. E., The Metropolitan Museum of Art, New York, pp. 210–215.

Lasheras, J. A., Sánchez-Moral, S., Sáiz-Jiménez, C., Cãnaveras, J. C., and de las Heras, C. (2011) The conservation of Altamira Cave: a comparative perspective. *In* Lascaux and Preservation Issues in Subterranean Environments, Proceedings of the International Symposium Paris, February 26 and 27, 2009, ed. by Coye, N., Éditions de la Maison des science de l'homme, Paris, pp. 169–182.

Le Coustumier, A., Njamkepo, E., Cattoir, V., Guillot, S., and Guiso, N. (2011). *Bordetella petrii* infection with long-lasting persistence in human. *Emer. Infect. Dis.*, **17**, 612–618.

Lee, N. M., Meisinger, D. B., Aubrecht, R. et al. (2012) Caves and karst environments. *In* Life at Extremes: Environments, Organisms and Strategies for Survival, ed. by Bell, E. M. et al., CAB International, Wallingford, pp. 320–344.

Lefevre, M. (1974) La 'Maladie Vérte' de Lascaux. *Stud. Conserv.*, **19**, 126–156.

Lewis, K., Epstein, S., D'Onofrio, A., and Ling, L. I. (2010) Uncultured microorganisms as a source of secondary metabolites. *J. Antibiot.*, **63**, 468–476.

Li, Q., Zhang, B., He, Z., and Yang, X. (2016) Distribution and diversity of bacteria and fungi colonization in stone monuments analyzed by high-throughput sequencing. *PLoS ONE*, **11**, e0163287.

Li, X. M., Sato, T., Ooiwa, Y., Kusumi, A., Gu, J.-D. et al. (2010) Oxidation of elemental sulfur by *Fusarium solani* strain THIF01 harboring endobacterium *Bradyrhizobium* sp. *Microbial Ecol.*, **60**, 96–104.

Logan, N. A. and De Vos, P. (2009) Genus I. *Bacillus* Cohn 1872, 174[AL]. *In* Bergey's Manual of Systematic Bacteriology. Volume 3: The *Firmicutes*, ed. by Vos, P., Garrity, G., Jones, D., Krieg, N. R., Ludwig, W. et al., Springer, New York, pp. 21–128.

Luangsa-Ard, J. I., Houbraken, J., van Doorn, T., Hong, S. B., Borman, A. M. et al. (2011) *Purpureocillium*, a new genus for the medically important *Paecilomyces lilacinus*. *FEMS Microbiol. Lett.*, **321**, 141–149.

Ma, Y., Zhang, H., Tian, T., Xiang, T., Liu, X. et al. (2015) The community distribution of bacteria and fungi on ancient wall paintings of the Mogao Grottoes. *Sci. Rep.*, **5**, 7752; doi:10.1038/srep07752.

Mabuchi, H. and Sano, C. (2007) Investigation for evaluation of dynamic indoor environment in terms of airborne mold measurement—A model case at the conservation facility of Kitora Tumulus. *Sci. Conserv.*, **46**, 27–37 (in Japanese).

Macedo, M. F., Miller, A. Z., Dionísio, A., and Saiz-Jiménez, C. (2009) Biodiversity of cyanobacteria and green algae on monuments in the Mediterranean Basin: an overview. *Microbiology*, **155**, 3476–3490.

Mamlouk, D. and Gullo, M. (2013) Acetic acid bacteria: Physiology and carbon sources oxidation. *Indian J. Microbiol.*, **53**, 377–384.

Martin, K., Schäfer, J., and Kämpfer, P. (2010) *Promicromonospora* umidemergens sp. nov., isolated from moisture from indoor wall material. *Int. J. Syst. Evol. Microbiol.*, **60**, 537–541.

Martin-Sanchez, P. M. and Saiz-Jiménez, C. (2014) Contribution of culture-independent methods to cave aerobiology: the case of Lascaux Cave. *In* The Conservation of Subterranean Cultural Heritage, ed. by Saiz-Jiménez, C., Taylor & Francis Group, London, pp. 215–222.

Martin-Sanchez, P. M., Nováková, A., Bastian, F., Alabouvette, C., and Saiz-Jiménez, C. (2012a) Use of biocides for the control of fungal outbreaks in subterranean environments: The case of the Lascaux cave in France. *Environ. Sci. Technol.*, **46**, 3762–3770.

Martin-Sanchez, P. M., Nováková, A., Bastian, F., Alabouvette, C., and Saiz-Jiménez, C. (2012b) Two new species of the genus *Ochroconis*, *O. lascauxencis* and *O. anomala* isolated from black stains in Lascaux Cave, France. *Fung. Biol.*, **116**, 574–589.

Martin-Sanchez, P. M., Miller, A. Z., and Saiz-Jiménez, C. (2015) Lascaux Cave: An example of fragile ecological balance in subterranean environments. *In* Microbial Life in Cave Systems, ed. by Engel, A. S., De Gruyter, Berlin/Boston, pp. 279–301.

Mason, E. W. (1937) Annotated account of fungi received at The Imperial Mycological Institute, List 2, fasc. 3 (general part), 68–99.

Masuda, M., Hirose, N., Ishikawa, T., Ikawa, Y., and Nishimura, K. (2016) *Prototheca miyajii* sp. nov., isolated from a patient with systemic protothecosis. *Int. J. Syst. Evol. Microbiol.*, **66**, 1510–1520.

Mohri, M. (2007) Takamatsuzuka-Kofun wa Mamoreruka? Hozon-Kagaku no Chosen ['Can Keep The Takamatsuzuka Tumulus? The Challenge from Science in Conservation'], NHK Books 1082, Japan Broadcasting Corporation, Tokyo, 251 pp.

Mouhamadou, B., Faure, M., Sage, L., Marçais, J., Souard, F. et al. (2013) Potential of autochthonous fungal strains isolated from contaminated soils for degradation of polychlorinated biphenyls. *Fung. Biol.*, **117**, 268–274.

Nagatsuka, Y., Kawasaki, H., Limtong, S., Mikata, K., and Seki, T. (2002) *Citeromyces siamensis* sp. nov., a novel halotolerant yeast isolated in Thailand. *Int. J. Syst. Evol. Microbiol.*, **52**, 2315–2319.

Nagatsuka, Y., Kawasaki, H., Mikata, K., and Seki, T. (2005) *Candida khmerensis* sp. nov., a novel cation-tolerant yeast isolated from dry salted shrimp and sewage in Cambodia. *J. Gen. Appl. Microbiol.*, **51**, 235–243.

Nagatsuka, Y., Kiyuna, T., Kigawa, R., Sano, C., Miura, S. et al. (2009) *Candida tumulicola* sp. nov. and *Candida takamatsuzukensis* sp. nov., novel yeast species assignable to the *Candida membranifaciens* clade, isolated from the stone chamber of the Takamatsu-zuka tumulus. *Int. J. Syst. Evol. Microbiol.*, **59**, 186–194.

Nagatsuka, Y., Ninomiya, S., Kiyuna, T., Kigawa, R., Sano, C. et al. (2016) *Yamadazyma kitorensis* f.a., sp. nov. and *Zygoascus biomembranicola* f.a., sp. nov., novel yeasts from the stone chamber interior of the Kitora Tumulus, and five novel combinations in *Yamadazyma* and *Zygoascus* for species of *Candida*. *Int. J. Syst. Evol. Microbiol.*, **66**, 1692–1704.

Nagatsuka, Y., Kiyuna, T., Kigawa, R., Sano, C., and Sugiyama, J. (2017) *Prototheca tumulicola* sp. nov., a novel achlorophyllous algal species isolated from the stone chamber interior of the Takamatsuzuka Tumulus. *Mycoscience*, **58**, 53–59.

Nara National Research Institute for Cultural Properties (ed.) (2006) An Investigation of the Takamatsuzuka Tumulus: A Report of Excavation Survey in 2004 for the Purpose of the Long-term Committee for the Mural Paintings of Takamatsuzuka Tumulus, Nara National Institute for Cultural Properties, Nara, 62 pp.+16 pls. (in Japanese).

Nara National Research Institute for Cultural Properties (ed.) (2008) The Special Historic Site—Report on Investigation of Excavation and Research of the Kitora Tumulus, Agency for Cultural Affairs, Nara National Research Institute for Cultural Properties, Archaeological Institute of Kashihara, Nara Prefecture and Asuka Village Board of Education, Nara, 101 pp.+31 pls. (in Japanese).

Nett, J. E., Marchillo, K., Spiegel, C. A., and Andes, D. R. (2010) Development and validation of an in vivo *Candida albicans* biofilm denture model. *Infect. Immun.*, **78**, 3650–3659.

Nieto-Fernández, F. E., Centeno, S. A., Wypyski, M. T., Di Bonaventura, M. P., Baldwin, A. M. et al. (2003) Enzymatic approach to removal of fungal spots from drawings on paper. *In* Art, Biology, and Conservation: Biodeterioration of Works of Art, ed. by Koestler, R. J., Koestler, V. H., Charola, A. E., and Nietro-Fernandez, F. E., The Metropolitan Museum of Art, New York, pp. 111–127.

Nishijima, M., Tazato, N., Handa, Y., Tomita, J., Kigawa, R. et al. (2013) *Gluconacetobacter tumulisoli* sp. nov., *Gluconacetobacter takamatsuzukensis* sp. nov. and *Gluconacetobacter aggeris* sp. nov., isolated from Takamatsuzuka Tumulus samples before and during the dismantling work in 2007. *Int. J. Syst. Evol. Microbiol.*, **63**, 3981–3988.

Nishijima, M., Tazato, N., Handa, Y., Umekawa, N., Kigawa, R. et al. (2017a) *Krasilnikoviella muralis* gen. nov., sp. nov., a new member of the family *Promicromonosporaceae*, isolated from the

Takamatsuzuka Tumulus stone chamber interior and reclassification of *Promicromonospora flava* as *Krasilnikoviella flava* comb. nov. *Int. J. Syst. Evol. Microbiol.* (in press); published ahead of print: 26 October, 2016; doi:10.1099/ijsem.0.001618.

Nishijima, M., Tazato, N., Handa, Y., Umekawa, N., Kigawa, R. et al. (2017b) *Microbacterium tumbae* sp. nov., an actinobacterium isolated from the stone chamber of ancient tumulus. *Int. J. Syst. Evol. Microbiol.* (accepted).

Novakova, A., Jurado, V., and Saiz-Jiménez, C. (2014) Are fungi a real threat for the conservation of Altamira Cave? *In* The Conservation of Subterranean Cultural Heritage, ed. by Saiz-Jiménez, C., CRC Press, Leiden, pp. 223–228.

Nugari, M. P., Realini, M., and Roccardi, A. (1993) Contamination of mural paintings by indoor airborne fungal spores. *Aerobiologia*, **9**, 131–139.

O'Brien, M., Nielsen, K. F., O'Kiely, P., Forristal, P. D., Fuller, H. T. et al. (2006) Mycotoxins and other secondary metabolites produced in vitro by *Penicillium paneum* Frisvad and *Penicillium roqueforti* Thom isolated from baled grass silage in Ireland. *J. Agr. Food Chem.*, **54**, 9268–9276.

O'Brien, M., Egan, D., O'Kiely, P., Forristal, P. D., Doohan, F. M. et al. (2008) Morphological and molecular characterization of *Penicillium roqueforti* and *P. paneum* isolated from baled grass silage. *Mycol. Res.*, **112**, 921–932.

O'Donnell, K. (2000) Molecular phylogeny of the *Nectria haematococca-Fusarium solani* species complex. *Mycologia*, **92**, 919–938.

O'Donnell, K., Sutton, D. A., Rinaldi, M. G., Magnon, K. C., Cox, P. A. et al. (2004) Genetic diversity of human pathogenic members of the *Fusarium oxysporum* complex inferred from multilocus DNA sequence data and amplified fragment length polymorphism analyses: Evidence for the recent dispersion of a geographically widespread clonal lineage and nosocomial origin. *J. Clin. Microbiol.*, **42**, 5109–5120.

O'Donnell, K., Sarver, B., Brandt, M., Chang, D. C., Nobel-Wang, J. et al. (2007) Phylogenetic diversity and microsphere array-based genotyping of human pathogenic Fusaria, including isolates from the multistate contact lens-associated U.S. keratitis outbreaks of 2005 and 2006. *J. Clin. Microbiol.*, **45**, 2235–2248.

O'Donnell, K., Ward, T. J., Robert, V. A. R. G., Crous, P. W., Geiser, D. M. et al. (2015) DNA sequence-based identification of *Fusarium*: Current status and future directions. *Phytoparasitica*, **43**, 583–595.

Orial, G. and Mertz, J.-D. (2006) Étude et suivi des phénomènes microbiologiques. *Monumental-Dossier Les grottes ornées-2006 Semestriel*, **2**, 76–87.

Orial, G., Bousta, F., and François, A. (2009) Lascaux cave: monitoring of microbiological activities. *In* International Symposium on the Conservation and Restoration of Cultural Property—Study of Environmental Conditions Surrounding Cultural Properties and Their Protective Measures, ed. by Sano, C., National Research Institute for Cultural Properties, Tokyo, Tokyo, pp. 31–40.

Orial, G., Bousta, F., François, A., Pallot-Frossard, I., and Warscheid, T. (2011) Managing biological activities in Lascaux: Identification of microorganisms, monitoring and treatments. *In* Lascaux and Preservation Issues in Subterranean Environments, Proceedings of the International Symposium Paris, February 26 and 27, 2009, ed. by Coye, N., Éditions de la Maison des science de l'homme, Paris, pp. 219–251.

Palleroni, N. (2005) Genus IX. *Stenotrophomonas* Palleroni and Bradbury 1993, 608VP*. *In* Bergey's Manual of Systematic Bacteriology. Vol. 2. The *Proteobacteria*, Part B, The *Gammaproteobacteria*, ed. by Garrity, G., Brenner, D. J., Krieg, N. R., and Staley, J. R., Springer, New York, pp. 107–115.

Pallot-Frossard, I., Orial, G., Bousta, F., and Mertz, J.-D. (2009) Lascaux cave (France): A difficult problem of conservation. *In* Lascaux and Preservation Issues in Subterranean Environments, Proceedings of the International Symposium Paris, February 26 and 27, 2009, ed. by Coye, N., Éditions de la Maison des science de l'homme, Paris, pp. 7–14.

Pedraza, R. O. (2008) Recent advances in nitrogen-fixing acetic acid bacteria. *Int. J. Food Microbiol.*, **125**, 25–35.

Peng, S., Dongying, L., Bingxin, Y., Mingjun, L., and Gehong, W. (2015) *Microbacterium shaanxiense* sp. nov., isolated from the nodule surface of soybean. *Int. J. Syst. Evol. Microbiol.*, **65**, 1437–1443.

Pike, A. W. G., Hoffmann, D. L., García-Diez, M., Pettitt, P. B., Alcolea, J. et al. (2012) U-series dating of paleolithic art in 11 caves in Spain. *Science*, **336**, 1409–1413.

Pinna, D. and Salvadori, O. (2008) Process of biodeterioration: General mechanisms. *In* Plant Biology for Cultural Heritage: Biodeterioration and Conservation, ed. by Caneva, G., Nugari, M. P., and Salvadori, O., The Getty Conservation Institute, Los Angeles, pp. 15–34.

Pinzari, F., Montanari, M., Michaelsen, A., and Piñar, G. (2010) Analytical protocols for the assessment of biological damage in historical documents. *Coalition*, **19**, 6–13.

Pócsi, I. (2012) Volatile organic compounds of fungal origins—a potential future tool in the prevention and healing of microbial infections in artworks. *In* Proceedings of Chemical and Ecological Researches on the Microorganisms for Preserving Cultural Properties in both Japan and Hungary (JSPS International Scientific Exchange: Joint Seminar between Japan Hungary, July 7 and 8, 2012), ed. by Suzuki, T., Nara Women's University, Nara, pp. 70–78.

Porca, E., Jurado, V., Martin-Sanchez, P. M., Hermosin, B., Bastian, F. et al. (2011) Aerobiology: An ecological indicator for early detection and control of fungal outbreaks in caves. *Ecol. Indicators*, **11**, 1594–1598.

Porca, E., Jurado, V., Zgur-Bertok, D., Saiz-Jiménez, C., and Pasic, L. (2012) Comparative analysis of yellow microbial communities growing on the walls of geographically distinct caves indicates a common core of microorganisms involved in their formation. *FEMS Microbiol. Ecol.*, **81**, 255–266.

Pore, R. S. (2011) *Prototheca* Krüger. *In* The Yeasts, A Taxonomic Study, 5th ed., ed. by Kurtzman, C. P., Fell, J. W., and Boekhout, T., Elsevier, Amsterdam, pp. 2071–2080.

Portillo, M. C. and Gonzalez, J. M. (2009a) Sulfate-reducing bacteria are common members of bacterial communities in Altamira Cave (Spain). *Sci. Total Environ.*, **407**, 1114–1122.

Portillo, M. C. and Gonzalez, J. M. (2009b) Comparing bacterial community fingerprints from white colonizations in Altamira Cave (Spain). *World J. Microbiol. Biotechnol.*, **25**, 1347–1352.

Portillo, M. C. and Gonzalez, J. M. (2011) Moonmilk deposits originate from specific bacterial communities in Altamira Cave (Spain). *Microbial Ecol.*, **61**, 182–189.

Portillo, M. C., Gonzalez, J. M., and Saiz-Jiménez, C. (2008) Metabolically active microbial communities of yellow and grey colonizations on the walls of Altamira Cave, Spain. *J. Appl. Microbiol.*, **104**, 681–691.

Portillo, M. C., Saiz-Jiménez, C., and Gonzalez, J. M. (2009) Molecular characterization of total and metabolically active bacterial communities of "white colonizations" in the Altamira Cave, Spain. *Res. Microbiol.*, **160**, 41–47.

Riesenman, P. J. and Nicholson, W. L. (2000) Role of the spore coat layers in *Bacillus* subtilis spore resistance to hydrogen peroxide, artificial UV-C, UV-B, and solar UV radiation. *Appl. Environ. Microbiol.*, **66**, 620–626.

Roebroeks, W. (2014) Art on the move. *Nature*, **514**, 170–171.

Ryan, R. P., Monchy, S., Cardinale, M., Taghavi, S., Crossman, L. et al. (2009) The versatility and adaptation of bacteria from the genus *Stenotrophomonas*. *Nature Rev. Microbiol.*, **7**, 514–525.

Saiz-Jiménez, C. (1995) Microbial melanins in stone monuments. *Sci. Total Environ.*, **167**, 273–286.

Saiz-Jiménez, C. (ed.) (2003) Molecular Biology and Cultural Heritage (Proceedings of the International Congress on Molecular Biology and Cultural Heritage, 4–7 March 2003, Sevilla, Spain), A.A. Balkema Publishers, Lisse, The Netherlands, 287 pp.

Saiz-Jiménez, C. (2013) Recent research on Lascaux Cave. *Coalition*, **24**, 11–14.

Saiz-Jiménez, C. (ed.) (2014) The Conservation of Subterranean Cultural Heritage, CRC Press (Taylor & Francis Group), London, 328 pp.; doi:10.1201/b17570-1.

Saiz-Jiménez, C. (2015) The microbiology of show caves, mines, tunnels, and tombs: implications for management and conservation. *In* Microbial Life of Cave Systems, ed. by Annette, S. E., Walter de Gruyter GmbH, Berlin/Boston, pp. 231–262.

Saiz-Jiménez, C., Cuezva, S., Jurado, V., Fernandez-Cortes, A., Porca, E. et al. (2011) Paleolithic art in peril: Policy and science collide at

Altamira Cave. *Science*, **334**, 42–43.

Salvadori, O. and Urzi, C. (2008) Techniques and methods of investigation. *In* Plant Biology for Cultural Heritage, Biodeterioration and Conservation, ed. by Caneva, G., Nugari, M. P., and Salvadori, O., English translation, The Getty Conservation Institute, pp. 347–360.

Samson, R. A., Houbraken, J., Thrane, U., Frisvad, J. C., and Andersen, B. (2010) Food and Indoor Fungi, CBS-KNAW Fungal Biodiversity Centre, Utrecht, The Netherlands, 390 pp.

Samson, R. A., Yilmaz, N., Houbraken, J., Spierenburg, H., Seifert, K. A. et al. (2011) Phylogeny and nomenclature of the genus Talaromyces and taxa accommodated in *Penicillium* subgenus *Biverticillium*. *Stud. Mycol.*, **70**, 159–183.

Samuels, G. J. (2006) *Trichoderma*: Systematics, the sexual states, and ecology. *Phytopathology*, **96**, 195–206.

Sanden, G. N. and Weyant, R. S. (2005) *Bordetella* Moreno-Lópes 1952, 178[AL]. *In* Bergey's Manual of Systematic Bacteriology, 2nd ed., Vol. 2 (The *Proteobacteria*), Part C (The *Alpha-*, *Beta-*, *Delta-*, and *Epsilonproteobacteria*), ed. by Brenner, D., J., Krieg, N. R., Staley, J. T., and Garrity, G. M., Springer, New York, pp. 662–671.

Sandoval-Denis, M., Guarro, J., Cano-Lira, J. F., Sutton, D. A., Wiederhold, N. P. et al. (2016) Phylogeny and taxonomic revision of Microascaceae with emphasis on synnematous fungi. *Stud. Mycol.*, **83**, 193–233.

Sano, C. (ed.) (2009) International Symposium on the Conservation and Restoration of Cultural Property: Study of Environmental Conditions Surrounding Cultural Properties and Their Protective Measures, National Research Institute for Cultural Properties, Tokyo, Tokyo, 157 pp.

Sano, C., Mabuchi, H., and Miura, S. (2004) Control of microorganism in Takamatsuzuka Tumulus: Paraformaldehyde fumigation and its concentration in the Tumulus. *Sci. Conserv.*, **43**, 95–105 (in Japanese).

Sano, C., Mabuchi, H., and Miura, S. (2005) Atmospheric composition and air pollutants in Kitora Tumulus before excavation. *Sci. Conserv.*, **44**, 157–164 (in Japanese).

Sano, C., Hayakawa, Y., and Miura, S. (2009) Review of the scientific analysis on the painting materials of Takamatsuzuka Tumulus. *Sci. Conserv.*, **48**, 119–131.

Sano, C., Nishijima, M., Kiyuna, T., Kigawa, R., and Sugiyama, J. (2010) Carboxylic acids productivity of major microorganisms isolated from the stone chamber interior of Takamatsuzuka Tumulus and Kitora Tumulus, Nara Prefecture, Japan. *Sci. Conserv.*, **49**, 209–219 (in Japanese).

Sato, Y., Kigawa, R., Kiyuna, T., Tazato, T., Nishijima, M. et al. (2013) Culture-independent analysis of the bacterial community in Kitora Tumulus under intermittent UV irradiation. *Sci. Conserv.*, **52**, 1–10 (in Japanese).

Sato, Y., Kigawa, R., Kiyuna, T., Tazato, T., Nishijima, M. et al. (2015) Pyrosequence analysis for the microbial community in the Kitora Tumulus under intermittent UV irradiation. *Sci. Conserv.*, **54**, 111–120 (in Japanese).

Satoh, K., Ooe, K., Nagayama, H., and Makimura, K. (2010) *Prototheca cutis* sp. nov., a newly discovered pathogen of protothecosis isolated from inflamed human skin. *Int. J. Syst. Evol. Microbiol.*, **66**, 1692–1704.

Schabereiter-Gurtner, C., Saiz-Jiménez, J., Piñar, G., Lubitz, W., and Rölleke, S. (2002a) Phylogenetic 16S rRNA analysis reveals the presence of complex and partly unknown bacterial communities in Tito Bustillo cave, Spain, and on its Palaeolithic paintings. *Environ. Microbiol.*, **4**, 392–400.

Schabereiter-Gurtner, C., Saiz-Jiménez, C., Pinar, G., Lubitz, W., and Rolleke, S. (2002b) Altamira cave Paleolithic paintings harbor partly unknown bacterial communities. *FEMS Microbiol. Lett.*, **211**, 7–11.

Schabereiter-Gurtner, C., Pinar, G., Lubitz, W., Rolleke, S., and Saiz-Jiménez, C. (2003) *Acidobacteria* in Paleolithic painting cave. *In* Molecular Biology and Cultural Heritage, ed. by Saiz-Jiménez, C., A.A. Balkema Publishers, Lisse, The Netherlands, pp. 15–21.

Schabereiter-Gurtner, C., Saiz-Jiménez, J., Piñar, G., Lubitz, W., and Rölleke, S. (2004) Phylogenetic diversity of bacteria associated with Paleolithic paintings and surrounding rock walls in two Spanish caves (Llonín and La Garma). *FEMS Microbiol. Ecol.*, **47**, 235–247.

Schroers, H.-J., Samuels, G. J., Zhang, N., Short, D. P. G., Juba, J. et al. (2016) Epitypification of *Fusisporium* (*Fusarium*) *solani* and its assignment to a common phylogenetic species in the *Fusarium solani* species complex. *Mycologia*, **108**, 806–819.

Schumann, P. and Stackebrandt, E. (2012) Genus I. *Promicromonospora* Krasil'nikov, Kalakoutskii and Kirillova 1961, 107[AL]. *In* Bergey's Manual of Systematic Bacteriology, Vol. 5, Part B, ed. by Goodfellow, M., Kämpfer, P., Busse, H.-J., Trujillo, M. E., Suzuki, K. et al., Springer, New York, pp. 995–1002.

Seifert, K., Morgan-Jones, G., Gams, W., and Kendrick, B. (2011) The Genera of Hyphomycetes (CBS Biodiversity Series 9), CBS-KNAW Fungal Biodiversity Centre, Utrecht, The Netherlands, 997 pp.

Shimkets, L. J., Dworkin, M., and Reichenbach, H. (2006) The Myxobacteria. *In* The Prokaryotes: A Handbook on the Biology of Bacteria, 3rd ed., Vol. 7 (*Proteobacteria*: Delta and Epsilon Subclasses. Deeply Rooting Bacteria), ed. by Dworkin, M., Falkow, E., Rosenberg, E., Schleifer, K.-H., and Stackebrandt, E., Springer, New York, pp. 31–115.

Sievers, M. and Swings, J. (2005) Genus VIII. *Gluconacetobacter*. Yamada, Hoshino, and Ishikawa 1998b, 32VP (Effective publication: Yamada, Hoshino, and Ishikawa 1997, 1249). *In* Bergey's Manual of Systematic Bacteriology, 2nd ed., Vol. 2, The *Proteobacteria*, Part C, The *Alphaproteobacteria*, the *Betaproteobacteria*, the *Deltaproteobacteria* and the *Epsilonproteobacteria*, ed. by Brenner, D. J., Kreig, N. P., Staley, J. T., and Garrity, G. M., Springer, New York, pp. 72–77.

Solden, L., Lloyd, K., and Wrighton, K. (2016) The bright side of microbial dark matter: lessons learned from the uncultivated majority. *Curr. Opin. Microbiol.*, **31**, 217–226.

Stackebrandt, E. and Embley, T. M. (2000) Diversity of uncultured microorganisms in the environment. *In* Nonculturable Microorganisms in the Environment, ed. by Colwell, R. R. and Grimes, D. J., ASM Press, Washington, D.C., pp. 57–75.

Stark, D., Riley, L. A., Harkness, J., and Marriott, D. (2007) *Bordetella petrii* from a clinical sample in Australia: isolation and molecular identification. *J. Med. Microbiol.*, **56**, 435–437.

Sterflinger, K. (2000) Fungi as geologic agents. *Geomicrobiol. J.*, **17**, 97–124.

Sterflinger, K. (2010) Fungi: Their role in deterioration of cultural heritage. *Fung. Biol. Rev.*, **24**, 47–55.

Sterflinger, K. and Piñar, G. (2013) Microbial deterioration of cultural heritage and works of art—tilting at windmills? *Appl. Microbiol. Biotechnol.*, **97**, 9637–9646.

Sugiyama, J., Kiyuna, T., An, K.-D., Nagatsuka, Y., Handa, Y. et al. (2009) Microbiological survey of the stone chambers of Takamatsuzuka and Kitora tumuli, Nara Prefecture, Japan: a milestone in elucidating the cause of biodeterioration of mural paintings. *In* International Symposium on the Conservation and Restoration of Cultural Property—Study of Environmental Conditions Surrounding Cultural Properties and Their Protective Measures, ed. by Sano, C., National Research Institute for Cultural Properties, Tokyo, pp. 51–73.

Suh, S. O., Nguyen, N. H., and Blackwell, M. (2005) Nine new *Candida* species near *C. membranifaciens* isolated from insects. *Mycol. Res.*, **109**, 1045–1056.

Summerbell, R. C., Guidan, C., Schroers, H. J., de Hoog, G. S., Starink, M. et al. (2011) *Acremonium* phylogenetic overwiew and revision of *Gliomastix*, *Sarocladium*, and *Trichothecium*. *Stud. Mycol.*, **68**, 139–162.

Suzuki, T., Kiuchi, Y., Tanaka, H., Kimura, T., Kiuchi, M. et al. (2012) Physiological activity of microbial volatile organic compounds (MVOCs) as growth regulators in fungi. *In* Proceedings of Chemical and Ecological Researches on the Microorganisms for Preserving Cultural Properties in both Japan and Hungary (JSPS International Scientific Exchange: Joint Seminar between Japan and Hungary, July 7 and 8, 2012), ed. by Suzuki, T., Nara Women's University, Nara, pp. 83–92.

Systematics Agenda 2000 (1994) Systematic Agenda 2000: Charting the Biosphere (Technical Report), A Consortium of the American Society of Plant Taxonomists, the Society of Systematic Biologists, and the Willi Henning Society, in cooperation with the Association of Systematic Collection, New York, 34 pp.

Takamatsuzuka Tumulus Emergency Conservation Research Committee (1972) An interim report by Takamatsuzuka Tumulus Emergency Conservation Research Committee. *In* National Treasures, the Takamatsuzuka Tumulus Mural Paintings: Conservation and Repair, Agency for Cultural Affairs, Japan, pp. 19–26 (in Japanese).

Takeuchi, T., Tanaka, H., Ichii, S., and Kimura, T. (2012) Analysis of microbial volatile organic compounds for conservation technology of cultural heritage. *In* Proceedings of Chemical and Ecological Researches on the Microorganisms for Preserving Cultural Properties in both Japan and Hungary (JSPS International Scientific Exchange: Joint Seminar between Japan and Hungary, July 7 and 8, 2012), ed. by Suzuki, T., Nara Women's University, Nara, pp. 79–83.

Tazato, N., Nishijima, M., Handa, Y., Kigawa, R., Sano, C. et al. (2012) *Gluconacetobacter tumulicola* sp. nov. and *Gluconacetobacter asukensis* sp. nov., isolated from the stone chamber interior of the Kitora Tumulus, Nara, Japan. *Int. J. Syst. Evol. Microbiol.*, **62**, 2032–2038.

Tazato, N., Handa, Y., Nishijima, M., Kigawa, R., Sano, C. et al. (2015) Novel environmental species isolated from the plaster wall surface of mural paintings in the Takamatsuzuka tumulus: *Bordetella muralis* sp. nov., *Bordetella tumulicola* sp. nov. and *Bordetella tumbae* sp. nov. *Int. J. Syst. Evol. Microbiol.*, **65**, 4830–4838.

Urzì, C., Leo, F. D., Bruno, L., and Albertano, P. (2010) Microbial diversity in paleolithic caves: A study case on the phototrophic biofilms of the Cave of Bats (Zuheros, Spain). *Microb. Ecol.*, **60**, 116–129.

Vandamme, P. A., Peeters, C., Cnockaert, M., Inganäs, E., Falsen, E. et al. (2015). *Bordetella bronchialis* sp. nov., *Bordetella flabilis* sp. nov. and *Bordetella sputigena* sp. nov., isolated from human respiratory specimens, and reclassification of *Achromobacter sediminum* Zhang et al., 2014 as *Verticia sediminum* gen. nov., comb. Nov. *Int. J. Syst. Evol. Microbiol.*, **65**, 3674–3682.

Vanderwolf, K. J., Malloch, D., McAlpine, D. F., and Forbes, G. J. (2013) A world review of fungi, yeasts, and slime molds in caves. *Int. J. Speleol.*, **42**, 77–96.

Visagie, C. M., Houbraken, J., Frisvad, J. C., Hong, S.-B., Klaassen, C. H. W. et al. (2014) Identification and nomenclature of the genus *Penicillium*. *Stud. Mycol.*, **78**, 343–371.

von Wintzingerode, F., Schattke, A., Siddiqui, R. A., Rösick, U., Göbel, U. B. et al. (2001) *Bordetella petrii* sp. nov., isolated from an anaerobic bioreactor, and emended description of the genus *Bordetella*. *Int. J. Syst. Evol. Microbiol.*, **51**, 1257–1265.

Weiss, A. (2006) The Genus *Bordetella*. *In* The Prokaryotes: a Handbook on the Biology of Bacteria, 3rd ed., Vol. 5 (*Proteobacteria*: *Alpha* and *Beta* Subclasses), ed. by Dworkin, M., Falkow, E., Rosenberg, E., Schleifer, K.-H., and Stackebrandt, E., Springer, New York, pp. 648–674.

Weyant, R. S., Moss, C. W., Weaver, R. E., Hollis, D. G., Jordan, J. G. et al. (1996) Identification of Unusual Pathogenic Gram-negative Aerobic and Facultatively Anaerobic Bacteria, 2nd ed., Baltimore: Williams & Wilkins, Baltimore, 727 pp.

Whitman, W., Goodfellow, M., Kämpfer, P., Busse, H.-J., Trujillo, M. et al. (eds.) (2012) Bergey's Manual of Systematic Bacteriology 2nd ed., Vol. 5, The *Actinobacteria*, Part A and B, Springer, New York, 2083 pp.

Woese, C. R., Kandler, O., and Wheelis, M. L. (1990) Towards a natural system of organisms: Proposal for the domains Archaea, Bacteria, and Eucarya. *Proc. Natl. Acad. Sci. USA*, **87**, 4576–4579.

Wolf, A., Fritze, A., Hagemann, M., and Berg, G. (2002) *Stenotrophomonas rhizophila* sp. nov., a novel plant-associated bacterium with antifungal properties. *Int. J. Syst. Evol. Microbiol.*, **52**, 1937–1944.

Woodward, G., Gray, C., and Baird, D. J. (2013) Biomonitering for the 21st Century: new perspectives in an age of globalisation and emerging environmental threats. *Limnetica*, **32**, 159–174.

Yamada, Y. (1986) Acetic acid bacteria. *In* Methods for the Isolation of Microorganisms, ed. by Yamazato, K., Udagawa, S., Kodama, T., and Morichi, T., R&D Planning, Tokyo (in Japanese).

Yamada, Y., Kawasaki, H., Nagatsuka, Y., Mikata, K., and Seki, T. (1999) The phylogeny of the cactophilic yeasts based on the 18S ribosomal RNA gene sequences: the proposals of *Phaffomyces antillensis* and *Starmera caribaea*, new combinations. *Biosci. Biotechnol. Biochem.*, **63**, 827–832.

Yamada, Y., Yukphan, P., Thi Lan Vu, H., Muramatsu, Y., Ochaikul, D. et al. (2013) *Komagataeibacter* gen. nov. *In* List of New Names and New Combinations Previously Effectively, But Not Validly, published, Validation list No. 149. *Int. J. Syst. Evol. Microbiol.*, **63**, 1–5.

Zengler, K. (ed.) (2008) Access in Uncultured Microorganisms: From the Environment to Organisms and Genome and Back, ASM Press, Washington, D.C., 308 pp.

Zhang, N., O'Donnell, K., Sutton, D. A., Nalim, F. A., Summerbell, R. C. et al. (2006) Members of the *Fusarium solani* species complex that cause infections in both humans and plants are common in the environment. *J. Clin. Microbiol.*, **44**, 2186–2190.

Zhou, J. P., Gu, Y. Q., Zou, C. S., and Mo, M. H. (2007) Phylogenetic diversity of bacteria in an Earth-cave in Guizhou Province, southwest of China. *J. Microbiol.*, **45**, 105–112.

Zimmermann, J., Gonzalez, J. M., and Saiz-Jiménez, C. (2005) Detection and phylogenetic relationships of highly diverse uncultured Acidobacterial communities in Altamira Cave using 23S rRNA sequence analyses. *Geomicrobiol. J.*, **22**, 379–388.

付録B：関連業績リスト

（平成30年8月9日時点）

［出版（発表）年を基準に新しいものから掲載］

（1） 原著論文

Kiyuna, T., An, K.-D., Kigawa, R., Sano, C. and Sugiyama, J.: Two new *Cladophialophora* species, *C. tumbae* sp. nov. and *C. tumulicola* sp. nov., and chaetothyrialean fungi from biodeteriorated samples in the Takamatsuzuka and Kitora Tumuli, Mycoscience, 59, 75－84, 2018. ［9. その他（Corrigenda）参照］

Nishijima, M., Tazato, N., Handa, Y., Umekawa, N., Kigawa, R., Sano, C. and Sugiyama, J.: *Microbacterium tumbae* sp. nov., an actinobacterium isolated from the stone chamber of ancient tumulus, International Journal of Systematic and Evolutionary Microbiology, 67, 1777－1783, 2017.

Kiyuna, T., An, K.-D., Kigawa, R., Sano, C., Miura, S. and Sugiyama, J.: Noteworthy anamorphic fungi, *Cephalotrichum verrucisporum*, *Sagenomella striatispora*, and *Sagenomella griseoviridis*, isolated from biodeteriorated samples in the Takamatsuzuka and Kitora Tumuli, Nara, Japan, Mycoscience, 58, 320－327, 2017.

Nishijima, M., Tazato, N., Handa, Y., Umekawa, N., Kigawa, R., Sano, C. and Sugiyama, J.: *Krasilnikoviella muralis* gen. nov., sp. nov., a member of the family *Promicromonosporaceae*, isolated from the Takamatsuzuka Tumulus stone chamber interior and reclassification of *Promicromonospora flava* as *Krasilnikoviella flava* comb. nov., International Journal of Systematic and Evolutionary Microbiology, 67, 294－300, 2017.

Nagatsuka, Y., Kiyuna, T., Kigawa, R., Sano, C. and Sugiyama, J.: *Prototheca tumulicola* sp. nov., a novel achlorophyllous, yeast-like microalga isolated from the stone chamber interior of the Takamatsuzuka Tumulus, Mycoscience, 58, 53－59, 2017.

Nagatsuka, Y., Ninomiya, S., Kiyuna, T., Kigawa, R., Sano, C. and Sugiyama, J.: *Yamadazyma kitorensis* f.a., sp. nov. and *Zygoascus gelicola* f.a., sp. nov., novel yeasts from the stone chamber interior of the Kitora Tumulus, and five novel combinations in *Yamadazym*a and *Zygoascus* for species of *Candida*, International Journal of Systematic and Evolutionary Microbiology, 66, 1692－1704, 2016.

Handa, Y., Tazato, N., Nagatsuka, Y., Koide, T., Kigawa, R., Sano, C. and Sugiyama, J.: *Stenotrophomonas tumulicola* sp. nov., a major contaminant of the stone chamber interior in the Takamatsuzuka Tumulus, International Journal of Systematic and Evolutionary Microbiology, 66, 1119－1124, 2016. ［9. その他（Corrigenda）参照］

Tazato, N., Handa, Y., Nishijima, M., Kigawa, R., Sano, C. and Sugiyama, J.: Novel environmental species isolated from the plaster wall surface of mural paintings in the Takamatsuzuka tumulus: *Bordetella muralis* sp. nov., *Bordetella tumulicola* sp. nov. and *Bordetella tumbae* sp. nov., International Journal of Systematic and Evolutionary Microbiology, 65, 4830－4838, 2015.

Kiyuna, T., An, K.-D., Kigawa, R., Sano, C., Miura, S. and Sugiyama, J.: "Black particles", the major colonizers on the ceiling stone of the stone chamber interior of the Kitora Tumulus, Japan, are the bulbilliferous basidiomycete fungus *Burgoa anomala,* Mycoscience, 56, 293 – 300, 2015.

Nishijima, M., Tazato, N., Handa, Y., Tomita, J., Kigawa, R., Sano, C. and Sugiyama, J.: *Gluconacetobacter tumulisoli* sp. nov., *Gluconacetobacter takamatsuzukensis* sp. nov. and *Gluconacetobacter aggeris* sp. nov., isolated from Takamatsuzuka Tumulus samples before and during the dismantling work in 2007, International Journal of Systematic and Evolutionary Microbiology, 63, 3981 – 3988, 2013.

Kigawa, R., Sano, C., Nishijima, M., Tazato, N., Kiyuna, T., Hayakawa, N., Kawanobe, W., Udagawa, S., Tateishi, T. and Sugiyama, J.: Investigation of acetic acid bacteria isolated from the Kitora tumulus in Japan and their involvement in the deterioration of the plaster of the mural paintings, Studies in Conservation, 58, 30 – 40, 2013.

Kiyuna, T., An, K.-D., Kigawa, R., Sano, C., Miura, S. and Sugiyama, J.: Bristle-like fungal colonizers on the stone walls of the Kitora and Takamatsuzuka Tumuli are identified as *Kendrickiella phycomyces*, Mycoscience, 23, 446 – 459, 2012.

Tazato, N., Nishijima, M., Handa, Y., Kigawa, R., Sano, C. and Sugiyama, J.: *Gluconacetobacter tumulicola* sp. nov. and *Gluconacetobacter asukensis* sp. nov., isolated from the stone chamber interior of the Kitora Tumulus, Nara, Japan, International Journal of Systematic and Evolutionary Microbiology, 62, 2032 – 2038, 2012.

Kiyuna, T., An, K.-D., Kigawa, R., Sano, C., Miura, S. and Sugiyama, J.: Molecular assessment of fungi in "black spots" that deface murals in the Takamatsuzuka and Kitora Tumuli in Japan: *Acremonium* sect. *Gliomastix* including *Acremonium tumulicola* sp. nov. and *Acremonium felinum* comb. nov., Mycoscience, 52, 1 – 17, 2011.

An, K.-D., Kiyuna, T., Kigawa, R., Sano, C., Miura, S. and Sugiyama, J.: The Identity of *Penicillium* sp.1, a major contaminant of the stone chambers in the Takamatsuzuka and Kitora tumuli in Japan, is *Penicillium paneum*, Antonie van Leeuwenhoek, 96, 579 – 592, 2009.

Nagatsuka, Y., Kiyuna, T., Kigawa, R., Sano C., Miura, S and Sugiyama, J.: *Candida tumulicola* sp. nov. and *Candida takamatsuzukensis* sp. nov., novel yeast species assignable to the *Candida membranifaciens* clade, isolated from the stone chamber of the Takamatsuzuka tumulus, International Journal of Systematic and Evolutionary Microbiology, 59, 186 – 194, 2009.

Kiyuna, T., An, K.-D., Kigawa, R., Sano, C., Miura, S. and Sugiyama, J.: Mycobiota of the Takamatsuzuka and Kitora Tumuli in Japan, focusing on the molecular phylogenetic diversity of *Fusarium* and *Trichoderma*, Mycoscience, 49, 298 – 311, 2008.

（2） 招待総説（Invited Review，付録 A）

Sugiyama, J., Kiyuna, T., Nishijima, M., An, K.-D., Nagatsuka, Y., Tazato, N., Handa, Y., Hata-Tomita, J., Sato, Y., Kigawa, R. and Sano, C.: Polyphasic insights into the microbiomes of the Takamatsuzuka Tumulus and Kitora Tumulus, The Journal of General and Applied Microbiology, 63, 63－113, 2017.

（３） 議事録（Proceedings）

Ishizaki, T. and Kigawa, R.: Conservation of mural paintings of Takamatsuzuka and Kitora Tumuli in Japan, *in* Lascaux and Preservation Issues in Subterranean Environments, Proceedings of the International Symposium, Paris, February 26 and 27, 2009, ed. by Coye, N., Éditions de la Maison des science de l'homme, Paris, pp. 261－274, 2011.

Kigawa, R., Sano, C., Ishizaki, T., Miura, S. and Sugiyama, J.: Biological issues in the conservation of mural paintings of Takamatsuzuka and Kitora tumuli in Japan, *in* Study of Environmental Conditions Surrounding Cultural Properties and Their Protective Measures（The 31st International Symposium on the Conservation and Restoration of Cultural Property）（Sano C. ed.）, National Institute of Cultural Properties, Tokyo, Tokyo, pp. 43－50, 2009.

Sugiyama, J., Kiyuna, T., An, K.-D., Nagatsuka, Y., Handa, Y., Tazato, N., Hata-Tomita, J., Nishijima, M., Koide, T., Yaguchi, Y., Kigawa, R., Sano, C. and Miura, S.: Microbiological survey of the stone chambers of Takamatsuzuka and Kitora tumuli, Nara Prefecture, Japan: a milestone in elucidating the cause of biodeterioration of mural paintings, *in* Study of Environmental Conditions Surrounding Cultural Properties and Their Protective Measures（The 31st International Symposium on the Conservation and Restoration of Cultural Property）（Sano C. ed.）, National Institute of Cultural Properties, Tokyo, Tokyo, pp. 51－73, 2009.

（４） 報文

佐藤嘉則、木川りか、喜友名朝彦、立里臨、西島美由紀、杉山純多：非培養法によるキトラ古墳の細菌調査、保存科学、52、1－10、2013。

木川りか、佐野千絵、高鳥浩介、喜友名朝彦、杉山純多、安部倫子、中右恵理子、坪倉早智子、早川典子、川野邊渉、石崎武志：高松塚古墳石室内・取合部および養生等で使用された樹脂等材料のかび抵抗性試験、保存科学、49、61－72、2010。

早川典子、中右恵理子、木川りか、沖本明子、川野邊渉：絵画表面に用いる修復材料の基礎的研究－壁画修復を中心に－、文化財保存修復学会誌、53、1－19、2008。

木川りか、間渕創、高妻洋成、降幡順子、肥塚隆保：高松塚古墳発掘／石室解体作業に伴う取合部・断熱覆屋使用木材等の防カビ対策：DDACの検討と施工、保存科学、47、21－26、2008。

木川りか：古墳壁画の取り外し片等の保管時に使用する仮止めテープのカビ耐性簡易スクリーニング試験について、保存科学、46、21－26、2007。

間渕創、佐野千絵：浮遊真菌調査を用いた動的な室内環境評価法の検討－特別史跡キトラ古墳仮設保護覆屋をモデルとして－、保存科学、46、27－37、2007。

木川りか、佐野千絵、立里臨、喜友名朝彦、小出知己、杉山純多：キトラ古墳のバイオフィルムから分離されたバクテリア・菌類に対するケーソンCG相当品（抗菌剤）の効果、保存科学、46、39－50、2007。

木川りか、佐野千絵、石崎武志、三浦定俊：高松塚古墳の微生物対策の経緯と現状、保存科学、45、33－58、2006。

石崎武志、三浦定俊、犬塚将英、カリル・マグディ：高松塚古墳の生物対策としての冷却方法の検討、保存科学、45、59－68、2006。

木川りか、早川典子、山本記子、川野邊渉、佐野千絵、青木繁夫：遺跡等で使用する樹脂のカビへの抵抗性について、保存科学、44、49－156、2005。

（5） 報告

喜友名朝彦、安光得、佐藤嘉則、木川りか、佐野千絵、杉山純多：高松塚・キトラ両古墳の *Penicillium* 属分離株の分子系統学的帰属および *Penicillium* sp. 2の分類学的記載と生物劣化問題へのかかわり、保存科学、57、49－66、2018。

西島美由紀、安光得、富田順子、喜友名朝彦、佐藤嘉則、木川りか、佐野千絵、宇田川滋正、建石徹、杉山純多：分子生物学的手法による高松塚古墳・キトラ古墳の微生物群集構造解析、保存科学、57、23－47、2018。

半田豊、立里臨、佐藤嘉則、木川りか、佐野千絵、杉山純多：高松塚・キトラ両古墳からの主要細菌分離株：*Bacillus*・*Ochrobactrum* 両属分離株の分子系統学的位置、保存科学、56、33－48、2017。

木川りか、喜友名朝彦、立里臨、佐藤嘉則、佐野千絵、杉山純多：キトラ古墳の微生物調査報告（2012年～2013年）および2004年から2013年までの微生物調査結果概要、保存科学、54、83－109、2015。

佐藤嘉則、木川りか、喜友名朝彦、立里臨、西島美由紀、杉山純多：パイロシーケンス法によるキトラ古墳石室内の微生物群集構造解析、保存科学、54、111－120、2015。

木川りか、喜友名朝彦、立里臨、佐藤嘉則、杉山純多：キトラ古墳から分離された微生物の紫外線（UV）照射試験結果について、保存科学、52、91－105、2013。

木川りか、佐野千絵、喜友名朝彦、立里臨、杉山純多、早川典子、川野辺渉：キトラ古墳から分離された細菌や酵母の修復用高分子材料に対する資化性試験、保存科学、51、157－166、2012。

木川りか、佐藤嘉則、喜友名朝彦、立里臨、杉山純多、早川典子、川野辺渉：キトラ古墳の微生物調査報告（2011）、保存科学、51、167－171、2012。

木川りか、佐野千絵、喜友名朝彦、立里臨、杉山純多、早川典子、川野辺渉：キトラ古墳の微生物調査報告（2010）、保存科学、50、191－195、2011。

安　光得：文化財の生物劣化にかかわる菌類分子群集解析およびDNAバーコードの実用化、IFO Research Communications、25、55－67、2011。［公益財団法人発酵研究所研究助成金（平成20年4月～平成23年3月）による研究成果報告］

佐野千絵：高松塚古墳壁画劣化要因微生物の遺伝・表現形質等基礎データの総合的構築、科学研究費補助金研究成果報告書、課題番号19200057、2011。

佐野千絵、西島美由紀、喜友名朝彦、木川りか、杉山純多：高松塚古墳石室内より分離された主要な微生物のギ酸・酢酸生成能、保存科学、49、209－220、2010。

木川りか、高島浩介、久米田裕子、辻本与志一、川野邊渉、佐野千絵、宇田川滋正、建石徹：高松塚古墳壁画修理施設における生物対策について、保存科学、49、221－230、2010。

木川りか、佐野千絵、喜友名朝彦、立里臨、杉山純多：高松塚古墳・キトラ古墳石室内の微生物分離株のアルコール系殺菌剤資化性試験、保存科学、49、231－238、2010。

高鳥浩介、久米田裕子、木川りか、佐野千絵：高松塚古墳石室および周辺部由来カビの薬剤に対する馴化、保存科学、49、239－242、2010。

高鳥浩介、高鳥美奈子、久米田裕子、木川りか、佐野千絵：高松塚古墳石室および周辺部由来カビの温度帯による生理的性状－発育性および色調変化－、保存科学、49、243－252、2010。

木川りか、佐野千絵、喜友名朝彦、立里臨、杉山純多、高鳥浩介、久米田裕子、森井順之、早川典子、川野邊渉：キトラ古墳の微生物調査結果と微生物対策について（2009）、保存科学、49、253－264、2010。

犬塚将英、佐野千絵、木川りか、石崎武志、建石徹：国宝高松塚古墳壁画修理作業室の一般公開における環境測定、保存科学、48、153－158、2009。

木川りか、佐野千絵、間渕創、喜友名朝彦、立里臨、西島美由紀、杉山純多：キトラ古墳の微生物等の状況報告（2008）、保存科学、48、167－174、2009。

間渕創、佐野千絵、木川りか：古墳等の高湿度作業環境での使用を想定した木材保存剤のかび抵抗性試験と TVOC 測定、保存科学、48、175－182、2009。

間渕創、佐野千絵：現地保存される古墳・遺構等における土壌及び石材に対する殺菌消毒剤の効果について、保存科学、48、183－198、2009。

木川りか、杉山純多、高鳥浩介、間渕創、佐野千絵、三浦定俊：高松塚古墳発掘・解体作業に伴う生物調査の概要について、保存科学、47、121－128、2008。

木川りか、間渕創、佐野千絵、三浦定俊：キトラ古墳の微生物等の状況報告（2007）、保存科学、47、129－134、2008。

佐野千絵、犬塚将英、間渕 創、木川りか、吉田直人、森井順之、加藤雅人、降幡順子、石崎武志、三浦定俊：キトラ古墳保護覆屋内の環境について（３）－カビ点検報告記録の解析－、保存科学、47、135－171、2008。

木川りか、佐野千絵、石崎武志、三浦定俊：高松塚古墳における菌類等微生物調査報告（平成 18 年度）、保存科学、46、209－220、2007。

木川りか、間渕創、佐野千絵、三浦定俊：キトラ古墳の微生物等の状況報告（３）、保存科学、46、227－233、2007。

高鳥浩介、朴奉柱：真菌とバイオフィルム－古墳壁画のバイオフィルムから学ぶこと－、Bacterial Adherence & Biofilm、21、1－10、2007。

木川りか、間渕創、佐野千絵、三浦定俊：キトラ古墳における菌類等生物調査報告（２）、保存科学、45、93－105、2006。

三浦定俊、石崎武志、赤松俊祐：高松塚古墳における30年間の気温変動、保存科学、44、141－147、2005。

木川りか、間渕創、佐野千絵、三浦定俊：キトラ古墳の前室および石室における菌類調査報告、保存科学、44、165－173、2005。

木川りか、佐野千絵、三浦定俊：高松塚古墳の微生物調査の歴史と方法、保存科学、43、79－85、2004。

石崎武志、佐野千絵、三浦定俊：高松塚古墳の温湿度および墳丘部の水分分布調査、保存科学、43、87－94、2004。

佐野千絵、間渕創、三浦定俊：国宝・高松塚古墳壁画保存のための微生物対策に関わる基礎資料─パラホルムアルデヒドの実空間濃度と浮遊菌・付着菌から見た微生物制御─、保存科学、43、95－105、2004。

（6） 解説

木川りか：文化財の生物被害の現状と対策6、土中にある漆喰壁画に取り得る対策とは─高松塚古墳壁画の生物劣化の経過と要因、防菌防黴、40、505－519、2012。

木川りか：生物調査の概要（特集：高松塚古墳壁画の劣化原因調査）、月刊 文化財、563号、29－32、2010。

佐野千絵：コラム　文部科学省カビ対策専門家会合─その成果と展開─（特集：高松塚古墳壁画の劣化原因調査）、月刊 文化財、563号、33、2010。

木川りか、杉山純多、高鳥浩介、佐野千絵、石崎武志、三浦定俊：高松塚古墳壁画の保存対策4、高松塚古墳壁画の生物被害と保存対策、地盤工学会誌、58、629－630、2010。

木川りか：高松塚古墳に生息するカビ（特集：高松塚古墳壁画恒久保存の最前線）、文化庁月報、No. 461、14－15、2007。

佐野千絵：文化財への微生物被害と調査手法─保存科学1号～45号、保存科学、46、255－268、2007。

石崎武志、木川りか：内部断熱覆屋と生物（特集：高松塚古墳石室解体の現場から（後編））、文化庁月報、No. 467、20－21、2007。

高鳥浩介：高松塚古墳石室のカビ問題を考える、防菌防黴、35、655－666、2007。

（7） 学会発表（口頭発表）

木川りか、喜友名朝彦、立里臨、佐藤嘉則、佐野千絵、杉山純多、宇田川滋正、建石徹：キトラ古墳の微生物調査結果：発掘直後から埋戻しに至る期間（2004年～2013年）の微生物相と考察、日本文化財科学会第32回大会（平成27年7月11日～12日）（東京）。

Nishijima, M., Tomita, J., Tazato, N., Handa, Y., Kigawa, R., Sano, C. and Sugiyama, J.: The Takamatsuzuka and Kitora Tumuli, Nara, Japan: Disturbance by bacteria and their identity, JSPS International Scientific Exchange: Joint Seminar between Japan and Hungary — Chemical and Ecological Researches on The Microorganisms for Preserving Cultural Properties in Both Japan and Hungary —（July 7, 2012）（Nara, Japan）.

喜友名朝彦、安光得、木川りか、佐野千絵、杉山純多：キトラ古墳および高松塚古墳から分離された針状体菌類のアイデンティティ、炭酸カルシウム溶解能および生物劣化との関わり、日本菌学会第55回大会（平成23年9月10日～11日）（北海道）。

木川りか：文化財のカビ汚染ー現在、何が問題となっているのか、日本菌学会・日本防菌防黴学会合同シンポジウム「文化財の生物劣化を防ぐための菌類科学の挑戦」（平成22年11月27日）（東京）。

杉山純多：高松塚古墳壁画やキトラ古墳壁画に危害をもたらすカビとは？、日本菌学会・日本防菌防黴学会合同シンポジウム「文化財の生物劣化を防ぐための菌類科学の挑戦」（平成22年11月27日）（東京）。

木川りか、佐野千絵、杉山純多、高鳥浩介、石崎武志：高松塚古墳壁画の生物劣化原因調査結果概要について、日本文化財科学会第27回大会（平成22年6月26日～27日）（大阪）。

木川りか：高松塚古墳、キトラ古墳における微生物被害の状況と対応について、日本防菌防黴学会第36回年次大会、シンポジウム文化財のカビ汚染の現状と対策、千里ライフサイエンスセンター、（平成21年9月15日）（大阪）。

Kigawa, R. and Ishizaki, T.: Conservation of mural paintings of Takamatsuzuka and Kitora tumuli in Japan, JSPS-IIAS Joint International Symposium on Conservation Technology for Cultural Heritage, International Institute for Advanced Studies (October 30, 2009) (Kyoto).

Ishizaki, T. and Kigawa, R.: Conservation of mural paintings of Takamatsuzuka and Kitora tumuli in Japan. Lascaux and Preservation Issues in Subterranean Environment. Symposium "Lascaux and Preservation in Underground Settings". Paris. February.

木川りか：文化財のカビ被害、日本菌学会・日本防菌防黴学会合同シンポジウム「ヒトと菌類のかかわりー自然界と生活圏の菌類ー」（平成21年11月7日）（東京）。

立里臨、半田豊、西島美由紀、木川りか、佐野千絵、杉山純多：キトラ古墳石室内より分離された酢酸菌2新種および二、三の系統分類学的問題、第29回日本微生物系統分類研究会年次大会（平成21年11月12日～13日）（千葉）。

安光得、喜友名朝彦、木川りか、佐野千絵、三浦定俊、杉山純多：高松塚・キトラ古墳から分離した主要な *Penicillium* spp. の分子系統解析法の評価：菌類DNAバーコード化に向けて、日本農芸化学会2008年度（平成20年度）（平成20年3月26日～29日）（名古屋）。

杉山純多、喜友名朝彦、安光得、小出知己、木川りか、佐野千絵、三浦定俊：高松塚古墳・キトラ古墳石室の微生物調査：漆喰壁画の生物劣化にかかわる原因究明の一里塚、第31回文化財の保存および修復に関する国際研究集会ー文化財を取り巻く環境の調査と対策ー（平成20年2月5日～7日）（東京）、pp. 34－36。Sugiyama, J., Kiyuna, T., An, K.-D., Koide, T., Kigawa, R., Sano, C. and Miura, S.: Microbiological survey of the stone chambers of Takamatsuzuka and Kitora tumuli, Nara Prefecture, Japan: a milestone in elucidating the cause of biodeterioration of mural paintings, *in* Proceedings of the 31st International Symposium on the Conservation and Restoration of Cultural Property (February 5－7, 2008), pp. 34－36 (Tokyo, Japan).

安光得、喜友名朝彦、杉山純多：遺伝子塩基配列に基づく分子系統解析法の諸問題：*Fusarium*、*Tricho-*

derma 両属を例として、第26回日本微生物系統分類研究会年次大会（平成18年11月10日～11日）（岐阜）。

永塚由佳、喜友名朝彦、安光得、木川りか、佐野千絵、杉山純多：高松塚古墳石室内より分離した *Candida* 属キノン系 Q-9 グループの二新種、第26回日本微生物系統分類研究会年次大会（平成18年11月10日～11日）（岐阜）。

半田豊、立里臨、小出知己、木川りか、佐野千絵、杉山純多：高松塚・キトラ古墳石室壁画のバイオフィルム由来の新規 *Stenotrophomonas* 属細菌、第26回日本微生物系統分類研究会年次大会（平成18年11月10日～11日）（岐阜）。

三浦定俊、赤松俊祐、木川りか、佐野千絵、石崎武志、杉山純多：高松塚古墳における30年間の気温変動と石室内環境、日本文化財科学会第22回大会（平成17年7月9日～10日）（札幌）。

（8） 学会発表（ポスター発表）

喜友名朝彦、安光得、木川りか、佐野千絵、杉山純多：高松塚・キトラ両古墳の石材から分離された *Cladophialophora* 属分離株の同定、日本菌学会第59回大会（平成27年5月16日～17日）（沖縄）。

木川りか、佐藤嘉則、喜友名朝彦、立里臨、杉山純多：キトラ古墳における微生物制御：石室から分離された微生物の紫外線（UV）耐性試験結果について、文化財保存修復学会第35回大会（平成25年7月20日～21日）（仙台）。

西島美由紀、富田順子、立里臨、半田豊、木川りか、佐野千絵、杉山純多：高松塚・キトラ両古墳石室内外から分離された酢酸菌、第36回文化財の保存および修復に関する国際研究集会－文化財の微生物劣化とその対策－（平成24年12月5日～7日）（東京）、pp. 56－57。 Nishijima, M., Tomita, J., Tazato, N., Handa, Y., Kigawa, R., Sano, C. and Sugiyama, J.: Detection of acetic acid bacteria and their impact on the biodeterioration of the plaster of the Takamatsuzuka and Kitora Tumuli, Nara, Japan, 36th International Symposium on the Conservation and Restoration of Cultural Property 2012 — Microbial Biodeterioration of Cultural Property —（December 5－7, 2012）, pp. 56－57（Tokyo, Japan）.

木川りか、佐野千絵、喜友名朝彦、立里臨、杉山純多、早川典子、川野辺渉：キトラ古墳から分離された細菌や酵母の修復用高分子材料に対する資化性試験、日本文化財科学会第28回大会（平成23年6月11日～12日）（筑波）。

An, K.-D., Tomita, J., Kiyuna, T., Kigawa, R., Sano, C., Ohkuma, M. and Sugiyama, J. : Fungal community analysis of the samples collected from the stone chamber and its neighboring environment of the Takamatsuzuka Tumulus, 2010 International Meeting of the Microbiological Society of Korea（May 6－7, 2010）（Uljin-Gun, Gyeongsangbuk-Do, Korea）.

喜友名朝彦、安光得、木川りか、佐野千絵、三浦定俊、杉山純多：高松塚古墳石室内およびその周辺環境における菌類相と壁画の生物劣化との関わり、日本菌学会第54回大会（平成22年5月29日～30日）（東京）。

木川りか、佐野千絵、高鳥浩介、久米田裕子、杉山純多、森井順之、早川典子、川野邊渉、石崎武志、宇

田川滋正、建石徹：キトラ古墳の新たな微生物対策：紫外線照射について、日本文化財科学会第27回大会（平成22年6月26日～27日）（大阪）。

佐野千絵、西島美由紀、喜友名朝彦、木川りか、杉山純多：高松塚古墳石室内より分離された主要な微生物のギ酸・酢酸生成能、日本文化財科学会第27回大会（平成22年6月26日～27日）（大阪）。

An, K.-D., Tomita, J., Kiyuna, T., Kigawa, R., Sano, C., Ohkuma, M. and Sugiyama, J. : Applications of DGGE and clone library to the fungal community analyses in Takamatsuzuka Tumulus in Nara, Japan. In: Delegate CD-Rom of the 9th International Mycological Congress（"The Biology of Fungi"）, Edinburgh, UK, 1－6 August 2010, P3.28（Edinburgh, UK）.

Sugiyama, J., Kiyuna, T., An, K.-D., Nagatsuka, Y., Kigawa, R. and Sano, C. : Mycobiota in the stone chamber interior and its neighboring environment of the Takamatsuzuka Tumulus in Nara, Japan: Insight into biodeterioration of mural paintings and plaster walls. In: Delegate CD-Rom of the 9th International Mycological Congress（"The Biology of Fungi"）, Edinburgh, UK, 1－6 August 2010, P3.44（Edinburgh, UK）.

An, K.-D., Kiyuna, T., Kigawa, R., Sano, C., Miura, S. and Sugiyama, J. : The identity of *Penicillium* sp. 1, a major contaminant of the stone chambers in the Takamatsuzuka and Kitora Tumuli in the village of Asuka, Nara, Japan, is *Penicillium paneum*, 2009 International Meeting of the Federation of Korean Microbiological Societies（October 22－23, 2009）（Seoul, Korea）.

安光得、富田順子、喜友名朝彦、木川りか、佐野千絵、杉山純多：高松塚古墳石室およびその周辺環境から採取された試料の菌類群集解析、第25回日本微生物生態学会（平成21年11月21日～23日）（広島）。

木川りか、佐野千絵、高鳥浩介、杉山純多、川野邊渉、石崎武志：高松塚古墳で使用された樹脂等のかび抵抗性試験、日本文化財科学会第26回大会、（平成21年7月11日～12日）（名古屋）。

木川りか、間渕創、高妻洋成、降幡順子、肥塚隆保：高松塚古墳発掘／石室解体作業に伴う取合部・断熱覆屋使用木材等の防カビ対策：DDACの検討と施工、文化財保存修復学会第30回記念大会（平成20年5月17日～18日）（太宰府）。

喜友名朝彦、安光得、木川りか、佐野千絵、三浦定俊、杉山純多：高松塚・キトラ両古墳石室内壁画面に発生した"黒いしみ"の正体、日本菌学会第52回大会（平成20年5月30日～6月1日）（三重）。

安光得、喜友名朝彦、富田（畑）順子、中村葵、下村謙悟、木川りか、佐野千絵、三浦定俊、杉山純多：高松塚古墳石室および石室解体作業中に採取された試料の菌類群集解析、第24回日本微生物生態学会（平成20年11月26日～27日）（札幌）。

西島美由紀、富田順子、中村葵、下村謙悟、立里臨、半田豊、喜友名朝彦、木川りか、佐野千絵、三浦定俊、杉山純多：高松塚古墳の石室解体中に採取された試料の細菌群集解析、第24回日本微生物生態学会（平成20年11月26日～27日）（札幌）。

佐野千絵、木川りか、三浦定俊、喜友名朝彦、安光得、杉山純多：高松塚古墳・キトラ古墳壁画の生物劣化に係わる微生物について－石室内菌類相の変化を主要な菌類の正体－、日本文化財科学会第

25 回大会（平成 20 年 6 月 14 日～ 15 日）（鹿児島）。

佐野千絵、間淵創：微生物繁殖状況モニタリングとしての室内大気分析の有効性－キトラ古墳を事例として－、平成 20 年度室内環境学会総会・研究発表会（平成 20 年 12 月 1 日～ 2 日）（東京）。

喜友名朝彦、安光得、木川りか、佐野千絵、三浦定俊、杉山純多：キトラ古墳石室内壁面に発生した小型菌核形成担子菌系アナモルフ菌類の形態および分子系統、日本菌学会第 51 回大会（平成 19 年 5 月 26 日～ 27 日）（つくば）。

木川りか、佐野千絵、立里臨、喜友名朝彦、小出知己、杉山純多：キトラ古墳のバイオフィルムから分離されたバクテリア・菌類に対するケーソン CG 相当品（抗菌剤）の効果、文化財保存修復学会第 29 回大会（平成 19 年 6 月 16 日～ 17 日）（静岡）。

早川典子、中右恵理子、木川りか、川野辺渉、沖本明子：絵画表面に用いる修復材料の基礎的研究－壁画修復を中心に、文化財保存修復学会第 29 回大会（平成 19 年 6 月 16 日～ 17 日）。

Kigawa, R., Sano, C., Kiyuna, T., An, K.-D., Sugiyama, J., Mabuchi, H., Yoshida, N. and Miura, S.: Biological issues for the conservation of mural paintings of the Takamatsuzuka and Kitora tumuli in Japan, *in* The Object in Context: Crossing Conservation Boundaries, IIC Munich Congress, The International Institute for Conservation of Historic & Artistic Works, Munich, 28 August — 1 September 2006, 335 - 335.

喜友名朝彦、安光得、木川りか、佐野千絵、三浦定俊、杉山純多：キトラ古墳から分離された *Phialocephala* 属様不完全菌類の形態および分子系統、日本菌学会 50 周年記念大会（平成 18 年 6 月 3 日～ 4 日）（千葉）。

間淵創、佐野千絵：浮遊真菌調査を用いた動的な室内環境評価法の検討－特別史跡キトラ古墳仮設保護覆屋をモデルとして－、平成 18 年度室内環境学会大会総会・研究発表会（平成 18 年 11 月 27 日～ 28 日）（東京）。

佐野千絵、木川りか、間渕創、三浦定俊、喜友名朝彦、小出知己、杉山純多：高松塚古墳・キトラ古墳における微生物調査、日本文化財科学会第 23 回大会（平成 18 年 6 月 17 日～ 18 日）（東京）。

高鳥浩介、相原真紀、朴奉柱、佐野千絵、木川りか、三浦定俊：高松塚古墳から採取されたカビ・酵母の発育温度試験、日本文化財科学会第 23 回大会（平成 18 年 6 月 17 日～ 18 日）。

阿部恵子、杉山純多、木川りか、佐野千絵、三浦定俊：高松塚古墳から採取されたカビ・酵母の発育に対する温度および湿度の影響、日本文化財科学会第 23 回大会（平成 18 年 6 月 17 日～ 18 日）。

Kiyuna, T., An, K.-D., Kigawa, R., Sano, C., Miura, S. and Sugiyama, J.: Mural-paintings in the Takamatsu-zuka and Kitora tumuluses: the current status of mycoflora and the roots of their fungi, Program and Abstracts: The Mycological Society of America & The Mycological Society of Japan Joint Meeting 2005 (Hilo, Hawaii, USA), p. 142.

Miura, S., Ishizaki, T., Inuzuka, M., Kigawa, R., Sano, C. and Mimura, M.: Conservation of Takamatsuzuka tumulus paintings 30 years after their discovery, *in* The Object in Context: Crossing Conservation Boundaries, IIC Munich Congress, The International Institute for Conservation of Historic & Artistic Works, Munich, 28 August — 1 September 2006, 327, 2006.

木川りか、早川典子、山本紀子、川野邊渉、佐野千絵、青木繁夫：遺跡等で使用する樹脂のカビへの抵抗性について、日本文化財科学会第21回大会（平成16年5月15日～16日）。

（9） その他（Corrigenda）

Kiyuna, T., An, K.-D., Kigawa, R., Sano, C. and Sugiyama, J.: Corrigendum to "Two new *Cladophialophora* species, *C. tumbae* sp. nov. and *C. tumulicola* sp. nov., and chaetothyrialean fungi from biodeteriorated samples in the Takamatsuzuka and Kitora Tumuli" [Mycoscience 59 (2018) 75－84], Mycoscience, 59, 441.

Handa, Y., Tazato, N., Nagatsuka, Y., Koide, T., Kigawa, R., Sano, C. and Sugiyama, J.: Corrigendum: *Stenotrophomonas tumulicola* sp. nov., a major contaminant of the stone chamber interior in the Takamatsuzuka Tumulus, *in* Int J Syst Evol Microbiol 66:1119－1124 (2016), International Journal of Systematic and Evolutionary Microbiology, 67, 763, 2017.

付録C：関連文献リスト

[1は出版年を基準に新しいものから順に、2以降は著者名のアルファベット順に掲載]

（1） 高松塚古墳壁画調査にかかわる出版物

（1） 高松塚古墳壁画の保存に関する総説など

文化庁、独立行政法人国立文化財機構奈良文化財研究所、奈良県立橿原考古学研究所、明日香村教育委員会（編）：国宝高松塚古墳壁画恒久保存対策事業報告書1 特別史跡 高松塚古墳発掘調査報告―高松塚古墳石室解体事業にともなう発掘調査―、同成社、2017。

高松塚古墳壁画劣化原因調査検討会：高松塚古墳壁画劣化原因調査報告書、文化庁、2010。 http://www.bunka.go.jp/seisaku/bunkashingikai/kondankaito/takamatsu_kitora/rekkachosa/pdf/rekka_houkokusho_ver02.pdf

独立行政法人文化財研究所奈良文化財研究所（編）：高松塚古墳の調査―国宝高松塚古墳壁画恒久保存対策検討のための平成16年度発掘調査報告―、独立行政法人文化財研究所奈良文化財研究所、2006。https://sitereports.nabunken.go.jp/ja/18336

文化庁（編）：国宝高松塚古墳壁画―保存と修理―、文化庁、1987。

関野克、三浦定俊：高松塚と保存科学、月刊文化財、No. 230、4－11、1982。

（2） 生物劣化に関する書籍、総説など

（2）－1 書籍

Allsopp, D., Seal, K. and Gaylarde, C.: Introduction to Biodeterioration, 2nd Edn, Cambridge University Press, Cambridge, 2004.

Caneva, G., Nugari, M.P. and Salvadori, O.: Plant Biology for Cultural Heritage, The Getty Conservation Institute, Los Angeles, California, 2008.

Cheeptham, N. (ed.): Cave Microbiomes: A Novel Resource for Drug Discover, Springer, New York, 2013.

Coye, N. (ed.): Lascaux and Preservation Issues in Subterranean Environments, Proceedings of the International Symposium, Paris, February 26 and 27, 2009, Éditions de la Maison des science de l'homme, Paris, 2011.

独立行政法人国立文化財機構 東京文化財研究所（編）：文化財の保存環境、中央公論美術出版、東京、2011。

Doehne, E. and Price, C.A.: Stone Conservation — An Overview of Current Research, Second edition, The Getty Conservation Institute, California, 2010.

Engel, A.S. (ed.): Microbial Life of Cave Ecosystems, De Gruyter, Berlin/Boston, 2015.

Koestler, R.J., Koestler, V.H., Charola, A.E. and Nietro-Fernandez, F.E.: Art, Biology, and Conservation: Biodeterioration of Works of Art, The Metropolitan Museum of Art, New York, 2003.

Kumar, R. and Kumar, A.V.: Biodeterioration of Stone in Tropical Environments — An Overview, The Getty Conservation Institute, USA, 1999.

Mitchell, R. and McNamara, C.J.: Cultural Heritage Microbiology, ASM Press, Washington, DC, USA, 2010.

三浦定俊、佐野千絵、木川りか：文化財保存環境学、朝倉書店、東京、2004。

三浦定俊、佐野千絵、木川りか：文化財保存環境学、第２版、朝倉書店、2016。

毛利和雄：高松塚古墳は守れるか 保存科学の挑戦（NHK ブックス）、NHK 出版、東京、2007。

Rose, A.H.（ed.）: Microbial Biodeterioration, Academic Press, London, 1981.

Saiz-Jimenez, C.（ed.）: Molecular Biology and Cultural Heritage（Proceedings of the International Congress on Molecular Biology and Cultural Heritage, 4－7 March 2003, Sevilla, Spain）, A.A. Balkema Publishers, Lisse, 2003.

Saiz-Jimenez, C.（ed.）: The Conservation of Subterranean Cultural Heritage, CRC Press, London, 2014.

St. Clair, L.L. and Seaward, M.R.D.: Biodeterioration of Stone Surfaces — Lichens and Biofilms as Weathering Agents of Rocks and Cultural Heritage, Kluwer Academic Publishers, The Netherlands, 2004.

（２）−２　総説

Ciferri, O.: Microbial degradation of paintings, Applied and Environmental Microbiology, 65, 879－885, 1999.

Ciferri, O.: The role of microorganisms in the degradation of cultural heritage, Reviews in Conservation, 3, 35－45, 2002.

Crispim, C.A. and Gaylarde, C.C.: Cyanobacteria and biodeterioration of cultural heritage: A review, Microbial Ecology, 49, 1－9, 2005.

Dakal, T.C. and Arora, P.K.: Evaluation of potential of molecular and physical techniques in studying biodeterioration, Reviews in Environmental Science and Bio/Technology 11, 71－104, 2012.

Dakalm T.C. and Cameotra, S.S.: Microbially induced deterioration of architectural heritages: routes and mechanisms involved, Environmental Sciences Europe, 24, 36, 2012.

Gadd, G.M.: Geomycology: biogeochemical transformations of rocks, minerals, metals and radionuclides by fungi, bioweathering and bioremediation, Mycological Research, 111, 3－49, 2007.

Garg, K.L., Jain, K.K. and Mishra, A.K.: Role of fungi in the deterioration of wall paintings, Science of the Total Environment, 167, 255－271, 1995.

Gomez-Alarcon, G. and de la Torre, M.A.: The effect of filamentous fungi on stone monuments-the Spanish experience, *in* Building Mycology（Singh, J. ed.）, Chapman & Hall, London, pp. 295－309, 1994.

Jurado, V., Laiz, L., Rodriguez-Nava, V., Boiron, P., Hermosin, B., Sanchez-Moral, S. and Saiz-Jimenez, C.: Pathogenic and opportunistic microorganisms in caves, International Journal of Speleology,

39, 15 − 24, 2010.

Jurado, V., Sanchez-Moral, S., and Saiz-Jimenez, C.: Entomogenous fungi and the conservation of the cultural heritage: A review, International Biodeterioration & Biodegradation, 62, 325 − 330, 2008.

Karbowska-Berent, J.: Microbiodeterioration of mural paintings: A review, *in* Art, Biology, and Conservation: Biodeterioration of Works of Art（Koestler, R.J., Koestler, V.H., Charola, A.E. and Nietro-Fernandez, F.E. eds.）, The Metropolitan Museum of Art, New York, pp. 267 − 301, 2003.

Macedo, M.F., Miller. A.Z., Dionísio, A., and Saiz-Jimenez, C.: Biodiversity of cyanobacteria and green algae on monuments in the Mediterranean Basin: an overview, Microbiology, 155, 3476 − 3490, 2009.

Mihajlovski, A., Seyer, D., Benamara, H., Bousta, F. and Martino, P.D.: An overview of techniques for the characterization and quantification of microbial colonization on stone monuments, Annals of Microbiology, 65, 1243 − 1255, 2015.

Otlewska, A., Adamiak, J. and Gutarowska, B.: Application of molecular techniques for the assessment of microorganism diversity on cultural heritage objects, Acta biochimica Polonica, 61, 217 − 225, 2014.

Pinzari, F., Montanari, M., Michaelsen, A. and Piñar, G.: Analytical protocols for the assessment of biological damage in historical documents, Coalition, 19, 6 − 13, 2010.

Saiz-Jimenez, C.: Microbiological and environmental issues in show caves, World Journal of Microbiology and Biotechnology, 28, 2453 − 2464, 2012.

Saiz-Jimenez, C.: Cave conservation: A microbiologist's perspective, *in* Cave Microbiomes: A Novel Resource for Drug Discovery（Cheeptham, N. ed.）, Springer, New York, pp. 69 − 84, 2013.

Saiz-Jimenez, C.: The microbiology of show caves, mines, tunnels, and tombs — implications for management and conservation, *in* Microbial life in Cave Systems（Engel, A.S. ed.）, Walter de Gruyter GmbH, Berlin/Boston, pp. 231 − 262, 2015.

佐野千絵：文化財への微生物被害と調査手法−保存科学 1 号〜 45 号、保存科学、46、255 − 268、2007。

Scheerer, S., Ortega-Morales, O. and Gaylarde, C.: Microbial deterioration of stone monuments-an updated overview, Advances in Applied Microbiology, 66, 97 − 139, 2009.

Sterflinger, K.: Fungi as geologic agents, Geomicrobiology Journal, 17, 97 − 124, 2000.

Sterflinger, K.: Fungi — Their role in deterioration of cultural heritage, Fungal Biology Reviews, 24, 47 − 55, 2010.

Sterflinger, K.: The revenge of time: fungal deterioration of cultural heritage with particular reference to books, paper and parchment, Environmental Microbiology, 14, 559 − 566, 2012.

Sterflinger, K. and Piñar, G.: Microbial deterioration of cultural heritage and works of art — tilting at windmills?, Applied Microbiology and Biotechnology, 97, 9637 − 9646, 2013.

Vanderwolf, K.J., Malloch, D., McAlpine, D.F., and Forbes, G.J.: A world review of fungi, yeasts, and slime molds in caves, International Journal of Speleology, 42, 77 − 96, 2013.

Warscheid, Th. and Braams, J.: Biodeterioration of stone: a review, International Biodeterioration and Biodegradation, 46, 343－368, 2000.

（３） 壁画汚染と微生物（日本国内と海外の事例）

（３)－１ 日本国内：（１）高松塚古墳

Arai, H.: Microbiological studies on the conservation of mural paintings in tumuli, *in* Conservation and Restoration of Mural Paintings (1) (Proceedings of International Symposium on the Conservation and Restoration of Cultural Properties, November 17－21, 1983, Tokyo, Japan) (Ito, N., Emoto, Y. and Miura, S. eds.), Tokyo National Institute of Cultural Properties, Tokyo, pp. 117－124, 1984.

新井英夫：高松塚古墳壁画の微生物学的環境とその対策、国宝 高松塚古墳壁画－保存と修理－（文化庁編)、文化庁、pp. 186－196、1987。

新井英夫：文化財の生物劣化とその防除に関する研究（筑波大学 平成元年度 学術博士 博士論文)、東京国立文化財研究所、東京、1990。

Ishizaki, T. and Kigawa. R.: Conservation of mural paintings of Takamatsuzuka and Kitora Tumuli in Japan, *in* Lascaux and Preservation Issues in Subterranean Environments, Proceedings of the International Symposium, Paris, February 26 and 27, 2009 (Coye, N. ed.), Éditions de la Maison des science de l'homme, Paris, pp. 261－274, 2011.

（３)－２ 日本国内：（２）その他の古墳壁画

Arai, H.: Microbiological studies on the conservation of mural paintings in tumuli, *in* Conservation and Restoration of Mural Paintings (1) (Proceedings of International Symposium on the Conservation and Restoration of Cultural Properties, November 17－21, 1983, Tokyo, Japan) (Ito, N., Emoto, Y., and Miura, S. eds.), Tokyo National Institute of Cultural Properties, Tokyo, pp. 117－124, 1984.

Arai, H.: The environmental analysis of archaeological sites, Trends in Analytical Chemistry, 9, 213－216, 1990.

江本義数、江本義理：装飾古墳内の微生物調査－福岡県王塚古墳、熊本県チブサン古墳、保存科学、12、95－102、1974。

江本義理、門倉武夫、見城敏子、新井英夫：史跡虎塚古墳彩色壁画保存に関する調査研究（受託研究報告第51号)、保存科学、22、121－146、1983。

（３)－３ 海外：ラスコー洞窟・アルタミラ洞窟とその他の洞窟壁画

(3)－3－1 ラスコー洞窟

Bahn, P.: Killing Lascaux, Archaeology, 61, 18－19, 66－70, 2008.

Bastian, F. and Alabouvette, C.: Lights and shadows on the conservation of a rock art cave: the case of

Lascaux Cave, International Journal of Speleology, 38, 55 – 60, 2009.

Bastian, F., Alabouvette, C. and Saiz-Jimenez C.: Bacteria and free-living amoeba in the Lascaux Cave, Research in Microbiology 160, 38 – 40, 2009.

Bastian, F., Alabouvette, C. and Saiz-Jimenez, C.: The impact of arthropods on fungal community structure in Lascaux Cave, Journal of Applied Microbiology, 106, 1456 – 1462, 2009.

Bastian, F., Alabouvette, C., Jurado, V. and Saiz-Jimenez, C.: Impact of biocide treatments on the bacterial communities of the Lascaux Cave, Naturwissenschaften, 96, 863 – 868, 2009.

Bastian, F., Jurado, V., Nováková, A., Alabouvette, C. and Saiz-Jimenez, C.: The microbiology of Lascaux Cave, Microbiology, 156, 644 – 652, 2010.

Dupont, J., Jacquet, C., Dennetière, B., Lacoste, S., Bousta, F., Orial, G., Cruaud, C., Couloux, A. and Roquebert, M.-F.: Invasion of the French Paleolithic painted cave of Lascaux by members of the *Fusarium solani* species complex, Mycologia, 99, 526 – 533, 2007.

Fox, J.L.: Some say Lascaux cave paintings are in microbial"Crisis"mode, Microbe, 3, 110 – 112, 2008.

Geneste, J.-M.: The major phases in the conservation of Lascaux Cave, *in* Lascaux and Preservation Issues in Subterranean Environments, Proceedings of the International Symposium, Paris, February 26 and 27, 2009（Coye, N. ed.）, Éditions de la Maison des science de l'homme, Paris, pp. 51 – 71, 2011.

Graff, J.: Saving beauty, TIME Europe, 167, 36 – 42, 2006.

Holden, C.: Wanted: Solution for cave mold, Science, 300, 245, 2003.

Lefevre, M.: La'Maladie Vérte'de Lascaux, Studies in Conservation, 19, 126 – 156, 1974.

Martin-Sanchez, P.M., Nováková, A., Bastian, F., Alabouvette, C. and Saiz-Jimenez, C.: Use of biocides for the control of fungal outbreaks in subterranean environments: The case of the Lascaux cave in France, Environmental Science & Technology, 46, 3762 – 3770, 2012.

Martin-Sanchez, P.M., Nováková, A., Bastian, F., Alabouvette, C. and Saiz-Jimenez, C.: Two new species of the genus *Ochroconis*, *O. lascauxencis* and *O. anomala* isolated from black stains in Lascaux Cave, France, Fungal Biology 116, 574 – 589, 2012.

Martin-Sanchez, P.M. and Saiz-Jimenez, C.: Contribution of culture-independent methods to cave aerobiology — the case of Lascaux Cave, *in* The Conservation of Subterranean Cultural Heritage（Saiz-Jimenez, C. ed.）, CRC Press, London, pp. 215 – 222, 2014.

Martin-Sanchez, P.M., Miller, A.Z. and Saiz-Jimenez, C.: Lascaux Cave: An example of fragile ecological balance in subterranean environments, *in* Microbial Life in Cave Systems（Engel, A.S. ed.）, Walter de Gruyter GmbH, Berlin/Boston, pp. 279 – 301, 2015.

Orial, G. and Mertz, J.-D.: Lascaux: une grotte vivante. Étude et suivi des phénomènes microbiologiques, Monumental-Dossier Les grottes ornées, 2, 76 – 87, 2006.

Orial, G., Bousta, F. and François, A.: Lascaux cave: monitoring of microbiological activities, *in* Study of Environmental Conditions Surrounding Cultural Properties and Their Protective Measures（The

31st International Symposium on the Conservation and Restoration of Cultural Property) (Sano, C. ed.), National Institute of Cultural Properties, Tokyo, Tokyo, pp. 31－40, 2009.

Orial, G., Bousta, F., François, A., Pallot-Frossard, I. and Warscheid, T.: Managing biological activities in Lascaux — Identification of microorganisms, monitoring and treatments, *in* Lascaux and Preservation Issues in Subterranean Environments, Proceedings of the International Symposium, Paris, February 26 and 27, 2009 (Coye, N. ed.), Éditions de la Maison des science de l'homme, Paris, pp. 219－251, 2011.

Pallot-Frossard, I., Orial, G., Bousta, F. and Mertz, J.-D.: Lascaux cave (France) — A difficult problem of conservation, *in* Lascaux and Preservation Issues in Subterranean Environments, Proceedings of the International Symposium, Paris, February 26 and 27, 2009 (Coye, N. ed.), Éditions de la Maison des science de l'homme, Paris, pp. 7－14, 2009.

Porca, E., Jurado, V., Martin-Sanchez, P.M., Hermosin, B., Bastian, F., Alabouvette, C. and Saiz-Jimenez, C.: Aerobiology: An ecological indicator for early detection and control of fungal outbreaks in caves, Ecological Indicators, 11, 1594－1598, 2011.

Saiz-Jimenez, C.: Recent research on Lascaux Cave, Coalition, 24, 11－14, 2013.

(3)－3－2　アルタミラ洞窟

Cañaveras, J.C., Cuezva, S., Sanchez-Moral, S. Lario, J., Laiz, L., Gonzakez, J.M. and Saiz-Jimenez, C.: On the origin of fiber calcite crystals in moonmilk deposits, Naturwissenschaften, 93, 27－32, 2006.

Cañaveras, J.C., Hoyos, M., Sanchez-Moral, S., Sanz-Rubio, E., Bedoya, J., Soler, V., Groth, I., Schumann, P., Laiz, L., Gonzalez, I. and Saiz-Jimenez, C.: Microbial communities associated with hydromagnesite and needle-fiber aragonite deposits in a Karstic Cave (Altamira, Northern Spain), Geomicrobiology Journal, 16, 9－25, 1999.

Cañaveras, J.C., Sanchez-Moral, S., Soler, V. and Saiz-Jimenez, C.: Microorganisms and microbially induced fabrics in cave walls, Geomicrobiology Journal, 18, 223－240, 2001.

Cuezva, S., Fernandez-Cortes, A., Porca, E., Pasic, L., Jurado, V., Hernandez-Marine, M., Serrano-Ortiz, P., Hermosin, B., Canaveras, J.C., Sanchez-Moral, S. and Saiz-Jimenez, C.: The biogeochemical role of Actinobacteria in Altamira Cave, Spain, FEMS Microbiology Ecology, 81, 281－290, 2012.

Cuezva, S., Sanchez-Moral, S., Saiz-Jimenez, C. and Cañaveras, J.C.: Microbial communities and associated mineral fabrics in Altamira Cave, Spain, International Journal of Speleology, 38, 83－92, 2009.

Cuezva, S., Jurado, V., Fernandez-Cortes, A., Garcia-Anton, E., Rogerio-Candelera, M.A., Ariño, X., Benavente, D., Cañaveras, J.C., Saiz-Jimenez, C. and Sanchez-Moral, S.: Scientific data suggest Altamira cave should remain closed, *in* Microbial Life of Cave Systems (Engel, A.S. ed.), Walter de Gruyter GmbH, Berlin/Boston, pp. 303－320, 2015.

Garcia-Anton, E., Cuezva, S., Jurado, V., Porca, E., Miller A.Z., Fernandez-Cortes, A., Saiz-Jimenez, C. and Sanchez-Moral, S.: Combining stable isotope（δ 13C）of trace gases and aerobiological data to monitor the entry and dispersion of microorganisms in caves, Environmental Science and Pollution Research, 21, 473－484, 2014.

Gonzalez, J.M. and Portillo, M.C.: Spider fibers and the apparent fungal colonization of rock-art caves, Naturwissenschaften, 97, 115－116, 2010.

Gonzalez, J.M., Portillo, M.C. and Saiz-Jimenez, C.: Metabolically active Crenarchaeota in Altamira Cave, Naturwissenschaften, 93, 42－45, 2006.

Gonzalez, J.M., Portillo, M.C. and Saiz-Jimenez, C.: Bacterial diversity in the cave of Altamira, Coalition, 15, 2－6, 2008.

Gonzalez, J.M., Portillo, M.C. and Saiz-Jimenez, C.: Microbes pose a risk to prehistoric cave paintings, Microbe, 3, 72－77, 2008.

Groth, I. and Saiz-Jimenez, C.: Actinomycetes in hypogean environments, Geomicrobiology Journal, 16, 1－8, 1999.

Groth, I., Vettermann, R., Schuetze, B., Schumann, P. and Saiz-Jimenez, C.: Actinomycetes in Karstic caves of northern Spain（Altamira and Tito Bustillo）, Journal of Microbiological Methods, 36, 115－122, 1999.

Jurado, V., Laiz, L., Sanchez-Moral, S. and Saiz-Jimenez, C.: Pathogenic microorganisms related to human visits in Altamira Cave, Spain, *in* The Conservation of Subterranean Cultural Heritage（Saiz-Jimenez, C. ed.）, CRC Press, Leiden, pp. 229－238, 2014.

Jurado, V., Fernandez-Cortes, A., Cuezva, S., Laiz, L., Cañaveras, J.C., Sanchez-Moral, S. and Saiz-Jimenez, C.: The fungal colonisation of rock-art caves: experimental evidence, Naturwissenschaften, 96, 1027－1034, 2009.

Laiz, L., Groth, I., Gonzalez, I. and Saiz-Jimenez, C.: Microbiological study of the dripping waters in Altamira cave（Santillana del Mar, Spain）, Journal of Microbiological Methods, 36, 129－138, 1999.

Lasheras, J.A., Sánchez-Moral, S., Sáiz-Jiménez, C., Cãnaveras, J.C. and de las Heras, C.: The conservation of Altamira Cave — a comparative perspective, *in* Lascaux and Preservation Issues in Subterranean Environments, Proceedings of the International Symposium, Paris, February 26 and 27, 2009（Coye, N. ed.）, Éditions de la Maison des science de l'homme, Paris, pp. 169－182, 2011.

Novakova, A., Jurado, V. and Saiz-Jimenez, C.: Are fungi a real threat for the conservation of Altamira Cave ?, *in* The Conservation of Subterranean Cultural Heritage（Saiz-Jimenez, C. ed.）, CRC Press, Leiden, pp. 223－228, 2014.

Pike, A.W.G., Hoffmann, D.L., García-Diez, M., Pettitt, P.B., Alcolea, J., De Balbín, R., González-Sainz, C., de las Heras, C., Lasheras, J.A., Montes, R. and Zilhão, J.: U-series dating of paleolithic art in 11 caves in Spain, Science, 336, 1409－1413, 2012.

Porca, E., Jurado, V., Martin-Sanchez, P.M., Hermosin, B., Bastian, F., Alabouvette, C. and Saiz-Jimenez,

C.: Aerobiology: An ecological indicator for early detection and control of fungal outbreaks in caves, Ecological Indicators, 11, 1594 – 1598, 2011.

Porca, E., Jurado, V., Zgur-Bertok, D., Saiz-Jimenez, C. and Pasic, L.: Comparative analysis of yellow microbial communities growing on the walls of geographically distinct caves indicates a common core of microorganisms involved in their formation, FEMS Microbiology Ecology, 81, 255 – 266, 2012.

Portillo, M.C., Gonzalez, J.M. and Saiz-Jimenez, C.: Metabolically active microbial communities of yellow and grey colonizations on the walls of Altamira Cave, Spain, Journal of Applied Microbiology, 104, 681 – 691, 2008.

Portillo, M.C. and Gonzalez, J.M.: Comparing bacterial community fingerprints from white colonizations in Altamira Cave (Spain), World Journal of Microbiology and Biotechnology, 25, 1347 – 1352, 2009.

Portillo, M.C. and Gonzalez, J.M.: Sulfate-reducing bacteria are common members of bacterial communities in Altamira Cave (Spain), Science of the Total Environment, 407, 1114 – 1122, 2009.

Portillo, M.C. and Gonzalez, J.M.: Moonmilk deposits originate from specific bacterial communities in Altamira Cave (Spain), Microbial Ecology, 61, 182 – 189, 2011.

Portillo, M.C., Saiz-Jimenez, C., and Gonzalez, J.M.: Molecular characterization of total and metabolically active bacterial communities of "white colonizations" in the Altamira Cave, Spain, Research in Microbiology, 160, 41 – 47, 2009.

Saiz-Jimenez, C., Cuezva, S., Jurado, V., Fernandez-Cortes, A., Porca, E., Benavente, D., Cañaveras, J.C. and Sanchez-Moral, S.: Paleolithic art in peril: Policy and science collide at Altamira Cave, Science, 334, 42 – 43, 2011.

Schabereiter-Gurtner, C., Saiz-Jimenez, C., Piñar, G., Lubitz, W. and Rölleke, S.: Altamira cave Paleolithic paintings harbor partly unknown bacterial communities, FEMS Microbiology Letters, 211, 7 – 11, 2002.

Schabereiter-Gurtner, C., Pinar, G., Lubitz, W., Rolleke, S. and Saiz-Jimenez, C.: Acidobacteria in paleolithic painting cave: Molecular Biology and Cultural Heritage (Saiz-Jimenez, C. ed.), A.A. Balkema Publishers, Lisse, pp. 15 – 21, 2003.

Zimmermann, J., Gonzalez, J.M. and Saiz-Jimenez, C.: Detection and phylogenetic relationships of highly diverse uncultured Acidobacterial communities in Altamira Cave using 23S rRNA sequence analyses, Geomicrobiology Journal, 22, 379 – 388, 2005.

(3)-3-3　その他洞窟壁画

Adetutu, E.M. and Ball, A.S.: Microbial diversity and activity in caves, Microbiology Australia, 35, 192 – 194, 2014.

Dhawan, S., Garg, K.L., and Pathak, N.: Microbial analysis of Ajanta wall paintings & their possible control in situ, *in* Biodeterioration of Cultural Property 2 (Proceedings of the 2nd International Conference October 5–8, 1992, Yokohama, Japan) (Toishi, K., Arai, H., Kenjo, T., and Yamano, K. eds.), International Communications Specialists, Tokyo, pp. 245–262, 1993.

Ikner, L.A., Toomey, R.S., Nolan, G., Neilson, J.W., Pryor, B.M. and Maier, R.M.: Culturable microbial diversity and the impact of tourism in Kartchner Caverns, Arizona, Microbial Ecology, 53, 30–42, 2007.

Jurado, V., Porca, E., Cuezva, S., Fernandez-Cortes, A., Sanchez-Moral, S. and Saiz-Jimenez, C.: Fungal outbreak in a show cave, Science of the Total Environment, 408, 3632–3638, 2010.

Laiz, L., Gonzalez, J.M. and Saiz-Jimenez, C.: Microbial communities in caves: Ecology, physiology, and effects on paleolithic paintings, *in* Art, Biology, and Conservation: Biodeterioration of Works of Art (Koestler, R.J., Koestler, V.R., Charola, A.E., and Nieto-Fernandez, F.E. eds.), The Metropolitan Museum of Art, New York, pp. 210–215, 2003.

Ma, Y., Zhang, H., Du, Y., Tian, T., Xiang, T., Liu, X., Wu, F., An, L., Wang, W., Gu, J.-D. and Feng, H.: The community distribution of bacteria and fungi on ancient wall paintings of the Mogao Grottoes, Scientific Reports, 5, 7752, 2015.

Porca, E., Jurado, V., Martin-Sanchez, P.M., Hermosin, B., Bastian, F., Alabouvette, C. and Saiz-Jimenez, C.: Aerobiology: An ecological indicator for early detection and control of fungal outbreaks in caves, Ecological Indicators, 11, 1594–1598, 2011.

Schabereiter-Gurtner, C., Saiz-Jiménez, C., Piñar, G., Lubitz, W. and Rölleke, S.: Phylogenetic 16S rRNA analysis reveals the presence of complex and partly unknown bacterial communities in Tito Bustillo cave, Spain, and on its palaeolithic paintings, Environmental Microbiology, 4, 392–400, 2002.

Schabereiter-Gurtner, C., Saiz-Jiménez, C., Piñar, G., Lubitz, W. and Rölleke, S.: Phylogenetic diversity of bacteria associated with paleolithic paintings and surrounding rock walls in two Spanish caves (Llonín and La Garma), FEMS Microbiology Ecology, 47, 235–247, 2004.

(3)-4　その他の事例

Abdulla, H.: Bioweathering and biotransformation of granitic rock minerals by actinomycetes, Microbial Ecology, 58, 753–761, 2009.

Berner, M., Wanner, G. and Lubitz, W.: A comparative study of the fungal flora present in medieval wall paintings in the chapel of the castle Herberstein and in the parish church of St Georgen in Styria, Austria, International Biodeterioration and Biodegradation, 40, 53–61, 1997.

Diakumaku, E., Gorbushina, A.A., Krumbein, W.E., Panina, L. and Soukharjevski, S.: Black fungi in marble and limestones — an aesthetical, chemical and physical problem for the conservation of monuments, Science of the Total Environment, 167, 295–304, 1995.

Diaz-Herraiz, M., Jurado, V., Cuezva, S., Laiz, L., and Pallecchi, P., Tiano, P., Sanchez-Moral, S. and Saiz-

Jimenez, C.: The Actinobacterial colonization of Etruscan paintings, Scientific Reports, 3, 1440, 2013.

Dornieden, T., Gorbushina, A.A. and Krumbein, W.E.: Biodecay of cultural heritage as a space/time-related ecological situation — an evaluation of a series of studies, International Biodeterioration and Biodegradation, 46, 261 – 270, 2000.

Gonzalez, J.M. and Saiz-Jimenez, C.: Application of molecular nucleic acid-based techniques for the study of microbial communities in monuments and artworks, International Microbiology, 8, 189 – 194, 2005.

Gorbushina, A.A. and Petersen, K.: Distribution of microorganisms on ancient wall paintings as related to associated faunal elements, International Biodeterioration and Biodegradation, 46, 277 – 284, 2000.

Gu, J.-D., Ford, T.E., Berke, N.S. and Mitchell, R.: Biodeterioration of concrete by the fungus *Fusarium*, International Biodeterioration & Biodegradation, 41, 101 – 109, 1998.

Guglielminetti, M., Morghen, C.G., Radaelli, A., Bistoni, F., Carruba, G., Spera, G. and Caretta, G.: Mycological and ultrastructural studies to evaluate biodeterioration of mural paintings: detection of fungi and mites in frescos of the Monastery of St Damian in Assisi, International Biodeterioration and Biodegradation, 33, 269 – 283, 1994.

Gurtner, C., Heyrman, J., Piñar, G., Lubitz, W., Swings, J. and Rölleke, S.: Comparative analyses of the bacterial diversity on two different biodeteriorated wall paintings by DGGE and 16S rDNA sequence analysis, International Biodeterioration and Biodegradation, 46, 229 – 239, 2000.

Gutarowska, B., Celikkol-Aydin, S., Bonifay, V., Otlewska, A., Aydin, E., Oldham, A.L., Brauer, J.I., Duncan, K.E., Adamiak, J., Sunner, J.A. and Beech, I.B.: Metabolomic and high-throughput sequencing analysis — modern approach for the assessment of biodeterioration of materials from historic buildings, Frontiers in Microbiology, 6, 979, 2015.

Jones, M.: *Candida* and the Asuga [*sic*] beauties, Microbiology Today, Feb 09, 46, 2009. [Nagatsuka et al., IJSEM, 59, 186 – 194, 2009 に対する論評：付録 B、関連業績リスト参照]

Kusumi, A., Li, X.S. and Katayama, Y.: Mycobacteria isolated from Angkor monument sandstones grow chemolithoautotrophically by oxidizing elemental sulfur, Frontiers in Microbiology, 2, 104, 2011.

Lee, N.M., Meisinger, D.B., Aubrecht, R., Kovacik, L., Saiz-Jimenez, C., Baskar, S., Baskar, R., Liebl, W., Porter, M.L. and Engel, A.S.: Cave and karst environments, *in* Life at Extremes: Environments, Organisms and Strategies for Survival (Bell, E.M. ed.), CAB International, Wallingford, pp. 320 – 344, 2012.

Li, X.M., Sato, T., Ooiwa, Y., Kusumi, A., Gu, J.-D. and Katayama, Y.: Oxidation of elemental sulfur by *Fusarium solani* strain THIF01 harboring endobacterium *Bradyrhizobium* sp., Microbial Ecology, 60, 96 – 104, 2010.

Li, Q., Zhang, B., He, Z. and Yang, X.: Distribution and diversity of bacteria and fungi colonization in stone monuments analyzed by high-throughput sequencing, PLoS ONE. 11, e0163287, 2016.

Nugari, M.P., Realini, M. and Roccardi, A.: Contamination of mural paintings by indoor airborne fungal spores, Aerobiologia, 9, 131－139, 1993.

Onofri, S., Zucconi, L., Isola, D. and Selbmann, L.: Rock-inhabiting fungi and their role in deterioration of stone monuments in the Mediterranean area, Plant Biosystems, 148, 384－391, 2014.

Pangallo, D., Chovanová, K., Šimonovičová, A. and Ferianc, P.: Investigation of microbial community isolated from indoor artworks and air environment: identification, biodegradative abilities, and DNA typing, Canadian Journal of Microbiology, 55, 277－287, 2009.

Saarela, M., Alakom, H.-L., Suihko, M.-L., Maunuksela, L., Raaska, L. and Mattila-Sandholm, T.: Heterotrophic microorganisms in air and biofilm samples from Roman catacombs, with special emphasis on actinobacteria and fungi, International Biodeterioration and Biodegradation, 54, 27－37, 2004.

Saiz-Jimenez, C.: Microbial melanins in stone monuments, Science of the Total Environment, 167, 273－286, 1995.

Urzì, C., Leo, F.D., Bruno, L. and Albertano, P.: Microbial diversity in paleolithic caves: A study case on the phototrophic biofilms of the Cave of Bats（Zuheros, Spain）, Microbial Ecology, 60, 116－129, 2010.

Xu, H.-B., Tsukuda, M.,Takahara, Y., Sato, T., Gu, J.-D. and Katayama, Y.: Lithoautotrophical oxidation of elemental sulfur by fungi including *Fusarium solani* isolated from sandstone Angkor temples, International Biodeterioration and Biodegradation, 126, 95－102, 2018.

（4） 解説

片山葉子：文化財の生物被害の現状と対策7、アンコール遺跡の微生物被害、日本防菌防黴学会誌、41、255－261、2013。

木川りか：文化財の生物被害の現状と対策6、土中にある漆喰壁画に取り得る対策とは－高松塚古墳壁画の生物劣化の経過と要因、防菌防黴、40、505－519、2012。

久米田裕子：文化財の生物被害の現状と対策3、カビによる文化財被害の現状と対策、防菌防黴、40、449－457、2012。

著者一覧（五十音順）

氏名	所属
阿部恵子	環境生物学研究所
安倍倫子	（独）国立文化財機構　東京文化財研究所
安部久	（独）森林総合研究所（現所属：国立研究開発法人　森林研究・整備機構森林総合研究所）
安光得	（株）テクノスルガ・ラボ（現所属：（株）マクロジェン・ジャパン）
石崎武志	（独）国立文化財機構　東京文化財研究所（現所属：東北芸術工科大学）
川野邊渉	（独）国立文化財機構　東京文化財研究所
木川りか	（独）国立文化財機構　東京文化財研究所 （現所属：（独）国立文化財機構　九州国立博物館）
喜友名朝彦	（株）テクノスルガ・ラボ
久米田裕子	大阪府立公衆衛生研究所（現所属：大阪府立大学）
小出知己	（株）テクノスルガ・ラボ
佐野千絵	（独）国立文化財機構　東京文化財研究所
杉山純多	（株）テクノスルガ・ラボ　千葉分室、東京大学名誉教授 （現所属：国立科学博物館植物研究部、客員研究員）
高鳥浩介	ＮＰＯ法人カビ相談センター　（前所属：国立医薬品食品衛生研究所）
高鳥美奈子	ＮＰＯ法人カビ相談センター
立里臨	（株）テクノスルガ・ラボ
坪倉早智子	（独）国立文化財機構　東京文化財研究所
富田順子	（株）テクノスルガ・ラボ
中右恵理子	（独）国立文化財機構　東京文化財研究所
半田（永塚）由佳	（株）テクノスルガ・ラボ（現所属：福山大学薬学部）
西島美由紀	（株）テクノスルガ・ラボ
二宮真也	（株）テクノスルガ・ラボ（現所属：（株）小川屋味噌店）
能城修一	（独）森林総合研究所（現所属：明治大学黒耀石研究センター）
早川典子	（独）国立文化財機構　東京文化財研究所
半田豊	（株）テクノスルガ・ラボ（現所属：（株）シーエーエフラボラトリーズ）
三浦定俊	（公財）文化財虫菌害研究所
矢口行雄	東京農業大学地域環境科学部

＊初稿入稿時の平成 26 年 3 月時点での所属を示す

『特別史跡　高松塚古墳生物調査報告』（頒布版）について

『特別史跡　高松塚古墳生物調査報告』は、2019年3月に刊行されましたが、これは行政報告書であるため印刷部数も限られました。このため、各方面から頒布版の要望を頂き、このたび、表紙デザイン・奥付を一部変更した上で、同内容の報告書を刊行することにいたしました。

2019年8月

文化庁古墳壁画室

◎頒布版の箱および表紙写真
国宝高松塚古墳壁画　西壁　女子群像（部分）
2006年8月撮影の高精細フォトマップ写真。奈良文化財研究所撮影。

報告書抄録

ふりがな	とくべつしせきたかまつづかこふんせいぶつちょうさほうこく
書名	特別史跡高松塚古墳生物調査報告
副書名	
巻次	
シリーズ名	国宝高松塚古墳壁画恒久保存対策事業報告書
シリーズ番号	2
編著者名	阿部恵子・安倍倫子・安部 久・安 光得・石崎武志・宇田川滋正・川野邊渉・木川りか・喜友名朝彦・久米田裕子・小出知己・佐藤嘉則・佐野千絵・杉山純多・高鳥浩介・高鳥美奈子・建石 徹・立里 臨・坪倉早智子・富田順子・中右恵理子・半田（永塚）由佳・西島美由紀・二宮真也・能城修一・早川典子・半田 豊・三浦定俊・森井順之・矢口行雄
編集機関	独立行政法人国立文化財機構東京文化財研究所、文化庁
発行者	文化庁、東京文化財研究所
所在地	〒100-8959　東京都千代田区霞が関3丁目2番2号 〒110-8713　東京都台東区上野公園13-43
発行年月日	

国宝高松塚古墳壁画恒久保存対策事業報告書 2

特別史跡(とくべつしせき)

高松塚古墳生物調査報告(たかまつづかこふんせいぶつちょうさほうこく)

2019年9月30日発行

編者　文化庁
独立行政法人 国立文化財機構
東京文化財研究所
発行者　山脇由紀子
印刷　亜細亜印刷(株)
製本　(株)渋谷文泉閣

発行所　東京都千代田区飯田橋4-4-8
(〒102-0072)東京中央ビル内　(株)同成社
TEL　03-3239-1467　振替　00140-0-20618

ISBN978-4-88621-828-5 C3321